安徽华辰造纸网股份有限公司

安徽华辰造纸网股份有限公司，是全国造纸工业用聚酯网行业规模较大的专业生产厂家，主要从事造纸网的研发、生产、销售，是国内造纸网行业的领先企业。公司拥有国际先进的BK800多层成形网织机、BK700干网织机、SC-05TAD宽接口全自动插接机及14.5米宽幅定型机。可生产宽幅10米以上，长度达130米的大型高速纸机用网。公司产品供应国内文化用纸机车速最高达1200米/分，供应国外卫生纸机车速最高达1600米/分。目前，产品已在300余家造纸企业得到了广泛应用，部分产品出口国外。

公司为国家高新技术企业，拥有安徽省认定的企业技术中心。公司为我国造纸网国家标准的主要起草单位，主持及参与多项造纸网国家标准的制订工作。拥有4项发明专利和多项实用新型专利，通过了国际标准GB/T 19001-2008/ISO 9001:2008质量管理体系和ISO 14001:2004环境管理体系等体系认证。荣获脱水器材专业委员会的“突出贡献奖”“行业领军人物”，及全国纺织工业协会的“产品开发贡献奖”等荣誉，是中国纺织及全国纺织工业协会的“产品开发贡献奖”等荣誉，也是中国纺织总会首次颁发给脱水器材行业厂家的奖项。

公司为安徽省A级纳税信用单位、安徽省诚信企业、安全生产标准化三级企业、芜湖市劳动保障诚信A级企业，中国造纸协会第五届理事会理事单位。

优质的产品

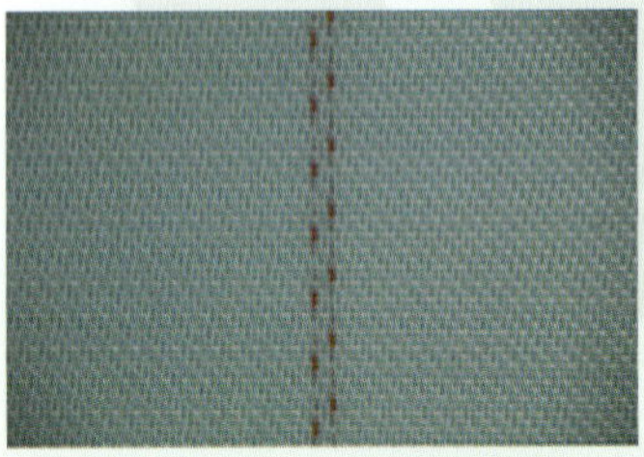

二层半系列成形网

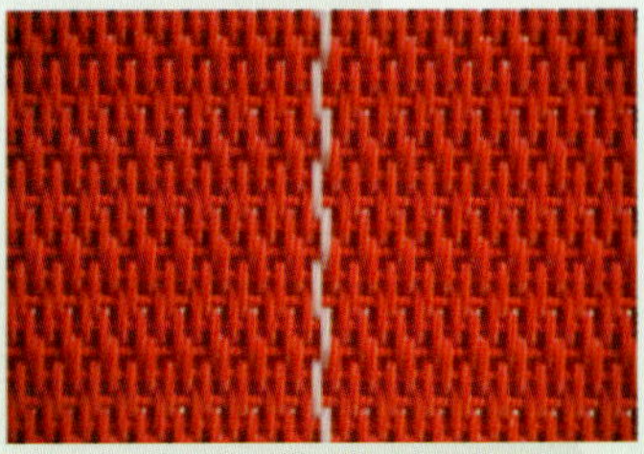

1.5层扁丝干网

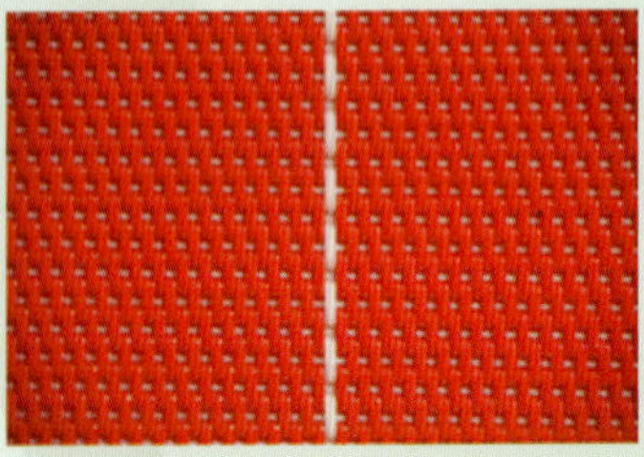

双经线扁丝干网

包装纸SSB三层网

文化纸SSB三层网

特种纸SSB三层网

公司市场部电话：0553-5848297　技术部电话：0553-5848292

公司地址：安徽芜湖经济技术开发区港湾路33号　邮编：241006

公司网址：www.ahhczzw.com　公司传真：0553-5848290/5848747

中国造纸年鉴

ALMANAC OF CHINA PAPER INDUSTRY

2021

中国造纸学会　编

Edited by China Technical Association of Paper Industry

中国轻工业出版社

图书在版编目（CIP）数据

中国造纸年鉴. 2021/中国造纸学会编. —北京：中国轻工业出版社，2021. 10

ISBN 978 -7 -5184 -3601 -9

Ⅰ. ①中… Ⅱ. ①中… Ⅲ. ①造纸工业—中国—2021—年鉴 Ⅳ. ①F426. 83 -54

中国版本图书馆 CIP 数据核字（2021）第 152132 号

责任编辑：杜宇芳　　　　责任终审：滕炎福
策划编辑：林　媛　杜宇芳　　责任校对：晋　洁　　责任监印：张　可

出版发行：中国轻工业出版社（北京东长安街 6 号，邮编：100740）
印　　刷：三河市万龙印装有限公司
经　　销：各地新华书店
版　　次：2021 年 10 月第 1 版第 1 次印刷
开　　本：787 × 1092　1/16　　印张：54
字　　数：1800 千字　　　　插页：48
书　　号：ISBN 978 -7 -5184 -3601 -9　　定价：450. 00 元
邮购电话：010 -65241695
发行电话：010 -85119835　传真：85113293
网　　址：http：//www. chlip. com. cn
Email：club@ chlip. com. cn
如发现图书残缺请与我社邮购联系调换
210558K4X101HBW

《中国造纸年鉴2021》编辑委员会

《中国造纸年鉴 2021》编辑部

对本书有关的各项业务与意见均请与编辑部直接联系
地址：北京市朝阳区望京启阳路 4 号中轻大厦 B 座 10 层
邮编：100102
电话：010－64778768，64778767，64778766
传真：010－64778769
网址：www. ctapi. org. cn
邮箱：123123@ ctapi. org. cn

Any Business refers to this book，please contact editorial board
Address：10th floor，Block B，Sino-light Plaza，No. 4 Qiyang Rd.，Wangjing，Chaoyang District，Beijing 100102，China
Tel：010－64778768，64778767，64778766
Fax：010－64778769
Http：//www. ctapi. org. cn
E-mail：123123@ ctapi. org. cn

编辑说明

《中国造纸年鉴》是由中国造纸学会编纂的专业性年鉴，是目前我国唯一逐年辑录的有关中国造纸工业的资料性工具书。自1986年创刊以来，伴随着中国造纸工业的发展，《中国造纸年鉴》已陆续出版发行24卷，本卷《中国造纸年鉴2021》为第25卷。

《中国造纸年鉴2021》的13个栏目分别是：1. 综述；2. 发展现状；3. 产品与市场；4. 纤维原料；5. 节能减排 环境保护；6. 装备与器材 造纸化学品；7. 科技 教育 出版；8. 大事记；9. 地方造纸工业；10. 重点企业介绍；11. 社团工作；12. 附录；13. 企业名录。

本卷年鉴在编写过程中，得到各有关部门、企事业单位和有关人士的大力支持、指导和积极配合，在此谨表谢意。并诚请广大读者对本卷年鉴编辑、出版中的不足之处给予批评指正。

《中国造纸年鉴》编辑部

2021年9月

彩色广告目录

前插彩页

正文彩页

后插彩页

秦伯未医学丛书

秦伯未读内经记

内经病机十九条之研究

秦伯未◎著

中国健康传媒集团
中国医药科技出版社

内经病机十九条之研究

上架建议 中医·临床
ISBN 978-7-5214-2696-0
9 787521 426960 >
定价：28.00元

21YK-648+649+650____封面

BlueSword
兰 剑 智 能
股票代码：688557
兰 剑 智 能
自动化立体库 造纸业新风口
仓储机器人
搬运机器人
环形RGV
高效率
省成本
低货损
更安全
联系方式：沈博士 137-0531-3032
网址：www.bluesswords.com
地址：山东省济南市高新区龙奥北路909号海信龙奥九号

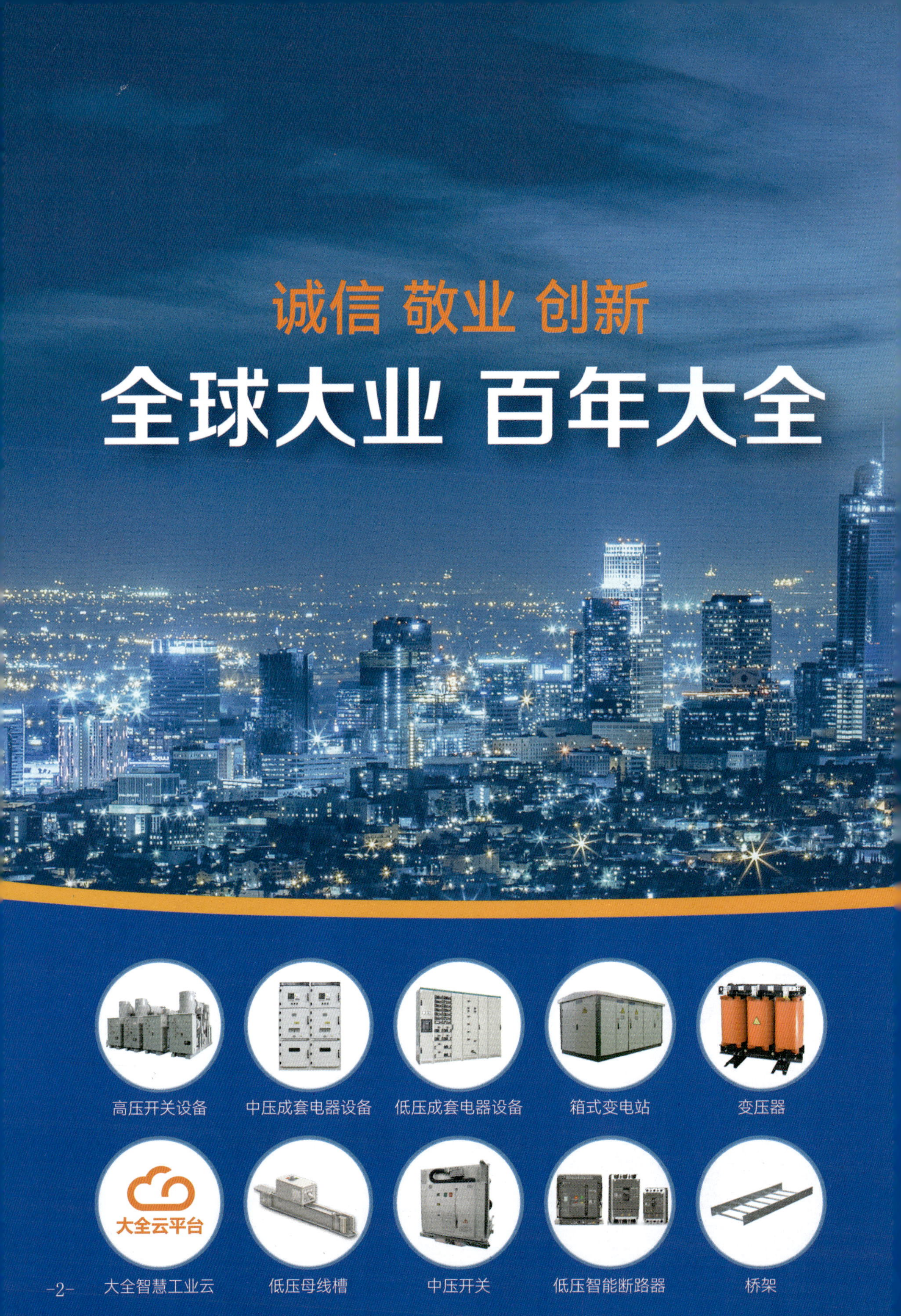
诚信 敬业 创新
全球大业 百年大全
高压开关设备
中压成套电器设备
低压成套电器设备
箱式变电站
变压器
大全云平台
大全智慧工业云
低压母线槽
中压开关
低压智能断路器
桥架

海盾 特种阀门

为含颗粒流体控制提供解决方案

> V型球阀

> 刀型闸阀

> 固定式球阀

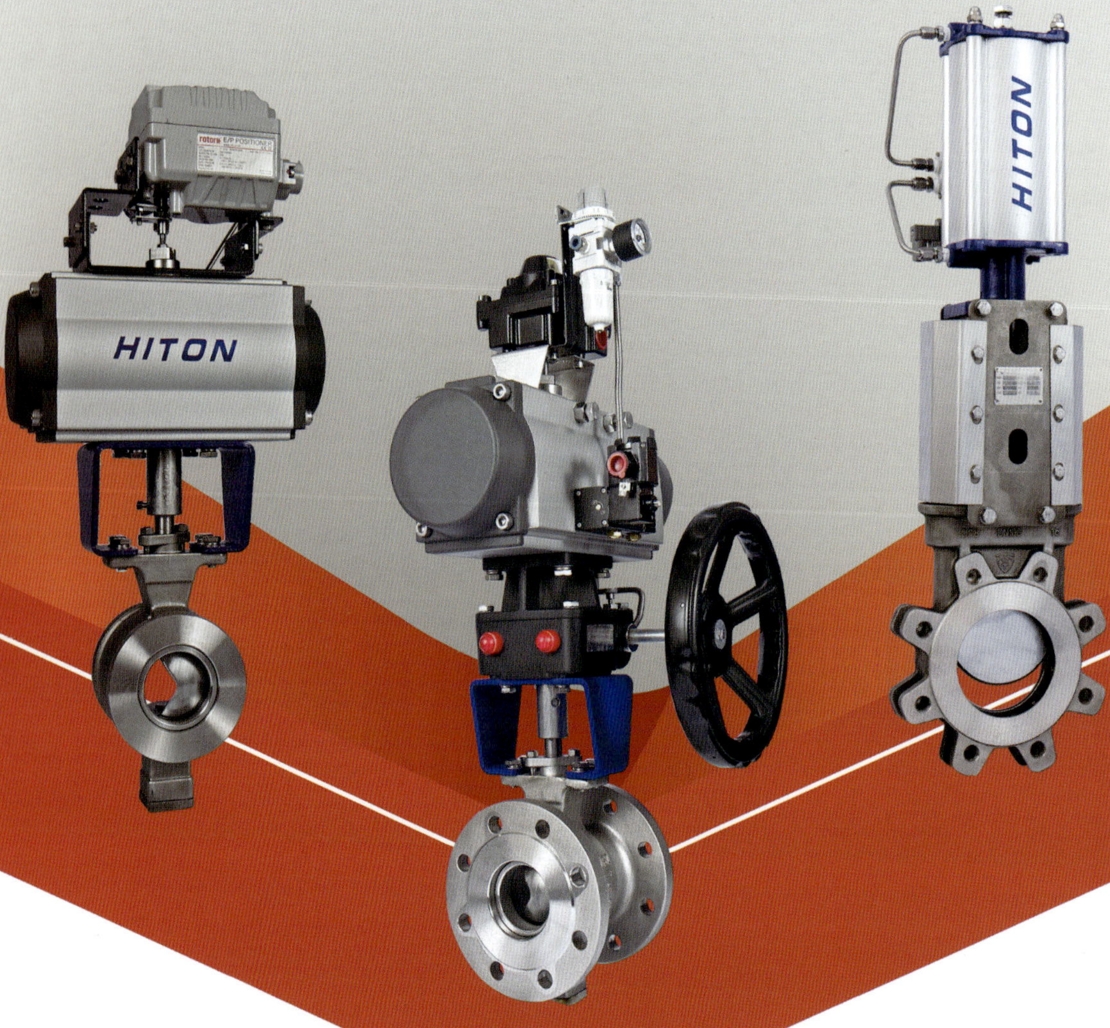

诚招全国代理商

TS2733832 | CE 0036 | SIL VERIFIED | ISO9001 | ISO14001 | ISO45001

浙江海盾特种阀门有限公司
ZHEJIANG HITON SPECIAL VALVE CO.,LTD

地址：浙江省温州市瓯北镇安丰工业区
电话：0577-66993300
传真：0577-66993318
网址：www.hitonsv.cn
邮箱：2756416077@qq.com

官方网站　　销售热线

关于 APP(中国)

APP（中国）全称为金光纸业（中国）投资有限公司及其在中国大陆投资的公司。自 1992 年进入中国以来，始终秉持可持续发展战略，以可持续造纸的“林浆纸一体化”理念，努力践行绿色循环。目前，APP（中国）旗下拥有林务事业部、纸浆事业部、大纸事业部、生活用纸事业部等。

2020 年，APP（中国）顺利收购山东博汇集团有限公司 100% 股权。此次收购将优化企业规模和资源配置，有助于保证国内制浆造纸行业的市场有序竞争，推动 APP（中国）和中国造纸行业的高质量发展。

此外，APP（中国）及其母公司金光集团也正着手于推动企业可持续发展的城市综合体及科技园项目，以实现资源多元化配置。如今，已经在上海及长三角地区开发了 5 个大型城市综合体项目，包括：上海白玉兰广场、上海金光外滩中心、上海金虹桥国际中心、上海星荟中心和宁波金光中心。

截至 2020 年底，APP（中国）总资产约 2480 亿元人民币，2020 年在华销售额约 738 亿元人民币，拥有全职员工逾 2.6 万名。APP（中国）致力于从多方面大力发展，提升人们的生活质量。

www.app.com.cn

浙江鹏翔暖通设备有限公司 | 浙江鹏阳风机有限公司

ZHEJIANG PENGXIANG HVAC EQUIPMENT CO., LTD | ZHEJIANG PENGYANG FAN CO., LTD

鹏阳 PANLUX

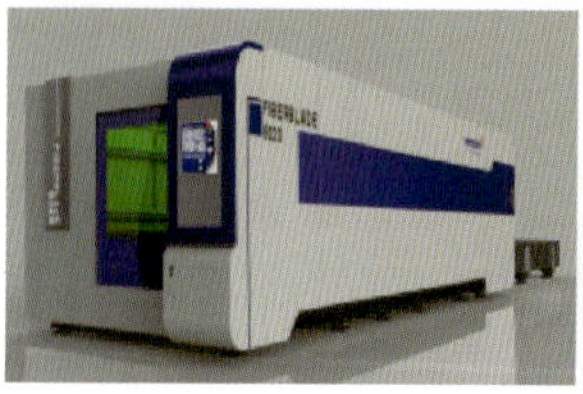

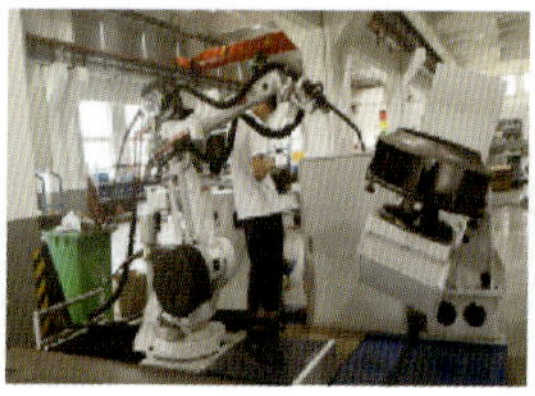

公司简介

Company profile

浙江鹏翔暖通设备有限公司位于浙江省绍兴市上虞区丰惠城西工业功能区，始创于2007年，是以研发、生产、销售各类通风设备为核心业务的高科技企业，也是一家具有自营进出口业务的公司，产品销往日本、美国、巴西、智利、芬兰、印度尼西亚、泰国、越南、马来西亚等国。

我们生产设施齐全，工艺流程先进，检测手段完善。有大吨位液压机，激光下料切割机、机器人自动焊接及多种不同吨位的动平衡机，综合性能检测室等。

我们是造纸行业领先的风机设备供应商，致力于为用户解决通风效率，通风系统稳定性和可靠性；为用户的生产效益提供解决方案与服务，持续为用户创造价值。长期为造纸、冶金、化工、汽车、环保、暖通等行业和国家重点工程提供优质的产品和服务。

我们以市场为导向，以高科技为依托，引进沈阳鼓风机技术研究所的先进风机技术，不断进行技术升级及新产品研发，持续加大基础设计研发投入，厚积薄发，推动通风机技术的持续进步。以服务用户为导向，以“诚信、合作、共赢”为理念，致力于与你成为终身的合作伙伴。

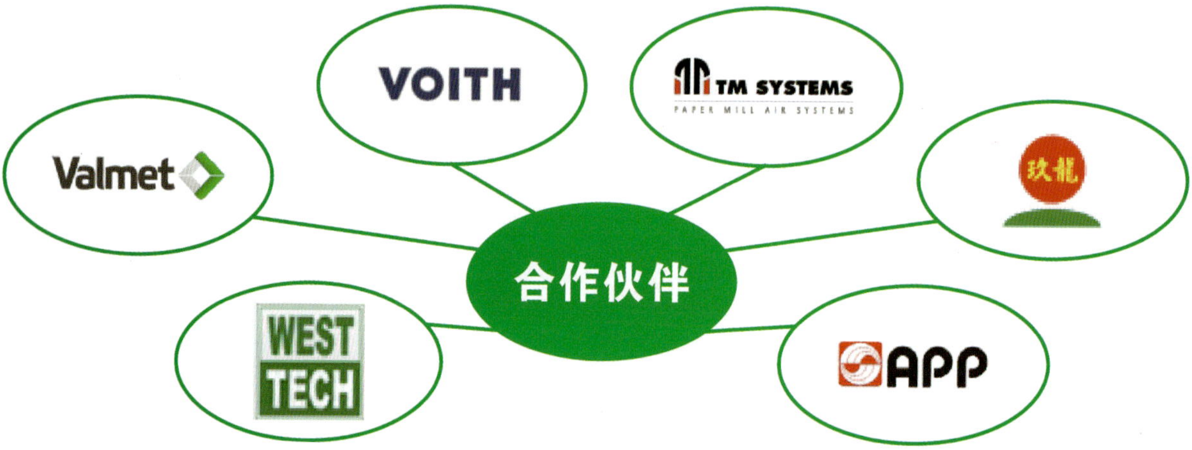

车间通风

纸机工艺风机

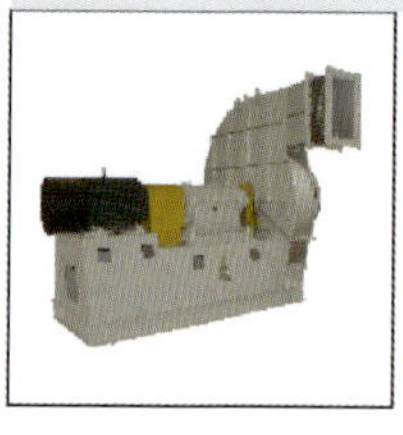

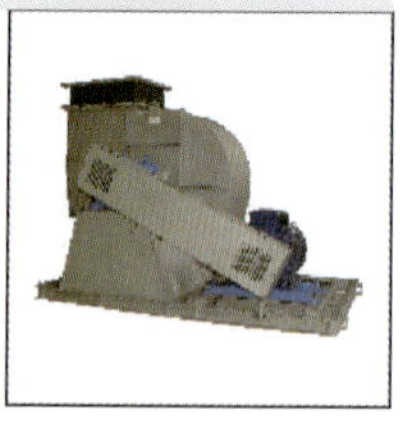

工业风机业务（民用风机）
电话: +85 575 82590098 1506854 9696
邮箱: pxxms@sypxnt.com

进出口贸易业务
电话: +85 575 82590988 136 0657 3578
邮箱: px@sypxnt.com

Sinolion®
山东深蓝机器股份有限公司
SHANDONG SINOLION MACHINERY CORP.LTD.

山东深蓝机器股份有限公司（简称：深蓝机器）成立于2006年8月，坐落于美丽的泉城济南高新区。公司自有生产厂房及办公楼30000㎡；现有职工210人，其中研发团队70余人、拥有10年以上的行业经验，并在太原、杭州、广州设有分公司。

深蓝机器是以智能包装设备为基础，为客户提供产线物流到仓储物流整体互联解决方案（IPL）的高新技术企业，公司是缠绕包装机国标的起草单位之一，先后获得ISO 9001质量体系认证、欧盟CE认证，拥有自己的专利技术及软件著作权50余项。

深蓝机器作为行业的先行者和引领者，我们从未止步，通过新兴物联网技术，提升传统企业的物流效率，为打造智慧工厂提供更好的产品和服务。

山东深蓝机器股份有限公司

【地址】山东省济南市高新区科航路2010号

【电话】0531-88669288

【传真】0531-88669388

【邮箱】sales@sinolion.net　info@sinolion.cc

【网址】www.sinolion.net　www.sinolion.cc

可根据客户需求(如:规格、包装设计及广告诉求等)提供量身定制产品。

目　　录

1　综　　述

2　发展现状

3　产品与市场

4　纤维原料

5　节能减排　环境保护

6　装备与器材　造纸化学品

7 科技 教育 出版

8 大事记

9 地方造纸工业

10 重点企业介绍

11 社团工作

12 附 录

13 企业名录

CONTENTS

1. GENERAL TOPICS

2. CURRENT STATUS OF DEVELOPMENT

3. PRODUCTS AND MARKET

4. FIBROUS MATERIALS

5. ENERGY SAVING, EMISSION REDUCING AND ENVIRONMENTAL PROTECTION

6. EQUIPMENT & DEVICES CHEMICALS USED IN PAPER INDUSTRY

7. SCIENCE AND TECHNOLOGY, EDUCATION AND PUBLICATION

8. EVENTS

9. LOCAL PAPER INDUSTRY

10. KEY ENTERPRISES INTRODUCTION

11. ASSOCIATION AFFAIRS

12. APPENDIXES

13. ENTERPRISES LIST

中国造纸学会活动纪实

2020年12月召开中国造纸学会
第十九届学术年会

2020年12月召开中国造纸学会第八届常务
理事会第六次会议、第一届监事会第五次会议

2020年9月举办2020中国国际造纸
创新发展论坛

2020年9月举办2020中国国际造纸
科技展览会

2020年9月召开2020全国特种纸技术
交流会暨特种纸委员会第十五届年会

2020年8月举办新限塑令下纸质
包装的机遇和挑战沙龙

维美
WEIMEI

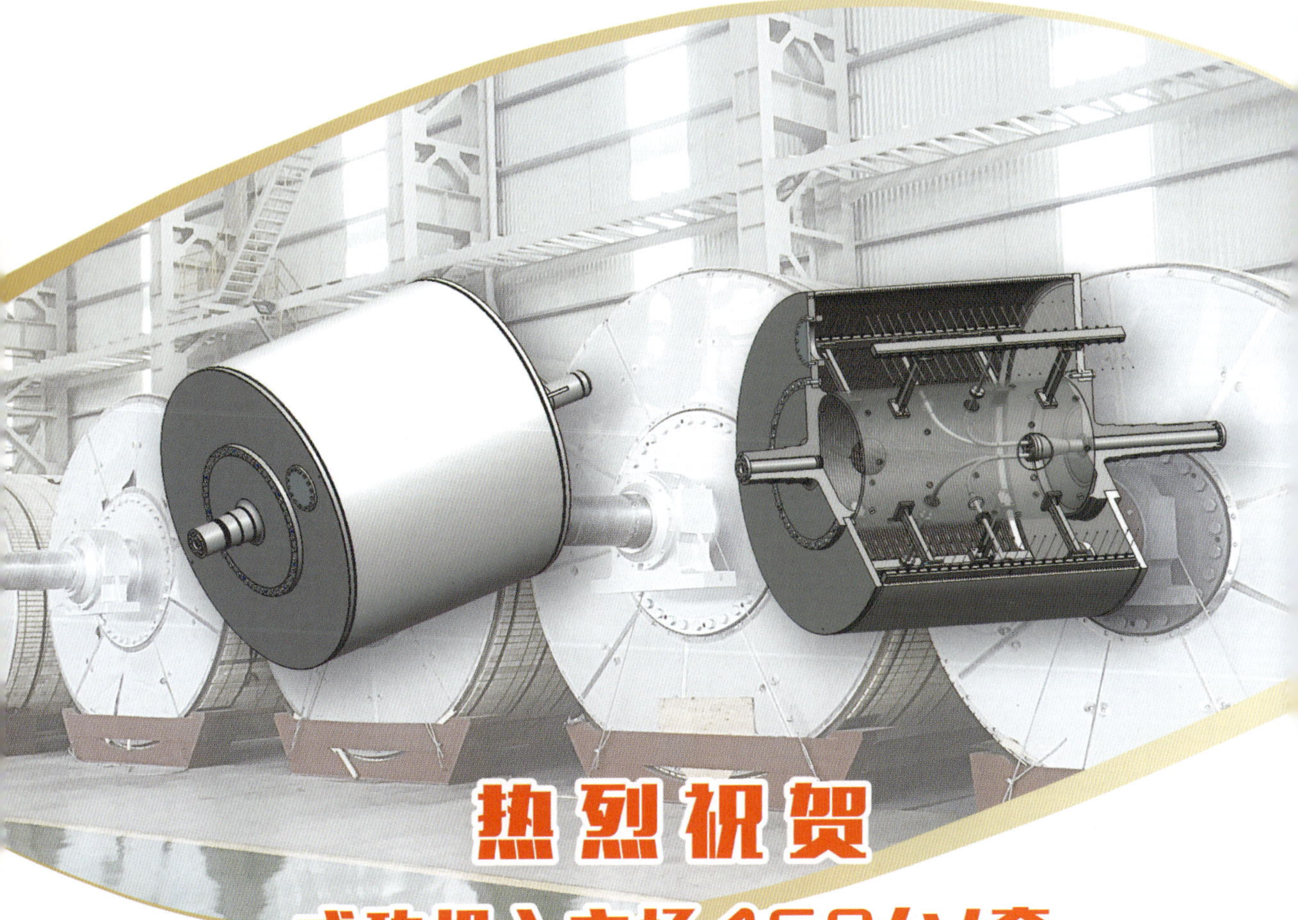

热烈祝贺

成功投入市场460台/套

全球钢制扬克缸、钢制烘缸专业制造商

溧阳市江南烘缸制造有限公司

地址：江苏省溧阳市戴埠镇南工业区竹海大道88号　　邮箱：213331
电话：+86 519 8791 3588 /139 0149 7888
传真：+86 519 8731 3588/ 8790 6282
邮箱：hgxpj@weimeijx.com　　网址：Http://www.jndryercn.com

工业自动化系统
解决方案提供商
始于2002
有电机 有西驰
ELECTRIC MOTOR
XICHI ELECTRIC
造纸专用 传承价值
INHERITANCE VALUE
造纸行业
专用软起动器
CMC系列
软起动器
CMV高压软起动装置
CFV高压变频装置
APF有源电力滤波器
XFC系列变频器
产品/服务领域
纸机传动控制系统 / 智能MCS
制浆造纸MCC / 制浆造纸DCS
复卷机控制系统 / 成套机电一体化
生产/研发能力
承接大型高速纸机电控系统
高速宽幅复卷机、施胶机、卷纸机电控系统
造纸全车间生产过程自动化整体工程
制浆、流送、三段供汽DCS系统以及MCS系统
销售/网络
产品应用覆盖全国，辐射海外
埃及、越南、泰国、印度等国家
XiCHi
证券代码831081
西安西驰电气股份有限公司
XI'AN XICHI ELECTRIC CO.,LTD.
联系电话:029-89020808
联系手机:18992847381
企业邮箱:xichi@xichi.com/xichi@163.com
总部地址:西安市高新区天谷七路996号西安国家数字出版基地B座15楼
生产基地:西安市高新区草堂科技产业基地秦岭四路西二号
扫描二维码了解更多信息

CEEG 中电电气 为世界输出优质动力

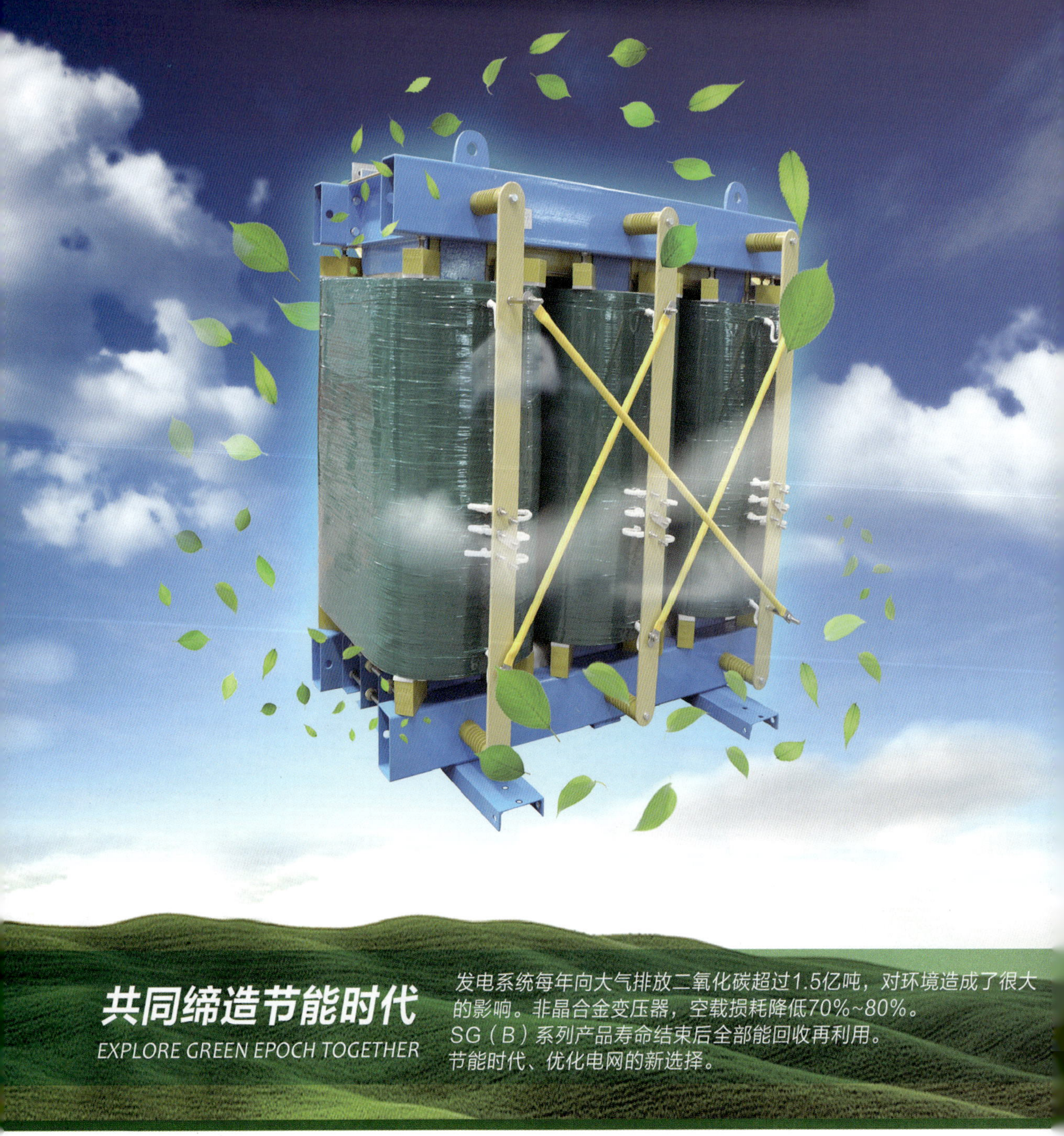

SCRBH15 非晶合金干式变压器

稳定的 节能的

显著降低能耗 性能优越 设计合理美观

CEEG 中电电气

战略合作 DUPONT

服务专线：**025-52095989**

技术支持：**025-52095931**

中电电气网站 **http://www.ceeg.cn**

鹤煌网业
Hehuang Paper Machine Clothing

公司简介

河北鹤煌网业股份有限公司始建于1987年，位于中国著名的“丝网之乡”—河北省安平县，公司注册资本9941.1万元。015年，在安平县高新技术产业开发区建设了占地200亩、具有国示化标准的新厂区。

本公司生产车间按工艺要求达到了恒温、恒湿、无尘标准，最大程度保证了产品性能的稳定性和一致性。目前，公司拥有世界先进的生产设备，设备包括：Jeager整经机、Jeager织网机、uergens织网机、WIS全自动插接机、Jeager定型机等数台套）。

本公司主要产品有造纸机用成型网、干网、有端和无端的浆板网，产品覆盖所有纸种，适用于高、中、低速所有造纸机型。公司生产的造纸成型网、造纸干网，可用于车速1400米/分钟以上、宽度10米以上的高速造纸设备，年生产能力达到了60万平方米以上。

河北鹤煌网业以“提供优质的产品及服务，和客户共同发展”为企业宗旨，强化质量管理，完善售后服务，为客户量身定制最适合的产品，并提供专业及时的全流程服务。

主要产品

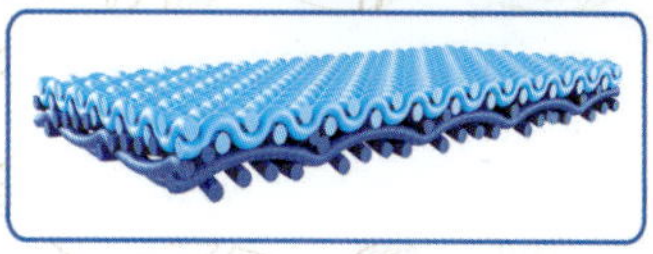
SSB成型网

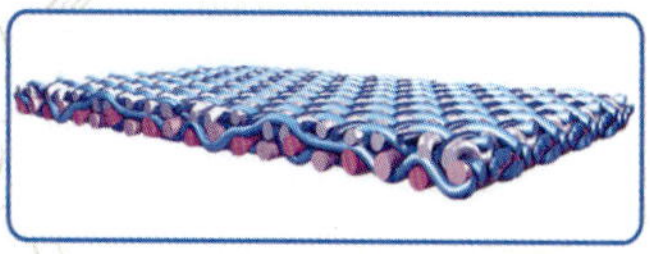
2.5层成型网

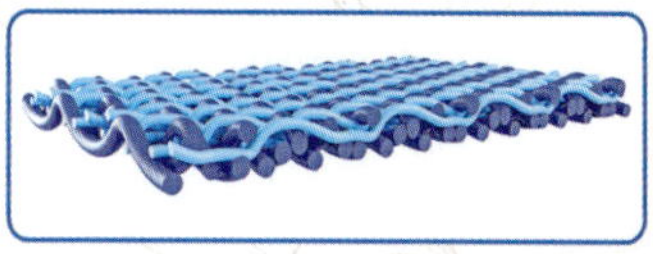
单层成型网

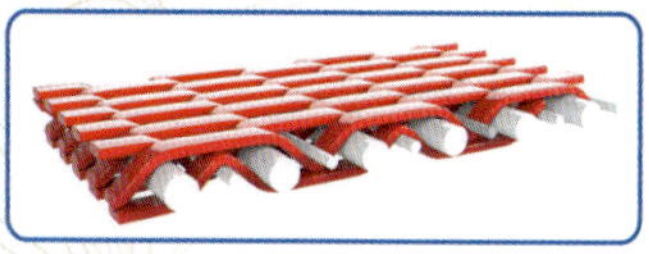
双经扁丝干网

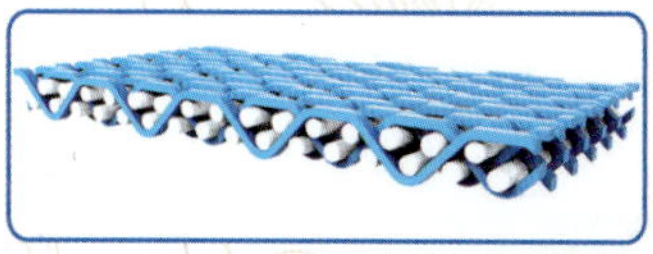
单经扁丝干网

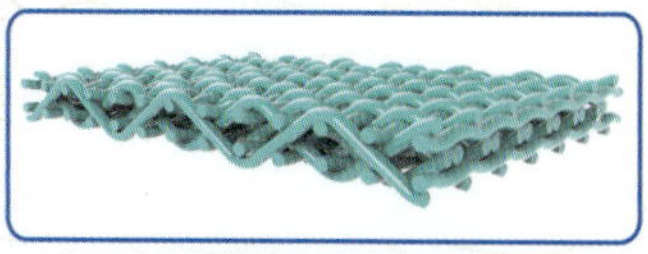
圆丝干网

址：河北省安平县高新技术开发区经五路21号 郑总：15613336666 李总：13803182568

自主研发的纯国产化设备LMT系列木片挤撕机在太阳纸业集团自制浆车间使用

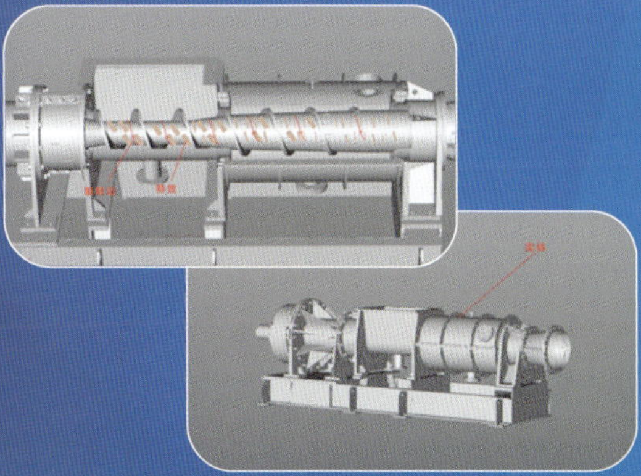

LMT300-1000系列木片挤撕机整体及螺旋运动进行搅拌木片工作原理图片展示

公司生产各类制浆螺旋轴产品

弧形筛、斜筛太阳纸业使用现场

胶液筛、涂料筛、淀粉筛等化工设备的实物图片

胶液回收方形震动筛生产及现场使用图片

SHANDONG HUALI ENVIRONMENTAL PROTECTION ENGINEERING CO,.LTD.
SHANDONG YOUYI HUALI MACHINERY CO,.LTD.

再生纤维商品浆深度脱水烘干成型技术

Dehydration,dring and forming technology of recycled fiber commercial pulp

该项技术为国内首创，解决了废纸进口禁令难题，替代传统废纸原料处理工艺，可大幅降低投资及运行成本。废纸经低浓连续碎解系统处理并进行高浓除渣后进入初级筛选工段，筛选后的浆料进行初级脱水，浆料浓度由2%提高到12%~15%后进入压榨系统，浆料浓度进一步提高到48%~52%，最后水分含量再经烘干处理至15%~25%，然后致密成型、包装运输。

This technology is the first in China,solves the problem of waste paper import ban,replaces the traditional waste paper raw material treatment process,and can greatly reduce investment and operation costs. After the waste paper is broken by the pulp shredding system, after a section of primary pressure screening, the pulp concentration is about 2%, through the primary dehydration equipment, the concentration is increased to 12-15%, then by the press extrusion to water 48-52%, finally by the dryer drying to water 15-25%, and then compact molding, packaging and transport.

废纸 Waste paper > 输送 Conveyance > 碎解系统 breaking system > 高浓除渣 H.C.Cleaner > 初筛选 beating > 初级脱水 preliminary screening > 压榨 Primary dehydration > 烘干 drying > 成型 molding > 包装运输 packing and shipping

污泥烘干现场

废纸浆烘干前

废纸浆烘干后

浆块

主要产品 Main products & servlces

再生纤维商品浆深度脱水烘干成型技术
Dehydration,dring and forming technology of recycled fiber commercial pulp
OCC制浆生产线成套设备
Complete set of OCC pulping production line
废纸脱墨制浆生产线成套设备
Complete set of waste paper deinking & pulping production line
污泥及有机固废处理成套设备
Sludge and organic solid waste treatment equipment,
配件供应、修复及非标制作等。
Accessories supply, repairing and customization,etc,

山东华利环保工程有限公司
山东友一华利机械有限公司

办公地址： 山东省济宁市海能国际C座
电话(Tel)：19953303281，传真(Fax)：0537-3160670
联系人电话(Tel)15963790825，17853706699
邮箱(E-mail)：15963790825@126.com
国际贸易邮箱(Lntemational Trade): hl@sdhlep.com
网址(Http): www.hualihuanbao.com

复卷机、切纸机纸边收集、打包、除尘系统

纸边处理系统由碎纸风机通过安装在复卷机、切纸机，纵切刀下的两个吸口将纸边切断后输送至板式分离器,纸边下落至水力碎浆机或打包机，含尘空气可用布袋除尘或水除尘处理。

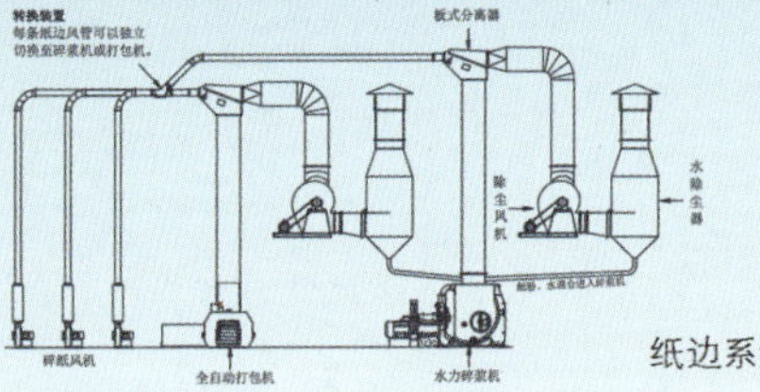

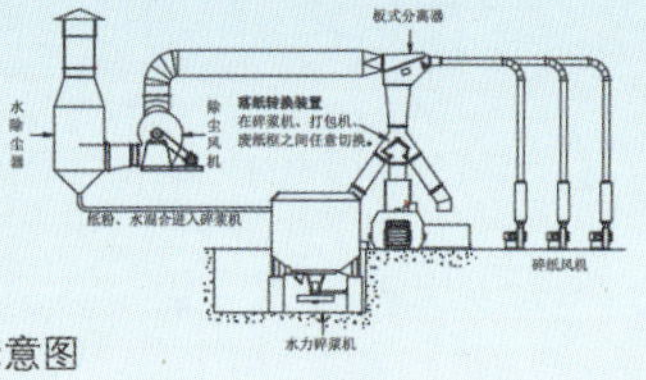

纸边系统流程示意图

大型造纸厂整理车间有多台平板切纸机、复卷机。纸边从板式分离器下来可有三个通路：

垂直向下进打包机，向左进碎浆机，向右进废纸收集框。针对有些纸厂切纸机和复卷机会加工不同品种的纸，纸边不能混合。我司设计了在每根纸边管道加转换器，可根据实际使用工况将纸边切换至碎浆机或打包机。

整套系统实现自动化运行。在板式分离器上安装压力检测装置，由PLC实时运算指令变频器改变除尘风机频率，使系统压力平衡。避免打包机或碎浆机内正压或负压太大，出现粉尘向外喷或纸边悬浮在分离器内造成系统堵塞。

纸机、复卷机除尘系统

纸机、压光机刮刀除尘系统—由除尘风机，通过安装在刮刀上部的铝制吸口将含粉尘空气送入除尘系统。

复卷机纸面除尘系统—由吸纸毛风机，通过安装在复卷机纸的正反两面的吹、吸组合式吸口将含纸毛空气送入除尘系统。

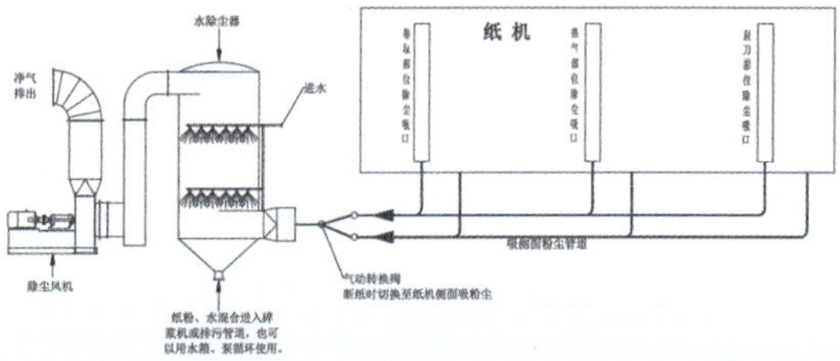

卫生纸纸机除尘系统示意图

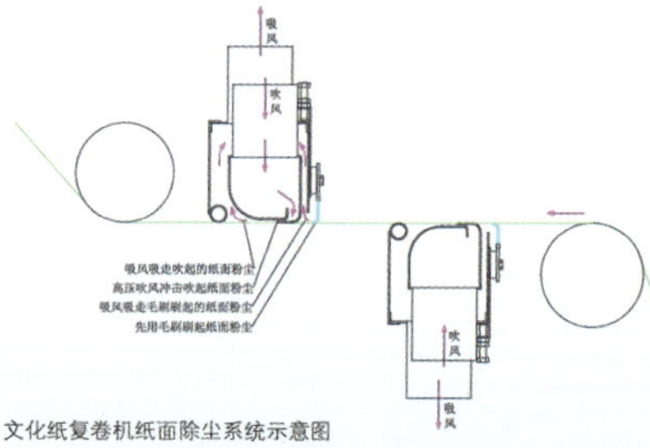

文化纸复卷机纸面除尘系统示意图

除尘系统可分为水除尘和布袋除尘。

水除尘系统：吸尘风机将粉尘送入水除尘器，粉尘和水充份混合经除尘器排水管排出，也可使用循环水，净气排出。

布袋除尘系统：吸尘风机将含纸毛、粉尘空气经管道吸进布袋除尘器，粉尘粘附在布袋上经脉冲清灰装置将粉尘清理至收集箱，由操作工定期清除，净气排出室外。

卫生纸除尘系统

卫生纸在造纸、复卷、分切、卫卷过程中产生大量粉尘严重地影响了品质，危害了职工的身心健康，污染了环境。我司经多次实践开发了卫生纸除尘系统，极大地改善了生产环境，达到国家环保标准。

销售业绩：

金东纸业（江苏）股份有限公司	宁波亚洲浆纸业有限公司
广西金桂浆纸业有限公司	亚太森博（广东）纸业有限公司
山东太阳纸业股份有限公司	牡丹江恒丰纸业股份有限公司
安徽山鹰纸业股份有限公司	岳阳纸业股份有限公司
平湖荣成环保科技有限公司	东莞玖龙纸业有限公司
山东亚太森博浆纸有限公司	齐峰新材料股份有限公司
广东、江苏理文造纸有限公司	玖龙纸业（天津）有限公司
浙江夏王纸业有限公司	浙江仙鹤特种纸有限公司
玖龙纸业（河北）有限公司	金红叶纸业（湖北）有限公司

扬中市灵新风机氟塑有限公司
Yangzhong Lingxin Turbo Fan & Plastic Fluorine Manufacturing Co.,Ltd
总经理:朱新　手机:13905286627
地址：江苏省扬中市江洲广场北(扬高汽渡旁)　邮编:212200
电话:0511-88362458　传真:0511-88362478
http://www.lingxin.cn
E-mail:zhuxin@lingxin.cn

西安隆华环保技术有限公司
Xi'an Longhua Environmental Protection Technology Co., Ltd.

陕西科技大学造纸环保研究所
Institute of Papermaking Environmental Protection of SUST

隆华环保 LONGHUA ENVIRONMENTAL

科大环保 SUST Environment

公司简介 Company Profile

陕西科技大学造纸环保研究所成立于2001年，张安龙教授担任所长。研究所下设技术开发部、分析实验室中心、综合办、咸阳得林环保设备有限公司及西安隆华环保技术有限公司。2013年研究所获批为陕西省技术转移示范机构，2015年获批为陕西省研究生联合培养示范工作站，2019年隆华公司与陕西科技大学环境科学工程学院联合获批成立中国轻工业水污染控制工程技术研究中心，2020年隆华公司通过了ISO9001:2015质量管理体系认证和高新技术企业认证。

隆华公司以环保实用技术为基础，提供专业环保服务，致力于为广大用户量身定制废水处理、清洁生产、资源综合利用等解决方案。主要业务包括工程设计、技术咨询、BOT及EPC项目、专业设备生产制造与安装、工程调试及化学品供应等。目前已在造纸、市政、化工、食品、饮料及发酵等多个行业完成180余项环保处理工程项目，项目覆盖全国26个省、市、自治区，并扩展到马来西亚、伊朗、文莱等海外市场。

隆华公司坚持以客户为中心，以一流的技术、产品和服务，努力为客户创造更高的价值。

核心技术 Core Technologies 我司专有专利技术产品

1.废水厌氧生物处理技术——HSASB高速厌氧污泥床反应器

- 立式罐体，反应器尺寸规格齐全
- 可靠的自调节内循环系统
- 两层三相分离器
- 出水水质稳定
- 抗冲击负荷强
- 沼气产量充分、稳定
- 耐低温、防钙化
- 快速的生物启动

2.废水好氧生物处理技术——供气式低压射流曝气生物处理系统

- 有机物去除效率高
- 可预防污泥膨胀
- 氧转移效率高，动力消耗低
- 无阻塞、无密封，安装维护方便
- 节能高效，长期运行零故障
- 投资省，运行费用低
- 可设计各种尺寸
- 满足不同客户需求

3.废水深度处理技术——多相射流循环Fenton高级氧化系统

- 立式罐体，反应器尺寸规格齐全
- 降解较彻底，出水效果好
- 同相及异相催化反应
- 反应传质速度快
- 污泥形成结晶，铁污泥减量
- 操作简单、运行费用低
- 对环境友好，无二次污染

地址：陕西省西安市经济技术开发区凤城十二路凯瑞B座704-705
座机/传真：029- 89600026
E-mail：susthbs@126.cn
网址：www.susthbs.com

公司简介

Corporate profil

新乡新亚纸业集团股份有限公司是以制浆造纸为主，集热电联产、医药化工、物流商贸、机械制造、林基地开发、环保综合治理于一体的股份制企业集团。公司占地175公顷，下设18个生产单位与子公司，拥有各种型号的造纸生产线24条，现有员工3800多名，年制浆能力70万吨，造纸生产能力98万吨。产品通过了国家ISO 9001质量体系认证和ISO14001环境体系认证。是中国质量管理达标企业，中国企业改革示范单位、中国制浆造纸研究院有限公司试验基地。河南省制浆造纸龙头企业、河南省百户重点企业、河南省转型升级试点企业、河南省综合效益先进企业、河南省优秀民营企业、河南省农业、林业产业化重点龙头企业。新乡市利税大户、新乡市重点保护企业、新乡县域经济支柱企业。

公司主营产品为包装用纸、文化用纸、生活用纸三大系列。主要品种有涂布白卡纸、食品液包纸、瓦楞原纸、箱板纸、胶版印刷纸、静电复印纸、电脑打印纸、双面书写纸、中高档生活纸。拥有“新亚”“新辉煌”“新锦绣”等系列品牌。

公司拥有两个省级技术中心——河南省企业技术中心和河南省造纸污染治理工程技术研究中心，拥有30多名由知名专家、工程师和技术骨干组成的研发队伍。近年来，在制浆造纸工艺、资源循环利用、环保综合治理等领域取得科技成果20余项，其中麦草半化学浆黑液碱回收技术荣获全国节能减排技术二等奖。

公司累计投资近8亿多元建立了完善的污染物治理和资源循环利用工程，成为河南省造纸行业的典范和标杆。分别获得了河南省污染防治优秀企业、新乡市环保十大诚信企业、全国首届践行生态文明优秀示范企业和河南省科技环保优秀企业等荣誉称号。

高档文化用纸生产线

涂布白卡纸生产线

生产下线的成品纸

食品级液体包装纸生产线

江苏金呢工程织物股份有限公司

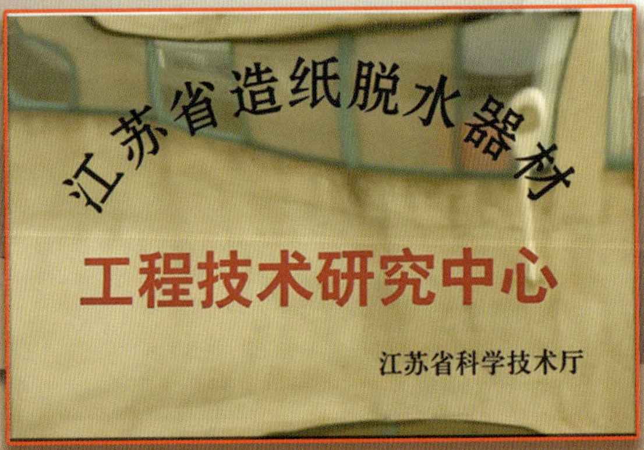

江苏金呢工程织物股份有限公司（股票代码832334）是一家专业生产造纸脱水器材的大型企业，公司拥有总资产5亿元，拥有国家博士后科研工作站和江苏省院士工作站，是国家高新技术企业。

公司可生产造纸用SSB三层成形网，年生产能力为30万米^2；高抗水解扁丝干网和纸机传送带，年生产能力为20万米^2；耐线压浆板过滤网，年生产能力为5万米^2；造纸毛毯，年生产能力为500吨。

公司的成形网、干网、过滤网产品生产线全部引进德国，拥有15.5米宽幅高速织机4台，13.5米宽幅高速织机5台，15.0米宽幅双层热风定型机3台，全自动无端/有端接口机10台，最大无端网长可达132米，可以满足目前国内几乎所有纸机的尺寸需要；产品原料主要进口于德国Perlon，产品质量稳定可靠。

目前，公司生产的成形网、干网已在1800米/分车速的纸机上稳定运行，造纸毛毯已在1000米/分车速的纸机上稳定运行。

金呢股份凭借先进的设备、成熟的应用、先进的管理及全面的服务，不断研发优质的产品，在同行业内备受青睐。公司秉承“以市场为导向，以客户为中心”的经营理念，不断开发出适合用户需求的产品，降低客户生产成本；想客户所想，急客户所急，为客户提供一系列的产品服务和技术支持！

江苏金呢工程织物股份有限公司

地址：江苏省南通市海门区悦来镇三条桥153号

电话：0513-82181600 82181300

邮箱：group@jsjinni.cn

网址：www.jsjinni.cn

浙江传化华洋化工有限公司

Zhejiang Transfar Whyyon Chemical Co.,Ltd.

Transfar
传化化学

传化化学，让生活更生动

Transfar Chemicals For a More Lively Life

诞生于1998年的浙江传化华洋化工有限公司是一家全球化的造纸化学品公司，我们的科研专家和工程师坚持对化学技术的热忱与信仰，致力于通过领先的功能化学品和新材料解决方案，成为造纸化学品领域的全球顶尖专家。

公司依托强大的产品研发和技术服务能力，为客户提供制浆、抄造、涂布及后加工全过程的化学品系统解决方案，为全球客户提供本地化的服务。

拥有丰富的产品系列

- ✔ 造纸色相助剂系列
- ✔ 施胶剂系列
- ✔ 增强剂系列
- ✔ 生活用纸化学品系列
- ✔ 特种纸化学品系列
- ✔ 过程助剂化学品系列
- ✔ 制浆化学品系列
- ✔ 涂布化学品系列
- ✔ ……

江传化华洋化工有限公司

E JIANG TRANSFAR WHYYON CHEMICAL CO.,LTD.

上：浙江萧山经济技术开发区鸿达路125号

125,Hongda Road,Xiaoshan Economic and Technological

velopment Zone,Hangzhou,Zhejiang,China

真：0571-83783250

服务热线：

0571-82695838

工作日　8:00-17:00

扫描关注集团资讯

岳阳林纸

YUEYANG FOREST & PAPER

岳阳林纸股份有限公司（SH600963），是中国诚通控股集团有限公司旗下中国纸业投资有限公司的控股公司。中国诚通是国务院国资委管理的大型企业集团，也是一家以“林浆纸生产、开发及利用”为主业的中央企业。

岳阳林纸造纸产能近100万吨/年，为国内大型文化用纸、包装用纸、工业用纸、办公用纸的生产企业。主导产品有全木浆纯质纸、天岳书纸、天岳彩画纸、全木浆胶版纸、胶版印刷纸、胶印书刊纸、轻型胶版纸、精制轻量涂布纸、簿本纸、复印纸、食品包装纸、精品牛皮纸、伸性纸袋纸、高强纸袋纸等。

岳阳林纸建设的雄安新区“千年秀林”

依托中国诚通国有资本运营平台，岳阳林纸将生态基因植入立企之本，植入成长血液，植入未来战略，以对文明的敬仰、对自然的敬畏，塑造“大生态”发展格局，生态园林、生态农林、生态浆纸、生态化工四大产业蓬勃发展。新时代的岳阳林纸，积极践行“碳达峰、碳中和”国家战略，坚定不移走可持续发展之路，以生态为笔，以改革为墨，正奋力书写百年岳纸的千载文章。

岳阳林纸微信公众号

百年岳纸
千载文章

公司地址：湖南省岳阳市城陵矶 Address：Chenglingji Yueyang Hunan 客服电话：0730 8590315 Customer：0730 8590315
销售电话：0730 8591889 Sales Tele：0730 8591889 公司网址：www.yypaper.com Company Website：www.yypaper.com

红色基因 绿色纸品

“红色基因、绿色纸品”，是岳阳林纸在行业与众不同的品牌特征。从第一张凸版纸成为《毛泽东选集》用纸，到十八大、十九大文献专用纸，再到党史学习教育指定书目用纸，岳阳林纸一直是“红色经典”印制者、“红色精神”弘扬者。中国环境标志（Ⅱ型）产品验证、质量管理体系认证、森林管理体系认证、绿色原辅材料供应商等一项项硬核实力，让岳阳林纸品牌形象加速提升，品牌影响不断扩大。

天岳®

全木浆纯质纸
天岳书纸
天岳彩画纸

山岳®

全木浆胶版纸
山岳书纸
山岳彩画纸
精品牛皮纸
食品包装纸

湖岳®

全木浆胶版纸
湖岳书纸

岳阳楼®

胶印书刊纸
胶版印刷纸
亮白高松胶版纸
办公用纸

泰格风® TAIGE FENG

离型原纸
办公用纸

泰格雅® TAIGE YA

复印原纸
轻型胶版纸
簿本纸

泰格颂® TAIGE SONG

涂布纯质纸
精制轻量涂布纸
食品包装纸

针对大肠杆菌抑菌率99%数据来源于广东省微生物分析检测中心

维亚造纸机械
PAPERMAKING MACHINERY
流浆箱
专业制造商
VIA
HEADBOX
PROFESSIONAL
PRODUCTION
西安市沣东新城天章大道北段1号
029-84517451
xianweiya@sina.com
www.xawyjx.com
联系人
韩经理15929964326
西安维亚造纸机械有限公司

恒联集团

董事长：李瑞丰先生

我谨代表恒联全体员工向海内外关心和支持我们恒联集团发展的各界朋友表示最诚挚的谢意！

董事长：

潍坊恒联特种纸有限公司

主导产品：彩色纸、工程纸、标签纸、珠光底纸、气泡袋衬纸、纯质纸等。

Tel：0536 5037182

潍坊潍森纤维新材料有限公司

主导产品：纤维素肠衣、纤维素新材料。

Tel：0536 5037153

山东恒联新材料股份有限公司

主导产品："宝石"牌平板玻璃纸、卷筒玻璃纸、HL-再生纤维素薄膜及注色、胶带、食品、涂布专用玻璃纸。

Tel：0536 5037005

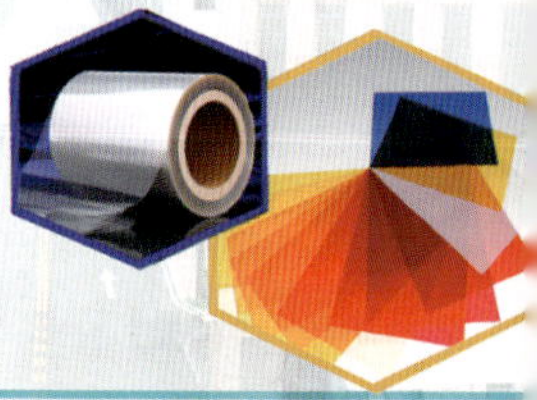

潍坊恒联美林生活用纸有限公司

主导产品：卫卷纸、手帕纸、面巾纸、厨房及酒店用纸等。

Tel：0536 5037081

山东冠骏清洁材料科技有限公司

- 白色木浆复合水刺无纺布
- 纺粘木浆水刺无纺布
- 彩色木浆复合水刺无纺布
- 压花六角纹水刺无纺布
- 网孔波浪纹水刺无纺布/百洁布等

0539 7335308

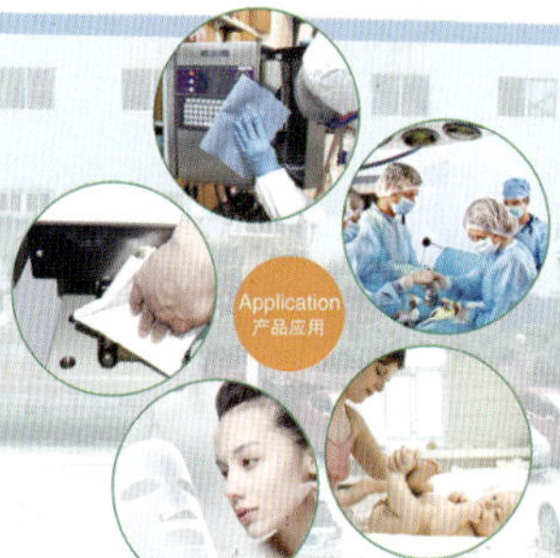

山东光华纸业集团有限公司

- 胶版纸
- 纸浆
- 包装纸
- 热电
- 特种纸

0539 5811100

果袋纸
Fruites Bag Paper

双胶纸
Offset Paper

防粘纸
Release Paper

教材专用纸
Teaching Paper

恒联集团始建于1946年，业务范围主要涉及生物纤维与新材料、特种纸及制浆、金融和相关辅助产业，目前已形成潍坊、费县、岳阳三大工业园协同发展的战略格局。

集团致力于生物纤维深度开发与综合利用的探索，全面实践"价值源于创新、规范孕育和谐"的核心价值观，以创新、绿色为引领，加快企业新旧动能转换步伐，积极构建集约、绿色发展新模式。未来，集团将大力发展生物纤维新兴产业，加大技术创新力度，健全智能制造体系，全面提升企业管理水平和经营质量，建成国际知名、国内领先的生物纤维高科技企业。

集团先后荣获全国制浆造纸行业30强、中国包装行业龙头企业、中国民营企业制造业500强、山东省造纸行业十强企业、山东民营企业百强、山东省创新驱动发展能力百强企业、山东省轻工业建国六十周年功勋企业、山东省管理创新优秀企业、山东省首批制造业单项冠军、瞪羚企业等多项荣誉称号。

公司网址：http://www.henglianpaper.com

HENGLIAN PAPER

十年来的中国造纸工业

（2010-2020年）

各种纸及纸板	2010	2011	2012	2013	2014	2015	2016	2017	2018	2019	2020 年
消费量	9173	9752	10048	9782	10071	10352	10419	10897	10439	10704	11827
生产量	9270	9930	10250	10110	10470	10710	10855	11130	10435	10765	11260
进口量	336	331	311	283	282	287	297	466	622	625	1154
出口量	433	509	513	611	681	645	733	699	618	686	587

注：数据来源中国造纸工业历年年报统计
背景为国产大纸机

BELLMER

自1842年开始传承

我们为造纸和纸浆领域以及固液分离领域设计制造安装高质量的设备以及成套系统。自1842年开始累计179年以上的技术诀窍和不断的研发创新，让我们的客户受益不断。

车间

一切都从1842年Carl Bellmer先生在德国尼芬收购了一个造纸厂开始，今天奔马已经成为了全球最古老的造纸设备生产厂家之一，而且是一个已经传承六代的家族企业！目前奔马家族全球有600多名员工，还在稳定地增长着。

生态经济&环境技术

奔马是生态经济的先锋企业。我们非常理解如何减小造纸生产工艺对环境的影响的重要性。纸本身也是可全部回收使用的产品。因此我们始终都贯彻生态经济的理念。在造纸设备领域，我们的专家支持我们的用户生产含纤维产品的各式设备。我可以提供全套或单个造纸，板纸或其它特殊纤维产品的生产设备。

造纸技术领域专家

生产线进行升级改造。归功于我们的优秀专家和大量的创新技术，Bellmer 造纸技术代表着准时开机和高效、优化的性能。凭着良好的情感，专业的技术以及对项目成功和使客户的满意的执着，我们共同应对并战胜任何挑战。

奔马（中国子公司）－拜玛机械制造（上海）有限公司
电话：021-57850940、021-57850941
邮箱：sales@bellmer.com.cn
网址：www.bellmer.com
地址：上海市松江区昆港公路1088号3-a座（光塑科技园内）

》TURBOFILMSIZER 膜转移施胶机

操作简便的膜转移施胶机保证了最佳质量的纸张施胶或者预涂布工艺。

》TURBOPRESS 靴式压榨装置

无论是用于复合压榨部还是串联式压榨部，靴式压榨装置均能使纸机生产出最高干度和松厚度的纸张产品。

》TURBOCALENDER 压光机

硬压光机或软压光机保证纸页能达到最好的平滑度，厚度均匀性和松厚度。

》TURBOREELER & TRANSPORTER 卷纸机及其输送系统

中心传动卷纸机全自动母卷输送及铁芯回送可完美满足用户需求

》TURBOCOATER & CURTAIN 涂布机

刮刀式和帘式涂布机可为任何纸张产品进行均匀优质的涂布加工处理。

》TURBOWINDER & SPLICER 复卷机及其拼接系统

模块化全自动复卷机及其自动拼接系统可满足所有的用户需求

》TURBOSHAKER 胸棍摇振器

高速胸棍摇振器以其精确的参数设置对浆料中的纤维进行重排，形成优异的纸张匀度。

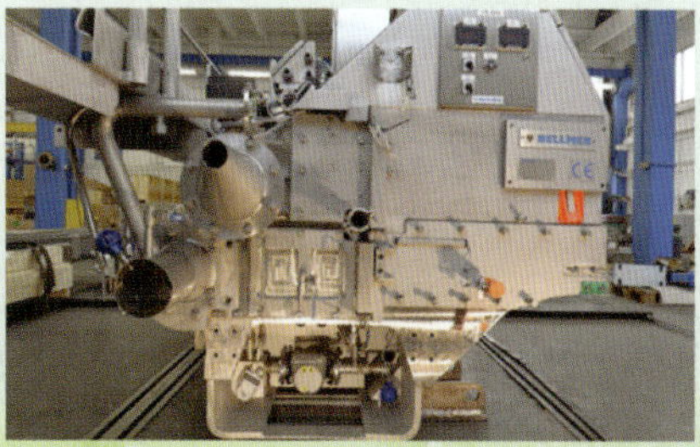

》TURBOJETTER 流浆箱

高品质流浆箱系统可以优化即使是当今最高车速的造纸机生产的任何纸张产品。

》TURBOFORMER 顶网成型器

复合式成型器改善纸张匀度并提高网部脱水能力

华西能源 WESTERN POWER

让天更蓝、水更清、人们生活更美好！

制浆废渣固废锅炉部分业绩

太阳纸业480tds/d
固废处理BFB锅炉

太阳宏河纸业180t/h
固废处理CFB锅炉

1. 中工国际白俄罗斯40万吨纸浆厂3×75t/h固废处理CFB锅炉
2. 山东太阳纸业480tds/d固废处理BFB锅炉
3. 山东太阳宏河纸业180t/h固废处理CFB锅炉
4. 广东粤电湛江生物质发电公司2×220t/h高温高压固废处理CFB锅炉
5. 山东博汇1500tds/d固废处理CFB锅炉

循环流化床锅炉部分业绩

1. 广西金桂浆纸业有限公司670t/h高温超高压燃贫煤循环流化床锅炉
2. 湖北孝感金凤凰130t/h高温高压燃贫煤循环流化床锅炉
3. 印尼金光670t/h高温超高压燃煤循环流化床锅炉
4. 海南金海浆670t/h高温超高压燃煤循环流化床锅炉
5. 安徽山鹰纸业140t/h高温超高压燃煤循环流化床锅炉

公司制造能力

正在生产的集箱

正在生产的锅筒

膜式壁生产线一角

省煤器模块集聚港口待发

址：四川省自贡市高新工业园荣川路66号
话：0813-6666666　028-65252188
网址：www.cwpc.com.cn
邮箱：cwpc@cwpc.com.cn

公司简介

COMPANY PROFILE

武汉武锅能源工程有限公司成立于2016年6月29日，注册资本金3亿元。公司前身是始建于“一五”期间的武汉锅炉厂，是国内生产电站锅炉的大型骨干企业。

武锅能源公司定位于提供多元化的能源系统解决方案，是集电站锅炉、工业锅炉及环保产品研发、设计、销售、生产制造及工程成套管理于一身的专业化公司。公司以黑液碱回收技术、有机含盐废液焚烧技术、清洁燃烧技术、烟气协同治理技术、VOC处理技术、生物质能综合利用技术、高端电站阀门等主导技术产品，打造高端精益制造、节能环保、资源循环利用、清洁能源、增值服务五大业务板块，产品及工程成套项目遍及国内外市场。

武锅能源智能工厂于2020年建设完工，工厂融入了现代绿色制造技术、物流技术及精益生产的理念，抓住关键部件、重点工序，采用先进高效的工艺装备，合理布置各生产厂房和工艺装备，实现专业化、清洁生产，为企业提高工艺水平、装备水平和管理水平创造条件，增强企业的核心竞争力，提升产品附加值。

武锅能源公司将继续秉承老“武锅”“激情燃烧，承压奋进”的精神，坚持“采众长、树独帜、献碧水蓝天”的价值观，引领绿色节能环保锅炉的研发制造，用更加高效节能、更洁净环保的产品守护共和国的碧水蓝天！

湖北省武汉市江夏区大桥新区何家湖街与工业二路交界处

电话：027-87655091　027-87655092

邮箱：jingyingbu@whtzgl.com

网址：http://www.whbec.com

滕州市润升辊业有限公司

Paper machine guard

润升辊业始于1996年，拥有辊子覆层研发、生产、制造的技术与经验。旗下拥有滕州市润升辊业有限公司、江西润升福克斯造纸装备有限公司、润升辊业江苏有限公司。公司可为您提供直径2000mm、长度14000mm、重量60T的辊子包覆聚氨酯、橡胶、复合材料、辊面喷涂等，同时可提供辊子维修及现场服务。润升辊业团队致力于为每一台纸机提供高效、优质、快捷的服务，时刻为造纸保驾护航。

复合聚氨酯覆层

应用：
盲孔压榨辊
真空压榨辊
真空托辊

复合材料覆层

应用：
软压光辊
中心辊
高速导辊

高性能橡胶覆层

应用：
压榨辊
施胶辊
涂布辊

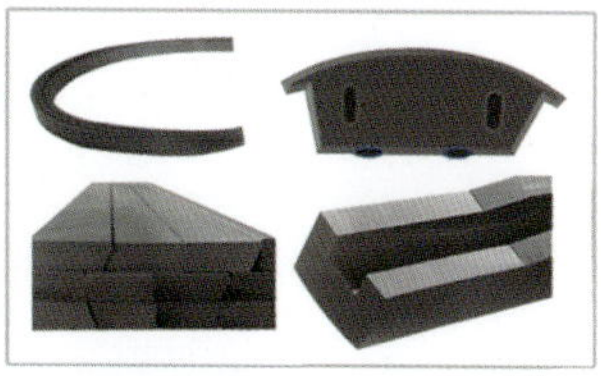

石墨密封条

应用：
真空压榨辊
真空托辊
真空吸移辊

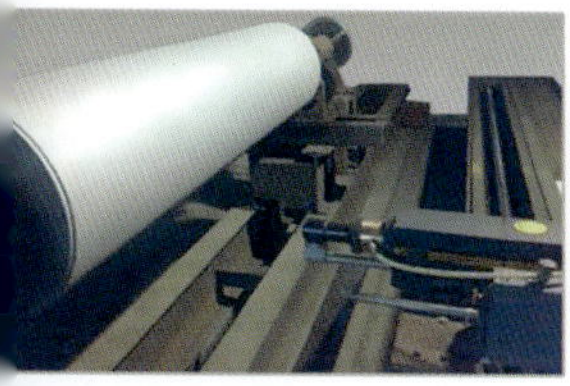

超音速现场喷涂

应用：
复卷机底辊
压光机辊
烘缸

辊子研磨

应用：
造纸功能辊
风电转子
重型精密机械

高端维修

应用：
靴压辊
可控中高辊
真空辊

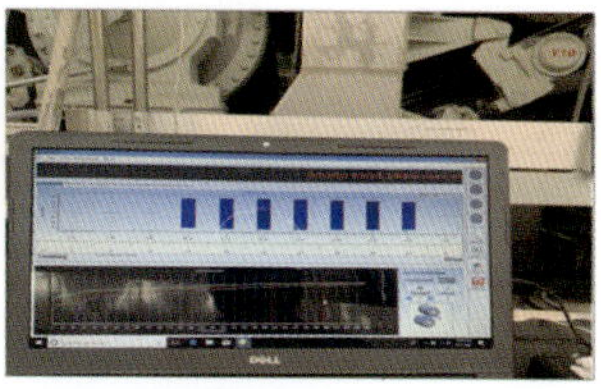

现场品质服务

应用：
电子压区测试
热成像检测
辊轴动态测试

滕州市润升辊业有限公司
地址：山东·滕州市龙园大道南200米
电话：0632-5918799 13863270007 13963270007
传真：0632-5915884 网址：www.tzrsgy.1688.com

山东金蔡伦集团（以下简称“金蔡伦集团”）是一家以文化用纸制造为主导产业，集热电、印刷、文化传媒、水质净化、新型建材等多个产业于一体的多元化企业。

金蔡伦集团始终坚持科技创新，注重内涵式发展，持续提升管理水平，核心竞争力不断增强，先后荣获“全国守合同重信用企业”“省级环保优秀企业”“省级高新技术企业”“省最具发展潜力企业”“山东省环境教育基地”等多项称号，连年被评为“山东省造纸行业十佳企业”。

集团办公

山东金蔡伦集团

智能化升级驱动发展 循环经济链提升三效

多端布局 打造循环经济产业链

金蔡伦集团秉承“以质量求生存永不满足，以客户为至尊诚信经营”的经营理念，发扬“品立天下、诚信致远、自强不息、追求卓越”的企业精神，坚持以市场为导向，以诚信为根本，以质量品牌为核心，脚踏实地，锐意进取，实施科技兴业，绿色发展。发挥集团化优势，优化资源配置，调整产品结构，拉长产业链条，发展循环经济，在创新中崛起，在发展中壮大，实现了集团的可持续、跨越式发展。

近年来，金蔡伦集团深入落实新发展理念，走创新驱动、生态优先、低碳循环发展之路，积极布局水质净化、环保节能建材等绿色产业，培育发展新动能。旗下十余家公司涵盖造纸、热电、印刷、玻璃加工、水质净化、新型建材等多个产业，构建起能源、建材、文化、民生四大板块。板块之间横向耦合，互惠互补，良性互动，产业链条纵向延展，深入对接，完整闭合。形成了以“木纤维—造纸—印刷—文化传媒”“企业废水—湿地净化—超深处理—中水回用”“热电—炉渣—烧结砖”为核心的多条循环经济产业链，实现了经济效益、社会效益和生态效益的同步提升。金蔡伦集团被授予“省级环境教育基地”。2019年，顺利通过“省级资源循环利用基地”认定。

目前，金蔡伦集团拥有山东金蔡伦纸业有限公司、阳谷森泉热电有限公司、阳谷毕升印务有限公司、阳谷金晶玉玻璃有限公司、阳谷新源热电有限公司、阳谷森泉湿地有限公司、阳谷新源新型建筑材料有限公司等十家子公司，发展成为科技含量高、产业链条完备、资源优势互补，集高端制造、精深加工、资源回收及综合利用于一体的综合性现代化企业集团。

其中，山东金蔡伦纸业有限公司是国内唯一的轻型印刷纸专业生产企业，轻型印刷纸国家标准【GB/T26705-2011】主导起草单位，“国家级绿色工厂”。“金蔡伦”商标被评为“山东省著名商标”，产品以绿色环保、品质卓越获市长质量奖、入选中国印刷技术协会《绿色原辅材料产品目录》，保持国内轻型印刷纸行业领跑者地位。2020年，该公司研发生产的纯质纸被选定为《习近平治国理政》第三卷印制专用纸。

毕升印务有限公司采用国内外先进水平的制版、印装设备，拥有海德堡、三菱等国际先进的印刷设备11台，TSK胶订联动线、雅思锁线过胶联动线等装订联动线5条及印后设备20余台套，集设计、印刷、印后工艺于一体，2014年在印刷行业率先通过中国环境标志产品认证和绿色工厂认证，被评为“聊城市文化产业示范基地”。2020年，金蔡伦集团作为全国唯一一家同时承接纸张供给和文献印刷企业，圆满完成《习近平谈治国理政》第三卷印制任务。

坚守“两山”建链延链推进板块互融

发展循环经济，能够有效利用资源和保护环境，既是实现可持续高质量发展和率先实现“碳达峰碳中和”目标的重要途径，也是企业落实“两山”理念的必由之路。“十三五”以来，山东金蔡伦集团践行“绿水青山就是金山银山”理念，根据自身特点，发挥集团优势，围绕资源综合利用，调整产品结构，拉长产业链条，相继谋划实施了毕升印务、森泉人工湿地、新源新型建材等一系列建链延链项目发展循环经济，不断建链延链，推进板块互融。目前，金蔡伦集团拥有的金蔡伦纸业、森泉热电、新源热电、新源建材等10余家子公司，通过产业之间的纵向延展，横向耦合，逐步打造起多条绿色循环经济产业链。

毕升印务设备缩影

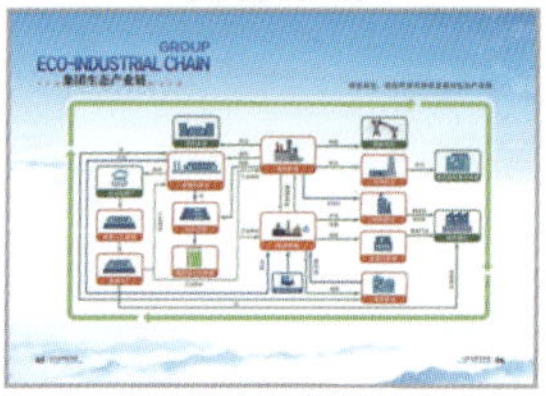

循环经济

轻型印刷纸是金蔡伦集团的主导产业，金蔡伦纸业公司是国内唯一的轻型印刷纸专业生产企业，轻型印刷纸国家标准起草单位、产品成功入选中国印刷技术协会《绿色原辅材料产品目录》，集团森泉板业为金蔡伦纸业生产轻型印刷纸提供优质杨木浆，毕升印务和景阳冈文化传媒公司凭借金蔡伦纸业提供的优质轻型印刷纸及市场营销网络，乘势发展，形成了“木绒纤维—造纸—印刷—文化传媒”完整的文化产业链。

纸业废水经污水处理厂处理，达标排放进入森泉人工湿地进行净化，而后通过森泉水厂再次进行脱盐、膜滤等深度处理，进一步提升水质，回用于集团及周边企业工业用水，形成了“企业废水—活性污泥处理—湿地净化—超深处理—中水回用”的完整水资源循环产业链，实现了水资源高效利用、良性循环。

新源热电、森泉热电两大能源企业，为金蔡伦集团纸张制造、玻璃加工等提供蒸汽及电力能源，同时将产生的固体废物——污泥、粉煤灰及炉渣输送至新源建材公司加工成烧结砖等新型建材，变废为宝，形成了“生活垃圾—热电—粉煤灰、炉渣—烧结砖”的新型建材产业链。

目前，金蔡伦集团热电联产，热纸互补，浆纸一体，纸印联营，以纸带动印刷，印刷带动传媒，以电带动玻璃加工及新型建材制造，系列中水深度净化处理及回用，纸业污泥、生活垃圾再次资源化处理供热发电，产生的粉煤灰、炉渣等固体废物加工成新型建材，从资源到产品再到再生资源，上下游链条深入对接，环环相扣，各产业之间相互关联，良性互补，变废为宝，节能减排，清洁生产，打造起一个“科技引领支撑，资源综合利用，链条完整闭合，产业互惠共生”高品质循环经济产业园。

金蔡伦集团敬终如始、持之以恒，在绿色循环发展的道路上笃定前行，以自己的实际行动呵护碧水蓝天，为生态文明建设和可持续发展做出了积极的贡献，先后被评为“聊城市循环经济示范企业”“山东省资源循环利用基地”，荣获由环保部、林业部等部委联合颁发的全国“母亲河”绿色贡献奖。

“文化+”赋能 构建高品质文化产业园

新厂区鸟瞰图

近年来，金蔡伦集团围绕资源综合利用，不断优化发展布局，加快产业智能化升级，构建起多条循环经济产业链，经济效益、社会效益和生态效益同步提升，先后荣获“山东省资源循环利用基地”“聊城市文化产业示范基地”“聊城市特殊贡献企业”等多项荣誉称号，年上缴税金近亿元。“十四五”期间，金蔡伦集团抢抓新旧动能转换重大机遇，以项目建设为引领，聚焦资源集约节约，融合“文化+”赋能发展新模式，加快构建同心多元、集聚集约、优势互补的高品质文化产业园。该集团突出打造三大板块。

一是文化+科技板块。依托山东金蔡伦纸业的市场及品牌优势，谋划实施特种文化纸项目，以科技引领文化用纸产业智能化转型升级。聚焦数字化和制造业深度融合，引进先进生产制造工艺装备，以企业与科研院所、高校的协同创新持续提升自主创新能力，专注清雅纸、纯质纸和微涂纸等特种文化用纸的开发研制，拓展文化个性化定制市场，打造国内高端特种文化用纸“智造”基地。

二是文化+创意板块。结合毕升印务和景阳冈文化传媒的产业关联特征，拉长并深耕产业链，引进创意设计资源要素，由图书印刷和传统文化传媒向文化创意、数字出版和设计服务领域拓展，重点向出版创意、动漫设计、传媒会展服务、图书电子商务等方面延伸，构建创新引领、科技支撑、融合发展的文化创意产业集群。

三是文化+物流板块。在造纸、印刷、文化传媒产业基础上，联合国内品牌新闻出版集团、知名文化传媒公司和大型物流企业，搭建集造纸、编辑、印刷、仓储、发行、运输于一体的一站式功能服务平台，提供特种文化用纸、绿色印刷、现代传媒、货品托管、自动配送等全流程个性化服务，推动文化产业规模化、集约化、产业化发展。预计“十四五”末，可实现销售收入100亿元，税收突破6亿元。

蓝图已绘就，号角已吹响。金蔡伦人将发扬“孺子牛、拓荒牛、老黄牛”精神，把握新发展阶段，贯彻新发展理念，融入新发展格局，扛起推动高质量发展的责任担当，锐意进取，拼搏实干，“争创一流、走在前列”，奋力实现“十四五”良好开局，以优异成绩庆祝中国共产党成立100周年。

新2640纸机

特种文化纸：探索数字化与制造业深度融合

回望“十三五”，金蔡伦集团实现了新跨越，5年来时路，几多壮志、几多拼搏、几多辉煌。启航“十四五”，金蔡伦期待满怀、信心满怀、斗志满怀。站在“两个一百年”奋斗目标的历史交汇点上，面对世界之变、时代之变、历史之变，金蔡伦集团也处于重要战略机遇期，准确识变、科学应变、主动求变，需要更多识变之智、应变之方、求变之勇，更需要继续苦干实干、不懈奋斗。

百舸争流，不进则退。面对百年未有之大变局和瞬息万变的市场形势，金蔡伦集团深知只有紧紧抓住国家新旧动能转换的良好发展机遇，加快转型升级，持续提升自动化、智能化水平，让传统制造业迸发出新的活力，才能真正实现高质量发展。2021年，金蔡伦集团聚焦数字化和制造业的深度融合，投资6亿元上马实施特种文化纸项目，携手清华大学环境学院、国家生物基材料与绿色造纸重点实验室（造纸行业两个国家级重点实验室之一）等科研院所，建立了产学研深度合作，以企业与科研院所、高校的协同创新提升自主创新能力，对全部生产线进行全方位、全系统的“脱胎换骨”式的改造提升，引进supOS系统数据联动分析，实现能耗、设备、质量、成本智能化、体系化管控，全方位打造数字化智能工厂。联合浙江中控共同开发信息管理系统，接入工业互联网平台，全程在线控制产品工艺参数，生产效率可提升30%，综合能耗下降20%，节能降耗效果显著，产品绿色性能明显提升。通过自动化、产业绿色化、管理智能化驱动产品迭代升级，推动特种文化纸向高端化、个性化、绿色化延伸，打造优质品牌，巩固行业领跑地位。

该项目投产后，可生产十几种高附加值纯质纸、清雅纸、微涂纸等一系列优质特种文化用纸，满足印刷出版业创新发展需求，实现更高水平的市场供给，增强市场核心竞争力。目前，该项目入选山东省新旧动能转换重大项目库项目，被确定为山东省重点项目。

一幅更高质量、更有温度、更具活力的传统优势产业转型升级的宏伟蓝图跃然纸上，奔涌着澎湃的激情，释放出强劲的动能，鼓舞人心、催人奋

福建三洋 SYPM

用户的需求　我们的追求

福建省三明市三洋造纸机械设备有限公司

洗浆机

洗浆机

福建省三明市三洋造纸机械设备有限公司是一家提供制浆造纸可持续性技术服务和产品的供应商。公司成立于1995年，占地面积近9万平方米，注册资本5000万元，主营业务为制浆造纸专业设备和压力容器专用设备等。

公司技术研发实力雄厚，通过了ISO 9001质量体系认证和OHSAS 18001 职业健康安全管理体系认证，被评为省级高新技术企业。此外，公司与各设计院紧密协作，共同开展制浆装备和工艺的研发工作。公司浆纸机械制造项目在2012年被列入国家战略性新兴产业，享受国家重点政策扶持。

公司产品覆盖备料以及制浆全线，主要有剥皮机、自动堆取料堆、地坑螺旋、摇筛、高（低）压喂料器、纤维回收机、紧凑型双辊压榨洗浆机、浆泵以及其他各类非标设备，其中紧凑型双辊压榨洗浆机获得整机发明专利，在国产洗浆机产品上市场占有率达90%以上，主要用户有重庆理文、贵州赤天化、海南金海、山东太阳、四川凤生、四川环龙、四川永丰等，年销售业绩过亿元，始终将优秀的产品质量和一流的技术服务放在首位，并将用户对生产和操作的特制化要求融入到产品开发设计和具体制作的全过程中，持续提供技术咨询与改进方案，致力于为用户创造更高效、更环保、更具经济与社会效益的制浆装备。

主要产品系列

剥皮机

摇　筛

木片输送系统

木片堆取料系统

洗浆机

高压喂料器

中浓泵

混合器

抽吸压辊

地址：中国福建省三明市梅列区小蕉工业园　联系电话：0598-5179958
邮箱：sy-q@fujiansanyang.com

晨鸣集团是中国造纸龙头企业，中国企业500强，成立于1958年，是以制浆、造纸为主的现代化大型综合企业集团，在全国拥有多个生产基地，总资产900多亿元，年浆纸产能1100多万吨，企业经济效益主要指标连续20多年在全国同行业保持领先地位。

晨鸣集团是国内A、B、H三支股票上市公司，是中国上市公司百强企业、中国十佳明星企业，荣获全国五一劳动奖状、全国精神文明建设先进单位、轻工业全国十佳企业、中国企业管理杰出贡献奖等省级以上荣誉称号200余项。

晨鸣集团历经60多年创新发展，创造了自己的品牌，培养了自己的核心竞争力，逐步形成了以下几个方面的优势：

浆纸一体化优势。晨鸣拥有湛江、黄冈、寿光3条制浆生产线，木浆产能超过430万吨，是全国实现制浆和造纸完全平衡的大型浆纸一体化企业。

产业布局优势。晨鸣在山东、广东、湖北、江西、吉林等地建有6个生产基地，全部产品实现近距离销售，配送服务快捷。

规模优势。晨鸣集团主要产品：文化纸、铜版纸、白卡纸等市场占有率均位居全国前列。

品牌优势。晨鸣集团靠严格的管理、先进的装备和技术，不断提升晨鸣品牌的自身价值，品牌效益越来越明显。

目前，公司产品涵盖高档胶版纸、白卡纸、铜版纸、轻涂纸、生活纸、静电复印纸、热敏纸等系列。企业拥有国家企业技术中心、博士后科研工作站、国家认可CNAS浆纸检测中心等科研机构，获得国家专利授权300余项，其中发明专利26项，获得国家新产品7项，省级以上科技进步奖15项，承担国家科技项目5项、省技术创新项目63项。在全国同行业率先通过ISO 9001质量体系认证、ISO 14001环保体系认证和FSC-COC国际森林体系认证。

跨入新时代，晨鸣集团将大力弘扬“学习、超越、领先”的企业精神，全面提升企业管理水平和运行质量，继续聚焦主业，做强实业，目前正在中部地区集中建设湖北黄冈生产基地，届时形成北有寿光、中有黄冈、南有湛江的三大生产基地格局，努力建成具有全球竞争力的世界一流企业集团。

博依特科技
POI-TECH

成为流程工业智能化转型升级的第一选择

广州博依特智能信息科技有限公司

广州博依特智能信息科技有限公司（简称“博依特科技”）由华南理工大学院士科研团队于2014年创立，专注于用工业互联网和人工智能技术提升传统流程型制造业生产效率和降低生产成本，助力制造业高质量发展。

基于工业互联网技术架构体系和工业智能技术，博依特科技自主研发的流程工业互联网SaaS平台（POI—CLOUD），集成了从生产到管理、原料供应到产品销售等全链数据，让“连接”加强生产要素协作，以“数据”助力精细化管理，用“模型”驱动优化生产，改变传统行业生产方式，实现产业智能转型升级，目前已服务超过400家建材、造纸、食品等流程型制造业企业。

博依特科技始终坚持“让制造更智能，使工业更绿色”的使命，秉承“跨界集成，协同创新，创造价值”的理念，立志打造成为更懂工艺的工业互联网公司。先后取得近100项知识产权和30多项国家、省、市级荣誉资质。在2020年“中国工业互联网大赛”上，荣获全国总决赛三等奖的优异成绩；同年12月，POI-CLOUD平台被国家工信部认定为“国家级特色专业型工业互联网平台”；2021年初获得顺为资本（小米）和经纬中国1亿元A轮战略投资。在此基础上，博依特科技将进入快速发展阶段，持续为客户提供安全可靠的生产数据化SaaS应用服务和工业智能优化解决方案，致力于成为流程工业智能转型升级的选择。

主要产品

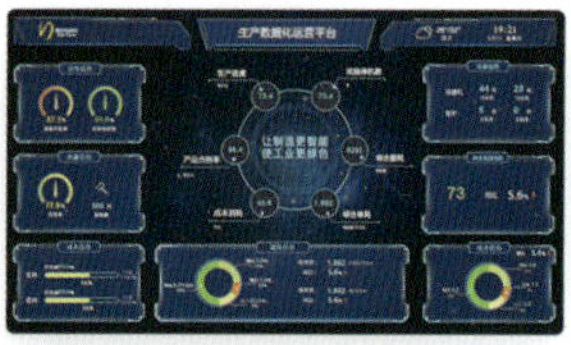

生产数据化运营产品

让生产如期稳定运行的
数据化运营SaaS平台

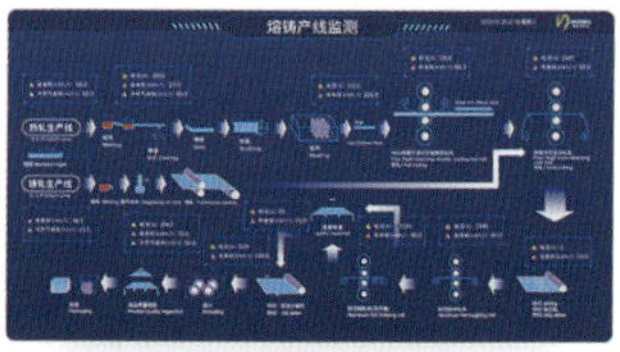

工业大数据产品

流程工业大数据平台
及最佳实践

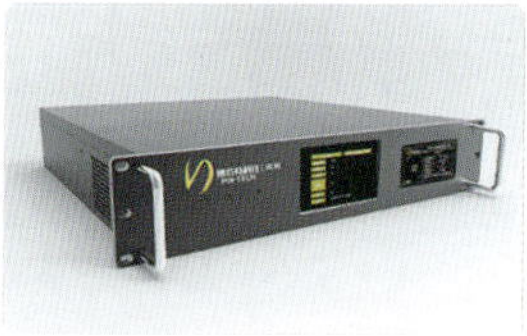

边缘计算设备

为企业流程工业全链
数据交互枢纽
——智能硬件产品

联系方式

扫码关注微信公众号

扫码添加叶经理微信

联系人：叶经理
电话：13632368723
服务热线：400-8088-553
公司官网：www.poi-t.com
邮箱：support@poi-t.com
地址：广州市黄埔区保利中科广场B座4楼&10楼

综　　述

GENERAL TOPICS

1

《2020 中国造纸产业竞争力报告》(节选)

The Competitiveness Report of China's Paper Industry in 2020(Excerpts)

当前国际政治环境复杂、世界经济低迷、全球市场萎缩、国际贸易受阻，百年未有之大变局正在向纵深发展，面对国际局势和全球经济发展态势的不稳定性和不确定性，党中央基于国内外形势，对我国经济发展战略做出的重大部署，提出"双循环"发展战略，而这一战略转向必将成为未来"十四五规划"的重要政策基调，影响着未来 5 年中国造纸产业的发展。

"双循环"的核心要义是以国内大循环为主体，这意味着未来一段时间，国家政策导向上会更倾向于"内循环"行业，对于造纸行业，将从几个方面带来新的机遇：一是消费内循环，内需活力将被各方力量强力激活，引导消费回流，刺激造纸下游市场需求提升。二是制造内循环，国家和地方政府将对制造业给予更多支持，促进实体企业加快转型升级。三是科技内循环，特别是在短板领域，将再度加大科技创新力度，激发创新活力。四是投资内循环，新基建将加速前行，传统建设也将加大力度，有效扩大内需。目前，政府部门已经推出了一系列重启经济增长的具体举措，上万亿元的"新基建"规划，上千亿元的企业减税措施，上百亿元的地方政府消费券发放等，这其中蕴含的机遇值得造纸企业深刻思考并把握。

2020 年以来，新冠肺炎疫情对全球经济产生中长期深刻影响。由于疫情还在全球蔓延，目前全球经济走势存在诸多不确定性，全球经济长期增长面临挑战。经此一"疫"，世界秩序正在发生巨大变化，国际格局加快重新洗牌，全球化面临挑战。从行业层面来说，部分传统行业遭遇困境，主要体现在整体需求萎缩、生产要素成本上升、销售活动受到制约。造纸行业也不可避免地受到影响，多家国际知名造纸企业的业绩报告显示，疫情对文化用纸影响明显，包装用纸随着消费和贸易的低迷而减少，生活用纸则一时占据了新闻热点，但造纸行业整体受损的事实难以回避。

新冠肺炎疫情在重创社会生产和经济运行的同时，也刺激催生新型业态和新兴行业的崛起，倒逼企业加快科技创新变革和产品迭代。一些新兴产业应运而生、蓬勃发展，智能制造、无人配送、网络消费等数字经济产业展现出强大的成长潜力。新的工作和生活方式也在疫情中涌现，网络会议、在线教育、云办公、云服务等"云生活"加速开启。疫情凸显数字经济的重要性，数字技术运用的不断增加，数字产业化和产业数字化已经成为主导产业转型升级和经济发展的新增长点。

疫情打击最重的是实体经济，而重启经济增长的主体也是实体经济。在此过程中，众多教训和经验值得造纸行业和企业警醒并切实调整改善。一是要建立更加完整的产业链和供应链，不管哪个细分产业，打造自主性更强的上中下游供应链至关重要。二是要建立更加合理而又协调的产业布局，要抓住国内外造纸产业转移带来的新的发展空间。三是要努力建设高质量的价值链，加大科技投入，加强技术储备，加快新技术产业化，培育企业的核心竞争力。四是要构建企业与数字经济的融合发展，创新思维，前瞻布局，重构虚实经济体的利益分配格局。

《2020 中国造纸产业竞争力报告》是中国制浆造纸研究院有限公司发布的第五份年度报告，系列报告在行业内受到一定的关注，为顺应行业的发展，2020 年度的报告部分内容进行调整和更新。报告共分为七部分，其中前五部分保持传统布局，分别对行业综合环境、我国造纸产业、全球造纸产业、造纸纤维原料、国际贸易形势等进行分析。第六部分选择纳米纤维素这一个热点前沿进行专题式研究，通过大数据和可视化进行深度分析，追踪、展示造纸行业在此方面的最新研究前沿进展情况，希望能为专家和学者提供新的研究思路，为企业未来发展布局提供决策参考。新增了第七部分，专门对竹浆纸这一热门产业进行详细研究，通过对我国竹浆纸产业发展历史进行全面回顾，并利用大量数据和资料对发展现状、企业、市场、科研、标准和贸易等情况进行分析，针对目前的问题提出发展建议，希冀助力竹浆纸产业高质量发展。

一、造纸产业竞争力综合分析

2020 年是“十三五”规划的收官之年，也是决战脱贫攻坚、建成全面小康之年。当前全球疫情和经贸形势不确定性很大，我国发展面临一些难以预料的影响因素。2020 年两会报告中的一系列新部署，将使我们更加专注于扩大内需，做好“六稳”“六保”，实现高质量发展等任务。只有中国经济稳定增长，造纸行业才能保持可持续发展。

“双循环”是在新的形势下统筹国内国际两个大局，推动两种资源、两个生产、两个链条、两个市场的新战略布局，通过充分发挥中国巨大的市场容量的规模效应和集聚效应，推动我国不断提升在世界经济中的地位。而内循环最迫切的任务是扩大内需，稳定优化产业链。面对新形势、新战略、新机遇，造纸行业要审时度势，把握新发展格局背后的战略抉择，准确识变、主动求变，努力推动我国造纸产业实现更高质量、更可持续的发展。

从国际形势看，我们认为，疫情给世界经济带来严重而广泛的影响，全球经济大幅萎缩已成定局，我国制造业总体保持增长，但发展环境稳中有变。从造纸行业来看，2019 年我国造纸生产量触底上调，我国造纸产业在全球的地位依然稳固，产业集中度持续升高。但是，从经营业绩来看，造纸产业面临多重压力，形势并不乐观，主要表现在虽然生产量有所上升，但营业收入却出现较大幅度下降，利润也大幅减少，特别是 2020 年第一季度，全行业受到较为明显的影响。我们认为，面对新形势，造纸行业要审时度势，把握新发展格局背后的战略抉择，准确识变、主动求变，立足“双循环”，谋划造纸产业新格局。

二、我国造纸产业竞争力分析

受供给侧改革、环保政策的影响，造纸产业集中度进一步提升，龙头企业优势越发凸显；同时国内造纸行业海外原材料依赖较为严重，而废纸进口又受限，导致原材料受限于海外市场等问题，造成部分企业一时无法应对环保重压、生产线停产等局面，再加上下游需求放缓、中美贸易战等冲击，企业面临亏损甚至倒闭，行业整体处于低迷状态。针对以上问题，众多企业开始纷纷转型升级，加大创新投入，部分企业调整原材料结构，以减弱废纸进口带来的影响，还有部分企业布局海外产能以获得更多的发展空间。

通过分析纸浆、造纸生产量，区域造纸产业发展以及造纸及纸制品业的经营指标，发现 2019 年纸浆生产量与 2018 年持平，多个纸种的生产量触底反弹。造纸行业布局东强西弱格局虽然总体未变，但南强北弱的格局正在显现。个别造纸大省由于产业结构调整，造纸产业的地位正在逐步削弱。造纸与纸制品业的产值比例也在发生调整，纸制品业比例正在提升。我们认为，面对造纸行业的格局变化，企业要继续增强创新意识，加快转型升级，顺应市场快速变化，满足客户的多元化需求。

相信未来随着造纸产业结构的变化、企业创新意识的增强、市场多样化以及人们个性化的需求增大，造纸行业将逐步走入高质量发展的轨道，造纸产品也将不仅仅是传统的包装用纸、生活用纸等，具有特殊用途的功能纸张将会越来越多，造纸产品的应用领域也将更加广泛，产品类型将更加丰富。

三、全球造纸产业竞争力分析

近 10 年来，世界经济增长率深陷低迷不振、增长放缓的困境，2019 年主要经济体的经济增速均出现明显回落，2020 年的新冠肺炎疫情让全球经济雪上加霜。我国通过有效措施提前摆脱疫情，迅速恢复生产为我们带来市场优势，侧面表明中国制造大势已成。而“双循环”战略的逐步落实，中国经济正在重拾平衡以实现更加可持续的经济增长。而保持唯一正增长的中国经济，正是我国造纸产业赖以生存和发展的土壤，我们要充分挖掘国内消费市场，围绕产业链展开产业结构转型升级，实现造纸产业新的跨越。

从全球纸浆、造纸生产与消费变化分析，随着我国禁废政策的实施，更多国家也开始禁止废纸进口，正在引发全球纸浆结构深度调整。纸浆生产量增速近几年保持稳定的持续上升，并与全球 GDP 增速基本保持一致。而这一轮增势是由于国际原材料价格上涨带动的，随着全球经济遭遇更多不确定性因素影响，2019 年全球经济出现乏力，特别是全球新冠肺炎疫情对经济的短期影响非常严重，2020 年全球 GDP 持续严重萎缩，由于造纸产业是基础性材料产业，整体受冲击的程度要好于预期。

近 10 年来，全球造纸产业的消费量持续处于低速增长状态，大部分年份消费量增速低于 1%。虽然 2017 年消费量增速短暂提升至 2.35%，但在 2018 年再度出现负增长，全球造纸生产量增速下降 0.43%，消费量增速下降 0.01%。2019 年全球消费支出增速创 10 年来新低，消费乏力对造纸产业产生不利影响，需求增速长期在零位徘徊不前。而且发达国家的人均消费量持续下降，我们需要从产业发展周期的角度，认知造纸产业的进化态势，把握全球造纸产业格局演变逻辑，主动对接国家最新战略，实现造纸产业新的跨越。

四、全球造纸原料竞争力分析

“禁废令”发布 3 年来，我国进口废纸的数量逐年减少，2020 年 6 月份生态环境部最新表示，自 2021 年起我国全面禁止固体废物进口，造纸行业将面临超过 2000 万吨纤维原料的短缺。原料结构巨变正在对我国造纸产业带来非常深刻的影响。

造纸企业在经历了质疑、观望、面对的过程之后，已经重新调整了心态，正面现实，进而积极应对。因为造纸企业已经认识到，原料供应保障成为决定生存的决定因素。通过提高国内废纸回收率可以填充一部分需求，但杯水车薪难以短期内满足所有企业需求，国内废纸供应和质量问题十分严峻。虽然个别企业转而与国外企业合作，或者直接在国外建废纸浆厂再运至国内，但这也需要 2 ~ 3 年时间。在此期间如何保障企业原料，是造纸企业面对的现实问题。

总体来看，纸浆结构继续调整，木浆依赖进口趋势未变。解决废纸原料问题迫在眉睫，虽然再生浆进口增加在一定程度上缓解了国内废纸资源的压力，但短期依然困难重重。而且近一两年来，大量造纸新产能投放市场，2020 年更是有多家企业公布多个百万吨级别的造纸项目，对原料短缺更是雪上加霜。在此期间，如何保障企业原料供应，是造纸企业面对的现实问题。

五、造纸产业国际贸易竞争力分析

由于全球经济治理分歧加剧，主要以美国为主引起的国际经贸纷争此起彼伏，全球货物贸易增速明显放缓，外贸发展面临的外部环境依旧严峻复杂。在信息技术推动下，未来全球贸易方式发生改变，贸易发展将呈现新的趋势和特点，数字产品贸易、服务贸易、产业内贸易占比将明显提高。而造纸行业的国际贸易走势也将在潜移默化中发生改变。

在世界经济低迷的大环境下，作为“世界工厂”和全球最大的贸易出口国，我国面临巨量产能无法转化为有效外部需求的现实难题。近两年的中美贸易摩擦给我国经济产生了影响，对我国的全球产业链与供应链带来了很大的负面影响。面对复杂严峻的国际经济形势，国家及时提出“国内国际双循环相互促进”的新发展格局，这一基于国内外形势作出的重大战略部署将为我国造纸产业的国际贸易趋势产生深远影响。

我们必须认识到，全球纸浆贸易正在调整，地区和浆种供求均在发生变化。亚洲净进口纸浆数量稳步提升，拉美净出口快速增加，欧美纸浆出口有一定程度的减少。从废纸贸易来看，我国禁止废纸进口政策效果凸显，欧美废纸出口量整体下降。全球纸及纸板国际贸易整体趋势未变，欧美纸及纸板国际贸易长期稳定，包装用纸进出口量依然最多。由于国际贸易环境日趋恶化，对我国造纸产品出口造成不利影响。不过，我国进口纸浆数量依然持续增长，带动全球纸浆项目建设。

六、纳米纤维素研究热点和前沿分析

从 2016 年起，我们每年都通过最新科技文献数据，利用最新研究方法，持续观察全球造纸产业的科技创新进展。从 2020 年起我们将对造纸科技进行更为细致和深入的研究，每年确定一个创新主题，并通过大数据和可视化进行深度分析，追踪、展示造纸行业的最新热点和前沿研究。纳米纤维素是当前关注的研究热点。

对纳米纤维素的论文数据进行分析，统计了 2001 年至 2018 年 web of science 数据库的论文，2008 年之前，相关论文数量较少，从 2009 年起开始大量增长，其中，我国和美国的研究论文数量较多，特别是我国，远远高于其他国家。这也表明，我国在纳米纤维素研究领域正走在国际研究前列，为未来的产业化做了较好的技术储备。

从开展纳米纤维素的科研机构统计来看，芬兰的阿尔托大学和瑞典的皇家理工大学，相关论文数量最多，表明北欧依然是这一领域的研究重镇。随后，就是中国科学院、华南理工大学、东华大学，说明我国的科研院所也具有较强的研发实力。对比中文论文，南京林业大学、天津科技大学和华南理工大学的论文数量较多，造纸传统高校是开展纳米纤维素研究的重要机构。此外，还统计了纳米纤维素论文高产作者，主要期刊等内容，以及纳米纤维素学科涉及细分领域，主要分布在化学、材料、生物、轻工等领域。

从专利方面，统计了 1951—2018 年专利数据，整体走势与论文趋势大致相同，目前正处于创新研发的快速发展期。从全球主要国家纳米纤维素专利技术构成及分布来看，我国纳米纤维素相关专利申请重点为 C08L、C08K、C08B 及 C08J，这 4 类研究方向专利数量所占比例较大。其他国家和机构，大致相同，不过，他们专利分布更为平均，需要引起我们的重视。

从纳米纤维素领域专利申请国和专利公开国矩阵图来看，专利数最多的国家是中国、美国和日本。尽管我国在纳米纤维素领域研究发展迅速，但专利集中在本土申请，对其他国家的市场布局较少。而美国、日本等国家是在多个国家进行了专利保护。这个现象，也需要引起重视，要加强在其他国家的专利保护工作。

总体来说，目前我国在纳米纤维素领域已经开展了较为深入的研究，并得到了一定的研究成果，但是，也存在着产业化不足的问题，需要将纳米纤维素的研究和生产从实验室走出来，走进企业，转化为推动我国造纸产业转型升级和高质量发展的真正动力。

七、竹浆纸产业发展现状及趋势分析

基于竹浆纸行业数据和信息资料，对我国竹浆纸产业发展现状进行分析，简要介绍中国竹浆纸产业发展历程、发展现状、主要企业、市场舆情、科技研究、相关标准、国际贸易等情况，分析竹浆纸产业存在的问题，并对竹浆纸产业的发展提出建议。

从我国竹浆生产量统计来看，2001 年以来，我国竹浆生产量才有了较快提高，2008 年至今又有一个较为跌宕起伏的调整，目前正在进入新一轮快速增长期。相应地，竹浆在纸浆中的比例也随之出现波动。

从竹浆造纸企业数量分布来看，企业分布在全国 25 个省市区，其中广东省、福建省、四川省、广西壮族自治区 4 个省(区)是竹浆生产主要地区，但由于原料资源、市场经济、生产基础等因素的影响，各地的企业类型有较大的差异。广东省企业数量最多，为 214 家，分析发现大部分属于加工型中小企业或批发、零售企业。四川省有 49 家，大部分是竹浆生产及竹浆纸制造企业。

从竹浆产能地区分布来看，根据不完全统计，截至 2019 年已投产的大中型竹浆生产企业共计 18 家，合计年产能 240 万吨。主要集中在四川省，有 12 家大中型竹浆生产企业，160 万吨产能，约占全部产能的 65%。此外，贵州省、重庆市、广东省、江西省、广西壮族自治区，也有较大产能分布。2020—2022 年还有多个项目正在建设或计划建设，未来 3 年将新增产能 120 万 ~ 140 万吨，其中四川省预计新增产能 100 万 ~ 120 万吨。

从全球主要国家竹浆生产量统计来看，目前全球生产竹浆的国家非常少，其中，我国的生产量占了绝大部分。从全球竹浆贸易金额来看，也是呈现大幅下降趋势。具体到我国，进口竹浆大幅减少，2018 年已经降为零。虽然也有一部分竹浆出口，但也是大幅减少。此外，我们还分析了竹浆造纸相关所属行业分布、竹浆纸科技论文统计分析、市场舆情情况、相关标准等。

竹浆纸产业存在的问题，主要表现在四个方面：一是竹材原料供应不足矛盾凸显；二是产业结构趋同制约良性发展；三是设备总体落后面临环保压力；四是科技创新意识不足影响后劲。针对竹浆纸产业的未来，提出四个方面的发展建议：一是加强竹浆纸产业科学规划；二是加快竹材原料林地建设；三是加快科技创新战略实施；四是加强产业结构优化调整。

综上分析，我们认为，我国盛产竹子，而且分布较为集中，这为竹浆纸产业的发展创造了条件。而且竹浆纤维具有独特的性能，发展我国特色的竹浆造纸具有重要的意义。我们希望这一研究能够为竹浆纸产业发展提供有益的参考，通过合理利用非木资源，在一定程度上缓解造纸原料压力。

八、总结与展望

国际环境和中国经济为造纸行业的发展奠定了基础，让我们对未来发展充满信心。但是，我们也要看到 2021 年造纸行业也面临着一些不可忽视的影响因素，虽然不会影响造纸行业大势，但却有可能成为部分企业的命运转折点。

造纸原料成为决定企业生存的关键变量。我们一直在强调对造纸原料掌控的重要性，但大部分中小企业并没有真正采取有效措施。虽然我们早已知道禁止进口废纸会对造纸行业产生重大影响，但在 2021 年真正到来的时候，废纸原料短缺将会成为压垮部分企业的一根稻草。2020 年下半年至今，国内废纸价格持续增长，还可让大部分企业承受成本之重。但由于国内废纸本身供应不足，加上部分废纸供应商有意压货，市场反映废纸难以保障，甚至出现小企业因为原料短缺而停产的情况。目前，造纸企业正想方设法采购废纸、废纸浆，或者直接利用化学机械浆等造纸原料，但造纸原料紧张仍将是 2021 年最大的变量。

投资热潮成为决定造纸企业命运的主要变量。这一轮投资热潮是从 2019 年开始的，2020 年达到高潮，并将会延续到 2021 年。根据不完全统计，仅 2020 年一年的新增投资产能将达到 3000 万吨，几乎占到目前全国造纸生产量的 1/4。而这些产能将在未来 5 年内陆续释放，但国内市场需求远不能消化掉这些新增产能，这将加剧市场竞争的激烈程度，也意味着在激烈的竞争中将有部分企业不幸败北，一些企业倒闭和重组将不可避免。

产业转移成为决定造纸行业格局的重大变量。造纸行业的产业布局一直在调整之中，长期的“东强西弱”正在转变为“南强北弱”。在此之前有“投资不过山海关”，而随着北方市场的衰退，“投资不过淮河”正在成为新的现象。长江以南成为造纸行业投资的重要区域，而广西壮族自治区和湖北省则是两个最热的投资热土，中西部地区的崛起之势正在形成。此外，国内企业的对外投资也在持续，东南亚是重中之重。随着我国造纸产业转移的加快，新一轮行业洗牌将超过以往，造纸行业的格局也将发生重大变化。

2021 年将是“十四五”规划的开局之年，未来 5 年将是造纸产业转型升级，革故鼎新的关键时期。面对新发展阶段，造纸行业需要判断决定性因素，把握关键性变量，坚持新的发展理念，依托强大的国内市场，强化创新力量，优化产业链条，抓住新发展机遇，占据发展高地，赢得未来发展新优势。

（曹春昱　周在峰）

发展现状

CURRENT STATUS OF DEVELOPMENT

2

中国造纸工业 2020 年度报告

Annual Report of China's Paper Industry in 2020

据统计，制浆造纸及纸制品全行业 2020 年完成纸浆、纸及纸板和纸制品合计 25498 万吨，同比增长 1.22%；其中：纸及纸板生产量 11260 万吨，同比增长 4.60%；纸浆生产量 7378 万吨，同比增长 2.37%；纸制品生产量 6860 万吨，同比下降 4.97%；全行业营业收入完成 1.30 万亿元，同比下降 2.24%；实现利润总额 827 亿元，同比增长 21.24%。

一、纸及纸板生产和消费情况

(一)纸及纸板生产量和消费量

据中国造纸协会调查资料，2020 年全国纸及纸板生产企业约 2500 家，全国纸及纸板生产量 11260 万吨，同比增长 4.60%。消费量 11827 万吨，同比增长 10.49%，人均年消费量为 84 千克(14.00 亿人)。

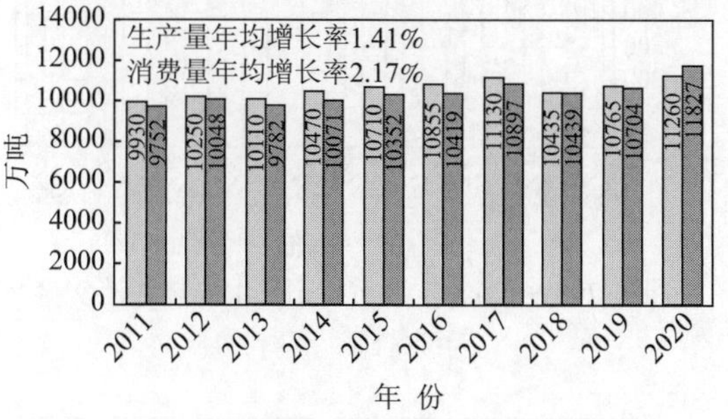

图1　2011—2020年纸及纸板生产和消费情况

□生产量　■消费量

2011—2020 年，纸及纸板生产量年均增长率 1.41%，消费量年均增长率 2.17%(见图 1～图 3、表 1)。

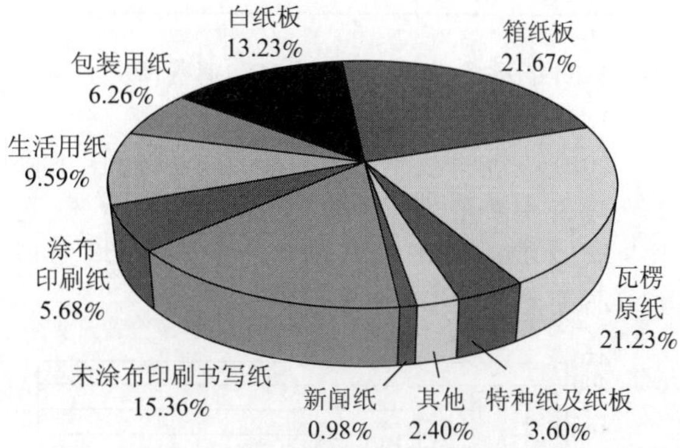

图2　2020年纸及纸板各品种生产量占总生产量的比例

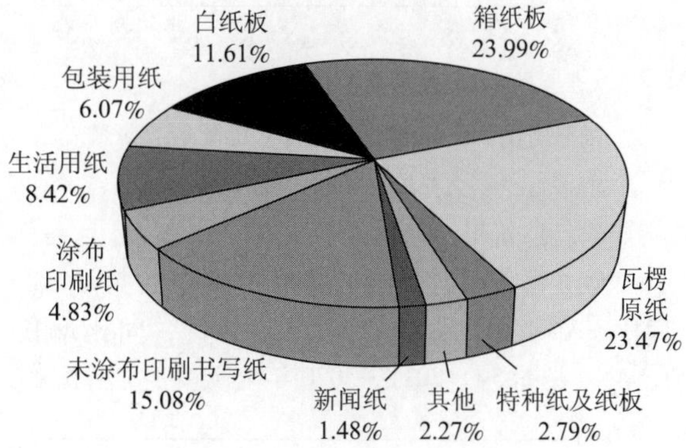

图3　2020年纸及纸板各品种消费量占总消费量的比例

表 1　　**2020 年纸及纸板生产和消费情况**　　单位：万吨

品种	生产量		同比/%	消费量		同比/%
	2019 年	2020 年		2019 年	2020 年	
总量	10765	11260	4.60	10704	11827	10.49
1. 新闻纸	150	110	－26.67	195	175	－10.26
2. 未涂布印刷书写纸	1780	1730	－2.81	1749	1783	1.94

续表

品种	生产量		同比/%	消费量		同比/%
	2019 年	2020 年		2019 年	2020 年	
3. 涂布印刷纸	680	640	-5.88	542	571	5.35
其中：铜版纸	630	600	-4.76	535	556	3.93
4. 生活用纸	1005	1080	7.46	930	996	7.10
5. 包装用纸	695	705	1.44	699	718	2.72
6. 白纸板	1410	1490	5.67	1277	1373	7.52
其中：涂布白纸板	1350	1410	4.44	1216	1292	6.25
7. 箱纸板	2190	2440	11.42	2403	2837	18.06
8. 瓦楞原纸	2220	2390	7.66	2374	2776	16.93
9. 特种纸及纸板	380	405	6.58	309	330	6.80
10. 其他纸及纸板	255	270	5.88	226	268	18.58

（二）纸及纸板主要产品生产和消费情况

1. 新闻纸

2020 年新闻纸生产量 110 万吨，同比下降 26.67%；消费量 175 万吨，同比下降 10.26%（见图 4）。2011—2020 年新闻纸生产量年均递减 13.12%，消费量年均递减 8.49%。

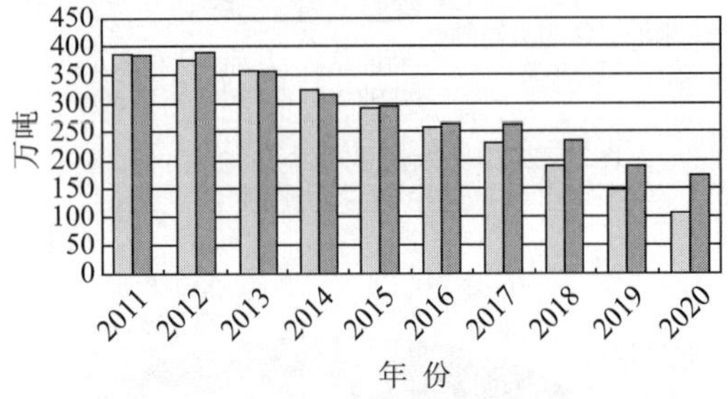

图4 2011—2020年新闻纸生产量和消费量

2. 未涂布印刷书写纸

2020 年未涂布印刷书写纸生产量 1730 万吨，同比下降 2.81%；消费量 1783 万吨，同比增长 1.94%（见图 5）。2011—2020 年生产量年均增长率为零，消费量年均递增 0.62%。

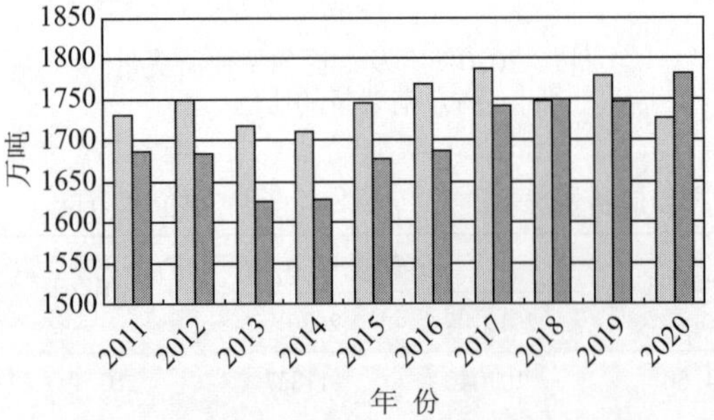

图5 2011—2020年未涂布印刷书写纸生产量和消费量

3. 涂布印刷纸

2020 年涂布印刷纸生产量 640 万吨，同比下降 5.88%；消费量 571 万吨，同比增长 5.35%（见图 6）。其中：铜版纸生产量 600 万吨，同比下降 4.76%；消费量 556 万吨，同比增长 3.93%（见图 7）。2011—2020 年涂布印刷纸生产量年均递减 1.38%，消费量年均递减 0.53%。2011—2020 年铜版纸生产量年均递减 0.71%，消费量年均递增 0.49%。

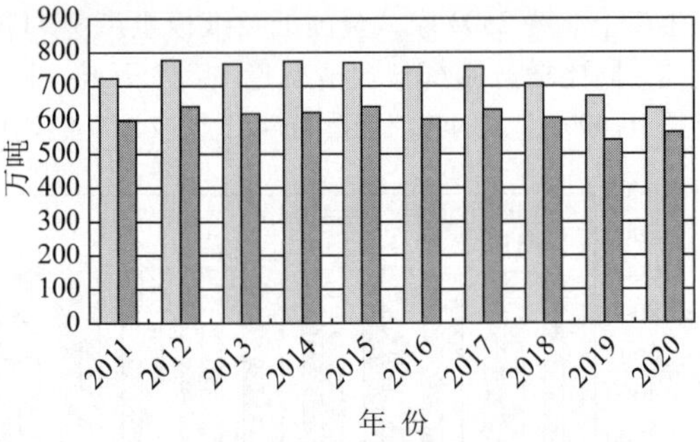

图6 2011—2020年涂布印刷纸生产量和消费量

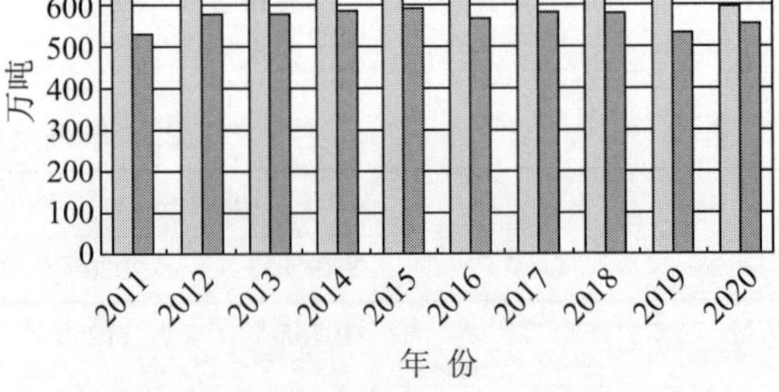

图7 2011—2020年铜版纸生产量和消费量

4. 生活用纸

2020 年生活用纸生产量 1080 万吨，同比增长 7.46%；消费量 996 万吨，同比增长 7.10%（见图 8）。2011—2020 年生产量年均递增 4.45%，消费量年均递增 4.43%。

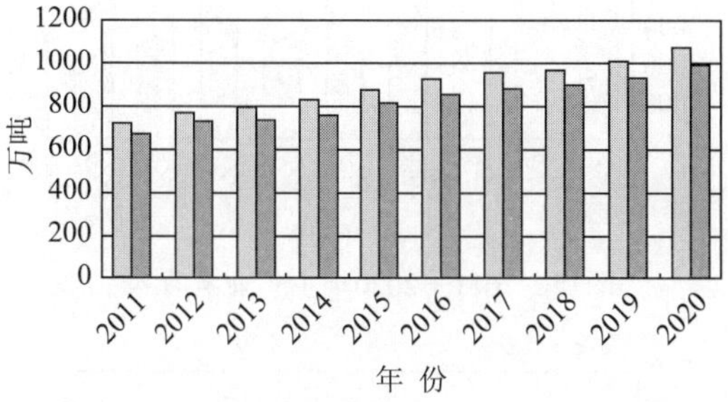

图8　2011—2020年生活用纸生产量和消费量

□生产量　■消费量

5. 包装用纸

2020 年包装用纸生产量 705 万吨，同比增长 1.44%；消费量 718 万吨，同比增长 2.72%（见图 9）。2011—2020 年生产量年均递增 1.44%，消费量年均递增 1.43%。

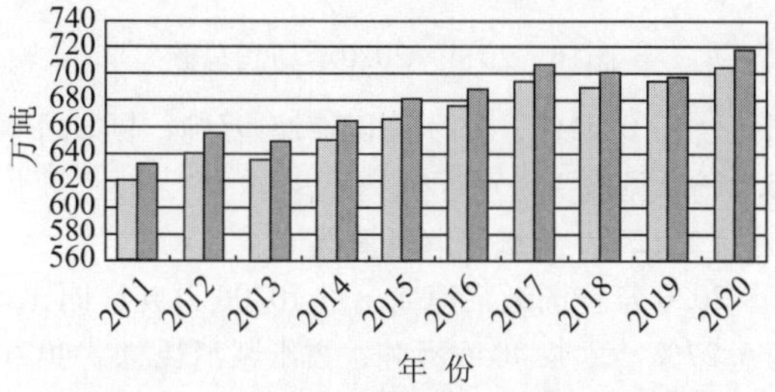

图9　2011—2020年包装用纸生产量和消费量

□生产量　■消费量

6. 白纸板

2020 年白纸板生产量 1490 万吨，同比增长 5.67%；消费量 1373 万吨，同比增长 7.52%（见图 10）。其中：涂布白纸板 2020 年涂布白纸板生产量 1410 万吨，同比增长 4.44%；消费量 1292 万吨，同比增长 6.25%（见图 11）。2011—2020 年生产量年均递增 1.19%，消费量年均递增 0.42%。2011—2020 年涂布白纸板生产量年均递增 0.99%，消费量年均递增 0.17%。

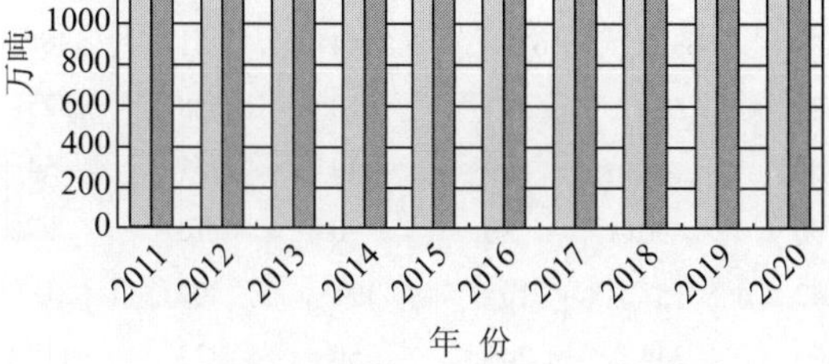

图10　2011—2020年白纸板生产量和消费量

□生产量　■消费量

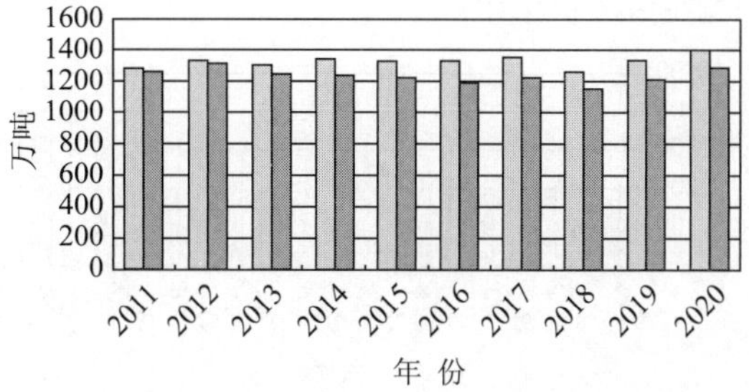

图11　2011—2020年涂布白纸板生产量和消费量

□生产量　■消费量

7. 箱纸板

2020 年箱纸板生产量 2440 万吨，同比增长 11.42%；消费量 2837 万吨，同比增长 18.06%（见图 12）。2011—2020 年生产量年均递增 2.29%，消费量年均递增 3.55%。

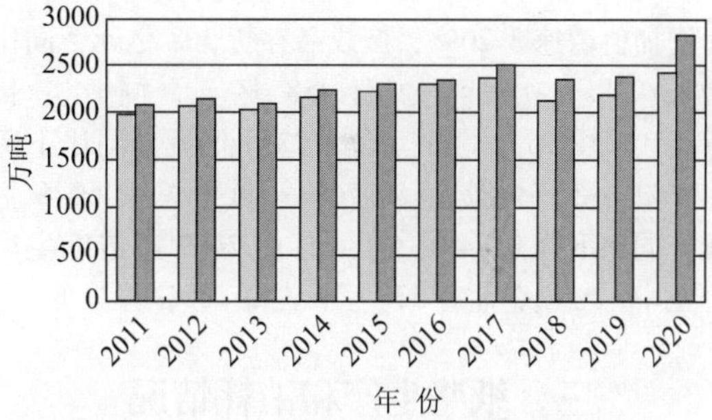

图12　2011—2020年箱纸板生产量和消费量

□生产量　■消费量

8. 瓦楞原纸

2020 年瓦楞原纸生产量 2390 万吨，同比增长 7.66%；消费量 2776 万吨，同比增长 16.93%（见图 13）。2011—2020 年生产量年均递增 2.11%，消费量年均递增 3.76%。

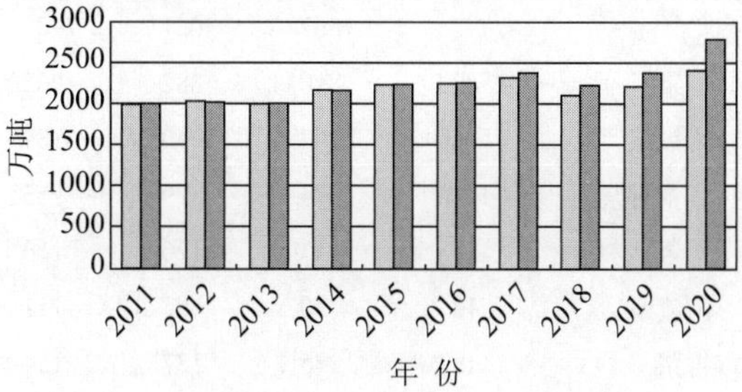

图13　2011—2020年瓦楞原纸生产量和消费量

□生产量　■消费量

9. 特种纸及纸板

2020 年特种纸及纸板生产量 405 万吨，同比增长 6.58%；消费量 330 万吨，同比增长 6.80%（见图 14）。2011—2020 年生产量年均递增 7.57%，消费量年均递增 7.03%。

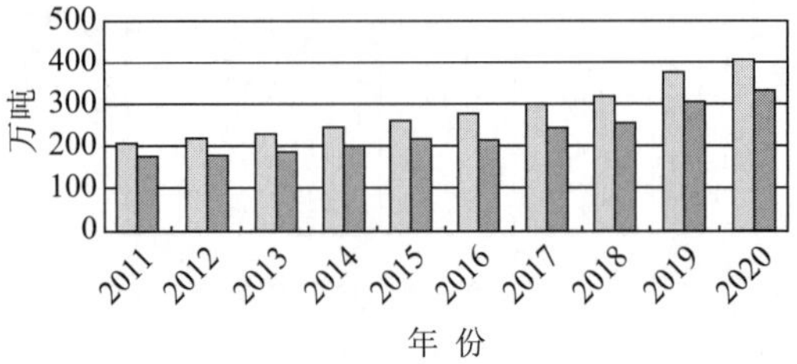

图14　2011—2020年特种纸及纸板生产量和消费量

□生产量　■消费量

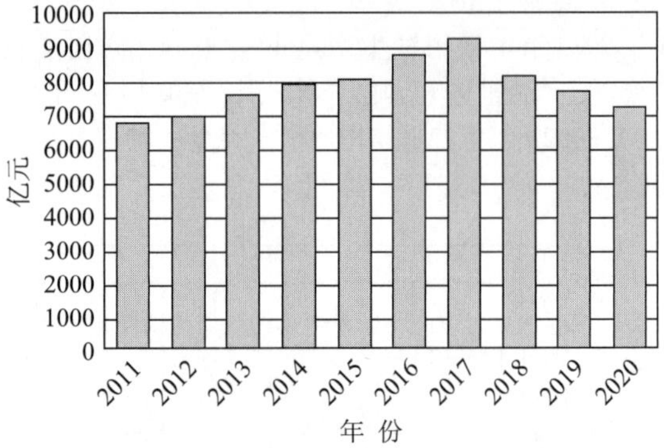

图15　2011—2020年主营业务收入

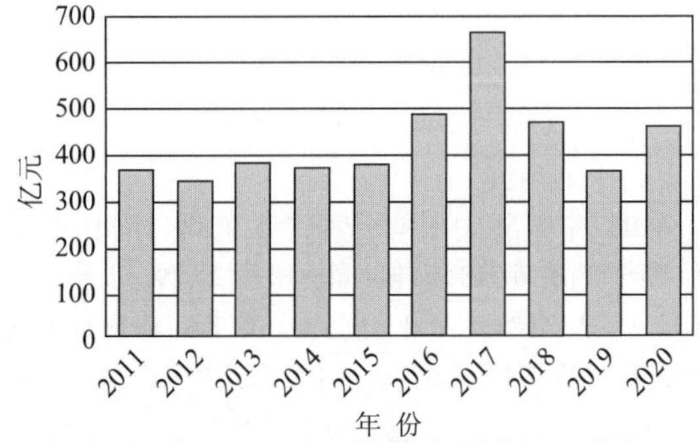

图16　2011—2020年利润总额

二、纸及纸板生产企业经济指标完成情况

据国家统计局统计的 2409 家造纸生产企业，2020 年 1—12 月营业收入 7186 亿元（见图 15）；工业增加值增速 3.20%；产成品存货 308 亿元，同比增长 2.85%；利润总额 458 亿元，同比增长 27.65%（图 16）；资产总计 10289 亿元，同比下降 0.73%；资产负债率 58.76%；负债总额 6046 亿元，同比下降 0.74%；在统计的 2409 家造纸生产企业中，亏损企业有 527 家，占 21.88%。

三、纸浆生产和消耗情况

（一）2020 年纸浆生产情况

据中国造纸协会调查资料，2020 年全国纸浆生产总量 7378 万吨，同比增长 2.37%。其中：木浆 1490 万吨，同比增长 17.51%；废纸浆 5363 万吨，同比增长 0.22%；非木材浆 525 万吨，同比下降 10.71%（见表 2）。

（二）2020 年纸浆消耗情况

2020 年全国纸浆消耗总量 10200 万吨，同比增长 5.27%。木浆 4046 万吨，占纸浆消耗总量 40%，其中：进口木浆占 25%、国产木浆占 15%；废纸浆 5632 万吨，占纸浆消耗总量 55%，其中：进口废纸浆占 2%、用进口废纸制浆占 6%、用国内废纸制浆占 47%；非木材浆 522 万吨，占纸浆消耗总量 5%（见表 3、图 17 ~ 图 18）。

表 2　2011—2020 年纸浆生产情况　单位：万吨

品种	2011 年	2012 年	2013 年	2014 年	2015 年	2016 年	2017 年	2018 年	2019 年	2020 年
纸浆合计	7723	7867	7651	7906	7984	7925	7949	7201	7207	7378
1. 木浆	823	810	882	962	966	1005	1050	1147	1268	1490
2. 废纸浆	5660	5983	5940	6189	6338	6329	6302	5444	5351	5363
3. 非木材浆	1240	1074	829	755	680	591	597	610	588	525
苇浆	158	143	126	113	100	68	69	49	51	54
蔗渣浆	121	90	97	111	96	90	86	90	70	97
竹浆	192	175	137	154	143	157	165	191	209	219
稻麦草浆	660	592	401	336	303	244	246	250	222	117
其他浆	109	74	68	41	38	32	31	30	36	38

表 3　　2020 年纸浆消耗情况

品种	2019 年		2020 年		同比/%
	消耗量/万吨	占比/%	消耗量/万吨	占比/%	
总量	9689	100	10200	100	5.27
木浆	3581	37	4046	40	12.99
1. 进口木浆	2317 *1	24	2556 *2	25	10.32
2. 国产木浆	1264	13	1490	15	17.88
废纸浆	5523	57	5632	55	1.97
1. 进口废纸浆	92	1	249	2	170.65
2. 国产废纸浆	5431	56	5383	53	-0.88
其中：进口废纸制浆	930	10	620	6	-33.33
国内废纸制浆	4501	46	4763	47	5.82
非木材浆	585	6	522	5	-10.77

注：1. 2019 年进口纸浆 2720 万吨，扣除非造纸用浆和非木材浆，实际木浆消耗量 2317 万吨。
2. 2020 年进口纸浆 3063 万吨，扣除非造纸用浆和非木材浆，实际木浆消耗量 2556 万吨。

表 4　　2011—2020 年国内废纸利用情况

年份	国内废纸回收量/万吨	废纸净进口量/万吨	废纸浆消费量/万吨	废纸回收率/%	废纸利用率/%
2011	4347	2728	5660	44.6	71.2
2012	4473	3007	5983	44.5	73.0
2013	4377	2924	5940	44.7	72.2
2014	4841	2752	6189	48.1	72.5
2015	4832	2928	6338	46.7	72.5
2016	4963	2850	6329	47.6	72.0
2017	5285	2572	6303	48.5	70.6
2018	4964	1703	5474	47.6	63.9
2019	5244	1036	5443	49.0	58.3
2020	5493	689	5632	46.5	54.9

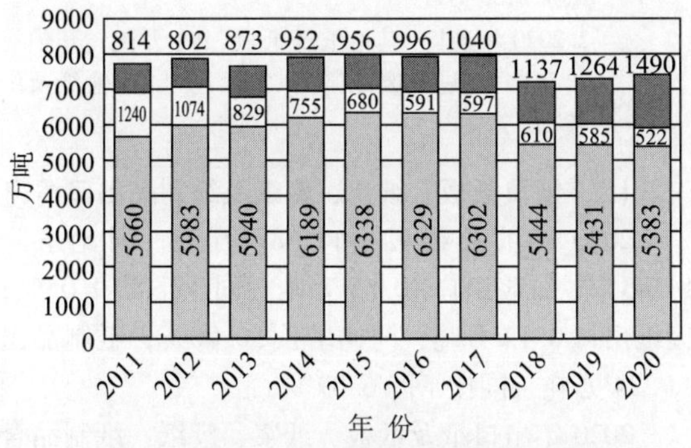

图17　2011—2020年国产纸浆消耗情况

▫废纸浆　▫非木材浆　▪木浆

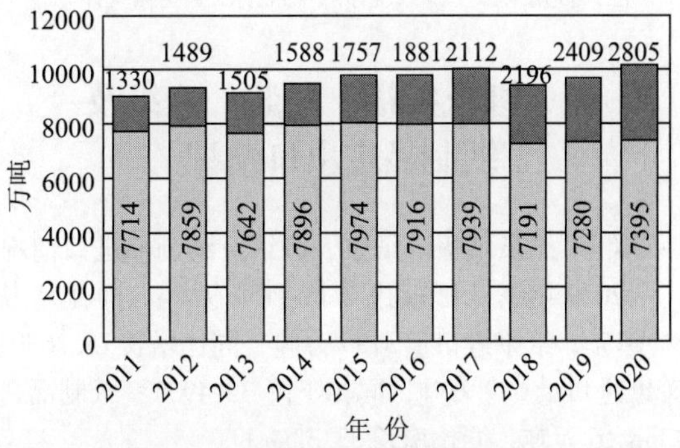

图18　2011—2020年纸浆总消耗情况

▫国产纸浆消耗量　▪进口纸浆消耗量

(三)2020 年废纸利用情况

2020 年全国废纸回收总量 5493 万吨，同比增长4.75%，废纸回收率46.5%，废纸利用率54.9%，2011—2020 年废纸回收总量年均递增 2.63%（见表4、图 19）。

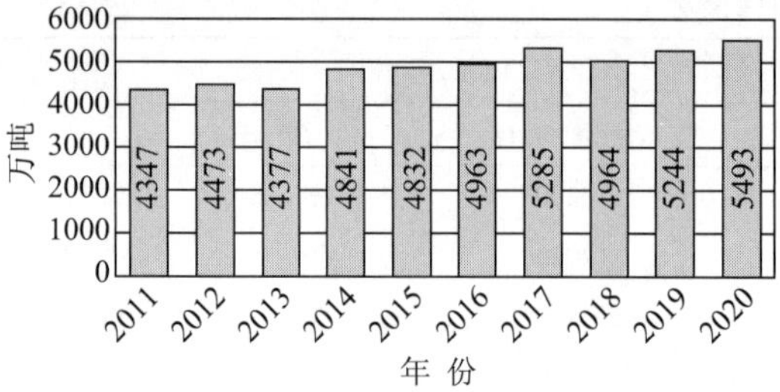

图19 2011—2020年全国废纸回收总量

四、纸制品生产和消费情况

根据国家统计局数据，2020 年全国规模以上纸制品生产企业 4184 家，生产量 6860 万吨，同比下降 4.97%；消费量 6552 万吨，同比下降 4.85%；进口量 16 万吨，出口量 324 万吨。2011—2020 年纸制品生产量年均递增 4.76%，消费量年均递增 4.82%（见图 20）。

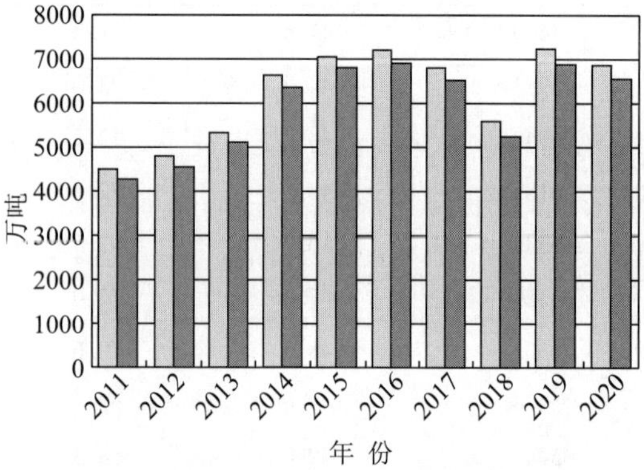

图20 2011—2020年纸制品生产和消费情况

▫生产量 ▪消费量

注：数据来源于国家统计局（规模以上企业统计）。

五、纸及纸板、纸浆、废纸及纸制品进出口情况

（一）纸及纸板、纸浆、废纸及纸制品进口情况

2020 年纸及纸板进口量 1154 万吨，同比增长 84.64%；纸浆进口量 3135 万吨，同比增长 15.26%；废纸进口量 689 万吨，同比下降 33.49%；纸制品进口量 16 万吨，同比增长 33.33%。

2020 年进口纸及纸板、纸浆、废纸、纸制品合计 4994 万吨，同比增长 13.68%，用汇 241.95 亿美元，同比下降 0.55%。进口纸及纸板平均价格为 547.93 美元/吨，同比下降 26.99%；进口纸浆平均价格为 512.58 美元/吨，同比下降 18.57%；进口废纸平均价格为 175.26 美元/吨，同比下降 6.53%（见表 5）。

表 5 2020 年我国纸浆、废纸、纸及纸板、纸制品进口情况 单位：万吨

品种	进口量		同比/%
	2019 年	2020 年	
一、纸浆	2720	3135 *1	15.26
二、废纸	1036	689	-33.49
三、纸及纸板	625	1154	84.64
1. 新闻纸	46	65	41.30
2. 未涂布印刷书写纸	63	119	88.89
3. 涂布印刷纸	32	36	12.50
其中：铜版纸	22	25	13.64
4. 包装用纸	20	31	55.00
5. 箱纸板	220	404	83.64
6. 白纸板	52	53	1.92
其中：涂布白纸板	51	52	1.96
7. 生活用纸	3	3	0.00
8. 瓦楞原纸	156	389	149.36
9. 特种纸及纸板	24	22	-8.33
10. 其他纸及纸板	9	32 *2	255.56
四、纸制品	12	16	33.33
总 计	4393	4994	13.68

注：数据来源于海关总署。

1. 2020 年进口纸浆 3063 万吨，另有 72 万吨“进口废纸浆”计入“其他纸及纸板”相关税号，实际进口纸浆 3135 万吨。

2. 2020 年进口“其他纸及纸板”104 万吨，其中有 72 万吨为“进口废纸浆”，实际进口“其他纸及纸板”32 万吨。

（二）纸及纸板、纸浆、废纸及纸制品出口情况

2020 年纸及纸板出口 587 万吨，同比下降 14.43%；纸浆出口 10.55 万吨，同比下降 9.05%；废纸出口 0.12 万吨，同比增长 50.00%；纸制品出口 324 万吨，同比下降 6.09%。

2020 年出口纸及纸板、纸浆、废纸、纸制品合计 921.67 万吨，同比下降 11.61%，创汇 211.88 亿美元，同比下降 3.70%。出口纸及纸板平均价格为 1584.78 美元/吨，同比增长 5.86%；出口纸浆平均价格为 1085.38 美元/吨，同比下降 5.72%（见表 6）。

表6　2020 年我国纸浆、废纸、纸及纸板、纸制品出口情况　单位：万吨

品种	出口量		同比
	2019 年	2020 年	/%
一、纸浆	11.60	10.55	-9.05
二、废纸	0.08	0.12	50.00
三、纸及纸板	686	587	-14.43
1. 新闻纸	1	0	-100.00
2. 未涂布印刷书写纸	94	66	-29.79
3. 涂布印刷纸	170	105	-38.24
其中：铜版纸	117	69	-41.03
4. 包装用纸	16	18	12.50
5. 箱纸板	7	7	0.00
6. 白纸板	185	170	-8.11
其中：涂布白纸板	185	170	-8.11
7. 生活用纸	78	87	11.54
8. 瓦楞原纸	2	3	50.00
9. 特种纸及纸板	95	97	2.11
10. 其他纸及纸板	38	34	-10.53
四、纸制品	345	324	-6.09
总　计	1042.68	921.67	-11.61

注：数据来源于海关总署。

(三)纸及纸板各品种进出口量比例

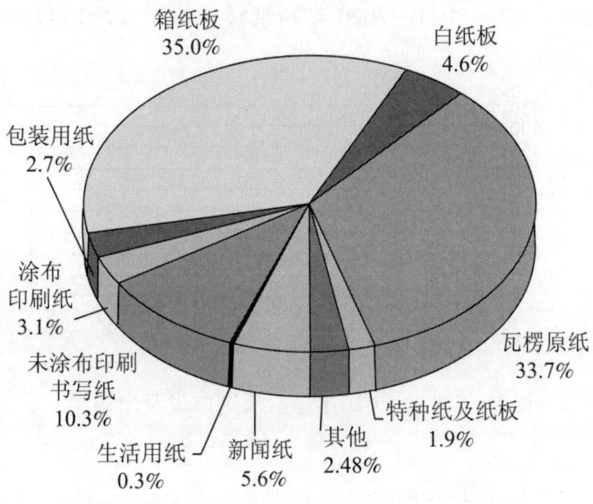

图21　2020年纸及纸板各品种进口量比例

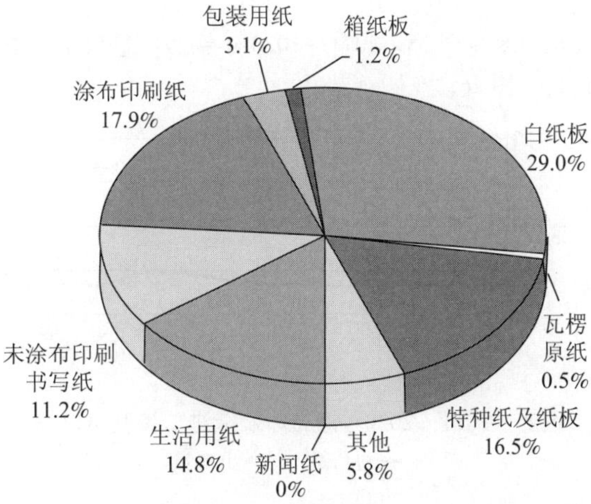

图22　2020年纸及纸板各品种出口量比例

(四)纸及纸板主要产品 2011—2020 年进出口情况

1. 新闻纸

2020 年新闻纸进口量大于出口量，净进口量 65 万吨。2011—2020 年新闻纸进口量及出口量见图 23。

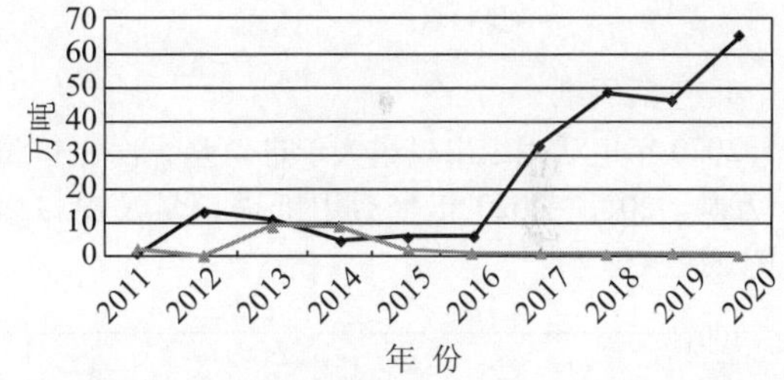

图23　2011—2020年新闻纸进口量及出口量

2. 未涂布印刷书写纸

2020 年未涂布印刷书写纸进口量大于出口量，净进口量 53 万吨。2011—2020 年未涂布印刷书写纸进口量及出口量见图 24。

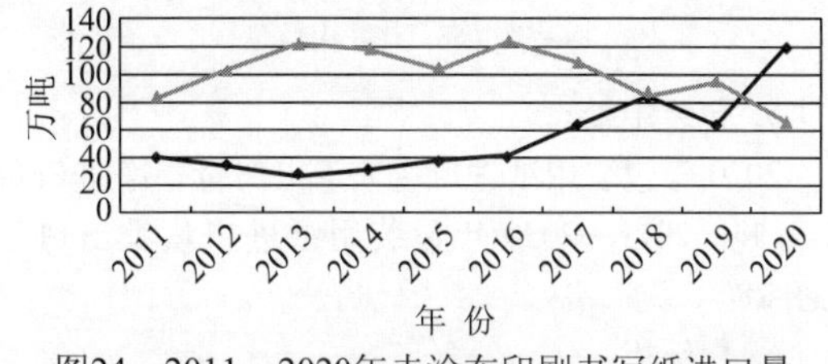

图24　2011—2020年未涂布印刷书写纸进口量及出口量

3. 涂布印刷纸

2020 年涂布印刷纸出口量大于进口量，净出口量 69 万吨。其中：铜版纸出口量大于进口量，净出口量 44 万吨。2011—2020 年涂布印刷纸进口量及出口量见图 25。2011—2020 年铜版纸进口量及出口量见图 26。

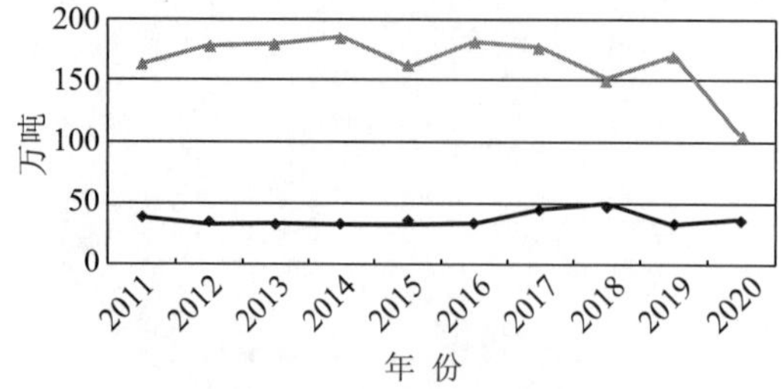

图25 2011—2020年涂布印刷纸进口量及出口量

进口量 出口量

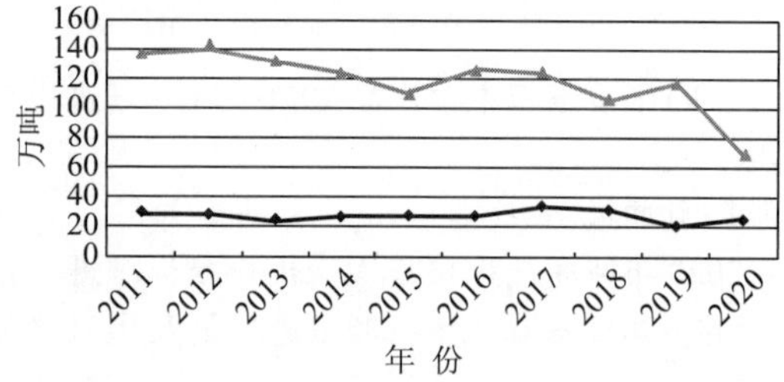

图26 2011—2020年铜版纸进口量及出口量

进口量 出口量

4. 生活用纸

2020 年生活用纸出口量大于进口量，净出口量 84 万吨。2011—2020 年生活用纸进口量及出口量见图 27。

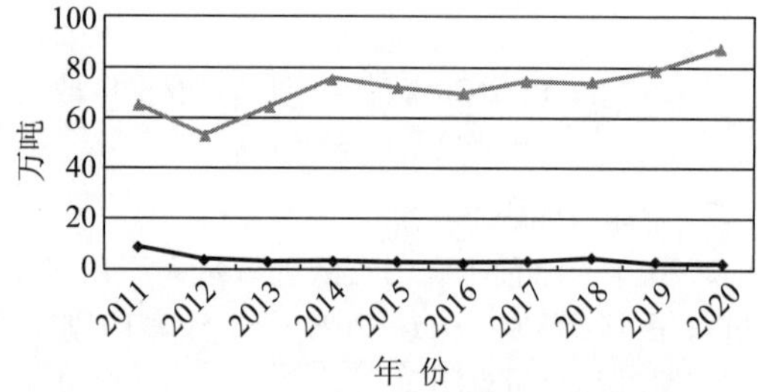

图27 2011—2020年生活用纸进口量及出口量

进口量 出口量

5. 包装用纸

2020 年包装用纸进口量大于出口量，净进口量 13 万吨。2011—2020 年包装用纸进口量及出口量见图 28。

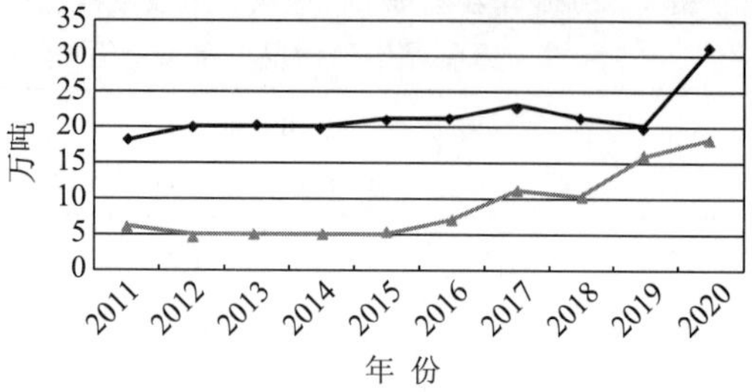

图28 2011—2020年包装用纸进口量及出口量

进口量 出口量

6. 白纸板

2020 年白纸板出口量大于进口量，净出口量 117 万吨。其中：涂布白纸板出口量大于进口量，净出口量 118 万吨。2011—2020 年白纸板进口量和出口量见图 29。2011—2020 年涂布白纸板进口量和出口量见图 30。

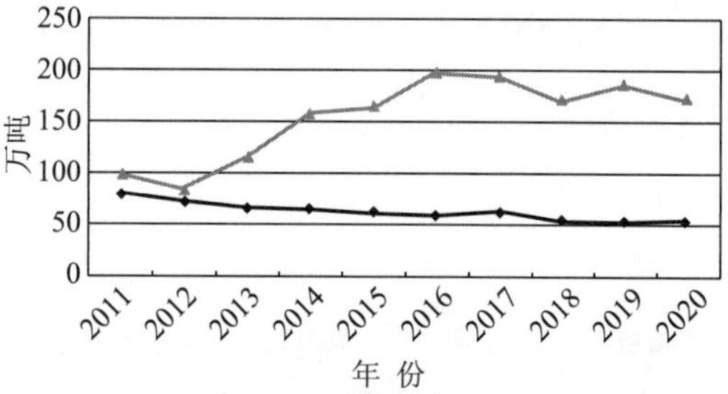

图29 2011—2020年白纸板进口量及出口量

进口量 出口量

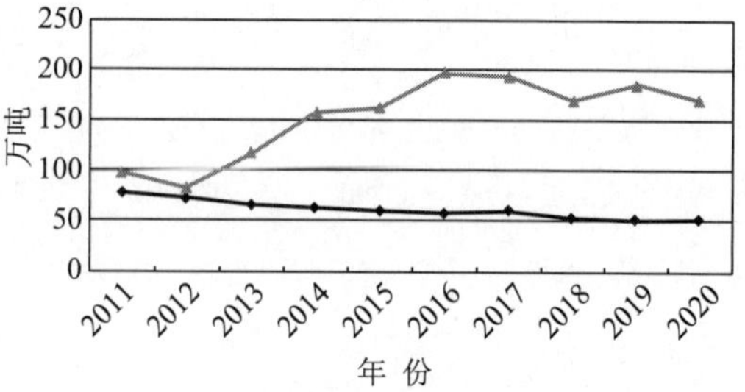

图30 2011—2020年涂布白纸板进口量及出口量

进口量 出口量

7. 箱纸板

2020 年箱纸板进口量大于出口量，净进口量 397 万吨。2011—2020 年箱纸板进口量及出口量见图 31。

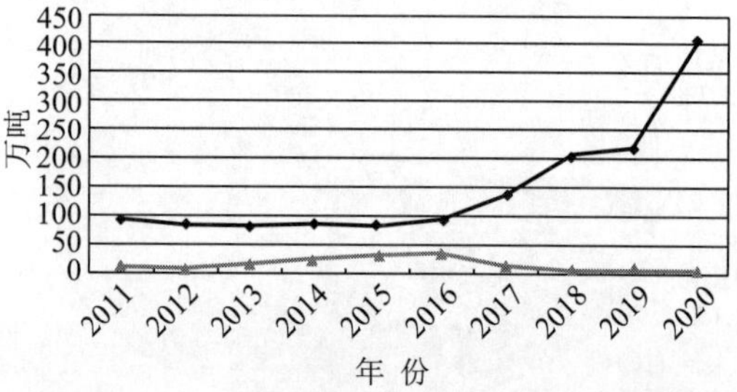

图31 2011—2020年箱纸板进口量及出口量

进口量 出口量

8. 瓦楞原纸

2020 年瓦楞原纸进口量大于出口量，净进口量

386 万吨。2011—2020 年瓦楞原纸进口量及出口量见图 32。

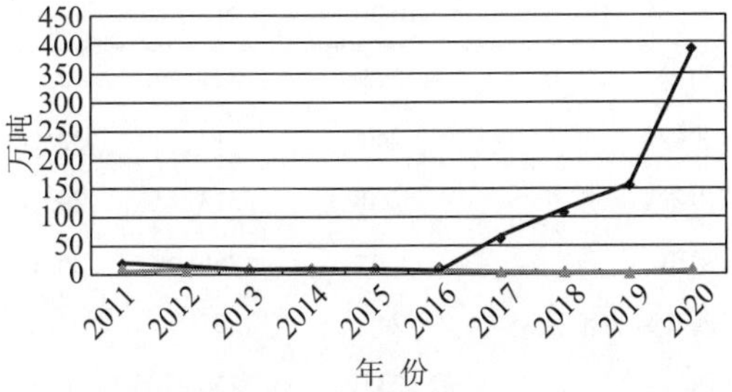

图32　2011—2020年瓦楞原纸进口量及出口量

进口量　出口量

9. 特种纸及纸板

2020 年特种纸及纸板进口量小于出口量，净出口量 75 万吨。2011—2020 年特种纸及纸板进口量及出口量见图 33。

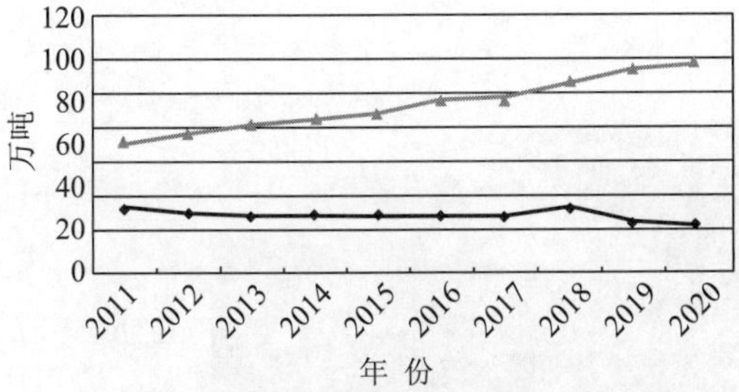

图33　2011—2020年特种纸及纸板进口量及出口量

进口量　出口量

(五)纸制品进出口情况

(1)2020 年纸制品进口量 16 万吨，比 2019 年增加 4 万吨，同比增长 33.33%。2011—2020 年纸制品进口情况见图 34。

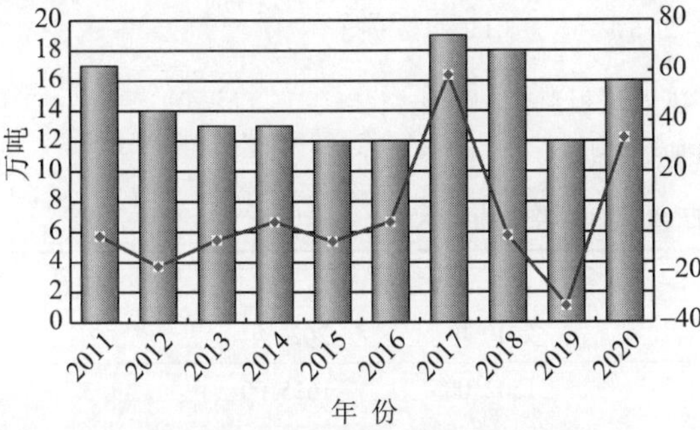

图34　2011—2020年纸制品进口情况

进口量　同比增长

(2)2020 年纸制品出口量 324 万吨，比 2019 年减少 21 万吨，同比下降 6.09%。2011—2020 年纸制品出口情况见图 35。

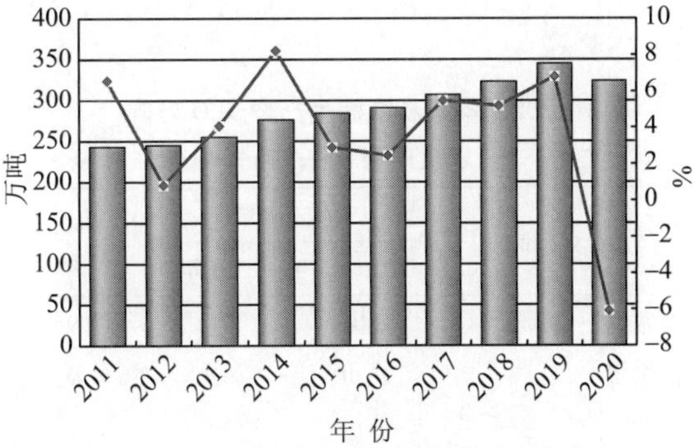

图35　2011—2020年纸制品出口情况

出口量　同比增长

六、纸及纸板生产布局与集中度

根据中国造纸协会调查资料，2020 年我国东部地区 11 个省(区、市)，纸及纸板生产量占全国纸及纸板总生产量的比例为 73.2%；中部地区 8 个省(区)占 16.8%；西部地区 12 个省(区、市)占 10.0%(见表 7、图 36)。

表 7　2020 年纸及纸板生产量区域布局变化

	2019 年		2020 年	
	生产量/万吨	占比/%	生产量/万吨	占比/%
纸及纸板生产量	10765	100	11260	100
其中：东部地区	7997	74.3	8243	73.2
中部地区	1756	16.3	1889	16.8
西部地区	1012	9.4	1128	10.0

注：据中国造纸协会调查资料。

2020 年广东省、山东省、江苏省、浙江省、福建省、河南省、湖北省、重庆市、安徽省、河北省、四川省、天津市、广西壮族自治区、江西省、湖南省、辽宁省和海南省 17 个省(区、市)纸及纸板生产量超过 100 万吨，生产量合计 10859 万吨，占全国纸及纸板总生产量的 96.44%(见表 8)。

七、结　语

2020 年受新冠肺炎疫情影响，造纸行业年初出现了生产量下降、效益下滑、生产和运行困难增多等局面，随着国家加大疫情防控措施及"六保六稳"政策落实，国内经济逐渐进入快速复苏通道，消费需求逐步回升，行业通过加大调整原料、产品等结构，生产量得到快速恢复，使造纸行业保持了较好增长态势。

表 8　2020 年纸及纸板生产量 100 万吨以上的省(区、市)　单位：万吨

省(区、市)	生产量		同比/%
	2019 年	2020 年	
广东省	1864	2012	7.94
山东省	1830	1920	4.92
江苏省	1312	1402	6.86
浙江省	1429	1149	-19.59
福建省	784	777	-0.89
河南省	498	532	6.83
湖北省	355	427	20.28
重庆市	301	352	16.94
安徽省	325	321	-1.23
河北省	240	317	32.08
四川省	260	313	20.38
天津市	210	265	26.19
广西壮族自治区	245	255	4.08
江西省	235	250	6.38
湖南省	217	212	-2.30
辽宁省	132	184	39.39
海南省	175	171	-2.29
合　计	10412	10859	4.29

注：据中国造纸协会调查资料。

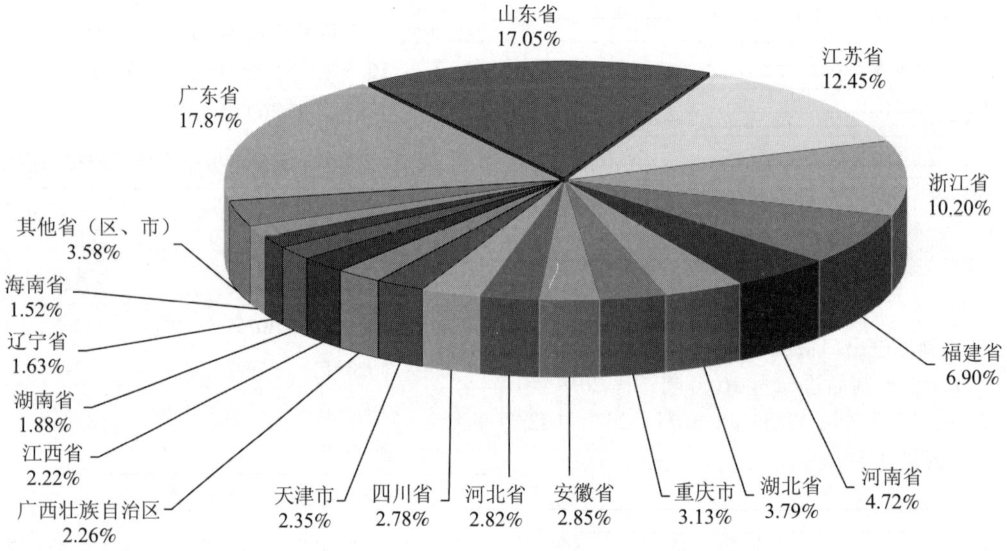

图36　2020年主要省（区、市）纸及纸板总生产量比例

注：据中国造纸协会调查资料。

附表　2020 年重点造纸企业生产量前 30 名企业

序号	单位名称	生产量/万吨		同比/%
		2019 年	2020 年	
1	玖龙纸业(控股)有限公司	1502.00	1615.00	7.52
2	理文造纸有限公司	593.10	630.21	6.26
3	山东晨鸣纸业集团股份有限公司	501.00	577.00	15.17
4	山东太阳控股集团有限公司	499.40	547.77	9.69
5	山鹰国际控股股份公司	473.59	493.23	4.15
6	华泰集团有限公司	307.70	314.10	2.08
7	山东博汇集团有限公司	235.26	306.91	30.46

续表

序号	单位名称	生产量/万吨		同比/%
		2019年	2020年	
8	中国纸业投资有限公司	256.00	270.00	5.47
9	宁波中华纸业有限公司(含宁波亚洲浆纸业有限公司)	261.86	262.60	0.28
10	江苏荣成环保科技股份有限公司	253.00	233.00	-7.91
11	福建联盛纸业有限责任公司	203.00	230.00	13.30
12	金东纸业(江苏)股份有限公司	199.07	190.00	-4.56
13	金红叶纸业集团有限公司	192.00	177.00	-7.81
14	亚太森博中国控股有限公司	156.40	163.40	4.48
15	海南金海浆纸业有限公司	151.39	148.48	-1.92
16	东莞建晖纸业有限公司	147.22	148.00	0.53
17	山东世纪阳光纸业集团有限公司	125.95	146.13	16.02
18	浙江景兴纸业股份有限公司	143.71	134.86	-6.16
19	广西金桂浆纸业有限公司	135.00	134.03	-0.72
20	武汉金凤凰纸业有限公司	136.39	132.45	-2.89
21	维达国际控股有限公司	125.00	125.00	0.00
22	恒安国际集团有限公司	121.00	109.40	-9.59
23	东莞金洲纸业有限公司	154.09	107.35	-30.33
24	新乡新亚纸业集团股份有限公司	82.86	101.25	22.19
25	东莞金田纸业有限公司	61.67	95.41	54.71
26	芬欧汇川(中国)有限公司	89.50	92.00	2.79
27	河南省龙源纸业股份有限公司	78.97	82.98	5.08
28	永丰余造纸(扬州)有限公司	77.80	79.00	1.54
29	东莞顺裕纸业有限公司	55.95	68.60	22.61
30	大河纸业有限公司	63.01	62.73	-0.44

注：按已收集到的数据排列。

2020年我国造纸上市公司概况

Papermaking Companies Listed in Shenzhen and Shanghai Stock Market in 2020

一、造纸工业整体运行环境概述

当今世界正经历百年未有之大变局，2020年新冠肺炎疫情全球大流行使这个变局加速演进，经济全球化遭遇逆流，世界经济低迷、国际贸易和投资大幅萎缩，我国国民经济经历了“稳、保、抢”三部曲，克服了重重困难，行业基本保持了平稳与健康，在世界主要经济体中率先实现正增长，以国内大循环为主体，国内国际双循环相互促进的新发展格局正在加快构建。

我国造纸工业经过近30年的发展，行业规模持续增长，已从过去紧缺型变成基本平衡型，多数产品已基本满足国内市场需求。据中国造纸协会调查资料，2020年全国纸及纸板生产企业约2500家，全国纸及纸板生产量11260万吨，同比增长4.60%。消费量11827万吨，同比增长10.49%，人均年消费量为84千克(14.00亿人)。2011—2020年，纸及纸板生产量年均增长率1.41%，消费量年均增长率2.17%。根据国家统计局数据，2020年全国规模以上纸制品生产企业4184家，生产量6860万吨，同比下降4.97%；消费量6552万吨，同比下降4.85%；进口量16万吨，出口量324万吨。2011—2020年，纸制品生产量年均递增4.76%，消费量年均递增4.82%。

造纸作为重要的基础原材料产业，在国民经济中占据重要地位，造纸关系到国家经济各个方面，其产品用于文化、教育、科技和国民经济的众多领域。随着环保措施和供给侧改革的推进，造纸行业的阶段性和结构性过剩将显著改善，供给结构将不断优化。未来，在绿色环保生态发展方式指引下造纸行业供需将呈趋紧态势。

二、上市公司总体概述

截至2020年年底，深沪两市正常运作的含有制浆造纸和纸制品业的上市公司为31家。2020年度整个板块盈利指标获得较大提高，全产业链(产业或服务一体化)安全意识和绿色环保发展理念获得持续增强，造纸工业可循环发展特征得到了较充分的彰显。

1. 龙头企业凸显优势，整体经营状况持续稳定发展

各公司面对复杂环境，克服诸多困难，除个别企业出现经营不善外，总体业绩持续稳定提升。31家上市公司总股本数3124733万股(其中无限售流通股2718590万股)；总资产3281亿元，比2019年净增约154亿元，同比增长4.93%；净资产达1490亿元，比2019年净增125亿元，同比增长9.18%；主营业务收入1853亿元，比2019年净增205亿元，同比增长12.44%；实现净利润123.65亿元，比2019年净增16.09亿元，同比增长14.96%。平均资产负债率54.59%，比2019年下降1.77个百分点，有效控制在60%以下合理水平。2020年平均销售净利润6.67%，比2019年增长0.15%；2020平均总资产收益率3.77%，比2019年增长0.33%。特别是重点企业继续承担了这一板块的盈利责任，净利润超过3亿元的有山东晨鸣纸业集团股份有限公司、山东太阳纸业股份有限公司、安徽山鹰纸业股份有限公司、山东华泰纸业股份有限公司、岳阳林纸股份有限公司、山东博汇纸业股份有限公司、江苏五洲纸业有限公司、中顺洁柔纸业股份有限公司等10家企业，企业数比2019年增加3家，10家企业合计净利润90.6亿元，比2019年7家企业的73.3亿元增加16.3亿元，增长18%，盈利比例占

总盈利的 69%，起到中流砥柱的作用。山东太阳纸业股份有限公司连续 2 年高居盈利首位，占总净利润约 20%。

2. 包装类产品核心作用支撑明显，是行业最重要的盈利来源

随着近年来电商业务飞速增长，我国快递业务蓬勃发展，加之禁塑令的实施，对造纸包装产业将是一个难得的发展机遇，纸质包装将在未来的一段时间内成为塑料的重要替代品，未来几年包装纸板类龙头企业将逐渐取得更大的竞争优势。

2020 年度以高强瓦楞原纸、牛卡纸、白卡纸为主的包装纸板企业获利能力最大，围绕现代运输包装用的高档瓦楞纸箱、纸板及缓冲包装材料为主的绿色环保产品，不仅实现保护商品、便于仓储、装卸运输的功能，还起到美化商品、宣传商品的作用，同时能够减少损耗及包装空间。因以其优越的使用性能和良好的加工性能，逐渐取代了传统的木箱等运输包装容器，成为现代包装运输的主要载体，发展空间较大。特别是瓦楞纸箱，随着现代商业及物流产业的快速发展，无论运输包装还是销售包装，已成为现代商业和贸易中使用最为广泛的包装容器之一。疫情防控、环保限塑、互联物流催生了对医用防控纸基材料、一次性食品包装用纸和物流标签用纸等系列产品的需求大幅上升。

以围绕食品与医疗包装材料系列、商务交流及出版印刷材料系列、烟草行业配套系列、家居装饰材料系列、电气及工业用纸系列等纸基功能材料为主的特种纸产品盈利能力显著提升；生活用纸属于快消品，直接面对消费者，品牌效益逐步凸显，也作为主要防疫物质之一，盈利能力保持较高水平。得益于国家对精神文明、文化教育和舆论宣传的高度重视，以双胶纸、复印纸、铜版纸为主的文化用纸类产品市场需求良好，盈利能力获得较好提升。

3. 全产业链安全意识日益增强，致力于共同构建产业互联网和谐生态圈

各企业以市场为驱动、以顾客需求为导向，积极在行业内采用“产业链一体化”发展方式和“包装一体化”的服务模式。造纸行业正积极向全产业链模式转型，“林浆纸一体化”模式已经逐步成为造纸行业产业升级、节约能耗、整合产业的主要手段，也为造纸行业应对涨价、寻找发展平衡点提供了新出路。纸制品企业作为包装一体化服务供应商，兼具生产商、设计服务提供商、采购服务商与物流服务商的特点，从降低成本、提高效率、增加价值三方面，为客户提供包装产品与服务。如近年来，安徽山鹰纸业股份有限公司积极从全球视野进行产业链布局，现已拥有回收纤维原料采购，包装原纸生产，纸板、纸箱生产制造的完整产业链，企业规模迅速壮大，获得业界的高度关注。造纸行业作为典型的中游制造业，呈现“长链条、重资产、需求多样”的行业特征，谁抢占原材料制高点，谁就掌握市场主动权。已具备林浆纸一体化生产模式的山东晨鸣纸业集团股份有限公司、山东太阳纸业股份有限公司、山东博汇纸业集团股份有限公司等大型企业有望持续具备更低的成本优势和更强的综合竞争力。

许多造纸企业致力于为产业链“搭建一个生态圈”，将以更加开放的理念，共同构建产业互联网和谐生态圈，与合作伙伴共创共享共赢。

4. 强化合法合规运行，切实履行一个公众公司的社会责任

2020 年本版块 31 家企业积极提升企业内部治理和合规管理，年度报告审计结果均是无保留意见的审计报告，这是历史上头一次。2020 年度拟有 24 家企业进行利润分配预案，比 2019 年的 19 家增加 5 家，数量之多也是历史上头一次，切实履行了上市公司对股东和投资者的投资回报承诺。

各企业坚持倡导“循环经济、绿色制造”的发展理念，均严格遵守国家及地方政府环保法律、法规和相关规定，在年报里详细披露企业环保治理达标排放情况和具体治理措施，践行生态绿色发展的可持续目标计划和行动。

许多企业特别是头部企业和国资背景的公司认真贯彻《国务院关于打赢脱贫攻坚战三年行动的指导意见》文件精神，积极按照《中国证监会关于发挥资本市场作用服务国家脱贫攻坚战略的意见》部署公司精准扶贫相关工作。以实际行动响应国家脱贫攻坚战略的总体要求，为国家按期实现全民脱贫和实现小康社会的目标做出重要贡献。

在应对这场新冠肺炎疫情中，许多公司迅速行动，积极承担社会责任，无偿捐献防疫物资和参与防控活动，为打赢这场疫情防控的“人民战争”积极贡献力量。

5. 创新驱动渐强，有力推动高质量发展

持续提升创新驱动和技术进步扩散能力，已成为造纸工业可持续发展的重要抓手。生态化竞争方兴未艾，智慧经营时代已经到来。

随着区块链、人工智能、物联网、大数据、5G 等新兴技术的发展，今后在生产方式上一定会迎来一场大变革，主要的就是在人工智能方面。各公司

研发工作的重心放在产品结构调整和原材料结构调整等方面，研发投入集中在全要素成本节约上，围绕成本领先战略展开。推进一批智能化、自动化项目，加快智慧工厂建设步伐。加强信息化管理建设，广泛应用 OA 办公系统、物资需求计划请购系统等智能化管理系统，为企业职能管理、投资决策提供精准、快速服务，在提高风险管控方面取得显著成绩。

仙鹤股份有限公司大力推进的“数字化仙鹤”工业 4.0 建设有了实质性进展，基础管理向网络化、智能化、协同化进军，提升了公司的智能制造水平。

安徽山鹰纸业股份有限公司全力推进山鹰数字化建设，打造的云印产业互联网平台秉承“数字创造价值，科技赋能纸业”的理念，通过数字化产品的“单厂提效，多厂协作”深度服务合作企业，构建行业联盟生态。公司在华中山鹰纸业股份有限公司率先落地工业 4.0，全力打造现代化的智慧工厂，已在东莞市、六安市、长沙市及成都市基地拥有智慧工厂，公司因不断创新而荣膺首届 2019 年中国民企卓越管理公司(BMC)殊荣。

厦门合兴包装印刷股份有限公司继续发挥包装产业链云平台(PSCP)在包装行业整合的关键性作用，用轻资产的拓展方式及线上线下互动模式，为包装产业链上下游企业和客户提供订单匹配、集中采购、产业链支持、信息交流等服务，整合包装产业链，优化各个环节，加强产业协同，打造一个健康的生态圈。

山东太阳纸业股份有限公司坚守“敬畏生命”“敬畏环境”“敬畏质量”的理念，用最具创新性的技术实现资源的绿色、安全、高效循环利用，公司发展的根基更加牢固。2020 年年底，“高纯度生物质纤维素清洁制备关键技术及产业化”项目荣获“中国工业大奖表彰奖”，是获奖企业中唯一一家造纸企业。

6. 政府补助创历史新高，而修身自强才是发展之本

2020 年深受新冠肺炎疫情影响，再加上近些年国民经济脱实向虚发展凸显，中美贸易战渐趋紧张和全球贸易保护主义抬头风险剧增，工业制造业实体受到严重冲击，各地政府纷纷向本区域的骨干企业输血扶持。2020 年上市公司均获得各种政府补助，共计 18.89 亿元，超过 2019 年 17.95 亿元成为历史以来最高的一年。政府补助超过 4000 万元，山东晨鸣纸业集团股份有限公司、浙江大胜达包装股份有限公司、安徽山鹰纸业股份有限公司、宜宾纸业股份有限公司、山东华泰纸业股份有限公司、山东太阳纸业股份有限公司、岳阳林纸股份有限公司、厦门合兴包装印刷股份有限公司 7 家企业获得政府补助金额合计所占比例为总补助额的 70%，补助导向表明了政府对骨干企业支撑经济稳定发展作用的强烈期待。但政府补助一直只是因为实体经济受到总体经济增长减速或国际环境复杂等因素极大冲击下的一种非常规的临时救助措施，不应成为企业发展的依赖源或稳定器。所以企业要修身自强，提升核心业务盈利能力，才有持续的供血保障，方可在丛林法则中生存。

7. 资金固化严重，流动性不确定性风险大

2020 年度，国家严加环保政策加快了落后产能淘汰进程，促使许多小企业停产，产能集中度不断提高，行业景气度向好。在较好改善造纸行业整体效益的同时，也极大刺激企业技改或扩产的欲望，特别是包装类产品，受电商快递业的持续高涨和纸质包装良好的发展空间推动，许多企业投资欲望增大，供需失衡风险剧增，价格竞争带来的市场剧烈波动周期性上演，应引起足够警惕。运营风险主要体现在资金流动性不确定性增强，资金固化日趋严重，31 家公司总计应收账款、应收票据、应收款项融资、存货和在建工程等项下资金占用项高达 796 亿元，再创历史新高。为此各企业要时刻警惕资金风险，尽快健全风险预警和对策机制，动态排查资金流动潜在风险，并及时化解这一风险。如近年来个别骨干企业相继成立财务公司，优化资金管理，取得不错效果。2020 年度应收款项融资规模激增，有 26 家企业共计约 81 亿元通过应收账款增加营运周转金，提高了资金的周转速度，强化财务调度能力。

三、2021 年发展前景初探

根据最新公布的《“十四五”规划和 2035 年远景目标纲要》，提出要对造纸行业企业改造升级，完善绿色制造体系。2021 年是我国实现两个一百年奋斗目标的历史交汇期，也是“十四五”规划的开局之年。造纸行业需要坚定不移贯彻中央提出的“创新、协调、绿色、开放、共享”的发展理念。在社会需求升级、环保政策加码、技术持续进步、资源供给变化共同驱动下，低端产能加速去化，行业集中度不断提升，行业格局持续优化。供给侧改革和原料结构调整进一步提高行业景气度，且“禁废令”下龙

头企业海外布局铸就新优势。

为进一步减少塑料污染，保护生态环境，2020年1月，国家发展改革委、生态环境部公布《关于进一步加强塑料污染治理的意见》，对限塑范围、分阶段目标、可替代产品选择等各个方面做出全面规定。新版"限塑令"的出台，表明了我国全方位发展建设生态文明和国民经济的决心与力度，塑料包装和塑料制品将逐渐退出市场，纸质包装产品、生物降解塑料将成为解决塑料污染的两大利器。

造纸行业在国家禁止废纸进口和进一步限制不可降解塑料制品政策的影响下，又迎来了新的机遇和挑战。造纸行业作为重要的原材料产业，纸浆原料对外依存度高，一直是制约我国造纸工业发展的最大瓶颈。2021年开始的废纸零进口又增加了纤维原料供应的难度，为了弥补禁废后的纤维短缺，行业正在采取进口商品再生纤维浆、增加木浆和木片进口及在国内新建木纤维项目的方式进行调整。"禁废令"叠加"限塑令"对上游纸浆供给提出了大幅度的增量需求，对外采用多元化市场工具打好"组合拳"抢占原料国际话语权，对内加快产业链建设和完善提升原料自给率保障供给安全将是行业未来一段时期的重要课题。

"十九大"报告提出要加快生态文明体制改革，建设美丽中国，再次确立了"绿水青山就是金山银山"的两山理论，将建设生态文明列为中华民族永续发展的千年大计，国家生态建设规划的实施将引导造纸工业走上绿色环保发展的快速道。2020年9月22日，习近平主席在第七十五届联合国大会一般性辩论上向世界庄严承诺，中国将提高国家自主贡献力度，采取更加有力的政策和措施，二氧化碳排放力争于2030年前达到峰值，努力争取2060年前实现碳中和，为造纸工业指明了远景发展目标。基于造纸行业具备显著的可循环发展特征，造纸工业继续大力实施创新发展驱动战略，加快新旧动能转换，以绿色生态引领转型升级，充分发挥全产业链优势，搭建产业生态圈，借助产业联盟共享平台，坚持走高质量、可持续的绿色低碳发展之路，为客户提供更绿色、更优质的产品和服务。

世界银行发布的《全球经济展望》报告中指出，若2021年能大规模推广新冠病毒疫苗接种，预计2021年全球经济将增长4%。其中，预计中国GDP继2020年增长2.3%之后，2021年将增长7.9%。全球经济可预见的持续复苏态势，将助力造纸行业在2021年度保持总体平稳发展的良好态势。

表 1 2020 年造纸板块财务指标一览表

序号	代码	上市公司	总股本/万股		每股收益元/股		加权平均净资产收益率/%		总资产/万元		净资产/万元		主营业务收入/万元		净利润/万元	
			总股本	其中无限售	2019 年	2020 年	2019 年	2020 年	2019 年	2020 年	2019 年	2020 年	2019 年	2020 年	2019 年	2020 年
	一、包装用纸及纸板		1331541	1165948					11893695	12865982	5106082	5769294	7350135	7822341	446544	559460
1	600103	青山纸业	230582	138039	0. 055	0. 033	3. 630	2. 110	559164	549287	384935	390961	267026	249538	14497	8836
2	600567	山鹰纸业	459560	459560	0. 300	0. 300	9. 950	9. 130	4254454	4543655	1489351	1722891	2324095	2496915	135213	138928
3	200986	粤华包 B	50543	17193	0. 070	0. 280	1. 800	6. 730	542637	564823	353492	379703	393063	406407	2418	28006
4	002067	景兴纸业	111120	97345	0. 170	0. 280	4. 400	6. 880	566016	729173	452781	491599	525110	487455	20329	33164
5	600966	博汇纸业	133684	133684	0. 100	0. 624	2. 560	14. 680	1936898	1945268	527197	608660	973980	1398210	13377	83407
6	002078	太阳纸业	262463	261263	0. 840	0. 750	16. 120	12. 790	3229517	3586634	1469988	1623859	2276270	2158865	219756	196785
7	600793	宜宾纸业	17690	17690	0. 105	−0. 563	2. 290	−15. 320	329602	325075	69957	60000	160119	186654	−9956	17446
8	603165	荣晟环保	25310	25310	1. 400	0. 930	18. 740	15. 130	193773	212867	146304	166491	167550	169545	24917	23192
9	605500	森林包装	20000	5000	1. 130	1. 470	18. 620	20. 250	150560	247946	100216	207607	204588	218857	16989	22035
10	603863	松炀资源	20589	10864	0. 500	0. 370	10. 650	6. 600	131074	161254	111861	117523	58334	49895	9004	7661
	二、文化用纸系列		665208	656180					13049944	12546367	4513384	4539820	3989903	5132226	280153	301653
11	600308	华泰纸业	116756	116756	0. 583	0. 600	8. 600	8. 220	1370197	1490426	839430	885204	135388	1230788	68324	64685
12	000488	晨鸣纸业	298421	289393	0. 330	0. 360	5. 570	5. 840	9795891	9157546	2633977	2580026	3039543	3073652	175330	190621
13	000815	美利云	69526	69526	0. 070	0. 070	2. 470	2. 300	328900	315404	211786	216590	104378	116200	5175	4916
14	600963	岳阳纸业	180505	180505	0. 230	0. 230	3. 790	4. 950	1554956	1582991	828191	858000	710594	711586	31324	41431
	三、特种浆纸		454761	387707					2295729	2584424	1540822	1755785	1593386	1582816	67191	130621
15	600235	民丰特纸	35120	35120	0. 040	0. 140	0. 990	3. 680	217366	218162	129776	134433	139878	135331	1280	4810
16	600356	恒丰纸业	29873	29873	0. 330	0. 440	4. 490	5. 830	309227	303449	230145	231718	175607	182865	10614	13882
17	600433	冠豪高新	127132	119028	0. 130	0. 140	6. 400	6. 530	394097	383031	266576	280303	259477	243975	16681	17648
18	002012	凯恩股份	46763	46654	0. 100	0. 200	3. 690	6. 990	184165	223791	140322	156788	115231	155023	6885	16836
19	2521	齐峰新材	49469	42394	0. 280	0. 320	3. 990	4. 620	436478	473483	350339	347196	326761	281091	14047	16204

续表

序号	代码	上市公司	总股本/万股		每股收益元/股		加权平均净资产收益率/%		总资产/万元		净资产/万元		主营业务收入/万元		净利润/万元	
			总股本	其中无限售	2019 年	2020 年	2019 年	2020 年	2019 年	2020 年	2019 年	2020 年	2019 年	2020 年	2019 年	2020 年
20	002565	顺灏股份	106016	105540	−0.188	0.007	−9.900	0.400	305713	302117	214260	213864	173437	159867	−19325	1475
21	605377	华旺科技	20387	5097	1.120	1.700	17.240	21.560	196765	340833	108540	222728	165402	161198	17084	25910
22	605007	五洲特纸	40001	4001	0.550	0.930	21.920	28.070	251918	339558	100864	168755	237593	263466	19925	33856
		四、纸制品	542053	381271					3426418	4063780	2076626	2327783	2883648	3211776	221313	154196
23	002235	安妮股份	57957	54402	0.039	−1.072	1.080	−39.930	225556	161577	185620	124064	43275	33477	2396	−62345
24	002228	合兴包装	123862	123455	0.230	0.240	9.320	8.980	651231	813049	329198	379019	1109678	1200657	29037	32736
25	002303	美盈森	153132	91991	0.350	0.127	11.720	3.960	726943	724269	525370	489988	339213	336526	53060	18931
26	603022	新通联	20000	20000	0.150	0.180	4.740	5.480	85167	90610	63878	67288	68477	68146	2975	3597
27	603687	大胜达	41083	14179	0.280	0.680	8.780	17.120	214745	288109	145987	181332	126636	135098	9989	27224
28	002799	环球印务	18000	18000	0.370	0.560	11.590	15.360	137821	149950	66788	74671	124734	187534	8502	12778
29	300883	龙利得	34600	8203	0.330	0.230	9.550	6.130	127500	177505	94361	136791	87148	71444	8600	6530
30	002831	裕同科技	93419	51041	1.195	1.286	17.380	16.350	1257455	1658711	665424	874630	984487	1178894	106754	114745
		五、卫生用纸	131170	127484					602627	747844	407700	504215	663491	782353	60383	90589
31	002511	中顺洁柔	131170	127484	0.470	0.700	16.420	19.860	602627	747844	407700	504215	663491	782353	60383	90589
		总计	3124733	2718590					31268413	32808397	13644614	14896897	16480563	18531512	1075584	1236519

表 2　2020 年造纸板块个股一览表

序号	代码	上市公司	2021 年利润分配预案	2020 年已利润分配	主要投资情况	主要信息披露	备注
	一、包装用纸及纸板						
1	600103	青山纸业	不分配不转增	不分配不转增	全资子公司广州青纸以自有资金受让一条进口制袋线，受让价格为 3161.18 万元	已实施 6 号汽轮机抽改背及配套锅炉超低排放改造项目整体完工	标准无保留审计意见

续表

序号	代码	上市公司	2021 年利润分配预案	2020 年已利润分配	主要投资情况	主要信息披露	备注
2	600567	山鹰纸业	每 10 股派发现金 0.4 元(含税)	不分配不转增	公司启动了广东山鹰 100 万吨高档箱纸板扩建项目、浙江山鹰 77 万吨绿色环保高档包装用纸升级改造项目和吉林山鹰一期 30 万吨瓦楞原纸及 10 万吨秸秆浆项目。公司向控股股东福建泰盛实业有限公司及其关联方泰盛(香港)国际控股有限公司出售山鹰(上海)融资租赁有限公司 100% 股权，股权转让价格为人民币 5.6 亿元，转让已完成	公司全资子公司山鹰资本认缴出资 25 亿元，与浙江农银凤凰投资管理有限公司(以下简称“农银凤凰”)共同发起设立产业并购基金。2020 年 10 月 22 日，北欧纸业在瑞典斯德哥尔摩 NasdaqOMX 交易所上市，股票代码 NPAPER。公司通过在瑞典设立的公司 SUTRIV Holding AB 间接持有北欧纸业 100% 股权。担保总额约 119 亿元，占净资产 76%	标准无保留审计意见
3	200986	粤华包 B	每 10 股派发现金 0.34 元(含税)	每 10 股派发现金 0.15 元(含税)		担保总额约 12.4 亿元，占净资产 58%	标准无保留审计意见
4	002067	景兴纸业	不分配不转增	每 10 股派发现金 0.35 元(含税)		公司通过发行可转换公司债券的方式募集资金 12.65 亿元，用于建设马来西亚年产 80 万吨废纸浆板项目	标准无保留审计意见
5	600966	博汇纸业	每 10 股派现 1.25 元(含税)	每 10 股派现 0.17 元(含税)		2020 年 8 月 27 日，公司收到控股股东博汇集团通知，杨延良先生及其配偶李秀荣女士与金光纸业按照股权转让协议要求顺利完成股权变更，并办理了相关工商变更登记手续，公司实际控制人将由杨延良先生变更为黄志源先生。对外担保约 41.4 亿元，占净资产 68%	标准无保留审计意见
6	002078	太阳纸业	每 10 股派发现金 1.0 元(含税)	每 10 股派发现金 1.0 元(含税)	公司山东基地、老挝基地的 6 台纸机相继投产，新增纸品产能近 140 万吨，持续推进广西北海“林浆纸一体化”项目	2020 年底“高纯度生物质纤维素清洁制备关键技术及产业化”项目荣获“中国工业大奖表彰奖”，是获奖企业中唯一一家造纸企业，公司注销太阳生物材料(美国)公司，终止在美国阿肯色州实施的太阳纸业 70 万吨生物质精炼项目	标准无保留审计意见
7	600793	宜宾纸业	不分配不转增	以公积金每 10 股本转增 4 股			标准无保留审计意见

续表

序号	代码	上市公司	2021 年利润分配预案	2020 年已利润分配	主要投资情况	主要信息披露	备注
8	603165	荣晟环保	每10股派发现金7元(含税)	每10股派发现金4.3元(含税)转增4股	年产3亿米^{2}新型智能包装材料建设项目在实施	5548.8万元荣晟转债已转换为公司股票	标准无保留审计意见
9	605500	森林包装	每10股派发现金3.5元(含税)				标准无保留审计意见
10	603863	松炀资源	每10股派发现金1元(含税)		年产18万吨环保再生纸项目和研发中心建设项目在建		标准无保留审计意见
	二、文化用纸系列						
11	600308	华泰纸业	每10股派发现金1.79元(含税)	每10股派发现金1.75元(含税)		2020年3月华泰集团财务有限公司获山东银保监局开业批复。2020年度，公司积极参与各项贫困救助及爱心捐赠活动，共计捐助716.9万元	标准无保留审计意见
12	000488	晨鸣纸业	普通股每10股派发1.85元现金、优先股每10股派发现金4.84元	普通股每10股派发现金1.47元	黄冈晨鸣二期项目计划总投资128亿元，拟建设4条年产150万吨纸生产线、配套建设年产52万吨机械浆生产线、废水处理、热电联产项目及码头等	发起设立长江晨鸣股权投资基金对黄冈晨鸣进行增资，增资金额不超过200000万元，用于黄冈晨鸣二期项目建设。公司对外提供担保约131亿元，占净资产的比例为54%	标准无保留审计意见
13	000815	美利云	不分配不转增	不分配不转增		公司5万千瓦光伏发电项目已并网发电	标准无保留审计意见
14	600963	岳阳纸业	每10股派发现金0.71元(含税)	每10股派发现金0.47元(含税)，以资本公积金向全体股东每10股转增3股	同意与沅江纸业有限责任公司签订《资产转让协议》，以评估值8045.92万元为计价依据购买其化学机械浆生产线，目前已完成协议的签订、账务处理	诚通凯胜中标项目39个，中标合同额共计42亿元	标准无保留审计意见
	三、特种浆纸						
15	600235	民丰特纸	每10股派发现金0.15元(含税)	每10股派发现金0.05元(含税)			标准无保留审计意见
16	600356	恒丰纸业	每10股派发现金1.33元(含税)	每10股派发现金0.9元(含税)	公司以自有资金收购控股股东恒丰集团子公司牡丹江恒丰热电有限公司50.52%股权，收购价款为9620.31万元		标准无保留审计意见

续表

序号	代码	上市公司	2021 年利润分配预案	2020 年已利润分配	主要投资情况	主要信息披露	备注
17	600433	冠豪高新	每 10 股派发现金 0.45 元(含税)	每 10 股派发现金 0.28 元(含税)			标准无保留审计意见
18	002012	凯恩股份	每 10 股派发现金 0.091 元(含税)	每 10 股派发现金 0.21 元(含税)			标准无保留审计意见
19	002521	齐峰新材	每 10 股派发现金 1 元(含税)	每 10 股派发现金 1 元(含税)	同意子公司淄博欧木以现金方式收购王树芬等 10 名自然人合计持有的山东华沙 96% 股权，收购价格 1.4 亿元		标准无保留审计意见
20	002565	顺灏股份	不分配不转增	不分配不转增	“云南绿新生物药业有限公司工业大麻加工建设项目”，目前已完成厂房建设、设备安装及试生产工作，相关验收资料已提交至省公安厅禁毒部门，待省厅专家组验收完成并取证后即可投产	公司在云南、黑龙江布局工业大麻产业，开启工业大麻的种植、研发以及系列衍生品的研发和落地	标准无保留审计意见
21	605377	华旺科技	每 10 股派发现金 6 元(含税)转增 4 股		公司全资子公司马鞍山华旺公司“年产 12 万吨装饰原纸生产线新建项目”第一条生产线已顺利投产	公司向社会公众公开发行人民币普通股(A 股)50966700 股，扣除发行费用后的募集资金净额为 8.83 亿元	标准无保留审计意见
22	605007	五洲特纸	每 10 股派发现金 3.0 元(含税)		加速子公司江西五星 110 万吨机制纸项目建设进度，其中 15 万吨格拉辛纸生产线和 5 万吨转移印花纸产线已建成投产	2020 年 10 月 28 日，公司首次发行 4001.00 万股上市流通股，共募集资金 3.40 亿元	标准无保留审计意见
	四、纸制品						
23	002235	安妮股份	不分配不转增	不分配不转增		公司对并购畅元国讯产生的商誉计提减值 5.17 亿元，对本期业绩产生了重大不利影响	标准无保留审计意见
24	002228	合兴包装	每 10 股派现金 1.0 元(含税)	每 10 股派现金 1.0 元(含税)	青岛合兴项目于 2020 年 5 月已投产 1 条生产线使用、环保包装 4.0 项目于 2020 年 11 月已投产 2 条生产线使用。		标准无保留审计意见
25	002303	美盈森	每 10 股派发现金 1.2 元(含税)	每 10 股派发现金 3.33 元(含税)	包装印刷工业 4.0 智慧工厂(六安)项目、进出口贸易及保税加工(岳阳)项目等项目在建	公司分别与贵州省习水县政府和江苏省涟水县政府合作在习水县和涟水县建设精品包装智能制造项目。2020 年 5 月，子公司文麻生物取得了西畴县公安局签发的《云南省工业大麻种植许可证》	标准无保留审计意见

续表

序号	代码	上市公司	2021 年利润分配预案	2020 年已利润分配	主要投资情况	主要信息披露	备注
26	603022	新通联	不分配不转增	不分配不转增	公司全资子公司通联道威拟收购华坤衍庆 70% 的股权(华坤衍庆 70% 股权作价为 1.02 亿元)，本次收购的资金来源为银行并购贷款和股东借款		标准无保留审计意见
27	603687	大胜达	每 10 股派发现金 0.68 元(含税)	每 10 股派发现金 0.26 元(含税)		公司成功发行 5.5 亿元可转换公司债券、2020 年公司入选第五批绿色制造名单	标准无保留审计意见
28	002799	环球印务	每 10 股派发现金 0.8 元(含税)转增 4 股	每 10 股派发现金 1 元(含税)转增 2 股			标准无保留审计意见
29	300883	龙利得	每 10 股派发现金 0.1 元(含税)			公司首次公开发行人民币普通股(A 股)8650.00 万股，扣除相关发行费用后实际募集资金净额为 3.59 亿元	标准无保留审计意见
30	002831	裕同科技	每 10 股派发现金 2.8 元(含税)	每 10 股派发现金 2.8 元(含税)	2020 年公司环保包装生产基地-宜宾裕同实现投产、海南环保包装项目也已进入试生产阶段	公司于 2020 年 4 月 7 日公开发行了 1400.00 万张可转换公司债券，发行总额 1.40 亿元	标准无保留审计意见
	五、卫生用纸						
31	002511	中顺洁柔	每 10 股派发现金 1 元(含税)	每 10 股派发现金 0.75 元(含税)		2020 年 12 月 29 日，由本公司与全资子公司中山市中顺商贸有限公司共同投资设立朵蕾蜜卫生用品有限公司，注册资本为人民币 5000 万元，本公司持股比例 60%，中山市中顺商贸有限公司持股比例 40%	标准无保留审计意见

(陈奇志)

统计数据

Statistical Data

国家统计局数据：2020 年全国造纸及纸制品行业主要经济指标

Data from National Bureau of Statistics: Main Economical Indicators of National Paper and Paper Products Industry in 2020

2020 年造纸及纸制品业主要经济指标 单位：千元、%

指标名称	汇总企业个数	亏损企业个数	同比	主营业务收入	同比	利润总额	同比
造纸及纸制品业	6640	1245	17.01	1301265449	-2.24	82669386	21.24
1. 纸浆制造	47	15	-11.76	15698154	3.96	-112312	32.19
木竹浆制造	37	12	-7.69	13810980	11.10	-56459	65.48
非木竹浆制造	10	3	-25.00	1887174	-29.32	-55853	-2574.95
2. 造纸	2409	527	4.56	718623186	-4.22	45766629	27.65
机制纸及纸板制造	2022	447	0.22	671917101	-4.01	44053474	28.95
手工纸制造	60	12	33.33	8280369	-6.84	275493	-11.91
加工纸制造	327	68	38.78	38425716	-7.25	1437662	4.37
3. 纸制品制造	4184	703	29.47	566944109	0.22	37015069	13.89
纸和纸板容器	2510	445	31.27	288474440	-2.53	14425484	3.99
其他纸制品制造	1674	258	26.47	278469669	3.23	22589585	21.25

注：1. 资料来源：国家统计局。

2. “规模以上”是指年主营业务收入 2000 万元及以上全部工业法人企业。

（郭永新）

国家统计局数据：2020 年全国造纸及纸制品行业分地区产品生产量

Data from National Bureau of Statistics: Regional Production of National Paper and Paper Products Industry in 2020

2020 年造纸及纸制品行业分地区产品生产量

单位：吨

地　区	一、纸浆（原生浆及废纸浆）	同比/%	二、机制纸及纸板（外购原纸加工纸除外）	同比/%	其中：1. 未涂布印刷书写用纸	同比/%	其中：新闻纸	同比/%	2. 涂布类印刷用纸	同比/%	3. 卫生用纸原纸	同比/%	4. 箱纸板	同比/%	三、纸制品	同比/%	其中：瓦楞纸箱	同比/%
全　国	**16203669**	**20.22**	**127006327**	**0.78**	**5711874**	**4.70**	**1009281**	**-6.70**	**6951867**	**-2.93**	**4618191**	**-5.41**	**13946976**	**6.67**	**68597136**	**-2.35**	**31708400**	**-3.31**
北　京	0	0.00	38888	-7.18	0	0.00	0	0.00	0	0.00	38888	-7.18	0	0.00	360297	0.41	103553	-14.47
天　津	0	0.00	2667024	1.82	0	0.00	0	0.00	390	-95.09	0	0.00	99230	9.01	1354736	-8.88	747405	-9.92
河　北	593312	28.89	3401690	6.33	298579	8.41	285135	9.70	70943	15.34	68171	40.85	1472072	2.80	1849923	11.04	700792	-9.01
山　西	44943	12.77	696392	13.52	2893	-22.40	0	0.00	0	0.00	0	0.00	0	0.00	358515	15.81	143299	-21.13
内蒙古	0	0.00	73679	-15.53	0	0.00	0	0.00	0	0.00	0	0.00	0	0.00	508859	11.39	286523	17.59
辽　宁	65466	-2.26	1862802	38.22	98369	-5.04	0	0.00	0	0.00	4125	-19.26	352404	16.46	808406	-1.88	388004	-2.03
吉　林	0	0.00	522445	0.49	232038	57.22	0	0.00	0	0.00	0	0.00	0	0.00	317133	-11.62	247500	-7.05
黑龙江	0	0.00	318560	-4.46	0	0.00	0	0.00	0	0.00	7509	-14.31	0	0.00	338443	-17.59	255930	-21.29
上　海	0	0.00	423319	-9.75	0	0.00	0	0.00	20504	5.73	101852	-10.82	13716	-27.92	1523518	-5.42	856540	-4.12
江　苏	619763	-19.65	14112484	-1.30	871506	6.65	0	0.00	2533912	-4.72	631578	8.90	289288	-2.57	4633143	-7.00	2318312	-4.90

续表

地区	一、纸浆(原生浆及废纸浆)	同比/%	二、机制纸及纸板(外购原纸加工纸除外)	同比/%	其中:1. 未涂布印刷书写用纸	同比/%	其中:新闻纸	同比/%	2. 涂布类印刷用纸	同比/%	3. 卫生用纸原纸	同比/%	4. 箱纸板	同比/%	三、纸制品	同比/%	其中:瓦楞纸箱	同比/%
浙江	0	0.00	14527496	-13.54	8454	-41.18	8454	-41.18	43818	-16.63	36299	-46.67	1379579	-0.35	7724027	0.90	3245221	-1.13
安徽	83233	97.58	4066405	-2.68	219358	-18.10	107238	-38.66	5187	107.35	43779	-80.94	2136462	-2.13	1604289	-4.57	744736	-8.57
福建	421875	-4.20	7984898	-1.71	58728	-73.13	0	0.00	129820	8.86	434465	-15.86	2192774	4.50	5498076	-7.69	2169969	-4.08
江西	134916	-20.14	2910617	1.64	0	0.00	0	0.00	72363	7.02	19574	-0.31	69078	-13.47	1706679	14.86	1065588	8.94
山东	5238030	43.86	22977016	9.17	1525333	27.10	225558	-3.25	1178319	4.64	79996	50.67	1391010	-5.55	4086802	7.19	1606132	8.89
河南	505957	2.90	3556625	-8.77	116604	5.82	69690	9.96	123793	-10.30	32260	-52.17	207658	-3.58	3631878	0.33	2577120	-0.92
湖北	1763037	421.24	4675351	11.23	366007	-10.17	0	0.00	0	0.00	86414	-6.25	839831	1019.93	4992455	-9.60	1955349	-10.08
湖南	568238	-12.55	3161044	-4.39	72884	0.96	19	-81.00	381567	-16.10	217144	-3.52	608923	-5.78	3967934	-0.32	1299444	-8.81
广东	1291705	-3.41	24359618	2.53	1486608	3.15	313187	-5.13	1271060	-2.54	354545	-5.68	1744380	6.89	10025415	-5.71	4759406	-6.56
广西	1331281	-11.16	3133773	-4.60	49405	104.17	0	0.00	0	0.00	301724	-22.23	53204	-20.52	1093506	-14.10	627576	-21.49
海南	1880745	1.84	1749521	-2.14	0	0.00	0	0.00	1111678	-2.90	581299	0.14	0	0.00	17650	87.97	17650	87.97
重庆	451066	3.84	4024762	10.41	0	0.00	0	0.00	0	0.00	565512	-1.49	143293	-6.09	3624495	4.48	1249260	26.72
四川	482959	-18.88	3658274	9.24	126838	-22.53	0	0.00	8514	146.80	435647	2.50	845566	11.69	4682290	-0.32	2225051	-3.30
贵州	307867	10.00	327907	19.58	0	0.00	0	0.00	0	0.00	243535	29.91	0	0.00	835837	10.43	338142	4.91
云南	344167	-7.37	742936	-12.50	0	0.00	0	0.00	0	0.00	82382	53.76	75099	-16.94	889998	1.93	575134	4.77
西藏	0	0.00	0	0.00	0	0.00	0	0.00	0	0.00	0	0.00	0	0.00	6134	13.10	5375	1.76
陕西	0	0.00	583431	-12.88	0	0.00	0	0.00	0	0.00	245088	10.21	33408	-36.00	1355361	-19.98	806213	-6.49
甘肃	0	0.00	55388	0.11	0	0.00	0	0.00	0	0.00	6405	19.19	0	0.00	356920	51.47	43152	-36.97
青海	0	0.00	0	0.00	0	0.00	0	0.00	0	0.00	0	0.00	0	0.00	51	-86.28	51	-86.28
宁夏	0	0.00	232710	1.95	178270	5.76	0	0.00	0	0.00	0	0.00	0	0.00	164720	12.09	120049	8.43
新疆	75107	0.00	161270	-0.04	0	0.00	0	0.00	0	0.00	0	0.00	0	0.00	279646	1.88	229925	9.94

注:1. 资料来源:国家统计局。

2. “规模以上”是指年主营业务收入 2000 万元及以上全部工业法人企业。

(郭永新)

历年我国纸浆、纸及纸板生产量(1949—2020)

Productions of Pulp, Paper and Paperboard in China(1949—2020)

历年我国纸浆、纸及纸板生产量　　单位：万吨

年份	机制纸浆		纸及纸板			
	生产能力	生产量	机制纸及纸板		手工纸生产量	生产量合计
			生产能力	生产量		
1949		3.5		10.8	12.0	22.8
1952		24.3		37.2	23.1	60.3
1957		80.1		91.3	31.4	122.7
1978	452.8	345.5	499.4	438.7	27.5	466.2
1979	489.5	392.9	541.6	492.8	25.7	518.5
1980	533.1	426.3	593.8	543.6	28.0	562.6
1981	563.9	406.3	563.9	540.2	29.1	569.3
1982	579.3	421.1	685.7	589.0	24.8	613.8
1983	619.7	458.9	728.9	661.3	22.6	683.9
1984	664.8	514.6	780.5	755.9	20.6	776.5
1985	720.4	615.3	886.8	911.2	19.6	930.8
1986	875.15	679.15	805.87	998.57	17.8	1016.4
1987	969.51	694.5	1225.76	1141.05	23.4	1164.5
1988	1097.85	872.59	1396.34	1270	20.0	1290
1989	1198.08	868.56	1493.99	1333	20.0	1353
1990	1240.17	834.96	1595.62	1371.87	20.0	1391.87
1991	1345.02	1075	1688.34	1478.69	20.0	1498.69
1992	1448.59	1199	1847.51	1725.07	20.0	1745.07
1993	1362.24	1529	2001.05	1867.87		1867.87
1994	1534.94	1705	2269.90	2138.27		2138.27
1995	1425.11	1862	4420.35	2812.30		2812.30
1996	1896.94	1900	3335.06	2643.94	24.76	2668.70
1997	1874.60	1738	3509.87	2733.19	23.98	2757.17
1998		2384		2800.00	24.00	2824.00
1999		2443		2900		2900
2000		2501		3050		3050

续表

年　份	机制纸浆		纸及纸板			
	生产能力	生产量	机制纸及纸板		手工纸生产量	生产量合计
			生产能力	生产量		
2001		2490		3200		3200
2002		2944		3780		3780
2003		3309		4300		4300
2004		3723		4950		4950
2005		4446		5600		5600
2006		5204		6500		6500
2007		5935		7350		7350
2008		6415		7980		7980
2009		6732		8640		8640
2010		7318		9270		9270
2011		7723		9930		9930
2012		7867		10250		10250
2013		7651		10110		10110
2014		7906		10470		10470
2015		7984		10710		10710
2016		7925		10855		10855
2017		7949		11130		11130
2018		7201		10435		10435
2019		7207		10765		10765
2020		7378		11260		11260

注：1. 各年纸浆生产量及生产能力统计数据，估计统计不全，仅供参考。

2. 1985—1986 年纸及纸板实际生产量大于生产能力是由于前者是全国生产量而后者仅指轻工系统内企业统计数据。

3. 1995 年数据系依据 1995 年全国工业普查统计资料，包括了乡镇、村及私人等造纸企业。比一般年度数据偏高。

4. 1998 年生产量按 1997 年统计口径估计机制纸板为 2800 万吨、手工纸为 24 万吨。

5. 1999 年以后纸及纸板生产量为全部国有和年产品销售收入 500 万元及以上非国有工业企业生产的产品生产量，手工纸未统计。

6. 2009 年机制纸浆生产量为中国造纸协会 2010 年修正数据。

（邱江惠）

历年我国纸及纸板、纸浆及废纸进出口概况(1996—2020)

Imports and Exports of Paper and Paperboard, Pulp and Waste Paper in China(1996—2020)

表 1　　**历年我国纸及纸板进出口量(1996—2020)**　　单位：万吨

年　份	纸及纸板		纸制品	
	进口量	出口量	进口量	出口量
1996	499. 49	23. 31	66. 15	58. 20
1997	552. 43	28. 27	67. 14	70. 50
1998	577. 20	30. 35	50. 74	64. 58
1999	652. 30	13. 44	39. 01	62. 63
2000	597. 14	71. 83	34. 04	74. 47
2001	562. 24	79. 95	24. 50	73. 32
2002	636. 94	85. 47	23. 89	88. 28
2003	634. 71	129. 09	22. 61	106. 65
2004	614	124. 78	16	95. 97
2005	524	193. 90	15	123. 76
2006	441	341	17	143
2007	401	461	19	156
2008	358	403	18	211
2009	334	405	16	195
2010	336	433	18	228
2011	331	509	17	243
2012	311	513	14	245
2013	283	611	13	255
2014	282	681	13	276
2015	287	645	12	284
2016	297	733	12	291
2017	466	699	19	307
2018	622	618	18	323
2019	625	686	12	345
2020	1154	587	16	324

表 2 历年我国纸浆及废纸进口量(1996—2020)

年份	纸浆		废纸	
	进口量/万吨	金额/亿美元	进口量/万吨	金额/亿美元
1996	146.80	7.75	137.18	1.93
1997	154.16	7.47	161.82	1.76
1998	219.93	9.23	191.47	1.71
1999	309.7		251.6	2.45
2000	334.51	21.21	371.36	5.57
2001	490.38	20.76	641.91	6.59
2002	526.49	21.68	678.26	7.32
2003	603.40	26.60	938.18	12.3
2004	732	35.67	1230	17.26
2005	759	37.25	1703	
2006	796	43.92	1962	
2007	845		2256	
2008	952		2421	
2009	1367		2750	
2010	1137		2435	
2011	1445		2728	
2012	1647		3007	
2013	1685		2924	
2014	1797		2752	
2015	1984		2928	
2016	2106		2850	
2017	2372		2572	
2018	2479		1703	
2019	2720		1036	
2020	3135		689	

表 3 历年纸浆及废纸出口量(1996—2020)

年份	纸浆		废纸	
	出口量/万吨	金额/亿美元	出口量/万吨	金额/亿美元
1996	1.68		0.53	
1997	2.20		0.35	
1998	1.98	0.09	0.08	0.01
1999				
2000	2.55	0.10	0.46	0.004
2001	1.26	0.083	0.09	0.0008
2002	1.92	0.16	0.07	0.0007
2003	2.51	0.21	0.11	0.0018

续表

年份	纸浆		废纸	
	出口量/万吨	金额/亿美元	出口量/万吨	金额/亿美元
2004	1. 75		0. 07	
2005	4. 70		0. 01	
2006	7. 47		0. 01	
2007	11. 16		0. 05	
2008	7. 23		0. 002	
2009	8. 70		0. 03	
2010	8. 10		0. 08	
2011	9. 91		0. 36	
2012	7. 99		0. 24	
2013	8. 31		0. 10	
2014	9. 75		0. 07	
2015	10. 2		0. 07	
2016	9. 57		0. 23	
2017	9. 87		0. 15	
2018	9. 99		0. 06	
2019	11. 60		0. 08	
2020	10. 55		0. 12	

资料来源：历年《中国造纸协会年度报告》，历年《中国造纸年鉴》。

（邱江惠）

历年我国与世界纸浆、纸及纸板的生产量与消费量(1996—2020)

Productions and Consumptions of Pulp, Paper and Paperboard in China and the World(1996—2020)

历年我国与世界纸浆、纸及纸板的生产量与消费量 单位：万吨

年份	全世界					我国				
	纸浆生产量	纸浆消费量	纸及纸板生产量	纸及纸板消费量	纸及纸板人均年消费量/千克	纸浆生产量	纸浆消费量	纸及纸板生产量	纸及纸板消费量	纸及纸板人均年消费量/千克
1996	17404	17294	28197	27940	48.5	1900	2045	2600	3028	24.7
1997	17820	17900	29904	29690	50.8	1738	1890	2744	3270	26.5
1998	17553	17511	30101	29852	50.4	2384	2604	2800	3347	26.8
1999	17913	18007	31571	31439	52.8	2443	2752	2900	3525	27.8
2000	18868	18901	32329	32338	53.8	2501	2834	3050	3575	28.0
2001	17937	18257	31815	31802	51.8	2490	2980	3200	3683	29
2002	18200	18265	33070	33076	53.7	2944	3470	3780	4332	33
2003	18516.5	18442.3	33881.5	33912.5	51.7	3309	3910	4300	4806	37
2004	18849.6	18775.4	35959.9	35752.7	55.6	3723	4455	4950	5439	42.0
2005	18320	18843.9	36702.5	36639.8	56.3	4446	5200	5600	5930	45.0
2006	18660	19230	38200	38176	70.8	5204	5992	6500	6600	50.0
2007	18835	19619	39430	39418	59.2	5935	6769	7350	7290	55
2008	19240	19302	39090	39133	57.8	6415	7360	7980	7935	60
2009	17796	17900	37069	37074	57.5	6732	7980	8640	8569	64
2010	18560	18500	39390	39500	57.0	7318	8461	9270	9173	68
2011	18380	18380	39898	39900	56.8	7723	9044	9930	9752	73
2012	18120	18170	39999	40150	57.2	7867	9348	10250	10048	74
2013	17936	18064	40260	40364	56.9	7651	9147	10110	9782	72
2014	17850	17962	40645	40752	56.8	7906	9484	10470	10071	74
2015	17877	17937	40760	41070	56.6	7984	9731	10710	10352	75
2016	18055	18061	41088	41358	56.5	7925	9797	10855	10419	75
2017	18441	18399	41969	42329	57.2	7949	10051	11130	10897	78
2018	18720	18660	41972	42188	56.2	7201	9387	10435	10439	75
2019	18303	18349	41246	41507	54.6	7207	9609	10765	10704	75
2020						7378	10200	11260	11827	84

注：2009 年中国纸浆总生产量为中国造纸协会 2010 年修正数据。

（邱江惠）

历年我国纸及纸板生产量、进出口量、消费量及消费结构(2001—2020)

Productions, Imports and Exports, Consumptions and Consumption Structures of Paper and Paperboard in China(2001—2020)

历年纸及纸板生产量、进出口量、消费量及消费结构（2001—2020）

单位：万吨、%

年份	项目	总量	新闻纸	未涂布印刷书写纸	其中：书刊印刷纸	书写纸	涂布纸	其中：铜版纸	生活用纸	包装用纸	白纸板	其中：涂布白纸板	箱纸板	瓦楞原纸	其中：高强瓦楞原纸	特种纸及纸板	其他纸及纸板
2001 年	生产量	3200	173	670	300	140	130	110	270	400	300	250	460	600	180	65	132
	进口量	562. 24	15. 37	25. 78			99. 44	97. 03	2. 95	27. 80	97. 78	82. 55	126. 48	117. 87		38. 28	9. 13
	出口量	79. 95	1. 85	30. 50			17. 59	12. 48	12. 19	2. 61	2. 50	2. 42	1. 25	3. 14		7. 43	0. 39
	消费量	3683	186	665	296	140	212	195	261	466	396	338	545	715	295	85	152
	消费比例	100. 00	5. 05	18. 06	8. 04	3. 80	5. 76	5. 29	7. 09	12. 65	10. 75	9. 18	14. 8	19. 41	8. 01	2. 31	4. 13
2002 年	生产量	3780	185	920	420	180	180	160	310	400	460	430	600	600	190	70	55
	进口量	636. 94	19. 92	36. 50			121. 77	61. 48	3. 32	31. 37	81. 48	79. 58	125. 44	133. 48		48. 07	34. 51
	出口量	85. 47	0. 60	19. 51			25. 18	18. 67	15. 88	2. 63	5. 51	5. 51	0. 67	3. 26		9. 60	1. 94
	消费量	4332	204	937	436	180	276	203	297	429	536	504	725	730	320	108	90
	消费比例	100. 00	4. 71	21. 63	10. 06	4. 16	6. 37	4. 69	6. 86	9. 90	12. 37	11. 63	16. 74	16. 85	7. 39	2. 49	2. 08
2003 年	生产量	4300	207	960	520	520	240	210	347	480	550	510	680	670	230	80	86
	进口量	635	35	40			101	52	4	28	104	103	117. 2	135		44	26
	出口量	129. 09	1. 19	25. 93			43. 31	35. 30	22. 98	3. 80	9. 95	9. 94	1. 71	3. 02		14. 92	1. 31
	消费量	4806	241	973	534	250	298	227	328	504	645	603	796	802	362	109	110
	消费比例	100. 00	5. 01	20. 25	11. 11	5. 20	6. 20	4. 72	6. 82	10. 49	13. 42	12. 55	16. 56	16. 69	7. 53	2. 27	2. 29

续表

		总量	新闻纸	未涂布印刷书写纸	其中：书刊印刷纸	书写纸	涂布纸	其中：铜版纸	生活用纸	包装用纸	白纸板	其中：涂布白纸板	箱纸板	瓦楞原纸	其中：高强瓦楞原纸	特种纸及纸板	其他纸及纸板
	生产量	4950	300	1020	550	280	300	250	384	470	670	630	830	810	27.	85	81
	进口量	614	12	47			102	63	5	8	108	107	150	114		41	27
2004 年	出口量	124. 78	1. 74	21. 73			44. 24	38. 40	27. 58	3. 93	6. 44	6. 43	1. 53	2. 76		12. 41	2. 42
	消费量	5439	310	1045	575	280	358	274	361	474	772	931	978	921	381	114	106
	消费比例	100. 00	5. 70	19. 21	10. 57	5. 15	6. 58	5. 04	6. 64	8. 71	14. 19	13. 44	17. 98	16. 93	7. 00	2. 10	1. 95
	生产量	5600	319	1070	570	300	365	300	436	510	790	755	980	950	410	90	90
	进口量	524	14	43			73	52	5	9	91	90	138	88		40	23
2005 年	出口量	193. 90	1. 98	34. 38			78. 66	62. 85	31. 41	2. 89	18. 27	18. 27	2. 71	3. 31		16. 02	4. 27
	消费量	5930	331	1079	579	300	359	289	409	516	863	827	1115	1035	495	114	109
	消费比例	100. 00	5. 58	18. 20	9. 76	5. 06	6. 05	4. 89	6. 90	8. 70	14. 55	13. 95	18. 80	17. 45	8. 35	1. 92	1. 84
	生产量	6500	375	1220			460	380	470	520	940	900	1150	1130		110	125
	进口量	441	1	45			61	45	5	10	73	72	114	71		44	17
2006 年	出口量	341	32	54			121	93	38	2	41	41	14	8		23	8
	消费量	6600	344	1211			400	332	436	528	972	931	1250	1193		131	135
	消费比例	100. 00	5. 21	18. 35			6. 06	5. 03	6. 61	8. 00	14. 73	14. 11	18. 94	18. 08		1. 98	2. 05
	生产量	7350	450	1340			510	420	520	530	1050	1000	1360	1340		120	130
	进口量	401	2	45			56	40	4	10	70	70	103	53		43	15
2007 年	出口量	461	59	53			140	93	48	3	58	58	25	39		27	9
	消费量	7290	393	1332			426	367	476	537	1062	1012	1438	1352		136	136
	消费比例	100. 0	5. 4	18. 3			5. 8	5. 0	6. 5	7. 4	14. 5	13. 9	19. 7	18. 6		1. 9	1. 9
	生产量	7980	460	1400			550	460	550	560	1120	1070	1530	1520		140	150
	进口量	358	2	39			54	38	5	12	64	64	88	45		38	11
2008 年	出口量	403	36	54			137	97	52	3	53	53	13	13		34	8
	消费量	7935	426	1385			467	401	503	569	1131	1081	1605	1552		144	153
	消费比例	100. 0	5. 4	17. 5			5. 9	5. 0	6. 3	7. 2	14. 3		20. 2	19. 6		1. 8	1. 9
	生产量	8640	480	1510			590	500	580	575	1150	1100	1730	1715		150	160
	进口量	334	2	38			36	31	5	15	71	71	86	46		27	8
2009 年	出口量	405	21	51			163	132	56	3	61	61	7	3		33	7
	消费量	8569	461	1497			463	399	529	587	1160	1110	1809	1758		144	161
	消费比例	100. 0	5. 4	17. 5			5. 4	4. 6	6. 2	6. 9	13. 5	13. 0	21. 1	20. 5		1. 7	1. 9

续表

		总量	新闻纸	未涂布印刷书写纸	其中：书刊印刷纸	书写纸	涂布纸	其中：铜版纸	生活用纸	包装用纸	白纸板	其中：涂布白纸板	箱纸板	瓦楞原纸	其中：高强瓦楞原纸	特种纸及纸板	其他纸及纸板
2010 年	生产量	9270	430	1620			640	555	620	600	1250	1200	1880	1870		180	180
	进口量	336	4	41			45	38	8	17	77	77	80	24		31	9
	出口量	433	11	71			136	113	61	5	73	73	14	5		47	10
	消费量	9173	423	1590			549	480	567	612	1254	1204	1946	1889		164	179
	消费比例	100.0	4.6	17.3			6.0	5.2	6.2	6.7	13.7	13.1	21.2	20.6		1.8	1.9
2011 年	生产量	9930	390	1730			725	640	730	620	1340	1290	1990	1980		210	215
	进口量	331	1	40			37	30	9	18	79	79	93	17		30	7
	出口量	509	2	83			163	138	65	6	97	97	10	6		61	16
	消费量	9752	389	1687			599	532	674	632	1322	1272	2073	1991		179	206
	消费比例	100.0	3.99	17.3			6.1	5.5	6.9	6.5	13.56	13.0	21.3	20.4		1.8	2.1
2012 年	生产量	10250	380	1750			780	695	780	640	1390	1340	2080	2020		220	210
	进口量	311	13	35			35	27	4	20	72	72	84	14		28	6
	出口量	513	0	101			177	141	53	5	83	83	7	7		65	15
	消费量	10048	393	1684			638	581	731	655	1379	1329	2157	2027		183	201
	消费比例	100.00	3.91	16.76			6.35	5.78	7.28	6.52	13.72	13.23	21.47	20.17		1.82	2.00
2013 年	生产量	10110	360	1720			770	685	795	635	1360	1310	2040	2015		230	185
	进口量	283	11	28			32	24	3	20	66	65	83	7		27	6
	出口量	611	9	121			179	132	64	5	116	116	17	9		69	22
	消费量	9782	362	1627			623	577	734	650	1310	1259	2106	2013		188	169
	消费比例	100.00	3.70	16.63			6.37	5.90	7.50	6.64	13.39	12.87	21.53	20.58		1.92	1.73
2014 年	生产量	10470	325	1715			775	685	830	650	1395	1345	2180	2155		250	195
	进口量	282	5	31			34	26	4	20	64	64	86	5		27	6
	出口量	681	9	117			184	124	75	5	158	158	26	8		72	27
	消费量	10071	321	1629			625	587	759	665	1301	1251	2240	2152		205	174
	消费比例	100.00	3.19	16.18			6.21	5.83	7.54	6.60	12.92	12.42	22.24	21.37		2.04	1.73
2015 年	生产量	10710	295	1745			770	680	885	665	1400	1340	2245	2225		265	215
	进口量	287	6	37			34	26	3	21	61	60	84	9		26	6
	出口量	645	2	102			162	110	71	5	162	162	32	6		74	29
	消费量	10352	299	1680			642	596	817	681	1299	1238	2297	2228		217	192
	消费比例	100.00	2.89	16.23			6.20	5.76	7.89	6.58	12.55	11.96	22.19	21.52		2.10	1.85

续表

		总量	新闻纸	未涂布印刷书写纸	其中：书刊印刷纸	书写纸	涂布纸	其中：铜版纸	生活用纸	包装用纸	白纸板	其中：涂布白纸板	箱纸板	瓦楞原纸	其中：高强瓦楞原纸	特种纸及纸板	其他纸及纸板
2016年	生产量	10855	260	1770			755	665	920	675	1405	1345	2305	2270		265	215
	进口量	297	6	41			35	26	3	21	58	57	94	8		26	5
	出口量	733	1	122			181	126	69	7	198	197	35	7		81	32
	消费量	10419	265	1689			609	565	854	689	1265	1205	2364	2271		225	188
	消费比例	100. 00	2. 54	16. 21			5. 85	5. 42	8. 20	6. 61	12. 14	11. 57	22. 69	21. 80		2. 16	1. 8
2017年	生产量	11130	235	1790			765	675	960	695	1430	1370	2385	2335		305	230
	进口量	466	33	63			45	33	4	23	62	61	137	65		26	8
	出口量	699	1	109			176	123	74	11	193	193	12	4		82	37
	消费量	10897	267	1744			634	585	890	707	1299	1238	2510	2396		249	201
	消费比例	100. 00	2. 45	16. 00			5. 82	5. 37	8. 17	6. 49	11. 92	11. 36	23. 03	21. 99		2. 29	1. 84
2018年	生产量	10435	190	1750			705	655	970	690	1335	1275	2145	2105		320	225
	进口量	622	48	85			49	32	5	21	54	53	207	111		30	12
	出口量	618	1	84			150	106	74	10	170	170	7	3		89	30
	消费量	10439	237	1751			604	581	901	701	1219	1158	2345	2213		261	207
	消费比例	100. 00	2. 27	16. 77			5. 79	5. 57	8. 63	6. 72	11. 68	11. 09	22. 46	21. 20		2. 5	1. 98
2019年	生产量	10765	150	1780			680	630	1005	695	1410	1350	2190	2220		380	255
	进口量	625	46	63			32	22	3	20	52	51	220	156		24	9
	出口量	686	1	94			170	117	78	16	185	185	7	2		95	38
	消费量	10704	195	1749			542	535	930	699	1277	1216	2403	2374		309	226
	消费比例	100. 00	1. 82	16. 34			5. 06	5. 00	8. 69	6. 53	11. 93	11. 36	22. 45	22. 18		2. 89	2. 11
2020年	生产量	11260	110	1730			640	600	1080	705	1490	1410	2440	2390		405	270
	进口量	1154	65	119			36	25	3	31	53	52	404	389		22	32
	出口量	587	0	66			105	69	87	18	170	170	7	3		97	34
	消费量	11827	175	1783			571	556	996	718	1373	1292	2837	2776		330	268
	消费比例	100. 00	1. 48	15. 07			4. 83	4. 70	8. 42	6. 07	11. 61	10. 92	23. 99	23. 47		2. 79	2. 27

（邱江惠）

2020 年国内市场部分纸张价格

Prices of Partial Paper and Paperboard Grades in Domestic Market in 2020

2020 年国内市场纸张价格（仅供参考，以供应商实际报价为准）

产品名称	品牌/厂家	定量/（克/米²）	价格/（元/吨）											
			1 月	2 月	3 月	4 月	5 月	6 月	7 月	8 月	9 月	10 月	11 月	12 月
铜版纸	华夏	70（A3）	7600	7600	7600	7600	7600	7600	7700	7800	7900	8100	8100	8600
		80（A3/A2）	7200/7000	7200/7000	7200/7000	7200/7000	7200/7000	7200/7000	7300/7100	7400/7200	7500/7300	7700/7500	7700/7500	8200/8000
		90（A3/A2）	7000/6800	7000/6800	7000/6800	7000/6800	7000/6800	7000/6800	7100/6900	7200/7000	7300/7100	7500/7300	7500/7300	8000/7800
		100～105（A3）	6800	6800	6800	6800	6800	6800	6900	7000	7100	7300	7300	7800
		100～157（A2）	6600	6600	6600	6600	5800	5800	5900	6000	6100	6300	6300	6800
		170～250	6300	6300	6300	6300	5700	5700	5800	5900	6000	6200	6200	6700
	天阳	128～230	6400	6400	6400	6400	5400	5400	5500	5600	5700	5900	5900	6400
	九州太阳	110	6200	6200	6200	6200	5200	5200	5300	5400	5500	5700	5700	6200
	金东	100～105（双铜）	6900	7000	6600	5800	5760	5960	6160	6210	6310	6510	6610	6810
	东帆	120～200（双铜）	6700	6800	6400	5600	5560	5760	5960	6010	6110	6310	6410	6610

续表

产品名称	品牌/厂家	定量/（克/米^2）	价格/（元/吨）											
			1月	2月	3月	4月	5月	6月	7月	8月	9月	10月	11月	12月
铜版纸	金东长鹤	100～105（双铜）	6700	6800	6400	5600	5560	5760	5960	6010	6110	6310	6410	6610
		120～200（双铜）	6500	6600	6200	5400	5360	5560	5760	5810	5910	6110	6210	6410
	紫兴	128～200（双铜）	6400	6450	6050	5250	5350	5550	5750	5800	5900	6100	6100	6300
		230～300（双铜）	6200	6250	5850	5050	5150	5350	5550	5600	5700	5900	5900	6100
	华泰牡丹	97～105（双铜）	6250	6300	5900	5100	5200	5400	5500	5600	5700	5800	5800	6000
		115～200（双铜）	5950	6000	5600	4800	4900	5100	5200	5300	5400	5500	5500	5700
	金海鲸王	150（双铜）	6310	6360	5960	5160	5260	5460	5660	5710	5760	5960	6060	6260
		200～250（双铜）	6110	6160	5760	4960	5060	5260	5460	5510	5560	5760	5860	6060
	晨鸣雪兔	120～200（双铜）	5800	5850	5450	4550	4650	4850	5050	5100	5200	5500	5500	5700
	晨鸣雪鹰	120～200（双铜）	6100	6200	5800	5000	5100	5300	5400	5450	5550	5850	5850	6050
	太空梭	128～200（哑光）	6700	6700	6300	5500	5600	5800	6000	6050	6150	6350	6450	6460
	金海鲸王	150～200（哑光）	6200	6300	6300	5000	5100	5300	5500	5550	5650	5850	6050	6250
	紫兴	128～200（哑光）	6400	6400	6000	5200	5300	5600	5800	5850	5900	6100	6100	6300
		230～300（哑光）	6200	6200	5800	5000	5100	5400	5600	5650	5700	5900	5900	6100

续表

产品名称	品牌/厂家	定量/（克/米^2）	价格/（元/吨） 1月	2月	3月	4月	5月	6月	7月	8月	9月	10月	11月	12月
铜版纸	UV2 宁波	230～320（双铜,高松）	7020	7020	7020	7020	7020	7020	7020	7020	7020	7020	7020	7020
	宁波酋长	250～400	5810	6010	6010	6010	5610	5610	5710	6110	6610	6810	7010	7210
	宁波酋长	230～320（高松）	6110	6260	6260	6260	5860	5860	5960	6360	6860	7060	7160	7360
	金太阳	190～400	8410～8610	8410～8610	8410～8610	8110～8310	8110～8310	8110～8310	8110～8310	8110～8310	8110～8310	8110～8310	8110～8310	8110～8310
	万国骄阳	170～350	6310～6910	6310～6910	6310～6910	6010～6610	5610～6210	5710～6310	6010～6610	6610～7210	6810～7410	6810～7410	6810～7410	6810～7410
食品卡纸	金太阳	250～350（白芯）	9410	9410	9410	9110	9110	9110	9110	9110	9110	9110	9110	9110
		250～350（黄芯）	9210	9210	9210	8910	8910	8910	8910	8910	8910	8910	8910	8910
胶版纸	华夏	60	7000	7000	7000	7000	6000	6000	6100	6200	6300	6500	6500	6500
		70～120	6800	6800	6800	6800	5800	5800	5900	6000	6100	6300	6300	6300
	金太阳	60	7200	7200	7200	7200	6200	6200	6300	6400	6500	6700	6700	6700
		70～120	7000	7000	7000	7000	6000	6000	6100	6200	6300	6500	6500	6500
	天阳本白	60	6700	6700	6700	6700	5700	5700	5800	5900	6000	6200	6200	6200
	天阳高白	70～120	6600	6600	6600	6600	5600	5600	5700	5800	5900	6100	6100	6100
涂布白卡纸	华夏太阳	190～400	7210～7510	7210～7510	7210～7510	6910～7210	6910～7210	6910～7210	6910～7210	6910～7210	7410～8010	7610～8010	7610～8010	7610～8010
	金太阳	190～360（高松）	8710～9010	8710～9010	8710～9010	8410～8710	8410～8710	8410～8710	8410～8710	8410～8710	8410～8710	8410～8710	8410～8710	8410～8710
	万国骄阳	170～400	6310～6910	6310～6910	6310～7010	6010～6710	5610～6310	5710～6410	6010～6710	6610～7310	7110～7810	7410～8010	7410～8010	7410～8010
	红梅	190～230	7300～7400	7250～7350	7200～7300	6800～7000	6200～6500	6200～6450	6300～6500	6500～6700	6600～6800	6650～6850	7000～7300	7400～7600

续表

产品名称	品牌/厂家	定量/（克/米^2）	价格/（元/吨）											
			1 月	2 月	3 月	4 月	5 月	6 月	7 月	8 月	9 月	10 月	11 月	12 月
涂布白卡纸	宁波金丽	250 ~ 400	5910	6010	6110	6010	5410	5510	5710	6210	6710	7010	7310	7510
	金桂金蝶兰	250 ~ 350	5910	6010	6110	6010	5410	5510	5710	6210	6710	7010	7310	7510
	金桂富桂	235 ~ 365	6010	6110	6210	6110	5610	5610	5860	6360	6860	7160	7460	7660
	博汇	235 ~ 365（高松）	5960	6060	5960	5360	5160	5560	5660	5960	6460	6910	7110	7410
	晨鸣丽致	235 ~ 365	5910	6110	6010	5310	5110	5510	5710	6010	6410	6710	7010	7410
涂布白纸板	海龙	250	4410	4910	4610	4110	3910	4110	4610	4710	4810	5110	5210	5310
		300	4260	4760	4460	3960	3760	3960	4460	4560	4660	4960	5060	5160
		350 ~ 400	4160	4660	4360	3860	3660	3860	4360	4460	4560	4860	4960	5060
	地龙	250	4310	4810	4510	4010	3810	4010	4410	4510	4610	4910	5010	5110
		300	4210	4710	4410	3910	3710	3910	4310	4410	4510	4810	4910	5010
		350 ~ 400	4110	4610	4310	3810	3610	3810	4210	4310	4410	4710	4810	4910
复印纸	Double A（泰国）	80（B）	14500	14600	14600	14500	14600	14600	14700	14800	14900	15000	15200	15300
	绿叶/蔡伦纸业	80（C）	13000	13000	13100	13000	13200	13300	13500	13700	13800	13900	14100	14300
	太阳/广东太阳纸业	80（C）	12800	12900	13000	12800	13000	13100	13300	13500	13700	13800	14000	14200
	百旺/亚太森博（广东）	80（B）	13000	13100	13200	13000	13200	13300	13500	13700	13800	13900	14100	14300

续表

产品名称	品牌/厂家	定量/（克/米^2）	价格/（元/吨）											
			1月	2月	3月	4月	5月	6月	7月	8月	9月	10月	11月	12月
复印纸	云雀/互益纸业	70/80（C）	12700	12800	12900	12700	12900	13000	13200	13400	13600	13700	13900	14100
	羚羊/互益纸业	70/80（C）	11700	11800	11900	11700	11900	12000	12200	12400	12600	12800	13100	13300
	银羊/互益纸业	70/80（C）	11500	11600	11700	11500	11700	11800	12000	12200	12400	12600	12900	13100
	小钢炮/APP	80（C）	13000	13100	13200	13000	13200	13300	13500	13700	13800	13900	14100	14300
	金丝雀/APP	80（C）	14500	14600	14600	14500	14600	14600	14700	14800	14900	15000	15200	15300

注：A3 表示单面涂布量在 15 克/米^2 以内，A2 表示单面涂布量在 20 克/米^2 以内；B 表示 5 包/箱，500 张/包；C 表示 10 包/箱，500 张/包。

（邹　怡）

2020 年中国造纸协会纸浆指数分析

China Paper Association Pulp Index(CPAPI) in 2020

2020 年年初，国内纸浆市场行情表现较为平静，场内交投氛围不佳。1 月，浆价涨跌有限，整体呈窄幅盘整趋势。2 月，受新冠肺炎疫情影响，纸浆市场多处于休市状态，开工率偏低。3 月，纸浆市场成交量较 2 月有明显改善，下游纸企已陆续复工复产，物流运输逐渐恢复，浆市出货情况有所好转，浆价整体呈小幅上移趋势。4 月，整个纸浆市场交投氛围较为清淡，由于下游纸张市场需求低迷，对原材料纸浆采购意向减弱，浆市成交量有所下降，而浆价受进口木浆外盘价格报涨影响，整体呈小幅上涨趋势。5—6 月，纸浆市场成交气氛低迷，浆价承压下行。7 月，纸浆市场交投氛围略显平稳，降价呈小幅探涨趋势。8 月，纸浆市场需求并未明显改善，在纸浆期货持续上涨的带动下，现货价格随之跟涨。9 月，国内纸浆市场需求不旺，浆价整体呈涨跌互现趋势。10 月，纸浆市场行情整体呈窄幅震荡趋势，价格有所下跌。11—12 月，国内纸浆市场成交氛围尚可，各类纸浆价格呈现上涨趋势。2019—2020 年中国造纸协会纸浆价格、物量总指数及分类别纸浆价格和物量指数(包括定基指数和环比指数)如图 1 ~ 图 6 所示。

分类来看，漂白硫酸盐针叶木浆方面，1 月，现货市场交投氛围清淡，受漂白硫酸盐针叶木浆期

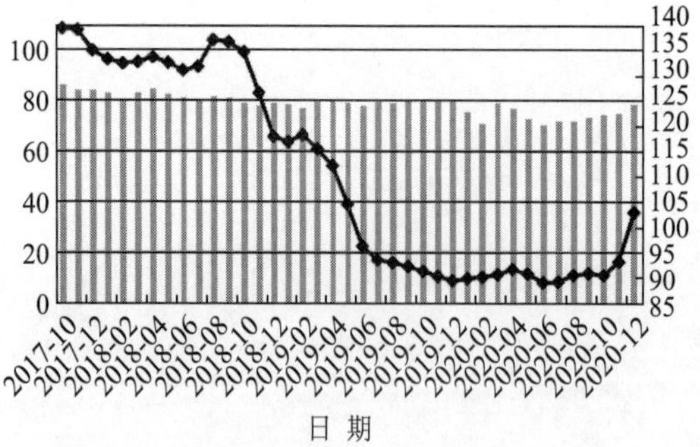

图1　中国造纸协会纸浆指数（定基总指数）

物量　价格

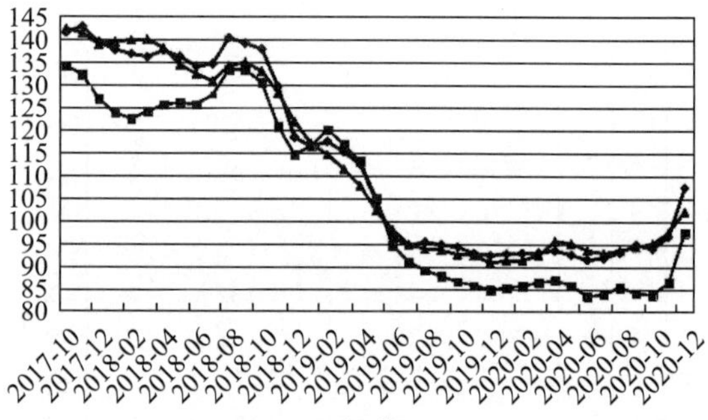

图2　中国造纸协会纸浆指数（分类价格定基指数）

漂白针叶木浆　漂白阔叶木浆　本色浆

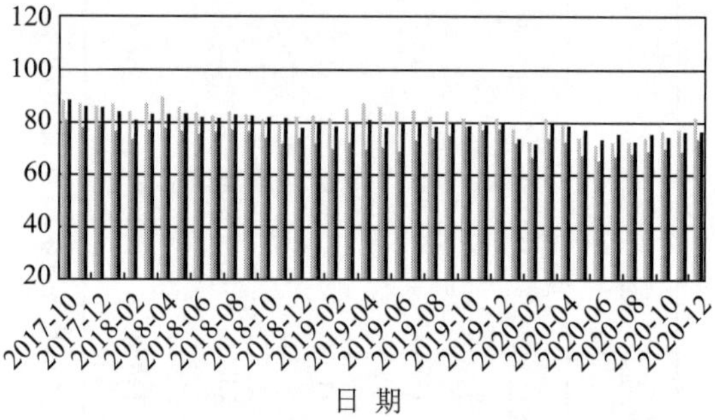

图3　中国造纸协会纸浆指数（分类物量定基指数）

漂白针叶木浆　漂白阔叶木浆　本色浆

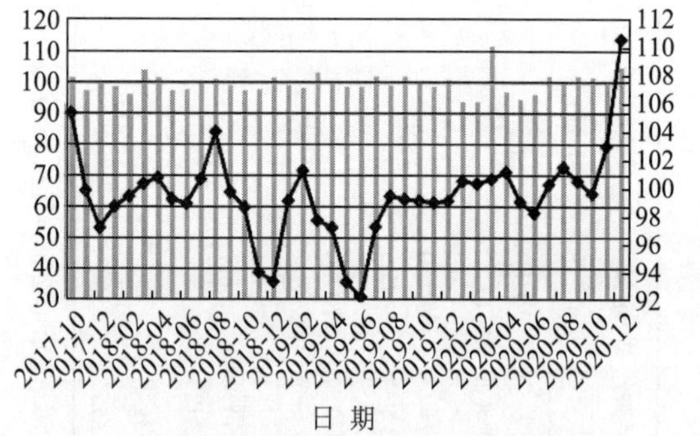

图4　中国造纸协会纸浆指数（环比总指数）

物量　价格

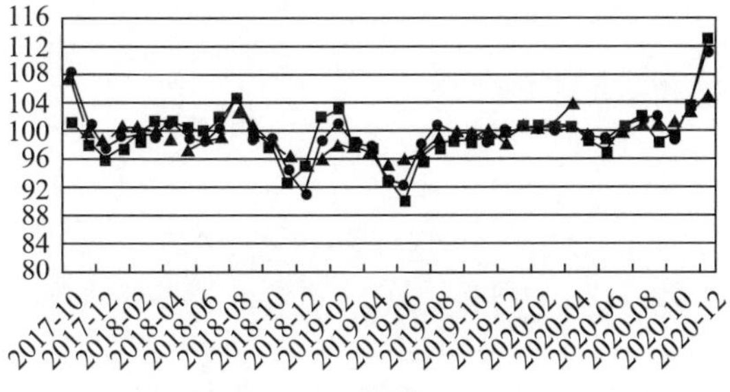

图5　中国造纸协会纸浆指数（分类价格环比指数）

—●— 漂白针叶木浆　—■— 漂白阔叶木浆　—▲— 本色浆

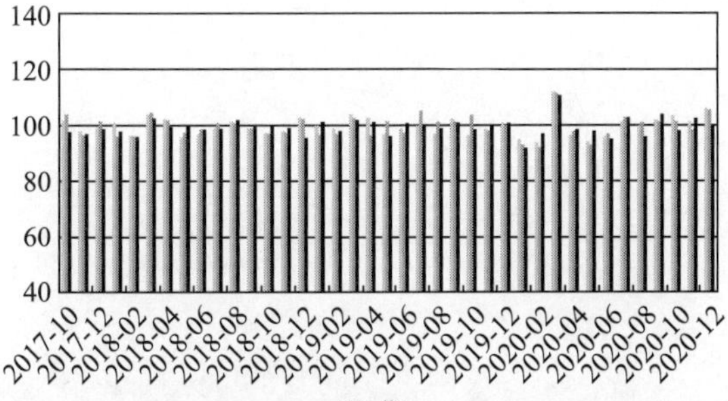

图6　中国造纸协会纸浆指数（分类物量环比指数）

■ 漂白针叶木浆　■ 漂白阔叶木浆　■ 本色浆

货盘面价格上涨影响，现货价格报涨 50 元/吨左右。2—3 月，现货市场成交价整体上涨，漂白硫酸盐针叶木浆浆价先跌后涨，受国外浆厂减停产的影响，到货量逐渐减少。4 月，现货市场交投气氛平淡，漂白硫酸盐针叶木浆现货价格涨跌互现，部分货源较为紧张，报价大幅上扬，成交均价上涨。5 月，漂白硫酸盐针叶木浆现货市场成交氛围清淡，受外盘进口木浆报价下跌，且下游市场需求疲软等利空因素影响，现货市场报价整体下调 50～100 元/吨。6 月，漂白硫酸盐针叶木浆现货市场行情窄幅盘整，市场成交量欠佳，需求暂无改善，浆价承压震荡下滑。7 月，漂白硫酸盐针叶木浆现货市场交投一般，受限于下游市场需求乏弱萎靡之势，价格在低位徘徊。8 月，受漂白硫酸盐针叶木浆外盘报价上涨，下游纸张市场持续发布涨价等因素影响，现货价格大幅提涨。9 月，月初浆价大幅度攀升，下旬受期货价格下行影响，漂白硫酸盐针叶木浆现货价格整体跌幅 150 元/吨左右。10 月，漂白硫酸盐针叶木浆现货市场价格整体呈下行趋势。11 月，受漂白硫酸盐针叶木浆期货和外盘报价上涨影响，现货市场价格整体呈上涨趋势，浆价上调明显。12 月，漂白硫酸盐针叶木浆期货价格接连上涨、外盘报价大幅上涨，现货市场整体涨幅 650 元/吨左右。

漂白硫酸盐阔叶木浆方面，1 月，上下游市场交投气氛较为寡淡，市场需求有限，漂白硫酸盐阔叶木浆价格整体呈现小幅上行趋势，整体涨幅在 50 元/吨左右。2—3 月，漂白硫酸盐阔叶木浆现货市场价格略有上涨，月内整体涨幅在 50 元/吨左右。4 月，受进口木浆价格报涨影响，漂白硫酸盐阔叶木浆现货市场成交价格小幅上涨，现货市场成交量小幅回落，由于下游纸企采购积极性偏弱，以消耗库存为主。5 月，漂白硫酸盐阔叶木浆现货市场交投平平，市场成交量下滑，由于港口到货量较 4 月大幅增加，库存量有所回升。6 月，漂白硫酸盐阔叶木浆现货市场成交延续清淡，纸厂仍以刚需采购为主，受港口地区去库存速度较为缓慢影响，市场需求形势低迷，价格继续维持下行趋势。7—8 月，漂白硫酸盐阔叶木浆现货市场交投氛围整体偏向刚需，浆价窄幅上调，涨幅 50～100 元/吨。9 月，本月漂白硫酸盐阔叶木浆现货市场供应压力高于漂白硫酸盐阔叶木浆，整体涨幅 50 元/吨左右，下游市场需求未明显利好释放，港口库存以窄幅去库为主。10 月，漂白硫酸盐阔叶木浆市场成交量增价减，浆价延续 9 月下跌行情，降幅在 50 元/吨左右。11 月，现货市场价格上调，市场成交量偏少。12 月，漂白硫酸盐阔叶木浆市场成交量有所增长，主港地区纸浆库存窄幅去化，现货价格一再跟涨。

本色浆方面，1 月，本色浆现货市场行情趋于平稳，现货市场交易偏刚需，成交量较为有限，浆价整体波动不大。2—3 月，本色浆现货市场延续刚需交易为主，市场流通货源较少，浆价有所上涨。4 月，本色浆现货市场流通货源偏少，受外盘价格报涨影响，现货市场报盘价上扬，整体涨幅 50～100 元/吨。5—6 月，本色浆现货市场成交量下滑明显，浆价继续维持下跌趋势，整体跌幅 50～100 元/吨。7 月，本色浆现货市场交投气氛延续清淡，降价整体跌幅 50 元/吨左右。8 月，本色浆价格小幅提涨，涨幅在 50 元/吨左右。9 月，本色浆市场供需较为平稳，浆价维持小幅提涨，涨幅在 50 元/吨左右。10 月，受市场需求疲软影响，本色浆成交量较 9 月有所下降，但浆价有所上涨，涨幅在 50 元/吨左右。11 月份，本色浆现货市场呈稳中窄幅调整态势，浆价小幅调整，整体上涨 50 元/吨左右，成交量较 10 月有所增加。12 月，本色浆浆价整体呈小幅上行趋势，整体涨幅 250 元/吨左右，现货市场行情仍有上行空间。

（曹凯月）

产品与市场

PRODUCTS AND MARKET

3

2020 年我国造纸工业生产运行情况

Analysis of Production and Sale Situation of China's Paper Industry in 2020

一、2020 年我国造纸工业生产完成情况

据中国造纸协会调查资料，2020 年全国纸及纸板生产企业约 2500 家，全国纸及纸板生产量 11260 万吨，较 2019 年增长 4.60%。消费量 11827 万吨，较 2019 年增长 10.49%，人均年消费量为 84 千克。

二、主要经济指标完成情况

据国家统计局统计数据，2020 年 1—12 月规模以上制浆造纸及纸制品业企业主要经济指标完成情况如下。

1. 主营业务收入

全行业累计完成 13012.65 亿元，同比下降 2.24%。其中：纸浆制造业累计完成 156.98 亿元，同比增长 3.96%；造纸业累计完成 7186.23 亿元，同比下降 4.22%；纸制品制造业累计完成 5669.44 亿元，同比增长 0.22%。

2. 利润总额

全行业累计 826.70 亿元，同比增长 21.24%。其中：纸浆制造业累计 -1.12 亿元，同比增长 32.19%；造纸业累计 457.67 亿元，同比增长 27.65%；纸制品制造业累计 370.15 亿元，同比增长 13.89%。

3. 亏损企业亏损额

全行业累计 83.63 亿元，同比下降 19.52%。其中：纸浆制造业累计 6.83 亿元，同比下降 13.86%；造纸业累计 54.87 亿元，同比下降 22.81%；纸制品制造业累计 21.93 亿元，同比下降 11.90%。

根据统计快报数据分析，2020 年受新冠肺炎疫情影响，全行业生产情况呈现先低后高，快速恢复态势，全年营业收入有减少，但利润有增加，整体运营情况基本稳定。

三、国内纸浆生产和商品纸浆及废纸进口情况

1. 国内纸浆生产情况

2020 年全国纸浆生产总量 7378 万吨，同比增长 2.37%。其中：木浆 1490 万吨，同比增长 17.51%；废纸浆 5363 万吨，同比增长 0.22%；非木材浆 525 万吨，同比下降 10.71%。

2. 商品纸浆进口情况

2020 年国内进口各类商品纸浆 3062.60 万吨，比 2019 年同期增加 343.02 万吨，同比增长 12.61%。出口纸浆 10.55 万吨，同比下降 9.05%。

2020 年进口的商品木浆种类：漂白针叶木浆进口 886.18 吨，同比下降 0.54%；漂白阔叶木浆进口 1374.45 万吨，同比增长 16.67%；未漂木浆进口 109.12 万吨，同比增长 27.19%；半化学浆、机械浆合计进口 185.17 万吨，同比增长 15.49%；溶解级木浆进口 325.58 万吨，同比增长 6.28%；废纸浆进口 176.64 万吨，同比增长 91.77%。

3. 废纸进口情况

2020 年累计进口各类废纸 689.25 万吨，比 2019 年同期减少 347.01 万吨，同比下降 33.49%。

2020 年进口废纸的品种：进口废旧瓦楞纸箱为 524.45 万吨，同比下降 34.09%；进口废旧新闻纸和废旧杂志纸 136.11 万吨，同比下降 33.83%；进口办公废纸 28.69 万吨，同比下降 17.75%。

四、纸及纸板主要品种生产消费分析

1. 新闻纸

2020 年新闻纸生产量为 110 万吨，同比下降 26.67%，进口 65 万吨，出口为零，消费量 175 万

吨，同比下降 10.26%。

2. 印刷书写用纸

2020 年未涂布书写印刷用纸生产量为 1730 万吨，同比下降 2.81%，进口 119 万吨，出口 66 万吨，消费量 1783 万吨，同比增长 1.94%。

3. 铜版纸

2020 年铜版纸国内生产量为 600 万吨，同比下降 4.76%，进口 25 万吨，出口 69 万吨，消费量为 556 万吨，同比增长 3.93%。

4. 生活用纸

2020 年国内生活用纸生产量为 1080 万吨，同比增长 7.46%；进口 3 万吨，出口 87 万吨，消费量为 996 万吨，同比增长 7.10%。

5. 白纸板

2020 年国内白纸板生产量 1490 万吨，同比增长 5.67%；进口量 53 万吨，出口量 170 万吨，消费量 1373 万吨，同比增长 7.52%。

6. 箱纸板和瓦楞原纸

2020 年国内箱纸板生产量 2440 万吨，同比增长 11.42%；进口量 404 万吨，出口量 7 万吨，消费量 2837 万吨，同比增长 18.06%。瓦楞原纸生产量 2390 万吨，同比增长 7.66%；进口量 389 万吨，出口量 3 万吨，消费量 2776 万吨，同比增长 16.93%。

五、2020 年国内造纸行业生产和市场总体走势

（1）全球经济和贸易下降，外部环境复杂严峻。

（2）我国经济下行压力较大，随着防疫取得阶段性成果和经济恢复较好，效果在不断显现。

（3）造纸生产和运行呈现逐月向好态势，整体运行好于 2019 年。

（4）全年纸及纸板生产总量比 2019 年有提高，产销基本平衡。

（5）受市场对纸张品种需求变化和原材料来源成本差异及市场竞争等因素影响，造纸企业生产和经济运行出现分化。

（6）多数使用商品纸浆生产的企业，得益于商品纸浆价格低位，经济效益有所提高。但国内原生纸浆生产企业困难增大，亏损企业数量增多。

（7）由于市场对多数品种的需求有增加，而国内原生纸浆生产量又不足，加上废纸进口减少，使得生产企业对进口商品纸浆需求继续增长。

（8）由于市场需求增加，国内受原料总量和成本及市场竞争等因素影响，出现包装纸板和新闻纸进口量大幅增加，出口量减少局面。

六、2021 年国内造纸工业生产和市场总体态势

（1）全球经济形势依然复杂严峻，2020 年除中国外，全球经济体经济基本都是负增长，大概率看 2021 年全球经济可能还是延续放缓态势。

（2）从国内情况看，有力的支撑因素比较多。党的十九届五中全会为“十四五”和中长期发展指明了方向和目标，以推动高质量发展和建设国内强大市场等战略决策部署必将使我国经济稳步提升。

（3）供给侧结构性改革不断深入和高质量发展的推动及满足人民美好生活日益增长的需要，将会促进造纸产品的升级换代，以适应不同产业、不同人群的需要。

（4）随着国内经济发展对纸张需求的增加，预计国内纸及纸板生产量还会增长。另外，由于市场需求和商业利益等因素，进口的成品纸及纸板仍然会保持较高数量，进口大于出口的现象还会保持。

（5）2021 年废纸原料零进口已成定局，而国内回收废纸受可回收总量制约，提高有限。因此，商品纸浆和再生纤维浆进口量会继续增加。

（6）商品浆价长时间处于低位，受成本、投资回报等压力的影响，预计后市会有较大波动。

（7）疫情发生并在全球蔓延，中国经济仍然面临复杂多变形势，加上废纸政策变化，使得我国造纸原料原本就短缺的问题更加凸显，给产业增加了诸多不确定性；因此企业要有风险防范意识，同时要增强产业链安全意识。

（赵 伟）

2020 年我国纸浆市场分析

Analysis of China's Pulp Market Situation in 2020

2020 年，注定是不平凡的一年。这一年，新冠肺炎疫情肆虐全球，政治、贸易风波迭起，经济形势复杂多变，造纸行业在经历了疫情导致的生产量下滑、生产运行困难等问题后，行业同仁凝心聚力、共同努力，通过调整原料及产品结构，生产量快速提升，不仅保障了相关抗疫物资的及时足量供应，更使行业生产经营取得了好于 2019 年的优异成绩。

2020 年，我国造纸行业又有大量新产能投入使用，尤其是包装用纸及生活用纸两个领域。这使得原本就已处于阶段性产能过剩的造纸行业，供大于求的矛盾更加突出。同时，禁废令将于 2021 年 1 月 1 日起正式实施，对于已处于阶段性产能过剩的包装用纸行业，又要叠加纤维原料减少的困境，面临的考验更加严峻。

2020 年，全球纸浆整体供应宽松，我国纸浆进口量充足，国内主要港口库存一直高位徘徊，加之国外疫情控制不理想，经济低迷，需求较差，大量纸浆需要经济恢复较快的中国市场消化。因此，我国纸浆市场全年基本平稳，现货市场价格以及国外供应商对中国市场的美元报价几乎全年窄幅波动于历史低位，进口木浆现货市场价格全年呈现“小幅上扬—下探—回升—12 月大幅上涨”的态势。到了年底，由于纸浆期货暴涨、全球经济复苏预期导致需求增加、海运运费上涨、人民币汇率升高等，众多因素叠加刺激下，国内进口浆市场价格开始快速上涨。

一、2020 年我国纸浆生产与消耗概况

(一)纸浆生产概况

据中国造纸协会数据，2020 年全国纸浆总生产量 7378 万吨，同比增长 2.37%。其中：木浆 1490 万吨，同比增长 17.51%；废纸浆 5363 万吨，同比增长 0.22%；非木材浆 525 万吨，同比下降 10.71%(见表 1)。

2020 年我国木浆生产量同比净增加 222 万吨，生产量及增幅均创历史新高，这一增势十分符合行业高质量发展的要求，是近些年来大力调整原料结构及产品结构的重要成果。2020 年我国并没有新的大型木浆线投产，木浆生产量增加的主要原因，一是为应对废纸进口减少以及年底的“废纸零进口”造成的长纤维原料短缺，部分纸厂通过多种方式增加

表 1 2011—2020 年我国纸浆生产情况 单位：万吨

年份	2011 年	2012 年	2013 年	2014 年	2015 年	2016 年	2017 年	2018 年	2019 年	2020 年	同比/%
纸浆合计	7723	7867	7651	7906	7984	7925	7949	7201	7207	7378	2.37
1. 木浆	823	810	882	962	966	1005	1050	1147	1268	1490	17.54
2. 废纸浆	5660	5983	5940	6189	6338	6329	6302	5444	5351	5363	0.22
3. 非木材浆	1240	1074	829	755	680	591	597	610	588	525	-10.71
苇浆	158	143	126	113	100	68	69	49	51	54	5.88
蔗渣浆	121	90	97	111	96	90	86	90	70	97	38.57
竹浆	192	175	137	154	143	157	165	191	209	219	4.78
稻麦草浆	660	592	401	336	303	244	246	250	222	117	-47.30
其他浆	109	74	68	41	38	32	31	30	36	38	5.55

木浆生产量，有数条中小型化学机械浆或本色浆生产线投产，或在原有基础上改造扩产，以补充国废原料中长纤维不足，使木浆生产量增加；二是2018年及2019年国内新投产的几条浆线，在2020年已全部达产，这些项目的实际达产生产量高于其当初公布的设计产能，现在满负荷运转后，也造成2020年生产量同比大幅增加；三是环保要求日趋严格，小型非木材浆、小型废纸制浆等污染严重的落后产能继续淘汰，木浆需求持续提升，国内所有木浆产能开足马力，满负荷生产，纸浆产能超额释放。

2020年进口废纸量减少33%，但我国废纸浆生产量依然与2019年基本持平，这背后的原因主要与废纸回收产业得到重视，逐渐进入良性健康发展、废纸回收增加有关。按照国家政策，2021年起进口废纸将会清零，2020年的620万吨进口废纸也将不复存在，巨大的原料缺口如何弥补，原料领域将再迎挑战。

2020年，非木材浆生产量同比下降10.7%。由于需求旺盛，苇浆、蔗渣浆、竹浆等非木材浆生产量均有一定程度增长，但稻麦草浆生产量大幅下滑，同比减少47.3%，几乎腰斩。主要是由于环保政策日益严格，非木材浆中生产规模相对较小且污染严重的稻麦草浆产能淘汰较为集中；此外，稻麦草秸秆在餐饮具等领域的高值化利用也争夺了一部分用于造纸的稻麦草原料。

(二)纸浆消耗概况

2020年全国纸浆总消耗量10200万吨，同比增长5.27%。其中，木浆消耗量4046万吨，占纸浆总消耗量的40%，其中，进口木浆占25%、国产木浆占15%；废纸浆5632万吨，占纸浆总消耗量的55%，其中，进口废纸浆占2%、用进口废纸制浆占6%、用国产废纸制浆占47%；非木材浆522万吨，占纸浆总消耗量的5%(见表2)。

2020年，木浆消耗在纸浆总消耗量中的占比达40%，比2019年提高了3个百分点，创出新高。木浆消耗占比已连续多年持续提高，这对我国造纸行业调整原料结构、改善产品结构、减少环境污染等方面都非常有利，但是，也给面临着木材资源严重短缺的纸浆行业带来了更大的压力和更加严峻的挑战。此外，进口木浆在纸浆消耗总量中的占比达25%，再创新高，比国产木浆占比(15%)高出10个百分点。木浆原料中超过60%、所有纸浆原料中占25%的纸浆原料都依赖进口，我国造纸产业的原料来源结构令人担忧，原料结构调整之路依然艰辛。

在纸浆消耗中，应重点分析一下废纸浆。2020年进口废纸制浆620万吨，相比2019进口废纸制浆量的930万吨，减少了310万吨，同比下降33.3%。受禁废政策影响，近几年进口废纸制浆量持续大幅减少，2020年生态环境部固管中心共发放13批废纸进口许可证，获批造纸企业66家，核定总废纸进口量约675万吨，同比减少37.2%。

受进口政策影响，近几年来，多家以进口废纸为主要原料的包装用纸企业纷纷在境外设厂，将废纸加工成再生纤维浆再进口到国内。从2018年起，这些产能已陆续投放，2020年我国进口再生纤维浆

表2　　2019—2020年我国纸浆消耗情况

品种	2019年		2020年		同比/%
	消耗量/万吨	占比/%	消耗量/万吨	占比/%	
总量	9689	100	10200	100	5.27
木浆	3581	37	4046	40	12.99
1. 进口木浆	2317	24	2556	25	10.32
2. 国产木浆	1264	13	1490	15	17.88
废纸浆	5523	57	5632	55	1.97
1. 进口废纸浆	92	1	249	2	170.65
2. 国产废纸浆	5431	56	5383	53	-0.88
其中：进口废纸制浆	930	10	620	6	-33.33
国内废纸制浆	4501	46	4763	47	5.82
非木材浆	585	6	522	5	-10.77

注：2019年共进口纸浆2720万吨，扣除非造纸用浆和非木材浆，实际造纸用木浆消耗量2317万吨。2020年共进口纸浆3063万吨，扣除非造纸用浆和非木材浆，实际造纸用木浆消耗量2556万吨。

表 3　　2019—2020 年进口木浆分品种数量

木浆种类及税号	进口量/万吨		同比/%	2020 年进口量占全年进口量比例/%
	2019 年	2020 年		
漂白硫酸盐针叶木浆(BSKP)(47032100)	891.1211	886.1813	-0.6	29.27
漂白硫酸盐阔叶木浆(BHKP)(47032900)	1178.0690	1374.6675	16.7	45.4
未漂硫酸盐针叶木浆(USKP)(47031100)	81.3875	102.4594	25.9	3.38
溶解浆(47020000)	306.3862	304.0917	-0.74	10.04
全年进口总量	2719.9	3027.7	11.3	100

注：2019 年及 2020 年海关部分数据未公布，故分品种进口量中部分品种数据暂无。数据来源于海关总署。

249 万吨，同比增加 170.6%，2021 年 1 月 1 日起进口废纸将被完全禁止，预计今后再生纤维浆进口还会逐年大幅增加。

二、2020 年我国主要木浆生产情况

2020 年，国内没有新的大型木浆项目投产，仅有几条化学机械浆、本色浆新建或改扩建项目完工投产，其余均为原有浆线正常运转。受环保、禁废令及调整产品结构等因素影响，木浆需求量增加，国内木浆生产线基本满负荷运转。

我国可用于制浆造纸的针叶木材资源相对稀缺，国产漂白针叶木浆生产成本过高。多年来一直没有新的漂白针叶木浆项目。而进口针叶木片成本偏高，国内较少进口。因此，国内漂白针叶木浆生产企业都是历史沿袭下来的，主要在云南、福建等地，多以当地的马尾松、思茅松等为主要原料。生产的漂白针叶木浆多为自用，或是生产附加值更高的溶解浆。黄冈晨鸣浆纸有限公司的 35 万吨/年项目于 2018 年底投产，该项目以针叶木为原料，主要产品为溶解浆，其间或有纸浆生产。

山东太阳纸业股份有限公司位于老挝的漂白阔叶木浆项目和寿光晨鸣纸业有限公司的漂白阔叶木浆项目于 2018 年投产，为国内制浆行业新增了一抹亮色。在 2019 年和 2020 年，我国自制浆领域又趋于平静，没有新的漂白阔叶木浆产能投放。但是为了应对禁废令和限塑令实施后的新形势和新需求，2020 年又有几个新的大型纸浆项目在规划或建设中，未来几年有望使我国木浆生产量有所突破。

目前，国内主要漂白阔叶木浆生产企业为亚太森博(山东)浆纸有限公司、海南金海浆纸业有限公司、山东晨鸣纸业集团股份有限公司、江苏王子制纸有限公司及山东太阳纸业股份有限公司，这 5 家浆厂漂白阔叶木浆总产能接近 600 万吨/年，其中作为商品浆的数量总计仅 200 万吨/年左右，不足进口商品木浆总量的 1/10。

这一局面迫使更多的大型纸企调整战略，以海外布局等多种方式解决原料困境，比如在森林资源发达国家建立浆厂，入股或并购国外浆厂等，从而生产原生木浆或再生纤维浆运回国内，以缓解造纸原料受制于人的困境。目前，玖龙纸业(控股)有限公司、山东太阳纸业股份有限公司、山鹰国际控股股份有限公司、理文造纸有限公司等部分先行的大型纸企在这方面已经取得了较大进展。

三、2020 年我国商品木浆进口概况

2020 年，我国共进口木浆 3027.7 万吨(漂白针叶木浆、漂白阔叶木浆、本色浆、机械浆、溶解浆)，同比增长 11.3%，2010—2020 年我国进口木浆数量见图 1，木浆分品种进口量见表 3。

图 1 可以看出，2010—2020 年这 11 年间，我国进口商品木浆每年增长量基本都在 200 万吨以上。2020 年进口量再创新高，达 3027.7 万吨，比 2019 年净增加了 307.9 万吨。和往年一样，相当于全世界又要专门为我国新建一座年生产量 300 万吨的浆厂，如此规模的需求增长，这在全球造纸行业的历史上是从来没有的。

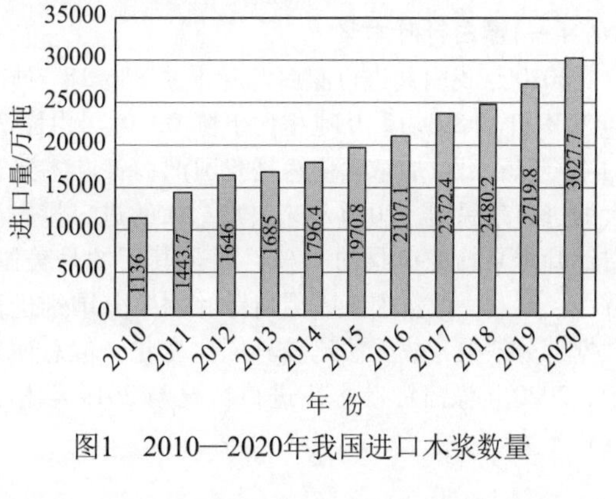

图1　2010—2020年我国进口木浆数量

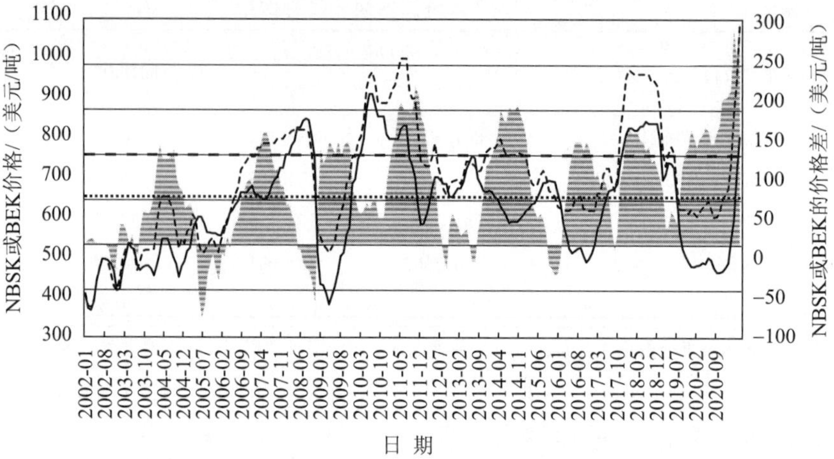

图2 近年来漂白针叶木浆及漂白阔叶木浆价格对比

NBSK-BEK ——BEK ----NBSK ······· BEK十年均价 – – NBSK十年均价

注：数据来源于FASTMARKETS RISI。NBSK：北方漂白针叶木浆；BEK：漂白桉木浆。

在分品种进口量中，2020 年漂白针叶木浆进口量与 2019 年基本持平，仅略有减少；但漂白阔叶木浆进口量大幅增加(净增加 196.6 万吨，增幅达 16.7%)。近几年新投产项目中，白卡纸和生活用纸项目较多，这两个纸种中漂白阔叶木浆占比较大，其需求增势突出，加之漂白针叶木浆、漂白阔叶木浆之间的价差持续拉大(见图 2)，出于成本及市场供应充足等方面考虑，进口漂白阔叶木浆成为纸浆市场主力，消耗量大幅提高。

2020 年本色浆进口量增幅巨大，达到创纪录的 25.9%，其主要原因，一是进口废纸数量在 2020 年达到低量水平，很多包装用纸企业只好配用一定数量的本色浆以弥补国废品质的不足，加之 2020 年浆价多数时间低位运行，部分纸企趁机囤货；二是近年新投产项目中食品包装用纸等纸种增多，本色浆需求增加。

四、2020 年进口木浆进口来源分布

(一)漂白针叶木浆

2020 年我国共进口漂白针叶木浆 886.18 万吨，与 2019 年的 891.12 万吨相比下降 0.6%。由图 3、图 4 可以看出，加拿大依然是我国漂白针叶木浆最大的进口来源国，2020 年来自加拿大的进口量占漂白针叶木浆总进口量的 27%，紧随其后的是美国、芬兰、智利、俄罗斯。因漂白针叶木浆分国别进口数据部分缺失，故无法比较其同比变化，但总体来说，2020 年漂白针叶木浆进口情况与 2019 年相比变化不大。

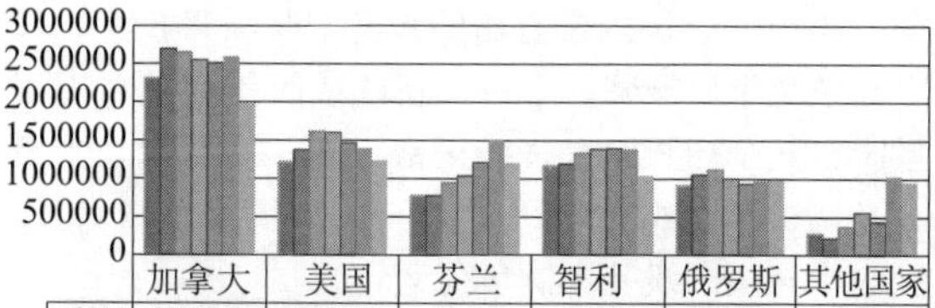

	加拿大	美国	芬兰	智利	俄罗斯	其他国家
2014	2309953	1217690	780755	1175461	913727	285573
2015	2689071	1374891	777368	1196249	1053233	224833
2016	2644927	1612666	945085	1337954	1120364	374068
2017	2545292	1598127	1036054	1384843	1003809	560012
2018	2507988	1461139	1210340	1393871	935754	438261
2019	2595516	1397495	1514568	1392739	979028	1031862
2020	1993367	1237520	1209484	1042378	990305	957632

图3 2014—2020年漂白针叶木浆前五大进口来源国的进口数量

注：2020年海关部分数据未公布，各来源国数据为3—12月数据。数据来源于海关总署。

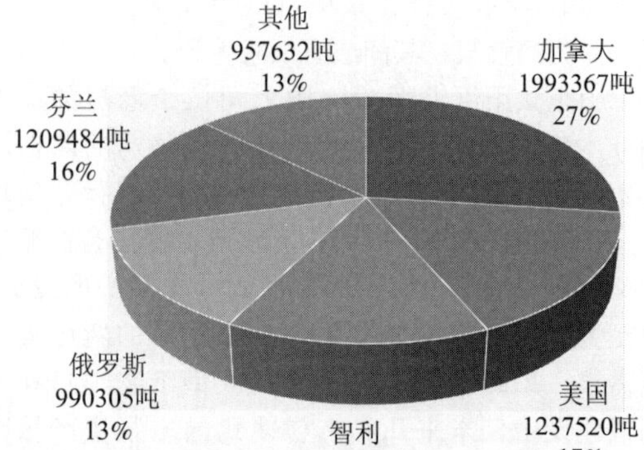

图4 2020年漂白针叶木浆前五大进口来源国进口量及其比例

注：2020年海关部分数据未公布，各来源国数据为3—12月数据。数据来源于海关总署。

(二)漂白阔叶木浆

2020年我国漂白阔叶木浆进口量为1375万吨，进口量占全年纸浆总进口量的45.4%，是进口木浆中绝对的主力军。漂白阔叶木浆前四大进口来源国为巴西、印度尼西亚、乌拉圭、智利(见图5、图6)。

2020年漂白阔叶木浆进口量同比增加16.7%，净增加近200万吨，增量主要来自：巴西增加90.7万吨、印度尼西亚增加67.7万吨、智利增加24万吨。

2020年进口自巴西的漂白阔叶木浆为703.3万吨，占2020年漂白阔叶木浆总进口量的51%。在经历了2019年度的短暂减少之后，进口自巴西的漂白阔叶木浆在2020年又恢复了往年的快速增长势头，同比增长14.8%，主要是因为巴西几家大的漂白阔叶木浆供应商调整了销售策略，减少库存销量恢复所致。此外，进口自智利的漂白阔叶木浆数量增幅也较大，并超过了乌拉圭，成为漂白阔叶木浆进口量第3名。

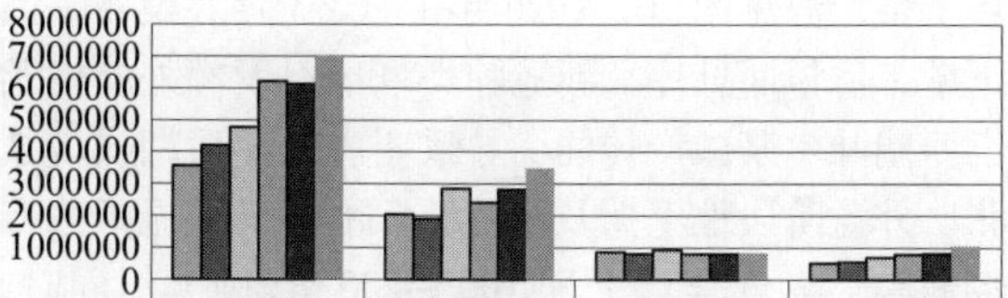

	巴西	印度尼西亚	乌拉圭	智利
2015	3556520	2041411	865766	520672
2016	4189900	1904293	811685	563675
2017	4758967	2846330	936369	698121
2018	6215539	2404673	805547	800009
2019	6125909	2814953	809409	823924
2020	7032911	3492208	848771	1062838

图5　2015—2020年漂白阔叶木浆前四大进口来源国的进口数量

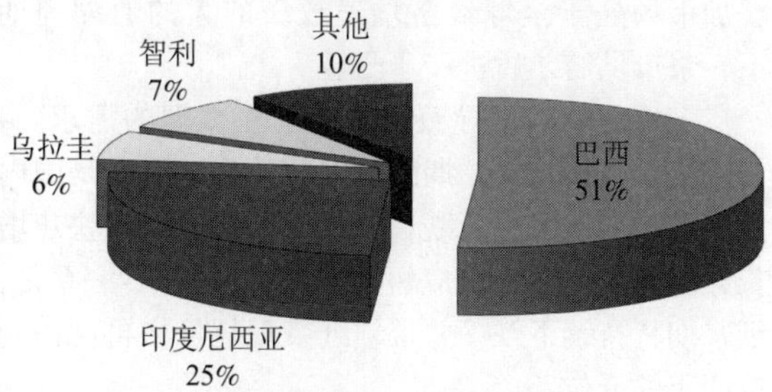

图6　2020年漂白阔叶木浆前四大进口来源国进口量比例

五、2020年我国进口木浆市场价格行情分析

(一)2020年我国进口木浆市场价格行情总体特点

(1)2020年，进口木浆市场价格除12月的忽然上涨外，全年价格基本平稳，现货市场价格以及国外供应商对我国市场的美元报价几乎全年窄幅波动于历史低位，进口木浆现货市场价格全年呈现“小幅上扬—下探—回升—12月中旬突然开始加速上涨”的态势(见图7)。

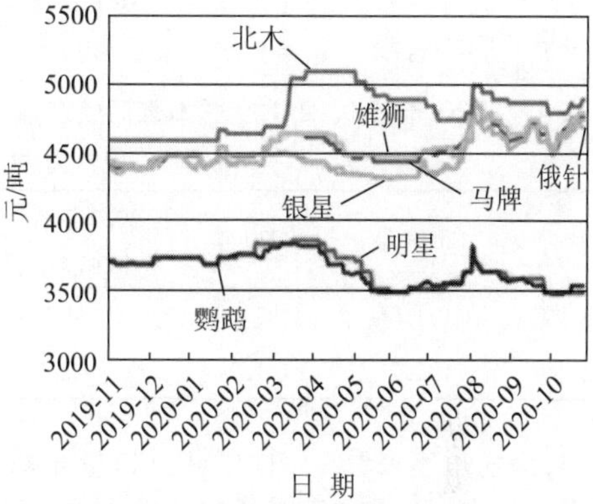

图7　2020年进口漂白针叶木浆及漂白阔叶木浆现货市场价格走势

注：数据来源于卓创资讯。

(2)2020年，纸浆市场价格低迷，漂白针叶木浆(加拿大北木牌漂白针叶木浆除外)到岸价格几乎全年都徘徊于550~600美元/吨(见图8)，漂白阔叶木浆价格徘徊于450~470美元/吨。据卓创资讯监测数据显示，2020年纸浆均价中，漂白针叶木浆同比下降8.04%，漂白阔叶木浆同比下降18.94%，本色浆同比下降10.54%，化学机械浆同比下降5.72%。

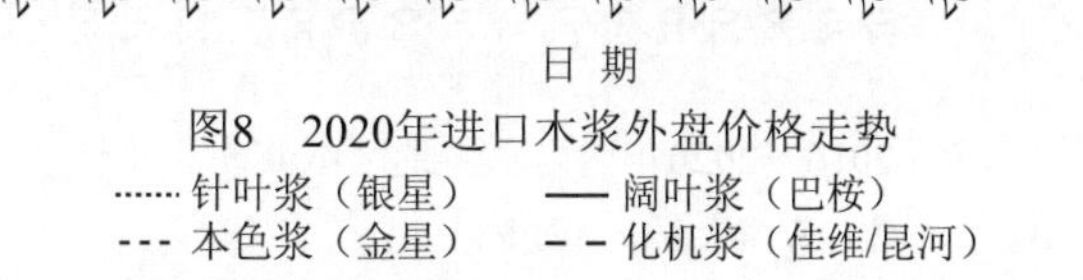

图8　2020年进口木浆外盘价格走势

········ 针叶浆（银星）　—— 阔叶浆（巴桉）
- - - 本色浆（金星）　— — 化机浆（佳维/昆河）

注：数据来源于卓创资讯。

(3)全球角度来看，2020年纸浆供应量充裕，进口木浆供应并未缩减。从海外木浆供应商的季度财报数据可以看出，2020年疫情期间各浆厂由于推迟了检修时间，因此第1、2季度数据中并未看到供应量明显缩减。几家大型木浆企业2020年1季度总生产量同比增长4%，2季度生产量仅小幅下滑

0.7%(见表4)。3季度以我国为例的海外木浆市场价格多数是在上涨的，同时并没有大量浆厂检修的消息。因此，2020年前3季度的纸浆供应依旧充裕。4季度部分浆厂执行原本要在2季度进行的检修计划，但由于浆价开始上涨，纸浆生产利润好转，各浆厂实际检修天数并不长，大多在1～2周，对供应量的影响有限。

表4　2020年第1、2季度样本浆厂生产量

单位：万吨

	2019年	2020年	2020年各季度同比变化/%
第1季度	131.56	137.59	4.6
第2季度	132.21	131.24	－0.7

(4)国内角度来看，国内纸浆进口量充裕，市场整体供应充足。2020年纸浆进口量同比增长11.3%，国内港口进口浆库存一直在历史高位附近徘徊(见图9)。主要原因在于：欧美疫情控制较差，而我国疫情控制得当；浆厂在主观意愿上选择将更多的货发往我国；7、8月时，纸浆价格曾一度出现了显著的内外顺挂，即现货市场人民币价格高于从供应商订货的美元价格，刺激了当时贸易商以及期货套利商的订货情绪，尤其是漂白针叶木浆更是如此。

图9　2016—2020年国内主港地区纸浆库存总计

注：数据来源于卓创资讯。

(5)2020年下半年，一直低迷的国内漂白针叶木浆现货市场逐渐复苏和回暖，到年底开始大幅反弹，并带动漂白阔叶木浆市场同步走高。浆价忽然走高并非偶然，而是多因素叠加之后产生的必然结果。下半年开始，上期所纸浆期货价格整体逐步走高，一度出现无风险套利空间，期现结合参与者对于现货的采购积极性较高，偏宽松的资金环境、叠加下半年全球经济逐步复苏等因素共同作用，推涨了全球大宗商品整体价格，包括纸浆期货在内多数商品期货价格走高。2、3季度海外针叶木浆厂停机、减产相对集中，且有部分浆厂由漂白针叶木浆转产本色浆，加之3季度外盘成交放量，供应商出货压力不大。2020年6—7月主要纸种开工情况较前期明显改善，纸浆需求回升，纸厂对低价位纸浆的采购积极性较高。海运运费大幅上涨，集装箱订舱难度增加。人民币对美元汇率持续升值。

(二)我国木浆市场价格行情回顾与分析

2020年春节之后，新冠肺炎疫情在全球持续蔓延，对全球大宗商品市场需求端造成巨大冲击。国际原油市场“价格战”引发油价暴跌，能化板块多数品种在1季度领跌市场，能化指数1季度跌幅高达24%。不过，相较于其他能化品种，纸浆价格表现相对抗跌，同期跌幅仅为3%。

1. 漂白针叶木浆和漂白阔叶木浆

漂白针叶木浆和漂白阔叶木浆2020年全年市场价格走势见图10。2020年1月、3月底及4月因下游工厂抄底补库、新冠肺炎疫情引发额外检修及巴西阔叶木浆减产传闻，导致业内预期后期供应紧张、外盘阶段性上扬及下游纸厂涨价函提振纸浆市场信心，浆价合计上涨100～200元/吨。但同时，也有很多利空消息在影响和打击略有起色的纸浆市场。一是新冠肺炎疫情导致的2020年2月国内生产生活基本“停摆”，复工、学生开学延迟等导致内需受挫；二是原纸出口受阻，生产量降低，纸浆需求减少，国内港存累库；三是新冠肺炎疫情暴发后国外纸浆需求骤降，我国进口木浆到货量维持稳定，叠加市场处于全球经济增速放缓的大的通缩周期下，浆市供需矛盾进一步凸显。

多重利空因素导致浆价有承压整理的需求。4月底浆价开始走低，期间最主要的引领因素是国内文化用纸需求大幅下跌，并伴随纸浆进口量快速增长，以及疫情期间供应短缺预期的落空。4—6月，纸浆期货持续下跌，并带领纸浆现货价格再度回到近两年的低位。

新冠肺炎疫情后纸浆价格的真正见底是在2020年6月。6月中下旬，随着各大利空因素兑现完毕，漂白针叶木浆期现两市同样在4400元/吨左右获得支撑，同时文化用纸价格下跌也暂告一个段落。在各项供需数据表现较差的6月中下旬，纸浆价格开始了企稳反弹之路。因此，2020年第3季度的纸浆行情基本上可以归结为震荡上行，但最终涨幅有限。8月的加速上涨最核心因素是其他大宗商品普涨后，纸浆低位补涨叠加市场资金大幅流入。资金的涌入加速并放大了纸浆行情的发展。9 月纸浆价格持续回落的核心因素，一方面是资金流出，另一方面是宏观风险开始出现，以及国外二次疫情暴发。进入 12 月，我国纸浆市场出现了戏剧性变化。漂白针叶木浆及漂白阔叶木浆现货市场价格快速从一直的低位向上爬升，智利银星牌漂白针叶木浆现货价格从 12 月初的 4800 元/吨直接飙升至 5800 元/吨(见图 11)，巴西金鱼牌桉木浆现货价格从 12 月初的 3500 元/吨飙升至 4400 元/吨。

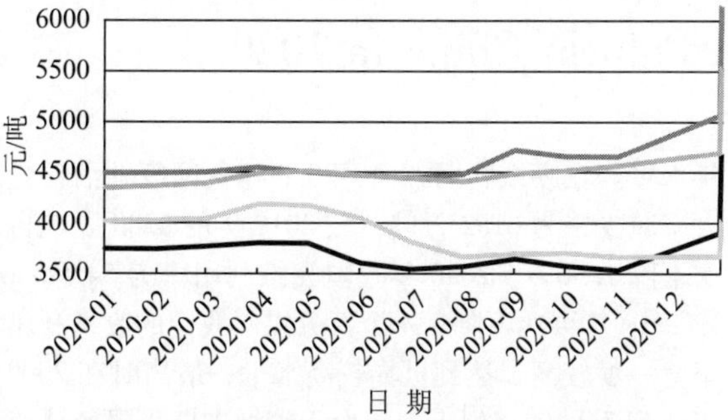

图10　2020年我国4种主要浆种进口价格走势

—针叶浆　—阔叶浆　—本色浆　—化机浆

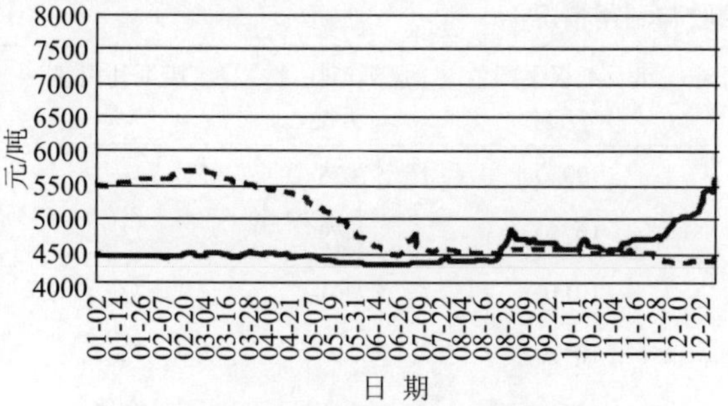

图11　2020年山东市场进口智利银星牌漂白针叶木浆现货市场价格

----2019　—— 2020

与此同时，大规模资金进入纸浆期货市场，近月及远月的纸浆期货价格全部上涨。国外供应商对我国市场的报盘随即全部上涨，智利银星牌漂白针叶木浆报价由 640 美元/吨上涨为 690 美元/吨，俄罗斯依利姆牌漂白针叶木浆报价由 620 美元/吨上涨为 670 美元/吨，巴西金鱼牌桉木浆报价由 470 美元/吨上涨为 500 美元/吨(随后又修正为 530 美元/吨)。所有供应商的供应数量全部大幅度缩减，我国纸浆市场所有买家陷入恐慌，到处寻找货源，到了不同价格只要给数量就行的地步。

2. 化学机械浆和本色浆

化学机械浆和本色浆 2020 年全年市场价格走势见图 10。本色浆、化学机械浆进口体量相对较少，价格随行就市为主。2020 年上半年颁布的限塑令以及将于 2021 年 1 月 1 日正式施行的禁废令，对这两个浆种影响较大，尤其是本色浆，业内普遍预计本色浆在箱纸板中的配用量存在增加预期，加之本色浆供应牌号差异较大，相互之间可比性不强，价格各自为政，因此，本色浆价格始终维持高位整理态势。

进口化学机械浆年内价格一直高于漂白阔叶木浆，虽然下半年白卡纸、文化用纸涨价函陆续发布，但漂白阔叶木浆供应面持续宽松叠加漂白阔叶木浆、化学机械浆价差问题，因此，化学机械浆价格年内以震荡下行为主。

3. 总结

整体来看，2020 年进口木浆价格几乎全年窄幅波动于历史低位(12 月除外)，且根据浆种不同涨跌不一，其中漂白针叶木浆、漂白阔叶木浆、本色浆最高价均出现在 12 月，分别为 5064 元/吨、3902 元/吨、4694 元/吨；化学机械浆最高价出现在 4 月，为 4183 元/吨。漂白阔叶木浆、化学机械浆的最低价基本出现在 11 月，分别为 3534 元/吨和 3663 元/吨；本色浆最低价为 1 月的 4345 元/吨；漂白针叶木浆最低价为 7 月的 4445 元/吨。

（王　岩　王　锐）

2020 年我国废纸回收利用及废纸、再生纤维浆进出口概况

Recycling and Utilization of Waste Paper, Imports and Exports of Waste Paper and Recycled Pulp in China in 2020

一、我国废纸回收和利用情况

1. 废纸回收率与废纸利用率

2020 年我国废纸回收量为 5493 万吨，较 2019 年增长了 4.75%。2020 年我国废纸回收率为 46.5%，较 2019 年下降 2.5 个百分点，回落到 2015 年水平。在废纸利用方面，2020 年我国废纸消耗量大幅减少，为 6182 万吨，较 2019 年的 6280 万吨再次下降 1.56%。2020 年我国废纸利用率为 54.9%，较 2019 年再次下降 3.4 个百分点。我国的废纸利用率曾一度较高，达到世界较高水平，最高时在 2009 年达到 74.4%，但近几年由于废纸进口受限而逐年呈下降趋势(见表 1)。

表 1　近年来我国废纸回收与利用情况

年份	纸及纸板消费量/万吨	废纸回收量/万吨	废纸回收率/%	纸及纸板生产量/万吨	废纸消耗量/万吨	废纸利用率/%
2011	9752	4347	44.6	9930	7075	71.2
2012	10048	4473	44.5	10250	7479	73.0
2013	9782	4377	44.7	10110	7301	72.2
2014	10071	4841	48.1	10470	7593	72.5
2015	10352	4832	46.7	10710	7760	72.5
2016	10419	4963	47.6	10855	7813	72.0
2017	10897	5285	48.5	11130	7857	70.6
2018	10439	4964	47.6	10435	6667	63.9
2019	10704	5244	49.0	10765	6280	58.3
2020	11827	5493	46.5	11260	6182	54.9

注：废纸回收率 = 废纸回收量/国内纸及纸板消费总量；废纸利用率 = 废纸消耗量/国内纸及纸板生产总量。

随着我国回收体系的不断完善，我国每年的废纸回收量已超过 5000 万吨，达到目前可回收量的 90% 以上，因此我国通过继续健全废纸回收系统进一步提升废纸回收率的空间极其有限。但是，一方面废纸限制进口政策的实施加剧了纤维原料的短缺，必然加快国内废纸回收利用的循环速度；另一方面受新冠肺炎疫情和国际形势影响，随着以国内大循环为主的内循环经济模式全面启动，必然加大国内消费纸及纸板的国内循环利用力度，因此短期内国内废纸资源量有望增加。

2. 再生纤维浆使用率

近年来废纸一直是支撑我国造纸工业发展的重要纤维原料，随着我国造纸原料结构的不断调整，再生纤维浆使用率虽然在 2014 年以后逐年下降，与 2019 年相比，2020 年再次下降 1.8 个百分点，但仍达 55.2%，见表 2。

表 2 近年来我国再生纤维浆使用率变化情况

年份	纸浆总消耗量/万吨	再生纤维浆消耗量/万吨	再生纤维浆使用率/%
2011	9044	5660	62.6
2012	9348	5983	64.0
2013	9147	5940	64.9
2014	9484	6189	65.3
2015	9731	6338	65.1
2016	9797	6329	64.6
2017	10051	6302	62.7
2018	9387	5474	58.3
2019	9689	5523	57.0
2020	10200	5632	55.2

注：再生纤维浆使用率 = 再生纤维浆消耗量/国内纸浆总消耗量。

3. 再生纤维浆原料结构

2020 年我国再生纤维浆消耗量为 5632 万吨，其中外废再生纤维浆消耗量 869 万吨，占再生纤维浆总消耗量的 15.4%，占纸浆总消耗量的 8.5%。

由表 3 可以看出，我国国废再生纤维浆消耗量在再生纤维浆消耗总量中占主要地位，且比例逐年上升，2020 年达到 84.6%，较 2019 年再次增加了 3.1 个百分点。

4. 以废纸为主要原料纸种的生产量与消费量

2020 年全国纸及纸板生产量 11260 万吨，较 2019 年增长 4.60%。消费量 11827 万吨，较 2019 年增长 10.49%。其中，我国以废纸为主要原料的纸及纸板产品主要有箱纸板、瓦楞原纸、包装用纸、新闻纸及部分的白纸板(主要是灰底白纸板)、未涂布印刷书写纸、厕用卫生纸。由于废纸进口受限，废纸原料供应趋紧，部分产品原料结构中的废纸比例在不断减少或被其他产品所代替。如以白纸板中的灰底白纸板为例，其主要原料是混合废纸，伴随着 2018 年 1 月起我国全面禁止混合废纸进口及大量位于富阳及东莞地区的中小型灰底白纸板等涂布白纸板生产企业关停，我国灰底白纸板生产量大幅下滑，很大部分被白卡纸产品所替代。此外，目前我国国内有些已建及在建的瓦楞原纸、箱纸板等包装用纸项目，配套了半化学浆、本色浆等原生浆生产线。

表 3 近年来我国再生纤维浆原料结构变化情况

年份	纸浆总消耗量/万吨	再生纤维浆消耗量/万吨	外废再生纤维浆①消耗量/万吨	占再生纤维浆比例/%	占总浆量比例/%	其中：进口	国废再生纤维浆②消耗量/万吨	占再生纤维浆比例/%	占总浆量比例/%
2011	9044	5660	2182	38.6	24.1	0	3478	61.4	38.5
2012	9348	5983	2405	40.2	25.7	0	3578	59.8	38.3
2013	9147	5940	2379	40.1	26.0	0	3561	59.9	38.9
2014	9484	6189	2243	36.2	23.7	0	3946	63.8	41.6
2015	9731	6338	2392	37.7	24.6	0	3946	62.3	40.6
2016	9797	6329	2308	36.5	23.6	0	4021	63.5	41.0
2017	10051	6303	2064	32.7	20.5	1	4239	67.3	42.2
2018	9387	5474	1487	27.2	15.8	30	3987	72.8	42.5
2019	9689	5523	1022	18.5	10.5	92	4501	81.5	46.5
2020	10200	5632	869	15.4	8.5	249	4763	84.6	46.7

注：①外废再生纤维浆包括进口废纸制得的纸浆及直接进口再生纤维浆；
②国废再生纤维浆为国产废纸制得的纸浆。数据来源于中国造纸协会。

由于近几年白纸板原料结构变化较大，废纸原料占比不断减小，在表 4 中仅对以废纸为主要原料的新闻纸、包装用纸、箱纸板和瓦楞原纸 4 个品种生产量及消费量进行统计。2020 年这 4 种产品的生产量合计为 5645 万吨，较 2019 年增长 7.42%，占 2020 年纸及纸板总生产量的 50.13%。2020 年这 4 种产品的消费量合计为 6506 万吨，较 2019 年消费量增长 14.72%，占 2020 年纸及纸板总消费量的 55.01%。

从表 4 可以看出，2020 年我国以废纸为主要原料的 4 个品种的合计生产量和合计消费量同比都有所增长，占纸及纸板总生产量和总消费量的比例与

2019 年相比均有所提高，分别增加 1.3 和 2.0 个百分点。

5. 基于废纸原料的相关项目建设情况

近年来，由于我国限制废纸进口政策、国际及国内经济形势的不断变化，一些原计划以废纸为主要原料的新建项目出现延期、更改或配套原生浆生产线等情况，也有很多大型造纸企业投资海外。根据公开资料统计，近期我国造纸企业在海外已完成及公布拟建的再生纤维浆、包装用纸及纸板生产线产能接近 2000 万吨/年，以充分利用国际废纸等纤维资源，其中一部分海外产能已投产且大部分产品投放回国内市场。如理文造纸有限公司已在马来西亚、越南投产 185 万吨/年箱纸板和瓦楞原纸、135 万吨/年再生纤维浆产能；玖龙纸业(控股)有限公司已在越南、马来西亚投产 50 万吨/年箱纸板和瓦楞原纸、70 万吨/年再生纤维浆产能；安徽山鹰纸业股份有限公司已在东南亚、泰国、美国投产 112 万吨/年再生纤维浆产能。由此可见，以往以进口废纸形式存在的废纸原料一部分将改变供货模式，以再生纤维浆板或者成品纸及纸板的形式进口至国内，但从长远来看，以再生纤维浆进口的供货模式的经济性、实用性等还有待验证。

表 5 列出了 2017 年以来我国部分主要基于废纸原料的相关新建扩建项目的跟踪情况。

表 4 近年来我国以废纸为主要原料纸种生产量与消费量

纸种	生产量/万吨					消费量/万吨				
	2017	2018	2019	2020	同比/%	2017	2018	2019	2020	同比/%
新闻纸	235	190	150	110	-26.67	267	237	195	175	-10.26
包装用纸	695	690	695	705	1.44	707	701	699	718	2.72
箱纸板	2385	2145	2190	2440	11.42	2510	2345	2403	2837	18.06
瓦楞原纸	2335	2105	2220	2390	7.66	2396	2213	2374	2776	16.93
合计	5650	5130	5255	5645	7.42	5880	5496	5671	6506	14.72
当年总量	11130	10435	10765	11260	4.60	10897	10439	10704	11827	10.49
占比/%	50.76	49.16	48.82	50.13		53.96	52.65	52.98	55.01	

表 5 2017 年以来我国部分废纸相关新建扩建项目

企业名称	项目内容	年产能/万吨	建设地点	备注
玖龙纸业(控股)有限公司	箱纸板	60	辽宁沈阳	2019 年 12 月投产
	高档牛卡纸	200	福建泉州	一期 65 万吨 2014 年投产，二期(30 万吨 2019 年投产、35 万吨 2020 年投产)，三期 50 万吨建设中
	箱纸板	50	河北唐山	2020 年 3 月投产
	箱纸板	35	重庆江津	2018 年 4 季度投产
	高强瓦楞原纸	55	重庆江津	2019 年 1 月投产
	箱纸板	60	广东东莞	2020 年 7 月投产
福建联盛纸业有限责任公司	高档箱纸板	45	福建漳州	2017 年 12 月投产
	高档再生白纸板	60	福建漳州	2020 年 8 月投产
广丰县芦林纸业有限公司	高强低定量瓦楞原纸	30	江西广丰	2021 年 3 月投产
	牛皮箱纸板	40		待建
湖北荣成纸业有限公司	瓦楞原纸、箱纸板	85	湖北松滋	2017 年投产
	高档瓦楞原纸	30	湖北松滋	2019 年 5 月投产
湖北鑫物再生纸业有限公司	高强瓦楞原纸	20	湖北枝江	项目暂缓
山东太阳宏河纸业有限公司	高档纸板	80	山东邹城	2018 年投产

续表

企业名称	项目内容	年产能/万吨	建设地点	备注
四川金田纸业有限公司	高强瓦楞原纸	30	四川合江	2017 年投产
	再生纸项目	60	四川合江	已立项并已开展前期工作
江苏金田纸业有限公司	高档包装用纸项目	250	江苏盐城	2017 年 9 月开工建设(一期 80 万吨灰纸板、箱纸板)
四川华侨凤凰纸业有限公司	箱纸板	40	四川广汉	2021 年 3 月完成项目环评开始建设
江西柯美纸业有限公司	高强瓦楞原纸	30	江西萍乡	2017 年投产
秦楚纸业有限公司	瓦楞原纸	10	湖北荆州	2017 年投产
河南省龙源纸业股份有限公司	高档箱纸板	30	河南周口	2019 年投产
武汉金凤凰纸业有限公司	高强瓦楞原纸	60	湖北孝感	2017 年 12 月投产
		80	湖北孝感	计划 2021 年开工建设
	纸管原纸	10	湖北孝感	2020 年投产
		10	湖北金口	2019 年投产
湖北荣成再生科技有限公司	高档箱纸板	150	湖北松滋	至 2019 年全部投产
湖北盛大纸业有限公司	高强瓦楞原纸	20	湖北仙桃	2019 年 11 投产
江苏上善纸业有限公司	高强瓦楞原纸	20	江苏宿迁	2017 年 1 月投产
杭州丰收纸业有限公司	高强瓦楞原纸	20	浙江杭州	2017 年 1 月投产
元氏县金鹏纸业有限责任公司	高强瓦楞原纸	15	河北石家庄	2017 年 6 月投产
河南顺捷科技环保有限公司	瓦楞原纸	15	河南济源	2017 年投产
吉林白山琦祥纸业股份有限公司	包装用纸	20	吉林白山	2017 年投产
	瓦楞原纸	50		2018 年投产
郑州浦发纸业有限公司	箱纸板	30	河南新密	在建
东华(河南)环保纸业有限公司	瓦楞原纸	30	河南周口	在建
河南银鸽集团箱纸板项目	箱纸板	80	河南漯河	在建
河南中峰集团纸业有限公司	箱纸板	15	河南平顶山	在建
禄丰县永兴纸业有限公司	高强瓦楞原纸	10	云南禄丰	2017 年投产
湖北祥兴纸业科技有限公司	高档包装用纸	100	湖北荆州	分三期建设，一期项目 30 万吨于 2017 年 7 月投产
德州泰鼎新材料科技有限公司	高强瓦楞原纸	15	山东德州	2017 年 10 月投产
保山鑫盛泰纸业有限公司	箱纸板、T 纸和高强瓦楞原纸	20	云南保山	2017 年试生产(在原 12 万吨高强瓦楞原纸生产线基础上改造)
江苏丰凯纸业有限公司	瓦楞原纸	10	江苏淮安	2018 年 6 月投产
山东美洁纸业有限公司	包装材料	90	山东兰陵	2017 年 6 月开工建设。一期 40 万吨，其中 15 万吨高强瓦楞原纸生产线 2018 年投产，25 万吨箱纸板或 T 纸生产线在建；二期 50 万吨，10 万吨纱管纸生产线在建；拟建 2 条 20 万吨瓦楞原纸生产线(已通过环评)
湖北秦楚纸业有限公司	瓦楞原纸	10.5	湖北荆州	2018 年投产

续表

企业名称	项目内容	年产能/万吨	建设地点	备注
云南云泓纸业有限公司	包装用纸	20	云南武定	2018 年投产
浙江和泓环保纸业有限公司	高强瓦楞原纸	20	浙江舟山	2019 年投产
辽宁兴东纸业有限公司	箱纸板	30	辽宁铁岭	2018 年投产
湖北鑫物再生纸业有限公司	瓦楞原纸	20	湖北枝江	2018 年投产
湖北金庄科技再生资源有限公司	高强瓦楞原纸	20	湖北当阳	2018 年投产
山东世纪阳光纸业集团有限公司	瓦楞原纸	80	山东昌乐	2018 年年底投产
	瓦楞原纸	80	山东潍坊（华迈纸业）	2020 年 3 月投产
昆明红星荣和纸业有限公司	再生纸	50	云南宜良	分二期建设。一期 30 万吨仿牛卡纸和 T 纸；二期 20 万吨高强瓦楞原纸
山东博汇纸业股份有限公司	高档包装纸板	150	山东淄博	分二期建设。一期项目 50 万吨高档牛皮箱纸板及 50 万吨高强瓦楞原纸，2019 年投产
	高档包装纸板	75	江苏盐城	2018 年 12 月投产
	高档包装纸板	75		2019 年 9 月投产
山鹰华中纸业有限公司	高档包装用纸	220	湖北荆州	2017 年 7 月开始奠基，分二期建设。2019 年 12 月首条生产线投产，产能 55 万吨；2020 年 5 月第 2 条生产线投产，产能 50 万吨；2020 年 9 月第 3 条生产线投产
	工业包装用纸	120		2020 年 11 月宣布再次扩建
山鹰纸业（广东）有限公司	高档箱纸板	100	广东肇庆	2020 年初开工建设，预计 2022 年 4 月投产
浙江山鹰纸业有限公司	包装用纸	50	浙江海盐	2020 年 3 月奠基，计划 2023 年底建成投产
	纱管纸	27		
福建利树股份有限公司	箱纸板	15	福建建瓯	2019 年投产
	白色木浆挂面纸	30		在建
福建菩尔新材料科技有限公司	瓦楞原纸	20	福建南平	预计 2021 年全部投产
江苏利民再生资源有限公司	高强瓦楞原纸	25	江苏连云港	2019 年 6 月投产
贵州盛世荣创再生科技有限公司	瓦楞原纸	25	贵州瓮安	2021 年 5 月投产
	牛卡纸	30		拟建
安徽省萧县林平纸业有限公司	箱纸板、瓦楞原纸	50	安徽萧县	2019 年 12 月投产
浙江华川实业集团有限公司	高强瓦楞原纸	40	浙江义乌	2019 年 11 月投产
浙江金励环保纸业有限公司	再生高档包装用纸	100	浙江衢州	分二期建设：2020 年 11 月 13 日，一期 30 万吨高强单面灰纸板生产线开机；计划 2021 年 4 月，一期 20 万吨低定量瓦楞原纸生产线破土动工
广东汇洲纸业有限公司	瓦楞原纸	20	广东湛江	已环评公示
	箱纸板	30		
河南雅都纸业有限公司	高强瓦楞原纸	15	河南沁阳	2020 年 9 月开工，计划 2021 年 6 月投产

二、2020 年我国废纸进出口情况

1. 废纸进出口数量与金额

根据海关总署统计，2020 年，我国进口废纸总量 689.2 万吨，同比下降 33.5%；用汇金额 12.1 亿美元，同比下降 37.6%；进口废纸的平均价格为 175.3 美元/吨，同比下降 6.5%。我国出口废纸总量 1233 吨，同比增长 59.3%；创汇金额 51.3 万美元，同比增长 89.3%；出口废纸的平均价格为 415.6 美元/吨，同比增长 18.5%（见表 6）。

2. 进口废纸种类、数量、金额及单价

2020 年，我国进口废纸总量 689.2 万吨，进口用汇总额 12.1 亿美元，进口单价 175.3 美元/吨。其中，旧箱纸板类进口量 524.4 万吨，进口用汇金额 9.4 亿美元，进口单价 179.6 美元/吨。办公室废杂纸类合计进口量 28.7 万吨，进口用汇金额 0.6 亿美元，进口单价 207.0 美元/吨。废旧报纸类进口总量 136.1 万吨，进口用汇金额 2.1 亿美元，进口单价 151.7 美元/吨。2020 年进口废纸具体种类、数量及单价情况见表 7。

表 6　近年来我国废纸进出口情况

年份	进口			出口		
	进口量/万吨	金额/亿美元	均价/(美元/吨)	出口量/吨	金额/万美元	均价/(美元/吨)
2011	2728	69.7	255.4	3600	77.7	215.8
2012	3007	62.6	208.6	2432	81.2	334.2
2013	2924	59.3	202.8	1049	47.5	452.8
2014	2752	53.5	194.4	742	29.8	401.6
2015	2928	52.8	180.3	701	31.1	443.7
2016	2850	49.8	175.1	2328	53.8	230.9
2017	2572	58.7	228.4	1515	41.9	276.3
2018	1703	42.9	253.0	590	22.3	378.6
2019	1036	19.4	187.5	774	27.1	350.6
2020	689	12.1	175.3	1233	51.3	415.6

表 7　2020 年我国废纸进口主要品种、数量

废纸类别	进口量			进口用汇金额		进口单价	
	数量/万吨	占比/%	同比/%	金额/亿美元	同比/%	单价/(美元/吨)	同比/%
进口总量	689.2	100	-33.5	12.1	-37.6	175.3	-6.5
旧箱纸板类	524.4	76.1	-34.1	9.4	-33.8	179.6	0.5
办公室废杂纸类	28.7	4.2	-17.8	0.6	-33.3	207.0	-16.2
废旧报纸类	136.1	19.7	-33.8	2.1	-51.1	151.7	-28.2

表 8　2018—2020 年我国再生纤维浆进口情况

废纸类别	进口总量		进口用汇金额		进口单价	
	数量/万吨	同比/%	金额/亿美元	同比/%	单价/(美元/吨)	同比/%
2018 年	29.43	2371	1.22	1934	413.98	-17.69
2019 年	90.87	208.8	2.95	142.1	324.61	-21.59
2020 年	168.12	85.0	5.06	71.5	300.82	-7.33

注：数据来源于海关总署。

三、我国再生纤维浆进出口情况

1. 再生纤维浆进出口数量、金额及单价

根据海关总署统计，2020 年，我国直接从海外进口再生纤维浆（HS 编码：47062000）的总量为 168. 12 万吨，同比增长 85. 0%；进口用汇总额 5. 06 亿美元，同比增长 71. 5%；进口单价 300. 82 美元/吨，同比下降 7. 33%（见表 8）。2018—2020 年我国再生纤维浆月度进口量及进口单价变化情况如图 1、图 2 所示，月度进口数量较 2019 年趋于稳定，基本围绕 2019 年年末水平上下波动，月度进口单价总体呈下降趋势。2020 年，我国再生纤维浆出口量为零。

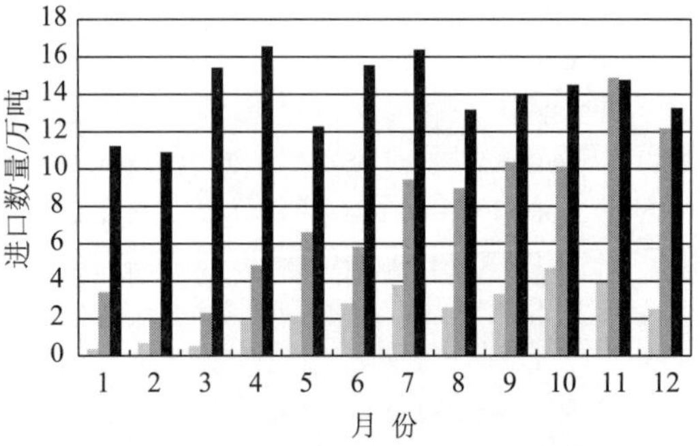

图1　2018—2020年我国再生纤维浆月度进口量

■2018年　■2019年　■2020年

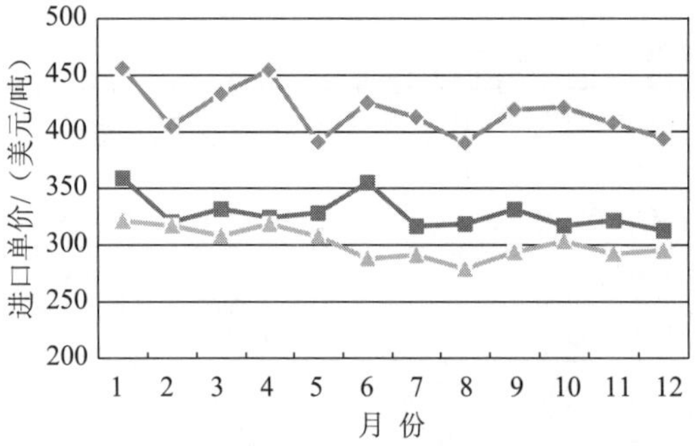

图2　2018—2020年我国再生纤维浆月度进口单价

—◆—2018年　—■—2019年　—▲—2020年

2. 进口再生纤维浆来源情况

由图 3 可见，2020 年我国进口再生纤维浆的主要来源国家及地区较 2019 年发生较大变化，位居前 5 位的主要来源国家及地区由 2019 年的中国台湾、老挝、美国、马来西亚、韩国变为马来西亚、老挝、中国台湾、美国、泰国。2020 年我国从马来西亚、老挝、中国台湾、美国、泰国这 5 个国家及地区的再生纤维浆进口量分别为 41. 93 万吨、32. 81

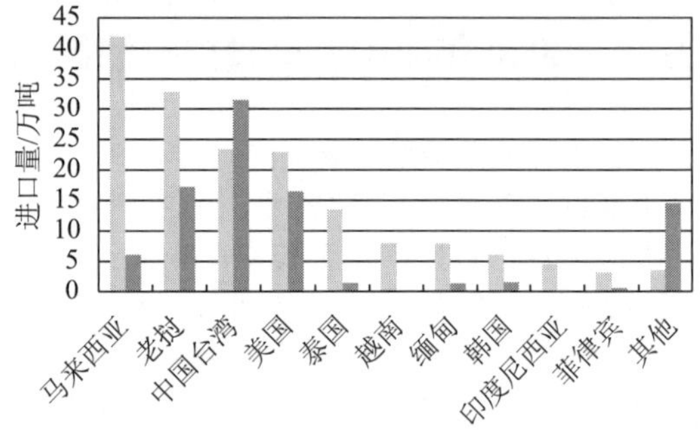

图3　2019—2020年我国再生纤维浆进口的主要来源国及其进口量情况

■2020年　■2019年

万吨、23. 36 万吨、23. 01 万吨、13. 47 万吨，分别占我国总再生纤维浆进口量的比例为 24. 94%、19. 52%、13. 89%、13. 69%、8. 01%，5 个国家合计进口量占我国再生纤维浆总进口量的 80. 0%。

2020 年，我国十大主要再生纤维浆进口来源地的进口行情情况见图 4。由图 4 可见，不同来源地的再生纤维浆进口价格差异较大，其中以美国地区的价格最高，为 389. 73 美元/吨；菲律宾地区的价格最低，为 146. 57 美元/吨，仅为美国进口价格的 37. 61%。

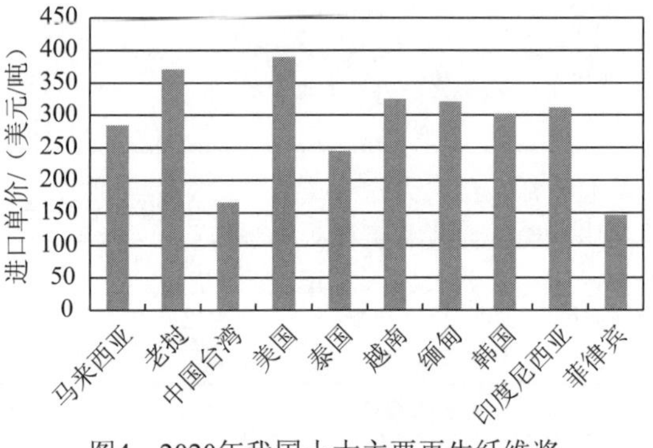

图4　2020年我国十大主要再生纤维浆进口来源地的进口行情

目前，我国主要以散浆、块状浆、浆板和卷筒等形式进口再生纤维浆，其中很大一部分的再生纤维浆是以卷筒等形式进口，未被列入 HS 编码：47062000 下，而缴纳关税。为帮助合规的优质的再生纤维浆原料顺利进入“国门”，全国造纸工业标准化技术委员会也正在推进相关标准的制定，以对其安全和环控指标进行规范。进口再生纤维浆作为缓解我国纤维短缺的有效途径之一，未来随着全球再生纤维浆产能的继续投放以及相关标准等的不断完善，我国的再生纤维浆进口量仍将继续显著增加。

四、结　语

当前，在环保、减碳、进口废纸受限等多重压力下，寻找绿色、低碳、节约纤维原料的造纸解决方案成为我国国内造纸企业、造纸设备供应商、造纸化学品服务商的当务之急。但目前一些企业所采用的污泥改性加填、木屑木粉资源化利用等所谓的节约纤维原料的解决方案是极其不可取的。造纸企业应该以可持续发展的思维解决好进口废纸纤维的替代问题，应该在如何实现高效利用国内外纤维资源上下功夫，才能化挑战为机遇，构建新发展格局与核心竞争力。

（郭彩云）

2019 年我国出版印刷用纸市场综述

Review of Publication Paper Market in China in 2019

一、行业概况

我国印刷业作为新闻出版业的重要组成部分，是文化产业的主要载体实现形式之一，兼具文化产业和加工工业的双重属性，是我国国民经济重要产业，在国民经济分类上称为“印刷复制业”。根据国家统计局发布的《文化及相关产业分类(2018)》，“印刷复制服务”类归属于“文化辅助生产和中介服务”大类，包括“书、报刊印刷”“本册印制”“包装装潢及其他印刷”“装订及印刷相关服务”“记录媒介复制”“摄影扩印服务”6 项小类。印刷复制业包括了出版物印刷、包装装潢印刷、其他印刷品印刷、专项印刷、打字复印、复制和印刷物资供销等。

2019 年，我国印刷复制业(包括出版物印刷、包装装潢印刷、其他印刷品印刷、专项印刷、印刷物资供销和复制)实现营业收入 13802.63 亿元，较 2018 年增长 0.55%；利润总额 774.12 亿元，下降 7.32%。出版物印刷(含专项印刷)营业收入 1715.17 亿元，增长 0.21%；利润总额 103.04 亿元，下降 6.43%。包装装潢印刷营业收入 10860.30 亿元，增长 1.63%；利润总额 599.74 亿元，下降 5.86%。其他印刷品营业收入 1049.25 亿元，下降 6.38%；利润总额 70.64 亿元，下降 19.68%。

出版物印刷仅是印刷复制业的一个分支，它主要包含了书报刊印刷和专项印刷。2019 年，全国出版物印刷企业(含专项印刷)共有 9014 家，与 2018 年相比增长 1.02%；职工年末平均人数 40.86 万人，与 2018 年相比下降 4.93%。

2019 年出版物印刷企业生产量(含专项印刷)为：图书、报纸、期刊及其他印刷品黑白印刷生产量 24906.68 万令，彩色印刷生产量 119583.77 万对开色令。与 2018 年同口径相比，黑白印刷生产量降低 10.28%，彩色印刷生产量增长 2.75%。装订生产量 34738.73 万令，与 2018 年相比，增长 4.14%。印刷用纸量(包含平版纸和卷筒纸) 51814.38 万令，与 2018 年相比，降低 7.39%。

2019 年，全国共出版图书、期刊、报纸、音像制品和电子出版物 450.70 亿册(份、盒、张)，较 2018 年下降 3.13%。其中，出版图书 105.97 亿册(张)，增长 5.87%，占全部数量的 23.51%；期刊 21.89 亿册，下降 4.48%，占全部数量的 4.86%；报纸 317.59 亿份，下降 5.83%，占全部数量的 70.47%；音像制品 2.32 亿盒(张)，下降 3.95%，占全部数量的 0.51%；电子出版物 2.93 亿张，增长 13.05%，占全部数量的 0.65%。全国出版图书、期刊、报纸总印张为 1855.82 亿印张，与 2018 年相比，下降 4.20%。2019 年出版物印刷基本数据见表 1。

表 1　2019 年出版物印刷基本数据

种类			总印数		总印张	
			亿册/张、份	同比/%	亿印张	同比/%
	新版	224762	24.97	-0.79	258.91	-0.22
图书	重版	281217	61.96	7.31	541.52	8.58
	租型		19.04	10.80	137.61	10.69
期刊	10171		21.89	-4.48	121.27	-4.32
报纸	1851		317.59	-5.83	796.51	-14.16
合计					1855.82	

二、书报刊印刷行业基本概况

1. 图书出版总量

2019 年全国共出版图书 505979 种，总印数 105.98 亿册(张)，总印张 938.04 亿印张，定价总金额 2178.96 亿元。与 2018 年相比，总印数增长 5.87%，总印张增长 6.29%。其中：全国出版新版图书 224762 种，总印数 24.97 亿册(张)，总印张 258.91 亿印张，定价总金额 841.20 亿元；与 2018 年相比，品种减少 9.04%，总印数降低 0.79%，总印张降低 0.22%，定价总金额增长 1.70%。重印图书 281217 种，总印数 61.96 亿册(张)，总印张 541.52 亿印张，定价总金额 1191.77 亿元；与 2018 年相比，品种增长 3.33%，总印数增长 7.31%，总印张增长 8.58%，定价总金额增长 14.18%。租型图书总印数 19.04 亿册(张)，总印张 137.61 亿印张，定价总金额 145.99 亿元；与 2018 年相比，总印数增长 10.80%，总印张增长 10.69%，定价总金额增长 10.59%。

图书主要包括书籍、课本、图片和附录类：

(1)书籍新版 204667 种，重印 213693 种，合计 418360 种，总印数 67.97 亿册(张)，总印张 638.47 亿印张，定价总金额 1751.26 亿元。与 2018 年相比，新版品种降低 9.42%，重印品种增长 1.70%，品种合计降低 4.06%，总印数增长 4.49%，总印张增长 5.19%，定价总金额增长 8.73%。

(2)课本新版 19890 种，重印 67283 种，合计 87173 种，总印数 37.52 亿册(张)，总印张 294.05 亿印张，定价总金额 417.37 亿元。与 2018 年相比，新版品种降低 5.58%，重印品种增长 8.88%，品种合计增长 5.20%，总印数增长 7.78%，总印张增长 7.09%，定价总金额增长 7.88%。

(3)图片新版 205 种，重印 241 种，合计 446 种，总印数 0.04 亿册(张)，总印张 0.11 亿印张，定价总金额 0.92 亿元。与 2018 年相比，新版品种增长 100.98%，重印品种增长 2.55%，品种合计增长 32.34%，总印数增长 80.09%，总印张增长 64.18%，定价总金额增长 155.17%。

(4)附录总印数 0.45 亿册(张)，总印张 5.41 亿印张，定价总金额 9.42 亿元。

2. 期刊

2019 年，全国共出版期刊 10171 种，平均期印数 11957 万册，每种平均期印数 1.21 万册，总印数 21.89 亿册，总印张 121.27 亿印张，定价总金额 219.83 亿元。与 2018 年相比，品种增长 0.32%，平均期印数降低 3.03%，每种平均期印数降低 3.34%，总印数降低 4.48%，总印张降低 4.32%，定价总金额增长 0.88%。

各类期刊的出版数量、所占比例及与 2018 年相比增减百分比如下：

(1)哲学、社会科学类期刊 2683 种，平均期印数 6625 万册，总印数 111473 万册，总印张 5751340 千印张；占期刊总品种 26.38%，总印数 50.92%，总印张 47.43%。与 2018 年相比，品种增长 0.19%，平均期印数增长 0.23%，总印数降低 2.74%，总印张降低 2.46%。

(2)文化、教育类期刊 1398 种，平均期印数 2157 万册，总印数 51664 万册，总印张 2466975 千印张；占期刊总品种 13.74%，总印数 23.60%，总印张 20.34%。与 2018 年相比，品种降低 0.07%，平均期印数降低 4.58%，总印数降低 3.09%，总印张降低 4.48%。

(3)文学、艺术类期刊 668 种，平均期印数 616 万册，总印数 13717 万册，总印张 743742 千印张；占期刊总品种 6.57%，总印数 6.27%，总印张 6.13%。与 2018 年相比，品种增长 0.75%，平均期印数降低 14.19%，总印数降低 16.94%，总印张降低 17.30%。

(4)自然科学、技术类期刊 5062 种，平均期印数 1892 万册，总印数 27758 万册，总印张 2401778 千印张；占期刊总品种 49.77%，总印数 12.68%，总印张 19.81%。与 2018 年相比，品种增长 0.50%，平均期印数降低 7.61%，总印数降低 6.92%，总印张降低 3.43%。

(5)综合类期刊 360 种，平均期印数 668 万册，总印数 14315 万册，总印张 762758 千印张；占期刊总品种 3.54%，总印数 6.54%，总印张 6.29%。与 2018 年相比，种数降低 0.55%，平均期印数降低 3.95%，总印数降低 4.25%，总印张降低 5.76%。

2019 年，全国共出版少年儿童期刊 206 种，平均期印数 1371 万册，总印数 37945 万册，总印张 1169546 千印张；占期刊总品种 2.03%，总印数 17.33%，总印张 9.64%。与 2018 年相比，品种降低 0.48%，平均期印数降低 5.30%，总印数降低 4.47%，总印张降低 5.37%。

2019 年，全国共出版画刊(不含面向少年儿童的画刊)54 种，平均期印数 46 万册，总印数 721 万册，总印张 52284 千印张；占期刊总品种 0.53%，总印数 0.33%，总印张 0.43%。与 2018 年相比，种数降低 1.82%，平均期印数降低 2.98%，总印数增长 0.85%，总印张降低 3.94%。

2019 年，全国共出版动漫期刊 32 种，平均期印数 73 万册，总印数 2361 万册，总印张 119195 千印张；占期刊总品种 0.31%，总印数 1.08%，总印张 0.98%。与 2018 年相比，品种降低 5.88%，平均期印数降低 37.24%，总印数降低 33.85%，总印张降低 33.94%。

3. 报纸

2019 年，全国共出版报纸 1851 种，平均期印数 17303.34 万份，每种平均期印数 9.35 万份，总印数 317.59 亿份，总印张 796.51 亿印张，定价总金额 392.39 亿元。与 2018 年相比，品种降低 1.07%，平均期印数降低 1.60%，总印数降低 5.83%，总印张降低 14.16%，定价总金额降低 0.27%。

从总体趋势看，报纸印刷总量为下滑的态势，2019 年党报和时政类报纸印刷总量继续保持稳定，都市类报纸仍在减量、减版，停刊的也有发生。另外，2019 年年初新闻纸价格的上涨，对全年报纸总印刷量有一定的影响。

(1)以各级报纸分类来分析

报纸根据地域层级划分为全国性报纸、省级报纸、地市级报纸和县级报纸 4 类。

全国性和省级报纸 960 种，平均期印数 13598.78 万份，总印数 218.54 亿份，总印张 534.15 亿印张。占报纸总品种 51.86%，总印数 68.81%，总印张 67.06%。与 2018 年相比，种数降低 1.74%，平均期印数增长 0.27%，总印数降低 5.10%，总印张降低 14.61%。其中：

全国性报纸 213 种，平均期印数 2835.35 万份，总印数 77.56 亿份，总印张 203.90 亿印张；占报纸总品种 11.51%，总印数 24.42%，总印张 25.60%。与 2018 年相比，品种持平，平均期印数降低 3.17%，总印数降低 0.89%，总印张降低 6.88%。

省级报纸 747 种，平均期印数 10763.43 万份，总印数 140.97 亿份，总印张 330.25 亿印张；占报纸总品种 40.36%，总印数 44.39%，总印张 41.46%。与 2018 年相比，品种减少 2.23%，平均期印数增长 1.22%，总印数降低 7.27%，总印张降低 18.78%。

地、市级报纸 872 种，平均期印数 3670.30 万份，总印数 98.05 亿份，总印张 260.48 亿印张；占报纸总品种 47.11%，总印数 30.87%，总印张 32.70%。与 2018 年相比，品种减少 0.34%，平均期印数降低 7.96%，总印数降低 7.45%，总印张降低 13.35%。

县级报纸 19 种，平均期印数 34.26 万份，总印数 1.0 亿份，总印张 1.88 亿印张；占报纸总品种 1.03%，总印数 0.31%，总印张 0.24%。与 2018 年相比，品种持平，平均期印数降低 2.70%，总印数降低 2.88%，总印张增长 8.08%。

(2)以报纸内容来分析

报纸根据内容划分为综合、专业、生活服务、读者对象和文摘五大类。

综合报纸 857 种，平均期印数 5934.78 万份，总印数 194.95 亿份，总印张 596.58 亿印张；占报纸总品种 46.30%，总印数 61.38%，总印张 74.90%。与 2018 年相比，品种增长 1.06%，平均期印数降低 6.27%，总印数降低 7.33%，总印张降低 15.89%。

专业报纸 667 种，平均期印数 9300.21 万份，总印数 98.67 亿份，总印张 157.60 亿印张；占报纸总品种 36.03%，总印数 31.07%，总印张 19.79%。与 2018 年相比，品种减少 3.33%，平均期印数增长 4.74%，总印数降低 1.34%，总印张降低 6.09%。

生活服务报纸 203 种，平均期印数 667.12 万份，总印数 5.92 亿份，总印张 17.71 亿印张；占报纸总品种 10.97%，总印数 1.86%，总印张 2.22%。与 2018 年相比，品种减少 2.40%，平均期印数降低 26.98%，总印数降低 25.61%，总印张降低 26.92%。

读者对象报纸 102 种，平均期印数 1189.48 万份，总印数 15.21 亿份，总印张 20.95 亿印张；占报纸总品种 5.51%，总印数 4.79%，总印张 2.63%。与 2018 年相比，品种减少 0.97%，平均期印数降低 1.66%，总印数降低 2.10%，总印张降低 4.79%。

文摘报纸 22 种，平均期印数 211.75 万份，总印数 2.84 亿份，总印张 3.67 亿印张；占报纸总品种 1.19%，总印数 0.90%，总印张 0.46%。与 2018 年相比，品种持平，平均期印数降低 15.71%，总印数降低 16.22%，总印张降低 19.13%。

上述是 2019 年我国出版印刷的基本情况，就印刷行业而言，纸及纸板的消费大户仍是包装装潢印刷，出版物印刷仅占可用于书报刊印刷用纸(含新闻纸)消费量的 20% 左右。

随着数字化、网络化进程加快的冲击，以及环保对印刷行业压力的增大，我国印刷行业正面临一系列不利因素，信息传播的方式、载体都发生了巨大变化，使人们的阅读习惯逐步发生了改变，以纸为媒体的传播模式正在逐步衰退，就目前情况看，亟须寻求转型突围新路径。2019 年纵观全行业，报纸总趋势仍在持续下滑，期刊次之，图书有所增长。

（高英凯）

2020 年我国生活用纸行业概况和展望

Overview and Outlook of Household Paper Industry in China in 2020

2020 年，是极不平凡的一年，虽然受新冠肺炎疫情等不利因素影响，但我国经济运行逐季改善、逐步恢复常态，在全球主要经济体中唯一实现经济正增长。2020 年，我国 GDP 总量达到 101.6 万亿元，同比增长 2.3%。

我国生活用纸市场在此大背景下继续保持增长，但增速延续 2019 年放缓的趋势，总规模比 2019 年增长 1.8%，达到 1221.0 亿元；其他指标包括产能、生产量、销售量、消费量、人均消费量等均比 2019 年增长；在市场竞争的推动下，行业落后产能继续淘汰，落后产能占比进一步减少。表现在 2020 年已投产的项目和新宣布投资项目中，继续延续近年来的行业趋势，即中小型企业的纸机新增和更新换代项目数量持续大幅增加。

整个行业现阶段产能过剩，市场竞争异常激烈；受新冠肺炎疫情影响，行业生产企业的生产及物流普遍在第 1 季度受到不同程度的影响，1 季度产销量同比下降，商用渠道销售受阻，且 2020 年的新增产能中约有 100 万吨是于下半年或年底投产的，使全行业的平均设备开工率延续下降趋势。2020 年商品浆维持低价水平，2020 年商品浆平均价格及原纸平均价格均达到 2012 年以来的历史最低点。从 2019—2020 年我国生活用纸行业的各项指标数据的变化情况（见表 1），也明显看出行业产能过剩的情况。

生产企业通过积极调整产品结构和创新产品，提升高附加值产品比例等措施，改善企业毛利率。虽然 2020 年新增现代化产能达到约 185 万吨，但这些新增产能主要集中在已有的企业，另外仍有不少已宣布的投资项目延期。

一、市场规模

根据中国造纸协会生活用纸专业委员会（以下简称“生活用纸委员会”）的统计，2020 年我国生活用纸总产能达到 1614 万吨，总生产量约 1129.8 万吨，行业平均设备开工率为 70%，销售量约 1133.2 万吨，工厂总销售额约 1014.2 亿元，全行业产品的平均出厂价 8950 元/吨（含出口）。消费量约 1049.4 万吨，人均年消费量约 7.5 千克。国内市场规模约 1221.0 亿元。

目前，我国人均消费量已明显超过 FASTMARKETS RISI 估计的 2020 年世界人均 5.6 千克的消费量水平，并且我国由于巨大的人口基数，成为全球最大的生活用纸生产国和消费国。

表 1 2019—2020 年我国生活用纸行业的总规模

	2020 年	2019 年	同比/%
产能/万吨	1614.0	1445.0	11.7
生产量/万吨	1129.8	1040.4	8.6
销售量/万吨	1133.2	1035.4	9.4
消费量/万吨	1049.4	960.7	9.2
人均消费量/千克	7.5	6.9	8.7
出厂均价/(元/吨)	8950	9600	-6.8
工厂销售总额/亿元	1014.2	994.0	2.0
国内市场规模/亿元	1221.0	1198.9	1.8

注：根据国家统计局资料，2019 年年底总人口 14.00 亿人，本报告编写时 2020 年年底总人口数据国家统计局还未公布，所以本报告按 14.00 亿人计算；2020 年、2019 年市场零售均价按出厂均价加价率 30% 计。

二、主要生产商

我国目前的生活用纸行业仍是由多个生产商组成，近两年来，原纸的生产企业维持在 200 多家。据生活用纸委员会统计，2020 年原纸生产企业是 240 家（注：有多家生产基地的集团公司算作 1 家，因此全国的生产工厂约 280 家）。其中，年产 5 万吨以上(含5万吨)的企业有76家，比2019年增加10家，这76家企业合计产能占行业总产能的83.8%。全国性的四大品牌仍然是心相印、维达、清风、洁柔。规模在2万吨以下的小型企业有69家，这些企业能够生存的主要原因是我国地域广大、消费梯度层次多，小型企业的生产运行更灵活，产品推广能深入到更偏远的乡镇农村市场，满足这些市场的需求。另外四川、河北和广西以中小型企业为主。2020年全国生活用纸原纸生产企业产能、数量分布情况见表2。

表2　　2020年全国生活用纸原纸生产企业产能、数量分布情况

产能范围/(万吨/年)	>100	50(不含)~100(含)	10(不含)~50(含)	5(含)~10(含)	2(含)~5(不含)	<2
企业数量/家	3	3	20	50	95	69

2020年现代化产能在50万吨以上的省级地区主要包括河北、广东、山东、四川、重庆、海南等，详见表3。

表3　2020年现代化产能分布地区排序(50万吨以上)

序号	省市区	总产能/万吨	纸机数量/台
1	河北	330.3	188
2	广东	131.0	53
3	山东	114.0	41
4	四川	102.9	66
5	重庆	94.8	21
6	海南	84.0	28
7	湖北	83.6	35
8	江苏	67.0	20
9	浙江	63.8	34
10	广西	63.6	39
11	江西	63.2	19
12	河南	55.5	28
13	福建	52.3	16
	合计	1306	588

据FASTMARKETS RISI数据显示，2020年金红叶(APP在中国大陆的产能)、恒安、维达3家企业产能在全球分别排在第4、第6、第9，在亚洲分别排在第1、第3、第4。3家企业生活用纸原纸的产能都超过125万吨，合计产能约为439.2万吨，约占行业总产能的27.2%(2019年：30.4%)。

(1)恒安国际集团有限公司是位居我国第1位的生活用纸生产商，也是目前我国生活用纸行业生产量最大的生产商。根据公司年报，2020年，恒安国际集团有限公司生活用纸业务(含湿巾)销售额为103.8亿元，比2019年下降约9.6%，销售额下降的原因为：在市场推广方面的投入增加；国内商业及企业活动受疫情影响，减少对纸巾的需求。2020年，恒安国际集团有限公司生活用纸业务(含湿巾)占集团总销售额的约46.4%(2019年：51.1%)。由于商品木浆价格仍然处于低位，使毛利率显著增长至约33.5%(2019年：27.7%)。

(2)维达纸业(中国)有限公司是我国最早的生活用纸专业生产商之一，多年来保持平稳发展的领先地位，目前是位居我国第2位的生活用纸生产商。根据公司年报，2020年维达国际生活用纸业务(含湿巾)实现营业收入136.08亿港元，同比增长2.7%，按固定汇率换算的同比增长3.6%，占集团总销售额的82%(2019年：82%)；受益于高端产品组合占比继续提升，生活用纸业务(含湿巾)的毛利率及业绩溢利率分别增长至38.3%和16.5%(2019年：分别为31.4%和11.6%)。

(3)金红叶纸业集团有限公司是APP在我国的生活用纸集团，是位居我国第3位的生活用纸生产商。2020年产能166万吨，目前为我国生活用纸行业产能最大的生产商。

(4)中顺洁柔纸业股份有限公司目前是位居我国第4位的生活用纸生产商，根据中顺洁柔业绩快报，2020年，中顺洁柔纸业股份有限公司营业总收入(主要为生活用纸业务销售额)达78.50亿元，同比增长18.31%；净利润为9.05亿元，同比增长49.82%。2020年公司业绩增长的主要原因为：国际木浆价格下跌，公司生产成本降低，有效提升产品毛利率，促进盈利增长；优化产品结构，提升高端、高毛利产品占比、开发高端新品投入市场；销售团队加强KA、GT、AFH、EC、SC、RC六大渠道的建设，加快网络平台布局；湖北中顺工程项目一期产能有效释放。

(5)位居第5名的是东顺集团股份有限公司，2020年产能42.8万吨。目前，东顺集团股份有限公司有2个原纸生产基地(山东东平、黑龙江肇东)。2020年，山东东平基地投产1台佛山市南海区宝拓造纸设备有限公司的新月型卫生纸机，新增产能 2 万吨/年。

(6)目前理文造纸有限公司在中国大陆有 3 个生活用纸原纸生产基地，2020 年，总产能 96.5 万吨，包括重庆 62.5 万吨，江西九江 22 万吨，广东东莞 12 万吨。2020 年，理文造纸有限公司没有新增产能。

(7)上海东冠纸业有限公司是长三角地区重要的生活用纸生产企业，也是上海市目前唯一一家有原纸生产的生活用纸企业，近年来平稳发展，2020 年产能 14 万吨，包括 5 台日本川之江造机株式会社 BF 纸机、2 台维美德公司新月型卫生纸机，及 1 台国产斜网擦手纸机。

(8)保定港兴纸业有限公司是保定满城地区代表性企业，是保定地区最早淘汰落后产能、更新换代设备的企业。2020 年，保定港兴纸业有限公司新增产能 6.5 万吨，包括保定基地的 1 台产能 2.5 万吨/年的佛山市南海区宝拓造纸设备有限公司新月型卫生纸机，于 2020 年 5 月投产，以及湖北孝感基地一期首批于 2020 年 10—11 月投产的 2 台 2 万吨/年的佛山市南海区宝拓造纸设备有限公司新月型卫生纸机，使集团总产能达到 20 万吨。

(9)保定雨森卫生用品有限公司也是保定地区近年来发展较快的生产企业，2020 年，保定雨森卫生用品有限公司在辽宁台安新建生产基地，项目规划年产能 36 万吨。分三期建设，一期已于 2020 年 10 月投产 2 台维美德公司(PMP)的 3 万吨/年新月型卫生纸机，使公司总年产能达到 27 万吨。

(10)泰盛浆纸集团有限公司上海分公司 2020 年总产能增加到 61 万吨。新增项目为贵州赤水增加 10 万吨/年产能，包括 6 台佛山市南海区宝拓造纸设备有限公司的 1.67 万吨/年的真空圆网型卫生纸机。2020 年 12 月，泰盛浆纸集团有限公司旗下控股公司山鹰国际控股股份公司，在山鹰华中纸业有限公司投资的 120 万吨/年扩建项目在湖北荆州市公安经济开发区开工建设。该扩建项目拟建设 2 条总产能达 120 万吨的造纸生产线、年产 10 亿米^{2}纸箱的华中智能包装产业园和年产 50 万吨生活用纸、食品卡纸精加工、纸浆模塑产品的生活用品电商产业园。项目占地 62.9 公顷，总投资 100 亿元。目前，泰盛集团已经在重庆[收购维尔美纸业(重庆)有限公司]、贵州(收购贵州赤天化纸业股份有限公司)、湖北荆州(收购湖北真诚纸业有限公司、扩建山鹰华中纸业有限公司)、四川乐山(收购四川永丰纸业股份有限公司)、四川雅安(新建)、江西(新建)、安徽(新建)、福建(新建)陆续布局生产基地。

2020 年，生活用纸委员会开展了对生活用纸行业加工型生活用纸企业的运行情况调研，其中，加工产能、生产量领先的企业主要包括：福建植护网络科技有限公司、四川石化雅诗纸业有限公司、四川蓝漂日用品有限公司、重庆维邦纸业有限公司。

三、进出口情况

2020 年突如其来的新冠肺炎疫情，对全球各行各业都产生了重要影响，消费者卫生安全意识的提高，拉动了包括生活用纸在内的日常清洁用品消费

表 4 2019—2020 年我国各类生活用纸进出口情况

商品编号	商品名称	数量/吨			金额/美元		
		2020 年	2019 年	同比/%	2020 年	2019 年	同比/%
进口		27725.370	31749.218	-12.67	46470472	55225749	-15.85
48030000	原纸	20639.683	22412.621	-7.91	27201960	31691570	-14.17
48181000	卫生纸	2405.186	2848.851	-15.57	6949830	6568025	5.81
48182000	手帕纸、面巾纸	3666.054	5343.494	-31.39	9628103	13715693	-29.80
48183000	纸台布、餐巾纸	1014.444	1144.252	-11.34	2690579	3250461	-17.22
出口		865697.053	779088.895	11.12	2255669499	2601562961	-13.30
48030000	原纸	232676.296	194634.886	19.55	390527133	315453996	23.80
48181000	卫生纸	333466.644	272413.748	22.41	921179373	1048563415	-12.15
48182000	手帕纸、面巾纸	246884.588	253052.766	-2.44	762564235	959751794	-20.55
48183000	纸台布、餐巾纸	52669.525	58987.495	-10.71	181398758	277793756	-34.70

量的提升，也反映在生活用纸进出口情况上，2019—2020 年我国各类生活用纸进出口情况见表 4。2020 年生活用纸出口量为 86.57 万吨，同比增长 11.12%，但出口金额为 225567 万美元（按 1:6.8974 汇率，约合人民币 155.58 亿元），同比下降 13.30%。生活用纸产品出口整体呈现了量升价跌的趋势，价格下跌的主要原因是卫生纸产品出口的平均价格较 2019 年下降 28.23%，因而生活用纸总体出口平均价格比 2019 年下降 21.97%。

从 2011 年开始，我国生活用纸市场进口量基本是持续降低的趋势，到 2020 年，生活用纸全年进口量仅有 2.77 万吨，同比下降 12.67%。近几年，国内生活用纸产能、生产量持续增长，产品种类愈加丰富，已能充分满足消费者的需求，预测未来生活用纸进口量将持续保持较低水平。

美国作为中国生活用纸产品出口的主要国家之一，中美贸易战以来，中国出口到美国的生活用纸数量明显下降，2020 出口到美国的生活用纸占中国生活用纸出口总量的 15.20%（2019 年占出口总量的 15.59%，2018 年占出口总量的 21%）。受中美贸易战的持续影响，2020 年中国生活用纸出口目的地国家和地区中，美国排名第 3 位（2019 年排名第 3，2018 年排名第 1）。我国进口生活用纸中，仍然是以原纸为主，占比为 74.44%，但进口总量较少，对国内市场影响较小。

出口生活用纸中，原纸和卫生纸产品的出口量明显增加，原纸的出口量较 2019 年增加 19.55%，达到约 23.268 万吨，卫生纸出口量增加 22.41%，达到约 33.347 万吨。原纸在生活用纸出口产品中的占比 26.88%，比 2019 年的 24.98% 增加了 1.9 个百分点。卫生纸出口占比 38.52%，比 2019 年的 34.97% 增加 3.55 个百分点。可能的原因是受新冠肺炎疫情影响，国外短期内出现的卫生纸囤货抢购风潮拉动了原纸和卫生纸成品的出口，而手帕纸、面巾纸、纸台布、纸餐巾的出口呈现量价齐跌的趋势。

四、进口木浆价格、产品平均出厂价格处于历史低位，非木纤维持续承压

我国生活用纸特别是中高档生活用纸普遍以商品木浆为原料，对进口纸浆的依存度非常大，生活用纸除投资成本外的生产总成本中，纸浆大约占 75%，因此产品成本受国际纸浆市场价格波动的影响大。2020 年生活用纸消耗的进口木浆量占纸浆进口总量的较大份额，在漂白阔叶木浆总量中的占比更大。

2020 年受新冠肺炎疫情席卷全球、中美贸易摩擦持续、汇率变动等因素影响，中国市场进口木浆价格延续了 2019 年下降的趋势，总体处于低位。这虽然对于以进口木浆为主要原料的生活用纸企业形成利好，可以使生产成本降低，但从 2020 年 4 月中旬开始，生活用纸价格也持续下降，并延续到 12 月的中旬，生活用纸原纸的出厂价格下降到 2012 年以来的历史最低点，其中，河北地区的木浆原纸出厂价格低至 5150 元/吨，四川本色竹浆原纸 5550 元/吨，广西地区蔗渣浆原纸 4700 元/吨等。所以，低价木浆也只是部分缓解了由于产品低价造成的毛利率下降。

2020 年 12 月中旬之后，进口木浆价格开始反弹，迅速大幅上扬，带动国产木浆及非木材浆价格持续上涨，生活用原纸出厂价格也快速提升。根据国家统计局数据，2020 年原材料、燃料、动力等工业生产资料购进价格比 2019 年下降 2.3%；同时众多生产企业通过大力优化产品结构和创新产品，提升高附加值产品比例，精益化生产等措施，一定程度上缓解了环保、物流、人工、渠道等成本上涨的压力，但以生产同质化产品为主、营销能力薄弱的中小型生产及加工企业仍处于低价竞争局面，经营风险依然较大。

以非木材浆麦草为原料的生活用纸生产企业，近些年来由于人工成本、运输成本的增加，造成麦草的收购困难和成本提高，加上环保压力增大以及最终产品品质不及木浆产品等，导致宁夏、陕西及河南等地区走中低端路线的麦草浆生活用纸产品已不具备成本优势和市场优势，目前这些企业基本停产关闭或转产木浆产品，仅剩山东泉林集团有限公司一家草浆企业。

2020 年商品木浆价格维持在低价位，给竹浆发展造成较大压力，木浆生活用纸产品价格的下降，导致竹浆纸价格也持续下降。而竹子的砍伐、运输及竹浆制浆成本仍居平稳的高位，在疫情、洪涝灾害等不利因素叠加影响下，竹浆产品生产、加工企业经营困难加剧。据四川省造纸协会统计，四川竹浆原纸生产量比 2019 年下降。2020 年，更多的竹浆纸企业积极调整产品结构，扩大面巾纸等高附加值产品的比例。

2020 年，在木浆价格回落的影响下，广西蔗渣浆及原纸价格总体处于下滑趋势。由于蔗渣浆纸的品质较木浆纸仍存在差距，部分蔗渣浆用于生产利

润高于生活用纸的纸浆模塑产品等因素影响，使蔗渣浆在广西生活用纸产品中的使用比例继续降低，木浆比例增加。据广西壮族自治区造纸协会统计，2020年，广西蔗渣浆及蔗渣浆纸生产量均比2019年下降。

五、行业优化升级加速

随着国家实施节能减排和强制淘汰落后产能政策，国产现代化卫生纸机的技术进步和制造成本优势，使得近年来新增产能均是现代化产能；另外，低速落后产能在生产成本和产品品质方面都不具备优势，市场竞争力弱，因此加速淘汰，也促使我国生活用纸行业现代化产能的比例持续提高。据生活用纸委员会统计，2020年现代化产能约为1506万吨，占生活用纸行业总产能的93.3%，比2019年增加1.2个百分点。另外，2020年全国新增约185万吨的现代化产能，全部为现代化卫生纸机，也进一步推动了行业的优化升级。2013—2022年新增现代化产能情况见表5。

从国外引进先进卫生纸生产线一直是提高生活用纸行业现代化产能比例的重要手段。据生活用纸委员会统计，截至2020年年底，我国已投产的进口新月型卫生纸机累计达180台，产能合计720.1万吨/年；真空圆网型卫生纸机累计达101台，产能合计143.6万吨/年；斜网卫生纸机1台，产能1万吨/年，以上进口卫生纸机产能总计为864.7万吨/年(2019年为846.7万吨/年)，约占2020年生活用纸总产能的53.6%(2019年为58.6%)。进口卫生纸机制造商主要包括维美德公司(含PMP)、安德里茨公司、日本川之江造机株式会社、亚赛利公司、拓斯克公司、福伊特公司等。但随着国产卫生纸生产线的制造技术进步，在每年投产的现代化卫生纸机中，引进设备占比逐渐减少，国产设备占比逐渐增加。

随着产品差异化需求的增加，单台6万吨/年的大型卫生纸机改变品种的灵活性和成本消耗不具备优势，因此需求减少，2020年仅投产2台，为日本王子制纸株式会社在江苏工厂的2台安德里茨卫生纸机。截至2020年年底，全国共已投产73台，合计产能439万吨/年，约占行业总产能的27.2%，预计未来6万吨/年的卫生纸机仍将以极少数的大企业投资为主。2013—2022年新增单机产能6万吨/年及以上的卫生纸机数量见表6。

表5　2013—2022年新增现代化产能情况

年份	2013	2014	2015	2016	2017	2018	2019	2020	2021计划	2022及之后计划
新增产能/万吨	83.15	124.3	103.92	134.19	221.58	182.5	178.1	184.8	433.6	300.5

表6　2013—2022年新增单机产能6万吨/年及以上的卫生纸机数量

年份	2013	2014	2015	2016	2017	2018	2019	2020	2021计划	2022及之后计划
数量/台	3	9	7	7	8	10	0	2	10	3

表7　2014—2021年计划投产和实际投产的新增现代化产能对比

年份	2014	2015	2016	2017	2018	2019	2020	2021
计划新增产能/万吨	244.6	213.4	182.3	307.5	315.5	208.4	266.2	433.6
实际新增产能/万吨	124.3	103.92	134.19	221.58	182.5	178.1	184.8	—

六、过度投资，导致现阶段产能过剩

虽然近些年来新增的产能主要集中在已有的企业，但产能增速过快，而且中小企业的设备升级大部分是在原产能基础上扩大产能，造成产能的增长超过消费量的增长，近年来累积的过剩产能越来越多，所以整个行业目前产能明显过剩，因此，部分投资项目在原计划基础上延期，整个行业市场竞争激烈。2014—2021年计划投产和实际投产的新增现代化产能对比见表7。

跨界进入生活用纸行业趋于理性，新进入生活用纸行业的大型企业很少，2020年只有济南圣泉集团股份有限公司和福建联盛纸业有限公司。

2020年宣布进入生活用纸行业的福建联盛纸业有限公司，项目一期已签订2台安德里茨公司的6万吨/年新月型卫生纸机，计划于2021年底投产。

2020年，致力于植物秸秆与高分子树脂材料研发应用的济南圣泉集团股份有限公司大力推进向生活用纸领域发展，在黑龙江省大庆市建设生物质精炼一体化项目。该项目分两期完成。其中，一期投资20亿元，预计2021年年内投产，届时每年可处理秸秆50万吨，年产秸秆浆20余万吨、糠醛2.5万吨。2021年计划投产山东信和造纸工程股份有限公司的4台新月型卫生纸机和2台擦手纸机，合计年产能15万吨。此外，集团还计划在全国考察布局生物质精炼一体化项目，以及在济南总部建设生活用纸产能。

前些年进入生活用纸行业的大型企业正在逐步形成产能：江苏南通市经济技术开发区的江苏王子制纸有限公司一期工程签订的2台安德里茨公司6万吨/年新月型卫生纸机，已分别于2020年6月、9月投产；日本大王制纸株式会社增加在中国的面巾纸、卫生纸、厨房纸巾等生活用纸生产加工设备，预计将于2021年9月投产运行。

部分重点企业产能关闭：永丰余家品(昆山)有限公司是永丰余在中国大陆的生活用纸企业，目前总产能为15万吨/年，比2019年减少2万吨，原因是公司原位于北京的原纸生产基地，因成本高、环保压力大，于2020年6月关闭。上海金佰利纸业有限公司上海工厂从2020年10月开始停工停产，并已处置了生产的设备。

七、产品结构

(一)国内情况

根据生活用纸委员会对2020年企业调查样本的推算，国内消费的生活用纸产品中，卫生纸依然占主导地位，约占51.5%的市场份额。2020年生活用纸的产品结构及与2019年对比见表8。

从各生产商的产品结构来看，一般领先企业的产品结构中，卫生纸的份额低于平均水平。在本次调研的加工型企业的产品结构中，由于卫生纸的产品附加值低，所以份额也普遍低于平均水平；此外，由于竹浆纸生产企业多年来对竹浆产品的有效宣传和推广，促进了竹浆纸产品结构优化，目前竹浆纸生产量中，软抽面巾纸等高附加值产品比例高于平均水平。但仍有部分中小企业，或使用其他非木材浆、废纸浆的企业，卫生纸的份额高于平均水平，有些甚至达90%以上。

2020年面巾纸在生活用纸中的份额继续提高，增长明显，比2019年增长3个百分点。原因一是面巾纸产品进一步向三、四线城市和农村市场普及，销售量有较大的提高；二是由低包装成本的软抽纸主导的面巾纸的应用场景增加，有可能替代了其他类别产品，如餐饮用的餐巾纸，消费者用于居家擦拭，替代了部分擦拭纸等。“随身包”型小规格尺寸包装面巾纸的出现，及公共场所卫生纸和擦手纸的配给量增加，使手帕纸的消费量和在生活用纸的占比从2016年起逐年下降，2020年占比与2019年相比，减少1个百分点。2020年公共场所卫生间配备擦手纸的情况进一步普及，疫情促使消费者更加注意个人卫生，推动擦手纸占比提高。厨房纸巾占比增长0.3个百分点，推动持续增长的因素，一是生活水平的提高，购买力增加；二是人们卫生和健康意识的提高；三是2020年暴发的新冠肺炎疫情，居家烹饪增加；四是行业企业的持续推广和宣传等。

表8　2020年生活用纸的产品结构及与2019年对比

产品	2020年		2019年	
	消费量/万吨	市场份额/%	消费量/万吨	市场份额/%
卫生纸	540.2	51.5	514.4	53.5
面巾纸	334.8	31.9	277.3	28.9
手帕纸	51.4	4.9	56.3	5.9
餐巾纸	42.0	4.0	44.5	4.6
厨房纸巾	14.7	1.4	10.7	1.1
擦手纸	54.6	5.2	46.4	4.8
卫生用品用吸水衬纸	11.8	1.1	11.1	1.2
生活用纸合计	1049.4	100.0	960.7	100.0

(二)与发达国家和地区对比情况

我国目前生活用纸的产品类别与日本、美国、西欧等发达国家和地区的情况基本一致，但由于与发达国家和地区的消费习惯不同、公共场所配备生活用纸的情况不同，因此造成我国各类生活用纸消费量的占比与发达国家和地区有着明显的差别，见表9。

我国市场的擦拭纸(包括擦手纸和厨房纸巾)的占比较少，未来增长空间明显；另外，随着TAD、类TAD等新型卫生纸机在中国市场的推广和应用，这些类型的卫生纸机生产的产品蓬松度、吸水性高，生产厨房纸巾、擦手纸等产品具有更高的性价比，也将会推动厨房纸巾消费量的增长；手帕纸占比相对较多，未来还有继续减少的趋势。

表 9 2020 年美国、西欧、日本的生活用纸产品结构估计(消费量)

产品	日本	产品	美国	西欧
卫生纸	58%	卫生纸	45%	56%
面巾纸(含手帕纸、餐巾纸)	26%	面巾纸/手帕纸	5%	5%
擦拭纸(擦手纸、厨房纸巾)	12%	擦拭纸(擦手纸、厨房纸巾)	38%	30%
		餐巾纸	11%	7%
卫生用品用吸水衬纸及其他	4%	卫生用品用吸水衬纸及其他	1%	2%

注：数据来源于 FASTMARKETS RISI。

八、原料结构

2020 年，生活用纸委员会对卫生纸原纸生产企业所使用的纤维原料种类进行了调查，由调查结果推算出生活用纸行业使用纤维原料的结构及与 2019 年的对比情况，见表 10。

表 10 2020 年生活用纸纤维原料结构及与 2019 年对比

纤维原料	比例/%	
	2020 年	2019 年
木浆	84.6	83.3
竹浆	9.7	10.5
蔗渣浆	2.9	3.9
苇浆 + 麦草浆	1.0	1.1
废纸浆	1.8	1.2

生活用纸使用木浆原料的比例远高于造纸行业平均水平(37%)。2020 年与 2019 年相比，生活用纸使用木浆原料的比例继续提高；2020 年，由于木浆价格总体处于低位，给非木材浆企业造成较大压力。竹浆纸总生产量没有增长，市场份额有所下降；蔗渣浆纸的市场份额进一步萎缩。2020 年，生产麦草浆纸的企业仅有山东泉林集团有限公司一家，生产苇浆纸的企业包括：新疆中泰兴苇生物科技有限公司、大荔蔡伦纸业有限公司、沁阳市宏涛纸业有限公司、胜达集团江苏开胜纸业有限公司等，但苇浆产品仍属于非常小的品类。

以废纸为原料生产生活用纸，受国家政策、废纸原料供应、产品的市场接受程度等因素影响，目前，国内仅有包括胜达集团江苏开胜纸业有限公司、东莞市达林纸业有限公司等为数不多的生活用纸企业以脱墨废纸为原料。2020 年，使用食品包装卡纸废纸、印刷厂纸边等为原料的非脱墨类废纸浆量有所增长，使废纸浆总体市场份额高于 2019 年水平。而在美国、欧洲、日本等发达国家和地区，有着成熟的废纸分类回收和利用技术，能够利用回收纤维原料生产高品质的各种生活用纸产品，废纸浆已成为经济、环保的生活用纸主要纤维原料之一。从长期发展的角度来看，我国生活用纸行业在厕用卫生纸、擦手纸生产中，应加大回收纤维的使用比例，这不仅具备成本优势，还有利于资源的循环利用和行业的可持续发展。因此需要国内有条件的大型生活用纸企业引起重视，引领行业提高废纸浆在卫生纸、擦手纸原料中的使用比例。

九、技术进展

(一)生产设备的国产化

1. 国产纸机技术进步明显，国产纸机的高性价比使其在新项目中的占比持续高于进口纸机。2011—2020 年投产纸机中进口、国产占比情况见表 11。2020 年，国产(含中外合作)卫生纸机制造商合计在中国大陆投产中高速卫生纸机 91 台，合计产能 166.8 万吨/年，约占大陆全年投产现代化总产能的九成。其中，表现突出的包括：佛山市南海区宝拓造纸设备有限公司 24 台、上海轻良实业有限公司 14 台、保定市昌达造纸机械有限公司 13 台、西安维亚造纸机械有限公司 12 台等。

(1)宝索国际集团有限公司近几年取得突出业绩。2020 年，佛山市南海区宝拓造纸设备有限公司签约卫生纸机超 70 台。

(2)山东信和造纸工程股份有限公司全部国产化的幅宽 5600 毫米、车速 1300 米/分的新月型卫生纸机和幅宽 5600 毫米、车速 800 米/分的短长网型擦手纸机，计划于 2021 年投产。

(3)上海轻良造纸机械有限公司开发的智能化系统——“天眼”智能装备管家系统，可以完成设备的运行管理、信息可视化、巡检管理等功能。该套智能系统还可以提供远程技术支持解决方案，实现现场实时数据远程传输，为客户提供更高效的服务。

表 11　　2011—2020 年投产纸机中，进口、国产占比情况

年份/年	2011	2012	2013	2014	2015	2016	2017	2018	2019	2020
投产产能/万吨	57.4	110.5	83.15	124.3	103.92	134.19	221.58	182.5	178.1	184.8
其中：进口纸机/万吨	52.9	101.9	61.15	100	72.8	68.5	90.8	82.3	22.5	18
国产纸机/万吨	4.5	8.6	22	24.3	31.12	65.69	130.78	100.2	155.6	166.8
投产纸机数/台	27	33	35	41	42	66	111	84	95	95
其中：进口纸机/台	24	26	23	28	18	18	25	19	9	4
国产纸机/台	3	7	12	13	24	48	86	65	86	91

(4)2020 年，中高速卫生纸机的钢制烘缸制造及烘缸喷涂国产化进程进一步加强，国内专业配套企业取得新的突破。溧阳市江南烘缸制造有限公司专业设计研发、制造用于生活用纸、特种纸、纸板行业的钢制扬克烘缸、MG 钢制扬克烘缸、钢制烘缸。截至 2020 年年底，公司与多家知名卫生纸机制造商及生活用纸、特种纸生产企业达成长期合作协议，已出厂钢制扬克缸 438 台/套。

2. 国产现代化卫生纸机出口增长

生活用纸委员会统计显示，2020 年，共签约出口国产现代化卫生纸机 4 台，合计产能约 5 万吨/年。

3. 进口纸机供应商积极推动本土化进程并推广最新技术

(1)2020 年年初暴发的新冠肺炎疫情加速了维美德公司产品和运营的数字化进程，为世界各地的客户提供远程服务和解决方案，特别是利用数字工具和远程协作，改变了以往现场动手的工作方式，为客户新的卫生纸机实现远程调试和启动。

2020 年 4 月，维美德公司中国地区总部在上海市正式设立。2020 年 10 月，维美德公司完成对 PMP 集团的并购，交易金额近 6400 万欧元，PMP 集团归入维美德公司造纸业务线，PMP 集团在波兰、美国、中国和意大利的约 650 名员工正式加入维美德公司。PMP 集团主要业务集中在中小型卫生纸机和纸机、纸板机领域，此项收购可以进一步扩展维美德公司的业务范围，实现优势互补。

(2)安德里茨公司继续增强本土科技和制造实力。2020 年 4 月，安德里茨(中国)有限公司佛山制造中心顺利为一欧洲项目生产了 1 台 PrimeFlow 流浆箱。同期，佛山制造中心为北美项目生产了 1 台 PrimeDry 钢制烘缸，为烘缸生产的最大规格，也是安德里茨公司在佛山出厂的首台钢制烘缸。

疫情期间，安德里茨公司以本地团队力量为主，欧洲团队通过 Metris 智能生产系统结合 AR 眼镜进行远程指导为辅，先后在 6 月、9 月实现了江苏王子制纸有限公司生活用纸项目的出纸投产。

2020 年 10 月底，安德里茨(中国)有限公司向越南 Xuan Mai 纸业提供的 PrimeLine COMPACT 紧凑型卫生纸机成功投产。该台幅宽为 2850 毫米、设计车速为 1300 米/分的高效能纸机由佛山团队针对新兴市场需求而研发。

(3)2020 年上半年，福伊特集团正式完成对拓斯克公司的收购。拓斯克公司将继续提供其原有的产品系列，保持其企业性质，并将继续以拓斯克品牌运作。在生活用纸领域，拓斯克公司将为整个福伊特集团提供新生产线以及重大改造业务。福伊特造纸将继续为其已经交付的卫生纸机提供服务。截至 2020 年，拓斯克公司在中国大陆市场已经销售了 42 台新月型卫生纸机、2 台 TAD 型卫生纸机。2020 年，拓斯克在全球累计销售了超过 220 台钢制扬克缸，其中，在亚洲市场销售的钢制扬克缸超过 110 台。

(4)亚赛利公司高速复卷机处于国际领先水平。2020 年 10 月，亚赛利公司宣布将向山东太阳纸业股份有限公司广西北海工厂提供 3 台 E-WIND 生活用纸复卷机。其中 1 台为 T200 型有轴复卷机，设计车速 1800 米/分，配置压光机及 4 个退纸架；2 台为 T200S 型无轴复卷机，设计车速 1100 米/分，1 台配置压光机及 4 个退纸架，另 1 台配置 3 个退纸架。2020 年年底，联盛浆纸(漳州)有限公司向亚赛利公司订购 6 台 E-WIND® T 200S 型无轴卫生纸复卷机，幅宽 5650 毫米，根据生产需要，复卷机配置了 4 个退纸架或 3 个退纸架以及压光机，设计车速 1100 米/分。2020 年，亚赛利公司宣布收购意大利 PMT 公司，此项收购使 PMT 公司的产品融入亚赛利公司的组织架构和专业技术。

(5)日本川之江造机株式会社 BF 卫生纸机配置日本制造的高精度流浆箱、真空网笼以及多功能控制系统，具有高品质、低耗能、操作简单等特点，且适用于非木材浆原料生产。2 台新型 BF-1000S 已于 2021 年年初在中国正式投产。

（二）国产加工和包装设备升级，大规模替代进口

随着我国人口老龄化加剧，意味着用工人数减少和劳动力成本将继续上升。因此企业对全自动化加工设备和包装设备的需求增加，加强加工生产线智能化、远程操控等方面的研发创新，已成为国内企业发展的大势所趋。

2020 年，国内后加工设备企业加大研发力度，设备不断升级，车速和效率以及设备运行稳定性等大幅提高，设备的智能化成为技术发展的新趋势，普遍满足国内市场需求并大规模替代进口。

（1）2020 年佛山市宝索机械制造有限公司采用物联网与大数据云平台服务，可以 24 小时远程服务（远程维修），平台服务可以有效支撑生产计划安排，随时掌握产品的种类和数量。设备预警，提前预知设备亚健康；设备运行保障，降低故障率，保障生产的连续性、减少故障停机导致的生产损失。2020 年年底，宝索集团向泰盛集团交付的国产第 1 台 5600 毫米 PF-EG 高速盘纸分切机顺利开机。

（2）佛山德昌誉机械制造有限公司推出用于生产“无胶复合四边压花面巾纸”的高速全自动面巾纸生产线，设备特点有：生产速度可达 120 米/分，产能大幅提升；压花单元采用大辊径钢辊制作，具有精度高、稳定性高的特点，保证花辊经久耐用，压花质量清晰稳定。生产线用于生产四边压花面巾纸，该产品特点有：花边环绕四周，典雅时尚；同一包产品拥有多个不同设计，创意无限；中间的纸层可选用压花工艺，可根据需求调节产品蓬松度，使产品拥有柔滑、松软、弹性的复合触感；使用无胶复合方式，不需要胶水。

（3）欧克科技股份有限公司凭借多年来在生活用纸折叠及手帕类自动化设备的研发与制造经验，该领域内的多款自动化设备于 2020 年取得跨越式的发展，领先于行业同类设备。公司自主研发的幅宽 5600 毫米软抽纸自动折叠机于 2020 年开始试产。同时，公司还完成了 3100 毫米幅宽 N 折擦手纸自动折叠机的开发，生产速度可达 300 米/分，该设备的投产结束了我国 N 折擦手纸小幅宽生产的历史，为我国擦拭纸的未来增速提供了有力保障。此外，公司还完成了全国首台四通道手帕纸全自动生产线的开发，包装速度可达 800 包/分，显著提高了手帕纸生产线的生产速度及运行效率，降低了手帕纸的生产成本，填补了国内自主生产高速手帕纸生产线的空白。

（4）上海松川峰冠包装自动化有限公司可提供从生活用纸单包到中包、大包、装箱、码垛等各环节设备及整线解决方案，并正向包装设备在线自动检测、物联、远程监控及维修等智能化方向发展。特别是随着电商的蓬勃兴起，公司针对性地研发了适合电商渠道的软抽纸、卫生卷纸、厨房用纸、湿巾、卫生巾、棉柔巾、纸尿裤等机械手全自动装箱机。同时，也研发了采用“拷贝”纸包装的有芯卷纸单包机、140 包/分的高速软抽全伺服单粒包装机，以及棉柔巾、乳霜纸单包机等多款高端产品的包装设备。2020 年，公司推出生活用纸包装整线解决方案，涵盖了后端单包、中包、多包、装箱（装大袋）、码垛等包装工序的每一个环节，整线生产流畅、高效，节省人工成本。

（5）实宜机械设备（佛山）有限公司推出 SF1-1500 双幅宽面巾纸加工生产线。设备针对企业产品种类繁多、生产效率低等问题，可适用于幅宽 1400 毫米和 2800 毫米纸卷加工，具有投资低、生产量高、换产方便、节能高效等特点，加工速度为 15 条/分，尤其适合加工电商小包装产品。公司除了专注于生活用纸后加工的卫生卷纸和抽纸生产设备外，还为非织造布行业提供高性能全自动棉柔巾生产线。2020 年，公司全球首发的全自动棉柔巾折叠线，解决行业痛点，为行业未来增添更多想象，以传统棉柔巾折叠机 4 倍的生产能力满足生产需求。同时，SNW1 生产的产品方正整齐；生产全程产品与人员无接触，提升产品卫生等级；降低生产过程的材料耗损。SNW1 棉柔巾生产线已经入驻“全棉时代”等多家棉柔巾生产领军生产企业并为其服务。

（6）佛山市南海毅创设备公司推出 AFTM-E 系列全自动分叠抽取式面巾纸折叠生产线，设备采用大屏幕真彩人机操作界面、PLC 编程控制；自动分叠系统采用西门子全伺服驱动控制（三套伺服），确保分叠准确，稳定分叠速度为 8～10 条/分；主机、开卷纸架均为变频独立驱动同步；可自动检测并调整面巾纸机的每个加工动作，具备完善的故障信息提示系统，使整台设备达到最佳工作状态；设备运行速度更快，稳定性更高，操作更人性化，可快速更换产品规格。

（7）佛山市科牛机械有限公司推出全自动分叠抽式面巾纸折叠机，高效、稳定，机内分叠速度为 10～12 条/分；自动抽式四边花面巾纸折叠机，压花清晰均匀，压花轴耐用。

（三）最新进口加工设备和技术

国外后加工设备供应商加大向中国市场推广力度，在提升生产速度的同时，积极推动加工生产线的智能化发展，其推出的智能化等最新技术包括：

(1)意大利宝丽斯(Pulsar)公司推出智能化和工业4.0等最新技术，包括Quatis系列纸品外观质量检测器、Reds System后加工生产线中央控制协调器、Polaris装袋机以及PLS动态三维生产线模拟软件及各种最新输送系统等，目前以设备国内组装为主，并逐步提高设备本土化制造比例。

(2)法比奥百利怡有限公司2020年在中国推出了AQUABOND水压花技术。这项技术可以使用一般的水替代胶水来层压卫生卷纸，节省了胶水使用成本。对于生活用纸生产厂家来说，在生产过程中压花机将省去停机清理的过程，大大减少维护保养的工作，减少工人的劳动强度。压花机中的纸幅路径保持不变，产品无需胶水层压，将变得更加柔软。产品也更加绿色环保。该技术配合百利怡X系列复卷机生产无芯产品时再加上XTS 4GF无胶封尾机的应用，可实现卷纸加工线的全面无胶生产，符合目前消费者对环保产品日益增长的需求。

2020年10月14日起，法比奥百利怡有限公司及其全球子公司和MTC公司将各自使用的Fabio Perini、Casmatic和MTC品牌合并成一个新的联合品牌柯尔柏。作为全球生活用纸技术领域的领先者，新的联合品牌柯尔柏仍将专注提供一系列完善的生活用纸解决方案。柯尔柏生活用纸业务部是柯尔柏(Körber AG)集团的一员，集团业务涵盖数字化、医药科技、供应链、纸业科技和烟草等多个领域。

(3)意大利Gambini复卷机制造公司近年不断研发创新技术。公司推出AirMill加湿热压设备，是一台模拟结构纸抄纸机安装在加工机的新技术。AirMill是安装于退纸架和压花机之间的独立加湿热压设备，可使普通的2/3/4层平纹原纸经AirMill的钢辊与胶辊组合加湿热压处理再经复合后，使纸品最终呈现与类TAD型纸的结构化纸产品相类似的立体结构和性能。实现高吸水性、高强度、高蓬松度，节省纸浆中纤维的使用，提升成本效益。

此外，公司还推出全新复卷概念的G1型复卷机。G1复卷机速度可达700米/分，宽度最宽为3600毫米。采用3辊复卷技术，适用不同原材料纸的复卷，其中双主辊可调开合，复卷直径90～250毫米，纸管直径38～60毫米。使用喷枪进行纸管上胶，大量减少胶量的使用。可伸缩的刀片，使上胶尾巴长度仅为76毫米。人机界面，操作方便。骑辊双枢设计，便利卷条复卷完成后退出。复卷过程中张力控制一致，特别对TAD、类TAD纸，其均匀复卷的功能更具优势。

(四)绿色发展

近年来，生活用纸生产企业积极应对环保压力，调整能源结构，科学利用能源，通过建设煤改气等清洁能源项目，有效降低生产成本。表现突出的企业如下。

上海东冠纸业有限公司为应对上海地区生产成本高、环保压力大等不利因素影响，于2018年新建天然气能源项目，采用燃气轮机发电机组供汽、发电，大幅降低了公司的能源成本，多余发电量还可以并入国家电网，产生收益。

河南护理佳纸业有限公司热力公司承建的热电联产项目，一期工程于2020年5月正式投产。项目总建设规模为3台75蒸吨高温高压锅炉和1台15兆瓦背压式发电机组。项目工程采用业内先进的低氮燃烧技术+SCR烟气脱硝工艺处理烟气，打造废水回用，余热发电，集中供热于一体循环经济体系，实现污染物超净零排放。该项目的启动，为公司可持续增产至50万吨/年奠定了基础，实现绿色、节能、高效的产业融合模式，进一步提升公司盈利能力和自身竞争力。

(五)产品创新

生活用纸属于同质化较强的快消品，在日渐激烈的市场竞争中，企业也不断进行产品创新、打造品牌，来获得更高的利润。产品的创新主要体现在两个方面。

一是生产技术、工艺和设备的发展(例如新型的压花工艺)，使产品具有更美观的压花花纹，以提高产品的吸水性和蓬松度，及添加乳霜等表面处理剂，使产品具有更柔软的使用手感等。具体包括以下几种类型。

(1)压花纸　近几年随着消费不断升级，压花纸因其触感柔软、吸水性好，逐渐受到越来越多的消费者的喜爱。2020年，行业内更多企业推出了各种特点的压花纸产品。恒安国际集团有限公司旗下心相印品牌推出云感柔肤系列产品，采用独家立体压花专利技术，独特的双面云感立体压花，不添加任何化学粘合剂；金红叶纸业集团有限公司清风品牌推出黑金系列抽纸，创新研发双面立体玉兰浮雕压花，更加蓬松、柔韧，吸水更好，不易分层；维达纸业(中国)有限公司推出得宝全新樱花味卫生卷纸，采用独特的天鹅湖式四层压花设计，每节产品在四周压花的同时，使中间部分更加柔软，配合淡雅的樱花香气，使用更加亲肤舒适；河南护理佳纸业有限公司推出“大嘴鸟”系列立体压花软抽纸；绍兴唯尔福妇幼用品有限公司推出“纸音”系列四层、四边压花纸巾，采用加厚四边压花专利设计，不分层；福建朵朵云日用品有限公司推出"植护韵彩"系列新品，采用4D立体压花，纸质更亲柔；丽邦集团有限公司推出升级四边压花甄选抽纸。另外，河北金博集团有限公司、四川蓝漂日用品有限公司等企业也都推出带有立体压花的新产品。具有独特压花的生活用纸产品逐渐成为企业差异化竞争，拓展高端路线的产品类型之一。

（2）抑菌纸 2020年，在新冠肺炎疫情防控的大背景下，消费者更加注重个人清洁和卫生。生活用纸的生产企业也紧跟消费需求，推出抑菌系列纸巾。中顺洁柔纸业股份有限公司推出洁柔抑菌纸，添加抑菌因子成分，抑菌率≥99%；金红叶纸业集团有限公司清风品牌推出的乳霜抑菌纸，既可以高效抑菌，又可以给肌肤柔润呵护；四川环龙新材料有限公司旗下"斑布"品牌推出全新升级的抑菌润柔纸巾；上海东冠纸业有限公司的"洁云健康"系列祛菌纸巾推出厨房纸巾新品；浙江景兴纸业股份有限公司推出"品萱"高效杀菌系列纸巾。

（3）乳霜保湿纸 自乳霜保湿纸产品推向市场以来，因其产品柔润的触感，受到母婴、美妆渠道消费者的青睐。2020年，更多企业推出乳霜保湿面巾纸、手帕纸等新产品，已有该产品的企业，继续对该系列产品升级，针对婴儿等敏感肌肤人群使用，并结合抑菌等产品特点，满足消费者多样化的需求。其中，东顺集团股份有限公司推出"哈里贝贝"系列保湿纸，继续拓展该品类市场；王子制纸妮飘（苏州）有限公司推出贵族系列、羢品系列、卡通系列多款乳霜纸产品；浙江弘安纸业有限公司推出升级产品——"可心柔 CoRou V9 润＋抑菌系列保湿纸"，产品具有健康环保，柔润触感，长效抑菌等优点；四川环龙新材料有限公司推出亲子系列保湿面巾纸；保定雨森卫生用品有限公司新推出"水轻柔"品牌保湿纸；保定市中信纸业有限公司推出"悠雅"系列保湿纸；浙江景兴纸业股份有限公司推出"北极熊"系列乳霜纸新品；纸尿裤生产商芜湖悠派护理用品科技股份有限公司最新推出 Unifree 丝柔系列保湿纸，为客户带来更全面的产品选择。

（4）厨房擦拭巾 厨房擦拭巾产品，目前出现了跨界的情况，产品类别一是由天然纤维（主要是木浆）为原料，以湿法造纸的方式生产的厨房纸巾；另一类是由化学纤维或者化学纤维和木浆纤维混合为原料，以非织造布的生产方式生产的厨房擦拭巾。这两种产品的功能相类似，但以木浆为原料的厨房纸巾拥有更优的环保性和可持续发展性，因为木浆纤维是可再生、可降解的原料。企业在市场需求的推动下，生产各种不同原料的厨房擦拭巾产品。保定市中信纸业有限公司推出"悠雅"系列厨房纸巾；金佰利（中国）有限公司联合京东推出了舒洁懒人抹布，通过 HYDROKNIT 技术，将聚丙烯和木浆纤维交织在一起，吸水吸油能力可以达到传统抹布2倍效能。使用后即可扔掉，杜绝了细菌交叉感染。与厨房纸巾相比，这类产品具有更好的湿强度，更适合厨房清洁场景使用。除金佰利（中国）有限公司这样的行业领先企业外，在天猫、京东、拼多多等电商平台，也已经有大量的中小企业推出了同类产品。

（5）易冲散型卫生纸 易冲散型卫生纸在日本等国外市场已经流行多年，国内市场随着垃圾分类处理在上海、北京等城市的逐步推进，2020年有更多企业开始生产易冲散型卫生纸产品。上海东冠纸业有限公司推出升级的洁云4D速溶卫生纸，产品主打"免垃圾分类"的卖点，简单冲水即"溶"；保定雨森卫生用品有限公司推出百丽品牌速溶纸，产品采用天然原生木浆，产品强韧，冲水可分散；胜达集团江苏开胜纸业有限公司推出双灯苇浆本色可溶压花卫生纸，运用自主研发的最新可溶技术，实现纸入马桶分散可"溶"；王子制纸妮飘（苏州）有限公司在中国市场推出可冲散卫生纸产品。

二是领先企业更注重品牌建设，通过与知名IP合作推出联名产品的方式达到品牌推广的效果。另外通过新颖的包装设计，提升产品形象和品牌价值。具体包括：维达纸业（中国）有限公司与经典童话形象小王子合作推出联名面巾纸，吸引到大量的消费者关注。得宝与 V&A 博物馆（维多利亚与艾尔伯特博物馆）联名合作，发布了全新的文化艺术 IP 产品——莫里斯花园艺术系列纸巾，打造艺术系列纸品。恒安国际集团有限公司旗下心相印品牌与永乐宫合作推出联名款洁面棉柔巾，国潮风格的精致包装，跳开心相印原有的绿色、茶语等主系列设计元素，拓展年轻市场。福建植护朵朵云日用品有限公司旗下品牌植护与福州本地品牌僵小鱼合作，推出联名纸巾，一经上市，深受大众喜爱。泰盛科技（集团）股份有限公司推出"竹态"系列产品，打造高端竹浆纸品牌，时尚新颖的包装设计，曾荣获2019德国红点奖。

（六）线上销量继续增长

根据国家统计局数据，2020年全国网上零售额达11.76万亿元，同比增长10.9%，实物商品网上零售额达9.76万亿元，同比增长14.8%，占社会消费品零售总额的比例为 24.9%，比 2019 年大幅提高 4.2 个百分点。

生活用纸产品作为一种日常快消品，传统的经销商渠道、商超渠道依然是目前行业主流的营销模式。但随着互联网的高速发展，线上渠道反应市场变化更加迅速，为中小企业提供了更直接的发展机会，并且线上销售的产品通常具有更好的价格优势，越来越多的企业开始针对网络渠道的营销创新加速，网络渠道销售份额稳步增加。以天猫平台为例，生活用纸产品销售额较 2019 年增长 8%。

作为生活用纸行业的头部领先企业的维达纸业(中国)有限公司，2020 年公司纸巾业务来自传统经销商、重点客户超市大卖场、商用客户和电商的收益分别占 27%、24%、13% 及 36%，电商渠道取得 29% 的自然增长。在 2020 年双 11 期间，维达纸业(中国)有限公司试水新零售，与京东到家、阿里饿了么等平台强强联手，实现线下库存、线上超市的全面打通，双 11 期间新零售业务同比增长 343%，环比增长 358%。

恒安国际集团有限公司的电商业务保持稳定发展，2020 年电商渠道(包括零售通及新通路)销售收入约 43 亿元，占集团整体销售的比例约 19.1%。集团 2020 年与阿里巴巴签署数据分析合作协议，利用平台对终端客户的数据分析，精准投入费用和设计相关的销售策略。

另外，2020 年拼多多平台快速发展，使电商渠道更深入下沉到三、四线城市，以及农村市场。植护、可心柔等品牌通过提供更具性价比的产品，打造渠道“爆款”商品，获得了快速发展。

生活用纸委员会 2020 年统计调研也了解到，部分中小企业在 2020 年也在逐步拓展电商渠道。相信在未来几年，生活用纸行业电商渠道仍会持续发展，也会有更多的企业拓展电商渠道业务，提升产品利润，扩大自己的品牌影响力。

(七)生活用纸企业加强与科研院所的合作，提高核心竞争力

恒安国际集团有限公司、维达纸业(中国)有限公司、理文造纸有限公司、中顺洁柔纸业股份有限公司与中国制浆造纸研究院有限公司开展深度合作。中国制浆造纸研究院有限公司已建立生活用纸纤维原料特征数据库，在非木材纤维原料开发及应用、差异化产品开发、高效环保化学助剂、降长纤技术、高浓磨浆技术、产品轻量化技术等方面与行业企业保持密切合作。

十、产品标准

生活用纸产品标准不断完善，对推动生活用纸行业高质量发展具有重要的指导作用。

(一)2020 年开始实施的标准

四川省造纸行业协会《本色竹浆》团体标准，编号为 T/SCSZX 001—2019，自 2020 年 4 月 10 日起实施。浙江王派智能装备有限公司起草的《软抽纸薄膜包装机》标准经由浙江品牌建设联合会批准正式成为“浙江制造”标准，编号为 T/ZZB 1509—2020，自 2020 年 1 月 31 日起实施。

(二)2020 年发布的标准

2020 年 7 月 21 日，国家市场监督管理总局(国家标准化管理委员会)批准公布了 199 项国家标准和 3 项国家标准修改单(2020 年第 17 号)，其中包括《GB/T 24328.1—2020 卫生纸及其制品 第 1 部分：术语导则》等 11 项生活用纸相关国家标准(见表 12)，2021 年 2 月 1 日起实施。

表 12　2021 年 2 月 1 日起实施的 11 项生活用纸相关国家标准

序号	标准编号	标准名称	实施日期
1	GB/T 24328.1—2020	卫生纸及其制品 第 1 部分：术语导则	2021 年 2 月 1 日
2	GB/T 24328.2—2020	卫生纸及其制品 第 2 部分：厚度、层积厚度、表观层积紧度和松厚度的测定	2021 年 2 月 1 日
3	GB/T 24328.3—2020	卫生纸及其制品 第 3 部分：抗张强度、最大力值时伸长率和抗张能量吸收的测定	2021 年 2 月 1 日
4	GB/T 24328.4—2020	卫生纸及其制品 第 4 部分：湿抗张强度的测定	2021 年 2 月 1 日
5	GB/T 24328.6—2020	卫生纸及其制品第 6 部分：吸水时间和吸水能力的测定 篮筐浸没法	2021 年 2 月 1 日
6	GB/T 24328.7—2020	卫生纸及其制品 第 7 部分：球形耐破度的测定	2021 年 2 月 1 日

续表

序号	标准编号	标准名称	实施日期
7	GB/T 24328.8—2020	卫生纸及其制品 第 8 部分：光学性能的测定 亮度和颜色的测定 D65/10°(室外日光条件)	2021 年 2 月 1 日
8	GB/T 24328.9—2020	卫生纸及其制品 第 9 部分：湿球形耐破度的测定	2021 年 2 月 1 日
9	GB/T 24328.10—2020	卫生纸及其制品 第 10 部分：打孔线抗张强度的测定及打孔效率的计算	2021 年 2 月 1 日
10	GB/T 24328.11—2020	卫生纸及其制品 第 11 部分：光学性能的测定 亮度和颜色的测定 C/2°(室内日光条件)	2021 年 2 月 1 日
11	GB/T 24328.12—2020	卫生纸及其制品 第 12 部分：光学性能的测定 不透明度的测定 漫反射法	2021 年 2 月 1 日

(三)正在修订的标准

《擦手纸》《厨房纸巾》《马桶垫纸》《纸巾》。

(四)正在制定的标准

《卫生纸和擦手纸 回用纤维使用规范》《生活用纸 生产过程质量安全状态检测与评价指南》。

十一、市场展望

1. 行业仍有增长空间，但增速放缓

我国生活用纸人均消费量与 Fastmarkets RISI 估计的 2020 年美国(29 千克)、西欧和日本(16 ~ 17 千克)等发达国家和地区的人均消费量相比，仍然较低。长期来看，行业仍有继续增长的空间。

近几年的快速增长形成的产能现阶段已相对过剩，另外整个行业累计的总产能基数加大，使得行业增速放缓；生活用纸行业已走过了高速增长时代，但预测增长速度仍会高于全球平均水平。我国由于人口数量巨大的优势，所以仍将是全球生活用纸市场增长的最大驱动力，是全球增长量最高的地区。

2. 竞争更加激烈，加速整合，向高质量发展转型

从宣布的 2021 年及以后计划投产的项目总产能看，新增产能依然大于新增市场容量，所以预测未来市场竞争会更加激烈，估计有些项目还会后延，或者不能达产；整个行业的平均开工率依然会较低；为争取市场份额，仍有可能存在价格战。从宣布的 2021 年及以后计划投产的项目企业看，仍然是现有企业的设备升级换代及扩产，未来落后产能及不具备规模优势的中小型原纸生产企业的淘汰会加速，原纸的生产集中度会进一步提升，行业结构将继续优化，行业从高速增长向高质量发展转型。

随着行业增速放缓，生活用纸生产商竞争加剧，价格战压力已波及上游的设备供应商，尤其是资金实力相对较弱的部分国产设备供应商面临被淘汰出局的风险。设备行业将重新洗牌和整合。我国生活用纸行业主要原材料纸浆依靠进口程度高，企业面临浆价波动及汇率波动风险，尤其从 2020 年年底开始浆价大幅快速提升，使木浆纸及加工企业的成本压力增强。非木材浆纸企业受进口木浆价格波动的影响也较大，虽然现阶段非木材浆在木浆价格上涨的带动下也跟随上涨，非木材浆制浆企业运行压力有所缓解，但非木材浆纸及加工企业的经营风险仍然较大。

我国自 2021 年起，将全面禁止废纸进口，这推动了国内一些企业在海外建设以废纸为原料生产再生纤维浆的工厂，所生产的再生纤维浆，未来有可能以商品浆的形式进入国内，再生纤维浆应该是生产厕用卫生纸和擦手纸具有成本优势的原材料，值得生产企业关注。

3. 新冠肺炎疫情对行业的影响

2020 年年初以来，突发的新冠肺炎疫情对生活用纸行业来说，既是挑战也是机遇。虽短期来看，影响了全国第 1 季度生活用纸总生产量，提升了企业复工、人工、物流等成本，降低了全年餐巾纸的消费量。但长期来看，疫情使得全民的健康意识显著增强，健康消费也将随之提升。这有助于面巾纸、擦手纸、厨房纸巾等生活用纸产品消费量开启新一轮的增长，也将进一步推动生活用纸产品线上销售量比例的增加。疫情促使企业数字化转型的意识增强、设备远程开机的需求提升，推动行业加速向自动化、智能化方向发展。

4. 发展主题

随着生产技术、设备的不断成熟，行业面临着较为突出的同质化问题，企业应提升市场营销能力特别是销售渠道建设；加强品牌的培育；注重新产

品开发特别是功能性设计；以新的生产和设备技术开发差异化产品。

加强内部管理，实施精细化的生产、运营管理；另外通过能量回收、自动化、智能化等新技术、新设备的应用，达到设备的高效利用，降低单位产品能源和物料的消耗，以此来降低生产成本，推动企业的高质量发展，提升产品的市场竞争力，这是企业发展的核心和行业发展的主题。

5. 规模和容量预测

基于比较保守的预测，到 2021 年，产能在 2020 年 1614 万吨的基础上新增 150 万吨，淘汰和停产产能 50 万吨，总产能达到 1714 万吨。按行业设备平均开工率 70% 计，2021 年生产量将达到 1200 万吨，销售量 1185 万吨，净出口量 85 万吨，消费量 1100 万吨(按同比增长约 5% 计)，年人均消费量 7.9 千克。

（周　杨　郭凯原　曹宝萍　张玉兰）

2020 年我国一次性卫生用品行业概况和展望

Overview and Outlook of Disposable Hygienic Products Industry in China in 2020

2020 年，面对严峻复杂的国际形势、艰巨繁重的国内改革发展稳定任务，特别是新冠肺炎疫情的严重冲击，我国经济运行逐季改善、逐步恢复常态，在全球主要经济体中唯一实现经济正增长。国内生产总值增长 2.3%，总量达 101.6 万亿元。全年社会消费品零售总额 391981 亿元，比 2019 年下降 3.9%。全国居民人均可支配收入 32189 元，比 2019 年增长 4.7%，扣除价格因素，实际增长 2.1%。

国内一次性卫生用品（包括吸收性卫生用品和擦拭巾）市场继续增长。经期裤、成人失禁用品的消费量比 2019 年显著增长，但婴儿纸尿裤的消费量首次出现下降。2020 年吸收性卫生用品的市场规模（市场总销售额）达到约 1214.0 亿元，比 2019 年增长 4.2%。

在吸收性卫生用品（包括女性卫生用品，婴儿纸尿裤、片和成人失禁用品）市场总规模中，女性卫生用品（包括卫生巾、经期裤和卫生护垫）占 50.5%，婴儿纸尿裤、片占 40.0%，成人失禁用品（包括成人纸尿裤、片和护理垫）占 9.5%，相比 2019 年，女性卫生用品占比略有提升，婴儿纸尿裤、片占比继续下降，成人失禁用品占比继续提升，见表 1。

2017—2020 年，一次性卫生用品的市场规模和消费量复合年均增长率见表 2 和图 1。

表 1　2015—2020 年吸收性卫生用品市场规模中各类产品比例　单位：%

产品	2020 年	2019 年	2018 年	2017 年	2016 年	2015 年
女性卫生用品	50.5	49.1	50.0	46.3	48.9	49.7
婴儿纸尿裤/片	40.0	42.8	43.8	48.2	46.4	44.0
成人失禁用品	9.5	8.1	6.2	5.5	4.7	6.3

表 2　2017—2020 年一次性卫生用品的市场规模和消费量及复合年均增长率

项目	年份	女性卫生用品	婴儿纸尿裤/片	成人失禁用品	擦拭巾
市场规模/亿元	2020	613.0	486.0	115.0	224.6
	2019	572.4	499.0	93.9	192.9
	2018	563.0	493.7	70.3	189.5
	2017	527.4	548.6	62.9	82.1
复合年均增长率/%		5.1	-4.0	22.3	39.9
消费量/亿片	2020	1220.9	375.8	63.0	59.6
	2019	1199.0	393.6	53.5	41.0
	2018	1193.4	378.7	44.1	29.3
	2017	1200.1	381.8	44.9	23.3
复合年均增长率/%		0.6	-0.5	12.0	36.8

注：表中擦拭巾消费量以"非织造布用量/吨"计。

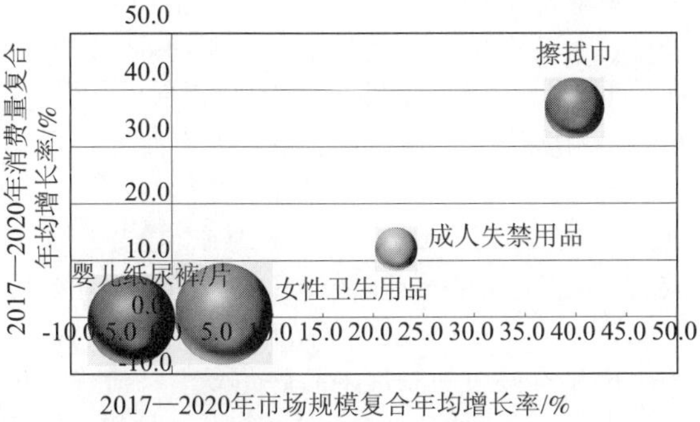

图1　2017—2020年一次性卫生用品的市场规模和消费量的增长情况（CAGR）

注：图中擦拭巾消费量复合年均增长率为非织造布用量复合年均增长率。

一、市场规模

1. 女性卫生用品

2020 年，女性卫生用品市场平稳发展，市场规模继续增长且增长率高于 2019 年。根据中国造纸协会生活用纸专业委员会(以下简称“生活用纸委员会”)统计，卫生巾的生产量约 945.1 亿片，比 2019 年增加 1.7%；工厂销售量约 957.9 亿片，工厂销售额约 310.4 亿元，分别比 2019 年增长 3.3% 和 7.0%；消费量约 890.3 亿片，比 2019 年增长 2.3%。参加统计的企业中，经期裤生产量约 7.9 亿片，比 2019 年增长 38.6%；工厂销售量约 7.1 亿片，工厂销售额约 13.0 亿元，分别比 2019 年增长 54.3% 和 58.5%。卫生巾和经期裤平均出厂价提高，使其工厂销售额的增长高于工厂销售量的增长。卫生巾和经期裤合计市场规模约 555.4 亿元，比 2019 年增长 8.3%。卫生护垫生产量约 340.7 亿片，工厂销售量约 343.5 亿片，工厂销售额约 34.0 亿元，分别比 2019 年下降 8.2%、2.5% 和 5.3%；卫生护垫平均出厂价下降 2.9%，导致工厂销售额下降幅度大于工厂销售量的下降；消费量约 323.5 亿片，市场规模约 57.6 亿元，分别比 2019 年下降 0.1% 和 3.2%。女性卫生用品合计市场规模 613.0 亿元，比 2019 年增长 7.1%。

2020 年，虽然 15～49 岁(适龄女性)人口继续减少，但实际上，女性初经低龄化和行经时间延长，为卫生巾市场容量扩充提供了空间。同时，人均可支配收入和女性消费者卫生意识的提高，使女性卫生用品的消费量略有增长，尤其是经期裤产品的工厂销售量增长率达到 54.3%。卫生巾平均出厂价比 2019 年提高 3.5%，进口卫生巾虽然数量减少但金额增长，且平均价格有所提高，产品优化升级，高端化趋势延续，高端产品的市场占有率持续上升。高端化趋势还表现在出口卫生巾平均价格比 2019 年提高 8.43%。

卫生护垫延续了前两年的趋势，生产量、工厂销售量、工厂销售额、平均出厂价、消费量、市场规模都出现不同程度的下降，显示卫生护垫的市场体量持续萎缩。分析原因：一是女性对自身健康意识的提高，在非经期时，减少护垫的使用量；二是消费者用迷你巾取代部分卫生护垫，作为经期前后的护理用品。

2. 婴儿纸尿裤、片

2020 年，婴儿纸尿裤、片整体市场规模较 2019 年稍有下降。根据生活用纸委员会统计，婴儿纸尿裤、片总生产量约 423.8 亿片，工厂总销售量约 414.4 亿片，分别比 2019 年增长 4.0% 和 2.5%；总消费量约 375.8 亿片，比 2019 年下降 4.5%。婴儿纸尿裤、片的工厂销售额合计约 335.9 亿元，较 2019 年提高 4.8%；市场规模为 486.0 亿元，比 2019 年微降 2.6%。市场渗透率由 2019 年的 72.2% 上升到 77.1%，增加了 4.9 个百分点。

其中，2020 年婴儿纸尿裤的工厂销售量和销售额同比均有增长，出厂价提高，使销售额增长高于销售量增长。2019 年，婴儿纸尿裤、片出口量首次超过进口量，转变为净出口市场，2020 年出口量和出口额继续增长，分别增长 8.1% 和 7.4%，高于工厂销售量和销售额的增长，同时，中国 0～2 岁婴儿人数持续下降，使得国内婴儿纸尿裤市场规模同比微降 1.3%。另外，新冠肺炎疫情深重的危机产生的不确定性，使得许多人决定推迟或直接放弃生育计划，对国内婴儿纸尿裤的消费量和市场规模也造成一定的影响。婴儿纸尿裤的销售量中，内裤式(即拉拉裤)产品占比约为 35.6%，胶贴型占比约为 64.4%，内裤式产品占比逐年提高。婴儿纸尿片的工厂销售量和销售额同比继续明显下降，该类产品在我国消费者中的使用量正在逐步降低。

3. 成人失禁用品

2020 年，成人失禁用品市场继续保持两位数增长，其中成人纸尿裤和护理垫的消费量和市场规模显著增长，成人纸尿裤平均出厂价格与 2019 年持平，护理垫平均出厂价格则明显提高，使工厂销售额的涨幅高于销售量涨幅，市场规模的涨幅高于消费量增长。成人纸尿裤销售量中，胶贴式约占 81.5%，内裤式约占 18.5%，表明成人纸尿裤主要还是满足重度失禁人群使用，轻度失禁用品尚处于初级推广阶段。成人纸尿片的生产量虽然有所增加，但是国内消费量持续萎缩，大部分产品出口海外市场，且平均出厂价格有所下降导致市场规模下降。此外，受 2020 年新冠肺炎疫情影响，成人纸尿裤为身着防护服的医护人员以及需要医疗护理的患者带来极大便利，促使成人失禁用品的使用量有所增长。根据生活用纸委员会统计，成人纸尿裤生产量约 59.2 亿片，工厂销售量约 61.1 亿片，工厂销售额约 91.7 亿元。成人纸尿片生产量约 11.1 亿片，工厂销售量约 8.9 亿片，工厂销售额约 5.5 亿元。护理垫的生产量约 31.0 亿片，工厂销售量约 25.7 亿片，工厂销售额约 22.8 亿元。成人失禁用品合计的工厂销售额约 120.0 亿元，市场规模约 115.0 亿元，比 2019 年增长 22.5%。

成人失禁用品在按片计的总消费量中，纸尿裤占 71.3%，比 2019 年增加 1.8 个百分点；纸尿片占 7.3%，比 2019 年减少 3.5 个百分点；护理垫占 21.4%，比 2019 年增加 1.8 个百分点。我国市场对成人失禁用品的认知和消费观念正在发生变化，此类产品正进入发展的上升期。

2020 年，突如其来的新冠肺炎疫情导致全球接受医疗护理的患者激增，在医疗救助或居家康复护理阶段，都需要用到护理垫，促进了护理垫市场的增长。根据统计数据来看，一是国内护理垫消费量和市场规模涨幅明显高于 2019 年，二是护理垫产品的出口量和出口金额相较于 2019 年均有所增长。

4. 擦拭巾

从 2017 年度开始，生活用纸委员会以非织造布用量为依据对擦拭巾的生产情况进行统计。擦拭巾包括干巾和湿巾，根据企业填报数据推算，2020 年擦拭巾行业总计消耗非织造布约 59.6 万吨，擦拭巾工厂销售额总计约 226.4 亿元，市场规模约为 224.6 亿元。

2020 年，全球新冠肺炎疫情暴发，使卫生消毒产品需求激增，带动了卫生湿巾和消毒湿巾的消费量大幅增长。国内擦拭巾生产企业一方面满足国内市场的需求，另一方面还积极出口满足国外市场的需求。2020 年，国内擦拭巾市场规模比 2019 年增长 16.4%，净出口额也实现了 151.9% 的高增长，国内外市场的双双增长使工厂销售额的增幅达到 38.0%，明显高于 2019 年。

二、主要生产商和品牌

1. 女性卫生用品

经过多年的发展，女性卫生用品市场已基本饱和，没有大型企业进入。2020 年，生活用纸委员会统计在册的女性卫生用品生产企业约 684 家，比 2019 年增加 69 家，总体集中度仍然较低，市场竞争者仍由多个生产商组成。领先生产商分布在北京、天津、上海、江苏、浙江、福建、河南、湖北、广东、广西、重庆、云南等地，本土生产商主要有：恒安国际集团有限公司、浙江景兴纸业股份有限公司、重庆百亚卫生用品有限公司、佛山啟盛卫生用品有限公司。本土品牌主要有：洁伶、丝宝、美洁、清逸堂、舒莱、全棉时代、佳健、倍舒特、护理佳、余宏、可悦、恒利、康那香、杭州川田、广东川田、小护士等。国际生产商主要有：宝洁公司、尤妮佳公司、金佰利公司、花王公司。高端市场的品牌集中度很高，国际性品牌有苏菲、护舒宝、高洁丝、乐而雅等；本土企业全国性品牌有七度空间、ABC、自由点、U 适、洁婷、奈丝公主等；区域性品牌有小妮、洁伶、美洁、日子、舒莱、佳期、倍舒特、护理佳、安琦、月满好、好舒爽、康乃馨、小护士等。

2020 年，适龄女性(15～49 岁)人口持续减少，女性卫生用品的消费人群基数继续缩小。另外，卫生巾(海关总署商品编号 96190020 下的进口商品)进口数量首次出现下降，国内生产的卫生巾产品基本可以满足消费者需求，只有少部分高端产品需要进口。

新冠肺炎疫情的暴发使卫生用品产业供应链受到前所未有的挑战，国内领先品牌和国际品牌凭借供应链优势和及时有效的应对措施克服重重困难，获得稳定增长。但是，部分区域性品牌暴露出管理方面的短板，如缺乏应急机制、应对突发紧急事件能力不足等，导致业绩出现下滑。还有一些以出口代工为主要业务的企业，面对原材料涨价、海外疫情暴发、物流受阻、运费上涨等诸多不利因素，业绩下降较多。

恒安国际集团有限公司卫生巾业务销售额同比增长 3.0% 至 66.55 亿元，占集团收入接近 30.0%，卫生巾业务的毛利率增长至约 71.4%。2020 年，集团推出针对成熟白领市场的高端产品“Space 7”，销售反应十分热烈，集团签约明星代言，大幅提升“Space 7”品牌形象，增添品牌时尚感，借助明星对年轻消费客群的影响力，全面接触 95 后年轻女性群体，进一步将品牌定位年轻化。

维达国际控股有限公司个人护理业务(含女性护理、婴儿护理和成人失禁护理)收益增加 3.0% 至 29.04 亿港元，增幅按固定汇率换算为 4.3%，占集团总收益的18%，毛利率提升至34.7%。女性护理方面，“Libresse 薇尔”品牌通过代言和主题活动提高了认知度并建立了鲜明的品牌形象，获得消费者的持续关注，在国内的增长势头强劲。

2020年9月，重庆百亚卫生用品股份有限公司成功登陆深交所中小板。面对新冠肺炎疫情的影响和市场竞争加剧的情况，公司始终聚焦主业，精耕核心优势区域，有序全国拓展，积极开拓电商和新零售渠道，并持续优化产品结构，加快产品更新迭代。报告期内，公司实现营业收入12.5亿元，较2019年同期增长8.82%；利润总额较2019年同期增长43.70%。

2020年7月，小护士(天津)科技股份有限公司在新三板上市。其2020年度业绩预告显示，归属于挂牌公司股东的净利润将达2100万~2500万元，比2019年增长388.50%~481.54%。增长的主要原因：一是为应对国内外新冠肺炎疫情，公司积极拓展防疫类产品生产线，大批量生产一次性医用口罩；二是2020年下半年全国市场回暖，公司优化市场布局，提升服务能力，优质客户进一步增多和稳定；三是公司积极开发新产品，同时加强媒体平台宣传，辐射全国客户。

2020年，宝洁公司女性护理用品业务(含成人失禁用品)，在大中华地区的销售量获得了1位百分数的增长，主要得益于产品创新、营销投入增加、成人失禁用品增长以及某些市场疫情造成的产品囤积。

金佰利公司在发展中地区和新兴市场的个人护理用品净销售额下降了1%。主要影响因素：一是汇率变化使销售额下降9%，主要是拉丁美洲市场和我国市场；二是销售量扩大使销售额增长了4%，主要是在我国、东欧、巴西和印度等市场；三是产品组合的改进和收购印尼Softex公司，分别使销售额增长2%，产品组合的改进主要是在我国市场。

花王乐而雅卫生巾产品在亚洲市场的销售额获得大幅增长，主要得益于我国市场电商项目的稳步推进。

尤妮佳公司的苏菲女性卫生用品在我国市场仍然保持良好的销售业绩，为满足我国消费者缓解痛经症状的需求，推出了含有中药成分的热感卫生巾。

女性卫生用品销售额增长显著的其他企业主要有：漳州市芗城晓莉卫生用品有限公司增长56.7%，漳州智光纸业有限公司增长12.2%，天津骏发森达卫生用品有限公司增长12.2%，苏州冠洁生活纸制品有限公司增长10.4%，杭州余宏卫生用品有限公司增长33.2%，杭州小姐妹卫生用品有限公司增长81.4%，杭州川田卫生用品有限公司增长33.3%，桂林洁伶工业有限公司增长11%，佛山啟盛卫生用品有限公司增长23.4%，东莞市金保利卫生用品有限公司增长12.4%。

2. 婴儿纸尿裤、片

婴儿纸尿裤、片行业仍处于调整期，市场竞争激烈。2020年，生活用纸委员会统计在册的婴儿纸尿裤、片生产企业716家，比2019年增加65家，市场竞争者仍由多个生产商组成。领先生产商主要集中在天津、上海、江苏、浙江、安徽、福建、湖南、广东、贵州等地。本土生产商包括：恒安国际集团有限公司、广东昱升卫生用品实业有限公司、杭州千芝雅卫生用品有限公司、福建利澳纸业有限公司、杭州豪悦实业有限公司、杭州可靠护理用品股份有限公司、贵州卡布国际卫生用品有限公司、湖南舒比奇生活用品有限公司、爹地宝贝股份有限公司、雀氏(福建)实业发展有限公司、凯儿得乐(深圳)科技发展有限公司、广东茵茵股份有限公司、东莞市常兴纸业有限公司、广东欧比个人护理用品有限公司、天娇卫生用品有限公司等。国际生产商：宝洁公司、尤妮佳公司、金佰利公司、花王公司、大王公司等。高端市场的品牌集中度很高，国际性品牌有：帮宝适、妈咪宝贝、Moony、好奇、妙而舒、GOO.N等；全国性品牌有安儿乐；区域性品牌有吉氏、名人宝宝、乐贝、希望宝宝、酷特适、卡比布、舒比奇、爹地宝贝、雀氏、凯儿得乐、茵茵、一片爽、宾比、妈咪亲等。

2020年，新冠肺炎疫情为中国婴儿纸尿裤生产商带来了挑战。上半年，原材料供应一度非常紧张，导致市场价格大幅上涨，企业生产成本显著上升。同时，终端产品价格却难以相应上涨，造成利润空间被压缩，市场竞争激烈。跨国品牌因为材料供应稳定，在此次疫情中巩固和扩大了优势，一方面不断扩大高附加值优质产品的份额，夯实高端产品线，另一方面通过电商等渠道不断进行市场下沉，布局三、四线市场。

同时，我国本土的婴儿纸尿裤生产商们也在积极调整战略，应对挑战。部分婴儿纸尿裤生产企业转产一次性口罩，弥补了原有业务销售额下降的不足。婴儿纸尿裤品牌中的后起之秀不断崭露头角，他们通过新的营销策略(如微商、社群营销等)和特定的品牌定位，获得了大批消费者的认可，如凯儿得乐、露安适等，在2020年其自有生产能力都得到了大幅提高，增强了品牌影响力。

新冠肺炎疫情还加快了婴儿纸尿裤电商渠道的发展，电商方便快捷的购买方式以及促销活动符合年轻父母的消费习惯，催生了一批互联网婴儿纸尿裤品牌。领先婴儿纸尿裤生产商也加快了电商渠道的布局，适应新时期的营销模式，争取多渠道发展。

随着近几年我国婴儿出生人数连续降低和市场渗透率的提高，婴儿纸尿裤市场之前的高增长率已经难以再现，而新增品牌还在不断出现，市场未来竞争将更加激烈。企业可能更多需要在产品创新，高端化、高附加值产品的研发以及营销创新方面进行破局。

恒安国际集团有限公司纸尿裤业务收入 14.26 亿元，跌幅大幅收窄至约 0.9%（2019 年为下降 6.3%），约占集团整体收入的 6.4%（2019 年为 6.4%），其中，高档产品“Q · MO”的销售增幅超过 70.0%，占整体纸尿裤销售约 18.9%。纸尿裤毛利率轻微回落至约 39.6%（2019 年：40.5%）。纸尿裤业务的改善得益于集团把握机遇，深入发展高档产品市场及理顺产品组合。

2020 年 9 月，杭州豪悦护理用品股份有限公司正式登陆上海证券交易所主板。公司加大市场开拓、产能提升以及研发投入，婴儿卫生用品继续稳健发展，2020 年婴儿卫生用品营业收入为 16.67 亿元，较 2019 年的 13.63 亿元，同比增长 22.29%。公司根据客户需求以销定产，因业务增加使婴儿卫生用品生产量和销售量分别同比增长 10.83% 和 14.78%。

2020 年，宝洁公司婴儿护理用品销售量在大中华和亚太地区市场出现 1 位百分数的下降，主要是由于市场竞争，货币汇率变化以及我国婴儿出生率下降造成的。

花王妙而舒 Merries 婴儿纸尿裤在日本和我国的销售量均出现下降，同时，在印度尼西亚市场稳步上升。

尤妮佳公司在我国市场推出了 Moony 致皇家高端婴儿纸尿裤，用高附加值的 Moony 系列产品，满足消费者对安全性和高品质的需求，使得公司在我国市场的婴儿纸尿裤销售明显增长。

婴儿纸尿裤、片销售额有明显增长的企业有：福建省莆田市荔城纸业有限公司增长 1 倍多，福建省诺美护理用品有限公司增长 88.6%，贵州卡布国际生物科技有限公司增长 60.3%，广东欧比个人护理用品有限公司增长 50%，雀氏（福建）实业发展有限公司增长 36.5%，桂林洁伶工业有限公司增长 33.7%，杭州可靠护理用品股份有限公司增长 26%，福建利澳纸业有限公司增长 25%，湖南舒比奇生活用品有限公司增长 21.9%，广东邦宝个人护理用品有限公司增长 20%。

3. 成人失禁用品

2020 年，生活用纸委员会统计在册的成人失禁用品生产商 449 家，比 2019 年增加 36 家，领先企业主要分布在北京、河北、辽宁、上海、江苏、浙江、福建、山东等地。本土领先生产商主要：杭州可靠护理用品股份有限公司、恒安国际集团有限公司、杭州千芝雅卫生用品有限公司、杭州珍琦卫生用品有限公司、杭州淑洁卫生用品有限公司、杭州豪悦实业有限公司、北京倍舒特妇幼用品有限公司、苏宁控股集团有限公司、上海亿维实业有限公司、山东爱舒乐卫生用品有限公司、上海唯尔福集团股份有限公司、辽宁汇英般舟医用材料有限公司、永福康卫生用品科技有限公司、莆田荔城纸业有限公司、宁波金洁日用品厂等。国际生产商：维达国际控股有限公司、金佰利公司、尤妮佳公司等。国际性品牌有：添宁、得伴、乐互宜等；全国性品牌有：可靠、安而康；区域性品牌：千芝雅、自由生活、益年康、汇泉、捷护佳、安帕、宝莱、爱舒乐、唯尔福、会好、永福康、佳爽爱康、一把手等。

2020 年，恒安国际集团有限公司“安而康”成人纸尿裤市场渗透率逐渐提高，高端成人纸尿裤产品占比提高，促进集团纸尿裤业务的改善。随着国家更加重视老年护理产业的发展，国内成人健康护理用品这一领域将有更大市场空间。集团会加大力度投放更多资源发展成人健康护理用品，使“安而康”品牌及其产品持续渗透国内市场的同时，提升在东南亚市场的占有率。

杭州豪悦护理用品股份有限公司成人卫生用品（包括女性卫生用品）保持良好的发展，2020 年营业收入为 6.16 亿元，较 2019 年的 5.23 亿元增长 17.84%。公司卫生巾及成人纸尿裤出口业务，因海外疫情、海运费用上涨、原材料涨价、汇率波动等因素影响，使成人卫生用品生产量和销售量同比仅增长 1.33% 和 5.10%。

成人失禁用品销售额增长较多的企业有：上海亿维实业有限公司增长 89.8%，山东爱舒乐卫生用品有限公司增长 44.9%，山东云豪卫生用品股份有限公司增长 41.9%，上海唯尔福集团股份有限公司增长 19.4%，辽宁汇英般舟医用材料有限公司增长 29%，东莞市常兴纸业有限公司增长 18.3%。

4. 宠物卫生用品

2020 年，生活用纸委员会统计在册的宠物卫生用品生产企业共 68 家，比 2019 年增加 7 家，主要分布在天津、河北、辽宁、上海、江苏、浙江、安徽、福建、山东、广东等省市。宠物卫生用品仍以出口为主，2020 年出口额占工厂销售额的 74.6%。

近年来，受我国经济的发展和传统家庭结构的改变等因素影响，宠物饲养者人数逐渐增多。越来越多的国内家庭将感情投注于宠物身上，愿意为宠物进行消费。国内宠物卫生用品生产商逐渐开始布局宠物产业，尽管总体市场规模仍然较小，但仍为未来的一大发展趋势。

5. 擦拭巾

2020 年，生活用纸委员会统计在册的擦拭巾(包括干、湿巾)生产企业 848 家，比 2019 年增加 178 家，主要分布在北京、天津、河北、辽宁、吉林、上海、江苏、浙江、安徽、福建、山东、湖北、广东、重庆等地，但全国性品牌不多，还有很多企业是为国内外客户加工 OEM 产品。

据生活用纸委员会统计，通用型湿巾和婴儿专用湿巾仍是占比最大的类别，其他类别的湿巾占比相对较小。卸妆用湿巾占比显著减小，可能是由于疫情期间人们佩戴口罩，上妆的机会减少，卸妆湿巾的需求也随之减少。而厨房清洁湿巾和厕用湿巾(湿厕纸)占比都有明显增长。由于居家清洁湿巾在用途的划分上界线不明确，所以 2020 年度统计时不再单列。干巾的应用，除了婴儿使用的干巾和代替毛巾的洗脸巾外，厨房场景中干擦拭巾(懒人抹布)搭配厨房湿巾使用，已经被消费者广为接受，地板清洁用的静电擦拭巾也悄然进入了普通家庭，新的用途和应用场景的开发使干巾的占比略有提升，见表 3。

表 3　按用途分类各品类擦拭巾的生产量比例
(以非织造布用量计)　单位：%

品类	2020 年	2019 年
湿巾	94.5	94.7
其中：通用型	35.8	25.4
婴儿专用	34.8	33.3
女性卫生专用	9.4	10.3
卸妆用	4.2	16.1
居家清洁用		5.8
厨房用	6.9	1.6
厕用	3.0	1.9
其他用途	0.4	0.3
干巾	5.5	5.3

2020 年，新冠肺炎疫情的暴发使消毒湿巾、卫生湿巾成了必备的防疫用品。为了解这两类湿巾的市场情况，本年度统计工作特别增加了按产品功能分类的统计方式，表 4 所示为清洁湿巾、卫生湿巾、消毒湿巾的占比情况。可以看出，消毒湿巾在干湿擦拭巾中占比达到 42.0%，占据绝对优势。

表 4　按功能分类各品类擦拭巾的生产量比例
(以非织造布用量计)　单位：%

品类	2020 年
湿巾	94.5
其中：清洁湿巾	28.6
卫生湿巾	23.9
消毒湿巾	42.0
干巾	5.5

三、进出口情况

1. 出口保持增长

2020 年，虽然行业受到疫情影响，吸收性一次性卫生用品出口整体仍呈现良好的增长趋势，出口量保持中高个位百分数增长，达到 94.79 万吨，增速较 2019 年放缓。消费者对个人清洁产品的需求激增，湿巾出口贸易呈现暴发式增长态势，并且出口平均价格一改自 2014 年以来的下降趋势，比 2019 年增长 6.11%。

吸收性一次性卫生用品出口总额占行业总体工厂销售额的 22.9%，与 2019 年持平，据海关总署统计数据(表 5)，2020 年吸收性一次性卫生用品的出口量比 2019 年增长 7.74%，出口额增长 8.14%，出口产品中占比最大的是成人失禁用品(含宠物垫，包括出口商品编码 48189000，96190019 和 96190090)，占总出口量的 53.31%。其次为婴儿纸尿裤产品(出口商品编码 96190011)，占总出口量 35.19%，卫生巾(出口商品编码 96190020)占总出口量的 11.5%。

湿巾出口总额占擦拭巾行业总体工厂销售额的 29.9%，比 2019 年提高 13.1 个百分点。

卫生巾、卫生护垫出口量增长较多的企业有：河南舒莱卫生用品有限公司增长 2 倍多，杭州川田卫生用品有限公司增长 33.3%，康那香企业(上海)有限公司增长 24.0%，福建恒利纸业有限公司增长 22.5%，上海亿维实业有限公司增长 19.8%，漳州市智光纸业有限公司增长 12.2%。

婴儿纸尿裤、片出口量增长较多的企业有：雀氏(福建)实业发展有限公司增长 4 倍多，广东邦宝个人护理用品有限公司增长 1 倍，杭州可靠护理用品股份有限公司增长 40.7%，泉州市盈丰卫生材料有限公司增长 27.2%，浙江珍琦护理用品有限公司增长 18.2%，广东佰分爱卫生用品有限公司增长 17.5%，重庆百亚卫生用品股份有限公司增长 15.1%，百润(中国)有限公司增长 10.9%。

成人失禁用品出口量增长较多的企业有：河北金洁卫生科技有限公司增长 1 倍多，上海亿维实业有限公司增长 82.4%，山东日康卫生用品有限公司增长 75%，浙江英凯莫卫生用品有限公司增长 55.6%。另外，天津市依依卫生用品股份有限公司的宠物卫生用品出口量较大，且有 21.0% 的增长。

海关总署数据显示，2020 年我国吸收性卫生用品出口量排名前 10 位的出口目的地国家和地区依次为：美国、菲律宾、日本、韩国、澳大利亚、越南、俄罗斯、英国、印度、中国香港。出口量排名前 5 位的省市分别为福建、江苏、浙江、天津、山东。

表 5 显示，“商品编号 34011990(湿巾)”一项，出口量比 2019 年大幅上涨 131.42%，出口金额增长 145.56%，均达到了翻倍增长，出口湿巾产品平均价格上涨。湿巾出口量排名前 10 位的出口目的地国家和地区是：美国、澳大利亚、日本、智利、加拿大、英国、秘鲁、菲律宾、丹麦、中国香港。湿巾出口量排名前 5 位的省市分别为浙江、广东、江苏、安徽、上海。

2. 进口明显减少

2020 年吸收性卫生用品总进口量 13.64 万吨，同比下降 27.71%（见表 6），进口总额占行业工厂总销售额的 7.0%，比 2019 年减少 2.9 个百分点，自 2018 年以来持续下降，2018 年、2019 年分别同比下降 16.71% 和 11.10%，其中婴儿纸尿裤进口量和进口额仍然延续了两位数下降。进口产品仍以婴儿纸尿裤为主，占总进口量的 85.38%。进口婴儿纸尿裤产地主要是日本，进口量和进口额分别占婴儿纸尿裤总进口量和进口额的 98.0% 和 97.8%。

表 5　2020 年一次性卫生用品出口情况

商品编号	商品名称	金额/美元	数量/吨	平均价格/(美元/吨)	同比/%		
					金额	数量	平均价格
吸收性卫生用品合计		2698620455	947877.878	2847.01	8.14	7.74	0.37
48189000	纸浆、纸等制的其他家庭、卫生或医院用品	433388398	222272.728	1949.80	5.80	8.65	-2.63
96190011	供婴儿使用的尿裤及尿布，任何材料制	1087484333	333553.140	3260.30	7.43	8.08	-0.60
96190019	其他任何材料制的尿裤及尿布	358409094	158089.664	2267.13	2.75	0.28	2.46
96190020	任何材料制的卫生巾(护垫)及止血塞	521312770	109055.736	4780.24	11.77	3.08	8.43
96190090	任何材料制的尿布衬里及本品目所列货品的类似品	298025860	124906.610	2385.99	15.36	21.06	-4.72
湿巾		979430843	573288.215	1708.44	145.56	131.42	6.11
34011990	湿巾	979430843	573288.215	1708.44	145.56	131.42	6.11

表 6　2020 年一次性卫生用品进口情况

商品编号	商品名称	金额/美元	数量/吨	平均价格/(美元/吨)	同比/%		
					金额	数量	平均价格
吸收性卫生用品合计		826050614	136432.757	6054.64	-23.54	-27.71	5.76
48189000	纸浆、纸等制的其他家庭、卫生或医院用品	22223829	6063.716	3665.05	25.42	28.66	-2.52
96190011	供婴儿使用的尿裤及尿布，任何材料制	621475050	116487.236	5335.13	-29.81	-31.19	2.00
96190019	其他任何材料制的尿裤及尿布	4325889	867.380	4987.31	37.53	-12.42	57.05

续表

商品编号	商品名称	金额/美元	数量/吨	平均价格/(美元/吨)	同比/%		
					金额	数量	平均价格
96190020	任何材料制的卫生巾(护垫)及止血塞	175216707	12315.935	14226.83	5.13	-1.77	7.02
96190090	任何材料制的尿布衬里及本品目所列货品的类似品	2809139	698.490	4021.73	-61.82	-41.35	-34.90
湿巾		22217948	8811.231	2521.55	15.82	10.93	4.41
34011990	湿巾	22217948	8811.231	2521.55	15.82	10.93	4.41

卫生巾类(含卫生棉条)产品进口量近 3 年首次出现下降，同比下降 1.77%。进口的卫生巾类(含卫生棉条)产品主要来自日本、匈牙利、韩国、加拿大、美国等，其中从日本进口最多，进口量和进口额占比分别为 43.2% 和 34.5%。

2020 年湿巾进口量从 2018 年、2019 年的降低转为增长 10.93%。但由于国内擦拭巾行业大幅增长，湿巾进口总额仅占擦拭巾行业工厂总销售额的 0.67%，比 2019 年下降 0.14 个百分点。主要来自印度尼西亚、新加坡、日本、美国、韩国、中国台湾、马来西亚等国家和地区。

四、市场变化和发展特征

2020 年，突如其来的新冠肺炎疫情在全球暴发，给卫生用品行业带来了很大的冲击，扰乱了正常的生产经营秩序。在原材料供应紧张，人员复工困难的情况下，卫生用品行业企业积极响应国家号召，转产口罩等防疫物资，捐款捐物，承担社会责任；疫情防控常态化后，企业边生产边防疫，迅速恢复主业，虽然形势较以往更加艰难，但行业企业仍不断开发新的生产技术，尝试新的零售模式，在这一特殊时期砥砺前行。

1. 卫生用品企业积极响应国家号召，转产医疗防护物资，捐款捐物，支援抗疫，践行社会责任

2020 年，疫情初期，由于医用防护服、防护口罩等医疗防护物资供应紧缺，卫生用品行业企业加速复工复产，投资新建、改建口罩生产线，满足消费者防护需求。同时，防护物资产生的利润也弥补了疫情给企业主业带来的损失，成为新的利润增长点。恒安国际集团有限公司、维达国际控股有限公司、中顺洁柔纸业股份有限公司、广东昱升个人护理用品股份有限公司、杭州豪悦护理用品股份有限公司、杭州千芝雅卫生用品有限公司、爹地宝贝股份有限公司、美佳爽(福建)卫生用品有限公司、稳健医疗用品股份有限公司等 35 家行业企业还获得了医疗器械生产许可证(二类)，可以常态化生产口罩等防护产品，扩充在卫生用品类别中的新版块。卫生用品行业内企业纷纷捐款、捐物，与疫区人民共克时艰。

2. 卫生用品生产企业新投产项目

北京倍舒特科技发展有限公司在天津新建生产基地；露乐集团研发制造基地建成投产，引进多条先进生产线，开启露安适纸尿裤的自主生产之路；湖北舒欣卫生护理用品实业有限公司一期项目于 2020 年 10 月建成投产，共有 5 条自动卫生巾生产线，后续还会增加 2 条；美信集团旗下美心(安徽)卫生用品有限公司开工奠基，公司以卫生巾、纸尿裤为主要产品，总投资 6 亿元。

3. 卫生用品企业加强与上下游企业及科研院所的合作，开展自主研发，推动高质量发展

恒安国际集团有限公司、维达国际控股有限公司、北京倍舒特科技发展有限公司、杭州可靠护理用品有限公司与中国制浆造纸研究院有限公司开展深度合作。另外，中国制浆造纸研究院有限公司还在天然纳米材料、微胶囊技术、抑菌除臭技术、可降解吸收材料、相变控温材料等方面与行业企业保持密切合作；恒安国际集团有限公司与大连瑞光非织造布集团有限公司签订战略合作协议，双方就纺粘非织造布、口罩熔喷布的研究和标准进行战略性合作；广东昱升个人护理用品股份有限公司的 7 项卫生巾、纸尿裤产品技术，被评为“广东省高新技术产品”，积极发挥标杆表率作用，为建立良性的行业生态圈努力；杭州希安达抗菌技术研究所有限公司与军内外相关科研机构合作攻关，开发了“非乙醇抗病毒湿巾”；泰盛科技(集团)股份有限公司与北京倍舒特科技发展有限公司签订战略合作协议，将在生活用纸及卫品行业携手合作，在产品端、品牌端、渠道及产业链等方面进行深入合作；俊富非织造材料有限公司与崇大(香港)实业有限公

司签署战略合作协议，将在现有材料生产的基础上迈入制品代工领域，筑牢综合服务全球客户的坚实基础。

4. 卫生用品企业进入资本市场，寻求资金支持和长期规范发展

6 月 3 日，海纳智能装备国际控股有限公司在香港联交所主板成功上市；7 月 30 日，小护士(天津)科技股份有限公司在全国中小企业股份转让系统挂牌；9 月 11 日，杭州豪悦护理用品股份有限公司正式登陆上海证券交易所主板；9 月 17 日，稳健医疗用品股份有限公司正式登陆创业板；9 月 21 日，重庆百亚卫生用品股份有限公司成功登陆深交所中小板。

5. 产品创新主要集中在性能和使用感受的提升，天然材料和可降解材料仍是关注焦点

卫生巾：追求舒适性，透气、轻薄无感、抑菌、可降解材料的应用是各大品牌创新升级的方向，裤型卫生巾热度不减。

婴儿纸尿裤：透气性、芯体结构是创新升级的重点。

成人失禁用品：更加追求吸收性、祛除异味、护肤、尿显等功能性的提升，医用级有助于开辟特通渠道。轻度失禁用品逐渐进入人们的视野，恒安国际集团有限公司、维达国际控股有限公司、杭州可靠护理用品有限公司、杭州珍琦卫生用品有限公司、稳健医疗用品股份有限公司、北京倍舒特妇幼用品有限公司等企业都推出了轻度失禁护理用品。

擦拭巾：由于疫情防控的需要，消毒杀菌湿巾、卫生湿巾市场需求显著增长，国内企业生产的湿巾不但满足国内的需求还大量出口到海外市场。厕用湿巾仍在持续开发、湿巾产品细分化、天然材料应用增多。由于使用便利，契合年轻消费者的使用习惯，干湿两用棉柔巾和懒人抹布受到青睐。

6. 卫生用品企业积极尝试多种新零售、新营销模式：明星代言、IP 授权、深度开发电商渠道、直播带货

新冠肺炎疫情暴发以后，许多企业无法正常开展线下经营，纷纷顺势从线下转为线上，线上线下互相融合，促进发展。企业通过明星代言合作，扩大产品和品牌的知名度。通过获得经典动画等角色的 IP 授权，使产品吸引更多人的注意。

电商在卫生用品营销中的作用越来越显著，电商渠道的销售占比不断提高。以天猫平台为例，2020 年婴儿纸尿裤销售额增长 15%，擦拭巾销售额增长 60%。各品类的主要品牌也在积极拓展电商渠道，并取得可喜进展。

行业企业与各大电商平台达成了深度合作，越来越多的新品和营销活动都在电商平台上举办。电商平台的各大购物节，如“京东 618”“苏宁 818”“天猫双 11”等也成为卫生用品品牌促销和推出新品的重要节点。

疫情期间，全民宅家生活让短视频和直播迎来快速暴发，越来越多的行业企业在短视频直播中找到了新销路。

生活用纸委员会在“生活用纸和卫生用品云服务”平台上开展 6·30“纸”“卫”新品订货节。

7. 产品升级需求推动原材料企业加快产能布局，改进生产技术

我国消费者对卫生用品安全、健康、舒适、美观等方面的需求不断演变升级，作为行业供应链的重要一环，卫生用品原材料供应商承担着创新的重任。柔软、护肤、抗菌、除臭、美观等附加性能成为原材料增值创新的重点。

同时，消费者对产品安全和环境友好的要求逐渐提高。政府相关机构也出台了限制使用塑料的法令，如：商务部 2020 年 11 月 30 日发布《商务领域一次性塑料制品使用、回收报告办法(试行)》，鼓励和引导减少使用、积极回收塑料袋等一次性塑料制品，推广应用可循环、易回收、可降解的替代产品。2020 年 8 月 20 日，广东省发展改革委、广东省生态环境厅印发《关于进一步加强塑料污染治理的实施意见》的通知，提出了分阶段禁止、限制部分塑料制品的生产、销售和使用的要求。在这些因素的推动下，天然材料和生物基材料正在加速发展。

受到疫情影响，非织造布等原材料的需求大增，医用非织造布材料的需求明显增长。厦门延江新材料股份有限公司、俊富非织造材料有限公司、上海丰格无纺布有限公司、河北维嘉无纺布有限公司、山东恒鹏卫生用品有限公司、江苏锦琪昶新材料有限公司、晋江市兴泰无纺制品有限公司、佛山市联塑万嘉新卫材有限公司、广东一洲新材料科技有限公司、湖南欣瑞生物科技有限公司、温州市特康弹力科技股份有限公司、山东道恩斯维特科技有限公司、山东诺尔生物科技有限公司、佛山市新飞卫生材料有限公司、佛山华韩卫生材料有限公司、福建琦峰科技有限公司、上海嘉好合成材料有限公司、福建省乔东新型材料有限公司等原材料企业通过投资、合并扩大生产规模，并引进先进设备，满足对材料的新要求。

五、绒毛浆和高吸收性树脂等原材料供应情况

1. 绒毛浆

我国吸收性卫生用品行业使用的绒毛浆绝大部分一直是进口，进口国主要是美国，美国国际纸业公司是目前全球最大的绒毛浆供应商。2020 年，我国进口绒毛浆总量在 80 万 ~90 万吨。

由于我国缺少南方松木材原料，所以国产绒毛浆的数量非常少，只有福建腾荣达制浆有限公司以杉木为原料，生产 BCTMP(漂白化学热磨机械浆)绒毛浆，生产能力 4 万吨/年。全球绒毛浆的主要生产商及品牌见表 7。

2020 年，绒毛浆价格总体维持在低位，但预计从 2021 年年初开始，受造纸商品浆市场大环境的影响，绒毛浆价格开始明显上涨，后市走势仍需继续观察。

表 7　全球绒毛浆的主要生产商及品牌

国家	序号	公司名称	品牌
美国	1	美国国际纸业公司(International Paper)	超柔(Supersoft)
	2	乔治亚—太平洋公司(GP Cellulose)	金岛(Golden Isles)
	3	灯塔亚洲有限公司(Domtar)	灯塔(Lighthouse)
	4	WestRock Company 公司	石头(Stone)
	5	美国 Resolute Forest Products 公司	宝水(Bowater)
	6	瑞安先进材料有限公司(Rayonier)	白玉(Rayfloc)
芬兰	7	芬兰斯道拉恩索公司(Stora Enso)	女神(Stora Prime)
巴西	8	巴西 Klabin 公司	原料：南方松
	9	巴西 Suzano 公司	桉木绒毛浆(硫酸盐浆)
中国	10	福建腾荣达制浆有限公司	杉木 BCTMP 绒毛浆

2. 高吸收性树脂

2020 年，生活用纸委员会统计到的我国大陆地区包括外商独资企业在内的高吸收性树脂生产商的生产能力约为 125.8 万吨/年(见表 8)。浙江卫星新材料科技有限公司新增 3 万吨/年产能，总产能达到 12 万吨/年。万华化学集团股份有限公司通过技改提升单线产能，使总产能达到 8 万吨/年。宜兴丹森科技有限公司通过技改减少无效产能 2 万吨/年，目前的总产能为 21 万吨/年。

未来发展规划方面，浙江卫星新材料科技有限公司计划 2021 年再建 1 条 3 万吨/年的新生产线，唐山博亚树脂有限公司新增 4 万吨/年产能项目已通过环评。

一直以来，国内高吸收性树脂行业都存在产能过剩问题，2020 年又受到新冠肺炎疫情的影响，市场竞争更加激烈。同时，高吸收性树脂的价格也受到上游化工原料价格波动的影响，1—4 月价格上涨，5—10 月价格持续回落，11—12 月又有所回调，全年来看，高吸收性树脂的平均价格与 2019 年总体持平。

表 8　2020 年我国大陆地区主要的高吸收性树脂生产商

序号	公司名称	生产能力/(万吨/年)
1	三大雅精细化学品(南通)有限公司	23
2	宜兴丹森科技有限公司	21
3	山东诺尔生物科技有限公司	20
4	浙江卫星新材料科技有限公司	12
5	邦丽达(福建)新材料股份有限公司	11.5
6	台塑吸水树脂(宁波)有限公司	9
7	万华化学集团股份有限公司	8
8	扬子石化—巴斯夫有限责任公司	6
9	江苏斯尔邦石化有限公司	3.6
10	日触化工(张家港)有限公司	3
11	上海华谊丙烯酸有限公司	3
12	珠海得米新材料有限公司	2.5
13	济南昊月吸水材料有限公司	2.2
14	唐山博亚树脂有限公司	1

六、卫生用品设备行业发展情况

1. 设备的智能化、精度和定制化水平不断提高

卫生用品生产及包装设备朝智能化迈进，互联网+技术深入普及应用。国内供应商自主创新设备，优化设备精度，满足不同市场需求，并进行定制化设计，满足客户个性化需求理念。疫情期间，卫品设备企业为响应政府号召，勇于担当，迅速转产制造口罩机及配件，为及时、有效防控疫情保驾护航。

由于上半年疫情期间的需求，设备制造商以口罩设备供应较多，原有的卫生用品设备供应相应减缓。下半年开始，卫生用品生产线逐渐恢复正常供货，设备制造商配合企业客户研发新的设备性能。湿巾设备中，消毒和卫生湿巾设备需求呈现井喷式增长。

根据海关总署统计数据，2020 年，编码为 84418090 的设备类(包括卫生纸机、卫生纸加工设备、卫生巾设备、婴儿/成人纸尿裤设备、湿巾设备等)的进口数量为 366 台，进口金额为 21457821 美元，同比分别增长 10.91% 和 21.02%。出口数量为 46817 台，出口金额为 286340232 美元，同比分别下降 42.84% 和 17.12%。

2. 国产设备在国际市场上的竞争力不断提升

国产卫生用品设备和湿巾设备在国际市场上的竞争力不断提高，除亚洲市场外，还远销到欧洲、非洲、北美洲、南美洲的众多国家和地区。其中“一带一路”国家成为重要的出口市场，主要包括：印度尼西亚、泰国、越南、土耳其、叙利亚、埃及、印度、巴基斯坦、乌兹别克斯坦、俄罗斯、白俄罗斯等。同时，印度尼西亚和泰国还是《区域全面经济伙伴关系协定》(RCEP)的成员国。2020 年统计到的设备企业共出口卫生用品生产线(设备) 179 条(台)，其中卫生巾、经期裤、护垫生产线 22 条，婴儿纸尿裤、片生产线 49 条，成人失禁用品生产线 11 条，湿巾设备 44 台，口罩设备 53 台。

3. 新投产内裤式纸尿裤生产线明显增多

2020 年，内裤式婴儿纸尿裤市场份额继续扩大，在统计涵盖的企业中，婴儿纸尿裤的销售量中内裤式占比达到 35.6%，比 2019 年增长 5.4 个百分点，且增长率远高于纸尿裤行业平均增长水平。内裤式婴儿纸尿裤的主要生产企业集中在广东、福建、浙江和湖南等地区，参加统计的企业中，2020—2021 年新建和计划新建内裤式婴儿纸尿裤生产线共计 34 条。大部分为国产设备，进口生产线只有 3 条，国产设备水平已经进入国际先进行列。

成人纸尿裤的销售量中内裤式占比为 18.5%，仍以胶贴式为主。内裤式成人纸尿裤的主要生产企业集中在河北、上海、江苏、浙江、福建、江西、山东和贵州等地区，参加统计的企业中，2020—2021 年新建和计划新建内裤式成人纸尿裤生产线共计 12 条。

七、国家标准体系不断完善，为行业发展保驾护航

2020 年，随着新品类的不断涌现和产品细分，有关国家标准逐步完善。这些国家标准的制修订，将更好地规范产品生产，引导行业健康发展。卫生用品行业相关标准的制修订情况见表 9。

表 9 卫生用品行业相关标准的制修订情况

完成情况	标准名称	标准号	归口单位	实施/发布时间
已发布实施	《卫生巾(护垫)》英文版	GB/T 8939—2018E	全国造纸工业标准化技术委员会	2020-06-24 发布
	《女性卫生裤》	GB/T 39391—2020		2021-06-01 实施
	《一次性纸制品降解性能评价方法》	GB/T 39951—2021		2021-10-01 实施
	《绒毛浆》	GB/T 21331—2021		2022-04-01 实施
	《纸尿裤 第 2 部分：成人纸尿裤》	GB/T 28004.2—2021		2022-04-01 实施
	《儿童口罩技术规范》	GB/T 38880—2020	全国纺织品标准化技术委员会	2020-05-06 实施
	《面膜用竹炭粘胶纤维非织造布》	FZ/T 64079—2020	全国纺织品标准化技术委员会产业用纺织品分技术委员会	2020-10-01 实施
	《消毒产品标签说明书通用要求》	GB38598—2020	中华人民共和国国家卫生健康委员会	2021-12-01 实施

续表

完成情况	标准名称	标准号	归口单位	实施/发布时间
正在制定	《卫生棉条》	20183124-T-607	全国造纸工业标准化技术委员会	
	《干湿两用纸巾》	2020-1301T-QB		
	《宠物尿垫(裤)》	2021-0471T-QB		
正在修订	《湿巾》	原 GB/T 27728—2011		
	《婴童湿巾》	原 GB/T 27728—2011		
	《湿巾及类似用途产品 第 3 部分：消毒湿巾专用要求》	原 GB/T 27728—2011		
	《一次性卫生用品用面层》	原 GB/T 30133—2013		
	《卫生用品用吸水衬纸》	原 QB/T 4508—2013		
	《一次性使用卫生用品卫生要求》	原 GB 15979—2002	中华人民共和国国家卫生健康委员会	
完成上报	《吸收性卫生用纸制品 生产过程质量安全状态监测与评价指南》	国家标准	全国造纸工业标准化技术委员会	
	《纸尿裤 第 1 部分：婴儿纸尿裤》	原 GB/T 28004—2011		
	《一次性纸制卫生用品用复合吸收芯体》	行业标准		
	《婴童用纸品基本安全技术规范》	国家标准	中华人民共和国工业和信息化部	

八、市场展望

我国卫生用品行业持续增长，吸收性卫生用品(包括女性卫生用品、婴儿纸尿裤/片和成人失禁用品)市场规模从 2015 年的 800.8 亿元，增长到 2020 年的 1214.0 亿元，复合年均增长率达到 8.7%。擦拭巾市场规模从 2017 年的 82.1 亿元，增长到 2020 年的 224.6 亿元，复合年均增长率达到 39.9%。预计未来行业仍将保持增长态势，但增速放缓。卫生用品行业企业除了满足国内市场的需求外，还努力开拓海外市场，在消化过剩产能的同时，努力减缓国内市场压力。

2020 年 11 月 15 日，《区域全面经济伙伴关系协定》(RCEP)正式签署，成员国包括东盟 10 国：文莱、柬埔寨、印度尼西亚、老挝、马来西亚、缅甸、菲律宾、新加坡、泰国、越南，以及中国、日本、韩国、澳大利亚、新西兰，共 15 个国家。此前，中国已经与东盟 10 国组建了自由贸易区，中国-东盟自贸区零关税已经覆盖了双方 90% 以上的税目产品。有关专家表示，RCEP 谈判无疑会在降低关税壁垒方面迈出更大步伐，未来不排除 95% 甚至更多税目产品被纳入零关税范围。

2020 年，我国吸收性卫生用品出口额占工厂销售额的 22.9%，排名前 10 位出口目的地国家和地区中有 5 个是 RCEP 成员国，即菲律宾、日本、韩国、澳大利亚和越南。RCEP 的签署将给外贸企业带来更大的市场空间，是一次重大政策利好。

1. 女性卫生用品

我国是全球最大的女性卫生护理用品市场，2017—2020 年，我国女性卫生用品市场规模从 527.4 亿元提升至 613.0 亿元，复合年均增长率达 5.1%。预计，随着我国女性健康护理意识和消费能力不断提升，卫生巾高端化、个性化，经期裤、迷你巾等品类的普及，以及卫生棉条初步认知的范围逐步扩大、仍将继续促进市场规模的扩大。

2020 年新冠肺炎疫情期间，女性医护人员奋斗在抗疫第一线，由于当时防护服紧缺，致使她们经期不能及时更换卫生巾，行业企业捐赠的经期裤解决了她们的燃眉之急，同时，也让经期裤这款产品走进了大众的视野。2020 年经期裤市场高速增长，预计未来几年这一增长势头仍将保持。

我国女性消费者教育水平、社会地位和消费能力的提升，使消费观念和消费习惯不断发生变化，越来越注重产品品质，对功能性、材料安全性、产品体验感的要求越来越高，有利于推动女性卫生用品的消费升级。各种高端、超高端的新品，只要能解决消费者的痛点，都会获得追捧。近年来主攻中高端市场的新兴卫生巾品牌在互联网和高端线下超市的加持下都有不错的表现，未来中高端卫生巾的消费比例将持续提升。

海外疫情严重，许多白领都不再海淘境外卫生巾，国产品牌应抓住机遇，加强推广，巩固在中高端市场的地位。此外，90后和00后等新生代的消费群体，对于新鲜事物的接受程度更高，她们不会盲目崇拜进口品牌，国潮精品更容易受到青睐。而且她们对于价格不敏感，更注重颜值，针对年轻群体的个性化包装设计和独具特色的品牌口号，将助力品牌获得成功。

适龄女性（15～49岁）人口数量连年下降，这对卫生巾市场的发展是一个负面影响因素，但是我们应该看到，在偏远乡镇农村地区，仍有女生用不起卫生巾，甚至还有女生没穿过内裤。我国社会福利基金会爱小丫基金就曾经在甘南藏族自治州、临夏回族自治州、宁夏回族自治区、云南省、重庆市、黑龙江省等10余个地区开展“女生加油计划”，为贫困地区女生发放内衣裤与生理卫生用品，帮助她们健康成长。我国地域辽阔，消费水平参差不齐，发达地区消费升级高端化需求存在，偏远农村地区最基本的需求也存在，下沉市场的开发也许是未来卫生巾市场增长的引擎之一。

2. 婴儿纸尿裤、片

本报告编写时国家统计局尚未公布2020年出生人口数，但根据公安部发布的消息，2020年出生并已到公安机关进行户籍登记的新生儿人数为1003.5万人，比2019年1179万人下降15%（考虑到因各种原因未及时到公安部户籍部门登记，实际新生儿人数可能略高于公安部发布数据）。

据生活用纸委员会估算，2020年0～2岁婴儿人数约为2669万人，比2019年减少319万人（2019年比2018年减少258万人），且预计未来几年，育龄女性人数下降以及出生人口减少的趋势仍将延续，这对婴儿纸尿裤、片市场是一个非常不利的影响因素。

2020年，我国城镇化进程继续加快，年末常住人口城镇化率超过60%。农村居民人均可支配收入17131元，比2019年增长6.9%，扣除价格因素，实际增长3.8%。脱贫攻坚战取得胜利，贫困地区农村居民人均可支配收入12588元，比2019年增长8.8%，扣除价格因素，实际增长5.6%。城镇化的推进和农村居民人均可支配收入的提高将进一步提升婴儿纸尿裤、片在下沉市场中的渗透率，促进整体的消费升级。

以上是宏观因素可能对婴儿纸尿裤、片市场产生的影响。回顾2020年婴儿纸尿裤、片行业，阶段性产能过剩、产品同质化、低端价格战等问题依然严峻，再加上突然暴发的新冠肺炎疫情，更暴露出行业供应链建设和管理方面存在严重短板，亟待提升和完善。

婴儿纸尿裤、片的市场需求方面已经显现出两极分化的趋势。高消费人群追求大品牌，关注品质提升和健康、安全、亲肤、环保等特性。而消费能力较弱的人群，尤其是受到疫情影响收入减少的人群，不得不降级消费，在保证基本性能的同时追求低价，这从不断涌现出的网络爆款可见一斑。

面对不利的宏观因素和复杂的市场需求，行业企业只有选择适合自己的道路才能在竞争中生存与发展。头部企业研发实力强，产品更新换代快，具有核心竞争力，并且具有资本优势和供应链优势，市场将逐步扩张，从经济发达地区进一步渗透到下沉市场，抢占广大的二、三线城市和农村市场。那些实实在在做产品的区域性品牌，凭借在当地市场积累的影响力和知名度，充分利用互联网的力量，实现线上线下渠道相结合，将有机会走向更广阔的市场，发展成为全国性品牌。而走低端路线和靠价格战的小品牌生存越发艰难，将在行业洗牌中逐渐被淘汰。

3. 成人失禁用品

2020年6月11日，中国发展研究基金会发布《中国发展报告2020：中国人口老龄化的发展趋势和政策》，我国人口老龄化程度正持续加深，老龄化趋势不可逆转。报告预测，到2025年，我国65岁及以上的老年人口将超过2亿人。2050年，我国老年人口将接近4亿人。国务院2017年发布的《“十三五”国家老龄事业发展和养老体系建设规划》中曾预计，到2020年，全国60岁以上老年人口将增加到2.55亿人左右。我国社会老龄化趋势十分严峻，同时也为成人失禁用品提供了广阔的市场。

2020年，我国全年人均GDP继续提升，达72447元（约合10499美元），比2019年增长2.0%，完全满足形成相当规模的失禁用品消费群体的必要条件，即人均GDP达到8000～10000美元，为成人失禁用品市场的发展提供了经济基础。

2019年12月31日，工业和信息化部、民政部、国家卫生健康委、国家市场监督管理总局、全国老龄工作委员会办公室联合印发了《关于促进老年用品产业发展的指导意见》，要求实施创新驱动发展战略，培育龙头骨干企业，激发产业发展内生动力，丰富产品品种、提升产品品质、创建产品品牌，深化互联网、大数据、人工智能、5G 等信息技术与老年用品产业融合发展，逐步构建完善的老年用品产业体系，增强适应老龄化社会的产业供给能力，不断满足老年人多样化、多层次消费需求。《意见》提出到 2025 年的发展目标：老年用品产业总体规模超过 5 万亿元，形成技术、产品、服务和应用协调发展的良好格局。

为贯彻落实党中央、国务院关于加快发展养老服务业的一系列决策部署，2020 年 12 月 3 日，住房城乡建设部、国家发展改革委、民政部、国家卫生健康委、国家医疗保障局、全国老龄办等六部门发布《关于推动物业服务企业发展居家社区养老服务的意见》，推行"物业服务 + 养老服务"居家社区养老模式，丰富居家社区养老服务内容，积极推进智慧居家社区养老服务。这一系列的决策部署和指导意见为成人失禁用品行业的发展提供了政策保障。

一直以来，产品认知度、消费心理和收入水平都是制约成人失禁用品发展的重要因素。近两年，在生活用纸委员会和各大品牌商的共同努力下，人们的消费观念已有所转变，对于成人失禁用品的接受度逐步提升。特别是 2020 年新冠肺炎疫情暴发初期，生活用纸委员会组织行业企业向抗疫一线的医护人员捐赠成人纸尿裤，后期又举办成人纸尿裤科普活动，更详细地介绍了轻度、中度、重度失禁的护理用品，大大提高了产品的认知度。

综合以上种种有利因素，市场基础、经济基础、政策保障、产品认知度都已具备，预测成人失禁用品市场将迎来高速增长期。

4. 擦拭巾

国内湿巾市场仍以婴儿用湿巾、通用型湿巾为主，厕用湿巾、厨房湿巾增长较快，疫情之后，消毒湿巾、卫生湿巾成为必备的防护用品。随着我国居民可支配收入逐年提高，中产阶级群体不断壮大，这一增长趋势将继续保持，但是，随着出生人口的逐年下降，预计婴儿湿巾增速将逐渐放缓。

无论是湿巾还是干巾，都是为了满足人们追求生活舒适、便捷、轻松的需求，随着 90 后、00 后逐渐成为消费的主力军，他们的消费观念更前卫，更容易接受新产品。未来，手机、电脑等电子产品消毒湿巾，擦鞋湿巾，地板清洁湿巾和地板静电干擦拭巾，医疗保健机构用的消毒擦拭巾，老年人护理湿巾等差异化、功能性产品需求将越来越多。正因看到良好的发展前景，很多企业涌入，使得市场上擦拭巾产品良莠不齐，可以预见未来的竞争将更加激烈。

2020 年的新冠肺炎疫情使消毒湿巾和卫生湿巾的生产和消费大幅增长，但随着疫情不断得到控制，湿巾的需求也将回归常态。疫情期间迅速扩张的产能必然会造成行业阶段性产能过剩、价格恶性竞争。

目前，湿巾行业还处在初级竞争阶段，品牌集中度不高，绝对优势的领导品牌还未形成，加之疫情唤醒了消费者的意识，可以预见湿巾市场将迎来强势增长，这对广大的湿巾企业来说无疑是一个机遇。生活用纸委员会看到了这个机遇，及时举办了开学季湿巾科普活动，希望引导消费，推动湿巾行业的发展。未来湿巾生产企业将研发更多功能性、差异化湿巾产品，满足消费者的个性化需求。

作为企业来说，要理性地看待未来市场，要加大研发和创新投入，细分品类的差异化产品以及可靠的产品品质才是市场增长的动力，才能避免低级的价格战。同时企业更应注重湿巾原料的天然、环保，以及湿巾药液的安全性，要正确引导消费者，才能推动整个湿巾行业的可持续发展。

湿巾、干巾用量越来越多，废弃物处理引发关注，随着国家和各级地方政府纷纷发布限塑令，政策监管趋于严格，开发可降解材料和制定可行的废弃物处理方案迫在眉睫。

5. 行业面临的问题及思考

2020 年新冠肺炎疫情肆虐，卫生用品行业企业积极复工复产，边生产边防疫，迅速恢复主业，在百年不遇的灾难中，仍然使行业保持增长，交出了亮丽的答卷。但是，这次的疫情也暴露出卫生用品产业供应链存在的问题和短板，未来的经营中，行业企业应思考如何建立有效的统筹和决策机制、建立风险管控和预警机制、与供应链上下游企业建立战略合作机制，以及如何遵守契约精神，诚信经营，重塑一个具有核心竞争力的、稳定的产业供应链。

卫生用品企业面临行业洗牌和产业升级加速的新形势，需要致力于提升企业核心竞争力，包括研发能力、产品及工艺创新能力、全方位的管理能力、倡导共同价值观的能力等等，只有不断完善自我，适应新的形势，跟上时代的步伐，才能实现可持续发展。

（孙　静　邢婉娜　王　娟　曹宝萍　张玉兰）

2020 年我国包装纸板发展概况

Development Overview of Packaging Paperboard Industry in China in 2020

2020 年我国包装纸板三大纸种，白纸板、箱纸板、瓦楞原纸的生产量和消费量都比 2019 年度有较大增长，行业集中度进一步提高，受原材料价格的影响包装纸板产品价格从年中逐步上升，主导企业有计划新增扩建产能，包装纸板行业发展稳定。

一、包装纸板市场现状

1. 包装纸板的生产量、消费量及进出口量

据中国造纸协会《中国造纸工业 2020 年度报告》资料，近 10 年我国包装纸板（白纸板、箱纸板和瓦楞原纸）的生产量、消费量及进出口量见表 1。

2. 包装纸板的比例

2020 年包装纸板的生产量和消费量占纸及纸板总生产量及总消费量的比例分别为 56.13% 和 59.07%，比 2019 年分别增长了 2.06% 和 2.51%，见表 2 和图 1。包装纸板的生产量和消费量占纸及纸板总生产量及总消费量的比例在逐年提升，使用范围也越来越广。其中白纸板、箱纸板和瓦楞原纸的生产量占纸及纸板总生产量的比例分别为 13.23%、21.67% 和 21.23%，消费量占纸及纸板总消费量的比例分别为 11.61%、23.99% 和 23.47%。

表 1 2011—2020 年包装纸板的生产量、消费量及进出口量 单位：万吨

产品名称		2011 年	2012 年	2013 年	2014 年	2015 年	2016 年	2017 年	2018 年	2019 年	2020 年
生产量	箱纸板	1990	2080	2040	2180	2245	2305	2385	2145	2190	2440
	瓦楞原纸	1980	2020	2015	2155	2225	2270	2335	2105	2220	2390
	白纸板	1340	1390	1360	1395	1400	1405	1430	1335	1410	1490
消费量	箱纸板	2073	2157	2106	2240	2297	2364	2510	2345	2403	2837
	瓦楞原纸	1991	2027	2013	2152	2228	2271	2396	2213	2374	2776
	白纸板	1322	1379	1310	1301	1299	1265	1299	1219	1277	1373
进口量	箱纸板	93	84	83	86	84	94	137	207	220	404
	瓦楞原纸	17	14	7	5	9	8	65	111	156	389
	白纸板	79	72	66	64	61	58	62	54	52	53
出口量	箱纸板	10	7	17	26	32	35	12	7	7	7
	瓦楞原纸	6	7	9	8	6	7	4	3	2	3
	白纸板	97	83	116	158	162	198	193	170	185	170

表 2 包装纸板的生产量和消费量占纸及纸板总生产量及总消费量的比例 单位：万吨

年份	生产量		占比/%	消费量		占比/%
	纸及纸板总量	包装纸板		纸及纸板总量	包装纸板	
2011	9930	5310	53.47	9752	5386	55.23
2012	10250	5490	53.56	10048	5563	55.36

续表

年份	生产量		占比/%	消费量		占比/%
	纸及纸板总量	包装纸板		纸及纸板总量	包装纸板	
2013	10110	5415	53.56	9782	5429	55.50
2014	10470	5730	54.73	10071	5693	56.53
2015	10710	5870	54.80	10352	5824	56.26
2016	10855	5980	55.09	10419	5900	56.63
2017	11130	6150	55.26	10897	6205	56.94
2018	10435	5585	53.52	10439	5777	55.34
2019	10765	5820	54.07	10704	6054	56.56
2020	11260	6320	56.13	11827	6986	59.07

表 3　　造纸企业行业集中度　　单位：%

序号	2009 年生产量比例		2012 年生产量比例		2015 年生产量比例		2018 年生产量比例		2020 年生产量比例	
1	玖龙纸业	7.55	玖龙纸业	10.2	玖龙纸业	11.8	玖龙纸业	13.36	玖龙纸业	14.34
2	理文纸业	4.11	理文纸业	4.04	理文纸业	4.85	理文纸业	5.4	理文纸业	5.60
3	晨鸣纸业	3.47	晨鸣纸业	3.88	晨鸣纸业	3.9	山鹰纸业	4.42	晨鸣纸业	5.12
4	金东纸业	2.65	华泰纸业	2.63	太阳纸业	2.93	太阳纸业	4.41	太阳纸业	4.87
5	太阳纸业	2.55	太阳纸业	2.62	华泰纸业	2.88	晨鸣纸业	4.38	山鹰纸业	4.38
6	华泰纸业	1.79	金东纸业	1.99	山鹰纸业	2.75	华泰纸业	3.01	华泰纸业	2.79
7	宁波中华	1.71	中国纸业	1.9	联盛纸业	2.27	中国纸业	2.78	博汇纸业	2.73
8	金海浆纸	1.3	宁波中华	1.52	金东纸业	1.9	宁波中华	2.42	中国纸业	2.40
9	中冶纸业	1.16	吉安纸业	1.28	宁波中华	1.86	荣成纸业	2.12	宁波中华	2.33
10	泰格林纸	1.09	荣成纸业	1.08	中国纸业	1.64	金东纸业	1.83	荣成纸业	2.07
CR4	17.78		20.75		23.48		27.59		29.93	
CR8	25.13		28.78		33.28		40.18		42.23	

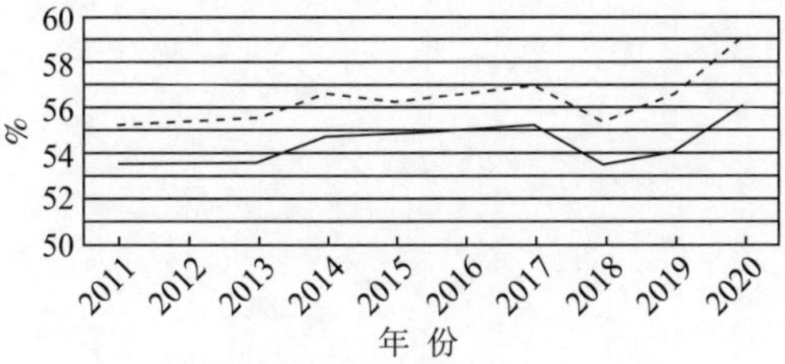

图1　包装纸板占纸及纸板总消费量和总生产量的比例

— 包装纸板占纸及纸板总生产量的比例
--- 包装纸板占纸及纸板总消费量的比例

二、包装纸板主要生产企业产能和行业集中度

据中国造纸协会调查资料，2020 年全国规模以上纸及纸板生产企业约 2500 家，重点造纸企业生产量前 30 名企业总生产量约 7777.89 万吨，占 2020 年全国总生产量 11260 万吨的 69.08%，比 2019 年的 68.15% 提高了近 1%。近 10 年造纸企业行业集中度见表 3 和图 2，可见造纸行业集中度 CR4 从 2009 年的 17.78% 提高到 2020 年的 29.93%，提高了 12%；CR8 从 2009 年的 25.13% 提高到 2020 年的 42.23%，提高了 17%；行业集中度在不断提高，有利于解决制约行业发展的原料及环保等问题。

在包装纸板方面，从表 4 和表 5 主要生产企业的产能可以看出包装纸板排名前 3 的生产企业生产量约 2820 万吨，占包装纸板生产量 6320 万吨的 44.62%，与 2019 年基本持平。包装纸板产能在不断扩大，集中度也在不断提高。

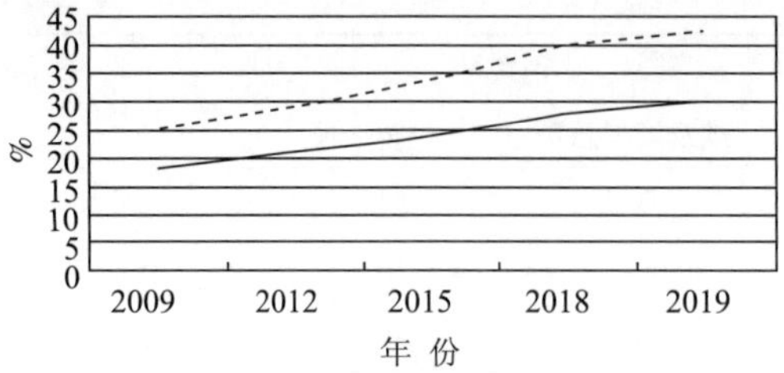

图2 造纸企业行业集中度

— CR4 ---CR8

1. 白纸板(主要为涂布白纸板、白卡纸)

涂布白纸板、白卡纸主要生产企业的产能和项目建设情况见表4。

表4中，白纸板的主要生产企业拥有约1962万吨产能(其中白卡纸产能约为1300万吨)，超过了全国白纸板1490万吨的总生产量。加上2021—2022年增加设计产能740万吨，受政策影响2021年白纸板将关停100万吨、搬迁约67万吨产能，白纸板企业将拥有约2500万吨的产能。同时未来还有计划投资白纸板的产能约1200万吨。

从表4可见，我国白纸板前4家生产企业的产能约为1228万吨，约占白纸板总产能的63%；前8家生产企业的产能为1479万吨，约占白纸板总产能的75%。我国白纸板是集中度较高的纸种，特别是其中的白卡纸前4家生产企业的产能占白卡纸总产能近80%，成为集中度最高的纸种。

表4　涂布白纸板、白卡纸主要生产企业的产能和项目建设情况　单位：万吨/年

序号	生产企业	2020年涂布白纸板/白卡纸实际产能	2021年计划新增设计产能	2022年计划新增设计产能	2023年计划新增设计产能
1	东莞玖龙纸业有限公司	260		120	
2	宁波中华纸业有限公司(含亚洲浆纸)	233			150
3	博汇纸业股份有限公司	290		100	
4	山东晨鸣纸业集团股份有限公司	205			258
5	山东太阳纸业股份有限公司	140	90		
6	广西金桂浆纸业有限公司	100	100		100
7	东莞建晖纸业有限公司	66			60
8	广东理文造纸有限公司(洪梅)	65			160
9	珠海经济特区红塔仁恒纸业有限公司	60			—
10	联盛纸业(龙海)有限公司	60		100	100
11	亚太森博(山东)浆纸有限公司	53			200
12	斯道拉恩索(广西)浆纸有限公司	45			—
13	佛山华丰纸业有限公司	30			—
14	新乡新亚纸业集团股份有限公司	40			50
15	四川宜宾纸业股份有限公司	30			—
16	江门星辉造纸有限公司	30			—
17	湖北拍马纸业集团	55			—
18	江西五星纸业有限公司	20	30		
19	湖北长江汇丰纸业有限公司	30		20	
20	山东丰硕纸业有限公司	35			
21	仙鹤股份有限公司			30	100
22	山东德州泰鼎新材料科技有限公司			40	
23	其他	115		110	60
	合计	1962	220	520	1238

2. 箱纸板和瓦楞原纸

箱纸板和瓦楞原纸主要生产企业的产能和项目建设情况见表5。箱纸板和瓦楞原纸主要生产企业拥有约6307万吨产能，超过了全国箱纸板和瓦楞原纸合计4830万吨的总生产量。加上2021—2022年增加设计产能1495万吨，箱纸板和瓦楞原纸的主要生产企业将拥有7852万吨的产能。同时还有已列入计划的产能约550万吨。我国箱纸板和瓦楞原纸前4的生产企业生产量约2790万吨，约占箱纸板和瓦楞原纸总产能的44%；前8家生产企业的产能为3486万吨，约占箱纸板和瓦楞原纸总产能的55%。箱纸板和瓦楞原纸的龙头企业产能不断集中，会加速落后产能的淘汰，集中度将进一步提高。

中国企业在海外的投资中(见表6)，已投产箱纸板和瓦楞原纸315万吨，计划建设585万吨，合计产能约900万吨，在海外的产能大部分产品也是回到国内销售的。所以，包装纸板主要生产企业的产能已超过了全国箱纸板和瓦楞原纸总生产量，市场将呈现供过于求的状态。

表5　　主要生产箱纸板和瓦楞原纸的企业和项目建设情况　　单位：万吨/年

序号	生产企业	2020年实际产能	预计2021年增加设计产能	预计2022年增加设计产能	预计2023年增加设计产能
1	玖龙纸业(控股)有限公司	1360		340	
2	理文造纸有限公司	535			—
3	安徽山鹰纸业股份有限公司	600		207	
4	荣成纸业股份有限公司	295			35
5	浙江景兴纸业股份有限公司	136		30	
6	金凤凰纸业(孝感)有限公司	136			80
7	山东昌乐世纪阳光纸业有限公司	175	40		
8	山东太阳宏河纸业有限公司	160			
9	联盛纸业(龙海)有限公司	195			
10	广州万利达纸业有限公司	100			—
11	永丰余造纸有限公司	95			—
12	山东博汇纸业股份有限公司	190			
13	山东邹平天地缘纸业有限公司	75			—
14	东莞市金田纸业有限公司	60			100
15	东莞金洲纸业有限公司	128			—
16	东莞建晖纸业有限公司	40			120
17	白山市琦祥纸业有限公司	60		50	
18	山东华泰纸业股份有限公司	75			—
19	江苏长丰造纸有限公司	30			—
20	福建省青山纸业股份有限公司	30			—
21	山东晨鸣纸业集团股份有限公司	35			—
22	河南省龙源纸业股份有限公司	75			—
23	正业国际控股有限公司(中山联合鸿兴造纸有限公司+中山永发纸业有限公司)	80			—
24	山东德州泰鼎新材料科技有限公司	38			—
25	湖北盛大纸业有限公司	30			—
26	黑龙江龙兴纸业有限公司	50			—

续表

序号	生产企业	2020 年实际产能	预计 2021 年增加设计产能	预计 2022 年增加设计产能	预计 2023 年增加设计产能
27	江西省芦林纸业股份有限公司	45			
28	江苏誉凯实业有限公司	30			—
29	甘肃鸿安纸业有限公司	30			—
30	内蒙古天浩纸业有限公司	35			—
31	河北省唐山市玉田县顺发实业有限公司	45			—
32	湖北金装科技再生资源有限公司	30		20	—
33	佳木斯市龙德纸业有限公司	45	50	50	
34	贵州鹏昇(集团)纸业有限责任公司	60			
35	辽宁兴东纸业有限公司	40			30
36	远通纸业(山东)有限公司	40		30	
37	东莞骏业纸业有限公司	50			—
38	辽宁荣耀纸业科技有限公司	—		50	
39	河北永新纸业有限公司	50			—
40	安徽萧县林平纸业有限公司	120			
41	浙江台州森林造纸有限公司	40			—
42	浙江金龙纸业有限公司	60			30
43	江西柯美纸业有限公司	30		20	
44	徐州市中兴纸业有限公司	46			
45	浙江华川集团有限公司(义南纸业)	65			—
46	鞍山永安包装工业有限公司	30			
47	威海龙港纸业有限公司	45			
48	山西强伟纸业有限公司	43		30	
49	广东江门市桥裕纸业有限公司	40			60
50	江门市明星纸业有限公司	40			
51	霸州市华通纸业有限公司	30			
52	唐山市冀滦纸业有限公司	30			
53	浙江荣晟环保纸业股份有限公司	60			
54	山西华天基纸业有限公司	30			
55	其他	315	35	543	95
	合计	6307	125	1370	550

三、包装纸板的市场行情

1. 包装纸板的价格趋势

根据公开资料整理，2020 年包装纸板的产品均价走势见图 3 ~ 图 6。2020 年白板纸均价约 4282 元/吨，较 2019 年的 4113 元/吨上涨 169 元/吨，同比增长 4. 10%；其中白卡纸均价约 6120 元/吨，较 2019 年的 5304 元/吨上涨 816 元/吨，同比增长 15. 40%。箱纸板均价 4283 元/吨，较 2019 年的 4182 元/吨上涨 101 元/吨，同比增长 2. 4%。瓦楞原纸均价 3545 元/吨，较 2019 年的 3329 元/吨上涨 216 元/吨，同比增长 6. 5%。

表 6　　主要生产企业海外投资的包装纸板和再生浆项目建设情况　　单位：万吨/年

序号	生产企业	投资国家	箱纸板和瓦楞原纸 已投产	箱纸板和瓦楞原纸 计划	再生浆 已投产	再生浆 计划	涂布白纸板 已投产	涂布白纸板 计划	备注
1	理文造纸有限公司	马来西亚	130	60	95				
		越南	55	55					
		缅甸			40				
					34				在缅甸采购再生浆
2	玖龙纸业（控股）有限公司	马来西亚		90	48	60			
		越南	50	120					
		美国			21.8	56			
3	浙江新胜大控股集团有限公司	马来西亚						210	
4	山东太阳纸业股份有限公司	老挝	80		40				
5	浙江景兴纸业股份有限公司	马来西亚		60		80			
					38.4				协议采购
6	安徽山鹰纸业股份有限公司	马来西亚		200					
		东南亚			70	80			
		美国			12				
		泰国			30	30			
7	浙江春胜控股集团有限公司	柬埔寨						20	
8	帝国再生纤维公司	美国				44			
9	森林包装公司	泰国				10			
	合计		315	585	429.2	360		230	

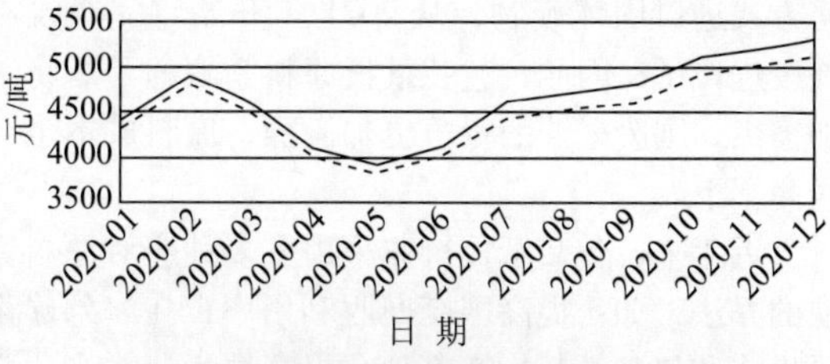

图3　2020年涂布白纸板主要生产商的产品销售价格走势

— 玖龙海龙250克/米²卷筒

--- 玖龙地龙250克/米²卷筒

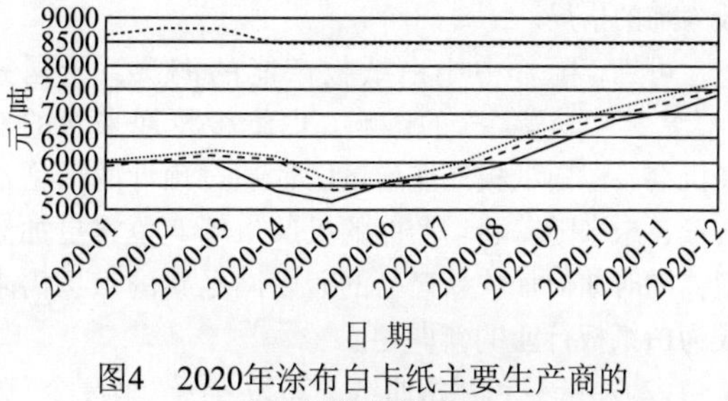

图4　2020年涂布白卡纸主要生产商的产品销售价格走势

— 博汇纸业山东250克/米²卷筒

…… 太阳纸业山东250克/米²卷筒

--- 宁波中华浙江250克/米²卷筒

…… 广西金桂广西250克/米²卷筒

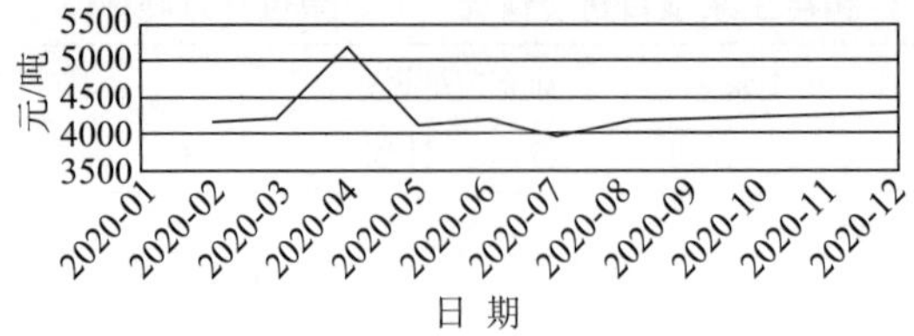

图5 2020年箱纸板均价走势

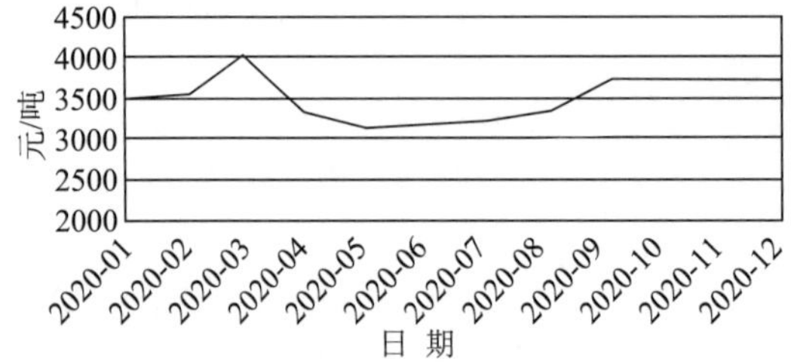

图6 2020年瓦楞原纸均价走势

2. 包装纸板的市场行情

(1)白纸板 2020 年受区域产业结构调整，富阳地区近 3 年内白纸板产能已基本腾退；同时受“禁废令”的影响，废纸原料的持续短缺，白纸板生产量显著萎缩，市场主要由白卡纸替代。在“禁塑令”背景下，各地区先后发布了加强塑料污染治理的实施意见。白卡纸成为食品药品领域中不可降解塑料的主要替代产品，为白卡纸打开了新的市场增量。

随着市场原料和需求的调整，白纸板组成结构也发生了根本性变化。2012 年我国白纸板产能 1240 万吨，其中白卡纸产能 365 万吨，白卡纸约占白纸板产能的 30%；2020 年白纸板产能 1962 万吨，其中白卡纸产能 1300 万吨，白卡纸约占白纸板产能的 66%，不到 10 年的时间白纸板中白卡纸占比由 1/3 增加到了 2/3。同时，近年新增产能基本以白卡纸为主，白纸板由原来以白纸板为主、白卡纸为辅的组成结构，完全转变为以白卡纸为主、白纸板为辅的格局。

可见，随着中小白纸板产能的淘汰，受国家“禁废令”“禁塑令”的影响，白纸板将迎来新的发展机会，但白纸板产能增量已远超过预计的新增消费量，未来随着新增产能的投产市场竞争将更加激烈，同时如何加快新产品的研发满足新的市场需求成为白纸板行业的新课题。

(2)箱纸板和瓦楞原纸 2020 年受“禁废令”的影响，箱纸板和瓦楞原纸的影响最大，各大企业都在采用各种原料来弥补废纸原料的不足，其中海外再生浆的进口有了显著的增长，2020 年进口再生浆 249 万吨，同比增长 170.65%，同时进一步扩大了成品纸的进口。2020 年我国箱纸板和瓦楞原纸进口量分别达到 404 万吨和 389 万吨，同比增长分别为 83.64% 和 149.36%，创下了近 10 年的新高。目前已建成投产的箱纸板和瓦楞原纸产能约 315 万吨，在建和计划建设产能约 585 万吨，所以进口包装纸板的总量将继续增长。近 10 年我国箱纸板瓦楞原纸进口量见图 7，我国包装纸板企业海外项目情况见表 6。

在“禁塑令”背景下，箱纸板和瓦楞原纸成为塑料包装材料的主要替代产品。随着国家“禁废令”“禁塑令”的影响、快递业包装的快速增长、海外建设的箱纸板和瓦楞原纸工程建成投产，我国箱纸板和瓦楞原纸市场将会加速落后产能的淘汰，行业集中度加速提升。

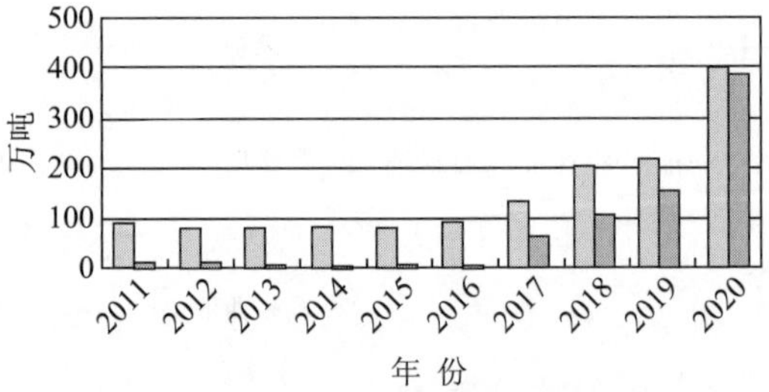

图7 近10年我国箱纸板和瓦楞原纸进口量

▫箱纸板 ▪瓦楞原纸

四、包装纸板行业发展趋势及对策

1. 原料是制约包装纸板行业发展的首要问题

从 2017 年开始，我国开始限制外废进口，我国的外废进口额度逐年下滑。2020 年 11 月 24 日，生态环境部、商务部、国家发展改革委、海关总署四部委联合发布《关于全面禁止进口固体废物有关事项的公告》，2021 年 1 月 1 日起，我国禁止以任何方式进口固体废物，从 2021 年开始将完全没有外废进口了。因此，包装纸板原料紧缺的矛盾将更加突出，国废采购的竞争更加激烈，原料成本也会居高不下。

近年来，包装纸板行业采用了多种应对原料紧缺的办法，如：提高国废回收利用率，在海外建设再生浆和包装纸板生产基地，提高原生浆、半化学浆、化学机械浆和非木纤维的比例等。在布局海外产能中，主要生产再生浆和包装纸板，也为改善原料结构，布局化学机械浆和化学浆生产基地。同时也在采取优化生产工艺、调整原料结构等措施，适应原料市场的变化。

国产废纸是包装纸板最重要的原料，只有不断优化废纸收集、分类、营销和利用等环节的标准规范，不断提升国产废纸原料的比例，从而满足市场对优质纤维原料的需求。

根据公开报道显示，以玖龙纸业(控股)有限公司、理文造纸有限公司、山东太阳纸业股份有限公司、安徽山鹰纸业股份有限公司等为主的包装纸板企业先后宣布在马来西亚、越南、美国、老挝、印尼、缅甸、印度、柬埔寨等地建设再生浆生产基地。已建成投产和协议采购再生浆产能约429万吨，计划建设再生浆产能约360万吨，合计再生浆产能约789万吨。2020年进口再生浆249万吨，已能部分补充纤维原料的短缺。然而，尽管在提高国废回收利用量和进口再生浆等方面都做出了很多努力，但短期内原料供应仍无法适应包装纸板行业发展的需要。

2. 节能降耗绿色环保必将是行业发展的基础

我国提出采取有力政策和措施，将二氧化碳排放力争于2030年前达到峰值，努力争取2060年前实现碳中和的目标，制定好碳排放碳达峰行动方案，进而实现行业绿色低碳发展，必将倒逼各行业加快调整优化产业结构、能源结构，为实现可持续发展创造条件。同时在发布的《“十四五”规划和2035年远景目标纲要》中提出，要扩大轻工、纺织等优质产品供给，加快化工、造纸等重点行业企业改造升级，完善绿色制造体系。

近年来，包装纸板行业通过科技创新节能减排减少碳源，通过优化流程、减少高能耗设备的使用、智能化、数字化设备的运用进一步减少能源消耗，在达到严格的能源消耗标准的基础上，降低单位产品对能源的消耗。同时通过能源替代，如煤改气、使用再生能源和清洁能源等，实现减少碳源。对废水、废气、废渣进行综合治理满足环境容量的同时，进行回收利用，充分减少废弃物的产生达到超低排放，向清洁化、减量化方向发展。在林浆纸一体化的建设中加强林地建设及投资，通过植树造林增加碳汇。实现碳达峰、碳中和目标，也成为包装纸板行业未来发展的关键，只有在节能降耗绿色环保基础上，才能实现行业的健康发展。

3. 在“限塑令”下包装纸板行业的发展机遇

2020年1月，国家发展改革委、生态环境部印发了《关于进一步加强塑料污染治理的意见》；2020年7月，国家发展改革委、生态环境部、工业和信息化部等9部门又联合发布《关于扎实推进塑料污染治理工作的通知》，详细界定禁、限塑管理的细化标准。随着最严“限塑令”的实施，“以纸代塑”给包装纸板行业带来了新的发展机遇。

在绿色包装方面，由箱纸板和瓦楞原纸制成的纸质包装材料，具备可循环、可降解、轻量化且成本较低的优势，可替代日用塑料制品。在商品的集束包装、令包装等领域，纸包装材料替代塑料并得到广泛的应用；在快递包装中，2020年全国快递服务企业完成业务量累计833.6亿件，同比增长31.2%，据测算，2025年箱纸板和瓦楞原纸仅替代快递领域的市场需求为491万吨，纸质包装材料完全能满足快递包装增长和多样化需求；在重物包装和工业包装用纸中，纸质包装材料也更多替代木质或其他包装材料得到广泛应用，如家具、大型电器、电子产品、汽车制造等。

在食品药品包装方面，白卡纸具有制造技术成熟、使用安全等特点，成为被广泛看好的塑料替代品。白卡纸对塑料制品替代较突出的领域主要包括：各类食品包装、餐盒、饮料包装、水杯、吸管等。据测算，2025年白卡纸替代餐饮外卖领域一次性塑料餐具规模有望达到234万吨，替代药品等零售领域不可降解塑料袋预测需求规模为117万吨，总共有超过350万吨的市场需求。

由于区域产业结构的调整，浙江富阳地区白纸板2021年1月基本停产，关停产能约100万吨，再加上宁波中华纸业有限公司将在2021年5月停产异地建设，将有67万吨产能退出。

可见在“限塑令”影响下，随着人们环保意识的提高、新产品的不断推出，包装纸板行业将会迎来更好的发展机遇。

4. 新的市场需求，要求产品不断创新

在环保要求不断提高的今天，包装纸板行业有更多的发展机遇，但新的市场需求对产品也提出了更高的要求。如可同步回收的纸质包装箱上的纸质胶带、纸质厨余湿垃圾袋等，可耐低温的冷冻食品包装箱，可保鲜的生鲜食品包装，可防水防油防漏的食品包装、防水手提纸袋等。在符合可自然降解、可循环、可持续的环保标准纸质产品的前提下，还有使用的体验、美观、成本等因素决定产品的市场需求。

虽然纸质包装行业蕴含着巨大的发展机遇，但也要正视产品使用性能不能完全满足需求的挑战，只有持续加大技术和产品研发创新力度，积极开发符合市场需求的新产品，才能得到市场的认可。

5. 加大智能制造数字化转型已成为行业发展趋势

针对国家国民经济和社会发展“十四五”规划和

2035 年远景目标中提出了智能制造、智能制造示范厂和智能制造标准体系的建设等关键词。包装纸板行业是传统制造业，在由小到大、由弱到强的发展过程中自动化到智能制造的进程一直在推进，从过程控制系统(PSC)、过程操作系统(MES)及管理系统(ERP)等应用，使包装纸板为构建智能工厂及实现智能制造具备了良好的基础。通过对生产制造数据进行采集、分析、归类、诊断，找出生产过程中、产品质量中出现问题的原因并通过执行机构及时进行调整纠正，使出现问题的时间降到最短、不合格产品率降至最低，最终达到提高生产效率和产品质量的目的。

在生产制造过程中实时数据采集到上传分析，根据实时生产数据、消费者反馈、市场趋势变化等及时调整产品研发与生产计划；对大宗原料实现快速准确的质检与定量分析，结合价格变化趋势预测调整采购方案；利用数据分析与模型在节能、降耗、减排及减少原材物料消耗等方面不断达到新的目标；通过在线监测设备运行状态、异常故障诊断、产品质量等关键数据，快速提供解决方案并自动实施；预测性维护技术帮助提高设备使用率，降低运维成本；通过销售预测、库存与生产计划等实时信息，优化物流仓储分配，降低成本。

在智能制造过程中减少了原材物料消耗、降低了水电汽消耗、提高了设备利用率并减少故障的产生，降低了产品次品率、物流成本和生产运营成本，使智能制造产生新的效益。在我国制造业向自动化、智能化、数字化的转型大环境下，勇于创新求变已成为行业发展趋势。

2021 年是“十四五”的开局之年，在国家国内国际双循环的战略推进下，禁废限塑的政策落地，都将给包装纸板行业带来新的发展机遇和挑战。包装纸板行业通过调整原料结构，提高原料的利用率，为解决原料短缺提供更多的解决方案；做好全过程污染防控，减少污染物的产生，不断提高污染治理技术，降低污染治理成本；加大大数据的应用、智能化、数字化发展将使传统产业达到新的发展高度，使包装纸板行业全面进入节能环保、绿色低碳发展的新时期。

（樊　燕）

2020 年我国特种纸产业发展现状

Development Status and Analysis of Specialty Paper Industry in China in 2020

一、我国特种纸产业发展概况

(一)特种纸产业产销形势

2020 年我国特种纸及纸板总生产量为 718 万吨，同比增长 1.27%，增长持续放缓。特种纸及纸板生产量占全国纸及纸板总生产量的比例为 6.38%。2007—2020 年我国特种纸及纸板生产量的比例见图 1。

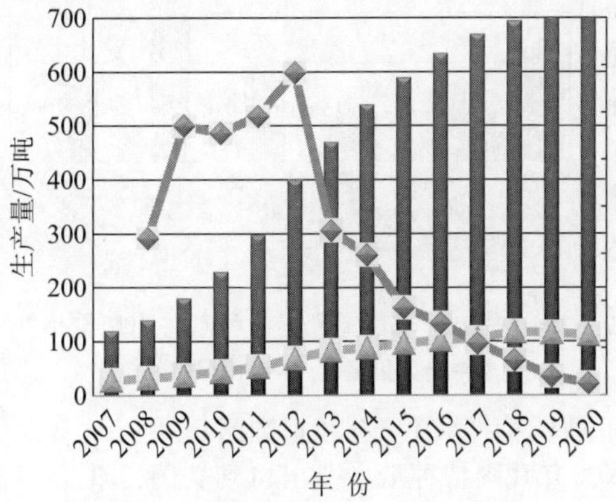

图1　2007—2020年我国特种纸及纸板生产量和占纸及纸板总生产量的比例

2020 年我国特种纸企业的总体开工率 78.41%，产销率 99.61%。开工率有所下降，产销率略有上涨。2013—2020 年我国部分特种纸企业的开工率和产销率见图 2。

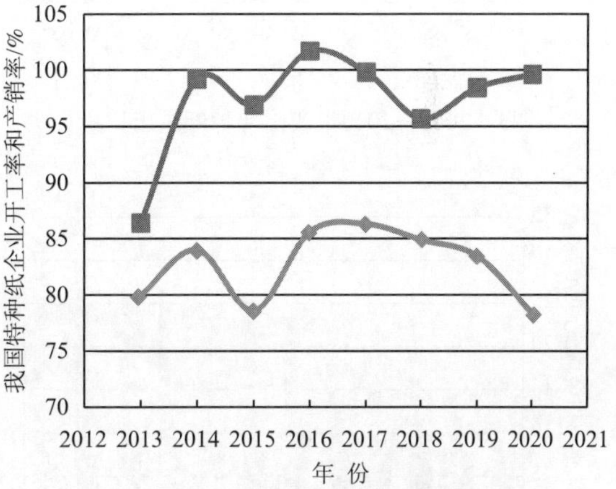

图2　2013—2020年我国部分特种纸企业的开工率和产销率

(二)特种纸产业进出口情况

1. 我国特种纸进出口量、进出口总额和进出口价格

2020 年我国特种纸进口量 56.80 万吨，同比增长 76.62%。2020 年我国特种纸出口量 121.55 万吨，同比增长 0.90%。受 2020 年新冠肺炎疫情的影响，在所统计的 34 个编码中，有 27 个都出现了不同程度的下降，大多数纸种的出口受到了比较严重的影响，但与医疗相关的纸种出口量增长，如“48189000 纸浆、纸等制的其他家庭、卫生或医院用品”增长了 8.65%，以及受疫情影响而快速发展的物流外卖行业相关纸种的出口量也大幅增加，如“48114100 成卷或成张矩形的任何尺寸的自粘胶粘纸(标签类)”增长了 10.76%，“48169010 热敏转印纸”增长了 15%，“48237000 压制或模制纸浆制品”增长了 14.1%，这几个品类的大幅增长弥补了其他品类的下降。

2020 年我国特种纸进口总额 7.88 亿美元，同比增长 4.37%，进口单价 1388 美元/吨，同比下降 40.84%。

2020 年我国特种纸出口总额 32.53 亿美元，同比增长 5.79%，出口单价 2676 美元/吨，同比增长

4.82%。我国特种纸出口额保持了连年攀升的趋势，近3年出口单价也一直高于进口单价。2009—2020年我国特种纸进出口量见图3，2009—2020年我国特种纸进出口总额见图4。2009—2020年我国特种纸进出口价格见图5。

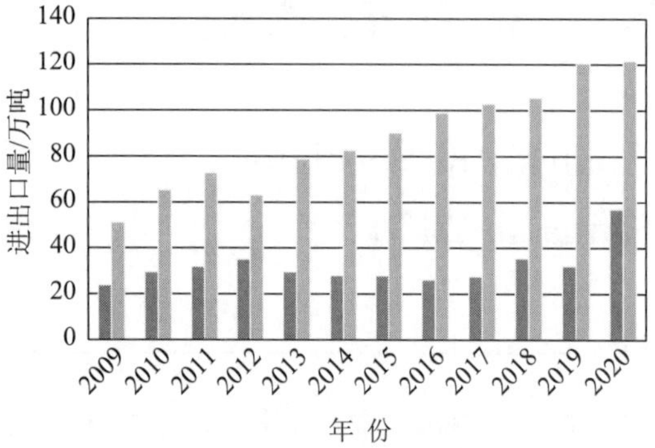

图3 2009—2020年我国特种纸进出口量

■进口量 ■出口量

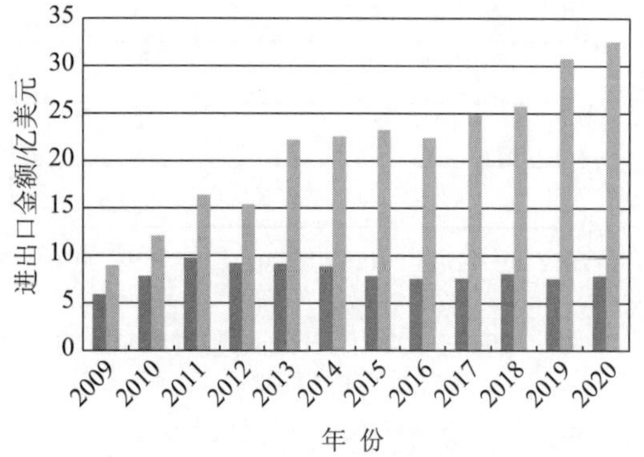

图4 2009—2020年我国特种纸进出口总额

■进口总额 ■出口总额

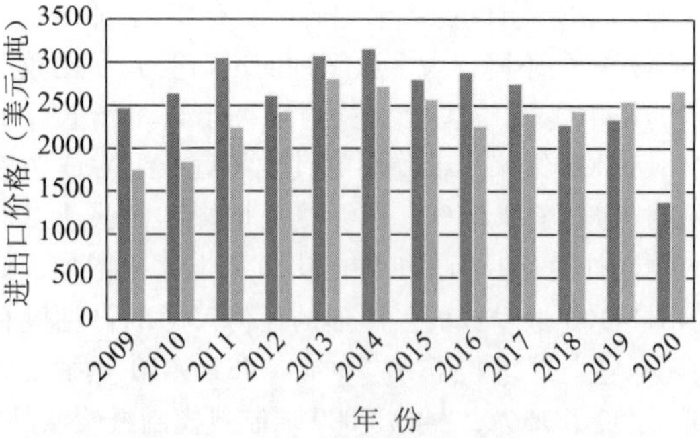

图5 2009—2020年我国特种纸进出口价格

■进口价格 ■出口价格

2. 主要纸种近几年进出口量及进出口价格

2020年，植物羊皮纸的进出口量均略有下降，进口价格上涨，出口价格略有下降；壁纸原纸进口量略有上涨，但进口价格大幅下降，出口量大幅下降36.76%，出口价格也略有下降；防油纸进出口量均有所下降，但进出口价格都出现上涨；滤纸及纸板进口量进一步下降，出口量保持平稳，进出口价格略有上涨；电解电容器纸进口量增长15.6%，进口量仍远高于出口量，进口价格也远高于出口价格；卷烟纸进口量保持平稳，进口价格平稳，出口价格连年下降。2010—2020年我国主要特种纸进出口量、进出口价格见图6和图7。

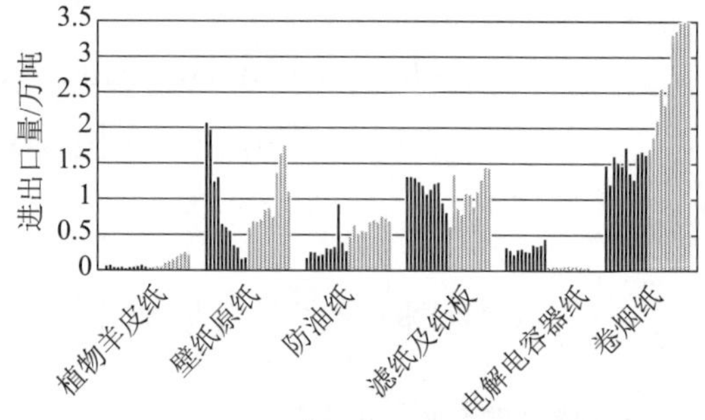

图6 2010—2020年我国主要特种纸进出口量

■进口量 ■出口量

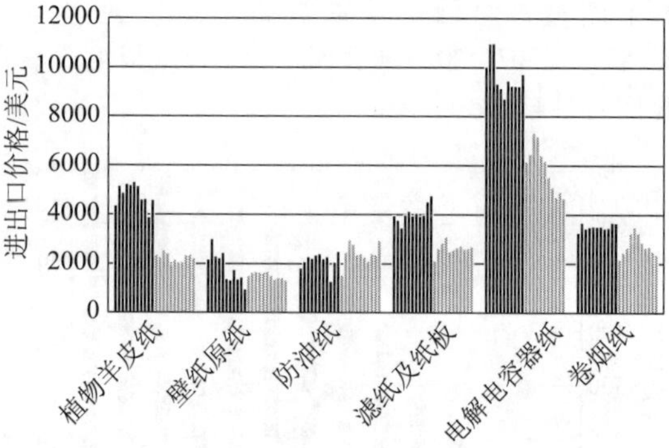

图7 2010—2020年我国主要特种纸进出口价格

■进口价格 ■出口价格

3. 我国特种纸主要进出口国家

2020年我国特种纸主要出口到美国、印度、韩国、日本，以及东南亚等国家，进口国家主要是印度尼西亚、美国、日本和韩国。2020年我国特种纸主要出口国家出口量见图8，主要进口国家进口量见图9。

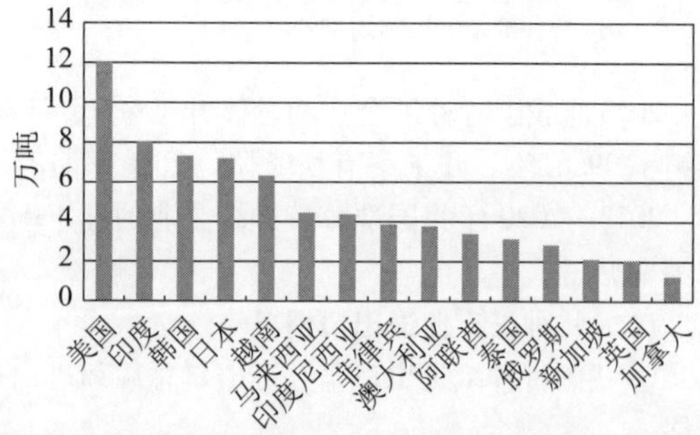

图8 2020年我国特种纸主要出口国家出口量

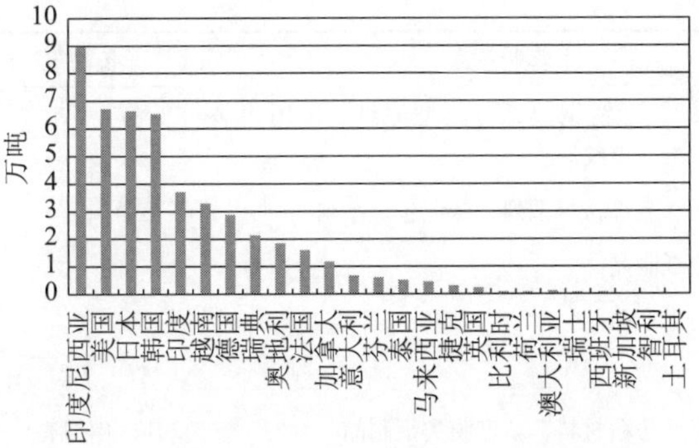

图9　2020年我国特种纸主要进口国家进口量

（三）特种纸企业上市公司概况

衢州五洲特种纸业股份有限公司于 2020 年在上海证券交易所挂牌上市，浙江恒达新材料股份有限公司将于 2021 年初终止挂牌，截至目前我国共有特种纸上市公司 18 家，如表 1 所示。2020 年这 18 家企业的资产总额为 330. 46 亿元，比 2019 年增加 25. 55 亿元，同比增长 8. 38%；净资产达 217. 70 亿元，比 2019 年净增加 29. 19 亿元，同比增长 15. 48%；主营业务收入 216. 05 亿元，比 2019 年增加 9. 83 亿元，同比增长 4. 77%；实现净利润 22. 45 亿元，比 2019 年净增加 8. 39 亿元，同比增长 59. 67%。2018—2020 年特种上市公司基本情况见表 2。

表 1　　2020 年我国特种纸产业上市公司

企业名称	证券代码	主营业务	备注
主板			
齐峰新材料股份有限公司	002521	装饰原纸（素色装饰原纸、可印刷装饰原纸等）、表层耐磨纸、无纺壁纸原纸、砂纸原纸	
民丰特种纸股份有限公司	600235	烟草系列用纸、格拉辛系列用纸、涂布类用纸、热升华数码转印纸以及透明纸等	
浙江凯恩特种材料股份有限公司	002012	电气及工业用配套材料（电解电容器纸、超级电容器隔膜和绝缘纸等），过滤材料（茶叶滤纸和吸尘袋纸），特种包装材料（食品包装材料、高端烟用接装原纸、医用包装材料）	
广东冠豪高新技术股份有限公司	600433	无碳纸、热敏纸、不干胶标签材料	
牡丹江恒丰纸业股份有限公司	600356	卷烟配套用纸、铝箔衬纸、薄型印刷纸	
2015 年新增			
重庆再升科技股份有限公司	603601	玻璃纤维棉、玻璃纤维滤纸、PTFE 滤材、熔喷有机纤维滤材、无机真空绝热板芯材、新能源电池隔膜	
2016 年新增			
东莞金太阳研磨股份有限公司	300606	砂纸	
2018 年新增			
仙鹤股份有限公司	603733	烟草行业用纸、家居装饰用纸、商务交流及防伪用纸、食品与医疗包装用纸、标签离型用纸、电气及工业用纸、热转印用纸、低定量出版印刷用纸、特种浆	
2020 年新增			
衢州五洲特种纸业股份有限公司	605007	食品包装用纸、格拉辛纸、描图纸、转移印花纸以及文化用纸五大系	
新三板			
2015 年新增			
万邦特种材料股份有限公司	836779	卷烟纸、电池用纸、食品包装用纸三大系列	
华邦特西诺采新材料股份有限公司	835647	装饰原纸	
浙江恒达新材料股份有限公司	835147	医疗包装原纸系列、食品包装原纸系列、卷烟配套原纸系列、工业特种纸原纸系列	2021 年停牌

续表

企业名称	证券代码	主营业务	备注
浙江凯丰新材料股份有限公司	835427	烟用接装原纸、不锈钢垫纸、离型原纸、医用包装用纸、热敏原纸、美纹原纸	
浙江金昌特种纸股份有限公司	834808	转移印花系列、装饰材料系列、绿色包装系列	
浙江特美新材料股份有限公司	834565	水松纸及其他纸制品	
烟台民士达特种纸业股份有限公司	833394	芳纶纸及其衍生产品	
2016 年新增			
广东尚鑫新材料股份有限公司	835828	汽车电子类离型防粘材料，新型膜类纸制品	2017 年停牌
江苏福泰涂布科技股份有限公司	835231	离型纸	
杭州富士达特种材料股份有限公司	836064	低温绝热纸	2019 年停牌
福建东南艺术纸品股份有限公司	838207	彩色餐巾纸、彩色食品纸容器、薄页纸、其他纸制品	2019 年停牌
丽水兴昌新材料科技股份有限公司	838134	热封型茶叶滤纸、非热封型茶叶滤纸、热封型咖啡滤纸、蓄电池涂板纸、干燥剂包装用纸、口罩纸、灯笼纸、双面胶带原纸、工艺礼品纸	2019 年停牌
广东通力定造股份有限公司	839336	特种彩色包装用纸	2019 年停牌
2017 年新增			
深圳市万极科技股份有限公司	833967	水转印纸、皮革离型纸	
2018 年新增			
天津广大纸业股份有限公司	872681	医疗记录纸	

表 2　　2018—2020 年特种上市公司基本情况　　单位：亿元

年份	总资产			净资产			主营业务收入			净利润		
	2018 年	2019 年	2020 年	2018 年	2019 年	2020 年	2018 年	2019 年	2020 年	2018 年	2019 年	2020 年
齐峰新材料股份有限公司	43.60	43.42	47.35	33.76	34.83	34.70	36.79	32.50	28.11	0.58	1.32	1.59
民丰特种纸股份有限公司	21.81	21.73	21.81	12.87	12.98	13.44	15.18	13.99	13.53	0.10	0.13	0.49
浙江凯恩特种材料股份有限公司	18.63	18.42	22.38	12.35	12.80	13.70	11.28	11.52	15.50	0.25	0.46	0.93
广东冠豪新技术股份有限公司	39.71	39.41	38.30	26.27	26.66	28.05	25.50	25.95	24.40	1.09	1.70	1.79
牡丹江恒丰纸业股份有限公司	27.32	30.92	30.34	21.10	22.32	22.41	16.11	17.56	18.29	0.67	0.99	1.32
仙鹤股份有限公司	55.35	73.78	79.64	32.35	38.30	53.54	40.98	45.67	48.43	2.92	4.19	7.17
重庆再升科技股份有限公司	22.85	24.48	27.42	13.27	14.24	18.21	10.82	12.52	18.84	1.59	1.71	3.60
衢州市五洲特种纸业股份有限公司	19.77	25.19	33.96	8.09	10.09	16.87	21.49	23.76	26.35	1.65	1.99	3.39
万邦特种材料股份有限公司	1.50	1.38	1.48	0.88	0.87	0.90	1.02	1.12	0.92	0.04	0.04	0.06
华邦特西诺采新材料股份有限公司	1.91	2.27	2.36	0.27	-0.005	-0.22	0.61	2.03	2.32	-0.31	-0.27	-0.22

续表

年份	总资产			净资产			主营业务收入			净利润		
	2018 年	2019 年	2020 年	2018 年	2019 年	2020 年	2018 年	2019 年	2020 年	2018 年	2019 年	2020 年
浙江凯丰新材料股份有限公司	5.29	5.75	6.51	2.21	2.69	3.39	5.91	6.46	6.58	0.32	0.47	0.70
浙江金昌特种纸股份有限公司	2.54	2.64	2.83	1.07	1.25	1.47	2.34	2.53	2.17	0.03	0.02	0.02
浙江特美新材料股份有限公司	1.09	1.18	1.41	0.61	0.69	0.82	1.08	1.50	1.73	0.12	0.17	0.22
烟台民士达特种纸业股份有限公司	2.63	2.98	3.25	2.24	2.45	2.73	1.12	1.37	1.59	0.16	0.21	0.28
江苏福泰涂布科技股份有限公司	0.79	0.94	0.96	0.53	0.57	0.61	1.13	1.59	1.39	0.04	0.07	0.07
东莞金太阳研磨股份有限公司	7.02	7.91	7.60	5.10	5.67	4.96	3.78	4.30	4.15	0.54	0.61	0.71
深圳市万极科技股份有限公司	1.87	1.80	2.11	1.64	1.52	1.53	1.17	1.16	1.18	0.09	0.06	0.11
天津广大纸业股份有限公司	0.69	0.69	0.73	0.56	0.56	0.58	0.63	0.69	0.60	0.04	0.02	0.04

2020 年齐峰新材料股份有限公司、民丰特种纸股份有限公司、浙江凯恩特种材料股份有限公司、广东冠豪高新技术股份有限公司和牡丹江恒丰纸业股份有限公司这 5 家主板上市的特种纸企业，资产总额为 160.19 亿元，比 2019 年净增加 6.29 亿元，同比增长 4.09%；净资产达 112.31 亿元，比 2019 年净增加 2.73 亿元，同比增长 2.49%；主营业务收入 99.83 亿元，比 2019 年减少 1.68 亿元，同比下降 1.65%；实现净利润 6.11 亿元，比 2019 年净增加 1.5 亿元，同比增长 32.54%。5 家主板上市公司 2009—2020 年利润变化情况见图 10。

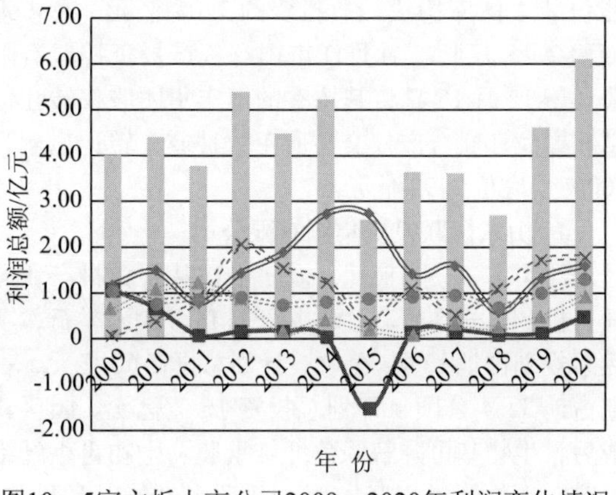

图10　5家主板上市公司2009—2020年利润变化情况

2020 年这 5 家企业的总资产保持平稳上涨的趋势，主营业务收入略有下降，但净利润同比增长了 32.54%。5 家主板上市公司近几年利润、主营业务收入和总资产变化情况见图 11。

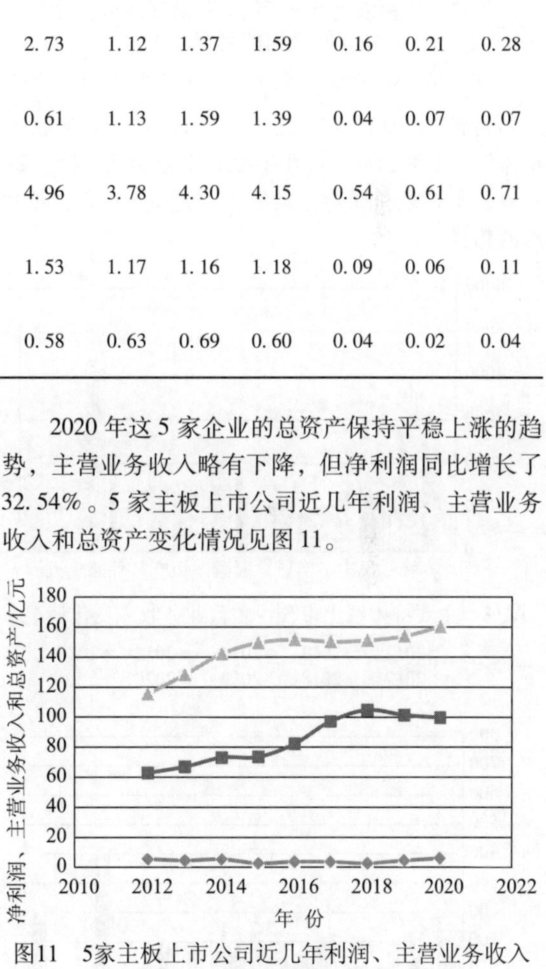

图11　5家主板上市公司近几年利润、主营业务收入和总资产变化情况

2020 年年底在沪深两市含有制浆造纸和纸制品业务的上市公司为 31 家，实现净利润 123.65 亿元，比 2019 年净增加 16.09 亿元，增长 14.96%。如图 12 所示，2019 年之前的数据只包含 5 家特种纸主板上市公司，2020 年的数据新增了仙鹤股份有限公司和衢州五洲特种纸业股份有限公司 2 家上市公司，2020 年特种纸企业利润占 13.48%。

我国主要特种纸上市公司近几年的主营业务收

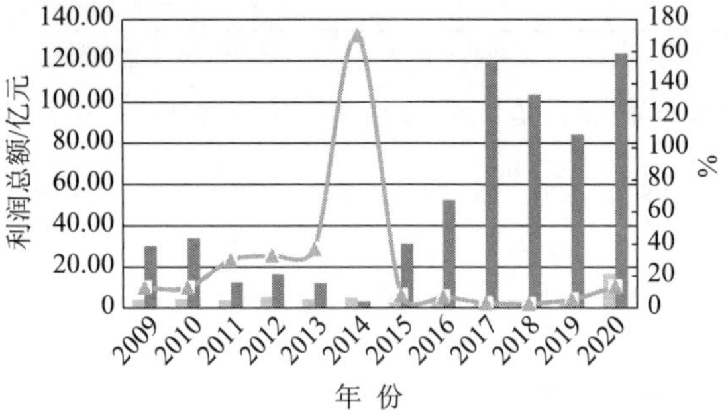

图12 特种纸上市公司利润与沪深两市所有造纸上市公司的利润对比

入和利润情况如图 13、图 14 所示，主营业务收入整体保持上涨趋势，近几年部分企业出现下降。这几家公司的净利润均浮动较大，近 2—3 年呈现上涨的趋势。

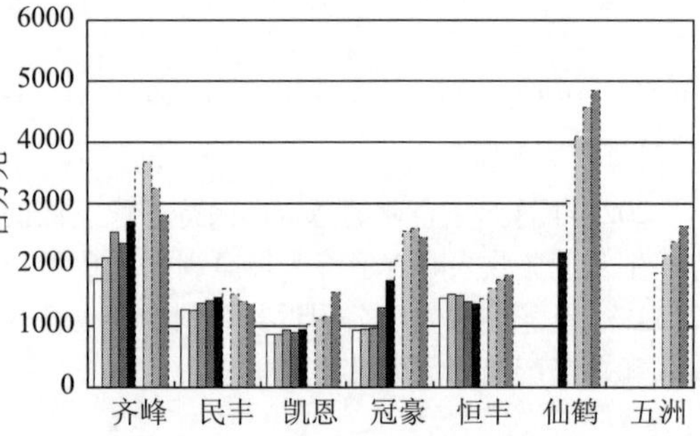

图13 主要特种纸上市公司主营业务收入变化情况

图14 我国主要特种纸上市公司净利润情况

（四）特种纸产业投资情况

2020 年我国特种纸产业先后释放了 65 万吨产能，其中 40 万吨为液体包装用纸，其他主要涉及食品包装用纸、格拉辛纸、信封等。2020 年拟投资或新建未投产的项目达到 700 万吨，其中主要来自仙鹤股份有限公司在广西、湖北 200 多万吨的特种纸项目，以及衢州五洲特种纸业股份有限公司在湖北的 400 万吨特种纸项目，拟投资的纸种主要有食品包装纸板以及离型纸、热转印纸和装饰纸等，还有非织造布项目。2020 年我国部分特种纸产业的投资情况如下。

1. 仙鹤股份有限公司

建设年产 10 万吨高档纸基新材料技改项目，共计 4 条造纸生产线，其中 2 条生产线分别于 2020 年 8 月开机。浙江哲丰新材料有限公司年产 22 万吨高档纸基新材料项目共计 4 条造纸生产线，分别于 2020 年 3 月、2020 年 8 月、2021 年 3 月、2021 年 5 月建成投产。仙鹤股份子公司浙江鹤丰新材料有限公司拟投资年产 30 万吨高档纸基材料项目，项目涉及的高档纸基材料以新型高定量高档食品级包装材料为主，计划总资金投入约 12 亿元，占地面积约 14 公顷，建设期 2 年。广西壮族自治区来宾市与仙鹤股份有限公司签订投资项目，主要建设内容为 250 万吨/年浆纸生产线及配套设施。

2. 齐峰新材料股份有限公司

公司全资子公司淄博欧木特种纸业有限公司拟投资 1.5 亿元建设 1.8 万吨/年非织造新材料项目。项目 2020 年 7 月开工建设，预计于 2021 年 5 月竣工。齐峰新材料股份有限公司拟建设年产 30 万吨非织造新材料项目。

3. 牡丹江恒丰纸业股份有限公司

公司自主设计并安装的幅宽 3300 毫米、车速 500 米/分的卷烟纸机正式投产。这是国内首台自主设计、国产化率 90% 以上、运行性能达到国际先进水平的专业卷烟纸机。公司年产 2 万吨食品包装用纸二期项目实现竣工投产，该项目由主体厂房和智能包装立体库构成，总投资约 2.05 亿元，总占地面积 2.15 万米^2。牡丹江市国有资产投资控股有限公司于 12 月 15 日将其持有的恒丰集团股权转让信息在黑龙江联合产权交易所正式披露，转让比例为 100%，底价 7.92 亿元。

4. 山东恒联投资集团有限公司

2020 年 1 月 18 日，恒联生物基新材料产业园项目投产仪式在恒联生物基新材料产业园举行，项目总规划占地 133.3 公顷，计划总投资 60 亿元，一期占地 32.4 公顷，计划总投资 16.7 亿元。园区建成后，生物基可降解绿色纤维素膜、生物再生纤维素膜、生物纤维素肠衣等一系列高性能、高科技、绿色环保型产品将成为集团主导产品。2020 年 7 月 16 日，恒联费县产业园举行潍坊恒联特种纸有限公司3950项目主体结构封顶仪式，标志着3950项目正式进入设备安装阶段。山东冠骏清洁材料科技有限公司特种水刺复合清洁材料项目四期，计划2021年7月建成投产。潍坊潍森纤维新材料有限公司纤维素肠衣项目二期，正在建设纤维素肠衣3号线。山东恒联新材料股份有限公司嘉实产业园年产1.5万吨全降解软包装材料项目，可满足再生纤维素膜、纤维素肠衣深加工需求。

5. 广东冠豪高新技术股份有限公司

公司燃煤耦合污泥发电技术改造项目顺利通过环评，建成后既能协助实现城镇废水处理厂污泥无害化处理、资源化处理，又能通过对污泥焚烧的余热进行利用，保障新增负荷的供应需求，达到循环经济的目的。

6. 民丰特种纸股份有限公司

公司投资建设新8号机和新20号机升级技改项目，项目内容包括新8号机和新20号机升级技改生产线(布置在一个车间内)、水电汽供应、废水处理站、厂区外线工程、厂区总平面工程等。新8号机技改项目投产后，年产销量约2.5万吨，计划生产高档铝箔衬纸和离型原纸、烟用接装原纸、高档医用包装用纸、仿瓷贴花纸等产品。新20号机技改项目投产后，年产销量约2.5万吨，计划生产防油原纸和食品包装用纸、离型原纸、热转印纸(非原纸)、透析纸和果袋纸等。项目建设周期24个月。

7. 浙江龙游太平纸业有限公司

公司5万吨特种纸生产线开机并顺利出纸，该机台纸机幅宽3600毫米，设计车速400米/分，主要使用商品木浆生产高档装饰原纸，年产能5万吨。公司计划投资1.5亿元，新增工业用地约3.29公顷，实施年产5万吨特种纸和1万吨纸制品(涂布深加工)生产线项目。

8. 四川锦丰纸业股份有限公司低定量食品包装用纸生产线投产

2021年1月，四川锦丰纸业股份有限公司2号机顺利开机。纸机为法国阿里蒙纸机，幅宽3300毫米，车速450米/分，主要生产22～40克/米^{2}低定量食品包装用纸。

9. 玖龙纸业(控股)有限公司签约湖北省第2个生产基地

湖北省咸宁市咸安区政府与玖龙环球(中国)投资集团竹浆纸项目签约仪式举行。为充分开发利用咸宁地区丰富的楠竹资源，同时积极落实国家限塑令的要求，生产可替代塑料制品的高端环保新产品，公司计划在咸安投资54亿元，建设40万吨/年漂白化学竹浆、50万吨/年高档文化用纸、手提袋纸、食品包装用纸生产线，以及智能化纸包装全产业链。

10. 岳阳林纸股份有限公司1号纸机成功转产包装用纸

1月11日，岳阳林纸1号纸机从生产文化用纸成功转产包装用纸。1号纸机预计可增加公司包装用纸产能3万吨/年，主要适用于手提袋、档案袋、信封等高端产品外包装。

11. 新乡新亚纸业集团股份有限公司液体包装用纸及APMP杨木化学机械浆两大项目投产

9月22日，公司举行年产40万吨液体包装用纸项目、20万吨APMP杨木化学机械浆项目投产仪式，涉及总投资11.5亿元。

12. 衢州市五洲特种纸业股份有限公司660万吨/年浆纸一体化项目签约

项目位于湖北省黄冈市武穴市田镇马口工业园区，预计总投资230亿元，主要包括410万吨/年特种纸生产线、150万吨/年化学浆生产线、100万吨/年机制浆生产线，配套燃煤热电厂、生物质发电厂、碱回收和码头。

13. 江西五星纸业有限公司

一期35万吨造纸项目全面投产，总投资50亿元，分两期建设。其中一期投资28亿元，主要建设1条年产20万吨液体包装用纸生产线和1条年产15万吨格拉辛纸生产线；二期投资22亿元，建设1条年产60万吨废纸脱墨再生浆生产线和4条15万吨再生纸生产线，二期项目PM9开机出纸并成功上卷，机台净纸幅宽7980毫米，网宽8660毫米，设计车速1500米/分，主要抄造全木浆未涂布文化用纸，年产能30万吨。

14. 斯道拉恩索正元包装有限公司启动新一代纸浆模塑项目

9月，公司正式启动其位于河北省迁安市的新一代纸浆模塑项目，预计2021年中一期投产后，完全不含塑料或全氟烷基与多氟烷基物质(PFAS)的食品级纸塑产品年产能将超过5500万件。

15. 保定市维拓造纸机械有限公司

公司在河北省石家庄科品纸业有限公司投产3500型超薄高速拷贝纸机一次性开机成功，纸张定量达到9克/米^2，纸机产能1.2万吨/年。该机型也可生产高级坐便纸，果袋内衬纸等。

(五)装饰原纸市场概况

据中国林产工业协会装饰纸专业委员会统计报告，2020年我国具有一定规模企业的人造板饰面专用原纸总销量约 117.06 万吨，同比增长 1.81%。2012—2020 年我国装饰原纸的销售量情况见图 15。其中，装饰原纸销量 111.33 万吨，同比增长 2.59%；含素色纸 28.80 万吨，同比下降 7.22%；印刷用原纸 82.53 万吨，同比增长 6.52%。平衡纸销量 4.55 万吨，同比下降 10.08%。表层纸销量 1.18 万吨，同比下降 15.71%。

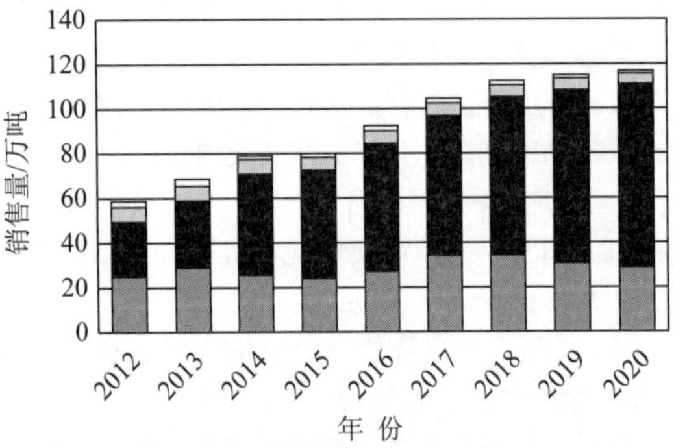

图15 2012—2020年我国装饰原纸的销售量

□表层纸 ▨平衡纸 ■印刷装饰原纸 ▨素色装饰原纸

注：数据来源于中国林产工业协会装饰纸专业委员会。

二、特种纸产业信息

1. 中国造纸学会特种纸专业委员会主要活动

（1）由中国造纸学会特种纸专业委员会主办、浙江华章科技有限公司承办、中国造纸学会自动化专业委员会协办的“2020 特种纸产业信息及市场形势研讨会”于 2020 年 8 月 26 日在浙江省乌镇召开。本次会议共有来自全国 49 家企业的 88 位代表参加。

（2）由中国造纸学会、中国制浆造纸研究院有限公司主办，中国造纸学会特种纸专业委员会承办，山东凯丽特种纸股份有限公司、济南欣易特种纸有限公司协办的“2020 全国特种纸技术交流会暨特种纸委员会第十五届年会”于 9 月 15—17 日在山东省威海市召开。本次会议共有来自全国各地 131 家企业的 271 位代表参加。

2. 行业信息

（1）杭州华旺新材料科技股份有限公司上市开盘。2020 年 12 月 28 日，杭州华旺新材料科技股份有限公司（证券代码：605377）在上交所举行 A 股上市仪式。公司主营业务为可印刷装饰原纸和素色装饰原纸的研发、生产和销售业务，以及木浆的贸易业务。2019 年，该公司装饰原纸产能约 13.4 万吨。

（2）浙江恒达新材料股份有限公司进行上市辅导备案。12 月 18 日，浙江恒达新材料股份有限公司发布“关于上市辅导备案的提示性公告”，公告中指出，浙江恒达新材料股份有限公司于近日向中国证券监督管理委员会浙江监管局（以下简称“浙江证监局”）报送了首次公开发行股票辅导备案材料。浙江证监局已于 2020 年 12 月 16 日在其官方网站公示了浙江恒达新材料股份有限公司辅导备案公告文件，目前浙江恒达新材料股份有限公司正在接受中信建投证券股份有限公司的辅导。据悉，浙江恒达新材料股份有限公司成立于 2002 年 5 月 22 日，并于 2015 年 8 月 7 日完成股改，同年 12 月 31 日挂牌新三板。

（3）仙鹤股份有限公司“高性能低定量特种纸关键技术研发与应用”荣获 2019 年度浙江省科学技术奖。2020 年 7 月 17 日，浙江省科学技术奖励大会在杭州举行，全省 297 项科技创新成果荣获 2019 年度浙江省科学技术奖。仙鹤股份有限公司凭借“高性能低定量特种纸关键技术研发与应用”项目，荣获了年度省科学技术进步奖二等奖。

（4）中国制浆造纸研究院有限公司与仙鹤股份有限公司达成战略合作。5 月 15 日，仙鹤股份有限公司董事长王敏良一行到访中国制浆造纸研究院有限公司，并签署《仙鹤股份有限公司与中国制浆造纸研究院有限公司战略合作框架协议》。根据合作协议，中国制浆造纸研究院有限公司将以技术服务包的形式为仙鹤股份有限公司提供技术开发、分析检测、标准制定、仪器校准、人员培训、项目申报、会展咨询、宣传推广等全链条式服务。

（5）浙江凯恩特种材料股份有限公司向国内知名超级电容器生产厂家提供超级电容器隔膜纸试验与开发。公司生产的超级电容隔膜纸暂无直接向美国 Maxwell 供货。公司已向国内知名超级电容器生产厂家如南通江海电容器股份有限公司、上海奥威科技开发有限公司等提供超级电容器隔膜纸进行试验与开发，但该产品收入占比较小。

（6）衢州五洲特种纸业股份有限公司上市开盘。2020 年 11 月 10 日，衢州五洲特种纸业股份有限公司（证券代码：605007）在上交所举行上市仪式。公司专注于生产食品包装用纸、格拉辛纸以及描图纸，根据客户需求提供优质的产品及服务。经过 10 余年的产业深耕，公司已经建成 6 条原纸生产线并形成了年产近 55 万吨原纸的生产能力。

（7）民丰特种纸股份有限公司当选嘉兴市上市公司发展促进会第二届副会长单位。10 月 22 日，嘉兴市上市公司发展促进会召开第二届会员大会并进行换届选举，民丰特种纸股份有限公司当选副会长单位。

(8)浙江冠豪新材料有限公司顺利通过 2020 年平湖市市长质量奖资格审查。平湖市市长质量奖评审委员会办公室公告了 2020 年度市长质量奖资格审查合格企业名单，浙江冠豪新材料有限公司顺利通过资格审查，这是对企业质量管理工作的全方位肯定，也是督促企业不断创新质量管理、持续提升质量水平的长效动力。

(9)广东冠豪高新技术有限公司成功获得 AEO 高级认证企业证书。3 月 13 日，湛江海关副关长李永鸣率队到广东冠豪高新技术有限公司调研，并为其颁发了 AEO 高级认证企业证书。AEO 是经认证的经营者(Authorized Economic Operator)简写，在世界海关组织(WCO)制定的《全球贸易安全与便利标准框架》中被定义为“以任何一种方式参与货物国际流通，并被海关当局认定符合世界海关组织或相应供应链安全标准的一方。”

(10)牡丹江恒丰纸业股份有限公司通过国家级高新技术企业认定。12 月 7 日，根据全国高新技术企业认定管理工作领导小组办公室下发的《关于黑龙江省 2020 年第一批高新技术企业备案的复函》(黑科火字〔2020〕204 号)文件精神，牡丹江恒丰纸业股份有限公司被认定为国家级高新技术企业(证书编号：GR202023000406)。

(11)河南仙鹤特种浆纸有限公司入选 2020 南阳企业 50 强榜单。由市企业联合会、市企业家协会推出的“2020 南阳企业 50 强”排行榜和《2020 南阳 50 强企业发展研究》报告日前向社会公布，河南仙鹤特种浆纸有限公司上榜。

(12)芬欧汇川 UPM 特种纸纸业与 Cycle4green 达成合作，推动不干胶标签循环经济发展。芬欧汇川 UPM 特种纸纸业宣布与离型纸回收企业 Cycle4green 达成合作，双方将在欧洲范围内进一步优化使用后离型纸的回收效率，目标是尽量减少废弃物，并确保可再生资源以可持续和有效的方式被回收利用。

(13)芬欧汇川 UPM 格拉辛荣获美狮杯“2020 中国包装创新及可持续发展大奖”。10 月 30 日，广州—UPM 优柏丽™格拉辛荣获美狮杯“2020 中国包装创新及可持续发展大奖”。

(14)山鹰国际控股股份公司旗下北欧纸业成功上市。公司旗下北欧纸业于 10 月 22 日在瑞典斯德哥尔摩交易所挂牌上市正式跨入资本市场。成为首个拥有中国控股股东的瑞典 IPO。北欧纸业是一家高端造纸企业，于 3 年前被山鹰国际收购，截至 2020 年 6 月 30 日，累计为山鹰国际贡献净利润 10.04 亿瑞典克朗。

(15)瓶装饮用水迎来国产纸瓶包装。随着禁塑、限塑政策的实施，越来越多的终端企业开始采用纸质包装。珠海红塔仁恒包装股份有限公司携手客户成功实现本色液体包装用纸应用场景创新，推出纸质矿泉水瓶。与同等规格塑料瓶相比，红塔仁恒研发的这款纸质包装可减少 86% 的塑料使用量，轻巧便携且利于回收；除环保性能优于 PET 瓶外，还能有效地阻挡光线，有助于保持山泉水的清爽和甘甜。回收的纸瓶经过专业的再生利用加工处理，可实现 100% 再生利用。

(16)印度对华装饰纸(Decor Paper)启动反倾销立案调查。印度商工部 2020 年 9 月 30 日发出通知，对原产于或进口自我国的装饰纸(Decor Paper)产品正式发起反倾销调查。以上案件的倾销调查期均为：2019 年 4 月 1 日—2020 年 3 月 31 日；损害的调查期间分别为 2016 年 4 月—2017 年 3 月、2017 年 4 月—2018 年 3 月、2018 年 4 月—2019 年 3 月及倾销调查期间。

(李　政　刘　文　曾慧均　贾程瑛)

2020 年溶解浆市场回顾与展望

Review and Outlook of Dissolving Pulp Market in 2020

一、全球溶解浆产能生产量状况

2020 年新冠肺炎疫情全球蔓延，造成亚洲、欧洲、美洲三大溶解浆生产基地减产；同时受制于疫情影响，年内溶解浆新产能投放有限，全球除 2 家工厂有短时间的纸浆线转产溶解浆外，几乎再无新产能投放。

2020 年全球溶解浆生产量约 630 万吨，与 2019 年的 750 万吨相比减少 16%。其中，我国溶解浆生产量约 112 万吨（含棉溶解浆与木溶解浆），国外溶解浆生产量约 518 万吨。

从溶解浆的产能分布情况看，主要生产地区为美洲、亚洲、欧洲和非洲。美洲占 37%，其中：美国占 19%，加拿大占 9%，巴西占 9%；亚洲占 39%，其中：印度尼西亚和印度约占 7%，日本和泰国约占 7%，中国占 25%；欧洲以挪威、瑞典、捷克、芬兰、法国、奥地利等国家为主，合计占 14%；非洲主要是南非，占 10%。全球溶解浆生产主要集中在美洲与亚洲，两地合计产能占全球总产能的 76%。全球溶解浆具体产能分布详见图 1。

图1 全球溶解浆主要产地所占比例

（一）国外溶解浆生产状况

新冠肺炎疫情是贯穿 2020 全年影响溶解浆生产的主要因素。受此影响，全年海外溶解浆总生产量约 518 万吨，同比下降 12.5%。新冠肺炎疫情自 2020 年 3 月下旬起在南非、欧美等国家与地区蔓延，国外溶解浆生产线检修或停产较往年频繁。具体情况如下：①2020 年 4 月初，受南非疫情隔离政策影响，南非 Saiccor 浆厂 1 条生产线停机，产能为 650 吨/日。②2020 年 5 月初，美国 Cosmo 浆厂启动检修计划，检修时间持续 90 天。③2020 年 6 月底，受新冠肺炎疫情在美国大面积暴发影响，美国 GP 公司位于佛罗里达州的 2 条溶解浆生产线被关停，并裁员近 30%。④2020 年 11 月 14 日，南非 Sappi 集团旗下位于 Ngodwana 的溶解浆厂开始检修，并持续至 12 月下旬。该厂溶解浆产能 25 万吨/年；同月，瑞典 Sodra 公司溶解浆生产线也宣布检修。

2020 年，国外浆厂除智利 Arauco 旗下 Valdivia 工厂 55 万吨/年的生产线短时间内由纸浆转产溶解浆外，其余再无新溶解浆生产线投产。

（二）我国溶解浆生产状况

2020 年我国溶解浆产能为 260 万吨，没有新产能释放；溶解浆总生产量约为 112 万吨，该数据包含木溶解浆、棉溶解浆、改性浆（以造纸浆为原料，经加工处理后成为的溶解浆），同比下降 29.11%。2020 年我国溶解浆产能分布情况详见表 1。

生产量下滑的原因有：一是国内疫情影响了上半年多数溶解浆企业的排产计划；二是 2020 年 1—8 月黏胶短纤维价格持续下跌，最低跌至 8200 元/吨，进口阔叶木溶解浆最低为 4920 元/吨，国产溶解浆最低价格 5200 元/吨，致使国产溶解浆不仅没有价格优势，且有较大亏损，从而转产纸浆；三是由于纸浆价格在 7—8 月、11—12 月市场景气度高，促使更多的溶解浆转产纸浆；四是受环保、疫情等因素影响，棉溶解浆厂在全年开工率有限。2020 年国内主要溶解浆企业生产情况如下：①1 月，山东某大型纸浆生产企业 1 条造纸浆生产线转产溶解浆。②受疫情影响，春节期间物流停滞，国内溶解浆厂木片资源相对紧张。湖南骏泰新材料科技有限责任公司在 3 月安排检修，4 月上旬木片得到补充后，恢复溶解浆生产。③山东太阳纸业股份有限公司邹城工厂，4 月初开始转产溶解浆。④10—11 月，湖南骏泰新材料科技有限责任公司的碱回收锅炉大修，停机 2 个月。⑤11 月，山东太阳纸业股份有限公司开始生产溶解浆，同时，老挝工厂开始检修。

表 1　2020 年我国溶解浆产能分布情况

企业	所在地	产能 /(万吨/年)
吉林延边石砚白麓纸业股份有限公司	吉林省延边市	10
福建省青山纸业股份有限公司	福建省青州市	10
安徽华泰林浆纸有限公司	安徽省安庆市	10
湖南骏泰浆纸有限责任公司	湖南省怀化市	30
黄冈晨鸣浆纸有限公司	湖北省黄冈市	30
山东太阳纸业股份有限公司	山东省济宁市	50
亚太森博(山东)浆纸有限公司	山东省日照市	120
合计		260

二、全球溶解浆市场状况

(一)溶解浆下游市场分布

将溶解浆按照不同的生产工艺处理后，其应用领域大致可以分为如下几类：①纤维素醚，主要是螯合剂、洗涤剂、墙体腻子粉、食品添加剂等产品的原料。②军工用产品，比如硝酸纤维是炸药的主要原料之一。③纤维素纤维，主要包括黏胶纤维、醋酸纤维、铜氨纤维以及莱赛尔纤维等。

其中，纤维素醚、硝酸纤维、醋酸纤维、铜氨纤维所用溶解浆数量约 160 万吨，占全球溶解浆总生产量 25.4%。莱赛尔纤维产能为 42.2 万吨，实际生产量约 26.7 万吨；再生纤维素膜生产量约 8 万吨。2020 年，莱赛尔纤维与再生纤维素膜合计生产量为 34.7 万吨，消耗溶解浆约 35.5 万吨，约占溶解浆总生产量的 5.6%。故 2020 年黏胶短纤维所消耗的溶解浆占比为 69%，较 2019 年的占比 75% 下降 8%；这说明溶解浆的下游品种变得更加丰富，同时比例结构也正在进行调整。尽管如此，占据 69% 消耗量的黏胶短纤维产业在 2020 年仍影响着溶解浆的市场走势。我国黏胶短纤维生产量约占全球黏胶短纤维的 81%，因此下文主要以我国黏胶短纤维产业作为溶解浆的下游市场进行分析。

(二)我国溶解浆供应情况

2020 年我国溶解浆总表观消费量为 436.7 万吨，用于黏胶短纤维生产的溶解浆量约 385 万吨，同比下降 4.5%。其中，国产溶解浆总生产量为 112 万吨，较 2019 年减产 46 万吨；进口溶解浆为 326 万吨，较 2019 年增加 20 万吨。2016—2020 年我国溶解浆供应情况见表 2。

表 2　2016—2020 年我国溶解浆供应情况

单位：万吨

	2016 年	2017 年	2018 年	2019 年	2020 年
国内溶解浆生产量	199	160	156	158	112
溶解浆进口量	225	262	284	306	326
黏胶纤维领域溶解浆用量(进口)	174	201	231	255	282
黏胶短纤维用浆量	373	361	387	403	385
进口依存度/%	53.32	62.38	64.84	66.23	74.77

由表 2 可知，我国溶解浆进口依存度(以质量计)在经历了 2017—2019 年的稳定期后，2020 年突越至 74.77%。出现这种情况的主要因素，一是由于环保原因，国内的棉溶解浆生产厂逐年减少，产能陆续退出；二是因我国多数溶解浆企业原料木片以进口为主。受疫情影响，2020 年进口报关及运输受控，部分企业木片数量不足，溶解浆生产量降低；三是溶解浆企业受 1—8 月下游黏胶短纤维市场低迷影响，没有生产积极性，转产景气度较高的纸浆；四是老挝、印度尼西亚等国家的溶解浆生产线已经形成规模与运距优势，多种原因使得黏胶短纤维工厂优先选择东南亚的溶解浆。这些因素叠加造成了 2020 年溶解浆进口依存度出现突变，改变了 2020 年溶解浆市场的供应结构，出现进口量增加、国内溶解浆生产量下滑的格局。

(三)2020 年溶解浆市场价格走势

2020 年溶解浆市场价格为先抑后扬，市场关键的突变点发生在 10 月 10 日前后。8 月下旬至 10 月上旬，国产溶解浆市场出现了 5200 元/吨的年度最低价，但从 10 月中旬开始至 12 月 31 日，溶解浆出现一轮陡峭上涨的行情，收盘价在 6000 元/吨，年内高低价差为 800 元/吨，10 月中旬至 12 月底市场价格涨幅为 15.38%。

2020 年 1—8 月，溶解浆的主要下游产品黏胶短纤维市场价格由 9500 元/吨跌至 8200 元/吨，降幅 13.68%。溶解浆价格由 5450 元/吨跌至 5200 元/吨，降幅为 4.59%。与 2019 年同期相比，相比于黏胶短纤维，国产溶解浆价格更加抗跌，但其背后是以牺牲国产溶解浆生产量为代价的。2020 年 8—12 月，黏胶短纤维价格由 8200 元/吨涨至 11500 元/吨，涨幅为 40.24%，同期国产溶解浆价格上涨幅度为 15.38%（见图 2）。由 2020 年国产溶解浆与黏胶短纤维市场价格走势对比可以看出，虽然黏胶短纤维与国产溶解浆价格涨跌幅度表现不一致，但在价格走势上两者基本趋同，即同涨同跌。尤其是 10 月后，两者同步上涨的趋势越发明显。但从涨跌的关键时间点看，黏胶短纤维价格涨跌频繁度与灵敏度大于国产溶解浆价格。说明 2020 年国产溶解浆对黏胶短纤维的依赖度仍然较大。

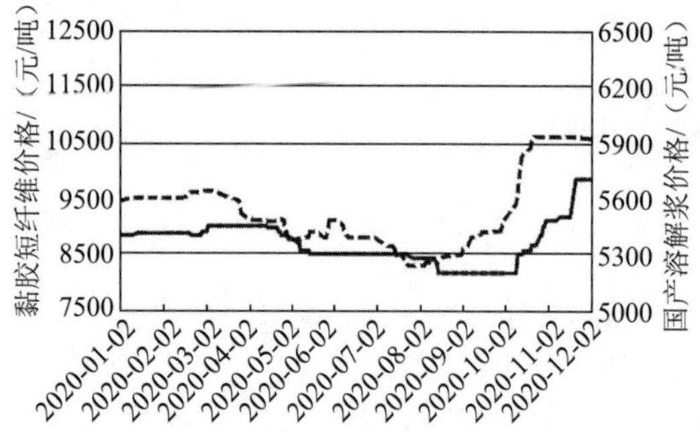

图2 2020年国产溶解浆与黏胶短纤维市场价格走势对比

--- 黏胶短纤维价格 —— 国产溶解浆价格

2020 年进口阔叶木溶解浆与针叶木溶解浆价格走势对比，见图 3。可以看出：阔叶木溶解浆与针叶木溶解浆的价格走势相似，除在 2020 年年底收官时两者价差收窄至 20 美元/吨（进口阔叶木溶解浆为 780 美元/吨；进口针叶木溶解浆为 800 美元/吨），其余多数时间段内，两者之间价差保持在 32～38 美元/吨。

从价格上涨的时间点看，进口阔叶木溶解浆价格触底反弹的时间点早于针叶木溶解浆 6 天。进口阔叶木溶解浆价格低点为 8 月 31 日，报价 607 美元/吨；进口针叶木溶解浆价格低点为 9 月 5 日，报价 645 美元/吨。

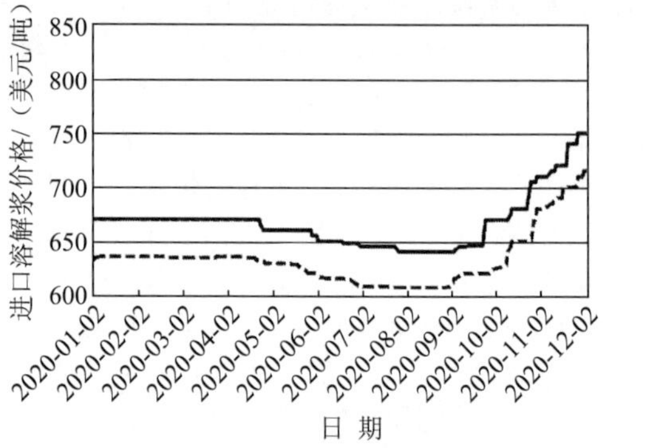

图3 2020年进口阔叶木溶解浆与针叶木溶解浆价格走势对比

--- 进口阔叶木溶解浆价格 —— 进口针叶木溶解浆价格

进口阔叶木溶解浆价格上涨时间点早于针叶木溶解浆，主要原因是阔叶木溶解浆是国内黏胶短纤维的主要原料，黏胶短纤维工厂一般会优先采购阔叶木溶解浆。由于全球阔叶木溶解浆减产，加之疫情导致进口溶解浆到货时间周期延长，从而比较罕见地出现了进口阔叶木溶解浆早于针叶木溶解浆涨价的情况。

具体演变过程为：一般情况下，进口自老挝、印度尼西亚及日本等国家的溶解浆的运输时间可以保证在 15～25 天；但受疫情影响，进口自欧洲与美国的溶解浆运输时间则由 45 天变成 60 天。在生产量减少以及进口产品到货时间推迟的双重因素影响下，一些对溶解浆价格较为敏感的贸易公司开始进行有目的的囤货，加速了港口阔叶木溶解浆的消化速度，最终演变成进口阔叶木溶解浆价格上涨早于针叶木溶解浆的局面。

图 4 为进口阔叶木溶解浆与黏胶短纤维价格的对比，可以看出，2020 年 1—9 月，进口阔叶木溶解浆人民币价格（由进口美金盘价格换算成人民币价格）的走势比黏胶短纤维市场价格更为活跃。从 8、9 月份两者呈现反方向运行情况看，证明进口阔叶木溶解浆价格运行的“惯性”较大，即在黏胶短纤维市场价格已经止跌企稳并开始上涨后，进口阔叶木溶解浆市场仍有卖家在“甩货”，主要原因有：一是进口阔叶木溶解浆美金盘市场在 8 月已基本保持稳定（见图 3）；二是进口阔叶木溶解浆人民币价格在 8 月继续下跌主要是汇率原因；三是在溶解浆现货市场上，贸易商对 8 月黏胶短纤维市场在价格上涨并不认可，认为是出货卖方行情，而非买方行情，认为这主要是从 8 月份国外疫情仍严重的角度考虑在出货。但在 9 月之后，进口阔叶木溶解浆价

格走势与黏胶短纤维基本保持一致，甚至在 10 月下旬与 11 月其出了现短暂的下跌，这也可以看作是对黏胶短纤维市场价格在 11 月保持横盘的预判的依据。

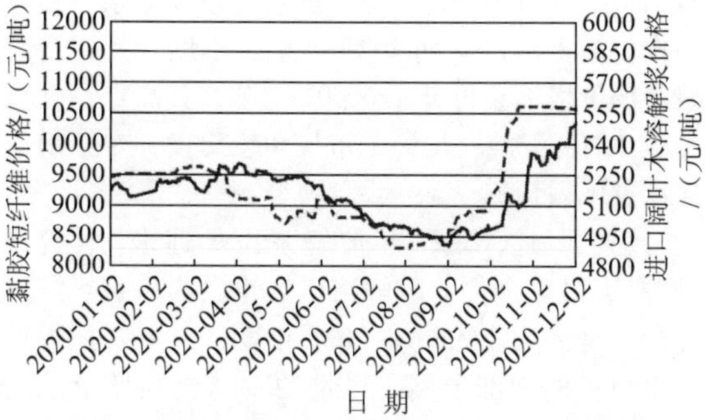

图4　2020年黏胶短纤维与进口阔叶木溶解浆市场价格对比

--- 黏胶短纤维价格　— 进口阔叶木溶解浆价格

（四）2020 年我国溶解浆进口状况

2020 年我国共进口溶解浆 325.58 万吨，进口均价 687 美元/吨，与 2019 年的 867 美元/吨相比，同比下降 20.76%。从 2019—2020 年我国溶解浆进口量、进口价格走势（见图 5）可以看出，2020 年 6 月、7 月和 11 月进口量同比减少；其余月份均为同比增加，其中，4 月、5 月和 10 月增长量较多。2020 年溶解浆进口量增长的主要原因有两点，一是国产溶解浆生产量下降较多，虽然黏胶短纤维生产量也有所萎缩，但国产溶解浆生产量减少过多，客观上需要进口溶解浆进行补充；二是在疫情期间，莱赛尔纤维以及再生纤维素膜等产业的应用场景得以拓展，如酒精擦拭巾、一次性防护服等防疫用品，应用量大幅增加。由于莱赛尔纤维以及再生纤维素膜等所用溶解浆国内生产有限，主要依靠进口，从而增加了溶解浆进口量。

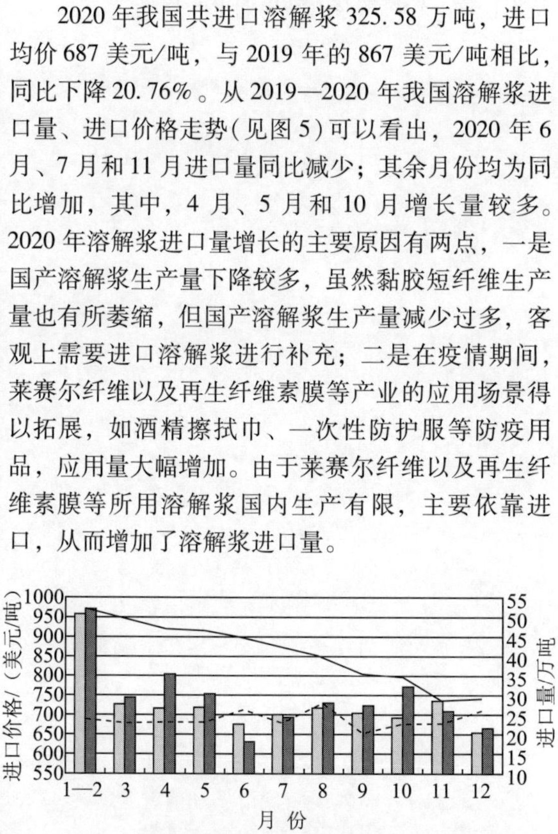

图5　2019—2020年我国溶解浆进口量、进口价格走势

▭2019年进口量　■2020年进口量
—2019年进口单价　--- 2020年进口单价

注：数据来自于海关总署。

2020 年我国进口溶解浆数量同比增长较为迅速，但进口单价同比下降明显，且全年均未超过 2019 年。进口溶解浆全年价格运行区间为 650 ~ 710 美元/吨，换算成人民币价格后比国产溶解浆价格更低，在价格上对国产溶解浆形成打压之势，这也是造成 2020 年国产溶解浆生产量下降的主要原因之一。

表 3　2019—2020 年我国溶解浆进口情况（分国别）

国家	2019 年		2020 年		同比/%
	进口量/万吨	占比/%	进口量/万吨	占比/%	
日本	10.35	3.38	9.87	3.03	-4.68
奥地利	13.89	4.53	13.30	4.09	-4.22
加拿大	15.67	5.11	14.09	4.33	-10.06
芬兰	14.5	4.73	17.24	5.29	18.89
瑞典	13.03	4.25	17.75	5.45	36.19
捷克	20.49	6.69	18.56	5.70	-9.41
其他	19.85	6.48	21.92	6.73	10.41
老挝	21.38	6.98	24.44	7.51	14.33
南非	30.47	9.95	30.15	9.26	-1.06
美国	31.67	10.34	31.58	9.70	-0.29
巴西	42.3	13.81	43.75	13.44	3.44
印度尼西亚	72.75	23.75	82.93	25.47	14.00
合计	306.34	-	325.58	-	6.28

注：数据来自于海关总署。

2019—2020 年我国溶解浆进口情况（分国别）见表 3。从分国别数据看，2020 年我国溶解浆进口来源国排前 5 名的分别是印度尼西亚、巴西、美国、南非和老挝，所占比例分别为 25.47%、13.44%、9.7%、9.26% 和 7.51%。其中，从印度尼西亚与老挝进口的溶解浆量增幅较大，分别为 14.00% 与 14.33%；从美国进口的溶解浆量同比下降 0.29%；从南非进口的溶解浆量同比下降 1.06%；从加拿大进口的溶解浆量同比下降 10.06%；从奥地利进口的溶解浆量同比下降 4.22%。

造成进口量数据变化的主要原因，一是生产成本优势，从印度尼西亚进口的溶解浆均价为 636.52 美元/吨，从老挝进口的溶解浆均价为 623.06 美元/吨，而来自于巴西、美国和捷克的溶解浆则分别为 729.58 美元/吨、922.83 美元/吨和 660.34 美元/吨，这说明目前东南亚地区的溶解浆厂的优势已经显现；二是由于欧美地区对新冠肺炎疫情重视程度不够，控制力度有限，部分溶解浆厂停产，而东南亚部分国家因借鉴我国的防疫经验，对疫情控制得当，生产、运输稳定，确保了进口量的增加。

三、2021 年溶解浆市场运行状况展望

2020 年国产溶解浆市场价格实际运行区间为 5200～6000 元/吨。2021 年我国溶解浆下游应用领域仍以黏胶短纤维市场为主；预计 2021 年黏胶短纤维随着疫苗推广后，疫情可控的情况下，下游纺纱以及服装产业出现复苏，黏胶短纤维行业开工率预计在 85%～90%；即按照 510 万吨的产能计算，2021 年黏胶短纤维生产量可能为 434 万～460 万吨；同时需要考虑到 2021 年莱赛尔纤维生产量提高对溶解浆供应量的需求，预计 2021 年我国莱赛尔纤维生产量在 12 万～15 万吨；这两部分合计需要溶解浆量约在 460 万～490 万吨；如果再算上纤维素醚、再生纤维素膜等产业用的溶解浆，预计我国溶解浆的表观需求量在 485 万～520 万吨。对比 2020 年我国溶解浆表观需求量 436.7 万吨；同比增长为 11.06%～19.07%。

面对上述量能增长的需求，可以预期 2021 年我国溶解浆市场的价格会在强劲的市场需求下迎接一次价格上涨；预期 2021 年第二季度开始，溶解浆市场价格不会再低于 6000 元/吨；其高点预计会突破 7000 元/吨；从稳定市场角度出发，对于溶解浆高点不做预测。

综上所述，2021 年溶解浆市场迎来“量价齐升”是大概率事件，溶解浆市场也较为乐观。需要提醒的是：从业人员在 2021 年度，一定要把握好价格与量的上涨节奏，尽量的少透支预期上涨空间。因为价格上涨的过程中，更需要从业者不迷失商业本性，时刻保持对市场的清醒认知，做到理性经营，让产业链各个环节在价格上涨过程中，合理分配各环节利润，以保障整个产业链的协同发展，从而让这一轮溶解浆上涨周期走的长久。

（季柳炎）

纳米纤维素的最新研究进展及其在造纸工业中的应用

Research Progress of Nanocellulose and Its Application in Paper Industry

一、纳米纤维素简介

纳米纤维素主要包括纳纤化纤维素、纳米微晶纤维素、细菌纤维素和细菌纤维素晶须。纳米纤维素一般具有大的长径比、高的强度、大的比表面积、优异的光学性能和好的生物相容性等特点。目前比较成熟的纳米纤维素的制备方法包括机械法(高压均质、研磨和冷冻粉碎等)、化学法(HCl 或 H_2SO_4 水解)和生物法(某些特定细菌经生物合成)，可分别得到纳纤化纤维素、纳米微晶纤维素和细菌纤维素。机械法存在高能耗的缺点，无机酸水解法存在环境污染的缺点，生物法存在产能过低和成本高的缺点。未来纳米纤维素的制备主要向低能耗、低污染和低成本的方向发展。

二、纳米纤维素的应用

纳米纤维素是传统制浆造纸产业最重要的原料的升级。纳米纤维素的使用和成型技术的变化将使得"纸页"以新的形态出现；纳米纤维素又有可能成为过程性和功能性的造纸化学品，如助留助滤剂、填料、施胶剂、增强剂和涂布助剂等；纳米纤维素还有可能成为造纸产业转型的出发点，以其为基础可以开发多种功能性精细化学品，如涂料、食品添加剂和抗菌材料等。

1. 纳米纤维素包装材料

纤维素薄膜的绿色连续化生产一直是印刷包装领域的研究热点。纳米纤维素薄膜的制备主要通过流延法处理纤维素纳米颗粒的水分散液而获得，很好的避免了有机溶剂的使用。纳米微晶纤维素/瓜尔胶薄膜具有很好的光学透光性和柔韧性。随着纳米微晶纤维素含量增加，纳米微晶纤维素/瓜尔胶薄膜的透氧性显著地降低。在保鲜实验中，纳米微晶纤维素/瓜尔胶薄膜与市售的保鲜膜对食品的保鲜效果没有显著的差别，可以很好地满足食品包装薄膜标准。纳米微晶纤维素/瓜尔胶薄膜的吸水和再分散性能研究结果表明，随着纳米微晶纤维素含量增加，薄膜的溶胀率逐渐降低；长时间在水中浸泡，纳米微晶纤维素/瓜尔胶薄膜可以实现完全分散，非常适用于"碎片化"的商业包装。

纳米纤维素薄膜的疏水化改性可以拓展其应用范围。利用活性羟基和酸酐的高反应活性，链烯基琥珀酸酐(ASA)仅在红外线加热下即可实现对纳米微晶纤维素/瓜尔胶薄膜的疏水化改性。纳米纤维素疏水化薄膜的吸水和再分散性能研究结果表明，随着 ASA 添加量增加，薄膜的溶胀率逐渐降低，再分散时间延长，同时其在高湿度下的透水和透氧性能降低。纳米纤维素疏水化薄膜具有非常好的印刷性能，完全适应现有的喷墨打印等技术。

纳米纤维素可部分替代肠衣薄膜中的明胶。当在明胶中加入 4% 固含量的纳米微晶纤维素时，制备的肠衣薄膜具有低的水蒸气渗透性、高的透光率和好的力学性能，可有效地防止香肠脂质的氧化和水分流失，在延长食品货架期方面具有重要的潜力。

2. 纳米纤维素柔性基底材料

柔性基底材料在保持电子设备高性能和延长电子设备使用寿命方面起着十分重要的作用。纤维素薄膜具有好的尺寸稳定性、低的表面粗糙度和优异的机械性能，在替代传统的柔性塑料基底方面具有很大的潜力。

玻璃纸具有非常好的耐热老化性能，热老化处理后仍保持着好的光学性能和优异的延展性。纳纤化纤维素薄膜热老化处理后，其表面电路的力学柔韧性和电学稳定性没有发生显著的变化，与玻璃纸相当。

3. 纳米纤维素检测材料

纳米纤维素具有丰富的羟基、大的比表面积和低的可见光散射，可以实现选择性吸附检测剂，提高其选择性、灵敏度和耐久性。

指纹检测是司法鉴定中的金标准，目前商业化的指纹检测膜主要是透明胶带，其在高湿度表面或橡胶表面难以进行指纹的有效提取。相比于透明胶带，含有碳量子点的纳纤化纤维素薄膜可以实现对不同表面指纹的有效提取，尤其是在曲面橡胶和平面橡胶上指纹的提取方面具有非常显著的优势。

4. 纳米纤维素基造纸精细化学品

纳米纤维素基造纸精细化学品可用于表面施胶、涂布、助留助滤和增强等。纳米纤维素分散液用于表面施胶可以提高纸页的表面强度和印刷适应性；纳米纤维素分散液有望替代淀粉应用于生物基胶乳。

纳米微晶纤维素可替代现在广泛使用的阳离子淀粉，用于烷基烯酮二聚体（AKD）的乳化。纳米微晶纤维素可在纸页表面形成均匀薄膜，提高对氧气的阻隔。这种新型 AKD 施胶剂有望在对氧气阻隔要求较高的食品包装和特种纸领域得到应用。

三、国内纳米纤维素研究进展

1. 项目（2019—2020）

近年来，我国在纳米纤维素基础研究领域取得了巨大的进展，有较多的政府项目在支持。2019 年和 2020 年批准的与纳米纤维素有关的国家自然科学基金项目见表 1。

表 1　2019 年和 2020 年纳米纤维素相关的国家自然科学基金项目

单位	负责人	项目名称	项目类别	批准年份
吉林大学	徐雁	晶态纳米纤维素基圆偏振荧光材料的构筑与性能研究	面上项目	2019
西南大学	黄进	单轴定向组装纤维素纳米晶的固态发光调控及光学信息加密应用	面上项目	2019
华南理工大学	方志强	高性能透明柔性纳米纤维素/层状硅酸盐复合膜有序结构的构筑与调控机制	面上项目	2019
天津科技大学	李群	Fenton 预处理植物纤维原料纳米纤丝解离作用机制研究	面上项目	2019
华南理工大学	高文花	微纳米纤维素浓缩脱水过程结构与特性变化机制	面上项目	2019
广西大学	聂双喜	微结构及组分调控改善纤维素纳米纤丝热稳定性机制研究	面上项目	2019
吉林建筑大学	边航	纤维素纳米晶的表面功能化及其减水性研究	青年科学基金项目	2019
四川农业大学	谢九龙	微波选择性液化高效制备竹材纳米纤维素机理研究	青年科学基金项目	2019
陕西科技大学	宗延	基于纤维素纳米晶体的压电型机械能收集装置	青年科学基金项目	2019
盐城工学院	黄旭娟	松香改性纳米纤维素对 Pickering 乳液稳定机制及响应性调控研究	青年科学基金项目	2019
西安交通大学	孟庆华	考虑微结构特征的纤维素纳米纸非线性本构关系研究	青年科学基金项目	2019
青岛科技大学	周立娟	Ⅱ晶型纤维素纳米晶的一步制备及其结构演变研究	青年科学基金项目	2019
南京林业大学	吴英姬	竹材纳米纤维素定向分布对力学和气体阻隔性能的影响机制	青年科学基金项目	2019
西北工业大学	李玉军	温湿环境下纤维素纳米纸湿/热/力/光性能多尺度分析与设计	青年科学基金项目	2019
安阳师范学院	孙志方	基于纳米纤维素设计合成高韧性和高拉伸强度的取向复合气凝胶	青年科学基金项目	2019
南京林业大学	俞娟	离子键介导的木材纳米纤维素一步相转移及再分散机制	青年科学基金项目	2019
齐鲁工业大学	和铭	基于低共熔溶剂预处理的高分散性木质纤维素纳米纤丝的制备及调控机制研究	青年科学基金项目	2019
中国科学院过程工程研究所	李垚	离子液体阴阳离子有序剥离纤维素微丝的协同作用机理研究	青年科学基金项目	2019

续表

单位	负责人	项目名称	项目类别	批准年份
华南理工大学	付时雨	桉木中半纤维素与纤维素的作用对制浆过程纤维性能变化和微纳米纤维功能化影响的研究	面上项目	2020
中国科学院理化技术研究所	吴敏	基于溶剂驱动的纳米纤维素氢键网络重构及功能材料的构筑研究	面上项目	2020
浙江理工大学	唐艳军	木质纳米纤维素基柔性透明导电薄膜的设计、制备及构效关系研究	面上项目	2020
浙江大学	朱书泽	天然纤维素纳米纤丝强韧材料的力学研究	青年科学基金项目	2020
台州学院	宗恩敏	基于纤维素纳米纤丝的环境友好型复合膜的原位构建及对磷的分离和回收研究	青年科学基金项目	2020

2. 论文与专利(2019—2020)

据不完全统计，通过 Web of Science 和中国知网检索 2019 年和 2020 年发表纳米纤维素相关的论文篇数：华南理工大学发表 171 篇，南京林业大学发表 113 篇，东华大学发表 57 篇，中国科学院发表 35 篇，东北林业大学发表 61 篇，北京林业大学发表 47 篇，天津科技大学发表 51 篇，齐鲁工业大学发表 45 篇，广西大学发表 49 篇，陕西科技大学发表 41 篇，中国制浆造纸研究院有限公司发表 9 篇。

据不完全统计，通过 SooPAT 检索的 2019 年和 2020 年申请纳米纤维素相关的发明专利：华南理工大学申请 124 项，东华大学申请 72 项，江南大学申请 51 项，天津科技大学申请 50 项，浙江理工大学申请 47 项，南京林业大学申请 45 项，四川大学申请 40 项，广西大学申请 39 项，齐鲁工业大学申请 37 项，北京理工大学申请 14 项。

3. 主要产业化进展(2019—2020)

2019 年以来，国内纳米纤维素产业化进展显著。杭州市化工研究院有限公司(以下简称“杭化院”)参与了科技部十三五国家重点研发计划“基于造纸过程的纤维原料高效利用技术”子课题二—微纳米纤维素关键制造技术及中试示范(2017YFB0307902)(2017 年 7 月—2021 年 6 月)。杭化院 2019 年在青山湖基地完成了该项目产能为 100 千克/日的中试线建设，中试线以生物和机械法相结合制备纳纤化纤维素(产品固含量：3%)。北方世纪(江苏)纤维素材料有限公司位于江苏省睢宁县宁江工业园，公司技术依托北京理工大学材料学院，产品有纳纤化纤维素、纳米微晶纤维素和改性纳纤化纤维素等，目前产能为 820 千克/日。浙江金加浩绿色纳米材料股份有限公司采用生物酶预处理技术生产纳纤化纤维素，建有 1 条产能 200 千克/日的纳纤化纤维素生产线。

四、学术交流(2019—2020)

中国造纸学会纳米纤维素及材料专业委员会年会于 2019 年 5 月 15 日在天津市召开。受中国造纸学会秘书处的委托，华南理工大学付时雨教授就 2021 年第三届纳米纤维素国际会议的筹备工作向与会委员做了汇报。会议决定：聘请日本 Kuga 教授为纳米纤维素及材料专业委员会顾问；聘请吉林大学徐雁教授、江南大学蒋学教授、东华大学隋晓峰教授、北京理工大学邵自强教授和山东大学赵建教授为纳米纤维素及材料专业委员会委员。

由中国造纸学会主办，天津科技大学、中国制浆造纸研究院有限公司、天津市造纸学会和国家纳米科学中心联合承办的第二届纳米纤维素材料国际会议(The 2nd International Symposium on Nanocellulosic Materials，2nd ISNCM)于 2019 年 5 月 16—17 日在天津市召开。中国造纸学会常务副理事长曹振雷教授任本会议组织委员会主席，天津科技大学造纸学院院长刘忠教授任会议执行主席，中国造纸学会纳米纤维素及材料专业委员会主任蒋兴宇教授任会议学术委员会主席。大会报告包括：潘学军教授作的“纤维素Ⅱ纳米材料(纳米晶体和气凝胶)的制备及机理研究”、瑞典皇家理工学院 Lars A Berglund 教授作的“纤维素纳米材料—纳米结构控制和技术思考”、美国马里兰大学胡良兵博士作的“木材纳米材料”、北京林业大学许凤教授作的“纳米纤维素功能材料的制备与应用”、法国国家科学研究中心的 Yoshiharu Nishiyama 作的“纳米纤维素提供的机遇与挑战：常见及独特的基础材料”和日本产业技术综合研究所的 Satoshi Hirata 作的“日本纤维素纳米材料的研究开发及产业化”。

由中国化学会主办，中国化学会纤维素专业委员会、四川大学、高分子材料工程国家重点实验室共同承办的中国化学会第一届全国纤维素学术研讨会于2019年10月10—13日在四川省成都市召开。武汉大学张俐娜教授和中国科学院理化技术研究所黄勇教授担任会议名誉主席，四川大学傅强教授担任会议主席。大会报告包括：黄勇教授作的“纤维素纳米化及纳米纤维素的可控制备”、邱学青教授作的“高性能木质素基复合材料的构建与应用探索”、余龙教授作的“淀粉在热加工过程中的相变与流变行为”、俞书宏教授作的“纤维素纳米复合材料的生物合成、组装及应用”、张军教授作的“基于离子液体溶剂体系的纤维素加工与功能化研究进展”、张俐娜教授作的“高强度纤维素材料的构建”和朱锦教授作的“生物质的转化及应用”。

五、展 望

在过去两年里，国内及国外有关纤维素、造纸和纸浆的年度论文和专利整体呈增加的趋势。我国在纳米纤维素研究领域取得了巨大的进展，特别是在纳米纤维素清洁、高效制备和纳米纤维素高附加值利用方面取得了大量的成果。我国纳米纤维素的发展仍然任重道远，具体包括：①我国在纳米纤维素的标准制定领域显著地落后于日本和欧盟等国家和地区；②欧盟和日本的传统大型制浆造纸企业较早进入纳米纤维素的中试和规模化试生产阶段，具有强的产业引导能力，而我国大型制浆造纸企业在纳米纤维素的产业化方面参与度有限；③我国在纳米纤维素生产过程中的安全性评估、认证及使用过程中的安全性评价，落后于欧盟、日本和美国等地区和国家。当前我国制浆造纸行业整体发展态势良好，企业整体科研投入增长显著，有望在纳米纤维素的产业化进程中取得更大的成绩。

（张春亮　司严雪　查瑞涛）

纤维原料

FIBROUS MATERIALS

4

2008—2019 年世界主要地区和国家废纸回收利用概况

Overview of Waste Paper Recycling and Utilization in Main Regions and Countries of the World(2008—2019)

表 1　2008—2019 年世界主要地区废纸回收总量　单位：千吨

地区	2008 年	2009 年	2010 年	2011 年	2012 年	2013 年	2014 年	2015 年	2016 年	2017 年	2018 年	2019 年
亚洲	76724	79213	87883	91447	93878	96042	99109	99519	99728	105729	106935	105815
欧洲	65389	62788	63382	64070	64410	64632	64660	66257	66647	67032	67162	65550
北美洲	51715	49857	51123	52384	50641	49973	50715	51587	51969	50549	51755	48758
拉丁美洲	10384	10034	10925	11464	12208	12528	12466	13053	13200	13491	13629	13422
大洋洲	3482	3548	3650	3610	3508	3497	3450	3472	3453	3527	3322	3311
非洲	2253	2142	2447	2451	2745	2971	3061	3162	3392	3422	3531	3292
中东	2021	2075	2416	2751	3004	3215	3052	3642	3801	4048	3862	3478
合计	211968	209659	221825	228176	230394	232858	236513	240692	242189	247797	250195	243625

表 2　2008—2019 年世界主要地区废纸消费总量　单位：千吨

地区	2008 年	2009 年	2010 年	2011 年	2012 年	2013 年	2014 年	2015 年	2016 年	2017 年	2018 年	2019 年
亚洲	103361	107684	115229	120894	125354	126792	129161	130845	131342	136697	134309	129941
欧洲	55298	51159	55356	55016	54756	56236	56346	57103	57745	58945	59674	60029
北美洲	34730	30728	31447	30379	28937	29285	30509	30686	30754	30997	31961	31159
拉丁美洲	11748	11604	12369	12672	13109	13327	13510	13994	14269	14374	14747	14758
大洋洲	1985	2070	2019	2035	1865	1824	1752	1743	1791	1816	1855	1942
非洲	2287	2175	2376	2338	2587	2757	2898	3038	3226	3173	3287	3184
中东	1791	1791	2202	2272	2699	2847	2677	2673	2761	2754	2849	2753
合计	211200	207211	220997	225606	229308	233068	236853	240082	241889	248757	248681	243767

表 3　2008—2019 年世界主要产纸国家废纸回收情况

国家	2008 年		2009 年		2010 年		2011 年		2012 年		2013 年	
	回收量/千吨	回收率/%	回收量/千吨	回收率/%	回收量/千吨	回收率/%	回收量/千吨	回收率/%	回收量/千吨	回收率/%	回收量/千吨	回收率/%
美国	47589	58.3	50036	63.4	46861	63.0	47803	66.1	46261	64.4	45795	63.8
中国	31280	39.4	36755	42.9	40165	43.8	43473	44.6	44726	44.5	43773	44.7

续表

国家	2008年		2009年		2010年		2011年		2012年		2013年	
	回收量/千吨	回收率/%	回收量/千吨	回收率/%	回收量/千吨	回收率/%	回收量/千吨	回收率/%	回收量/千吨	回收率/%	回收量/千吨	回收率/%
日本	22746	75.1	21760	79.7	21623	77.5	21368	76.2	21671	78.0	21795	79.8
德国	15617	76.7	15399	84.8	15388	77.7	15269	77.2	15293	77.6	15359	78.7
加拿大	4126	57.8	4244	66.2	4262	67.6	4581	74.6	4380	73.2	4178	71.4
芬兰	829	46.5	726	48.9	710	57.2	705	68.4	678	62.2	691	61.7
瑞典	1521	68.1	1416	74.4	1236	60.7	1239	63.9	1159	61.0	1220	67.7
韩国	7530	85.0	7716	91.6	8090	86.0	8390	87.8	8659	94.6	9165	96.0
法国	6885	64.1	6907	72.5	7072	71.3	7149	74.0	7328	78.7	7243	81.0
意大利	6316	60.0	6199	62.8	6326	58.4	6288	59.3	6231	62.8	6062	62.7

国家	2014年		2015年		2016年		2017年		2018年		2019年	
	回收量/千吨	回收率/%	回收量/千吨	回收率/%	回收量/千吨	回收率/%	回收量/千吨	回收率/%	回收量/千吨	回收率/%	回收量/千吨	回收率/%
美国	46423	65.0	47313	66.7	47373	66.9	46100	65.5	47831	67.7	45033	66.3
中国	48412	48.1	48318	46.7	49635	47.6	52852	48.5	49640	47.6	52440	49.0
日本	21678	79.3	21204	79.2	21128	79.9	20802	78.8	20695	81.3	19609	76.9
德国	15093	75.7	15309	74.4	15365	76.0	15457	75.9	15311	77.4	14938	79.1
加拿大	4292	75.0	4274	74.8	4596	81.7	4449	80.0	3924	69.7	3725	66.5
芬兰	642	51.8	614	52.4	541	48.5	618	56.1	560	54.1	547	57.2
瑞典	1001	55.4	1084	69.0	1027	58.4	1041	66.5	878	55.4	913	60.5
韩国	8412	88.0	8350	86.2	8340	84.5	8389	84.1	8631	86.7	8294	85.0
法国	7316	81.7	7151	82.4	7236	82.4	7292	82.2	6960	79.8	6747	78.7
意大利	6069	61.3	6349	62.9	6479	63.7	6498	63.0	6646	61.9	6564	62.1

注：回收率 = 废纸回收量/纸和纸板消费量。

表4　2008—2019年世界主要产纸国家废纸消费情况

国家	2008年		2009年		2010年		2011年		2012年		2013年	
	消费量/千吨	利用率/%	消费量/千吨	利用率/%	消费量/千吨	利用率/%	消费量/千吨	利用率/%	消费量/千吨	利用率/%	消费量/千吨	利用率/%
美国	28899	36.2	29250	40.8	28002	36.9	27098	36.1	26303	35.4	26605	36.1
中国	55488	69.5	64256	74.4	64517	69.6	70749	71.2	74790	73.0	73008	72.2
日本	19012	61.8	16788	63.1	17292	63.2	16977	63.8	16770	64.3	16935	64.5
德国	15489	67.8	14790	70.8	16273	70.5	16074	70.8	16203	71.6	16489	73.6
加拿大	4553	28.6	3748	29.2	3445	26.9	3281	27.1	2634	24.5	2680	24.1
芬兰	724	5.5	544	5.1	579	4.9	583	5.1	567	5.3	609	5.7
瑞典	2022	17.3	1824	16.7	1836	16.1	1712	15.2	1624	14.2	1378	12.8
韩国	8544	80.5	8514	81.2	9174	82.6	9597	83.5	9579	84.5	10326	87.5
法国	5677	60.9	4988	60.0	5276	59.7	5104	59.9	5037	62.2	5150	64.0
意大利	5329	56.2	4764	56.4	5193	56.8	5042	55.2	4649	53.7	4715	54.5

续表

国家	2014 年		2015 年		2016 年		2017 年		2018 年		2019 年	
	消费量/千吨	利用率/%	消费量/千吨	利用率/%	消费量/千吨	利用率/%	消费量/千吨	利用率/%	消费量/千吨	利用率/%	消费量/千吨	利用率/%
美国	27668	37.8	28000	38.5	27974	38.8	28271	39.1	29035	40.3	28217	40.8
中国	75930	72.5	77602	72.5	78132	72.0	78570	70.6	66665	63.9	61820	54.9
日本	17093	64.6	16984	64.8	17033	64.8	17114	64.5	16958	65.0	16515	65.0
德国	16622	73.7	16754	74.1	16897	74.7	17137	74.7	17200	75.8	17154	77.7
加拿大	2841	25.7	2686	26.0	2780	27.5	2726	27.2	2926	28.7	2942	30.8
芬兰	594	5.7	569	5.5	532	5.2	618	6.0	603	5.7	596	6.1
瑞典	1248	12.0	1211	11.9	1160	11.5	1155	11.3	1149	11.3	1082	11.3
韩国	9477	81.0	9337	80.5	9267	79.5	9276	80.0	9445	81.9	9345	82.4
法国	5400	65.9	5293	66.3	5355	67.1	5383	67.1	5395	68.6	5217	71.2
意大利	4700	53.3	4852	53.8	4887	54.3	4994	54.7	5144	56.3	5060	56.5

注：利用率 = 废纸消费量/纸及纸板生产量。

（郭彩云）

我国化学机械法制浆的现状及发展

Production Status and Development Trend of Chemi-mechanical Pulping in China

根据制浆过程中化学浸渍程度、加热(例如压力或常压)或机械解离方式的不同，高得率制浆可分为机械法制浆(以下简称“MP”)和化学机械法制浆(以下简称“CMP”)两大类。机械法制浆，是单纯利用机械作用将木材等纤维类植物组织解离成游离纤维的过程，纸浆得率通常为93% ~96%，主要分为磨石磨木浆(以下简称“SGW”)、压力磨石磨木浆(以下简称“PGW”)、木片盘磨机械法制浆(以下简称“RMP”)、热磨机械法制浆(以下简称“TMP”)等。化学机械法制浆，是采用化学预处理和机械磨解处理结合的制浆方法，先用药剂进行轻度化学浸渍，半纤维素少量溶出，木质素较少溶出或基本不溶出，实现木片软化，然后利用盘磨机在高浓状态解离木片成纸浆，纸浆得率85% ~93%。根据预浸化学品和磨浆方式主要分为化学机械法制浆(以下简称“CMP”)、化学热磨机械法制浆(以下简称“CTMP/BCTMP”“CTMPc/BCTMPc”)以及碱性过氧化氢机械法制浆(以下简称“APMP”“P-RC APMP”)等。基于纤维原料的利用率、节能环保和纸浆质量等要求，20 年来世界范围内 90% 以上新增高得率制浆线均采用 BCTMP 和 P-RC APMP 等化学机械法制浆工艺，很少采用传统机械法制浆工艺。也正因如此，不加特别说明时，高得率制浆和化学机械法制浆经常互指混用。

一、中国和世界化学机械浆的生产情况

目前世界高得率浆(含机械浆和化学机械浆)年生产量4000 多万吨，中国高得率浆生产发展迅速，年生产量近 700 万吨。图 1 为 1961—2019 年中国和世界高得率浆生产量变化情况。1961 年以来，世界高得率浆生产量分别在 1990 年、2000 年和 2007 年达到阶段性峰值。2007 年以后，中国之外区域的高得率浆生产量持续下降，年生产量由峰值的 4379 万吨降低到 2019 年的 3458 万吨。2000 年之后，中国高得率浆生产量在一直保持较高增长速度，是世界范围内高得率浆生产量增长最快的地区。世界范围内高得率浆生产主要集中在欧洲(1273 万吨/年)、北美洲(1272 万吨/年)和亚洲(919 万吨，主要集中在中国)，生产量约占世界总生产量的 83%(见图 2)。随着新版限塑令和禁止固废进口政策的实施，中国高得率浆生产量在今后几年将迎来一个新的增长阶段。

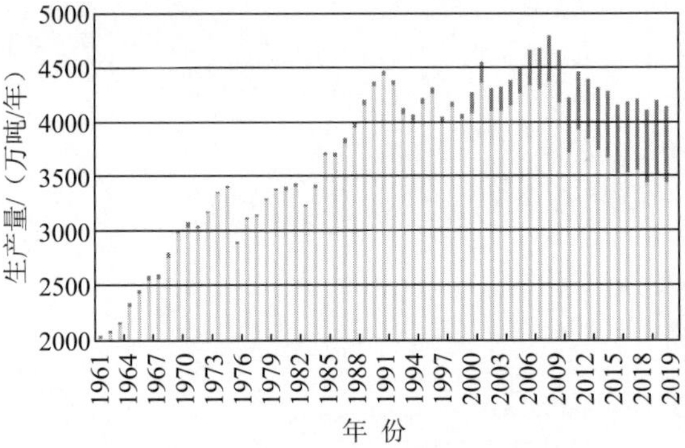

图1　1961—2019年中国和世界高得率浆生产量

■世界（中国除外）　■中国

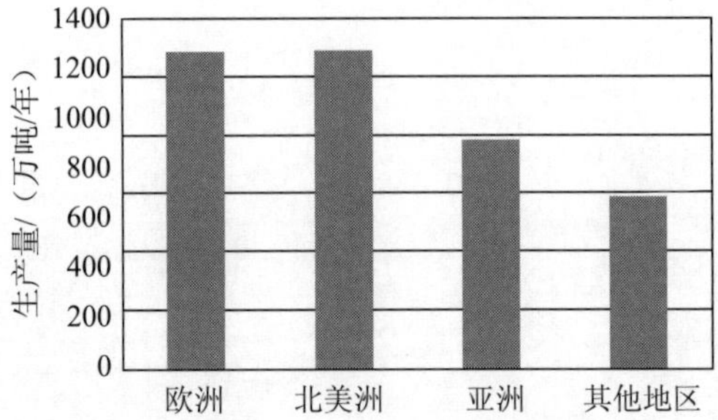

图2　2019世界各地区高得率浆产能分布

二、国内化学机械法制浆的生产现状

1995 年以后，我国高得率浆生产发展大致可分为两个阶段：第一阶段（1995—2002 年），生产线的主要特点是规模小、生产量低，以 APMP 和 BCTMP 为主导工艺，纸浆自产自用，主要用于生产新闻纸和文化用纸。规模较小的 APMP 制浆线目前已陆续关停或改造。第二阶段是 2003 年以后，生产线产能规模超过 10 万吨/年以上，多数单线产能达到 20 万～30 万吨/年，以 P-RC APMP 和 BCTMP 工艺为主，并大量使用进口木片组织生产，纸浆主要用于低定量涂布纸、超级压光纸、轻型纸、白卡纸和液体包装原纸等高档纸产品的生产。

新型化学机械浆与传统机械浆有很大区别，能够替代化学浆生产各类纸及纸板产品，主要有低定量涂布纸、超级压光纸、轻型纸、印刷书写纸、新闻纸、生活用纸等纸产品，以及液体包装纸板、白卡纸、白纸板等纸板产品。此外，针叶木采用化学机械法制浆工艺生产的绒毛浆，可用于卫生护理产品的生产。

1. 在印刷用纸中的应用

由 GW、PGW 和 TMP 工艺生产的阔叶木机械浆的强度很低，不能抄造超级压光纸、低定量涂布纸、新闻纸等印刷用纸。化学机械法制浆工艺大大提高了浆料强度，使阔叶木纤维在这些纸种中的应用成为可能。化学机械法制浆技术对木材纤维资源相对短缺的国家，特别有利用价值。阔叶木树种的种植和轮伐期一般为 5～8 年。用于生产新闻纸和超级压光纸时，其加拿大游离度（CSF）一般在 100～150 毫升；生产低定量涂布纸时，其 CSF 为 50～100 毫升。商品高得率浆的游离度较生产低定量涂布纸所需游离度要高，因此上纸机前需要进一步调整至低游离度。新闻纸可用 100% 针叶木 TMP 抄造。针叶木高得率浆用于生产此纸种是为了提高纸的强度或降低长纤维化学浆的用量。尽管化学机械法制浆工艺使阔叶木纤维在新闻纸中的应用成为可能，但阔叶木高得率浆因其纤维较短，撕裂强度仍然较低。由于对新闻纸来说撕裂强度非常重要，因此抄纸时常需配加化学浆以获得必要的撕裂强度。

2. 用于多层纸板的芯层浆

高得率浆最大的用途是用作多层纸板的芯层浆。芯层是纸板的主体部分，其主要功能是为纸板提供松厚度和弹性，多采用高松厚度高得率浆。用于纸板芯层的高得率浆的 CSF 一般在 400 毫升左右，白度在 70%～80%。高得率浆可被直接使用，也可在纸板机之前进行低浓打浆调整。高游离度针叶木浆有很好的松厚度和抗张强度，但其作为芯层，纸板表面会比较粗糙，因此其仅限于在一些低档纸板中使用。在高档纸板中．使用高品质阔叶木高得率浆，可使纸板获得更好的表面平整性。

3. 替代化学浆

随着高得率浆在不含机械浆的印刷/书写用纸等品种中的不断运用，所谓“不含机械浆”和“含机械浆”纸种之间的界线正逐渐消失。高白度阔叶木高得率浆已广泛应用于不含机械浆纸种中并为消费者接受。用于不含机械浆纸的几种典型商品高得率浆，其 CSF 通常为 250～400 毫升、白度 83%～86%，通常用来替代部分阔叶木硫酸盐浆。不含机械浆涂布纸中高得率浆的典型配用量为 5%～15%，未涂布纸种其用量常为 10%～25%。

过去使用阔叶木高得率浆主要目的是为了降低浆料成本，随着使用经验的积累，高得率浆的松厚度和不透明度的特性得到很好利用，赋予了含高得率浆纸种独特品质。在未涂布纸中，一般选用松厚度及游离度相对较高的高得率浆，以便充分利用高得率浆高松厚度及不透明度的优势。在生产涂布纸时，一般选用高抗张强度、低游离度的高得率浆。原纸经涂布后还可屏蔽一些光线，通过调整涂料配方，可将高得率浆的光诱导返黄降至很小值。

4. 在卫生纸产品中的应用

20 世纪 80 年代到 90 年代初，高游离度的针叶木高得率浆因其低成本和高松厚度深受青睐，被广泛应用于卫生纸和纸巾类产品中。然而，在过去几年里尽管卫生纸和纸巾的总消费量不断增长，但高得率浆的应用却呈下降趋势。用于卫生纸产品中的针叶木高得率浆的 CSF 一般为 500～650 毫升，阔叶木的 CSF 为 300～500 毫升。对卫生纸和纸巾来说，吸水性和柔软性是最重要的使用性能。高松厚度预示高的吸水能力，同时也给予产品一定松厚柔软的感觉。高得率浆具有独特的高松厚度，与化学浆相比优势十分明显。虽然高得率浆在卫生纸产品中的应用尚存细小纤维含量高易导致纸张掉粉、粘附扬克烘缸以及易于返黄等问题，但随着高得率浆质量的不断改进，其应用潜力较大。

三、化学机械浆生产中存在的问题和解决措施

国内 BCTMP 和 P-RC APMP 化学机械法制浆生

产线主要使用阔叶木（仅江西晨鸣纸业有限责任公司和福建腾荣达制浆有限公司等少数厂使用针叶木原料），多数沿海省份的企业大量使用风干进口木片制浆，材质和物料性状均不如新鲜材。非沿海省份虽然较少用进口木片，但所用木片多来源于小径材、枝桠材及加工剩余物等，纤维来源杂、材质低劣。国内化学机械法制浆生产线虽然已发展了数十年的历史，但大规模发展起始于 2003 年，生产线的运行还有待完善和积累经验，电能、化学品和新鲜水用量指标均处于较高消耗水平，且纸浆松厚度、白度、强度等质量指标波动大，影响了纸浆的使用品级。

1. 原料品质管理

与化学浆不同，因生产工艺的特殊性，化学机械法制浆的浆料性质更多受到木材种类、木材的新鲜程度等纤维原料性质的影响。这就意味着对于化学机械法制浆生产，原料品质管理显得更加重要。一般来说，对于同一树种，木材原料的新鲜程度越好、基础白度越高、木片基本密度越低，生产出的化学机械浆质量越好。

（1）混合木片的影响　国内大部分化学机械法制浆生产线采用商品木片进行制浆生产。采用进口木片还好，由国内小木片商供应的木片几乎无法控制品质，特别是木片中的树种情况十分复杂。目前化学机械法制浆技术，为了改善预浸效果，采用不同压缩比螺旋对木片进行挤压预处理。旨在排出木片中空气、疏松木片结构，提高比表面积，改善浸渍性能。

（2）木片新鲜程度的影响　高水分含量的新鲜木片非常有利于化学机械法制浆。新鲜原木经削片制取的合格木片含水率高达 48% 以上，此时木片组织的细胞腔中接近于水饱和状态，十分有利于药液的扩散作用，为后续磨浆和漂白提供了有利条件。木片风干后，木片组织的细胞腔中不再存在游离水，细胞液中可溶物干涸附着于细胞内壁，经过氧化和微生物作用，干涸物表面呈憎水性，对药液渗透产生阻滞作用。另外，长期堆放的木片，会产生腐败和热解作用，产生大量小分子物质，预浸时优先消耗化学品，化学品用量一定时，影响浸渍和软化效果。众所周知，相同材种，木片的原始白度将直接影响纸浆漂白性能，表现为漂白化学品用量显著提高。

国内木材资源匮乏，工厂生产线难以保证稳定的纤维原料供应，不得不大量使用枝桠材、小径材、加工剩余物和商品混合木片组织生产，给企业的原料管理、生产工艺和产品质量的控制带来了很大难度。高得率浆生产企业在使用不同来源和种类木片组织生产时，应更加重视木片的分级分类使用问题。

2. 预浸软化

预浸软化是化学机械法制浆生产中的一个重要工序。在木片进入盘磨机磨浆之前，采用化学品浸渍木片在一定的温度处理并反应一段时间，使木片产生润胀、组织结构松弛等变化，降低木片的力学硬度，实现木片的有效软化或磺化，减少后续磨浆过程中机械作用对纤维的过度切断和碎片化，改善纸浆的结合强度。

很多高得率浆生产线因使用混合商品木片在预浸软化时遇到很大问题。采用商品混合木片进行生产，很难实现均质预浸软化，导致磨浆电耗高、纸浆均一性差，特别是纤维筛分组分不合理、纤维束含量高，无法满足化学机械浆的高配比使用，达到高档纸产品的抄造要求。企业为了确保正常生产，只能采取成倍提高化学品药量的办法来强化浸渍作用，这不仅造成生产成本提高，纸浆松厚度和光学性能变差，而且导致废水污染负荷大幅度增加，废水难于处理等系列难题。

无论是采用 CTMP 工艺和 P-RC APMP 工艺，生产线均配置了单螺旋挤压设备，采用螺旋锥轴直径先变小后变大锥形结构（变径）、螺旋叶片螺距逐渐变大结构（变距）的单螺旋挤压机对木片进行挤压撕裂，通过增强挤压后物料的吸液性能来提高预浸软化效果。

3. 磨浆

磨浆操作是影响化学机械浆质量特别是纤维结合强度的重要工序。盘磨机的磨盘从圆心向外可分为 3 个环形区域，即破碎区、磨浆区和精磨区。软化后的木片经过喂料螺旋从定盘的中心进入磨片盘间区域，在离心力作用下首先进入破碎区，在稀疏分布的尺寸较大的粗齿作用下，对木片施加挤压和剪切作用力，木片尺寸迅速变小；再进入磨浆区，磨片上较细密的齿纹高频率、脉动式地对物料输入机械作用力，物料间形成摩擦、挤压形变，直至物料生物组织结构产生疲劳失稳而撕裂拆解，分离形成纤维束和单根纤维；精磨区齿纹更为细密，对浆料施加作用力的频率更高，纤维束进一步分离成纤维，使得纤维细胞壁不断发生形变，导致细胞壁层间结构疲劳，引起壁层的疏松错位及初生壁和 S1 层的破裂，产生所谓的分丝帚化作用，从而形成合格的浆料。根据以上描述，破碎/磨浆/精磨区径向分配比例、磨浆和精磨区齿型(齿宽、齿高、齿宽/槽宽比、齿棒与磨盘半径的夹角、挡浆条的分布等)、磨齿材料的弹性模量、盘磨转速、磨浆浓度、温度等对磨浆效能和效果都有重要的影响。另外，大型盘磨磨浆时，连续稳定恒量进料、可控的稳定的磨区与出浆口之间的压力差等对磨浆质量会产生重要影响。因此，设备参数和操作控制条件等因素都对磨浆效能和质量有密切的关系，配置高性能的磨浆机是生产线能否生产出高品质纸浆的重要设备装备保证。

4. 漂白

高得率浆漂白时过氧化氢与氢氧化钠之间的用量关系不存在固定的比例，必须根据不同树种和每个厂的实际情况进行碱用量优化，确定合理的用碱量才能获得最佳的漂白效果。过高的用碱量，会导致纸浆松厚度大幅度下降，纸浆漂白过程中会产生碱返色现象，而且会显著提高废水的污染负荷。化学机械浆的漂白终点，应保持合理的残碱和残余过氧化氢水平。否则，纸浆的白度稳定性变差，极易返色、返黄。

5. 结垢问题

生产线设备系统结垢严重是化学机械浆生产中存在的共性问题，特别是 P-RC APMP 工艺结垢现象更为明显。垢物主要由草酸盐、细小纤维、纸机白水湿部化学品和填料等形成，实际上过氧化氢漂白中适量的硅酸钠对结垢的贡献并不大。生产线设备系统必须定期进行除垢操作。

6. 废水处理

化学机械法制浆废水中的污染物质，主要来源于纤维原料中溶出的有机物、工艺过程中残余的化学药品和流失的细小纤维，废水呈棕红色。其有机污染物主要化学成分是木质素降解产物、多糖和有机酸等，其中木质素降解产物占 30% ~40%，多糖占 10% ~15%，有机酸占 35% ~40%。化学机械法制浆废水温度高、污染负荷大的特点，普遍采用以厌氧为核心的生物处理技术处理废水，包括水解、厌氧、好氧、混凝、深度处理等关键工序。处理流程中的厌氧单元能否长期稳定运行是该流程成败的关键，取决于化学机械浆废水中含硫物、螯合剂、树脂酸、单宁等对甲烷菌的生物毒性。Fenton 氧化是一种化学机械浆废水深度处理手段，存在废水处理化学品投用量过大、处理成本高的问题；臭氧氧化、磁化-仿酶催化等深度处理技术可将废水 CODcr 从 200 ~ 500 毫克/升降低到 60 ~ 90 毫克/升，大幅度降低了化学品用量，但在处理效率、处理成本等方面存在改进空间。

随着国家实施节能减排政策，国内化学机械法制浆吨浆耗水量从过去的 20 米^3 以上降至现在的 10 米^3 左右，废水浓度从过去的 7000 ~ 9000 毫克/升上升到现在的 12000 ~ 20000 毫克/升。而制浆造纸水污染物排放新标准，要求化学机械浆废水 CODcr 排放标准指标小于 100 毫克/升，特殊流域要求小于 60 毫克/升。一方面废水浓度大大升高，另一方面排放要求更加严格，如继续单纯采用厌氧-好氧生物处理技术，治理难度陡增，治理费用也会成倍地升高。因此化学机械浆废液碱回收系统在探索中获得了应用。

四、化学机械法制浆的发展趋势

化学机械法制浆代表了未来制浆技术重要发展方向，是当今世界快速发展的新一代清洁制浆技术，在节约资源和保护环境的双重压力下，迎来了一个新的发展机遇期。

采用温和的化学预处理和高效的磨浆和漂白技术的现代高得率制浆工艺，实现了对原料中纤维素、木质素和半纤维素的最大化利用。与传统化学法制浆工艺比较，具有如下方面的优势：制浆得率高、制浆过程仅辅助使用绿色化学品、水资源消耗低、污染发生量小、设备投资省、可生产纸及纸板品种多。

1. 纤维原料的拓展

早期的磨木浆，主要使用针叶木原木生产新闻纸、纸板芯层用浆，对浆料白度和强度要求不高。盘磨机械浆和热磨机械浆使木片磨浆成为可能。随着 CTMP、P-RC APMP 和 CTMPc 等新型化学机械法制浆工艺的出现，高得率浆生产不仅可以使用原木，还可以使用小径材和枝桠材为原料，并且由原先单一的针叶材树种拓展到阔叶材树种，提高了对木材原料的适应性，同时纸浆的强度和光学性能达到或接近化学浆水平，可生产的纸品种类增加，能够生产白卡纸、铜版纸、超级压光纸等各类高档纸及纸板品种。

麦草、竹子化学机械浆已能够用于本色纸及纸板的生产。使用 3% ~5% NaOH 用量化学浸渍工艺制取的麦草化学机械浆，纸浆滤水性好、强度高、松厚度好，可生产高质量瓦楞原纸。用于与废纸进行多层抄造高强纸板，可改善纸机抄造性能、提升纸板质量等级。使用烧碱法和碱性亚钠法浸渍的慈竹化学机械浆抄造的挂面牛皮箱纸板完全达到国标

B级以上要求(GB 13024—2003)，经多段碱性过氧化氢漂白的浆料已能满足多数漂白纸种的质量要求。

随着国家新版限塑令和禁止国废进口政策的施行，国内造纸工业纤维原料供应缺口达3000万吨。至2025年，新版限塑令将为造纸工业新增约850万吨代塑纸及纸板消费需求。限塑和禁止固废进口两方面因素叠加，加剧了造纸工业纤维供应紧张局势，已影响到造纸企业可持续安全运行。非木材纤维高得率浆是废纸的良好替代来源，国内多家大型造纸企业已将其纳入企业原料战略规划。可以预见非木材纤维化学机械法制浆技术和装备的发展和应用将步入一个新阶段。

2. 化学机械法制浆工艺的发展

(1)工艺演化趋势 化学机械法制浆生产技术经过多年的发展，已在原来的TMP基础上发展到第三代化学机械法制浆工艺，即 BCTMPc 和 P-RC APMP，两种工艺路线出现技术融合现象。一些原先用于 APMP 或 P-RC APMP 的专有技术，例如经过对碱性过氧化氢对破碎木片的预处理技术原理的深入理解，已用于以阔叶木为原料的 BCTMP 或 BT-MP 的技术改造中，开始强调挤压破碎对化学浸渍和磨浆的积极作用，从而提高纸浆白度、改善浆料物理性能；而最早用于 BCTMP 或 BTMP 的纤维细胞壁破碎理论、压力热磨理论也在新建的 P-RC APMP 生产线上看到其技术踪影。随着工厂新鲜水用量的限制及车间用水封闭循环程度的提高，原先用于 BCTMP 生产线的碱性、中性或酸性 Na_2SO_3 化学浸渍方式因废水循环封闭使用程度的提高及含硫废水处理难等原因而受到限制。对于阔叶木原料，化学机械法制浆生产线将更乐于使用碱性过氧化氢作为化学浸渍处理手段，而避免了 Na_2SO_3 的使用。基于同样的原因，其他酸性条件的漂白工艺(例如连二亚硫酸钠漂白)的应用也受到一定程度的限制。

针对国内纤维原料的特点，国内企业开发的双螺旋挤压机设备，对预处理材性差异大的木材纤维原料具有一定优势，可大幅提高木片的浸渍性及后续磨浆的平稳性。在进口化学机械浆生产线的升级改造工程中获得了应用，显示出良好的节能、节约化学品和提高生产线产能等方面成效，值得大规模推广。从技术的实用性和生产试验结果来看，其他一些改良的化学机械法制浆方法，例如高白度 RT-ATMP 磨浆机漂白、喷放管线漂白、植入 OBA 增白的过氧化氢漂白等技术，在一些满足特定条件的已有漂白化学机械浆生产线的升级改造中获得应用。

(2)节能降耗 从工艺的发展演变过程来看，化学机械法制浆始终围绕着节能(节电和蒸汽回收)、降耗(主要是纤维原料和化学品)这一主线方向发展。化学机械法制浆生产的直接成本主要来源于3个方面——纤维原料、电量和化学品，其中，电耗主要是用于纤维解离和发展纤维强度时的盘磨机的电量输入，化学品消耗是指用于化学浸渍和漂白($NaOH$、H_2O_2)和辅助漂白化学品。

化学机械法制浆直接生产成本中，纤维原料、电量和化学品等3项成本大致占比为：纤维原料约50%，电能约30%，化学品约16%，水和煤等其他消耗成本约占4%。生产线的纤维原料和工艺路线一旦确定下来以后，实施生产中可改变的就是用电和化学品了。使用速生杨木和速生桉木进行制浆时，吨浆化学品消耗已经降低到 H_2O_2 用量30～50千克和 NaOH 用量20～40千克的较低水平。在总的直接成本中，用电成本仍占较大比重，节电是化学机械浆生产中的一项首要任务。如今中等游离度(200～400毫升 CSF)的阔叶木化学机械浆能耗已经由早先的1200～1500千瓦时/吨降低到目前的900～1200千瓦时/吨，未来还会进一步降低。

化学机械浆生产中影响用电成本的因素主要有：①纤维原料的品种，例如，针叶木的磨浆电耗一般来说高于阔叶木。②磨浆设备的选择，例如，在充分发挥产能的情况下，一般来说，大直径磨浆机单位比能耗较低，磨浆机转速越高能耗越低(1800转/分＜1500转/分)，常压磨低于压力磨等。③挤压处理和磨浆工艺的选择，木片经过充分的化学预处理和机械挤压处理，能耗可以大幅度降低。至于二段磨浆工艺，是选择高浓＋低浓还是高浓＋高浓工艺配置，应依据具体纤维原料品种和所生产目标产品来确定。

(3)节水和减污减排 国内化学机械浆生产所用纤维原料主要为桉木、杨木、马尾松、杉木等速生树种及其小径材、枝桠材、加工剩余物和进口商品木片。由于材性差异大、质量两极分化的商品木片的大量使用，造成了生产过程中化学品用量大、生产线运行状况不稳定的现状。过高的化学品用量，一方面降低纸浆的得率，另一方面产生更多溶解组分进入废水处理系统，给废水处理工段造成负荷冲击。化学机械浆生产运行过程中对化学浸渍和漂白化学品的优化非常重要。未经优化的化学品添加工艺可能会造成30%～50%的化学品的浪费，不仅对废水处理工程构成负荷冲击，还会对制浆系统和抄纸系统产生一系列的不良影响，例如浆料的洗涤洁净度的降低和阴离子垃圾对造纸机湿部化学平衡的破坏等。

生产用水的高度封闭逆流循环使用已成为化学机械浆生产系统的显著特征，一方面极大地减少了清水的使用量，另一方面为充分回收系统的热能提供了便利。化学机械浆化学浸渍浓废液的处理，除了送废水处理工段外，可以送独立的碱回收系统回收其中的化学品和热能，已经过多家工厂的运行经验证明是可行的。对于有化学浆碱回收系统综合工厂，化学机械浆系的浓废液送碱回收系统处理有着更高的经济收益。

3. 化学机械法制浆装备的发展

机械浆工艺的进步离不开新型装备的发明和出现。化学机械法制浆的设备主要有木片挤压机装置、化学预浸器、磨浆机等。除此而外，还有中浓洗涤和筛选设备、中浓浆泵等辅助设备，这些辅助设备对化学机械法制浆设备系统的发展也起到了重要作用。

化学机械浆生产中，最重要的设备是用于纤维原料解离和发展纤维强度的磨浆机，生产中大部分电耗都用在了磨浆机的运行中。随着化学机械浆单线产能的提高，磨浆机的尺寸越来越大和所配置电机功率越来越高。用于化学机械法制浆的大尺寸高浓盘磨机主要有美卓公司(现在的维美德公司)的单盘磨 RGP 268 SD(Φ1728)、双盘磨 RGP 68 DD(Φ1730)和锥区盘磨机 RGP 82 CD(Φ2080)以及安德里茨公司的双磨区磨浆机 Twin 66(Φ1680)等。为了节能和提高纤维解离质量(改善纤维尺寸分布)，国外高浓盘磨机的发展朝着扩大磨区面积的大尺寸磨浆机的方向发展，磨浆机所配置的电机功率越来越大，例如美卓公司的 RGP 68 DD 电机功率最大的已达到 30 兆瓦。国内已研制开发出多款用于机械法制浆的高浓磨浆机，有关生产厂家有镇江中福马机械有限公司、北京春辉泰合机械设备租赁有限公司、福建省轻工机械设备有限公司、山西轻工机械厂等，但与国外化学机械浆装备制造商比较，还存在较大差距。镇江中福马机械有限公司的 BM 和 EX 系列磨浆机能够满足 10 万吨/年化学机械浆生产线的配置需要。随着国内装备制造商的重视和研发力量的投入，相信在不久的将来，能够制造出满足 15 万吨/年甚至 30 万吨/年产能的国产高浓磨浆机。

4. 化学机械浆生产中需要正确处理 4 对矛盾关系

未来化学机械法制浆工艺的革新和进步，需要着力解决以下 4 个方面的对立矛盾关系：

(1)化学处理程度与纸浆得率　化学机械法制浆实际上是一个热能、机械能和化学能的综合作用过程，利用 3 种能量方式的联合作用将木片组织解离成合格浆料。化学机械浆的得率与浸渍和漂白化学品用量密切相关，并且与生产过程的污染物发生量密切相关。控制化学品用量和添加位置在高得率浆生产中非常重要。合理的添加位置有助于更好地发挥化学品的处理效率。一般来说，化学品的添加位置越靠近生产线的前端，节能增强效果越明显，有利于提高化学品的使用效率；不能为了提高浆料强度和白度等质量指标过多使用化学品特别是氢氧化钠用量。与此同时，采用温和多位置加药方式也有利于提高化学品的使用效率，获得良好化学处理效果同时保持较高的纸浆得率。

(2)磨浆与纤维长度分布　高得率浆的品质主要受浆料的纤维长度分布、纤维束含量等纤维形态指标影响。高得率制浆的磨浆过程不可避免造成纤维的切断和碎片化。如何正确选择磨浆工艺、配备磨浆设备并控制磨浆参数，使浆料的纤维长度分布在合理范围，对于能否生产出合格纸浆至关重要。例如，生产中磨浆系统是选择高浓 + 高浓还是高浓 + 低浓磨浆，选择压力磨还是常压磨方案，都需要依据具体的纤维原料品种、产品质量目标等具体情况进行确定。

(3)松厚度和结合强度　高得率浆的松厚度和以抗张强度表示的结合强度呈显著的负相关关系。是否能够实现在高松厚度下实现纤维间良好的结合强度，是衡量化学浸渍和磨浆工艺合理性的重要标志。未来化学机械法制浆工艺的发展方向，应能够依据目标产品的需要，随着按照松厚度优先或结合强度优先原则随意调整工艺。

(4)白度和返黄　高得率浆因含有几乎全部的纤维原料中的木质素组分而易于返黄。不同原料和生产工艺的浆料返黄程度存在差异。目前的研究认为，较高白度的高得率浆其返黄程度也越高；充分洗涤的洁净浆料不易返黄。如今高得率浆已能够漂白到前所未有的白度水平，例如针叶木浆白度为 74% ~80%，阔叶木浆白度 80% ~89%，可满足绝大多数漂白类纸及纸板产品抄造需要。随着碱法抄纸和纸张涂布等工艺或方法的应用，高得率浆的返黄或白度下降已不再是限制其应用的主要障碍。尽管如此，高得率浆的生产、储存和运输中采用能够抑制返黄的技术，仍然能够为企业节约化学品和扩大浆料的应用场景提供更多的选择。抑制高得率浆的返黄仍然值得造纸从业人员的关注。

(房桂干　沈葵忠)

2020年纸浆期货市场运行情况

The Market Operation of Pulp Futures in 2020

2020年，全球经济走过了一段挣脱至暗与寻求光明的坎坷路程，新冠肺炎疫情危机重创全球经济金融发展，国际贸易大幅萎缩，金融市场剧烈震荡，发达国家货币同步宽松，政府债务水平再创新高。单边主义、贸易保护主义抬头，地缘政治风险再起。全球经济环境不确定因素的增加，期货市场风险管理作用进一步凸显。风险管理是衍生品市场的基本功能，外部环境越不确定，期货市场越能发挥“避风港”作用。

一、2020年衍生品市场概况

近10年以来，全球场内衍生品市场成交规模总体稳步上升。根据美国期货业协会(FIA)统计数据，2020年全球期货与期权成交量为467.67亿手(单边，下同)，同比增长35.59%，成交规模大幅增长，见图1。其中，期货成交量约为255.45亿手，占总成交量的54.62%；期权成交量约为212.21亿手，占总成交量的45.38%。

从标的资产种类来看，金融类衍生品成交量为371.82亿手，同比增长36.34%，占场内衍生品总成交量的79.50%，商品类衍生品成交量为95.86亿手，占总成交量的20.50%。2020年全球各类场内衍生品成交量见表1。

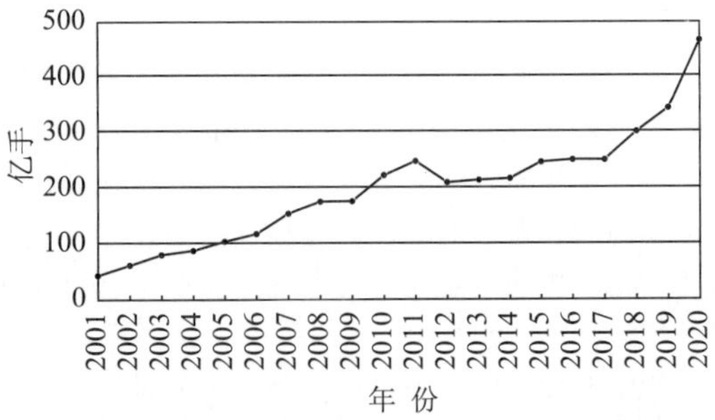

图1 2001—2020年全球场内衍生品成交量变化情况

数据来源：美国期货业协会（FIA）。

从交易地区看，全球各大地区的场内衍生品成交规模均有不同程度增长，2020年亚太地区成交量同比增长38.92%，占总成交量的43.08%，继续居于全球首位。北美地区交易回暖，成交量同比增长25.15%，市场份额为27.47%，位居全球第2。拉美地区成交量同比增长56.93%，市场份额自2016年以来逐步上升至13.75%，并超越欧洲地区成为全球第3。欧洲地区成交量同比增长11.27%，市场份额为11.98%，位居全球第4。2020年全球各地区场内期货与期权成交量见表2。

表1 2020年全球各类场内衍生品成交量

类别		2020年成交量/亿手	2019年成交量/亿手	同比/%	占场内衍生品总市场份额/%
金融类	期货	163.40	123.28	32.55	34.94
	期权	208.41	149.43	39.48	44.56
	金融类小计	371.82	272.71	36.34	79.50
商品类	期货	92.05	69.30	32.84	19.68
	期权	3.80	2.92	30.39	0.81
	商品类小计	95.86	72.21	32.74	20.50
总计		467.67	344.92	35.59	100.00

数据来源：美国期货业协会(FIA)。

表 2　2020 年全球各地区场内期货与期权成交量

地区	2020 年成交量/亿手	2019 年成交量/亿手	同比增减/%	占场内衍生品市场份额/%
亚太	201.47	145.03	38.92	43.08
北美	128.47	102.65	25.15	27.47
拉美	64.33	40.99	56.93	13.75
欧洲	56.01	50.34	11.27	11.98
其他	17.40	5.91	194.46	3.72
合计	467.67	344.92	35.59	100.00

注："其他"包括希腊、以色列、南非和土耳其。

数据来源：美国期货业协会(FIA)。

截至 2020 年年底，我国期货市场已有期货期权品种 90 个，其中商品期货 62 个，金融期货 6 个，商品期权 21 个，金融期权 1 个，基本覆盖了国民经济的主要领域。

2020 年，我国期货市场成交量和成交额分别为 61.53 亿手和 437.53 万亿元，同比分别增长 55.29% 和 50.56%。我国期货市场成交量占全球期货及期权市场总成交量的 13.20%，较 2019 年增长 1.70%。近 20 年我国期货市场成交量变化情况见图 2。

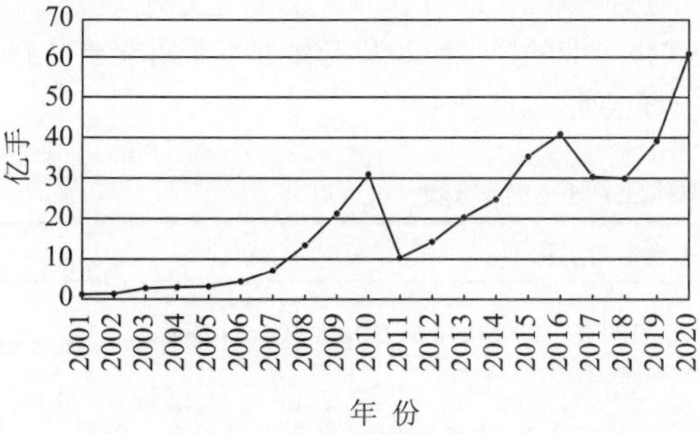

图2　2001—2020年中国期货市场成交量变化情况

在中国证监会的领导下，上海期货交易所(以下简称"上期所")已经发展成为拥有期货、期权和标准仓单交易平台的综合性期货及衍生品交易所。目前上期所上市有 20 个期货品种和 5 个期权品种，形成了涵盖能源化工、有色金属、黑色金属和贵金属等国民经济关键领域的产品体系。

2020 年，上期所(含上海国际能源交易中心)累计成交量 21.29 亿手，累计成交金额 152.80 万亿元，同比分别增长 47.04% 和 35.80%，分别占全国市场的 34.60% 和 34.92%。根据美国期货业协会(FIA)统计的"全球交易所 2020 年场内衍生品成交量"排名，上期所排名第 9 位，并连续多年位列全球交易所排名前 10。

2020 年，纸浆期货累计成交量 3436.29 万手，累计成交金额 1.64 万亿元。根据美国期货业协会(FIA)按成交量排序，纸浆期货位列全球场内农产品衍生品合约第 16 位。

二、纸浆期货市场运行情况

2020 年，上期所纸浆期货主力合约年初开盘价 4606 元/吨(1 月 2 日，下同)，最高价 5748 元/吨(12 月 31 日)，最低价 4252 元/吨(2 月 3 日)，最大价差 1496 元/吨，年末收盘价 5746 元/吨(12 月 31 日，下同)，2019 年年末收盘价 4604 元/吨，全年上涨 1142 元/吨，年涨幅 24.80%。市场整体运行平稳，持仓结构良好。期货价格与漂针浆现货均价相关性为 0.97，呈强相关性，见图 3。纸浆期货价格正逐步成为国内纸浆现货贸易的重要参考基准，见表 3。

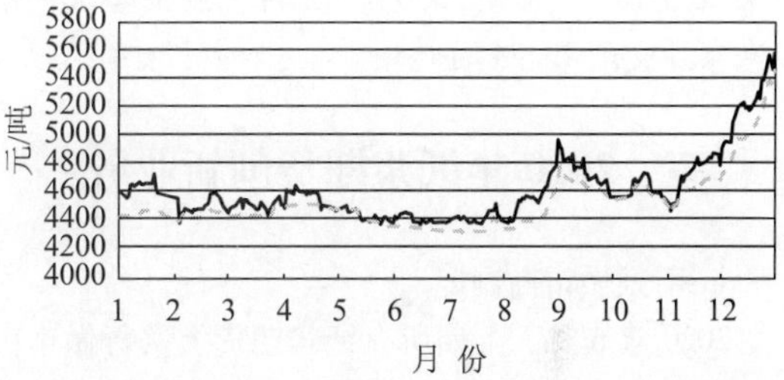

图3　2020年纸浆期货和国内现货市场价格比较

—— SHFE纸浆期货主力合约收盘价　- - - 漂针浆现货均价

数据来源：上海期货交易所、卓创资讯。

表 3　2020 年纸浆期货主力合约价格表

项目	纸浆期货价/(元/吨)
年初开盘价	4606
年末收盘价	5746
最高价	5748
最低价	4252
极差	1496
标准差	248
年度平均价	4631

数据来源：上海期货交易所。

2020 年纸浆期货成交 3436.29 万手，同比减少 5.46%，成交金额 1.64 万亿元，同比减少 8.28%。日均持仓 17.40 万手，同比增长 47.58%，年初持仓为 13.47 万手，年末持仓为 28.89 万手。从成交情况看，法人客户成交占比约为 40%，自然人客户成交占比约为 60%。从持仓结构来看，纸浆期货的法人客户持仓占比约为60%，自然人客户持仓占比约为40%。纸浆期货成交和持仓量呈现稳步增长的趋势，见图4。

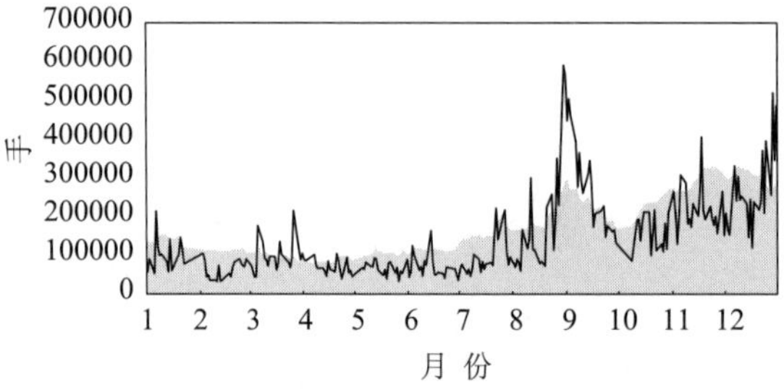

图4 2020年纸浆期货成交持仓变化情况

持仓量 —成交量

数据来源：上海期货交易所。

2020年，上海期货交易所纸浆期货累计交割22688手（折合纸浆22.69万吨），同比增长221.82%。其中5月交割量最大，交割7364手（折合7.36万吨）。截至2020年12月，纸浆期货上市以来累计交割29.74万吨。

三、2020年纸浆期货创新业务

1. 引入做市商制度

2020年6月，上期所在纸浆期货上实行做市商制度，并同时公布15家纸浆期货做市商名单。开展做市交易是完善交易机制，做精、做细、做强现有期货品种，促进期货功能发挥的一项重要举措。近几年的探索实践证明，做市交易在提升不活跃合约的活跃度、改善合约连续性上起到了积极作用，做市成效也得到了市场参与者，尤其是产业客户的普遍认可。纸浆期货引入做市交易后，合约连续性已明显改善，为实体企业利用期货市场管理风险提供了便利。

2. 开展贸易商厂库制度

2020年9月，上期所公布厦门建发纸业有限公司、浙江永安资本管理有限公司和金翌贸易（上海）有限公司3家企业为指定漂白硫酸盐针叶木浆厂库。并自2020年9月28日起，开展漂白硫酸盐针叶木浆（期货）标准厂库仓单业务。贸易商厂库交割制度的引进，使纸浆期货交割更灵活，促进现货贸易流通；使期货仓单流通更加灵活，方便实体企业参与套期保值，进一步提升纸浆期货服务实体企业的能力。

3. 优化交割资源

2020年4月，上期所增加“Sodra Blue”为纸浆期货可交割品牌。截至目前，纸浆期货可交割品牌达到12个，涉及5个国家10家企业的15个加工厂。纸浆期货交割资源的增加，扩大了企业对交割标的选择范围，助力更多企业参与交割，拓宽了服务实体企业的广度。2020年纸浆期货可交割品牌和生产企业信息见表4。

表4 2020年纸浆期货可交割品牌和生产企业信息表

序号	国家	生产企业	品牌名称	中文参考名称	生产厂
1	加拿大	Cariboo Pulp & Paper Company	Cariboo	凯利普	Cariboo Pulp & Paper Company
2		Mercer International Inc.	Celstar	月亮	Zellstoff Celgar Limited Partnership
3		Catalyst Paper Corporation	Crofton CKBC	金狮	Crofton Pulp & Paper Division (of Catalyst Paper Corporation)
4			Crofton CKHFI	雄狮	Crofton Pulp & Paper Division (of Catalyst Paper Corporation)
5		Nanaimo Forest Products LTD.	Harmac	马牌	Harmac Pacific Mill
6		Canfor Pulp LTD.	Northwood	北木	Canfor Northwood Pulp Mill
7	芬兰	UPM-Kymmene Corporation	UPM Conifer	芬欧	UPM Pietarsaari Pulp Mill UPM Kaukas Pulp Mill UPM Kymi Pulp Mill

续表

序号	国家	生产企业	品牌名称	中文参考名称	生产厂
8	俄罗斯	Ilim Group Joint Stock Company	Bratsk	布针	The Bratsk Branch of Ilim Group Joint Stock Company
9			Ust-Ilimsk	乌针	The Ust-Ilimsk Branch of Ilim Group Joint Stock Company
10	智利	Celulosa Arauco y Constitución S. A.	Arauco	银星	Nueva Aldea Pulp Mill Arauco Pulp Mill Valdivia Pulp Mill
11		CMPC Celulosa S. A.	Pacifico	太平洋	Pacifico Pulp Mill
12	瑞典	Södra Skogsägarna ekonomisk förening	Sodra Blue	蓝森林	Södra Cell Värö Södra Cell Mönsterås
				蓝森林 Z	Södra Cell Mönsterås

4. 授权结算价至境外交易所

2020 年 9 月 18 日，上期所将纸浆期货交割结算价授权挪威浆纸交易所（NOREXECO ASA），允许其上市以上期所纸浆期货交割结算价为基准进行现金结算的期货合约。10 月 16 日，挪威浆纸交易所挂牌上市上海纸浆期货合约。

纸浆期货结算价授权境外交易所是中国期货市场价格在国际金融市场的首次直接应用，也是上期所加快落实资本市场对外开放的举措，提高了我国期货市场的国际竞争力和影响力。

四、总结与展望

经过 20 多年的发展，我国期货市场品种体系不断丰富，参与期货交易的企业与专业投资者越来越多，期货市场投资者结构趋于合理。期货价格在更大范围内综合反映了供求因素的变化，期货市场的套期保值和价格发现功能越来越完善。同时，期现价格联动性紧密，期货对现货市场的指导作用不断增强，我国大宗商品市场价格体系已基本形成。习近平总书记在浦东开发开放 30 周年庆祝大会上强调，“提升重要大宗商品的价格影响力，更好服务和引领实体经济发展”，更加坚定了中国期货市场的发展方向。

纸浆期货自 2018 年上市以来，总体运行平稳。期货价格和境内外市场紧密联动，客观反映了我国及全球纸浆市场供求变化，充分发挥了价格发现功能。随着纸浆期货的运行成熟，越来越多的实体企业参与期货市场进行套期保值，企业风险管理意识和对期货功能的认识不断提高。同时，国内纸浆行业的定价方式正在逐步演变，市场价格透明度增加，产业定价话语权和国际影响力也逐步提高。

下一步，上期所将坚持稳字当头、稳中有进的整体方针，继续做精做细做深纸浆产品，积极推进纸产品期货研发，强化功能发挥，优化资源配置，助力企业提质增效，更好服务实体经济，为“十四五”规划开局打好基础。

（胡战国）

2020年我国竹浆纸产业发展现状及趋势

Development Status and Trend of Bamboo Pulp and Paper Industry in China in 2020

21世纪以来，我国造纸产业快速发展，由于我国纸浆资源有限，国家积极推动发展林浆纸一体化，鼓励有条件的地区进行竹材制浆造纸。2004年1月5日，国家发展改革委发布《全国林纸一体化工程建设“十五”及2010年专项规划》，在基础条件中指出，“我国是世界上竹子主要生产地区，竹子资源丰富，也能成为较好的造纸纤维原料，利用竹类资源制浆造纸，是林纸一体化工程建设的重要组成部分，有条件的地区要予以充分重视”。在规划布局中明确要求“合理利用西南木竹资源”。该地区主要指四川、云南、贵州和重庆等，是竹子生长主要地区，现有竹类资源急待开发利用。2007年10月国家发展改革委颁布实施首部《造纸产业发展政策》，在产业布局中指出，要“坚持因地制宜，合理利用非木纤维资源。”“西南地区要合理利用木、竹资源，变资源优势为经济优势，坚持木浆、竹浆并举”。在产业快速发展拉动和国家政策支持下，这一时期，竹浆造纸得以快速发展。

由于竹子采伐、运输以及环保等因素影响，竹浆造纸难以在规模和成本上与木浆和废纸浆竞争，面对各种危机和不利因素。2012年起，竹浆造纸企业为了持续、稳定、健康发展，开始转型升级，调整产品结构，侧重生活用纸市场，特别是本色竹浆生活用纸概念的推出，与木浆生活用纸拉开价格竞争距离，从产品本质上提档升级，走向高端消费市场。本色竹浆生活用纸打开了竹浆纸差异化发展的序幕，成为近年来造纸行业差异化产品的一大亮点，引领了绿色环保新风向，并成功发展出“竹—浆—纸—加工—销售”一体化的制浆造纸新模式。2017年在《中国造纸协会关于造纸工业“十三五”发展的意见》中再次提到，“西南地区要以木竹资源开发为重点，加大林区道路等基础设施建设，合理规划布局。可适当发展一定规模的木浆和竹浆”。在行业、企业的共同带动下，竹浆纸新模式得到进一步推进，竹浆生产量再度进入快速上升通道。

一、我国竹浆纸产业发展现状

1. 我国竹浆原料林地区分布情况

竹子是森林资源之一，全世界竹类植物约有70多属1200多种，主要分布在热带及亚热带地区。我国竹类资源十分丰富，在种质资源、竹林面积、蓄积量均居世界首位，素有“竹子王国”之称。据统计，我国竹类植物共有48个属，500多种，这些竹种分布在北纬40度以南的广大地区，在我国27个省(市、区)均有竹子自然分布，主要集中分布在福建、江西、四川、湖南、广东、广西等16个省(市、区)。

其中竹林资源丰富的四川省，主要竹种有24属230余种。2018年，四川省全面启动竹产业高质量发展行动。2019年，四川省实现竹林面积和竹业综合产值“双增”，全省竹林面积达到118.7万公顷，根据规划，到2022年，全省竹林面积将超过120万公顷，竹业综合产值突破1000亿元。根据统计，四川省现有稳定的竹林中，80万公顷可用于制浆造纸，年生产竹浆可达300万吨。用于制浆造纸的竹子种类包括慈竹、绵竹、白夹竹、水竹等，其中，使用最多的是慈竹和绵竹。四川省竹林主要分布在泸州市、宜宾市、乐山市、雅安市、眉山市、成都市、达州市、广安市、资阳市、内江市、自贡市、绵阳市、遂宁市等地。

2. 我国竹浆生产发展总体情况

竹浆造纸的发展历程与我国经济和造纸产业结构调整密切相关，宏观经济和产业环境的变化影响了竹浆纸产业的发展轨迹。根据统计(见图1)，从改革开放至今，我国竹浆生产量大致经历了3个阶

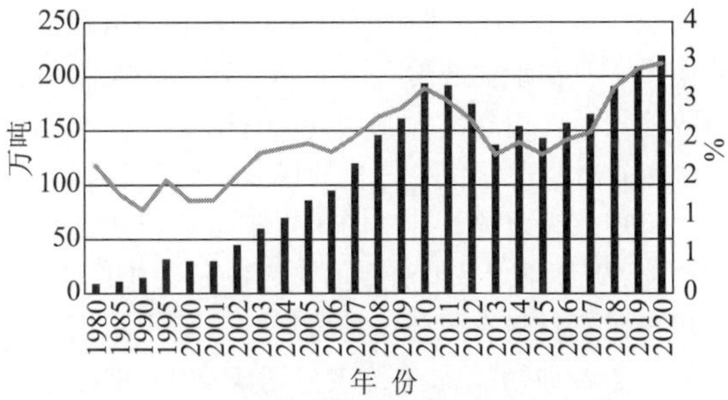

图1　1980—2020年我国竹浆生产量及占纸浆总生产量的比例

▬竹浆产量　　——占纸浆总生产量比例

注：数据来源于中国造纸协会、《中国造纸年鉴》。

段：一是1980—2010年竹浆生产量持续增长期，1980年全国竹浆生产量仅为9万吨，到2010年增长至194万吨，年均增长率1.57%。随着竹浆生产量的增加，在纸浆消耗总量的比例也基本保持增长，从最低的1.08%增长至2.65%。二是2011—2013年短暂调整期，主要是受全行业产能过剩及国际木浆价格冲击影响，竹浆生产量在这3年持续走低，年均下降64.78%，2013年竹浆生产量降至137万吨，比最高值减少57万吨，在纸浆总消耗量的比例也下降至1.79%。三是2014至今的复苏增长期，随着竹浆应用向生活用纸方向调整，加快了竹浆的需求，带动了竹浆生产量的提升，2020年竹浆生产量达到219万吨，占纸浆总生产量的2.97%，恢复到历史最好水平。预计随着竹浆生活用纸的持续快速发展，竹浆生产量将继续增加。

3. 2020年我国竹浆生产情况

2020年我国竹浆生产量219万吨，其中，本色竹浆107万吨，漂白竹浆112万吨。随着后续本色竹浆的产能陆续投产，本色竹浆的生产量还将继续提升。根据统计，目前生产竹浆的地区主要包括西南地区的四川省、重庆市、贵州省、云南省，以及广东省、江西省、广西壮族自治区等地，其他地区也有部分竹浆生产。四川省竹浆生产量最高，2020年全省竹浆生产量118.3万吨，同比减少8.9%，占全国总生产量的54%。其中，本色竹浆生产量57.08万吨，漂白竹浆生产量61.22万吨。生产量较高的还有贵州省、重庆市，竹浆生产量分别为23万吨和20万吨。重庆市竹浆主要以本色竹浆为主，而贵州省则是漂白竹浆较多。此外，广东省和江西省分别有10万吨的生产量，广西壮族自治区和云南省分别约有3万吨的生产量，广西壮族自治区没有纯竹浆生产企业，只是生产竹桉浆。

二、我国竹浆纸相关企业情况

1. 我国竹浆纸企业基本情况

由于竹浆纸相关企业分布较为分散，统计起来非常困难。通过查询“全国企业信用信息公示系统”，经过数据清洗后共获得587家经营范围中含有“竹浆”的企业数据(见图2)。从企业所属行业来看，与竹浆纸相关的企业主要属于造纸和纸制品业，共有307家。此外是批发业，有153家。木材加工和木、竹、藤、棕、草制品业有50家，纺织业30家，零售业24家。此外还有科技推广和应用服务业12家，文教、工美、体育和娱乐用品制造业7家，以及林业4家。

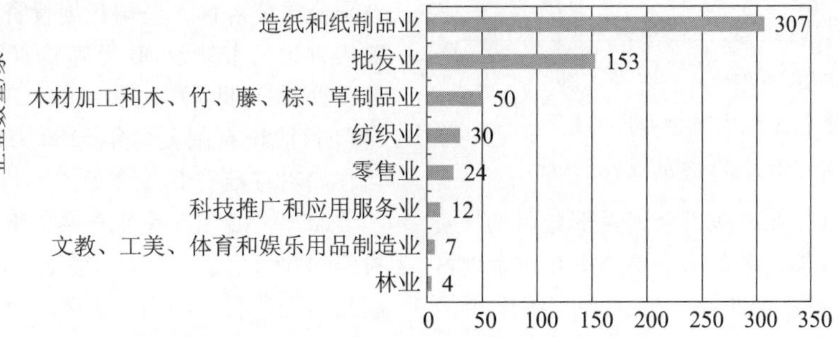

图2　我国与竹浆造纸相关所属行业分布状况

注：数据来源于全国企业信用信息公示系统。

从所统计企业的地区分布来看(见图3)，企业分布在全国25个省市区，其中广东省、福建省、四川省、广西壮族自治区4个省区是竹浆生产主要地区，但由于原料资源、市场经济、生产基础等因素的影响，各地的企业类型有较大的差异。广东省企业数量最多，为234家，分析发现大部分属于加工型中小企业或批发、零售企业。福建省有98家，企业性质与广东省类似。四川省有59家，大部分是竹浆生产及竹浆纸制造企业。此外，广西壮族自治区、山东省、江苏省、河南省、湖南省、上海市等地企业数量在 10～30 家，其他 15 个地区的企业数量均低于 10 家。

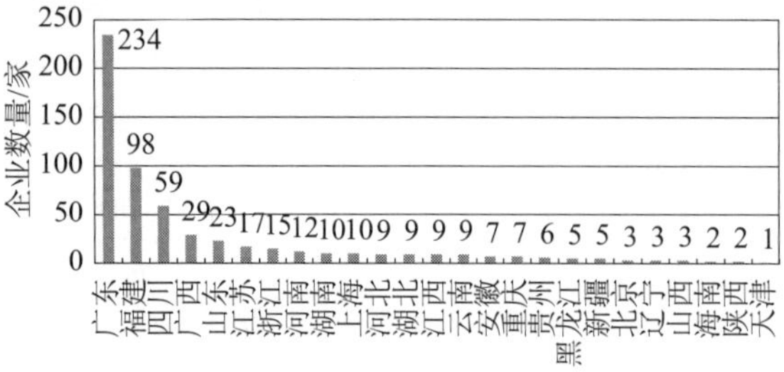

图3 我国与竹浆造纸相关企业所在地区分布

注：数据来源于全国企业信用信息公示系统。

2. 主要竹浆纸生产企业地区分布情况

根据文献资料以及企业信息的不完全统计，截至 2020 年，已投产的大中型竹浆生产企业共计 18 家，合计年产能 260 万吨。从竹浆生产企业产能的地区分布来看(见图4)，主要在四川省，共有 13 家大中型竹浆生产企业，约有 180 万吨年产能，占全国竹浆总产能的 65%。此外，贵州省 40 万吨、重庆市 20 万吨，广东省 20 万吨、江西省 15 万吨、广西壮族自治区 8 万吨。

根据不完全统计，2021—2022 年还有多个项目正在建设或计划建设，未来 3 年将新增 100 万～120 万吨的年产能。其中四川省预计新增 80 万～100 万吨年产能，贵州省新增 30 万～40 万吨年产能。

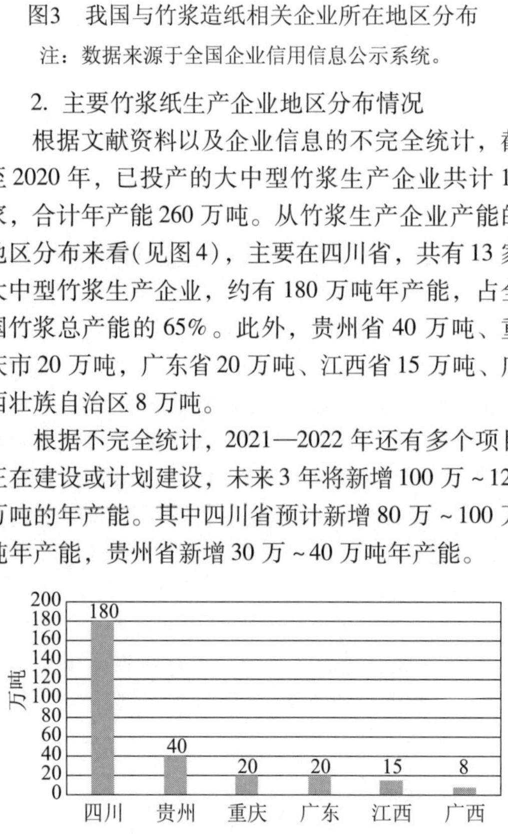

图4 我国主要竹浆纸生产企业产能地区分布

注：数据来源于公开资料和企业信息统计。

四川省竹浆纸产业占据了全国大部分市场。资料显示，四川省竹浆生产企业主要集中在川南地区的乐山市、宜宾市、泸州市、眉山市、绵阳市等地；生活用纸原纸生产企业主要集中在成都市、乐山市、宜宾市、眉山市、德阳市、绵阳市等地；生活用纸后加工企业主要集中在成都市、德阳什邡、乐山市、眉山市、宜宾市、绵阳市等地。

3. 主要竹浆纸生产企业产能情况

我国竹浆纸生产制造企业主要分布在四川省、重庆市、贵州省、广东省、江西省等地。据不完全统计，目前已投产企业中，竹浆年产能在 5 万吨以上的企业有 18 家，其中四川有 12 家。四川永丰纸业集团、宜宾纸业股份有限公司、四川环龙新材料有限公司、四川省犍为凤生纸业有限责任公司等企业，以竹林、浆、纸一体化的模式，得到较好的发展，呈现蓬勃之势。其中四川永丰纸业集团的竹浆年产能 50 万吨，是目前我国最大的竹浆生产企业。四川环龙新材料有限公司是竹纤维本色生活用纸行业的开拓者和领军品牌，该公司于 2014 年度率先研发出竹纤维生物质精炼技术，并实现了本色竹纤维浆的连续化生产，斑布健康竹产业园百万吨竹材生物质精炼项目已经启动建设。除四川省之外，贵州赤天化纸业股份有限公司、重庆理文造纸有限公司的竹浆纸年产能超过 20 万吨。江西省的赣州华劲纸业有限公司、广东鼎丰纸业有限公司、韶能集团韶关南雄珠玑纸业有限公司、广西柳江造纸厂也有一定规模的竹浆产能。

4. 主要竹浆纸企业投资建设情况

在竹浆纸市场良好发展前景的吸引下，有更多企业加大竹浆纸项目的投资，仅在 2019—2020 年就有多个竹浆纸项目开工建设。2019 年 3 月，泰盛科技(集团)股份有限公司签约贵州省最大竹纸项目，总投资约 35 亿元，是贵州省目前投资最大的竹纸产业项目，预计 2021 年园区全部建成，项目建成后将实现年产 36 万吨竹浆、30 万吨原纸、30 万吨终端纸、6 万吨特种纸的产能。2019 年 6 月，四川环龙新材料有限公司“斑布 20 万吨生物质精炼项目”在四川省眉山市青神县开工，项目总投资近 35 亿元，建设周期 36 个月，其中一期工程 2020 年年底投产试运行。2019 年 9 月，中顺洁柔纸业股份有限公司公告称，公司计划投资 40.87 亿元，拟在四川省达州市建设 30 万吨竹浆纸一体化项目，预计工程总工期 70 个月。2019 年 12 月，泰盛科技(集团)股份有限公司年产 30 万吨竹浆纸一体化项目在四川省雅安市签约。

2020 年 3 月，南平市泰盛纸业有限公司，计划投资约 65 亿元，建设林浆纸结合的制浆造纸及纸制品工程项目，项目包含年产 45 万吨漂白硫酸盐竹浆生产线，50 万吨高档文化用纸生产线和 24 万吨高档生活用纸原纸生产线。2020 年 4 月，四川青川佳福顺纸业有限公司拟建年产 1 万吨竹浆育果袋纸。2020 年 6 月，福建晋江凤竹纸品实业有限公司旗下凤竹(漳州)纸业有限公司二期生活用纸项目顺利投产，年产能达 1.68 万吨。2020 年 12 月，山鹰国际控股股份公司竹纸浆模塑餐具及包装产品生产项目签约，总投资 7 亿元，预计年生产竹纸浆环保餐具约5万吨。随着竹浆纸新建项目的相继开工建设，预计未来3年将新增超过100万吨以上的产能。

5. 主要竹浆纸企业创新研发情况

2018年6月，四川省犍为凤生纸业有限责任公司与陕西科技大学、中国轻工业成都设计工程有限公司三方签署合作协议，共同发起组建竹产业技术研发中心，进行资源整合，构建新型战略合作关系，做强竹浆造纸产业。

2019年11月，环龙集团与芬兰国家技术研究中心(VTT)签约“竹材生物质精炼和竹材全价利用合作研发项目”，共同开展竹材生物质精炼和竹材全价利用研发合作，为本色竹纸的未来持续发展注入活力。

2019年8月，泰盛科技(集团)股份有限公司与上海三枪(集团)有限公司、东华大学在上海举行战略合作启动仪式，宣布联合成立“三枪泰盛竹资源创新研发工作室”“东华三枪创新孵化平台”，共同推进中国竹资源的创新研发和产品孵化，助力中国竹资源产业发展跃上新台阶。

三、全球竹浆纸生产与国际贸易情况

1. 全球竹浆主要生产国情况

目前竹浆生产主要在中国，不过国外也有少量的生产。根据联合国粮农组织(FAO)的数据(见图5)，5个国家有竹浆生产，合计产能为201万吨(风干浆)。其中，中国为191.5万吨(生产量)，占总产能的95.3%。巴西有4.5万吨产能，占2.2%。菲律宾2.6万吨，泰国1.8万吨，捷克0.6万吨。这3个国家的产能合计占2.5%。其他部分国家也有竹浆的生产，没有统计数据。根据FAO统计，2018年仅有中国有生产量的统计。

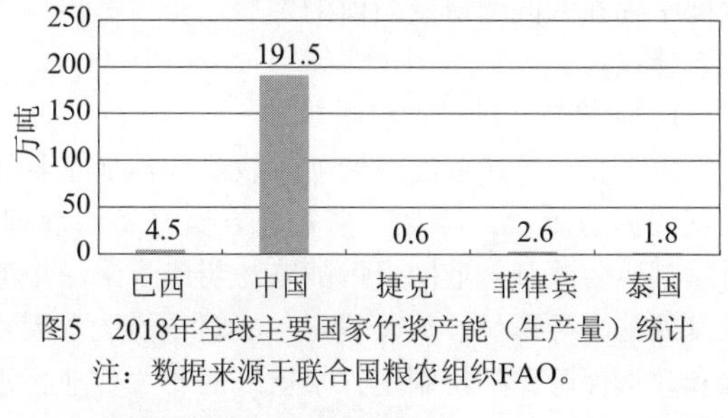

图5　2018年全球主要国家竹浆产能（生产量）统计

注：数据来源于联合国粮农组织FAO。

2. 全球竹浆国际贸易情况

竹浆作为造纸原料在全球也有一定数量的国际贸易，根据世界贸易组织(WTO)的数据，从年度贸易数据看(见图6)，2007—2019年竹浆贸易金额有明显下降趋势，2007—2011年，全球竹浆贸易金额在1000万~1600万美元，但从2012年开始，贸易金额逐年下降，到2019年，已降至299.12万美元，仅为2010年1626.19万美元的18.39%。竹浆国际贸易的持续下降，主要是由于木浆产能的快速提升，严重挤压了竹浆的市场空间。一方面是各国竹浆生产量大幅下降，竹浆供应减少。另一方面中国是最主要的进出口国，由于中国对国际竹浆的进口和出口数量大幅减少，导致了竹浆国际贸易的下降。

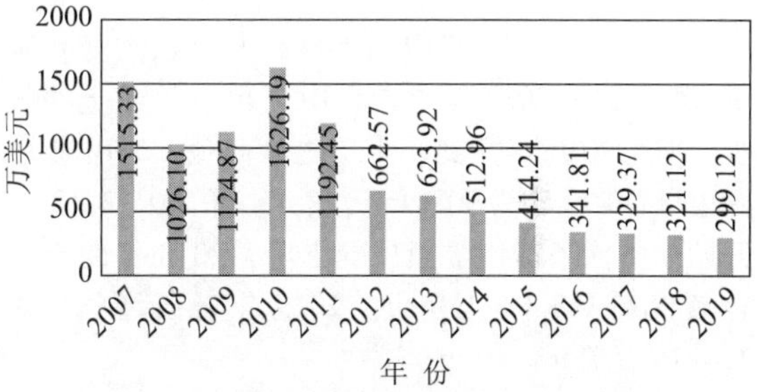

图6　2007—2019年全球竹浆贸易金额

注：数据来源于国际贸易组织WTO。

2007—2019年，共有68个国家和地区进口过竹浆，合计贸易金额为9990.05万美元。其中，中国的进口金额最多，为4124.22万美元，占进口总额的41.2%，其次是泰国，进口了1798.07万美元，占18.00%，欧盟进口了729.18万美元，占9.30%，印度、美国、中国台湾、日本、新西兰、澳大利亚、中国香港、印度尼西亚、韩国等9个国家和地区的进口金额超过100万美元，其他56个国家总共进口了577.87万美元，占5.78%。

3. 中国竹浆进出口情况

通过WTO数据可以看出，2007—2019年间，中国是最大的竹浆进口国。根据中国年度竹浆进口金额变化来看(见图7)，2007—2011年的年均进口金额在600万美元以上，但2012年以来进口金额大幅减少，2019年没有从国外进口。竹浆进口减少的主要原因是中国竹浆生产量大幅提升，基本满足了国内的需求。同时国外竹浆生产量也在大幅减少，可供出口的竹浆数量有限。

从中国进口竹浆的主要来源国来看，在2007—2019年间，中国共从缅甸、泰国、美国、印度尼西亚、马来西亚、越南、比利时、德国、英国、日本、新西兰等11个国家进口过竹浆，但目前生产竹浆的国家减少，近几年仅从比利时、缅甸、越南、美国进口了少量的竹浆，2019年已经没有了进口。

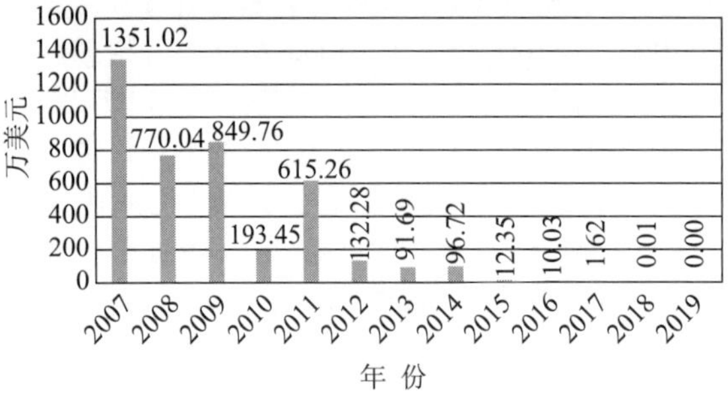

图7　2007—2019年中国进口竹浆金额

注：数据来源于国际贸易组织WTO。

从 2007—2019 年中国出口竹浆金额的变化来看(见图 8)，2010 年之前，中国出口竹浆金额较少，但在 2010 年达到一个历史最高值，2010 年中国出口竹浆金额为 908. 44 万美元。不过从 2013 年开始中国竹浆出口金额出现下降，2018 年的出口金额仅有 152. 04 万美元，2019 年有所增长，为 224. 76 万美元。

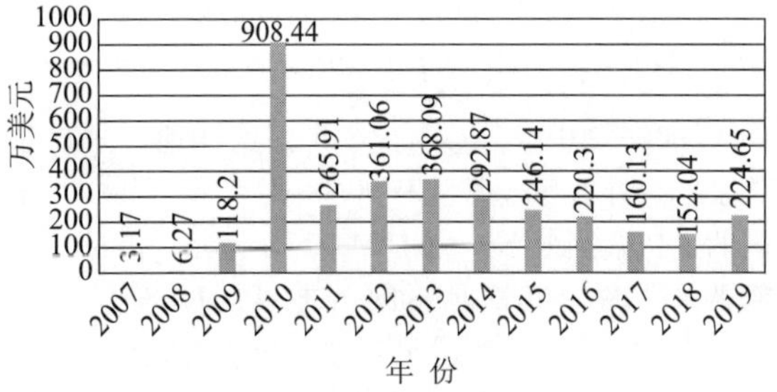

图8　2007—2019年中国竹浆出口金额

注：数据来源于国际贸易组织WTO。

2007—2019 年，中国竹浆出口的国家分布在 43 个国家和地区，其中，出口到泰国的金额最多，合计为 1122. 38 万美元，占 33. 73%。出口到欧盟、美国和中国台湾的金额均超过 400 万美元，所占比例分别为 21. 53%、14. 07% 和 12. 63%，日本、澳大利亚、加拿大、乌克兰、印度尼西亚等国也从中国进口了超过 30 万美元的竹浆，其他 30 个国家进口中国竹浆的金额合计为 87. 46 万美元，仅占 2. 63%。

四、竹浆纸产业存在的问题

1. 竹材原料供应不足矛盾凸显

近几年来，竹浆纸产业快速发展，对竹材原料需求随之快速增加，原料不足的情况开始凸显。以四川省为例，目前四川全省竹林面积近 120 万公顷，造纸用竹林近 80 万公顷，理论上能支撑 260 万吨的制浆产能。根据测算以及综合各方因素进行分析，实际上只有 50% 左右可以被真正利用。2020 年四川省的竹浆产能约 180 万吨，未来 3 年还有 100 万吨新建产能。综合来看，现阶段竹浆造纸原料供应不足的问题将成为迫切需要解决的问题。

2. 产业结构趋同制约良性发展

目前，竹浆造纸发展正处于增长期，产业结构存在几个方面的问题。一是规模偏小，据统计，生产企业年均产能仅约 1 万吨，造纸行业属于规模型制造业，如果企业规模不能提升，规模效益难以发挥。二是产品趋同，目前竹浆纸企业大部分倾向竹浆生活用纸，产品结构单一，未来企业竞争将更加激烈。三是品牌较少，生活用纸是快速消费品，知名竹浆纸品牌起步较晚，知名度有待提高。

3. 设备总体落后面临环保压力

除主要竹浆纸企业外，相当一部分企业的生产装备水平不高，能耗较高。而且随着国家环保要求越来越严格，国家持续推进淘汰落后产能，小企业面临着被淘汰和停产的风险。而且竹浆纸企业大多处于近水地区，环境保护压力较大，污染防治任务艰巨，未来企业发展面临环保压力。

4. 科技创新意识不足影响后劲

竹浆纸企业科技创新重视不足，科技投入相对较低，研发缺乏积累，尤其缺乏长远的战略规划，以企业为主体的技术创新体系尚未普遍建立。虽然部分企业意识到创新的重要性，但大多数资金主要用于原料、生产、制造及设备采购等环节，用于技术研发或创新投入较少，企业投资结构不合理，将影响企业未来发展后劲。

五、对竹浆纸产业的发展建议

竹浆造纸产业正处于快速发展阶段，针对产业发展中存在的问题以及当前的发展趋势，提出以下几点建议：

1. 加强竹浆纸产业科学规划

由于竹浆纸产业的发展前景较好，当前正处于投资较热的阶段，需要国家和地方做好发展规划，科学制定竹浆纸产业的发展战略，明确未来一个时期发展的指导思想、战略目标、战略重点、发展步骤和政策保障，加快制定竹浆造纸的相关行业标准和国家标准，加强竹浆纸产业集群和园区建设，加大企业投融资扶持力度和税收减免政策。引导企业合理布局，可持续发展，避免集中建设，产能过剩，过度竞争等现象出现。

2. 加快竹材原料林地建设

积极推进竹林浆纸一体化建设，一是鼓励制浆造纸企业加大对竹材林基地建设的投入，支持林场及林业公司与制浆造纸企业合作。二是鼓励探索订单林业等多种形式的基地发展模式。三是积极推广优良品种，引导科学造林，提高制浆得率。四是加强竹林基地区域道路建设，改善基地生产、采伐、运输条件，提高竹材资源利用率。

3. 加快科技创新战略实施

鼓励企业制定创新发展战略，加强科技创新投入，建设企业技术研发中心，引导企业与高校或科研机构开展技术创新合作，在重点领域加大研发力度。一是加强优质高产造纸用丛生竹种的选育和栽培技术的研发；二是开展竹材高得率制浆和废水高效处理新技术研发；三是开展高水平、低消耗、少污染制浆造纸装备技术研发；四是加大创新人才队伍建设，加大创新人才的引进力度，有效推进企业创新战略实施和管理，通过科技创新推动竹浆造纸产业做优做强。

4. 加强产业结构优化调整

通过调整使产业结构更趋合理，科学理性谋求长远发展。一是企业规模合理发展，鼓励企业做大做强，引导中小企业特色发展；二是加强质量品牌建设，鼓励企业追求卓越品质，着力打造知名品牌；三是加快原料结构调整，优选造纸用丛生竹种，合理利用国际原料资源；四是产品结构优化发展，增加品种，扩大品类，重点开发竹浆特种纸、竹浆厨房纸巾、竹浆吸油纸、竹浆擦拭纸、竹浆医用纸等新产品，满足人民日益增长的美好生活需要。

（周在峰　朱晓光　彭建军　游向英）

节能减排
环境保护

ENERGY SAVING, EMISSION REDUCING AND ENVIRONMENTAL PROTECTION

5

2035 我国制浆造纸绿色制造技术路线图研究报告

The Research Report of Green Manufacturing Technology Roadmap of 2035 China Pulp and Paper

制浆造纸工业是与国民经济和社会事业发展关系密切的重要基础原材料工业，具有资金技术密集、规模效益显著的特点，其产业关联度强，市场容量大，是拉动林业、农业、化工、印刷、包装、机械制造等产业发展的重要力量。

一、制浆造纸绿色制造国内外发展现状

制浆造纸纤维原料是可再生资源，木材、竹、芦苇、蔗渣、麦草等原生植物均可作为制浆造纸纤维原料。漂白硫酸盐浆作为世界上主要的化学浆，是利用化学药剂将造纸原料中的木素溶出，使原料中的纤维分离制成纸浆，其应用最为广泛，几乎可以生产所有的纸种。化学机械浆主要利用机械能和温和的化学处理共同完成纸浆纤维分离处理，因其得率高，会大幅降低原料消耗和淡水资源，提高纤维利用率，减少污染物排放，近年来得到了长足发展。废纸是制浆造纸工业最大的纤维原料来源之一，目前，我国约有65%（最高年份曾达到72.5%）的纸及纸板是以废纸为原料生产的。废纸造纸可以充分利用原料资源，降低生产成本，减少废物的排放。目前世界上纸及纸板产品有上千种，我国生产的种类达几百种，其中印刷书写纸、包装用纸和生活用纸占据了纸张生产和消费的绝大多数。印刷书写纸是用于传播知识的信息载体。包装用纸是与人民生活、工业生产所需紧密相关的基础原材料，始终占纸张品种的主导地位。生活用纸指为个人居家和外出等使用的各类卫生擦拭用纸，是人们生活中不可或缺的纸种之一。随着人们生活水平提高和工业持续发展，市场对上述造纸产品的细分种类，产品质量和需求量都在不断增加。

随着我国社会经济发展水平日益提高，我国制浆造纸制造工业规模和技术水平迅速提高，朝着资源节约，节能减排和技术升级的方向发展。我国制浆造纸工业不断推动资源充分利用。大型制浆造纸企业积极推进生产过程产生的废渣、废液等作为生物质能源的有效利用，建立热电站，基本达到了热电平衡，取得了较好的经济效益；也有部分企业采用生物质精炼等技术，在生产纸浆产品的同时，利用溶出物生产生物质燃料和生物质化学品。我国制浆造纸工业不断推动水资源实现充分循环利用。生产企业通过提高技术装备水平，应用先进适用的节水技术和装备，使造纸过程中水重复利用率逐步提高，水耗大幅度降低；随着环保力度加大，造纸企业进行扩建改造废水三级处理或深度处理措施，以降低废水中 COD 排放量，逐步减少废水排放。此外，造纸行业通过技术进步和先进装备应用及淘汰落后产能，能源消费呈逐年下降趋势；通过脱硫脱硝等相关处理措施，持续减少 SO_2、NO_x、烟尘排放；通过焚烧、回用、精炼提取化学品和农业堆肥等方式多元化治理固体废物。

虽然我国制浆造纸行业在行业发展、资源利用、环境保护等方面取得了长足进步，但与欧美国家相比，仍存在不少差距：行业技术水平和结构性差异，欧美国家以大型化的企业生产为主，我国企业规模参差不齐；技术关注的环境影响差别，我国对污染物的控制以常规污染物及其排放总量为主，欧美国家在此基础上还关注到对环境的影响和人体毒性的关系；原料来源和结构的差别，我国优质原料缺口大，对外依存度高，非木材纤维纸浆比例仍偏高；技术装备的差距，我国制浆造纸装备研发与欧美国家有一定差距，先进装备主要依靠进口。

二、制浆造纸绿色制造关键技术总况

推动制浆造纸行业绿色制造进程的关键在于加快建立造纸工业循环经济发展模式，通过进一步提高原材料的利用率，减少污染物的排放量。通过加大科技投入，大力发展减量化技术、再利用技术、资源化技术和替代技术等，为实现制浆造纸行业绿色制造提供关键技术支撑。制浆造纸绿色制造关键技术主要包括以下三大类。

1. 推动制浆造纸行业绿色制造必须应用的技术

应用硫酸盐法制浆，全无氯（TCF）漂白技术，彻底消除漂白废水中的可吸附有机卤化物（AOX）；应用化学机械浆废液碱回收处理技术，可基本解决废水、废渣等污染物排放造成的生态环境影响；应用废纸浆溶解物和胶体物（DCS）捕集技术和白水封闭循环技术，大幅度减少废纸浆生产过程中固体废弃物排放量；应用印刷书写纸膜转移施胶技术，提高纸张质量，减少蒸汽用量；应用包装用纸膜过滤处理造纸白水技术，减少废水排放，降低水耗。

2. 推动制浆造纸行业绿色制造加快工业化研发的关键技术

加快研发漂白硫酸盐浆置换蒸煮工艺，节省蒸汽消耗，减少漂白药品消耗和废气喷放对空气的污染；加快研发提高化学机械浆得率集成技术研发，进一步提升得率，节约木材用量，降低能耗；加快研发脱墨废纸浆制备过程污染物的高效分离技术，实现100%废弃物分离和废水回收利用，为废纸制浆用水全封闭循环提供技术支持；加快研发印刷书写纸纸页高效成形技术，提高纸页成形脱水效率，降低能耗；加快研发包装用纸高浓成形技术，大幅减少稀释水用量和废水处理量，提高纸板层间结合性能；加快研发生活用纸生产过程中扬克烘缸靴式压榨技术，降低能耗，提高卫生纸松厚度和柔软度等性能。

3. 推动制浆造纸行业绿色制造发展需要积极关注的关键技术

积极关注基于硫酸盐法制浆平台的生物质精炼技术，实现纤维原料的全组分分离和高值化利用，节约木材资源；积极关注基于化学机械法制浆绿色制造概念的“木质生物质全组分利用”技术路线，有效分离提取半纤维素、木素、纤维素等主要木材资源组分，实现植物资源全组分分离利用，节约木材资源；积极关注脱墨废纸制浆废水的全封闭循环利用技术，完成废水中污染物的洁净分离技术研发，实现废水全回收利用新技术；积极关注印刷书写纸涂料回收利用技术，实现资源充分利用；积极关注包装用纸生产车间多段通气供热系统，提供通气供热智能调控，节省能源消耗；积极关注新型新月型卫生纸机的开发、TAD技术，提高生活用纸的生产效率和产能，改善生活用纸的产品品质。

三、2035我国制浆造纸绿色制造技术路线图

2035我国制浆造纸绿色制造技术路线图如图1所示。为了达到上述绿色发展要求，我国制浆造纸工业需要在资源与能源节约、污染物减排和废旧资源循环等方面设立切实可行的行动目标，加大淘汰落后产能的力度，提高产业集中度，调整能源结构，加强废弃物利用和资源转化，提高环境管理水平，降低污染排放水平。不断通过技术装备升级和关键技术开发提高产品品质，减轻环境负荷，实现绿色可持续发展。

四、2035我国制浆造纸绿色制造发展愿景

展望我国制浆造纸行业发展，务必坚持绿色发展和循环经济的发展理念，坚持科技创新和先进技术与装备的应用，积极实施清洁生产，注重结构减排、工程减排和管理减排，坚持狠抓源头和生产过程及末端污染物治理，提高自我监测能力，扎实推进节能减排、资源节约及综合利用，推进造纸工业与生态环境保护协同发展。

1. 推动造纸工业向节能、环保、绿色方向发展

加强造纸纤维原料高效利用技术，高速纸机自动化控制集成技术，清洁生产和资源综合利用技术的研发及应用。重点发展白度适中的文化用纸、未漂白的生活用纸和高档包装用纸和高技术含量的特种纸，增加纸及纸制品的功能、品种和质量。充分利用开发国内外资源，加大国内废纸回收体系建设，提高资源利用效率，降低原料对外依赖过高的风险。

2. 加大清洁生产力度，推动循环经济发展

充分发挥纸业的绿色属性优势。鼓励企业按照全生命周期管理理念，提高资源的高效和循环利用，推动造纸行业循环经济发展。开发绿色产品，创建绿色工厂，引导绿色消费。转变发展方式，按照减量化、再利用、资源化的原则，提高水资源、

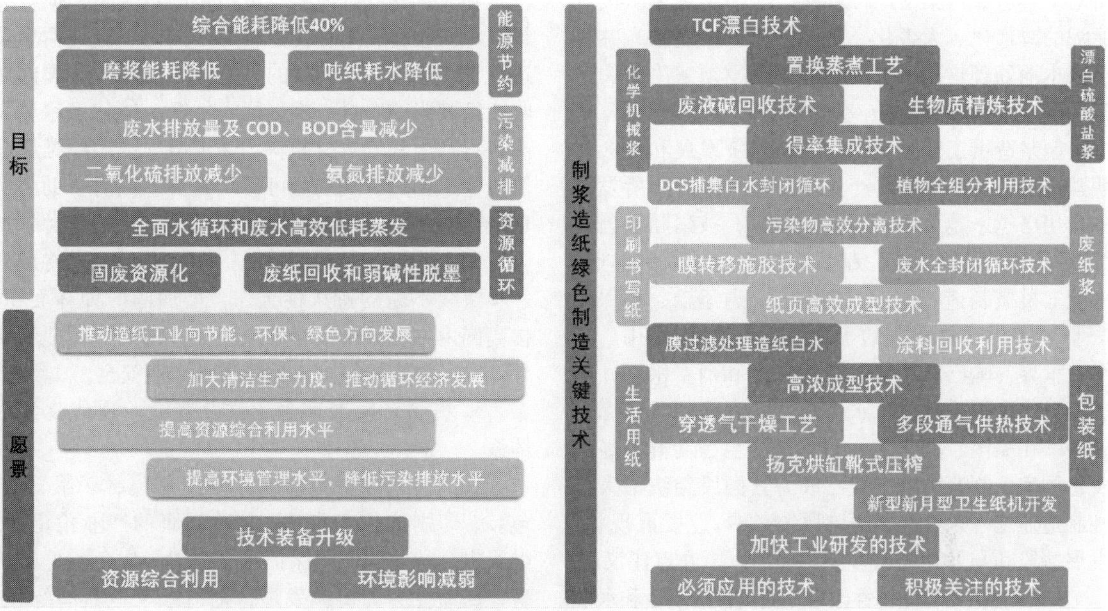

图1　2035我国制浆造纸绿色制造技术路线图

能源、土地及植物原料等使用效率，通过节约资源、减少能源消耗和污染物排放，建设资源节约型、环境友好型造纸产业。

3. 提高资源综合利用水平

充分利用好黑液、废渣、污泥、生物质气体等典型生物质能源，提高热电联产水平，对生产环节产生的余压、余热等能源，以及废气（沼气及其他废气）、废液（纸浆黑液及其他废水）及其他废弃物进行回收利用，最大限度实现资源化。充分利用林业速生材，扩大利用间伐材、小径材、加工剩余物等生产纸浆，提高木材综合利用率，节约木材资源。提升非木材制浆清洁生产工艺技术、高值化利用技术及废液综合利用技术。

4. 提高环境管理水平，降低污染排放水平

从源头上防止环境污染和生态破坏。造纸企业应依法依规申请排污许可证，持证排污。落实造纸企业治污主体责任，按照相关标准规范开展自行监测、台账记录；按时提交执行报告并及时公开信息；加强对锅炉、碱回收炉、石灰窑炉、焚烧炉等废气排放和生产废水、生活污水、初期雨水等废水排放治理及控制，确保污染防治设施稳定运行，污染物达标排放。强化固体废物的处置，加强无组织逸散污染物的收集和处理。

五、存在问题及建议

改革开放以来，我国制浆造纸工业的发展取得了可喜的成绩，目前生产量及消费量均为世界第一，但仍然存在一些问题，主要问题如下。

1. 原料短缺问题仍然存在

我国制浆造纸工业一直受困于原料匮乏，这一问题到目前仍十分严峻。我国是造纸原料消费大国，其巨大的纸浆和废纸需求市场，给全球纸浆企业提供了足够的市场空间。木浆和废纸的进口依存度一直较高，这对我国造纸行业发展造成了很大的不利影响。国产木浆所用原料有部分是进口木片。废纸作为我国造纸工业最大原料来源，在造纸行业的作用越来越大，但是由于受到废纸进口政策的影响，未来几年废纸原料缺口很大，将会影响到造纸工业的发展。

2. 大型先进装备仍需进口

我国制浆造纸装备制造业科技创新能力和整体实力与世界强国相比还有较大差距。产品的可靠性、先进性、能耗差距明显，高端装备，核心技术，关键材料仍主要依靠进口。基础工作薄弱，自主品牌影响力不强，目前大型高速、宽幅造纸机的核心装备，大型化学制浆生产线的核心装备等，国外技术占据主导、垄断地位，改变这种状况，仍需要长期努力。

3. 废水污泥处理不够理想

造纸废水污泥成分复杂，有机物含量高，易腐败并产生恶臭，且含水率高，体积庞大，每年造纸工业产生大量造纸废水污泥，目前造纸废水污泥重要的处理手段是生产建筑材料、就地填埋，长远来

讲对土壤造成污染，危害环境。如何实现造纸废水污泥的减量化、无害化、资源化，安全高效，并且低成本地处理这些造纸废水污泥是亟须解决的关键问题。

制浆造纸工业是一个与国民经济发展和社会文明建设息息相关的重要产业。在现代经济中所发挥的作用已越来越多地引起世人瞩目，被国际上公认为“永不衰竭”的工业。制浆造纸工业关联到林业、农业、机械制造、化工、热电、交通运输、环保等产业，对上下游产业的经济有一定拉动作用。当今，世界各国已将制浆造纸的生产和消费水平，作为衡量一个国家现代化水平和文明程度的重要标志之一。在美国、加拿大、日本、芬兰、瑞典等经济发达国家，制浆造纸工业已成为其国民经济十大支柱制造业之一。相较我国制浆造纸行业发展现状、发展阶段和与发达国家差距，提出以下几点建议。

1. 深化供给侧结构性改革，提高供给质量和水平

造纸行业将以供给侧结构性改革为抓手，提高行业生产力水平、转变发展方式，从数量增长转向质量增长、结构优化，进一步提高发展质量和经济效益，实现健康、理性和平稳发展。纸及纸板生产量及年人均消费量持续增长，产品结构继续调整，其中包装用纸和生活用纸的增长高于其他品种。

2. 推进生态文明建设，实现绿色低碳循环发展

造纸行业将发挥行业循环经济的优势，在目前木材和非木材纤维原料总量不足的情况下，抓好废纸资源回收和利用。科学利用好国内、国外两个渠道资源，通过利用国外的优质纤维资源改善国内回收废纸制浆的质量；推进国内林纸一体化工程建设和科学利用好非木材原料，逐步增加国内纤维原料供应量，保障造纸工业可持续发展，同时，助力实现碳达峰和碳中和。继续充分利用有限的资源，加大对工农业废弃物利用林纸一体化工程建设将成为一项持续不断的持久性工作，增加国内种林面积，提高国内木材纤维原料供给能力，降低造纸原料对外依存度过高的风险，保障造纸产业安全。

3. 贯彻新发展理念，建设造纸业现代化经济体系

我国造纸行业需继续全方位聚集林、浆、纸、包装、印刷整条产业链，打造健康的产业价值链，继续提高行业的环境保护水平，倡导绿色、低碳消费，回馈社会和协调发展，把造纸工业具有绿色、低碳、可循环发展转化为产业发展优势，继续塑造绿色可持续的产业形象，使行业社会形象得到社会各方面的广泛认可。通过增强创新能力，推动产业优化升级，构建符合我国国情的现代造纸工业生产体系，加快构筑可持续发展的科技创新型、资源节约型和环境友好型的绿色造纸，实现中国造纸工业绿色可持续发展目标。

（曹春昱 刘 忠 刘洪斌 李 群 惠岚峰）

造纸行业排污许可制实施现状述析与趋势展望

Present Situation and Trend Outlook of Pollutant Discharge Permitting System in Papermaking Industry

国务院办公厅印发《控制污染物排放许可制实施方案》(以下称《实施方案》)，标志着我国排污许可制改革正式拉开序幕。党的十九届四中全会提出"构建以排污许可制为核心的固定污染源监管制度体系"，进一步明确排污许可制定位及改革方向，吹响了深化排污许可制改革的冲锋号。至今，排污许可制法律法规及技术支撑体系逐步健全，与其他相关环境管理制度的衔接整合加快推进，全国排污许可证管理信息平台基本建成，固定污染源排污许可管理全覆盖和"一证式"管理理念正逐步实现。

造纸行业是我国水污染控制的典型行业，具有废水及主要水污染物排放量较大、环境管理基础相对较好、水污染物排放特征具有代表性等特点，因而被选为排污许可制实施先行试点行业。现有造纸行业企业已于 2017 年 6 月底基本完成了排污许可证申请与核发，在操作层面迈出了推行排污许可制的关键第一步，紧随其后国家又部署安排了相应的排污许可证执法检查，为排污许可制改革的全面推行打通了流程、总结了经验、提炼了问题、明确了重心、奠定了基础。

一、造纸行业排污许可制实施现状

1. 排污许可证核发

截至2020 年4 月，造纸行业共发放排污许可证4305 张，主要集中在广东省、浙江省、江苏省、河北省、河南省、山东省 6 个省份，占全国造纸行业企业排污许可证核发总量的 54. 83%，其中广东省发证数量居全国首位，占比 13. 34%，详见图 1。

根据排污许可证核发情况，从企业类型来看，制浆企业、浆纸联合企业、造纸企业(含纸制品企业)的发证数分别占全国造纸行业企业发证总数的 0. 5%、18. 1%、81. 4%；从企业规模来看，产能 10 万吨/年以上、5 万 ~ 10 万吨/年、5 万吨/年以下的企业分别占总发证企业数的 29. 7%、17. 8%、52. 5%；从行业生产布局来看，由于行业废水排放量较大，总体呈现临江临河布局态势，长江、珠江、黄河、海河、滦河、淮河等重点流域范围共发

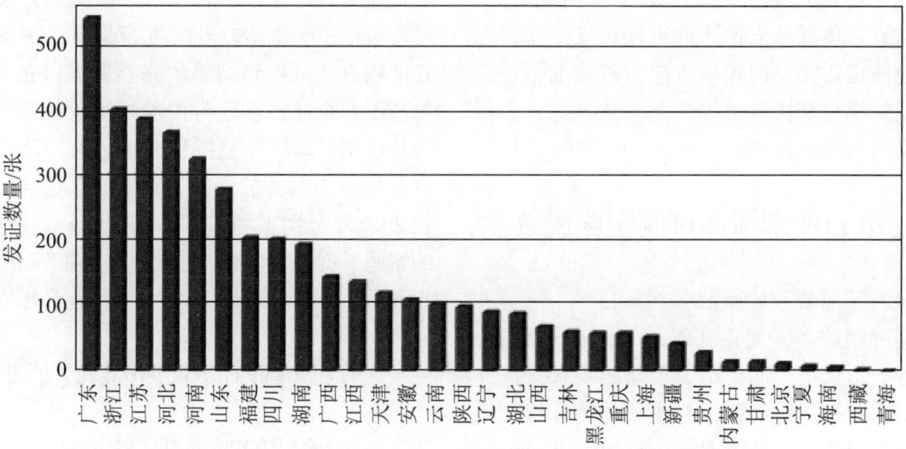

图1　全国造纸行业企业排污许可证核发数量区域分布

放造纸行业企业排污许可证 2831 个，占全国造纸行业企业发证量的 65.76%，其中长江、珠江流域最为集中，约占全国造纸行业企业发证量的 39.28%；从许可排放口数量及类型来看，许可废水排放口共 3438 个，其中废水主要排放口 2495 个，废水一般排放口 943 个，许可废气排放口 5714 个，其中废气主要排放口 3163 个，废气一般排放口 2551 个；从废水排放方式来看，企业废水直接排入外环境的占比 43.2%，排入污水处理厂或其他单位的占比 31.1%，废水不外排的占比 25.7%，废水不外排的企业主要为纸制品制造企业。

2. 排污许可证执行及监管

2017 年 8 月，在核发完成首批造纸行业排污许可证后，原环境保护部随即发布《火电、造纸行业排污许可证执法检查工作方案》，部署开展证后监管，主要聚焦无证排污、超许可浓度限值排污、不落实自行监测要求等问题。2018 年 6 月，生态环境部公布未按要求提交执行报告的火电、造纸企业清单，其中包括 559 家造纸企业。2019 年 3 月，生态环境部发布《关于在京津冀及周边地区、汾渭平原强化监督工作中加强排污许可执法监管的通知》，将排污许可证执行情况纳入相关重点区域强化监督帮扶内容，推动排污许可与行政执法有机衔接，强化证后监管。

截至目前，从执行报告提交情况来看，造纸行业除部分纸制品制造企业未到提交时限外，已有 3251 家企业提交了执行报告，但报告内容缺失或不规范问题较为突出。从证后监管情况来看，已检查并在全国排污许可证管理信息平台记录的造纸企业有 226 家，涉及无证或不按证排污的企业共有 94 家，占检查并记录企业总数的 38.94%，其中无证排污、超许可排放浓度限值排污、未落实自行监测要求的企业分别为 19 家、9 家和 66 家。由此可见，一是证后监管总体滞后于排污许可证核发工作；二是造纸企业按证排污意识和技术能力亟待加强；三是造纸企业按期提交执行报告情况总体良好，但报告编制质量尚待提高。

二、造纸行业排污许可制实施成效

1.“一证式”管理理念逐渐深入人心

排污许可制改革，无论在管理理念和思路上，还是在内容、形式上，都提出了全新的要求。核发一张符合要求的排污许可证，企业和环境管理部门都要付出较大努力。纵观造纸行业排污许可证核发过程，在制度实施初期，由于排污许可制整合相关环境管理制度、提供统一污染物排放数据的效能尚未体现，不少企业认为只是单纯的多出了一项行政许可，增加了企业负担，申领排污许可证积极性不高。随着以排污许可制为核心的各项环境管理制度的整合推进和排污许可管理逐步实现全覆盖，以及在造纸行业内的持续宣贯和推动实施，企业开始了解排污许可制“老瓶”中的“新酒”，意识到这个过程能够帮助自身摸清家底，明确污染治理的预期，有利于减少重复申报和优化自身环境管理；环境管理部门也普遍认识到“一证式”管理是消除割裂，实现统筹和精细化管理的重要举措。

2. 企业环保主体责任意识不断加强

排污许可制改革后，环境监管模式正在发生转变，重在突出企业的环保主体责任。企业申请排污许可证时，需同时提交守法承诺书，对申报内容的真实性和完整性负责，承诺按照排污许可证的规定排放污染物并严格执行，确保实际排放的污染物种类、排放方式、排放浓度和排放量等达到排污许可证要求。同时，通过构建以排污许可制为核心的固定污染源环境管理制度体系，整合衔接现有相关环境管理制度，逐步将对企业的环境管理要求集成在一张排污许可证上，作为对企业生产运营期排污行为的唯一行政许可，以及接受环境监管和环境管理部门实施监管的主要法律文书，既帮助企业明确了守法要求，也划定了环境管理部门的执法边界，从而促使企业主动了解其环保责任并履行，提升了企业环保责任意识，督促并引导企业逐步从“要我守法”向“我要守法”转变。

3. 企业环境管理水平逐步提升

持证按证排污义务促使企业按期申领排污许可证，并按照排污许可证要求排放污染物，还要开展自行监测、记录环境管理台账、编制并按期提交排污许可证执行报告、及时进行信息公开等，为自证守法建立从过程到结果的完整证据链条，每个环节都离不开企业日常运行中的精细化管理。根据环境统计数据，2017 年造纸和纸制品业 2275 家企业，废水及化学需氧排放量分别为 14.95 亿吨、8.9 万吨，较 2016 年分别下降 13.2%、28.8%。排污许可制度的实施，促进和激励了造纸行业企业努力推动技术进步和污染治理设施提标改造，不断提升环境管理水平。

三、造纸行业排污许可制改革难点凸显

1. 历史遗留问题集中呈现

排污许可制改革是将现有企业纳入法制化管理

轨道的重要手段，是环境管理部门摸清家底、掌握基数的重要契机。但在造纸行业排污许可证核发过程中，也暴露出诸多环境管理的历史遗留问题和欠账，如企业位于禁止建设区域、“未批先建”“批建不符”、超总量控制指标排污等问题。为此，《排污许可管理办法(试行)》(下称《办法》)第六十一条专门进行了规定，明确可以核发带“改正方案”的排污许可证，将此类存在环境问题的企业纳入监管范围，但其法律效力较弱，地方落实情况不佳。生态环境部后又发布《关于固定污染源排污限期整改有关事项的通知》，明确排污单位存在“不能达标排放”“手续不全”、未按规定安装使用自动监测设备和设置排污口等三类情形的，不予核发排污许可证，下达排污限期整改通知书。虽然缓解了地方核发部门面临的困境，但要推动实质解决这些问题，仍需进一步深化改革。

2. 排污许可证后监管脱节

依证监管是排污许可制实施的关键，但目前的证后监管与排污许可证核发工作脱节，降低了排污许可制改革效能。一是现阶段排污许可证核发质量普遍不高，企业按证执行脱离实际，环境管理部门依证监管底气和依据不足；二是地方环境执法部门普遍认为排污许可证较复杂，依证执法缺乏足够的支撑、统一的技术指导和常态化的培训机制，环境执法思路和形式未发生根本转变，难以督促企业严格按证排污；三是污染物许可排放量考核尚未形成有效压力，通过实施排污许可制融合总量控制制度的目标尚未全面实现，不利于督促企业严格按照许可排放量要求排放污染物；四是企业自行监测责任落实难、监管难。排污许可制改革进一步规范和加强了排污单位自行监测要求，企业普遍感觉监测要求有所提高、监测成本增加。另外，由于长期以来企业自行监测结果法律地位欠缺，企业开展自行监测的能力普遍不足，客观上的困难也使得证后监管很难一步到位。

3. 环境管理制度衔接整合滞后

现阶段相关环境管理制度衔接整合进展缓慢，尚未形成合力。一是环评与排污许可证未实现无缝衔接，环评技术导则等制度设计暂未充分考虑与排污许可形成统一整体，在内容和形式上都还未实施有效对接；二是现有环境标准体系难以满足排污许可精细化管理要求，造纸行业现行水污染物排放标准 GB 3544，对于制浆造纸排污单位废水间接排向环境水体的浓度限值规定笼统或者缺失，排入集中式污水处理设施的，按照企业与污水处理设施运营单位协商结果确定，对未商定的情形未进行明确，造纸行业排污许可技术规范虽进行了详细规定，但由于标准的不完善，以及管理上长期以来的不规范、不重视，这部分内容也将成为排污许可证执行和证后监管的难点；三是排污许可统一提供污染物排放数据还在路上，固定污染源信息平台未进行有效地整合梳理和数据交互，环境统计、污染源排放清单编制等工作，尚未与排污许可证信息实现统一，数出多门、重复申报的情况依然存在。

四、造纸行业排污许可制实施趋势展望

1. 法律法规支撑体系亟待健全

构建完善的法律法规支撑体系，坚持依法行政，是排污许可制实施的基础和根本。2020 年 4 月 29 日第十三届全国人民代表大会常务委员会第十七次会议第二次修订《固体废物污染环境法》，已明确将工业固体废物纳入排污许可管理范围，下一步亟待推动修订相关环境保护单行法，推动将噪声、温室气体、海洋工程等纳入管理范围，从环境要素层面实现排污许可“一证式”管理。另外，鼓励地方根据环境质量改善要求和环境管理精细化水平，通过制定地方相关法规，成为国家排污许可法规的有益补充。后续深化排污许可制改革，研究排污许可专项立法，从法律层面整合理清以排污许可制为核心的固定污染源环境管理制度体系，全面提升协同管理效能，切实推动环境质量改善。

2. 证后管理和依证监管不断加强

推动形成公平规范的按证守法、依证执法秩序，是保障排污许可制落地亟需推进的一项重要工作。一是加强证后管理，审核保障每一个排污许可证的核发质量，规范排污许可证内容，明确企业按证排污预期和环境管理部门依证监管依据；二是衔接环境执法现状，先期重点聚焦排污单位是否依法持证排污、超许可浓度限值排污、落实自行监测要求，后期通过执法监测、核查环境管理台账、审查排污单位污染物排放数据和执行报告真实性及规范性等手段开展“审计式”依证监管，并及时曝光无证排污和不按证排污处罚典型案例，督促和引导企业强化持证按证排污意识；三是推进排污许可证执法技术指导文件研究，先期出台以程序性、原则性规定为主的依证监管技术总则，再分行业制定较为细化、可操作性强的行业依证监管指导技术文件；四是加强排污许可证执法培训和人才选拔，推动执法队伍专业化建设，逐步适应排污许可制改革“一证

式”精细化管理新要求；五是推动证后监管信息化建设，将现场检查信息及时在信息平台记录，并依托信息平台建立依证监管信息化移动终端，不断提高依证监管效能。

3. 排污许可与环境质量逐步挂钩

以环境质量改善为核心，推动污染物许可排放限值与环境质量挂钩，是深化排污许可制改革的必然要求。一方面可通过区域、流域等排放标准的制修订衔接环境质量，另一方面可重点针对环境质量不达标地区，依据污染物排放与环境质量之间的压力—响应关系，构建基于环境质量目标的许可排放限值确定方法。造纸行业 1.0 版排污许可证将于 2020 年 6 月全面到期换发，生态环境部正在积极推动造纸行业排污许可技术规范修订工作，以现行技术规范及后续发布的相关配套标准和技术文件为基础，统筹考虑 1.0 版排污许可证管理基础、行业环境管理现状水平和主要问题、环境质量改善需求等因素，积极推动造纸行业 2.0 版排污许可证设计，以水污染物排放管控为切入点，推动排污许可管理要求与环境质量挂钩，为全面升级排污许可证设计先行先试。

4. 提升排污许可信息化管理水平势在必行

全国排污许可证管理信息平台已基本形成“一个平台、一张地图、一套数据”的信息化管理思路。随着 2020 年年底基本实现固定污染源排污许可管理全覆盖，可以预见以排污许可平台为基础的信息化环境监管时代必将来临，但还需进一步打破壁垒、消除割裂。一是不断完善平台自身建设，加快推动排污许可平台与污染源监测信息管理平台、重点污染源在线监测系统等的数据共享，并推动排污许可平台为环境统计、环境执法、环境保护税等数据库提供统一的污染物排放数据；二是开发多种数据共享方式，服务更多对象，满足各级生态环境管理部门不同的环境管理需求，为后续环境管理决策提供科学支撑；三是创新依证监管方式，以排污许可证管理信息平台为基础，充分运用大数据、人工智能等新兴技术实施监管，不断提高固定污染源环境监管效能。

5. 以排污许可证为载体适时开展排污权交易

按照排污许可制改革的总体设计，排污许可证将是排污权的确认凭证、排污交易的管理载体，企事业单位在履行法定义务的基础上，通过淘汰落后和过剩产能、清洁生产、污染治理、技术改造升级等产生的污染物排放削减量，可按规定在市场交易。随着 2020 年完成排污许可管理全覆盖，下一步，以排污许可证为载体，按照公平公正公开的原则，由排污单位作为市场主体按照市场规律自愿参与排污权交易，政府负责制定政策、核定和分配排污权、搭建平台、开展监测、统筹监管，以鼓励二级市场为主适时推动排污权交易工作，充分发挥市场在资源配置中的决定性作用，逐步在全社会树立“环境资源有价”的环境价值理念，促进排污单位主动减少污染物排放，为加快产业结构调整和切实改善环境质量提供长效机制。

6. 制度的衔接整合决定改革最终成效

以排污许可制为核心的固定污染源环境管理制度体系能否实用、管用、好用，根本在于各项制度的衔接整合效果。一是细化环评与排污许可衔接落实落地要求，进一步规范全国各层级环境管理部门环评审批形式和内容，实现环评要求及相关信息与排污许可信息的对接和贯通；二是推动排污许可制融合总量控制制度，进一步明确许可排放量即为总量控制指标，总量减排考核结果服从环境质量考核结果；三是进一步推动构建以“环评管准入、许可管排污、执法管落实”为改革主线，以“污染物排放标准、自行监测指南、可行技术体系”为技术支撑，以“统一信息平台、统一许可编码、统一信用体系”为手段的固定污染源协同管理模式；四是加快推动实现由排污许可统一提供污染物排放数据，切实体现制度衔接整合效能，减轻企业负担。

（王焕松 程言君 张 亮 顾琦玮 贾学桦 董 妍）

纸基包装材料的研究进展及应用现状

Research Progress and Application Status of Paper-based Packaging Materials

一、纸基包装材料概述

现代包装的四大支柱——纸、塑料、金属和玻璃材料中，塑料包装材料由于环境污染问题而备受争议，玻璃易碎，金属包装重、不易携带等原因，而纸基包装材料由于来源广泛、优异的生物相容性、废弃物可回收利用、可再生和可自然生物降解等特性，在全生命周期评估(Life Cycle Assessment，LCA)中，被认定为最具应用前景的绿色可持续包装材料，近年来相关应用研究及发展速率增长速度最快。

纸基包装材料(paper-based packaging material)，是指用于包装目的的一类天然植物纤维基材料的统称。一般来讲，天然植物纤维基包装材料包括纸基包装材料、植物纤维模压包装材料、木质包装材料、竹制包装材料等。纸基材料是人们最为熟悉、使用最早、应用最为广泛的绿色环保材料，其废弃物既可以通过废纸制浆工艺回收再生制成纸张，又容易在自然环境条件下降解腐化为微生物可以利用的成分。目前广泛应用于包装领域的纸基材料有传统包装用纸和纸板材料、新型功能性纸基包装材料、纸基复合包装材料和纸浆模塑包装材料等。

纸基材料由于木质纤维素本身的亲水性及无数纤维交织形成的三维网络结构，未经任何修饰处理的纸基材料具有强烈的吸湿性。吸湿后的纸基材料强度指标显著下降，从而影响纸基材料的后续使用性能。根据被包装产品对包装材料的要求，研究不同处理工艺和技术来提高和丰富纸基材料的性能以满足不同领域的需求已成为纸基包装材料功能化研究的趋势。本文主要阐述了纸基包装材料中近年来的研究应用热点材料——纸基复合包装材料和纸浆模塑包装材料的研究进展、应用现状及发展趋势分析，并对纸浆模塑包装材料的功能化性能改性的处理工艺和技术进行了重点论述。

二、纸基复合包装材料研究及应用进展

1. 纸基复合包装材料概述

纸基复合包装材料是以天然植物纤维作为基本结构材料，与另外一种或多种材料经过层合(湿法、干法)、共挤(也称为淋膜工艺)等复合工艺制备而成的具有一定功能的复合包装材料。依据复合工艺、辅助材料的种类及类别，可以将纸基复合包装材料分为纸/塑/铝复合包装材料和纸/聚合物复合包装材料。

2. 纸/塑/铝复合包装材料应用现状

纸/塑/铝复合包装材料(一般指软包装材料)兴起于 1980 年左右，随着包装设备的引进，在国内的应用迅速发展起来。纸/铝/塑复合包装材料在微观结构上综合利用金属铝箔的高阻隔性、塑料薄膜的柔软性和纸纤维材料的耐折性和抗冲击性，通过一系列复合工艺制备的具有二维结构的兼具环保优势和使用性能优势的包装材料。随着人们对健康消费的逐渐重视和对包装质量的要求逐渐提高，纸/塑/铝复合包装由于其在使用方便、热封、遮光、气密、安全卫生和成本低廉等方面的优势，已被世界各国广泛应用于食品、药品、日用品及化妆品等包装领域。

但是，由于纸/塑/铝复合包装材料回收难度和成本较大，大多数的废弃纸/塑/铝复合包装材料被当作无价值的废弃物处理掉，造成资源浪费和环境污染。纸/塑/铝复合包装材料未来的研发方向应该在不影响使用性能的前提下，尽量增加全自然降解的纸基纤维含量和减少难以自然降解的塑料及铝箔添加量；研究更加绿色环保的纸/塑/铝复合工艺技

表 1 常见纸塑复合包装材料及特性

包装领域	被包装物	特性	纸塑基复合材料	包装领域	被包装物	特性	纸塑基复合材料
饮料	果汁，酒类	阻气，耐煮沸	纸/PET/Al/PE		方便面	阻气阻湿性	纸/PE
医药	药品，注射器	阻湿性，阻隔性	纸/Al/PP		面粉	阻湿性	纸/BOPP/PE
日化	洗衣粉，洗发水	阻湿，耐油	纸/PE/CPP	干燥食品	调料	抗污染，避光	纸/PE/Al/PE
服装		展示性	纸/BOPP/PE		糖果	阻湿，耐油性	纸/PE/CPP
电缆		阻隔性	纸/PET/PE		咖啡，奶粉	阻湿，热封性	纸/PET/PE
电器元件		电磁屏蔽	纸/PE(导电)	冷冻食品		耐低温性	纸/LDPE
种子		阻隔性，遮光	纸/PET/PP	肉制品	腊肉，肠	阻气性	纸/PE

术，特别是研发符合环保需求的绿色黏结剂；开发节能环保可操作的绿色分离回收技术；研究基于不同包装辅料的性质开发复合包装材料废弃物的综合回收利用工艺技术，缓解甚至消除二次污染问题。

3. 纸/聚合物复合包装材料研究及应用进展

纸/聚合物复合包装材料是通过一定的工艺将具有不同性能的纸基材料和聚合物类材料结合而成的一类复合材料。纸/聚合物复合包装材料中所用的聚合物种类按环保性能可以分为两大类：难以降解(不可生物降解)塑料类(纸塑复合包装材料)和可生物降解聚合物类(纸基生物聚合物复合包装材料)。难以降解塑料类是用于复合材料中比较早的一大类塑料材料，表 1 列举了难以降解塑料类用于纸塑(纸/聚合物)复合包装制品主要种类、特性及应用的包装领域。基于环保压力，可生物降解聚合物类的纸/聚合物复合包装材料受到越来越多研究者的关注。

可生物降解类聚合物是指在自然环境下，被微生物(细菌、真菌等)通过酶作用或其分泌物有关的化学作用分解为简单化合物或单质(如 CO_2、H_2O、CH_4 和小分子生物质等)。根据来源，可生物降解聚合物可以分为石油基可生物降解聚合物和以可再生资源为来源的生物基聚合物。由于石油资源的不可再生性，石油基可降解聚合物必将面临原材料短缺和价格上涨的问题。而以可再生资源为原料的可生物降解聚合物类，则具有可持续发展性及绿色环保的特性，成为近年来可降解包装材料领域的研究热点。

图 1 总结了用于包装材料领域的以可再生资源为原料的生物基聚合物。虽然天然高分子类材料来源广泛、廉价易得，但其阻隔性、机械特性、热封性、热塑性等性能较差，在与纸基材料复合或者单独作为包装材料使用时存在阻湿性差、抗张强度有限、相对湿度对机械性能影响大及热封性不足等问题，因此，目前的研究多集中在此类天然材料的改性和应用性能开发上。由于某些生物聚合物应用于包装材料领域时在性能上或多或少的存在缺陷，此类包装材料的研究热点主要集中在如何适应应用性能和经济性上的要求方面。因此，研究报道多是通过共混改性或与其他材料复合改性来提高合成生物基聚合物的实际应用潜力和价值，而与同为可再生资源来源的纸类材料层合成复合材料是一个可行的选择。

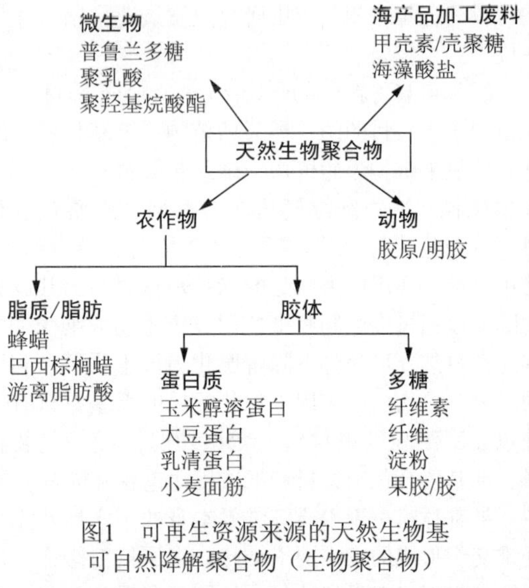

图1 可再生资源来源的天然生物基可自然降解聚合物（生物聚合物）

纸基生物聚合物类复合包装材料的开发与实际应用探索成为近年来绿色包装材料领域的研究热点。此类复合包装材料是借助传统造纸涂布工艺，将多种生物聚合物用作纸张涂布材料，研究重点集中在生物聚合物性能改性及种类拓展、基于包装内容物的需求对包装材料的性能改进及优化、涂布复合工艺研究、纸基材料与生物聚合物涂层的界面相容性等。目前，纸基生物聚合物类复合包装材料中研究涉及的生物聚合物种类主要有大豆分离蛋白、玉米醇溶蛋白、聚乳酸、卡拉胶、牛奶蛋白质、麦麸、壳聚糖、海藻酸盐、淀粉等。

三、新型纸基包装材料：纸浆模塑制品

纸浆模塑制品是以植物原生纤维或二次纤维为原料，根据性能要求混入多种化学助剂制成一定浓度的纸浆悬浮液，通过特制模具成型机形成湿纸模坯，脱模脱水干燥之后最终经过整饰工艺形成具有特定几何空腔结构和一定缓冲性能的纸制品。纸浆模塑包装材料由于原料广泛、优异的包装材料应用性能、生产加工简单、易成型、可再生及易于回收利用和可生物降解等优势而成为一次性发泡塑料制品的最佳替代产品。

1. 纸浆模塑制品应用现状

纸浆模塑行业起源于 20 世纪 30 年代的欧洲，当时由于用作包装材料的废旧纸箱以及废弃的报纸等纸制废品的量越来越大，人们开始考虑如何有效再生利用这些废弃纸制品，从而展开了使用其作为纸浆模塑包装制品原材料的研究。在美国这一生产技术的研究很快取得了成功，并且由于纸浆模塑制品的加工设备和工艺相对简单，因此很快就在同样受到废纸处理问题困扰的国家和地区推广开来。模塑技术最早是应用于塑料行业的一种成型加工技术，通过与造纸技术结合，便衍生出一种利用天然植物纤维材料的立体造纸技术——纸浆模塑。根据用途和生产工艺，纸浆模塑材料可分为两大类：缓冲保护包装材料和纸浆模塑餐具。

2. 模塑制品（纸基材料）阻隔性能研究进展

一般而言，包装材料的阻隔性能是指材料阻隔气体［O_2、CO_2、挥发性有机气体（如香气或气味等）水蒸气等］和液体（水、有机溶剂、油脂等）等在材料主体结构中渗透通过的能力。根据被包装物的需求不同，对包装材料阻隔性能的要求也不同。工业品纸浆模塑制品要求具有良好的防潮（阻隔水蒸气）和防水性能；纸浆模塑餐具制品不但要求具有良好的防潮防水性能，还要有良好的阻隔油脂及保温隔热性能。由于天然纤维纤维素基材料含有丰富的羟基，具有天然亲水性，传统造纸领域一般用施胶的方法来提高纤维材料的疏水性。虽然表面施胶相对于浆内添加在留着、用量及添加效果上都具有优势，但由于纸浆模塑制品的立体结构、形状结构复杂多样、多拐角及沟壑等特点，目前关于纸浆模塑制品的表面施胶工艺及设备的研发还处于初始阶段。

天然纤维纤维素基材料一般是三维网络结构，具有天然多孔性。基于目前的研究进展最有效的阻隔气体（氧气、二氧化碳、水蒸气）在纸基材料中扩散的方法是在纸基材料表面涂覆一层聚合物纳米复合涂层，如图 2 所示。该方法是基于曲线路径理论〔图 2（A）〕，认为纳米粒子本身拥有致密的结构，传质小分子由于难以直接透过因而需要绕过纳米粒子实现扩散过程，该理论认为纳米粒子本身带来的曲线路径效应是复合膜材对水蒸气阻隔性能提高的主要原因，其中纳米粒子的长径比是“曲折因子”的决定因素。图 2（B）列举了常用的黏土纳米粒子与聚合物相互作用的方式：分离型微观复合材料形态、插层型纳米复合材料形态、剥离型纳米复合材料形态。近年来关于聚合物纳米复合涂层研究热点多集中在研发可降解聚合物的复合性能及拓展纳米粒子的种类。

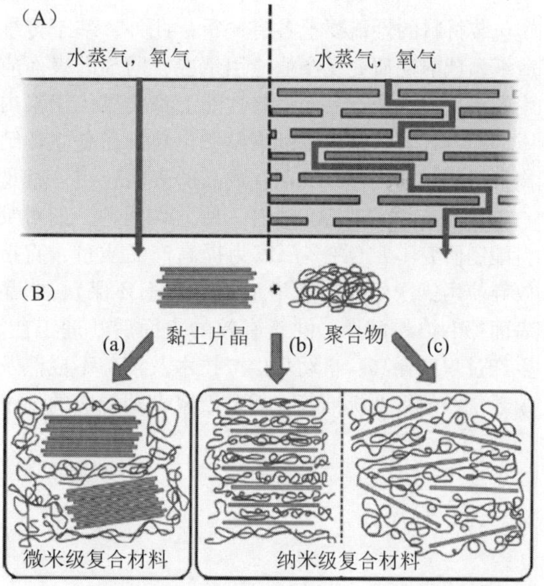

图2　聚合物纳米复合阻隔涂层：（A）聚合物纳米复合阻隔涂层的阻隔机理：曲线路径理论；（B）黏土纳米薄片与聚合物大分子相互作用的一般形态类型：（a）分离型微观复合材料形态；（b）插层型纳米复合材料形态；（c）剥离型纳米复合材料

研究表明，油脂分子本身不能溶解或润胀纸基纤维，因而不能像水分子一样可以借助纤维本体发生扩散，但由于构成纸基材料的纤维间存在大量孔缝结构，油脂分子可以借助毛细管作用通过纸基纤维三维网络中的孔缝结构发生扩散并逐渐渗透至整个纸基材料。依据防油的原理不同，可以将防油助

剂分为两大类：含氟类防油剂和非含氟类防油剂。总体来说，目前有关纸基材料防油剂的研究主要围绕两个方向展开，一是在传统含氟类防油剂的基础上进行改进，如与其他物质复配、引入杂原子、减少碳链长度等；再就是开发能满足防油需求的新型非含氟类防油剂，无硅无氟型食品防油纸是未来的研究及发展趋势。

3. 纸浆模塑制品的应用现状及发展趋势

纸浆模塑制品在我国已经发展了 30 多年，在纸浆纤维原料种类拓展及性能优化、应用领域的延伸、生产工艺及设备改进、制品功能化研发及应用等方面都取得了很大的进展，特别是借助“限塑”法令使其在环保工业品包装和一次性环保餐具领域得到越来越广泛的认可和使用，但是纸浆模塑制品的一些技术共性问题还有待研发解决。首先，模具制作是纸浆模塑生产过程中关键的环节，制品的结构、外形和几何尺寸都由模具的特性参数决定，但是目前的模具制作周期长且成本高。其次，纸浆模塑制品的应用领域十分广泛，因此对于最终纸浆模塑包装材料的性能要求各有侧重。此外，基于传统造纸领域前期研究及产业应用情况，助剂的表面应用效果从成本及产品的最终性能上都明显优于浆内添加的方式。但是由于纸浆模塑包装制品是立体结构且形状复杂多样，助剂在成品的表面应用一直是一个技术难题。最后，还有一些共性问题，如对浆料配制研究不足（许多厂家为提高产品质量，直接放弃使用二次纤维，既增加成本又不环保）、制品表面掉毛掉粉问题、缺乏有效的表面后处理工艺、生产过程能耗高、自动化生产技术及设备不成熟及缺乏统一的行业标准等，需要纸浆模塑行业的上下游产业链一起研发攻关解决。

随着纸浆模塑制品在高附加值包装领域的广泛应用，如何将智能包装技术整合到纸浆模塑包装材料的生产过程中，也是未来该行业的一个重要的研究方向和发展趋势。如高端工业品及化妆品的智能防伪溯源、食品和药品的智能安全监测等领域；将保温测温技术应用到纸浆模塑材料中，研发用于外卖热食的包装，实现对被包装物的保温并实时温度检测的功能；将测菌感湿技术应用到纸浆模塑包装材料中，研发用于食品保鲜的纸浆模塑材料，实时监测新鲜果蔬的新鲜度（通过储藏环境的菌落数、温湿度等检测）。此外，将纳米材料或高强度的纤维材料应用到纸浆纤维原料中生产具有特殊性能的纸浆模塑包装材料，也是未来的一个研究方向。

四、结 语

总体来讲，在 2019 年年底新版“限塑令”的推动下，纸基包装行业既迎来了新的发展机遇，同时也面临着新的挑战。纸基包装材料应该加大创新力度，研制在使用性能和成本上都相当或接近于被广泛使用的不可降解塑料制品的成熟替代品，推出满足市场需求的功能性产品，“以纸代塑”不但要实现技术上可行，还要在性能和成本应用上做探索。在政策的引导下，以市场需求为目标，加紧落实技术创新，纸基包装材料行业才能抓住机遇获得更大的发展。

（张 雪 张红杰 程 芸 刘晓菲 孙 琴 张 涛 黄培坤）

纸浆模塑创新技术与发展趋势

Innovative Technology and Development Trend of Pulp Molding

纸浆模塑制品是纸制品行业的一个分支产品，这一环保型的产品在我国规模化生产已有 30 多年的发展历史。近年来，随着我国国民经济各个行业健康快速的发展，我国纸浆模塑行业也发生了日新月异的变化，生产规模不断扩大，技术水平不断提高。生产工艺从早期的干压生产工艺为主发展为干压、湿压工艺并举发展，进一步更加环保节能的直压工艺技术已成为纸浆模塑技术研发的新方向。生产设备从简单的单机单工位和双工位生产，发展为连续化、自动化的湿压工艺生产高精纸浆模塑制品，更有无人化、智能化生产设备已经开发出来。纸浆模塑产品的应用范围也从要求相对不高的农副产品托盘、食品药品包装、工业制品内包装，发展到高精仪器仪表、电子产品的防护包装和高精一次性餐具等。

在全国各地广泛实施禁塑限塑的新形势下，纸浆模塑制品由于其优异的环保和可降解性能，成为“限塑令”后一次性塑料制品主要替代品之一。可以预料，在今后几年内，纸浆模塑行业将迎来快速发展的大好时期，纸浆模塑工艺和技术也会不断地创新、发展和提升。

一、纸浆模塑的环保特点和创新空间

1. 纸浆模塑的环保特点

①纸浆模塑制品原料来源广泛，主要原料大多采用草本植物纤维浆，如芦苇、麦草、稻草、蔗渣、竹子等。目前国内以草类纤维为主导原料的制浆厂家都有自己的治污系统，在原料上纸模制品完全走出一条“集中制浆，分散生产”的道路，不仅自身没有环境污染问题，并且还能获得较为可靠的原料保证。而采用废纸原料的纸模制品生产企业本身一般不存在制浆产生的环境污染问题。

②纸浆模塑制品生产工艺技术简练，生产过程中基本无污染源出现，符合环保生产要求。

③纸浆模塑制品应用领域广，能广泛用于电器包装、种植育苗、医用器皿、餐饮用具和易碎品衬垫等领域，一条兼容性的纸浆模塑生产线只要在模具上加以改进和更换就能生产出各种不同用途的产品，其多元化的功能和可循环再利用的特点令其他同类产品望尘莫及。

④纸浆模塑制品可回收利用的特点能调动人们的回收积极性，使环保环卫等部门的工作压力大大缓解，同时它具有的经济效益也必然会发挥积极作用。纸浆模塑制品大量进入人们生活领域后，必定会受到社会的广泛接纳和人们的普遍欢迎。

⑤纸浆模塑餐具是纸模制品中一个重要的分支产品，它容易回收，能再生利用，可自行降解，源于自然又归于自然，是典型的无污染可降解绿色环保产品，十分符合当今时代的要求和市场的需求。

2. 纸浆模塑的创新空间

纸浆模塑在我国是一个正在蓬勃发展中的行业，它涉及机械设备、模具设计与制造、制品设计与制造、纸浆原料选用与处理、功能性助剂的选用与添加、印刷油墨与印刷方式、纸模缓冲包装制品、纸模餐具与食品药品包装制品、精品工业包装制品等多个领域与行业，其应用范围也涉及餐具、蛋托果托、食品药品包装、电器衬垫、农用器具、医用器具、军品包装、儿童玩具、器具道具、工艺品、人体模特、家具、纸模(机械)零部件等多个领域。因此，纸浆模塑在每个行业领域都有着无限的创新和发展空间。

近年来，我国纸浆模塑行业人员已从多方面开展了纸浆模塑创新技术的研究与开发，取得了一些令人可喜的成果，在纸浆模塑生产智能设备设计与制造、精品工包制品的设计与制造、模具设计与研发等方面已经成为全球纸浆模塑行业的领军集团。

二、纸浆模塑创新技术的研究现状

1. 采用双吸法成型制作特殊要求的纸浆模塑制品

传统的纸浆模塑成型一般采用单吸成型方法，它在制作一些特殊要求的纸浆模塑制品时显得力不从心，而采用上下双吸法成型方法可制作出缓冲性能更好、承载能力更大的一些纸浆模塑制品。其工艺技术原理是在设备吸浆成型工位，设有一个可容纳上下两个独立的吸浆模板的浆槽，每个吸浆模板可以各自或同步进行往复吸浆成型。可以选择上方的吸浆模吸浆、下方的吸浆模吸浆、上吸浆模和下吸浆模同步吸浆等方式，将这 3 种吸浆工艺装置于同台设备上，可以满足不同产品的生产要求。使用该设备上下吸浆模同步吸浆方式，将两个吸浆模成型后的湿纸模坯合模结合一起，使制品的厚度增加至两倍厚，突破了通常单模吸浆模板生产纸模制品厚度的局限性。可以应用于高厚实质感的外包装盒等产品的设计上，拓宽了纸模制品的应用范围。

2. 双层纸浆模塑制品的开发与应用

双层纸浆模塑制品的制作可以采用以下方法：一是采用二次吸滤成型的工艺，先往成型模具中注入一定量的面层浆料，然后进行第一次真空吸滤成型，当面层纸浆已经基本成型后，再继续注入一定量的底层浆料，并进行第二次真空吸滤成型，从而制成双层纸浆模塑制品湿坯，再进行干燥和热压整型。二是制作双层双色纸模制品，可以采用内外层二次成型干燥后再复合的结构。三是采用分别成型再挤压复合法制作双层双色纸模制品，这样可以大大简化生产工艺过程，制品内外层牢牢地成为一体，提高了双层双色纸模制品的强度和耐用性。

3. 管状纸浆模塑制品的开发与应用

采用一种创新的纸浆模塑生产工艺可以制造一种在铸造作业中用的纸质浇道管，代替传统的陶瓷浇道管，这种纸质浇道管具有特殊的耐高温、抗压等性能，其原料采用不需脱墨的废纸，加入一定量的无机粘结剂、有机粘结剂、增强剂等助剂，通过特制的模具进行成型，再经过干燥、整形等工序制成纸质浇道管。纸质浇道管的模塑生产不仅实现了废纸资源再利用，而且在使用过程中其对生产的铸件也无影响，是典型的环保可再利用产品，使用后的废弃物能自然降解。

也有连续生产的纸浆模塑制管机，其生产工艺是利用特定的模具生产连续状的纸浆模塑管状制品，在纸模管状制品成型脱水的同时进行转移，湿纸管坯在移动的同时利用专用的烘干设备进行烘干，然后按要求规格进行切断和捆包，形成纸模管状制品，其产品在食品、工业产品、农用器具等方面有着广泛的用途。

4. 瓶类纸浆模塑制品创新设计

纸浆模塑瓶是一种纸模设计理念上的创新，其瓶身的结构部分采用纸浆模塑成型，而承装内容物的内胆部分则采用更轻薄的塑料制造，这样可以使塑料的使用量减少 50% 以上。

瓶类纸浆模塑制品可分为分部组合式纸模瓶和一体成型式纸模瓶两种类型。分部组合式纸模瓶是通过传统的纸浆模塑生产技术先生产出两片完全相同或相互啮合的半瓶身结构，再装入内胆，最后通过黏合剂黏合，组装成整体纸模瓶。

一体成型式纸模瓶应用了一种新型的纸模生产技术。其制作过程采用一种新型的模具结构，即上下模具组成的具有中部空心腔体的外模和由耐高温气袋组成的内模。利用真空吸附和内模气袋充气挤压的原理制作出一体成型式纸模瓶。纸模瓶的内胆可以采用更薄的 PET 制成瓶坯（壁厚可在 0.05 毫米以下），再在纸模瓶身内吹塑成型，也可以采用直接瓶内喷涂可降解的防水涂层的方式，制作出用于盛装液体的纸模瓶。

5. 内部缓冲和外部包装一体化纸模设计

一些新款的纸浆模塑制品将内部缓冲衬垫和外部包装结构设计成一体，在一定应用场合可以代替折叠纸盒纸箱，这种内部缓冲和外部包装一体化纸模设计，通过组装或粘合成型成为一体化包装，减少了外包纸箱纸盒的使用，大大降低了包装成本。同时可以通过造型或表面纹理来赋予其高级感时尚感，其外包装造型可以在长方形的基础上进行倒角、圆角、凹印等各种加工。另外，其表面图案也可以设计一些复杂纹理和有凹凸感的 logo 或图案，从而提升产品的档次和品质。

6. 立体中空蜂格纸浆模塑创新技术

立体中空蜂格纸浆模塑创新技术是利用纸浆模塑吸滤成型的原理，采用上下两幅模具组成双面组合模具，通过上下模具开合、双面立体吸滤一体化成型，形成由纸浆双面吸滤层和若干立体管孔状支撑构成的产品结构，制作成立体中空蜂格状、平凸凹结构相结合的纸浆模塑包装制品。因此制品具有优异的承载强度、缓冲性能和超高（厚）尺寸。可以制成重型包装的缓冲材料。

7. 功能性纸浆模塑结构创新设计

①基于高性能特种浆料配方与制品加工工艺，进行多元化的纸浆模塑结构功能创新设计已成为纸浆模塑行业的发展趋势。目前开发的医疗针盒、花盆、方便面餐盒、衣架、挂扣等新型功能性纸浆模塑制品，突破了传统纸模制品在包装中的应用局限，使纸浆模塑制品成功拓展到医疗、餐饮、服饰、农业、日化等领域，为代塑制品提供了根本性的解决方案。

②纸浆模塑业内人员对纸浆模塑结构的承载机理和成型特点进行了系统研究，创新性地将模切、折叠、粘贴成型等工艺引入纸浆模塑制品设计生产过程中，开发出折叠型结构、复杂缓冲腔结构、侧壁微倾斜结构、内外复合结构等纸浆模塑制品新结构。大幅提升了纸浆模塑的承载性能、空间利用率、展示性能。

③针对纸浆模塑托盘承载能力不足的共性问题，业内研发人员发明了分层式和组合可拆卸式重载纸浆模塑托盘，解决了传统一次性成型纸浆模塑托盘承载能力差的问题。以组合创新为着力点，充分发挥蜂窝材料、瓦楞材料与纸浆模塑材料的优点，提出了“纸包纸”的设计思想，创新性地研发了纸浆模塑材料与蜂窝纸板材料/瓦楞纸板材料组合托盘，新型组合托盘的承载能力提升5倍以上，推动了“以纸代木”的技术发展。

8. 利用农作物秸秆制作纸浆模塑制品

将稻麦草发泡技术与纸浆模塑生产技术相结合，可以制作出结构疏松的纸浆模塑制品，可用于加热榻榻米、水稻育秧板和草坪育苗移植板材等材料。该技术以农作物秸秆等废弃物作为生态栽培基质，制作育秧基质板，经过原料混合及预处理、发酵、添加营养剂及防病药剂、成型、烘干、包装等环节。研发出的生态育秧基质板产品具有良好的保水、保肥性能，育苗过程操作管理方便等特点；育秧基质板在成型过程中已加入防病、除草配方，保证了育秧过程中无杂草，可有效防止病虫害；使用全新育秧技术可减少劳动力、人工费，减轻劳动时间和强度等，可以有效节省育秧成本。

9. 纸浆模塑制品精美印刷技术逐步应用

某些高端纸浆模塑制品制成后往往需要在其表面进行精美印刷，以展示其包装商品的形象和外观。在纸模制品表面印刷过程中，由于纸模制品表面比较粗糙，其结构多样，凸凹变化多，印刷幅面小，采用传统常规印刷工艺难以满足其要求，因此常采用比较灵活的印刷方式。如移印、喷墨印刷、丝网印刷、凸版胶印、UV 打印等印刷方式，来完成对纸模制品的凹凸表面进行多色精美印刷。

目前在纸模行业推广的 UV 打印是一种高科技免制版的全彩色数码印刷技术，它可以在各种材质表面进行彩色照片级印刷。无需印前制版，一次完成多色印刷，色彩靓丽，印墨耐磨损，防紫外线，操作简单，方便小批量印刷，印刷速度快，印品完全符合工业印刷标准。目前已有厂家开发出适合纸浆模塑制品快速印刷的高速 UV 彩印机，应用于各种纸模制品的表面印刷。

三、纸浆模塑创新技术的发展趋势

1. 干法模压生产线的开发和应用

瑞典 PULPAC 公司打破传统的植物纤维模塑湿法成型工艺，突破性的使用干法模压工艺(或称为直压式工艺)制作出各种精致的植物纤维模塑产品，这种干法模压工艺技术利用卷筒状或平板状原料浆板或纸板作原料，经过分散纤维和纤维成型、纸幅预压、喷淋及复合纸幅、制品挤压、定型和切边等过程，将植物纤维加工成价格非常有竞争力的包装制品。这种干法模压工艺可以高速制造几乎任何形状或用途的植物纤维产品。并且可以利用各种纤维素纤维原料，不管是未经处理的、残余的还是回收的边角料。它节约能源，减少二氧化碳排放，并显示出许多传统植物纤维成型方法无法满足的设计和技术优势，是未来植物纤维模塑生产创新技术的一个发展趋势。

2. 3D 打印技术制作纸浆模塑模具研发与应用

纸浆模塑制品的生产主要依赖于模具的设计及其制造技术，可靠的模具制造能够提高纸模制品的生产效率，同时也为产品的快速更新换代创造了条件。近年来，3D 打印技术的发展和其在纸浆模塑行业的应用，为传统的纸浆模塑模具制造技术提供了重大改革和突破的可能。3D 打印通常是采用数字技术材料打印机来实现的，常应用在模具制造、工业设计等领域。对于需要模具生产的纸浆模塑制品，用 3D 打印技术制作其生产模具，无论是时间成本还是开模设计费用都将极大降低。

3. 高精纸浆模塑制品逐步推广应用

随着纸浆模塑包装在高端电子产品、礼品、奢侈品等领域的应用，对产品的外观和尺寸要求也在朝着高精方向发展，即高端纸浆模塑，其特点如下。

①纸浆模塑制品表面超疏水技术、抗掉粉技术

的研发和应用，显著提高了纸浆模塑制品表面光洁度，使其可以接近或达到注塑产品的表观水平。

②通过在供浆环节安装电脑自动调浆系统，增加多道除杂器降低浆料里的杂质等方式，减少产品脏污点。增设分光光谱仪动态监测产品色差，可以将纸模制品色差控制在 $\Delta E \leqslant 1$ 以内。

③传统的纸浆模塑的拔模角度为 3°～5°，高端纸浆模塑的拔模角度现在可以做到 2°以下，技术上可以达到 0°。在工艺上多采用多次模压工艺，一些厂家开发出相应的模具，可采用一次模压成型工艺，大大减少了成本，提高了效益。

④高端纸浆模塑制品的直线度公差可以达到≤0.5 毫米，表面粗糙度可以做到≤3 微米，边缘 R 角极端可以做到 R 0.2 毫米。

⑤盒型纸模产品厚度由 0.7～0.8 毫米增加至 1.5 毫米以上，甚至更高。其强度可以与工业纸板相媲美，大大扩大了盒型纸模产品的应用范围，在一定场景中可以代替纸盒包装化妆品、礼品等中小型纸盒。

⑥一些新款的纸浆模塑制品将内部缓冲衬垫和纸盒襟片结构设计成一体，与外包装盒紧密贴合，用于包装高端电子产品、礼品等，大大改善了产品的外观性能。

4. 功能性纸浆模塑制品的研究

①具有保鲜功能的纸浆模塑制品，在纸模浆料中添加一些抑菌和杀菌的助剂，可以延长内包装果蔬的保鲜期，可以使柑橘保鲜 3 个月，荔枝保鲜 30 天。

②可食用的纸浆模塑制品是利用果蔬为基材，添加适当的增塑剂，增稠剂，抗水剂，保留果蔬原有天然色泽，制成浆料，利用纸浆模塑生产工艺制成内包装制品，这种包装制品，既保证包装功能，又可以食用，减少污染，一举多得。

③高精纸浆模塑制品的生产技术也为进一步研发纸浆模塑的机械产品配件提供了可能，比如利用纸浆模塑可以制作机械行业的离合器和制动用的摩擦片、润滑油过滤器、缓冲配件等。

④利用高精纸浆模塑制品的生产技术还可以制作房屋装饰材料，工艺品、文创产品等。

5. 纸浆模塑复合材料的研究

纸浆模塑复合材料的研发也是业内人士关注的热点，随着纸浆模塑制品市场对产品功能和质量的要求不断复杂化，单纯通过改进生产工艺和添加助剂的方法已经不足以满足市场需求。而通过添加其他材料来改变纸模产品的原料配方和产品性能，例如将纳米材料或高强度的纤维材料添加到纸模原料当中，从而生产出具有特殊性能的纸模包装材料，也是未来纸浆模塑的一个重要研究方向。

6. 利用计算机技术测试分析产品的性能和参数

利用计算机技术精确测定纸浆模塑产品的性能和参数以实现工艺参数设计的量化计算，是提高纸浆模塑产品质量和生产能力的关键，而计算机技术则是利用这些参数进行具体的产品与工艺设计的基础。依据量化的参数并利用专业软件建模，通过对纸浆模塑产品进行模拟分析、计算产品工艺与使用性能和各项参数之间的关系，可以高效地完成纸浆模塑制品及其生产工艺的优化设计。

随着我国国民经济各个行业健康快速的发展，与世界各国的经济往来也日益频繁和紧密，并且随着我国的“限塑令”的强力实施，纸浆模塑这一新兴的绿色环保产业显示出强大的生命力和广阔的市场前景，经过业内人士的不懈努力和不断创新，纸浆模塑的新工艺、新设备和高精新产品也将不断地开发和研制出来，未来几年，我国纸浆模塑行业将迎来一个快速发展的大好时期。

（黄俊彦）

装备与器材
造纸化学品

EQUIPMENT & DEVICES CHEMICALS USED IN PAPER INDUSTRY

6

2020 年我国制浆造纸设备及新产品情况

Introduction to Domestic Pulping and Papermaking Equipment and New Devices in 2020

2020 年是全面实现“十三五”规划建设目标的收官之年，是坚持稳中求进，坚持以供给侧结构性改革为主线、推动高质量发展扎实做好“六稳”工作，保持经济社会持续健康发展的一年。2020 年我国造纸生产和运行逐月呈现向好态势，整体运行好于 2019 年，2020 年纸及纸板生产总量比 2019 年有所提高，产销基本平衡。但受全球经济和贸易下降，除我国外，全球经济体经济基本都是负增长，经济仍将处于延续放缓态势。受市场对纸张品种需求变化和原材料来源成本差异及市场竞争等因素影响，造纸企业生产和经济运行出现分化，作为配套产业的制浆造纸机械行业也受到了难以避免的影响，但也为一些企业研发绿色纸业新设备、推广环境友好新产品及拓展国际市场提供了契机，节能降耗、生物质精炼、农作物的综合利用处理等方面成为持续热点。

一、制浆设备

1. 备料设备

(1)江苏保龙机电制造有限公司供货泰国 Vanachai 集团的首条年产 22 万米^{3}OSB 项目剥皮备料工段生产线设备于 2020 年 1 月进行性能测试并一次性通过客户验收。Vanachai 集团是亚洲领先的刨花板和中纤板制造商之一，正在建设的是泰国第 1 条连续 OSB 生产线，该生产线是江苏保龙为 Vanachai 集团量身定制，其中主打长度 21 米，直径 4000 毫米的滚筒剥皮机，以及从剥皮机出料到长材刨片机之前的自动给料系统。

(2)江苏保龙机电制造有限公司于 2020 年 7 月初为鲁丽木业新增年产 60 万米^{3}OSB 生产线量身定制了第 2 套滚筒式单通道干燥机(规格：直径 5000 毫米、长度 32 米)，产能从 15 吨/时提高至 20 吨/时。同时，江苏保龙还将为鲁丽木业新增 OSB 项目提供滚筒剥皮备料工段生产线成套设备和二工段削片进料输送系统成套设备等。

2. 废纸制浆设备

(1)山东晨钟机械股份有限公司供货鞍山永安包装工业有限公司的废纸浆线设备于 2021 年 1 月成功开机并卷出第一卷纸，该纸机设备是 1 条国产双叠网纸机，可以生产箱纸板、T 纸和瓦楞原纸，年产能 15 万吨。

(2)福建轻工机械设备有限公司供货大华纸业(尼日利亚)有限公司的纸板项目于 2020 年 7 月成功发货。此次发货的是日产 350 吨书刊杂志废纸脱墨制浆线整线设备，涵盖高浓除渣器、纤维分离机、尾渣圆筒筛、中浓压力筛、ECO 脱墨预浮选槽、消泡槽、多盘浓缩机、双网挤浆机、破碎螺旋输送机、料塞螺旋输送机、预热进料螺旋、盘式热分散机、漂白塔等近 50 种各类脱墨制浆设备。

(3)福建轻工机械设备有限公司 2020 年承接国外某公司日产 600 吨废纸湿浆浓缩及闪急干燥 4 条成套设备制造任务。该成套装备主要包括双网 6 压区湿浆过滤机，绒毛发生器，热风交换系统，闪急干燥塔，旋风分离机，板式浆砖液压机，浆砖打包机，浆料输送机等设备。同时包括环保洗气设备(洗涤塔)全套设备实现自动控制和远程控制。

3. 原生浆制浆设备

(1)轻工业杭州机电设计研究院有限公司分别供货浙江凯恩纸业股份有限公司、牡丹江恒丰纸业股份有限公司的横管式连续蒸煮系统于近期得到成功应用，主要用于剑麻及马尼拉麻碱法化学浆生产。其中，浙江凯恩纸业股份有限公司采用干备件，配以湿法备料系统，蒸煮采用横管连续蒸煮设备，产能 15～50 吨/日绝干成品浆。

(2)汶瑞机械(山东)有限公司供货黑龙江某客

户的 14 台 GSJA1540 高效双辊挤浆机项目于 2020 年 11 月发货。

(3)福建轻工机械设备有限公司双网挤浆机于 2020 年 7 月助力山东太阳纸业股份有限公司颜店 18 万吨/年化学机械浆项目。

(4)轻工业杭州机电设计研究院有限公司与中国林业与环境促进会竹产业委员会仁化县竹产业科研基地韶关津华竹业有限公司于 2020 年 5 月签约了竹茹提取中试生产线工程技术合作项目。

(5)轻工业杭州机电设计研究院有限公司与广西广业贵糖糖业集团有限公司于 2020 年 4 月 30 日签订了年产 10.89 万吨漂白浆搬迁改造项目横管连续蒸煮器设备。该项目拟采用两套带预热螺旋的横管连续蒸煮器生产线，其中：工况一，两套横管连续蒸煮器生产线均生产蔗渣浆(日生产 400 绝干吨蔗渣粗浆)；工况二，两套横管连续蒸煮器生产线均生产桉木浆(日生产 360 绝干吨桉木刨片粗浆)；工况三，一套横管连续蒸煮器生产线均生产蔗渣浆(日生产 200 绝干吨蔗渣浆)、一套横管连续蒸煮器生产线均生产桉木浆(日生产 180 绝干吨桉木刨片浆)。

(6)轻工业杭州机电设计研究院有限公司与广州楹鼎生物科技有限公司于 2021 年 4 月签订了 ESⅢ-连续蒸煮试验装置 1 套，该装置为可移动式秸秆醋酸法制浆蒸煮系统，适应各种秸秆原料。

(7)轻工业杭州机电设计研究院有限公司与济南圣泉集团股份有限公司于 2020 年 4 月 3 日签订了 4 台双辊挤浆机合同，其中 1 台规格型号为 H945、3 台规格型号为 H930。

(8)福建轻工机械设备有限公司供货河南江河纸业股份有限公司旗下武陟县开源纤维制品有限责任公司的日产 250 吨化学机械浆项目于 2020 年顺利开机运行，各项数据均达到设计指标。

(9)轻工业杭州机电设计研究院有限公司与印度 Assam Bio Refinery Private Limited 公司于 2020 年 2 月签订了生物质精炼 12 万吨/年甲酸竹片溶解浆及酸木素、甲酸回收再用生产线(蒸煮包、洗浆包)。该项目采用生物质精炼一体化技术，无废水排放，副产品为甲酸木素、糠醛及延伸产品工业燃料，为世界上第一次采用有机酸(甲酸)用于制浆造纸的大规模工业化生产。

4. 纤维素制备

轻工业杭州机电设计研究院有限公司承担的微纳米纤维素关键制造技术及中试示范线项目于 2020 年 1 月在杭州市化工研究院有限公司顺利进入开机中试阶段。

5. 洗、选、筛设备

(1)福建三洋造纸机械设备有限公司及汶瑞机械(山东)有限公司开发的压辊为直径 Φ900 毫米及 Φ1500 毫米系列双辊高效洗浆机作为第 4 代双辊已成功应用于贵州赤天化制浆有限公司及山东圣泉集团大庆奇妙有限公司，其洗浆机升级为 5 辊。

(2)山东晨钟机械股份有限公司于 2020 年 10 月与温州市鸿起纸业有限公司签订年产 20 万吨的白纸板生产线全套制浆系统服务合同。山东晨钟机械股份有限公司所提供的全套制浆设备包括：链板输送系统、转鼓碎浆机、低浓/高浓水力碎浆机系统、一级两段高浓除渣器系统、粗筛选系统、精筛选系统、尾渣处理系统和网前流送系统等设备。

6. 漂白设备

(1)福建轻工机械设备有限公司供货印度客户的日产 80 吨脱墨浆漂白系统和热分散系统于 2020 年 7 月成功发货。

(2)轻工业杭州机电设计研究院有限公司供货安徽雪龙纤维科技股份有限公司的二氧化氯连续漂白中浓泵系统于 2020 年 5 月验收发货，包括中浓泵、中浓混合器、中浓立管等。该系统生产量为 75 吨/日，原料为棉短绒经过蒸煮过程生产的化学纸浆，这是中浓泵系统在棉浆领域的首次应用。

7. 碱回收设备

汶瑞机械(山东)有限公司供货金隆浆纸业(江苏)有限公司的 VE 工段蒸发工段改造项目于 2020 年 5 月正式投产运行，碱回收主控室数据显示：设备运行正常，达到设计要求。该项目属于设计、制造、安装总承包。

8. 环保设备

汶瑞机械(山东)有限公司供货江苏某纸厂的蒸发器项目于 2020 年 4 月 25 日主体设备开始发货，该项目供货范围包括 2 ~ 8 效蒸发加热室和除雾器、4 ~ 8 效蒸发分离室、1A 效蒸发加热室顶部部件、高浓黑液槽、稀黑液闪蒸罐等设备，并由汶瑞公司承担设备安装和保温任务。该项目设计蒸发水量为 300 吨/时，使用的是管式降膜蒸发器技术，其中第 2 效、第 4 效蒸发器和高浓黑液槽属国标压力容器。

二、造纸设备

1. 包装用纸、箱纸板机

(1)四川成发造纸机械有限公司供货唐山市冀滦纸业有限公司的年产 30 万吨箱纸板机于 2020 年

12 月顺利开机并成功出纸，纸机净纸幅宽 5600 毫米，设计车速 850 米/分，实际运行车速 800 米/分。该机台全部使用废旧箱纸板为原料生产 120～230 克/米^{2}T 纸、箱纸板，设计日产能达 900 吨。

(2)华章科技控股有限公司供货理文造纸有限公司(马来西亚)项目的 PM23 5600/900 型包装纸机生产线于 2020 年 11 月顺利投产。

(3)华章科技控股有限公司供货安徽萧县林平纸业有限公司的年产 50 万吨高档箱纸板项目 2 台 5600/900 型左右手包装纸机于 2020 年 11 月完成竣工综合验收。华章科技提供制浆、造纸整体方案及 MCN 流浆箱、全厂自动化系统等关键部件和服务。

(4)上海轻良实业有限公司供货霸州市华通纸业有限公司的年产 15 万吨瓦楞原纸项目于 2020 年 11 月成功开机出纸，开机车速达 530 米/分。该纸机是长网多缸纸机，纸机幅宽 5600 毫米，设计车速 700 米/分。

(5)江苏华东造纸机械有限公司供货浙江金励环保纸业有限公司年产 30 万吨灰纸板项目于 2020 年 11 月顺利开机并卷出第一卷纸。该纸机净纸幅宽 5600 毫米，设计车速 450 米/分，全部使用废纸原料抄造 300～650 克/米^2 单面灰纸板。

(6)沁阳第一造纸机械有限公司供货抚州市富盛纸业有限公司的首台包装纸机于 2020 年 9 月成功开机出纸，纸机幅宽 4500 毫米，设计车速 350 米/分，主要使用废纸原料生产 70～110 克/米^2 瓦楞原纸。

(7)江苏华东造纸机械有限公司供货泰山石膏(泰和)纸业有限公司年产 40 万吨的石膏板护面纸于 2020 年 4 月 15 日成功开机出纸。该纸机流浆箱、靴压等关键设备均为进口，生产量 30 万吨/年。

(8)江苏华东造纸机械有限公司供货徐州中兴纸业有限公司的年产 20 万吨瓦楞原纸搬迁技改项目于 2020 年 4 月 3 日开机出纸。该项目主要使用废纸为原料，生产低定量高强瓦楞原纸。

2. 文化纸机

山东信和造纸工程股份有限公司与山东金蔡伦纸业集团签订协议，山东信和为该项目提供全套 3600/800 型文化用纸系统。

3. 生活用纸机

(1)保定市维拓造纸机械有限公司供货孟加拉国的 3200 型斜网卫生纸机于近期一次性开机成功，定量达到 16～50 克/米^2，该纸机年产能达到 1.8 万吨。

(2)天津天轻造纸机械有限公司供货崇左市品源纸业有限公司的新月型高速生活用纸机于 2020 年 12 月成功开机并顺利出纸，纸机净纸幅宽 2850 毫米，设计车速 800 米/分，主要使用漂白的竹浆和商品木浆原料生产各种卫生纸，设计年产能达 1.2 万吨。

(3)宝索集团供货河北聚润卫生用品有限公司的高速新月型卫生纸机于 2020 年 12 月顺利开机出纸，纸机净纸幅宽 3550 毫米，设计车速 1300 米/分，主要使用商品木浆生产高档生活用纸，设计年产能 3 万吨。

(4)潍坊凯信机械有限公司供货英国 Fourstones 公司的新月型卫生纸机于 2020 年 11 月一次性通过验收。该纸机是凯信机械为 Fourstones 公司提供的第 2 台卫生纸机，原料为废纸浆，速度 1300 米/分，凯信机械在 2020 年为 Fourstones 公司提供第 3 条卫生纸机生产线，该机以木浆为原料，产能 80 吨/日，运行速度 1800 米/分。

(5)保定市昌达造纸机械有限公司供货保定市豪峰纸业有限公司的新月型卫生纸机于 2020 年 11 月顺利开机，并以 1000 米/分的车速上浆出纸。纸机幅宽 2850 毫米，设计车速 1500 米/分，主要使用进口原生商品木浆生产高档生活用纸，设计年产能超过 2 万吨。

(6)西安维亚造纸机械有限公司供货保定市富民纸业有限公司的高速生活用纸机于 2020 年 11 月顺利开机出纸，该新月型纸机幅宽 3600 毫米，设计车速 1300 米/分，主要使用商品木浆生产高档生活用纸，设计年产能 2 万吨。

(7)保定市维拓造纸机械有限公司供货保定市立新纸业有限公司的幅宽 2850 毫米，车速 1400 米/分新月型纸机于 2020 年 10 月 16 日一次性开机成功，该纸机年产能达到 2 万吨。

(8)陕西炳智机械有限公司供货辛集市福德纸业有限公司的生活用纸于 2020 年 10 月顺利开机出纸，纸机净纸幅宽 3500 毫米，车速 1000 米/分，该机台全部使用商品原生木浆生产高档生活用纸，设计年产能 2 万吨。

(9)山东福佳大正机械科技有限公司供货广西来宾桂宾纸业有限公司的高速卫生纸机于 2020 年 10 月一次性成功出纸，该纸机幅宽 2850 毫米，设计车速 1500 米/分，主要使用蔗渣浆、商品木浆生产高档漂白生活用纸，设计年产能达 2.5 万吨。机台造纸织物网、毯全部选用德国福伊特公司产品。

(10)西安维亚造纸机械有限公司供货河北雪松纸业有限公司的高速新月型卫生纸机于 2020 年 10

月顺利开机并成功出纸，该机台幅宽 3550 毫米，设计车速 1400 米/分，主要使用商品木浆生产高档生活用纸，设计年产能达 2.5 万吨。

(11)保定市昌达造纸机械有限公司供货四川鑫业纸业有限公司的首台高速生活用纸机于 2020 年 9 月成功开机出纸，纸机设计车速 1200 米/分，净纸幅宽 2850 毫米，全部采用商品浆生产高档生活用纸，单机设计产能 2 万吨/年。

(12)潍坊凯信机械有限公司供货保定泽裕新型材料有限公司的高速卫生纸机于 2020 年 9 月顺利开机并成功出纸，该新月型纸机型号为 HC-1300CS，设计车速 1300 米/分，纸机幅宽 3550 毫米，单机产能达 75 吨/日。

(13)保定市昌达造纸机械有限公司供货阜新浩博纸业有限公司的首台生活用纸机于 2020 年 9 月成功开机出纸，该新月型纸机幅宽 2850 毫米，设计车速 900 米/分，该机台主要使用商品木浆原料生产高档漂白生活用纸。

(14)宝索集团供货广西宏源纸业有限公司的新月型卫生纸机于 2020 年 9 月开机出纸，纸机设计车速 1400 米/分，幅宽 2850 毫米，该机台主要是使用竹桉浆生产本色生活用纸，机台设计产能达 70 吨/日。

(15)宝索集团供货河北华邦卫生用品有限公司的新月型高速卫生纸机于 2020 年 8 月顺利开机出纸，纸幅幅宽 3550 毫米，设计车速 1300 米/分，日产能达 70 吨。

(16)上海轻良实业有限公司供货山东太阳纸业股份有限公司的高速新月型卫生纸机于 2020 年 8 月开机出纸，纸机设计车速 1600 米/分，净纸幅宽 2850 毫米。

(17)贵州恒瑞辰科技股份有限公司供货福建省尤溪永丰茂纸业有限公司的首台生活用纸机于 2020 年 7 月开机出纸，该机台为真空圆网纸机，纸机幅宽 2850 毫米，设计车速 800 米/分，主要使用竹、木浆混合原料生产本色高级生活用纸。

(18)宝索集团供货成都大良纸厂的新月型纸机于 2020 年 7 月顺利出纸，净纸幅宽 2850 毫米，设计车速 1200 米/分，可用竹、木浆混合原料生产各种生活用纸，单机日产能超过 50 吨。

(19)宝索集团供货南宁香兰纸业有限责任公司的生活用纸机于 2020 年 7 月成功开机出纸，纸机净纸幅宽 2850 毫米，设计车速 1500 米/分，单机年产能近 2 万吨。

(20)西安维亚造纸机械有限公司供货湖南常德德馨纸业有限公司的首台高速生活用纸机于 2020 年 7 月成功开机出纸，该新月型高速生活用纸机，净纸幅宽 3500 毫米，设计车速 1000 米/分，日产能达 50 吨。

(21)保定市维拓造纸机械有限公司供货保定市顺通纸制品厂的幅宽 2850 毫米，车速 1400 米/分的新月型纸机于 2020 年 6 月 11 日一次性开机成功，该纸机年产能达到 2 万吨。

(22)保定市昌达造纸机械有限公司供货保定市跃兴纸业有限公司的新月型高速生活用纸纸机于 2020 年 6 月一次性开机成功，纸机净纸幅宽 3550 毫米，设计车速 900 米/分，设计产能达 50 吨/日。

(23)山东福佳大正机械科技有限公司供货广西植护云商实业有限公司的新月型高档生活用纸生产线于 2020 年 6 月一次性成功出纸，纸机净纸幅宽 4200 毫米，设计车速 1500 米/分，单机产能 2.5 万吨/年。

(24)宝索集团供货龙游旭荣纸业有限公司的新月型高速卫生纸机于 2020 年 6 月正式开机投产，纸机型号为 BC1300-2850，设计车速 1300 米/分，幅宽 2850 毫米，单机日生产量 50 吨。

(25)上海轻良实业有限公司分别供货河南华兴纸业有限公司、河南护理佳纸业有限公司、漯河市聚源纸业有限公司的 2850/1400 型新月型卫生纸机均于 2020 年 5 月成功开机出纸。

(26)江苏信诺轨道科技股份有限公司供货浙江弘安纸业有限公司的新月型高档生活用纸生产线于 2020 年 5 月开机出纸。纸机净纸幅宽 4000 毫米，设计车速 1500 米/分，单机产能超过 3 万吨/年。

(27)宝索集团供货保定市港兴纸业有限公司的新月型高速卫生纸机于 2020 年 5 月成功开机投产，开机速度达到 1000 米/分。纸机净纸幅宽 3550 毫米，设计车速 1300 米/分，全部使用商品木浆生产高档生活用纸，单机产能 2 万吨/年。

(28)宝索集团供货保定市满城区瑞丰纸业有限公司的高速新月型卫生纸机于 2020 年 5 月成功开机出纸，纸机设计车速 1300 米/分，净纸幅宽 2850 毫米。

(29)西安维亚造纸机械有限公司供货福建聚辉纸业有限公司的新月型卫生纸机于 2020 年 4 月 30 日一次性开机出纸，单机日产能超过 50 吨。

(30)保定市昌达造纸机械有限公司供货大荔蔡伦纸业有限公司的 3 台高速生活用纸机于 2020 年 4 月 25 日一次性成功开机投产，全部使用芦苇浆原料生产 13 ~ 20 克/米^2 本色生活用纸。

(31)宝索集团供货洛阳市洁达纸业有限公司的新月型卫生纸机于2020年4月15日成功开机投产。宝索集团提供从上浆流送系统到卷取完成部的总承包和纸机整体交钥匙工程。

(32)保定市维拓造纸机械有限公司供货保定市正浩造纸有限公司的幅宽3500毫米纸机于2020年4月5日一次性开机成功，该纸机年产能达到1.9万吨。

(33)诸城市大正机械有限公司供货云南金晨纸业有限公司的2号高速生活用纸纸机于2020年3月31日成功开机出纸。该机为新月型环保节能型高速卫生纸机，双层流浆箱布置，主要使用进口商品木浆和部分来自四川的竹浆原料，生产各种包括卷纸、抽纸、手帕纸以及面巾纸等系列生活用纸产品。

(34)山东福佳大正机械科技有限公司供货浙江家家发纸业有限公司的首台高速卫生纸机于2020年3月11日成功开机出纸。该机台全部使用漂白商品木浆生产14～15克/米^{2}各种生活用纸，单机设计年产能达1.8万吨。

(35)保定市维拓造纸机械有限公司供货保定市益源纸业有限公司的幅宽3500毫米，车速1100米/分的新月型纸机于2020年3月6日一次性开机成功，该纸机年产能达到2万吨。

(36)诸城市大正机械有限公司供货南宁市圣大纸业有限公司的2850/1600型高速卫生纸机于2020年3月1日成功开机出纸，该纸机网、毯全部由福伊特公司提供。

4. 特种纸机及装备

(1)轻工业杭州机电设计研究院有限公司供货国内某材料公司的年产1000吨玻纤滤纸生产线总承包项目于近期已顺利进入开机调试阶段，并成功出纸。

(2)轻工业杭州机电设计研究院有限公司供货浙江惠同新材料股份有限公司的2100/150型双圆网特种纸机项目于近期已顺利进入开机调试阶段，并成功出纸。

(3)轻工业杭州机电设计研究院有限公司供货浙江朝晖过滤技术股份有限公司的1575/60型双圆网特种纸机项目于2020年12月成功开机出纸。

(4)华章科技控股有限公司供货云南中烟工业有限责任公司的2台纸机BD总包项目于2020年10月设备开始交货，2台纸机主要生产烟草薄片，项目年产能2万吨，纸机幅宽1760毫米，车速150米/分。

(5)保定市维拓造纸机械有限公司供货河北省石家庄科品纸业有限公司的3500型超薄高速拷贝喷浆纸机于2020年10月17日一次性开机成功，纸的定量达到9克/米^2，该纸机年产能1.2万吨。该机型也可生产高级坐便纸，果袋内衬纸等，为国内高速拷贝喷浆纸机填补了空白。

(6)华章科技控股有限公司供货华旺新材料集团的3860/1000型装饰纸纸机于2020年9月试运行顺利完成。

(7)轻工业杭州机电设计研究院有限公司供货浙江洁美电子科技股份有限公司的二期2640/80型多圆网特种纸机生产线项目于2020年2月发货。该生产线生产电子薄型载带材料。

(8)轻工业杭州机电设计研究院有限公司供货国内某钞票纸厂的纸机真空泵系统更新改造设备购置及安装采购项目于2020年1月顺利开机出纸。

5. 部分关键部件产品

(1)沙市轻工机械有限公司供货印度Mehali Paper Limited公司的3800毫米膜转移施胶机于2020年12月一次性开车成功。

(2)轻工业杭州机电设计研究院有限公司供货山鹰纸业(广东)有限公司的4200/700型伸性装置优化改造项目于2020年11月成功投入运行。该伸性装置生产的纸袋纸产品，相比传统纸袋纸产品，由于其具有更高的伸长率特性，原来的水泥袋纸需要4～6层纸袋纸复合才能满足使用强度，现在只需要2～3层纸袋纸复合，能提高约50%的纸袋纸利用率，是非常环境友好型的产品。

(3)沙市轻工机械有限公司与云南东晟纸业有限责任公司于2020年11月签订1台5010/550型膜转移施胶机，用于高强瓦楞原纸的表面施胶。

(4)河南大指造纸装备集成工程有限公司供货玉田顺发实业有限公司的25万吨/年包装用纸生产线施胶段技改项目于2020年3月顺利开机。河南大指提供的Integra®-Sizer膜转移施胶机、Integra®-Screen胶料压力筛及附属设备成功投入运行，设计车速1150米/分，净纸幅宽5600毫米。

(5)河南大指造纸装备集成工程有限公司供货潍坊恒联特种纸有限公司的Integra®-Sizer膜转移施胶机、Integra®-Turn空气转向器、Integra®-Dryer气浮干燥箱及附属设备于2020年3月顺利开机投产，一次性试机成功。

(6)河南大指造纸装备集成工程有限公司供货安徽萧县林平纸业有限公司的Integra®-Sizer膜转移施胶机及附属设备于2020年1月成功投入生产。设备用于生产箱纸板，净纸幅宽 5600 毫米，设计车速 1000 米/分。

三、涂布机及完成设备

1. 卡纸涂布机

沙市轻工机械有限公司供货巴基斯坦世纪纸业公司的 2310/150 型白卡纸机内涂布机于 2020 年 12 月顺利完成交付。该项目共包含多套涂布单元和干燥热风系统，含机架、走台、背辊起吊、断纸监测、引纸系统、传动系统和收卷架、烘缸以及控制系统等。

2. 热敏纸涂布机

（1）轻工业杭州机电设计研究院有限公司供货汕头市新材料特种纸有限公司的 1760/650 型热敏纸涂布机于 2020 年 12 月成功发货。

（2）轻工业杭州机电设计研究院有限公司供货湖南天琪智慧印刷有限公司的 1760 毫米三防热敏纸涂布机于 2020 年 6 月调试完毕并一次性开车成功，目前设备车速已达到 350 米/分。

3. 特种纸涂布机

沙市轻工机械有限公司与东莞九州方圆纸业有限公司于 2020 年 1 月签订 1 台 900/120 型特种纸机外涂布机。包含自动接纸放纸架、气刀涂布系统、压纹机、补色机、热风干燥箱及干燥系统、调态烘缸、引纸系统、水平式卷纸机以及传动控制系统等。

4. 压光机

沙市轻工机械有限公司与印度 GVG 纸业公司于 2020 年 12 月签订 1 台 3000/300 型单压区软压光机定制合同。

5. 复卷机

潍坊凯信机械有限公司与理文造纸有限公司于 2020 年 11 月签订了第 7 台高速复卷机合同，纸机幅宽 5700 毫米，速度 2500 米/分，用于分切复卷箱纸板、瓦楞原纸、T 纸等。

（沈 栋 冯阿团 徐国华 陆建伟 杨 旭）

2020 年我国造纸器材行业概述

Review of China's Papermaking Devices Industry in 2020

2020 年是不平凡的一年，突然来袭的新冠肺炎疫情沉重打击各个行业，造纸网毯行业也不例外。然而，重压之下，愈发显示出人们的抗击能力，造纸网毯企业的千方百计、千辛万苦的顽强精神得到了极大的发扬。随着全国疫情得到基本控制，随着各行各业复工复产，造纸网毯行业也紧随造纸工业，生产、经营及研发均获得迅速的回升，下半年出现了明显的反弹。造纸网毯行业在 2020 年取得的成绩来之不易、可圈可点。

一、造纸网毯行业基本情况

1. 造纸网

据中国造纸学会造纸器材专业委员会（以下简称"造纸器材专业委员会"）秘书处统计，2020 年，国内主要的规模以上的造纸网厂 20 家（不包括外商在华独资网毯生产企业），共生产成形网 206.23 万米^2，其中，干网 161.15 万米^2，螺旋干网 4.3 万米^2，铜网 4.6 万米^2，不锈钢网 1.28 万米^2，环保过滤网 2.2 万米^2。与 2019 年相比，成形网生产量减少 3.2%，干网减少 4.6%，螺旋干网减少 25.9%，铜网减少 18.3%，不锈钢网减少 66.9%，环保过滤网减少 35.3%。

2020 年，高端成形网三层网的生产量为 156.39 万米^2，同比增长 9.45%；异形丝干网生产量为 126.84 万米^2，同比增长 15.85%。2020 年各个品种的造纸网产品生产量均有所下降，特别是铜网与不锈钢网，由于市场需求不断萎缩，减量明显。但是可喜的是，造纸网企业近年来不断致力于技改、产品研发、引进先进生产设备，目前已能掌握成形网三层网与异型丝干网的生产技术，产品进行升级换代，高端产品的占比不断上升。2020 年造纸网生产量的波动，反映出国内造纸网整体技术水平的上升，三层网生产量与异型丝干网生产量均逆市增长，与成形网产品、干网生产量的下降对比明显。由于中国造纸工业体量巨大并不断向前发展的大趋势不会改变，造纸网（及造纸毛毯）行业总体保持稳定并有所增长。

安徽华辰造纸网股份有限公司打破国外技术的垄断，成功研发出适合车速 1000 米/分以上抄造特种生活用纸的高速纸机成形网；拥有独立知识产权的 SSB · W 结构三层网替代进口产品，填补了国内空白，在车速 1500 米/分以上纸机上运行稳定，效果良好；投资近 5000 万元的"年产 8 万米^2 高车速造纸（生活用纸）用聚酯多层网生产线"项目立项，将于 2021 年正式启动。

江苏金呢工程织物有限公司作为国内唯一一家提供全部高端成形网、干网、毛毯为一体的脱水器材专业供应商，使用国际先进的设备与仪器，悉心研究高速纸机、高档纸张对成形网质量的要求，提升高速造纸毛毯的研发与生产能力。

安徽太平洋特种网业有限公司深耕造纸干网，高强异型丝干网产品继续开拓市场。高强异型丝干网先后在山东晨鸣 PM5 夹网纸机、东营华泰 PM11 夹网纸机上，以车速 1800 米/分正常使用 12 个月；在山东联盛 PM9 夹网纸机生产牛卡纸，以车速 1350 米/分使用寿命 10 月；在河南江河 PM6 夹网纸机生产无碳原纸，车速 1550 米/分，干网寿命 12 个月。

河北鹤煌网业股份有限公司 2020 年加大了技术创新力度，通过重新设计网子结构和调整工艺，成功研发出高档生活用纸生产线成型网及 PPS 边扁丝干网；提高了产品抗高温、抗水解的能力，扩大了市场应用；实现了为车速在 1800 米/分高速造纸机配套用网的研发生产，保持了产品质量的稳定性。

江门鸿荣新材料科技有限公司与新会中心网厂联合成立了江门远东网业有限公司，在造纸网产品研发生产的基础上，公司策划并实施标准化、模块化管理模式；近年来致力于造纸网产品的检测仪器、插接机等专用仪器与设备的研发，2020 年已经完成了样机生产，目前正在功能提升改进中。

近年来，我国造纸网企业有了很大的发展，一些骨干企业的产品和质量已经达到了国际先进水平。造纸网企业能够较快的发展进步，不能只靠投资引进先进设备，还要在产品研发、生产管理、技术服务等方面做出努力。

受新冠肺炎疫情的严重影响，造纸网企业经历了一个困难的阶段，基本保持了之前总体平稳且略有增长的发展态势。但是这种情况也反映了造纸网企业自身的不足，在市场竞争激烈的环境下，规模不大的企业，在技术、营销或者资金任何一个环节的薄弱，都会影响企业自身目标的实现。

2. 造纸毛毯

2020 年，造纸器材专业委员会统计全国规模以上 20 家造纸毛毯企业生产量（不包括外商在华独资网毯生产企业的生产量）合计为 7099 吨（以历年同口径推算）。同比下降 11. 11%。生产量下降的企业占统计总数的 70%，即有 2/3 的企业生产量下降。

生产量的下降，首先是新冠肺炎疫情发生所致，造纸毛毯企业在 2020 年年初，缺少工人、缺少原料、缺少资金，同时遭遇运输受阻、物流不畅，可谓困难重重。造纸毛毯企业沉着应对，加强物流运输配送，及时调整需求，有的企业及时应对造纸企业改变纸张品种的需求，调整生产所需要的造纸毛毯。在共同的抗疫斗争中，双方加深了合作。下半年，不少造纸毛毯企业已经恢复正常生产，生产量有了很大的回升。

总生产量的下降与减少生产量企业数的增多，反映了造纸毛毯行业的软肋。造纸毛毯结构的复杂性，使用环境对造纸毛毯质量要求的多面性，要求企业对造纸毛毯有更多的关注与研究。国内大多数造纸毛毯企业起步比较艰难，原来的“上青天”老牌企业，调整关停的多，整体技术底蕴不够，发展的道路也就要更艰苦。经历 20、30 年的努力打拼，现在的造纸毛毯企业大多已形成了相对稳定成熟的企业科研团队和经营团队，他们的持续奋斗是造纸毛毯业不断发展的主要保证。

2020 年，四川环龙技术织物有限公司接缝毛毯生产并销售突破 300 条；包装用纸造纸毛毯突破千米车速，并稳定批量供应；造纸毛毯产品出口走出去势头良好。

徐州三环工业用呢科技有限责任公司，在搬迁改制后步入了健康发展的轨道，企业瞄准高端造纸毛毯，从设备改进、工艺改革、服务加强等众多方面多管齐下，产品质量有了明显的提高。2020 年，尽管生产量有所下降，但高端产品（运用于车速在千米/分以上的产品），已经占总生产量的 10% 以上，其高端产品已经不是单独的、不定期的个别生产，而是形成批量，连续地供应，成为用户的主要供应方。

江苏金呢工程织物股份有限公司作为资深的造纸毛毯生产企业，在生产造纸网的同时，也着力深耕造纸毛毯领域，凭借着网毯结合，在造纸毛毯方面也有很好的业绩。

东莞市友邦网毯有限公司，2020 年克服种种困难，通过加强与客户的沟通，精细化的管理，对现有设备改造升级，提升生产效率。2020 年公司还参与了造纸毛毯插接机的研发，并取得了突破，目前样机已经试用合格。

东莞业兴网毯有限公司是从事造纸毛毯生产、经营多年的企业，在广东地区乃至全国都有一定影响。公司一直关注设备的升级与更新，企业生产规模不算大，但关键设备有特色，是最早使用国内自行制造的上下层针刺造纸毛毯专用针刺机。近几年，业兴公司追求创新，大胆采用新的工艺、新的设计，向高端领域发展，生产的造纸毛毯适配的造纸机车速也越来越高。公司在经过严格论证的基础上，采用新制的锦纶短纤维，成功研制出新型造纸毛毯，在车速 800 米/分的纸板机一压部顺利运行 2 个多月（因其他原因停机卸下），对新型造纸毛毯的运行机理进行了验证。

除以上几家企业，还有许多生产规模较大的造纸毛毯企业，加大资金投入，持续对现有设备进行改造升级。现在的造纸毛毯企业，主要的设备为织布机、针刺机（包括梳理机、铺网机）以及热定型机，都是新制的，在相关机械制造厂的配合下，对新制设备进行多次的更新、改造与升级，性能在不断地提高。造纸毛毯企业以研发、生产高速造纸毛毯为目标，在设备改造中，加深了对装备、工艺与产品的理解，造纸毛毯质量与档次不断提高。已有多家企业研发出适用于高速千米造纸毛毯。

山东聊城经纬工业网毯有限公司精研高端造纸毛毯技术，实行了模块化生产，根据产品自身的特点和用户的不同需求，分列不同系列，分别有基网模块、毛网模块等，以不同模块复合叠加，更有针对性为造纸企业提供适用的各种类型的造纸毛毯，突破了膜结构造纸毛毯的技术难关，千米速度以上的造纸毛毯越做越多。

造纸毛毯企业减少的生产量都是造纸企业淘汰落后产能的用品，新增的生产量则是近几年造纸企业设备更新所需的中高端造纸毛毯。研制生产高端造纸毛毯是行业内大中小企业的共同努力方向。

二、造纸网毯进出口概况

2003—2020 年我国网毯产品的进出口情况见表 1 ~ 表 2，图 1 ~ 图 4。

整体来看，造纸网产品由于 2020 年停摆与物流等问题，进出口数量同比下降约 24%，产品供不应求，单价均逆势上涨，特别是进口产品的单价上涨约 30%。2020 年，<650 克/米^2 网毯成品，进口量同比下降 23.91%，进口单价同比增长 29.48%；出口量同比下降 23.11%，出口单价同比增长 5.69%。≥650 克/米^2 网毯成品，进口量同比下降 11.05%，进口单价同比增长 5.03%，出口量同比增长 13.83%，出口单价同比下降 3.73%。造纸毛毯产品进出口量与 2019 年相比均有下降。得益于国内严格控制疫情，企业通过下半年的努力，缩小了差距，但是随着出口渠道的不断拓展，价格竞争在所难免。

2020 年，滤网、滤布的进口量同比增长 21.15%，进口单价同比下降 17.13%，出口量同比增长 13.83%，出口单价同比增长 545.33%。2020 年进出口数量逆势上涨，并且价格波动巨大，经反复核对海关统计数据，出口单价异常，相关原因尚需追踪。

表 1　2003—2020 年我国网毯产品的进出口情况

年份		滤网、滤布		<650 克/米^2 网毯成品		≥650 克/米^2 网毯成品		合计	
		数量/千克	金额/美元	数量/千克	金额/美元	数量/千克	金额/美元	数量/千克	金额/美元
进口	2003	321789	13179434	83823	9716679	733393	34916174	1139005	57812287
	2004	467009	18160299	66449	11532430	928589	45849485	1462047	75542214
	2005	453136	24320356	122208	18246875	922277	52269799	1497621	94837030
	2006	515427	38570045	103272	19820917	1147141	66040034	1765840	124430996
	2007	554959	41072549	164659	28287534	1320591	73807104	2040209	143167187
	2008	606367	46872567	205248	32106550	1398726	81335714	2210341	160314831
	2009	390331	39433965	282476	27209593	1069939	63213073	1742746	129856631
	2010	674593	54817406	152683	26341596	1257074	79184329	2084350	160343331
	2011	676222	65364193	195048	36256563	1429448	93074967	2300718	194695723
	2012	5770638	127623854	199017	35487497	1490570	92340290	7460225	255451641
	2013	732491	65628557	198872	39304782	1627047	97683472	2558410	202616811
	2014	766924	73505067	203188	39711480	1743000	97563569	2713112	210780116
	2015	734838	59134296	165952	32030296	1445143	83667743	2345933	174832335
	2016	759584	56420052	147943	29761428	1426824	78753576	2334351	164935056
	2017	1132788	75735914	181163	29787822	1508668	84123417	2822619	189647153
	2018	1302567	78198275	261938	32728698	1469626	80893766	3034131	191820739
	2019	1234002	68562774	229111	29668582	1502581	76119181	2965694	174350537
	2020	1494947	68830883	174332	29229430	1336527	71115340	3005806	169175653
出口	2003	166319	2691934	39871	1702536	113572	2643469	319762	7037939
	2004	397701	3635438	86507	2015043	132979	3073069	617187	8723550
	2005	691723	6670480	96740	1814304	233327	5819276	1021790	14304060
	2006	1150572	7735693	105995	2413436	403741	11250884	1660308	21400013
	2007	347923	4749570	83953	3357880	494649	14671403	926525	22778853
	2008	314175	5957362	156664	5046002	654007	19577994	1124846	30581358

续表

年份		滤网、滤布		<650 克/米² 网毯成品		≥650 克/米² 网毯成品		合计	
		数量/千克	金额/美元	数量/千克	金额/美元	数量/千克	金额/美元	数量/千克	金额/美元
	2009	573145	8689102	151286	6749313	1165831	39476960	1890262	54915375
	2010	767435	14156715	217889	12617780	1606415	54910625	2591739	81685120
	2011	1224731	19875393	221262	15067260	1879750	59108654	3325743	94051307
	2012	1457557	24341877	270128	15958286	1825804	55543516	3553489	95843679
	2013	1417962	24751543	349271	13922038	2087560	64925996	3854793	103599577
出口	2014	1521356	28815705	356718	16888059	2132604	64032585	4010678	109736349
	2015	1561090	27321954	302251	16701516	2345550	62032012	4208891	106055482
	2016	1739765	28678311	246651	17073861	2478266	68236070	4464682	113988242
	2017	2080716	32587297	295118	18166621	2817730	76869704	5193564	127623622
	2018	2367574	37754228	399548	19532325	3429969	94573447	6197091	151860000
	2019	2695856	41272599	422846	18956474	3566372	89928711	6685674	150157784
	2020	3068604	303176843	325143	15404479	3461431	84038788	6855178	402620110

注：数据来源于海关总署。

表 2　　2020 年我国造纸网毯产品进出口量与 2019 年相比

年份		滤网、滤布			<650 克/米² 网毯成品			≥650 克/米² 网毯成品		
		数量/千克	金额/美元	单价/(美元/千克)	数量/千克	金额/美元	单价/(美元/千克)	数量/千克	金额/美元	单价/(美元/千克)
进口量	2020	1494947	68830883	46. 04	174332	29229430	167. 67	1336527	71115340	53. 21
	2019	1234002	68562774	55. 56	229111	29668582	129. 49	1502581	76119181	50. 66
	同比/%	21. 15	0. 39	－17. 13	－23. 91	－1. 48	29. 48	－11. 05	－6. 57	5. 03
出口量	2020	3068604	303176843	98. 80	325143	15404479	47. 38	3461431	84038788	24. 28
	2019	2695856	41272599	15. 31	422846	18956474	44. 83	3566372	89928711	25. 22
	同比/%	13. 83	634. 57	545. 33	－23. 11	－18. 74	5. 69	－2. 94	－6. 55	－3. 73

注：数据来源于海关总署。

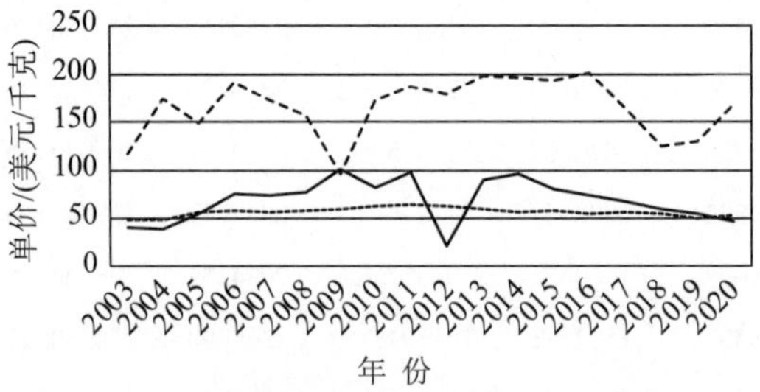

图1　2003—2020年我国造纸脱水器材产品进口单价

— 滤网、滤布　　--- <650 g/m²网毯成品

----- ≥650 g/m²网毯成品

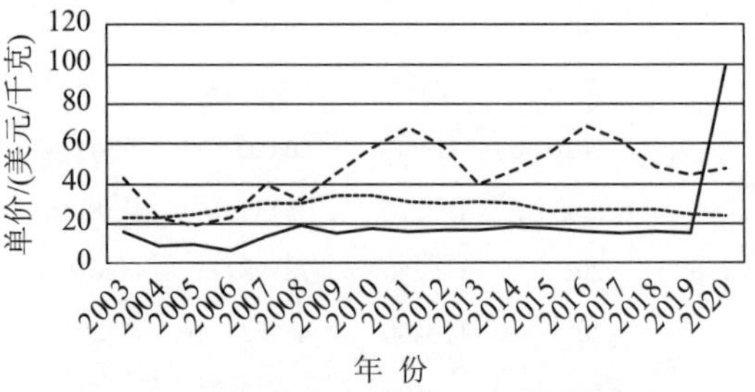

图2　2003—2020年我国造纸脱水器材产品出口单价

— 滤网、滤布　　--- <650 g/m²网毯成品

----- ≥650 g/m²网毯成品

2020 年，全球深受新冠肺炎疫情影响，从相关统计图可以看出各类进出口数据呈现下降波动，但是进出口数量的上升趋势没有变化。2020 年，造纸网毯企业积极打通产品走出去的渠道，通过加强前期技术服务、后期售后服务等方式，取得了显著的成绩。例如：安徽华辰造纸网股份有限公司产品外贸销量占全年总销量 10%；四川环龙技术织物有限公司产品外贸销量占全年总销量 10%；徐州三环工

业用呢科技有限责任公司产品外贸销量占全年总销量20%等。

三、造纸网毯行业的分析与展望

1. 造纸网毯突破千米车速

国内造纸网毯突破千米车速，是许多企业孜孜以求的目标。几年前，已有部分企业的产品实现了千米及以上车速水平，但数量并不多，形成批量在纸机上固定使用的数量也不多，宣传力度也不够。但是，现在大部分造纸网企业、造纸毛毯企业都有批量生产、批量供应千米及以上车速的产品，这是造纸网毯企业多年努力的成果，同时也反映出造纸网毯企业对自主高端产品研发生产的信心与底气。随着造纸网毯企业与造纸企业间合作交流的加强，自主高端产品研发的进展会加速，这对造纸网毯企业和造纸企业都是一件好事。

2. 造纸网毯的出口

造纸网毯的出口成为企业经营重要部分，许多企业注重出口业务，参加国外造纸工业展览，定期派员出访国外造纸企业，进行技术交流与售后服务。随着我国造纸网毯产品质量的提高，销售价格也逐步提高。在新冠肺炎疫情发生初期，有些企业克服困难，捕捉机会，为满足国外造纸企业的需求，建立了新的销售渠道。从出口数据来看，造纸网的出口数量同比下降24%，但出口产品价格有所上升。造纸毛毯出口量同比增长13.83%，出口价格略有下降。我国造纸网毯的出口在前10年有较大增幅，之后虽有波动，但总的趋势是增长的。随着产品质量不断提高，外销渠道不断拓展，出口量将不断增加，我国将成为越来越重要的造纸网毯销售市场。

3. 造纸网毯行业标准建设

2020年完成了行业标准“造纸毛毯用单丝”（修订）送审稿、“造纸毛毯用锦纶短纤维”（制订）送审稿，完成了行业标准“底网造纸毛毯”（修订）工作，《FZ/T 25005—2021 底网造纸毛毯》颁布，将于2021年7月1日施行。

4. 造纸网毯行业资本受到重视

造纸行业得到资本的重视，造纸网企业也积极探索资本运作。有的企业已登录了新三板，并努力升级。有的企业运用融资、租赁等形式，筹资扩展产能。还有新的资本进入造纸网行业，不但促进了造纸网毯的发展，还在制造造纸网专用设备方面有所建树。这都促进了我国造纸网业的技术进步与产品提升。

5. 造纸网毯理念的变化

近几年，尤其在2020年，造纸网毯企业的理念有了很大的变化。企业改变了原来偏重于设备更新的单一做法，注重于对产品本身性能的要求以及基础理论研究。造纸器材专业委员会搭建了造纸网毯企业科研人员与东华大学材料科学与工程学院、陕西科技大学轻工科学与工程学院以及苏州大学等行业专家的交流、学习，双方对造纸网毯的原料、产品结构与功能，做了深入的研究，这是造纸网毯企业在科研技术进步方面取得的重要标志。造纸网毯企业还对现有设备进行较大程度的改进升级，部分关键设备（如造纸网毯用热定型机、造纸毛毯用针刺机）的性能有了很大提高。精准的理论指导和坚实的物质、资金支持促进了造纸网毯质量的提高。

造纸网毯企业间的人员有更广泛深入的交流，科研人员打破闭关心态，在行业会议上互相介绍心得与体验，研究的成果在其他企业得到了验证，有助于促进企业的发展。现在，从原料、装备、关键部件（如刺针）的供应到造纸网毯企业与高校科研机构之间，已经形成较为紧密的合作关系，针对具体课题，精准攻关，加以解决。这是造纸网毯技术水平加速发展的有力推进手段。造纸网毯行业将紧密为我国造纸工业服务，以更优秀的产品品质，更精密的技术手段、更周到的营销与技术服务，做好造纸行业的配套工作。

（杨金魁　韩静芬）

2019—2020 年部分制浆造纸设备公司主要销售业绩

Sales Performance of Part of Pulping and Papermaking Machinery Companies in 2019—2020

一、维美德(中国)有限公司

序号	客户名称	设备名称	主要规格和参数	台(套)数	交货时间
1	玖龙纸业(控股)有限公司	6 条制浆线以及碱回收锅炉和石灰窑各 2 台	2 台高效碱回收锅炉的日生产量均为 2300 吨绝干物质、2 台石灰窑的日生产量皆为 420 吨干石灰	10	2022—2023
2	联盛(龙海)纸业有限公司	白卡纸 BM1 生产线	BM1 生产白卡纸、纸板机，幅宽 8850 毫米、定量范围在 210 ~ 350 克/米^2、设计速度为 1400 米/分、产能超过 4100 吨/日	1	2022
3	联盛(龙海)纸业有限公司	高级文化用纸 PM3 生产线	PM3 生产文化纸机幅宽 11150 毫米、定量范围在 50 ~ 100 克/米^2、设计速度 1800 米/分、日产能超过 1800 吨	1	2022
4	联盛(龙海)纸业有限公司	漂白化学热磨机械浆 BCTMP 生产线	维美德漂白化学热磨机械浆 BCTMP 生产线已集成到纸板生产线中、浆和纸的年总生产量达到 390 万吨	1	2022
5	浙江景兴纸业股份有限公司	Valmet IQ 蒸汽箱、Valmet DNA 纸机状态监控系统	Valmet IQ 蒸汽箱是一种多分区蒸汽箱控制系统，可确保独一无二的水分分布控制精度，维美德状态监控方案以实时方式生成纸机运行状态信息，可确保对维护作业的有效规划	2	2021
6	芬欧汇川(中国)有限公司	浆料分析仪	维美德浆料分析仪(Valmet MAP Q)以快捷准确与在线的方式向纸、纸板及生活用纸生产客户提供有关浆料游离度的信息	1	2021
7	安徽山鹰纸业股份有限公司	辊子与状态监控服务协议	5 台纸板机的辊子研磨、包覆、状态监控与振动分析，包括由维美德辊子专家提供的现场调查以及维美德工业互联网远程分析和诊断等	3	2021
8	山鹰纸业(广东)有限公司	箱纸板 PM52 生产线	幅宽 9300 毫米，设计车速 1200 米/分，生产牛皮挂面纸，生产量 1920 吨/日	1	2021
9	山鹰纸业(广东)有限公司	箱纸板 PM53 生产线	幅宽 9300 毫米，设计车速 1200 米/分，生产高强瓦楞原纸，生产量近 1500 吨/日	1	2022

续表

序号	客户名称	设备名称	主要规格和参数	台(套)数	交货时间
10	亚太森博(广东)纸业有限公司	文化用纸 PM13 生产线	包括全套备浆及自动化系统在内的文化用纸生产线，幅宽 9350 毫米，设计车速 1800 米/分，生产定量在 50 ~ 120 克/米^2 的不含磨木浆未涂布纸、胶版纸和复印纸	1	2022
11	广西太阳纸业有限公司	文化用纸 PM1 生产线	包括备浆及全套自动化系统在内的超大型文化用纸生产线，幅宽 11150 毫米，设计车速 1800 米/分，生产定量在50 ~ 100 克/米^2 的不含磨木浆未涂布纸，年生产量 50 万吨	1	2021
12	广西太阳纸业有限公司	碱回收锅炉	碱回收锅炉的处理能力为 4600 吨干固形物/日，具备多项高性能指标，如进水的多段预热以及从烟气到燃烧空气的热回收等	1	
13	广西太阳纸业有限公司	蒸煮及化学浆生产线	年产 80 万风干吨漂白阔叶木硫酸盐浆及相关备品备件和现场服务	1	2021
14	广西太阳纸业有限公司	漂白化学热磨机械浆生产线	漂白化学热磨机械浆(BCTMP)生产线，为折叠箱纸板生产提供浆料，日生产量高达 1800 风干吨	1	2021
15	亚太森博(山东)浆纸业有限公司	碱回收锅炉优化器高级过程控制(APC)	Valmet Recovery Boiler Optimizer 碱回收锅炉优化器高级过程控制方案。Valmet APC 是维美德工业互联网方案的一部分，由高级过程控制与优化组成。年度服务协议：为 PL12 制浆线上安装的维美德分析仪提供服务		
16	山东太阳纸业股份有限公司	Valmet DNA 自动化系统	两套系统将分别在太阳纸业 39 号和 40 号纸机上安装运行，其目的是提高设备利用率和生产效率	2	2020
17	广西金桂浆纸业有限公司	箱纸板生产线 PM2	幅宽 8850 毫米，设计车速 1450 米/分，生产定量在 190 ~ 300 克/米^2 的象牙纸板(折叠箱纸板)，日生产量近 3800 吨	1	2021
18	广西上思华林林产工业有限公司	热磨系统	第二代 Defibrator 热磨系统 EVO 64	1	2020
19	广西钦州绿源木业有限公司	热磨系统和蒸汽分离系统	第二代 Defibrator 热磨系统 EVO 56 以及 Valmet Steam Separator PV 维美德蒸汽分离系统	2	2020
20	正隆机械有限公司	压榨部改造	改善 PM7 压区脱水与纸幅运行性	1	2020
21	永丰余投资控股股份有限公司	新卷取部和纸幅加湿器	改善 PM20 产品品质和生产成本	2	2020
22	佳木斯市龙德纸业有限公司	化学品系统	喷淋淀粉和硫酸铝系统	1	2020
23	联盛纸业(龙海)有限公司	涂布机热风干燥箱	8 号纸机改造	1	2021
24	山东太阳纸业股份有限公司	磨浆机	PM39、PM40	19	2020
25	保定钞票纸业有限公司	磨浆机	特种纸机配备	1	2020

续表

序号	客户名称	设备名称	主要规格和参数	台(套)数	交货时间
26	浙江景兴纸业股份有限公司	整机优化改造	PM10 四叠网箱纸板、幅宽 5900 毫米，设计车速 650 米/分、整机优化改造、提质节能、增加膜转移施胶机、改造流浆箱、压榨部大辊压榨改造为靴压	1	2020
27	日照华泰纸业有限公司	新纸机关键部件	PM3 新增幅宽 3450 毫米，设计车速 800 米/分本色伸性纸袋纸项目、关键部件流浆箱及 Valmet IQ dilution QMS 质量管理系统、9 层管束设计、唇口流量达 13000 升/分	1	2021
28	中顺洁柔(湖北)纸业有限公司	生活用纸 TM7 纸机	纸机幅宽 3500 毫米，定量范围为 10 ~ 25 克/米^2，设计速度为 1600 米/分钟，日产能超过 89 吨	1	2021
29	中顺洁柔(湖北)纸业有限公司	生活用纸 TM8 纸机	纸机幅宽 3500 毫米，克重范围为 10 ~ 25 克/米^2，设计速度为 1600 米/分钟，日产能超过 89 吨	1	2021
30	保密项目	生活用纸生产线	复合型生活用纸纸机和传统新月型生活用纸纸机	6	2020—2021

二、福伊特造纸(中国)有限公司

序号	客户企业名称	设备名称	主要规格和参数	台(套)数	交货时间
1	联盛纸业(龙海)纸业有限公司	35 号纸机	幅宽 6600 毫米、设计车速 1200 米/分	1	暂停
2	山东太阳纸业股份有限公司	兖州 39 号文化纸机	幅宽 9800 毫米、设计车速 1800 米/分	1	2020
3	山东太阳纸业股份有限公司	兖州 40 号特种纸机	幅宽 4100 毫米、设计车速 600 米/分	1	2020
4	山东太阳纸业股份有限公司	邹城 43 号包装纸机	幅宽 5400 毫米、设计车速 1200 米/分	1	暂停
5	玖龙纸业(控股)有限公司	湖北 46 号包装纸机	幅宽 8400 毫米、设计车速 1400 米/分	1	2022
6	玖龙纸业(控股)有限公司	沈阳 47 号包装纸机	幅宽 8400 毫米、设计车速 1400 米/分	1	2022
7	玖龙纸业(控股)有限公司	北海 48 号包装纸机	幅宽 8400 毫米、设计车速 1300 米/分	1	2022

三、安德里茨公司

序号	客户名称	供货范围	原料	交货时间
1	玖龙纸业(控股)有限公司	2 × PMA	LOCC	2020
2	浙江荣晟环保纸业股份有限公司	PMA	OCC	2020
3	广西太阳纸业有限公司	SP & PMA & Broke & Save all	LBKP + NBKP	2020

续表

序号	客户名称	供货范围	原料	交货时间
4	中顺洁柔(湖北)纸业有限公司	SP & Save all	NBKP + LBKP	2020
5	维达护理用品(广东)有限公司	SP	蔗渣	2020
6	金红叶(南通)有限公司	SP	NBKP + LBKP	2020
7	金红叶(南通)有限公司	SP	NBKP + LBKP	2020
8	金红叶(南通)有限公司	PMA	NBKP + LBKP	2020
9	金红叶(武汉)有限公司	SP & PMA	NBKP/LBKP	2020
10	金红叶(南通)有限公司	4 × SP	NBKP + LBKP	2019
11	贵州盛世荣创再生科技有限公司	PMA	OCC	2020
12	玖龙纸业(沈阳)有限公司	整线	100% LOCC	2020
13	玖龙纸业(湖北)有限公司	整线	100% LOCC	2020
14	广东恒安纸业有限公司	钢制扬克缸、幅宽 3650 毫米、车速 1700 米/分		2021
15	广东恒安纸业有限公司	钢制扬克缸、幅宽 5600 毫米、车速 2000 米/分		2020
16	江西理文造纸有限公司	木片接收系统(含皮带输送机)	桉木、相思木	2021
17	广东理文造纸有限公司	2 套再碎机	桉木、相思木	2020
18	广东理文造纸有限公司	4 套再碎机	桉木、相思木	2020
19	斯道拉恩索浆纸(北海)有限公司	6 套再碎机	桉木、相思木	2020
20	广西太阳纸业有限公司	1 套削片机、1 套树皮粉碎机	桉木、相思木	2020
21	广西太阳纸业有限公司	摇摆筛	桉木、相思木	2020
22	广西太阳纸业有限公司	8 条悬臂式出料螺旋	桉木、相思木	2019
23	广西太阳纸业有限公司	木片接收系统(含皮带输送机)	桉木、相思木	2021
24	海南金海浆纸有限公司	2 套再碎机	桉木、相思木	2020
25	中国轻工业长沙工程有限公司	4 套再碎机	桉木、相思木	2020
26	奇妙科技有限公司	中浓设备	苇浆	2021
27	奇妙科技有限公司	筛选设备	苇浆	2021
28	王子制纸(南通)有限公司	黑液过滤机	桉木	2020
29	新疆中泰兴苇生物科技有限公司	筛选设备	苇浆	2020
30	黄冈晨鸣纸业有限公司	筛选设备	针叶木	2020
31	四川天竹竹资源开发有限公司	压力筛	竹子	2020
32	新乡新亚纸业集团股份有限公司	中浓设备	阔叶木	2020
33	黄冈晨鸣纸业有限公司	黑液过滤机	阔叶木、针叶木	2019
34	王子制纸(南通)有限公司	黑液过滤机	桉木	2019
35	广西太阳纸业有限公司	湿抄机	桉木	2021
36	四川环龙新材料有限公司	精选系统	竹子	2021
37	广西太阳纸业有限公司	蒸发设备	桉木	2021
38	广西太阳纸业有限公司	结晶设备		2021
39	黄冈晨鸣纸业有限公司	高浓臭气处理设备		2021
40	玖龙纸业(湖北)有限公司	苛化(绿液系统)		2022
41	玖龙纸业(重庆)有限公司	苛化(绿液系统)		2022
42	玖龙纸业(东莞)有限公司	苛化(绿液系统)		2022
43	广西太阳纸业有限公司	苛化(不含绿液系统)、石灰窑		2021

四、汶瑞机械(山东)有限公司

序号	客户名称	设备名称	主要规格和参数	台(套)数	交货时间
1	山东太阳纸业股份有限公司	苛化、重力盘设备	YPL3708、YPL3706、ZNP3522	15	2019
2	东莞金田纸业有限公司	无网袋真空浓缩多盘、损纸重力盘	XPLII3614、ZNPII3510	2	2019
3	贵州赤天化纸业股份有限公司	电传动双辊制浆、苛化设备	SJAII945/930	20	2019
4	海南金海浆纸业有限公司	机械布浆洗浆机	JSJA1557	1	2019
5	中国海诚工程科技股份有限公司	重力盘式浓缩机	ZNP3510/08、ZNP3516/13、ZNP3508/06、ZNP3510	5	2019
6	德州泰鼎新材料科技有限公司	双网挤浆机、多圆盘过滤机、苛化设备	SW535、DPL5213	20	2019
7	金东纸业(江苏)有限公司	蒸发设备		23	2019
8	金红叶纸业(南通)有限公司	浓缩多盘过滤机	XPL3609	13	2020/2021
9	杭州利群环保纸业有限公司	异向双螺旋	YSLJ425	1	2020
10	山西华天基纸业有限公司	多圆盘浓缩机	DPL5210/9、DPL5209/8、DPL5214/13	3	2020
11	安徽雪龙纤维科技股份有限公司	鼓式真空洗浆机	ZXIV15	3	2020
12	广西博世科环保科技股份有限公司	塔顶部卸料器 贮浆塔底部卸料	SP18 D0、SP26 D1、DXQ2300	3	2020
13	鞍山永安包装工业有限公司	多盘过滤机	DPL5219	1	2020
14	保定市中信纸业有限公司	多盘过滤机	XPL3606	1	2020
15	广州楠燕浔贸易有限公司	重力盘浓缩机	ZNP3510	1	2020

五、山东信和造纸工程股份有限公司

序号	客户名称	设备名称	主要规格和参数	台(套)数	交货时间
1	河北金博士卫生用品有限公司	新月型卫生纸机	幅宽 3700 毫米，车速 1500 米/分	2	2019
2	保定立发纸业有限公司	新月型卫生纸机	幅宽 3500 毫米，车速 1200 米/分	1	2019
3	聊城市坤昇环保科技股份有限公司	新月型卫生纸机	幅宽 3600 毫米，车速 1200 米/分	1	2019
4	保定飞跃造纸有限公司	新月型卫生纸机	幅宽 3600 毫米，车速 1200 米/分	1	2019
5	浙江荣晟环保纸业股份有限公司	箱纸板机	幅宽 4600 毫米，车速 750 米/分	1	2019
6	浙江荣晟环保纸业股份有限公司	纱管纸机	幅宽 2400 毫米，车速 100 米/分	1	2019
7	陕西法门寺纸业有限责任公司	纱管纸机	幅宽 3300 毫米，车速 100 米/分	1	2019
8	阿尔及利亚造纸厂	特种纸机	幅宽 1760 毫米，车速 180 米/分	1	2020
9	乌兹别克斯坦 IP 纸厂	新月型卫生纸机	幅宽 2850 毫米，车速 1200 米/分	1	2020
10	东莞市瑞峰纸业有限公司	新月型卫生纸机	幅宽 2850 毫米，车速 1500 米/分	1	2021
11	奇妙科技有限公司	新月型卫生纸机	幅宽 3600 毫米，车速 1200 米/分	4	2021

续表

序号	客户名称	设备名称	主要规格和参数	台(套)数	交货时间
12	奇妙科技有限公司	擦手纸机	幅宽 3600 毫米，车速 600 米/分	2	2021
13	沁阳市宏都纸业有限公司	新月型卫生纸机	幅宽 3980 毫米，车速 1200 米/分	1	2021
14	泰盛科技(集团)股份有限公司	新月型卫生纸机	幅宽 2850 毫米，车速 1300 米/分	8	2021
15	泰盛科技(集团)股份有限公司	擦手纸机	幅宽 3600 毫米，车速 800 米/分	2	2021
16	亚美尼亚 GM 纸厂	特种纸机	幅宽 2040 毫米，车速 300 米/分	1	2021

六、郑州磊展科技造纸机械有限公司

序号	客户名称	设备名称	主要规格和参数	台(套)数	交货时间
1	俄罗斯客户	整套制浆线	BFW 链板输送机、D 型碎浆机、高浓除渣器、低浓除渣器、中浓压力筛、内流网前筛、提渣机、推进器浆泵等	56	2019
2	俄罗斯客户	200 吨/日整套制浆线	BFW 链板输送机、转鼓碎浆机、散包机、D 型碎浆机、高浓除渣器、低浓除渣器、中浓压力筛、内流网前筛、轻渣机、推进器、浆泵等	80	2019
3	印度客户	D 碎连续碎解系统	D 型碎浆机、高浓除渣器、低浓除渣器、磨浆机、排渣分离机、中浓筛、内流筛、抓斗、推进器等	23	2019
4	亚美尼亚客户	100 吨/日瓦楞原纸、白纸板、T 纸整套制浆项目	D 型碎浆机、转鼓碎浆机、清渣机、提渣机、链板机、高浓除渣器、低浓除渣器、磨浆机、排渣分离机、中浓筛、内流筛、振框筛、脱磨槽、抓斗、推进器、浆泵等	87	2019
5	埃及客户	150 吨/日瓦楞原纸、白挂面纸、T 纸整套制浆项目	D 型碎浆机、高浓碎浆机、高浓除渣器、低浓除渣器、磨浆机、链板机、排渣分离机、清渣机、中浓筛、内流筛、推进器浆泵等	57	预计 2021
6	伊朗 PKP 众建纸业公司	年产 15 万吨高强瓦楞原纸和 T 纸制浆设备	ZNS 型中浓粗筛、精筛、FJS 型分级筛、JB850 型浆池推进器、NLS 型网前压力筛等	30	2019
7	越南北宁发达纸业公司	年产 15 万吨瓦楞原纸、挂面箱纸板制浆设备	BFW 型链板输送机、45 米^3 连续碎解系统、高中浓除渣器、ZNS 型中浓粗筛、精筛、JB850 型浆池推进器、NLS 型网前压力筛等	35	2019
8	俄罗斯客户	360 吨/日包装用纸整套制浆线	BFW 型链板输送机、40 米^{3}D 碎、高低浓除渣器、中浓筛、内流筛、杂质分离机、清渣机、磨浆机、切绳机、绞绳机、圆筒筛、浓缩机、推进器、抓斗、浆泵等	45	2019
9	乌兹别克斯坦客户	200 吨/日牛皮纸，瓦楞原纸整套制浆线	BFW 型链板输送机、D 型碎浆机、高低浓除渣器、中浓筛、内流筛、杂质分离机、清渣机、磨浆机、切绳机、绞绳机、圆筒筛、推进器、抓斗、浆泵等	66	2019

续表

序号	客户名称	设备名称	主要规格和参数	台(套)数	交货时间
10	纳菲斯(临清市)生物技术有限公司	16 万吨秸秆综合利用项目	链板机、散包机、螺旋压榨、稀释螺旋、高浓除渣器、提渣机、磨浆机、压力筛、80 米^3 生物罐	20	
11	埃及客户	120 吨/日箱纸板整套制浆项目	BFW 型链板输送机、D 型碎浆机、高低浓除渣器、中浓筛、内流筛、排渣机、切绳机、绞绳机、推进器、浆泵等	40	2019
12	河南大指造纸装备集成工程有限公司	新增设备	辊道开包机、中浓碎浆机、高浓除渣器、中浓压力筛	7	2019
13	汕头市澄海区振业纸品厂	改造新增设备	中浓除渣器、中浓压力筛、内流筛、排渣机	4	2019
14	埃及客户	制浆项目	BFW 型链板输送机、D 型碎浆机、高低浓除渣器、中浓筛内流筛、排渣机、磨浆机、推进器浆泵等	50	2019
15	大华纸业尼日利亚有限公司	600 吨/日包装用纸项目	转股碎浆机、散包机、D 型碎浆机、链板输送机纤维分离机、磨浆机、推进器、高浓除渣器等	21	2019
16	孟加拉 amber 纸业集团	年产 20 万吨瓦楞原纸、挂面箱纸板制浆大包项目	BFW1800 型链板输送机、ZG3500 型转鼓碎浆机、ZNS 型中浓粗筛、精筛等制浆设备、管道阀门、DCS、控制启动系统、设计服务等	65	2020
17	加纳尼鑫纸业公司	年产 10 万吨瓦楞原纸、挂面箱纸板制浆大包项目	BFW 型链板输送机、45 米^3 中浓碎解系统、高中浓除渣器、ZNS 型中浓粗筛、精筛、JB850 型浆池推进器、NLS 型网前压力筛等	49	2019
18	哈萨克斯坦客户	整套制浆线	链板输送机，高浓碎浆机、高低除渣器，纤维分离机、压力筛、振框筛、磨浆机、漂洗浆机、推进器、浆泵等	51	2020
19	埃及客户	120 吨/日白纸板、瓦楞原纸、T 纸整套制浆项目	BFW 型链板输送机、高浓碎浆机、D 型碎浆机、高低浓除渣器、中浓筛、内流筛纤维分离机、漂洗浆机、排渣机、磨浆机、推进器浆泵等	67	
20	沙特阿拉伯客户	新增设备	重型链板输送机、散包机、圆盘浓缩机	4	2020
21	蒙古国客户	牛皮纸瓦楞原纸整套项目	纸机、蒸汽锅炉、D 型碎浆机、磨浆机、高低浓除渣器、中浓筛、内流筛、排渣机、推进器、浆泵等	48	2020
22	安哥拉客户	箱纸板整套制浆线	BFW 型链板输送机、D 型碎浆机、高浓除渣器、中浓筛、内流筛排渣机、磨浆机、推进器、浆泵等	45	预计 2021
23	保定市满城纸业有限公司	生活用纸 15 万吨全套备浆项目	链板输送机、中浓碎浆机、磨浆机、疏解机、推进器等	28	2020
24	菲律宾客户	600 吨/日转鼓散包系统	ZDG3500 转鼓碎浆机、SBJ3250 散包机、链板机、推进器等	5	

续表

序号	客户名称	设备名称	主要规格和参数	台(套)数	交货时间
25	杭州蓝海永辰科技有限公司	30 万吨白纸板项目	ZDG3750/ZDG2750 转鼓碎浆机、D 型碎浆机、高浓碎浆机、链板输送机、纤维分离机、磨浆机、排渣机推进器、高浓除渣器等	45	
26	重庆理文造纸有限公司	12.5 万吨生活用纸整套项目	链板输送机、磨浆机、疏解机、高浓除渣器、中浓碎浆机传动	49	
27	东莞金田纸业有限公司	40 万吨灰纸板改造	中浓筛、内流筛、弧形筛、纤维分离机、除渣器、混合器等	15	2020
28	厦门市嘉仕晟智能装备有限公司	15 万吨浆板项目	D 型碎浆机、杂质分离机、圆筒筛、绞绳机、切绳机、抓斗、压力筛等	8	
29	江苏金田纸业有限公司	100 万吨白纸板项目一期	ZDG4000 转鼓碎浆机、链板输送机、高浓除渣器、立式碎浆机、匀纸机	6	
30	大同市冠森纸业有限公司	500 吨/日纱管纸项目	链板输送机、D 型碎浆机、杂质分离机、圆筒筛、排渣机、高浓除渣器、压力筛等	10	2020
31	潮州市潮安区树基纸品厂	10 万吨低定量高强瓦楞原纸项目	链板输送机、D 型碎浆机、干损纸碎浆机、轻渣机、疏解机、杂质分离机、圆筒筛、排渣机、绞绳机、切绳机、抓斗、压力筛、推进器等	29	预计 2021
32	印度客户	D 碎连续碎解系统	D 碎浆机、杂质分离机、清渣机、圆筒筛、绞绳机、切绳机、抓斗	8	预计 2021
33	山东恒联新材料股份有限公司	新订设备	RF34 磨浆机	7	预计 2021
34	河南华洁卫生用品有限公司	生活用纸改造项目	RF34 磨浆机、辊道开包机、推进器、HD 除渣器	9	预计 2021
35	新密八方纸业有限公司	制浆改造	D 型碎浆机、高浓除渣器、中浓压力筛、振框筛、磨浆机	8	预计 2021
36	埃及客户	灰纸板整套制浆项目	D 型碎浆机、高浓除渣器、中浓压力筛、内流筛振框筛、排渣机、磨浆机、抓斗、推进器、浆泵等	26	
37	南通大豫纸业有限公司	10 万吨纱管纸项目	D 型碎浆机、高浓除渣器、中浓压力筛、排渣机轻渣机、磨浆机	7	预计 2021
38	河南雅都纸业有限公司	30 万吨瓦楞原纸整套制浆项目	ZDG3750 转鼓碎浆机、3500 散包机、链板输送机、磨浆机、提渣机、振框筛、轻渣机、排渣机、高浓除渣器、压力筛、推进器等	42	预计 2021
39	泰盛(江西)生活用品有限公司	25 万吨生活用纸项目整套制浆	磨浆机、HD 高浓除渣器、中浓碎浆机、圆盘浓缩机	43	
40	河南新乡鸿泰纸业有限公司	1200 吨/日白纸板项目	ZDG4000 转鼓碎浆机、3500 散包机、链板机、高浓除渣器、推进器、干损纸碎浆机	22	
41	江西理文造纸有限公司	新增设备	内流压力筛、振框筛	6	
42	佛山市南海区宝拓造纸设备有限公司	新增设备	干损纸碎浆机、内流筛、振框筛	14	预计 2021

七、河南中亚智能科技股份有限公司

序号	客户名称	设备名称	主要规格和参数		台(套)数	交货时间
			幅宽/毫米	车速/(米/分)		
1	河南雅都纸业有限公司	单长网瓦楞纸机	5400	700	1	预计 2021
2	河南东森纸业有限公司	单长网瓦楞纸机	5400	700	1	预计 2021
3	甘肃临洮县红旗包装材料有限公司	两叠网箱纸板机	5450	650	1	预计 2022
4	江苏金田纸业有限公司	三叠网灰纸板机	3400	400	1	预计 2021

八、河南大指造纸装备集成工程有限公司

序号	客户名称	设备名称	主要规格和参数		台(套)数	交货时间
			幅宽/毫米	车速/(米/分)		
1	金凤凰(孝感)有限公司	Integra-Sizer 膜转移施胶机	4800 5000 5400	800 900 900	8	2019—2020
2	万国纸业太阳白卡纸有限公司	Integra-Sizer 膜转移施胶机	3200	800	2	2021-06
3	河南省龙源纸业股份有限公司	Integra-Jet 水力式流浆箱	5600	800	1	2021-04
4	山东恒联特种纸有限公司	特种文化纸机关键装备(含稀释水流浆箱、顶网成形器、膜转移施胶机、可控中高压光机、卷纸机、DCS、DS、蒸汽冷凝水系统的 8 个标段)	3950	800	1	2021-04
5	山鹰华南纸业有限公司	Integra-Jet 水力式稀释水流浆箱	4600	600	1	2021-01
6	新密市东盛纸业有限责任公司	Integra-Jet 水力式流浆箱			1	2019-05
7	山东华泰纸业股份有限公司	10 万吨/年生产线升级改造项目，膜转移施胶机、烘干部设备、上料站系统及胶料制备系统	6100	1200	1	2021-08
8	浙江荣晟环保纸业股份有限公司	Integra-Sizer 膜转移施胶机、Integra®-Calender 可控中高硬压光机	5200 4800	800 900	1 1	2020-07 2021-01
9	山西强伟纸业有限公司	Integra®-Calender 可控中高硬压光机	3950	900	1	2020-11
10	德州泰鼎新材料科技有限公司	Integra-Sizer 膜转移施胶机 Integra-Sizer 膜转移施胶机 Integra-Jet 水力式流浆箱 PM7 整机改造项目(稀释水流浆箱、膜转移施胶机、化学品系统)	2560 4800 4800 3300	700 600 600 600	1 1 1 1	2021-05 2021-07 2021-07 2021-07
11	SESHASAYEE PAPER AND BOARDS LIMITED	PM5 整机改造项目(含膜转移施胶机、烘干部、智能卷纸机)	3150	1100	1	2019-08

续表

序号	客户名称	设备名称	主要规格和参数		台(套)数	交货时间
			幅宽/毫米	车速/(米/分)		
12	威海龙港纸业有限公司	Integra-Jet 水力式流浆箱	5280	700	2	2019-09
13	四川迅源纸业有限公司	Integra®-Sizer 膜转移施胶机	4800	800		2021-02
		Integra®-Calender 可控中高硬压光机	4800	800	1	2020-10
14	湖北盛大纸业有限公司	Integra-Jet 水力式稀释水流浆箱、Integra-Turn 空气转向器	5300	750	1	2019-11
15	安徽萧县林平纸业有限公司	Integra-Sizer 膜转移施胶机及附属设备	5600	1000	1	2020-01
		Integra®-Jet 水力式流浆箱	6600	1000	1	2021-12
		Integra-Sizer 膜转移施胶机	6600	1000	1	2021-12
16	山东仁丰特种材料股份有限公司	Integra®-Jet 水力式稀释水流浆箱	3600	600	1	2021-02
		Integra®-Sizer 膜转移施胶机	2800	1000	1	2019-12
17	玉田顺发实业有限公司	Integra®-Sizer 膜转移施胶机、Integra®-Screen 胶料压力筛及附属设备	4800	800	1	2020-10
			5600	1150	1	2020-03
18	中山联合鸿兴造纸有限公司	Integra®-Jet 水力式流浆箱	5600	700	1	2020-04
19	中山永发纸业有限公司	PM5 纸机施胶段技改项目	4000	700	1	2020-05
20	江苏星光新材料科技有限公司	Integra®-Jet 水力式稀释水流浆箱(装饰纸)	2500	400	1	2020-06
21	昌乐县科苑纸业有限公司	Integra®-Jet 水力式稀释水流浆箱(装饰纸)	1350	700	2	2020-12
22	白俄罗斯 ZGB 造纸厂	Integra®-Jet 水力式稀释水流浆箱(装饰纸)	2650	1000	1	2020-09
23	潮州市合丰特造纸有限公司	Integra®-Calender 可控中高硬压光机	5400	700	1	2020-09
24	浙江景兴纸业股份有限公司	PM10 纸机整体提质改造项目总包工程	4800	500	1	2020-11
25	辽宁兴东科技有限公司	Integra®-Sizer 膜转移施胶机	5300	900	1	2021-02
26	江门市桥裕纸业有限公司	Integra®-Sizer 膜转移施胶机	4800	900	1	2021-02
27	河南新乡鸿泰纸业有限公司	Integra®-Jet 水力式流浆箱	4600	600	4	2021-04
		Integra®-Calender 可控中高硬压光机	4600	600	1	2021-04
28	印尼客户	Integra®-Jet 水力式流浆箱	5600	650	2	2020-07
29	广西安平纸业有限公司(越南)	Integra®-Jet 水力式流浆箱	4000	600	2	2020-09
30	中亚卡萨国际	造纸生产线交钥匙工程			2	2021—2022
31	汕头市平安顺纸业有限公司	Integra®-Jet 水力式流浆箱	5000	650	2	2021-05
		Integra®-Sizer 膜转移施胶机	5000	650	1	2021-05

续表

序号	客户名称	设备名称	主要规格和参数		台(套)数	交货时间
			幅宽/毫米	车速/(米/分)		
32	东莞金洲纸业有限公司	Integra®-Sizer 膜转移施胶机	4800	900	3	2021-07
33	河南省天邦科技有限公司	Integra®-Jet 水力式稀释水流浆箱	3950	1000	1	2021-04
34	漳州市益达纸业有限公司	Integra®-Jet 水力式流浆箱	4600	650	2	2021-08
		Integra®-Sizer 膜转移施胶机及上料站系统	4600	650	2	2021-08

九、浙江华章科技有限公司

客户名称	设备名称	主要规格参数	台(套)数	交货时间
理文造纸有限公司、维达纸业(中国)有限公司、恒安(集团)有限公司、山东太阳纸业股份有限公司、山东华泰纸业股份有限公司、安徽山鹰纸业股份有限公司、东莞金洲纸业有限公司、东莞建晖纸业有限公司、广东冠豪高新技术股份有限公司、江苏长丰纸业有限公司、新乡新亚纸业集团股份有限公司、河南龙源纸业股份有限公司、山西强伟纸业有限公司、唐山冀滦纸业有限公司、河北玉田顺发纸业有限公司、辽宁兴东科技有限公司、牡丹江恒丰纸业股份有限公司、山东仁丰特种材料股份有限公司、浙江景兴纸业股份有限公司、浙江荣晟环保纸业股份有限公司、仙鹤股份有限公司、浙江华旺新材料科技股份有限公司、武汉金凤凰纸业有限公司、越南 MIZA 公司等	传动控制系统		98	2019—2020
	MCC		42	2019—2020
	DCS		30	2019—2020
	MCS		28	2019—2020
	工厂信息化系统		10	2019—2020
	纸机改造及总包		12	2019—2020
	压滤机		165	2019—2020
	钢带机		0	2019—2020
	废水处理、废气除臭系统		8	2019—2020
	RDF 造纸固体废渣处理系统		1	2019—2020
华邦古楼新材料有限公司、山东华泰纸业股份有限公司、山东仁丰特种材料股份有限公司、牡丹江恒丰纸业股份有限公司、仙鹤股份有限公司、山东太阳纸业股份有限公司、浙江金励环保纸业有限公司、中山永发纸业有限公司、远通纸业(山东)有限公司、民丰特种纸股份有限公司、浙江凯恩特种材料股份有限公司等	美辰水力式流浆箱		57	2019—2020
	美辰气垫式流浆箱		55	2019—2020
	美辰新月型流浆箱		26	2019—2020
	无反作用力高频摇振机		17	2019—2020

十、福建省轻工机械设备有限公司

序号	客户名称	设备名称	主要规格和参数	台(套)数	交货时间
1	印尼 SURABAYA MEKABOX	碎浆机系统		2	2019
2	印尼 Eka Mas Fortuna Malang	复合尾渣筛	ZSM12	2	2019
3	西班牙 CONSTRUCCIONES PAPELERAS, S. L. COPASA	200 吨/日 OCC 改造线		1	2019
4	越南理文造纸有限公司	300 吨/日 OCC 粗筛及浓缩设备		5	2019

续表

序号	客户名称	设备名称	主要规格和参数	台(套)数	交货时间
5	中国中轻国际工程有限公司	900 千吨/日 OCC 备浆生产线、300 吨/日湿浆板分切系统等		6	2019—2020
6	陕西法门寺纸业有限责任公司	水力碎浆机等	ZDS23	14	2019—2020
7	上海三槐国际贸易有限公司	300 吨/20 小时书刊杂志废纸脱墨(漂白)制浆线		1	2019—2020
8	印度 SPECIALITY PULP AND PAPER LIMITED	80 绝干吨/日白面层线改造		1	2020
9	中国台湾正隆股份有限公司	多盘浓缩机	M1334	3	2020
10	伊朗 Kasra Paper, Alamout Project	备浆线		1	2020
11	印度 SPECIALITY PULP AND PAPER LIMITED	多盘过滤机	ZNZ3616	1	2020
12	重庆理文制浆有限公司	双网挤浆机	ZNS264G	2	2020
13	泰国 DOUBLE A 公司	精筛系统		1	2020
14	乌克兰 LIMITED LIABILITY COMPANY《TOMAKIVSKYI ZAVOD LITOY TARI》	搅拌器	ZTMX06 ZTMX08	2	2020
15	菲律宾 BPC 公司	白水塔含搅拌器	300 米^3	1	2020
16	杭州富阳福泽机械有限公司	双网六压区湿浆机、切纸机等	ZNS366S 型	22	2020

十一、上海轻良实业有限公司

序号	客户名称	设备名称	主要规格和参数		台(套)数	交货时间
			幅宽/毫米	车速/(米/分)		
1	理文造纸有限公司马来西亚地区 PM23 & 25 & 26	三叠网多缸造纸机	5600	1000	3	
2	越南顺安纸业公司	三叠网包装纸机	5400	800	1	
3	印度 SIPM 公司	三叠网多缸造纸机	3950	700	1	
4	瑞士 Contiplus 公司	特种纸机	2300	1000	2	
5	瑞士 Contiplus AG 公司 1 号机改造项目	特种纸机改造	2190	650	1	
6	德国拜玛盖康股份有限公司改造项目	包装纸机	4200	500	2	
7	大连金洋纸业有限公司 3 号机项目	长网多缸纸机	5600	800	1	
8	霸州市华通纸业有限公司	长网多缸高强瓦楞纸机	5600	750	1	
9	广东松炀再生资源股份有限公司	长网多缸造纸机	5600	700	1	
10	金凤凰纸业(孝感)有限公司	高强瓦楞纸机改造项目	5350	800	1	
11	东莞建晖纸业有限公司	三长网多缸造纸机改造项目	4800	1000	2	
12	东莞市上隆纸业有限公司	长网多缸造纸机	4800	750	1	
13	日照华泰纸业有限公司	长网多缸牛皮造纸机	3450	650	1	

续表

序号	客户名称	设备名称	主要规格和参数		台(套)数	交货时间
			幅宽/毫米	车速/(米/分)		
14	临沂县源泰热能有限公司、临猗县力达纸业有限公司	新月型高速卫生纸机	3600	1400	1	
15	辽宁豪唐纸业有限公司	新月型高速卫生纸机	3550	1600	2	
16	河北金博士卫生用品有限公司 TM6 & 7 机项目	新月型高速卫生纸机	3650	1400	2	
17	临猗县力达纸业有限公司	新月型高速卫生纸机	3550/2850	1300	1	
18	保定雨森卫生用品有限公司	新月型高速卫生纸机	3500	1400	4	
19	保定市眺山营纸业有限公司	新月型高速卫生纸机	3550	1400	1	
20	河北姬发造纸有限公司	新月型高速卫生纸机	3500	1400	2	
21	保定市中信纸业有限公司	新月型高速卫生纸机	3550	1400	1	
22	保定市满城纸业有限公司	新月型高速卫生纸机	3550	1400	1	
23	山东太阳纸业股份有限公司	新月型高速卫生纸机	2850	1600	2	
24	河南护理佳纸业有限公司 TM5 & 6	新月型高速卫生纸机	2850	1400	2	
25	山西云冈纸业有限公司 TM1 & 2 & 3 & 4	新月型高速卫生纸机	2850	1400	4	
26	庆云胜港纸业有限公司 TM1 & 2 & 3 & 4	新月型高速卫生纸机	2850	1400	4	
27	临猗县力达纸业有限公司 1 号 &2 号 &3 号机项目、临沂县源泰热能有限公司	新月型高速卫生纸机	2850	1300	6	
28	漯河聚源纸业有限公司 TM2	新月型高速卫生纸机	2850	1300	1	
29	河南华兴纸业有限公司 TM2	新月型高速卫生纸机	2850	1300	1	
30	泰盛(江西)生活用品有限公司 TM38 & 39 & 40 & 41 & 42 & 43 & 45 & 46	新月型高速卫生纸机	2850	1300	8	
31	山东菏泽牡丹纸业有限公司	新月型高速卫生纸机	2850	1300	1	
32	陕西圣龙纸业有限公司 改造项目	长网多缸高强瓦楞纸机	4200	400	1	
33	浙江荣晟环保纸业股份有限公司	长网多缸纸机改造	5200	800	1	
34	浙江荣晟环保纸业股份有限公司	二叠网多缸纸机改造	4700	750	1	
35	东莞骏业纸业有限公司	长网多缸高强瓦楞纸机改造	4600	750	1	
36	嘉兴博莱特纸业股份有限公司	二叠网纸机压榨部改造	3800	500	2	
37	保定达亿纸业有限公司	新月型高速卫生纸机	3550	1400	1	
38	山东太阳纸业股份有限公司改造项目	淋膜原纸特种纸机改造	3500	450	3	
39	辽宁源木环保纸业有限公司	新月型高速卫生纸机	2850	1300	1	

十二、沙市轻工机械有限公司

序号	客户名称	设备名称	主要规格和参数		台(套)数	交货时间
			幅宽/毫米	车速/(米/分)		
1	淄博奥威进出口贸易有限公司	单压区软压光机	3000	300	1	2021
2	云南东晟纸业有限责任公司	膜转移施胶机	5010	550	1	2021
3	江苏金大包装材料科技有限公司	干燥箱及热风系统	1650～1350	500	1	2021
4	丹东铭侨贸易有限公司	铜版纸涂布机	950	30	3	2021
5	于都县正亿纸品纸业有限公司	膜转移施胶机	5100	700	4	2021
6	江苏金大包装材料科技有限公司	三防热敏纸涂布机	1760	400	1	2021
7	大连宝峰国际贸易有限公司(出口印度)	组合刮刀涂布器	2750	300	1	2021
8	沁阳市平安轻工机械有限公司(出口印度)	纸板涂布机	3750	350	1	2021
9	山东瑞英博国际贸易有限公司(巴基斯坦)	机内涂布机	2310	130	1	2021
10	印度 Millenium Papers Pvt. Ltd.	组合刮刀涂布器	3350	300	1	2021
11	中山永发纸业有限公司	膜转移施胶机	4140	700	7	2021
12	印度 Soham Papers Pvt. Ltd.	组合刮刀涂布器	3125	200	1	2021
13	印度 Mehali Paper Pvt. Limited	膜转移施胶机	3800	500	1	2020
14	大连宝峰国际贸易有限公司	单压区软压光机	3750	1000	1	2021
15	湖北华海纤维科技股份有限公司	膜转移施胶机	1880	500	1	2021
16	印度 Tirthak Paper Mill Pvt. Ltd.	组合刮刀涂布器	3070	200	1	2020
17	九州方圆纸业有限公司	特种纸涂布机	900	120	1	2020
18	昌乐新迈纸业有限公司	涂布器	6600	1100	1	2020
19	中山鸿兴联合造纸有限公司	膜转移施胶机	5500	700	1	2020
20	中山鸿兴联合造纸有限公司	膜转移施胶机	4100	650	1	2020
21	鹤山荣达新材料科技有限公司	涂布机	1750	200	1	2020
22	莱阳银通纸业有限公司	涂布机	1760	180	1	2020
23	悦声纸业(中国)有限公司	特种纸涂布机	1880	300	1	2019
24	中山鸿兴联合造纸有限公司	膜转移施胶机	4100	600	1	2020
25	河南仙鹤特种浆纸有限公司	膜转移施胶机	2800	700	1	2020
26	上海金大塑胶有限公司	干燥箱及热风系统	1300	300	1	2019
27	埃及 AL BARAKA PAPER CONVERTING CO.	双用涂布机	1575	400	1	2020
28	印度 BAHL PAPER MILLS LTD.	组合刮刀涂布器	2940	280	1	2019
29	沧州杰明新材料科技有限公司	特种纸涂布机	1680	250	2	2020
30	沁阳市鑫海轻工机械有限公司	刮刀涂布器	4200	350	1	2019
31	民丰特种纸股份有限公司	转向干燥箱	3400	500	1	2019
32	印度 Tirthak Paper Mill Pvt. Ltd.	组合刮刀涂布器	3070	200	1	2019

续表

序号	客户名称	设备名称	主要规格和参数		台(套)数	交货时间
			幅宽/毫米	车速/(米/分)		
33	杭州洪昌纸制品有限公司	特种纸涂布机	1880	300	3	2019
34	湖南天琪智慧印刷有限公司	三防热敏纸涂布机	1760	400	1	2019
35	印度 Ruchira Papers Limited	膜转移施胶机	3330	700	1	2019
36	山东天元纸业有限公司	膜转移施胶机	3150	350	1	2020
37	山东天元纸业有限公司	膜转移施胶机	2400	300	1	2021
38	华邦古楼新材料有限公司	PM9 膜转移施胶机	3550	800	1	2021
39	伊朗 Rasha Caspian	机外涂布机生产线	2640	550	1	2019
40	河北辛集华瑞滤纸有限公司	滤纸施胶涂布机	3450	80	1	2019
41	常州捷佳顺机械有限公司	涂布器	1300	150	1	2019
42	广东冠豪高新技术股份有限公司	1 号、6 号、8 号、10 号涂布机升级改造	2640	600	4	2019

十三、浙江双元科技股份有限公司

序号	客户名称	设备名称	主要规格和参数	台(套)数	交货时间
1	浙江哲丰新材料有限公司	PM5 高档特种纸表面缺陷高速在线检测系统	WIS	1	2019—2020
2	浙江哲丰新材料有限公司	双元片材表面缺陷在线检测系统软件 V1.0	WIS	1	2019—2020
3	浙江哲丰新材料有限公司	3 号超压高档特种纸表面缺陷高速在线检测系统	WIS	1	2019—2020
4	浙江哲丰新材料有限公司	双元片材表面缺陷在线检测系统软件 V1.0	WIS	1	2019—2020
5	浙江哲丰新材料有限公司	PM6 高档特种纸表面缺陷高速在线检测系统	WIS	1	2019—2020
6	浙江哲丰新材料有限公司	双元片材表面缺陷在线检测系统软件 V1.0	WIS	1	2019—2020
7	浙江哲丰新材料有限公司	3 号超压高档特种纸单臂扫描架 + 工作站	QCS	1	2019—2020
8	浙江哲丰新材料有限公司	双元纸张质量在线检测控制系统软件 V1.0	QCS	1	2019—2020
9	牡丹江恒丰纸业股份有限公司	PM19 热泵系统	GCS	1	2019—2020
10	牡丹江恒丰纸业股份有限公司	PM20 热泵系统	GCS	1	2019—2020
11	牡丹江恒丰纸业股份有限公司	PM19 纸张质量在线检测控制系统	QCS	1	2019—2020
12	牡丹江恒丰纸业股份有限公司	PM19 纸张横幅定量控制系统	QCS	1	2019—2020
13	牡丹江恒丰纸业股份有限公司	PM20 纸张质量在线检测控制系统	QCS	1	2019—2020
14	牡丹江恒丰纸业股份有限公司	PM20 纸张横幅定量控制系统	QCS	1	2019—2020
15	牡丹江恒丰纸业股份有限公司	PM19 纸病 WIS 纸病检测系统	WIS	1	2019—2020

续表

序号	客户名称	设备名称	主要规格和参数	台(套)数	交货时间
16	牡丹江恒丰纸业股份有限公司	双元片材表面缺陷在线检测系统软件 V1.0	WIS	1	2019—2020
17	牡丹江恒丰纸业股份有限公司	PM20 纸病 WIS 纸病检测系统	WIS	1	2019—2020
18	牡丹江恒丰纸业股份有限公司	双元片材表面缺陷在线检测系统软件 V1.0	WIS	1	2019—2020
19	鞍山永安包装工业有限公司	纸张质量在线检测控制系统	QCS	1	2020
20	鞍山永安包装工业有限公司	蒸汽冷凝水回收控制系统	GCS	1	2020
21	鞍山永安包装工业有限公司	双元纸张质量在线检测控制系统软件 V1.0	QCS	1	2020
22	鞍山永安包装工业有限公司	3800 生产线 DCS 控制系统(含面浆线)	DCS	1	2020
23	鞍山永安包装工业有限公司	4400 生产线 DCS 控制系统	DCS	1	2020
24	鞍山永安包装工业有限公司	双元纸张质量在线检测控制系统软件 V1.0	DCS	2	2020

十四、济宁华隆机械制造有限公司

序号	客户名称	设备名称	主要规格和参数	台(套)数	交货时间
1	山西华天基纸业有限公司	OCC 处理系统	1000 吨/日	1	
2	漳州市福泰再生资源股份有限公司	OCC 处理系统	1000 吨/日	1	
3	江苏弘盛纸业有限公司	OCC 处理系统	800 吨/日	1	
4	江门市明星纸业有限公司	粗筛系统	700 吨/日	1	
5	山东丰硕纸业有限公司(山东华金纸业有限公司)	涂布白纸板生产线	30 万吨/年	1	
6	浙江景兴纸业有限公司	粗筛系统	650 吨/日	1	
7	甘肃静宁恒达纸业有限公司	粗筛系统	1000 吨/日	1	
8	杭州蓝海永辰科技有限公司	热分散系统	180 吨/日	2	
9	江苏金田纸业有限公司	热分散系统	230 吨/日、300 吨/日	2	
10	华南山鹰纸业有限公司	热分散系统改造	330 吨/日	1	
11	云南禄丰永兴纸业有限公司	OCC 处理系统	600 吨/日	1	
12	广东耀德纸业有限公司	涂布白纸板生产线热分散	25 万吨/年	2	
13	山东金广汇纸业有限公司	OCC 处理系统	400 吨/日	1	
14	山东荣华纸业有限公司	涂布白纸板生产线	15 万吨/年	1	
15	湖北长江汇丰纸业有限公司	涂布白纸板生产线	30 万吨/年	1	
16	山东鸿联纸业有限公司	OCC 处理系统	500 吨/日	1	
17	杭州富伦生态科技有限公司	OCC 处理系统	300 吨/日	1	
18	山东枣庄恒宇纸业有限公司	OCC 处理系统	600 吨/日	1	
19	河北保定市泽裕纸业有限责任公司	OCC 处理生产线	10 万吨/年	1	

续表

序号	客户名称	设备名称	主要规格和参数	台(套)数	交货时间
20	印度至高涂布白纸板(私人)有限公司	再生文化用纸制浆生产线	100 吨/日	1	
21	印度至高涂布白纸板(私人)有限公司	涂布白纸板生产线	10 万吨/年	1	
22	济宁联合纸业有限公司	OCC 处理生产线及流送	20 万吨/年	1	
23	山东聊城北方包装材料有限公司	OCC 处理生产线及流送	15 万吨/年	1	

十五、西安维亚造纸机械有限公司

序号	客户名称	设备名称	主要规格和参数		台(套)数	交货时间
			幅宽/毫米	车速/(米/分)		
1	保定达亿纸业有限公司	水力式流浆箱	2950	450	1	2019
2	广西横县江南纸业有限公司	水力式流浆箱	3850	650	1	2020
3	河南中亚智能科技股份有限公司	气垫式流浆箱	5050	500	1	2019
4	河南崇晟造纸装备有限公司	气垫式流浆箱	4450	500	1	2019
5	江苏中凯纸业有限公司	气垫式流浆箱	3200	400	4	2020
6	东莞市金田纸业有限公司	气垫式流浆箱	5200	500	4	2020
7	江门旺佳纸业有限公司	水力式流浆箱	3800	350	1	2020
8	四川成发造纸机械有限公司	气垫式流浆箱	4600	500	2	2021
9	武汉金凤凰纸业有限公司	水力式流浆箱	4250	700	1	在制
10	保定华奥纸业有限公司	新月型卫生纸机	3550	1300	2	2020
11	保定富民纸业有限公司	新月型卫生纸机	3550	1300	1	2020
12	保定市满城纸业有限公司	新月型卫生纸机	2850	1300	2	在制
13	蚌埠三星纸业有限公司	水力式流浆箱	3730	500	1	在制
14	杭州蓝海永辰科技有限公司	水力式流浆箱	4000	400	1	在制
15	漳州盈晟纸业有限公司	气垫式流浆箱	5050	450	1	在制
16	广西柳林纸业有限公司	新月型卫生纸机	2850	1600	1	在制
17	福建振鑫纸业有限公司	新月型卫生纸机	3900	1300	1	在制
18	陕西蔡伦纸业有限公司	新月型卫生纸机	2850	1300	2	在制

十六、溧阳市江南烘缸制造有限公司

序号	客户名称	设备名称	主要规格和参数	台(套)数	交货时间
1	玖龙纸业(控股)有限公司	钢制烘缸	Φ1830 毫米 ×5840 毫米	108	2020
2	玖龙纸业越南正阳纸厂	钢制烘缸	Φ1524 毫米 ×3600 毫米	1	2020
3	江西五星纸业有限公司	钢制烘缸	Φ1830 毫米 ×5500 毫米	3	2020
4	仙鹤股份有限公司	钢制烘缸	Φ1830 毫米 ×5300 毫米	6	2020
5	上海轻良实业有限公司	钢制烘缸	Φ1830 毫米 ×7200 毫米	15	2020
6	诸城大正机械有限公司	钢制烘缸	Φ1850 毫米 ×5600 毫米	10	2020

续表

序号	客户名称	设备名称	主要规格和参数	台(套)数	交货时间
7	玖龙纸业美国 ND Paper(Old Town)纸浆厂	钢制烘缸	Φ1220 毫米×4220 毫米 Φ1524 毫米×4220 毫米 Φ1220 毫米×4220 毫米 Φ1524 毫米×4220 毫米	29 7 1 20	2019
8	芬兰帕帕公司	钢制烘缸	Φ1500 毫米×1930 毫米	12	2019
9	PMP 集团	钢制烘缸	Φ2000 毫米×4040 毫米	6	2020
10	澳洲 VISY 纸厂	钢制烘缸	Φ1500 毫米×2800 毫米	10	2018
11	马来西亚慕达纸业	钢制烘缸	Φ1830 毫米×6800 毫米	20	2018
12	焦作市美新机械制造有限公司	钢制烘缸	Φ1850 毫米×6300 毫米	10	2018
13	上海飙风机械设备有限公司	钢制烘缸	Φ1500 毫米×6500 毫米	8	2018
14	山东昌华机械有限公司	钢制烘缸	Φ1830 毫米×5500 毫米	6	2019

十七、山东欧佩德昌华华林造纸机械有限公司

序号	客户名称	设备名称	主要规格和参数		台(套)数	交货时间
			幅宽/毫米	车速/(米/分)		
1	山东天和纸业有限公司	文化纸机	3150	600	2	2021-06
2	新疆国力原有限公司	瓦楞纸机	4800	600	1	2021-10
3	山东华泰纸业有限公司	特种纸机	3450	700	1	2021-10
4	汕头平安纸业有限公司	瓦楞纸机	5000	500	1	2020-11
5	牡丹江恒丰纸业有限公司	特种纸机	2400	400	1	2021-04
6	福建友发实业有限公司	特种纸机	3200	450	1	2020-12
7	上海 TPI 俄罗斯项目	瓦楞纸机	4800	600	1	2021-11

（龚　凌）

2020 年部分企业投产的卫生纸机设备

Tissue Machines Put into Production in 2020

集团省份	公司名称	项目地点	阶段	规模/(万吨/年)	纸机					投产时间	供应商	备注
					形式	型号	数量/台	幅宽/毫米	车速/(米/分)			
	保定港兴纸业有限公司	河北保定	新增	2.5	新月型	BT1300-3550	1	3550	1300	2020-05	佛山市南海区宝拓造纸设备有限公司	国产
		湖北孝感	新建	4	新月型	BT1300-2850	2	2850	1500	2020-10、2020-11	佛山市南海区宝拓造纸设备有限公司	国产
	保定瑞丰纸业有限公司	河北保定	新增	1.6	新月型	BC1300-2850	1	2850	1300	2020-06	佛山市南海区宝拓造纸设备有限公司	国产
	邢台永兴纸业有限公司	河北保定	新增	1.5	新月型	BC1100-3550	1	3550	1100	2020-07	佛山市南海区宝拓造纸设备有限公司	国产
河北	保定华邦日用品有限公司	河北保定	新增	2.5	新月型	BC1300-3550	1	3550	1300	2020-08	佛山市南海区宝拓造纸设备有限公司	国产
	保定满城金光纸业有限公司	河北保定	新增	2	新月型	BC1300-3550	1	3550	1300	2020-11	佛山市南海区宝拓造纸设备有限公司	国产
	河北聚润卫生用品有限公司	河北保定	新增	2	新月型	BC1300-3550	1	3550	1300	2020-12	佛山市南海区宝拓造纸设备有限公司	国产
	保定市跃兴纸业有限公司	河北保定	新增	1.5	新月型		1	3550	900	2020-06	保定市昌达造纸机械有限公司	国产
	保定市豪峰纸业有限公司	河北保定	新增	2	新月型		1	2850	1500	2020-11	保定市昌达造纸机械有限公司	国产

续表

集团省份	公司名称	项目地点	阶段	规模/（万吨/年）	纸机					投产时间	供应商	备注
					形式	型号	数量/台	幅宽/毫米	车速/（米/分）			
河北	保定市诚康纸制品有限公司	河北保定	新增	2	新月型		1	3550	1300	2020-12	保定市昌达造纸机械有限公司	国产
		河北保定	新增	3	新月型		2	3600	1200	2020	西安维亚造纸机械有限公司	国产
	河北省保定市益源纸业有限公司	河北保定	新增	2	新月型		1	3500	1100	2020-03	保定市维拓造纸机械有限公司	国产
	保定市正浩造纸有限公司	河北保定	新增	2	新月型		1	3500	1000	2020-03	保定市维拓造纸机械有限公司	国产
	保定顺通纸业有限公司	河北保定	新增	2	新月型		1	2850	1400	2020-06	保定市维拓造纸机械有限公司	国产
	保定市立新纸业有限公司	河北保定	新增	2	新月型		1	2850	1400	2020-10	保定市维拓造纸机械有限公司	国产
	保定市绿纯纸业有限公司	河北保定	新建	2	新月型		1	2850	1400	2020-12	保定市维拓造纸机械有限公司	国产
	保定雨森卫生用品有限公司	辽宁台安	新建	6	新月型	Intelli-Tissue® EcoEc Premium 1600	2	3500	1600	2020-10	维美德公司	进口
	保定市泽裕纸业有限公司	河北保定	新增	5	新月型	HC-1300CS	2	3550	1300	2020-09、11	潍坊凯信机械有限公司	国产
	河北晨松卫生用品有限公司	河北保定	新增	1. 5	新月型	BZ3500-I	1	3500	900	2020-02	陕西炳智机械有限公司	国产
	保定市恒信纸业有限公司	河北保定	新增	2. 2	新月型	BZ3500-I	1	3500	1300	2020-04	陕西炳智机械有限公司	国产
	保定市汇丰卫生用品有限公司	河北保定	新增	1. 5	新月型	BZ3500-I	1	3500	900	2020-06	陕西炳智机械有限公司	国产
	保定市新宇纸业有限公司	河北保定	新增	2. 2	新月型	BZ3500-I	1	3500	1300	2020-09	陕西炳智机械有限公司	国产
	保定市福德纸业有限公司	河北辛集	新增	1. 5	新月型	BZ3500-I	1	3500	900	2020-10	陕西炳智机械有限公司	国产
	河北姬发造纸有限公司	河北保定	新增	2. 5	新月型		1	3550	1400	2020-04	上海轻良实业有限公司	国产
	保定市中信纸业有限公司	河北保定	新增	2. 5	新月型		1	3550	1400	2020-09	上海轻良实业有限公司	国产

续表

集团省份	公司名称	项目地点	阶段	规模/（万吨/年）	纸机					投产时间	供应商	备注
					形式	型号	数量/台	幅宽/毫米	车速/（米/分）			
河北	河北雪松纸业有限公司	河北保定	新增	3	新月型		1	2850	1600	2020-09	西安维亚造纸机械有限公司	国产
	保定市富民纸业有限公司	河北保定	新增	1.8	新月型		1	3600	1000	2020-11	西安维亚造纸机械有限公司	国产
	保定市华奥纸业有限公司	河北保定	新增	3	新月型		2	3600	1300	2020-12	西安维亚造纸机械有限公司	国产
	保定市满城纸业有限公司	河北保定	新增	2.4	新月型		2	2850	1200	2020	西安维亚造纸机械有限公司	国产
	保定市群冠造纸厂	河北保定	新增	1.5	新月型		1	2850	1000	2020-08		国产
山西	山西云冈纸业有限公司	山西大同	新增	1.7	新月型	BZ3500-I	1	3500	900	2020-05	陕西炳智机械有限公司	国产
		山西大同	新增	5	新月型		2	2850	1400	2020-10	上海轻良实业有限公司	国产
	山西力达纸业集团有限公司	山西运城	新增	6	新月型		3	2850	1300	2020-10	上海轻良实业有限公司	国产
辽宁	阜新浩博纸业有限公司	辽宁阜新	新建	1.5	新月型		1	2850	900	2020-09	保定市昌达造纸机械有限公司	国产
	辽宁森林木纸业有限公司	辽宁锦州	新增	1	新月型		1	2850	800	2020		国产
上海	泰盛科技（集团）股份有限公司	贵州赤水	新增	10	真空圆网型	SF-12-1200B	6	2850	1200	2020-08	佛山市南海区宝拓造纸设备有限公司	中外合作
江苏	王子制纸妮飘（苏州）有限公司	江苏南通	新建	12	新月型	PrimeLineST W22	2	5600	2000	2020-06、09	安德里茨公司	进口
浙江	浙江弘安纸业股份有限公司	浙江嘉兴	新增	3	新月型	软靴压	1	4000	1600	2020-05	江苏信诺轨道科技有限公司	国产
	龙游旭荣纸业有限公司	浙江龙游	新增	2	新月型	BC1300-2850	1	2850	1300	2020-06	佛山市南海区宝拓造纸设备有限公司	国产
	浙江金通纸业有限公司	浙江金华	新增	4	新月型		2	3950	1200	2020	西安维亚造纸机械有限公司	国产

续表

集团省份	公司名称	项目地点	阶段	规模/（万吨/年）	纸机					投产时间	供应商	备注
					形式	型号	数量/台	幅宽/毫米	车速/（米/分）			
安徽	安徽宏泰纸业有限公司	安徽六安	新增	1.5	新月型		1	3500	900	2020-03	保定市昌达造纸机械有限公司	国产
福建	福建聚辉纸业有限公司	福建福清	新增	1.8	新月型		1	3660	1200	2020-04	西安维亚造纸机械有限公司	国产
	福建风竹纸业有限公司	福建晋江	新增	1.5	新月型	BC1300-2850	1	2850	1300	2020-06	佛山市南海区宝拓造纸设备有限公司	国产
	武平县顺发纸业有限公司	福建武平	新增	1.5	真空圆网型		1	3900	700	2020-07	贵州盛泰源精工装备有限责任公司	国产
	福建省尤溪永丰茂纸业有限公司	福建三明	新增	1	真空圆网型		1	2850	800	2020-07	贵州盛泰源精工装备有限责任公司	国产
江西	江西宜生科技有限责任公司	江西抚州	新建	1.2	新月型		1	2850	1000	2020		国产
山东	德州盛港纸业有限公司	山东德州	新建	2	新月型		1	2850	1400	2020-01	上海轻良实业有限公司	国产
	山东太阳纸业股份有限公司	山东兖州	新增	5	新月型		2	2850	1600	2020-08、09	上海轻良实业有限公司	国产
	潍坊恒联美林生活用纸有限公司	山东潍坊	新增	1.5	新月型	BC1300-2850	1	2850	1300	2020-03	佛山市南海区宝拓造纸设备有限公司	国产
	东顺国际贸易集团有限公司	山东东平	新增	2	新月型	BC1400-2850	1	2850	1400	2020-06	佛山市南海区宝拓造纸设备有限公司	国产
	聊城市坤昇环保科技股份有限公司	山东聊城	新增	2.5	新月型		1	3600	1200	2020-03	山东信和造纸工程股份有限公司	国产
河南	洛阳市洁达纸业有限公司	河南洛阳	新增	1.5	新月型	BC1300-2850	1	2850	1300	2020-03	佛山市南海区宝拓造纸设备有限公司	国产
	河南护理佳纸业有限公司	河南鹿邑	新增	4	新月型		2	2850	1300	2020-05	上海轻良实业有限公司	国产
	河南聚源纸业有限公司	河南漯河	新增	2	新月型		1	2850	1400	2020-05	上海轻良实业有限公司	国产
	河南华兴纸业有限公司	河南西平	新增	2	新月型		1	2850	1400	2020-05	上海轻良实业有限公司	国产

续表

集团省份	公司名称	项目地点	阶段	规模/（万吨/年）	纸机					投产时间	供应商	备注
					形式	型号	数量/台	幅宽/毫米	车速/（米/分）			
河南	沁阳市宏都纸业有限公司	河南沁阳	新增	3	新月型	3980/1200	1	3980	1200	2020-11	山东信和造纸工程股份有限公司	国产
湖南	湖南宙洋卫生用品有限公司	湖南常德	新增	1.8	新月型		1	3500	1000	2020	西安维亚造纸机械有限公司	国产
广西	广西植护盈润造纸有限公司	广西来宾	新建	5	新月型		2	4200	1500	2020-06	诸城大正机械有限公司	国产
	广西象州莲桂纸业有限公司	广西来宾	新增	1	真空圆网型		1	2850	700	2020-01	天津天轻造纸机械有限公司	国产
	来宾华胜纸业有限公司	广西来宾	新增	1.5	新月型		1	2850	1000	2020-01	自主组装	国产
	南宁市圣大纸业有限公司	广西南宁	新增	1.5	新月型		1	2850	1500	2020-03	诸城大正机械有限公司	国产
	广西来宾曙辉纸业有限公司	广西来宾	新增	4	新月型		4	2850	800	2020-06	保定市昌达造纸机械有限公司	国产
	广西宏源纸业有限公司	广西防城港	新增	4	新月型	BC1400-2850	2	2850	1400	2020-06	佛山市南海区宝拓造纸设备有限公司	国产
	南宁市上峰纸业有限公司	广西南宁	新增	5	新月型	BC1500-2850	2	2850	1500	2020-07	佛山市南海区宝拓造纸设备有限公司	国产
	广西天力丰生态材料有限公司	广西南宁	新增	2.3	短长网型	擦手纸机	1	3500	600	2020-07	江苏信诺轨道科技有限公司	国产
四川	彭州市大良纸厂	四川彭州	新增	1.8	新月型	BC1300-2850	1	2850	1300	2020-07	佛山市南海区宝拓造纸设备有限公司	国产
	四川鑫业纸业有限公司	四川雅安	新增	1.5	新月型		1	2850	1200	2020-09	保定市昌达造纸机械有限公司	国产
云南	云南金晨纸业有限公司	云南玉溪	新增	1.5	新月型		1	2850	1200	2020-03	诸城大正机械有限公司	国产
陕西	大荔蔡伦纸业有限公司	陕西渭南	新增	3	新月型		3	2850	800	2020-03	保定市昌达造纸机械有限公司	国产
总计				184.8			95					

注：集团企业在不同省区有生产工厂的，该集团的所有生产工厂的投产项目列在总部所在省份。

（中国造纸协会生活用纸专业委员会）

2035 我国制浆造纸智能制造路线图研究报告

The Research Report of Intelligent Manufacturing Roadmap of 2035 China Pulp and Paper

第四次工业革命的到来，传统造纸工业的未来将走向分化和聚合，加入到多个以客户为中心的新型产业集群中。文化用纸、生活用纸、包装用纸和特种纸等纸种的生产将拆分到不同的产业集群中，与可直达客户的产业链聚合为新的业态，更精准、更快速地满足客户需求。在新的产业集群中，重塑的价值链将不再是造纸企业之间的竞争，而是产业集群内各方整合资源能力的竞争。共享、共生和共创能力强的企业将是整合资源能力的强者，将有机会引领产业集群为客户提供更好的服务，形成新的稳定业态留存下来，高效发展。

造纸工业经历了从小规模制造，到电力驱动的大规模、大批量的流水线模式生产，再到现在的全自动化模式生产的发展，在原材料、能源、工艺、装备等生产要素的利用技术等方面已经发展到比较成熟的阶段。以 5G 网络、大数据、云计算、人工智能等为核心的新一代信息技术的持续创新和高速发展，为制造业向万物互联、数据驱动、软件定义、平台支撑、组织重构新时代注入了新的活力。新一代信息技术将助力造纸工业实现向数字化、信息化、智能化转型升级，以实现企业的提质增效、精准服务，打破产业链资源优化配置空间和时间的约束，增加新的价值链，加速形成新业态。

本文介绍造纸行业智能制造发展现状与智能化需求、2020—2035 年造纸工业智能化制造目标、造纸工业智能制造亟需突破的瓶颈、2035 造纸行业重点发展领域及重点任务等内容，为制浆造纸行业智能化发展提供一些参考。

一、造纸行业智能制造发展现状与智能化需求

1. 造纸行业智能制造发展现状

随着智能技术的逐渐成熟和市场需求的快速提升，造纸企业资源配置效率面临的问题变得越来越复杂，优化资源配置的决策难度越来越大，这体现在：①产品本身的复杂性。例如，造纸企业纸制品的品种越来越多，生产、维护难度越来越高。②生产过程的复杂性。造纸是多设备、多环节、多学科、多工艺、跨区域协同的复杂系统工程。随着产业分工化深化、产品逐渐趋向定制化、多样化，技术智能化快速发展，生产过程的复杂性不断提高。③市场需求的复杂性。随着人们生活水平的不断提高，人们开始追求差异化、定制化的产品和服务。面对定制化的需求，造纸企业需要思考如何构建定制化研发体系、定制化采购体系、定制化生产体系、定制化配送体系、定制化服务新体系。④供应链协同的复杂性。随着全球化的发展，造纸企业制造分工日趋细化，产品供应链体系也随之越来越庞大。庞大复杂的供应链对造纸企业的资源优化配置带来了巨大的不确定性，如果某一环节出现问题则会影响整个企业的生存和发展。

随着企业规模逐渐扩大，产品趋向多样化，企业工作部门不再仅仅是各司其职的，需要生产管理、能源管理、设备管理、经营管理互相融合，使企业变得更加复杂化。以信息化技术为代表的高新技术的迅速发展，为造纸行业自动化的发展带来了新的契机，为解决“信息孤岛”问题提供技术。《中国制造 2025》指出至 2025 年我国制造工业通过转型，争取基本迈入制造强国行列；采取有效措施提高生产自动化水平和装备制造水平，并跟随工业智能化技术产业生态链的发展水平，逐步实现企业数字化、网络化、智能化，迈入工业 4.0 的发展行列。为此，造纸行业提出了“造纸 4.0”的概念。“造纸 4.0”旨在提升整个造纸工艺流程的生产效率、能力和质量，使造纸过程变得更加智能、高

效、节能和可持续，助力造纸行业实现数字化和智能化。

近年来，我国对于工业互联网发展高度重视，并且出台了一系列政策促进工业互联网与制造业融合发展，推动人工智能等产业提速发展，这是造纸工业完成新变革的重要契机。造纸工业当前智能制造取得的成果主要包括：①智能管理系统(ERP)；②制造执行系统(MES)；③能源智能管理系统(EMS)；④高级计划与排程系统(APS)；⑤故障诊断系统；⑥自动仓储系统等方面有了较大的进展。

随着人工智能、物联网、大数据等技术加快走向商业化，为造纸企业智能化提供了技术支撑。虽然造纸工业在技术上已经取得了非常大的进展，但是不可否认的是，大多数企业在管理、生产等环节以及造纸设备等具体产品上，依然处于自动化甚至是机械化阶段，亟需向智能化加速迈进。

2. 造纸行业智能化需求

造纸产业链涵盖了供应商、造纸企业、销售商和消费者等多方面。造纸行业智能化升级还需要有以下的技术支撑：

(1)通信技术　造纸企业存在自身“信息孤岛”和数据冗余，难于发挥全厂自动化系统的功能作用。为了提高生产效率，许多大型造纸企业搭建了各种全厂自动化系统工业软件，例如ERP、EMS、MES等。但是在运行中并没有将这些子系统进行集成，各子系统所需数据需要各自多次录入，因而增加了信息维护工作量和出错机会，每个子系统都是一座“信息孤岛”。这些子系统的功能虽然不同，但使用的数据往往存在交叉重叠。然而由于每个子系统提供的数据内容和格式不统一，造成各子系统之间不可调用，存在数据的冗余。随着造纸生产过程数据的沉淀基数的增加，上述问题对系统的维护、运行效率之间都存在很多问题。造纸企业通过打破“信息孤岛”，有利于挖掘生产大数据的资源价值，优化生产过程参数。

(2)造纸企业不适应消费者对纸品多样化和定制化的需求，缺乏信息挖掘技术　随着消费水平的提高和消费观念的变化，消费者不再满足于纸产品是否充足，提出了纸产品的多功能化，例如湿纸巾、餐巾纸、厨房用纸、包装用纸等；提出了纸产品样式的多样化的新要求，例如小包纸、卷纸、抽纸、印花、香味等。但是由于造纸企业的生产线是基本固定的，只能通过不断增加每条生产线的长度和复杂度，去适应消费者的需求，这样不仅增加了生产的复杂度，而且提高了生产成本。同时随着产品定制化的快速发展，增加生产线长度和复杂度的方式并不能跟上定制化产品更新的速度。如何利用信息挖掘技术，及时了解当前消费者的心理，最大程度的提高生产线的灵活性，缩短产品更新周期，提高效益是企业必须解决的新问题。

(3)销售商难以适应市场的新变化，缺乏精准的销售预测模型　销售商依据往年的销售量制定进货计划，因此进货较为固定。市场的实际是由于消费方式的不同，例如网购、网络带货等方式的出现，不同产品的销售量会有大幅波动，提高了供应链调度的难度。利用工业互联网技术挖掘消费者与销售量之间的更加深度关系，提前预测销售量和进货计划，可以提高供应链调度速度和效益。

(4)造纸企业自身很难解决设备的运维问题，缺乏设备故障诊断模型　生产过程中存在频繁的非计划停机，大部分属于设备故障。为了保障设备运维，工厂不得不花费巨大的人力成本。另外，自身运维的时滞性也降低了造纸生产过程的效率。因此，建立精准的故障诊断模型，提前预警设备故障有利于提高生产效率的同时减少人力成本。

(5)我国造纸行业大数据和工业软件技术的基础十分薄弱，缺乏把“物化知识”数字化和软件化的能力　我国造纸行业大数据和工业软件技术的基础薄弱主要表现在：①生产过程变量和设备参数的感知能力低，工业大数据的采集范围窄，不少过程变量和设备参数还没有合适的传达器去测量或还没有经过合适的数字化处理，成不了有用的数据。②现有的数据资源还没有认真地开发利用。③从“物化知识”转型到“软件知识”的工作还未真正开展。随着造纸企业生产系统越来越复杂，人应对复杂系统的驾驭能力将成为制约技术进步和生产发展的瓶颈。虽然造纸过程自动程度高，生产过程中设备和过程的操作运维等还高度依赖人，企业所关心的订单满足率、及时率、产能浪费、原材料库存等关键指标，还是按照各人的经验进行排产和调度，而各人的知识经验还处于“物化知识”阶段，导致工作量大，易出错，需要花大量时间对人员进行培训。如果把物化知识转化为软件知识，成为工业软件加入到工业互联网平台中，实现闭环优化，将能自动地完成上述任务，开拓存在造纸过程中的优化和效益空间。

二、2020—2035 年造纸工业智能化目标

造纸企业的智能化目标分为两步走，先走初级

阶段，再走高级阶段。初级阶段是指实现企业数字化网络化，提高数据化运营能力。高级阶段是指真正实现智能化工厂。

在初级阶段，造纸企业应以实现数字化、网络化，不断提升企业数据化运营能力为核心，根据企业自身发展模式和发展战略，以解决企业当前的业务痛点为切入点，逐步实现覆盖生产全过程和连接产业链上下游的数字化网络化。在此基础上，形成适应自身需求和特点的数据化运营优势，达到提高企业运营效率的目标。

在高级阶段，造纸企业应以不断提升生产过程闭环优化和智能化为目标。通过企业在实现数字化网络化过程中沉淀下来的工业大数据和企业自身的工业技术知识，采用基于大数据和人工智能技术的建模方法，搭建企业工业软件和智能化微平台，进而构建企业工业互联网平台，实现如图 1 和图 2 所示的面向设备运行和生产过程的闭环优化，面向生产运营决策的闭环优化，以及面向企业协同、用户交互与产品服务优化的全产业链、全价值链的闭环优化，进一步形成智能化生产、网络化协同、个性化定制、服务化延伸等四大应用模式，以达到优化企业资源配置，提高产品质量，降低生产成本，提高生产效率的目标。技术核心是如何应用“工业大数据＋模型(工业软件)＋应用”技术去实现上述的三个“闭环优化”。

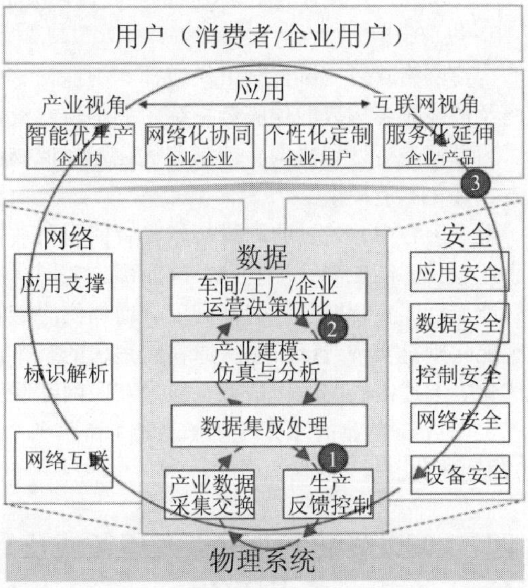

图1　工业互联网平台的基本技术组成和体系架构

1. 初级阶段：逐步实现和完善企业数据化运营

数据化运营是通过对企业大数据的采集处理、分析挖掘，为企业(数据使用者)提供科学、准确和专业的数据解决和应用方案，利用企业大数据通过企业内、企业间的协同和各种资源的共享与集成优化，重塑企业在造纸工业产业链中的价值链，以提高企业的效益。在造纸企业实现了数字化网络化后，将有效地解决数据的采集和“连接”问题，通过网络将相关的人、流程和事物的行为用数字化数据形式相互连接起来，收集到海量数据，为实现企业数据化运营打下了坚实的基础。

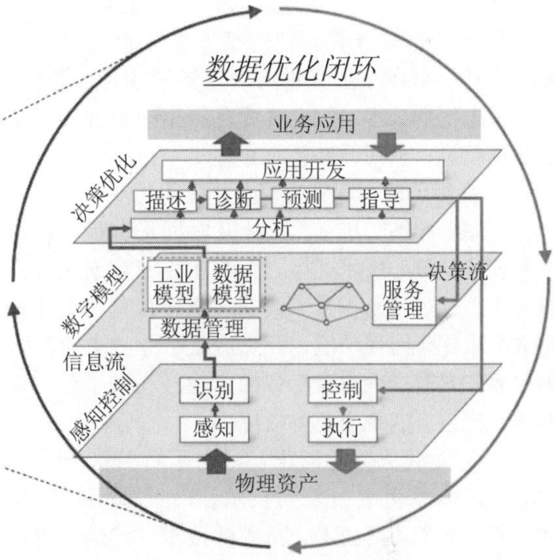

图2　数据优化闭环

造纸企业数据化运营平台具有如下几个基本功能：

(1)具有数据采集与管理功能，主要包括数据在线采集、数据处理、数据存储以及运算功能。包括传感器、检测装置、现场总线通讯、异构数据的集成、边缘计算、互联网、云(存储＋计算)、工业安全等基础设施的构建和集成应用。

(2)具有业务数据数字化功能，将造纸生产过程的所有信息，包括人、机、料、环、测的数据数字化。例如，对于物料数据，除了在线测量录入外，还需建立物化性质预测模型以及物料估算模型实现物料的数据化。利用爬虫技术，建立数据抓取模型，实现生产环境关键参数(例如温度、湿度等)的实时采集；对无法检测的质检数据建立软测量装置，实现所有质检数据的实时采集与数字化。

(3)具有数据的在线化功能。对采集的数据按照统一的标签进行标记，建立数据采集以及管理的统一规则，然后利用数据挖掘技术，挖掘数据之间的关联关系，建立关联规则，根据关联规则进行分类存储，实现数据的融合与协同，便于在线按需快速调用。

(4)具有数据的业务化功能。根据企业的需求，把累积大数据业务化。把包括安全生产、稳定质量、提高效率和缩短交货周期等场景的各类数据，利用数据挖掘技术，挖掘沉淀在数据中包含的更深层次的信息，从而开展新业务。

2. 高级阶段：逐步实现企业智能化

如图 1 和图 2 所示，工业互联网平台是实现企业智能化的核心技术载体，企业在实现数据化运营过程中，通过不断积累大数据、建立和完善工业软件和 3 个优化闭环功能，开发造纸行业的工业互联网平台和具有企业自身特色的工业互联网平台，逐步迭代完善，实现企业智能化。

图 3 所示是行业工业互联网平台关键技术体系。技术体系由数据采集技术、PaaS 通用功能技术、软件开发工具技术、微服务技术、建模与应用技术和信息安全技术等 6 项技术集成。

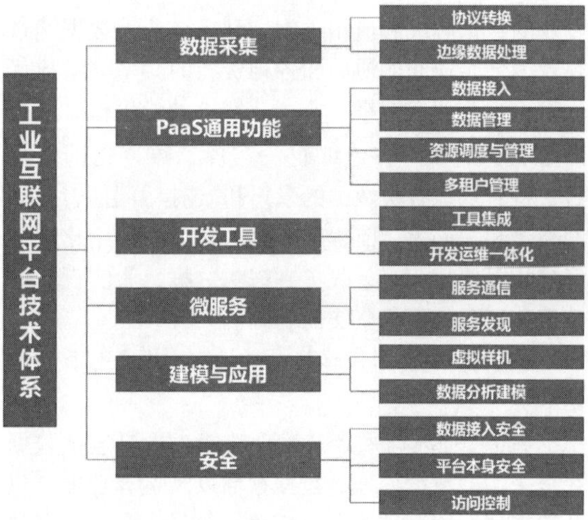

图3 工业互联网平台关键技术体系

其中，工业微服务是工业互联网平台的核心，核心的要素组件是基于微服务架构的数字化模型(工业软件)。数字化模型将大量工业技术原理知识、基础工艺、实践经验等规则化、软件化、模块化，并封装为可重复使用的组件。同时，面向特定工业应用场景，对海量工业数据进行深度分析和挖掘，能够快速建立可复用、可固化的智能应用模型。另外，在工业技术、知识、经验和方法以模型的形式沉淀为数字化模型后，海量数据加载到数字化模型中，进行反复迭代、学习、分析、计算等大数据挖掘，可以回答生产过程 4 个基本问题：首先是描述发生了什么？其次是诊断为什么会发生？再次是预测下一步会发生什么？最后是决策该怎么办？由此，驱动过程闭环优化和智能化。

三、造纸工业智能制造亟须突破的瓶颈

我国造纸工业的自动化起步较早，但多数完成自动化升级的造纸企业并没有完成信息化升级。与此同时，造纸工业的自动化、信息化发展水平极不均衡，个体之间的差异较大。随着行业发展和智能制造理念的普及，造纸工业目前的智能化转型升级目前正处在关键阶段。造纸企业要想生存并成功实现转型升级，除了引进新技术、新设备之外，还应实施个性化服务，打造差异化经营模式，实现从制造到“智造”的转变。对整个制浆造纸行业而言，实现智能化目标，需要在 5 个主要方面实现突破：

1. 测量技术

打破国外在先进测量技术上的封锁，并开发设计具有自主知识产权的新一代智能测量设备。

2. 关键设备

提高国产造纸设备的性能，并开发具有感知、接受和自律的新一代智能生产设备。

3. 生产过程

实现信息化与生产的深度融合，打通生产操作、生产管理、管理决策三个层面全部业务流程的闭环优化管理。

4. 能源管理

开发具有实时感知、监测、预警和控制用能的能源管理系统，并具有对能源效益的实时优化功能。

5. 供应链管理

构建网络式供应链，对由供应商、制造商、分销商及最终顾客构成的供应链系统中的物流、资金流、信息流进行计划协调、控制和优化，降低物流成本，优化制造周期。

上述内容中，先进的测量技术是智能设备、智能生产以及智能能源管理基础，这四部分共同构成了智能工厂。在智能工厂的基础上，增加供应链管理智能化则是实现造纸工业从原料到销售的整个过程优化。上述内容的运作信息，通过互联网互联互通，实现造纸企业的工厂生产(制造)和服务(经营)的智能化。

四、2035 造纸工业重点发展领域及重点任务

1. 制浆领域智能制造重点任务

(1)化学浆生产领域

①重点任务一：化学浆质量指标的测量。开展

化学浆生产线设备精准感知技术的研究，部署环境感知终端、智能传感器等数字化工具和设备，实现生产过程可在线采集的关键参数的测量；开展化学浆生产过程中纤维物理性质可量化技术的研究，实现化学浆在打浆和磨浆过程中纤长比、纵伸长率、横伸长率等的在线测量，并在此基础上实现纤维形态的在线测量；开展化学浆生产指标的在线测量技术的研究，利用纤维形态关键指标、物理化学知识等，实现纸浆得率、卡伯值、纸浆物理性能指标、打浆度等化学浆生产指标的在线测量。

②重点任务二：生产、安全、环保一体化预测技术。开展化学浆生产线的仿真模拟研究，实现高温高压高危化学品的投加量的可视化，并在此基础上建立高温高压高危化学品的投加量估算模型；开展生产过程温度、压力、液位等基本设备安全参数的采集，并在此基础上建立生产设备安全参数的预测模型。利用人工智能技术以及控制技术，开展化学浆黑液、废水处理过程的智能化控制的研究，并在此基础上，融合数据分析技术以及上述预测模型，开展生产线生产过程优化的研究，实现生产、安全、环保一体化。

③重点任务三：基于模型的智能控制。开展蒸煮器的智能控制研究实现蒸煮器的装料的智能控制、与蒸煮相关的精准控制以及蒸煮器喷放智能控制；实现洗浆过程的精准控制，降低洗浆工段的质量波动。开展可追溯浆料木素含量变化的研究，并在此基础上，实现对化学品的消耗量以及漂白过程白度的智能控制；精准控制进入黑液、中浓黑液和高浓黑液的浓度，保证原皂的提取过程和整个蒸发链的黑液浓度分配；同时对黑液蒸发过程的能耗进行优化，实现在保证黑液质量稳定的情况下的热单耗最低。

④重点任务四：物性预测。建立化学浆料生产过程的物料标准标签库；抓取互联网上物性数据库数据；建立化学浆料生产过程的物料物理性质预测模型，实现对新原料、混合原料或物性参数变化较大的原料物性数据的初步预判。

（2）化学机械浆生产领域

①重点任务一：智能磨浆机。开展追溯磨浆机故障来源的研究，建立故障特征关联库；在此基础上建立设备故障自诊断模型，实现部分可预防性的维护；在故障关联特征库的基础上，建立故障预测模型库，实现磨浆机易发生故障的可预测；同时，依据故障预测结果，提前更改生产工艺设备的运行情况，实现设备的预防性维护。

②重点任务二：磨浆过程的智能控制。开展对不同原料的精准控制研究，实现不同原料能够快速稳定在目标设定值；建立多段磨浆机控制优化模型，给出最优控制策略；在此基础上，开展磨浆过程自适应控制的研究，最终实现磨浆过程自主优化和精准控制。

③重点任务三：对于木片的材种软测量。收集木片材种的所有种类，建立木片材种的物理性质的数据集；完成木片系统识别和在线监测；构建木片的材种对应径切面和弦切面两幅图像，得到木片物理性质的关键参数，并在此基础上，建立不同种类木片的物理性质预测模型，实现木片的材种软测量。

（3）废纸浆生产领域

①重点任务一：胶黏物的在线测量。开展对废纸胶黏物的物理化学性质的研究，实现温度、pH、密度等可在线监测的物理化学性质参数的硬测量；实现对废纸胶黏物不可直接在线测量的物理化学性质参数的软测量；建立物理化学性质数据库，开展对胶黏物成分分析的研究，提取胶黏物中每一种成分的特有物理化学性质参数；开展对胶黏物不同成分的含量估算的研究，实现可见和不可见胶黏物的成分的数字化。

②重点任务二：废纸浆板的标准化与在线识别。开展对高质量的废纸浆板的成分的研究，数据化废纸浆板不同成分的含量占比，实现废纸浆板的标准化；实现不同批次废纸投加时间与使用时间的匹配，同时开展废纸浆板的质量可追溯的研究，实现废纸浆生产过程关键质量参数的在线化；开展对废纸浆板的在线识别的研究。

③重点任务三：纤维原料高值化利用优化策略。开展抑制废纸纤维的性能衰变的研究，阐明纤维原料的物理化学性质；开展纤维原料的可视化以及数据化的研究，在此基础上，开展废纸制浆生产线的工艺优化控制的研究，实现原料投加量、原料配比等的最优控制。

2. 造纸领域智能制造重点任务

（1）生活用纸领域

①重点任务一：质量指标的预测。理清生活用纸生产过程的关键质量指标，添加传感器和在线监测设备，对无法实现在线或检测设备成本高的指标参数，例如打浆度、纤长比等，建立质量指标的预测模型，实现所有关键质量指标参数的在线化，最终实现生活用纸质量可追溯。

②重点任务二：前后加工过程的协同调度。开

展前后加工过程数据协同的研究，理清生活用纸生产过程中数据之间的关系，实现前后加工的异构数据的融合；开展前后加工过程的协同调度优化的研究，利用优化后的调度结果控制生产过程的设备，实现前后加工过程的协同调度。

③重点任务三：数字孪生技术。开展虚拟模型的研究，通过建模和仿真分析来模拟和反映其状态和行为，并通过反馈来预测和控制其未来的状态和行为。通过对造纸生产过程建立物理过程的数字映射，并基于生产过程中产生的数据形成闭环反馈和优化，从而全面提升生产过程的全生命周期管理，打通制造、供应链等不同协作部门以及部门内部的数据孤岛，从而驱动高效和互联的生产模式，提升生产过程效率和适应性、降低生产成本。

④重点任务四：生活用纸产业集群供应链优化。打通供应链单元之间的壁垒，形成供应链信息流；构建产业上下游优化协同生产，实现生产决策数字化协同优化，实现生产制造企业设备云端服务，最终实现企业运营及生产能力上云协同；重新整合生活用纸造企业的产业链，形成新的产业集群；开展供应链智能管理系统的研究，开发智能调度优化模型，通过解决多工厂多仓库的调度优化模型设计及应用，解决供应链环节中的物流智能优化，实现柔性化新型人机交互；构建智能物流体系，保证资源的精确共享，保证订单的准时交货，增大了存储，为最小限度的防止了仓储以及二次运送的费用，降低生产成本。

(2)文化用纸领域

①重点任务一：高速纸机故障诊断。开展纸机运行参数精准感知技术的研究，实现纸机运行过程参数的在线数据化；对设备故障进行分类和深度挖掘，找到引起不同类别设备故障的关键因素，建立故障诊断模型库，实现高速纸机故障的快速诊断和原因追溯。

②重点任务二：智能质量控制系统 SmartQCS。统一文化用纸关键质量指标，自主研发智能质量控制系统，集成质量指标在线监测、控制系统以及智能扫描架为一体；部署新型质量传感器和软测量方法到智能质量控制系统中，实现文化用纸的生产过程质量指标的可测量和数据化；部署多变量控制器，将文化用纸从制浆工段到成纸再到成品的过程工艺集成到为一个统一的控制系统，研发更为精确的涂布、印刷油墨控制方法，提高生产稳定性和控制的有效性；自主研发智能扫描架，实现所需测量点都可测量且可数据化。

③重点任务三：文化用纸产业集群供应链优化。重新整合文化用纸产业链，形成新的产业集群；打通新的产业集群的信息壁垒，形成新的价值链和信息链；开展供应链智能管理系统的研究，实现供应链单元之间可协同控制，供应链系统中信息统一和共享，实现供应链数据信息融合；研发供应链调度优化模型，实现供应链单元之间可协同优化，形成一个智能化的经济体。

(3)包装用纸领域

①重点任务一：湿部过程的智能控制。对湿部化学过程中纤维含量、填料投加量、化学助剂投加量等建立精准的预测模型；建立湿部过程物料的物理化学性质数据库，实现纤维、物料等的物理化学特性的在线监测；探究浆料中的各种组成的反应与作用的规律，建立湿部化学过程系统模拟模型；研发湿部化学过程自主控制系统，实现湿部过程物料投加量、化学品投加量、浆料配比、填料、干湿损纸等的精准可控，浆料中的各种组分的数据化，以及控制系统能够自主向最优生产过程进行调节。

②重点任务二：干燥过程智能控制。开展多烘缸联动系统的机理研究，理清机理模型的关键参数；部署智能控制器，研发全自动干燥过程控制系统，主要包括烘缸压力、温度等关键参数的控制模块，实现对烘缸的关键参数进行动态控制。

③重点任务三：断纸预测。沉淀包装用纸生产过程数据，集合断纸数据，对不同断纸点进行分类；寻找影响断纸的关键因素，建立断纸关键参数数据集；建立断纸预测模型库，实现生产系统可预判断纸的地点，给出可能断纸原因，以及解决方案。

④重点任务四：真空系统运行优化控制。挖掘影响真空系统能耗的关键因素，研发真空系统智能生产管理与优化平台，实现自主分析真空系统生产数据、对真空系统自主优化，解决生产中真空度的设定缺乏定量依据的问题，提高纸机的能源利用效率；依据真空系统自主优化的结果，实现对真空系统运行优化控制。

⑤重点任务五：绿色纸包装产业集群供应链优化。建立包装用纸企业的智能生产管理系统、智能能源管理系统以及先进供应链管理系统，实现对包装用纸企业的整个生产过程、能耗的监测与控制，同时实现产品的全生产周期的协同管理；以节能减排为目标，优化包装产业集群供应链，实现绿色生产。

3. 浆纸联合生产领域智能制造重点任务

①重点任务一：智慧能源系统。开展自主研发

智慧能源系统平台，该平台包括对浆纸联合生产过程用能设备进行监测、运行数据收集、监视设备运行，以及对工厂的用能数据进行全面优化分析等功能；通过对标不同产品时的单位能耗、同机型设备的单位能耗、峰谷平时的用能平衡、无效生产能源管理、重点用能设备节能挖潜、工艺监控节能、干燥部平衡节能、数据关联分析节能、能源报表无纸化报警等功能，实现能源的智能化高效管理；研究优化能源调度和优化重点用能设备运行操作的方法，提高能源在企业内的利用率；建立和集成用能设备的实时感知、监测、预警，建立能源调度模型和重点耗能设备运营优化模型，实现能源智能管控。

②重点任务二：工业大数据的智慧工厂模型库。部署工业控制网络和各种传感设备，打通浆纸联合生产线制浆、造纸、销售等产业链条的信息壁垒，实现生产过程信息的数据化；构建精准、实时、高效的数据采集互联体系，建立面向工业大数据存储、集成、访问、分析、管理的开发环境和应用环境；解决如何采集制造系统海量数据，把来自机器设备、业务系统、产品模型、生产过程及运行环境中的海量数据汇聚到平台上，实现物理世界隐性数据的显性化，实现数据的及时性、完整性、准确性；实现异构数据融合，理清数据之间的关联关系和因果关系，实现生产过程数据化管理，完成制浆联合生产线各单元生产装备之间的协同；打通产品生命周期全过程的数据流，实现三个维度的整体智能化，实现产品从设计、制造到服务，再到报废、回收再利用整个生命周期的互联。

五、结　论

造纸企业的智能化转型升级是第四次工业革命的重要任务，既是一次技术突破和企业重构，又是一种技术思维方式的转变，要用大系统的思维方法去思考问题，要用跨界集成、协同创新的数据互联思路去寻找解决问题的方法，要用闭环优化的技术手段去提高企业效益，实现预期目标。因此，造纸工业智能化转型升级的实现必然是一个较漫长的过程，每个企业都需根据自身业务需要，遵循“做好规划，抓住重点；跨界集成，协同创新；分类指导，先易后难；效益导向，稳妥实施”的原则，早日做出相应的努力，才能早日实现企业的智能化转型。

（李继庚　满　奕　李　军）

我国制浆造纸化学品市场概况与发展

General Situation and Development of Pulp and Paper Chemicals Market in China

一、我国制浆造纸化学品市场地位与规模

我国纸及纸板总生产量自 2001 年超过日本居全球第二、2009 年首次超过美国以来，一直位居全球首位。我国市场是全球最具增长性，全球造纸新增产能的 60% 来自我国，一些全球性的造纸集团也纷纷以独资和合资方式进入我国市场。过去 20 多年以来我国造纸工业的快速发展，也推动了我国制浆造纸化学品工业的成长与发展，成为国际制浆造纸化学品市场投资的热点。

1. 我国制浆造纸化学品工业在全球市场中的地位

2019 年全球纸及纸板总生产量为 4.12 亿吨，同比下降 1.7%。就全球各地区来说，总生产量仍以亚洲为最高，达 1.92 亿吨，欧洲其次，达 1.07 亿吨，北美洲位居第三，为 0.79 亿吨。2019 年我国纸及纸板总生产量位居全球之首，达 1.08 亿吨，其次美国为 6912 万吨，日本排第三，为 2539 万吨。

据国际行业研究机构的报告显示，2019 年全球制浆造纸化学品市场的消费额为 350.77 亿美元，约 2350.16 亿元(汇率按 6.7 计算，下同)。就全球各地区占比来看，欧洲市场占比 28.4%，东亚地区(包括中国、日本和韩国)占比 25%，北美地区占比 21.3%(见图 1)。

就具体国家而言，我国占全球市场份额的首位，约为 15.15%，美国占比 13.56%，加拿大占比 7.70%，日本占比 6.99%，德国占比 6.04%，这与我国纸及纸板总生产量自 2009 年以来一直位居全球首位的地位相匹配。但就吨纸化学品消费水平而言，日本位居首位，达 647 元，美国居其次，为 461 元，我国为 330 元。

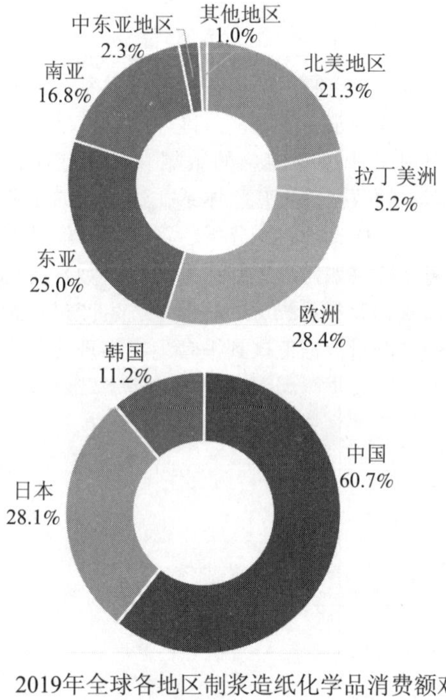

图1　2019年全球各地区制浆造纸化学品消费额对比

2017 年我国造纸专用化学品市场消费额(市值)为 45.6 亿～46.7 亿美元，约合 292 亿～299 亿元(根据图 1 和图 2 推算)，占全球市场最大份额。2017—2022 年我国造纸专用化学品市场消费额的年均复合增长率为 1.7%(见图 2)。

近几年，我国造纸专用化学品市场的消费增长较大，年均增长幅度为 6%～6.5%，由于造纸工业的产能过剩导致增长幅度有所下降。我国造纸专用化学品市场消费也有着自身的特征：低附加值的纸及纸板的高生产量，这对专用化学品需求相对来说要少。

我国是全球功能性化学品消费量最大的国家，是世界范围内颜料黏合剂、干增强剂、施胶剂、染料、颜料和荧光增白剂消费量最高的地区；由于受纤维来源主要因素的制约，我国每年进口大量的废

纸及纸板制浆，也是最大的制浆和纤维处理化学品消费市场，包括漂白化学品、制浆化学品和脱墨剂。

2. 我国制浆造纸化学品市场规模

据国际咨询机构所做的研究报告显示，2019 年我国制浆造纸化学品市场消费规模为 53.12 亿美元、约合 355.90 亿元，消费量 1349 万吨；2020 年消费额估测为 55.51 亿美元、约合 371.92 亿元，消费量 1406 万吨(见表 1)。

预计到 2024 年消费额为 66.78 亿美元(合 447.43 亿元)，消费量 1665.7 万吨。

从具体类别而言，我国制浆造纸化学品中的制浆化学品及造纸专用化学品(包括功能性化学品与过程性化学品)市场规模情况见表 2(2020 年为估测，下同)。

2018—2029 年我国制浆化学品与造纸专用化学品消费年均增长率趋势如图 2 所示。

表 1　2014—2020 年我国制浆造纸化学品市场规模

组成	2014 年	2015 年	2016 年	2017 年	2018 年	2019 年	2020 年
消费额/亿美元	43.54	45.18	46.95	48.85	50.90	53.12	55.51
消费量/万吨	1120.4	1160.5	1203.3	1248.7	1297.5	1349.7	1406.0

表 2　2014—2020 年我国制浆造纸化学品类别市场规模

类别		2014 年	2015 年	2016 年	2017 年	2018 年	2019 年	2020 年
制浆化学品	消费额/亿美元	13.55	14.06	14.61	15.18	15.79	16.44	17.15
	消费量/万吨	331.9	343.7	356.2	369.2	382.7	397.1	412.5
专用化学品	消费额/亿美元	29.99	31.12	32.35	33.67	35.11	36.67	38.36
	消费量/万吨	788.6	816.8	847.1	879.6	914.7	952.6	993.5

表 3　2014—2020 年我国制浆化学品主要品种市场规模

组成		2014 年	2015 年	2016 年	2017 年	2018 年	2019 年	2020 年
蒸煮化学品	消费额/亿美元	3.56	3.67	3.79	3.92	4.07	4.23	4.40
	消费量/万吨	72.1	74.3	76.6	79.1	81.9	84.9	88.1
漂白化学品	消费额/亿美元	9.99	10.39	10.81	11.25	11.72	12.22	12.75
	消费量/万吨	259.8	269.4	279.6	290.1	300.8	312.2	324.4

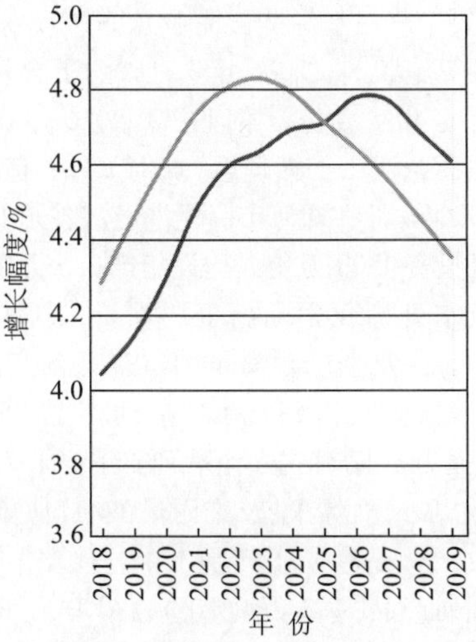

图2　2018—2029年我国制浆化学品与造纸专用化学品消费年均增长率趋势

—— 制浆化学品　—— 造纸专用化学品

由图 2 可见，我国制浆化学品消费年均增长率趋势将于 2026 年左右达到高点，约为 4.7%，随后趋于下降；造纸专用化学品消费年均增长率趋势将于 2023 年左右达到高点，约为 4.8%，随后将趋于下降。我国制浆化学品具体品种(蒸煮化学品与漂白化学品)市场规模情况见表 3。

我国造纸专用化学品具体各品种市场规模情况见表 4。

2019 年我国制浆造纸化学品 355.90 亿消费额从应用领域(纸种)比例来看，纸板和包装用纸所占比例最大，达 58.0%，其次为印刷与书写纸占 23.7%，生活用纸占 7.7%，新闻纸占 6.7%，其他纸种占 3.8%；从消费量 1349 万吨在各纸种比例来看，纸板和包装用纸所占比例最大，达 59.9%，其次为印刷与书写纸占 21.9%，生活用纸占 7.3%，新闻纸占 6.9%，其他纸种占 4%。

表4 2014—2020年我国造纸专用化学品主要品种市场规模

组成		2014年	2015年	2016年	2017年	2018年	2019年	2020年
杀菌剂	消费额/亿美元	5.80	6.04	6.29	6.56	6.84	7.14	7.47
	消费量/万吨	106.8	111.1	115.7	120.4	125.3	130.5	136.2
消泡剂	消费额/亿美元	3.43	3.60	3.79	4.00	4.24	4.48	4.75
	消费/万吨	73.5	76.9	80.8	85.0	89.6	94.5	99.6
施胶与增强化学品	消费额/亿美元	5.60	5.83	6.06	6.31	6.60	6.91	7.25
	消费量/万吨	141.8	147.3	153.1	159.4	166.5	174.2	182.4
粘合剂和填料化学品	消费额/亿美元	6.71	6.93	7.17	7.44	7.76	8.11	8.51
	消费量/万吨	187.3	193.4	199.9	207.3	215.9	225.5	236.1
涂布化学品	消费额/亿美元	8.45	8.73	9.03	9.34	9.67	10.01	10.38
	消费量/万t	279.2	288.1	297.6	307.4	317.4	327.9	339.2

二、国际主要的制浆造纸化学品公司在我国的发展情况

鉴于我国造纸工业的快速稳定发展并自2009年以来纸及纸板总生产量一直稳居全球首位，几乎所有国际性制浆造纸化学品制造和供应商都先后进入我国市场。这些领先的国际公司制浆造纸化学品业务收入情况见表5。

表5 全球领先公司的制浆造纸化学品业务收入

公司	年份	年收入/亿美元(亿欧元)2)3)
索理思1)	2018	20
凯米拉	2020	16.48(14.58)
艺康(纳尔科)1)	2019	8.46
诺力昂	2020	7.26(6.43)
巴克曼	2018	4.36
昂高	2019	3.35

注：1)由于这些公司在2020年年报中已经没有把制浆造纸化学品业务单独列出，因此采用以前年报中单独列出的数据；2)数据均来自各公司年报或公开资料；3)汇率按1欧元=1.13美元换算。

2010—2016年，一些全球领先的制浆造纸化学品公司纷纷先后在我国投资建设制浆造纸化学品生产线、建立研发中心或进一步扩大生产规模(见表6)。

2017年以来，国际主要的制浆造纸化学品公司继续进一步加大在我国投资的力度。

1. 索理思(Solenis)

索理思的前身赫克力士早在1995年就进入我国大陆市场，当年8月与国内最大的氯碱化工公司——上海氯碱化工有限公司成立了合资企业——上海赫克力士化工有限公司(赫克力士占60%股份)，主要生产烷基烯酮二聚物(AKD)、阳离子分散松香胶等施胶剂；2006年4月收购了合资企业中中方持有的40%股份。索理思于2016年在广东珠海设立独资企业——索理思(珠海)化工有限公司，并于2017年3月在珠海市高栏港经济技术开发区高栏石化区投资4500万美元建设年产7.5万吨造纸化学品以及水处理化学品新工厂项目，新工厂占地3.7万米^2，主要生产阴离子助留剂系列产品(6500吨/年)，阳离子乳液助留剂系列产品(5500吨/年)，湿强剂、贴/粘缸剂系列产品(1.75万吨/年)，水包水聚丙烯酰胺/聚丙烯酸/其他单体聚合乳液产品、干强剂系列产品(1.42万吨/年)，松香施胶剂系列产品(1.2万吨/年)，AKD乳液系列产品(2100吨/年)，造纸过程化学品和水及废水处理化学品系列产品(1.72万吨/年)。作为索理思全球重要的投资项目，工厂的新产品和新生产线均为索

表6 国际制浆造纸化学品公司在我国建立研发中心情况

公司	建立时间	地点	投资额	面积/米^2
汽巴精化	2005年4月	上海	2000万美元	6000
赫克力士	2007年10月	上海		2660
凯米拉	2008年4月	上海	1000万元	1100
陶氏化学	2008年5月	上海	20000万美元	65000
纳尔科	2009年12月	上海		6600
阿克苏诺贝尔	2016年5月	上海	650万欧元	

理思公司第一次引进到我国，新工厂于2018年5月建成投产。

2. 凯米拉(Kemira)

凯米拉于2001年在上海市成立凯米拉化学品(上海)有限公司正式进入我国的造纸化学品市场；2006年投资6000万元在江苏宜兴新建1家工厂，有2条生产线，生产杀菌剂和有机聚合物。2008年5月，凯米拉与山东兖州天成化工有限公司成立合资企业——凯米拉天成化学品(兖州)有限公司，投资3.6亿元建设AKD造纸化学品项目(分二期建设)，2009年3月，一期年产3万吨AKD施胶剂项目建成投产，2011年凯米拉收购中方全部股份，成为独资企业。2010年9月，凯米拉投资1亿美元在南京建设亚洲规模最大的单体项目——南京工厂，南京工厂年产能达到10万吨。一期工程投资2500万欧元，有5条生产线，于2013年8月竣工，12月开车试生产，2014年7月正式取得生产许可，主要产品为应用于中高档纸张的烯基琥珀酸酐(ASA)施胶剂、聚丙烯酸酯、聚丙烯酰胺乳液、杀菌剂、消泡剂和脱墨剂等。2016年5月，凯米拉继续在南京工厂内投资建设2条1万吨级AKD及松香乳液生产线，于2017年6月建成投产，新生产线生产高品质施胶剂乳液产品。2017年6月，凯米拉投资数百万美元用以扩大其在南京工厂的施胶剂产能，又1条主要生产ASA产品的新生产线建成投产。2018年12月，凯米拉与山东天成万丰化学技术有限公司成立合资公司——凯米拉天成万丰化学品(兖州)公司，主要生产AKD蜡、脂肪酰氯(FACL)、用作水处理絮凝剂的聚合氯化铝(PAC)。新生产线于2019年下半年建成投产。2019年1月，凯米拉天成万丰化学品(兖州)公司新建年产4万吨PAC项目，作为光气/酰氯项目的配套，于2019年7月投产，产品主要用于造纸工业水处理和市政、工业水处理领域。

3. 诺力昂(Nouryon)

2018年3月阿克苏诺贝尔将整个专用化学品业务部门(包含制浆化学品、胶体硅和可膨胀微球等与造纸相关业务)出售予凯雷集团和GIC投资组成的财团并成为一家独立运作的公司——诺力昂。截至2017年年底，诺力昂在我国已建成了8个生产基地(其中与制浆化学品业务相关的有2个)，主要产品为Levasil胶体硅等。

4. 艺康(Ecolab)

早在20世纪80年代美国纳尔科(Nalco)已进入我国市场。2008年，纳尔科将亚太总部从新加坡迁至上海，同年10月，纳尔科投资2500万美元建设的南京工厂和苏州研发中心正式投入运营。位于南京化学工业园区的工厂占地2.23万米^2，产能3.7万吨(最终年产能达到15万吨、占地6万米^2)，南京工厂成为纳尔科在全球的八大核心生产基地之一，可供应纳尔科产品线的所有核心技术产品；位于苏州高新技术开发区的纳尔科中国研发中心占地5000米^2，设有25个功能实验室，主要进行造纸化学品和工业水处理方面的研究，并从美国引入纳尔科制浆与造纸核心技术平台NASS系统，为北亚地区客户提供技术支持，以加快新技术在该地区的应用。2009年12月，纳尔科新的亚太区市场、供应链、技术开发及培训中心(占地6600米^2)在上海正式投入运营。

5. 昂高(Archroma)

2012年12月科莱恩将其纺织特种化学品、造纸解决方案及乳液产品3个业务部门打包出售予美国的SK资本，并取名昂高而作为一家独立的非上市公司运作。2013年6月在上海成立独资的昂高化工(中国)有限公司，昂高正式在我国运作。迄今昂高在我国建有生产工厂以及色彩管理中心、技术服务中心等机构。2016年昂高将其3个业务部分别改名为品牌及高性能纺织特种化学品(BPT)、包装与造纸特种化学品(PP)和涂料、黏合剂及密封剂(CAS)，以便更加接近于市场从而为客户提供更好的服务；其中的PP业务部主要为造纸工业提供着色剂、增白剂、表面及涂布添加剂、过程性化学品(包括固色剂、沉积物控制剂、干/湿强剂、助留剂和消泡剂)等产品。

6. 盛禧奥(Trinseo)

盛禧奥的前身陶氏化学(Dow Chemical)于1979年就进入中国市场。2000年3月，陶氏化学在张家港保税区内成立陶氏丁苯胶乳(张家港)有限公司，2010年更名为斯泰隆丁苯胶乳(张家港)有限公司，后于2013年更名为盛禧奥聚合物(张家港)有限公司，投资建设1条年产2.2万吨丁苯(SB)胶乳生产线并于2002年11月投产。2004年5月在张家港工厂再次投资1000万美元建设第2条年产能为4.8万吨的SB胶乳生产线于2015年建成投产，2011年4月斯泰隆提高其在张家港工厂的胶乳产能并于2012年投产，2014年2月开始第四期扩大产能建设并于2015年建成投产。至目前，经过四期建设，盛禧奥张家港工厂已经具备SB胶乳18.6万吨/年和苯丙胶乳1.4万吨/年的生产能力，可提供SB乳胶、塑性颜料和苯丙乳胶等纸张涂布用化学品，且在上海设有1家造纸应用测试实验室，进行乳胶产品的研发工作。

7. 巴克曼(Buckman)

巴克曼主要为全球3大工业领域即制浆造纸、制革工业与工业水处理提供专用化学品与专家型技术服务。

巴克曼最早于1989年开始进入我国市场，2000年在上海成立美商独资特种化学品公司——巴克曼实验室(上海)有限公司，并于2002年5月在上海青浦工业园区建设现代化的新工厂。新工厂占地2.4万米^2，建有标准厂房、实验室、仓库及办公楼。生产实行零排放，高标准的环境保护。第一阶段的生产能力为6000吨/年，但工厂留有继续扩大2~3倍的潜在产能。

8. 巴斯夫(BASF)

巴斯夫在我国拥有3个与造纸化学品业务有关的生产基地：分别位于上海高桥、南京化学工业园和广东惠州大亚湾。1992年巴斯夫与上海高桥石化以各投资50%组建合资企业——上海高桥巴斯夫分散体有限公司(SGBD)，合资企业投资1.25亿元，建设年产能2万吨的主要用于造纸涂布的羧基丁苯胶乳(XSB)，于1993年建成投产；1997年、2000年、2006年进行数次产能扩建，高桥巴斯夫分散体公司的胶乳产能扩大到21万吨，成为国内最大的胶乳生产厂。2010年8月，巴斯夫在广东惠州组建全资子公司——巴斯夫造纸化学品(惠州)有限公司，在惠州大亚湾石化工业区投资2800万美元兴建1家分散体工厂，主要生产造纸涂布用羧基丁苯胶乳以及用于涂料、建筑、印刷与包装、黏合剂等行业的丙烯酸分散体，年产能达10万吨，于2012年11月建成投产。2010年9月，巴斯夫特性化学品(南京)有限公司在南京化学工业园区独资建设水处理与造纸化学品生产工厂，包括1套年产能为4万吨的季铵盐阳离子单体的生产装置和1套年产能为2万吨阳离子聚丙烯酰胺生产装置，于2012年1月建成投产。2017年10月，巴斯夫在南京化学工业园区投资新建的亚太地区第1条年产能为5万吨的生物催化丙烯酰胺(BioACM)生产线投产。该条现代化生产线的投产，可为巴斯夫在亚太地区，尤其是我国的客户提供性能可靠、高质量的聚丙烯酰胺系列产品。

9. 日本4家主要造纸化学品公司

日本领先的4家造纸化学品企业——荒川化学工业、哈利玛化成集团、星光PAM和栗田工业分别通过设立独资或合资企业先后进入我国内地的造纸化学品市场。

(1)荒川化学(Arakawa Chemical Industries) 荒川化学工业成立于1931年(1876年创业)，总部位于日本大阪。是一家以天然树脂松香(松脂)为原料研究、开发和生产造纸用化学品、印刷油墨用树脂、粘着剂/接着剂用树脂和电子材料中间体等产品的跨国公司。有四大业务部：造纸化学品、涂料化学品、黏合剂材料和功能性材料。

荒川化学最早于1995年6月在广西成立梧州荒川化学工业有限公司而进入国内市场，随后分别于2004年6月成立广西荒川化学工业有限公司、2008年12月成立广西梧州荒川化学工业有限公司；2011年1月广西梧州荒川化学工业有限公司实施梧州荒川化学工业有限公司和广西荒川化学工业有限公司的资源整合。梧州荒川化学主要生产和销售松香、松香衍生物、造纸化学品(松香施胶剂)、工业及食品级松香树脂等系列林产化学品。

2004年4月荒川化学在江苏省南通国家经济技术开发区独资成立南通荒川化学工业有限公司。2006年5月，为日本王子制纸项目配套的总投资1350万美元、年产2.9万吨造纸化学品生产线建成投产，主要生产及销售干强剂、湿强剂、表面增强剂、表面施胶剂和AKD施胶剂等高性能造纸化学品。2011年在上海成立独资贸易企业——荒川化学合成(上海)有限公司，主要销售造纸化学品等产品。

(2)哈利玛化成(Harima Chemicals Group) 哈利玛化成集团1947年在日本兵库县加古川市创立，现总部分别位于东京和大阪。是一家以来源于松树的松香(松脂)、脂肪酸、松节油等为原料生产化工产品的国际性化工公司。有三大业务部：树脂化工产品、造纸化学品和电子材料。杭州杭化哈利玛化工有限公司，先后于2008年和2018年在广东东莞和山东禹城设有全资子公司。主要产品有干、湿增强剂系列、松香施胶剂系列及涂布抗水剂系列等。2019年产销10万余吨，销售收入4.66亿元。

(3)星光PMC(SEIKO PMC) 星光PMC有两大业务部：造纸化学品事业部和树脂产品事业部。星光PMC在张家港江苏扬子江国际化学工业园独资成立了星光精细化工(张家港)有限公司，总投资额1820万美元，占地面积4万米^2，主要反应装置及控制系统均由日本引进，并将生产操作员工送往日本进行专门的研修培训。张家港基地主要生产聚丙烯酰胺(PAM)干强剂等造纸化学品，现有总年产能7.3万吨，其中干强剂产能6.34万吨，湿强剂产能

0.62 万吨，抗水剂产能 0.31 万吨。2006 年 3 月投资 900 万美元独资成立了星悦精细化工商贸（上海）有限公司，主要从事造纸化学品在中国市场销售、张家港工厂所需原料的调查采购、中国新事业的开发等业务。其 2020 年经营收入为 2.43 亿美元，造纸化学品业务收入为 1.4 亿美元。

（4）粟田工业（Kurita water industries）　粟田工业以水处理化学品业务开始起步，发展成为全球性水处理领域的佼佼者。主要包含两大事业部：水处理化学品和水处理设备。水处理化学品事业部涉及的制浆造纸领域产品覆盖整个生产工艺过程：包括制浆化学品和造纸化学品以及锅炉、电厂水处理化学品、废水处理化学品。粟田工业于 1974 年开始进入我国市场，1995 年在大连经济技术开发区成立粟田工业（大连）有限公司，生产与销售水处理化学品（包括制浆造纸化学品），2004 年 5 月在苏州成立粟田工业（苏州）水处理有限公司，开始生产与销售水处理相关设备。

10. 其他公司

（1）罗盖特（Roquette）　法国罗盖特（Roquette）于 2001 年进入我国市场，在江苏连云港成立罗盖特（中国）精细化工有限公司，投资 1.3 亿欧元建立第一个生产基地，一期年产 10 万吨山梨醇项目于 2004 年 10 月正式投产。2006 年 3 月，投资 1500 万欧元的罗盖特淀粉（连云港）有限公司建成投产，年产变性淀粉 7 万吨，生产湿部添加、表面施胶及喷淋用阳离子淀粉系列，2/3 产品供应我国市场。

（2）阿科玛（Arkema）　2009 年 7 月，法国的阿科玛（Arkema）旗下公司高泰（Coatex）投资 1500 万欧元（2140 万美元）在其位于江苏常熟的工厂建设一家生产专用丙烯酸聚合物新工厂，于 2011 年 8 月建成投产。高泰常熟工厂主要生产用于造纸工业调整涂层色料的黏度和保水能力的分散剂和流变改性剂以及涂布颜料所用的分散剂和稳定剂，同样位于常熟基地的新技术服务中心应用实验室也于 2011 年 2 月启用。

（3）矿物技术（MTI）　美国矿物技术公司（MTI）全资子公司——美国特种矿物有限公司（SMI）也是全球领先的造纸用 PCC 生产与供应商，通过与造纸企业合作建设卫星工厂方式提供造纸填料级 PCC、涂布级 PCC 和白泥制碳酸钙产品。2018 年 7 月，MTI 与山东晨鸣纸业的全资子公司寿光美伦纸业签署协议，在其位于寿光纸厂内建设年产 15 万吨填料级 PCC 卫星厂，该卫星工厂将由 MTI 与晨鸣纸业在我国新成立的合资企业运营，于 2019 年下半年建成并投入运营，这是 MTI 在我国的第 9 家卫星工厂，合计年产能 80 万吨。

三、国内主要的造纸化学品公司

在国际制浆造纸化学品公司纷纷进入我国市场过程中，国内本土的造纸化学品企业也在市场竞争中日益壮大，出现了一些有一定实力、市场品牌知名度和专业特色的造纸化学品企业。

国内最早从事造纸化学品开发与生产的企业之一——苏州天马精细化学品股份有限公司（以下简称“天马精化”），也是国内首家造纸化学品上市公司（2010 年 7 月上市），主要开发研制生产以 AKD 为核心产品的造纸用施胶剂系列产品，其自主开发的无溶剂法生产 AKD 蜡的新技术填补国内空白，产品进入了国际市场。由 2010—2020 年的公司年报显示，见表 7，天马精化的造纸化学品业务收入在 2011 年达到历史高点为 6.06 亿元（其中 AKD 系列造纸化学品收入 4.48 亿元），占公司总收入的 69.33%，随后几年，公司造纸化学品业务收入有所下降。

表 7　2010—2020 年华软科技（天马精化）收入情况　单位：亿元

项目	总收入	其中：AKD 系列造纸化学品	其他造纸化学品
2010 年	6.78	3.95	1.01
2011 年	8.74	4.48	1.58
2012 年	10.44	4.04	1.59
2013 年	11.22	4.05	1.76
2014 年	10.4	2.86	1.91
2015 年	10.63	3.10	1.82
2016 年	11.94	3.36	1.73
2017 年	14.73	2.59	2.79
2018 年	20.61	4.47	
2019 年	26.35	2.45	
2020 年	27.39	2.20	

注：数据来自公司年报。

广西农垦明阳生化集团股份有限公司创建于 1958 年，是国内领先的木薯变性淀粉生产企业，具有年产 45 万吨木薯淀粉及变性淀粉的产能，其中，应用于造纸工业的主要产品为表面施胶淀粉、湿部增强淀粉、喷淋淀粉和涂布淀粉等。公司在越南投资建设了年产 10 万吨变性淀粉及配套项目的生产基地。

佛山市南海区骏能造纸材料厂始建于 1997 年，是国内较早专业从事造纸化学品生产的企业，在山东淄博、广东南海、广东江门、江苏南通、福建永春和河北辛集建立了造纸化学品生产基地，主要产品为增强剂系列、施胶剂系列、涂布胶乳等。

浙江传化华洋化工有限公司成立于 1998 年，系传化集团有限公司于沈阳化工研究院合资组建的精细化工企业，主要产品为荧光增白剂、染料、施胶剂、增强剂和消泡剂等。

山东天成化工有限公司成立于 1999 年，主要产品为 AKD 施胶剂、增强剂系列、涂布添加剂系列及其他过程性及功能性添加剂等。公司先后于 2009 年、2017 年 2 度与世界领先的制浆造纸化学品公司凯米拉组建合资企业。

杭州纸友科技有限公司创立于 2000 年，是国家造纸化学品工程技术研究中心和杭州市化工研究院的成果产业化基地，具有年产 40 万吨变性淀粉的生产能力，在吉林、山东等地建有 4 个成果产业化基地。应用于造纸工业的主要产品为湿部添加变性淀粉、表面施胶变性淀粉、喷雾变性淀粉及涂布变性淀粉等系列产品。

上海东升新材料有限公司成立于 2001 年，先后在山东、广东、安徽、河南和浙江建有生产基地，应用于造纸工业的主要产品为无机涂布颜料及填料、湿部功能性添加剂、涂布功能性添加剂及其他功能性添加剂等四大类 30 余种产品。

广东诚铭化工科技有限公司成立于 2003 年，分别在东莞与南通建有 3 个生产基地，公司总产能达 60 万吨/年。其中，丁苯胶乳 26 万吨/年、表面施胶剂 10 万吨/年、干强剂 10 万吨/年、AKD 施胶剂 10 万吨/年和其他功能性助剂 4 万吨/年。

唐山奥东化工有限公司成立于 2003 年，主要产品有增白剂系列(年产能 4 万吨)、施胶剂系列(中性施胶剂、阴离子松香系近中性施胶剂、阳离子松香系近中性施胶剂)年销售量约 2.4 万吨、其他造纸化学品(包括湿强剂、干强剂、脱墨剂、造纸专用染料)等。

江门市高力依科技实业有限公司成立于 2003 年，是专业从事研制、开发、生产及销售造纸化学品的企业，拥有年产 10 万吨的生产能力。主要产品有增强剂系列、AKD 中性施胶剂、表面施胶剂及其他产品等。

多数国内领先的造纸化学品企业的造纸化学品业务收入规模还处于数亿级的水平，10 亿级及以上规模的企业凤毛麟角，与国际领先的造纸化学品公司十几亿欧元(或美元)的制浆造纸化学品业务收入规模相比，我国造纸化学品公司的相关制浆造纸化学品业务收入规模还是有着相当的差距；此外，与高度集中化的国际造纸化学品市场相比较，我国的制浆造纸化学品市场尚处于高度分散的状态，国内造纸化学品制造商多为中小企业，数量多(有一定规模的在 200 余家左右，如以 1 种或几种涉及制浆造纸化学品产品为口径统计则近千家)、规模普遍较小，大部分只能提供某种或某几种产品，产品缺乏系列化和精细化，无法满足客户的差异化需求。尽管最近几年来，随着国家相关政策的实施，国内的造纸化学品市场集中度在加强，一些规模较小的化学品企业已经退出了这个市场，但总体而言，在接下来相当长的一段时间里，我国的造纸化学品工业将伴随造纸工业的发展而变革，国内造纸化学品企业将进一步重视产业资本优化，开展企业间的联合、重组、兼并，调整产业结构和布局，提升企业产业规模和实力，提高国际竞争力，并形成一批支撑全行业的大型骨干企业，以推动国内的造纸化学品行业的健康发展。

四、展 望

受全球经济与生态环境及互联网快速发展的影响，一些传统的发达国家和地区的纸及纸板的生产量和消费量基本处于平稳或缓慢下降过程中，为之配套服务的国际造纸化学品市场经过前几十年并购重组的波折后现处于相对稳定环境中；推动全球造纸工业及化学品工业发展的主要动力来自于发展中国家和地区，如亚洲、拉丁美洲，其中，我国仍旧是全球造纸工业及化学品工业发展的重点市场。

但同时需要引起重视的是，我国的纸及纸板总生产量已经达到阶段性顶部，未来的增长幅度有限甚至会出现负增长态势，这将导致制浆造纸化学品市场趋于相对饱和与激烈竞争状态；此外，随着国家产业政策的调整以及环保力度的加强，我国造纸工业向规模经营、集团化方向发展的步伐进一步加快，企业的数量会愈来愈少，但企业的年产能力与生产量会愈来愈大，这对于那些拥有自主知识产权和较高创新能力的化学品供应商而言是机遇也是挑战，而那些实力较弱、盈利能力较差的化学品公司会逐渐被市场所淘汰，行业的集中度会进一步加强。

(陈根荣)

湿部科学与造纸助剂：造纸科技创新的重要突破口

Wet-end Science & Paper Additives：Important Breakthrough of Papermaking Technology Innovation

一、造纸领域的无限潜能

造纸工业具有大型化、规模化、集成化等特征，是纤维资源高效转化与利用的综合性平台。随着科学技术的发展，造纸工业的资源可循环性、产业链可拓展性、产品多元化(例如："以纸代塑"系列产品及纸基先进材料)等内在优势愈加突出，已成为生物质加工与纤维利用的工业典范。造纸工业的科学本质涉及材料科学、化学科学、生命科学、信息科学等多元学科，在植物纤维的分离、组装、后加工等若干方面具有科学独特性，相关理论与技术理念具有极其广阔的发展空间。

在新的形势下，大力发展造纸科学与技术，为行业发展持续注入新动能，是业界的共同使命。在充分遵循和学习自然规律的基础上，以造纸工业为技术平台，以多元学科理论为指导思想，深度强化绿色与可持续特征，丰富和拓展造纸各分支领域的科学技术内涵，稳步打造产品多元化与高值化格局，持续挖掘新的科技增长点，建立健全企业、高等院校、科研院所等机构间的优势互补与统筹协同机制，系统推进产业转型与升级，具有重大现实意义。

二、湿部科学的丰富内涵

作为工业科学的分支学科，湿部科学是造纸科学的重要组成部分，是贯穿于"由纸浆转化为纤维组装体"的核心流程的指导思想。湿部科学具有极为丰富的内涵，涉及水、纤维、填料、助留助滤剂、增强剂、施胶剂、染料、阴离子垃圾捕捉剂等纸料组分的特性及其相互作用规律，涵盖纸料组分的结构操控与复合、纸料组分的分散与稳定、纸料悬浮液的流动与流送、纤维间的键合与组装、纤维组装体的修饰与性能调控等与水分子密切关联的科学要素。值得注意的是，湿部科学广泛融合了胶体科学、表面科学、纳米科学、超分子科学、材料设计等诸多领域的科学内涵。随着交叉学科的共融式发展及造纸技术的持续革新，湿部科学亟待深入拓展和升华，进而全面有效地指导工业实践，提升行业竞争力，催动产业转型与升级。

1. 湿部科学与胶体科学

造纸湿部体系总体上具备显著的胶体特征。"数量"众多的湿部组分具有胶体尺度，包括亲水胶体(溶于水的高分子助留助滤剂、干强剂、湿强剂等)和疏水胶体(分散于水的细小纤维、乳液粒子、填料粒子等)两大类，比表面积大，占纸料体系的绝大部分。造纸纤维呈中空状，表面多孔，壁厚一般为几个微米，表面有"胶体尺度"纤丝延伸至水相中。

2. 湿部科学与表面科学

造纸湿部体系蕴含着丰富的表面现象。造纸纤维与其他组分的相互作用涉及吸附、脱附、可逆聚集、不可逆聚聚等过程，多发生于界面处。抄纸过程总体上可看作"纤维修饰""纤维改性"或"纤维工程"。造纸助剂的添加可调控纤维的表面特性，或引入新的官能团，赋予纸特定的性能。

3. 湿部科学与纳米科学

湿部科学具备纳米科学的显著特征。经打浆/磨浆后，造纸纤维表面可呈现出显著的纳米构造(纳米纤丝)。部分细小纤维或部分填料粒子具有纳米尺度。膨润土、胶体二氧化硅是典型的纳米助留助滤剂。在湿部体系中生成的聚电解质复合物具有纳米特征。各种纳米助剂的利用具有巨大潜力。

4. 湿部科学与超分子科学

超分子科学的本质是基于分子间非共价相互作用形成分子聚集体，涉及氢键、配位键、亲水/疏水相互作用等弱相互作用。湿部体系中的组分间相互作用主要为次价键力，具有超分子科学的基本属性。在造纸过程中，借助造纸纤维表面处的超分子作用，造纸纤维最终转化为超分子组装体(纸)。与超分子科学相关的部分湿部要素亦包括：①湿部组分间的静电吸引；②基于电荷中合作用的聚集；③基于桥联作用的聚集；④具有超分子结构的纸料组分(乳液、表面活性剂胶束等)；⑤湿部体系中聚电解质复合物的生成(超分子复合物)；⑥施胶剂等助剂在纤维组装体中的结构重组与分子重排。

5. 湿部科学与材料加工

湿部科学所涉及的颗粒组装过程(如真空抽滤作用下的组装与交叠)具有高效性，可为纸基新材料(或纸状新材料)的多元化加工与设计提供思想源泉。例如，纳米纤维素纸、石墨烯纸、碳纤维纸、碳纳米管纸、芳纶纸和玻璃纤维纸均可借助湿部科学的理论与技术加以设计。不同尺度的纤维状颗粒均可加工成纸。

6. 湿部科学与其他领域

湿部科学的内涵十分丰富，常涉及高分子助剂的定向设计，故与高分子科学有密切联系。随着过程绿色化的推进，湿部科学与绿色化学、可持续科学等领域的联系愈加密切。在造纸工业深入发展的大潮中，湿部科学的内涵必将进一步丰富和发展。

三、造纸助剂的极大灵活性

造纸助剂的高效利用是湿部科学效能的重要表现形式。在工业生产过程中，造纸助剂的利用模式具有很强的灵活性，既可调控纸料组分间的相互作用，又可实现纤维组装体(纸)的表面、内部和整体修饰，其用途日益多元化。换言之，造纸助剂可有效地用于造纸湿部，但其效能调控与功能化利用策略可超越造纸湿部的科技范畴。非湿部添加策略可与湿部添加策略共融或协效，实现纸的定向设计与高值化。造纸助剂的深入研究与高效利用是丰富和发展造纸科学、提升纤维利用价值、节能降耗、推进过程绿色化与产品功能化、创制纸基新材料的必然要求。

四、湿部科学与造纸助剂领域的部分工作

1. 以造纸填料的工业应用为背景，探索填料效能提升策略

以挖掘造纸填料的利用潜能为出发点，对填料修饰、填料与碳足迹、纳米填料、表面加填、功能填料、生物基填料等科技主题进行了剖析和凝练。借助“缓冲修饰”和“表面阻隔修饰”策略，构建了硅酸钠-磷酸-六偏磷酸钠等溶解抑制体系，探索了碳酸钙填料的酸稳定化路径及其对纸张“碱致变黑”的抑制规律。依据壳聚糖在含水体系中的溶解与成膜理论，构建了壳聚糖包覆的填料粒子，发现了填料修饰对其结合能力的显著改善作用。利用淀粉-脂肪酸、淀粉-松香酸、阳离子淀粉-羧甲基纤维素、阳离子淀粉-阴离子淀粉、羧甲基纤维素-硫酸铝等系列复合物对填料进行表面修饰，依据超分子包合、异电性聚电解质复合、非共价交联等科学思想，在温和条件下实现了复合物在填料表面的非共价定着(生成核-壳复合颗粒)，探索了表面修饰路径与填料效能的关联规律。鉴于填料表面包覆、填料留着率、成纸强度等多元因素间的复杂关系，提出了“填料结合因子”概念，发现了其在评价填料效能方面的便捷性。

2. 探索生物基造纸助剂的效能调控策略，丰富造纸湿部科学内涵

利用阳离子低分子表面活性剂、非离子低分子表面活性剂、阳离子水溶性聚合物(非乳液型助剂)和阳离子共聚物乳液的双亲分子结构特性，探索了松香类疏水物质在含水体系中的乳化与分散特性及其施胶效能调控规律。研究发现，低分子表面活性剂具有低效性，乳液型聚合物助剂的效能尤为显著。研究结果可为不同类型的乳液型造纸助剂的可控构建与利用提供参考。

以原淀粉颗粒在造纸湿部的高效利用为目标，将其与高分子量、低电荷密度阳离子聚电解质复合，促生具有显著胶体聚集效能的“串”状结构，以助留助滤理论为指导思想，借助微粒助留助滤剂的“致密化粘接”作用，探索了原淀粉在纤维网络中的“捕获”及纸张强度改善规律。此思路具有可扩展性，对纸板等系列产品具有适用性，亦可用于原淀粉颗粒与其他颗粒状组分的“共捕获”，对光学性能和强度特性产生平衡调控作用。研究结果可为不同来源的原淀粉颗粒在造纸湿部的效能调控提供

依据。

以原淀粉颗粒为初始原料，在含水体系中使其发生热致尺寸缩减，使尺寸较小的淀粉大分子或其组装体暴露和游离出来，引入阳离子双亲配体分子，针对淀粉基阳离子超分子胶体的构建及其在湿部的利用效能进行了探索。对于原淀粉颗粒而言，经糊化（尺寸缩减与精炼）后，淀粉大分子的部分解离使含水体系具有复杂性，既有游离大分子，又有大分子自然组装体，总体上呈现亲水胶体特征。当向此体系中引入离子型双亲配体时，配体的"油状"疏水链进入淀粉大分子螺旋空腔，阳离子功能基裸露在外，形成"水包油"型胶体颗粒。总体而言，借助超分子包合作用，在含水体系中可生成形态各异的超分子胶体颗粒，使整个体系具有超分子胶体的综合特征。依据胶体体系浊度、淀粉溶胀度、包合指数等参数的综合分析，借助碘染色策略，证实了主客体分子间的包合作用，发现了包合过程的动态性与饱和性。配体分子的存在使阳离子超分子胶体具有抑菌效能。阳离子超分子胶体的应用可提高纸张强度和填料结合能力，其留着特性对助留助滤体系具有依赖性。

以木材预水解液的高效转化与利用为目标，基于不同溶解有机物在分子尺寸、功能基等方面的差异，采用分步处理进行分离与纯化，在探究溶解有机物的富集规律与利用潜能的基础上，对提取的半纤维素进行阳离子化修饰（以缩水甘油基三甲基氯化铵为阳离子化试剂），围绕阳离子半纤维素的构建及其利用潜能进行了探索。研究发现：氢氧化钠和反应温度是调控电荷密度的关键要素，但阳离子半纤维素的相对分子质量较低，需借助交联等策略实现其利用效能的提升。预水解液向造纸助剂的可控转化可为溶解有机物的集成化与无废化利用提供依据。

造纸湿部科学具有极其丰富的内涵，相关理论可指导工业生产，提高生产效率，实现纸的可控设计。此领域的深入拓展可为造纸行业带来新的发展机遇。在深入分析造纸过程的基础上，参考交叉学科知识，提出了造纸湿部科学与胶体科学、纳米科学、超分子科学具有科学本质关联性的学术思想。"胶体"是由英国化学家托马斯·格雷姆（Thomas Graham）于 1861 年提出的科学术语，其内涵逐渐得到拓展和延伸，已融入至许多工业体系的科学内涵中。造纸湿部体系的胶体科学特征已为学术界和工业界所熟知。对于湿部组分的分散、聚集和结构调控而言，胶体科学具有很强的先导作用。造纸纤维表面的纤丝结构、纳米颗粒类助剂（如胶体二氧化硅和膨润土）、不同聚合物类助剂间的纳米化结合等与纳米科学直接关联。造纸纤维的高效可逆组装、造纸纤维与其他湿部组分的非共价结合、造纸助剂的超分子法构建等涉及超分子科学领域的基础理论。多学科间的交叉、渗透和融通可为造纸湿部科学的深入发展提供理论源泉，进而催动清洁生产、工艺革新和新产品创制。在丰富造纸湿部科学内涵的基础上，向纸浆悬浮液中引入动态交联型助剂，借助组分间的氢键、动态共价键等相互作用，发挥造纸纤维作为"骨架"的"结构支撑"作用，将纸浆悬浮液转化为具有智能响应特性的自愈合水凝胶（水基纤维网络）。以造纸湿部科学为理论依托，以功能性助剂的利用为突破口，利用造纸湿部体系构建新材料，可为造纸行业的产品多元化提供参考。

3. 以造纸助剂的利用为基础，探索了纤维组装体的功能化策略

以"仿玫瑰花功能纸"的创制为目标，以花瓣和纸的形态相似性和功能可仿性的融会贯通为出发点，参照玫瑰花瓣的表面微观构造，将微米尺度碳酸钙颗粒的浆内添加和表面添加相结合，利用助留剂、胶乳等助剂的协效融合，实现纤维组装体的整体预修饰，调控表面微观粗糙结构，借助缓慢相变条件下的疏水化后处理，探索了"高黏附超疏水"特性的调控规律，发现了生物蜡和松香作为疏水化助剂的有效作用及"黏附性"的可控性。对于疏水化后处理而言，基于浸渍过程的疏水分子缓慢液-固相变是调控"黏附性"的关键要素。硫酸铝与松香羧基间的"封端"作用可提高纸的疏水性。"仿玫瑰花功能纸"在人造景观、装饰材料、微量液体精细操控与测试等领域具有潜在利用价值。

以"仿稻叶功能纸"的创制为目标，以稻叶表面的角质层（富含蜡质）-硅细胞复合构造为结构依据，借助绿色助剂的双向粘接功效，将生物蜡-二氧化硅复合物与纤维组装体复合，实现纤维组装体的表面功能化修饰，构建了具有自清洁、超疏水、果蔬保鲜等特性的"仿稻叶功能纸"。与玫瑰花类似，叶和纸亦具有形态相似性和功能可仿性。对于非木材制浆造纸而言，在工业实践中，原料表皮中的硅细胞具有显著的负面效应。但是，表皮结构为纸的仿生功能化设计提供了重要思想源泉。硅细胞的结构支撑、阻隔与防御等功能可为纸的结构调控提供依据。同时，自然界中的胡峰构筑"纸巢"的方法与造纸过程具有科学本质一致性，其富含蛋白质的"唾

液”具有粘接、结构固化等功能特性。受此自然现象的启发，利用与胡蜂“唾液”类似的明胶（蛋白质）的结构属性，探索了具有表面微观纳米构造的“仿生功能纸”的可控构建策略，发现了热致微观结构重组的关键作用。利用此绿色策略，可在纤维组装体表面牢固构建具有透明特征的功能性复合结构。“仿稻叶功能纸”及其相关表面修饰技术在液体食品和饮料的全量收集与无废利用、食品高品质包装、古籍防护、表面工程学与仿生学之科学演示、儿童用具设计、果蔬保鲜等领域具有潜在利用价值。

以基于相变调控的纤维组装体的整体结构修饰与功能化为指导思想，利用具有绿色特征的液化与再生助剂（溶剂与反溶剂）的高度差异性，诱导纤维组装体顺次发生高效的局部液化和快速固化，实现纤维组装体的结构致密化与表面功能化，构建了具有精细结构的纸基功能材料。纤维组装体与液化助剂的接触时间是调控组装体特性的关键要素。利用该绿色策略，可实现具有高强（高湿强、高干强）、耐水、防油、表面易清洗、抑菌、阻燃等特性的纸基功能材料的构建。该策略可与造纸过程密切融合，有望为纸在高品质包装、纸基功能器件与先进材料设计等领域的高值化与多元化利用开辟新方向，亦可为其他类似产品（如膜材料）的功能化利用提供新思路，特别是可解决传统纸品的结构精细化程度不高的问题，进而为拓宽产品应用领域奠定基础。

五、结 语

持续注入新动能是推进造纸工业深入发展、转型和升级的必然要求。作为根植于造纸工业的重点科技领域之一，“湿部科学与造纸助剂”具有丰富的科技内涵，涵盖纸料组分间的相互作用调控、绿色助剂及其复合体系的构建、纤维组装体的修饰、多元化产品的定向创制等多元要素，许多科技主题的潜力亟待深入挖掘，以满足现代工业可持续发展的需要。以开发新技术和探索工业新增长点为导向，加大基础研究、应用研究和人才培养力度，丰富和拓展科技内涵，借助企业、高等院校和科研院所等机构间的优势互补和紧密协作，实现科学和技术两个层面的协同发展与交互促进，是实现制浆造纸行业高质量发展的题中应有之义。

（沈 静 李丽梅 钱学仁 宋湛谦
刘温霞 李劲松 倪永浩）

科技　教育　出版

SCIENCE AND TECHNOLOGY, EDUCATION AND PUBLICATION

2020 年度造纸工业获奖情况
2020 年度造纸行业全国五一劳动奖获奖情况
中国造纸学会蔡伦奖获奖情况
2020 年我国造纸工业授权专利
2020 年我国造纸工业标准目录
国内制浆造纸科研设计单位简介
国家认定的造纸企业技术中心简介
国内高校制浆造纸研究机构简介
国内制浆造纸专业教育机构简介
国内主要造纸期刊介绍
我国制浆造纸工业图书出版目录
《中国造纸》2019 年度“博世科杯”优秀论文获奖名单

7

2020 年度造纸工业获奖情况

The Science and Technology Awards of Paper Industry in 2020

1. 2020 年度中国轻工业联合会科学技术奖(造纸)获奖项目

2020 年度中国轻工业联合会科学技术奖(造纸)获奖项目

项目名称	完成单位	完成人
	技术发明奖一等奖	
木质素结构解译、清洁分离及产业化关键技术及应用	大连工业大学 广西大学 北京林业大学 济宁明升新材料有限公司 湖南绿达新材料有限公司	孙润仓　王双飞　袁同琦 施晓旦　陈月英　姜志华
	科技进步奖一等奖	
SJA2284 新型高效压榨洗浆机	汶瑞机械(山东)有限公司	尹　华　曹　钦　王永金 于佃梅　陈　超　王瑞凤 胡学松　张子昌
	科技进步奖二等奖	
帘式涂布关键技术开发及其在特种纸上的产业化应用	中国制浆造纸研究院有限公司 沧州意达花纸印刷材料有限公司	刘金刚　王比松　李洪才 杜艳芬　李全胜
木质纤维素高效分离与制备关键技术	天津科技大学 南京林业大学 吉林晨鸣纸业有限责任公司 山东银鹰股份有限公司	李　群　刘　忠　时留新 徐　勇　刘玮哲　刘　洋 曹知朋　马伟良
浆板单刀切板理纸机	长沙长泰智能装备有限公司	赵伯林　方勇燕　赖兴华 唐良军　崔跃武　吕本伟
造纸机盘磨软启动器的研究与实现	陕西科技大学	陈景文　梁金生　谢仕宏 刘宝泉　孟彦京　王红艳 王素娥
	科技进步奖三等奖	
高强抗水防油砂纸原纸关键技术及产业化	浙江金昌特种纸股份有限公司 陕西科技大学 浙江理工大学	童树华　李金宝　戴　磊 修慧娟　李佩燚　孟　育
全棉浆水彩画纸	中国制浆造纸研究院有限公司 保定市华融纸厂	刘　文　李　政　石立明 万　莹　刘群华　陈雪峰
高温高压碱回收、生物质锅炉联合发电技术	中国轻工业武汉设计工程有限责任公司	梁　斌　陈志寿　康仙陵 熊术娥　方习峰　段启坤

续表

项目名称	完成单位	完成人
造纸厂水池检测智能装备关键技术及应用	南京工程学院 东南大学 博雅工道(北京)机器人科技有限公司 中科探海(苏州)海洋科技有限责任公司	温秀平　陈　伟　史金飞 刘锡祥　熊明磊　刘　维
年产 35 万吨废纸纤维再生利用塑料清洁分离智能装备	山东晨钟机械股份有限公司	王泽刚　周善亮　庞同国 汪会秋　牟相忠　李克雷

2. 2020 年度主要省市科学技术奖(造纸)获奖项目

2020 年度主要省市科学技术奖(造纸)获奖项目

省市	项目名称	完成单位	完成人	获奖类别
山东省	基于纳米颗粒的造纸施胶剂乳化技术及应用	齐鲁工业大学 山东熙来淀粉有限公司 万国纸业太阳白卡纸有限公司	刘温霞　王慧丽　于得海 吕志红　李　建　李国栋	山东省技术发明奖二等奖
	超级压光机的研发及应用	淄博泰鼎机械科技有限公司	诸葛宝钧　宋懿贞　王　坤 任　山　吴保海　马东浩	山东省技术发明奖三等奖
	ADO 高渗透表层耐磨纸关键制备技术及应用	淄博欧木特种纸业有限公司 齐峰新材料股份有限公司 齐鲁工业大学	李安东　王　强　李文海 刘姗姗　李洪利	山东省科技进步奖三等奖

注：表中奖项均由各省市区人民政府发布公告整理所得，部分省市未在网站公告或截稿之前未公告的没有收录。

（王　斌）

2020 年度造纸行业全国五一劳动奖获奖情况

National May 1st Labor Awards of Paper Industry in 2020

2020 年各省市造纸行业全国劳动模范获奖情况

省市	获奖者姓名	工作单位及职务
吉林省	高　峰	梅河口市海山纸业有限责任公司维修车间电气班班长
黑龙江省	林德山	牡丹江恒丰纸业集团有限责任公司生产制造总监
浙江省	陈万平	浙江凯恩特种材料股份有限公司总工程师
河南省	刘卫斌	河南江河纸业股份有限公司储运部原辅料车间叉车班叉车工
云南省	伏　斌	云南红塔包装实业有限责任公司设备科科长

2020 年各省市造纸行业全国先进工作者获奖情况

省市	获奖者姓名	工作单位及职务
广西壮族自治区	王双飞	广西大学广西清洁化制浆造纸重点实验室主任，教授

注：表中奖项由中华全国总工会发布公告整理所得。

（王　斌）

中国造纸学会蔡伦奖获奖情况

Cailun Awards of China's Paper Industry

"中国造纸学会蔡伦奖"旨在表彰在造纸行业科技创新和技术进步中做出突出贡献的科技工作者。根据《中国造纸学会蔡伦奖评选表彰办法》，中国造纸学会于2020年开展了第四届中国造纸学会蔡伦奖的评选工作。经提名推荐，第八届理事会蔡伦奖评审委员会专家函审初评、评审会评议、无记名投票等程序，评选出第四届"中国造纸学会蔡伦科技奖"5名，"中国造纸学会蔡伦青年科技奖"5名，经中国造纸学会常务理事会议审议通过，并在学会官网上进行了公示。

2020年12月11日，在中国造纸学会第十九届学术年会暨期间，中国造纸学会公布了第四届中国造纸学会蔡伦奖获奖名单并进行了颁奖。授予中国林业科学研究院林产化学工业研究所房桂干，牡丹江恒丰纸业股份有限公司李劲松，华南理工大学徐峻，南京林业大学戴红旗，浙江华章科技有限公司朱根荣5位同志第四届中国造纸学会蔡伦奖科技奖；授予齐鲁工业大学吉兴香，陕西科技大学宋顺喜，中国中轻国际工程有限公司刘刚，山东华泰纸业股份有限公司刘燕韶，东北林业大学沈静5位同志第四届中国造纸学会蔡伦青年科技奖。

第四届中国造纸学会蔡伦奖获奖名单

中国造纸学会蔡伦科技奖

房桂干　中国林业科学研究院林产化学工业研究所
李劲松　牡丹江恒丰纸业股份有限公司
徐　峻　华南理工大学
戴红旗　南京林业大学
朱根荣　浙江华章科技有限公司

中国造纸学会蔡伦青年科技奖

吉兴香　齐鲁工业大学
宋顺喜　陕西科技大学
刘　刚　中国中轻国际工程有限公司
刘燕韶　山东华泰纸业股份有限公司
沈　静　东北林业大学

（王　斌）

2020年我国造纸工业授权专利

Granted Patents of China's Paper Industry in 2020

2020年我国造纸工业授权专利共1612项，其中制浆造纸工艺授权专利940项，占比58.3%，制浆造纸装备授权专利423项，占比26.2%，造纸化学品授权专利212项，占比13.2%，环境保护相关技术授权专利37项，占比2.3%。

2020年我国造纸工业授权专利

序号	分类号	发明名称	发明人	申请号	公开(公告)号
		制浆造纸工艺			
1	A47K	一种湿纸巾及其制造方法	周建英 等	CN201410098241	CN104921644B
2	D21H	多层纸板	H·哈尔格伦等	CN201410466595	CN104452477B
3	D21C	具有改善的α-纤维素含量的针叶木硫酸盐法纤维及其在制造化学纤维素产品中的应用	A·J·诺尼等	CN201480007707	CN105008616B
4	D21H	一种低溶盐清洁纸浆及其制备方法	沙良宝 等	CN201510195236	CN107119479B
5	D21H	用于生产纸或纸板的至少一个层的方法以及根据该方法生产的纸或纸板	H. 汉斯 等	CN201580023302	CN106715797B
6	D21H	玻璃板衬纸	萩原浩一 等	CN201580035313	CN106661844B
7	B09B	由使用过的卫生用品回收浆粕纤维的方法及通过该方法得到的再生浆粕	小西孝义 等	CN201580048634	CN106687228B
8	D21F	用NSSC浆制成的高强度瓦楞原纸	弗雷德里克·诺德斯特伦	CN201580064363	CN107002363B
9	D21H	一种增加纸制品灰分的造纸方法及由该方法获得的纸制品	饶庆隆 等	CN201580064588	CN107407054B
10	D21H	环境友好型食品包装用纸	汉内斯·基纳斯特	CN201580070363	CN107109797B
11	D21B	废纸分解法	S·舒斯特 等	CN201580077645	CN107429483B
12	D21H	一种采用林业废弃物为原料的PM2.5过滤纸及其制备方法	陈　华 等	CN201610462335	CN107524055B
13	D21C	一种以禾草类秸秆为原料的制备纸浆的方法和系统	刘忠玉 等	CN201610900493	CN107956177B
14	D21H	一种特高压低介损绝缘材料及其生产方法	陈雪峰 等	CN201610933493	CN107988842B
15	D01F	一种再生纤维素玻璃纸的制备工艺	刘东奇 等	CN201611120932	CN106591986B
16	D21C	溶解纸浆制造中降低纸浆粘度的方法	L·罗伯特松等	CN201680029321	CN107690496B
17	D21D	一种高性能脱模纸的制备方法	张　诚 等	CN202010443944	CN111691218A

续表

序号	分类号	发明名称	发明人	申请号	公开(公告)号
18	D21H	芳族聚酰胺纸、制备方法及其用途	李泛薰	CN201680041086	CN107849813B
19	D06M	含有金属离子的纤维素纤维、使用了该纤维的卫生薄页纸和吸收性物品	山边佳织 等	CN201680041257	CN107849800B
20	D21H	多层纸板材料以及用于生产多层纸板材料的方法	M·齐施卡 等	CN201680042181	CN107949674B
21	D21H	致密的膜的表面施胶	I·海斯卡南 等	CN201680053637	CN108026697B
22	D21H	一种防渗透热稳定的低定量转移印花原纸的制备方法	王敏岚 等	CN202010442907	CN111676732A
23	D21H	轻质生物质材料及其制备方法	孙 昊 等	CN201710043498	CN106906691B
24	D21H	壁纸用低密度特殊原纸的制造方法及其利用此的制造方法	南涩琪	CN201710078179	CN106968138B
25	D21H	一种由非木材类纸浆制得的包装用纸及其制备方法	邹海平 等	CN201710184805	CN107012743B
26	D21F	环保文化书写纸的制备方法	占正奉 等	CN201710213840	CN106958160B
27	D21H	一种锂电池隔膜纸的制备方法	樊慧明 等	CN201710314004	CN107326722B
28	D21H	一种芳纶纸及其制备方法	丁秀臣	CN201710360867	CN107653735B
29	C09D	抗菌油墨及烟用接装纸的制备方法	徐善水 等	CN201710448720	CN107141878B
30	D21C	一种思茅松化学浆的漂白方法	何 洁 等	CN201710450234	CN107385985B
31	D21C	一种纤维素酶预处理提高氧碱法制浆效果的方法	孙 兵 等	CN201710472793	CN107419578B
32	B32B	一种绿色医疗阻菌包装用纸及其制备方法	盛 杰 等	CN201710497634	CN107354821B
33	D21H	一种提高柔性卫生纸韧性的方法	许亦南	CN201710500143	CN107476116B
34	D21H	一种着色力强的绿色磨片钢纸	吴琼华 等	CN201710539380	CN107419591B
35	D21H	一种高效过滤空气 PM2.5 的羟基磷灰石超长纳米线基复合纸	朱英杰 等	CN201710546672	CN107503222B
36	D21H	一种梨套袋纸的生产工艺	张凤山 等	CN201710580444	CN107476133B
37	D21H	一种数码转印纸的生产工艺	张凤山 等	CN201710580561	CN107476128B
38	D21H	一种文艺书纸的制造方法	朱宏伟 等	CN201710596482	CN107345380B
39	D21H	一种含有机改性蒙脱土的耐磨水性离型纸	於险峰	CN201710599567	CN107476119B
40	D21H	一种润墨性可控的抗菌书画纸及其制备方法	杨仁党 等	CN201710608747	CN107338673B
41	D21H	湿压纸塑药品包装内衬的制备方法	许荣昌	CN201710611892	CN107354810B
42	D21H	一种保润包灰卷烟纸的制备方法	付瑜锋 等	CN201710627662	CN107460776B
43	D21H	一种兼具保润和减害功能的奶香味卷烟纸及其制备工艺	付瑜锋 等	CN201710628624	CN107476136B
44	D21H	一种分离燃油中乳化水的堆叠蛛网复合滤纸及其制备方法	丁 彬 等	CN201710649235	CN107476132B
45	D21H	一种热升华数码转印纸及生产方法	李秀梅 等	CN201710652071	CN107435275B
46	D21H	一种高性能导电纸及其制备方法	杨 飞 等	CN201710655124	CN107447584B
47	D21H	一种高强度绿色环保纸及其制备方法与应用	杨 飞 等	CN201710665250	CN107687111B
48	D21H	一种彩色喷墨打印相纸的制备工艺	桑幸运	CN201710688142	CN107604754B
49	D21C	一种纳米纤维素悬浮液的快速纯化方法	付时雨 等	CN201710709661	CN107460759B

续表

序号	分类号	发明名称	发明人	申请号	公开(公告)号
50	D21C	一种非木材原料纳米纤维素及其制备方法与应用	王　斌 等	CN201710756615	CN107574700B
51	A24D	一种海泡石抗菌卷烟滤嘴棒纸及制备方法	李　勇	CN201710798704	CN107713007B
52	D21H	一种汽车发动机滤清器用滤纸及其制备方法	王　伟	CN201710803900	CN107386005B
53	D21C	一种废旧书本处理工艺	李泽浩	CN201710812973	CN107558285B
54	D21H	一种超疏水纸及其制备方法	陈　庆 等	CN201710816908	CN107653744B
55	D21F	一种联机复合热转移纸成型工艺	黄招凤	CN201710820477	CN107524042B
56	D21F	一种高品质纸幅造纸工艺	丁俞岚	CN201710820501	CN107460764B
57	D21H	一种改性聚酰亚胺纤维纸的制备方法	沈志刚	CN201710840772	CN107675549B
58	D21H	一种显色抗菌蔗糖包装用纸的制备方法	李　曜 等	CN201710840899	CN107604752B
59	D21H	一种清洁造纸法	徐志仁	CN201710856208	CN107574703B
60	D21H	一种利用聚酯纤维高效造纸的方法	陈　庆 等	CN201710858253	CN107653734B
61	D21H	一种耐高温的复合纸及其制备方法	陈　庆 等	CN201710860578	CN107587388B
62	D21H	一种防霉菌蓝色卡纸的生产工艺	吴小伟 等	CN201710873408	CN107524051B
63	D21H	一种高强度包装阻燃纸及其制备方法	陈　庆 等	CN201710880703	CN107700277B
64	D21H	一种高强度玻璃纤维空气净化过滤纸及其制备方法	陈　庆 等	CN201710880980	CN107653736B
65	D21H	一种薄型封装纸原纸及其制造方法	姜兆宏 等	CN201710900480	CN107558295B
66	D21H	一种微波烧烤专用阻燃纸及其制备方法	陈　庆 等	CN201710907304	CN107604746B
67	C08B	一种利用棉秆皮制备微晶纤维素的方法	魏春艳 等	CN201710847371	CN107629130B
68	D21H	一种荧光纤维防伪纸及其制备方法	陈　庆 等	CN201710907533	CN107558302B
69	D21H	一种高强度碳纳米管导电纸及制备方法	陈　庆 等	CN201710918202	CN107419607B
70	D21J	一种隔热保温纸杯的制备方法	杨立军 等	CN201710929404	CN107653753B
71	D21F	一种无菌擦手纸及其生产工艺	崔建同 等	CN201710944032	CN107663805B
72	D21B	一种由木糖渣生产溶解浆的制备方法	李　滨 等	CN201710946817	CN109653009B
73	D21B	一种低温置换浸渍制取高得率本色竹浆的方法	吴和均 等	CN201710956761	CN107988835B
74	D21H	一种净化空气的空气过滤纸的制备方法	陈　庆 等	CN201710963499	CN107574720B
75	D21H	利用秸秆制造箱纸板的方法	张世明	CN201710984635	CN107687112B
76	D21H	一种高导电复合纸及其制备方法	陈　庆 等	CN201710984702	CN107858857B
77	D21H	一种具有吸脱附硼酸功能的滤纸及其制备方法	夏南南 等	CN201711027182	CN107574721B
78	D21H	一种基于羟基磷灰石纳米线的防火耐磨可修复的超疏水纸的制备方法	郭志光 等	CN201711034510	CN107574705B
79	D21F	一种阻燃型高强瓦楞原纸的制备方法	王壮鹏 等	CN201711087837	CN107974860B
80	D21H	一种薄型载带覆盖带原纸及其制造方法	姜兆宏 等	CN201711123116	CN107858855B
81	C08B	纸浆的制备方法	王宝玉 等	CN201711131181	CN107892720B
82	D21C	利用中性纤维素酶和中性木聚糖酶处理废纸浆的制浆方法	慈元钊 等	CN201711135552	CN107780277B
83	D21F	一种防潮瓦楞原纸的制备方法以及由其得到的防潮瓦楞原纸	刘名中 等	CN201711144697	CN107905019B
84	D21F	一种再生纸制造方法及再生纸	张成飞 等	CN201711145865	CN107938421B
85	D21H	一种秸秆制备高强度瓦楞原纸的方法	陈洪雷 等	CN201711183630	CN107740305B

续表

序号	分类号	发明名称	发明人	申请号	公开(公告)号
86	D21H	一种利用秸秆和废纸浆制备高强度瓦楞原纸的方法	刘　玉 等	CN201711183636	CN107881842B
87	D21C	一种使用生物酶/氨基酸体系预处理辅助废纸脱墨浆过氧化氢漂白的方法	万金泉 等	CN201711183664	CN107974854B
88	D21H	一种低定量条盒纸原纸及其生产方法和应用	张素风 等	CN201711207872	CN107964825B
89	D21C	一种废纸造纸工艺	庄　冉 等	CN201711218427	CN108004821B
90	D21H	纳米隔热纸及其制备方法	王荣海 等	CN201711242279	CN108071050B
91	D21H	一种光致变色填料特种纸及其制备方法	宋顺喜 等	CN201711276989	CN108049239B
92	D21H	一种抗菌填料特种纸及其制备方法	宋顺喜 等	CN201711277008	CN108103842B
93	D21D	一种可赋予涂布白纸板高耐折度的综合制浆方法	李金华	CN201711278621	CN108130783B
94	D21H	一种光致变色特种纸及其制备方法	张美云 等	CN201711279484	CN108103832B
95	D21H	一种采用荧光染料的荧光特种纸及其制备方法	张美云 等	CN201711279497	CN108103831B
96	D21H	一种利用废纸和椰糠加工瓦楞原纸的工艺	马斌祥	CN201711286427	CN108060604B
97	D21H	一种高取向高填充 FeSiAl 柔性复合纸的制备方法	周佩珩 等	CN201711292593	CN107974869B
98	D21F	高耐破环保牛皮箱纸板的制备工艺	黎桂华	CN201711295157	CN108252137B
99	D21F	一种复合瓦楞纸板及其加工方法	陈军江 等	CN201711305357	CN107905020B
100	D21C	一种竹浆粕的制备方法	刘蓉蓉 等	CN201711301522	CN108193533B
101	H01M	一种纤维素基锂电池隔膜原纸的制备方法	刘洪斌 等	CN201711368653	CN108172738B
102	D21H	一种耐高温热转印纸	余　生	CN201711377823	CN108193557B
103	D21H	转移纸及其制备方法	余　赞 等	CN201711382030	CN108149513B
104	D21H	一种导电聚合物复合导电纸及其制备方法	王士华 等	CN202010628964	CN111705545A
105	D21H	一种重金属离子过滤纸及其制备方法	刘立华 等	CN201711386965	CN108118560B
106	D21H	一种水粉画专用绘画画纸	刘　珂 等	CN201711387453	CN108589392B
107	D21H	高尺寸稳定性壁纸原纸	李安东 等	CN201711393433	CN108035184B
108	D21H	一种吸音壁纸原纸及其制备方法	李安东 等	CN201711396446	CN108035196B
109	B32B	一种纸板的生产加工方法	宓兴飞	CN201711396577	CN108179663B
110	D21F	一种防水防油食品包装用纸的制备方法	伊财富 等	CN201711397774	CN108130788B
111	D21H	一种双色防油抗菌食品包装用纸的制备方法	赵新民 等	CN201711397777	CN108130818B
112	D21H	一种低定量免涂蜡功能型食品包装用纸的制备方法	伊财富 等	CN201711397792	CN108130797B
113	D21H	高耐候性浸染素色饰面原纸及其制备方法	李安东 等	CN201711402647	CN108149511B
114	D21H	户外高强化板用饰面原纸及其制备方法	李安东 等	CN201711402648	CN108130815B
115	D21H	球形复合膜热升华转印数码纸	林贤福 等	CN201711457003	CN108360298B
116	D21F	一种纯木浆本色生活用纸的制备方法	杨亚辉 等	CN201711475275	CN108221453B
117	D21H	纸和纸板产品	P·斯文丁 等	CN201780021868	CN109072551B
118	C09J	包含含有淀粉和细微原纤化纤维素的粘合剂的瓦楞纸板	I·海斯卡宁 等	CN201780067064	CN110088220B
119	D21C	由使用过的吸收性物品回收浆粕纤维的方法	小西孝義 等	CN201780043061	CN109477297B
120	D21H	由化学纸浆制造用于复合应用的纸浆前体材料的方法及其产品	J·尼克拉 等	CN201780098245	CN111684130A
121	D21H	一种阻燃型瓦楞纸板的制备方法	张求慧 等	CN201810003679	CN108086044B

续表

序号	分类号	发明名称	发明人	申请号	公开(公告)号
122	D21H	一种采用醛化半纤维素增强废纸浆基纸张性能的方法	彭新文 等	CN201810004110	CN108221462B
123	D21H	一种耐腐蚀超级电解电容器隔膜纸及其制备方法	陈万平 等	CN201810006289	CN108221486B
124	D21H	一种低内阻超级电解电容器纸及其制备方法	李南华 等	CN201810006290	CN108221487B
125	D21H	一种表面包覆钛硼氧化物涂层的陶瓷纤维纸的制备方法	张文杰 等	CN201810014629	CN108301253B
126	D21H	一种功能化纸张的制备方法及其应用	顾忠泽 等	CN201810014644	CN108316050B
127	D21H	一种经化学改性的牛皮纸纤维	A·J·诺尼 等	CN201810026224	CN108049234B
128	D21H	一种功能化纸张的制备方法及其应用	顾忠泽 等	CN201810014644	CN108316050B
129	D21H	纱管纸及箱纸板的制备方法	都兴东 等	CN201810046676	CN108166307B
130	D21B	使用煤渣及废纸生产牛皮纸的方法	杜汉民 等	CN201810047931	CN110055789B
131	D21C	植物秸秆微生物降解制浆的方法	张忠红 等	CN201810088460	CN108277673B
132	D21H	一种低定量环保挂面纸及其生产工艺	李文俊	CN201810089003	CN108277697B
133	D21C	一种利用木材浆生产高纯纤维的方法	赵兴海 等	CN201810121297	CN108589368B
134	D21H	一种无荧光高白度香烟包装玻璃卡纸及其制备方法	吴建平 等	CN201810132791	CN108396594B
135	D21H	一种芳纶纳米纤维薄膜复合芳纶纸及其制备方法	杨　斌 等	CN201810141732	CN108316056B
136	C08J	一种水分散芳纶纳米纤维及芳纶纳米纸的制备方法	张美云 等	CN201810142388	CN108285540B
137	D21H	一种利用芳纶纳米纤维自增强的对位芳纶纸及其制备方法	杨　斌 等	CN201810142203	CN108265566B
138	D21H	一种植物纤维负载石墨烯制备纸基空气过滤材料及其制备方法	孔凡功 等	CN201810154119	CN108442179B
139	D21C	一种利用回用对位芳纶纸制备水分散芳纶纳米纤维的方法	杨　斌 等	CN201810142185	CN108316038B
140	D21H	一种抑菌抗腐食品包装用纸及其制备方法	葛　龙 等	CN201810163635	CN108179662B
141	D21F	一种高光泽原浆黑卡纸生产工艺	孙曰平 等	CN201810163900	CN108396584B
142	D21H	一种色牢度高的卡纸的制备方法	王炳南 等	CN201810209088	CN108611914B
143	D21H	一种纸质编织效果包装用纸	王炳南 等	CN201810209408	CN108532367B
144	D21H	一种食品防油纸的制备方法	雷红军 等	CN201810199181	CN108425267B
145	D21H	一种生物质特性纸的制备方法及其使用方法	金　鑫	CN201810194894	CN108374293B
146	D21F	一种凹版辊筒造纸方法	沈维益	CN201810216184	CN108396583B
147	D21C	一种直接制备纳米纤维素的生产方法	姜　伟 等	CN201810227042	CN108532341B
148	D21H	一种含有金箔粒子的卷烟纸及其制备方法	丁美宙 等	CN201810288336	CN108611923B
149	D21H	一种磨砂原纸的制造方法	李树林 等	CN201810304836	CN108277695B
150	D21C	农作物秸秆生物制浆方法及造纸浆料	陈丽春	CN201810338110	CN108442162B
151	B44C	热转印纸用原纸和热转印纸	槌本真和 等	CN201810349456	CN108725061B
152	D21C	一种造纸工艺	高永建 等	CN201810362114	CN108457114B
153	D21B	一种高浓碎浆过程中减少废纸纤维损伤的方法	杜汉民 等	CN201810386274	CN108824050B
154	D21H	一种兼具强度和柔软度的生活用纸制浆工艺	李文俊	CN201810389570	CN108677592B

续表

序号	分类号	发明名称	发明人	申请号	公开(公告)号
155	D21D	一种使用废纸生产再生纸浆的纸浆净化方法	杜汉民 等	CN201810394828	CN108842498B
156	D21H	一种以全棉秸秆为原料生产黄腐酸肥料和高强瓦楞原纸的工艺	白 博 等	CN201810414201	CN108611912B
157	D21H	一种可降解食品纸及其制备方法	於险峰	CN201810419935	CN108716158B
158	B32B	一种装饰用隔热纸及其制备方法	彭育平 等	CN202011023852	CN112078212A
159	D21C	一种经过离子液体预处理制备混合纸基材料的方法	齐乐天 等	CN202011001386	CN112111987A
160	D21D	一种环保脱氧干燥包装纸的制造方法	郭学荣 等	CN202011015879	CN112012035A
161	B44C	一种环保仿真装饰纸及其制备工艺	徐晨灵 等	CN202011021653	CN112140789A
162	D21F	一种防水防油多重定位的印刷纸制作方法	郭学荣 等	CN202010999721	CN111996833A
163	D21H	一种染色灰纸板及其生产工艺	张永春 等	CN202010970947	CN112064421A
164	D21F	一种环保型防伪造纸制备工艺	金泰特	CN202010978669	CN112048931A
165	B27N	一种瓦楞原纸的制备方法及瓦楞纸板	曹浪辉 等	CN202010967886	CN112060267A
166	D21F	一种再生瓦楞原纸加工方法	韩光林	CN202010962166	CN112048932A
167	D21B	一种造纸制浆工艺	金泰特	CN202010953694	CN112030590A
168	D21C	一种预处理芦苇获得高纯度纤维素和改性木质素的方法	王海松 等	CN202010947967	CN112064394A
169	D21B	一种印刷纸制品回收再利用方法	冯露晨 等	CN202010947418	CN112030587A
170	D21H	一种高韧性干湿两用的卫生纸及其加工工艺	邱 肖 等	CN202010942125	CN112080963A
171	C12P	一种结合高得率制浆和芬顿预处理提高纤维素酶酶解效率的方法	骆莲新 等	CN202010941661	CN112080536A
172	D21B	一种具有紫外屏蔽功能的纸基包装材料制备方法	刘 蓓 等	CN202010940100	CN112030589A
173	D21H	一种环保可降解的卫生纸及其加工工艺	邱 肖 等	CN202010941015	CN112030606A
174	D21H	一种本色竹浆制备的卫生纸及其加工工艺	邱 肖 等	CN202010941018	CN112064417A
175	D21H	一种环保立体耐磨包装用纸及其生产工艺	戴 村 等	CN202010941038	CN112030595A
176	D21H	育苗纸浆料及其制备方法、育苗纸及其制备方法	钟昆恒 等	CN202010937372	CN112127210A
177	D21H	化学机械浆和半化学浆的生产方法	田国钰 等	CN202010928732	CN112048933A
178	D21F	高强度疏水性环保壁纸的制备方法	刘 朋	CN202010930248	CN112064398A
179	D21H	一种涂布粉体烟草成形纸及其制备方法	王小平 等	CN202010931240	CN112030598A
180	D21B	一种造纸用扰动型碎浆装置	孙长兵	CN202010932663	CN111926600A
181	D21H	一种牛卡纸及其制备方法	陈光军 等	CN202010915828	CN112012045A
182	D21F	一种瓦楞原纸及其制备方法	陈光军 等	CN202010916975	CN112012038A
183	D21H	一种厨房多功能净味无尘纸及其制作方法	刘运勇	CN202010918284	CN112064416A
184	D21D	一种纤维复合材料生活用纸的生产工艺	刘运勇	CN202010918288	CN111996830A
185	D21F	一种抗菌环保型湿帘纸及其生产方法	黄 伟 等	CN202010686470	CN111926609A
186	D21H	一种高吸液负离子干法工业擦拭纸原纸及工艺	贺 铁 等	CN202010685010	CN111893801A
187	D21F	一种烟草滤嘴棒成形纸及其制备方法	曾祥志 等	CN202010875099	CN111945458A
188	D21H	厨房用可降解抗菌吸油纸、其制造方法及其应用方法	袁卢辉 等	CN202010900637	CN112030597A
189	D21H	一种防腐蚀绿色环保的瓦楞原纸生产工艺	黄少荣	CN202010903546	CN111979844A

续表

序号	分类号	发明名称	发明人	申请号	公开(公告)号
190	D21H	一种激光孔分区接装纸	余天祥 等	CN202010892648	CN112064420A
191	D21H	一种可用于高速二维码联机喷印的液体包装用纸及其制备方法	卢诗强 等	CN202010886577	CN112064404A
192	D21H	一种养生护眼纸及其制备方法	张必清	CN202010875642	CN111962333A
193	D21H	一种高强度防折损的瓦楞原纸及其加工工艺	黄耀兴	CN202010870165	CN111945459A
194	B32B	高抗油性格拉辛纸	缪新颖	CN202010863811	CN111907143A
195	D21H	一种具有防潮抑菌功能的铝箔衬纸及其制备方法	丁　威 等	CN202010863971	CN112127212A
196	D21H	一种儿童用纸的配方及其制备方法	余　鹏	CN202010858059	CN111996838A
197	D21H	一种改善纸张表面平滑度的湿端造纸工艺	吴建雄 等	CN202010854976	CN111979843A
198	C08H	一种采用新型低共熔溶剂高效分离秸秆组分的方法	马云倩 等	CN202010852365	CN111961220A
199	D21H	一种含茶叶渣的纸张及其制作方法	周秀妍	CN202010845720	CN112064414A
200	D21H	一种茶叶渣纸托及其制备方法	俞　健	CN202010845725	CN112111994A
201	D21H	一种含咖啡渣的纸张及其制备方法	周秀妍	CN202010845706	CN112064413A
202	D21H	狼毒宣纸及狼毒草浆的制备方法	黄迎福 等	CN202010842704	CN112030603A
203	D21H	一种利用废纸微纤化纤维进行造纸的工艺	李文斌 等	CN202010835725	CN111979833A
204	D21B	一种采用木屑纤维制备箱纸板的工艺	李文斌 等	CN202010835746	CN111979810A
205	D21B	一种抗回潮防分层高强度环保牛皮挂面箱纸板的制备方法	李文斌 等	CN202010835747	CN111979815A
206	D21H	一种低定量超强箱纸板的制备工艺	李文斌	CN202010835815	CN111979842A
207	D21C	一种低固形预水解分离木、竹材原料半纤维素的方法	马晓娟 等	CN202010832662	CN112048929A
208	D21H	生物超声激光打孔纸袋纸及其制备工艺	贺文明	CN202010822848	CN112048935A
209	D21H	棉签棒原纸及其制造方法	贺文明 等	CN202010822458	CN112064412A
210	D21H	一种轻量化高强度瓦楞原纸的生产工艺	徐龙平 等	CN202010815245	CN112012047A
211	D21H	一种高强阻燃瓦楞原纸及其制备方法	刘伟锋 等	CN202010810997	CN111945482A
212	D21H	一种阻燃耐磨瓦楞原纸及其制备方法	刘伟锋 等	CN202010810554	CN111877048A
213	B32B	高强耐冲击复合瓦楞原纸及其制备方法	刘伟锋 等	CN202010810996	CN111907181A
214	D21H	一种薄荷脑生产用滤纸及其制备方法	方　胜 等	CN202010807389	CN112048939A
215	D21B	一种包装纸箱加工用废料回收装置及其使用方法	代绍军 等	CN202010808114	CN111945448A
216	D21H	一种提高纸张吸水高度的方法	周金涛 等	CN202010801101	CN111979840A
217	D21F	一种高强度的瓦楞原纸生产工艺	刘伟锋 等	CN202010799888	CN111826991A
218	D21C	一种工业大麻的硫酸盐法制浆工艺	邓凤伟 等	CN202010800619	CN111962320A
219	D21F	一种本色手提袋纸的制造方法	何江林 等	CN202010800620	CN111893794A
220	D21H	一种防火板芯纸的制造方法	何江林 等	CN202010800626	CN111962332A
221	D21F	一种采用瓦楞废纸再造瓦楞原纸的生产方法	刘伟锋 等	CN202010799656	CN111910461A
222	D21H	一种抗水性能好的瓦楞原纸生产工艺	刘伟锋 等	CN202010799662	CN111945476A
223	D21H	一种阻燃绝热塑料纸的制备方法	李昌斌	CN202010798271	CN111962327A
224	D21H	一种牛卡纸的制浆方法	殷宪文 等	CN202010798233	CN111926611A

续表

序号	分类号	发明名称	发明人	申请号	公开(公告)号
225	D21H	一种等离子体处理改性的芳纶纳米云母绝缘纸的制备方法	赵丽君 等	CN202010795550	CN111945478A
226	D21H	一种牛卡纸及其生产方法	周国伟 等	CN202010795245	CN111945468A
227	D21H	一种低定量高强度牛卡纸及其生产方法	李　栋 等	CN202010795242	CN111945467A
228	D21F	一种防霉和高强度瓦楞原纸的生产方法	周国伟 等	CN202010794803	CN111826990A
229	D21H	一种高强度瓦楞原纸及其生产方法	殷宪文 等	CN202010794810	CN111945474A
230	D21F	一种再生牛卡及其生产方法	殷宪文 等	CN202010794797	CN111851121A
231	D21H	一种新型再生牛卡及其制备方法	周国伟 等	CN202010794800	CN111945472A
232	D21B	一种干法处理废纸制浆方法	贺文明 等	CN202010793207	CN112030588A
233	D21H	一种平滑度高的牛卡纸的生产方法	贺　康 等	CN202010794773	CN111945471A
234	D21B	一种干法废纸浆及其制备方法	贺文明 等	CN202010792973	CN112048928A
235	D21H	一种高加填圣经纸的制备方法	吴小燕 等	CN202010789057	CN112064399A
236	D21C	一种适合无元素氯(ECF)短程序漂白的顺序漂白工艺	杨桂花 等	CN202010789188	CN111979822A
237	D21C	一种硫酸盐木浆短程序 ECF 漂白工艺 X/D-Z-P(X/Z-D-P)	杨桂花 等	CN202010789553	CN111979823A
238	D21H	一种低定量高强度格拉辛纸的制备方法	史君齐 等	CN202010788364	CN112064411A
239	D21C	一种硫酸盐木浆短程序 ECF 漂白工艺 X/Z/D-EOP-D 或 X/D/Z-EOP-D	陈嘉川 等	CN202010788729	CN111979818A
240	D21B	一种以刨花为原料的机械浆生产系统及生产工艺	韩　冲 等	CN202010779438	CN111877039A
241	D21H	一种黄金电容用隔膜纸的制备方法	苗　红 等	CN202010775681	CN111926618A
242	D21H	一种食用油过滤纸及其制备方法	苗　红 等	CN202010775581	CN111926620A
243	D21B	一种使用秸秆纤维造纸的方法	王加平	CN202010764825	CN111926599A
244	D21H	一种医用抽纸巾及其制备方法	赵建军 等	CN202010748349	CN111979839A
245	D21F	一种具有抗菌防霉增强功能疏水纸浆纤维生态制备方法	张建锋 等	CN202010748324	CN111926608A
246	D21H	一种具有防潮效果的办公用纸的制备方法	韦　克 等	CN202010745520	CN111851131A
247	D21H	一种尺寸稳定且恢复性优良的特种纸及其制备方法	延海平 等	CN202010745674	CN111851132A
248	D21H	一种提高纸材的强度的纸浆	李伟声 等	CN202010745019	CN111851127A
249	D21H	一种纸材原浆	李伟声 等	CN202010744952	CN111851124A
250	D21H	一种无荧光高松道林纸制作工艺	宋成然 等	CN202010741646	CN111962326A
251	D21H	一种环保循环再生纸张制备方法	彭建新 等	CN202010738531	CN111893797A
252	B32B	高强度多层复合瓦楞纸板及其制备方法	林　伟 等	CN202010731513	CN111993742A
253	D21B	一种造纸用纤维打浆方法	吴文华 等	CN202010730052	CN111851105A
254	D21C	一种化学浆精制升级为溶解浆的方法	王　强 等	CN202010727457	CN112144308A
255	D21H	一种低吸高效转移印花纸的制备方法	吕　亮 等	CN202010722736	CN111851137A
256	D21H	一种湿膨胀率低、恢复性高的特种纸及其制备方法	韩旭霞 等	CN202010724694	CN111996840A
257	D21C	一种以生物酶相协同的打浆方法	许在亮 等	CN202010721762	CN111809429A
258	D21H	一种阻燃抗静电瓦楞纸板	荣　华 等	CN202010716065	CN111851125A

续表

序号	分类号	发明名称	发明人	申请号	公开(公告)号
259	D21F	一种防水抗静电瓦楞纸板	荣　华 等	CN202010717147	CN111778758A
260	D21C	一种用于针叶木浆的高速切断方法	许在亮 等	CN202010721743	CN111809428A
261	D21H	一种适用于水墨印刷的转移印花原纸	吕　亮 等	CN202010721755	CN111826992A
262	D21H	一种用于速冻食品包装的白卡纸及其制备方法	马洪生 等	CN202010708479	CN111962330A
263	D21H	一种再生白纸板制造工艺	苗成仁	CN202010699931	CN111851123A
264	D21H	一种高强度再生白纸板	苗成仁	CN202010700090	CN111809453A
265	D21F	一种高强度高防潮再生白纸板的制备方法	苗成仁	CN202010700900	CN111764192A
266	D21C	一种植物纤维中木素脱除的方法	陕绍云 等	CN202010697503	CN111979817A
267	D21H	一种染色纸及其制备方法与应用	吕晓萍 等	CN202010696948	CN111926613A
268	B44C	热转印纸用原纸和热转印纸	槌本真和 等	CN202010692592	CN111907248A
269	D21H	一种具有负泊松比增强层的高强度白纸板	苗成仁	CN202010699925	CN111778775A
270	B44C	热转印纸用原纸和热转印纸	槌本真和 等	CN202010691489	CN111907247A
271	D21H	一种水粘胶纸及其制备方法	钟天崎 等	CN202010654224	CN111945466A
272	D21H	具有吸湿吸热功能的鞋用中底纸板	赵荣君 等	CN202010660549	CN111778760A
273	D21H	一种无机涂层梯度调气果蔬保鲜纸及制备方法	曾军堂 等	CN202010651021	CN111778770A
274	D21H	一种高韧性秸秆造纸的制备工艺	朱　跃	CN202010644780	CN111778762A
275	D21H	一种可降解医用胶带纸的制备工艺	姚志伟 等	CN202010639050	CN111705546A
276	D21C	一种用于本色生活用纸改善手感的本色竹浆及其制备方法	王义勇 等	CN202010639179	CN111778753A
277	D21H	一种利用矿物与秸秆复合造纸的制备方法	朱　跃	CN202010644779	CN111778761A
278	D21H	一种导电纸及其制备方法与应用	王慧慧	CN202010636632	CN111809447A
279	D21H	一种淀粉改性滤纸及其制备方法和应用	张　帆 等	CN202010636257	CN111733629A
280	D21H	一种文化用纸表面施胶剂工艺	于好军 等	CN202010249836	CN111350101A
281	D21C	一种玉米秸秆全杆利用制备生物机械浆的方法	王玉珑 等	CN202010255061	CN111364271A
282	D21B	一种抗菌防霉果蔬专用缓冲包装用瓦楞原纸的制备方法	陈良地	CN202010255096	CN111379182A
283	D21H	一种防油纸的膜转移施胶方法	徐家东 等	CN202010257672	CN111379195A
284	D21C	一种改善小麦秸秆制浆性能的处理工艺	朱　跃	CN202010257753	CN111364272A
285	D21B	一种超声处理小麦秸秆纸浆制备工艺	朱　跃	CN202010257757	CN111270541A
286	D21H	一种防水阻燃型瓦楞纸箱及其生产工艺	吕宏伟 等	CN202010262190	CN111441190A
287	D21B	一种秸秆制浆造纸过程中的循环利用方法	滕铁生	CN202010270266	CN111472185A
288	D21H	多层纸板	F·彭 等	CN202010272687	CN111608006A
289	D21C	一种涂布白板纸及其制备方法	李全勇 等	CN202010273728	CN111335061A
290	D21H	一种高端防油防锈工业用原色牛皮纸的生产工艺	何江林 等	CN202010275171	CN111560792A
291	D21H	一种填充微纳米钙的耐久性手工书画纸及其制备方法	张学金 等	CN202010279269	CN111472196A
292	D21H	一种手感纸及其制备方法	周大仕 等	CN202010279758	CN111485454A
293	D21H	一种耐酸性耐揭裱用手工竹纸的制备方法及应用	张金鸿	CN202010279270	CN111501398A
294	D21H	一种 B 超擦拭纸的生产工艺	王光龙 等	CN202010284740	CN111455734A

续表

序号	分类号	发明名称	发明人	申请号	公开(公告)号
295	D21H	一种高性能低定量字典纸及其制备方法	王敏良 等	CN202010286035	CN111608014A
296	D21F	一种施胶均匀的人造革离型原纸的制备方法	黄学英 等	CN202010286046	CN111593598A
297	D21H	一种高洁净低定量不锈钢衬纸的制备方法	董金雨 等	CN202010286056	CN111608015A
298	D21H	一种本色家具保护纸的制备方法	周晓光 等	CN202010286983	CN111593608A
299	D21B	一种提高小麦秸秆造纸产出率的方法	朱 跃	CN202010288298	CN111335058A
300	D21C	一种改善农业秸秆造纸返黄的方法	朱 跃	CN202010288346	CN111364273A
301	D21H	一种 OCC 高浓打浆的制浆生产及其造纸方法和再生纸	陈光军 等	CN202010289372	CN111472197A
302	D21B	一种棉浆热压衬垫纸的制造方法及该方法得到的热压衬垫纸	王陆良 等	CN202010290788	CN111501389A
303	D21H	一种增强型芳纶纸及其制备方法	郑亭路 等	CN202010293217	CN111485446A
304	D21H	一种抗雷击电容器用电解纸及其制备方法	徐 皓 等	CN202010302767	CN111424466A
305	D21H	一种高压低阻抗电解电容器纸及其制备方法	徐 皓 等	CN202010302852	CN111455727A
306	D21B	一种生物酶改性高强瓦楞原纸的生产工艺	李文斌	CN202010304204	CN111485438A
307	D21H	一种纤维素纸/动态共价聚合物复合包装材料及其制备方法与应用	王小慧 等	CN202010305839	CN111485447A
308	D21C	一种免碳化固态电容器纸的制备方法	戴贤中 等	CN202010306170	CN111608002A
309	D21H	一种高强低静电 CTP 版衬纸的制备方法	戴贤中 等	CN202010306179	CN111608010A
310	D21H	一种微涂升华热转印纸及其制备方法	戴贤中 等	CN202010307794	CN111636242A
311	D21H	一种白色耐水防油纸的制备方法	王敏良 等	CN202010317510	CN111636247A
312	D21H	一种高强度高柔软性皱纹纸及其制备方法	骆华英 等	CN202010317659	CN111608016A
313	D21H	一种低定量高透气性包装原纸制备方法	骆华英 等	CN202010318136	CN111608018A
314	D21H	一种热转印纸用原纸和热转印纸	程 实 等	CN202010334593	CN111519460A
315	D21H	一种熔浆纸及其制备方法	吕孙经	CN202010336888	CN111395040A
316	B65H	韧性强度优良的三层抽纸及其制备方法	刘 朋	CN202010351653	CN111453523A
317	D21H	低定量箱纸板绿色制造工艺	李文斌	CN202010352864	CN111608019A
318	D21H	一种防火防潮纸管及其制备方法	陈谟华 等	CN202010355902	CN111519461A
319	D21H	一种环保纸管及其制备方法	陈谟华 等	CN202010355907	CN111519462A
320	D21H	一种超柔型医用皱纹纸及其制备方法	黄学英 等	CN202010356439	CN111608020A
321	D21H	一种高透阻菌型透析原纸的制备方法	黄学英 等	CN202010357638	CN111608011A
322	D21H	一种具有优良舒适度的医用胶带棉纸的生产方法	季剑锋 等	CN202010359343	CN111485455A
323	D21H	一种喷墨打印用宣纸及其制备方法	佘贤兵	CN202010379596	CN111576089A
324	D21H	一种低透气度 CTP 版衬纸及其制备方法	毛学米 等	CN202010381852	CN111622017A
325	D21H	一种压纹双色艺术纸的生产方法	周大仕 等	CN202010442093	CN111593611A
326	D21H	一种水转印纸及其制备方法	姜亦飞 等	CN202010458410	CN111472205A
327	D21H	一种高性能环保牛皮箱纸板及其制备方法	冯荣华 等	CN202010587201	CN111809450A
328	D21H	一种本色高挺度高抗水吸管原纸及其制备方法	赵新民 等	CN202010588764	CN111676728A
329	D21H	一种灰纸板及其制备方法	陈欢欢 等	CN202010600307	CN111691235A
330	D21H	高强度灰纸板及其制备方法	陈欢欢 等	CN202010600310	CN111663370A

续表

序号	分类号	发明名称	发明人	申请号	公开(公告)号
331	D21D	一种清洁低碳造纸制浆工艺	章闰平 等	CN202010605789	CN111778754A
332	D21C	一种草本生物纤维及生物纸浆的制备方法	章闰平 等	CN202010605859	CN111826985A
333	D06M	一种衬垫纸及其制备方法	龙　柱 等	CN202010610451	CN111733598A
334	D21H	一种防近视纸的生产方法	李昶生	CN202010620575	CN111733625A
335	D21H	一种高强度抗水阻燃素色纸及其制备方法	吴海标 等	CN202010587187	CN111794012A
336	D21C	以纸浆为原料实现浆纤一体化生产的方法	郭新武 等	CN202010566668	CN111996828A
337	D21C	一种三氧化硫微热爆处理秸秆制备瓦楞原纸浆的方法	王　健	CN202010573148	CN111778752A
338	D21H	一种负离子静电除尘纸原纸及其制备方法	赵传山 等	CN202010566513	CN111691229A
339	D21H	一种替代口罩熔喷布的纸基过滤材料原纸及其制备方法	赵传山 等	CN202010566526	CN111691232A
340	D21H	一种高白高强度无碳复写纸原纸的制备方法	贵仁兵 等	CN202010467908	CN111705543A
341	D21H	一种低平滑度医用包装原纸的制备方法	王昱哲 等	CN202010468893	CN111691233A
342	D21H	一种绿色环保瓦楞原纸制备方法	李昌斌	CN202010475719	CN111636252A
343	D21F	一种造纸湿部高效助留助滤体系的添加工艺	张成飞 等	CN202010495193	CN111636233A
344	D21H	一种使用再生纤维湿浆的造纸工艺及其应用	张成飞 等	CN202010495332	CN111608007A
345	C09D	一种造纸专用黑色水性色浆的制备方法及造纸专用黑色水性色浆	骆清友 等	CN202010495014	CN111635670A
346	D21F	一种瓦楞原原纸抗水防潮方法	张成飞 等	CN202010496324	CN111560790A
347	D21C	一种杨木棒芯硫酸盐制浆工艺	刘永丰 等	CN202010508564	CN111826983A
348	D21D	一种白牛皮纸抄造工艺	汤志久 等	CN202010508658	CN111549557A
349	D21H	一种甜味水松纸及其制备方法	朱耀良 等	CN202010508697	CN111549577A
350	D21C	一种湿帘纸损纸的处理方法	周金涛 等	CN202010509513	CN111809432A
351	D21C	一种高湿强度损纸的在线回用方法	刘春景 等	CN202010508579	CN111809431A
352	D21C	一种植物纤维纸浆的无污染生产工艺及其生产设备	吴袖福	CN202010517546	CN111501392A
353	D21H	一种印刷用卫生用品用吸水衬纸及其制备方法和应用	陈红军 等	CN202010523932	CN111636249A
354	D06M	一种制备碳纤维纸用纤维的改性方法及其应用	韩文佳 等	CN202010524073	CN111876995A
355	D21B	一种干法废纸浆生产工艺	袁　清	CN202010524859	CN111691213A
356	D21F	一种易降解的生活用纸的加工工艺	张秋菊	CN202010531228	CN111705538A
357	D21F	一种吸水性强的餐巾纸的制备方法	张秋菊	CN202010531942	CN111663359A
358	D21H	一种提高纸页透明度和防水性能的方法	高玉杰 等	CN202010539761	CN111691225A
359	D21H	一种高强度抗菌涂布纸的制备方法	许　凤 等	CN202010549803	CN111663368A
360	D21H	一种白面牛卡纸及其制备方法	郭彩云 等	CN202010555965	CN111705550A
361	D21H	一种高耐压低阻抗铝电解电容器纸及其制备方法	宋　欢 等	CN202010558412	CN111733624A
362	D21H	一种无菌蓝色医用皱纹纸及其制备方法	汤新根 等	CN202010560872	CN111705544A
363	D21H	一种玻璃间隔纸及制备方法	甘雨生 等	CN202010563993	CN111676734A
364	D21C	一种植物功能涂层纸及其制备方法	黄效华 等	CN202010565026	CN111910458A
365	D21C	一种植物功能无涂层纸及其制备方法	黄效华 等	CN202010565028	CN111910459A

续表

序号	分类号	发明名称	发明人	申请号	公开(公告)号
366	D21H	一种高阻隔涂布白卡纸生产工艺	林兴刚 等	CN202010566361	CN111691237A
367	A47K	抗菌湿纸巾及其制备方法	李向臻	CN202010480628	CN111493722A
368	D21H	一种防霉玻璃间隔纸的制备方法	周晓光 等	CN202010475799	CN111648159A
369	D21C	一种纸浆漂白工艺	闫文霞 等	CN202010450243	CN111663356A
370	D21F	一种中密度绝缘纸板生产工艺	许桂娟 等	CN202010448445	CN111648157A
371	D21B	一种混合制浆造纸工艺	闫文霞 等	CN202010451338	CN111663352A
372	D21B	一种干制纸浆生产方法	闫文霞 等	CN202010451343	CN111676720A
373	D21F	一种高速多辊干燥造纸工艺	杨宁西 等	CN202010454414	CN111485442A
374	D21H	具有高光泽性能的热敏纸及其制造方法	罗耀东	CN202010454808	CN111809441A
375	D21H	具有高保留率和防乙醇性能的热敏纸及其制作方法	罗耀东	CN202010454816	CN111778773A
376	D21H	一种速干型圣经纸的生产方法	王昱哲 等	CN202010455154	CN111691236A
377	D21H	适用无底纸标签的热敏纸及其制作方法	罗耀东	CN202010455810	CN111827004A
378	D21H	具有高防伪性的热敏纸及其制备方法	罗耀东	CN202010455843	CN111851149A
379	B41M	提升耐晒抑菌性能的热敏纸及其制作方法	罗耀东	CN202010455848	CN111716931A
380	D21D	一种高转移喷绘热转印原纸的制备方法	路崇斌 等	CN202010456836	CN111622007A
381	D21H	一种装饰原纸的制备方法	周晓光 等	CN202010456971	CN111705548A
382	B41M	对机械浆具有耐受性的热敏纸及其制作方法	罗耀东	CN202010456986	CN111823745A
383	D21H	一种高撕裂度 CTP 版衬纸及其制备方法	董金雨 等	CN202010470364	CN111691219A
384	D21H	一种纳米晶抗菌包装用纸及制备方法	陈　庆 等	CN202010460839	CN111608008A
385	D21H	一种贴片电容器纸的制备方法	汪向农 等	CN202010461375	CN111705542A
386	D21H	能够提高印刷图案清晰度的三防热敏纸及其制作方法	罗耀东	CN202010460597	CN111809442A
387	C09J	防水防晒性能较好的热敏纸标贴及其制作方法	罗耀东	CN202010460601	CN111849374A
388	D21B	一种造纸用预水解纸浆的生产方法	吴照忠 等	CN202010441700	CN111663351A
389	D21D	一种双层卷筒卫生纸及其制备方法	罗士余 等	CN202010436853	CN111636229A
390	B32B	一种防水瓦楞纸板的制备方法	温伟华 等	CN202010439115	CN111572155A
391	D21H	一种利用疏水化改性微/纳米纤维素制备高精度复合柴油滤纸的新工艺	李　群 等	CN202010439466	CN111608017A
392	D21C	一种 APMP 的生产工艺	孙世杰 等	CN202010426952	CN111455709A
393	D21H	一种用草、木浆作纤维原料的高填料造纸工艺	谢子豪 等	CN202010427271	CN111676727A
394	D21H	一种水稻秸秆造纸方法	刘艳凤	CN202010431936	CN111691221A
395	D21C	一种造纸生物制浆工艺	谢子豪 等	CN202010426478	CN111676722A
396	G03F	防伪纸图纹及其制备方法和防伪纸及其制备方法	刘卫东 等	CN202010420806	CN111538208A
397	D21H	一种烘烤用工艺包装用纸的制备方法	贵仁兵 等	CN202010418755	CN111676735A
398	D21B	一种低定量书写纸的制备方法	占正奉 等	CN202010413413	CN111455708A
399	D21B	一种高柔韧性棉纸及其制备方法	王显哲 等	CN202010413082	CN111663353A
400	B27J	一种粘胶级竹材溶解浆的制备方法	杨　玲 等	CN202010411394	CN111618961A
401	D21H	一种大墨位印刷圣经纸的生产方法	王敏良 等	CN202010407659	CN111622018A

续表

序号	分类号	发明名称	发明人	申请号	公开(公告)号
402	D21H	一种超疏水纸的制备方法	刘艳花 等	CN202010402183	CN111549568A
403	D21H	一种高挺度吸管纸的制造方法	陈南男 等	CN202010400307	CN111636248A
404	D21H	一种医用皱纹纸的制备方法	黄学英 等	CN202010397925	CN111676731A
405	D21H	一种柔版印刷烟用接装原纸的制备方法	王敏岚 等	CN202010398491	CN111663371A
406	D21H	一种高紧度工艺包装原纸的制备方法	张　诚 等	CN202010397552	CN111648163A
407	D21F	一种纳米静电无尘复印纸及其应用	孙　兴	CN202010385128	CN111472194A
408	D21H	一种在长度方向抗拉性能强的防水牛皮纸及其制备方法	黄建超	CN202010361373	CN111622020A
409	D21H	抗菌滤纸及其制备方法	李向臻	CN202010358254	CN111501414A
410	D21H	一种低翘曲牛皮挂面箱纸板的生产工艺	李文斌	CN202010235897	CN111395030A
411	D21B	一种树叶化学机械浆的制备方法	王玉珑 等	CN202010236597	CN111335057A
412	D21B	一种树叶生物机械浆的制备工艺	王玉珑 等	CN202010236602	CN111424448A
413	D21H	抗酸化型宣纸的制备方法	潘　展 等	CN202010237423	CN111287013A
414	D21B	一种低定量中隔纸的生产工艺	张　培 等	CN202010244689	CN111364268A
415	D21H	温和预处理和盘磨化学处理的碱性过氧化氢机械制浆方法	栾　飞 等	CN202010225830	CN111270551A
416	D21J	超高耐弯折透明阻燃纸张及其制备方法	李仁爱 等	CN202010229782	CN111424468A
417	D21H	一种多层涂布高松厚高白度亚光铜版纸的抄造方法	林　彬 等	CN201911103460	CN110820420A
418	D21H	一种具有防水防火特性的瓦楞原纸浆	鲍双铭 等	CN201911106857	CN110804896A
419	D21F	一种聚乙烯醇纤维纸的制备方法	崔跃飞 等	CN201911109427	CN111139679A
420	D21B	一种干制纸浆生产方法	陈先金 等	CN201911109753	CN110820397A
421	D21B	一种以杜仲叶林模式枝木为原料制备高白度纸浆的方法	陈昌洲 等	CN201911109892	CN110886119A
422	D21F	一种使用废纸再造瓦楞原纸的方法	刘伟锋 等	CN201911112842	CN110904718A
423	D21F	改进碎浆的使用废纸再造瓦楞原纸的方法	刘伟锋 等	CN201911112852	CN110904719A
424	D21H	一种高性能芳纶纳米云母绝缘纸的制备方法	赵丽君 等	CN202010796557	CN111926612A
425	D21F	使用废纸再造瓦楞原纸的方法	刘伟锋 等	CN201911113535	CN110924216A
426	D21F	纸基摩擦材料造纸打浆的制备方法	陈苏仙 等	CN201911117506	CN110725153A
427	D21F	造纸的方法	何仁城	CN201911118483	CN110700003A
428	D21C	一种使用胆碱类低共熔溶剂分离木质纤维中综纤维素的方法	杨桂花 等	CN201911122037	CN110804893A
429	D21B	一种秸秆加工用制浆装置	李一鹏 等	CN201911125385	CN110820395A
430	D21H	一种食品级防油纸及其制备方法	刘　敏 等	CN201911132771	CN110952375A
431	D21B	一种咖啡滤纸及其制备方法	周家俊 等	CN201911133240	CN110886121A
432	D21F	一种箱纸板及其制备工艺	颜建秋 等	CN201911135644	CN111021129A
433	D21H	一种新型皮革离型纸	韩继友 等	CN201911142133	CN110878488A
434	D21H	一种耐折纱管纸及其加工工艺	顾光成 等	CN201911146242	CN110952382A
435	D21F	一种用长网纸机生产 T 纸的方法	贾少军 等	CN201911152080	CN110983853A

续表

序号	分类号	发明名称	发明人	申请号	公开(公告)号
436	D21B	一种利用废纸浆板生产的瓦楞原纸制浆及其生产方法和应用	颜建秋 等	CN201911152100	CN110983842A
437	C08L	一种含纳米纤维素的粉体的制备方法	杜艳芬 等	CN201911162928	CN111138719A
438	B32B	一种高吸水吸油的材料及其纸浆纤维的制备方法	钟凯杰	CN201911163366	CN110861385A
439	D21F	一种素描纸抄造工艺	汤志久 等	CN201911163728	CN110878486A
440	C08H	一种深色化木质素及其在育果套外袋内层纸中的应用	应汉杰 等	CN201911163857	CN110982089A
441	D21H	一种印刷彩色卷烟纸及其制作方法	邹小峰 等	CN201911166207	CN110939014A
442	D21H	一种印刷二段香卷烟纸及其制备方法	张文灿 等	CN201911166251	CN110924234A
443	D21H	一种高强度超薄复合瓦楞原纸及其制备方法	陈良地	CN201911169717	CN110952373A
444	D21B	一种高强度博页纸制品的制备方法	蒋卫潮 等	CN201911176040	CN110804889A
445	D21H	一种组合物纸制品及其加工方法	蒋卫潮 等	CN201911176060	CN110846932A
446	A47K	一种一次性轧花马桶垫纸的生产工艺	于　涛	CN201911178108	CN110876576A
447	D21H	一种纳米芳纶纸基材料及其制备方法和应用	陆赵情 等	CN201911195264	CN111218841A
448	D21H	一种柔版印刷用接装原纸的制备方法	刘玲红 等	CN201911201252	CN110846935A
449	D21H	一种具有抗菌性的非热封型茶叶滤纸及其生产工艺	颜鲁鸣 等	CN201911202349	CN110924229A
450	D21H	一种非热封型茶叶滤纸及其制备方法	陈万平 等	CN201911202365	CN110924230A
451	D21H	一种非热封型茶叶滤纸的制备工艺	左磊刚 等	CN201911202396	CN110924231A
452	D21D	一种具有抑菌性的非热封型茶叶滤纸的制备方法	李南华 等	CN201911204782	CN110886125A
453	D21H	一种节约造纸用水的造纸生产方法	贾少军 等	CN201911211106	CN111041893A
454	D21H	高强度硫酸钙晶须增强的蔗渣纤维纸制备方法	苗　苗 等	CN201911214126	CN110924220A
455	D21D	一种低浓度纸浆快速分丝帚化的方法	曾劲松 等	CN201911213391	CN111005254A
456	D21F	一种环保型口罩纸的制备方法	王元元 等	CN202010599042	CN111996831A
457	D21H	一种基于凝胶原位生长包覆 MOFs 的造纸加填方法	聂景怡 等	CN201911228540	CN111021134A
458	D21H	一种低转移格拉辛离型纸的制备方法	安斌昌	CN201911229690	CN110904732A
459	D21H	一种雾面 PET 离型纸的制备方法	安斌昌	CN201911229704	CN110904733A
460	D21H	一种耐高温格拉辛离型纸的制备方法	安斌昌	CN201911232304	CN111005261A
461	D21H	一种抗菌抗静电离型纸的制备方法	安斌昌	CN201911232308	CN110886127A
462	D21B	一种造纸用草类秸秆中木质素的分离方法	吴学军 等	CN201911232388	CN110886118A
463	D21H	一种冷链运输专用防潮箱纸板的生产系统及生产方法	宋　留 等	CN201911309466	CN110846934A
464	D21F	高强瓦楞原纸生产方法	刘　志	CN201911351075	CN111021130A
465	D21H	一种防潮防霉瓦楞纸箱	鲁剑武	CN201911218023	CN110965395A
466	D21D	一种具有香味的生活用纸的制备方法	张秋菊	CN201911228494	CN110924210A
467	B41M	一种防水防污的热转印纸和制备方法及承印物	麦惠贤 等	CN201911221319	CN110978839A
468	D21H	一种彩纤仿皮纸及其制备方法	李安东 等	CN201911242992	CN110904736A
469	D21J	一种农作物秸秆制作片材纸的工艺及方法	马　烨 等	CN201911242948	CN111101403A
470	D21H	超级电容器电极用活性炭纸的制造方法，利用其的活性炭纸及包括其的超级电容器电极	申惠敬 等	CN201911243124	CN112080958A

续表

序号	分类号	发明名称	发明人	申请号	公开(公告)号
471	D21H	一种高强度热稳定隔热纸的制备方法	胡晓玉	CN201911247710	CN111101398A
472	D21H	一种新型自动印刷用纸浆及其制备方法	吴克美	CN201911243311	CN111005256A
473	D21C	一种化学机械浆高浓滤液处理方法	王长建 等	CN201911249303	CN110878482A
474	D21H	一种阻燃纸及其制备方法	吴　敏 等	CN201911251263	CN111608013A
475	D21H	一种造纸用填料的处理方法和造纸方法	蒋燕飞 等	CN201911251866	CN111074673A
476	D21C	阻燃纤维、阻燃纸及其制备方法	吴　敏 等	CN201911252759	CN111608001A
477	D21H	一种机械环保制浆方法	石玉涛 等	CN201911258097	CN111005257A
478	D21F	一种能释放负氧离子的纸巾及其生产方法	许亦南 等	CN201911266152	CN110965383A
479	D21H	一种暗纹防伪纸板的制备方法	钱凯锋 等	CN201911266417	CN110904734A
480	D21H	一种竹浆生活用纸抄造方法及生活用纸	张力国 等	CN201911267906	CN110924227A
481	D21H	一种聚氨酯导电纸及其制备方法	陈　庆 等	CN201710907374	CN107460780B
482	D21H	一种全棉转移印花原纸及其生产方法	王哲阳 等	CN201911271833	CN111005262A
483	D21C	一种利用废纸制成的纸张纤维料的方法	凌建忠	CN201911272973	CN111005253A
484	D21H	一种具有高荧光性能与耐久性的细菌纤维素-植物纤维复合荧光纸及其制备方法	项舟洋 等	CN201911283839	CN111118947A
485	B31F	一种节能环保的瓦楞纸板生产工艺	刘　武 等	CN201911289142	CN110978643A
486	D21H	一种可抗变形的防潮纸箱生产工艺	戴晨毅 等	CN201911295060	CN111021133A
487	D21B	一种实现纤维分丝的方法	曾劲松 等	CN201911298449	CN110952363A
488	D21H	一种高松厚度灰纸板的制造方法	陈欢欢 等	CN201911299147	CN110939013A
489	D21H	一种吸水纸及其制备方法	黄翠玉	CN201911306636	CN111021141A
490	D21H	热升华转移印花原纸的生产方法	田春丽 等	CN201911310615	CN110965393A
491	D21H	一种高强度白面牛卡纸的制造方法	陈传勇 等	CN201911305613	CN110965391A
492	D21F	一种热封自粘型医用透析纸生产方法	胡江涛 等	CN201911305871	CN110939009A
493	D21H	一种环保墙纸及其制备方法	不公告发明人	CN201911310956	CN111074687A
494	D21H	无塑纸杯纸的生产方法	刘存芬 等	CN201911307273	CN110952380A
495	D21H	一种祛菌生活用纸的制作方法	莫建新 等	CN201911319001	CN111074679A
496	C08B	一种以枝丫材植物废弃物为原料联产低聚糖、木质素、本色浆的工艺方法	施晓旦 等	CN201911320511	CN111100216A
497	D21F	一种高强度瓦楞原纸的生产工艺	周冬冬 等	CN201911334784	CN110983854A
498	D21H	一种再生超低定量的高强瓦楞原纸的生产方法	英治航 等	CN201911337411	CN111118956A
499	D21F	一种高容尘量滤纸的生产工艺	李　攀 等	CN201911338732	CN110952369A
500	D21H	一种无纺布书写纸及其制备方法	卢伟新 等	CN201911339047	CN111021142A
501	D21H	一种热封型茶叶滤纸	余才广 等	CN201911339959	CN111155355A
502	D21H	一种阻燃型电磁屏蔽复合纸的制备方法	葛金梅	CN201911341304	CN111088717A
503	D21H	一种瓦楞原纸内衬的生产加工工艺	王　刚 等	CN201911350138	CN110952381A
504	D21H	一种瓦楞纸箱的生产加工工艺	刘文兵 等	CN201911350140	CN111058333A
505	D21H	一种耐高温型绝缘纸的制备方法	李可禛	CN201911351301	CN111088715A
506	D21H	一种简易转移印花纸的生产工艺	张凤山 等	CN201911353135	CN111088723A

续表

序号	分类号	发明名称	发明人	申请号	公开(公告)号
507	D21H	一种可降解食品包装用纸及其生产工艺	刘燕韶 等	CN201911353170	CN111074685A
508	D21H	一种防水抗菌型食品包装用纸的制备方法	梁十根	CN201911362200	CN111074668A
509	D21H	一种抗菌防霉防虫蛀的宣纸纸浆、宣纸及制备方法	陈广川 等	CN201911365004	CN111041888A
510	D21H	一种抗菌防霉防虫蛀的宣纸原浆、制备的宣纸及制备方法	陈广川 等	CN201911363479	CN111041887A
511	D21H	一种化学机械浆及其制作方法	郗引引 等	CN201911368783	CN111139681A
512	D21B	一种低定量高强度瓦楞原纸及其制备工艺	王友成 等	CN201911374071	CN110965381A
513	D21H	一种用于集束包装的涂布牛卡纸及其加工工艺	任小平 等	CN201911374110	CN111088724A
514	D21H	一种采用蛋白酶预处理降低磺化化学机械浆纸张返黄值的方法	骆莲新 等	CN201911374686	CN111021131A
515	D21D	一种低定量离型原纸及其制备方法	焦观厚 等	CN201911376228	CN111021126A
516	D21C	一种采用α-淀粉酶预处理降低磺化化学机械浆纸张返黄值的方法	骆莲新 等	CN201911376969	CN111021124A
517	D21H	一种用玉米秸秆为原料制作纸浆的生产工艺	鲍双铭 等	CN201911377977	CN111021132A
518	D21B	一种单光纸生产方法	水玉峰 等	CN201911378436	CN110952364A
519	D21H	一种原浆本色卫生纸的加工工艺	张秋菊	CN201911386563	CN111155354A
520	D21H	一种环保型抗菌生活用纸的制备方法	张秋菊	CN201911386575	CN111139687A
521	D21H	一种具有消毒作用的生活用纸的加工工艺	张秋菊	CN201911386590	CN111172809A
522	D21B	一种环保节能的生活用纸纸浆的生产方法	张秋菊	CN201911386592	CN111118939A
523	D21H	一种环保型生活用纸的加工工艺	张秋菊	CN201911386593	CN111188223A
524	D21H	一种耐黄变高吸水改性木浆纸及其制备方法	章文贵	CN201911387354	CN111074681A
525	D21H	一种纸箱包装用耐水环保纸板的制备方法	张伟华	CN201911395597	CN111074686A
526	D21H	一种纸箱包装用高强度耐水再生纸板的制备方法	张伟华	CN201911395622	CN111074670A
527	D21H	一种灰底白纸板底浆的制备工艺	张成飞 等	CN201911398683	CN111101397A
528	D21H	一种高强度牛卡纸及其生产工艺	刘名中 等	CN201911399241	CN111074688A
529	D21H	一种低克重再生牛卡纸及其生产工艺	张成飞 等	CN201911399250	CN111118961A
530	D21H	包装纸板用芯层浆料及包装纸板	朱国忠 等	CN201911402818	CN111139690A
531	D21H	一种纸质滤材的制备方法	罗琪琪	CN201911403167	CN111118946A
532	D21H	一种芯层浆料的制备工艺	张成飞 等	CN201911404291	CN111118945A
533	D21H	一种防水吸潮的包装纸板	徐秀云	CN201911408685	CN111021147A
534	D21H	一种轻涂牛卡纸及其生产方法	刘名中 等	CN201911410999	CN111005258A
535	D21G	一种降低纸页树脂降等量的方法	赵久会 等	CN202010246929	CN111455718A
536	D21H	一种用于冷链液体包装用纸及其生产工艺	任红锐 等	CN201911413139	CN111118962A
537	D21H	复合纸的生产方法	方萝成	CN201911420322	CN111074689A
538	D21H	一种超韧高湿强超吸水手帕纸的制备方法	潘晓锋	CN201911420347	CN111074682A
539	D21H	一种降低新闻纸白度提高不透明度的方法	王友成	CN201911423725	CN111021137A
540	D21H	用于制造具有改善的填料留着率和不透明度同时保持湿拉伸强度的纸的方法	A·H·刘易斯	CN201980008699	CN111615572A
541	D21H	可热封的抗渗透纸	莱娜-马里亚·格林德尔	CN201980012960	CN111712599A

续表

序号	分类号	发明名称	发明人	申请号	公开(公告)号
542	D21C	新型溶解木浆及其制备和使用方法	A·J·农尼	CN201980014603	CN111902578A
543	D21F	具有增加的弯曲刚度和横向强度的纸产品及其制造方法	约翰·马拉尼·米兹尔	CN201980017333	CN111819324A
544	D21H	一种可真空吸附、包覆的 UV 预涂底漆纸及其制备方法	邱仁朝	CN202010244561	CN111424461A
545	D21C	生产溶解浆料的方法	奥沃·凯图纳	CN201980017562	CN111819323A
546	D21H	用于生产商品纸浆的方法和系统及其产品	P·M·胡克斯特拉	CN201980019083	CN111868328A
547	D21H	工程纸基材用铸涂纸	登坂昌也	CN201980021356	CN111902579A
548	D21H	一种含有微原纤化纤维素纤维的纸	外冈辽	CN201980023650	CN112105776A
549	D21H	生产经涂布的纸、纸板或膜的方法和经涂布的纸、纸板或膜	I·海斯卡宁	CN201980025373	CN111971433A
550	D21H	未漂白的纸浆产品及其生产方法	K·内尔森 等	CN201980028656	CN112041502A
551	D21B	一种纸质包装箱回收再制浆造纸处理工艺	姚厚君 等	CN202010001004	CN111005250A
552	D21H	纸和纸板产品	P·斯文丁 等	CN202010003791	CN111501400A
553	D21H	一种防近视纸及其制备方法	刘泽华 等	CN202010005972	CN111188224A
554	D21C	一种高得率竹浆的生产方法	刘一山 等	CN202010009501	CN111074661A
555	D21B	一种利用废纸再生产的节能环保型广告纸及其生产方法	邱锦华 等	CN202010012507	CN111101393A
556	D21H	一种热熔涂布热升华打印相纸及制备方法	李剑平 等	CN202010018010	CN111074683A
557	D21H	一种缓释香精成型纸	莫德仁 等	CN202010018256	CN111074674A
558	D21H	一种可生物完全降解热封纸及其制备方法与应用	杨　飞 等	CN202010013643	CN111172810A
559	D21H	复合纤维纸坯、绝缘复合纸板及其制作工艺	黄游宇 等	CN202010014210	CN111218842A
560	B32B	一种粉煤灰瓦楞纸板及其生产工艺	李虎平	CN202010023916	CN111070820A
561	D21H	壁纸	潘志平 等	CN202010031924	CN111041896A
562	D21H	一种原纸浆料、原纸的制备方法、涂布纸及其制备方法	王红亮 等	CN202010038088	CN111235941A
563	D21H	一种单面铜版纸及其制作方法	朱叶峰 等	CN202010038944	CN111197268A
564	D21D	一种新月型纸机打浆方法	洪增源 等	CN202010049727	CN111188218A
565	D21H	一种有色卷烟纸及其制备方法	郭吉兆 等	CN202010062809	CN111074684A
566	D21F	一种利用对角线稳定技术的装饰原纸生产工艺及设备	胡丁根 等	CN202010062028	CN111235937A
567	D21H	一种用表面平整性技术的装饰原装纸生产工艺	胡丁根 等	CN202010062030	CN111235957A
568	D21H	一种防霉防潮的包装用纸	冯阿兰	CN202010065392	CN111058335A
569	D21B	一种纱管纸制造工艺及其生产设备	胡　辉 等	CN202010064415	CN111235929A
570	D21H	一种防近视纸张的生产工艺	许方怿	CN202010069482	CN111254736A
571	D21H	一种抗菌防霉壁纸及其制备方法	曹赞华	CN202010069552	CN111218847A
572	D21F	阻燃壁纸的制备方法	曹赞华	CN202010069656	CN111218839A
573	D21F	一种制备高湿强度无尘纸的工艺及所得产品	朱明晖 等	CN202010076248	CN111235935A
574	B32B	墙壁纸生产工艺	陈辉煌 等	CN202010088627	CN111136966A

续表

序号	分类号	发明名称	发明人	申请号	公开(公告)号
575	D21H	透明木浆包书纸及其制备方法	周良勤	CN202010083409	CN111172812A
576	D21H	一种使用新型阻燃剂提高汽车用空气滤纸阻燃性的方法	李亚丽 等	CN202010090690	CN111235953A
577	D21H	一种阻燃高效的空气过滤纸	葛 龙 等	CN202010090702	CN111254747A
578	D21H	一种芳纶纳米纤维涂布芳纶纸及其制备方法	谭蕉君 等	CN202010097567	CN111235944A
579	B31F	瓦楞纸板及其生产工艺	陈佳霖 等	CN202010105379	CN111231424A
580	D21H	一种玄武岩纤维分散及采用玄武岩纤维制造绝缘纸的方法	宋顺喜 等	CN202010105078	CN111235958A
581	D21H	一种高白度耐返黄涂布白卡纸及其制备方法	丁鹏翔 等	CN202010111605	CN111270561A
582	D21J	柔性透明导电疏水纸张及其制备方法	李仁爱 等	CN202010229770	CN111395054A
583	D21H	一种 E 级纸管原纸及其制备工艺	王大伟 等	CN202010227157	CN111395049A
584	D21H	一种机制棉浆书画纸及其制造方法	杨 扬 等	CN202010220733	CN111424465A
585	D21H	一种清新抗菌纸巾及其制备方法	刘晓静	CN202010220724	CN111395037A
586	D21H	一种文化用纸造纸工艺	李晨霞 等	CN202010220822	CN111395038A
587	D21H	一种浸渍纸及其制备方法	黄建超	CN202010215724	CN111335069A
588	D21F	一种运行三层叠网造纸机抄造再生两层箱纸板的方法	吴建雄 等	CN202010216506	CN111424460A
589	D21C	一种吸液材料及其打浆工艺	初 杰 等	CN202010208946	CN111364270A
590	D21F	一种 PU 革生产用的耐高温压纹离型纸及其制备工艺	於险峰	CN202010210411	CN111395029A
591	D21F	一种触感充皮纸的生产方法	周大仕 等	CN202010195770	CN111270549A
592	D21H	一种可生物降解的食品包装防油纸及其制备方法	戴 磊 等	CN202010213968	CN111395044A
593	B65D	一种耐抗压的蜂窝纸板及由其组成的蜂窝纸箱	李卫华 等	CN202010192351	CN111348290A
594	B31F	一种抗高压强度纸板箱	洪宇红	CN202010187896	CN111361219A
595	B01J	一种有机阴离子吸附纸张的制备方法及应用	农光再 等	CN202010187496	CN111330549A
596	D21H	一种表面封闭结构的芳纶纸及其制造方法	尹盛东 等	CN202010187452	CN111270552A
597	D21H	一种有效控制造纸过程异味的方法	占正奉 等	CN202010180020	CN111335068A
598	D21H	一种超细腻面感的哑光铜版纸及其制备方法	刘历鹏	CN202010181375	CN111321632A
599	D21B	一种基于破损浸渍纸和浸渍纸裁切边角料的溶解回收再利用的方法	王 欣 等	CN202010179591	CN111379181A
600	D21H	一种不含氟碳化合物且可生物降解的防油纸及其制备方法	童树华 等	CN202010173129	CN111519466A
601	B27M	一种宣纸造纸帘的制作方法	杨利君	CN202010169436	CN111347513A
602	D21J	一种降低造纸工艺中纸浆纤维流失率的加工工艺	朱 跃	CN202010160018	CN111235965A
603	D21B	一种提高秸秆制浆工艺中得浆率的秸秆处理方法	朱 跃	CN202010159985	CN111218830A
604	D21H	一种碳酸钙填充高强度涂布纸的制备方法	董海强	CN202010159423	CN111270550A
605	D21C	一种利用固定化酶技术进行预处理以提取高纯度秸秆纤维素的方法	娄春华 等	CN202010158349	CN111472190A
606	D21H	一种防潮的纸质家具用瓦楞原纸及其制备方法	张 磊	CN202010154901	CN111364288A
607	D21H	一种水溶性卫生纸及其制备工艺	赵红奎 等	CN202010152010	CN111335073A

续表

序号	分类号	发明名称	发明人	申请号	公开(公告)号
608	D21F	一种易着色型油画纸的制作工艺	李明辉 等	CN202010146986	CN111197267A
609	D21H	一种易晕染型水彩纸的制作方法	李　澄 等	CN202010147386	CN111235961A
610	D21H	一种以玉米秸秆为原料生产造纸用浆的工艺	吴学军 等	CN202010146974	CN111676726A
611	D21H	一种具有绝热防潮功能的纸板制作方法	刘齐胜	CN202010141281	CN111364279A
612	D21B	一种无氟防油纸的生产方法	温国明 等	CN202010141353	CN111254732A
613	D21H	一种高强度浸渍加工纸的生产方法	温国明 等	CN202010141360	CN111304965A
614	D21H	一种离型纸的生产方法	温国明 等	CN202010141373	CN111287015A
615	D21H	一种环氧涂布纸及制备工艺	周顺奎 等	CN202010139226	CN111321629A
616	D21H	一种石墨烯纳米碳纤维纸及其制备方法	汤志文 等	CN202010138869	CN111172804A
617	D21H	一种添加纳米纤维素的低定量食品包装用纸及其制造方法	马伟东 等	CN202010124848	CN111304967A
618	D21H	一种杂环芳纶纸的制备方法	庹新林 等	CN202010081094	CN111235943A
619	D21C	一步法从木质纤维原料中分离纤维素的方法	肖卫华 等	CN202010065800	CN111101394A
620	D21H	一种芳纶纳米纤维原位增强纸基材料性能的方法	宋顺喜 等	CN202010105210	CN111304955A
621	D21F	一种抗腐蚀美术用纸及其制备方法	韩岩岩	CN202010125513	CN111235938A
622	D21H	一种基于碳酸钙纤维复合填料的原纸制备工艺	杜　涛	CN202010178845	CN111287017A
623	D21H	一种提高木浆空气滤纸原纸透气性的方法	刘　忠 等	CN202010371027	CN111549574A
624	D21H	一种含中空多孔二氧化硅微球的耐压隔热纸及其制备方法	邱雄豪 等	CN202010363955	CN111622016A
625	D21H	一种防火 UV 预涂纸及其制造方法	邱仁朝	CN202010565911	CN111705549A
626	D21H	一种含有沉香粉成分的纸巾及其制备工艺	高志恳 等	CN202010566820	CN111691230A
627	D21J	一种双层纸浆模塑产品制备方法	徐红兵 等	CN202010567907	CN111608024A
628	D21B	一种废纸回收再生纸板加工工艺	黄志伟 等	CN202010577976	CN111749038A
629	D21B	基于聚丙烯酸型高吸水复合树脂的吸水纸及其制备方法	吴　跃	CN202010620743	CN111945447A
630	D21H	一种工业包装用纸的制造方法	肖乾楚	CN202010623288	CN111733626A
631	D21F	一种利用废蚕丝生产书画纸的工艺技术	朱友胜 等	CN202010187213	CN111254734A
632	D21H	一种少胶/无胶型玄武岩纤维纸的制备方法	宋顺喜 等	CN202010106110	CN111188222A
633	D21H	一种桑蚕丝防伪艺术纸及其制备方法和应用	周大仕 等	CN202010120122	CN111254752A
634	D21J	具有单面导电、导热性兼具电磁屏蔽功能的复合纤维素纳米纸	李　滨 等	CN202010081195	CN111235964A
635	D21C	一种氧化法预处理植物纤维制备纤维素纳米纤维的方法	温洋兵 等	CN202010044873	CN111206449A
636	D21H	改善的滤纸	迪特尔·默灵 等	CN201980023554	CN111936700A
637	D21B	废纸溶解	C·巴雷思 等	CN201980029525	CN112055768A
638	D21H	制造多层纸板的方法、多层纸板以及用于多层纸板制造的组合物	马蒂·希耶塔涅米	CN201980015085	CN111771026A
639	D21H	具有至少一个阻隔涂料层的纸板结构	逄杰斌 等	CN201980014270	CN112055769A

续表

序号	分类号	发明名称	发明人	申请号	公开(公告)号
640	C08H	一种以玉米秸秆发酵生产酒精的残渣为原料联产低聚糖、木质素、本色浆的工艺方法	施晓旦 等	CN201911402746	CN111100305A
641	D21H	一种彩色水印防伪纸的制造方法	陈修管	CN201911358793	CN111005263A
642	D21H	一种芳纶和木浆复合纸及其制备方法	黎 勇 等	CN201911364086	CN110965394A
643	D21H	一种低温用玻纤气凝胶复合纸的制备工艺	曹 勇 等	CN201911376913	CN111074672A
644	D21H	一种发泡杯用原纸的芯层浆料、制作工艺及发泡杯用原纸	朱国忠 等	CN201911370841	CN111074667A
645	D21H	一种网格纹纸	刘 言 等	CN201911297314	CN111270562A
646	D21H	一种高绝缘性能间位芳纶厚纸及其制备方法	李正胜 等	CN201911299705	CN111021150A
647	D21H	一种包装礼盒用纸板	徐卫庆	CN201911296853	CN110952379A
648	D21F	一种高绝缘性能间位芳纶原纸的制作方法	李正胜 等	CN201911299294	CN110939008A
649	B27J	一种用竹子制取竹浆纤维及竹子提取物的制备方法及用途	张明勋 等	CN201911307366	CN110978171A
650	D21B	一种防潮防霉食品包装用纸的制备方法	肖和功	CN201911092635	CN110777550A
651	D21H	一种加厚无氯绝缘纸及其生产干燥工艺	闾传胪 等	CN201911099068	CN110983857A
652	D21H	一种耐热型合成纤维纸	闾传胪 等	CN201911099154	CN111139682A
653	D21H	一种具有保鲜功能的包装用纸及其制备方法	何 涛 等	CN201911099189	CN110804898A
654	D21C	由使用过的卫生用品制造再生浆粕的方法	小西孝義 等	CN201911099329	CN110846919A
655	D21C	由使用过的卫生用品制造再生浆粕的方法	小西孝義 等	CN201911099342	CN110820401A
656	D21C	一种竹浆粕制备工艺	蔡秋华 等	CN201911075289	CN110904710A
657	D21B	筛板、碎浆机、用于制造纤维浆悬浮液的工艺和方法	J·阿霍拉 等	CN201911075783	CN111139676A
658	D21B	一种高白度化学机械浆的制备方法	许兴国 等	CN201911078145	CN110820399A
659	D21H	一种可防水的办公打印纸及其加工方法	范子辉	CN201911078418	CN110939016A
660	D21H	一种复合纸及其制备方法	赵红奎 等	CN201911080554	CN110777568A
661	D21H	超高光泽度喷墨打印纸及其制备方法	张丽惠 等	CN201911081177	CN111021149A
662	D21H	用于瓦楞纸板加工的表面施胶工艺	杜 威 等	CN201911085181	CN110863388A
663	D21H	一种疏水增强型书画纸及其制备方法	赵会芳 等	CN201911068270	CN110804900A
664	D21H	一种疏水抗油食品包装用纸及其制备方法	赵新民 等	CN201911068274	CN110792003A
665	D21H	一种合成离型纸及其制作方法	张肖飞 等	CN201911069809	CN110872791A
666	D21F	一种轻量化绿色热封型茶叶滤纸及其制备方法	李国毅 等	CN201911057709	CN111172802A
667	D21H	一种轻量化绿色非热封型茶叶滤纸及其制备方法	翟 睿 等	CN201911057760	CN110924228A
668	D21H	一种可降解卫生纸生产工艺	不公告发明人	CN201911063579	CN110761113A
669	D21H	一种疏水元书纸及其制备方法	李文德 等	CN201911068264	CN111218848A
670	D21B	一种高强度胶带纸的制备方法及应用	董夫典 等	CN201911062954	CN110747676A
671	D21H	一种芳纶 1313 高电气强度绝缘纸及其制备方法	李永锋 等	CN201911066878	CN110965384A
672	D21H	一种溶液再生高湿强纸张及其制备方法	王慧庆 等	CN201911051269	CN110904724A
673	D21H	一种高湿强纳米蚕丝纸张及其制备方法	王慧庆 等	CN201911051907	CN110747698A
674	D21H	一种高质量竹浆纸的制作装置	曾 迪	CN201911052481	CN110714358A

续表

序号	分类号	发明名称	发明人	申请号	公开(公告)号
675	D21H	一种瓦楞原纸施胶工艺	杨铭秀 等	CN201911055780	CN110904727A
676	D21H	一种将竹浆漂白的方法	程金兰 等	CN201911046801	CN110894696A
677	D21H	一种强撕裂度牛皮原纸及其制备方法	金忠泉 等	CN201911048010	CN110894695A
678	D21H	低定量超疏水包装用纸及其制备方法	胡志军 等	CN201911043453	CN110939012A
679	D21H	低定量超疏水滤纸及其制备方法	曹鑫宇 等	CN201911043944	CN111021143A
680	D21H	一种纸吸管及其制备方法	杨朝林 等	CN201911046787	CN110714363A
681	D21H	一种育果袋纸及其制造方法	张肖飞 等	CN201911038756	CN110863386A
682	D21D	一种高松厚度色卡纸配方及其制备方法	吴小伟 等	CN201911040047	CN110820404A
683	D21H	一种缓释香型装饰纸的抗菌超疏水整理方法	刘丹丹	CN201911041525	CN110777567A
684	D21H	一种食品包装用纸及其制备方法	张克庆 等	CN201911030139	CN110747699A
685	D21C	一种阔叶木全无氯漂白的制浆方法	孙炳伟 等	CN201911031021	CN110670398A
686	D21H	一种加填石膏晶须的纸页的制备方法	龚木荣 等	CN201911025380	CN110747689A
687	D21C	一种秸秆综合利用的方法	刘同林 等	CN201911020406	CN110791990A
688	D21B	一种利用超声波技术改善制化学机械浆过程中木片预浸渍效果的方法	吴　斑 等	CN201911005159	CN110747674A
689	D21B	一种无废液排放的瓦楞原纸生产工艺	李　奎	CN201911001472	CN110699994A
690	D21C	一种双氧水氧化漂白过程 pH 值稳定技术	李　群 等	CN201911002958	CN110725148A
691	D21H	一种环保纸及其制备方法	石　勇 等	CN201911003445	CN110644278A
692	D21D	一种基于不同纤维特性的商品浆处理的卫生纸性能提升方法	伍鹤时 等	CN201910995098	CN110699999A
693	D21F	一种绝缘钢纸中面纸的制作工艺	胡　越 等	CN201910995264	CN110700002A
694	A47K	一种本色高湿强面巾纸及其生产工艺	伍鹤时 等	CN201910996085	CN110693372A
695	D21B	一种高强瓦楞原纸生产工艺	程广正	CN201910998543	CN110714349A
696	D21H	一种高强度白卡纸配方及制备方法	吴小伟 等	CN201910994707	CN110820412A
697	D21H	一种新型过滤纸及其制备方法	张素风 等	CN201910983231	CN110820424A
698	D21H	一种高强瓦楞原纸的制备方法	张成飞 等	CN201910983628	CN110700005A
699	D21H	一种耐热防水墙纸及其制备方法	许建峰 等	CN201910984212	CN110670414A
700	A47K	一种可水解卫生纸	不公告发明人	CN201910993796	CN110693371A
701	D21H	一种积层板基纸及其生产工艺	林家宝	CN201910974785	CN110644289A
702	D21B	一种改性牛皮纸生产耐火板的加工工艺	常彩侠	CN201910971602	CN110670392A
703	D21H	一种疏水瓦楞状纤维纸的制备方法	林悦敏	CN201910975705	CN110777565A
704	D21H	一种纸质过滤材料及其制备方法与应用	张秀芳 等	CN201910982554	CN110700015A
705	D21H	一种具有催化性能和 SERS 性能的聚酰亚胺复合纸及其制备	赵　昕 等	CN201910955378	CN110777559A
706	D21C	一种制造纤维素硝酸酯用棉浆粕生产工艺	陈忠国 等	CN201910957021	CN110656524A
707	D21H	一种压制覆铜板作垫层用的热压垫纸板的生产工艺及其用途	林家宝	CN201910957970	CN110700009A
708	D21H	一种耐高温聚砜基复合绝缘纸的制备方法	刘乾坤	CN201910958020	CN110735355A

续表

序号	分类号	发明名称	发明人	申请号	公开(公告)号
709	D21H	一种高精度过滤旋装机燃油滤清器滤纸及其制备方法	余振威 等	CN201910971095	CN111197270A
710	D21H	一种双面颜色双层结构纸及其制作工艺	王宗提	CN201910955132	CN110804904A
711	D21C	一种纤维浆料制备纳米纤维素的方法	王文波 等	CN201910949689	CN110656526A
712	D21C	宣纸檀皮浆无氯漂白方法	黄迎福 等	CN201910949425	CN110761104A
713	D21C	宣纸草浆无氯漂白方法	黄迎福 等	CN201910949448	CN110747682A
714	D21C	一种高松厚度、低抽出物硫酸盐相思木浆的制备方法	李树木	CN201910932209	CN110644272A
715	D21C	一种植物纤维的生物机械或化学机械式制浆造纸的工艺	王东兴 等	CN201910933742	CN110714351A
716	D21H	一种本色竹纤维生物化学机械浆的制备方法	杨　玲 等	CN201910908572	CN110700004A
717	D21B	再生浆粕	小西孝义 等	CN201910913738	CN110656523A
718	D21H	一种耐水阻燃纸及其制备方法和应用	陈雪峰 等	CN201910923623	CN110644288A
719	D21H	一种耐磨防水纱管纸及其制备方法	冯沾善 等	CN201910927487	CN110820413A
720	D21H	一种高灰分瓦楞原纸及其制备方法	朱跃民 等	CN201910927488	CN110804902A
721	D21H	一种防静电抗菌型装饰纸的制备方法	陈关荣	CN201910928546	CN110761115A
722	D21H	一种防水抗压纸箱的制备方法	陈世宏 等	CN201910928685	CN110656542A
723	B31B	一种抗压阻燃纸箱的制备方法	陈世宏 等	CN201910928686	CN110744859A
724	D21H	一种用于纸张印刷用带有香味的印刷纸及其制备方法	刘　铭 等	CN201910929544	CN110747697A
725	D21F	一种不锈钢纤维增强高密度纤维纸板及其制备方法	黄元盛 等	CN201910914210	CN110670403A
726	D21H	一种高品质白光发射纳米纸的制备方法	常　慧 等	CN201910910995	CN110700006A
727	D21H	一种具有三明治结构的极板涂板纸及其制备方法	王　浩 等	CN201910903658	CN110644291A
728	D21H	一种具有防水功能的包装用纸及其加工工艺	马加和	CN201910868411	CN110700011A
729	D21H	一种高导热防静电热升华转移印花纸	刘燕韶 等	CN201910891012	CN110644286A
730	D21H2	一种耐折爆的卡纸及其制备方法和应用	任小平 等	CN201910892824	CN110714366A
731	D21C	一种生物酶与碱协同制备化学机械浆的生产方法	吉兴香 等	CN201910853411	CN110656525A
732	D21H	一种具有保温和加热功能的食品卡纸及其制备方法	赵　磊 等	CN201910853425	CN110670411A
733	D21H	一种具有天然图案的纸张的制造方法	张胜迪	CN201910851933	CN110656541A
734	D21H	一种高精度通电恒温试纸及其制备方法	许银超 等	CN201910850853	CN110644282A
735	D21H	一种提高结合力的箱纸板及其制作工艺	占正奉 等	CN201910821187	CN110846936A
736	D21H	一种湿膨胀率低、恢复性高的特种纸及其制备方法	不公告发明人	CN201910831458	CN110578266B
737	D21H	一种尺寸稳定且恢复性优良的特种纸及其制备方法	不公告发明人	CN201910831700	CN110565431B
738	D21H	一种浸胶耐磨纸及其制备方法	程　波	CN201910815112	CN110670406A
739	D21H	一种基于纳米纤维素的可控雾度纳米纸及其制备方法	刘德桃 等	CN201910822656	CN110685182A
740	D21H	一种高强度空气过滤纸及其制备方法	陶卫荣 等	CN201910790681	CN110792002A
741	D21H	一种高抑菌竹纤维擦手纸及制备方法	李丛峰 等	CN201910783640	CN110747696A
742	D21H	一种芳纶纳米纤维基绝缘纸及其制备方法	王建锋 等	CN201910789235	CN110485195B

续表

序号	分类号	发明名称	发明人	申请号	公开(公告)号
743	D21C	一种杨木KP浆TCF漂白生产溶解浆的工艺	吉兴香 等	CN201910796683	CN110644270A
744	D21D	适用环保水墨卫星式柔版印刷技术的接装纸原纸制造方法	潘高峰 等	CN201910805148	CN110685180A
745	D21H	一种防油淋膜原纸的制造方法	李　丹 等	CN201910730079	CN110512457B
746	D21C	一种樟木硫酸盐法制浆工艺	吴　恒 等	CN201910730090	CN110438834B
747	D21H	一种用于燃料电池的高性能碳纸及其制备方法与应用	杨仁党 等	CN201910757768	CN110512459B
748	D21F	一种用于制作教辅资料纸张的工艺	童根荣 等	CN201910796720	CN110656532A
749	D21D	一种废纸制浆系统	刘建涛 等	CN201910710392	CN110396848B
750	D21H	一种纸基透明材料及其制备方法与应用	杨仁党 等	CN201910728361	CN110552233B
751	D21H	提高纸管原纸层间结合强度的生产方法	陈务平 等	CN201810513199	CN108755239B
752	D21D	一种纸板生产工艺	彭　灿 等	CN201810534161	CN108611901B
753	D21D	一种造纸工艺	谢响玲 等	CN201810535107	CN108729288B
754	D21H	一种对位芳纶纸及其制备方法	马韵升 等	CN201810562334	CN108824067B
755	D21H	一种耐高湿玻璃纤维空气滤纸及其制备方法	王　莹 等	CN201810562862	CN108842503B
756	D21H	一种单面蓝色工程原纸的造纸工艺	汤志久 等	CN201810574115	CN108755237B
757	D21F	无纺接缝纸及其制备方法	李安东 等	CN201810581430	CN108716155B
758	D21J	一种纸浆模塑产品及其制备方法	王建华 等	CN201810594693	CN108729308B
759	D21H	一种用于高速印刷机的高吸墨性铜版纸及其制备方法	何晓燕	CN201810612995	CN108867170B
760	B29C	一种环保墙纸的制备方法	李华令 等	CN201810650298	CN108943544B
761	D21H	一种格拉辛原纸及其生产方法及生产系统	张成飞 等	CN201810698794	CN110656539A
762	D21F	一种宣纸成型的加工工艺	张汉荣	CN201810711286	CN108999011B
763	D21B	一种宣纸原浆的制备方法	张汉荣	CN201810711287	CN109112870B
764	D21H	一种防近视纸张的生产工艺	徐守聪 等	CN201810712229	CN108914680B
765	D21F	防伪原纸、防伪铜版纸及制备方法	丁　强 等	CN201810717123	CN110670402A
766	B32B	一种NMN绝缘纸的结构及其生产工艺	孙忠海 等	CN201810721628	CN110682615A
767	D21H	一种菱格点胶绝缘纸的生产工艺	孙忠海 等	CN201810722539	CN110685188A
768	D21H	一种皱纹纸管的结构与加工工艺	孙忠海 等	CN201810723964	CN110685181A
769	D21H	一种纸张及其制备方法和用途	王鹏辉 等	CN201810724080	CN110685189A
770	D21J	一种芳纶纤维多孔导电纸及其制备方法	孙晓刚 等	CN201810735679	CN108755279B
771	D21H	一种碳纤维纸的制备方法	史景利 等	CN201810741949	CN108914681B
772	D21F	一种猕猴桃生长用套袋纸的生产方法	叶　剑 等	CN201810746261	CN110700001A
773	D21F	一种毛布在线酸碱性清洗方法	陆志浩	CN201810802435	CN110735350A
774	D21	一种以人参残渣为原料制备抗菌纸的工艺	司传领 等	CN201810800054	CN108797189B
775	D21H	一种新型再生牛卡纸浆的生产方法	张艳彬	CN201810802623	CN110735361A
776	D21H	一种高光涂料、高光纸及其制备方法	杨仁党 等	CN201810823589	CN109183500B
777	D21H	一种棕黑色的环保墙纸及其制备方法	何洪学	CN201810835137	CN108951299B
778	D21H	一种吸附甲醛的环保壁纸	何洪学	CN201810836474	CN108914706B

续表

序号	分类号	发明名称	发明人	申请号	公开(公告)号
779	D21H	一种吸附光催化降解有机物的环保壁纸及其制备方法	何洪学	CN201810836487	CN108914707B
780	D21H	一种导热型芳纶纳米绝缘纸及其制备方法	杨　斌 等	CN201810838115	CN108978328B
781	D21H	一种热敏版原纸的生产方法	王元元 等	CN201810866839	CN108914704B
782	D21H	一种纸杯及其制备工艺	王　恬 等	CN201810872167	CN109235144B
783	D21C	一种复合酶酶解制备条形纳米纤维素及其方法	陈小泉 等	CN201810849243	CN109024037B
784	D21B	一种废纸再生工艺方法	王晨宇	CN201811061852	CN109024025B
785	D21D	新型制浆尾渣处理设备及处理方法	李　飞	CN201811067243	CN110894694A
786	D21H	一种铜版纸及其加工方法	潘长学 等	CN201811056560	CN110886136A
787	D21H	一种耐用抗菌白卡纸及其制备方法	李树伟 等	CN201811056571	CN110886131A
788	D21H	一种防霉抗菌白卡纸及其加工工艺	李树伟 等	CN201811056572	CN110886132A
789	D21H	一种功能性升华转移印花纸及其制备方法和应用	陈利帮	CN201811051373	CN110886134A
790	D21H	一种多层压花纸及其生产工艺	陈利帮	CN201811051398	CN110886144A
791	B44C	一种无涂层热升华转移印花纸的生产工艺	陈利帮	CN201811051411	CN110884280A
792	D21H	一种高光度防蛀铜版纸加工方法	李建强 等	CN201811055656	CN110886135A
793	B65D	一种卷烟包装装饰用纸及其应用	何　钢 等	CN201811070439	CN109132195B
794	B65D	一种卷烟废弃物制备的卷烟包装装饰用纸及其应用	王佳珺 等	CN201811070441	CN109132196B
795	D21F	一种高阻隔涂布白卡纸及其制备方法	任小平 等	CN201811087439	CN109183490B
796	D21C	一种复合酶制剂以及制备纸浆的工艺	陈五岭 等	CN201811088291	CN108978305B
797	D21C	一种环保再生纸及其制备方法	赵建平 等	CN201811098467	CN109295787B
798	D21H	一种高强度高防潮再生白纸板	苗成仁	CN201811099378	CN109024092B
799	D21H	一种高强度胶带原纸的制造方法	李　丹 等	CN201811104101	CN109235140B
800	D21F	食品级烘焙纸及其制作方法	袁　麟 等	CN201811112182	CN109235113B
801	D21H	一种使用含铋材料的高透明度透明纸的制备方法	王晓芳 等	CN201811119560	CN109183495B
802	D21H	一种不含工业防腐剂的绿茶香卷烟纸及其制备方法	杨　皓 等	CN201811130744	CN110952374A
803	D21B	一种环保秸秆生物机械法制浆工艺	王东兴 等	CN201811165365	CN109338775B
804	D21H	一种电磁屏蔽防护卡用导电纸的制备方法	詹建朝	CN201811214814	CN110735362A
805	D21C	一种利用杨木板皮生产醋化级溶解浆的方法	吴朝军 等	CN201811228170	CN109403115B
806	B31F	一种造纸用涂布、烫金、压纹连续性生产加工工艺	李佳乐 等	CN201811237484	CN109334125B
807	D21H	一种废彩印纸再生工艺	陈　强	CN201811315692	CN111155353A
808	D21H	一种簿本用纸的制作方法	禚　昊 等	CN201811346107	CN109457534B
809	D21D	一种造纸用纸浆固液分离方法	不公告发明人	CN201811350452	CN109208371B
810	D21C	一种二氧化氯漂白反应过程中生成的中间体及其生成方法	姚双全 等	CN201910618040	CN110318279B
811	D21C	一种木质纤维同步制备高纯纤维素和木质素纳米颗粒的方法及其应用	任俊莉 等	CN201910639300	CN110485188B
812	D21B	一种造纸纸浆的联合处理工艺	钱柏安 等	CN201910668571	CN110804891A
813	D21F	一种利用甜高粱秆酒糟制浆造纸的方法	周焕东 等	CN201910529959	CN111118943A

续表

序号	分类号	发明名称	发明人	申请号	公开(公告)号
814	D21B	一种 TF 系列纸管原纸及其制备工艺	王大伟 等	CN201910513307	CN110258155B
815	D21B	一种快速提取植物纤维生产纸浆的方法	蔡燕芬	CN201910510627	CN110219192B
816	D21H	一种含复合施胶液的多层厨房用纸	林文俊 等	CN201910561803	CN110318298B
817	D21F	一种高档深色卡纸的生产工艺	郭旭斌 等	CN201811422300	CN109371732B
818	D21H	一种儿童用柔性纸巾的制备方法	彭宝全	CN201811422450	CN111218843A
819	D21H	一种吸灰防扬尘纸巾生产方法	彭宝全	CN201811422731	CN111218844A
820	A47K	一种吸灰防扬尘纸巾	彭宝全	CN201811422732	CN111214155A
821	D21F	一种洁净杀菌纸巾制备方法	彭宝全	CN201811422733	CN111218838A
822	A47K	一种洁净杀菌纸巾	彭宝全	CN201811422734	CN111214156A
823	D21H	一种环保型涂布加工纸	不公告发明人	CN201811436774	CN111235954A
824	D21H	一种空滤耐高温滤芯纸	孙　凯	CN201811415137	CN111218852A
825	D21H	一种环保型高强度包装用纸	不公告发明人	CN201811437591	CN111235942A
826	D21B	一种改进的使用废纸生产瓦楞原纸的生产工艺	刘伟锋 等	CN201811541429	CN109371730B
827	D21B	一种使用废纸制浆的提高纤维利用率的瓦楞原纸生产方法	刘伟锋 等	CN201811541861	CN109518505B
828	D21H	一种高定量生活用纸的生产方法	刘枝强 等	CN201811559678	CN109594419B
829	D21D	一种高挺度吸管衬纸及其制备方法	伊财富 等	CN201811595584	CN109629303B
830	D21H	一种高表面留存涂料、涂布纸及其制备方法	徐　琦 等	CN201811605000	CN111364285A
831	D21H	一种建筑装饰用防火纸	不公告发明人	CN201811436787	CN111235950A
832	D21H	一种抗菌手帕纸	不公告发明人	CN201811436804	CN111235955A
833	D21B	一种热烫变色彩色纸及其生产方法	周大仕 等	CN201811545650	CN109371733B
834	D21F	一种耐化学腐蚀性优异的热稳定性纸材及其制备方法	范同波 等	CN201811582020	CN111350098A
835	D21B	一种牛皮挂面箱纸板的制备工艺	李文斌	CN201811619030	CN109629286B
836	D21C	一种热水处理协同生物酶处理的生物机械浆制备方法	吉兴香 等	CN201811640503	CN109629296B
837	D21C	一种热蒸汽协同生物酶处理麦草制备本色生物机械浆的方法	吉兴香 等	CN201811640569	CN109680530B
838	D21C	一种热蒸汽协同生物酶处理麦草制备原色生物机械浆的方法	田中建 等	CN201811640587	CN109706771B
839	D21H	一种麦草叶制备生物机械浆的方法	吉兴香 等	CN201811640675	CN109629318B
840	D21C	一种麦草秸秆制备生物机械本色浆的方法	陈嘉川 等	CN201811645480	CN109577059B
841	D21C	一种热水协同碱性生物酶处理麦草制备本色生物机械浆的方法	吉兴香 等	CN201811645661	CN109577060B
842	D21C	制造再循环浆粕纤维的方法及再循环浆粕纤维	小西孝义 等	CN201880040343	CN110770393A
843	D21H	提高纸或纸板产品的强度性能的方法	M·维尔塔嫩 等	CN201880038617	CN110730842A
844	D21C	高稠度重新制浆方法、设备和掺入再循环纤维的吸收产品	J·A·李	CN201880035363	CN110719978A
845	D06M	制备起皱纸的组合物和方法及其起皱纸	D·A·格斯滕哈伯 等	CN201880033373	CN110651080A

续表

序号	分类号	发明名称	发明人	申请号	公开(公告)号
846	D21B	提高制浆工艺的吞吐量和/或降低能量使用的方法	J·A·兰多尔夫 等	CN201880040972	CN110770391A
847	D21C	制造纤维素纳米纤维化用浆粕纤维的方法及纤维素纳米纤维化用浆粕纤维	小西孝义 等	CN201880040344	CN110770394A
848	D21F	制备纸板的方法、纸板和瓦楞纸板	T·斯普斯	CN201880056844	CN111315929A
849	D21H	一种高强瓦楞原纸及其制备方法	刘伟锋 等	CN201910384095	CN111910469A
850	D21H	一种耐高温瓦楞原纸及其制备方法	刘伟锋 等	CN201910384662	CN111910471A
851	B31F	一种阻燃瓦楞原纸及其制备方法	刘伟锋 等	CN201910384098	CN111907130A
852	D21C	一种高白度废纸脱墨漂白纸浆的生产方法	董立辰	CN201910360232	CN110904709A
853	D21B	一种农作物秸秆程序性爆破制浆方法	吴学军 等	CN201910334735	CN109957982B
854	C08B	一种新型疏水改性纳米纤维素及其制备方法和应用	沙力争 等	CN201911068275	CN110835377A
855	D21C	一种低过渡金属含量的高湿强废纸的制浆方法	陈欢欢 等	CN201910592093	CN110258159B
856	D21C	一种竹浆粕的制备方法、竹浆粕及纤维	徐佳威 等	CN201910467410	CN112012034A
857	D21H	一种可溶制纸的生产方法	孔佳锦 等	CN201910452489	CN112012044A
858	D21B	一种纸张生产工艺	胡　鑫	CN201910471200	CN110184839B
859	D21H	一种防潮防霉瓦楞原纸及其制备方法	刘伟锋 等	CN201910391910	CN111926624A
860	B32B	一种耐磨瓦楞原纸及其制备方法	刘伟锋 等	CN201910391938	CN111923555A
861	D21H	一种利用废纸制备的环保瓦楞原纸及其制备方法	刘伟锋 等	CN201910392037	CN111926625A
862	D21C	一种秸秆零排放制浆和生产木素新工艺	曲香华	CN201910508449	CN111691215A
863	D21C	一种工业大麻秆纸浆的制备方法及其在纸张制备中的应用	于朝晖 等	CN201910343338	CN111851106A
864	D21H	一种多层滤纸及其制备方法	胡　健 等	CN201910256675	CN109989296B
865	D21D	一种低定量高挺度胶水原纸制造的工艺及装置	陈建斌 等	CN201910189439	CN109898360B
866	D21F	一种手工造纸制作工艺及设备	曹　毅	CN201910200676	CN109957991B
867	D21H	造纸方法	王祥槐 等	CN201910182935	CN111691223A
868	D21H	一种利用废纸管制备的再生纸浆	周锦莹 等	CN201910148686	CN111622012A
869	D21B	一种再生纸制造方法及再生纸	周锦莹 等	CN201910148687	CN111622002A
870	D21C	一种高粘棉浆的生产方法	陈忠华 等	CN201910004230	CN111395026A
871	D21B	一种水热预处理制备优质农作物秸秆溶解浆的方法	曲永水 等	CN201910071516	CN111472186A
872	D21C	一种常压制纸浆工艺	徐　明 等	CN201910104694	CN109706772B
873	D21C	用于增强化学木浆的氧脱木质素的方法	D·J·尼科尔森	CN201880072704	CN111344455A
874	D21C	用于通过溶气浮选处理水性进料的方法	马蒂·希耶塔涅米 等	CN201880076712	CN111417754A
875	D21C	用于预测或控制纸张或纸板制造过程中微生物状态的方法	马尔科·科拉里 等	CN201880079004	CN111433406A
876	D21H	生产单层纸或多层纸的方法	C·阿梅尔 等	CN201880081543	CN111566284A
877	D01B	通过蒸汽爆破精制植物纤维的方法	D·杜邦	CN201880089264	CN111801447A
878	D21B	一种低定量的牛皮挂面箱纸板的生产方法	李文斌	CN201811618524	CN109487609B
879	D21D	造纸浆料的打浆方法及打浆辅助制剂	刘仙阳 等	CN201811399789	CN111206451A

续表

序号	分类号	发明名称	发明人	申请号	公开(公告)号
880	D21F	一种 OCC 渣浆高效再回收生产工艺	陈光军 等	CN201810916301	CN108914672B
881	D21D	一种废纸制浆尾渣的回收利用工艺	蒋宗植 等	CN201810930346	CN109137594B
882	D21H	一种矿物质吸附脱氧复合纸生产工艺	李锦添	CN201810909135	CN109024091B
883	D21D	一种竹柳的 PRC-APMP 制浆方法	禚　昊 等	CN201810897841	CN110820403A
884	D21D	一种用水浮莲制备纸浆的方法、制备的纸浆及应用	李春光	CN201810890265	CN109024044B
885	D21C	一种书画纸用树皮浆的全无氯漂白方法与应用	王　阳 等	CN201810883238	CN109183485B
886	D21B	一种即冲速溶的卫生纸的制备方法	夏双印	CN201810891542	CN109024029B
887	D21C	一种以高浓盐水作为蒸煮介质的制浆方法	陈夫山 等	CN201810872785	CN109024033B
888	D21J	一种带有微缩防伪信息的纸浆模塑制品生产工艺方法	左华伟 等	CN201810786021	CN109162151B
889	D21C	一种溶解浆的制备方法及溶解浆	汪　波 等	CN201810751437	CN108914669B
890	A47K	一种纸巾及其制造方法和应用	刘枝强 等	CN201810520521	CN108685512B
891	D21H	一种电吸附法纸张脱酸的方法	秦　颖 等	CN201810461447	CN108642965B
892	D21H	芳纶纳米空气过滤纸制备方法及芳纶纳米空气过滤纸	惠岚峰 等	CN202010317902	CN111350102A
893	D21H	干聚合物涂布方法	R·M·罗威等	CN201880051629	CN110998023A
894	D21C	控制纸浆厂化学平衡的方法	劳里·佩胡-赫托宁	CN201880062121	CN111212945A
895	D21H	造纸工艺中化学效率的提高	J·C·哈林顿等	CN201880075852	CN111406136A
896	D21H	用于包装液体和/或冷冻食品的纸板	A. 尼弗洛特等	CN201880081285	CN111655930A
897	D21H	由单层片薄页纸幅制成的多层片薄页纸产品	M·蒂里马科	CN201880092553	CN112041503A
898	D21H	改性纸浆制备方法、地图原纸的制备方法及地图原纸	蔡文亮 等	CN201910085254	CN111485444A
899	D21B	低木质素含量低过渡金属含量高湿强废纸的处理方法	陈传勇 等	CN201910588657	CN110295508B
900	D21J	一种利用多聚糖纤维薄层压制特种导电纸防水纸及其制备方法	王　晨 等	CN201910663041	CN110373954B
901	D21J	聚醚醚酮纤维复合纸及其制备方法	栾加双 等	CN201910710354	CN110373955B
902	D21C	一种纸浆模塑制品制浆工艺	常　明 等	CN201911160018	CN110846920A
903	D21H	一种用于油水分离的纸基功能材料及其制备方法和应用	吴伟兵 等	CN201911197769	CN111218853A
904	B32B	一种防水型纸蜂窝板及其制备方法	李　雳	CN201911212163	CN110861371A
905	D21H	一种同步制备纤维素纳米晶须和纤维素纳米纤丝的方法	徐　峻 等	CN202010210110	CN111395031A
906	D21H	纸制品的制备方法、纸制品和气溶胶产生装置	张云开 等	CN202010413318	CN111593599A
907	D21H	一种无塑餐具包装用纸的生产设备及工艺	朱忠凯	CN202010428951	CN111663362A
908	D21H	一种改善阻燃性和适印性的合成壁纸基纸及制备方法	李　霞	CN201811204731	CN109112896B

续表

序号	分类号	发明名称	发明人	申请号	公开(公告)号
909	D21H	具有携香及选择性降低烟气苯酚含量功能的超细纤维功能化纤维素成型纸及其制备和应用	谢兰英 等	CN201811324094	CN111155357A
910	D21H	一种具有咖啡香味的纸及其制备方法和应用	蒋先林 等	CN201910654066	CN110284361B
911	D21D	一种微细纤维及其制备方法和应用以及一种电气设备所用隔膜的制备方法	陈雪峰 等	CN201910863741	CN110656529A
912	D21H	一种低透气度变异系数的卷烟纸及其制备方法	师永卫 等	CN201811601666	CN111364289A
913	D21H	防伪纸的制造方法	马里奥·布施 等	CN201880045061	CN111108246A
914	B65D	一种烟盒及其制作工艺	金兆丹 等	CN201910380196	CN111907938A
915	D21H	一种可透气和水洗的复合柔性导电纸及其制备方法和应用	徐　峰 等	CN201910406702	CN110184855B
916	D21H	一种防霉抗水育苗纸浆模塑制品及其制备方法与应用	杨仁党 等	CN201910191870	CN109972443B
917	D21B	一种利用阻燃二次纤维制备的阻燃牛皮箱纸板及其制备方法	赵志芳 等	CN201910198521	CN109853282B
918	D21H	一种利用阻燃植物纤维制备的阻燃装饰原纸及其制备方法	吴海标 等	CN201910199212	CN109881528B
919	D21H	由短化学纤维制成的牛皮纸	胡利亚纳·克里斯蒂纳·达席尔瓦 等	CN201880087813	CN111655928A
920	D21H	除臭纸的制造方法	黑崎晓	CN201880073086	CN111344457A
921	D21H	吸管底纸的制作方法、吸管底纸以及纸吸管	刘仙阳 等	CN201910064373	CN111472198A
922	D21H	一种无墨可反复擦写纳米纤维纸的制备方法及其产品	李和平 等	CN201910094669	CN109898367B
923	D21F	一种能够控制水印亮度的纸张制备方法以及带有高亮水印的纸制品	王　平 等	CN201880045174	CN110869555A
924	D21H	一种易制浆的可模切高阻隔食品涂布卡纸及其制备方法	于广伟 等	CN201811640386	CN111379189A
925	B24D	一种长寿命高精密砂纸原纸的制备方法	华飞果 等	CN201811449976	CN109719634B
926	D21H	一种空滤耐高温滤芯纸制备方法	孙　凯	CN201811415151	CN111218846A
927	D21D	一种食盐包装用纸的制造方法	朱宏伟 等	CN201810897842	CN109183487B
928	D21B	一种营养育秧纸及其制备方法	文廷刚 等	CN201810890350	CN108978293B
929	D21H	一种碳纳米管导电纸的制备方法	刘志鑫 等	CN201810755626	CN108642968B
930	D21H	一种表面包覆钛硼氧化物涂层的陶瓷纤维纸的制备方法	张文杰 等	CN201810014629	CN108301253B
931	D21H	一种基于海藻的可食用包装用纸加工方法	朱敬萍 等	CN201810414226	CN108894057B
932	D21H	包含芳族聚酰胺浆粕的纸和由其制造的摩擦纸	M·阿夫沙里	CN201880068923	CN111527261A
933	D21H	一种高密度芳纶纤维纸层压板及其制备方法	杜　旻 等	CN201910917159	CN110670415A
934	D21H	一种梯度结构玻璃纤维滤纸及其制备方法和应用	刘铁军 等	CN201910937398	CN110820423A
935	D21H	一种隔离材料及其制备方法和应用	江骁雅 等	CN201911317937	CN111139680A
936	D21H	一种超级电容器纸及其制备方法与应用	王贤炉 等	CN202010055067	CN111254745A

续表

序号	分类号	发明名称	发明人	申请号	公开(公告)号
937	D21B	一种高透气度轻型医疗防护专用纸及其制造方法	朱容易 等	CN202010426673	CN111549554A
938	D21H	一种强力砂带原纸的制备方法	毛俊军 等	CN201710746495	CN107558301B
939	D21H	一种涂布纸及其制备方法	朱东洋 等	CN201810176508	CN108425268B
940	D21H	一种提高纸料助留助滤性能的方法	夏新兴 等	CN202010689334	CN111996834A
		制浆造纸装备			
1	A01N	一种微生物控制系统及其使用方法	涂文利 等	CN201410586445	CN105613489B
2	G01D	用于向造纸机或其它系统的传感器头提供功率的功率输送系统	C・安德罗尼奇 等	CN201480041412	CN105705910B
3	D21F	干燥系统及其造纸方法	徐锡土 等	CN201510288380	CN106283815B
4	D21F	干燥系统及其造纸方法	徐锡土 等	CN201510289385	CN106283816B
5	D21F	用于舒展辊的套体和舒展辊	迈克尔・沃库雷克 等	CN201510600532	CN106544919B
6	B31F	复合纸及其制造方法、造纸设备	陈八奇 等	CN201510616990	CN106553384B
7	D21F	展平辊	J・霍诺尔德 等	CN201580005879	CN105980629B
8	D21F	用于纤维材料幅脱水的装置	T・舍尔布 等	CN201580058601	CN107148500B
9	B31F	用于制造包装用纸的方法和设备	J・齐特洛	CN201580060772	CN107073865B
10	D21C	整合式硫酸盐纸浆厂和热化学转化系统	W・N・罗兰兹 等	CN201580064300	CN107002358B
11	D21F	干燥筒	马尔科・布鲁雅斯 等	CN201610041613	CN105803845B
12	D21F	一种三层造纸网织造方法以及三层造纸网	陆　平 等	CN201610629569	CN106192525B
13	B01D	洗浆鼓	牟相忠 等	CN201611075232	CN106731153B
14	D21C	设备布置和脱墨方法	罗曼・克劳泽 等	CN201680006435	CN107250457B
15	D21D	用于监视磨损装置，尤其是密封装置的方法和设备	马克・埃克伦茨 等	CN201680023121	CN107532381B
16	D21F	用于制造高填充度纸张的方法和设备	W・鲁夫 等	CN201680029664	CN107667195B
17	D21F	处理造纸机中白水的装置和方法	E・恩奎斯特 等	CN201680030818	CN107667197B
18	D21G	用作刮刀刀片或顶板的包含三维复合加强结构体的平坦元件	M・德雷珀 等	CN201680048280	CN108138444B
19	D21F	用于运行造纸机的方法以及造纸机	V・达诺夫 等	CN201680057701	CN108138443B
20	D21F	压套及其应用	D・德尔马斯 等	CN201880046585	CN110892110A
21	D21F	用于制造纤维料幅的设备	T・吕尔 等	CN201680068172	CN108291366B
22	D21F	用于在造纸机内部转移幅材的设备和方法	弗兰克-约亨・奥特 等	CN201680070954	CN108368678B
23	D21D	转子叶片和带有转子叶片的筛分机	亚历山大・葛帅德 等	CN201680078325	CN108474176B
24	D21F	压榨套及其制造方法	D・德尔马斯 等	CN201680080160	CN108603073B

续表

序号	分类号	发明名称	发明人	申请号	公开(公告)号
25	D21F	压榨部	D·格罗尼奇 等	CN201680083791	CN108884634B
26	D21F	纤维幅材机的脱水装置	M·J·萨尔米宁 等	CN201710103139	CN107130460B
27	D21F	纸再生处理装置	石川义晃 等	CN201710239095	CN107304528B
28	D21F	用于制造纤维料幅的机器的压榨机	D·格罗尼奇 等	CN201680082847	CN108699770B
29	D21C	漂浆系统的排液控制方法	罗　鸣 等	CN201710977065	CN107938414B
30	D21G	造纸机压辊防护装置	赵　鹏	CN201711089934	CN108118553B
31	G01L	造纸机绳轮引纸压力检测及故障处理系统及方法	苏立波	CN201711114355	CN108120539B
32	D21F	一种造纸机的真空吸移辊冲洗系统	周华祥	CN201711138174	CN107740301B
33	D21F	造纸机器	M·S·亨特 等	CN201711289551	CN107916593B
34	D21C	一种造纸涂布过滤器冲洗水回收利用系统及其方法	刘名中 等	CN201711313533	CN108166299B
35	B08B	一种便于清洗的造纸用分级碎浆设备	不公告发明人	CN201711350248	CN108043796B
36	D21C	一种减少制浆过程中胶粘物含量的控制方法及制浆系统	张成飞 等	CN201711396728	CN108060599B
37	D21H	一种造纸湿端助留助滤系统	李文斌	CN201711424721	CN108252157B
38	D21C	一种用于造纸加工的水循环利用装置	吴海锋	CN201711470192	CN108193543B
39	D21B	旋转滚筒	J·巴德 等	CN201780009252	CN108603336B
40	D21B	用于分离固体/流体混合物的装置和方法	萨奇·保罗 等	CN201780010495	CN108779604B
41	D21B	碎浆机	R·巴特 等	CN201780012052	CN108699767B
42	D21F	用于更换造纸机的绷网的设备和方法	弗兰克·施密特 等	CN201780020437	CN108884636B
43	D21F	用于制造造纸机网毯的方法和造纸机网毯	R. 埃伯哈特 等	CN201780022583	CN109072549B
44	D21F	传感器监测	H. 布里茨 等	CN201780045143	CN109477304B
45	D21F	用于在造纸环境中收集和处理粉尘的粉尘处理装置	M·坎多蒂 等	CN201780051511	CN109642396B
46	D21F	用于收集和处理造纸环境中的灰尘的系统和方法	M·坎多蒂	CN201780062280	CN109804117B
47	D21B	具有分离式放空阀的纤维分离机	P·沃林 等	CN201780030932	CN109154140B
48	D21F	压榨装置	J. 莫瑟	CN201780072914	CN109996922B
49	D21F	干燥网、干燥部件以及干燥网在该干燥部件中的使用	弗朗西斯科·卡斯孔	CN201810041453	CN108457118B
50	D21F	针缝压榨毛毯及其制造方法	弗里德里希·波斯特尔 等	CN201880034947	CN110662867A
51	D21F	一种用于长纤维造纸的新型低速水力式流浆箱	胡　健 等	CN201810309006	CN108589384B
52	D21F	一种新型抄造低定量薄页纸的造纸机	陈化柱	CN201810400413	CN108824058B
53	D21B	一种多功能的造纸碎浆系统	张金豹	CN201810409358	CN108570869B
54	D21D	一种浆渣处理回用装置	苏　杰	CN201810467517	CN108824057B

续表

序号	分类号	发明名称	发明人	申请号	公开(公告)号
55	D21B	一种低碳环保的卫生纸再生利用装置	朱灵美	CN201810458787	CN108468242B
56	D21G	一种智能的多功能造纸机损纸加工处理分类系统	张金豹	CN201810439926	CN108425266B
57	D21C	一种造纸用真空洗浆机	崔雪柯 等	CN201810491111	CN108642946B
58	D21B	一种损纸碎解机及含有湿强剂损纸的碎解工艺方法	刘可庆 等	CN202011094442	CN112127188A
59	D21C	一种蒸煮分离热压法及装备	张德志 等	CN202011086958	CN111979821A
60	D21D	一种造纸业用防堵塞磨浆机	丁　群	CN202011067514	CN112127195A
61	D21B	一种造纸用多重碎浆装置	孙长兵	CN202011040379	CN112064391A
62	D21F	一种使造纸机成型部流浆箱内浆水均匀分布的装置	鞠志宏 等	CN202011043173	CN112144311A
63	D21F	一种新型造纸机高温回水清洗装置	尹邦友	CN202011026587	CN112030592A
64	D21C	一种造纸废水处理设备	储小英	CN202011027258	CN112111988A
65	D21F	造纸用烘干装置	尹邦友	CN202011023871	CN112144312A
66	D21F	一种环保纸张生产用快速烘干装置	彭育平 等	CN202011021766	CN112127199A
67	D21F	一种新型低定量高强度瓦楞原纸加工装置	曾伍龙	CN202011019942	CN112127201A
68	D21F	一种造纸机靴式压辊	章闰平 等	CN202011018796	CN112127196A
69	D21B	一种用于控制纤维素纸浆加工的方法和装置	许兴国	CN202011016416	CN112127189A
70	D21B	一种环保型办公废纸处理再生装置	不公告发明人	CN202010983633	CN112064389A
71	D21B	一种多功能的造纸碎浆系统	不公告发明人	CN202010965738	CN112030586A
72	D21B	一种造纸废纸浆回收器	刘文宏	CN202010962504	CN112111986A
73	D21B	一种多功能造纸碎浆系统及方法	吴跃刚	CN202010950379	CN111945451A
74	D21D	以姜秧为原料的制浆造纸工艺及超高浓连续打浆机	郑宗刚	CN202010963927	CN112048930A
75	D21D	一种基于流体力学的造纸用纤维分散设备及方法	赵　亮	CN202010941921	CN111945457A
76	D21D	一种瓦楞原纸生产用搅拌装置	楼剑锋	CN202010937404	CN112012036A
77	D21F	一种清洁造纸系统及采用该系统的清洁造纸方法	邓颖忠	CN202010922246	CN112144313A
78	D21F	节能增效型长网造纸机	郭旭斌 等	CN202010911335	CN111926607A
79	D21F	辊式顶网成型器	张金霞 等	CN202010912241	CN111926604A
80	D21B	一种造纸机械用纤维粉碎洗涤制浆装置	孙长兵	CN202010906423	CN111979816A
81	D21F	一种造纸机	张　密 等	CN202010673042	CN111809437A
82	D21F	一种高强度造纸网笼	张　密 等	CN202010673050	CN111794011A
83	D21D	无碳复写纸生产用纸浆制备装置	李振友	CN202010687487	CN111794010A
84	D21B	一种造纸机械用木材细碎预纤维化装置	孙长兵	CN202010872297	CN111979811A
85	B65H	一种损纸碎浆设备工作系统	林启群	CN202010877890	CN112047153A
86	D21B	一种废旧淋膜纸回收制备工艺	于　峰 等	CN202010878754	CN111979813A
87	D21C	造纸固废洗料系统及其洗料方法	郑　冰 等	CN202010879312	CN111962321A
88	D21F	一种大尺寸宣纸的取纸晒纸装置	汪慧敏	CN202010899693	CN111979831A
89	D21F	一种大尺寸宣纸的取纸晒纸装置的使用方法	汪慧敏	CN202010899695	CN111979832A
90	D21F	一种干湿分离热风穿透干燥设备及工艺	王升朝	CN202010883242	CN111877045A
91	D21H	一种耐磨纸生产装置	王红军 等	CN202010851374	CN112030601A
92	D21F	一种新型经线缝合生活用纸三层成形网及造纸设备	叶　平 等	CN202010852241	CN112064395A

续表

序号	分类号	发明名称	发明人	申请号	公开(公告)号
93	D21F	一种造纸机械用新型烘干装置	黄芳芳	CN202010842813	CN111979829A
94	D21F	一种节能型造纸用脱水烘干装置	李康康 等	CN202010831179	CN111851113A
95	D21B	一种连续式高效碎浆机	李康康 等	CN202010831187	CN111962319A
96	D21B	一种废纸回收制浆预处理设备	梁云招	CN202010823477	CN111979812A
97	F16J	一种造纸设备用回转压力接头油封结构	倪瑞庆	CN202010822006	CN112145688A
98	D21F	一种便于清洗的高速造纸机的流浆箱	丁士美	CN202010821766	CN112095359A
99	D21C	一种自控高温处理热磨式双发酵生物机械浆制浆方法及制浆设备	李相臣	CN202010806640	CN111926602A
100	D21D	一种提高浆料筛选质量的压力筛	王加平	CN202010798540	CN111962323A
101	D21C	一种提高纤维回收质量的浆渣处理回用系统	靳 健	CN202010794817	CN111945456A
102	D21H	一种高强瓦楞原纸生产方法及其生产系统	贺 康 等	CN202010794801	CN111945473A
103	D21F	一种造纸机压辊	严一涛 等	CN202010786011	CN111826989A
104	D21D	一种造纸用湿式团结纤维纸浆分散用纤维分散设备及方法	赵 亮	CN202010764475	CN111826988A
105	D21F	造纸机干燥部能效的一种在线监测方法	陈晓彬 等	CN202010752659	CN111926606A
106	D21C	秸秆就近就地纤维化技术与装备	张德志 等	CN202010740894	CN111809430A
107	D21F	一种造纸用三层成型网	吴文华 等	CN202010730061	CN111764191A
108	D21F	一种造纸机圆网笼	吴文华 等	CN202010730068	CN111648156A
109	D21F	一种造纸辊筒	夏福兰 等	CN202010730795	CN111851114A
110	D21F	一种造纸用真空托辊	夏福兰 等	CN202010730044	CN111851115A
111	D21C	一种纸浆漂白装置	张世山	CN202010715437	CN111826987A
112	B26D	一种热转印纸加工工艺及分切装置	胡丁根 等	CN202010715443	CN111890451A
113	D21B	一种用于造纸的自动化竹子捶打设备	周日琪 等	CN202010701102	CN111778748A
114	D21H	一种造纸上色机	蒋彩霞	CN202010695607	CN111809444A
115	D21D	一种造纸用打浆装置	蒋彩霞	CN202010695610	CN111809435A
116	D21C	一种二氧化氢纸浆漂白装置	张世山	CN202010695773	CN111809434A
117	D21B	一种造纸业用环保湿法碎纸装置	邱建荣 等	CN202010695499	CN111794009A
118	B65G	层压造纸带	M·A·布拉尊 等	CN201880052058	CN110997525A
119	D21F	一种用于纸浆造纸的设备	胡庭标	CN202010691469	CN111851120A
120	D21F	基于智能算法的生活用纸造纸机干燥部运行优化方法	洪蒙纳 等	CN202010689269	CN111893791A
121	D21B	一种造纸机械用碎浆装置	胡艳锋	CN202010641021	CN111733621A
122	D21F	一种高强度造纸网笼	杨宁西 等	CN202010637336	CN111926605A
123	D21F	一种造纸废水回收再循环系统及其回收循环方法	陈 浩 等	CN202010619640	CN111877043A
124	D21D	热磨分离热压装备	张德志 等	CN202010262706	CN111424456A
125	D21C	蒸煮分离热压装备	张德志 等	CN202010262707	CN111560786A
126	D21B	一种造纸机械用碎浆机	龙腾全	CN202010266882	CN111335060A
127	D21B	用于造纸植物纤维处理的高浓水力碎浆机	刘建涛 等	CN202010279196	CN111424451A

续表

序号	分类号	发明名称	发明人	申请号	公开(公告)号
128	D21F	一种多层复合耐高线压造纸毛毯及其制备方法	陆剑峰 等	CN202010291282	CN111424459A
129	B32B	压榨毡	克里斯蒂安·莫尔斯 等	CN202010293436	CN111844988A
130	D21C	一种制浆连续蒸煮方法及装置	王桂林	CN202010313770	CN111350092A
131	D21F	一种造纸烘缸机构	袁　毅 等	CN202010315463	CN111501394A
132	D21D	一种用于回收纸浆纤维处理的超高浓度热分散系统	刘建涛 等	CN202010320772	CN111321621A
133	D21B	一种再生纤维的浆料制取装置	丁　许	CN202010320801	CN111501388A
134	D21F	一种用于造纸网的清理装置	徐　园	CN202010324834	CN111304951A
135	D21F	一种用于造纸机械网部的张紧装置	徐　园	CN202010324877	CN111455715A
136	D21F	一种造纸装置及方法	李东旭	CN202010334453	CN111501396A
137	D21G	一种造纸填料及其制备方法与制备系统	李东旭	CN202010334455	CN111501397A
138	D21F	一种双网造纸系统的注料装置及注料方法	李东旭	CN202010334471	CN111350095A
139	D21D	一种多级除砂装置	杜炳法 等	CN202010334635	CN111519459A
140	D21D	纤维纸浆磨浆的监测和控制	L·考皮宁	CN202010374155	CN111877042A
141	D21B	低浓可控制备纳米纤维素的多功能碎浆机	刘清波 等	CN202010443462	CN111663354A
142	D21C	一种造纸设备及造纸方法	严一涛 等	CN202010441714	CN111622006A
143	D21F	一种造纸机机辊	严一涛 等	CN202010441736	CN111576076A
144	D21B	一种瓦楞原纸破碎及制浆设备	王大威 等	CN202010588192	CN111749039A
145	D21B	一种瓦楞原纸回收用破碎设备	王大威 等	CN202010589392	CN111778751A
146	D21H	一种用于向纤维幅材机的流送系统添加化学品的方法及设施	尤尼·马杜拉 等	CN202010602231	CN112144317A
147	D21B	一种基于微气泡浮选的废纸回收用多段式脱墨装置	晋海利	CN202010603801	CN111719329A
148	D21F	全自动纤维卫生纸生产线及生产方法	喻国义 等	CN202010583118	CN111705537A
149	B32B	一种造纸压榨毛毯	谢宗国 等	CN202010571490	CN111806033A
150	D21F	绷网拉入设备及其用途	延斯·卡伦博格	CN201880043694	CN110799703A
151	D21F	无分散剂真空圆网流浆箱及应用该流浆箱的纸页成形装置	雷光友 等	CN202010568017	CN111593597A
152	D21H	一种造纸用助留剂均匀添加搅拌设备	刘媛媛 等	CN202010470268	CN111576088A
153	D21F	一种自动化造纸设备流浆箱布浆器喷头堵塞处理方法	夏明顺 等	CN202010468834	CN111549558A
154	D21B	一种能够内部清理的造纸用碎浆机	刘媛媛 等	CN202010470283	CN111576068A
155	D21H	一种柔滑面纸的生产工艺及其生产设备	余杜康 等	CN202010471437	CN111593610A
156	D21B	一种造纸纸浆制备原料预处理加工设备及加工工艺	常　明 等	CN202010496275	CN111607999A
157	D21H	用于在纤维辐材机中筛选涂布混合物的方法和系统	I·纳蒂 等	CN202010498391	CN112080961A
158	D21B	一种秸秆分解机磨盘	苏沁阳	CN202010497273	CN111705534A
159	D21B	一种自动控制磨盘间距的节能秸秆分解机及控制方法	苏沁阳	CN202010497301	CN111705535A
160	D21F	一种造纸设备的浆料浓度调节装置	不公告发明人	CN202010499615	CN111622009A

续表

序号	分类号	发明名称	发明人	申请号	公开(公告)号
161	D21D	一种木纤维和精筛尾渣混合打浆处理系统及方法	刘名中 等	CN202010495486	CN111636230A
162	B65H	纤维输送装置	本桥弘次 等	CN202010541529	CN112093516A
163	D21H	纸机熟化装置及造纸生产线	李　攀 等	CN202010547393	CN111719335A
164	D21D	一种瓦楞原纸制造用纸浆过滤装置及其使用方法	姚祖民	CN202010555766	CN111608004A
165	D21B	一种瓦楞原纸离心碎浆装置及其使用方法	姚祖民	CN202010555920	CN111764189A
166	D21J	一种集制纸浆成型干燥于一体的纸浆模型试验机	伦永亮	CN202010557375	CN111691238A
167	D21B	一种基于机械传动的纤维预处理破碎研磨装置	胡选明 等	CN202010558472	CN111691211A
168	D21B	一种基于齿轮传动的新型纤维预处理装置	胡选明 等	CN202010559057	CN111691212A
169	D21D	一种二段式高浓除渣器及其进浆浓度控制方法、存储介质	刘名中 等	CN202010496099	CN111636232A
170	D21G	制浆造纸控制系统及方法、信号斜坡和调节阀的控制方法	黎福树 等	CN202010450606	CN111636234A
171	D21D	一种造纸用纸浆挤压装置	吴鑫燕	CN202010451203	CN111485440A
172	D21B	一种低蒸汽消耗热磨制纤维系统	沈锦桃 等	CN202010449161	CN111501387A
173	D21B	一种环保型造纸设备	不公告发明人	CN202010454226	CN111560785A
174	D21F	一种抑菌纸巾的制备工艺及其生产设备	杜奇峰 等	CN202010465279	CN111576078A
175	D21B	一种无芯立体美卫生纸的自动化生产线	洪　胜 等	CN202010428686	CN111576067A
176	D21B	一种方便维修的造纸用碎浆机	梁权峰	CN202010407245	CN111560783A
177	D21F	一种造纸机械切边设备	徐　园	CN202010405543	CN111535069A
178	D21F	一种造纸网压差除渣装置	徐　园	CN202010405664	CN111364277A
179	D21F	带安装装置	J·雅内蒂宁	CN202010406301	CN112111989A
180	D21D	一种造纸流送除杂方法和装置	李文斌	CN202010407062	CN111424457A
181	B26D	刀片设备和横向切割机	A·基尔库 等	CN202010401103	CN111941502A
182	D21B	一种废纸回收用防附着的纤维筛分装置	吴　全	CN202010386048	CN111549555A
183	D21B	一种利用再生纤维生产工艺品的浆料制取装置	应近远	CN202010383388	CN111535065A
184	D21C	一种纸浆过滤脱水装置	刘瑞林 等	CN202010229431	CN111235932A
185	D21C	一种带自动搅拌和底部升温功能的制浆蒸球	周芝玉	CN201911101089	CN110791991A
186	D21G	一种纸机传动控制系统	邹　恩 等	CN201911102581	CN111005255A
187	D21F	20 综新型 SSB 造纸成形网和造纸设备	陆　平 等	CN201911102939	CN111197266A
188	D21H	一种纸巾纸或厨房用纸的生产方法及其纸张制备方法	项月雄	CN201911109565	CN110820421A
189	D21B	一种干制纸浆生产线	陈先金 等	CN201911109748	CN110791988A
190	D21C	一种纤维分离式设备	孙　炜 等	CN201911118046	CN110924209A
191	D21H	一种秸秆制浆设备	孙　炜 等	CN201911118397	CN110924219A
192	D21F	一种造纸用毛布保洁设备	贾少军 等	CN201911135083	CN110820407A
193	D21F	一种提高纸机烘干部运行效率的方法	贾少军 等	CN201911139916	CN110983851A
194	G06Q	一种基于 NSGA-II 算法的造纸碎浆调度方法及装置	洪蒙纳 等	CN201911145615	CN110910014A
195	D21D	一种新型造纸粗筛装置	顾光成 等	CN201911146205	CN110886126A

续表

序号	分类号	发明名称	发明人	申请号	公开(公告)号
196	D21F	一种配有顶网成型器的长网造纸机	郭旭斌 等	CN201911150330	CN110735351A
197	D21F	一种造纸机压榨辊	黎应祥 等	CN201911152024	CN110747685A
198	D21D	一种升流式压力筛	黎应祥 等	CN201911152058	CN110725149A
199	D21F	一种造纸用挤压脱水装置	黎应祥 等	CN201911152067	CN110714355A
200	D21B	一种废纸制浆浮选装置	黎应祥 等	CN201911152068	CN110685179A
201	D21F	一种造纸机烘缸	黎应祥 等	CN201911152069	CN110725152A
202	D21F	一种配装悬臂式换毛毯机架的造纸用压榨机	郭旭斌 等	CN201911169534	CN110924215A
203	D21F	带真空吸移辊的造纸用四辊压榨机	郭旭斌 等	CN201911169535	CN110952368A
204	D21F	一种长网造纸机用便于换网的悬臂式机架	郭旭斌 等	CN201911169545	CN110983852A
205	D21F	一种装配张力传感器的彩色卡纸造纸机	郭旭斌 等	CN201911169548	CN111206452A
206	D21J	一种应用于高密度纤维板干燥的烘干设备	孟凡星 等	CN201911175685	CN110792005A
207	D21B	一种干法制浆装置	李一鹏 等	CN201911182577	CN110952356A
208	B27N	一种回收瓦楞原纸再造纸板装置	孙云清 等	CN201911216961	CN110900776A
209	D21C	一种安全节能高效的高温卫生巾浆漂白设备	刘春燕	CN201911238889	CN110904711A
210	D21B	一种变角位类枝扰流且涡流对冲碎浆的制浆设备	安延涛 等	CN201911254395	CN110904706A
211	D21B	一种造纸生产用碎浆机	朱华生	CN201911270611	CN110983843A
212	D21F	造纸网清洗装置	张洪铭	CN201911271131	CN111041882A
213	D21B	一种连续式水力碎浆机	周志远	CN201911275219	CN110904707A
214	D21F	一种新型生活用纸专用成形网及造纸设备	陆　平 等	CN201911275778	CN110952367A
215	D21F	一种用于造纸机真空吸水箱的监控报警器及其使用方法	王新民 等	CN201911281071	CN111118941A
216	D21B	一种高效能智能化纸浆模塑制品制浆设备及方法	刘本有 等	CN201911286474	CN110952362A
217	B07B	一种卫生巾浆纤维精选设备	卢亚丹	CN201911289555	CN111014011A
218	D21B	一种连续制卫生巾浆设备	骆军辉	CN201911289703	CN111005251A
219	D21D	一种卫生巾渣浆纤维分离回用设备	刘飞然	CN201911289734	CN110924211A
220	D21D	一种湿浆除沙系统与除沙方法	袁　麟 等	CN201911293155	CN110878484A
221	D21G	一种提高纸张平滑度的软压光辊设备及软压方法	陈传勇 等	CN201911305530	CN110924217A
222	D21B	具有悬浮槽装置的废纸制浆净化设备	王建平 等	CN201911311815	CN110863383A
223	D21B	一种高松厚度防近视纸张生产用设备及生产方法	郭旭斌 等	CN201911330204	CN111005252A
224	D21B	一种转鼓制浆装置及其制浆方法	夏朝峰 等	CN201911337412	CN111005248A
225	D21B	一种多通路立式碎浆机	杨成军 等	CN201911341386	CN110904708A
226	D21B	一种废纸回收再利用生产纸制品的制浆系统	廖瑜琳 等	CN201911349229	CN111005249A
227	D21D	一种生产箱纸板的水循环系统及水循环处理方法	黄宏权 等	CN201911360461	CN110904713A
228	D21B	一种秸秆回收造纸制浆前处理系统	廖瑜琳 等	CN201911364454	CN110952357A
229	D21D	一种压力除节机	许银川 等	CN201911364728	CN110924212A
230	D21H	一种耐水性纱管纸及其制造设备	赵耀强 等	CN201911389113	CN111139689A
231	D21H	一种防潮牛皮纸及其生产用烘干装置	赵耀强 等	CN201911389684	CN111139686A
232	D21H	一种有色纸张造纸上色设备及方法	易文其 等	CN201911389810	CN110965392A

续表

序号	分类号	发明名称	发明人	申请号	公开(公告)号
233	D21F	造纸白水回收装置	俞素丽 等	CN201911392932	CN111074664A
234	D21B	造纸用制浆设备	俞素丽 等	CN201911394841	CN111041877A
235	D21H	一种制备纸塑成型精品黄浆产品的工艺和设备	沈　超 等	CN201911397872	CN111041886A
236	D21G	一种彩卡纸的压光装置	彭海三	CN201911403170	CN110924218A
237	D21D	加工木材纤维的设备和方法	德怀特·爱德华·安德森	CN201980009186	CN111630225A
238	D21F	用于制造绵纸的机器和方法	A·菲利皮 等	CN201980012892	CN111819327A
239	D21D	磨片	T·林德布罗姆	CN201980014571	CN111757957A
240	D21H	辊及其用途	亚尼·图鲁宁 等	CN201980016032	CN111788350A
241	D21F	用于在长压区压榨单元内处理纤维料幅的方法和设备	安德烈亚斯·安泽尔 等	CN201980016446	CN111868327A
242	D21F	用于制造造纸机绷网的基础结构的方法	乌韦·科克里茨 等	CN201980016698	CN111801464A
243	D21B	用于制造纳米纤维素的设备和方法	迈克尔·亚罗利姆	CN201980016805	CN111801463A
244	D21F	靴辊系统和用于监测靴辊的密封性的方法	F-J. 奥特 等	CN201980017329	CN111819326A
245	D21F	密封条系统和密封条	M·埃克伦茨	CN201980017583	CN111886379A
246	D21H	具有用于造纸机湿端的水平射流施加器的方法	P·杰利纳斯	CN201980017871	CN111836928A
247	D21F	用于制造纤维料幅的机器的网毯	R·埃伯哈特 等	CN201980019038	CN111954735A
248	D21F	用于制造纤维幅材的机器的绷网以及这种绷网的制造方法	米夏埃尔·斯特劳布	CN201980019739	CN111868326A
249	D21F	用于干燥湿纤维幅材的杨克烘缸	O·荣松	CN201980021071	CN111886380A
250	B02C	具有刀齿弱化部段的精磨机磨片	T·林德布罗姆	CN201980025109	CN112004605A
251	D21F	造纸机网毯及其生产方法	U·科克里茨 等	CN201980027255	CN112004968A
252	D21B	碎浆机	O·利德基	CN201980027471	CN112004967A
253	D21D	一种环保型造纸纸张原浆压榨装置	郑香丽	CN202010018800	CN111074662A
254	D21B	一种纤维分离机	刘其奎	CN202010017200	CN111074659A
255	D21H	一种芯层浆料、原纸、卡纸及卡纸的制备方法及造纸机	朱国忠 等	CN202010038089	CN111235940A
256	D21F	一种手工造纸装置及手工造纸方法	栾　飞 等	CN202010054582	CN111472195A
257	D21B	一种用于碎浆工艺的化学品添加装置	吕明元 等	CN202010049729	CN111118940A
258	D21F	一种复卷分切机及其运用该复卷分切机的纱管纸制造工艺	许玉峰 等	CN202010062614	CN111218836A
259	D21B	粗碎装置	仓田纮树 等	CN202010066727	CN111472187A
260	D21B	一种造纸用废纸处理设备	赵延朋	CN202010077841	CN111235930A
261	D21D	造纸打浆设备	赵延朋	CN202010078042	CN111188219A

续表

序号	分类号	发明名称	发明人	申请号	公开(公告)号
262	D21J	纤维浆湿坯无损脱水定型法和湿坯无损脱水定型模组	李　响	CN202010080892	CN111155359A
263	D21D	一种磨浆机	吴和岭 等	CN202010093436	CN111155351A
264	G05B	一种造纸打浆过程设备的动态调度系统及方法	洪蒙纳 等	CN202010101002	CN111308971A
265	G06Q	一种造纸打浆过程设备的调度计划系统及方法	洪蒙纳 等	CN202010101003	CN111199365A
266	D21C	一种同时分离纤维素、半纤维素和木质素的设备及方法	程新明	CN202010110792	CN111206450A
267	D21D	一种造纸用压力筛浆机	杨银龙	CN202010126934	CN111254733A
268	D21D	一种基于旋磨且变位、往复辊磨的磨浆设备	安延涛 等	CN202010215695	CN111335064A
269	B01J	一种甘蔗渣纤维素和木素离心分离同步处理筛选设备	刘　洋 等	CN202010197243	CN111298749A
270	D21F	一种用于造纸成型网的W形绑接方式	刘　林	CN202010195501	CN111364276A
271	D21F	一种浪形滤网的加工方法	刘可可	CN202010189679	CN111364275A
272	D21F	一种造纸设备	孙友根	CN202010190032	CN111188220A
273	D21H	纸张除霉防霉剂喷晒装置	陈海锋	CN202010190926	CN111254743A
274	D21B	解纤处理装置以及纤维处理装置	稻垣雄太 等	CN202010181402	CN111719327A
275	B27N	解纤处理装置以及纤维处理装置	山崎啓吾	CN202010181833	CN111716484A
276	D21B	一种定量处理的造纸机损纸处理箱	徐　园	CN202010177175	CN111455707A
277	D21C	一种高压连续横管蒸煮制浆装置	连文元	CN202010178677	CN111304948A
278	G06F	基于机理模型的卫生纸机干燥部操作参数优化方法	洪蒙纳 等	CN202010165129	CN111241717A
279	D21D	一种便捷智能自动化的环保造纸机械	张祖忠	CN202010165436	CN111350094A
280	D21B	一种秸秆造纸用原料清洗装置	朱　跃	CN202010160017	CN111139675A
281	D21D	一种秸秆造纸用新型磨浆装置	朱　跃	CN202010159984	CN111172801A
282	D21B	一种基于多涡旋冲击碎浆的制浆设备	安延涛 等	CN202010156239	CN111304946A
283	D21F	一种多模式流浆箱	章丽丽 等	CN202010157855	CN111218837A
284	D21F	一种在造纸工业中的蒸汽热能综合利用系统	李文斌 等	CN202010149509	CN111321622A
285	D21B	一种基于拍击、摆荡且扰剪的多类型碎浆的制浆设备	安延涛 等	CN202010141410	CN111287009A
286	D21D	一种基于旋转且砸压的磨浆设备	安延涛 等	CN202010141911	CN111485441A
287	D21H	一种一体化表面施胶方法及其应用装置	李文斌	CN202010126884	CN111118953A
288	F16N	具有水润滑的刮刀	M·斯特雷普	CN202010134328	CN111637351A
289	D21B	一种带有上色功能的造纸设备	俞李那	CN201911089613	CN110670395A
290	D21B	一种造纸用打浆装置	俞李那	CN201911089619	CN110747678A
291	D21F	一种造纸烘干部尾气的脱白装置及其工作方法	郭　霆 等	CN201911075802	CN110791992A
292	D21B	一种变速调节的先分区磨料后分层碎浆的制浆设备	安延涛 等	CN201911078977	CN110747677A
293	D21D	转子旋翼以及应用转子旋翼的压力筛转子	王　晗 等	CN201911074207	CN110904715A
294	D21C	一种便于清理的制浆过滤装置	徐　园	CN201911074453	CN110747684A
295	D21C	一种过滤网浸没水洗式的造纸过滤装置	徐　园	CN201911074522	CN110735347A
296	D21B	一种进出料方便的造纸机械用碎浆机	徐　园	CN201911074531	CN110791989A

续表

序号	分类号	发明名称	发明人	申请号	公开(公告)号
297	C02F	一种瓦楞原纸纸浆处理系统及其操作方法	孙俊军 等	CN201911065419	CN110902858A
298	D21D	一种具有过滤功能的造纸打浆设备	张 正	CN201911052559	CN110714354A
299	D21C	一种生物造纸制浆系统	武绍亮 等	CN201911048768	CN110761103A
300	D21F	薄片制造装置	深沢真直 等	CN201911050624	CN111139678A
301	D21F	一种基于吸水箱的横幅定量调节方法及斜网成型器	刘建安 等	CN201911028875	CN110777554A
302	D21B	一种瓦楞纸箱回收处理系统	马 婧 等	CN201911030781	CN110777551A
303	D21J	一种纤维成型控制系统	周运岐 等	CN201911023257	CN111021153A
304	D21J	纸浆模塑品的制造方法及制备系统	牛金虎 等	CN201911001071	CN110846940A
305	D21D	一种提高打浆浓度的设备	胡 越 等	CN201910979296	CN110670401A
306	D21B	一种基于双速变速板转且带板扰流碎浆的制浆设备	安延涛 等	CN201910982543	CN110777552A
307	D21G	用于纤维幅材机的带辊	维莱·埃罗宁 等	CN201910967189	CN111041884A
308	D21F	一种造纸用按压装置	吴江灵	CN201910968628	CN110656531A
309	D21B	一种碎浆机	卜建成	CN201910969611	CN110735345A
310	D21G	监控造纸机的系统和方法以及控制系统	艾德温·麦可·盖德·希文 等	CN201910977744	CN110670404A
311	D21D	平台浆料截留装置	黄迎福 等	CN201910949655	CN110644276A
312	D21H	多层片纤维幅材的施胶方法及多层片纤维幅材的成形部	雷约·皮耶蒂凯宁 等	CN201910976571	CN111041892A
313	D21F	一种射流传热烘缸	鲍中华	CN201910937785	CN110846922A
314	D21J	植物纤维模塑成型机模具上下移动方法及线轨式上下移模装置	郑天波 等	CN201910940691	CN110725158A
315	D21F	一种带有纠偏功能的长网造纸机	丁海华 等	CN201910907091	CN110700000A
316	D03D	一种底层大跨度成形网的制造方法	刘 林	CN201910910984	CN110804784A
317	D21C	一种臭氧和二氧化氯协同高效漂白中浓纸浆的方法及装置	李 军 等	CN201910866892	CN110656527A
318	D21G	辊和用于制造轴的方法	赫宁·斯特格曼斯 等	CN201910862373	CN110714357A
319	D21H	处理纤维幅材的方法和用于处理纤维幅材的处理系统	米卡·维尔扬马 等	CN201910812882	CN110872792A
320	D21H	一种涂布机控制方法和涂布机	陈清坤 等	CN201910785682	CN110670409A
321	D21F	用于制造纤维料幅的机器和方法	C·彭蒂多 等	CN201910794449	CN110904716A
322	D21G	用于制造或处理纤维的机器	C·吉普	CN201910744279	CN110857539A
323	D21F	用于制造纤维料幅的机器和方法	A·L·A·费尔南德斯	CN201910782360	CN110939007A
324	D21F	圆网纸机浆料匀整装置	张廷平 等	CN201910720267	CN110373931B
325	D21B	一种造纸制浆用磨浆机	彭 灿 等	CN201810534155	CN108660835B
326	D21B	一种造纸打浆机	谢响玲 等	CN201810535114	CN108625213B
327	D21B	一种造纸用木材原料热磨处理设备	彭 灿 等	CN201810535160	CN108729278B

续表

序号	分类号	发明名称	发明人	申请号	公开(公告)号
328	D21H	一种多物理场刺激下的纸基折叠促动器的制备方法	韩　宾 等	CN201810549019	CN108755243B
329	D21C	一种纸浆制造设备	张玉莲	CN201810553223	CN108842493B
330	B02C	一种造纸浆料的中纤分级筛装置	王建勤	CN201810654667	CN108816323B
331	D21C	一种脱墨浆渣回收利用的处理系统和处理方法	刘名中 等	CN201810712540	CN110656528A
332	D21C	用于带压容器的排料装置以及蒸汽蒸煮系统	佟　毅 等	CN201810747092	CN110699996A
333	D21G	一种使用方便的压光机	梁　博	CN201810759119	CN110714356A
334	D21F	一种节水型毛布清洗的设备	赵　鹏	CN201810802434	CN110735349A
335	D21B	一种新型木纤维原料投用系统	周国伟	CN201810802622	CN110735344A
336	D21B	一种水力碎浆装置	龙　文 等	CN201810813964	CN108978299B
337	D21H	一种安装在胶料管道上用于混合胶料的设备	王　磊	CN201810815631	CN110735359A
338	B01F	一种纸机上在线混合浆料的设备	赵　鹏	CN201810815632	CN110732256A
339	D21G	一种纸机在线抽刮刀设备	赵　鹏	CN201810815633	CN110735354A
340	D21F	一种用于造纸设备的节能烘干装置	王根琴	CN201810828037	CN108951262B
341	D21B	解纤物制造装置以及薄片制造装置	宫阪洋一	CN201810833524	CN109322196B
342	D21B	解纤物制造装置以及薄片制造装置	宫阪洋一	CN201810834108	CN109322197B
343	D21D	一种用于造纸生产的打浆磨浆装置	严传玉	CN201810867110	CN109024043B
344	D21C	一种造纸生产中制浆尾渣处理系统及其工艺	李　飞	CN201811067241	CN110894693A
345	D21F	一种基于 MVR 的造纸干燥系统	杨鲁伟 等	CN201811152078	CN109440518B
346	D21B	利用横径向双向旋转运作的高效造纸用分散设备	杨春斌	CN201811161386	CN109281216B
347	B31F	一种造纸用涂布烫金压纹生产设备	李佳乐 等	CN201811237481	CN109334124B
348	D21D	一种斜网式纸纤维过滤装置	仝　骥	CN201811195181	CN111041881A
349	D21F	一种造纸机网压部真空辊	李　飞	CN201811201744	CN111058328A
350	D21F	往复自动移动式清洗装置	李　飞	CN201811201745	CN111058326A
351	D21J	一种造纸用纸浆热压设备	李佳乐 等	CN201811238771	CN109235148B
352	D21F	用于纸板机或造纸机的干燥机部段的空气再循环系统和方法	M·哈拉普洛 等	CN201811239440	CN111058329A
353	G01D	基于纳米纸的传感器	孙其君 等	CN201811265731	CN111102996A
354	D21D	一种造纸用纸浆固液分离装置	不公告发明人	CN201811350448	CN109338784B
355	D21F	一种造纸机网部纸页脱水成型装置和纸页进行脱水的方法	金晓春	CN201910620229	CN110396850B
356	D21D	一种造纸用压力筛	张　斌	CN201910657807	CN110359309B
357	D21B	一站式制浆机	钱柏安 等	CN201910663383	CN110804892A
358	D21B	一种物理脉冲破壁制浆装置	钱柏安 等	CN201910667744	CN110804890A
359	B32B	一种增强热封型干燥剂滤纸加工设备及加工工艺	詹单捷 等	CN201910684699	CN110920209A
360	D21G	用于造纸机的环保荧光纸检测装置	倪沈华 等	CN201910857727	CN110725154A
361	D21D	一种造纸用湿式团结纤维纸浆分散用纤维分散设备	赵　亮	CN201910571447	CN110241645B
362	D21F	自动加料的小型立式分层造纸机	朱宏泽	CN201910558871	CN110284353B
363	D21D	一种基于流体力学的造纸用纤维分散设备	赵　亮	CN201910571446	CN110396846B

续表

序号	分类号	发明名称	发明人	申请号	公开(公告)号
364	D21F	一种造纸烘干装置	王秀勤 等	CN201811386795	CN109338788B
365	D21B	一种造纸用的快速碎浆机装置	于 珊	CN201811388461	CN109183481B
366	D21B	一种节能环保的造纸印刷用碎浆设备	李谢玲 等	CN201811385793	CN109208363B
367	D21C	一种包装用纸纸浆漂白装置	杨位芳	CN201811378631	CN109183486B
368	D21D	一种造纸用联动循环打浆机	熊新华	CN201811436453	CN109355963B
369	D21C	一种环保节能秸秆制造纸浆装置	喻丽芬	CN201811488800	CN109355962B
370	D21F	用于卫生纸机干燥部能耗与蒸发量预测的机理建模方法	李继庚 等	CN201811532221	CN109577064B
371	D21F	一种环保纸张成型装置	张卫良 等	CN201811527996	CN111321626A
372	D21B	一种用于制取瓦楞原纸的造纸浆料的废纸制浆装置	刘伟锋 等	CN201811541826	CN109629289B
373	B32B	一种造纸毛毯	周 骏 等	CN201811548140	CN109551844B
374	D21F	一种双层底网造纸毛毯	周 骏 等	CN201811557515	CN109629311B
375	D21D	竹浆处理装置	何虹颖	CN201811595044	CN109706774B
376	D21B	一种造纸碎浆设备	李佳乐 等	CN201811595772	CN109629291B
377	D21C	一种智能自动化造纸设备	李佳乐 等	CN201811595774	CN109653014B
378	D21F	一种造纸干燥用排风除异味装置	李文斌	CN201811567748	CN109610223B
379	D21F	一种利用吸除浆湿翻转防变形压榨辊造纸机装置	赵颖颖	CN201811620261	CN109594394B
380	D21F	一种绝缘纸浆板及其生产方法	常 寿 等	CN201811618753	CN111379187A
381	D21C	竹浆洗浆除渣设备	何虹颖	CN201811642281	CN109403119B
382	D21D	纸浆或纤维精磨机中的蒸汽排出	K·伦格伦	CN201880015099	CN110382776B
383	D21F	基于预测的天然涂层转移的杨克烘缸涂层的实时调节的方法和系统	D·布伊斯特 等	CN201880003842	CN110088395B
384	D21D	纤维处理装置	M·海姆	CN201880034694	CN110678603A
385	D21F	提供造纸系统中的流体抽取真空箱盖的成形真空端口的系统和方法	P·T·卡斯滕森	CN201880043545	CN111295478A
386	D21F	压套及其应用和用于制造压套的方法	D·德尔马斯	CN201880045268	CN110869556A
387	B02C	设有带边缘产生棒条腔体的精磨棒条的精磨板	T·林德布·罗姆	CN201880065468	CN111182973A
388	D21F	造纸机的干燥缸	A·齐格尔万杰 等	CN201880065773	CN111226005A
389	D21B	一种利用往复增减压分散的造纸成浆用分散设备	雷兆静	CN201910346997	CN110055795B
390	D21F	一种造纸机成形网清洗用旋转喷射节水机构	徐 增	CN201910487672	CN110172853B
391	D21F	一种瓦楞原纸塑化纸纤分离设备	刘迎飞	CN201910494058	CN110219196B
392	D21F	一种经过接缝处理的毛布及其接缝方法	张建全	CN201910411028	CN110747686A
393	D21F	一种控制水汽防滴漏的造纸用烘干机	盛鼎臣	CN201910305611	CN109868673B
394	D21F	一种简化揭纸防破损手工造纸装置	袁文文	CN201910254648	CN109811574B
395	D21D	一种采用水力碎浆机打浆的回用瑕疵浆系统	苏宁东 等	CN201910175034	CN110699997A
396	D21H	基于CMC-NA液体体系制浆造纸清洁生产的制造方法	李沐谦 等	CN201910175508	CN111663367A

续表

序号	分类号	发明名称	发明人	申请号	公开(公告)号
397	D21D	一种造纸工序中的混浆系统	何模祥 等	CN201910178103	CN110699998A
398	D21F	纸卷制造装置	黑崎晓	CN201880090678	CN111801466A
399	B01D	盘式过滤器的过滤扇区	A·戈梅尔 等	CN201880092283	CN111971103A
400	D21F	用于纤维幅材干燥部的联接器	M·劳里凯宁	CN201910109688	CN110172855B
401	D21H	用于生产纤维网的方法	尤哈纳·阿霍拉 等	CN201880072419	CN111315930A
402	D21D	筛部	G·维金 等	CN201880075136	CN111373092A
403	D21D	研磨设备	M·海姆	CN201880075740	CN111373091A
404	D21C	用于调节浆厂的S/Na平衡的方法和系统	R·哈梅莱伊宁 等	CN201880084435	CN111542661A
405	D21F	一种烘缸	蒋立波 等	CN201911225155	CN110878485A
406	D21F	造纸机和在造纸机中切割纤维幅材的方法	S·麦克卢尔怀特威克	CN201880041385	CN110770395A
407	D21F	一种大尺寸宣纸的取纸晒纸装置及其使用方法	汪慧敏	CN201811611029	CN109594399B
408	D21C	一种改进型造纸原料蒸煮与洗浆工艺流程成套装备	李长源 等	CN201811616754	CN111350093A
409	D21D	一种基于梯度增强回归树的造纸过程打浆度软测量方法	李继庚 等	CN201811455202	CN109440515B
410	D21B	一种用于水力碎浆机内的强力碎浆筛板装置	马金奎	CN201810954384	CN108978301B
411	D21F	一种文化用纸制造执行综合信息管理系统	郑建文 等	CN201810931973	CN108978318B
412	D21F	提供补偿力矢量的扇形喷嘴的系统和方法	P·T·卡斯滕森	CN201880043543	CN111295476A
413	D21H	纸浆质量监测	M·皮罗嫩 等	CN201880043933	CN110914496A
414	D21F	压套及其应用以及压辊和靴式压机	D·德尔马斯	CN201880046437	CN110869557A
415	D21F	用于生产纤维料幅的机器和方法	P·米尔斯伯格 等	CN201880051885	CN110998021A
416	D21F	压套及其应用以及压辊和靴式压机	D·德尔马斯等	CN201880050387	CN110998020A
417	D21F	网毯及其制造方法以及纤维无纺布	R·埃伯哈特等	CN201880063674	CN111164260A
418	D21F	用于制造流体元件的方法和设备	W·拉夫 等	CN201880062909	CN111148875A
419	D21F	经由振动分析在造纸系统中的沉积物检测	D·鲁尼奥 等	CN201880067885	CN111295477A
420	D21D	对纤维料处理的控制	M·海姆	CN201880075427	CN111373090A
421	B42D	用于在造纸机制成的孔上方表面施加安全装置的方法	G·D·普雷特等	CN201880080558	CN111511572A
422	D21F	一种再生纸毛布在线移动清洗装置	顾光成 等	CN201911146203	CN110904717A
423	D21F	用于控制纤维幅材制造过程中的能量消耗的方法和设备	P·诺里 等	CN202010367562	CN111893793A
		造纸化学品			
1	C09C	一种以煅烧高岭土为载体制备的功能性白色颜料及其制备方法和应用	张建平 等	CN201410504019	CN104387810B

续表

序号	分类号	发明名称	发明人	申请号	公开(公告)号
2	D21H	干强剂组合物以及提高纸张干强度的方法	赵玉林 等	CN201511025285	CN106930142B
3	D21H	一种快干热升华转印纸及其制备方法与涂料组合物及其协同构建的微孔吸墨膨胀涂层	陈 港 等	CN201610625718	CN107663810B
4	D21H	羧甲基甲壳素作为助留助滤剂的应用	由耀辉 等	CN201610893733	CN106381758B
5	D21H	三元微粒助留助滤剂体系	由耀辉 等	CN201610894372	CN106368060B
6	D21H	颗粒形式的聚合物产品及其用途	A · 卡比 等	CN201680007405	CN107208376B
7	D21H	用作纸张增强剂的组合物	Y · 罗 等	CN201680036203	CN107743534B
8	C01F	沉淀碳酸钙的制备	克里斯蒂安 · 雅克梅	CN201680037399	CN107787304B
9	C08L	用于生产聚丙烯酰胺组合物的方法	S · 罗斯克兰斯 等	CN201680038287	CN107912045B
10	D21H	聚丙烯酰胺系造纸用添加剂和其制造方法以及纸制造方法	吉谷孝治 等	CN201680049404	CN108026699B
11	D21H	高灰分纸用纸力增强剂、高灰分纸的制造方法和高灰分纸	井冈浩之 等	CN201710202049	CN107366182B
12	D21H	一种羧甲基纤维素改性纳米二氧化硅	孙 琪	CN201710505779	CN107419599B
13	D21H	一种造纸废水处理过程中的铁氧晶体二次利用工艺	张凤山 等	CN201710580445	CN107558293B
14	D21H	一种造纸填料的现场包覆预絮聚改性方法	王立军 等	CN201710845580	CN107675556B
15	D21C	一种利用复合酶液处理造纸纸浆的方法	徐志仁	CN201710859395	CN107604726B
16	D21H	一种双组分造纸填料及其制备方法	张 帆 等	CN201711041931	CN107869090B
17	D21C	一种绿色螯合剂在纸浆过氧化氢漂白中应用的方法	万金泉 等	CN201711182714	CN107974856B
18	D21H	一种造纸用复合填料的制备方法	不公告发明人	CN201711221483	CN108103833B
19	D21H	耐强碱清洁制浆助剂及其应用工艺	孔凡功 等	CN201711290437	CN108130806B
20	D21H	一种改性硫酸钙晶须造纸填料的制备方法	庞春霞 等	CN201711291743	CN108103839B
21	D21C	废纸化学残留物清除剂、应用及使用方法	丁新泉 等	CN201711318853	CN108252145B
22	D21H	一种聚丙烯酰胺/聚乙烯醇/硼砂复合溶液对纸质文献进行脱酸增强的方法	张宏伟 等	CN201711321742	CN108221481B
23	D21H	纸张背涂乳液及其制备方法和应用	余 赞 等	CN201711382269	CN108004839B
24	D21C	一种造纸半化学浆促进浸渍软化剂及其制备方法	刘建华 等	CN201711448927	CN108103820B
25	D21H	一种纸张挺度剂的制备方法	唐林元 等	CN201711491524	CN108252151B
26	C09D	具有环保、防水和防油性能的纸涂层材料及其制备方法	尹 哲	CN201780027254	CN109153880B
27	D21C	基于植物纤维和矿物填料的粘合剂组合物及其制备与用途	弗雷德里克 · 沃洛 等	CN201780073324	CN110050097B
28	C08F	一种阳离子淀粉/纳米纤维素基抗水增强复合乳液的制备方法	宋晓明 等	CN201810044910	CN108383944B
29	D21H	一种用于纸质文物保护的双层加固液	齐迎萍 等	CN201810255700	CN108221464B
30	D21H	一种淀粉基造纸表面施胶剂的制备方法	李玉萍 等	CN201810273541	CN108708215B
31	D21H	一种用缩水甘油醚改性胶原蛋白制备的造纸施胶剂及其制备方法	王学川 等	CN201810310430	CN108330739B

续表

序号	分类号	发明名称	发明人	申请号	公开(公告)号
32	D21B	一种废纸制浆助剂及废纸造纸工艺	黄晓平 等	CN201810318904	CN108642940B
33	D21H	一种高留着性造纸填料的制备方法	雷春生 等	CN201810363640	CN108560299B
34	D21C	一种固体缓释型生物酶制浆补充漂白剂及其制备方法	李树泉 等	CN201810364559	CN108560301B
35	D21C	一种生物酶制浆快速渗透剂及其制备方法	李树泉 等	CN201810377118	CN108411673B
36	D21C	一种生物酶制浆特种软化剂及其制备方法	李树泉 等	CN201810381889	CN108411674B
37	D21H	植物纤维制品耐火防霉防潮专用剂及其制备方法	王雪峰	CN202011053789	CN112080960A
38	D21H	一种晒图纸预涂料及其制备方法	徐　波	CN202011028946	CN112144315A
39	D21H	一种帘涂涂料及其应用	丁高生 等	CN202011017116	CN112127205A
40	D21H	一种用于生产纸浆 4BS 颜料配制方法	彭育平 等	CN202010998127	CN112111990A
41	C09K	一种秸秆利用降解型抑尘剂及其制备方法	赵全胜 等	CN202010988525	CN112126409A
42	D21H	利用生物质制备涂料的方法、涂料、胶料	田国钰 等	CN202010981853	CN112048936A
43	C12N	一种突变的耐热耐碱造纸用木聚糖酶及其应用	王禄山 等	CN202010921188	CN112094832A
44	D21H	一种造纸施胶剂及其制备方法	陈光军 等	CN202010916998	CN112012042A
45	D21H	一种卷烟纸用阻燃涂料、低引燃倾向卷烟纸及其制备方法	杨　扬 等	CN202010919962	CN112080962A
46	D21C	一种联产高强瓦楞原纸浆的黄腐酸活性提高方法	白　博 等	CN202010915557	CN111996827A
47	D21H	一种改性硅油型造纸消泡剂的制备方法	郭丽芳 等	CN202010905734	CN111979834A
48	D21F	一种造纸系统白水在线连续消泡处理方法	郭丽芳 等	CN202010905733	CN111979828A
49	D21H	一种生活用纸纸浆助留助滤剂及其制备方法	李志林 等	CN202010668256	CN111826996A
50	D21F	一种用于造纸工艺中污泥回用的药剂及其使用方法和装置	孙　超	CN202010668379	CN111676725A
51	D21H	一种防水防油剂、制备方法及应用	陈　挺 等	CN202010675496	CN111749042A
52	C08G	一种造纸超细纤维和填料助留助滤增强剂	马明蔚 等	CN202010683707	CN111793204A
53	D21H	一种合成醇酯类造纸剥离剂及其制造方法	刘吉奎	CN202010684254	CN111893798A
54	C08G	一种造纸用新型流变增稠保水剂、制备方法及应用	郑保健	CN202010883963	CN111961212A
55	C09C	一种造纸用改性膨润土的制备方法	汪志强 等	CN202010894172	CN112143264A
56	D21F	一种造纸生产过程中物理化学联用消抑泡处理方法	郭丽芳 等	CN202010904017	CN111979827A
57	C08F	一种高固含量丁苯胶乳及其制备方法和应用	施晓旦 等	CN202010888249	CN111995712A
58	D21H	一种纳米粒子改性无氟拒油纸张表面处理剂的制备方法	王荣军 等	CN202010989410	CN112064408A
59	C09C	高遮盖力造纸专用钛白粉的表面处理方法	罗　静 等	CN202010835846	CN111925669A
60	D21H	一种造纸用添加剂及其制备方法、造纸方法、应用	肖聪成	CN202010821828	CN111962329A
61	D21H	一种造纸专用玉米淀粉 AKD 施胶剂的生产方法	高世军 等	CN202010814650	CN111926614A
62	D21H	一种复合填料及其制备方法和应用、轻质纸	吴平飞 等	CN202010786815	CN111910464A
63	C02F	一种制备白色聚合氯化铝的方法	韦晨熙 等	CN202010772462	CN112125380A
64	C08F	一种两性聚丙烯酰胺纸张增强剂及其制备方法	郭丽芳 等	CN202010734835	CN111848863A
65	D21H	一种适用于未漂化学浆的二元微粒助留体系	吕　亮 等	CN202010722704	CN111826997A
66	D21H	一种改性荧光增白剂水溶液及其制备方法	范约明 等	CN202010713788	CN111809443A

续表

序号	分类号	发明名称	发明人	申请号	公开(公告)号
67	C08G	一种乙烯亚胺与聚醚双改性聚酰胺树状大分子化合物及其制备方法和应用	冉　峰 等	CN202010691739	CN111732733A
68	C08B	一种造纸用生态型阳离子表面施胶增强剂及制备方法	朱先梅 等	CN202010691341	CN111925453A
69	D21H	氧化石墨烯-膨润土复合微粒助留助滤剂制备方法及应用	夏新兴 等	CN202010689352	CN112012041A
70	D21H	一种造纸增强剂的制备方法	马　科	CN202010648748	CN111705539A
71	D21H	一种纸张抗水防潮剂及其制备方法	龙占利 等	CN202010248136	CN111424462A
72	C08F	一种固体型干强剂	石英民	CN202010267536	CN111410715A
73	C09C	一种装饰纸用钛白粉及制备方法	陈建立 等	CN202010288910	CN111334092A
74	A01N	一种杀菌防霉剂及其制备方法与应用	袁　珮 等	CN202010293280	CN111480659A
75	D21H	一种表面施胶剂、原料组合物及其制备方法和应用	施晓旦 等	CN202010359392	CN111576086A
76	D21H	一种造纸用表面施胶剂制备方法	胡新仿	CN202010444968	CN111636243A
77	D21H	纸张表面用抗菌抗病毒防水涂层组合物、涂层及其制备方法和用途	常　江	CN202010610283	CN111851135A
78	C08F	一种纸用环保型抗水增强胶乳及其制备方法和应用	伊财富 等	CN202010588791	CN111533840A
79	B01D	一种消泡剂及其制备方法和应用	宋其利 等	CN202010581939	CN111701284A
80	D21H	一种造纸施胶剂的专用乳化剂	黄　颖 等	CN202010569235	CN111676730A
81	C08F	一种造纸增强剂及其制备方法	王丕新 等	CN202010473687	CN111732688A
82	D21H	一种改性阳离了淀粉乳化剂及其制备 AKD 乳液的方法	周建恩 等	CN202010500793	CN111622013A
83	D21H	一种防潮包装用纸表面施胶液组合物及制备方法	李　丹 等	CN202010508578	CN111826993A
84	D21H	一种湿法造纸涂布浆料液的制备方法	宋　微 等	CN202010554851	CN111663364A
85	C09C	一种提高耐磨性的碳酸钙填料及其制备方法	窦正一 等	CN202010566127	CN111662572A
86	C08F	一种速溶星形支化聚合物造纸分散剂及其制备方法	王文爽 等	CN202010448288	CN111454398A
87	D21H	造纸白水净化剂及其使用方法、包含其的改性纸浆及改性纸	张金柱 等	CN202010393126	CN111663361A
88	C09C	一种造纸专用钛白粉的制备方法	赵　波 等	CN202010385058	CN111471323A
89	C09C	一种制备造纸用方解石粉的方法	韦　明	CN202010363856	CN111574851A
90	C01F	一种造纸专用碳酸钙填料的制备方法	韦　明	CN202010363881	CN111573707A
91	D21C	一种提高浆料品质的方法	陈学萍 等	CN202010367807	CN111501391A
92	C08F	一种交联型树脂纸张防水剂的制备方法	张新东 等	CN202010227144	CN111234111A
93	C08F	一种纸张增强剂的制备方法及其在造纸中的应用	轩少云 等	CN202010227148	CN111234100A
94	C08G	面涂用丁苯胶乳及其制备方法	施晓旦 等	CN201911139611	CN111072977A
95	C08F	一种底涂用丁苯胶乳及其制备方法	施晓旦 等	CN201911139638	CN111019034A
96	C08F	一种面涂用丁苯胶乳及其制备方法和应用	施晓旦 等	CN201911139690	CN111019035A
97	C08F	一种细粒径丁苯胶乳及其制备方法	施晓旦 等	CN201911139792	CN110903440A
98	C08F	一种造纸用苯丙胶乳及其制备方法和应用	施晓旦 等	CN201911141512	CN110903441A
99	D21H	一种新型造纸用除臭剂及其制备方法	顾光成 等	CN201911146241	CN111088720A

续表

序号	分类号	发明名称	发明人	申请号	公开(公告)号
100	D21H	一种基于氢键作用的明胶基造纸施胶剂及其制备方法	王学川 等	CN201911148034	CN110904728A
101	D21H	一种利用玉米淀粉增强纸张强度的加工工艺	孙玉政 等	CN201911156056	CN110846928A
102	D21H	通过在淀粉基磷灰石中加入聚丙烯提高纸张白度的方法	孙玉政 等	CN201911156057	CN110863387A
103	D21H	一种环保型纸张增硬涂层材料及其制备方法	洪河谋 等	CN201911177572	CN111778767A
104	D21H	一种纸用色浆固色剂及其制备方法和应用	颜进华 等	CN201911181432	CN110924224A
105	D21H	一种用于宣纸的表面施胶液及其制备方法和应用	颜进华 等	CN201911181590	CN110904729A
106	D21H	一种水性涂料组合物及其应用	郝宝祥 等	CN201911242277	CN110878493A
107	D21H	一种增强纸张匀度固着剂的制备方法	闫　争	CN201911264396	CN111088716A
108	C09J	一种水性聚氨酯表面施胶剂的制备方法	谢珈璐	CN201911297818	CN110951413A
109	C08F	纱管纸干强剂及其制备方法	张敏盛 等	CN201911298452	CN110950999A
110	D21H	一种造纸填料的制备方法	胡隆燕	CN201911318163	CN111074671A
111	D21C	一种多酶复配降解胶黏物的方法及其应用	吴　敬 等	CN201911322345	CN110983849A
112	D21H	一种 AKD 乳粉施胶剂及其制备方法	施晓旦 等	CN201911330764	CN110924223A
113	C09C	一种环保文化用纸专用碳酸钙填料及其制备方法	施晓旦 等	CN201911358971	CN111138888A
114	C07D	一种品质稳定的造纸用液体荧光增白剂的制备方法	王真祥 等	CN201911388724	CN111039884A
115	C08G	一种支链型湿强剂的制备方法及应用	施晓旦 等	CN201911394288	CN111072957A
116	D21H	一种防水高光彩喷涂层及其制备方法	周广滨 等	CN201911394438	CN111041891A
117	D21H	改性的起皱用胶粘剂配制物和使用其的起皱方法	J·谭 等	CN201980019082	CN111886382A
118	D21H	一种高吸附多孔造纸用助留剂的制备方法	王丹丹	CN202010005422	CN111139683A
119	D21H	一种水转印纸配方调试及涂布工艺	牟钟豪	CN202010016861	CN111218849A
120	D21H	一种生物质基阻隔涂层的制备方法	苏艳群 等	CN202010025722	CN111172805A
121	D21H	一种利用原淀粉颗粒构建阳离子超分子胶体的方法	沈　静 等	CN202010059699	CN111172807A
122	C08F	一种高强度造纸底涂胶乳及其生产工艺	王敏飞 等	CN202010063129	CN111253511A
123	D21H	一种改性施胶淀粉、表面施胶液及其制备方法和应用	施晓旦 等	CN202010120342	CN111364284A
124	C08B	一种改性施胶淀粉、表面施胶液及其制备方法和应用	施晓旦 等	CN202010120863	CN111303307A
125	D21H	一种干强剂及其制备方法和应用	施晓旦 等	CN202010120332	CN111254741A
126	D21H	一种制备大米淀粉施胶剂的方法	张榆敏	CN202010222542	CN111287012A
127	C08F	一种小分子两性聚合物造纸增强剂及其制备方法	谢克敏 等	CN202010222834	CN111269357A
128	D21H	造纸固体表面施胶剂	邹学辉	CN202010209982	CN111395036A
129	C08J	一种聚合物乳液型消泡剂及其制备方法	李安宁 等	CN202010207349	CN111484630A
130	D21H	一种用于纸质保护的两亲性阳离子壳聚糖-磷酸酯淀粉复合加固液	李　华 等	CN202010197071	CN111270554A
131	D21H	一种转印纸涂层及其制备方法	钟天崎 等	CN202010205086	CN111304957A
132	A01N	一种纸张的除霉防霉剂制备方法	陈海锋	CN202010191301	CN111357766A
133	D21H	一种改性滑石粉增强原纸的制备方法	杜　涛	CN202010153237	CN111335074A

续表

序号	分类号	发明名称	发明人	申请号	公开(公告)号
134	D21H	造纸化学品用分散液、含该造纸化学品用分散液的纸力增强剂、滤水提高剂及成品率提高剂	西浦尚吾 等	CN202010139600	CN111663366A
135	D21H	一种 cCS-PAE 二元复合增强剂及其制备方法	徐小平	CN202010134202	CN111395034A
136	A01N	载季铵盐聚膦腈复合抗菌剂及其制备方法和应用	谭绍早 等	CN202010111499	CN111328809A
137	C08F	一种细小粒径的超抗水纸张浸渍剂及其制备方法	张研发 等	CN202010169255	CN111285952A
138	D21G	一种造纸用剥离剂去除胶粘物粘性效果的评价方法	宋 留 等	CN202010478153	CN111648158A
139	D21H	一种直链型液体 AKD 表面施胶剂及其制备方法	施晓旦 等	CN201911398024	CN110983856A
140	D21H	一种兼具高油墨转移率和快油墨干燥速率的热升华转印纸涂料及其制备方法	黄小雷 等	CN201911073717	CN111058331A
141	D21H	一种环境友好型纸张防油剂的制备方法	黄淑芬	CN201911063209	CN110685185A
142	D21C	一种基于离子液体的纸浆漂白保护剂	杨桂花 等	CN201911055224	CN110747681A
143	D06M	一种多功能生物质抗皱除皱剂的制备方法及其应用	张 丹 等	CN201911035840	CN110777536A
144	D21H	一种提升纸张印刷质量的纳米微晶纤维素涂料及制备方法	郭大亮 等	CN201911036704	CN110747690A
145	D21H	一种用于白图纸的涂料及其制备方法	赵传山 等	CN201911018822	CN110714360A
146	C01F	碱回收白泥制备高浓度碳酸钙浆料及再利用的方法	王亚双	CN201911009955	CN110697753A
147	D21H	一种金属纳米颗粒-聚合物复合材料及其制备方法与应用	顾佳俊 等	CN201911000688	CN110777561A
148	D21H	一种纸张柔软、防霉专用柔软剂及其制备方法	苏 宇	CN201910994291	CN110777560A
149	D21H	一种高清晰度花纹纸配方及制备方法	吴小伟 等	CN201910994685	CN110804901A
150	C09C	造纸专用钛白粉的表面处理工艺	刘 琦 等	CN201910988651	CN110669359A
151	D21H	矿物油类的造纸烘缸用乳液剥离剂组合物及其制备方法	朱先梅	CN201910972065	CN110747688A
152	C08B	由大米生产下脚料碎米制备造纸施胶剂用变性淀粉的方法	朱同贵 等	CN201910954517	CN110746511A
153	D21H	造纸用的钛白粉不透明度的检测方法	黄学英 等	CN201910914861	CN110791995A
154	D21H	一种涂布于低克数热升华转印纸上的涂层	张家李	CN201910920866	CN110656540A
155	D21C	解淀粉芽孢杆菌多酶液/H_2O_2 净化制浆竹片表面抽出物杂质的方法	张 宇 等	CN201910900335	CN110747679A
156	D21B	一种 Bi/Mo/Co_2O_4/CO_2 催化净化制浆竹片表层 Si 杂质的方法	张 宇 等	CN201910900350	CN110747673A
157	D21H	一种纸浆内部施胶组合物及其使用方法和应用	关泽股	CN201910852729	CN110685187A
158	D21H	一种纸浆模塑品改性添加剂及制备方法和应用	关泽股	CN201910853218	CN110670407A
159	D21C	一种微纳米纤维素的绿色制备方法	陈京环	CN201910839502	CN110644271A
160	C09C	一种高耐晒造纸专用二氧化钛生产工艺	褚立峰 等	CN201910820945	CN110511598B
161	D21H	一种烯基琥珀酸酐施胶剂及其制备方法和应用	于得海 等	CN201910806762	CN111749045A
162	D21H	一种烷基烯酮二聚体施胶剂及其制备方法和应用	于得海 等	CN201910806764	CN111749046A
163	D21H	一种烯基琥珀酸酐施胶剂及其制备方法和应用	于得海 等	CN201910806814	CN111749047A
164	D21H	一种纳米纤维素/纳米氧化锌多功能保护液及其制备方法与对纸质文献保护的方法	唐爱民	CN201910857660	CN111270559A

续表

序号	分类号	发明名称	发明人	申请号	公开(公告)号
165	D21H	一种高抗水真空镀铝原纸的背涂涂料	李秀梅	CN201910688957	CN110700007A
166	D21H	一种用缩水甘油酯改性胶原蛋白制备造纸施胶剂的方法	王学川	CN201810493636	CN108691243B
167	C08F	阳离子型核壳含氟丙烯酸酯-醇酸树脂表面施胶剂的制备方法	伊财富 等	CN201810515191	CN108623754B
168	D21H	一种高阳电性 AKD 浆内施胶剂的制备方法	赵新民 等	CN201810515705	CN108691245B
169	D21H	一种制浆造纸用无机纤维用增强剂的制备方法	杜良芹 等	CN201810546184	CN108611920B
170	D21H	一种食品用纸阳离子松香乳液施胶剂	吕建平 等	CN201810566950	CN108914691B
171	C08F	一种羧甲基纤维素钠-双乙烯酮接枝共聚物的制备方法及应用	张　丹 等	CN201810570358	CN108892751B
172	C08F	一种造纸用乳液型阴离子干强剂的制备方法及其应用	谢　鹏 等	CN201810584477	CN108912266B
173	D21H	低品位凹土制备造纸助留剂的方法	陈　静 等	CN201810593940	CN108755246B
174	D21H	一种复合表面活性剂及其制备方法	郭　林 等	CN201810651135	CN108716157B
175	C08F	一种阳离子体系聚丙烯酸及其制备方法和应用	陈关良	CN201810651701	CN108892749B
176	D21H	一种用于包装用纸的表面施胶剂及其制备方法	李　雄	CN201810673815	CN110644283A
177	C11D	一种毛布清洗剂及其应用	张　健 等	CN201810811527	CN108822991B
178	C08F	一种改性淀粉乳化剂及采用该乳化剂制备的 AKD 乳液	施晓旦 等	CN201811056775	CN110885403A
179	D21H	一种浆内施胶剂及其制备方法	施晓旦 等	CN201811061498	CN110894697A
180	D21H	一种阳离子型施胶剂及其制备方法和应用	施晓旦 等	CN201811061521	CN110894698A
181	D21H	改性纳米纤维素乳化剂及采用该乳化剂制备的 AKD 乳液	施晓旦 等	CN201811055778	CN110886130A
182	C01G	纸基海胆形二氧化钛的制备方法	李　丽 等	CN201811098501	CN109292816B
183	C01F	一种造纸专用纳米碳酸钙制备方法	文经建	CN201811134115	CN110963519A
184	D21H	纸张柔软剂组合物	谷敬坤 等	CN201811153667	CN110965389A
185	D21H	一种涂料、涂料的制备方法及 HEPA 滤网的制备方法	赵　杨 等	CN201811156305	CN110965390A
186	D21H	纳米氧化铝胶粉及其在造纸上的应用	不公告发明人	CN201811437617	CN111235947A
187	C08B	一种磷酸酯涂布淀粉及其制备方法与应用	黄全钦 等	CN201811590794	CN111363053A
188	D21H	用于稳定含淀粉的工业含水流体或浆料中的工艺 PH 的方法	亚科·埃克曼 等	CN201880026173	CN110662868A
189	D04H	增强纸、制造增强纸的方法以及包含增强纸的制品	埃迪·凯宾·根格 等	CN201880043023	CN110799689A
190	D21H	(甲基)丙烯酰胺系聚合物造纸用添加剂的制造方法及(甲基)丙烯酰胺系聚合物造纸用添加剂	堀井忠昭 等	CN201880043150	CN110799704A
191	C09C	一种高耐光高遮盖造纸用钛白粉的制备方法	陈建立 等	CN201910358828	CN111849211A
192	D21C	复合脱色碱式增白剂及其制备方法与应用	游桥平	CN201910549580	CN112127192A
193	D21H	一种造纸增强剂及其制备方法与应用	黄　军 等	CN201910305418	CN110055818B
194	D21H	改性淀粉及其制备方法和应用	王祥槐 等	CN201910183395	CN111691224A

续表

序号	分类号	发明名称	发明人	申请号	公开(公告)号
195	D21H	用于纸张涂料的组合物	弗朗西斯·博尼 等	CN201880075164	CN111417755A
196	D21C	用于增白纸的光学增亮剂	克里斯蒂娜·多明格斯 等	CN201880081515	CN111511984A
197	D21H	用于稳定含淀粉的工业含水流体或浆料中的工艺PH的方法	亚科·埃克曼 等	CN201880026173	CN110662868A
198	C08F	一种性能可控的多糖类物质改性分散剂的制备方法	施晓旦 等	CN201811056273	CN109293836B
199	D21H	一种干强剂的制备方法	王 成 等	CN201811011468	CN109183506B
200	D21H	一种包装用纸阻隔功能涂覆乳液的制备方法及其应用	吴 敏 等	CN201810960996	CN109235141B
201	D21H	一种纸与纸制品湿强增效剂的制备方法及应用	武书彬 等	CN201810929155	CN109162144B
202	D21H	一种成膜性能良好的纸用阻燃剂及其制备方法	孙绪兵 等	CN201810791069	CN108978341B
203	C08F	一种两性聚合物及包含其的烯基琥珀酸酐乳液	侯 鲲 等	CN201511026730	CN106928400B
204	C11D	毛毡调理剂和清洁剂	K·H·洛 等	CN201580063754	CN107429201B
205	C09C	含表面改性碳酸钙的粒子(MCC)与含沉淀碳酸钙的粒子(PCC)的共混物及其用途	D·沃纳 等	CN201680022974	CN107532010B
206	C08G	乙烯亚胺聚合物溶液及其制造方法	铃木清一 等	CN201880053795	CN111032737A
207	D21H	纸强度改进聚合物组合物和添加剂体系、其用途以及纸制品的制造	陆 晨 等	CN201880060069	CN111433407A
208	D21H	疏水性含乙烯胺的聚合物组合物以及它们在造纸应用中的用途	古渠鸣 等	CN201880064052	CN111183256A
209	C09C	包含磨碎的天然碳酸钙(GCC)的涂料组合物	丹尼尔·甘滕拜因 等	CN201880064081	CN111164159A
210	C08F	包含交联的阴离子有机聚合微粒的组合物、其制备方法及在纸张和纸板制造方法中的用途	C·耶恩-朗迪 等	CN201880072112	CN111386289A
211	D21H	用于改善纸或板的生产中疏水性浆内施胶剂的保留的聚合物产品	蒂莫·瓦尔凯亚拉克索 等	CN201880070749	CN111433408A
212	D21H	一种可提高抄纸质量的消泡剂及其制备方法和制备装置	凌坤华 等	CN201911042926	CN110761110A
		环境保护			
1	C02F	一种制浆碱回收白液的净化方法及应用	徐 峻 等	CN201610837446	1
2	B01D	膜分离活性污泥处理用半透膜的支撑体、过滤膜和模块	绿川正敏 等	CN201680009900	2
3	D21C	从具有高碳酸盐含量的溶解的灰分回收制浆化学物质的方法	M·贝利 等	CN201680031822	3
4	D21C	从污冷凝物汽提挥发性有机化合物的系统和方法	I·R·鲁伊斯	CN201680055483	4
5	D21C	一种废纸制浆过程中去除胶粘物的工艺	刘燕韶 等	CN201710580562	5
6	C04B	白泥回收综合利用的节能环保型回收方法	杨泽荣	CN201710703803	6
7	D21C	玉米秸秆和麦草混合原料的半化学浆清洁制浆工艺	孔凡功 等	CN201711398841	7
8	D21C	一种提高黑液钝化蒸发效率的方法	李文俊	CN201810089520	8
9	D21H	一种造纸废水二沉污泥回收药剂及瓦楞原纸制备方法	汤洪斌 等	CN201810120914	9

续表

序号	分类号	发明名称	发明人	申请号	公开(公告)号
10	D21B	一种废旧包装用纸回收再利用的加工方法	戴　村 等	CN202010936013	10
11	D21H	一种利用造纸污泥再生的环保纸板配方	张志军	CN202010846078	11
12	D21H	一种利用生化污泥的造纸工艺	李文斌	CN202010284360	12
13	C02F	一种造纸污泥用回收工艺	顾光成 等	CN201911146202	13
14	D21C	一种清洁分离竹原料组分的方法	马千里 等	CN201911265455	14
15	D21C	一种制浆废液综合回收利用的方法	栾　飞 等	CN202010224695	15
16	D21C	一种废纸脱墨及镁碱基过氧化氢漂白方法	云　娜 等	CN202010167475	16
17	D21C	一种多功能生物环保的制浆系统	王　华 等	CN202010138419	17
18	D21C	利用生物质材料提取纤维素和木质素的方法以及利用提取后的残液回收甲酸和糠醛的方法	陈　玮 等	CN201911408524	18
19	D21C	一种用于改善造纸白水多圆盘滤水的处理工艺	占正奉 等	CN201910968041	19
20	C12N	一种从废纸中获得的脱墨微生物及其获得方法与应用	郑苗苗 等	CN201910942016	20
21	D21H	一种去除纸浆中胶黏物的处理工艺	陈学萍 等	CN201910908280	21
22	D21C	一种柱式气浮装置及其用于控制废纸制浆过程胶黏物的方法	苏振华 等	CN201910830352	22
23	C02F	一种造纸白水细小纤维填料回用白水超低排放的生态系统	马明蔚 等	CN201910807073	23
24	D21B	废纸资源化清洁利用新方法	杨仁春 等	CN201810586726	24
25	D21F	一种造纸用废浆的回收方法及回收系统	张成飞 等	CN201810698781	25
26	D21C	一种酸碱循环用于草浆黑液碱回收新方法	王　岚 等	CN201910481791	26
27	D21H	使用基因工程菌控制造纸过程生物膜污染的方法	时留新 等	CN201910467450	27
28	D21C	回收造纸白水中游离淀粉的方法	王祥槐 等	CN201910183400	28
29	B03C	一种造纸废渣无害化处理系统	不公告发明人	CN201910169445	29
30	B21B	酶预处理从废纸浆中提取淀粉类有机物、净化浆料的方法	刘廷志 等	CN201910132552	30
31	D21H	树脂障碍防止方法	桂仁树 等	CN201880090897	31
32	D21H	除去造纸设备中的湿强度树脂污染物和防止其污染造纸设备的组合物、其用途和方法	邹　勇 等	CN201880042209	32
33	D21F	基于疏水材料高表面粗糙度的造纸白水微细胶黏物高效黏附净化方法	李　擘 等	CN201811013901	33
34	D21C	在工业过程中控制微生物和/或生物膜生长的方法	亚科·西梅尔等	CN201880056644	34
35	D21C	从制浆工艺的液体中去除硫氢根离子(HS-)的方法和系统	R·拉皮宁；E·瓦利玛基等	CN201880068195	35
36	D21C	用于燃烧恶臭气体的方法和设备	M·凯托	CN201880083076	36
37	D21B	一种废水碱回收循环利用的高得率化学机械浆制浆方法	农光再 等	CN202010446443	37

（曹凯月）

2020 年我国造纸工业标准目录

Standards of China's Paper Industry in 2020

截至 2020 年年底，我国造纸工业标准共有 497 项，其中，国家标准 374 项，行业标准 123 项。2020 年新批准发布造纸标准 21 项，均为国家标准。

以下列出最新造纸工业标准目录，表 1 为 2020 年新批准发布造纸标准目录，表 2 为现有造纸产品标准目录(共 245 项)，表 3 为现有造纸基础和测试方法标准目录(共 252 项)。

表 1　　2020 年新批准发布造纸标准目录

序号	标准编号	标准名称	发布日期	实施日期	代替标准号
1	GB/T 147—2020	印刷、书写和绘图用原纸尺寸	2020-07-21	2021-02-01	GB/T 147—1997
2	GB/T 454—2020	纸 耐破度的测定	2020-07-21	2021-02-01	GB/T 454—2002
3	GB/T 2679. 1—2020	纸 透明度的测定 漫反射法	2020-07-21	2021-02-01	GB/T 2679. 1—2013
4	GB/T 4688—2020	纸、纸板和纸浆 纤维组成的分析	2020-07-21	2021-02-01	GB/T 4688—2002
5	GB/T 7979—2020	纸浆 二氯甲烷抽出物的测定	2020-07-21	2021-02-01	GB/T 7979—2005
6	GB/T 22830—2020	水彩画纸	2020-07-21	2021-02-01	GB/T 22830—2008
7	GB/T 22869—2020	冷轧金属板衬纸	2020-09-29	2021-04-04	GB/T 22869—2008
8	GB/T 24328. 1—2020	卫生纸及其制品 第 1 部分：术语导则	2020-07-21	2021-02-01	GB/T 24328. 1—2009
9	GB/T 24328. 2—2020	卫生纸及其制品 第 2 部分：厚度、层积厚度、表观层积紧度和松厚度的测定	2020-07-21	2021-02-01	GB/T 24328. 2—2009
10	GB/T 24328. 3—2020	卫生纸及其制品 第 3 部分：抗张强度、最大力值时伸长率和抗张能量吸收的测定	2020-07-21	2021-02-01	GB/T 24328. 3—2009
11	GB/T 24328. 4—2020	卫生纸及其制品 第 4 部分：湿抗张强度的测定	2020-07-21	2021-02-01	GB/T 24328. 4—2009
12	GB/T 24328. 6—2020	卫生纸及其制品 第 6 部分：吸水时间和吸水能力的测定 篮筐浸没法	2020-07-21	2021-02-01	GB/T 24328. 6—2009
13	GB/T 24328. 7—2020	卫生纸及其制品 第 7 部分：球形耐破度的测定	2020-07-21	2021-02-01	GB/T 24328. 7—2009
14	GB/T 24328. 8—2020	卫生纸及其制品 第 8 部分：光学性能的测定 亮度和颜色的测定 D65/10°(室外日光条件)	2020-07-21	2021-02-01	—
15	GB/T 24328. 9—2020	卫生纸及其制品 第 9 部分：湿球形耐破度的测定	2020-07-21	2021-02-01	—
16	GB/T 24328. 10—2020	卫生纸及其制品 第 10 部分：打孔线抗张强度的测定及打孔效率的计算	2020-07-21	2021-02-01	—
17	GB/T 24328. 11—2020	卫生纸及其制品 第 11 部分：光学性能的测定 亮度和颜色的测定 C/2°(室内日光条件)	2020-07-21	2021-02-01	—

续表

序号	标准编号	标准名称	发布日期	实施日期	代替标准号
18	GB/T 24328. 12—2020	卫生纸及其制品 第 12 部分：光学性能的测定 不透明度的测定 漫反射法	2020-07-21	2021-02-01	—
19	GB/T 24988—2020	复印纸	2020-07-21	2021-02-01	GB/T 24988—2010
20	GB/T 38998—2020	裁切后办公用纸 边缘质量的测定	2020-07-21	2021-02-01	—
21	GB/T 39391—2020	女性卫生裤	2020-11-19	2021-06-01	—

表 2　　造纸产品标准目录

序号	标准号	标准名称	发布日期	实施日期
1	GB/T 1468—2011	描图纸	2011-12-30	2012-09-01
2	GB/T 1525—2006	制图纸	2006-03-10	2006-10-01
3	GB/T 1910—2015	新闻纸	2015-12-31	2016-07-01
4	GB/T 1911—2011	拷贝纸	2011-12-30	2012-07-01
5	GB/T 1912—2018	字典纸	2018-11-28	2019-07-01
6	GB/T 1913. 1—2005	未漂浸渍绝缘纸	2005-03-23	2005-09-01
7	GB/T 1913. 2—2002	印制板用漂白木浆纸	2002-07-18	2002-12-01
8	GB/T 1914—2017	化学分析滤纸	2017-12-29	2018-07-01
9	GB/T 2675—2017	地图纸	2017-09-29	2018-04-01
10	GB/T 2676—2006	海图纸	2006-03-10	2006-10-01
11	GB/T 3147—2006	信息处理未穿孔纸带	2006-03-10	2006-10-01
12	GB/T 3148—2008	漂白苇浆	2008-08-19	2009-05-01
13	GB/T 6544—2008	瓦楞纸板	2008-01-04	2008-09-01
14	GB/T 7968—2015	纸袋纸	2015-12-31	2016-07-01
15	GB/T 7969—2003	电力电缆纸	2003-10-20	2004-06-01
16	GB/T 7970—1999	通讯电缆纸	1999-08-12	2000-02-01
17	GB/T 7971—2007	半导电电缆纸	2007-12-05	2008-09-01
18	GB/T 8938—2008	打字纸	2008-08-19	2009-05-01
19	GB/T 8939—2018	卫生巾(护垫)	2018-06-07	2019-07-01
20	GB/T 10335. 1—2017	涂布纸和纸板　涂布美术印刷纸(铜版纸)	2017-12-29	2018-07-01
21	GB/T 10335. 2—2018	涂布纸和纸板　轻量涂布纸	2018-11-28	2018-07-01
22	GB/T 10335. 3—2018	涂布纸和纸板　涂布白卡纸	2018-11-28	2018-07-01
23	GB/T 10335. 4—2017	涂布纸和纸板　涂布白纸板	2017-11-01	2018-05-01
24	GB/T 10335. 5—2008	涂布纸和纸板　涂布箱纸板	2008-08-19	2009-05-01
25	GB/T 11541—2008	照相原纸	2008-08-19	2009-05-01
26	GB/T 12654—2018	书写用纸	2018-11-28	2019-07-01
27	GB/T 12913—2008	电容器纸	2008-08-19	2009-05-01
28	GB/T 13023—2008	瓦楞芯(原)纸	2008-01-04	2008-09-01
29	GB/T 13024—2016	箱纸板	2016-12-13	2017-07-01
30	GB/T 13505—2007	高纯度绝缘木浆	2007-12-05	2008-09-01

续表

序号	标准号	标准名称	发布日期	实施日期
31	GB/T 13506—2008	漂白亚硫酸盐木浆	2008-08-19	2009-05-01
32	GB/T 13507—1992	本色亚硫酸盐木浆	1992-06-12	1993-03-01
33	GB/T 16797—2017	无碳复写纸	2017-11-01	2018-05-01
34	GB/T 18739—2008	地理标志产品 宣纸	2008-06-25	2008-10-01
35	GB/T 19341—2015	育果袋纸	2015-12-31	2016-07-01
36	GB/T 20808—2011	纸巾纸	2011-12-30	2012-07-01
37	GB/T 20810—2018	卫生纸(含卫生纸原纸)	2018-06-07	2019-07-01
38	GB/T 21244—2007	纸芯	2007-12-05	2008-09-01
39	GB/T 21301—2007	喷墨打印纸	2007-12-05	2008-09-01
40	GB/T 21331—2008	绒毛浆	2008-01-04	2008-09-01
41	GB/T 22803—2016	鞋用纸板	2016-12-13	2017-07-01
42	GB/T 22806—2008	白卡纸	2008-12-30	2009-09-01
43	GB/T 22812—2008	半透明纸	2008-12-30	2009-09-01
44	GB/T 22813—2008	薄页包装纸	2008-12-30	2009-09-01
45	GB/T 22814—2008	防锈原纸	2008-12-30	2009-09-01
46	GB/T 22815—2008	封套纸板	2008-12-30	2009-09-01
47	GB/T 22816—2008	复写原纸	2008-12-30	2009-09-01
48	GB/T 22817—2008	钢纸管	2008-12-30	2009-09-01
49	GB/T 22818—2008	钢纸原纸	2008-12-30	2009-09-01
50	GB/T 22820—2017	编织原纸	2017-12-29	2018-07-01
51	GB/T 22821—2008	光学字符阅读纸	2008-12-30	2009-09-01
52	GB/T 22822—2008	厚纸板	2008-12-30	2009-09-01
53	GB/T 22823—2008	胶带原纸	2008-12-30	2009-09-01
54	GB/T 22824—2008	蜡光原纸	2008-12-30	2009-09-01
55	GB/T 22825—2008	蜡光纸	2008-12-30	2009-09-01
56	GB/T 22826—2008	盲文印刷纸	2008-12-30	2009-09-01
57	GB/T 22827—2008	手风琴风箱纸板	2008-12-30	2009-09-01
58	GB/T 22828—2008	书画纸	2008-12-30	2009-09-01
59	GB/T 22829—2008	书皮纸	2008-12-30	2009-09-01
60	**GB/T 22830—2020**	**水彩画纸**	**2020-07-21**	**2021-02-01**
61	GB/T 22831—2008	提花纸板	2008-12-30	2009-09-01
62	GB/T 22832—2008	涂布美术印刷纸原纸(铜版原纸)	2008-12-30	2009-09-01
63	GB/T 22833—2008	图画纸	2008-12-30	2009-09-01
64	GB/T 22834—2008	信封用纸	2008-12-30	2009-09-01
65	GB/T 22835—2008	信息处理用连续格式纸	2008-12-30	2009-09-01
66	GB/T 22865—2008	牛皮纸	2008-12-30	2009-09-01
67	**GB/T 22869—2020**	**冷轧金属板衬纸**	**2020-09-29**	**2021-04-01**
68	GB/T 22870—2008	漂白浆挂面箱纸板	2008-12-30	2009-09-01

续表

序号	标准号	标准名称	发布日期	实施日期
69	GB/T 22871—2008	普通玻璃纸	2008-12-30	2009-09-01
70	GB/T 22875—2018	纸尿裤和卫生巾高吸收性树脂 《纸尿裤和卫生巾高吸收性树脂》第 1 号修改单 2020-07-21	2018-06-07	2019-01-01
71	GB/T 22920—2008	电解电容器纸	2008-12-30	2009-09-01
72	GB/T 22927—2008	口罩纸	2008-12-30	2009-09-01
73	GB/T 22928—2008	烟花爆竹用纸	2008-12-30	2009-09-01
74	GB/T 23758—2009	工业羊皮纸	2009-05-04	2009-11-01
75	GB/T 23759—2009	特细羊皮纸	2009-05-04	2009-11-01
76	GB/T 23760—2009	农业羊皮纸	2009-05-04	2009-11-01
77	GB/T 24285—2009	晒图原纸	2009-07-31	2010-03-01
78	GB/T 24286—2009	黑色不透光包装纸	2009-07-31	2010-03-01
79	GB/T 24287—2009	伸性纸袋纸	2009-07-31	2010-03-01
80	GB/T 24292—2009	卫生用品用无尘纸	2009-07-31	2010-03-01
81	GB/T 24320—2009	回用纤维浆	2009-09-30	2010-02-01
82	GB/T 24321—2009	未漂白硫酸盐针叶木浆	2009-09-30	2010-02-01
83	GB/T 24322—2009	漂白硫酸盐竹浆	2009-09-30	2010-02-01
84	GB/T 24393—2009	非正常成品纸和纸板规范	2009-09-30	2010-02-01
85	GB/T 24446—2009	铁木贴花衬纸	2009-10-15	2010-03-01
86	GB/T 24455—2009	擦手纸	2009-10-15	2010-03-01
87	GB/T 24695—2009	食品包装用玻璃纸	2009-11-30	2010-05-01
88	GB/T 24696—2009	食品包装用羊皮纸	2009-11-30	2010-05-01
89	**GB/T 24988—2020**	**复印纸**	**2020-07-21**	**2021-02-01**
90	GB/T 24989—2010	装饰原纸	2010-08-09	2010-12-01
91	GB/T 24995—2010	铸涂原纸	2010-08-09	2010-12-01
92	GB/T 25435—2010	精细过滤纸板	2010-11-10	2011-05-01
93	GB/T 25436—2010	热封型茶叶滤纸	2010-11-10	2011-05-01
94	GB/T 25437—2010	支撑过滤纸板	2010-11-10	2011-05-01
95	GB/T 26173—2010	超级压光纸	2011-01-14	2011-06-15
96	GB/T 26174—2010	厨房纸巾	2011-01-14	2011-06-01
97	GB/T 26187—2010	美纹纸	2011-01-14	2011-06-15
98	GB/T 26188—2010	漂白碱法麦草浆	2011-01-14	2011-06-15
99	GB/T 26199—2010	医用包装原纸	2011-01-14	2011-06-15
100	GB/T 26201—2010	育苗纸	2011-01-14	2011-06-15
101	GB/T 26202—2010	纸管纸板	2011-01-14	2011-06-15
102	GB/T 26204—2010	纸面石膏板护面纸板	2011-01-14	2011-06-15
103	GB/T 26390—2011	浸渍纸层压木质地板用表层耐磨纸	2011-05-12	2011-09-15
104	GB/T 26391—2011	马桶垫纸	2011-05-12	2011-09-15

续表

序号	标准号	标准名称	发布日期	实施日期
105	GB/T 26454—2011	造纸用单层成形网	2011-05-12	2011-09-15
106	GB/T 26455—2011	造纸用多层成形网	2011-05-12	2011-09-15
107	GB/T 26456—2011	造纸用异形丝干燥网	2011-05-12	2011-09-15
108	GB/T 26457—2011	造纸用圆丝干燥网	2011-05-12	2011-09-15
109	GB/T 26462—2011	种子发芽纸	2011-05-12	2011-09-15
110	GB/T 26705—2011	轻型印刷纸	2011-06-16	2011-12-01
111	GB/T 27589—2011	纸餐盒	2011-12-05	2012-06-01
112	GB/T 27590—2011	纸杯 《纸杯》第 1 号修改单 2014-03-31	2011-12-05	2012-06-01
113	GB/T 27591—2011	纸碗	2011-12-05	2012-06-01
114	GB/T 27728—2011	湿巾	2011-12-30	2012-07-01
115	GB/T 27731—2011	卫生用品用离型纸	2011-12-30	2012-07-01
116	GB/T 27733—2011	心电图纸	2011-12-30	2012-07-01
117	GB/T 28004—2011	纸尿裤(片、垫)	2011-09-29	2012-02-01
118	GB/T 28005—2011	纸内裤	2011-09-29	2012-02-01
119	GB/T 28120—2011	面粉纸袋	2011-12-30	2012-08-01
120	GB/T 28121—2011	非热封型茶叶滤纸	2011-12-30	2012-08-01
121	GB/T 28207—2011	离型原纸	2011-12-30	2012-09-01
122	GB/T 28210—2011	热敏纸	2011-12-30	2012-09-01
123	GB/T 29282—2012	格拉辛纸	2012-12-31	2013-09-01
124	GB/T 29283—2012	水转移印花底纸	2012-12-31	2013-09-01
125	GB/T 30129—2013	壁纸原纸	2013-12-17	2014-12-01
126	GB/T 30130—2013	胶版印刷纸	2013-12-17	2014-12-01
127	GB/T 30132—2013	胶印书刊纸	2013-12-17	2014-12-01
128	GB/T 30133—2013	卫生巾用面层通用技术规范	2013-12-17	2014-12-01
129	GB/T 31122—2014	液体食品包装用纸板	2014-09-03	2015-02-01
130	GB/T 31123—2014	固体食品包装用纸板	2014-09-03	2015-02-01
131	GB/T 33280—2016	纸尿裤规格与尺寸	2016-12-13	2017-07-01
132	GB/T 34844—2017	壁纸	2017-11-01	2018-05-01
133	GB/T 35594—2017	医用包装纸	2017-12-29	2018-07-01
134	GB/T 35613—2017	绿色产品评价 纸和纸制品	2017-12-08	2017-07-01
135	GB/T 36392—2018	食品包装用淋膜纸和纸板	2018-06-07	2019-01-01
136	GB/T 36787—2018	纸浆模塑餐具	2018-09-17	2019-04-01
137	**GB/T 39391—2020**	**女性卫生裤**	**2020-11-19**	**2021-06-01**
138	QB/T 1014—2010	食品包装纸	2010-04-22	2010-10-01
139	QB/T 1016—2006	鸡皮纸	2006-09-14	2007-05-01
140	QB/T 1017—2006	仿羊皮纸	2006-09-14	2007-05-01
141	QB/T 1018—1991(2009)	仪表记录原纸	1991-03-30	1991-12-01

续表

序号	标准号	标准名称	发布日期	实施日期
142	QB/T 1019—2010	水松原纸	2010-10-29	2011-04-01
143	QB/T 1020—2018	纸和纸板印刷适性试验用标准油墨	2018-11-08	2019-04-01
144	QB/T 1212—1991	信息处理未穿孔卡纸	1991-09-10	1992-04-01
145	QB/T 1312—2018	砂纸原纸	2018-11-08	2019-04-01
146	QB/T 1313—2010	中性包装纸	2010-04-22	2010-10-01
147	QB/T 1314—1991(2009)	标准纸板	1991-11-25	1992-08-01
148	QB/T 1319—2010	气相防锈纸	2010-04-22	2010-10-01
149	QB/T 1320—1991	玻璃纤维高效空气滤纸	1991-11-25	1992-08-01
150	QB/T 1455—2012	涂布邮票纸(含涂布邮票原纸)	2012-05-24	2012-11-01
151	QB/T 1456—1992	薄凸版纸	1992-04-14	1992-12-01
152	QB/T 1459—1992	感光纸原纸	1992-04-14	1992-12-01
153	QB/T 1597—1992(2009)	单页电传打字原纸	1992-11-10	1993-07-01
154	QB/T 1633—2010	贴花面纸	2010-04-22	2010-10-01
155	QB/T 1678—2017	漂白硫酸盐木浆	2017-01-09	2017-07-01
156	QB/T 1704—2010	铝箔衬纸	2010-12-29	2011-04-01
157	QB/T 1706—2006	条纹牛皮纸	2006-09-14	2007-05-01
158	QB/T 1712—1993	滤芯纸板	1993-04-15	1993-12-01
159	QB/T 1937—1994(2009)	照相原纸木浆	1994-04-23	1994-12-01
160	QB/T 2090—1995(2009)	沥青防潮纸	1995-05-08	1996-01-01
161	QB/T 2091—1995(2009)	沥青防潮原纸	1995-05-08	1996-01-01
162	QB/T 2103—2010	蚕种纸	2010-04-22	2010-10-01
163	QB/T 2104—1995(2009)	造纸铜网　单织网	1995-05-08	1996-01-01
164	QB/T 2105—1995(2009)	造纸铜网　三织网	1995-05-08	1996-01-01
165	QB/T 2192—2011	卷缠绝缘纸	2011-12-30	2012-07-01
166	QB/T 2199—1996(2009)	硬钢纸板	1996-03-22	1996-12-01
167	QB/T 2200—1996(2009)	软钢纸板	1996-03-22	1996-12-01
168	QB/T 2202—1996	啤酒硅藻土支撑过滤板	1996-03-22	1996-12-01
169	QB/T 2205—2012	重氮盐晒图纸	2012-05-24	2012-11-01
170	QB/T 2235—1996(2009)	中性石蜡原纸	1996-10-11	1997-07-01
171	QB/T 2236—1996(2009)	中性石蜡纸	1996-10-11	1997-07-01
172	QB/T 2237—1996(2009)	条纹柏油原纸	1996-10-11	1997-07-01
173	QB/T 2249—1996	凹版印刷纸	1996-10-11	1997-07-01
174	QB/T 2250—2005	单面白纸板	2005-03-19	2005-09-01
175	QB/T 2352—1997(2009)	单面书写纸	1998-01-16	1998-09-01
176	QB/T 2430—1999	铁笔蜡纸原纸	1999-05-06	1999-12-01
177	QB/T 2431—1999	打字蜡纸原纸	1999-05-06	1999-12-01
178	QB/T 2432—2013	打字蜡纸衬纸	2013-10-17	2014-03-01
179	QB/T 2433—1999(2009)	条纹柏油纸	1999-05-06	1999-12-01

续表

序号	标准号	标准名称	发布日期	实施日期
180	QB/T 2688—2005	绝缘纸板	2005-03-19	2005-09-01
181	QB/T 2689—2005	滤嘴棒纸	2005-03-19	2005-09-01
182	QB/T 2692—2005	110 kV ~ 330 kV 高压电缆纸	2005-03-19	2005-09-01
183	QB/T 2693—2005	彩色胶版印刷纸	2005-03-19	2005-09-01
184	QB/T 2694—2005	热敏彩票纸	2005-03-19	2005-09-01
185	QB/T 2807—2006	扑克牌纸板	2006-09-14	2007-05-01
186	QB/T 2810—2006	吸尘器集尘袋外层纸	2006-09-14	2007-05-01
187	QB/T 2811—2019	造纸用碳酸钙	2019-11-11	2020-04-01
188	QB/T 2898—2007	餐用纸制品	2007-12-03	2008-06-01
189	QB/T 3502—1999(2009)	棉条筒钢纸板	1999-04-21	1999-04-21
190	QB/T 3504—1999(2009)	铸涂白纸板	1999-04-21	1999-04-21
191	QB/T 3505—1999(2009)	字型纸板	1999-04-21	1999-04-21
192	QB/T 3507—1999	电子计算机连续记录格式原纸	1999-04-21	1999-04-21
193	QB/T 3509—1999(2009)	工业自动化仪表用记录纸	1999-04-21	1999-04-21
194	QB/T 3517—1999	单面胶版印刷纸	1999-04-21	1999-04-21
195	QB/T 3518—1999(2009)	铸涂纸	1999-04-21	1999-04-21
196	QB/T 3520—1999(2009)	500 kV 油纸套管绝缘纸	1999-04-21	1999-04-21
197	QB/T 3524—1999(2009)	凸版印刷纸	1999-04-21	1999-04-21
198	QB/T 3525—1999(2009)	雪茄烟纸	1999-04-21	1999-04-21
199	QB/T 3528—1999(2009)	导火索纸(导火线纸)	1999-04-21	1999-04-21
200	QB/T 3531—1999	液体食品包装用复合材料	1999-04-21	1999-04-21
201	QB/T 4030—2010	电话纸	2010-04-22	2010-10-01
202	QB/T 4031—2010	阻燃性汽车空气滤纸	2010-04-22	2010-10-01
203	QB/T 4032—2010	纸杯原纸	2010-04-22	2010-10-01
204	QB/T 4033—2010	餐盒原纸	2010-04-22	2010-10-01
205	QB/T 4034—2010	壁纸	2010-04-22	2010-10-01
206	QB/T 4039—2010	造纸用原料 芦苇	2010-04-22	2010-10-01
207	QB/T 4124—2010	造纸毯通用规范	2010-10-29	2011-04-01
208	QB/T 4250—2011	500 kV 变压器匝间绝缘纸	2011-12-30	2012-07-01
209	QB/T 4320—2012	鲜花包装纸	2012-05-24	2012-11-01
210	QB/T 4378—2012	蜂窝纸板	2012-12-28	2013-06-01
211	QB/T 4379—2019	手提纸袋	2019-11-11	2020-04-01
212	QB/T 4380—2012	无碳复写纸原纸	2012-12-28	2013-06-01
213	QB/T 4381—2012	吸尘器集尘袋内层纸	2012-12-28	2013-06-01
214	QB/T 4508—2013	卫生用品用吸水衬纸	2013-07-22	2013-12-01
215	QB/T 4509—2013	本色生活用纸	2013-07-22	2013-12-01
216	QB/T 4758—2014	强化木地板底层用平衡原纸	2014-07-09	2014-11-01
217	QB/T 4759—2014	灰纸板	2014-07-09	2014-11-01

续表

序号	标准号	标准名称	发布日期	实施日期
218	QB/T 4760—2014	阔叶木碱性过氧化氢机械浆	2014-07-09	2014-11-01
219	QB/T 4761—2014	工业擦拭纸	2014-07-09	2014-11-01
220	QB/T 4762—2014	铅酸蓄电池护板用纸	2014-07-09	2014-11-01
221	QB/T 4763—2014	纸浆模塑餐具	2014-07-09	2014-11-01
222	QB/T 4818—2015	无纺壁纸原纸	2015-04-30	2015-10-01
223	QB/T 4819—2015	食品包装用淋膜纸和纸板	2015-04-30	2015-10-01
224	QB/T 4820—2015	pH 试纸原纸	2015-04-30	2015-10-01
225	QB/T 4895—2015	载带封装用纸板	2015-10-10	2016-03-01
226	QB/T 4897—2015	镜头擦拭纸	2015-10-10	2016-03-01
227	QB/T 4898—2015	溶解浆	2015-10-10	2016-03-01
228	QB/T 4899—2015	标牌用仿皮纸	2015-10-10	2016-03-01
229	QB/T 4900—2015	双电层电容器纸	2015-10-10	2016-03-01
230	QB/T 4993—2016	宣纸邮票纸	2016-07-11	2017-01-01
231	QB/T 4994—2016	古法技艺宣纸	2016-07-11	2017-01-01
232	QB/T 4995—2016	宣纸用燎草	2016-07-11	2017-01-01
233	QB/T 5049—2017	乳垫	2017-01-09	2017-07-01
234	QB/T 5050—2017	咖啡袋滤纸	2017-01-09	2017-07-01
235	QB/T 5051—2017	模塑纸餐具专用纸浆	2017-01-09	2017-07-01
236	QB/T 5052—2017	热升华转印纸	2017-01-09	2017-07-01
237	QB/T 5053—2017	热升华转印原纸	2017-01-09	2017-07-01
238	QB/T 5054—2017	人造皮革用离型原纸	2017-01-09	2017-07-01
239	QB/T 5055—2017	真空镀铝原纸	2017-01-09	2017-07-01
240	QB/T 5056—2017	水转印商标用纸	2017-01-09	2017-07-01
241	QB/T 5296—2018	擦拭纸巾	2018-11-08	2019-04-01
242	QB/T 5297—2018	干燥剂包装袋用纸	2018-11-08	2019-04-01
243	QB/T 5398—2019	造纸用原料 蔗渣	2019-11-11	2020-04-01
244	QB/T 5399—2019	1000 kV 变压器匝间绝缘纸	2019-11-11	2020-07-01
245	QB/T 5400—2019	薄型封装纸	2019-11-11	2020-07-01

注：黑体字为 2020 年新批准发布标准。

表 3　　造纸方法标准目录

序号	标准号	标准名称	发布日期	实施日期
1	GB 3544—2008	制浆造纸工业水污染物排放标准	2008-06-25	2008-08-01
2	GB 18585—2001	室内装饰装修材料　壁纸中有害物质限量	2001-12-10	2002-01-01
3	**GB/T 147—2020**	**印刷、书写和绘图用原纸尺寸**	**1920-07-21**	**2021-02-01**
4	GB/T 148—1997	印刷、书写和绘图纸幅面尺寸	1997-06-26	1997-12-01
5	GB/T 450—2008	纸和纸板　试样的采取及试样纵横向、正反面的测定	2008-08-19	2009-05-01
6	GB/T 451. 1—2002	纸和纸板尺寸及偏斜度的测定	2002-06-13	2002-12-01

续表

序号	标准号	标准名称	发布日期	实施日期
7	GB/T 451.2—2002	纸和纸板定量的测定	2002-06-13	2002-12-01
8	GB/T 451.3—2002	纸和纸板厚度的测定	2002-06-13	2002-12-01
9	**GB/T 454—2020**	**纸 耐破度的测定**	**2020-07-21**	**2021-02-01**
10	GB/T 455—2002	纸和纸板撕裂度的测定	2002-07-22	2003-02-01
11	GB/T 456—2002	纸和纸板平滑度的测定(别克法)	2002-07-22	2003-02-01
12	GB/T 457—2008	纸和纸板　耐折度的测定	2008-08-19	2009-05-01
13	GB/T 458—2008	纸和纸板　透气度的测定	2008-08-19	2009-05-01
14	GB/T 459—2002	纸和纸板伸缩性的测定	2002-09-05	2003-01-01
15	GB/T 460—2008	纸　施胶度的测定	2008-08-19	2009-05-01
16	GB/T 461.1—2002	纸和纸板毛细吸液高度的测定(克列姆法)	2002-09-06	2003-01-01
17	GB/T 461.3—2005	纸和纸板　吸水性的测定(浸水法)	2005-09-26	2006-04-01
18	GB/T 462—2008	纸、纸板和纸浆　分析试样水分的测定	2008-08-19	2009-05-01
19	GB/T 464—2008	纸和纸板的干热加速老化	2008-03-24	2008-10-01
20	GB/T 465.1—2008	纸和纸板　浸水后耐破度的测定	2008-08-19	2009-05-01
21	GB/T 465.2—2008	纸和纸板　浸水后抗张强度的测定	2008-08-19	2009-05-01
22	GB/T 740—2003	纸浆　试样的采取	2003-10-20	2004-06-01
23	GB/T 742—2018	造纸原料、纸浆、纸和纸板　灰分的测定	2018-11-28	2019-07-01
24	GB/T 743—2003	纸浆　乙醚抽出物的测定	2003-08-25	2003-12-01
25	GB/T 744—2004	纸浆　抗碱性的测定	2004-03-15	2004-10-01
26	GB/T 745—2003	纸浆　多戊糖的测定	2003-08-25	2003-12-01
27	GB/T 747—2003	纸浆　酸不溶木素的测定	2003-08-25	2003-12-01
28	GB/T 1539—2007	纸板　耐破度的测定	2007-12-05	2008-09-01
29	GB/T 1540—2002	纸和纸板吸水性的测定　可勃法	2002-10-15	2003-04-01
30	GB/T 1541—2013	纸和纸板　尘埃度的测定	2013-10-10	2014-05-01
31	GB/T 1543—2005	纸和纸板　不透明度(纸背衬)的测定(漫反射法)	2005-09-26	2006-04-01
32	GB/T 1545—2008	纸、纸板和纸浆　水抽提液酸度或碱度的测定	2008-08-19	2009-05-01
33	GB/T 1546—2018	纸浆　卡伯值的测定	2018-11-28	2019-07-01
34	GB/T 1547—2004	纸浆　高锰酸钾值的测定	2004-03-15	2004-10-01
35	GB/T 1548—2016	纸浆 铜乙二胺(CED)溶液中特性粘度值的测定	2016-12-13	2017-07-01
36	GB/T 2677.1—1993	造纸原料分析用试样的采取	1993-03-01	1993-10-01
37	GB/T 2677.2—2011	造纸原料水分的测定	2011-12-30	2012-09-01
38	GB/T 2677.4—1993	造纸原料水抽出物含量的测定	1993-03-01	1993-10-01
39	GB/T 2677.5—1993	造纸原料 1% 氢氧化钠抽出物含量的测定	1993-03-01	1993-10-01
40	GB/T 2677.6—1994	造纸原料有机溶剂抽出物含量的测定	1994-09-24	1995-03-01
41	GB/T 2677.8—1994	造纸原料酸不溶木素含量的测定	1994-09-24	1995-03-01
42	GB/T 2677.9—1994	造纸原料多戊糖含量的测定	1994-09-24	1995-03-01
43	GB/T 2677.10—1995	造纸原料综纤维素含量的测定	1995-07-06	1996-04-01

续表

序号	标准号	标准名称	发布日期	实施日期
44	GB/T 2678. 1—1993	纸浆筛分测定方法	1993-08-07	1994-03-01
45	GB/T 2678. 2—2008	纸、纸板和纸浆　水溶性氯化物的测定	2008-03-24	2008-10-01
46	GB/T 2678. 3—1995	纸浆氯耗量(脱木素程度)的测定	1995-07-06	1996-04-01
47	GB/T 2678. 4—1994	纸浆和纸零距抗张强度测定法	1994-09-24	1995-03-01
48	GB/T 2678. 6—1996	纸、纸板和纸浆水溶性硫酸盐的测定(电导滴定法)	1996-06-25	1997-01-01
49	**GB/T 2679. 1—2020**	**纸 透明度的测定 漫反射法**	**2020-07-21**	**2021-02-01**
50	GB/T 2679. 2—2015	薄页材料 透湿度的测定 重量(透湿杯)法	2015-09-11	2016-04-01
51	GB/T 2679. 6—1996	瓦楞原纸平压强度的测定	1996-05-21	1996-012-01
52	GB/T 2679. 7—2005	纸板　戳穿强度的测定	2005-09-26	2006-04-01
53	GB/T 2679. 8—2016	纸和纸板　环压强度的测定	2016-12-13	2017-07-01
54	GB/T 2679. 10—1993	纸和纸板短距压缩强度的测定法	1993-08-07	1994-03-01
55	GB/T 2679. 11—2008	纸和纸板　无机填料和无机涂料的定性分析　电子显微镜/X 射线能谱法	2008-08-19	2009-05-01
56	GB/T 2679. 12—2013	纸和纸板　无机填料和无机涂料的定性分析　化学法	2013-12-17	2014-12-01
57	GB/T 2679. 14—1996	过滤纸和纸板最大孔径的测定	1996-06-25	1997-01-01
58	GB/T 2679. 17—1997	瓦楞纸板边压强度的测定(边缘补强法)	1997-06-26	1997-12-01
59	GB/T 3332—2004	浆料　打浆度的测定(肖伯尔-瑞格勒法)	2004-03-15	2004-10-1
60	GB/T 3333—1999	电缆纸工频击穿电压试验方法	1999-08-12	2000-02-01
61	GB/T 3334—1999	电缆纸介质损耗角正切(tgδ)试验方法(电桥法)	1999-08-12	2000-02-01
62	GB/T 4687—2007	纸、纸板、纸浆及相关术语	2007-12-05	2008-09-01
63	**GB/T 4688—2020**	**纸、纸板和纸浆 纤维组成的分析**	**2020-07-21**	**2021-02-01**
64	GB/T 5032—2002	纸、纸板和纸浆表示性能的单位	2002-10-15	2003-04-01
65	GB/T 5399—2004	纸浆　浆料浓度的测定	2004-03-15	2004-10-01
66	GB/T 5400—1998	纸浆铜价的测定	1998-05-19	1999-02-01
67	GB/T 5401—2018	纸浆　碱溶解度的测定	2018-11-28	2019-07-01
68	GB/T 5406—2002	纸透油度的测定	2002-09-06	2003-01-01
69	GB/T 6545—1998	瓦楞纸板耐破强度的测定法	1998-05-19	1999-02-01
70	GB/T 6546—1998	瓦楞纸板边压强度的测定法	1998-05-19	1999-02-01
71	GB/T 6547—1998	瓦楞纸板厚度的测定法	1998-05-19	1999-02-01
72	GB/T 6548—2011	瓦楞纸板粘合强度的测定法	2011-05-12	2011-09-15
73	GB/T 7973—2003	纸、纸板和纸浆　漫反射因数的测定(漫射/垂直法)	2003-10-20	2004-06-01
74	GB/T 7974—2013	纸、纸板和纸浆 蓝光漫反射因数 D65 亮度的测定(漫射/垂直法，室外日光条件)	2013-10-10	2014-05-01
75	GB/T 7975—2005	纸和纸板　颜色的测定(漫反射法)	2005-09-26	2006-04-01
76	GB/T 7977—2007	纸、纸板和纸浆　水抽提液电导率的测定	2007-12-05	2008-09-01
77	GB/T 7978—2005	纸浆　酸不溶灰分的测定	2005-09-26	2006-04-01

续表

序号	标准号	标准名称	发布日期	实施日期
78	**GB/T 7979—2020**	**纸浆　二氯甲烷抽出物的测定**	**2020-07-21**	**2021-02-01**
79	GB/T 8940. 2—2002	纸浆亮度(白度)试样的制备	2002-10-15	2003-04-01
80	GB/T 8941—2013	纸和纸板　镜面光泽度的测定	2013-12-17	2014-12-01
81	GB/T 8942—2016	纸　柔软度的测定	2016-12-13	2017-07-01
82	GB/T 8943. 1—2008	纸、纸板和纸浆　铜含量的测定	2008-01-04	2008-09-01
83	GB/T 8943. 2—2008	纸、纸板和纸浆　铁含量的测定	2008-01-04	2008-09-01
84	GB/T 8943. 3—2008	纸、纸板和纸浆　锰含量的测定	2008-01-04	2008-09-01
85	GB/T 8943. 4—2008	纸、纸板和纸浆　钙、镁含量的测定	2008-01-04	2008-09-01
86	GB/T 8944. 1—2008	纸浆　成批销售质量的测定　第 1 部分：浆板浆包及浆块(急骤干燥浆)浆包	2008-08-19	2009-05-01
87	GB/T 8944. 2—2008	纸浆　成批销售质量的测定　第 2 部分：组合浆包	2008-12-30	2009-09-01
88	GB/T 10336—2002	造纸纤维长度的测定　偏振光法	2002-10-15	2003-04-01
89	GB/T 10337—2008	造纸原料和纸浆　酸溶木素的测定	2008-08-19	2009-05-01
90	GB/T 10338—2008	纸浆　羧基含量的测定	2008-08-19	2009-05-01
91	GB/T 10339—2018	纸、纸板和纸浆的光散射和光吸收系数的测定	2018-11-28	2019-07-01
92	GB/T 10340—2008	纸和纸板　过滤速度的测定	2008-08-19	2009-05-01
93	GB/T 10342—2002	纸张的包装和标志	2002-10-15	2003-04-01
94	GB/T 10739—2002	纸、纸板和纸浆试样处理和试验的标准大气条件	2002-09-06	2003-01-01
95	GB/T 10740—2002	纸浆尘埃和纤维束的测定	2002-10-15	2003-04-01
96	GB/T 10741—2008	纸浆　苯醇抽出物的测定	2008-08-19	2009-05-01
97	GB/T 10742—2008	造纸原料　果胶含量的测定	2008-08-19	2009-05-01
98	GB/T 12032—2005	纸和纸板　印刷光泽度印样的制备	2005-09-26	2006-04-01
99	GB/T 12033—2008	造纸原料和纸浆中糖类组分的气相色谱的测定	2008-08-19	2009-05-01
100	GB/T 12658—2008	纸、纸板和纸浆　钠含量的测定	2008-08-19	2009-05-01
101	GB/T 12659—2008	纸浆　实验室打浆　约克罗(Jokro)磨法	2008-08-19	2009-05-01
102	GB/T 12660—2008	纸浆　滤水性能的测定　“加拿大标准”游离度法	2008-08-19	2009-05-01
103	GB/T 12661—2008	纸和纸板　菌落总数的测定	2008-08-19	2009-05-01
104	GB/T 12910—1991	纸和纸板二氧化钛含量的测定法	1991-05-18	1992-03-01
105	GB/T 12911—1991	纸和纸板油墨吸收性的测定法	1991-05-18	1992-03-01
106	GB/T 12914—2018	纸和纸板　抗张强度的测定	2018-11-28	2019-07-01
107	GB/T 13528—2015	纸和纸板 表面 pH 的测定	2015-09-11	2016-04-01
108	GB/T 18402—2001	纸浆滤水性能的测定(滤水时间法)	2001-08-06	2002-2-01
109	GB/T 18829. 6—2002	纤维粗度的测定	2002-09-05	2003-01-01
110	GB/T 20216—2016	纸浆和纸 有效残余油墨浓度(ERIC 值)的测定 红外线反射率测量法	2016-12-13	2017-07-01
111	GB/T 20811—2018	废纸分类技术要求	2018-12-28	2019-07-01
112	GB/T 21245—2007	纸和纸板　颜色的测定(C/2°漫反射法)	2008-08-19	2009-05-01

续表

序号	标准号	标准名称	发布日期	实施日期
113	GB/T 21557—2008	废纸中胶粘物的测定	2008-03-24	2008-10-01
114	GB/T 22363—2008	纸和纸板　粗糙度的测定（空气泄漏法）　本特生法和印刷表面法	2008-08-19	2009-05-01
115	GB/T 22364—2018	纸和纸板　弯曲挺度的测定	2018-11-28	2019-07-01
116	GB/T 22365—2008	纸和纸板　印刷表面强度的测定	2008-08-19	2009-05-01
117	GB/T 22804—2008	纸浆、纸和纸板　汞含量的测定	2008-12-30	2009-09-01
118	GB/T 22805. 1—2008	纸和纸板　耐脂度的测定　第 1 部分：渗透法	2008-12-30	2009-09-01
119	GB/T 22805. 2—2008	纸和纸板　耐脂度的测定　第 2 部分：表面排斥法	2008-12-30	2009-09-01
120	GB/T 22811—2008	瓦楞纸板　分离后组成原纸定量的测定	2008-12-30	2009-09-01
121	GB/T 22819—2008	高透气纸张透气性的测定	2008-12-30	2009-09-01
122	GB/T 22836—2008	纸浆　纤维帚化率的测定	2008-12-30	2009-09-01
123	GB/T 22837—2008	纸和纸板　表面强度的测定（蜡棒法）	2008-12-30	2009-09-01
124	GB/T 22872—2008	强韧纸板　分层定量的测定	2008-12-30	2009-09-01
125	GB/T 22873—2008	瓦楞纸板　胶粘抗水性的测定（浸水法）	2008-12-30	2009-09-01
126	GB/T 22874—2008	单面和单瓦楞纸板　平压强度的测定	2008-12-30	2009-09-01
127	GB/T 22876—2008	纸、纸板和瓦楞纸板　压缩试验仪的描述和校准	2008-12-30	2009-09-01
128	GB/T 22877—2008	纸、纸板和纸浆　灼烧残余物（灰分）的测定（525℃）	2008-12-30	2009-09-01
129	GB/T 22878—2008	纸和纸板　杂质的估算	2008-12-30	2009-09-01
130	GB/T 22879—2008	纸和纸板　CIE 白度的测定，C/2°（室内照明条件）	2008-12-30	2009-09-01
131	GB/T 22880—2008	纸和纸板　CIE 白度的测定，D65/10°（室外日光）	2008-12-30	2009-09-01
132	GB/T 22881—2008	纸和纸板　粗糙度（平滑度）的测定（空气泄漏法）通用方法	2008-12-30	2009-09-01
133	GB/T 22893—2008	纸和纸板　基本尺寸办公用纸　成包纸页卷曲的测定	2008-12-30	2009-09-01
134	GB/T 22894—2008	纸和纸板　加速老化　在 80℃ 和 65% 相对湿度条件下的湿热处理	2008-12-30	2009-09-01
135	GB/T 22895—2008	纸和纸板　静态和动态摩擦系数的测定　平面法	2008-12-30	2009-09-01
136	GB/T 22896—2008	纸和纸板　卷曲的测定　单个垂直悬挂试样法	2008-12-30	2009-09-01
137	GB/T 22897—2008	纸和纸板　抗透水性的测定	2008-12-30	2009-09-01
138	GB/T 22898—2008	纸和纸板　抗张强度的测定　恒速拉伸法（100 mm/min）	2008-12-30	2009-09-01
139	GB/T 22899. 1—2008	纸和纸板　湿膨胀率的测定　第 1 部分：最大相对湿度增加到 68% 过程的湿膨胀率	2008-12-30	2009-09-01
140	GB/T 22899. 2—2008	纸和纸板　湿膨胀率的测定　第 2 部分：最大相对湿度增加到 86% 过程的湿膨胀率	2008-12-30	2009-09-01
141	GB/T 22901—2008	纸和纸板　透气度的测定（中等范围）　通用方法	2008-12-30	2009-09-01

续表

序号	标准号	标准名称	发布日期	实施日期
142	GB/T 22902—2008	纸浆　丙酮可溶物的测定	2008-12-30	2009-09-01
143	GB/T 22903—2008	纸浆　物理试验用标准水	2008-12-30	2009-09-01
144	GB/T 22904—2008	纸浆、纸和纸板　总氯和有机氯的测定	2008-12-30	2009-09-01
145	GB/T 22906. 1—2008	纸芯的测定　第 1 部分：试样的采取	2008-12-30	2009-09-01
146	GB/T 22906. 2—2008	纸芯的测定　第 2 部分：试样的温湿处理	2008-12-30	2009-09-01
147	GB/T 22906. 3—2008	纸芯的测定　第 3 部分：水分含量的测定(烘箱干燥法)	2008-12-30	2009-09-01
148	GB/T 22906. 4—2008	纸芯的测定　第 4 部分：尺寸的测定	2008-12-30	2009-09-01
149	GB/T 22906. 5—2008	纸芯的测定　第 5 部分：同轴旋转特性的测定	2008-12-30	2009-09-01
150	GB/T 22906. 6—2008	纸芯的测定　第 6 部分：弯曲强度的测定(三点法)	2008-12-30	2009-09-01
151	GB/T 22906. 7—2008	纸芯的测定　第 7 部分：弹性模量的测定(三点法)	2008-12-30	2009-09-01
152	GB/T 22906. 8—2008	纸芯的测定　第 8 部分：固有频率和弹性模量的测定(试验模型分析法)	2008-12-30	2009-09-01
153	GB/T 22906. 9—2008	纸芯的测定　第 9 部分：平压强度的测定	2008-12-30	2009-09-01
154	GB/T 22921—2008	纸和纸板　薄页材料水蒸气透过率的测定　动态气流法和静态气体法	2008-12-30	2009-09-01
155	GB/T 23144—2008	纸和纸板　静态弯曲挺度的测定　通用原理	2008-12-30	2009-09-01
156	GB/T 23175—2008	纸浆　纤维长度的测定(光栅法)	2008-12-30	2009-09-01
157	GB/T 24288—2009	纸和纸板　主波长和兴奋纯度的测定　D65/10°漫反射法	2009-07-31	2010-03-01
158	GB/T 24289—2009	纸和纸板　镜面光泽度的测定　平行光束 75°，DIN 法	2009-07-31	2010-03-01
159	GB/T 24290—2009	造纸用成形网、干燥网测量方法	2009-07-31	2010-03-01
160	GB/T 24291—2009	纸和纸板　卷筒纸芯内径的规定	2009-07-31	2010-03-01
161	GB/T 24323—2009	纸浆　实验室纸页　物理性能的测定	2009-09-30	2010-02-01
162	GB/T 24324—2009	纸浆　物理试验用实验室纸页的制备　常规纸页成型器法	2009-09-30	2010-02-01
163	GB/T 24325—2009	纸浆　实验室打浆　瓦利(Valley)打浆机法	2009-09-30	2010-02-01
164	GB/T 24326—2009	纸浆　物理试验用实验室纸页的制备　快速凯塞法	2009-09-30	2010-02-01
165	GB/T 24327—2009	纸浆　实验室湿解离　化学浆解离	2009-09-30	2010-02-01
166	**GB/T 24328. 1—2020**	**卫生纸及其制品　第 1 部分：术语导则**	**2020-07-21**	**2021-02-01**
167	**GB/T 24328. 2—2020**	**卫生纸及其制品　第 2 部分：厚度、层积厚度、表观层积紧度和松厚度的测定**	**2020-07-21**	**2021-02-01**
168	**GB/T 24328. 3—2020**	**卫生纸及其制品　第 3 部分：抗张强度、最大力值时伸长率和抗张能量吸收的测定**	**2020-07-21**	**2021-02-01**
169	**GB/T 24328. 4—2020**	**卫生纸及其制品　第 4 部分：湿抗张强度的测定**	**2020-07-21**	**2021-02-01**
170	GB/T 24328. 5—2009	卫生纸及其制品　第 5 部分：定量的测定	2009-09-30	2010-02-01

续表

序号	标准号	标准名称	发布日期	实施日期
171	**GB/T 24328. 6—2020**	**卫生纸及其制品　第 6 部分：吸水时间和吸水能力的测定 篮筐浸没法**	**2020-07-21**	**2021-02-01**
172	**GB/T 24328. 7—2020**	**卫生纸及其制品　第 7 部分：球形耐破度的测定**	**2020-07-21**	**2021-02-01**
173	**GB/T 24328. 8—2020**	**卫生纸及其制品　第 8 部分：光学性能的测定 亮度和颜色的测定 D 65/10°(室外日光条件)**	**2020-07-21**	**2021-02-01**
174	**GB/T 24328. 9—2020**	**卫生纸及其制品　第 9 部分：湿球形耐破度的测定**	**2020-07-21**	**2021-02-01**
175	**GB/T 24328. 10—2020**	**卫生纸及其制品　第 10 部分：打孔线抗张强度的测定及打孔效率的计算**	**2020-07-21**	**2021-02-01**
176	**GB/T 24328. 11—2020**	**卫生纸及其制品　第 11 部分：光学性能的测定 亮度和颜色的测定 C/2°(室外日光条件)**	**2020-07-21**	**2021-02-01**
177	**GB/T 24328. 12—2020**	**卫生纸及其制品　第 12 部分：光学性能的测定 不透明度的测定 漫反射法**	**2020-07-21**	**2021-02-01**
178	GB/T 24394—2009	非正常成品纸和纸板的检验	2009-09-30	2010-02-01
179	GB/T 24447—2009	纸浆　纤维粗度的测定　偏振光法	2009-10-15	2010-03-01
180	GB/T 24990—2010	纸、纸板和纸浆 铬含量的测定	2010-08-09	2010-12-01
181	GB/T 24991—2010	纸、纸板和纸浆 铅含量的测定 石墨炉原子吸收法	2010-08-09	2010-12-01
182	GB/T 24992—2010	纸、纸板和纸浆 砷含量的测定	2010-08-09	2010-12-01
183	GB/T 24993—2010	造纸湿部 Zeta 电位的测定	2010-08-09	2010-12-01
184	GB/T 24994—2010	造纸湿部溶解电荷量的测定	2010-08-09	2010-12-01
185	GB/T 24996—2010	纸张中脱墨回用纤维的判定	2010-08-09	2010-12-01
186	GB/T 24997—2010	纸、纸板和纸浆 镉含量的测定 原子吸收光谱法	2010-08-09	2010-12-01
187	GB/T 24998—2010	纸和纸板 碱储量的测定	2010-08-09	2010-12-01
188	GB/T 24999—2018	纸和纸板　D65 亮度最高限量	2018-11-28	2019-07-01
189	GB/T 25001—2010	纸、纸板和纸浆 7 种多氯联苯(PCBs)含量的测定	2010-08-09	2010-12-01
190	GB/T 25002—2010	纸、纸板和纸浆 水抽提液中五氯苯酚的测定	2010-08-09	2010-12-01
191	GB/T 26203—2010	纸和纸板 内结合强度的测定(Scott 型)	2011-01-14	2011-06-01
192	GB/T 26459—2011	纸、纸板和纸浆 返黄值的测定	2011-05-12	2011-09-15
193	GB/T 26460—2011	纸浆 零距抗张强度的测定(干法或湿法)	2011-05-12	2011-09-15
194	GB/T 26464—2011	造纸无机颜料亮度(白度)的测定	2011-05-12	2011-09-15
195	GB/T 27705—2011	BCTMP 系统能量平衡及能量效率计算方法	2011-12-30	2012-07-01
196	GB/T 27706—2011	PRC-APMP 系统能量平衡及能量效率计算方法	2011-12-30	2012-07-01
197	GB/T 27707—2011	草浆备料系统能量平衡及能量效率计算方法	2011-12-30	2012-07-01
198	GB/T 27709—2011	带二氧化氯的四段漂白系统能量平衡及能量效率计算方法	2011-12-30	2012-07-01
199	GB/T 27711—2011	叠网造纸机系统能量平衡及能量效率计算方法	2011-12-30	2012-07-01
200	GB/T 27712—2011	非木浆多效蒸发系统能量平衡及能量效率计算方法	2011-12-30	2012-07-01

续表

序号	标准号	标准名称	发布日期	实施日期
201	GB/T 27713—2011	非木浆碱回收燃烧系统能量平衡及能量效率计算方法	2011-12-30	2012-07-01
202	GB/T 27714—2011	废纸脱墨浆系统能量平衡及能量效率计算方法	2011-12-30	2012-07-01
203	GB/T 27716—2011	横管式连续蒸煮系统能量平衡及能量效率计算方法	2011-12-30	2012-07-01
204	GB/T 27718—2011	间歇蒸煮(立锅)系统能量平衡及能量效率计算方法	2011-12-30	2012-07-01
205	GB/T 27720—2011	卡米尔连续蒸煮系统能量平衡及能量效率计算方法	2011-12-30	2012-07-01
206	GB/T 27721—2011	磨石磨木浆系统能量平衡及能量效率计算方法	2011-12-30	2012-07-01
207	GB/T 27722—2011	木浆备料系统能量平衡及能量效率计算方法	2011-12-30	2012-07-01
208	GB/T 27724—2011	普通长网造纸机系统能量平衡及能量效率计算方法	2011-12-30	2012-07-01
209	GB/T 27727—2011	筛选、CEHP 四段漂白系统能量平衡及能量效率计算方法	2011-12-30	2012-07-01
210	GB/T 27732—2011	洗涤筛选、氧脱系统能量平衡及能量效率计算方法	2011-12-30	2012-07-01
211	GB/T 27736—2011	制浆造纸企业生产过程的系统能量平衡计算方法通则	2011-12-30	2012-07-01
212	GB/T 27737—2011	制氧站系统能量平衡及能量效率计算方法	2011-12-30	2012-07-01
213	GB/T 27741—2018	纸和纸板　可迁移性荧光增白剂的测定	2018-11-28	2019-07-01
214	GB/T 28119—2011	食品包装用纸、纸板及纸制品 术语	2011-12-30	2012-08-01
215	GB/T 28218—2011	纸浆 纤维长度的测定　图像分析法	2011-12-30	2012-09-01
216	GB/T 29285—2012	纸浆 实验室湿解离 机械浆解离	2012-12-31	2013-09-01
217	GB/T 29286—2012	纸浆 保水值的测定	2012-12-31	2013-09-01
218	GB/T 29287—2012	纸浆 实验室打浆 PFI 磨法	2012-12-31	2013-09-01
219	GB/T 29775—2013	纸浆 纤维粗度的测定 图像分析法	2013-10-10	2014-05-01
220	GB/T 29779—2013	纸浆 纤维长度的测定 非偏振光法	2013-10-10	2014-05-01
221	GB/T 31110—2014	纸和纸板 Z 向抗张强度的测定	2014-09-03	2015-08-01
222	GB/T 31479—2015	与食品接触染色纸和纸板色牢度的测定	2015-05-15	2015-12-01
223	GB/T 31905—2015	纸和纸板　边渗透的测定	2015-09-11	2016-04-01
224	GB/T 33277—2016	生活用纸 可迁移性铅、砷含量的测定	2016-12-13	2017-07-01
225	GB/T 34442—2017	纸浆　纤维粗度的测定 非偏振光法	2017-10-14	2018-05-01
226	GB/T 34444—2017	纸和纸板　层间剥离强度的测定	2017-09-29	2018-04-01
227	GB/T 34448—2017	生活用纸及纸制品　甲醛含量的测定	2017-10-14	2018-05-01
228	GB/T 34455—2017	纸、纸板和纸浆 2，2-二(4-羟基苯基)丙烷(双酚 A)的测定 液相色谱法	2017-09-29	2018-04-01
229	GB/T 34845—2017	生活用纸　可吸附有机卤素(AOX)的测定	2017-11-01	2018-05-01
230	GB/T 36420—2018	生活用纸和纸制品 化学品及原料安全评价管理体系	2018-06-07	2019-01-01

续表

序号	标准号	标准名称	发布日期	实施日期
231	GB/T 36985—2018	纸、纸板和纸制品 挥发性有机化合物的测定	2018-11-28	2019-07-01
232	GB/T 37838—2019	纸浆 铜乙二胺(CED)溶液动力粘度的测定	2019-08-30	2020-03-01
233	GB/T 37858—2019	纸浆 纤维湿重的测定	2019-08-30	2020-03-01
234	GB/T 37859—2019	纸、纸板和纸制品 丙烯酰胺的测定	2019-08-30	2020-03-01
235	GB/T 37860—2019	纸、纸板和纸制品 邻苯二甲酸酯的测定	2019-08-30	2020-03-01
236	**GB/T 38998—2020**	**裁切后办公用纸 边缘质量的测定**	**2020-07-21**	**2021-02-01**
237	GB/Z 24987—2010	纸、纸板和纸浆 测试方法不确定度的评定	2010-08-09	2010-12-01
238	QB/T 1022—1991	制浆造纸企业综合能耗计算细则	1991-03-30	1991-12-30
239	QB/T 1928—1993	制浆造纸企业自备热电站发电和供热煤耗计算细则	1994-01-06	1994-08-01
240	QB/T 1938—2010	松软纸厚度的测定	2010-04-22	2010-10-01
241	QB/T 2804—2006	纸和纸板白度测定法　45/0 定向反射法	2006-07-27	2006-10-11
242	QB/T 2805—2006	纸和纸板表面吸收速度的测定	2006-07-27	2006-10-11
243	QB/T 2812—2006	纸张定量、水分的在线测定(近红外法)	2006-09-14	2007-05-01
244	QB/T 2896—2007	纸和纸板　湿拉毛和湿排斥的测定	2007-12-03	2008-06-01
245	QB/T 2897—2007	纸和纸板　表面疏松物的测定	2007-12-03	2008-06-01
246	QB/T 3697—1999	造纸工业碱回收炉安全技术规范	1999-04-21	1999-04-21
247	QB/T 3699—1999	造纸工业企业安全技术规程	1999-04-21	1999-04-21
248	QB/T 4125—2019	纸浆　D65 亮度最高限量	2019-11-11	2020-04-01
249	QB/T 4319—2012	硫酸盐全无氯漂白纸浆的判定	2012-05-24	2012-11-01
250	QB/T 4896—2015	废纸浆脱墨效率的测定	2015-10-10	2016-03-01
251	QB/T 5043—2017	新闻纸单位产品能耗消耗限额	2017-04-12	2017-10-01
252	QB/T 5044—2017	涂布美术印刷纸(铜版纸)单位产品能源消耗限额	2017-04-12	2017-10-01

注：黑体字为 2020 年新批准发布标准。

（全国造纸工业标准化技术委员会）

国内制浆造纸科研设计单位简介

Introduction to the Domestic Organizations of R&D, Engineering Consultant of Paper Industry

中国制浆造纸研究院有限公司

中国制浆造纸研究院有限公司(简称“中国纸院”)始建于1956年，前身为轻工业部造纸工业科学研究所，1999年转制为科技型企业，现为保利集团所属中国轻工集团有限公司的全资子公司。

中国纸院作为国家级制浆造纸专业科研机构，科技资源丰富、行业服务功能全面，是制浆造纸国家工程实验室的依托建设单位和科技部认定的国家国际科技合作基地，并设有全国造纸工业标准化技术委员会、国家纸张质量监督检验中心、中国造纸杂志社、造纸工业生产力促进中心、全国造纸工业信息中心和生活用纸中心，具备技术和产品开发、工程试验、成果转化、质量监测、标准制(修)订、出版发行、会议展览、教育培训等一系列行业服务功能。

建院62年来，中国纸院先后主持/参与完成“六五”至“十三五”国家科技攻关、863计划、发改委重大科技专项、国家自然科学基金、政府间科技合作专项等国家和省部级重大科研项目，以及大量的企业委托开发项目，形成科研成果1700多项，获得包括“国家科技进步奖”在内的国家或省部级奖励180多项；组织制订、修订国家和行业标准300多项；具备纸浆、纸和纸板等6大类219种产品检验能力和38类造纸检测仪器的校准能力；出版发行《中国造纸》《中国造纸学报》《造纸信息》《Paper and Biomaterials》《生活用纸》等专业刊物；承办“生活用纸国际科技展览会及会议”“中国国际特种纸展览会及技术交流会”“中国国际造纸科技展览会及会议”三大国际展会；拥有制浆造纸和造纸环境保护专业硕士学位授予权和博士后科研工作站，是推动我国造纸工业科技进步的重要力量。

2016年，中国纸院“纸基功能材料创新孵化平台”正式面向全行业开放。平台目前拥有8条中试生产线，功能涵盖长网/圆网成形、压榨、施胶、涂布、压光、起皱等主要造纸技术流程，可满足大多数纸品的中试试验和小批量生产。平台将本着“创新、开放、共进”的服务理念，以灵活多样的合作形式，竭诚为高校、科研机构和生产企业的科技创新活动提供全方位、高水平的定制服务，助力中国造纸科技转化迈向新的高度。

面向未来，中国纸院将继续秉承“传承文明、开拓创新”的理念，坚持以创新驱动发展的战略，积极开发、推广行业转型升级关键技术，为中国造纸工业的健康持续发展谱写新的篇章。

董事长： 曹春昱

地址： 北京市朝阳区望京启阳路4号中轻大厦

邮编： 100102

电话： 010－64778000

传真： 010－64778001

邮箱： bgs@ cnppri. com

网址： www. cnppri. com

中国中轻国际工程有限公司

中国中轻国际工程有限公司(CLIEC，以下简称“中轻国际”)即原中国轻工业北京设计院，成立于1953年1月。2000年10月成为交中央管理的大型科技型设计企业，2004年4月更名为中国中轻国际工程有限公司。现为中国轻集团下属上市公司“中国海诚工程科技股份有限公司”的全资子公司，隶属中国保利集团有限公司。

中轻国际是以咨询、设计、监理、项目管理、工程总承包为主体业务的大型工程公司，拥有进出口企业资格证书；轻纺全行业、化工石化医药行业

（化工工程）、市政行业（排水工程、环境卫生工程）、农林行业（林产化学工程）、建筑行业（建筑工程）和环境工程专项（水污染防治工程、大气污染防治工程）设计甲级资质；工程监理、工程造价甲级资质；压力容器、压力管道设计许可证以及工程咨询资信甲级证书；城乡规划、商物粮行业、化工石化医药行业（生化、生物药、化学原料药）、电力行业（火力发电）、建材行业（新型建筑材料工程）、市政行业（给水工程、城镇燃气工程、热力工程）和环境工程专项（固体废物处理处置工程）设计乙级资质；机电工程施工总承包和建筑装饰装修工程专业承包二级资质；建筑工程施工总承包、冶金工程施工总承包、石油化工工程施工总承包及环保工程专业承包三级资质。

中轻国际于 1997 年 12 月率先在轻工设计系统通过 ISO 9001 质量管理体系认证。2008 年 8 月通过质量、环境、职业健康安全“三标”管理体系认证。2009 年通过国家高新技术企业认证。

中轻国际现有从业人员 700 余人，其中：国家级设计大师 2 人、享受政府特殊津贴的专家 3 人、轻工行业设计大师 6 人；教授级高级工程师 58 人、高级职称人员 156 人、各类国家注册工程师 231 人、工程总承包项目经理 47 人。

中轻国际为国内 5000 余家大中型企业，国外 20 多个国家的 60 余个大中型项目提供了咨询、工程设计、项目管理、总承包等服务，与国内外著名的 300 余家大型公司建立了实质性合作和业务往来关系。

中轻国际高度重视技术质量工作。共获得部（委）级以上各种嘉奖 410 多项，其中国家级优秀设计、咨询奖和科技进步奖等 64 项，共拥有 127 项专利，其中发明专利 34 项。

经过近 70 年的发展、壮大，中轻国际已成为国内外知名的大型科技型企业，中轻国际坚持以市场为先导，以项目为中心，以创新为动力，以服务为宗旨，以质量为保证，为顾客提供全过程、多方位、专业化、质量高、效果好的满意服务。

董事长：金　山

总经理：柳　炜

技术总监：靳福明

地址：北京市朝阳区白家庄东里 42 号

邮编：100026

电话：13811480249

传真：010－65823590

邮箱：info@ cliec. cn

网址：www. cliec. cn

山西省轻工设计院有限公司

山西省轻工设计院有限公司是由山西省轻工设计院转企改制的国有科技型企业，注册资本 1277 万元，隶属于山西省工业和信息化厅。

山西省轻工设计院成立于 1958 年，是山西省轻工行业专业设计院，主要承担轻工、商物粮、民用建筑行业以及与本行业相近的化工、医药、建材、电子、环保、农业等行业的工程勘察设计和咨询业务。

建院 60 年来，完成了 4000 余项工业和民用建筑工程设计（咨询）项目（包括省、部级重点大中型工程项目），为我国工程建设做了大量工作，尤其是对山西省及周边地区的轻工业发展做出了重要的贡献，多次荣获有关部门的奖励和表彰。为了肯定公司在白酒行业现代化设计的能力，1987 年轻工业部批准公司为传统白酒设计资质。

服务范围：

工程设计：工业、民用工程设计、初步设计、设施设计专篇、职业病防护设施专篇等，可从事资质证书许可范围内相应的建设工程总承包业务以及项目管理和相关的技术与管理服务。

工程咨询：可行性研究报告、产业（行业）规划、节能评价、项目建议书（申请报告），清洁生产评估、评审，生产标准化评审等。

公司拥有一支高素质的技术和管理团队，拥有专业类别齐全的专业队伍。现有工程技术人员 80 人，其中：高级工程师 23 人，工程师 36 人，一级注册建筑师 3 人，一级注册结构工程师 4 人，注册造价工程师 1 人、注册化工工程师 6 人、公用设备工程师 4 人、注册咨询工程师（投资）8 人、注册监理工程师 4 人，一级注册建造师 2 人、注册管理咨询师 2 人。现设科室有办公室、财务室、生产经营办和五个设计所。

公司组织机构健全，管理制度完善，实现了生产、管理的电子、网络和信息化。经过多年的积累，公司有多行业完整的技术图书和标准册、图纸资料及专家库等。拥有健全的质量、环境及职业健康安全管理体系。

公司以“规范、质量，使命、品牌、规则、诚信”的管理和设计理念，为用户的建设工程设计（咨询）提供全面、全过程的贴心服务。

法人代表：郝　威

地址：山西省太原市迎泽区新建南路 13 号
邮编：030001
电话：0351－4052817
传真：0351－4052817
邮箱：sxsqgsjy@ 126. com
网址：www. sxqgsj. com

辽宁省轻工设计院有限公司

辽宁省轻工设计院有限公司(原辽宁省轻工设计院)成立于 1955 年，于 2008 年改制。历经 60 余年的不断发展，已经成为从事化工、轻工、医药、电力、商物粮、环保、建筑、农林等行业的工程设计、工程咨询、产业园区规划、设备成套、项目管理和工程总承包等工作的单位。具有较强综合技术力量的国家轻工、化工甲级、电力乙级、商物粮行业乙级、建筑乙级、环境工程乙级、压力容器(A1、A2)、压力管道(GC1/GB2/GD1)设计、咨询资质的单位。是国际咨询工程师联合会会员、中国工程咨询协会、中国勘察设计协会理事，辽宁省工程咨询协会、工程勘察设计协会常务理事，辽宁省食品工业协会常务理事，辽宁省老工业基地振兴办公室农产品深加工行业发展推进领导小组成员。

公司拥有各类专业技术人员 130 余人、其中高级工程师 53 人、教授级高工 3 人，各专业注册工程师和注册咨询(投资)工程师 60 余人。

专业设置有轻纺工艺、化工工艺、火力发电、建筑、结构、总图运输、电气、自动化、电力系统、热能动力、自控仪表、通讯保护、化学水处理、机械设备、给排水、暖通空调、制冷、环保、技术经济、概预算等专业。服务范围涉及轻工、化工、纺织、医药、电力、工民建、供热、环保、农林等领域的无机化工、有机化工、硫化工、油脂化工、精细化工、日用化工、煤化工、洗涤剂、制碱、制盐及盐化工、冷库、气调库，塑料、造纸，印刷、玻璃、搪瓷，服装、皮革、皮毛、明胶，卷烟、火柴，制药、制糖，各种食品、水果、蔬菜、水产品的加工、冻干、防腐、保鲜，各种饮料、果汁、碳酸饮料、矿泉水、罐头，啤酒、白酒、果酒、酒精、保健品、乳制品，淀粉、果糖、味精、氨基酸系列、饲料、复合肥、米面、杂粮、家具、集成材、密度板、秸秆气化、花卉，畜禽养殖、屠宰和深加工，产业园区规划，机械、非标设备，压力容器、压力管道，火力发电、新能源、垃圾发电、集中供热，工业与民用建筑，商物粮，环保工程等。

公司现有各类工程设计、计算、分析、模拟等软件 200 多套，现在在化工方面已具有工艺流程模拟、三维工艺配管、管道应力分析、压力容器计算、有限元分析等能力，可以为用户提供相关的技术咨询、工程设计、工艺包转化及配套的技术服务。公司现已拥有化学合成法生产蛋氨工艺技术，用 H_2S 废气生产二甲基亚砜技术，硫氧化生产二甲二硫专利，天然气和硫磺洁净法生产二硫化碳技术，乙氧基化技术，草甘磷、双甘磷工艺技术，煤粉、油页岩粉气化技术，生物发酵法生产谷氨酸、赖氨酸、苯丙氨酸等氨基酸工艺技术。公司具有先进的技术装备，实行了网络化管理。已经通过了环境、质量、职业健康安全三体系认证。

公司秉承“领先需求、精益求精”的宗旨，竭诚为广大用户提供优质良好的服务。

总经理：陈 溥
地址：辽宁省沈阳市皇姑区泰山路 46 号
邮编：110031
电话：024－26115800
传真：024－86802976
邮箱：xujqcn@ 163. com
网址：www. lnqgy. cn

黑龙江省造纸工业研究所有限公司

黑龙江省造纸工业研究所位于牡丹江市阳明区光华街 17 号，占地面积 2. 2 公顷，建筑面积 1. 2 公顷，是黑龙江省造纸产品质量监督检验站及造纸技术信息中心，是黑龙江省造纸学会挂靠单位，专业技术期刊《黑龙江造纸》编辑部所在地，是黑龙江省制浆造纸中试基地，主要从事制浆造纸科学技术的研究和开发。

几年来，公司共取得省部级以上科研成果 20 余项，其中获国家科技进步二等奖 1 项，省政府科技进步二等奖 1 项、三等奖 2 项，省优秀新产品二等奖 1 项、三等奖 1 项，其他奖项 12 项，获得专利技术 4 项。

黑龙江省造纸工业研究所有限公司主要从事造纸工艺、设备、原料及特种纸的研发，尤其是农业用特种纸的研发，目前主要产品以甜菜、苗木、蔬菜、玉米、棉花、西瓜等育苗纸及纸筒等 10 余个品种，纸筒生产能力达 400 万册。

法人代表/所长：杨易平
地址：黑龙江省牡丹江市阳明区光华街 5 号

邮编：157013
电话：0453－6332195、6332060（销售）
传真：0453－6332060
邮箱：dcy_ 1104@163. com
网址：www. hljzzyjs. com

中国海诚工程科技股份有限公司

中国海诚工程科技股份有限公司是由成立于1953年的原轻工业部上海设计院联合轻工部另7家设计院，经整体改制于2002年12月成立。2007年2月公司在深交所上市，是我国第一家专业工程设计服务业上市公司，也是我国轻工行业提供工程设计咨询服务和工程总承包服务的大型综合性工程公司之一。

公司总部设在上海，在北京、广州、武汉、长沙等地拥有12家全资子公司。公司控股股东为国务院国资委下属中国保利集团旗下的中国轻工集团有限公司。上海总部从业人员1059人，其中国家设计大师1名，轻工行业设计大师5名，享受国务院特殊津贴专家9名，教授级高工116名，高级工程师221名，各类注册工程师408名。

公司持有国家住房和城乡建设部颁发的轻纺、建筑、化工、机械、电子通信广电、农林、商物粮、环境等行业的甲级工程设计资质证书，可从事资质证书许可范围内相应的建设工程总承包业务。公司同时持有国家发展与改革委员会颁发的轻工、建筑、化工等行业的甲级工程咨询资质证书。公司还持有a、d类压力容器设计许可证、gb、gc、gd类压力管道设计证书、甲级工程造价咨询单位资质证书、城市规划编制乙级资格证书。公司经国家商务部批准，具有对外承包工程经营资格。公司是上海市建委认定的国外及港澳台地区设计公司的合作顾问方。公司是被世界银行认定具有资格担任世界银行贷款项目的咨询单位。

公司自1997年起推行ISO 9001质量标准，1998年获得了质量管理体系认证证书。近年来，公司在推进工程总承包业务同时，又进一步建立了环境和职业健康安全管理体系，并在2008年获得了环境和职业健康安全管理体系认证证书（ehs）。

公司的技术管理和工程设计实行计算机网络化，并配备覆盖各专业的软件操作平台和包括3D设计等先进的专业软件，以及与开展业务相适应的现代化视频、VPN、无线接入等技术装备和通讯手段。公司自1953年至今，承担了数以万计的工程设计项目。其中，国内工程9800余项，外商投资项目1600余项，海外工程近百项；非标设备设计8500余台套。

公司致力于设计和建造优质精品工程，累计荣获国家、部、省（市）级各类奖项800余项，其中国家级奖项79余项，拥有专利90余项（发明40项），开发登记计算机软件著作多项。在国家统计局编撰的《共和国之最》中，公司前身中国轻工业上海设计院被列为“获国家优秀设计项目最多的设计院”。公司被认定为“上海市高新技术企业”、相继荣获“2008年度上海市建设工程质量先进企业”和“2009年度上海市勘察设计质量诚信企业”，2013年获得“全国工程勘察设计先进企业”荣誉称号，并连续十二届蝉联上海市“文明单位”称号，2014年荣膺全国文明单位。

公司自1992年以来，连年被国家建设部、统计局评为中国勘察设计综合实力百强单位。自2004年起，连续十五年被美国《工程新闻记录》（enr）与中国《建筑时报》评为“中国勘察设计企业60强”。

董事长：赵国昂
地址：上海市宝庆路21号
邮编：200031
电话：021－64370093
传真：021－64334045
邮箱：info@ haisum. com
网址：www. haisum. com

中国林业科学研究院制浆造纸研究开发中心

中国林业科学研究院制浆造纸研究开发中心为国家林业局从事林纸一体化技术研究和开发的专业机构，设有林产化学加工工程博士点、轻工技术与工程硕士点和林业工程博士后流动站。主要研究方向：①人工林制浆性能早期预报和技术经济评价；②速生材、小径材、木材加工剩余物、竹材和农业秸秆等不同类型纤维原料的高得率制浆技术研究及工程设计；③高效、低耗清洁制浆及漂白技术研究；④制浆造纸废水高效低成本处理工艺技术研究及工程设计；⑤制浆造纸过程生物质精炼技术开发；⑥制浆造纸固体废弃物资源化利用和中水回用技术开发。

研发中心拥有完备的纤维形态及化学成分分析、制浆造纸性能评价、废纸回收利用、废水污染物特征等检测分析手段，全套进口化学机械浆中试系统，中试涂布机及压光机，废水污染物大型分析仪器，废水处理小试及中试系统，以及FQA纤维质量、胶黏物、纤维束分析仪、纤维筛分仪、毛细管孔隙仪、涂布器等大型专业测试仪器。致力于纤维资源及纸浆材性评估、制浆造纸新技术、造纸及环保化学品、木质素纤维类生物质转化与利用、生产过程纤维类废弃物资源化利用、造纸工业节能减排新技术的研究开发与工程化应用。承接高得率制浆生产线、废水处理系统的设计、工程建造、运行优化任务。国家林业局林化产品检测中心(南京)能够承接纤维原料、纸浆和纸产品第三方检测任务。

目前主持国家“十三五”重点研发计划项目“人工林剩余物资源化利用技术研究”、国家精准扶贫科技成果推广项目以及国家林业和草原局基金项目共12项。承担了“七五”至“十二五”国家科技项目、自然科学基金倾斜项目、“948”先进生产技术引进、国家外专局引智及江苏省科技攻关等30余项，ACIAR、UNDP、SIDA、EU、UNESCO“BIO-DEV”等国际合作项目近20项。与澳大利亚CSIRO、法国国家农科院丝状真菌研究所、普鲁旺斯大学、波尔多第一大学、加拿大造纸研究所、魁北克大学、纽布朗斯维克大学、美国林产品实验室、安德里茨春田研究开发中心、马来西亚国家林业研究院等学术机构建立密切广泛的科技合作联系。20余项科技成果在全国十多个省市50余家大中型企业获得推广应用，为国内外设计建造了具有完全自主知识产权的清洁制浆生产线9条。“混合材高得率清洁制浆关键技术及产业化”荣获2019年国家科技进步二等奖。

中心主任：房桂干(二级研究员)

地址：江苏省南京市锁金五村16号

邮编：210042

电话：025-85482548、85482542

传真：025-85413445、85482620

邮箱：fangguigan@ icifp. cn

网址：www. icifp. cn

浙江省造纸研究所(浙江鹏辰造纸研究所有限公司)

浙江鹏辰造纸研究所有限公司即浙江省造纸研究所，是由浙江省造纸研究所二次改制，经浙江省政府有关部门批准，在承继改制类科研院所相关政策的基础上建立而成。公司现有职工100余人，其中专业技术人员占比1/3以上，教授级高级工程师6人。

公司(所)是国内以化学合成纤维、无机纤维、矿物纤维等特种纤维抄造特种功能纸技术的开拓者，是我国特种功能纸科研生产基地，建有特种化学电源国家重点实验室杭州新材料研究中心和特种纤维纸基功能材料技术研究重点实验室。公司(所)技术力量雄厚，已完成的省部级以上科研成果150余项中，含国家科技攻关项目6项。获省部级科技进步奖27项。近年申请国家专利21项，其中发明专利18项，已授权的13项专利中，发明专利10项。公司制定有完善的质量管理体系，具有完整的生产能力，装备有3条湿法造纸生产线、2条干法造纸生产线，其中引进国际先进斜网成形器的湿法造纸生产线、引进气流成网的干法造纸生产线各1条，配备了完善的造纸工艺试验设备、纸张性能测试仪器和特性指标测试仪器，为研制产品的中试与生产提供了良好条件。公司的主导产品有电池隔膜材料系列、高低温隔热材料系列、超净擦拭材料系列、特种过滤材料系列、医疗卫生用纸等特种功能纸。近年国内首创并批产的气凝胶隔热材料达到国际先进水平，投放市场后获得用户高度赞扬与好评。长期以来，全体员工本着“敬业、诚信、创新、实效”的企业精神，以“技术创新，质量一流，强化管理，用户至上”的方针，为国防高新工程和国民经济高新行业提供了大量优质材料和良好服务。

董事长/所长：郑鹏遵

地址：浙江省杭州市萧山经济技术开发区鸿兴路181号

邮编：311215

电话：0571-88170685

传真：0571-88173641

网址：www. zjprime. com

轻工业杭州机电设计研究院有限公司

轻工业杭州机电设计研究院有限公司是专业从事制浆造纸装备设计开发研制的国家级重点设计研究单位，同时具备制浆造纸工程设计、设备研发和配套电气控制系统研制能力，是国家发展和改革委“制浆造纸国家工程实验室”的依托建设单位之一。拥有中国造纸学会机械设备专业委员会、全国轻工机械标准化委员会及造纸机械、食品机械分标委员会、全国压力容器标准化委员会专用压力容器分标委员会、全国食品加工机械标准化技术委员会、中国轻工总会造纸食品日用化工塑料机械质量监督检测中心。工业和信息化部工业(轻工机械)产品质量控制和技术评价实验室、国家中小企业公共服务示范平台、中国科技核心期刊《轻工机械》杂志社等均设在本院。具有中国对外承包工程经营资质，工程设计甲级资质，工程咨询甲级资信，一、二、三类压力容器设计资质和 GC1 级管道压力设计资质等证书。

近年来，承担国家科技攻关项目多项，其中承担和完成国家"863"项目 2 项、国家十一五科技支撑项目 3 项和科技部"科研院所技术开发研究专项资金"项目 10 项和国家重点研发计划重点专项项目 4 项，"社会公益研究专项"项目 1 项，省科技计划项目 3 项。获得各种奖励共 114 项(其中：国家科技进步二等奖 1 项，三等奖 6 项，省部级科技进步一等奖 2 项，二等奖 13 项，三等奖 42 项，其他奖励 46 项)，取得中国专利 50 项，完成行业标准编制 80 余项。

共完成设备研究设计项目 900 余项，工程咨询项目 170 余项，工程设计项目 220 余项，产品生产 3000 余台(套)，生产线成套项目 30 余项。包括出口俄罗斯的隔音板等项目。

主要提供：生物能源技术、非木材原料生物制浆成套装备技术；连续蒸煮关键装备及系统集成；高效节能置换蒸煮关键设备及自动控制系统；中、高浓无氯和少氯漂白关键装备技术；双辊挤浆机，新型节能碎浆机，湿浆板系统；特种纸设备关键技术和成套技术(对位芳纶纸、工业滤纸、玻纤纸、电池隔膜纸、茶叶滤纸、绝缘纸及纸板等)；伸性装置(水泥袋纸、电线电缆纸等)；各类涂布机(热敏纸、无碳复写纸、不干胶标签纸、美纹纸等)。

法人代表：于　宏
总工程师：杨　旭
地址：浙江省杭州市余杭区高教路 970 号
邮编：311121
电话：0571－85186716
传真：0571－85186432
邮箱：hzjdy@ hmei. com. cn
网址：www. hmei. com. cn

山东省造纸工业研究设计院

山东省造纸工业研究设计院始建于 1978 年 11 月，隶属于山东省轻工业协会。现有在职职工 120 人，专业技术人员 80 人，院内设有科研所、设计所、检测中心、《中华纸业》杂志社、造纸技术开发公司、中试基地等主要业务部门。另外，山东造纸学会、山东省纸张质量监督检验站、山东省涂布加工纸技术重点实验室、山东省造纸行业生产力促进中心等均设在该院。

科研工作曾多次荣获省科技进步奖。目前与多家造纸企业及造纸化学助剂等相关企业建立了合作关系，已承担企业委托项目 200 余项。收到了良好的经济效益和社会效益。

设计工作具有国家建设部颁发的轻纺行业(制浆造纸)工程设计甲级证书和国家发展改革委颁发的轻工工程咨询甲级证书。近年来，完成制浆造纸工程咨询设计项目 600 余项，多次荣获省级优秀勘察设计奖、省级优秀工程咨询成果奖和中国轻工业优秀工程咨询成果奖。

《中华纸业》是中国造纸协会会刊，由中国造纸协会和该院共同主办。它是由创刊于 1979 年的《山东造纸》发展而来，期间经历了《北方造纸》重要的阶段，《中华纸业》从原技术刊转型定位于"行业综合性"刊。自 1996 年以来的 10 多年间，由季刊改为半月刊，在内容、版面设计、广告策划上都具有自己的独特风格，成为中国造纸行业最有影响力的期刊之一。

检测工作主要承担全省纸张产品质量监督检验、第三方评价性检验、产品质量仲裁检验和各单位委托检验。为全省造纸企业提供检测技术服务、质检员培训、新标准宣贯等工作。山东省纸张质量监督检测站是山东省质量技术监督局授权机构。

技术开发公司主要致力于造纸工业新技术、新产品、新设备的开发应用，为造纸行业提升技术水平提供优质服务。

实验厂承担省科技厅下达的中试任务，实验生产了过滤纸、一次性医疗器械包装用纸、水果吸湿纸等一系列具有先进水平的产品，同时研究开发无毒环保的纸塑复合包装产品。

近年来，该院在科研单位改革改制的推动下，树立以市场为导向，以优良的服务为纽带，以质量求生存，以信誉求发展的经营理念，解放思想，开拓创新，充分发挥自身优势，急企业之所急，全面服务企业。

院长/法人代表：王泽风
总工程师：陈　东
地址：山东省济南市工业南路 101 号
邮编：250100
电话：0531－88947041
传真：0531－88947041

邮箱： shandongpaper@163. com

中轻建设(安徽)设计工程有限公司(原安徽省轻工业设计院有限公司)

中轻建设(安徽)设计工程有限公司(原安徽省轻工业设计院有限公司)始建于1979年，是专业从事轻工行业、民用建筑工程、环境工程设计的具有国家甲级工程设计证书、甲级工程咨询证书的综合设计机构。现有员工近200人，专业设置齐全，拥有众多国家注册建筑工程师、注册结构工程师、注册规划工程师、国家注册化工工程师、注册设备工程师、注册电气工程师、注册咨询工程师、注册环保工程师等高级专业人才。

主要承接制浆造纸工程、食品发酵工程、皮革工程、烟草工程、五金工程、日化工程、塑料工程、家电电子及日用机械、日用硅酸盐工程、新能源工程等工业项目设计与规划；居住小区、公共建筑、商业地产、文化地产等民用建筑工程设计与规划、室内外装饰设计及景观设计；市政废水、工业园区废水、工业厂区内的废水处理等环境工程设计及总承包。提供项目咨询、项目建议书、可行性研究报告、节能评价报告、资金申请报告、项目立项报告、公司上市项目包装、产业发展规划、清洁生产审核报告等。

董事长/法人代表： 李　伟
单位负责人： 陈明邦
地址： 安徽省合肥市马鞍山南路富城大厦9－11层
邮编： 230022
电话： 0551－62628422
传真： 0551－62673755
邮箱： 1347335539@qq. com
网址： www. clicah. com

中国轻工业武汉设计工程有限责任公司

中国轻工业武汉设计工程有限责任公司(原名：中国轻工业武汉设计院)始建于1958年，现系中国海诚工程科技股份有限公司(股票代码：002116)全资子公司，是集工程总承包、工程咨询、工程设计、工程监理等多功能于一体的知识密集型国有高新技术企业。持有国家颁布的轻工工程、纺织工程、民用建筑、医药、环保设计、工程咨询、工程监理等9项甲级资质证书，已形成工程设计、咨询、监理和总承包四大主业，并顺利完成了“三标一体”的认证工作。拥有中国轻工行业勘察设计大师3人，国家级、省部级专家及教授级高级工程师30余人，各类注册工程师200余人，高级工程师120余人。

制浆造纸是该公司工程设计的传统行业，有着60多年的设计历史。历年来完成制浆造纸行业工程设计及服务800余项，多项设计获部、省级奖励。

设计和服务范围涵盖制浆、造纸、碱回收、废水处理、纸加工、热电及综合利用等造纸行业的各个环节。在非木材制浆、碱回收、无氯漂白、高得率制浆(BCTMP、APMP、CTMP、SCMP)、废水处理、固体废物及污泥生物质混合发电等方面形成独立的技术集成、创新技术和多项专利专有技术，有丰富的设计经验和众多业绩；在高强瓦楞原纸、箱纸板、涂布白纸板、特种纸等方面进行了开创性的工作，逐步形成了完整的特色技术。为客户赢得了良好的经济效益，具有较高的市场占有率。其中非木材制浆(竹子、芦苇、秸秆)及碱回收是国家生态环境部最佳实用技术依托单位。项目地域覆盖全国包括中国台湾在内30多个省、市、自治区及俄罗斯、缅甸、巴基斯坦、尼泊尔、孟加拉、吉尔吉斯斯坦、印度尼西亚、马来西亚、埃塞俄比亚、越南、泰国、柬埔寨、伊朗、加纳和加蓬等国家。

法人代表： 周　波
总工程师： 杨晓臻
联系人： 梁　斌
地址： 湖北省武汉市武昌区首义路176号
邮编： 430060
电话： 027－88044007、13808641636
传真： 027－88043744
邮箱： 13808641636@163. com
网址： www. qgsj. com

中国轻工业长沙工程有限公司

中国轻工业长沙工程有限公司(简称CEC)，前身是创建于1952年的原轻工部规划设计院，1978年更名为轻工部长沙设计院，是我国成立较早的大型咨询设计单位之一。2002年12月改制重组，正式更名为中国轻工业长沙工程有限公司。现成为国务院国资委管理的中国保利集团—中国轻工集团—中国海诚工程科技股份有限公司的全资子公司，公司注册资金为5000万元。CEC主营业务为工程设计、工程咨询、工程监理和工程总承包，服务于制浆造纸、能源环保、制盐及盐化工、家用电器、食品、建筑、市政等行业领域。持有国家主管部门颁发的轻纺、建材、市政、农林、建筑、环境工程(水污染防治工程、固体废物处理处置工程)甲级工程设计证书和与之相对应的甲级工程总承包资格、甲级工程咨询资格证书、甲级工程造价咨询单位资质证书；持有电力(火力发电、新能源)、化工、机械、商物粮、风景园林行业乙级设计资质证书，城市规划编制乙级资格证书，压力容器及压力管道设计许可证；持有工程监理综合资质证书；拥有对外经营权、对外承包工程经营资格。1998 年通过 ISO 9001 质量管理体系认证，2007 年通过 ISO 14001 环境管理及 GB/T 28001 职业健康安全管理体系认证；拥有 60 余项专利技术，并广泛运用于项目中，2008 年被认定为高新技术企业。

CEC 集聚了大量的优秀人才和技术资源，公司现有员工 1500 余人，享受政府津贴专家 7 人，教授级高级工程师 77 人，高级职称技术人员 209 人，具有国家注册各类个人资质 500 余人次。

CEC 从事工程咨询设计 60 余年，完成工程咨询、设计、工程承包、工程监理等项目 3000 余项，市场占有率和核心竞争力均处于行业前列。自 1982 年国家开展评选优秀设计以来，公司获得国家及省部级优秀设计奖、科技进步奖 300 余项，其中，在制浆造纸行业获国家优秀设计铜奖 10 余项。

CEC 的工程总承包业务，涵盖了项目投资、选址、规划、技术经济分析、设计、造价、采购、施工、安装、开车等各个方面，凭借先进的工程管理理念、多年的行业经验、优秀的项目团队以及广泛的项目合作伙伴，全程把握项目的实施和控制，以最佳的资源打造优质的工程产品。作为总承包商，公司先后承建了缅甸、巴基斯坦、埃及、印度、白俄罗斯、湖南湘丰特种纸业有限公司、焦作瑞丰纸业有限公司、福建省青山纸业股份有限公司、中国造纸装备有限公司、江门星辉造纸有限公司等国内外多项总承包工程，其中，缅甸 YENI 制浆造纸项目获第五届优秀工程总承包金钥匙奖，湖南湘丰特种纸业有限公司纸业总承包工程获第五届优秀工程总承包铜钥匙奖及轻工行业第三届优秀工程总承包项目一等奖，焦作瑞丰纸业有限公司总包工程获轻工行业第四届优秀工程总承包项目二等奖，福建省青山纸业股份有限公司获第七届优秀工程总承包项目铜钥匙奖，南通经济技术开发区中水回用示范工程获第八届全国优秀工程总承包银钥匙奖及 2016 年度轻工业优秀工程总承包一等奖，江门星辉造纸有限公司(日资)年产 30 万吨高档白纸板工程获第八届全国优秀工程总承包铜钥匙奖，及 2016 年度轻工业优秀工程项目管理一等奖。

CEC 下属全资子公司湖南长顺项目管理有限公司是公司服务体系的重要部分，具有住房和城乡建设部工程监理综合资质、公路工程监理甲级资质、国家人防工程监理甲级资质、环境监理甲级资质，是湖南省及轻工领域监理行业的知名品牌企业、全国百强监理企业。

CEC 凭借多年的资源积累，与多家国际知名公司均有合作与交流，与业内知名企业建立了战略合作伙伴关系，形成了广泛的产业战略联盟，借助金融机构的融资平台，形成多方合作共赢的格局。公司现已发展成为集工程咨询、设计、造价、监理、项目管理和工程总承包于一体、为工程建设实施全方位、全过程服务的科技服务型企业。

CEC 奉行“诚信、严谨、创新、高效”的理念，坚持以顾客满意为中心、以环境友好为己任、以安全健康为基点的价值观，坚持以打造国际知名的服务品牌为企业目标，一如既往地为国内外顾客提供优质的技术服务和工程产品。

董事长：谢显国

地址：湖南省长沙市雨花区环保科技园新兴路 268 号

邮编：410114

电话：0731－85770333

传真：0731－85584415

邮箱：office@ cecchina. com

网址：www. cecchina. com

湖南省造纸研究所有限公司

湖南省造纸研究所有限公司是经湖南省科技厅认定的集科、工、贸于一体的由省属科研事业单位转制而成的高新技术企业，是湖南省造纸产品质量监督检验授权站、湖南省造纸学会等机构组织挂靠单位。始建于 1972 年，占地面积 3. 5 公顷，固定资产 1200 万元。现有员工 109 人，其中，专业从事研究开发人员 36 人，本科以上学历 28 人，中级以上职称 32 人，高级职称 6 人。

多来年，先后完成了国家级、省部级科技攻关项目 80 余项。其中，27 项获国家、部、省等各级科研成果技术奖，已有 30 多项科研成果转化为生产力。公司现有 3 条特种纸生产线和纸包装箱生产线，年生产特种纸在5000吨以上，纸包装箱250万米^2。特种纸生产线包括2条特种工业用纸生产线，年生产量3000吨，主要生产高强纱管封面纸、各类纤维板表层纸等。产品占国内市场较大份额。1条涂布纸生产线，年生产量可达2500吨，所产彩喷纸、高光数码相纸、名片纸等涂布纸，可以替代进口产品。纸包装生产线包括2条本色纸箱生产线和1条彩色纸箱生产线。

公司于2002年通过了ISO 9001：2000质量管理体系认证，本着“创造卓越品质，追求持续满意”的质量方针，建立了持续、稳定、有效的科学管理体系，产品质量达到了国际先进水平。近几年来，公司紧跟市场需求，发展更加迅猛，致力于文化创新、科技创新、管理创新，积极培育和提升核心竞争力，形成了以市场带动科研、以科研促进生产、以生产服务市场的良好循环轨道。

法人代表：宋善军

地址：湖南省湘潭市建设中路7号

邮编：411104

电话：0731－58523214、58561602

传真：0731－58561602

网址：www. hnprc. com

广东省造纸研究所有限公司

广东省造纸研究所有限公司(以下简称：省造纸所)创建于1973年，位于广州市新港西路154号，占地面积7500米^2，是广东省唯一的省级造纸研究所，是“广东省高新技术企业”，所内建设有“广东省造纸技术与装备公共实验室”“广东省造纸精细化学品工程技术研究中心”，并通过了ISO 9001质量管理体系认证。拥有一支高素质(包括教授级高工在内)的工程技术人员队伍，全所在职职工57人，专业技人员25人。省造纸所以“打造品牌、开拓创新、持续发展”为宗旨，全体职工团结一致，共同奋斗，创造了优秀的业绩。

经过40多年的发展，省造纸所发展呈现出喜人局面，市场销售网络日趋成熟，经济、社会效益和企业知名度不断提高，企业信誉良好。已发展壮大成为业务范围涵盖造纸行业科研、开发、产品检测与鉴定、技术咨询、技术服务、技术培训、技术承包和项目设计，销售造纸原料、造纸仪器等多方面业务，集科研开发、检验检测、生产、销售于一体的多元化科技企业。每年承接省技监局、工商局、海关等政府机构的抽样检测任务。主要产品有PPE造纸湿强剂、干强剂、剥离剂、柔软剂，白钢纸、阻燃型绝缘钢纸板、复印纸等，是省内多家大型造纸企业的原料供应商。

省造纸所拥有1000多米^{2}的专业试验室，拥有完备的小型试验和中型试验装备，有设备齐全的制浆工艺研究室、造纸实验室、涂布加工纸实验室纸张物理性能实验室、纸张化学性能实验室和无菌实验室等。近年来，省造纸所共承担省级以上科研项目20多项，拥有专利技术近22项，曾获得省部级奖励10多项。目前省造纸研究所在全国同类造纸科研院所中，科研综合实力排在前3名以内。

国家轻工业纸张质量监督检测广州站、广东省质量监督造纸产品检验站(下简称检验站)设在省造纸所内，是政府授权检测机构，检验站成立于1978年，1989年获得国家质量监督检验检疫总局和广东省质量技术监督局的认证和审查认可，其后多次通过了复评审，被授权具有造纸和包装产品159个品种及物理、化学、光学性能等52个参数的检验资格，检验设施完善，设备先进，拥有华南地区检测装备最为先进、实力最强的造纸专业检测室，在国内同类检验站处于领先水平。省造纸所是全国造纸工业标准化技术委员会第三分技术委员会主任单位，秘书处设在检验站。检验站致力于做好造纸标准化的推广和宣贯，近年先后主持制定国家标准、行业标准、地方标准10多项，2010年被评为标准化制定突出贡献单位。

省造纸所和广东省造纸学会合办了《造纸科学与技术》期刊。近年来所内科技人员在国内核心刊物和省级以上刊物上发表论文多篇。

省造纸所科研产业化基地位于增城市中新镇大田工业区内，基地占地面积为25000米^2，已建成了1800多米^{2}的造纸助剂生产车间、纸张整饰及涂布加工纸生产车间和特种纸车间，具有年产7000吨造纸助剂的能力。自主研发的造纸助剂、冷压自粘胶带纸、阻燃钢纸等科研成果已实现产业转化，经过多年的市场培育，造纸助剂形成的产业规模，助剂年产销量达到3000吨，省内外100多家造纸及相关企业使用我们的产品。

法人代表：陈大志

技术负责人：陈继伟

地址：广州市海珠区新港西路154号

邮编：510300

电话：020－34300901

传真：020－34300901

业务电话：020－34300599

邮箱：zaozhisuo@ qq. com
网址：www. gdzaozhisuo. com

中国轻工业南宁设计工程有限公司

中国轻工业南宁设计工程有限公司（简称“中轻南宁公司”）创建于 1974 年，前身为轻工业部南宁设计院、中国轻工业南宁设计院。2002 年 12 月改制成为由国务院国资委监管的中央企业——中国轻工集团有限公司下属的科技型企业，2017 年改制重组后，成为保利集团下属科技型企业。2010 年荣获高新技术企业证书。

中轻南宁公司持有国家颁发的工程设计甲级、工程咨询甲级、工程总承包甲级、工程建设监理甲级、工程造价甲级、机电安装工程施工总承包贰级、工程招标代理等多项资质证书，对外承包工程经营资格和进出口经营许可证书。中轻南宁公司建立了严格规范的现代企业管理制度，获得了质量、环境、职业健康安全管理体系认证证书。公司现有员工 500 余人，各类专业技术人员 460 余人。

公司凭借先进的技术、优质的服务、良好的信誉和勇于创新的精神，大力开拓国内外市场并获得了丰硕成果，累计完成了工程设计、工程咨询项目 4200 多项，工程监理项目 530 多项和工程总承包项目 60 多项，项目遍及全国各地、东南亚、东欧及非洲部分国家。公司始终坚持技术创新，在多个行业工程建设领域中取得了众多先进的技术成果，获得了 230 多项国家和省部级科技进步奖、科技成果奖和优秀工程名询、设计、总承包奖。开发并拥有一批高水干的发明专利、新型实用授权专利和专有技术，被评为中国优秀勘察设计企业中国勘察设计行业“创优型”企业。

中轻南宁公司在制浆造纸方面具有很强的优势，一直致力于用成熟先进的技术为广大客户提供全方位的科技服务，所承担的制浆造纸工程咨询、设计、监理及总承包项目遍布广西、广东、湖南、江苏、云南、重庆等省区以及越南、缅甸、印度尼西亚、马来西亚、泰国、白俄罗斯等国家，项目多达 500 余项。制浆造纸工程项目涵盖碱法制浆、酸法制浆、废纸制浆、化学机械浆等，涉及的原料有木材（软、硬木）和竹子、甘蔗渣、桑枝，产品涵盖国内现有的各种浆、纸品种。中轻南宁公司目前在漂白木浆、漂白甘蔗渣浆、漂白竹浆、纸张生产线等设计方面居国内领先地位，先后有多个项目荣获国家、省部级优秀工程一、二、三等奖。

法人代表：唐明明
地址：广西壮族自治区南宁市星光大道 42 号
邮编：530031
电话：0771 – 4800448、4800440
传真：0771 – 4830802
邮箱：cnec@ vip. 163. com
网址：www. ndcchina. com

重庆造纸工业研究设计院有限责任公司

重庆造纸工业研究设计院有限责任公司始建于 1953 年，是我国制浆造纸工业和轻工、军工重要的综合性科研和生产基地；也是国家轻工业纸张质量监督检测中心重庆站、重庆造纸产品质量监督检测站、重庆造纸产品计量站所在地。公司拥有一批高素质的管理、科研、生产团队，拥有大量科研成果和雄厚的研发实力，在特种纸的研制、生产、技术装备和检测手段方面处于国内领先地位。该院获 ISO 9001—2000 质量管理体系认证，建立了健全的现代管理体系，为科研生产蓬勃发展奠定了基础。

公司坚持科技为本，完成了数百项国家级、省部级科研项目，为相关企业提供了数百项产品开发和技术服务；多项成果荣获各级科技进步奖、百花奖和国家专利。该院有完备的实验室试验装备；制浆中试系统、多功能试验造纸机系统、涂布加工纸机系统和复合加工纸机系统等一系列完善的中试试验装备；形成了系统的制浆造纸研究和特种纸研究开发体系，可为企业提供各项相关技术服务。中国国家轻工业纸张质量监督检测中心重庆站、重庆造纸产品质量监督检测站、重庆造纸产品计量站为企业提供制浆造纸和特种纸标准化技术服务；产品质量检测和造纸专用计量器具检定、测试、维修服务。

公司是国内最早从事特种功能用纸研究生产单位，20 世纪 60 年代研制生产玻璃纤维过滤纸、蓄电池隔板纸等特种纸产品，拥有先进的特种纤维纸生产线。完善的在线检测控制系统、齐备的产品质量检测装备以及严格的产品质量管理体系，为优质特种功能用纸产品生产提供可靠的保障。

公司特种纤维纸生产线、涂布加工制纸生产线、复合加工纸生产线等多条特种纸生产线可根据客户要求提供不同类型的特种纸产品。

主要产品有：玻璃纤维空气滤材料；凝结过滤

油气分离玻璃纤维滤料；液压过滤液体过滤玻璃纤维滤料；各类湿法无纺布材料，合成纤维，玻璃纤维基材；阻燃玻丝毡、玻丝纸；电池隔膜材料；低温隔热材料；无机纤维隔热材料 VIP 隔热材料基材。

法人代表/院长：李和平

地址：重庆市南岸区茶园新区蔷薇路 26 号

邮编：401336

电话：023－62489092

传真：023－62489094

邮箱：cqzz666@163.com

网址：www.cqzzgy.com

中国轻工业成都设计工程有限公司

中国轻工业成都设计工程有限公司（原中国轻工业成都设计院）始建于 1958 年 9 月，2002 年 12 月改制为国有控股公司，是中国轻工集团有限公司所属的上市公司"中国海诚工程科技股份有限公司"（深市代码 002116）的全资子公司，隶属于中国保利集团公司，是从事工程咨询、设计、监理、工程总承包、全过程咨询的科技服务型企业。公司通过质量、环境、职业健康安全管理体系认证，系"四川省重合同守信用企业""成都市劳动关系和谐企业""成都市模范单位"和"高新技术企业"。

改制以来，公司领导班子以新的经营理念和发展思路带领全体员工锐意进取、不断开拓，使公司进入了良性发展的快车道。公司面貌焕然一新，既继承了"央企"的优良传统，又注入了适应时代发展的时尚元素，体制更完善、管理更规范、经营更灵活、业务范围更宽泛，已从原来单一的轻工行业咨询、设计拓展到物流、能源、环保、市政工程等领域，并拥有从产品及原材料购销、工程咨询、工程设计、工程监理、工程总承包、全过程咨询等在内的较为完整产业链的工程建设提供商。

近年来，公司的经营能力不断提高，生产规模不断扩大，整体实力得到迅猛发展，已经成为所在地区纳税重点企业，并朝着把公司做成一家在中西部同行业有高知名度，全国有影响的工程公司这一战略目标的方向发展。

公司拥有轻纺、农林、建筑、商物粮、电力、环境工程、化工石化医药、市政等行业的工程设计资质证书、工程造价咨询企业甲级资质证书、工程监理综合资质证书、压力管道设计许可证。

公司拥有中国轻工业勘察设计大师及享受国务院政府特殊津贴专家 1 人，专业技术人员占员工总数的 95%，其中已获得各类工程师职称的人员约占 60%。经过多年的发展，各生产经营部门已经形成了各自工作重点和特点，以及行业竞争的优势。集合这些特点与优势，使公司具有在行业门类、特定的服务产品段等方面的整体技术水平与业务能力，形成了国际、国内两个市场，适应国家和地方经济与社会发展的组织架构与良好态势。

60 年来，公司先后承担了国内外工程咨询、工程设计、工程监理和工程总承包项目 5000 多个。其中，广安综合食品厂、焦作纸厂、长江纸厂、缅甸糖厂荣获部优工程设计一等奖，四川省广安顺泰纸业有限公司年产 5 万吨竹浆以及宜宾纸业股份有限公司天竹年产 9.5 万吨竹纤维浆浆粕荣获部优工程咨询一等奖；缅甸糖厂荣获中国勘察设计协会与中国工程咨询协会的"工程总承包银钥匙奖"；川渝中烟工业有限责任公司长城雪茄烟厂可研报告荣获全国优秀工程咨询成果一等奖。

公司下属项目管理分公司在其所从事的工业与民用建筑、规划工程、生活小区等各项项目管理和工程监理中，有着较高的信誉和良好口碑，在业内极具竞争力，并呈现出良好的发展势头。

公司奉行"海纳百川，诚信至上，人为根本"的核心价值理念，本着"对客户负责，对员工关爱，对股东回报，对社会贡献"的企业宗旨，"以科技利益人类，以成就赢得尊敬"作为企业使命，竭诚为海内外客户提供技术先进、经济合理、安全适用的工程咨询、工程设计、工程总承包、全过程咨询和工程建设监理及项目管理服务，为打造"百年老店"而自强不息。

董事长：崔玉琦

总经理：王康健

联系人：罗建雄（13111868788）

地址：四川省成都市少城路 9 号

邮编：610015

电话：028－86630940、028－86634360

传真：028－86643706、028－86634360

邮箱：qrsjljx@126.com

网址：www.qrsj.com

中国轻工业西安设计工程有限责任公司

中国轻工业西安设计工程有限责任公司是隶属于中国海诚工程科技股份有限公司的子公司，前身为中国轻工业西安设计院，成立于1958年，2003年改制为有限责任公司，是集工程总承包、工程咨询、工程设计、工程监理、工程项目管理等多种功能为一体的知识密集型、技术密集型国有科技企业。

公司拥有国家颁发的轻纺、建筑工程设计甲级、工程咨询甲级、环境影响评价甲级、工程监理甲级资格证书，以及电力、电子通讯、广电、化工、石化、医药、农林、商物粮、市政公用工程、城市规划、劳动安全评价、压力容器、压力管道工程设计资格证书，以及对外经济技术合作、出口企业资格证书和工程招标代理、工程总承包等资质。

公司拥有一支高素质的技术及管理队伍，现有各类工程技术人员200余人，其中享受政府津贴专家2人，国家注册咨询(投资)工程师14人，注册化工工程师20人，注册公用设备工程师8人，注册电气工程师7人，一级注册建筑师7人，注册规划师1人，一级注册结构工程师8人，注册造价师10人，注册监理工程师28人，注册岩土工程师1人，注册环境评价工程师9人，注册会计师2人，注册建造师5人，注册安全工程师11人，注册环保工程师2人，注册机械工程师4人，注册设备监理师1人。拥有专业类别齐全的技术力量，包括制浆造纸、甜菜制糖、食品发酵、生物生化、日用硅酸盐、皮革、化工、农林、机械、物流、纺织、自控仪表、建筑结构、总图运输、供发电、热力、给排水、环境工程，暖通、空调、制冷、技经分析、工程造价、电子通讯等。公司长期从事制浆造纸、食品发酵、甜菜制糖、皮革轻化、农副产品加工、畜牧产品加工、民用建筑及市政公用工程等行业的咨询设计和项目管理服务，积累了丰富的经验，近年来在生物能源、小型火电工程、环境工程、工程总承包和项目管理方面又有了新的开拓和发展，能为业主提供各类项目服务。

60多年来，公司完成了3000余项轻纺、化工、电力、医药、市政、环保和民用建筑大中型工程项目，业务遍及全国30多个省、市、自治区和越南、泰国、马来西亚、巴基斯坦、叙利亚、苏丹、白俄罗斯、土库曼斯坦等国家和地区。荣获国家、省、行业各类奖励60余项，为国内外轻纺及相关行业的发展做出了重要贡献。

公司具备健全的组织机构，完善的技术、经营、生产、财务管理制度，2000年通过了GB/T 19001—ISO 9001质量管理体系认证，2010年通过GB/T 24001—2004环境管理体系认证，GB/T 28001—2001职业健康安全管理体系认证，在生产及管理方面实现了电子化、网络化、信息化。

公司坚持“持续改进质量、环境、职业健康安全管理体系，满足建设工程服务要求”的管理方针，热忱为国内外客户提供工程建设全方位、全过程的优质服务。

董事长：戚永宜

总经理：尚宇笑

地址：陕西省西安市柿园路222号

邮编：710048

电话：029－82487813

传真：029－82487815

邮箱：sj1@ haisum-xa. com

网址：www. haisum-xa. com

甘肃省轻工研究院有限责任公司

甘肃省轻工研究院有限责任公司(原甘肃省轻工业科学研究所，2001年9月改制为甘肃省轻工研究院，)始建于1959年，是甘肃省最早成立的以轻工、化工研究开发为主的科研院所。2017年12月，按照省委省政府关于省直部门管理企业脱钩改制的相关要求，甘肃省轻工研究院改制为有限责任公司。目前，甘肃省轻工研究院有限责任公司是集科研开发、技术服务、成果转化、工程咨询、清洁生产审核、节能评估报告编制及审核、第三方节能量审核、产品检验、技术培训为一体的应用开发研究单位，是甘肃省重点科研院所、国家高新技术企业。多年来，公司秉持“一手抓创新、一手抓成果转化与服务”的发展理念，通过科技创新能力的提升和创新服务体系的建设，不断提高自身的创新发展能力，进一步凝炼形成“3＋1＋1”的创新重点和优势学科，提升公司科技创新能力、成果转化能力、检验检测能力、技术服务能力，满足科技发展需要，为行业企业的技术进步、产业的发展发挥了积极作用。公司的主要业务包括：

食品发酵：围绕西北特色农产品、乳制品及畜产品、食品、生物发酵技术的研发、技术集成与工程化开展科技创新研究。

天然产物萃取分离及中药材开发应用：研究天然产物和中药材的有效成分的提取、技术集成和在大健康产业中的应用开发。

造纸与环境资源：重点开展造纸、农产品深加工领域废渣、废水的处理和综合利用。

检验检测：提升在食品、日化、食品接触材料的检测能力，开展新的检测方法及快速检测的研究。

中试与服务：不断改善中试条件，利用已建成的中小企业公共服务平台提供线上、线下服务，扩大服务范围。

根据产业发展的需求，开发新技术、新产品，做好产学研合作及科技成果的转化。公司拥有农产品深加工、天然产物有效成分提取、食品发酵、生物技术等方面的科研成果和先进技术 260 多项，开发马铃薯和玉米淀粉及变性淀粉、特种葡萄酒、苦荞萌动茶等具有地方特色的新产品 30 多个，研究推广具有甘肃省地方特色的油橄榄、紫苏、当归等天然植物资源有效成分提取分离技术、科研成果和先进工艺技术 50 多项。自主研发 3 个新产品，获国家保健食品注册批件，已转让企业并形成产业化。申请发明专利 10 项，已授权 4 项，均在企业转化。

公司常年为甘肃省及周边省市中小企业提供工程咨询服务。服务范围从轻工扩大到化工、冷链物流、生物医药、清洁生产、节能评估、节能量审核等领域，服务对象从单一企业扩大到产业园区和工业园区。近年完成工程咨询项目 800 多项，帮助企业争取建设资金数亿元，使众多小微企业发展为规模以上企业。公司下属甘肃中轻轻工产品质量检验检测有限责任公司，每年承担着甘肃省质量技术监督局和各级主管部门安排的轻工产品检测任务及企业委托的检测和仲裁工作，并受企业委托，制定企业标准。

近年公司科技成果获得国家级、省部级科技进步奖 3 次；获省优秀工程咨询成果奖 15 次；获得发明专利授权 4 项，帮助企业申请并获得发明专利授权 3 项；获国家科技部“技术市场金桥奖”；农副产品深加工创新团队获“甘肃省五一劳动奖状”和“全国工人先锋号”荣誉称号；2016 年我院获得“中国轻工行业科技创新先进集体”称号，2018 年获“全国轻工行业先进集体”称号。

公司以科技创新与服务平台建设为中心，通过团队培养和能力提升，承担建设了国家级“西北特色农畜产品深加工国家地方联合工程研究中心”“甘肃省检验检测服务平台”“甘肃省特色农产品深加工科技创新服务平台”，甘肃省生物发酵重点实验室、天然产物萃取分离工程技术研究中心等创新平台；培养了甘肃省天然产物提取科技创新团队、甘肃省农产品深加工生物发酵创新团队；建立了“甘肃省中小企业公共服务平台网络省级枢纽平台”“兰州科技大市场分市场”“96871 众创空间”等服务体系，可为中小微企业提供线上与线下、窗口与后台、平台入驻与远程孵化等全方位服务。

在单位管理建设方面，公司按照甘肃省“科技 30 条”的相关要求，进一步解放思想，重新制订和修改完善我院关于科技创新、成果转化、技术服务等相关管理制度和激励机制。主要有《关于发表论文、完成科研成果或获奖、咨询成果获奖、获得发明专利、技术转让等奖励办法》《仪器设备采购及管理制度》《实验室管理及检查制度》《预研基金和青年发展基金管理办法》《关于加快人才培养的若干意见》《科技创新团队建设实施办法》《甘肃省轻工研究院保密制度》《甘肃省轻工研究院网站管理办法》《甘肃省轻工研究院创新之星人才培养实施方案》等 10 多项。

为了进一步提升甘肃省轻工研究院科技创新能力，持续做好创新与服务工作，在现有基础之上，持续投入，通过进一步完善服务体系架构、创新服务模式、细化服务项目，增强服务功能，提高服务人员水平等措施，推动该院科研开发能力向专业化、协同化方向发展，促进该院科技创新能力迈上新台阶。

董事长/法人代表： 张永显

地址： 甘肃省兰州市城关区金昌南路 101 号

邮编： 730000

电话： 0931－8126510、8112208

传真： 0931－8124557

网址： www. gsqgyjy. com

中国轻工业广州工程有限公司

中国轻工业广州工程有限公司（简称“GDE”）是中国轻工集团下属公司，是一家拥有大批优秀专业人才和技术资源，集工程设计、工程咨询、工程总承包、项目管理和工程监理为一体的、可为工程建设提供全过程综合服务的科技型高新技术企业。

GDE 自 1953 年成立至今已有 60 多年，伴随国家机构的改革和自身发展，先后更名为“中央人民政府轻工业部轻工业管理局设计工程公司”“食品工业部广州制糖工业设计院”“第一轻工业部广州轻工业设计院”“轻工业部广州轻工业设计院”“轻工业部广州设计院”“中国轻工业广州设计院”“中国轻工业广州设计工程有限公司”。

GDE 持有工程设计、工程咨询、工程总承包、工程监理甲级证书；城市规划、压力容器、压力管道等专项设计证书；质量、环境、职业健康和安全管理体系认证证书；建筑业施工总包和对外经营权。现有工程技术人员 500 多人，拥有国家级设计大师 2 人、教授级高级工程师 50 多人，高级工程师近 100 人，以及大批经验丰富的国家注册建筑师、规划师、结构师、化工师、造价师、建造师、监理工程师和各类专业工程师，专业配套齐全，技术力量雄厚，在清华科技园广州创新基地拥有 1.4 万米^2 建筑面积的 3 栋办公大楼。

GDE 长期从事国内外各类工业及民用建设项目业务，主要从事的行业包括有生物发酵、制糖、新能源与环保工程、民用建筑、食品饮料、商粮、医药、化工、家电、电子、建材、制浆造纸、机械设备、市政工程、室内装饰、小区规划等，并随着世界经济的发展不断开拓新业务。

GDE 自成立迄今完成的大中型工程项目已超过了 5000 多项，其中包括有大批外资工程和中外合资工程，并先后完成了 20 多个国家的 40 多项境外工程，在工程领域取得了丰硕的成果，获得了国家级或部级、省级优秀工程设计奖、优秀工程项目管理奖或优秀科研奖、优秀业务建设奖的项目 300 多项、并代表国家轻工行业主编《甘蔗糖厂设计手册》《甘蔗糖厂设计规范》《啤酒厂设计规范》《麦芽厂设计规范》《酒精厂设计规范》《啤酒工业手册(下册)》等设计规范和设计手册共 8 项。

GDE 将一如既往的贯彻执行“技术先进、质量优良；预防污染、安全健康；持续改进、顾客满意”的管理方针，以一流的专业水准和良好的职业道德，为国内外客户提供优质服务。

董事长/法人代表：罗　军

地址：广东省广州市番禺区创启路 63 号清华科技园 9 号楼

邮编：511447

电话：020－81326513

传真：020－81325759

邮箱：gzgs@ gdecn. com

网址：www. gdecn. com

轻工业设计研究院(新疆)控股有限责任公司

轻工业设计研究院(新疆)控股有限责任公司前身为新疆轻工业设计研究院，成立于 1958 年，是新疆唯一从事轻纺工业勘察设计、研究、工程咨询、轻工产品质量监督检验、工程监理、工程总承包和国外承包工程劳务合作经营等业务的综合性勘察、设计、研究单位。2001 年 3 月完成了企业化转制。现有专业技术人员 122 人，其中高级职称以上 50 多人，国家一、二级注册建筑师 14 人，国家一级注册结构工程师 5 人，国家注册监理工程师 25 人，注册造价工程师 5 人，其他注册工程师 30 余人。

公司在 2000 年 10 月通过“工程咨询、工程设计(含设备设计)” ISO 9001 和“工程建设监理”ISO 9002 标准质量体系认证。2003 年通过了换版认证。公司全力推广 CAD 技术，是新疆 CAD 应用先进单位，微机装备达到先进水平，拥有先进的计算机局域网络，CAD 出图率达到 100%。被国家科技部授予“全国 CAD 应用工程示范企业”，并获得“自治区 CAD 应用先进单位”“自治区勘察设计行业 CAD 软件正版化示范单位”称号，获“自治区级文明单位”称号，2007 年取得首批“新疆勘察设计行业诚信单位”称号。

公司拥有轻纺、建筑、商物粮行业工程设计，工程咨询，房屋建筑工程监理、设备安装工程监理甲级资质；化工石化医药、农林、市政公用工程、电力行业工程设计乙级资质；压力管道 GB 类(GB2 级)、GC 类(GC2 级)设计资质；工程勘察、城市规划编制咨询、工程总承包乙级资质；国外承包工程劳务合作经营许可证及进出口企业资格证书。所从事的轻工行业工程有：甜菜制糖、食品、发酵、啤酒、麦芽、果酒、白酒、饮料、乳制品、味精、各类罐头、制浆造纸、毛革毛皮及其制品、塑料制品及节水灌溉设施、农副产品加工、制盐及盐化工、日用化工、日用硅酸盐等。

近年来获得国家级、部级及自治区级和市级各种优秀设计、咨询、勘察奖项数 10 项。其中，年产 2 万吨农用节水滴灌材料项目获“2004 年国家优秀设计金奖”、自治区“第十二届优秀工程设计一等奖”，国家康居示范工程华美·文轩家园 2006 年获“国家康居住宅示范工程建筑设计金奖”。拥有国家专利局授予的 2 项发明专利、10 项实用新型专利。

董事长/法人代表：卢向豹

地址：新疆维吾尔自治区乌鲁木齐市新华北路 8 号红山新世纪大厦 A 座 30－31 层

邮编：830004

电话：0991－8861777、8862777

传真：0991－2826506

邮箱：dL@ xjdl. cn

网址：www. xjdl. cn

(曹凯月)

国家认定的造纸企业技术中心简介

Introduction to National Certified Technical Centers of Papermaking Enterprises

山东晨鸣纸业集团股份有限公司技术中心

山东晨鸣纸业集团股份有限公司技术中心(简称“晨鸣集团企业技术中心”)成立于 1996 年，1999 年 3 月被山东省政府认定为省级企业技术中心，2000 年 1 月被国家发展改革委等部门认定为国家级企业技术中心。

晨鸣集团企业技术中心设有制浆工艺研究室、造纸工艺研究室、涂布印刷研究室、特种纸技术开发研究室等 7 个研究室。研发设施齐全，技术装备先进，现拥有国际先进的双管循环药液蒸煮器、纸样抄取器、高剪切黏度计、微观扫描仪、电动涂布机、实验用超级压光机、抗张强度测试仪、高精度厚度仪等一大批制浆造纸研究检测仪器和设备 300 多台(套)，可进行多种新产品、新技术的实验室小试，技术研发能力处于国内同行业领先水平。

晨鸣集团企业技术中心加大人才队伍建设，并积极与南京林业大学、齐鲁工业大学、天津科技大学、青岛科技大学、中国林业科学研究院林产化学工业研究所等研究机构和高等院校开展产学研合作，培养了一大批技术水平高、具有实践经验的专业技术带头人。企业拥有研究与试验发展人员 1900 余人，形成了一支知识层次合理、技术水平高，具有丰富实践经验的高素质创新人才队伍，逐步将技术中心打造成以企业为主体，以市场为导向，产学研用相结合的科研团队。

山东晨鸣纸业集团股份有限公司以国家级企业技术中心为依托，大力开展科技研发活动，2020 年，累计投入科技活动经费达到 127435.52 万元。

技术中心研究成果、专利及获奖情况：

(1)知识产权建设 共获得国家专利授权 303 项，其中，发明专利 25 项，涵盖热磨化学机械浆、化学浆、再生纤维浆、涂布纸、防伪纸等技术领域。

(2)科技成果情况 先后获得国家新产品 7 项、省级以上科技奖励 15 项、山东省优秀新产品及优秀成果 16 项。

(3)承担科技项目情况 先后承担国家科研计划项目 5 项，省级科研项目 63 项。

法人代表： 陈洪国

地址： 山东省寿光市农圣街 2199 号

邮编： 262700

电话： 0536－2158571

传真： 0536－2156111

邮箱： cmbgs09@163.com

网址： www.chenmingpaper.com

华泰集团有限公司技术中心

华泰集团有限公司技术中心组建于 1997 年，1999 年被认定为省级企业技术中心，2001 年被认定为国家级企业技术中心，是一家含废纸综合利用工程技术研究中心、造纸废弃物综合利用实验室、节能节水与废水资源化实验室等 8 个科研所的大型企业技术中心。

技术中心现有员工 379 人，高级专家 36 人，中高级职称 200 余人，形成了以博士、硕士及高级工程师等为核心的研发团队。团队中 3 人享受国务院特殊津贴、1 人入选科技部创新人才推进计划、4 人入选山东省泰山产业领军人才(泰山学者)建设工程。中心拥有扫描电子显微镜、气相色谱质谱联用仪、实验室压光机、涂布机、粒度分布仪、超高剪切黏度计、动态滤水仪等一大批国际一流的实验检测仪器。实验仪器设备原值达 1.7 亿元。依托完备的实验设施和充足的科研经费，中心重点开展二次纤维回收利用、高得率清洁制浆、造纸废弃物资源化利用等领域的研究。

多年来，技术中心贯彻落实科学发展观，不断加大科研投入，技术创新工作取得了丰硕的成果。中心先后参与了十三五国家重点研发计划“高效清洁制浆与功能化产品生产技术研究”1 项；“生物质基废纸再生环保助剂的研制及应用”“废纸制浆关键技术研究”等国家科技支撑计划项目 5 项；国家水体污染控制重大专项、山东省重大科技创新工程、山东省自主创新专项等省级以上科技计划项目 30 多项；累计申请专利 176 项，授权专利 107 项，其中发明专利 21 项。制定国家（行业）标准 20 项，主持制定 5 项。获省部级以上科技奖励 26 项，其中国家科技进步一等奖 1 项、二等奖 5 项，是造纸行业获国家科技进步奖最多的企业。

法人代表：李建华

总工程师：张凤山

地址：山东省东营市广饶县潍高路 251 号

邮编：257335

电话：0546 - 6888818

传真：0546 - 6888018

邮箱：jszx@ huatai. com

网址：www. huatai. com

中冶纸业银河有限公司企业技术中心

中冶纸业银河有限公司企业技术中心成立于 1995 年，2006 年被山东省经贸委认定为省级企业技术中心，2009 年被认定为国家级企业技术中心。

中心研发场地面积 2000 多米^2，包括研发试验室、中心化验室、恒温恒湿实验室、原料检验室、配药室等。拥有纸页动态成形器、纤维质量分析仪、加拿大游离度仪、Zeta 电位测定仪、PCD-04 胶体电荷测定仪、动态滤水仪、IGT 印刷适性仪、纸张匀度分析仪、L&W 粗糙度测试仪、激光粒度分布测试仪、TSO 测试仪等先进的仪器设备。

中心拥有专业技术人员 148 人，其中具有中高级职称的 56 人，本科以上学历 121 人，形成了一支结构合理和业务水平较高的技术人才队伍。

近几年，技术中心自主开发了一系列高附加值且在行业内具有重要影响力的产品，主要有高白纯质纸、雅质纸(《舌尖上的中国》及作家出版社出版的《莫言文集》用纸)、象牙白纸(《朱镕基讲话实录》及《乔布斯传》用纸)、银河书纸、无碳原纸、单透膜原纸、水果保鲜纸、银河经典纸、微涂精印双胶纸、网销图书专用纸等。其中开发项目“雅质印刷纸的生产技术”及“高白纯质纸生产技术”通过了山东省科技厅的鉴定，其技术水平均填补了国内空白。

技术中心与陕西科技大学合作开发的“制浆和碱回收过程优化控制系统的研究与应用”项目荣获“国家科学技术进步二等奖”；国家火炬计划“草浆碱回收联产轻质碳酸钙研究”项目荣获“全国造纸行业节能减排优秀技术创新成果一等奖”及“中国轻工业联合会科学技术进步三等奖”；碱回收白泥精制碳酸钙荣获“国家重点新产品”证书；“10 万吨/日造纸废水深度处理及中水回用技术”项目获得“中国轻工业联合会科学技术进步二等奖”；技术中心与清华大学合作开发的“有机酸法制浆技术与工艺研究”及自主研发的“造纸混合污泥生产有机肥技术”“稳定并提高轻型纸白度的技术”项目通过了山东省科技厅的鉴定，技术水平均达到国内领先水平。

技术中心目前拥有有效专利 42 项，其中发明专利 5 项。2012 年技术中心被中国轻工业联合会评为“‘十一五’轻工业科技创新先进集体”。

技术中心将进一步提高自主开发能力，深入开展特种纸及工业加工用纸开发、秸秆原料清洁制浆工艺研究，大力推广新技术、新工艺、新原料的应用，提高产学研合作力度，加大创新平台的建设力度，为持续提升企业经营业绩，加快制浆造纸技术新旧动能转换提供技术支撑。

法人代表：黎　铁

地址：山东省临清市西门里街 297 号

邮编：252600

电话：0635 - 2433932

传真：0635 - 2432932

邮箱：yhjszx@ 163. com

网址：www. cctyinhe. com

山东太阳纸业股份有限公司企业技术中心

山东太阳纸业股份有限公司企业技术中心 1999 年年底成立，2002 年被认定为市级技术中心，2007 年被认定为省级技术中心，2010 年被认定为国家级企业技术中心。

(1)机构设置　技术中心由公司董事长、总经理李洪信任主任，副总经理、总工程师应广东任常务副主任，拥有研发人员 1000 多人，建筑面积 0. 5 公顷(5000 米^2)，拥有符合 CNAS 标准的恒温恒湿实验室、20 多个专业实验室，包括生活用纸研发实验室、生物质材料实验室(溶解浆、木糖)、包装用纸、高端文化用纸、食品包装用纸研发实验室、制浆、环保等，配备先进的制浆造纸实验仪器设备。

(2)科研课题及成果　承担了国家科技部“863”项目、国家重大水专项、“十二五”科技支撑计划、“十三五”重点研发计划、国家级企业技术中心创新能力建设项目等国家、省部级科研项目 60 余项，完成新技术、新产品、新项目 100 多项，先后获得国家、省部级奖 30 多项，其中，国家科技进步奖 3 项，国家技术发明奖 1 项，华南理工大学与山东太阳纸业股份有限公司等单位联合完成的“制浆造纸清洁生产与水污染全过程控制关键技术及产业化”项目，荣获 2019 年国家科技进步一等奖。

技术中心不断实现技术专利化，专利标准化，对创新成果实施有效保护，获得授权专利共计 150 项，其中，发明专利40 项，国际发明专利4 项，实用新型 98 项，外观设计 8 项，共主持参与 21 项国家行业标准的制订与修订。

(3)科研投入　技术中心不断加大科技研发经费的投入，研发费用占产品销售收入的 3.1% 以上，用于技术中心基础设施的建设、先进设备购置和科研开发经费，不断提高技术中心核心竞争力。

(4)产学研合作　技术中心与中国制浆造纸研究院有限公司、华南理工大学、齐鲁工业大学、陕西科技大学、天津科技大学等一批科研院所和高等院校建立长期合作关系，实现产学研紧密结合和优势互补。

法人代表：李洪信
总工程师：应广东
地址：山东省济宁市兖州区友谊路 1 号
邮编：272100
电话：0537－7928719
传真：0537－7928719
邮箱：zhangwei@ sunpaper. cn

河南江河纸业股份有限公司企业技术中心

河南江河纸业股份有限公司企业技术中心组建于 2002 年，2007 年被认定为省级企业技术中心，2013 年获得国家认定，是一家主要从事高速成套造纸装备，关键造纸设备、自动化控制，特种纸涂布机等后加工设备以及成套化学机械浆设备的研发和制造，赶超世界造纸装备先进水平的企业技术中心。

技术中心现有员工 261 人，其中，中高级工程师 98 人，博士 9 人，硕士研究生 5 人。并与中国制浆造纸研究院有限公司、齐鲁工业大学、天津科技大学、陕西科技大学等科研院所合作，形成了以“设备制造业”和“用户企业”紧密结合的研发创新体系，形成了以院士为指导，以博士、高级工程师为核心的研发团队。并且大部分研究人员为中青年专业技术人员，与行业院校联合培养专业人才，有效保证了团队的可持续性。技术中心拥有实验室造纸机、压光机、涂布机、纸张抗张力试验机、纸张质量控制系统、石油产品水分试验机、压光机检测系统等一大批国际一流的实验检测仪器。技术中心仪器设备原值 7780 万元，拥有研究开发建筑面积 1965 米^2，中试基地面积 2916 米^2。

技术中心坚持以自主创新为主，以“高效、节能、环保、智能”为研发方向，以“赶超世界先进水平，振兴民族造纸工业”为己任。经过长期卓有成效的创新和不懈追求，承担国家计划项目 8 项，省级科研项目 2 项，掌握并实践了高速纸机的关键、集成、运行技术，相继研制出 800 米/分、1000 米/分、1200 米/分造纸成套设备。完成国家“十一五”重点科技支撑计划“国产高速造纸机的研制”项目，研制 1 台幅宽 5600 毫米、工作车速达到 1350 米/分的高速文化纸机，达到国际先进水平。并对稀释水流浆箱、夹网成形器、靴式压榨、膜转移涂布机等纸机核心基础部件有重大创新和突破。已研制成功的造纸成套装备和单体装备、涂布机、化学机械浆成套设备等都是国内领先或国际先进水平，拥有国家发明专利 10 项、实用新型专利 112 项，受理发明专利 12 项；省部级科技成果 15 项；获得省部级科技进步一等奖 2 项、二等奖 7 项、三等奖 1 项，多项技术成果获得行业和地市科技进步奖。

技术中心研制的科技成果通过河南大指造纸装备集成工程有限公司全部实现产业化，可为造纸行业提供涵盖造纸和涂布生产线的整体新设备或关键装备，提供节能减排提质增效绿色制造系统技术服务，从工艺、装备和自动化方面为客户提供全面服务。

技术中心独具特色的创新模式、稳固的产学研联盟、完善的研究开发试验条件和强有力的创新团队，必将在造纸装备自主化方面创造出更加显著的业绩，对于整个造纸行业结构调整和产业升级将产生重要的影响。

法人代表：姜博恩
总工程师：刘铸红
地址：河南省武陟县城文化路555 号

邮编：454950
电话：0391－7268191
传真：0391－7268389
邮箱：wzjhzy@126.com
网址：www.jianghe.com

泰格林纸集团股份有限公司企业技术中心

泰格林纸集团股份有限公司技术中心（简称"泰格林纸技术中心"）成立于2000年3月，并于同年7月获湖南省级企业技术中心认证。2005年10月被国家发展改革委等部委认定为国家级企业技术中心。泰格林纸技术中心拥有科技人员150人，其中：省市级专家12人，博士1人，硕士研究生24人，公司级技术专家5人，高级工程师35人，高、中级以上技术职称人数占技术中心总人数70%。形成了一支知识层次合理，技术水平高，具有丰富实践经验的高素质创新人才队伍，逐步将技术中心打造成以企业为主体，以市场为导向，产学研相结合的科研团队。

泰格林纸技术中心承担着整个集团公司的新技术引进、消化吸收、推广应用及新产品开发、生产调研、林业研究、技术咨询服务职能；承担着制浆造纸、化工原材料的分析与检验、环境监测、造纸助剂的研发；承担着各类标准及新产品标准的制定、重大项目前期方案策划、知识产权保护与专利申报等专业领域的科研工作。

公司下属各子公司主要分布在湖南省境内的岳阳、怀化等地市，为便于工作开展，各子公司分别成立了分技术中心。集团技术中心负责各子公司的科研项目和各专业技术、科研人员的归口管理及对各子公司技术中心工作进行指导，对各子公司项目建设和技术改造项目编写可研报告、节能减排及生产系统工艺调研方案策划、生产系统波动提出改进建议和具体措施，为各子公司系统稳定运行、降低成本提供技术服务和技术支撑。

泰格林纸技术中心拥有专门用于试验研究、设计开发、项目前期策划于一体的科技办公楼，符合ISO标准的恒温恒湿实验室。拥有专门的调研分析试验室，各类分析、检测、实验设施齐全。近两年又不断添置扩充了一批国际先进水平的科研仪器和设备，中心的科研开发条件居全国同行业之前列。

泰格林纸技术中心逐年加大企业科研开发经费的投入，研究开发经费支出占到销售收入的3.5%以上。中心大力开展科技研发活动，每年开展科技活动近100余项。中心研发的"意大利杨APMP新工艺制浆及其应用"是企业屈指可数、造纸行业中企业独立完成的获国家科技进步二等奖项目，其核心专利技术意大利杨盘磨漂白制浆工艺获2007年"第十届全国优秀专利奖"。意大利杨APMP制浆新工艺研究应用，为我国速生丰产林高得率制浆技术的发展方面树立了样板，为缓解我国木材资源紧张局面、推动速生丰产林基地的建设、保护生态环境、带动地方经济发展等方面发挥了重要的作用。

泰格林纸技术中心已与奥地利安德里茨公司、芬兰美卓公司、德国福伊特公司，加拿大林产品创新研究院、中国制浆造纸研究院有限公司、中国林科院林产化学工业研究所、华南理工大学、陕西科技大学、长沙理工大学等20多所知名高校和科研院所建立了产学研合作关系。2002年，泰格林纸技术中心与中国林科院林产化学工业研究所合办研究开发机构，成立泰格林纸集团技术中心南京试验室；2006年，与华南理工大学合作成立泰格-华工生物质化工合作试验室；2009年泰格林纸加入林产化工产业技术创新战略联盟。公司拥有高得率制浆及其应用、高得率浆配抄高档文化用纸、碱回收白泥精制碳酸钙作造纸填料、精制轻量涂布纸生产技术、高档印刷纸轻量化关键技术、食品包装用纸生产技术、林业三剩物制浆技术等多项核心技术。

技术中心研究成果、专利及获奖情况：

(1)知识产权建设　获国家授权有效专利90项，其中发明专利77项。同时公司被评为国家知识产权优势企业称号。

(2)科技成果情况　获得国家级新产品6项，省部级以上科技进步奖41项。

法人代表：叶　蒙
总工程师：朱宏伟
邮码：414002
电话：0730－8590222
传真：0730－8561262
网址：www.tigerfp.cn

恒安集团技术中心

恒安集团技术中心成立于2003年，经多年管理变革及职能优化，逐步形成了以技术委员会与专家委员会为技术评估决策机关，下设5个技术管理部门及6个研究所的创新体系。2008年，经国家五部委联合认定，授予"国家认定企业技术中心"资格。2012 年 12 月，技术中心实验室被福建省科技厅认定为“福建省一次性卫生用品企业重点实验室”，2013 年经 CNAS 评定委员会审定，CNAS 秘书长批准，恒安集团检测中心获国家实验室（CNAS）认可。2018 年已通过复评。

（1）主要职能　技术中心承担着恒安集团新技术、新材料、新工艺、新产品的研究开发、产品测试以及对制造系统的技术支持，负责制定并实施企业中长期科技发展规划，同时担负公司标准、专利、成果等管理工作。2019 年度，技术中心研发项目立项 32 项，完成 31 项，科技费用投入总计 1.8 亿元。

（2）研发成果　截至 2019 年，技术中心共取得科技成果 381 多项，经鉴定达到国际先进水平的科技成果 11 项；累计申请专利 362 个，版权 1048 个，授权发明专利 37 项；获省科技进步奖 8 次，多项地市级科技、专利奖项；2010 年获全国知识产权示范单位、全国质量工作先进单位、福建省第一批实施技术标准战略试点等称号，2016 年经联合国环保组织授予“国际碳金奖”，2019 年获“省级质量标杆”称号。

（3）研发设施　技术中心目前拥有中心实验室（产品研发、材料应用研究）、中心检验室和 4 个中试基地，仪器设备 6000 多万元，占地 5000 多米^2，各种仪器设备基本齐全，具备了试验、小试和中试的能力。

中心所属实验室拥有的研发及试验基础条件包括：产品测试、材料测试、化学测试、中试实验、数据信息等五大系统，配备有液相色谱仪、气质联用仪、傅里叶变换红外光谱仪、万能拉力测试仪、钠离子浓度测量仪、透光率/雾度测定仪、计算机动态模拟测试系统、粒径分布测试仪等先进测试仪器，覆盖了《卫生巾（含卫生护垫）》《纸尿裤（含纸尿片/垫）》《一次性使用卫生用品卫生标准》《卫生纸（含卫生纸原纸）》《纸巾纸（含湿巾）》等国家和行业标准的所有检测项目。

（4）科研团队　技术中心现有员工 227 人，其中博士 3 人，硕士 12 人，高级职称 8 人，中级职称 16 人。

技术中心所辖“材料应用”“精细化工”“产品开发”“机电设备”“专利情报”等相关技术部门，均有高级工程师或以博士、硕士为主的技术带头人，涵盖了机电、化学、化工、非织造布、高分子材料、工业设计、材料工程、制浆造纸等不同专业背景，形成了老中青三代技术人员组成的梯次型创新队伍。

法人代表：许连捷
造纸总工室总经理：张群富
地址：福建省晋江市东石林镇中林安东工业区
邮编：362271
电话：0595－85526583
传真：0595－85708666－5508
邮箱：Zhangqf@ henan. com
网址：www. hengan. com

广西广业贵糖糖业集团有限公司企业技术中心

广西广业贵糖糖业集团有限公司企业技术中心［原广西贵糖（集团）股份有限公司企业技术中心］成立于 1996 年，是国家认定的企业技术中心。企业技术中心抓住技术创新 6 要素（企业、市场、人才、技术基础、资金、环境），制定企业创新规划和创新激励机制，充分实现创新资源的优化配置与创新活动的相互促进。

（1）组织建设　为了实现规范化、制度化，技术中心形成了领导重视，职工积极参与技术创新、产品创新、工艺创新的极好的创新环境和文化氛围。技术中心下属有博士后科研工作站、制糖研究所、造纸研究所、环保研究所、计算机信息中心“一站、三所、一中心”。

公司拥有各类专业工程技术人员 355 人，拥有博士后、博士、硕士和 300 多名本科学历的年龄结构合理的研究、生产、管理团队，具备非常强的新产品、新技术研究开发能力。企业技术中心根据企业发展需要，继续引进高素质的人才进行产品和技术创新，为研究开发工作提供更为有利的科研条件。为了拓展博士后研究工作的领域，企业博士后科研工作站先后招收了 8 名博士。博士在站期间作了多项研究，其中有 4 个课题的研究成果已应用于公司的生产实践中。

（2）创新机制建设　2018 年公司强化科技投入保障机制，确保研究经费支出额占产品销售收入 2% 以上，不断完善科技研发项目的年度计划、可行性分析机制，统一活动经费管理机制，建立适应新形势的科技经费监督管理和绩效评估体系，提高科技活动经费的使用效率及项目研发的取得的知识产权管理。

2018 年，根据公司内控制度管理要求，修订、整合的管理制度包括《财务管理实施细则》《信息系统管理制度》《网络与信息安全事件应急预案》《技术知识产权保密制度》《保密管理制度》《工程项目管理制度》《专利工作管理制度》《产品质量控制管理制度》《研发项目管理制度》等。

技术中心采取“走出去，请进来”等多种形式开展广泛的技术交流与合作，了解和掌握行业最尖端科学技术的研究发展状况和应用状况，及时引进、消化和吸收行业最尖端科学技术和应用技术，确保公司的产品科技含量和生产工艺技术处于同行业先进水平。

技术中心根据公司的实际情况和未来发展的要求，积极向国家知识产权局开展专利申请工作，截至 2018 年年底，获得授权的专利共 57 项，其中发明专利 12 项，实用新型专利 35 项、外观设计专利 10 项。

(3)基础设施建设　公司建立中心综合实验室，各种科研设备进行集中调配，并不断添置用于新产品开发和研究的试验仪器设备，既有独立的实验室，又实现了资源共享；同时配备了一批具有研发能力的工程技术人员，取得了可喜的科研成果。如具有先进水平的运用甘蔗渣制浆抄造中高档文化用纸和生活用纸技术、造纸白水回收技术、中段废水处理技术等。2018 年中心完成广西贵糖特种纸研究院筹建工作，提升造纸研发能力。

现企业技术中心的研究试验设施、检测设施、信息化设施有：精制糖生产澄清工艺、糖汁碳酸法、离子交换树脂清净处理中试流程；膜超滤技术应用的设备与生产流程；高速试验纸机研发生活用纸新品种流程；以蒸煮器、筛浆机、打浆机、纸页成形器为主的造纸中试及新产品开发的设备和流程；建立沼气提纯净化实验室，配备相应的分析仪器；IC 厌氧中试反应器 1 套；碳酸钙小试设备和流程，并配备颗粒测量仪器和水分快速检测仪各 1 套，能通过配置的软件进行数据的分析处理；制浆造纸废水好氧生化处理中试设备 1 套；特种纸研究中试设备一套。

法人代表：朱　冰

地址：广西壮族自治区贵港市幸福路 100 号

邮编：537102

电话：0775 – 4201380

传真：0775 – 4260088

邮箱：gt4260088@ 163. com

网址：www. guitang. com

（雷　煌）

国内高校制浆造纸研究机构简介

Introduction to Pulping and Papermaking Research Institutions of Domestic Universities

江南大学造纸研发中心

江南大学造纸研发中心成立于2003年12月，具有制浆造纸工程硕士、博士学位点及博士后流动站。拥有专业教师6名，其中，教授3名，副教授3名，世界100强名校海归博士3名，另外3人也均具有1年以上海外访学经历；博士生导师1名，硕士生导师6名。截至2020年12月底已毕业博士8名，硕士46名，博士后出站9名。目前在校硕士和博士生共23名，在站博士后5名。研发中心自成立以来，主持和承担各类科研项目50余项(其中国家级和省部级科研项目20余项)，获得发明专利56项，在国内外学术刊物上发表学术论文430余篇(其中SCI收录论文100余篇)，出版专著8部。荣获国家科技进步二等奖1项、省部级科技进步一等奖1项、二等奖4项、三等奖4项、市局级一等奖10余项。另外，中心教师先后荣获中国造纸学会第五届青年科技奖(2005年度)(2006年度中国青年科学家提名人)、江苏省科协“首席专家”、中国造纸学会第七届理事会学会优秀工作者、中国造纸学会特种纸专业委员会“中国特种纸产业技术发展贡献奖”、江苏省“青年骨干教师”“江苏省双创计划”和无锡市社会事业领军人才计划等多项个人荣誉。中心一直积极参与社会科技创新和服务体系建设，推进科技成果产业化，与国内外多家单位建立了全面合作关系，在高性能纤维纸基功能材料、特种纸、造纸和水处理等助剂和生物质综合利用等方面已初步形成了一定的特色。

隶属单位：教育部

法人代表：陈　卫

造纸研发中心主任：龙　柱

造纸研发中心所在学院：江南大学纺织科学与工程学院

地址：江苏省无锡市蠡湖大道1800号

邮编：214122

电话：0510－85912107

手机：13771579993

传真：0510－85912009

邮箱：longzhu@ jiangnan. edu. cn

网址：www. jiangnan. edu. cn

研究生招生情况：每年招收硕士生4～7名，博士生1名，另招收博士后不限。

主要研究方向：纸基功能材料和特种纸，造纸纺织和水处理等助剂，生物质综合利用。

浙江理工大学制浆造纸研究所

浙江理工大学制浆造纸研究所创建于2003年9月。现有专业教师7名，其中，教授3名、副教授3名，讲师1名，7名都具有博士学位，有4名专业教师有出国留学进修1年以上的经历。有博士生导师2名、硕士生导师6名。研究所2003年9月在“材料加工工程”和“材料物理与材料化学”2个硕士点招收制浆造纸工程和包装材料方向硕士研究生。2004年5月申报成功“轻工技术与工程”领域工程硕士专业学位授权点。2004年9月在“轻化工程”专业中开始招收制浆造纸工程专业方向本科生，在“轻工技术与工程”领域招收制浆造纸工程、包装材料和印刷技术方向工程硕士专业学位研究生。2008年9月起在纺织工程学科博士点招收纺织材料方向博士研究生。在读研究生72名。

研究所主要研究方向：植物纤维资源化学加工与生物转化利用，制浆造纸科学技术，制浆造纸化学品与废水处理技术，纸基功能材料和包装印刷材料等。主要在研科研项目有国家重点研发计划政府间专项子课题1项、国家重点研发计划项目子课题1项、国家自然科学基金2项、中国博士后科学基金、浙江省科技厅计划重点项目、浙江省公益技术应用研究计划项目、浙江省环保厅计划项目、浙江省自然科学基金、国家和省部重点实验室基金等国家级、省部级纵向项目40余项。

研究所成立以来主要研究成果：获国家环保部环境科学技术进步二等奖1项、获国家科学技术进步二等奖1项，在国内外学术期刊和国际会议上发表论文600余篇，获国家授权发明专利50余件，培养硕士和博士生研究生(含在读)160余名，参编国家级统编教材1本(获国家级精品教材)，1名教师获得"浙江理工大学教学名师"称号和香港桑麻基金会桑麻奖。

隶属单位：浙江省教育厅

所在学院：浙江理工大学纺织科学与工程学院

制浆造纸研究所所长：薛国新

地址：浙江省杭州市下沙高教园区西区2号大街928号浙江理工大学17号楼339室

邮编：310018

电话：0571－86843263

传真：0571－86843263

邮箱：xueguoxin@126.com

陕西科技大学造纸环保研究所

陕西科技大学造纸环保研究所成立于2005年，依托陕西科技大学雄厚的科研实力和广泛的国际交流与合作渠道，在借鉴和吸收国内外工业及市政领域污染治理先进技术的基础上，致力于新技术的开发集成与成果转化。研究所拥有供气式低压射流曝气系统，HSASB高速厌氧反应器及射流循环Fenton深度处理3项核心专有技术。配套有生产加工基地(咸阳得林环保设备有限公司)及环保工程公司(西安隆华环保技术有限公司)。已在造纸、食品、饮料、发酵及化工等多个行业及市政领域完成近160余项环保处理工程项目。

研究所共有专家团队成员及工程技术人员52人，其中，教授、高级工程师10人，工程师26人。核心技术团队成员均具有造纸和环保双学历。截至目前，研究所自主研发申请了供气式低压射流曝气器等16项国家专利，先后承担了国家及陕西省多项废水处理技术科技攻关项目，其中，"高效厌氧反应器结合改良氧化沟技术处理有机工业废水研发及推广"荣获中国轻工联合会科学技术进步奖二等奖，"高效厌氧好氧二级生化加芬顿氧化技术用于有机废水处理的技术推广"获陕西省科学技术奖二等奖，"供气式低压射流曝气技术开发及其在城镇生活污水处理中的应用"获陕西高等学校科学技术奖二等奖。研究所于2013年获批为陕西省技术转移示范机构，于2015年获批为陕西省研究生联合培养示范工作站。

近年来，秉承发展生态环保的理念，研究所在积极开展末端治理新技术的研发基础上，同时注重现有废水处理系统过程优化及节能升级改造，其中，优化改造后的供气式低压射流曝气工艺在保证系统运行效率的前提下，可实现节能15%～20%；防钙化HSASB高速厌氧反应器处理效果稳定、在冬季低温情况下运转良好，长期运行无结垢现象；催化射流循环Fenton流化床深度处理技术药剂消耗量少，运行成本低，适用于受纳水体环境容量有限的区域的上游废水处理系统；另外，针对加强高浓废水生化系统微生物活性的生物菌种及生物促生剂、废水深度处理专用SF系列强化絮凝剂、DC系列脱色剂也已完成中试并正在进行推广。

研究所作为专业的高科技环保服务机构，将始终不渝地坚持以适用的先进技术为支撑，在专业技术团队的共同努力下治理环境污染，让环保扎根现在，用绿色昭示未来。

隶属单位：陕西科技大学

法人代表：张安龙

所长：张安龙

手机：13991006901

邮箱：anlongzh63@163.com

总工程师：景立明

手机：13891914541

邮箱：jingmolla@163.com

造纸研发中心所在学院：陕西科技大学轻工科学与工程学院

地址：陕西省西安市经济技术开发区凤城十二路凯瑞B座704－705

邮编：710021

电话：029－89600026

传真：029－89600026

邮箱：susthbs@126.com

网址：www.susthbs.com

研究生招生情况：作为陕西省研究生联合培养示范工作站单位，每年与陕西科技大学联合培养1～2名博士研究生和2～5名硕士研究生。

主要研究方向：有机工业废水处理及废弃物污

染控制技术。

湖北工业大学制浆造纸研究院

湖北工业大学制浆造纸研究院成立于2016年，为湖北工业大学直属科研实体。研究院目前拥有专职和兼职科研人员共22人，其中，教授4人、副教授6人、湖北省“楚天学者”特聘教授1名、湖北省有突出贡献中青年专家1名、享受国务院特殊津贴专家1名。实验仪器设备总值1200余万元，实验室面积1200米^2。

近5年来，研究院先后承担国家自然科学基金项目7项，省部级项目30项，企事业单位委托科研项目80项，其中，获省部级奖5项，国家发明专利29项，发表学术论文450多篇，其中有近160篇被三大索引收录。

制浆造纸研究院针对造纸行业的资源、环境以及产业升级等问题，在纤维原料的开发、绿色制浆新技术与污染控制、特种纸及纤维复合材料等领域进行了较深入的研究。立足于造纸工业纤维原料的可持续供给的要求，在速生制浆材的选育、化学成分特点、纤维素、半纤维素、木素等主要成分的结构和综合利用等方面做了大量的工作。主要研究高得率制浆等新型制浆工艺、污染控制技术及关键设备。近年来，在新型造纸法烟草薄片、装饰原纸、无甲醛纤维板、木素基聚氨酯保温材料等产品的研发方面做了大量的研究工作。

研究生招生情况：研究院十分注重高层次人才培养，每年招收10～15名研究生。其中博士研究生2名。近年来，国际交流也十分活跃，与日本名古屋大学、京都大学、美国佐治亚理工学院等院校建立了紧密的合作关系。

主要研究方向：植物纤维资源化学、绿色制浆技术与污染控制、特种纸及纸基复合材料。

隶属单位：湖北工业大学

院长：谢益民

地址：湖北省武汉市洪山区南李路28号

邮编：430068

电话：027－59750459

传真：027－59750459

邮箱：ppymxie@163.com

郑州大学制浆造纸研究所［造纸技术(河南)服务公司］

郑州大学制浆造纸研究所成立于2003年6月，是郑州大学校级科研机构，其职能主要是面向制浆造纸企业，进行全方位的产学研结合和技术服务，并将科研成果实施产业转化。

郑州大学制浆造纸研究所拥有一支高素质的科研开发队伍，现有人员16人，其中，特聘教授1名、教授5人、副教授和高级工程师6人、工程师3人。现有喷爆制浆、无氯漂白、特种纸等技术。郑州大学与美国、芬兰、俄罗斯、加拿大、日本、澳大利亚、韩国、中国台湾等国家和地区的80所知名高校建立了校际合作关系。2008年6月引进外资与技术联合成立“造纸技术(河南)服务公司”，立足河南省面向全国对制浆造纸企业提供技术服务。

郑州大学制浆造纸研究所［造纸技术(河南)服务公司］为企业提供如下便利服务。

(1)项目建议书、可研报告的编写，项目论证、工程咨询、工厂设计、专利申报等。

(2)清洁生产、节能减排、环境评价方案的制定等。

(3)“四新”(新产品、新技术、新设备、新工艺)技术的鉴定和推广等。

(4)名牌(河南、中国)产品的推荐工作等。

(5)国际ISO 9000、ISO 14000、ISO 18000(质量、环境、安全)咨询认证等。

(6)为企业提供免费法律咨询服务、律师聘请等。

法人代表：王三保

单位负责人：李尚武

地址：河南省郑州市文化路97号

邮编：450002

电话：0371－87520359

传真：0371－63886906

邮箱：hnszzxh@126.com

华南理工大学造纸与污染控制国家工程研究中心

华南理工大学造纸与污染控制国家工程研究中心(以下简称“中心”)是国家发展改革委于1996年3月批准依托华南理工大学建设的国家科技发展项目。“中心”建设资金包括世界银行贷款300万美元及2800万元。2005年通过国家发展改革委建设验收，先后通过两年一度评价5次，均获得良好评价结果，被授予“重大成就奖”称号。2015年完成了由国家发展改革委批准投资3000万元的创新能力建设，完成多项技术研发平台建设，提高了“中心”技术成果工程化能力，为行业技术升级和产业结构调整提供了有力支撑。

"中心"是集高新技术装备研发推广和人才培养于一体的工程化技术和装备研发机构，是科研成果向生产力转化的"通道"，是高新技术与产品的创新研发平台，其建设宗旨是将国内外有市场价值的重要科研成果进行后续工程化研究和系统集成，开发制浆造纸行业节能减排清洁生产、污染治理、特种纸基材料等工程化共性集成技术与装备，提升我国制浆造纸节能减排清洁生产和特种纸基材料和产品技术水平。

目前，"中心"建设了多个工程化技术研发平台，包括"制浆造纸废水循环回用技术研发平台""节能技术与装备研发平台""制浆造纸废弃物资源化研发平台""特种纸与纸基复合材料研发平台"和综合实验室。"中心"下设清洁生产、环境与生态、纸页成形、节能技术、特种纸基材料、固废资源化等技术、装备与产品研发部门。在制浆造纸清洁生产、纸浆绿色漂白、造纸废水处理与生态循环回用、企业系统能耗优化、高效节能中浓磨浆、固废资源化利用、特种纸基功能材料等方面的技术和装备研发推广成绩卓越。

"中心"与相关大型企业建立了良好的合作关系，联合建设研发基地，实现技术与成果共享和对接。未来希望与更多的企业建立产学研合作关系。

"中心"建立了独立法人经济实体，进行高新技术和产品服务与经营。

"中心"现有各类人员 50 多人，包括正高级职称 20 人，副高级职称 22 人和中级职称 6 人。其中，具有博士学位 30 多人，参研研究生近 100 人，研发设计经营人员配套齐全。

研究生招生情况：每年招收硕士、博士研究生和博士后 40 多人。

主要研究方向：制浆造纸清洁生产、环境工程、节能与控制、废弃物资源化利用、植物资源高效利用和特种纸基功能材料等。

依托单位：华南理工大学

主任：李友明

单位负责人：高　松

地址：广州市五山路 381 号华南理工大学

邮编：510640

电话：020－87112614

传真：020－87113840

邮箱：pperc@ scut. edu. cn

网址：www. pperc. com. cn

广西大学造纸科学研究所

广西大学造纸科学研究所成立于 1997 年，隶属于广西大学，依托教育部"糖业及综合利用"工程研究中心、广西清洁化制浆造纸与污染控制重点实验室、广西清洁化制浆造纸与污染控制人才小高地、广西印刷包装工程技术中心等科研平台。其职能主要是面向企业，进行全方位的"产、学、研"合作，并将高等院校的科研成果实施产业化。经过 20 多年的建设发展，目前研究所已初具规模，并逐渐形成了自己的特色。已成为广西壮族自治区制浆造纸、轻工环保等行业的主要研究单位，在国内同行业中具有较高的影响力。研究所拥有一支高素质的科研开发队伍，现有研究人员 29 人，其中，教授 6 人、副教授 5 人，拥有博士学位 27 人，留学回国人员 18 人，形成了结构较为合理的人才梯队。

研究所依托广西大学轻工与食品工程学院，拥有良好的基础设施和实验设备条件，其中，中试车间拥有小型制浆造纸生产线、工业有机废水厌氧及好氧中试线。实验室拥有液相色谱仪、离子色谱仪、电感耦合等离子体发射光谱仪、顶空气相色谱质谱联用仪、红外光谱仪、紫外光谱仪、流动分析仪、FS300 纤维测定仪、Zeta 电位仪、PFI 磨浆机、TAPPI 标准纸页成形器、包装材料透气性测试仪、包装振动实验机等大型仪器。还拥有 ISO 标准恒温恒湿纸张检测室，配备有 L&W 抗张度仪、TMI 撕裂度仪、TMI 耐破度仪、PPS 表面粗糙度仪、IGT 拉毛强度仪等纸张性能测试设备。近年来，实验室不仅满足教师及学生的科研要求，还逐步办成了开放实验室，积极为企业提供分析检测服务，大大促进了企校之间的合作与交流。

近年来，研究所先后负责承担国家 863 计划重大项目 1 项，国家 973 计划项目 1 项，国家科技攻关项目 1 项，国家自然基金 8 项，广西重大专项 1 项，取得了多项科研成果实现产业化。大型二氧化氯制备技术及关键装备打破了我国造纸企业大型二氧化氯生产系统均为国外成套进口的现状，提高纸浆漂白过程的清洁化程度推动造纸工业产业结构调整，成果已成功应用在 APP 集团印尼 IKPP 浆厂(35 吨/日)和 LONTAR 浆厂、海南金海浆纸业有限公司(35 吨/日)、广西永鑫华糖集团有限公司等国内外 30 多家企业，获 2019 年度国家技术发明二等奖、2018 年度教育部技术发明奖一等奖、2015 年度广西科技进步奖一等奖、中国轻工业联合会技术发明奖一等奖。以高浓有机废水高效厌氧处理、高效异相催化氧化等技术和装备为核心的成果已成功应用于俄罗斯赤塔州阿玛扎尔北极星纸浆工业联合体、白俄罗斯戈梅里州多布鲁斯市劳动英雄造纸厂、缅甸 CTMP 新闻纸厂、玖龙纸业(控股)有限公司、广东理文造纸有限公司、山东博汇集团有限公司等国内外 200 多家企业，先后获得了 2016 年度国家科技进步二等奖、2013 年度教育部科技进步一等奖、2013 年度中国轻工业联合会科技进步一等奖。

所长： 王双飞
地址： 广西南宁市大学路 100 号
邮编： 530004
电话： 0771 – 3237097
传真： 0771 – 3237097
网址： gxulif. gxu. edu. cn
邮箱： cppkl@ gxu. edu. cn

（曹凯月）

国内制浆造纸专业教育机构简介

Introduction to Domestic Education Institutions Offering Pulping and Papermaking Courses

北京林业大学

造纸专业所在院系：材料科学与技术学院新能源与造纸系

材料科学与技术学院院长：于志明

地址：北京市海淀区清华东路 35 号

邮编：100083

电话：010－62338152、62338358

隶属单位：教育部

专业设置时间：1987 年

专业课程设置：植物纤维化学、制浆原理与工程、造纸原理与工程、制浆机械与设备、高效清洁制浆、造纸助剂、废纸再生利用技术、加工纸、制浆造纸工厂设计、林化概论、专业英语、造纸工业环境污染与控制、造纸专业实验技术、木质素利用技术、生物工程概论、专业课程设计、纸的结构与性能、纸张概论、纸张与包装、纸张与印刷等。

2020 年在校专业学生人数：本科生 75 人，硕士生 60 人，博士生 20 人。

至 2020 年专业毕业生总人数：本科毕业生 1260 人，硕士生 240 人，博士生 70 人。

2020 年毕业生人数：本科生 30 人，硕士 20 人，博士生 8 人。

2020 年专业教师情况：专业教师 22 人，其中，长江学者特聘教授 1 人，青年长江学者 1 人，教授 9 人，副教授 4 人，讲师 7 人。高级实验师 2 人。

2020 年招收本科生人数：15 人。

2020 年招收硕士生人数：25 人。

2020 年招收硕士生的指导教师：许凤、蒲俊文、樊永明、姚春丽、吴玉英、金小娟、宋先亮、张学铭、李瑞、彭锋、李明飞、曹学飞、孙少妮。

2020 年招收博士生人数：10 人。

2020 年招收博士生的指导教师：许凤、蒲俊文、樊永明、姚春丽、张学铭、宋先亮、彭锋、金小娟。

中国制浆造纸研究院有限公司

董事长：曹春昱

地址：北京市朝阳区望京启阳路 4 号中轻大厦

邮编：100102

电话：010－64778000

传真：010－64778001

网址：www. cnppri. com

隶属单位：中国轻工集团有限公司

专业设置时间：1982 年

专业课程设置：制浆造纸的生物技术、造纸助剂与湿部化学、纸张结构与性能、制浆化学、制纸科学、非木材造纸、造纸工业环境保护。

2020 年在读专业学生人数：硕士生 12 人。

至 2020 年专业毕业生人数：硕士生 78 人。

2020 年毕业生人数：4 人。

2020 年专业教师情况：专业教师 11 人。

2020 年招收硕士生人数：5 人。

2020 年招收硕士生的指导教师：曹春昱、卢宝荣、刘文、彭建军、冯文英、庄金风、刘金刚、陈曦、张清文、李杰辉、陈雪峰。

天津科技大学

造纸专业所在院系：轻工科学与工程学院

轻工科学与工程学院院长：黄利强

地址：天津经济技术开发区第十三大街 29 号

邮编：300457

电话：022－60601293

传真：022－60601293

隶属单位：天津市

专业设置时间：天津科技大学前身为1939年的中央技术专业学校，随后相继与北洋大学、四川化工学院等相关学科合并迁至天津大学。1959年和1971年分两次将造纸专业调至天津轻工业学院。2002年更名为天津科技大学，2019年7月天津科技大学轻工科学与工程学院成立。至今该学科已有81年的历史。

专业课程设置：植物纤维化学、植物纤维化学实验、制浆原理与工程、造纸原理与工程、制浆造纸工艺实验、高分子物理与化学、过程测控、制浆造纸工程设计、仪器分析、环保工程、化工设备、加工纸、废纸再生利用、化工助剂、高得率制浆、浆料流体力学、生物化学导论、制浆造纸清洁生产原理与技术、生物质精炼、制浆造纸导论等。

2020年在校专业学生人数：本科生395人，硕士生141人，博士生17人。

至2020年专业毕业生人数：本科生3290人，专科生496人(包括高等教育自学考试)，硕士生438人，博士生105人。

2020年毕业生人数：本科生111人，硕士生47人，博士生4人。

2020年专业教师情况：专业教师共37人，其中，教授11人，副教授16人，讲师10人。

2020年招收本科生人数：106人。

2020年招收硕士生人数：37人。

2020年招收硕士生的指导教师：程博闻、刘忠、侯庆喜、司传领、高玉杰、李群、王高升、裴继诚、刘泽华、惠岚峰、刘洪斌、刘鹏涛、张文晖、刘苇、王冠华、刘海棠、温洋兵、戴林、安兴业、霍丹。

2020年招收博士生人数：7人。

2020年招收博士生的指导教师：程博闻、刘忠、侯庆喜、李群、司传领、刘洪斌、惠岚峰、刘苇、曹振雷、王昶、陈嘉川、秦梦华、杨桂花、马隆龙、王铁军、傅英娟。

大连工业大学

造纸专业所在院系：轻工与化学工程学院

轻工与化学工程学院院长：王大鸷

地址：辽宁省大连市甘井子区轻工苑1号

邮编：116034

电话：0411－86332086

传真：0411－86323649

隶属单位：辽宁省教育厅

专业设置时间：1959年

专业课程设置：植物纤维化学、制浆原理与工程、造纸原理与工程、轻化工仪表及自动化、轻化工设备、轻化工环境保护、轻化工工艺实验、热工与节能、文献检索、轻化工科技英语、轻化工工厂设计、废纸回收工程、制浆造纸化学品、植物纤维资源综合利用、加工纸、高分子概论、纤维素基功能材料、生物质炼制产品与技术等。

2020年在校专业学生人数：本科生361人，硕士生119人。

至2020年专业毕业生总人数：本科生3184人，硕士生322人。

2020年毕业生人数：本科生77人，硕士生25人。

2020年专业教师情况：专业教师和工程技术人员25人，其中，教授9人，副教授(含副研究员和高级工程师)10人，讲师(含工程师)6人。

2020年招收本科生人数：92人。

2020年招收硕士生人数：62人。

2020年招收硕士生的指导教师：孙润仓、平清伟、韩颖、牛梅红、石海强、张健、孙广卫、李海明、郭延柱、王海松、李娜、鲁杰、李尧、王兴、肖领平、盛雪茹、程意、陈小红、马纪亮(吕艳娜、霍李江、王彩印、焦利勇、姜洋、安庆大、翟尚儒)。

注：括号里面的导师校内其他专业教师，在轻工技术与工程和生物质能源与材料硕士点招生。

东北林业大学

造纸专业所在院系：材料科学与工程学院

材料科学与工程学院院长：谢延军

地址：黑龙江省哈尔滨市香坊区和兴路26号

邮编：150040

电话：0451－82190394

传真：0451－82191502

隶属单位：教育部

专业设置时间：1987年

专业课程设置：无机化学、分析化学、有机化学、物理化学、轻化工程专业导论、化工原理、植物纤维化学、纤维原料各论、专业英语、制浆原理与工程、造纸原理与工程、湿部化学与助剂、轻工机械与设备、轻工工程设计、纸张加工与纤维材料、专业综合实验、高分子科学基础、生物质纳米复合材料、轻化工材料科学基础、图文传输工程概论、微生物及其新材料、轻化工过程测量与控制、计算机在轻化工中应用、新型纤维分离技术、轻化工创新导论、专业综合技能训练、废弃物资源化利用、环境污染与控制等。

2020 年在校专业学生人数：本科生 177 人，硕士生 34 人，博士生 8 人。

至 2020 年专业毕业生总人数：本科毕业生 1000 人，硕士生 102 人，博士生 17 人。

2020 年毕业生人数：本科生 44 人，硕士生 8 人。

2020 年专业教师情况：专业教师和工程技术人员 15 人，其中，中国工程院院士 1 人(外聘)；教授 4 人，研究员级高级工程师 1 人(外聘)，副教授(含副研究员和高级工程师)6 人，讲师 2 人，工程师 1 人。

2020 年招收本科生人数：56 人。

2020 年招收硕士生人数：12 人。

2020 年招收硕士生的指导教师：钱学仁、刘文波、沈静、岳金权、黄修杰、杨冬梅。

2020 年招收博士生人数：2 人。

2020 年招收博士生的指导教师：钱学仁、沈静。

齐齐哈尔大学

造纸专业所在院系：轻工与纺织学院

轻工与纺织学院院长：郑永杰

地址：黑龙江省齐齐哈尔市文化大街 42 号

邮编：161006

电话：0452－2738192

传真：0452－2738192

网址：www. qqhru. edu. cn

隶属单位：黑龙江省教育厅

专业设置时间：1988 年

专业课程设置：轻化工合成材料基础、轻化工生物技术、计算机在轻化工程中的应用、植物纤维化学、制浆造纸原理与工程、制浆造纸机械与设备、加工纸原理与技术、造纸助剂、造纸仪表与自动化、造纸环保与污染治理技术、制浆造纸工厂设计等。

2020 年在校专业学生人数：本科生 678 人(轻工类)。

2020 年专业毕业生人数：本科生 159 人(轻化工程专业)。

2020 年专业教师情况：专业教师 8 人，其中，教授 2 人，副教授 4 人，讲师 2 人。

2020 年招收本科生人数：230 人(轻工类)。

东北电力大学

造纸专业所在院系：化学工程学院

化学工程学院院长：张海峰

地址：吉林省吉林市长春路 169 号

邮编：132013

电话：0432－64806371

传真：0432－64806620

隶属单位：吉林省教委

专业设置时间：中专 1950 年，本科 2001 年

专业课程设置：植物纤维化学、植物纤维化学实验、轻化工仪表自动化、轻化工计算机辅助设计、轻化工环境保护、制浆原理与工程、造纸原理与工程、工艺实验、印刷工艺学、包装原理与工程、文献检索、专业外语(英)、制浆造纸机械与设备、轻化工工厂设计、制浆漂白新技术(英)、造纸湿部化学、制浆造纸助剂、化工设备、生物技术在造纸工业中应用、加工纸与特种纸、二次纤维回用技术等。

2020 年在校专业学生人数：本科生 104 人。

至 2020 年专业毕业生总人数：本科生 964 人。

2020 年毕业生人数：本科生 35 人。

2020 年专业教师情况：专业教师和工程技术人员 32 人，其中，教授 6 人，副教授(含副研究员和高级工程师)24 人，讲师(含工程师)2 人。

南京林业大学

造纸专业所在院系：轻工与食品学院

轻工与食品学院院长：金永灿

地址：江苏省南京市玄武区龙蟠路 159 号

邮编：210037

电话：025－85428793

传真：025－8548793

隶属单位：江苏省教育厅、国家林业和草原局

专业设置时间：1963 年

专业课程设置：(1)本科生专业课程主要为：植物资源化学、制浆原理与工程、造纸原理与工程、制浆造纸机械与设备、制浆造纸过程系统控制、制浆造纸工程设计、造纸化学、纤维化学与物

理、纸加工原理与技术、二次纤维加工与利用、植物资源化学实验、制浆工艺实验、造纸工艺实验、制浆造纸工程设计、制浆造纸专业英语、造纸机械状态监测与故障诊断(加实验)、制浆造纸机械制造工艺、制浆造纸设备腐蚀与防护(加实验)、制浆造纸设备安装与维修(加实验)等。(2)研究生专业课程主要为：高等木材化学研究方法(含实验)、木质素化学、糖类化学、制浆化学、造纸化学、材料表面与界面、制浆造纸清洁生产、高等纸浆与造纸分析方法、聚合物材料合成及加工、纤维与纸基功能材料、生物质化工与材料、制浆造纸装备专题、化工过程动态分析与控制、材料结构与印刷适性等。

2020 年在校专业学生人数：本科生 397 人，硕士生 119 人，博士生 29 人。

至 2020 年专业毕业生总人数：专科生 1063 人，本科生 3860 人，硕士生 536 人，博士生 94 人。

2020 年毕业生人数：本科生 116 人，硕士生 16 人，博士生 3 人。

2020 年专业教师情况：专业教师和工程技术人员 43 人。国际木材科学院院士 1 人；江苏省“333”高层次人才培养工程第二层次(中青年领军人才)培养对象 1 人、第三层次(学术带头人)培养对象 4 人；江苏省“青蓝工程”中青年学术带头人培养对象 3 人；外籍特聘教授 1 人，国内外兼职教授 10 人；教授 16 人，副教授(含副研究员和高级工程师)11 人，讲师(含工程师)16 人。

2020 年招收本科生人数：116 人。

2020 年招收硕士生人数(含全日制工程硕士)：49 人。

2020 年招收硕士生的指导教师：卞辉洋、曹云峰、程金兰、储秋露、戴红旗、龚木荣、郭家奇、金永灿、景宜、刘鸿斌、刘祝兰、马金霞、任浩、Fazard Seidi、时留新、宋君龙、童国林、王琪、王莎、王志国、吴淑芳、吴伟兵、吴文娟、邢洁芳、熊智新、杨益琴、周小凡。

2020 年招收博士生人数：12 人。

2020 年招收博士生的指导教师：曹云峰、戴红旗、房桂干、郭家奇、吉兴香、金永灿、景宜、马金霞、任浩、Fazard Seidi、宋君龙、童国林、王志国、吴淑芳、吴伟兵、勇强、周小凡。

江南大学

造纸专业所在院系：纺织科学与工程学院轻化工程系

纺织科学与工程学院院长：付少海

地址：江苏省无锡市蠡湖大道 1800 号

邮编：214122

电话：0510－85912107

传真：0510－85912009

网址：www. jiangnan. edu. cn

隶属单位：教育部

专业设置时间：2003 年

专业课程设置：现代制浆造纸理论及研究前沿、纤维表面物理与界面科学(双语)、造纸物理、造纸湿部化学、现代包装材料学、近代仪器分析实验、制浆化学、造纸助剂、制浆造纸分析与检测、纸页结构与性能、湿法非织造技术、生物质能源与化工、纤维材料表面功能化(双语)、高聚物结构与性能、加工纸与特种纸等。

2020 年在校专业学生人数：硕士生 18 人，博士生 4 人。

至 2020 年专业毕业生总人数：硕士生 46 人，博士生 8 人。

2020 年毕业生人数：硕士生 7 人，博士生 1 人。

2020 年专业教师情况：专业教师和工程技术人员 5 人，其中，教授 3 人，副教授 2 人。

2020 年招收硕士生人数：8 人。

2020 年招收硕士生的指导教师：龙柱、张丹、孙昌、卢雪峰。

2020 年招收博士生人数：1 人。

2020 年招收博士后人数：2 人。

2020 年招收博士生的指导教师：龙柱。

浙江科技学院

造纸专业所在院系：环境与资源学院

环境与资源学院院长：沙力争

地址：浙江省杭州市留和路 318 号

邮编：310023

电话：0571－85070771

传真：0571－85070787

隶属单位：浙江省教育厅

专业设置时间：2005 年

专业课程设置：植物纤维化学、植物纤维化学实验、制浆原理与工程、造纸原理与工程、制浆造纸过程模拟与控制、工艺实验、制浆造纸机械与设备、制浆造纸工厂设计、轻化工环保、加工纸与特种纸、制浆造纸专业英语、包装原理与工程、制浆造纸助剂、二次纤维回用技术等。

2020 年在校专业学生人数： 本科生 195 人，硕士生 22 人。

至 2020 年专业毕业生总人数： 本科生 523 人，研究生 12 人。

2020 年毕业生人数： 本科生 27 人，研究生 3 人。

2020 年专业教师情况： 专业教师和工程技术人员 18 人，其中教授 5 人，副教授（含副研究员和高级工程师）5 人，讲师（含工程师）8 人。

2020 年招收本科生人数： 59 人。

浙江理工大学

造纸专业所在院系： 纺织科学与工程学院制浆造纸研究所

纺织科学与工程学院制浆造纸研究所所长： 薛国新

地址： 浙江省杭州市下沙高教园区西区 2 号大街 928 号

邮编： 310018

电话： 0571 – 86843263

传真： 0571 – 86843263

隶属单位： 浙江省教育厅

专业设置时间： 2004 年 9 月起在“轻化工程”专业中开始招收制浆造纸工程专业方向本科生，2003 年 9 月起在“材料加工工程”和“材料物理与材料化学”两个硕士点招收制浆造纸工程和包装材料方向硕士研究生，2004 年 5 月申报成功“轻工技术与工程”领域工程硕士专业学位授权点，2004 年 9 月起在“轻工技术与工程”领域招收制浆造纸工程、包装材料和印刷技术方向工程硕士专业学位研究生，2008 年 9 月起在纺织工程学科博士点招收制浆造纸工程和纺织材料方向博士研究生。

专业课程设置： 植物纤维化学、工业微生物、制浆原理与工程、造纸原理与工程、制浆造纸机械与设备、制浆造纸过程控制与自动化、废纸再生利用技术、制浆造纸工程综合实验、制浆造纸工程专业英语、制浆造纸环境保护、制浆造纸工程设计概论、纸与纸板的结构与性能、特种纸与加工纸制造技术、制浆造纸化学品与纸机湿部化学、植物资源化学与工程、制浆造纸新技术导论、包装印刷概论等。

2020 年在校专业学生人数： 本科生 8 人，研究生 72 人。

至 2020 年专业毕业生总人数： 本科生 288 人，硕士生 133 人，博士生 1 人。

2020 年毕业生人数： 本科生 8 人，硕士生 13 人。

2020 年专业教师情况： 专业教师和工程技术人员 7 人，其中，教授 3 人，副教授 3 人，讲师 1 人。

2020 年招收硕士生情况： 招收硕士研究生 29 人。

2020 年硕士生的指导教师： 薛国新、唐艳军、夏新兴、张秀梅、张勇、周益名及“轻工技术与工程”领域工程硕士专业学位授权点的包装材料、环境保护工程和轻工化学品等方向指导教师 10 余名。

福建农林大学

造纸专业所在院系： 材料工程学院轻化工程系

材料工程学院院长： 邱仁辉

地址： 福建省福州市闽侯县溪源宫路 63 号

邮编： 350100

电话： 0591 – 83715175

传真： 0591 – 83715175

隶属单位： 福建省教育厅

专业设置时间： 1986 年设制浆造纸专科，1989 年设制浆造纸工程本科，2003 年设制浆造纸工程硕士点，2010 年设轻工技术与工程专业硕士点。

专业课程设置： 化工原理、植物纤维化学、制浆原理与工程、造纸原理与工程、制浆造纸机械与设备、制浆造纸工厂设计、废纸再生利用技术、造纸化学品、天然产物化学、精细化学品生产工艺学。

2020 年在校专业学生人数： 本科生 199 人，研究生 219 人，其中学术硕士 85 人，专业硕士 96 人，博士 38 人。

2020 年毕业生人数： 本科生 49 人，研究生 36 人，其中学术硕士 29 人，专业硕士 2 人，博士生 5 人。

2020 年专业教师情况： 专业教师 32 人，其中，教授 9 人，副教授 12 人，讲师 11 人。

2020 年招收本科生人数： 60 人。

2020 年招收研究生人数： 65 人，其中学术硕士 28 人，专业硕士 27 人，博士生 7 人，来华留学博士 3 人。

2020 年招收硕士生的指导教师： 倪永浩、陈礼辉、帅李、黄六莲、黄彪、林金国、袁占辉、曹石林、黄方、欧阳新华、郑德勇、卢泽湘、罗小林、吴慧、苗庆显、刘凯、马晓娟、张敏、刘婧、胡会超、肖禾、李建国、张慧、郑清洪、周吓星。

齐鲁工业大学

造纸专业所在院系：生物基材料与绿色造纸国家重点实验室

国家重点实验室常务副主任：孔凡功

地址：山东省济南市长清区大学路3501号

邮编：250353

电话：0531－89631681

传真：0531－89631163

隶属单位：山东省教育厅

专业设置时间：1978年

专业课程设置：造纸植物资源化学、制浆原理与工程、造纸原理与工程、制浆造纸机械与设备、制浆造纸分析与检测、制浆造纸环境保护概论、制浆造纸助剂、加工纸与特种纸、制浆造纸设备安装与维修、制浆造纸工厂设计。

2020年在校专业学生人数：本科生780人，硕士生120人。

至2020年专业毕业生总人数：本科生3149人，硕士生372人。

2020年毕业生人数：本科生130人，硕士生20人。

2020年专业教师情况：专业教师和工程技术人员98人，其中，泰山学者特聘教授1人，特聘教授3人；教授22人，副教授(含副研究员和高级工程师)28人，讲师(含工程师)48人。

2020年招收本科生人数：246人。

2020年招收硕士生情况：35人。

2020年招收硕士生的指导教师：陈嘉川、赵传山、刘玉、杨桂花、刘温霞、傅英娟、徐清华、孔凡功、李宗全、刘娜、吴朝军、庞志强、王慧丽、王守娟、吕高金、王强、吉兴香、李荣刚、王兆江、韩文佳、刘姗姗、陈洪雷、宋兆萍、于得海、吴芹、张志良、刘克印。

青岛科技大学

造纸专业所在院系：海洋科学与生物工程学院

海洋科学与生物工程学院院长：马翠萍

地址：山东省青岛市四方区郑州路53号

网址：www. qust. edu. cn

隶属单位：山东省教育厅

专业设置时间：2003年

专业课程设置：基础化学，化工原理，植物纤维化学，精细有机合成单元反应，精细化学品化学，生物质能源，生物质化工，生物质精炼设备，应用胶体化学，清洁生产技术。

2020年在校专业学生人数：本科生230人，硕士生64人，博士生3人。

至2020年专业毕业生总人数：本科生691人，硕士生116人。

2020年毕业生人数：本科生56人，硕士生15人。

2020年专业教师情况：专业教师和工程技术人员19人，其中，教授5人，副教授(含副研究员和高级工程师)8人，讲师(含工程师)6人。

2020年招收本科生人数：60人。

2020年招收硕士生人数：21人。

2020年招收硕士生的指导教师：陈夫山、武玉民、于世涛、刘福胜、黎振球、范金石、张恒、王松林、宋晓明、张芹芹、吉喆、逄锦慧、李露、王硕。

2020年招收博士生人数：3人。

2020年招收博士生的指导教师：陈夫山、武玉民、刘福胜、于世涛、李露、王硕。

山东工业技师学院

造纸专业所在院系：海洋生化系

海洋生化系主任：张爱民

地址：山东省潍坊市西环路6789号

邮编：261053

电话：0536－8337236

传真：0536－8338768

网址：www. gyjsxy. com

隶属单位：山东省人力资源和社会保障厅

专业设置时间：1978年

专业课程设置：制浆造纸工艺、制浆造纸设备与操作、制浆造纸化验与物检、制浆造纸自动控制、制浆造纸安装与维修。

2021年在校专业学生人数：技师50人，高级技工180人。

至2021年专业毕业生总人数：中级技工1300人，高级技工5100人，技师1160人。

2021年毕业生人数：技师30人。

2021年专业教师情况：专业教师和工程技术人员26人，其中，副教授(含副高级实习指导教师)

16 人，讲师(含工程师)12 人。

2020 年招收技师人数：30 人。

2020 年招收五年制高级工人数：100 人(该系从 2019 年开始招收初中起点五年制高级工)。

湖北工业大学

造纸专业所在院系：制浆造纸研究院轻化工程系

制浆造纸研究院院长：谢益民

地址：湖北省武汉市洪山区南李路 28 号

邮编：430068

电话：027－59750459

传真：027－59750459

隶属单位：湖北省

专业设置时间：1977 年湖北轻工业学院成立后，设置了化工系制浆造纸工艺教研室；1998 年该专业获得制浆造纸工程硕士授予权；1999 年本科专业制浆造纸工程更名为轻化工程；2002 年开始招收轻工技术专业工程硕士；2009 年制浆造纸工程批准为“湖北省楚天学者计划”设岗学科，同年成立了制浆造纸工程研究所，2016 年 3 月成立制浆造纸研究院(含轻化工程系)，2017 年获批轻工技术与工程一级学科博士点。

专业课程设置：植物纤维化学、植物纤维化学实验、制浆原理与工程、造纸原理与工程、制浆造纸工艺实验、无机化学、分析化学、有机化学、物理化学、化工原理、机械设计基础、机械设计与制造、加工纸工艺、制浆造纸机械与设备、轻工自动化仪表、造纸湿部化学、造纸化学品、轻工产品设计、废纸再生利用、高得率制浆、轻化工环保等。

2020 年在校专业学生人数：本科生 140 人，硕士生 25 人。

至 2020 年专业毕业生总人数：本科生 2635 人，硕士生 159 人。

2020 年毕业生人数：本科生 35 人，硕士生 5 人。

2020 年专业教师情况：专业教师共 13 人，其中，教授 4 人，副教授 5 人，讲师 3 人，高级实验师 1 人。

2020 年招收本科生人数：26 人。

2020 年招收硕士生人数：12 人。

2020 年招收硕士生的指导教师：谢益民、袁世炬、杨海涛、刘智、王鹏、冯清华、王磊、程合丽、冯年捷。

湖北轻工职业技术学院

现代造纸技术专业所在院系：轻化工程学院

轻化工程学院院长：徐　兵

地址：湖北省武汉市洪山区石牌岭东二路

邮编：430070

电话：027－87156391

传真：027－87156391

网址：www. hbliti. com

隶属单位：湖北省教育厅

专业设置时间：中专 1956 年、高职 2001 年

专业课程设置：智能技术，植物纤维化学、制浆工艺、造纸工艺、制浆造纸机械设备与操作、制浆造纸分析与检验、纸加工工艺、制浆造纸环境保护概论、制浆造纸仪表自动化，新品小样制作。

2020 年在校专业学生人数：专科生(高职)131 人。

至 2020 年专业毕业生总人数：中专毕业生 1510 人，专科生(高职)1120 人。

2020 年毕业生人数：专科生(高职)0 人。

2020 年专业教师情况：副教授 5 人，讲师 1 人，高级实验师 2 人，楚天名师 1 人。

2020 年招收专科生(高职)人数：39 人。

长沙理工大学

造纸专业所在院系：化学与食品工程学院轻化工程系

化学与食品工程学院院长：杨荣华

地址：湖南省长沙市雨花区万家丽南路二段 960 号

邮编：410114

电话：0731－85258733

传真：0731－85258733

网址：www. csust. edu. cn

隶属单位：湖南省教育厅

专业设置时间：1958 年

专业课程设置：植物纤维化学、制浆原理与工程、造纸原理与工程、制浆造纸机械与设备、制浆造纸清洁生产、造纸化学品、涂布加工纸与特种纸、印刷工艺学、包装防伪技术等。同时开设以高新技术为主导的不同专业方向的系列选修课程及自主实践性强的综合性实验。

2020 年在校专业学生人数：本科生 218 人，硕

士生 29 人。

至 2020 年专业毕业生总人数：本科生 795 人，硕士生 132 人。

2020 年毕业生人数：本科生 40 人，硕士生 18 人。

2020 年专业教师情况：专业教师和工程技术人员 24 人，其中，教授 8 人，副教授（含副研究员和高级工程师）11 人，讲师（含工程师）5 人。

2020 年招收本科生人数：46 人。

2020 年招收硕士生人数：19 人。

2020 年招收硕士生的指导教师：马乐凡、张运雄、陈启杰、胡可信、王萍、王玉珑、晏永祥、肖忠良、张雄飞、林本平。

华南理工大学

造纸专业所在院系：轻工科学与工程学院

轻工科学与工程学院书记：张建功

常务副院长：刘传富

地址：广东省广州市天河区五山街 381 号

邮编：510640

电话：020－87112841

传真：020－87112841

网址：www. scut. edu. cn

隶属单位：教育部

专业设置时间：1952 年

专业课程设置：植物纤维化学、植物纤维化学实验、轻化工仪表自动化、工业设计基础、轻化工计算机辅助设计、轻化工环境保护、制浆造纸原理与工程、制浆造纸工艺实验、印刷工艺学、包装原理与工程、科技文献检索、林产化学、专业英语、制浆造纸机械与设备、轻工工厂设计、制浆漂白新技术（双语教学）、造纸湿部化学、制浆造纸助剂、纤维素功能化、化学制浆技术（全英教学）、生物技术在造纸工业中应用、加工纸与特种纸、废纸回收回用技术等。

2020 年在校专业学生人数：本科生 316 人，硕士生 357 人，博士生 142 人。

至 2020 年专业毕业生总人数：本科生 3341 人，硕士生 955 人，博士生 364 人。

2020 年毕业生人数：本科生 83 人，硕士生 73 人，博士生 21 人。

2020 专业教师情况：专业教师和工程技术人员 87 人，其中，中国工程院院士 1 人，教授 33 人（含教授级高级工程师），副教授（含副研究员和高级工程师）47 人，讲师（含工程师、助理研究员）7 人。

2020 年招收本科生人数：本科生 116 人。

2020 年招收硕士生人数：招收全日制学术型硕士研究生 78 人，全日制专业学位研究生 58 人。

2020 年招收硕士生的指导教师：敖日格勒、曾劲松、曾靖山、陈港、陈广学、陈克复、陈奇峰、谌凡更、樊慧明、方志强、付时雨、高文花、何明辉、洪蒙纳、侯轶、胡健、雷利荣、雷以超、李兵云、李擘、李海龙、李继庚、李军、李军荣、梁云、刘传富、刘德桃、刘浩、刘建安、刘梦茹、刘明友、刘颖、龙金、吕发创、满奕、莫立焕、牟洪燕、彭新文、祁海松、钱丽颖、任俊莉、沈文浩、宋涛、唐宝玲、陶劲松、田君飞、田英姿、万金泉、万小芳、王斌、王钦雯、王习文、王小慧、王小英、王宜、武书彬、项舟洋、徐桂龙、徐峻、杨飞、杨进、杨仁党、叶君、岳凤霞、张春辉、赵光磊、赵丽红、钟林新、周雪松、朱小林、庄军平。

2020 年招收博士生人数：招收全日制学术型博士研究生 27 人，全日制工程博士 7 人。

2020 年招收博士生的指导教师：沈文浩、陈港、陈克复、李军、武书彬、杨仁党、侯轶、付时雨、梁云、刘传富、任俊莉、陈广学、李继庚、张春辉、徐峻、王小英、王小慧、李海龙、曾劲松、彭新文、钟林新、田君飞、祁海松。

2020 年工程博士指导教师：陈克复、陈港、胡健、梁云、徐峻、王小慧、武书彬。

广东轻工职业技术学院

造纸专业所在院系：轻化工技术学院

轻化技术学院院长（二级学院）：李　荣

地址：广东省广州市海珠区新港西路 152 号

邮编：510300

电话：020－61230200（院办）、61230950（系办）

传真：020－61230000（院办）、61230951（系办）

网址：www. gdqy. edu. cn

隶属单位：广东省教育厅

专业设置时间：1956 年

专业课程设置：纸文化、印刷导论、防伪技术基础、专业英语、认知实习、市场营销、化学基础、分析化学及实训、化工原理、生产实习、金工实习、市场调查与预测、市场营销实务及实训、营销心理学原理与实务、微生物检验、专业指导、化工仪表自动化、化工机械基础、制浆造纸设备安装与维修、造纸环境污染控制治理、工厂设计实训、造纸技能实训及造纸工考证，制浆技术、造纸技术、制浆造纸检验技术、造纸化学品及实训、纸加工技术及实训、纸制造实训。

2020 年在校专业学生人数：专科生 196 人。

至 2020 年专业毕业生总人数：本科生 191 人，专科生约 1650 人，中专生约 1660 人，技工生 415 人。

2020 年毕业生人数：专科生 69 人。

2020 年专业教师情况：专业教师和工程技术人员 10 人，其中，教授 4 人，副教授(含高级实验师)4 人，讲师 2 人。

2020 年招收专科生人数：85 人。

广西大学

造纸专业所在院系：轻工与食品工程学院

地址：广西壮族自治区南宁市大学路 100 号

邮编：530004

电话：0771－3237301、3231382

传真：0771－3237097

网址：www. gxu. edu. cn

隶属单位：教育部

专业设置时间：1978 年

专业课程设置：植物纤维化学、制浆工艺学、造纸工艺学、造纸湿部化学及化学品的应用、制浆造纸机械与设备、轻化工程设计概论、加工纸、化工仪表与自动化、二次纤维回用技术。

2020 年在校专业学生人数：本科生 284 人，硕士生 108 人，博士生 32 人。

至 2020 年专业毕业生总人数：本科生 1421 人，硕士生 365 人，博士生 47 人。

2020 年毕业生人数：本科生 41 人，硕士生 29 人，博士生 4 人。

2020 年专业教师情况：专业教师 23 人，其中，教授 7 人，副教授 5 人，讲师 11 人。

2020 年招收本科生人数：52 人。

2020 年招收硕士生人数：53 人。

2020 年招收硕士生的指导教师：王双飞、覃程荣、周敬红、朱红祥、曾林涛、闵斗勇、聂双喜、宋雪萍、骆莲新、梁辰、王志伟、刘新亮、李许生、李薇、张健、沙九龙、尹勇军、姚双全、何辉、陈昌洲、姜言、陆敏生。

2020 年招收博士生人数：8 人。

2020 年招收博士生的指导教师：王双飞、覃程荣、朱红祥、农光再、曾林涛、聂双喜。

四川工商职业技术学院

造纸专业所在院系：轻工工程系

轻工工程系主任：余　勇

地址：四川省都江堰市天府大道聚源段 8 号

邮编：611830

电话：028－87282243

传真：028－87282095

网址：www. sctbc. net

隶属单位：四川省经济和信息化委员会

专业设置时间：1959 年

专业课程设置：植物纤维化学、制浆技术、造纸技术、制浆造纸机械设备与操作、制浆造纸分析与检验、纸加工技术、制浆造纸环境保护概论、制浆造纸化学助剂等。

至 2020 年专业毕业生总人数：2800 人，其中，中专生 1850 人，大专生 950 人。

2020 年专业教师情况：专业教师 8 人，其中，教授 2 人，副教授 3 人，讲师 3 人。

四川轻化工大学(原四川理工学院)

造纸专业所在院系：生物工程学院轻化工程系

生物工程学院院长：赵志峰

地址：四川省宜宾市临港经济技术开发区大学城 188 号

邮编：644005

电话：0831－5980223

传真：无

隶属单位：四川省教育厅

专业设置时间：1991 年

专业课程设置：专业导论、植物纤维化学、高分子化学与物理，制浆原理与工程、造纸原理与工程、制浆造纸分析与检测、制浆造纸机械与设备、制浆造纸环境保护、专业外语(英)、造纸助剂及湿部化学、加工纸与特种纸、二次纤维回用技术、制浆造纸工程设计、化工仪表自动化、计算机辅助设计等。

2020 年在校专业学生人数：本科生 364 人，专科生 9 人，合计 373 人。

至 2020 年专业毕业生总人数：本科生 1174 人，专科生 371 人。

2020 年毕业生人数：本科生 76 人。

2020 年专业教师情况：专业教师 14 人，其中，教授 5 人，副教授 5 人，讲师 3 人，助理实验师 1 人。

2020 年招收本科生人数：本科生 100 人，专升本 28 人，专科招生 0 人，合计 128 人。

昆明理工大学

造纸专业所在院系：化学工程学院生物质工程系

化学工程学院院长：梅 毅

地址：云南省昆明市呈贡大学城昆明理工大学化工楼生物质工程系

邮编：650500

电话：0871－65920150

传真：0871－65920171

隶属单位：云南省教育厅

专业设置时间：1979 年

专业课程设置：植物纤维化学、高分子化学与物理、制浆造纸原理与工程、生物质精炼技术、天然高分子材料、卷烟工艺学、轻工机械与设备、植物纤维实验技术、造纸化学品、加工纸与特种纸、轻工设计基础训练、轻工过程模拟及控制、印刷包装技术概论、轻工专业英语、轻工企业管理概论等。

2020 年在校专业学生人数：本科生 165 人，硕士生 20 人。

至 2020 年专业毕业生总人数：本科生 828 人，硕士生 62 人。

2020 年毕业生人数：本科生 28 人，硕士生 6 人。

2020 年专业教师情况：专业教师 13 人，其中，教授 4 人，副教授 5 人，讲师 3 人，高级实验师 1 人。

2020 年招收本科生人数：60 人。

2020 年招收硕士生人数：13 人。

2020 年招收硕士生的指导教师：彭林才、周学飞、刘玉新、张俊华、高欣、何亮、李凯、张恒。

2020 年招收博士生的指导教师：彭林才。

陕西科技大学

造纸专业所在院系：轻工科学与工程学院

轻工科学与工程学院院长：吕 斌

地址：陕西省西安市未央大学园区

邮编：710021

电话：029－86168063

传真：029－86168236

网址：www. sust. edu. cn

隶属单位：陕西省教育厅

专业设置时间：1958 年

专业课程设置：无机及分析化学、有机化学、物理化学、化工原理、高分子物理基础、高分子化学、高分子材料、植物纤维化学、制浆原理与工程、造纸原理与工程、制浆造纸机械与设备、制浆造纸工程设计、制浆造纸综合实验、制浆造纸专业英语等。

2020 年在校专业学生人数：本科生 435 人，硕士生 173 人，博士生 27 人。

至 2020 年专业毕业生总人数：本科生 6151 人，硕士生 546 人，博士生 37 人。

2020 年毕业生人数：本科生 124 人，硕士生 44 人，博士生 4 人。

2020 年专业教师情况：专业教师和工程技术人员 59 人，其中，教授 12 人，副教授（含高级工程师）33 人，讲师（含工程师、实验室）及以下 14 人。

2020 年招收本科生人数：121 人。

2020 年招收硕士生人数：55 人。

2020 年招收硕士生的指导教师：倪永浩、段超、李金宝、陆赵情、张美云、张素风、林涛、熊传银、唐蕊华、戴磊、游翔宇、岳小鹏、谢璠、吴海伟、李志健、薛白亮、刘汉斌、李新平、王建、侯晨、周秋生、韩卿、杜敏、李佩燚、修慧娟、徐永建、宁璐璐、钱立伟、沈梦霞、宋顺喜、姜慧娥。

2020 年招收博士生人数：8 人。

2020 年招收博士生的指导教师：蒋学、王建、林涛、陆赵情、李新平、张素风、张美云、倪永浩。

（林 媛）

国内主要造纸期刊介绍

Domestic Main Periodicals Related to Pulp and Paper

《中国造纸学报》

《中国造纸学报》是由中国造纸学会主办、中国制浆造纸研究院有限公司承办的造纸学术性期刊，创刊于 1986 年。主要刊登造纸专业研究论文、学术报告及综合性评述，反映我国造纸工业在原材料、制浆、造纸、废液综合利用及污染防治、机械设备、分析检验、工艺和质量控制自动化以及制浆造纸专业基础理论等方面的新进展和新成果，是我国造纸工业理论性强、水平高的学术性期刊。它为我国造纸工业提供了一个极好的学术交流平台，对国内造纸工业的技术进步做出了较大贡献。该刊的固定栏目有：研究论文与综述等。

《中国造纸学报》连续多年入选“中文核心期刊”“中国科技论文统计源期刊”“中国科学引文数据库来源期刊”“中国科学文献评价数据来源期刊”，入选“中国科协精品科技期刊工程第四期(2015—2017)项目”，并被 Scopus、CA、JST 等国外著名期刊索引收录。《中国造纸学报》为国内外公开发行刊物。

《中国造纸学报》为季刊，出版日期为 3 月 25 日、6 月 25 日、9 月 25 日、12 月 25 日；刊号：ISSN 1000-6842，CN 11-2075/TS，自办发行。

《中国造纸学报》为大 16 开本。国内定价：纸质版 30 元/册，电子版 30 元/册，纸质版 + 电子版 50 元/册；国外及港澳台地区定价：纸质版 30 美元/册，电子版 30 美元/册，纸质版 + 电子版 50 美元/册。

地址：北京市朝阳区启阳路 4 号院中轻大厦 607 室

邮编：100102

电话：010 - 64778173(发行部)

64778162/8163(编辑部)

传真：010 - 64778174

邮箱：tcpp@ vip. 163. com

网址：http：//zgzzxb. ijournals. cn

《中国造纸》

《中国造纸》为专业技术性刊物，国内外公开发行，由中国造纸学会和中国制浆造纸研究院有限公司主办，主要报道我国造纸工业在原材料、制浆、造纸、废液综合利用及污染防治、机械设备、分析检验、工艺和质量控制自动化以及制浆造纸专业基础理论等方面的新成就和重要科技成果。

《中国造纸》除及时报道各研究机构、高等院校在科研理论方面取得的突破成果外，还注重报道各制浆造纸厂引进或自行研究探索的新工艺、新技术。《中国造纸》将理论与实践有机结合，更好地满足了科研工作者以及制浆造纸工厂技术人员的需要。《中国造纸》是我国造纸界权威性技术期刊，连续入选“中文核心期刊”“中国科技论文统计源期刊”“中国科学引文数据库来源期刊”“中国科学文献评价数据来源期刊”，并已被 Scopus、CA 等国外著名的期刊索引收录。入选“中国科协精品科技期刊工程第四期项目”。

《中国造纸》(刊号：CN 11-1967/TS，ISSN 0254-508X)为月刊，每月 25 日出版，大 16 开，国内定价：纸质版 25 元/期，电子版 25 元/期，纸质版 + 电子版 40 元/期；国外及港澳台地区定价：纸质版 40 美元/期，电子版 40 美元/期，纸质版 + 电子版 70 美元/期。

《中国造纸》国内总发行：北京市报刊发行局，邮发代号：2-194；国外总发行：中国出版对外贸易总公司，发行代号：DK11070。

地址：北京市朝阳区望京启阳路 4 号院中轻大厦 607 室

邮编：100102
电话：010－64778158/8159/8160/8161
（编辑部）
64778173（发行部）
传真：010－64778174
邮箱：cpp2108@ vip. 163. com（编辑）
网址：http：//zgzz. ijournals. cn

《造纸信息》

《造纸信息》是由中国造纸协会、中国造纸学会和中国制浆造纸研究院有限公司共同主办的造纸综合信息类刊物。已被“中国期刊全文数据库”和“万方数据——数字化期刊群”收录。

《造纸信息》全面、及时、准确地报道我国和世界造纸工业以及相关行业的信息，是我国造纸行业唯一公开发行的集新闻性、实用性、指导性、可读性为一体的综合类刊物。

《造纸信息》以为造纸企事业单位及相关行业提供国内外造纸工业信息服务为主要宗旨，汇集业内专家观点、聚焦行业热点问题、展示领军企业风采；及时报道行业政策、企业动态、新技术和新成果，以及全球造纸业的最新动向，并针对行业热点及发展动态进行大型专题策划与报道。

常设栏目有：政策法规、特别报道、行业热点·焦点论坛、采访报道、专题论坛、行业纵横、新建扩建、企业报道、分析/预测、管理与营销、新产品/新技术、纸业快报、全球视角、协会·学会动态、会展传真、市场动态等。

《造纸信息》为国内外公开发行（刊号：ISSN 1006-8791，CN 11-3667/TS），月刊，每月 25 日出版。全彩色大 16 开，另附彩色及专色广告，国内定价：纸质版 25 元/期，电子版 25 元/期，纸质版＋电子版 40 元/期；国外及港澳台地区定价：纸质版 25 美元/期，电子版 25 美元/期，纸质版＋电子版 40 美元/期。

《造纸信息》全国各地邮局均可订阅，邮发代号：82-881。

地址：北京市朝阳区望京启阳路 4 号院中轻大厦 607 室
邮编：100102
电话：010－64778165/8170/8171/8169
（编辑部）
64778173（发行部）
64778166/8168（广告部）
传真：010－64778174
邮箱：cpi@ vip. 163. com
网址：http：//zzxx. ijournals. cn

《Paper and Biomaterials》

《Paper and Biomaterials》是由中国造纸学会和中国制浆造纸研究院有限公司主办的造纸及生物质材料方面的学术性英文期刊。本刊聚焦国内外制浆造纸及生物质材料学科的前沿热点，反映制浆造纸及生物质材料学科的科研成果、技术进步和发展趋势，促进国际间的学术交流与合作，推动制浆造纸技术和相关生物质产业技术快速发展；主要刊登制浆造纸及生物质材料方面的研究论文、技术进展及相关领域的文献综述。

《Paper and Biomaterials》为季刊，出版日期为 1 月 15 日、4 月 15 日、7 月 15 日、10 月 15 日；刊号：ISSN 2096-2355，CN 10-1401/TS，自办发行。

《Paper and Biomaterials》为大 16 开本。国内定价：纸质版 40 元/册，电子版 40 元/册，纸质版＋电子版 70 元/册；国外及港澳台地区定价：纸质版 40 美元/册，电子版 40 美元/册，纸质版＋电子版 70 美元/册。

地址：北京市朝阳区望京启阳路 4 号院中轻大厦 607 室
邮编：100102
电话：010－64778173（发行部）
64778162/8163（编辑部）
传真：010－64778174
邮箱：pbm607@ vip. 163. com
网址：http：//pbm. cnjournals. cn

《中华纸业》

《中华纸业》是中国造纸协会会刊，行业综合指导类科技期刊，国内外公开发行，是中国学术期刊（光盘版）、中国期刊网、万方数据资源系统、中文科技期刊数据库、美国《化学文摘》等统计源期刊。

办刊宗旨：研讨发展战略、促进科学管理、推动技术进步、服务产业经济。

报道内容：产经综合版（上半月刊）国家产业政策，行业发展规划，市场分析预测，企业发展战略，纸业新闻资讯；技术进步版（下半月刊）行业技术进步，企业技术创新，企业生产实践，国外前沿技术，技术动态信息等。

内容特色：具有导向性、创新性、前瞻性、实用性和时效性。

读者对象：造纸企业决策层和经营管理者，企业工程技术人员，行业协(学)会组织，政府有关部门及产业经济研究人员，科研设计及大专院校有关工作人员。

《中华纸业》(国内统一刊号 CN 37-1281/TS，国际标准刊号：ISSN 1007-9211)为半月刊，大 16 开，彩色印刷。国内定价 15 元/期，全年订价 360 元；港澳台及国外地区 15 美元/期，全年 360 美元。邮发代号：24-136。

地址：山东省济南市工业南路 101 号中华纸业杂志社

邮编：250100

电话：0531－88522949、88935343

传真：0531－88926310

邮箱：adv@ cppi. cn(广告部)
　　　cbb@ cppi. cn(采编室)

QQ：609352141、940438201

网址：www. cppi. cn

《纸和造纸》

《纸和造纸》是由中国造纸学会主办，四川省造纸学会和四川工商职业技术学院联办，以知识性、实用性、导向性、科学性为特色制浆造纸专业权威性科技期刊。自 1982 年创刊以来，本刊始终坚持“普及制浆造纸科技知识，介绍先进适用的生产工艺、装备技术和管理经验，沟通相关信息，促进造纸工业的科技进步和持续发展，为提高造纸、用纸从业人员的素质服务”的办刊宗旨。曾被原轻工业部、中国科学技术协会评为优秀期刊，曾连续多年入选“中文核心期刊”，是“中国学术期刊综合评价数据库来源期刊”“中国期刊全文数据库”“万方数据——数字化期刊群”等大型刊库全文或摘要收录，是造纸科技期刊中，知名度很高，发行量很大和影响面很广的一种。

《纸和造纸》开设有专论与综述、企业风采、工艺技术、装备器材、试验研究、造纸化学品、环保与综合利用、分析检验、仪表自控、知识之窗、产品天地、探讨与质疑等多个常设栏目，全面报道有关造纸的新知识、新技术、新原料、新产品、新装备，以及中国造纸工业的方针政策和技术经济信息、市场动态、纸制品等方面内容。

《纸和造纸》为双月刊，大 16 开，内页双色印刷，逢单月出版，国内外公开发行。国内统一刊号：CN 11-2709/TS，国际连续出版物刊号：ISSN 1001-6309，邮发代号：62-111。国内定价 25 元/期，全年 150 元，电子版 100 元人民币/全年(每期 20 元)；国外及港澳台地区 25 美元/期，全年 150 美元，电子版 100 美元/年(每期 20 美元)。

地址：四川省都江堰市天府大道聚青路口四川工商职业技术学院内

邮编：611830

电话：028－87281943(编辑)
　　　87267806(广告、发行)

传真：028－87203119

邮箱：myppm@ 263. net(编辑)
　　　wuyingppm@ 126. com(发行)

QQ：1838372807

网址：ppm. sctbc. net

《轻工机械》

《轻工机械》杂志(刊号：CN 33-1180/TH、ISSN 1005-2895)，创刊于 1983 年，由中国轻工机械协会、中国联合装备集团有限公司与轻工业杭州机电设计研究院联合主办，是一份在国内有较高影响力、历史悠久的轻工机械领域的专业性科技期刊。以报道轻工机械、自动化技术、机电一体化、工艺设计及其应用为特色。

本刊系中国科技论文统计源期刊(中国科技核心期刊)，已加入《中国学术期刊(光盘版)》和“中国期刊网”“万方数据资源系统”“中文科技期刊数据库”，并被《中国学术期刊文摘》、英国《科学文摘》(SA，INSPEC)、美国化学文摘(CA)、英国剑桥科学文摘(CSA)、美国乌利希期刊指南(Ulrich)等收录。

双月刊，大 16 开，每册定价 10 元，全年 60 元。邮发代号：32-39。

地址：浙江省杭州市余杭区高教路 970 号西溪联合科技广场 4 号楼 711 室

邮编：311121

电话：0571－85186130、85187520

传真：0571－85187520

邮箱：qgjxzz@ 126. com

网址：www. qgjxzz. com

《造纸科学与技术》

《造纸科学与技术》由广东省造纸研究所主办，

是中国科技核心期刊(中国科技论文统计源期刊)。国内外公开发行，国内统一刊号 CN44-1532/TS，国际标准刊号 ISSN 1671-4571。本刊报道范围为制浆造纸工业及其相关行业的理论和工艺研究、产品研发、装备制造等。

《造纸科学与技术》的办刊宗旨："提高我国造纸科学技术水平、交流科学技术成果和生产技术与经验，沟通国内外造纸科技信息，扩大全球造纸科学技术交流，为造纸企业和广大科技工作者服务，促进造纸工业和造纸科学技术进步。"

主要栏目：行业发展、制浆造纸、生物质化学化工、造纸化学品、分析测试、过程装备、节能与环保、知识产权、科普教育等。

《造纸科学与技术》为双月刊，大 16 开本，零售价 20 元/期，全年 120 元/套。

地址：广州市海珠区新港西路 154 号

邮编：510260

电话：020－34301343

邮箱：gdszzyjs@ foxmail. com

《生活用纸》

由中国造纸协会生活用纸专业委员会承办的《生活用纸》杂志，自 1993 创刊以来，经过 20 多年的不断努力和改进，已成为生活用纸及相关行业从业人员的重要信息来源和参考资料。

办刊宗旨：推进生活用纸及相关行业技术进步，促进科学管理，宣传产业政策，服务企业发展，提供国内外发展动态信息和市场产销信息。

内容：卫生纸、面巾纸、手帕纸、餐巾纸、厨房用纸、擦手纸等生活用纸；女性卫生用品、婴儿纸尿裤/片、成人失禁用品、宠物卫生用品、擦拭巾、一次性医用非织造布制品等卫生用品；相关原辅材料及设备等。

主要栏目：协会工作、行业动态、发展论坛、市场与营销、质量与管理、技术与设备、他山之石、消费与流行趋势、环球资讯等。

本刊是国内唯一关于生活用纸和卫生用品行业的专业性科技类综合性刊物，内容丰富，专业性、时效性强，是生活用纸及相关行业的企业管理人员、市场营销人员、工程技术人员以及技术工人的良师益友。

本刊为月刊，每月 10 日发行，全年 12 期，大 16 开，全彩版印刷。刊号为：CN 11- 4571/TS，ISSN 1009-9069。国内零售 18 元/本，全年订价平邮 200 元，快递 320 元，国外及港台地区全年订价 700 元或 120 美元。

地址：北京市朝阳区望京启阳路 4 号院中轻大厦

邮编：100102

电话：010－64778181/8182(编辑)
64778193/8194(广告)
64778186/8187(发行)

传真：010－64778199

邮箱：editor@ cnhpia. org(编辑)
cidpex@ cnhpia. org(广告)

网址：www. cnhpia. org

《造纸化学品》

中国造纸化学品工业协会会刊《造纸化学品》是由中国造纸化学品工业协会、全国造纸化学品信息站、杭州市化工研究所联合主办的国内外公开发行、全面报道造纸用化学品唯一的全国性科技期刊。

主要报道造纸用化学品(尤其是精细化学品)的研制、开发、应用及国内外发展动向等。《造纸化学品》以造纸界、化工界、科研机构、事业单位从事科研、生产的广大科技人员、技术工人、管理干部及大专院校相关专业的师生为服务对象。

《造纸化学品》是"中国核心期刊(遴选)数据库"收录期刊，"中国学术期刊(光盘版)""中国期刊网""中国学术期刊综合评价数据库""万方数据——数字化期刊群""中文科技期刊数据库"全文收录期刊，"中国学术期刊综合评价数据库"统计源期刊。美国《化学文摘》、波兰《哥白尼索引》收录期刊。

《造纸化学品》为双月刊(国内刊号 CN 33-1202/TQ，国际刊号：ISSN 1007-2225，为双月中旬出版，全年 6 期)，全年订价 140 元。

地址：浙江省杭州市上塘路石灰坝 7 号《造纸化学品》编辑部

邮编：310014

电话：0571－88315561

传真：0571－88315561

邮箱：paperchemj@ 163. com

网址：www. paperchemicals. org

《华东纸业》

《华东纸业》是由上海、山东、江苏、浙江、福建、江西、安徽七省市造纸学会主办的科技类制浆造纸工业专业技术刊物。原《纸业周刊》于 2015 年并入《华东纸业》，进一步丰富了杂志内容。

《华东纸业》办刊宗旨：面向全国造纸行业，传播纸业信息，推广高新造纸技术与成果。打造纸业信息交流平台，使之成为经验交流的园地，市场信息的窗口，是拓展我国纸业技术、参与国际市场竞争的企业家和广大科技人员的良师益友。

《华东纸业》主要栏目：专题与综述、企业家论坛、制浆与造纸工艺、设备与电仪、涂布纸与特种纸、造纸化学品、环保与节能、脱水器材、国内外纸业信息等。全面报道有关造纸的新材料、新技术、新工艺、新产品、新装备的应用以及中国造纸工业的方针政策和技术经济信息、市场动态等内容。

《华东纸业》是广大企业家和工程技术人员科技活动的园地和论坛。

《华东纸业》为双月刊，大 16 开，面向国内外公开发行。国内统一连续出版物号：CN 31-2034/TS，国际标准连续出版物号：ISSN 1674-6937。每册定价 10 元，全年订价 60 元。

地址：上海市武宁路 1500 号南楼 403 室

邮编：200063

电话：021－52040672/0673

传真：021－52040673

邮箱：menger2010@126.com

《造纸装备及材料》

《造纸装备及材料》是为造纸装备制造企业、材料制造企业专业服务的期刊，国内统一刊号 CN 43-1535/TS，国际刊号 ISSN 2096-3092，是中国核心期刊（遴选）数据库的入编期刊。

《造纸装备及材料》的办刊宗旨：传播造纸装备及材料制造行业先进科技，搭建造纸、纸加工企业与造纸装备、材料制造企业沟通桥梁，促进造纸科研与技术应用紧密结合，服务造纸装备与材料技术进步。

《造纸装备及材料》是湖南省造纸学会、湖南省造纸研究所有限公司主办，以及多家企业、公司、科研院校协办面向全国发行的专业期刊，为了更好地服务于造纸装备制造企业、材料制造企业，本刊全新编排特色栏目：造纸装备及材料制造企业风采；装备与自动化；材料制造和应用；造纸装备、材料产品介绍；近期项目简讯；闲置设备、配件、材料调剂平台等。

《造纸装备及材料》杂志为季刊，大 16 开版。全年 60 元/套，邮资不论定多少套 32 元/全年。

地址：湖南省湘潭市岳塘区建设中路 7 号《造纸装备及材料》编辑部

邮编：411104

电话：0731－58523295

传真：0731－58523295

邮箱：paperem@163.com

《黑龙江造纸》

《黑龙江造纸》是由黑龙江省造纸工业研究所、黑龙江省造纸学会主办的制浆造纸综合性技术刊物，是中国学术期刊综合评价数据库统计源期刊，被中国期刊全文数据库全文收录，在“万方数据——数字化期刊群”全文上网，被《中国核心期刊（遴选）数据库》收录。

本刊立足黑龙江省内，报道国内外制浆造纸行业中科研、生产、经营、管理的先进技术、实践经验和市场信息，可供广大技术工人、科技人员、管理干部及大专院校的师生参考。

《黑龙江造纸》为季刊，国内统一刊号：CN 23-1258/TS，国际标准刊号：ISSN 1673-0283，全年订价 25 元。

地址：黑龙江省牡丹江市光华街 17 号黑龙江省造纸工业研究所《黑龙江造纸》编辑部

邮编：157013

电话：0453－6320013

传真：0453－6331516

邮箱：hlj_zz@sina.com

《天津造纸》

《天津造纸》于 1979 年创刊，由天津造纸厂有限公司和天津市造纸学会主办。已编入中国学术网络出版宗库、《中国学术期刊（光盘版）电子杂志社（CNKI）》、中华期刊网、北京万方数据核心期刊（遴选）数据库、重庆维普资讯中文期刊数据库、教育阅读网全文数据库。是“中国科技论文统计源期刊”“中国科学引文数据库来源期刊”及“中国科学文献评价数据来源期刊”。

本刊主要栏目有论著、制浆与造纸、造纸设备、环保节能、造纸化学品、新产品新技术、纸厂经验及经营管理等方面的科研成果和应用报告。主要报道行业内的最新技术成果、行业发展动向以及市场变化等情况。主要面向造纸企事业单位的工程技术人员、经营管理人员、技术工人、大专院校相关专业的教师和学生以及国内外相关行业机构和人士。

《天津造纸》为季刊，大 16 开，国内统一刊号：CN 12-1155/TS，国际标准刊号：ISSN 1674-5469，定价 25 元/年。

地址：天津市津南区双港工业园发港南路 29 号

邮编：300350

电话：022－88823010

邮箱：TJZZS@126.com

（曹凯月）

我国制浆造纸工业图书出版目录

List of Books Related to the Pulp and Paper Industry in China

一、中国轻工业出版社造纸工业图书出版目录

1. 造纸专业科学与技术图书

序号	书名	著者	定价/元	开本	书号
1	中高浓制浆造纸技术的理论与实践(精装)——"十一五"国家重点图书/国家科学技术学术著作出版基金	陈克复　主编	60.00	16开	ISBN978-7-5019-5877-1
2	制浆造纸现代节水与污水资源化技术——"十一五"国家重点图书出版规划项目	林跃梅　主编	58.00	异16开	ISBN978-7-5019-6844-2
3	纸张颜料涂布与表面施胶——芬兰造纸科学技术丛书11分册	[芬]Esa · Lehtinen 著/曹邦威　译	88.00	16开	ISBN7-5019-4651-5
4	制浆造纸工业的环境治理——造纸科学与技术丛书	曹邦威　编著	45.00	异16开	ISBN978-7-5019-6054-5
5	制浆造纸节能新技术——造纸科学与技术丛书	刘秉钺　主编	58.00	异16开	ISBN978-7-5019-7114-5
6	纸和纸板的后加工——造纸科学与技术丛书	曹邦威　编著	38.00	异16开	ISBN978-7-5019-6643-1
7	造纸工业安全生产——造纸科学与技术丛书	万金泉　等编著	30.00	异16开	ISBN978-7-5019-7504-4
8	造纸助留剂与干湿增强剂的理论与应用——造纸科学与技术丛书	曹邦威　编著	58.00	异16开	ISBN978-7-5019-8146-5
9	当代废纸制浆技术——实用造纸技术丛书	陈庆蔚　编著	59.00	大32开	ISBN7-5019-4827-5
10	造纸毛毯技术与应用——实用造纸技术丛书	吕向阳　等编著	25.00	16开	ISBN978-7-5019-6996-8
11	造纸车间技术管理的优化及技术支持——实用造纸技术丛书	张承武，段永成编著	18.00	大32开	ISBN978-7-5019-6953-1
12	制浆造纸厂化验室化验检验方法——实用造纸技术丛书	吴　楠　等编著	42.00	16开	ISBN978-7-5019-6868-8
13	英汉造纸工业词汇	许向阳　编	50.00	32开	ISBN7-5019-4269-2
14	英汉-汉英造纸工业词汇	许向阳　编	80.00	32开	ISBN978-7-5019-6966-1
15	造纸辞典	刘仁庆　编著	35.00	大32开	ISBN7-5019-5153-5

续表

序号	书名	著者	定价/元	开本	书号
16	中国造纸原料纤维特性及显微图谱	王菊华 主编	200.00	16 开	ISBN978-7-5019-2345-0
17	简明中国手工纸(书画纸)及书画常识辞典	刘仁庆 编著	39.00	异 16 开	ISBN978-7-5019-6391-1
18	纸浆性质软测量原理与技术——造纸科学与技术专著丛书	刘焕彬 著	55.00	16 开	ISBN978-7-5019-6629-5
19	废纸回用过程中胶黏物障碍与控制——造纸科学与技术专著丛书	王双飞，骆莲新 编著	35.00	16 开	ISBN978-7-5019-6954-8
20	纸包装结构设计(第二版)	孙 诚 著	35.00	异 16 开	ISBN7-5019-5216-7
21	造纸趣话妙读	刘仁庆 著	28.00	大 32 开	ISBN978-7-5019-6055-2
22	最新纸机抄造工艺	[美]B. A. Thorp 编/曹邦威 译	98.00	16 开	ISBN7-5019-2536-4
23	制浆造纸手册——第九分册-纸张抄造	张承武 主编	68.00	大 32 开	ISBN7-5019-2004-4
24	造纸工业环境工程导论	万金泉，马邑文 编著	30.00	大 32 开	ISBN7-5019-4935-9
25	造纸湿部化学原理及其应用	张光华 编	16.00	大 32 开	ISBN7-5019-2254-3
26	工业纸板制造与应用	李锡香 编著	25.00	大 32 开	ISBN7-5019-2562-3
27	制浆造纸节能技术	刘秉钺 编著	30.00	大 32 开	ISBN7-5019-2405-8
28	麦草浆碱回收技术指南	张 珂 主编	23.00	大 32 开	ISBN7-5019-2461-9
29	纸加工原理与技术	张美云 编著	34.00	大 32 开	ISBN978-7-5019-2127-X
30	制浆技术问答(第二版)	梁实梅 编著	40.00	大 32 开	ISBN7-5019-4270-6
31	制浆造纸工业环境管理	联合国环境署 著	23.00	大 32 开	ISBN7-5019-2236-5
32	最新碱法制浆技术	曹邦威 译	98.00	16 开	ISBN978-7-5019-1417-3
33	表面活性剂在造纸中的应用技术	张光华 编著	25.00	大 32 开	ISBN978-7-5019-3083-8
34	棉短绒制浆概论	陈嘉川 编著	35.00	16 开	ISBN978-7-5019-7894-6
35	制浆造纸工艺计算手册	王忠厚，许志晔 主编	68.00	16 开	ISBN978-7-5019-8037-6
36	中国造纸工业绿色进展及其工程技术	陈克复 主编	70.00	16 开	ISBN978-7-5184-0659-3
37	现代造纸机械状态监测与故障诊断	张 辉 主编	50.00	16 开	ISBN978-7-5019-9188-4
38	江苏造纸简史	张 辉 主编	48.00	异 16 开	ISBN978-7-5019-9545-5
39	植物纤维资源化学	李忠正 主编	79.00	16 开	ISBN978-7-5019-8701-6
40	中国造纸年鉴 2018	中国造纸学会 编	300.00	16 开	SBN978-7-5184-2042-1
41	山东造纸产业转型升级理论与实践研究	邹志勇 王泽风 编著	98.00	16 开	ISBN978-7-51840805-4
42	制浆技术——造纸及其装备科学技术丛书	詹怀宇 主编	89.00	16 开	ISBN978-7-5019-8866-2
43	造纸技术——造纸及其装备科学技术丛书	张美云 主编	68.00	16 开	ISBN978-7-5019-9488-5
44	纸张结构与印刷适性——造纸及其装备科学技术丛书	周景辉 主编	60.00	16 开	ISBN978-7-5019-9014-6
45	制浆造纸经济学——中芬合著：造纸及其装备科学技术丛书(中文版)第一卷	姜丰伟，曹振雷，胡 楠 著	68.00	16 开	ISBN978-7-5019-8692-7

续表

序号	书名	著者	定价/元	开本	书号
46	禾草类纤维制浆造纸——中芬合著：造纸及其装备科学技术丛书(中文版)第二卷	李忠正　著	68.00	16 开	ISBN978-7-5019-9156-3
47	化学制浆 II 化学品和能量回收——中芬合著：造纸及其装备科学技术丛书(中文版)第三卷	刘秉钺　等译著	120.00	16 开	ISBN978-7-5019-8118-2
48	环境管理和控制——中芬合著：造纸及其装备科学技术丛书(中文版)第四卷	程言君　等译	68.00	16 开	ISBN978-7-5019-9735-0
49	森林资源的生物质精炼——中芬合著：造纸及其装备科学技术丛书(中文版)第五卷	孙润仓　等译	68.00	16 开	ISBN978-7-5019-9736-7
50	机械制浆——中芬合著：造纸及其装备科学技术丛书(中文版)第六卷	詹怀宇　等译著	140.00	16 开	ISBN978-7-5184-0036-2
51	化学制浆 I——中芬合著：造纸及其装备科学技术丛书(中文版)第七卷	刘秋娟　等译著	200.00	16 开	ISBN978-7-5184-0668-5
52	造纸化学——中芬合著：造纸及其装备科学技术丛书(中文版)第八卷	张素风　等译著	90.00	16 开	ISBN978-7-5184-0588-6
53	造纸 I 纸料制备与湿部——中芬合著：造纸及其装备科学技术丛书(中文版)第九卷	刘温霞　等译著	140.00	16 开	ISBN978-7-5184-0494-0
54	造纸 II 干燥——中芬合著：造纸及其装备科学技术丛书(中文版)第十卷	张　辉　等译	190.00	16 开	ISBN978-7-51841912-8
55	造纸 III 纸页完成——中芬合著：造纸及其装备科学技术丛书(中文版)第十一卷	何北海　等译	110.00	16 开	ISBN978-7-51841102-3
56	森林资源与可持续性管理——中芬合著：造纸及其装备科学技术丛书(中文版)第十二卷	殷锡纬　等译著	160.00	16 开	ISBN978-7-5184-0997-6
57	纸和纸板加工——中芬合著：造纸及其装备科学技术丛书(中文版)第十三卷	张美云　等译著	100.00	16 开	ISBN978-7-5184-1105-4
58	纸和纸板品种——中芬合著：造纸及其装备科学技术丛书(中文版)第十四卷	庄金风　等译	58.00	16 开	ISBN978-7-5184-2451-1
59	纸张物理性能——中芬合著：造纸及其装备科学技术丛书(中文版)第十五卷	刘金刚　等译	100.00	16 开	ISBN978-7-5184-1337-9
60	材料及其防腐和维护——中芬合著：造纸及其装备科学技术丛书(中文版)第十六卷	周　耘　等译	110.00	16 开	ISBN978-7-5184-1355-3
61	森林产品化学——中芬合著：造纸及其装备科学技术丛书(中文版)第十七卷	冯文英　等译	90.00	16 开	ISBN978-7-5184-1499-4
62	造纸过程控制与维护管理——中芬合著：造纸及其装备科学技术丛书(中文版)第十八卷	沈文浩　等译	120.00	16 开	ISBN978-7-5184-1505-2
63	纸浆与纸张检测——中芬合著：造纸及其装备科学技术丛书(中文版)第十九卷	吕卫军　等译	80.00	16 开	ISBN978-7-5184-1461-1

续表

序号	书名	著者	定价/元	开本	书号
64	纸张颜料涂布与表面施胶（第二版）——中芬合著：造纸及其装备科学技术丛书（中文版）第二十卷	王双飞　等译	160.00	16 开	ISBN978-7-5184-2385-9
65	回收纤维与脱墨——中芬合著：造纸及其装备科学技术丛书（中文版）第二十一卷	付时雨　等译	200.00	16 开	ISBN978-7-5184-1656-1
66	印刷媒体—原理、过程和质量——中芬合著：造纸及其装备科学技术丛书（中文版）第二十二卷	狄正军　等译	160.00	16 开	ISBN978-7-5184-2085-8

2. 造纸专业高等学校现用专业教材

序号	书名	著者	定价/元	开本	书号
1	制浆造纸工程大全（第二版）——北欧及北美造纸专业本科教材	[加拿大]G. A. 斯穆克　著/曹邦威　译	50.00	16 开	ISBN7-5019-3132-1
2	造纸工业清洁生产原理与技术——教育部高等学校轻化工程教学指导委员会推荐特色教材	何北海　主编	34.00	16 开	ISBN7-5019-5681-2
3	制浆造纸概论——教育部高等学校轻化工程教学指导委员会推荐特色教材	刘　忠　主编	30.00	16 开	ISBN978-7-5019-5740-8
4	制浆造纸专业英语——高等学校专业教材	曹邦威，张东成　编	18.00	16 开	ISBN7-5019-5349-3
5	纸页的结构与性能——教育部高等学校轻化工程教学指导委员会推荐特色教材	胡开堂　主编	40.00	16 开	ISBN7-5019-5060-1
6	制浆造纸分析与检测（第二版）——普通高等教育“十五”国家级规划教材	石淑兰　主编	78.00	16 开	ISBN7-5184-2965-3
7	制浆造纸机械与设备（上）（第四版）——普通高等教育“十一五”国家级规划教材	陈克复　主编	85.00	16 开	ISBN7-5184-0929-7
8	制浆造纸机械与设备（下）（第四版）——普通高等教育“十一五”国家级规划教材	陈克复　主编	98.00	16 开	ISBN75184-0930-3
9	制浆造纸助剂——高等学校专业教材	安郁琴，刘　忠　主编	28.00	大 32 开	ISBN7-5019-3925-X
10	制浆造纸过程自动测量与控制（第二版）——普通高等教育“十一五”国家级规划教材	刘焕彬　主编	54.00	16 开	ISBN7-5019-6886-2
11	热工基础与造纸节能（第二版）——教育部高等学校轻工与食品学科教学指导委员会推荐教材	刘秉钺　主编	36.00	16 开	ISBN978-7-5019-7086-5
12	制浆造纸实验——普通高等教育轻工与食品专业实验类系列规划教材	王双飞　主编	23.00	16 开	ISBN978-7-5019-7489-4
13	造纸湿部化学——普通高等教育“十一五”国家级规划教材	刘　忠　主编	35.00	16 开	ISBN978-7-5019-7740-6

续表

序号	书名	著者	定价/元	开本	书号
14	加工纸与特种纸实验教程——普通高等教育“十二五”规划教材	刘文波　主编	24.00	16开	ISBN978-7-5019-8847-1
15	现代造纸机械状态监测与故障诊断(第三版)——普通高等教育“十二五”规划教材	张　辉　主编	65.00	16开	ISBN978-7-5184-0833-7
16	制浆造纸工程设计——“十三五”普通高等教育本科规划教材	陈务平　主编	45.00	16开	ISBN978-7-5184-0819-1
17	制浆造纸污染控制(第二版)——“十二五”普通高等教育本科国家级规划教材	韩　颖　主编	55.00	16开	ISBN978-7-5184-0732-3
18	造纸技术实用教程——“十三五”普通高等教育本科规划教材	沙力争　主编	60.00	16开	ISBN978-7-5184-1270-9
19	制浆造纸概论——“十三五”普通高等教育本科规划教材	龚木荣　编著	45.00	16开	ISBN978-7-5184-2367-5
20	制浆原理与工程(第四版)——中国轻工业“十三五”规划教材	詹怀宇　主编	98.00	16开	ISBN978-7-5184-2487-0
21	造纸原理与工程(第四版)——中国轻工业“十三五”规划教材	何北海　主编	75.00	16开	ISBN978-7-5184-2661-4
22	加工纸与特种纸(第四版)——中国轻工业“十三五”规划教材	张美云　主编	60.00	16开	ISBN978-7-5184-2567-9
23	植物纤维化学(第五版)——中国轻工业“十三五”规划教材	裴继诚　主编	60.00	16开	ISBN978-7-5184-2889-2

3. 造纸专业高等职业教育教材(教育部高职高专制浆造纸技术专业教学指导分委员会规划教材)

序号	书名	著者	定价/元	开本	书号
1	制浆造纸分析与检验	林润惠　主编	36.00	大32开	ISBN7-5019-2662-6
2	制浆工艺及设备	邝守敏　主编	48.00	16开	ISBN7-5019-2912-2
3	造纸工艺及设备	吴葆敦　主编	45.00	16开	ISBN978-7-5019-2735-9
4	制浆造纸工厂设计概论	李土根　主编	36.00	16开	ISBN7-5019-2759-6
5	制浆造纸专业英语	李桂芳　主编	15.00	大32开	ISBN7-5019-2795-2
6	纸加工技术	沙力争　主编	32.00	16开	ISBN978-7-5019-6657-8/TS.3874
7	制浆造纸设备安装与维修(第二版)	李向华　主编	28.00	16开	ISBN978-7-5019-7041-4
8	制浆造纸助剂及其应用技术	刘一山　主编	30.00	16开	ISBN978-7-5019-7720-8
9	制浆技术(第三版)	陈向斌　主编	48.00	16开	ISBN978-7-5019-9473-1
10	造纸技术(第三版)	郭　纬　主编	45.00	16开	ISBN978-7-5184-1394-2
11	制浆造纸检验技术(第三版)	郭　纬　主编	38.00	16开	ISBN978-7-5184-2333-0

4. 造纸专业技工教材

序号	书名	著者	定价/元	开本	书号
1	制浆造纸设备与操作(第二版)	王忠厚　主编	45.00	16开	ISBN7-5019-5266-3
2	制浆造纸工艺(第二版)	王忠厚　主编	42.00	16开	ISBN 7-5019-5205-1
3	长网纸机抄造	曹邦威，张周宏　编	18.00	大32开	ISBN7-5019-2167-9

5. 造纸工业行业标准

序号	书名	著者	定价/元	开本	书号
1	中国轻工业标准汇编(造纸卷)上册	本书编写组编	108.00	大16开	ISBN978-7-5019-7025-6
2	中国轻工业标准汇编(造纸卷)下册	本书编写组编	138.00	大16开	ISBN978-7-5019-7026-1

二、其他出版社制浆造纸工业图书出版目录

序号	书名	著者	出版单位	定价/元	开本	书号
1	制浆造纸仪表及自动化	陈　黔，张惠玲编著	冶金工业出版社	28.00	16开	ISBN978-7-5024-7494-2
2	制浆造纸化验(高级工)	赖建萍，陈　元等编著	冶金工业出版社	25.00	16开	ISBN978-7-5024-7493-5
3	制浆造纸机械与设备	金海兰，张　丹等编著	化学工业出版社	30.00	16开	ISBN978-7-1222-0351-9
4	制浆造纸技术专业英语	云　娜，曹晓瑶编著	华南理工大学出版社	16.00	32开	ISBN978-7-5623-3509-2
5	制浆造纸关键技术理论与实践	陈克复，杨仕党等编著	华南理工大学出版社	50.00	16开	ISBN978-7-5623-5095-8
6	制浆造纸行业全过程降污减排技术与评估方法	孙德智，张立秋等编著	中国环境出版社	45.00	16开	ISBN978-7-5111-1089-3
7	造纸废渣资源综合利用	汪　苹，宋　云等编著	化学工业出版社	58.00	16开	ISBN978-7-1223-0611-1
8	造纸工业三废资源综合利用技术	汪　苹，宋　云等编著	化学工业出版社	80.00	16开	ISBN978-7-1222-1150-7
9	2010—2011 制浆造纸科学技术学科发展报告	中国造纸学会编著	中国科学技术出版社	33.00	16开	ISBN978-7-5046-5813-5
10	2016—2017 制浆造纸科学技术学科发展报告	中国造纸学会编著	中国科学技术出版社	68.00	16开	ISBN978-7-5046-7943-7
11	无污染制浆新技术	中国科协学会学术部编著	中国科学技术出版社	18.00	16开	ISBN978-7-5046-5042-9
12	生物质精炼技术与传统纸浆造纸工业	中国科协学会学术部编著	中国科学技术出版社	18.00	16开	ISBN978-7-5046-6334-4
13	新概念造纸技术与纸基功能材料	中国科协学会学术部编著	中国科学技术出版社	18.00	16开	ISBN978-7-5046-6765-6

（林　媛）

《中国造纸》2019 年度“博世科杯”优秀论文获奖名单

“Bossco Cup” Excellent Papers of China Pulp & Paper in 2019

2019 年度《中国造纸》优秀论文评选活动是第 20 次举办，此次评选得到了广西博世科环保科技股份有限公司的支持。该活动在促进造纸行业学术交流、提高《中国造纸》科技论文的质量与水平方面具有重要作用，推动我国造纸行业的科技进步和技术创新。

本次评选依然坚持科学性、导向性、创新性与实用性的原则，邀请了我国造纸行业及相关领域的知名专家、学者担任评委，并同时进行了微信线上投票，经初评及复评后，于 2020 年 6 月 8 日在北京市召开了《中国造纸》2019 年度“博世科杯”优秀论文终评会。受新冠肺炎疫情影响，本届终评会采取线上网络会议与线下评选会结合的形式，评选委员会近 30 名专家参加了终评会，经专家评议，最终评选出 20 篇优秀论文。

一等奖(1 篇)

聚木糖酶处理桉木预水解液制备低聚木糖的研究(第 8 期)

陈嘉川　董吉冉　杨桂花　徐　丰　吉兴香

齐鲁工业大学(山东省科学院)生物基材料与绿色造纸国家重点实验室/制浆造纸科学与技术教育部重点实验室

二等奖(3 篇)

提取木素并结合电解回收碱工艺处理制浆黑液(第 1 期)

李怡静　农光再　邢德月　李彭勃　李许生　尹勇军

广西大学轻工与食品工程学院，广西清洁化制浆造纸与污染控制重点实验室

超级电容器隔膜制备及其孔隙率对电化学性能的影响(第 9 期)

林旷野　陈雪峰　刘　文

中国制浆造纸研究院有限公司，制浆造纸国家工程实验室

纤维素/ZnO 复合膜的制备及其性能研究(第 10 期)

刘　茜　李　顺　李建国　郑清洪　欧阳新华　曹石林　黄六莲　倪永浩　陈礼辉

福建农林大学生物质基功能材料研究中心

三等奖(6 篇)

PPTA@ZnO NWs 的功能化修饰及导热绝缘纸基材料的制备与研究(第 7 期)

谢　璠　陈珊珊　梁　栩　秦盼亮　陆赵情

陕西科技大学轻工科学与工程学院，陕西省造纸技术及特种纸品开发重点实验室，轻化工程国家级实验教学示范中心，中国轻工业纸基功能材料重点实验室；华南理工大学制浆造纸工程国家重点实验室

高导电、导热碳纸的制备及性能表征(第 7 期)

王亚丽　胡蓉蓉　华飞果　童树华　许　跃　马　昌　史景利

天津工业大学材料科学与工程学院，浙江金昌特种纸股份有限公司，中国制浆造纸研究院有限公司

原位聚合法制备空气微胶囊及其在轻型纸中的应用(第 8 期)

靳晓菡　刘文波

东北林业大学材料科学与工程学院

中高速卫生纸机集成优化控制系统（第9期）

王 博 汤 伟 王孟效 董 超 李 虎 李清旺 朱忠杰 李永兵

陕西科技大学工业自动化研究所，陕西西微测控工程有限公司

二氧化氯发生器在综合法二氧化氯生产中的应用评述（第11期）

黄丙贵 杨泽广 黄希童 徐萃声 詹 磊

广西博世科环保科技股份有限公司，广西大学轻工与食品工程学院，广西清洁制浆造纸污染防治重点实验室

新型白液压力盘式过滤机的研发与应用（第12期）

尹 华 李建波 陈安江 李明芹 张文娟 辛 华

汶瑞机械（山东）有限公司

优秀奖（10篇）

纤维素基希夫碱铜配合物的制备及抗菌性能研究（第2期）

徐永建 雷 凤 李 伟

陕西科技大学轻工科学与工程学院，陕西省造纸技术及特种纸品开发重点实验室，轻化工程国家级实验教学示范中心，中国轻工业纸基功能材料重点实验室；华南理工大学制浆造纸工程国家重点实验室

基于高得率浆的纤维素微纤丝的制备及其在浆张增强中的应用（第3期）

王 思 魏继国 张方东 刘 苇 侯庆喜

天津科技大学天津市制浆造纸重点实验室，河南焦作瑞丰纸业有限公司

碳纤维纸的电热性能研究（第3期）

李红斌 房桂干 施英乔 邓拥军 沈葵忠 丁来保 韩善明 焦 健 田庆文

中国林业科学研究院林业新技术研究所，中国林业科学研究院林产化学工业研究所

气孔率对湿式纸基摩擦材料性能的影响（第4期）

张日盈 梁 云 张春辉

华南理工大学制浆造纸工程国家重点实验室

Fenton污泥制备聚合硫酸铁的中试试验研究（第5期）

周 耘 武书彬

广州造纸集团有限公司，华南理工大学轻工与食品国家级实验教学示范中心

纤维素的研究进展（第6期）

付时雨

华南理工大学制浆造纸工程国家重点实验室

木质素清洁高效分离研究进展（第6期）

金永灿 谷 峰

南京林业大学江苏省制浆造纸科学与技术重点实验室，盐城工学院化学化工学院，江苏省生物质能源与材料重点实验室

不同纤维原料对羧乙基微纤化纤维素膜性能的影响（第11期）

李美灿 陈京环 刘金刚 苏艳群 许泽红 张瑞娟

中国制浆造纸研究院有限公司，制浆造纸国家工程实验室，北京林业大学林木生物质化学北京市重点实验室

水性油墨颗粒在不同纸浆纤维上的吸附行为研究（第12期）

冯 杰 史传菲 孙 宇 罗 冲 张文晖 张红杰

天津科技大学天津市制浆造纸重点实验室，河南卷烟工业烟草薄片有限公司，中国制浆造纸研究院有限公司

制浆造纸废水处理及中水回用工程实例（第12期）

丁绍峰 张 萌 付大勇 苏 威

北京国电富通科技发展有限责任公司，南瑞集团（国网电力科学研究院）有限公司

（刘振华）

大事记

EVENTS

8

2020 年中国造纸工业 10 项要闻

Top Ten News of China's Paper Industry in 2020

由中国造纸杂志社《造纸信息》杂志举办的中国造纸工业 10 项要闻评选活动自 2000 年开始举办以来，在各级领导和业界同仁的关怀和大力支持下，在广大读者的热心关注与积极参与下，已成为造纸行业的品牌活动，成为业内人士梳理和总结过去一年产业和市场发展脉络的重要渠道，是中国造纸行业最为重要的年度事件之一。

2020 年中国造纸工业 10 项要闻评选会召开前，《造纸信息》编辑部通过线上、线下邀请全国部分省市造纸协会、造纸学会、大专院校、科研院所和企业的领导及专家推荐相关要闻，并在官方微信进行线上投票。在新冠肺炎疫情防控形势严峻的背景下，最终的 2020 年度中国造纸工业 10 项要闻，由应邀出席评选会现场的 14 位北京地区有关领导专家，参考前期专家推荐及微信线上投票情况，经现场评议最终确定。评选会上，围绕政策、环保、原料以及创新等最受关注的行业热点，认真梳理了我国造纸行业 2020 年度所发生的具有影响力的重要事件。具体内容如下。

1. 4 项成果荣获国家科技奖

1 月 10 日，2019 年度国家科学技术奖励大会在北京市举行，造纸行业 4 项成果获奖。其中："制浆造纸清洁生产与水污染全过程控制关键技术及产业化"项目荣获国家科学技术进步奖一等奖；"大型二氧化氯制备系统及纸浆无元素氯漂白关键技术及应用"项目荣获国家技术发明奖二等奖；"混合材高得率清洁制浆关键技术及产业化"项目、"面向制浆废水零排放的膜制备、集成技术与应用"项目荣获国家科学技术进步奖二等奖。

2. 积极响应"限塑"政策，造纸行业推出多款代塑产品

1 月 16 日，国家发展改革委、生态环境部发布《关于进一步加强塑料污染治理的意见》，明确限制、禁止使用的部分塑料制品的具体内容和时间节点。为落实相关政策精神，造纸行业积极作为。如中国制浆造纸研究院有限公司、中国造纸学会和金光集团 APP(中国)举办了新限塑令下纸质包装的机遇与挑战沙龙；各大造纸企业相继推出多种全新环保可代塑纸产品。

3. "生活用纸和卫生用品云服务"平台启动

6 月 30 日，中国制浆造纸研究院有限公司及中国造纸协会生活用纸专业委员会举办了"生活用纸和卫生用品云服务"平台启动仪式。平台通过将互联网、大数据、云计算等新技术与原有全球产业链数据资源有效结合，助力行业企业线上线下精准营销，促进行业服务升级，推动行业高质量发展。疫情期间，平台为抗疫物资供需双方有效对接发挥了重要作用。

4. 纸浆期货交割结算价成为首次境外输出的中国期货合约标准

9 月 18 日，上海期货交易所与挪威浆纸交易所签署了纸浆期货交割结算价授权协议。根据协议，挪威浆纸交易所将于当地时间 9 月 21 日挂牌上市上海纸浆期货合约。此次交割结算价授权是中国期货市场价格在国际金融市场的首次直接应用，也是第一次向境外交易所输出中国期货合约标准。

5.《商品再生纤维浆》国家标准已通过审查并上报国家标委会

9 月 21 日，《商品再生纤维浆》国家标准通过了全国造纸工业标准化技术委员会委员的审查，并于 11 月上报至国家标准化管理委员会，目前处于待批阶段。

6. 国产装备助力理文造纸有限公司马来西亚项目投产

11 月 14 日，理文造纸有限公司在马来西亚雪州造纸生产基地投资的 4 条 5600/900 型包装纸机生产线之一 PM23 投产。这 4 条生产线中，上海轻良实业有限公司将提供 3 台纸机，江苏华东造纸机械

有限公司将提供 1 台纸机；山东杰锋机械制造有限公司将提供 4 条日产 1000 吨的制浆主体设备生产线以及所有浆渣处理设备；浙江华章科技有限公司将提供 4 条生产线的纸机传动、复卷机传动和 DCS/MCS 控制系统。

7. 新《固废法》施行，废纸进口全面禁止

11 月 25 日，生态环境部等四部委联合发布《关于全面禁止进口固体废物有关事项的公告》。《公告》是为贯彻落实自 9 月 1 日起正式施行的新版《固体废物污染环境防治法》而制定，于 2021 年 1 月 1 日起施行。公告规定，我国将禁止以任何方式进口固体废物，禁止我国境外固体废物进境倾倒、堆放、处置。

8. 新版《国家危险废物名录》施行，脱墨渣从危险废物名单中删除

11 月 27 日，生态环境部、国家发展改革委、公安部、交通运输部、国家卫生健康委员会联合公布《国家危险废物名录（2021 年版）》。该版目录从 2021 年 1 月 1 日起施行，删除了“纸浆制造（221-001-12）废纸回收利用处理过程中产生的脱墨渣为危险废物”的条款。

9. 山东太阳纸业股份有限公司荣获中国工业大奖表彰奖

12 月 27 日，第六届中国工业大奖发布会在北京市举行。山东太阳纸业股份有限公司“高纯度生物质纤维素清洁制备关键技术及产业化”项目荣获“中国工业大奖表彰奖”，是唯一受到中国工业大奖系列表彰奖项的造纸企业项目。

10. 全面战“疫”彰显责任担当凝心聚力行业逆势发展

2020 年新冠肺炎疫情使行业面临前所未有的挑战，1 月底和 2 月初，按照党中央和国家的部署，中国造纸学会、中国造纸协会相继向会员单位及业界人士发出倡议共同抗击疫情，造纸及相关企业积极响应国家号召、主动捐款捐物与全国人民一道共渡难关，努力克服困难，积极复工复产，行业生产经营取得了优异成绩。据中国造纸协会在 11 月 18 日的中国造纸周上发布的造纸行业生产运行情况报告，行业生产运行逐月向好，预计全年纸及纸板生产、消费情况将比 2019 年有所好转，分别同比增长约 2.2%、6.5%。

（郭彩云）

2020 年中国造纸工业大事记

Important Events of China's Paper Industry in 2020

1 月

1 月 1 日起，我国对 850 余项商品实施低于最惠国税率的进口暂定税率，其中对 150 多项木材和纸制品设置进口暂定税率，由 5.3% 左右下降到 3.2% 左右，涉及纤维板、胶合板、刨花板、木地板、软木制品、瓦楞原纸、牛皮纸等。其中涉及纸及纸板、纸制品税则号 53 个。

1 月 6 日，山东博汇纸业股份有限公司发布公告，已于当日收到实际控制人杨延良先生及其配偶李秀荣女士与金光纸业(中国)投资有限公司签署的《股权转让协议》。

1 月 10 日，2019 年度国家科学技术奖励大会在北京人民大会堂举行。共评选出 296 个获奖项目和 12 名科技专家。“制浆造纸清洁生产与水污染全过程控制关键技术及产业化”项目荣获国家科学技术进步奖一等奖；“混合材高得率清洁制浆关键技术及产业化”项目、“面向制浆废水零排放的膜制备、集成技术与应用”项目荣获国家科学技术进步奖二等奖；“大型二氧化氯制备系统及纸浆无元素氯漂白关键技术及应用”项目荣获国家技术发明奖二等奖。

1 月 12 日，江西五星纸业有限公司年产 110 万吨造纸项目一期第二台纸机开机投产。纸机全套引进韩国二手设备，幅宽 4950 毫米，车速 1200 米/分，扬克烘缸直径为 6700 毫米。

1 月 31 日，中国造纸学会发布《坚决贯彻落实党中央决策部署，打赢疫情防控阻击战——中国造纸学会致学会会员和广大造纸科技工作者的倡议书》。

2 月

2 月 4 日，中国造纸协会发布《中国造纸协会关于做好新型冠状病毒感染肺炎疫情防控工作倡议书》。

2 月 13 日，中顺洁柔纸业股份有限公司发布公告表示，已在 2 月 12 日收到中顺洁柔(云浮)纸业有限公司的通知，中顺洁柔(云浮)纸业有限公司已具备生产和销售医用口罩的资质。

2 月 14 日，根据《关于支持新型冠状病毒感染的肺炎疫情防控有关税收政策的公告》相关要求，工业和信息化部确定疫情防控重点保障物资清单中医疗应急保障物资的具体范围，纸箱、标签被列入疫情防控重点保障物资(医疗应急)清单。

2 月 15 日，恒安集团有限公司新引进的口罩生产线全力开动，正式出产医用口罩产品。该批 5 条生产线满负荷运转后，日产口罩约 50 万片。

2 月 18 日，国务院关税税则委员会发布公告开展对美加征关税商品市场化采购排除工作。根据公告，自 2020 年 3 月 2 日起，国务院关税税则委员会接受相关中国境内企业申请，在对有关申请逐一进行审核的基础上，对相关企业符合条件、按市场化和商业化原则自美采购的进口商品，在一定期限内不再加征我国对美 301 措施反制关税，支持企业基于商业考虑从美国进口商品。可申请排除商品清单共包括 696 项商品，其中涉及多项主要的浆纸类产品可申请排除商品清单共包括 696 项商品。

2 月 18 日，山鹰国际控股股份公司公布旗下全资子公司山鹰资本与农银凤凰签署了《浙江农银凤凰绿色环保浆纸产业并购合伙企业(有限合伙)之合伙协议》，共同发起设立浙江农银凤凰绿色环保浆纸并购合伙企业(有限合伙)。并购基金目标募集规模 80 亿元，主要以股权投资形式投向原生纸浆、再生纸浆、工业用纸、生活用纸、卫生用品、纸质包装等造纸产业链上下游领域。

2 月 20 日，黄山富田精工制造有限公司自主研发的“首台套(首批次)高速防护口罩专用生产线”

顺利投产，这也是安徽省首台套高速防护口罩专用生产线。生产线投入使用后，每分钟可生产防护口罩500片，每天产能可达到60万~70万片。

2月21日，国务院关税税则委员会公布第二批对美加征关税商品第一次排除清单。对清单一所列商品，自2020年2月28日至2021年2月27日(一年)，不再加征我国为反制美301措施所加征的关税。其中包括其他漂白针叶木碱木浆或硫酸盐木浆(包括半漂白的，溶解级的除外)，从回收(废碎)纸或纸板提取的纤维浆等造纸行业相关产品。

2月21日，华邦古楼新材料有限公司被浙江省发展改革委列入第一批疫情防控重点保障企业名单。

2月22日，广东省工业和信息化厅公布了2019年广东省省级清洁生产企业的名单。入选名单的197家企业中有广东理文造纸有限公司、东莞顺裕纸业有限公司、东莞建晖纸业有限公司、东莞理文造纸厂有限公司、东莞金洲纸业有限公司等5家造纸企业。

2月23日，浙江省经济和信息化厅发布《关于确定疫情防控重点保障企业第二批地方性名单的函》，仙鹤股份有限公司及其子公司浙江哲丰新材料有限公司名列其中。

3月

3月6日，保定市维拓造纸机械有限公司为保定益源造纸有限公司制造的幅宽3500毫米、车速1100米/分的卫生纸机一次性成功开机，产能2万吨/年。

3月10日，四川省造纸行业协会发布《本色竹浆》团体标准，编号为T/SCSZX 001-2019，自2020年4月10日起实施。

3月11日，浙江家家发纸业有限公司首台高速卫生纸机开机出纸。纸机由山东福佳大正机械科技有限公司提供，为新月型高速卫生纸机，使用漂白商品木浆生产定量14~15克/米^{2}的各种生活用纸，单机设计产能1.8万吨/年。

3月18日，泰盛科技(集团)股份有限公司竹浆纸项目在福建南平工业园正式开工。项目由旗下泰盛(福建)竹资源发展有限公司实施，项目规划用地约120公顷，计划总投资约65亿元，年产30万吨高档文化用纸、24万吨生活用纸。

3月27日，生态环境部发布了《排污许可证申请与核发技术规范工业炉窑》(HJ1121-2020)。技术规范的发布实施，将有助于指导排污单位填报排污许可证，将工业炉窑通用工序纳入排污许可管理，规范化管理数量众多的工业炉窑。

3月27日，山东世纪阳光纸业集团有限公司旗下山东华迈纸业有限公司80万吨/年高档瓦楞原纸项目1号生产线投产。项目所包含的2台福伊特纸机由山东华迈纸业有限公司从德国轻涂纸厂Papierfabrik Walsum购得，原先分别可年产20.5万吨和22.5万吨轻涂纸。改造后转产瓦楞原纸，合计产能80万吨/年。

3月29日，云南金晨纸业有限公司2号高速卫生纸机投产。纸机主要使用进口商品木浆和竹浆原料，生产卷纸、抽纸、手帕纸以及面巾纸等系列生活用纸产品。

3月30日，联盛纸业(龙海)有限公司390万吨/年林浆纸一体化项目签约，总投资约220亿元。项目将分两期建设。一期建设100万吨/年白卡纸、12万吨/年生活用纸、120万吨/年木浆生产线(含碱回收工程)及其他配套设施，建设期限2年。二期建设100万吨/年白卡纸(配套50万吨/年化学机械浆生产线)、18万吨/年生活用纸、40万吨/年文化用纸生产线等其他配套设施，建设期限3年。

3月31日，国家认证认可监督管理委员会下发认监委2020年第6号公告，公布了绿色产品认证机构资质条件及包括纸和纸制品在内的第一批认证实施规则。符合《中华人民共和国认证认可条例》《认证机构管理办法》规定的基本条件，并具备与从事绿色产品认证相适应的技术能力的机构，可向认监委提出申请，经批准后按照《绿色产品认证实施规则 纸和纸制品》开展绿色产品认证。

3月，河南大指造纸装备集成工程有限公司为玉田顺发实业有限公司5600型纸机(产品为定量75克/米^{2}的箱纸板)提供的Integra-Sizer膜转移施胶机投入使用，至9月，已使纸机车速由安装前的750米/分提至1000米/分，同时节能26%以上，实现国产膜转移施胶机在纸板机应用中的重大突破，有效助推国产纸板机高速、高效、轻量化生产。

4月

4月10日，生态环境部固体废物与化学品管理技术中心公布了2020年第五批限制进口类申请明细表，废纸核定进口总量为117.15万吨。

4月20日，上海期货交易所发布《关于“Sodra Blue”品牌成为上海期货交易所纸浆期货可交割品牌的通知》。至此，上海期货交易所纸浆期货交割品牌达到 12 个，这是纸浆期货上市以来第一次扩充交割品牌。

4 月 23 日，江苏省纺织工业协会正式发布团体标准《口罩用聚丙烯熔喷非织造布》（T/JS-FZXH001—2020），这是全国首次发布口罩用熔喷布团体标准。标准于 4 月 26 日正式实施，主要适用于卫生防护用口罩熔喷布，由团体成员按照约定采用，并供社会自愿采用。

4 月 23 日，生态环境部固体废物与化学品管理技术中心公布了 2020 年第六批限制进口类申请明细，共有 4 家造纸企业获批，废纸核定进口总量为 12.41 万吨。

4 月 24—25 日，大荔蔡伦纸业有限公司 3 台卫生纸机投产。3 台高速纸机均是由保定市昌达造纸机械有限公司提供的同一型号新月型卫生纸机，全部使用芦苇浆生产定量 13～20 克/米^2 的本色生活用纸。

4 月 26 日，亚太森博（广东）纸业有限公司总投资 200 亿元的林浆纸一体化项目在广西北海市举行签约仪式。亚太森博（广东）纸业有限公司拟在铁山港投资 200 亿元建设 200 万吨/年高档纸和 100 万吨/年纸浆项目。

5 月

5 月 6 日、9 日，河南护理佳纸业有限公司的 5 号、6 号高速卫生纸机投产。2 台纸机为最新的 2850 型高速卫生纸机，均由上海轻良实业有限公司提供，设计车速 1400 米/分，净纸幅宽 2850 毫米，产能 55 吨/日。

5 月 15 日，保定市满城区瑞丰纸业有限公司的第 3 台高速卫生纸机投产。纸机是由佛山市南海区宝拓造纸设备有限公司提供的新月型卫生纸机，设计车速 1300 米/分，净纸幅宽 2850 毫米。

5 月 17 日，广西宏源纸业有限公司首台高速卫生纸机投产。纸机是由佛山市南海区宝拓造纸设备有限公司提供的新月型卫生纸机，设计车速 1400 米/分，幅宽 2850 毫米。主要使用蔗渣浆生产本色生活用纸，单机日生产量超过 50 吨。

5 月 18 日，生态环境部固体废物与化学品管理技术中心公布了 2020 年第七批限制进口类申请明细，共有 8 家造纸企业获批，废纸核定进口总量为 5.581 万吨。

5 月 19 日，漯河市聚源纸业有限公司 2 号高速卫生纸机投产。纸机是由上海轻良实业有限公司提供的新月型卫生纸机，设计车速 1400 米/分，净纸幅宽 2850 毫米。

5 月 24 日、9 月 3 日，山鹰华中纸业有限公司的 PM22（产能 51 万吨/年）和 PM23（产能 40 万吨/年）分别成功开机。这 2 条生产线在现有的同类纸机中能耗最低、智能化程度最高。2 台纸机投产后，山鹰华中纸业有限公司总产能达到 127 万吨/年，成为华中地区最大、实力最强的工业用纸生产基地。

5 月 25 日，亚太森博（山东）浆纸有限公司年产 2 万吨莱赛尔纤维生产线投产。项目的顺利投产标志着林浆纸行业向化纤行业的升级跨越。

5 月 27 日，保定市港兴纸业有限公司 9 号高速纸机投产。纸机是由佛山市南海区宝拓造纸设备有限公司提供的新月型高速卫生纸机，净纸幅宽 3550 毫米，设计车速 1300 米/分，全部使用商品木浆生产高档生活用纸，产能 2 万吨/年。

5 月 29 日，中国制浆造纸研究有限公司与维达国际控股有限公司签订了品牌企业年度“UP 服务”计划合作协议，范围涵盖生活用纸和卫生用品云服务平台、以生活用纸专业委员会官方微信号和官网为代表的线上渠道、以生活用纸年会和 FOCUS 国际论坛为代表的线下渠道。

5 月下旬，浙江弘安纸业有限公司 1 台高速卫生纸机投产。纸机是由江苏信诺轨道科技股份有限公司提供的新月型高档生活用纸生产线，净纸幅宽 4000 毫米，设计车速 1500 米/分，单机产能超过 3 万吨/年。

6 月

6 月 2 日，全国造纸工业标准化技术委员会以视频会议形式组织召开了《GB/T 8939—2018 卫生巾（护垫）》和《GB/T 20810—2018 卫生纸（含卫生原纸）》2 项国家标准英文版审查会。此次 2 项造纸国家标准英文版起草是造纸领域首次开展的标准外文版工作。

6 月 2 日，广西植护云商实业有限公司 2 号高速卫生纸机投产。纸机是由山东福佳大正机械科技有限公司提供的新月型高档生活用纸生产线，净纸幅宽 4200 毫米，设计车速 1500 米/分，产能 2.5 万吨/年。

6 月 9—13 日，中国造纸学会理事长曹振雷等领导一行到山东省部分造纸及装备企业走访调研，了解造纸及相关行业企业在新冠肺炎疫情中受到的影响，以及在“后疫情时代”企业如何克服不利因素实现高质量转型发展。

6 月 11 日，保定维拓造纸机械公司在保定市顺通纸制品厂投产的幅宽 2850 毫米、车速 1400 米/分的卫生纸机年产能达到 2 万吨。

6 月 12 日，玖龙纸业(控股)有限公司与湖北监利县人民政府达成投资协议。计划总投资 125 亿元的玖龙纸业(湖北)浆纸基地及相关产业项目正式落户湖北省荆州市监利经济开发区白螺工业园。签约项目分两期建成，一期计划投资 46 亿元，建设年产能 55 万吨的木浆和 75 万吨的高档包装用纸生产线。

6 月 12 日，福建晋江凤竹纸品实业有限公司旗下凤竹(漳州)纸业有限公司的 1 台宝拓新月型卫生纸机投产，纸机设计幅宽 2850 毫米，车速 1300 米/分，产能 1.68 万吨/年。

6 月 16 日，云南云景林纸股份有限公司生活用纸后加工前移昆明的第 1 条抽纸生产线成功投产。项目总产能 2 万吨/年，可生产抽纸、卷纸和手帕纸等。

6 月 18 日，广西植护云商实业有限公司第 2 台高速卫生纸机成功开机。纸机是由山东福佧大正机械科技有限公司提供的新月型高档生活用纸生产线，幅宽 4200 毫米，设计车速 1500 米/分，产能 2.5 万吨/年。

6 月 21 日，保定市跃兴纸业有限公司新月型高速卫生纸机成功开机。纸机由保定市昌达造纸机械有限公司提供，幅宽 3550 毫米，车速 900 米/分，设计产能 50 吨/日。

6 月 23 日，由山东省造纸行业协会、山东太阳纸业股份有限公司、凯登制浆设备(中国)有限公司主办，多家单位支持协办的山东省造纸行业协会第七届会员代表大会暨 2020 山东省造纸行业年会在山东省济宁市召开。

6 月 29 日、9 月 21 日，江苏王子制纸有限公司生活用纸原纸项目一期的 PM2、PM1 纸机相继投产，产能合计 12 万吨/年。2 台纸机幅宽 5600 毫米，最大工作车速 2000 米/分，是亚洲区幅宽最大、车速最高的卫生纸机之一，配备有亚洲最大直径的钢制扬克烘缸及国内首台大辊径靴压。

6 月 30 日，中国制浆造纸研究院有限公司及中国造纸协会生活用纸专业委员会举办了“生活用纸和卫生用品云服务”平台启动仪式。平台通过将互联网、大数据、云计算等新技术与原有全球产业链数据资源有效结合，助力行业企业线上线下精准营销，促进行业服务升级，推动行业高质量发展。新冠肺炎疫情期间，平台为抗疫物质供需双方有效对接发挥了重要作用。

6 月 30 日，山东华泰集团东营华泰化工集团有限公司公布其年产 16 万吨生物质基纤维项目。项目总投资 31.71 亿元，分三期建设多条原纤化纤维素、纤维和非原纤化纤维素纤维生产线。

7 月

7 月 1 日，齐峰新材料股份有限公司发布公告称，公司全资子公司淄博欧木特种纸业有限公司拟投资 1.5 亿元建设 1.8 万吨/年非织造新材料项目。产品主要用于墙体装饰、厨房擦拭。项目预计 2021 年 5 月竣工。

7 月 2 日，《邮件快件绿色包装规范》正式发布，要求邮政、快递及经营邮政通信业务的企业，其邮件快件要绿色包装，要坚持标准化、减量化和可循环的工作目标，加强与上下游协同，注意节约资源，杜绝过度包装，避免浪费和污染环境。

7 月 4 日，总投资 30 亿元的韶能集团耒阳蔡伦造纸项目开工建设，这是耒阳历史上单体投资金额最大的项目，建设规模将达年产 50 万吨生活用纸。

7 月 6 日，由中华环境保护基金会和美团外卖联合发起、中国制浆造纸研究院有限公司承办的“纸质外卖包装推荐名录及创新产品孵化项目”评审会在北京市召开。会议确定 30 家企业的 41 个产品入选美团外卖青山计划纸质外卖包装推荐名录。

7 月 6 日，四川省技术创新服务中心公布了《2020 年四川省名优产品目录》，589 个上榜产品中 5 家纸企的产品入选。

7 月 8 日，湖南省常德德馨纸业有限公司首台新月型高速卫生纸机成功开机。纸机由西安维亚造纸机械有限公司提供，幅宽 3500 毫米，设计车速 1000 米/分，产能 50 吨/日。

7 月 13 日，财政部、生态环境部、国家邮政局等部门联合印发了《商品包装政府采购需求标准(试行)》《快递包装政府采购需求标准(试行)》，要求在政府采购中推广使用绿色包装，助力打好污染防治攻坚战。

7 月 15 日，南宁香兰纸业有限责任公司 4 号卫生纸机成功开机出纸，该机台是公司二期项目的第 1 台纸机。纸机净纸幅宽 2850 毫米，设计车速 1500 米/分，单机产能近 2 万吨/年。

7 月 24 日，2020 华南国际瓦楞展、2020 中国国际彩盒展、2020 中国包装容器展、2020 华南国际软包展、2020 华南国际纸展、2020 华南内部物流及过程管理展览会等包装系列六展在广东省圆满落幕。展会为期 3 天，展出面积近 60000 米^2，观众 3 万多人。

7 月 27 日，财富中文网发布 2020 年《财富》中国 500 强排行榜，本次共有 6 家造纸相关企业入围 2020 年《财富》中国 500 强，分别是玖龙纸业（控股）有限公司、山东晨鸣纸业集团股份有限公司、理文造纸有限公司、山鹰国际控股股份公司、山东太阳股份有限公司和恒安国际集团有限公司。

7 月 27 日、30 日，泰盛集团贵州赤天化纸业股份有限公司连续两台卫生纸机开机出纸，两台纸机主体设备均是由佛山市南海区宝拓造纸设备有限公司提供的真空圆网纸机，净纸幅宽 2850 毫米，设计车速 1000 米/分，这是泰盛集团首次选择国产设备。

7 月 28 日，中国轻工业联合会正式发布 2019 年度轻工业二百强企业、轻工业科技百强企业、轻工业食品行业五十强企业、轻工业装备制造行业五十强企业名单。造纸行业共有 11 家企业入选 200 强名单，山东晨鸣纸业集团股份有限公司、玖龙纸业（控股）有限公司、山东华泰纸业股份有限公司分列行业前 3 位。

7 月 30 日，江门市桥裕纸业有限公司与广西桂平市签约，其年产 100 万吨包装用纸项目拟选址在广西桂平市，意向投资 20 亿元，主要建设 4 条包装用纸生产线，预计产能 60 万吨/年。

7 月 31 日，福建省尤溪永丰茂纸业有限公司首台卫生纸机开机。纸机是由贵州恒瑞辰科技股份有限公司提供的真空圆网纸机，幅宽 2850 毫米，设计车速 800 米/分，主要使用竹、木浆混合原料生产本色高级生活用纸。

8 月

8 月 5 日，联盛纸业（龙海）有限公司 60 万吨/年生产线成功开机投产。生产线以废纸为原料，生产牛皮箱纸板。纸机幅宽 8660 毫米，工作车速 1200 米/分，是目前国内最大的同类造纸机之一。

8 月 5 日，玖龙纸业（控股）纸业有限公司在东莞基地投产了 1 台 60 万吨/年的箱纸板机，目前主要生产“江龙”牌再生箱纸板。

8 月 5 日，山东太阳纸业股份有限公司首台国产卫生纸机开机出纸。纸机设备是由上海轻良实业有限公司提供的高速新月型卫生纸机，设计车速 1600 米/分，净纸幅宽 2850 毫米。

8 月 5 日，河北华邦卫生用品有限公司 3 号机顺利开机出纸。该机台是由佛山市南海区宝拓造纸设备有限公司提供的新月型高速卫生纸机，纸机幅宽 3550 毫米，设计车速 1300 米/分，产能 70 吨/日。

8 月 7 日，山东省造纸行业协会《纸管原纸》团体标准研讨会在山东省济南市召开。会议由山东省造纸行业协会组织召集，来自汇胜集团股份有限公司、华泰集团有限公司等纸管原纸主要生产企业的 13 位代表参加了会议。

8 月 7 日，国家市场监督管理总局、国家发展改革委等八部委联合印发《关于加强快递绿色包装标准化工作的指导意见》，紧扣快递包装治理“绿色化、减量化、可循环”的要求，对未来 3 年我国快递绿色包装标准化工作进行了全面部署。

8 月 11 日，山东晨鸣纸业集团股份有限公司发布公告，将控股子公司黄冈晨鸣浆纸有限公司产业发展规划调整为浆纸一体化项目。二期项目计划总投资 128 亿元，拟建设 4 条年产 150 万吨造纸生产线（包含文化用纸、白卡纸等），配套建设年产 52 万吨机械浆生产线、废水处理、热电联产项目及码头等。

8 月 11 日，珠海红塔仁恒包装股份有限公司携手客户成功推出纸质矿泉水瓶。与同等规格塑料瓶相比，珠海红塔仁恒包装股份有限公司研发的这款纸质包装可减少 86% 的塑料使用量，回收的纸瓶经过专业的再生利用加工处理，可实现 100% 再生利用。

8 月 21 日，由中国制浆造纸研究院有限公司、中国造纸学会和金光集团 APP（中国）主办，中国制浆造纸研究院有限公司中国造纸杂志社承办的新限塑令下纸质包装的机遇与挑战沙龙在北京市召开。来自有关部委、行业的领导以及造纸、包装、塑料、印刷、电商平台等多个相关行业、上下游产业的 20 余名专家、学者、企业代表出席了沙龙。

8 月 25 日，德本咨询、eNet 研究院、互联网周刊共同发布 2020 中国实体经济排行榜 Top300。造纸行业 5 家企业入围，分别是玖龙纸业（控股）有限公司、理文造纸有限公司、山东太阳纸业股份有限公司、山东晨鸣纸业集团股份有限公司、山鹰国际控股股份公司。

8 月 25 日，山鹰纸业（广东）公司成功研发出棉签纸棒专用纸——雪杉白牛皮纸，以及食品级吸管用纸。

8 月 27 日，总投资 120 亿元的山鹰国际绿色标杆纸业百亿循环产业基地项目在浙江省海盐县举行开工仪式。项目落成后，将形成集“原料采集、制浆造纸、包装印刷、技术创新、绿色循环”于一体的完整产业链。

8 月 28 日，柳州市柳林纸业有限公司与西安维亚造纸机械有限公司签约 1 台新月型高速卫生纸机。纸机设计车速 1500 米/分，纸机幅宽 2850 毫米。

8 月底，玖龙纸业(河北)有限公司 OCC 线成功开机，年生产量为 70 万吨。在 20 个月内，玖龙纸业(控股)有限公司在国内的 5 条 OCC 浆线陆续顺利投产，制浆和流送系统整线产品为福伊特公司提供。

9 月

9 月 5 日，浙江龙游太平纸业有限公司 5 万吨/年特种纸生产线开机出纸。纸机幅宽 3600 毫米，设计车速 400 米/分，主要使用商品木浆生产高档装饰原纸。

9 月 6 日，山西大维纸业有限公司年产 20 万吨瓦楞原纸项目举行开工奠基仪式。项目将新建 2 条瓦楞原纸和 T 纸生产线，建成后，每年可实现产值 6.5 亿元，利税 9600 万元，将填补大同地区高强瓦楞原纸和 T 纸生产方面的空白。

9 月 7 日，2020 山东造纸行业“四新”技术交流及推广会议在山东省济南市召开。会议交流推广了“新技术、新工艺、新材料、新设备”的研发成果，对造纸产业提质增效、节能降耗、节水减排和高质量发展起到促进作用。

9 月 7 日，新乡新亚纸业集团股份有限公司第 2 台涂布白卡纸机成功试产并顺利出纸。纸机幅宽 3500 毫米，设计车速 650 米/分，主要生产高松厚双面涂布白卡纸，产能 20 万吨/年。

9 月 8 日，广西宏源纸业有限公司第 2 台高速卫生纸机开机出纸。纸机是新月型卫生纸机，设计车速 1400 米/分，幅宽 2850 毫米，主要使用竹浆和桉木浆生产本色生活用纸，设计产能 70 吨/日。

9 月 9 日，山东华泰纸业股份有限公司发布公告称，公司拟公开发行可转债募资不超过 15 亿元，扣除发行费用后，全部投入年产 70 万吨化学木浆项目建设。项目包括自用的液体浆 40 万吨/年以及外销的浆板 30 万吨/年。

9 月 10 日，全国工商联主办的 2020 中国民营企业 500 强峰会在北京市举行。会议发布了“2020 中国民营企业 500 强”榜单。造纸行业的华泰集团有限公司、玖龙纸业(控股)有限公司、山东太阳控股集团有限公司、山东博汇集团有限公司、山鹰国际控股股份公司、福建恒安集团有限公司和胜达集团有限公司入选。

9 月 14 日，浙江景兴纸业股份有限公司发公告称，公司决定投资 68665 万元建设 12 万吨/年天然抗菌高品质生活用纸项目。项目采用漂白木浆为主要原料，拟新购置、安装 2 条 6 万吨/年生活用纸原纸生产线。

9 月 15 日，由中国造纸学会、中国制浆造纸研究院有限公司主办，中国造纸学会特种纸专业委员会承办的 2020 全国特种纸技术交流会暨特种纸委员会第十五届年会在山东省荣成市召开。

9 月 16 日，由河南省造纸工业协会主办的河南省造纸工业协会第六届会员大会、理事会第一次会议(扩大)暨 2020 年年度工作会议在河南省郑州市召开。

9 月 16 日，广西壮族自治区来宾市与仙鹤股份有限公司签订投资框架协议。签约项目主要建设内容为 250 万吨/年浆纸生产线及配套设施。主体项目包含 150 万吨/年纸浆纤维制备项目，100 万吨/年高性能纸基新材料项目。

9 月 16 日，山东太阳生活用纸有限公司第 2 台国产卫生纸机开机出纸。纸机设备是由上海轻良实业有限公司提供的高速新月型卫生纸机，设计车速 1600 米/分，幅宽 2880 毫米。主要使用商品木浆生产面巾纸、卷筒卫生纸、餐巾纸和吸水衬纸。

9 月 17 日，阜新浩博纸业有限公司首台卫生纸机成功开机出纸。纸机是由保定市昌达造纸机械有限公司提供的新月型卫生纸机，幅宽 2850 毫米，设计车速 900 米/分，主要使用商品木浆生产高档生活用纸。

9 月 17 日，牡丹江恒丰纸业股份有限公司自主设计并安装的幅宽 3300 毫米、车速 500 米/分的卷烟纸机正式投产。这是国内首台自主设计、国产化率 90% 以上、运行性能达到国际先进水平的专业卷烟纸机。

9 月 18 日，上海期货交易所与挪威浆纸交易所签署了纸浆期货交割结算价授权协议。根据协议，挪威浆纸交易所于当地时间 9 月 21 日挂牌上市上海纸浆期货合约。此次交割结算价授权是中国期货市场价格在国际金融市场的首次直接应用，也是第一次向境外交易所输出中国期货合约标准。

9月19日，抚州市富盛纸业有限公司首台包装纸机成功开机出纸。纸机设备由沁阳市第一造纸机械有限公司提供，幅宽4500毫米，设计车速350米/分，主要使用废纸原料生产定量70～110克/米^{2}的瓦楞原纸。

9月21日，《商品再生纤维浆》国家标准通过了全国造纸工业标准化技术委员会委员的审查，并于11月上报至国家标准化管理委员会，目前处于待批阶段。

9月21日，由全国工商联纸业商会主办的2020上海纸浆周年会暨第13届中国纸业发展大会在上海市召开。

9月22日，2020《中国造纸》期刊理事会工作会议在江苏省苏州市召开，共有来自造纸企业、科研院所、造纸装备及化学品企业的21家理事会单位代表出席了会议。

9月22日，由中轻集团所属中国制浆造纸研究院有限公司主办，中国制浆造纸研究院有限公司和中国造纸协会生活用纸专业委员会联合承办的第27届生活用纸国际科技展览会在江苏省南京市举办。

9月22日，新乡新亚纸业集团股份有限公司举行年产40万吨液体包装用纸项目、20万吨APMP杨木化学机械浆项目投产仪式。涉及总投资11.5亿元，将填补国内造纸行业液体包装用纸生产空白，助推企业年销售收入达到50亿元以上，跻身全国造纸行业前10强。

9月23日，由中国造纸协会、中国造纸学会、中国制浆造纸研究院有限公司联合主办，中国制浆造纸研究院有限公司中国造纸杂志社承办的2020中国国际造纸科技展览会及会议在江苏省苏州市举行。

9月23日，由中国造纸学会、中国造纸协会、中国制浆造纸研究院有限公司共同主办，中国造纸杂志社承办，山东杰锋机械制造有限公司、上海东升新材料有限公司协办的2020中国国际造纸创新发展论坛在江苏省苏州市举办。

9月24日，在深圳市举办的2020年“湾企入桂”推介会暨签约仪式上，东莞建晖纸业有限公司与广西壮族自治区成功签约总投资130亿元的广西建晖纸业有限公司林浆纸一体化项目。项目计划建设12条生产线(制浆生产线4条、高档纸生产线8条)，制浆及造纸产能约360万吨/年。

9月25日，上海轻良实业有限公司和斯凯孚(中国)销售有限公司在江苏省南京市举办生活用纸纸机“旋转设备长效运转服务协议”签约仪式。

9月25日，保定泽裕新型材料有限公司第2台卫生纸机开机出纸。纸机型号为HC-1300CS型新月型纸机，设计车速1300米/分，幅宽3550毫米，单机产能75吨/日。

9月25日，四川鑫业纸业有限公司首台高速卫生纸机开机出纸。纸机设备是由保定昌达造纸机械有限公司提供的高速新月型卫生纸机，设计车速1200米/分，净纸幅宽2850毫米，单机设计产能2万吨/年。

9月26日，山鹰纸业(吉林)有限公司100万吨/年制浆和100万吨/年工业包装用纸项目在吉林省扶余市开工建设。项目总投资112亿元，其中制浆造纸和环保工程项目投资86亿元，热电联产和配套生物质发电项目投资26亿元。

9月28日，中国企业联合会、中国企业家协会发布“2020中国企业500强榜单”，山东太阳控股集团有限公司以524亿元的营业收入荣登榜单，位列第352位。

9月29日，工业和信息化部、水利部、国家发展改革委、国家市场监督管理总局公布了2020年重点用水企业水效领跑者名单，其中造纸行业的金东纸业(江苏)股份有限公司、驻马店市白云纸业有限公司、芬欧汇川(中国)有限公司、玖龙纸业(东莞)有限公司、维达纸业(浙江)有限公司5家企业入选，水效领跑者称号自发布之日起有效期2年。

9月29日，江苏凯盛纸业有限公司5号纸机开机出纸。纸机幅宽3800毫米，车速400米/分，全部使用混浆原料抄造涂布白纸板，产能20万吨/年。

9月，斯道拉恩索中国包装正式启动其位于河北迁安的新一代纸浆模塑项目，预计2021年一期投产后，完全不含塑料或全氟烷基与多氟烷基物质(PFAS)的食品级纸塑产品年产能将超过5500万件。

10月

10月7日，湖北丽邦纸业有限公司首台卫生纸机开机投产。纸机是由佛山市南海区宝拓造纸设备有限公司提供的BT1300-3550型新月型高速卫生纸机，净纸幅宽3550毫米，设计车速1300米/分，单机产能2万吨/年。

10月9日，牡丹江恒丰纸业股份有限公司年产2万吨食品包装用纸二期项目正式投产。项目属黑龙江省百大项目，投产后产品技术及产品质量将达到国际先进水平，填补国内空白，满足国内外食品包装用纸的市场需求，达到欧盟标准。

10 月 15 日，广西来宾桂宾纸业有限公司首台高速卫生纸机成功出纸。机台主体设备由山东福佳大正机械科技有限公司提供，纸机幅宽 2850 毫米，设计车速 1500 米/分，主要使用蔗渣浆、商品木浆生产高档生活用纸，设计产能 2.5 万吨/年。

10 月 15 日，由广西造纸行业协会、广西造纸学会和广西大学轻工与食品工程学院联合主办的广西造纸年会暨广西造纸工业优化升级高质量发展论坛在南宁市召开。

10 月 15 日，江苏省造纸行业职工技能（钳工）大赛决赛在金东纸业（江苏）股份有限公司、江苏航空职业技术学院举办。

10 月 16 日，保定市维拓造纸机械有限公司为保定市立新纸业有限公司提供的幅宽 2850 毫米、设计车速 1400 米/分的卫生纸机开机成功，产能 2 万吨/年。

10 月 17 日，保定市维拓造纸机械有限公司在河北省石家庄科品纸业有限公司投产的 3500 型超薄高速拷贝纸机一次性开机成功，纸张定量达到 9 克/米^2，纸机产能 1.2 万吨/年。该机型也可生产高级坐便纸，果袋内衬纸等，为国内长网高速拷贝纸机填补了空白。

10 月 17 日，德州胜港纸业有限公司与宝索企业集团签订 2 台套宝拓 BC1300-3600 新月型高速卫生纸机，项目为德州胜港纸业有限公司年产 15 万吨生活用纸项目的主体设备。

10 月 18 日，山西云冈纸业有限公司 6 号高速卫生纸机成功开机。纸机是由上海轻良实业有限公司提供的新月型高速卫生纸机。纸机净纸幅宽 2850 毫米，设计车速 1400 米/分，产能 2 万吨/年。

10 月 18 日、28 日，辽宁雨森卫生用品有限公司的 2 台卫生纸机先后开机投产。2 台纸机均是由维美德公司（PMP）提供的 Intelli-Tissue ® EcoEC Premium 节能型环保新月型高速卫生纸机，幅宽 3500 毫米，设计车速 1600 米/分，单机产能 3 万吨/年。

10 月 20 日，“全自动造纸表面施胶淀粉连续制备系统”成果技术鉴定会在湖北省武汉市召开，该系统由中国轻工业武汉设计工程有限责任公司研发。经评定，专家组一致认为该成果达到国际先进水平。

10 月 20 日，总投资 135 亿元的玖龙纸业（湖北）有限公司项目在湖北省监利县开工。项目为年产 60 万吨木浆及 240 万吨高档包装用纸的林浆纸一体化项目，建成后预计年总产值 145 亿元。

10 月 21 日，由中国造纸化学品工业协会主办，国家造纸化学品工程技术研究中心等协办的 2020（第十三届）中国造纸化学新技术交流会在浙江省杭州市召开，围绕“造纸化学品行业的新机遇与挑战，生物质基降解材料新方向与发展”的主题进行了深入探讨。

10 月 22 日，辛集市福德纸业有限公司第 2 条生活用纸生产线顺利开机投产。该条生产线由陕西炳智机械有限公司提供，纸机净纸幅宽 3500 毫米、车速 1000 米/分，全部采用商品木浆生产高档生活用纸，设计产能 2 万吨/年。

10 月 28 日，由四川省造纸行业协会、四川省造纸学会主办的四川省造纸行业工作会暨“2020 四新技术”交流推广会，协会、学会年会在四川省成都市召开。

10 月 31 日，金光集团盐城纤维素纤维一体化产业基地奠基仪式在江苏省盐城滨海港工业园区举行。项目规划年产 200 万吨纤维素纤维、60 万吨纺织品。

11 月

11 月 1 日，江西省芦林纸业股份有限公司扩建项目 PM5 纸机顺利出纸。纸机幅宽 8650 毫米，设计车速 1300 米/分，网部采用夹网设计、复合压榨结构，使用废纸原料抄造低定量高强瓦楞原纸，产能超过 30 万吨/年。

11 月 3 日，福建省纸业协会第六届第四次理事（扩大）会议暨 2020 年年度工作会议在福建省漳州市召开。

11 月 4 日，河南汇祥再生资源科技有限公司涂布白纸板生产线开机生产。纸机净纸幅宽 3800 毫米，设计车速 400 米/分，全部使用废纸浆原料，采用机内涂布方式抄造定量 200～450 克/米^2 的涂布白纸板，产能 15 万吨/年。

11 月 4 日，山东丰硕纸业有限公司涂布白纸板技改项目顺利开机出纸。纸机净纸幅宽 3400 毫米，设计车速 700 米/分，压榨部为国产靴式压榨，全部使用废纸浆原料，采用机内涂布方式抄造定量 200～450 克/米^2 的涂布白纸板，产能超过 20 万吨/年。

11 月 5 日，金光集团 APP 亮相第三届中国国际进口博览会，并在期间首发以全新升级的 Foopak Bio Natura 生物降解食品卡纸为代表的多种新型环保纸产品。

11 月 5 日，保定市富民纸业有限公司 5 号高速卫生纸机顺利开机出纸。纸机是由西安维亚造纸机械有限公司提供的新月型纸机，幅宽 3600 毫米，设计车速 1300 米/分，主要使用商品木浆生产高档生活用纸，设计产能 2 万吨/年。

11 月 7 日，山东省"技能兴鲁"职业技能大赛——山东省轻工行业(造纸工)技能竞赛暨山东省造纸行业第二届职工技能竞赛决赛在山东省潍坊市举办。

11 月 6 日，由恒安国际集团有限公司投资的湖南恒安生活用纸六期项目成功签约。项目总投资 5.35 亿元，建设 TAD + QRT 项目和区域分化中心物流仓库项目。

11 月 7 日，第二届木质素和胶原基材料青年国际会议暨第一届辽宁省生物质能源与材料研究生创新学术论坛在大连工业大学召开。

11 月 7 日，APP(中国)发布了以"高质量发展，'纸'为明天"为主题的《2019 APP(中国)可持续发展报告》。

11 月 11 日，保定市豪峰纸业有限公司新月型高速卫生纸机顺利开机。纸机由保定市昌达造纸机械有限公司提供，幅宽 2850 毫米，设计车速 1500 米/分，主要使用进口商品木浆生产高档生活用纸，设计产能超过 2 万吨/年。

11 月 11 日，湖北丽邦纸业有限公司 2 号高速卫生纸机成功开机。纸机是由佛山市南海区宝拓造纸设备有限公司提供的 BC1500-2850 型新月型高速卫生纸机，净纸幅宽 2850 毫米，设计车速 1500 米/分，设计产能 2.5 万吨/年。

11 月 13 日，浙江金励环保纸业有限公司新建项目 PM9 投产。纸机主体设备由江苏华东造纸机械有限公司提供，净纸幅宽 5600 毫米，设计车速 450 米/分，全部使用废纸原料抄造定量 300 ~ 650 克/米^2 的单面灰纸板，产能 30 万吨/年。

11 月 14 日，理文造纸有限公司在马来西亚雪州造纸生产基地投资的 4 条 5600/900 型包装纸机生产线之一 PM23 投产。4 条生产线中，上海轻良实业有限公司提供 3 台纸机，江苏华东造纸机械有限公司提供 1 台纸机；山东杰锋机械制造有限公司提供 4 条日产 1000 吨的制浆主体设备生产线以及所有浆渣处理设备；浙江华章科技有限公司提供 4 条生产线的纸机传动、复卷机传动和 DCS/MCS 控制系统。

11 月 17 日，由中国造纸协会和上海期货交易所联合主办的 2020 中国纸浆市场形势研讨会在江西省南昌市召开。

11 月 18 日，由中国造纸协会主办的 2020 中国国际造纸和装备博览会暨全国纸张订货交易会在江西省南昌市召开。

11 月 18 日，山鹰华中纸业有限公司 120 万吨/年项目在湖北省公安县正式动工。项目总投资 100 亿元，是公司继 2017 年投资 120 亿元包装用纸项目后，再次追加投资的新建项目，将新建 2 条总产能 120 万吨/年的生活用纸生产线，10 亿米^2/年纸箱的华中智能包装产业园和 50 万吨/年生活用纸、食品卡纸精加工、纸浆模塑产品的电商产业园，同时配套相应的生物质发电、废水处理、原料堆场及成品储运等工程。

11 月 20 日，广西防城港市与理文造纸有限公司举行理文防城港 600 万吨/年林浆纸一体化全产业链项目云签约仪式。项目总投资 320 亿元，预计总产能 600 万吨/年，年产值约 425 亿元，税收 24.53 亿元，拟选址在防城港市港口区。

11 月 22 日，江西五星纸业有限公司二期项目第 1 台纸机 PM9 投产。机台引进自韩国的二手机，由福伊特公司负责技改，净纸幅宽 7980 毫米，网宽 8660 毫米，设计车速 1500 米/分，主要抄造全木浆未涂布文化用纸，产能 30 万吨/年。

11 月 24 日，全国劳动模范和先进工作者表彰大会在北京人民大会堂举行，造纸行业高峰梅、林德山、陈万平、魏国华、刘卫斌、王双飞六人荣获"2020 年全国劳动模范和先进工作者"称号。

11 月 24 日，全国造纸工业标准化技术委员会第五届三次会议在浙江省衢州市召开。

11 月 25 日，第九届 Fastmarkets RISI 亚洲回收纸及箱纸板瓦楞原纸大会在海南省海口市召开。

11 月 25 日，广东省造纸行业协会第七届第二次会员大会暨 2020 广东省造纸行业创新发展大会在广东省佛山市召开。

11 月 26 日，由中国再生资源回收利用协会主办的第五届中国回收纸行业大会在海南省海口市召开。

11 月 26 日，霸州市华通纸业有限公司 15 万吨/年瓦楞原纸项目投产。纸机由上海轻良实业有限公司提供，幅宽 5600 毫米，设计车速 700 米/分；浆线设备主要由山东晨钟机械股份有限公司提供。

11 月 27 日，生态环境部、国家发展改革委、公安部、交通运输部、国家卫健委联合公布《国家危险废物名录(2021 年版)》。目录删除了"纸浆制造221-001-12 废纸回收利用处理过程中产生的脱墨渣为危险废物”的条款，自2021年1月1日起施行。

11月29日，贵州鹏昇（集团）纸业有限责任公司一期工程60万吨/年包装用纸项目首台纸机PM1投产。纸机主体设备是由江苏华东造纸机械有限公司提供的单长网多缸纸机，关键设备流浆箱、靴压、压光机选用意大利PMT公司产品，纸机净纸幅宽5600毫米，设计车速850米/分，全部采用废纸原料抄造高强瓦楞原纸，产能25万吨/年。

12月

12月4日，保定市维拓造纸机械公司为保定市绿纯卫生用品有限公司提供的新月型卫生纸机投产。纸机幅宽2850毫米、车速1400米/分，产能2万吨/年。

12月9日，保定市华奥纸业有限公司首台高速卫生纸机投产。纸机是由西安维亚造纸机械有限公司提供的新月型纸机，净纸幅宽3550毫米，设计车速1300米/分，主要使用商品木浆生产高档生活用纸，设计产能2万吨/年。

12月9日，山东太阳纸业股份有限公司45万吨/年特色文化用纸项目在颜店太阳纸业新材料产业园内举行开机启动仪式。纸机设计抄宽9850毫米、设计车速1800米/分，是目前为止山东太阳纸业股份有限公司文化用纸单线生产能力最大的项目。

12月10日，中国造纸学会第八届常务理事会第六次会议、第一届监事会第五次会议在河南省郑州市召开。

12月10日，中国造纸学会废纸回收利用专业委员会换届调整会议在河南省郑州市召开，会议审议通过了专业委员会名称由中国造纸学会废纸回收利用专业委员会更名为中国造纸学会再生纤维利用技术专业委员会；选举产生了专业委员会主任委员、副主任委员和秘书长等负责人。主任委员单位为郑州运达造纸设备有限公司，主任委员许超峰；秘书处依托单位为中国制浆造纸研究院有限公司，秘书长梁川。

12月11日，中国造纸学会第八届理事会第二次（扩大）会议在河南省郑州市召开。会上公布了第四届中国造纸学会蔡伦奖评选结果，并对10位获奖者进行了表彰。

12月11日，由中国造纸学会主办的中国造纸学会第十九届学术年会在河南省郑州市召开。

12月11日，山东太阳纸业股份有限公司在老挝的太阳纸业沙湾有限公司80万吨/年高档包装用纸项目PM1纸机投产。该项目共有2台纸机，总产能80万吨/年。目前投产的PM1设计幅宽6660毫米，车速1200米/分，主要生产箱纸板；PM2主要生产低定量牛皮箱纸板，这是我国造纸企业在国外投资建成的大型造纸生产项目之一。

12月12日，由中国制浆造纸研究院有限公司和郑州磊展科技造纸机械有限公司共同成立的制浆造纸国家工程实验室制浆技术联合研发中心在河南省新密市揭牌。

12月15日，由APP文化用纸事业部举办的“2020浆纸市场回顾及发展趋势研讨会”在北京市举行。中国出版材料协会领导及各大出版社客户代表参加了会议。

12月21日，山鹰国际控股股份公司等投资的四川省宜宾市兴文县竹浆模塑餐具及包装产品生产项目举行签约仪式，总投资约7亿元，建成后预计年产能约5万吨。

12月27日，第六届中国工业大奖发布会在北京市举行。山东太阳纸业股份有限公司“高纯度生物质纤维素清洁制备关键技术及产业化”项目荣获“中国工业大奖表彰奖”，是唯一受到中国工业大奖系列表彰奖项的造纸企业项目。

12月28日，国家发展改革委和商务部联合发布《鼓励外商投资产业目录（2020年版）》。根据鼓励目录，外资企业不仅可以投资更多领域，而且能享受一系列优惠政策，包括符合条件的实行进口设备免征关税、减征企业所得税、优先供应土地等。造纸领域有多项进入全国鼓励外商投资产业目录，主要集中在造纸装备、造纸化学品，以及个别特种纸。

（郭彩云）

2020 年造纸行业会展信息

Exhibition and Conference Information Summary of Paper Industry in 2020

2020 年 1 月 10 日，“2019 年度国家科学技术奖励大会”在北京人民大会堂隆重举行。共有 296 个项目和 12 名科技专家荣获 2019 年度国家科学技术奖。由教育部推荐的“制浆造纸清洁生产与水污染全过程控制关键技术及产业化”项目荣获国家科学技术进步奖一等奖，另有 3 项造纸及相关类项目荣获国家科学技术进步奖二等奖和国家技术发明奖二等奖。

2020 年 1 月 14 日，由《中国造纸》杂志社《造纸信息》杂志主办的“2019 年中国造纸工业 10 项要闻”评选会在北京市召开。与会专家从我国造纸工业可持续发展的大局出发，围绕创新、原料、市场、投资等最受关注的行业热点，认真梳理了我国造纸行业 2019 年所发生的具有影响力的重要事件，评选出 2019 年中国造纸工业 10 项要闻。

2020 年 6 月 8 日，《中国造纸》2019 年度“博世科杯”优秀论文终评会在北京市召开。本届终评会采取线上网络会议与线下评选会结合的形式，近 30 名专家参加了终评会，评选出 20 篇优秀论文。其中，一等奖 1 篇，二等奖 3 篇，三等奖 6 篇，优秀奖 10 篇。获奖论文代表了我国造纸工业相应领域的技术水平和发展方向。

2020 年 6 月 23—24 日，山东省造纸行业协会第七届会员代表大会暨 2020 全省造纸行业年会在山东省济宁市兖州区召开。会议选举产生了协会新一届负责人；介绍了山东省造纸行业 2019 年度生产经营情况和发展特点；提出了 2020 年发展思路建议；公布了“2019 年度山东省造纸行业‘十强企业’‘十佳企业’”。

2020 年 7 月 22—24 日，“2020 华南国际瓦楞展”“2020 中国国际彩盒展”“2020 中国包装容器展”“2020 华南国际软包展”“2020 华南国际纸展”“2020 华南内部物流及过程管理展览会”等包装系列六展在广东省东莞市举办。会议同期举办 40 余场高端论坛会议，涉及企业管理、市场走势、设备、技术、贸易，深度剖析了纸包装行业。

2020 年 8 月 7 日，山东省造纸行业协会《纸管原纸》团体标准研讨会在山东省济南市召开。会议由山东省造纸行业协会组织召集，来自汇胜集团股份有限公司、华泰集团有限公司、德州泰鼎新材料科技有限公司、山东德派克纸业有限公司、枣庄市海象纸业有限公司、山东奥恒新材料有限公司等纸管原纸主要生产企业的 13 位代表参加了会议。

2020 年 8 月 21 日，由中国造纸学会、中国制浆造纸研究院有限公司、金光集团 APP(中国)主办的“新限塑令下纸质包装的机遇和挑战沙龙”在北京市召开。来自造纸、包装、塑料、印刷等领域的 20 余名专家、学者、企业代表出席了沙龙。基于新限塑政策的实施，有关部委、行业的相关领导及上下游各领域专家，就如何全面挖掘纸质包装的新机遇、推动纸质包装的科技创新和融合发展进行了交流讨论。

2020 年 9 月 7—8 日，2020 山东省造纸行业“四新”技术交流及推广会议在山东省济南市召开，造纸及相关企业的代表 200 多人参加了会议。会议交流推广了“新技术、新工艺、新材料、新设备”等研发成果，宣传贯彻国家节能环保和产业发展政策，以促进造纸产业提质增效、节能降耗、节水减排和高质量发展。

2020 年 9 月 15—17 日，由中国造纸学会、中国制浆造纸研究院有限公司主办，中国造纸学会特种纸专业委员会承办的“2020 全国特种纸技术交流会暨特种纸委员会第 15 届年会”在山东省荣成市召开。此次会议共有来自全国各地 131 家单位的 271 位代表参加。技术交流会以“以纸代塑”为主题，进行了 13 场技术讲座。

2020 年 9 月 16—17 日，河南省造纸工业协会第六届会员大会、理事会第一次会议（扩大）暨 2020 年年度工作会议在河南省郑州市召开。会议审议通过了河南省造纸工业协会第五届理事会工作报告、财务报告，选举产生了第六届理事会及领导成员。

2020 年 9 月 21—22 日，由全国工商联纸业商会主办的“2020 上海纸浆周年会暨第 13 届中国纸业发展大会”在上海市召开。会议主题为“共推市场刚需 实现平稳回归”和“双循环再造行业新格局”。会议期间还就“疫情对纸浆市场的影响及趋势分析”“以纸代塑，造纸企业如何抓住发展机遇”“即将来临的废纸零进口时代，造纸企业如何解决原料问题”的话题进行了交流讨论。

2020 年 9 月 22 日，《中国造纸》期刊理事会工作会议在江苏省苏州市召开。会议就《中国造纸》期刊理事会如何更好地开展工作，如何更好地服务各理事单位展开了讨论。来自造纸企业、科研院所、造纸装备及化学品企业的 21 家企业代表参加。

2020 年 9 月 22—26 日，由中国制浆造纸研究院有限公司主办，中国造纸协会生活用纸专业委员会联合承办的第 27 届生活用纸国际科技展览会在江苏省南京市举办。本届展会展出面积 8 万米^2，共有 873 家业内企业参展。展会聚焦生活用纸和卫生用品产业链的最新发展情况，为国内外企业搭建起了解中国市场、交流最新市场行情、洽谈国内外贸易的重要桥梁。

2020 年 9 月 23 日，由中国造纸学会、中国造纸协会、中国制浆造纸研究院有限公司共同主办的“2020 中国国际造纸创新发展论坛”在江苏省苏州市召开。论坛以“创新谋机遇，逆袭求发展”为主题，针对造纸行业面对后疫情时代的危机管理、5G 变革、新基建机遇、减塑代塑及造纸行业面临的主要问题等热点话题进行了交流研讨。

2020 年 9 月 23—25 日，由中国造纸协会、中国造纸学会和中国制浆造纸研究院有限公司联合主办的 2020 中国国际造纸科技展览会及会议在苏州国际博览中心举行。展览内容包括制浆造纸机械设备、零部件、辅助器材、自动化设备及仪器仪表；各类商品纸浆、纸及纸板；废纸及废纸利用技术、设备等；造纸化学品；环保及综合利用新技术及设备；特种纸原料及设备；包装材料及生产设备等。

2020 年 10 月 15—17 日，由广西壮族自治区造纸行业协会、广西壮族自治区造纸学会和广西大学轻工与食品工程学院联合主办的“广西造纸年会暨广西造纸工业优化升级高质量发展论坛”在广西壮族自治区南宁市召开。会议就我国尤其是广西的原料、市场、新产品新技术等热点议题展开了深度交流。

2020 年 10 月 16 日，江苏省造纸行业工会工作研究会第一届一次理事会在江苏省镇江市召开。来自江苏省内 12 家规模骨干造纸企业的 26 名工会主席、职工会员代表作为首届成员单位理事参加了本次会议。

2020 年 10 月 21—23 日，由中国造纸化学品工业协会主办，国家造纸化学品工程技术研究中心等协办的“2020（第十三届）中国造纸化学新技术交流会”在浙江省杭州市召开。交流会的主题是“造纸化学品行业的新机遇与挑战，生物质基降解材料新方向与发展”。

2020 年 10 月 28 日，由四川省造纸行业协会、四川省造纸学会主办的“四川省造纸行业工作会暨‘2020 四新技术’交流推广会，协会、学会年会”在四川省成都市召开，来自中国造纸协会、四川省相关领导，其他省份造纸行业协会，四川省造纸行业协会、四川省造纸学会领导成员近 200 人出席会议。

2020 年 11 月 3—4 日，由福建省纸业协会和三明市三洋造纸机械设备有限公司联合主办的福建省纸业协会第六届第四次理事（扩大）会议暨 2020 年年度工作会议在福建省漳州市召开。会议审议了福建省纸业协会 2019 年年度工作总结、福建省纸业协会 2020 年年度工作计划、福建省纸业协会 2019 年度监事会工作报告等。

2020 年 11 月 7—9 日，由大连工业大学、四川大学及齐鲁工业大学联合举办的“第二届木质素和胶原基材料青年国际会议暨第一届辽宁省生物质能源与材料研究生创新学术论坛”在辽宁省大连市召开。会议主题为“木质素和胶原基材料基础研究和应用领域面临的机遇、挑战和未来发展方向”，来自生物质能源与材料研究领域的 43 位专家及青年才俊做了报告。研究生创新学术论坛主题为“结合辽宁省地域特点、企业发展需要及国家战略需求，聚焦‘五大区域发展战略’和‘一带五基地’建设，促进传统轻工生物质资源利用产业转型升级”。

2020 年 11 月 17 日，由中国造纸协会和上海期货交易所联合主办的“2020 中国纸浆市场形势研讨会”在江西省南昌市召开。会议吸引了供应商、贸易商、造纸企业、期货行业等相关人员 500 多位代表参会。围绕造纸原料、商品浆市场、产销形势、纸浆期货等行业热议话题进行了深入探讨。

2020 年 11 月 18—19 日，由中国造纸协会主办的“2020 中国造纸周之中国浆纸技术论坛暨第十一届中华纸业浆纸技术论坛”在江西省南昌市举办。来自国内外制浆造纸企业、行业协会、科研院所、高校、研究机构、行业媒体的近 300 名代表参加了本次论坛。

2020 年 11 月 18—20 日，由中国造纸协会主办的“2020 中国国际造纸和装备博览会暨全国纸张订货交易会”在江西省南昌市召开。展会展示了造纸行业的新产品、新装备、新技术和新成就，展示范围涵盖纸浆、纸及纸板、纸制品、机械设备、原辅材料、造纸助剂及相关化学品等。

2020 年 11 月 24—25 日，全国造纸工业标准化技术委员会第五届三次会议在浙江省衢州市召开。来自全国造纸企业、行业协会、检验机构、科研单位的委员、专家和代表共计 200 余人参加了会议。会议汇报了造纸标委会 2020 年的主要工作内容，组织召开了《厨房纸巾》《卫生纸和擦手纸回用纤维使用规范》等 24 项造纸标准的审查及研讨会。

2020 年 11 月 25 日，第九届 Fastmarkets RISI 亚洲回收纸及箱纸板瓦楞原纸大会在海南省海口市召开。会议采用线上与线下结合的方式，吸引到了来自 137 家公司的 207 位业内知名企业的管理、市场、研发等人士参会。

2020 年 11 月 25—27 日，广东省造纸行业协会第七届第二次会员大会暨 2020 广东省造纸行业创新发展大会在广东省佛山市召开。省内外造纸相关行业协会代表、省内外造纸及相关企业代表共计 350 余人参加了本次大会。

2020 年 11 月 26—27 日，由中国再生资源回收利用协会主办，中国再生资源回收利用协会废纸分会承办的第五届中国回收纸行业大会在海南省海口市召开。此次会议以“体系共建，产业共生”为主题，来自全国回收纸行业相关部门领导、行业专家、造纸企业、回收企业、废纸贸易商、设备服务商以及新闻媒体等近 500 人出席会议。

2020 年 11 月 27 日，第八届中国造纸学会蔡伦奖评审委员会第一次会议暨第四届中国造纸学会蔡伦奖评审会在北京市召开。会议评选出了第四届中国造纸学会蔡伦科技奖 5 人，第四届中国造纸学会蔡伦青年科技奖 5 人。

2020 年 12 月 10 日，中国造纸学会第八届常务理事会第六次会议、第一届监事会第五次会议在河南省郑州市召开。会议审议了中国造纸学会 2020 年完成的主要工作和 2021 年工作计划，审议通过了中国造纸学会 2019 年财务情况，审议通过了第四届中国造纸学会蔡伦奖评选结果并作出表彰决定。

2020 年 12 月 10 日，中国造纸学会废纸回收利用专业委员会换届调整会议在河南省郑州市召开。会议审议通过了专业委员会名称由“中国造纸学会废纸回收利用专业委员会”更名为“中国造纸学会再生纤维利用技术专业委员会”，审议通过了《中国造纸学会再生纤维利用技术专业委员会工作细则》，选举产生了新一届专业委员会主任委员、副主任委员和秘书长等负责人。

2020 年 12 月 11 日，中国造纸学会第八届理事会第二次（扩大）会议在河南省郑州市召开。会议报告了中国造纸学会 2020 年主要工作和 2019 年中国造纸学会财务情况；通报了撤销新闻纸专业委员会、节能与环保专业委员会和造纸技术经济专业委员会，废纸回收利用专业委员会名称变更为再生纤维回收利用技术专业委员会的决定；宣读了第四届中国造纸学会蔡伦奖评选结果，并对 10 位获奖者进行了表彰。

2020 年 12 月 11—12 日，由中国造纸学会主办的中国造纸学会第十九届学术年会在河南省郑州市召开。来自高校、科研机构、企业的领导、专家、企业家和科技工作者近 300 人参加了会议。学术年会围绕化学制浆、节能环保、纸基功能材料等行业热点展开了学术交流。

2020 年 12 月 29 日，广东省造纸学会年会在广东省广州市召开，90 余位代表参加了会议。会议就“后疫情时代造纸业发展趋势及热点问题”进行了研讨。

（曹凯月）

地方造纸工业

LOCAL PAPER INDUSTRY

广东省造纸工业
山东省造纸工业
浙江省造纸工业
江苏省造纸工业
福建省造纸工业
河南省造纸工业
湖北省造纸工业
四川省造纸工业
天津市造纸工业
广西壮族自治区造纸工业
江西省造纸工业
辽宁省造纸工业
山西省造纸工业
陕西省造纸工业

9

广东省造纸工业

Paper Industry in Guangdong Province

【行业概况】

2020 年，在国内进口废纸继续缩减以及广东省内“煤改气”等形势下，广东省内造纸行业原料供应受限、生产成本增加。同时，受新冠肺炎疫情影响，国际经济形势复杂多变，国内经济下行趋势明显，外部需求减弱，造纸行业面临巨大挑战。

2020 年，广东省机制纸及纸板生产量 2435.96 万吨，同比增长 9.58%，占全国总生产量的 19.18%，连续 4 年居全国首位。造纸和纸制品业工业总产值 2464.99 亿元，同比下降 2.6%；营业收入 2402.8 亿元，同比下降 2.8%；营业成本 2055.16 亿元，同比下降 3.9%；利润总额 146.27 亿元，同比增长 21.2%；平均用工人数 19.94 万人，同比下降 5%；完成工业增加值 524.78 亿元，同比增长 1.9%；销售产值 2392.03 亿元，同比下降 2.4%；出口交货值 134.58 亿元，同比下降 6%。2020 年广东省造纸行业主要产品生产量情况见表 1。

表 1　2020 年广东省造纸行业主要产品生产量　单位：万吨

纸及纸板品种	生产量		同比/%
	2020 年	2019 年	
纸及纸板	2435.96	2223.09	9.58
1. 新闻纸	31.32	43.12	-27.36
2. 未涂布印刷书写纸	258.2	234.83	9.95
3. 涂布纸(含白卡纸)	148.2	121.6	21.87
4. 生活用纸	126.5	112.9	12.04
5. 包装用纸(含灰纸板、水泥袋纸、砂管纸等)	177.59	124.4	42.76
6. 白纸板	306.59	288.66	6.21
其中：涂布白纸板	295.32	283.66	4.11
7. 箱纸板	708.35	684.91	3.42
8. 瓦楞原纸	591.91	540.67	9.48
9. 特种纸及纸板	65.8	57.4	14.63

【重点造纸企业情况】

2020 年，广东省纸及纸板产能超过 10 万吨的造纸企业 41 家，其中 100 万吨以上的企业有 6 家，30 万～100 万吨的企业有 14 家，10 万～30 万吨的企业有 21 家。2020 年广东省重点造纸企业见表 2。

表 2　2020 年广东省重点造纸企业

单位	生产量/万吨	主要产品
玖龙纸业(控股)有限公司	525	牛卡纸、涂布纸板、瓦楞原纸、白卡纸
广东理文造纸有限公司	300	箱纸板、瓦楞原纸、涂布白纸板、生活用纸
湛江晨鸣纸业有限公司	190	白卡纸、高档文化用纸
东莞建晖纸业有限公司	148	单面涂布灰底白纸板、环保牛皮箱纸板
亚太森博(广东)纸业有限公司	103	高档文化用纸
广州造纸集团有限公司	56	新闻纸、文化用纸
珠海经济特区红塔仁恒纸业有限公司	60	高档涂布白卡纸、高档涂布白纸板
东莞金洲纸业有限公司	160	高强瓦楞原纸、高档牛皮箱纸板
维达纸业(广东)有限公司	52	生活用纸
中顺洁柔纸业股份有限公司	41	生活用纸
广东冠豪高新技术股份有限公司	20	无碳纸、热敏纸、不干胶

【科研与技术进步】

广东省造纸行业一直坚持科技创新与技术进步，广东省造纸领域科研单位技术力量雄厚，创新基础好，有国家级科研平台：华南理工大学制浆造纸工程国家重点实验室和造纸与污染控制国家工程研究中心，还有广东省造纸研究所、中科院广州化学研究所、广东省出入境检验检疫局技术中心以及国家纸制品质量监督检验中心等科研检测单位，以上单位坚持推动科技与产业、市场、资本高效对接，把更多科技成果转化为先进生产力，把创新落实到发展上，促进了广东省造纸工业的技术进步。另外华南理工大学和广东省轻工职业技术学院每年都为广东省造纸行业输送很多高水平的专业技术人员，同时也为广东省造纸企业进行专业技术培训，保障了广东省造纸行业的技术力量。华南理工大学教授级高级工程师徐峻获第四届“中国造纸学会蔡伦科技奖”。

【学术会议】

广东省造纸学会2020年学术年会于2020年12月29日在广州市燕岭大厦召开。2020年是人类历史上不平凡的一年，受新冠肺炎疫情、进口废纸政策、中美贸易摩擦、限塑禁塑等多重因素叠加的影响，造纸行业面临诸多挑战。本次年会就“后疫情时代造纸业发展趋势及热点问题”进行了研讨，邀请了省内外知名专家、企业家、经验丰富的企业技术负责人做了主题发言，与会人员围绕原料供给与产业布局、产品升级与技术创新、节能降耗与提质增效、绿色低碳与智能制造、后疫情供给侧及供应链等方面进行了开放式研讨，为处于原料资源愈发紧缺、环保政策持续高压、国际贸易壁垒叠加、市场竞争日益加剧的造纸企业提供了思路和方向，学会各会员单位及相关企业代表共90余人参加了会议。

【节能减排】

2020年9月29日，工业和信息化部、水利部、国家发展改革委、国家市场监管总局组织开展了2020年重点用水企业水效领跑者引领行动，遴选出30家具备引领示范和典型带动效应的水效领跑者，这是自2017年12月后，工业和信息化部第二次发布的重点用水企业水效领跑者名单，此次共5家造纸企业入选，其中，位于广东省的玖龙纸业（东莞）有限公司入选水效领跑者，其水效指标及节水技术见表3。

表3 全国造纸行业水效领跑者及领跑指标（摘录广东生企业）

企业名称	水效指标		节水技术	所在地
	单位产品取水量/（米^3/吨）	水重复利用率/%		
玖龙纸业（东莞）有限公司	印刷书写纸 11.3（以废纸为原料） 白纸板 7.97 箱纸板 5.22 瓦楞原纸 4.48	95.69	纸机蒸汽冷凝水回收技术，超效纳米浅层气浮白水处理利用技术、芬顿和逆流式砂滤器废水处理回用技术、屋面雨水回收利用技术等	广东省东莞市

2020年，广东省工信厅公布了2019年度广东省造纸行业能效“领跑者”和水效“领跑者”名单，共有7家企业4个纸种被评为广东省造纸行业能效“领跑者”，2家企业4个纸种被评为广东省造纸行业水效“领跑者”。能效领跑者候选名单及领跑指标见表4，水效领跑名单及指标见表5。

表4 2019年广东省造纸行业能效领跑者候选名单及领跑指标

同类纸种排名	企业名称	纸种	领跑指标（直接生产系统能耗，千克标准煤/吨）
1	玖龙纸业（东莞）有限公司	箱纸板	181
2	广东理文造纸有限公司		183.98
1	中顺洁柔纸业股份有限公司	生活用纸	246.67
2	维达纸业（中国）有限公司		256.75
1	玖龙纸业（东莞）有限公司	瓦楞原纸	178.2
2	东莞顺裕纸业有限公司		181.09
1	亚太森博（广东）纸业有限公司	非涂布印刷书写纸	186.07

表5　2019年广东省造纸行业水效领跑者候选名单及领跑指标

序号	企业名称	领跑指标	
		单位产品取水量(米³/吨)	水重复利用率(%)
1	玖龙纸业(东莞)有限公司	印刷书写纸 11.30(以废纸为原料) 白纸板 7.97 箱纸板 5.22 瓦楞原纸 4.48	95.69
2	东莞建晖纸业有限公司	箱纸板 5.03	91

【清洁生产】

2020年2月，广东省工信厅公布了2019年广东省清洁生产企业名单，广东省造纸行业有6家企业被公示为广东省清洁生产企业，分别是广东理文造纸有限公司、东莞顺裕纸业有限公司、东莞建晖纸业有限公司、东莞理文造纸厂有限公司、东莞金洲纸业有限公司、佛山市三水至丰纸品制造有限公司。

2020年10月，广东省工信厅公布了第十二批“粤港清洁生产伙伴”标志企业。其中，造纸行业中有2家被评为“2020年度粤港清洁生产优越伙伴(制造业)标志”，分别是东莞顺裕纸业有限公司和东莞建晖纸业有限公司；1家企业被评为“2020年度粤港清洁生产伙伴(制造业)标志”，为江门市明星纸业有限公司。

【绿色制造】

2020年，工业和信息化部公布了第五批绿色制造名单公示，其中，珠海红塔仁恒包装股份有限公司170～250克/米^{2}的涂布白卡纸(烟用)、玖龙纸业(东莞)有限公司200～500克/米^{2}的涂布灰底白纸板、48～180克/米^{2}的瓦楞原纸、80～440克/米^{2}的牛卡纸分别被评为绿色设计产品。珠海红塔仁恒包装股份有限公司被评为绿色供应链管理企业。

目前工业和信息化部评选的五批绿色制造名单中，广东省造纸行业被评为绿色工厂的企业共有7家，占全国的17.07%；绿色设计产品有5个，占全国的13.51%；绿色供应链管理企业有1个，全国仅2家，广东省占50%。

【高新技术企业】

2020年，广东省科技厅公布了广东省2019年高新技术企业名单，被认定的企业可享受高新技术企业所得税优惠政策，共公布了3批，造纸及纸制品行业被认定为高新技术企业的有40家，广东省高新技术企业的有效期为3年，目前在有效期内与纸有关的企业共有143家。

(雷以超　张翠梅)

山东省造纸工业

Paper Industry in Shandong Province

【行业概况】

1. 主要经济指标

2020 年山东省造纸行业销售收入 1360 亿元，同比增长 2.26%，占全国(统计口径)的 18.93%；利税合计 117 亿元，同比增长 10.38%；利润总额 76 亿元，同比增长 15.15%，占全国(统计口径)16.59%。

2. 纸及纸板生产量

2020 年山东省纸及纸板生产量 1920 万吨，比 2019 年增加 90 万吨，同比增长 4.92%。占全国(行业口径)的 17.05%，占比略升。其中：机制纸 890 万吨，比 2019 年增加 20 万吨，占全省纸及纸板总生产量的 46.35%；机制纸板 1030 万吨，比 2019 年增加 70 万吨，占全省纸及纸板总生产量的 53.65%。其中，纸及纸板主要品种生产量：新闻纸 43 万吨，比 2019 年增加 20 万吨，占全国的 39.09%；未涂布印刷书写纸 370 万吨，比 2019 年减少 10 万吨，占全国的 21.39%；涂布印刷纸 225 万吨，比 2019 年增加 10 万吨，占全国的 35.16%，其中：铜版纸 217 万吨，比 2019 年增加 11 万吨，占全国 36.17%；生活用纸 95 万吨，比 2019 年减少 3 万吨，占全国的 8.80%；特种纸及薄页纸 92 万吨，比 2019 年减少 5 万吨；白纸板 405 万吨，比 2019 年增加 30 万吨，占全国的 27.18%，其中：涂布白纸板 365 万吨，比 2019 年增加 30 万吨，占全国 25.89%；包装纸板 505 万吨，比 2019 年增加 10 万吨，占全国 10.46%，其中：箱纸板 245 万吨，比 2019 年增加 15 万吨，占全国 10.04%；瓦楞原纸 260 万吨，比 2019 年减少 5 万吨，占全国 10.88%。

根据调研汇总，山东省造纸企业 2020 年省域外纸及纸板生产量合计 510 万吨，比 2019 年增加 40 万吨，同比增长 8.51%，占省内总生产量 26.56%，主要包括涂布白卡纸、未涂布印刷纸、新闻纸、生活用纸等中高档纸及纸板品种。

【原料】

2020 年，山东省内原生纸浆生产量 645 万吨，比 2019 年增加 87 万吨，同比增长 15.59%，主要是造纸用浆的增长。其中：(1)溶解浆 11 万吨，比 2019 年减少 41 万吨，同比减少 78.85%；(2)造纸用浆 634 万吨，比 2019 年增加 128 万吨，同比增长 25.30%，占全国 31.46%，其中：草浆 16 万吨，比 2019 年增加 1 万吨，同比增长 6.67%，占全国草浆总生产量的 13.68%；木浆 618 万吨，比 2019 年增加 127 万吨，同比增长 25.86%，占全国木浆总生产量的 41.48%，其中：化学木浆 363 万吨，比 2019 年增加 94 万吨，同比增长 34.94%，主要是山东晨鸣纸业集团股份有限公司年产 100 万吨木浆生产线的正常运营影响；化学机械木浆 255 万吨，比 2019 年增加 33 万吨，同比增长 14.86%。

依据行业的调研汇总分析，2020 年山东晨鸣纸业集团股份有限公司、华泰集团有限公司、山东太阳控股集团有限公司、山东博汇集团有限公司等 4 家企业省域外(含境外)纸浆生产量合计 351 万吨，比 2019 年增加 56 万吨，同比增长 18.98%，占山东省内生产量的 54%；其中造纸用纸浆 329 万吨，比 2019 年增加 61 万吨，同比增长 22.76%。

目前，山东省造纸木浆年产能(含省域外)超过 100 万吨的企业包括：山东晨鸣纸业集团股份有限公司、山东太阳纸业股份有限公司、亚太森博(山东)浆纸有限公司和山东博汇集团有限公司 4 家企业。2020 年山东晨鸣纸业集团股份有限公司实际生产量约 350 万吨，山东太阳控股集团有限公司、亚太森博(山东)浆纸有限公司实际生产量分别约 220 万吨和 207 万吨，山东博汇集团有限公司实际生产量达到 100 万吨，大企业显著带动了全行业木片进口以及促进自制木浆产能提升、国内木材加工“三剩物”的充分利用，优化了原料供给结构，为巩固自制木浆产能、生产量第一大省地位和调整纸及纸板产品结构作出了重要贡献，奠定了独具山东省造纸产业优势和特色的“林浆纸一体化”发展模式。

多年来，山东省造纸产业持续提升化学木浆、化学机械浆产能的同时，山东省造纸企业一直实践科学合理利用植物秸秆等非木纤维原料。山东世纪阳光纸业集团有限公司为补充废纸资源，建设年产20万吨生物机械麦草浆项目，充分利用麦草的资源等优势，生产过程采用清洁生产工艺、技术先进、节能降耗，被山东省科技厅列为科技成果转化项目。经过持续的原料结构调整，山东省造纸已经形成以木浆、废纸为主导，非木纤维等其他原料为补充的多元化原料结构，其中：自制原生浆、商品原生浆、废纸浆比例分别为33%、22%、45%。随着纸及纸板产品结构的进一步调整，原料结构还将得到优化提升。

“十三五”期间，山东造纸企业原料结构进一步优化调整，省内外(含境外)，自制造纸用纸浆年生产量由522万吨增加至963万吨，占全国自制纸浆总生产量的47.79%，增长84.48%，年均增长13.03%，实现了高速增长。

【生产企业】

2020年，山东省制浆造纸企业约有180余家，浆纸年生产量超过10万吨的企业40家，其中：年生产量超过100万吨的6家，50万~100万吨4家，20万~50万吨16家，10万~20万吨14家，40家企业产能、销售收入、利税均占全省90%以上。2020年度山东省造纸行业浆纸年生产量超过100万吨的企业见表1，2020年度山东省造纸行业浆纸年生产量20万~100万吨的企业见表2。2020年度山东省造纸行业销售收入前10名企业见表3。

表1　2020年度山东省造纸行业浆纸年生产量超过100万吨的企业

序号	单位名称	省内生产量/万吨	集团生产量/万吨
1	山东晨鸣纸业集团股份有限公司	278.28	577.14
2	山东太阳控股集团有限公司	547.77	547.77
3	华泰集团有限公司	252.63	314.12
4	山东博汇集团有限公司	142.51	306.91
5	亚太森博(山东)浆纸有限公司	266.86(其中纸浆206.64)	266.86(其中纸浆206.64)
6	山东世纪阳光纸业集团有限公司	136.73	136.73

表2　2020年度山东省造纸行业浆纸年生产量20万~100万吨的企业

序号	单位名称	生产量/万吨
1	中冶银河纸业有限公司	70.90
2	邹平汇泽实业有限公司	55.90
3	东顺集团股份有限公司	55.72
4	淄博永丰环保科技有限公司	55.65
5	德州泰鼎新材料科技有限公司	49.86
6	泰山石膏股份有限公司泰和纸业	45.50
7	枣庄华润纸业有限公司	45.32
8	汇胜集团股份有限公司	44.70
9	山东仁丰特种材料股份有限公司	41.47
10	山东丰源中科生态科技公司	34.18
11	齐峰新材料股份有限公司	31.98
12	山东联合纸业有限公司	29.64
13	威海龙港纸业有限公司	28.86
14	远通纸业(山东)有限公司	27.86
15	莱州鲁通特种纸有限公司	27.30
16	山东恒联投资集团有限公司	23.70
17	山东恒安纸业有限公司	23.24
18	山东鲁丽纸业有限公司	22.90
19	山东江河纸业有限责任公司	22.20
20	山东荣华纸业有限公司	21.50

表3　2020年山东省造纸行业销售收入前10名企业名单

序号	单位名称
1	山东晨鸣纸业集团股份有限公司
2	华泰集团有限公司
3	山东太阳控股集团有限公司
4	山东博汇集团有限公司
5	亚太森博(山东)浆纸有限公司
6	山东世纪阳光纸业集团有限公司
7	东顺集团股份有限公司
8	山东恒联投资集团有限公司
9	齐峰新材股份有限公司
10	中冶纸业银河有限公司

【基建与技改】

山东省是国家新旧动能转换综合试验区，造纸行业一直在抢抓发展良机，实施产业升级改造。

“十三五”期间，山东省内建成印刷书写纸、涂布纸及纸板、生活用纸、箱纸板和瓦楞原纸等先进产能逾500万吨，据对全省40家骨干造纸企业的调查汇总分析，2020年度新建浆纸项目和技改投资总额约137亿元，比2019年增长22.32%，面对疫情防控新常态，行业坚持了新旧动能转换和高质量发展。

1. 山东省内建成浆纸项目

2020年，山东省内建成纸及纸板产能合计约170万吨，建成原生纸浆产能20万吨。建成项目主要包括：山东太阳纸业股份有限公司年产45万吨特色文化用纸机生产线和5万吨生活用纸项目；山东世纪阳光纸业集团有限公司年产40万吨瓦楞原纸生产线（为年产80万吨项目一期）和年产20万吨生物机械浆项目；东顺集团股份有限公司年产4万吨生活用纸项目；泰山石膏股份有限公司泰和纸业年产40万吨石膏板护面纸生产线；山东丰硕纸业有限公司年产20万吨涂布白纸板技改项目等。亚太森博（山东）浆纸有限公司“山东省2020年重点建设项目和新旧动能转换、高质量发展的示范性领先项目——年产2万吨莱赛尔纤维生产线”；山东恒联投资集团有限公司陆续建成年产5000吨纤维素肠衣项目、年产3万吨生物基可降解绿色纤维素膜项目和年产1.5万吨全降解软包装材料项目；费县产业园建设年产7万吨特种纸项目和年增清洁材料4500吨特种水刺复合清洁材料项目；山东恒宇纸业有限公司年产1万吨羊皮纸项目等。这些新产能工艺技术先进、装备自动化水平高，产品品种覆盖面广，进一步改善了产品结构，加快了全行业新旧动能转换步伐。

据调研，“十三五”期间，山东省域内造纸用纸浆生产量增长56.54%、年均增长9.38%，保持了持续中高速增长；纸及纸板生产量增长7.86%、年均增长1.53%，保持了持续稳定增长。

2. 山东省域外（含境外）建成浆纸项目

2020年，山东省造纸企业省域外建成浆纸项目技术装备大型化、自动化、智能化水平高，原料结构持续改善，进一步提升重点企业龙头地位。已建成项目主要包括：山东太阳纸业股份有限公司境外建成投产的第1条造纸生产线，老挝沙湾（120万吨造纸项目）40万吨再生纤维浆项目和年产40万吨包装纸板1号机生产线。

据调研，“十三五”期间，山东省造纸企业省域外制浆造纸产能发生较大变化，省域外浆纸生产量增长106.97%，年均增长15.66%，其中：纸浆生产量增长200%，年均增长24.57%；纸及纸板生产量增长70.57%，年均增长11.27%。

【科研与技术进步】

科技创新是企业的第一生产力，山东省造纸企业拥有多家博士后科研工作站、院士工作站、国家级企业技术中心、国家级CNAS认可实验室、泰山学者岗科研平台，与省内外高校院所建立了长期产学研用合作关系。投入数十亿元用于科技研发，不断应用新技术，推出新产品，满足市场需求。据了解，“十三五”期间，以齐鲁工业大学、华泰集团有限公司、山东太阳纸业股份有限公司等为代表的高校、大企业荣获省级及以上技术进步奖、技术发明奖10项，彰显了山东省造纸产业的创新实力。

1. 特种纸、纸基功能材料不断涌现

华泰集团有限公司以领先的科研技术水平走在国际国内同行业的前列，不但拥有“世界最轻”新闻纸的传统产品，还先后开发了防水砂纸原纸、不锈钢衬纸等20多种新产品，实现产品“提档升级”，成为引领市场的风向标；齐峰新材料股份有限公司研发推广了预浸渍纸、和纸、大地纸、包覆纸、彩纤木棉纸等十几个新产品，预浸渍纸引领家居行业开创未来，引起了业内人士的广泛关注；山东仁丰特种材料股份有限公司完成了氢燃料电池用炭纸项目的研发和中试，对耐高温绝缘纸、碱性电池隔膜纸、电解电容器纸、增韧膜等进行了充分的市场调研和论证，高强度透析纸、闪蒸纺丝、纤维素提取等技术攻关也取得了一定进展。

2. 紧跟时代潮流开发新产品

面对新冠疫情蔓延对过滤材料的绿色需求，东顺集团股份有限公司的植物纤维过滤吸附复合新材料关键技术，突破了孔隙结构调控、驻极处理、增强和抗菌抑菌等关键技术难题，创新开发了可降解的绿色环保植物纤维过滤材料，达到国际领先水平。山东金蔡伦纸业有限公司研发的轻型静电复印纸；枣庄华润纸业有限公司研发低定量高强度石膏板护面纸、高档卷筒灰纸板、特种石膏板护面纸、无甲醛石膏板护面纸等新产品，不断拓展市场新空间；山东天和纸业有限公司开发高档素描及水彩系列、口杯底纸、本色喷墨复印纸、高松忆纸、纯质和高松微涂纸等10几个新品种。山东凯丽特种纸股份有限公司依托研发团队和山东省防伪技术研究开发中心，陆续推出保密文书、防伪证件纸、有价票据和证券纸、浸渍无尘和特殊涂布纸、标牌和名片纸等8大系列200多个花色品种，已经步入生产一代、储备一代、研发一代的新产品研发生产快车道。

3. 获得多项奖励和专利授权

2020年，山东省部分企业获得多项荣誉和专利授权，其中：齐鲁工业大学"基于纳米颗粒的造纸施胶剂乳化技术及应用"项目荣获2020年度山东省技术发明奖二等奖；淄博欧木特种纸业有限公司"ADO高渗透表层耐磨纸关键制备技术及应用"荣获2020年度山东省科技进步奖三等奖。山东太阳纸业股份有限公司"高纯度生物质纤维素清洁制备关键技术及产业化"项目荣获"中国工业大奖表彰奖"；山东仁丰特种材料股份有限公司申请发明专利2项，实用新型专利11项荣誉；淄博永丰环保科技有限公司依托"一院三中心"四大科研平台优势，先后承担市、县级科技重点创新项目7项，荣获市、县级高价值专利奖3项，申报发明专利1项，并参与制定了国家"包装用纸绿色产品规范"行业标准；汇胜集团股份有限公司取得3项发明专利和19项实用新型专利授权；威海龙港纸业有限公司申请发明专利2项，实用新型专利30项。

4. 装备企业制造水平不断提高，为行业高质量发展提供有力支撑

淄博泰鼎机械科技有限公司是拥有自主知识产权的可控中高压光机、靴式压榨设计制造厂家，其"超级压光机的研发及应用"项目获得2020年度山东省技术发明三等奖；山东晨钟机械股份有限公司加大对高浓制浆设备、环保设备的技术储备和研发力度，完成了新产品开发31种，技术改造3项，成功研制"年产35万吨废纸纤维再生利用塑料清洁分离智能装备"，获得中国轻工业联合会科技进步三等奖；滕州力华米泰克斯胶辊有限公司全面提升胶辊高、精、尖产品生产能力，完善了从湿部导辊、陶瓷压榨、烘缸、陶瓷施胶辊、碳化钨施胶辊、干部导辊、卷纸缸、复卷机等配套设备和技术；聊城经纬工业网毯有限公司狠抓技术改造，做好技术创新工作，新增加进口毛布生产、售后检测设备等，研发的国内首条靴压毛毯，经过几年在高速纸机应用，收到良好的效果。

【环境保护与节能】

山东省造纸行业通过持续加大"三废"综合治理，采取节能减排降碳有效措施，主要污染物排放指标和能源物料消耗一直居国内同行业领先水平，部分指标达到国际同行业先进水平，为实现"2030年碳达峰，2060年碳中和"目标奠定良好基础。

1. 单位产品资源消耗不断减少

山东晨鸣纸业集团股份有限公司的寿光、湛江、湖北黄冈等子公司配套建设了中水回用膜处理项目，采用制浆造纸行业首创的膜过滤、膜渗透工艺，中水回用率由40%提高到75%以上，每天可节约清水资源17万米^3；亚太森博(山东)浆纸有限公司已实现制浆生产线的能源电力和蒸汽的自给自足，顺利通过工信部组织的各项评估并入选第五批全国绿色制造企业名单；山东恒联投资集团有限公司积极应用磁悬浮技术，节电30%以上，降低噪音至80分贝以下；山东华北纸业有限公司对纸机热风系统改造，吨纸节汽100千克，年节省50万元；中冶纸业银河有限公司实施杨木化学机械浆废液回用，水耗同比下降4.85%，电耗同比下降4.38%，汽耗同比下降2%；山东江河纸业有限公司、山东凯丽特种纸股份有限公司等开辟应用城市废水外排"中水"资源，缓解用水紧张，节约大量清水资源。

2. 坚持循环经济，走低碳绿色发展之路

山东太阳纸业股份有限公司成功入选"国家绿色工厂"的基础上，完成了环境治理三大攻坚战任务和节能减排目标，固废减量化、资源化达到业内最好水平；山东华泰纸业股份有限公司、淄博永丰环保科技有限公司投资建设的废渣焚烧综合利用工程、循环水利用工程、焚烧炉烟气超低排放项目相继投入应用，通过废弃物资源化利用构建起"资源—产品—再生资源"的闭环式循环生产链，打造天更蓝、水更绿的绿色生态环境；山东金蔡伦集团发展循环经济，节能降耗、革新创新，挖掘降低成本的潜力，被《中国印刷》杂志社收录为《2020年绿色原辅材料产品目录》，子公司阳谷新源新型建材有限公司荣获"山东省资源综合利用先进单位"称号；亚太森博(山东)浆纸有限公司坚持环保"零故障、零异味"的目标，开始实施1号碱回收炉烟气升级改造工程，在世界同行业中率先探索烟气深度治理，为环保攻坚、绿色减碳再立新功。

3. 积极做好绿色发展宣传工作，为产业正名声，树形象

山东太阳纸业股份有限公司、亚太森博(山东)浆纸有限公司等企业坚持参观开放理念，赢得公信，促进管理，把为行业正名声、树形象作为自己的使命，每年接待社会各界人士数千上万人次参观。亚太森博(山东)浆纸有限公司还通过多种新媒体形式进行线上直播，通俗易懂地展示植树造林、生态循环与制浆造纸、环境保护、文化传承，已经有数百万人了解了现代化浆纸企业的绿色发展，颠

覆了对行业的片面认识，成为工业旅游、环保教育、科普教育基地。山东省多家造纸企业先后荣获“国家级绿色工厂”或“绿色产品称号”，越来越多的企业得到了政府和社会的认可。

【发展目标】

2021 年，山东省造纸企业省内在建造纸年产能约 240 万吨、纸浆产能约 150 万吨，省域外在建筹建浆纸产能 700 余万吨。预期到 2025 年，山东省内外浆纸产能将达到：纸浆 1000 万吨、纸及纸板 3000 万吨，进一步巩固大省强省地位。

(1)山东省内在建浆纸项目 华泰集团有限公司 70 万吨/年漂白硫酸盐化学木浆、35 万吨/年化学机械浆；山东太阳纸业股份有限公司 45 万吨/年特色文化用纸、7 万吨/年特种纸、30 万吨/年半化学浆；山东华迈纸业有限公司 40 万吨/年高强瓦楞原纸；山东合创新材料有限公司 20 万吨/年瓦楞原纸；山东天和纸业有限公司 50 万吨/年智能化食品级特种纸一期项目等生产线。

(2)省外(含境外)在建浆纸项目 根据公布的信息，山东太阳控股集团有限公司在建广西北海 350 万吨/年林浆纸一体化项目(其中纸浆 140 万吨、纸及纸板 210 万吨)，“十四五”期间全面建成投产；太阳纸业控股老挝有限责任公司第 2 条 40 万吨/年包装纸板生产线 2021 年初已建成投产；黄冈晨鸣浆纸有限公司筹建 452 万吨/年林浆纸一体化项目，其中纸浆 105 万吨、纸及纸板 347 万吨；江苏博汇纸业有限公司拟建三期年产 100 万吨高档包装纸板及其配套项目。

“十四五”是开启全面建设社会主义现代化国家新征程的重要时期，山东省造纸行业必须准确把握新发展阶段，深入贯彻新发展理念，加快构建新发展格局，继续优化原料结构，丰富产品花色，拓展市场新需求，实施产业链延伸，践行造纸工业“绿色、低碳、循环”的特征，推动产业高质量发展，为经济社会发展和人民美好生活需要作出新的更大贡献。

(赵振东 高兴杰 孔凡功 丁洪杰 吴 芹)

浙江省造纸工业

Paper Industry in Zhejiang Province

2020 年是极不平凡的一年，面对严峻复杂的国际形势和新冠肺炎疫情的严重冲击。浙江造纸人不忘初心，用聪明才智和自信迎接挑战，连续打好了“抗疫”“化危”“促稳”“做强”4 场硬仗。

对内，各企业严格做好疫情防控，阻断了疫情的传播，基本实现了生产的连续运行。对外，各企业积极对接社会需求，在抗疫物资最紧缺的时期，我们整合优势资源，无偿向社会捐赠了资金和抗疫物资，并积极组织生产医疗用纸和生活用纸，确保市场稳定供应。为我国在短时期内取得抗疫的全面胜利做出了应有的贡献。

虽受疫情影响，但浙江省规模以上企业于 2020 年 2 月 24 日基本全面复工，3 月 7 日已恢复到往年同期水平，不少企业春节期间不停机保持连续生产。

2020 年浙江省造纸产业在逆境中谋发展，以供给侧结构调整为重点，以创新引领产业深度发展。这一年产业经济跃上新台阶，创新动力获得新递增，发展方式转变迈出新步伐，发展环境得到了新优化，为持续发展打下了坚实的基础。

【行业概况】

据浙江省统计局统计，2020 年浙江省规模以上造纸企业 233 家。浙江省造纸企业平均用人 43127 人，同比下降 9.6%；完成机制纸及纸板生产量 1452.75 万吨，同比下降 13.5%；实现工业总产值 731.12 亿元，同比下降 11.8%；实现营业收入 742.04 亿元，同比下降 8.2%；上缴税金总额 33.72 亿元，同比下降 25.2%；实现利润总额 58.56 亿元，同比增长 49.3%。行业应收账款 129.4 亿元，同比增长 3.4%；其中产成品库存 32.65 亿元，同比下降 16.9%；全行业资产合计 1052.73 亿元，同比增长 8.2%；负债合计 577.04 亿元，同比增长 2.7%；亏损企业亏损额 4.16 亿元，同比下降43.5%。2020 年浙江省造纸行业各季度运行情况见表 1。

表 1　2020 年浙江省造纸工业运行情况

	完成机制纸及纸板生产量/万吨	完成工业产值/亿元	实现主营业务收入/亿元	上缴税金/亿元	实现利润/亿元
一季度	289	329.24	137.8	5.4	5.49
二季度	380		183.6	8.97	9.02
三季度	405.91	272.03	298.07	9.40	16.73
四季度	377.83	209.35	220.60	9.95	27.32
全年	1452.75	731.12	742.04	33.72	58.56

2020 年上半年，特别是一季度突如其来的新冠肺炎疫情，打乱了正常的生活、生产秩序。浙江省造纸行业积极响应中央号召战疫情、抓生产，多个造纸企业，如浙江恒达新材料股份有限公司、仙鹤股份有限公司、华邦古楼新材料有限公司、浙江凯丰新材料股份有限公司等企业被国家发展改革委纳入“全国疫情防控重点保障企业名单”，不少企业被列入浙江省疫情防控重点企业名单。企业均抓紧生产防疫急需用品以及人民生活必需品，确保了市场供应。

由于受到疫情影响，企业面临产业链断裂风险和需求骤降，面临外贸订单减少甚至搁置，严重影响出口业务。2020年年初，纸张价格仍延续2019年年底的水平，但好景不长，到3月份，造纸企业纷纷发布下调通知，10天内累计下调达500~750元/吨，中小企业更是达到下调900~1000元/吨。

面对严峻的形势，党中央、国务院及省市政府及时出台了惠及企业的各种政策措施，包括减税降费、加大信贷投放等政策。据初步统计，2020年一季度密集出台的惠企政策，国家有8个，浙江省有7个，各市有2~9个不等。这些政策的出台有力地改善了实体企业的生产经营状况。

浙江省华邦古楼新材料有限公司、仙鹤股份有限公司、浙江凯丰新材料股份有限公司、浙江恒川新材料有限公司等企业被浙江省列为第一批、第二批"疫情防控重点保障企业名单"后，又有9家企业被列为第三批省"疫情防控重点保障企业"，不同程度地得到政府资金支持和低息贷款等，真正得到了惠企政策的真金白银。

随着我国疫情的逐步得到控制，从5月份开始外贸形势好转，国内需求回升。据海关总署统计，一、二季度进出口分别下降6.5%和0.2%，而三季度增长7.5%，出口增长10.2%。9月份以来外贸订单重新进入活跃期，再加上下半年旺季的到来纸张价格逐步回升并达到高位。

纵观全年的价格走势，以废纸为原料的成品纸为例，2020年1~3月份延续2019年年底的价格，维持在较高位，4月份跌入低谷，5月份后稳步略有上升，由于6、7月份是国内用纸淡季，价格难有起色，从7月份开始，纸企不断发出涨价函，到10月份涨价集中兑现，随着外贸形势的好转和用纸旺季的到来，纸价普遍在高位运行。

受商品木浆价格上涨因素影响，特种纸的某些品种也发布了涨价的通知。

2020年生态环境部固废中心共发放了13批废纸进口许可证，获批的造纸企业共66家，核定的废纸进口总量为675万吨，同比下降37.5%。浙江省获批企业26家，共获批71.238万吨，同比减少50.89%。由于废纸原料紧张，造成国废价格总体处于高位。

受浙江省杭州市富阳区富春湾新城建设影响，富阳的造纸企业已逐步退出关停。按照新城建设规划，浙江富春江环保热电股份有限公司将在2021年春节前关停，在关停前仍有10家左右造纸企业约100万吨产能在运行。所以浙江省造纸产业2020年机制纸及纸板生产量、产值、主营收入等指标下降幅度较大。造成五大经济指标中，4个指标大幅下降，唯有利润总额仍有较大增加，说明造纸产业处于正增长趋势。

【生产企业】

2020年浙江省机制纸及纸板生产区域分布情况见表2。

表2 2020年浙江省各地区完成机制纸及纸板生产量情况

区域名称	企业数量/家	生产量/万吨	同比/%	占比/%
浙江省	233	1452.75	-13.5	100.00
嘉兴市	28	454.13	-5.6	31.13
宁波市	9	229.78	-0.2	15.82
衢州市	36	209.70	8.7	14.43
杭州市	82	181.79	-56.0	12.51
金华市	18	111.25	30	7.65
绍兴市	12	75.15	6.9	5.27
台州市	11	70.93	-9.3	4.88
湖州市	15	61.31	-1.6	4.22
温州市	11	34.58	-18.5	2.38
丽水市	11	24.08	-0.5	1.66

由表2可以看出，浙江省10个市中除金华市(因浙江华川实业集团有限公司40万吨/年生产线投产)、衢州市、绍兴市生产量有所增长外，其他7市均有不同程度下降，特别是杭州市下降幅度达56%。

2020年，浙江省造纸行业又有3家骨干企业在主板成功上市，分别为衢州五州特种纸股份有限公司、台州森林包装股份有限公司(包括台州森林造纸股份有限公司)和杭州华旺新材料股份有限公司。

2020年浙江省共有11家造纸企业机制纸及纸板生产量超过30万吨，见表3，其机制纸及纸板生产量合计954.66万吨，占全省总生产量的65.71%。

2020年浙江省年生产量在10万吨以上的特种纸及生活用纸企业见表4。这7家造纸企业合计生产特种纸及生活用纸186.69万吨。

2020年浙江省完成工业产值前10位的造纸企业见表5。这10家造纸企业合计完成工业产值406.13亿元，占全省造纸企业完成工业总产值的55.55%。

2020年浙江省上缴税金居前10位的造纸企业见表6，这10家造纸企业合计上缴税金18.67亿元，占全省造纸行业上缴税金总额的55.38%。

表 3　2020 年浙江省完成机制纸及纸板生产量 30 万吨以上的造纸企业

排名	企业名称	生产量/万吨
1	宁波亚洲浆纸业有限公司	194.90
2	浙江山鹰纸业有限公司	154.90
3	浙江景兴纸业股份有限公司	134.86
4	平湖荣城环保科技有限公司	84.20
5	宁波中华纸业有限公司	67.70
6	浙江华川实业集团有限公司	63.01
7	仙鹤股份有限公司	62.00
8	浙江荣城环保纸业股份有限公司	53.00
9	台州森林造纸股份有限公司	50.59
10	浙江省金龙再生资源科技股份有限公司	47.00
11	衢州五州特种纸股份有限公司	42.50

表 4　2020 年浙江省特种纸及生活用纸年生产量 10 万吨以上的企业

排名	企业名称	生产量/万吨	备注
1	仙鹤股份有限公司	62	特种纸
2	衢州五洲特种纸股份有限公司	42.5	特种纸
3	浙江夏王纸业有限公司	24	特种纸
4	维达纸业(浙江)有限公司	20.44	生活用纸
5	杭州华旺新材料股份有限公司	14.26	特种纸
6	嘉兴民丰特种纸股份有限公司	13.49	特种纸
7	浙江华川实业集团有限公司	10	特种纸

表 5　2020 年浙江省完成工业产值前 10 位的造纸企业

排名	企业名称	产值/亿元
1	宁波亚洲浆纸业有限公司	100.64
2	浙江山鹰纸业有限公司	55.25
3	仙鹤股份有限公司	51.34
4	浙江景兴纸业股份有限公司	45.84
5	平湖荣成环保科技有限公司	28.89
6	浙江夏王纸有限公司	27.00
7	衢州五州特种纸股份有限公司	25.77
8	宁波中华纸业有限公司	24.98
9	浙江华川实业集团有限公司	23.96
10	维达纸业(浙江)有限公司	22.46

表 6　2020 年浙江省上缴税金前 10 位的造纸企业

排名	企业名称
1	浙江山鹰纸业有限公司
2	浙江景兴纸业股份有限公司
3	浙江夏王纸有限公司
4	台州森林造纸股份有限公司
5	浙江华川实业集团有限公司
6	仙鹤股份有限公司
7	衢州五州特种纸股份有限公司
8	浙江荣晟环保纸业股份有限公司
9	浙江金龙再生资源股份有限公司
10	维达纸业(浙江)有限公司

2020 年浙江省实现利润居前 10 位的造纸企业见表 7，这 10 家造纸企业合计实现利润 52.68 亿元，占全省造纸产业实现利润总额的 89.95%。

表 7　2020 年浙江省实现利润居前 10 位的造纸企业

排名	企业名称
1	宁波亚洲浆纸业有限公司
2	仙鹤股份有限公司
3	浙江山鹰纸业有限公司
4	衢州五州特种纸股份有限公司
5	浙江华川实业集团有限公司
6	浙江景兴纸业股份有限公司
7	浙江夏王纸业有限公司
8	杭州华旺新材料股份有限公司
9	维达纸业(浙江)有限公司
10	浙江荣晟环保纸业股份有限公司

【新建和技改项目】

1. 2020 年内已建成投产的项目

(1)浙江金励环保纸业有限公司新建项目 PM9 经过 2 年的建设，已于 2020 年 11 月 13 日顺利开机出纸。该纸机是公司新增 100 万吨/年包装用纸项目一期项目的第 1 条生产线。纸机幅宽 5600 毫米，设计车速 450 米/分，全部使用废纸原料，抄造 300～650 克/米^2 单面灰纸板，年产能 30 万吨。

(2)仙鹤股份有限公司旗下浙江哲丰新材料有限公司年产 22 万吨高档纸基新材料，共 4 条生产线，总投资 13 亿元。其中 1 条纸机幅宽 4400 毫米、设计车速 1000 米/分长网多缸生产线于 2020 年 8 月

7日建成投产，另1条纸机幅宽4800毫米、设计车速500米/分长网大缸生产线于2020年3月11日建成投产。另外2条纸机幅宽3250毫米、设计车速500米/分和纸机幅宽3650毫米、设计车速600米/分长网多缸生产线将在2021年内建成投产。

(3)浙江龙游太平纸业有限公司年产5万吨特种纸生产线于2020年9月5日开机出纸。公司投资3.5亿元，新征土地3.29公顷。建成的纸机幅宽3600毫米，设计车速400米/分，使用全商品木浆生产高档装饰原纸和涂布深加工项目。投产后可实现年销售收入3.5亿元和利税3300万元。

(4)浙江家家发纸业有限公司6万吨/年生活用纸项目已在2020年建成投产。第1条高速卫生纸机生产线于2020年3月11日开机投产，其余3条生产线相继在2020年5月底成功投产。

(5)浙江弘安纸业股份有限公司1条纸机幅宽4000毫米、设计车速1500米/分高速生活用纸生产线于2020年5月下旬成功投产，年产能3万吨。

(6)龙游旭荣纸业有限公司日产50吨生活用纸项目，纸机幅宽2850毫米、设计车速1300米/分纸机经过紧张施工和安装，成功投产。

2. 2020年正在建设的项目

(1)浙江金励环保纸业股份有限公司一期项目第2台纸机PM10生产线将于2021年4月中旬破土动工，前期设备选型等工作在进行中。

(2)浙江景兴纸业股份有限公司年产12万吨天然抗菌高品质生活用纸项目于2020年11月20日举行奠基仪式。规划建筑面积1.2万米^2，建设纸机2台，建设周期1.5年。

(3)浙江山鹰纸业有限公司总投资33亿元，于2020年3月在浙江省海盐大桥经济开发区举行绿色纸业项目奠基仪式，项目占地66公顷，新增造纸产能77万吨/年(其中包括50万吨/年包装用纸及27万吨/年纱管纸)。项目包含6个子项目，有研发培训中心、77万吨/年造纸、智能包装、综合利用、热电及废水处理。热电厂配备1台2000蒸吨垃圾焚烧炉和50兆瓦发电机组。项目计划于2023年底建成投产。

(4)宁波亚洲浆纸业有限公司为改善造纸原料结构，投资8.9亿元建设1条年产30万吨化学机械浆生产线，现已完成土建，正在进行设备安装，预计2021年6月建成投产。

(5)仙鹤股份有限公司旗下浙江鹤丰新材料有限公司拟建设30万吨/年高档纸基材料项目，总投资14.1亿元，该项目以新型高定量高档食品级包装材料为主，主要用于高档食品及药品的包装。项目规划占地14公顷，建设地点在衢州市常山县。项目目前正在进行前期设计及设备选型采购，计划建设期2年。

(6)仙鹤股份旗下浙江哲丰新材料有限公司拟投资1.69亿元，建设年产3万吨的纸机幅宽4800毫米、设计车速600米/分长网大缸生产线。目前为前期设计和设备选型采购阶段。

(7)台州森林联合纸业有限公司年产60万吨数码喷墨纸产业升级项目将于2021年开工建设。项目建成后可实现年产60万吨数码喷墨纸，年营业收入36亿元，税收1.92亿元，解决就业500人。台州森林包装股份有限公司将台州市域范围内3家造纸企业进行产业升级改造和整合，计划投资20亿元，新建2条30万吨/年多叠网生产线及配套设施。2021年计划投资5000万元，开展基础施工，项目一期将于2023年投产，二期将于2025年投产。

(8)宁波亚洲浆纸业有限公司新建年产150万吨高档绿色环保卡纸项目，总投资100亿元，主要建设内容为1条年产71.4万吨高档绿色环保卡纸生产线、1条年产81.6万吨高档涂布绿色环保卡纸生产线、1条年产61.2万吨化学机械浆生产线，以及6座1层仓库及13座生产车间、水池及栈桥等配套设施，项目总占地面积32公顷。项目计划工期为2021年1月—2025年12月，分段实施。目前已取得项目备案赋码，项目环评、能评、稳评等报告编制。

(9)浙江华天再生资源有限公司在嵊州市仙岩镇投资4.1亿元建设1条20万吨/年白纸板生产线，建成后产值将达到10亿元，项目正在建设中。

(10)2020年6月26日，绍兴市环保局对浙江大鱼造纸有限公司年产10万吨高强瓦楞原纸及年产20万吨纱管纸项目做出了环评批复。该项目是原绍兴仁昌纸品公司瓦楞原纸生产线、纸箱及生活用纸的基础上的产业升级项目。新增4800毫米纱管纸和5200毫米瓦楞原纸生产线各1条，4米^{2}特种纸箱生产线及配套设施。

【科研与技术进步】

(1)2020年11月23日，浙江省科技厅发布了《关于下达2021年浙江省重点研发计划项目的通知》，浙江恒达新材料股份有限公司申报的“可降解高阻菌医疗保护包装透析功能纸关键技术研发及产业化”、仙鹤股份有限公司申报的“高能性医用包装纸绿色制造关键技术研究及产业化”成功立项。

(2)由杭州市化工研究院有限公司牵头组建的《浙江省生物基全降解及纳米材料创新中心》列入2020年浙江省制造业创新中心创建名单。

(3)浙江华川实业集团有限公司承担的浙江制造团体标准《格拉辛纸》通过审查。本标准的起草是浙江品牌建设的内容之一。

(4)2020年11月25日，浙江夏王纸业有限公司的“KING DECOR 夏王”商标被国家知识产权局认定为中国驰名商标。这是继“仙鹤股份”取得中国驰名商标后又一被认定的驰名商标。

(5)仙鹤股份有限公司入选浙江省第二批“雄鹰行动”培育企业名单。

(6)在2020年7月，浙江省公布第三批“万人计划”名单中，仙鹤股份有限公司董事长王敏良入选科技创新领军人才。

(7)仙鹤股份有限公司被评为浙江省高新技术百强企业。

(8)浙江凯恩特种纸材料股份有限公司被浙江省科技厅列入2020年浙江省创新型领军企业培育名单。

(9)浙江凯恩特种纸材料股份有限公司总工程师陈万平在“2020年表彰全国劳动模范和先进工作者”大会上被授予全国劳动模范光荣称号。

(10)杭州华章科技股份有限公司董事长朱根荣荣获第四届中国造纸学会蔡伦科技奖。

(11)浙江省在国内率先提出并积极探索“未来工厂”建设路径和标准，开展“未来工厂”遴选评定。仙鹤股份有限公司的特种纸生产智能工厂和浙江哲丰新材料有限公司的特种纸生产智能工厂被列入2020年新增的浙江省数字化车间/智能工厂培育名单。

(12)浙江凯恩特种纸材料股份有限公司已向国内知名超级电容器生产厂家，如汇海股份上海奥威公司等提供超级电容器隔膜纸进行试验与开发，已跃上高端产品制造的新台阶。

【环境保护和节能减排】

(1)维达纸业(浙江)有限公司被评为“2020年全国重点用水企业水效领跑者企业”。

(2)浙江荣晟环保纸业股份有限公司和维达纸业(浙江)有限公司荣获浙江省2020年度节水标杆企业。浙江荣晟环保纸业股份有限公司吨纸用水量：瓦楞原纸为4.8米^3/吨、箱纸板为5.64米^3/吨。维达纸业(浙江)有限公司生活用纸的吨纸用水量为6.86米^3/吨。

(3)浙江凯丰特种纸股份有限公司和维达纸业(浙江)有限公司，获得2020年第五批国家绿色企业号称。

(4)中央生态环保督查组于2020年8月31日进驻浙江省，对浙江省环境治理工作进行督查。经过1个月的全面督查，浙江省造纸企业经受了考验，造纸行业经过多年的环境治理，已逐步向绿色制造转变。

(5)浙江省造纸行业绿色制造现场推进交流会在平湖市召开。会议既有现场参观，又有企业介绍及节能减排、法规解读，取得了良好效果，进一步促进了浙江省造纸行业绿色制造的步伐。

(6)浙江荣晟环保纸业股份有限公司利用自有资金7000万元实施对8号纸机绿色节能升级改造项目。公司采用自主专利技术，通过引进靴式压榨脱水系统，膜转移施胶机、低能耗真空系统、智能传动控制系统等先进设备对现有造纸生产线和配套固废处理设施节能及智能化升级改造。同时对生产过程中产生的渣浆综合利用，配套建设废气异味治理系统，渣不落地环保设施，以提升掺烧纸渣、生化污泥等固废的无害化处理能力。

(7)浙江省塑料污染治理禁限替代产品生产推进及供需对接会在杭州市召开。此次会议旨在整合各企业优势资源，加快传统塑料生产企业转型升级和塑料污染治理禁限替代产品的供需对接，推动政府部门、替代产品生产企业、使用单位之间的互动交流、协助合作，共同推进浙江省替代产品产业快速发展。

【2020年的展望】

2021年是我国“十四五”规划的开局之年，是我国现代化建设进程具有特殊重要性的一年。未来5年将是造纸产业转型升级、革故鼎新的关键时期。面对新发展阶段，造纸行业需要判断决定性因素，把握关键性变量，坚持新发展理念，依托强大的国内市场，切实强化创新力量，优化造纸产业链，抓住新发展机遇，占领发展高地，赢得未来发展新优势。

2020年12月份召开的中央经济工作会议为2021年的经济工作做出了重要的部署及应采取的战略举措。中国经济向稳向好态势是造纸产业发展的重要基础。

展望2021年，浙江省造纸产业将面临：

第一，仍将面临一段时间疫情的影响，新冠肺炎疫情改变着我们的生活方式，也间接影响着生产。虽然在我国疫情得到了有效的控制，但仍面临外防输入，内防反弹的严峻形势，只有全球的疫情得到了有效的控制，才能结束疫情的影响。疫情仍将影响国际贸易，影响全球的产业链供应链，但疫情也带来了与防疫有关产品(如医用纸，生活用纸等)的利好。

第二，受2021年开始的废纸零进口政策影响，造纸原料紧缺的矛盾更显突出，国废采购竞争更激烈，国废价格会长期处于高位。不再进口固体废物于2017年提出，从2018年起，外废进口逐年减少，这给市场留出了充分的过渡期，市场也做好了相应的准备，在此期间主要探讨两个方向，一是进口再生纤维浆，二是进口成品纸(主要是包装用纸)。近两年再生纤维浆的进口量成倍增长，箱纸板和瓦楞原纸的进口量也大幅增加。

同时，国内大造纸集团纷纷布局海外产能，主要生产再生纸浆和包装用纸，然后再进入国内市场，也有企业为改善造纸原料结构，布局化学机械浆和化学浆项目以及采取以木代废措施。预计今后国内造纸市场将会出现：一是从进口废纸向进口原料的转换；二是自造原纸与进口原纸并存；三是国内产能与国际产能并存；四是国内价格将与国际价格并轨。

第三，中央提出未来一个阶段要加快构建国内大循环为主体，国内国际双循环相互促进的新发展格局。要紧抓供给侧结构性改革这条主线，注重需求侧管理，打通堵点，补齐短板，贯通生产分配、流通、消费各环节，形成需求牵引供给，供给创造需求的更高水平动态平衡，提升国家经济整体效能。

从2021年开始到未来一个阶段，以内循环为主的大势已形成，未来的发展格局是一个非常重要的任务，我国是一个超大规模的经济体，而我国造纸行业就是以满足国内需求为主的一个产业。

面对新发展阶段，我国造纸行业要着力做好有效扩大需求，提高纸产品供给的适配性，促进要素更好地流动，建设以高新技术引领的现代化造纸产业值，进一步发展数字经济，更好地利用好外部环境，让外循环更好地促进内循环。

第四，充分利用好“限塑”“禁塑”政策利好，充分发挥造纸产业绿色环保优势，有效扩大市场供给。

2020年1月，国家发展改革委、生态环境部印发了《关于进一步加强塑料污染治理的意见》，紧接着浙江省、杭州市先后发布了加强塑料污染治理的实施意见，由“限塑令”初步升级到“禁塑令”。近期，浙江省有些企业已经推出了一次性纸浆餐具、纸吸管、各类食品包装用纸等产品，有效的供给了市场。但随着“禁塑令”的逐步深入，如何抓住政策利好开发更多替代塑料的绿色纸品，特别是开发保鲜、隔热、防水、冷链、防油等功能性包装用纸，是造纸企业应该思考的问题，可考虑组建浙江省“以纸代塑”创新联盟。

第五，浙江省2021年机制纸及纸板生产量仍将面临下降的趋势，2021年富阳区的造纸产能将全部退出，前3年富阳区造纸产能逐步退出，直到2020年下半年还有近100万吨产能在生产，再加上宁波中华纸业有限公司将在2021年停产异地建设，将有67万吨产能退出，而宁波亚洲浆纸业有限公司、浙江山鹰纸业有限公司、浙江金励环保纸业股份有限公司等企业新项目正在建设中，所以浙江省2021年的生产量仍会有一定的减少。

第六，碳达峰、碳中和在短时间内由一个陌生的术语变成了一个流行的名词，国家也提出将此项工作列入重点任务之一。

做好碳达峰、碳中和工作，既是应对气候变化，推进构建人类命运共同体责任担当，也是贯彻新发展理念，推动高质量发展的必然要求。是一场能源革命。我国是后发展的工业化国家，今年又是“十四五”开局之年，新阶段赋予新使命，新征程呼唤新作为。

为在我国2030年达到碳达峰，2060年实现碳中和的目标，国家和浙江省将会在近期连续颁布新政策和新措施，将会对造纸行业产生深远影响。到目前为止，相关材料已看到要对钢铁行业压缩产能，对重点行业进行结构调整，减少石化能源的消费比例等。希望引起行业足够重视。

第七，随着造纸产业的集中度不断提高，中小型企业将会面临更加严峻的考验。

新常态已5年了，中国经济发生了由速度到质量，由产品到品牌，由制造到创造的重要转变，企业技术的升级需要经历技术的沉淀，这就要求企业在经营过程中必须储备好资金、技术和人才，准备持久战，要注重企业的系统安全和需求性管理，做好强化产业链，延长产业链，把握好数字化节奏，让自己的运营过程、产品销售、市场渠道等以数据做出决策。努力把企业培育成为单项冠军企业、隐形冠军和“小巨人”企业，长期专注于制造业某个特定领域，特别是某个细分产品市场，使企业的生产技术或工艺国际领先，产品虽小，但需要大量的技术、工艺、装备支撑。要把生产线刀锋对准行业

“珠峰”，攻最难的技术，做最精的产品，做深做透，做到极致，这就是企业家的匠心精神，技术是企业平步青云的阶梯，不断创新升级，做到小而精专特新。

当下全球经济的大调整、大变革前所未有，我们处于一个变革的时代，中国经济已处于新的发展时期，正处于一个由高速度向高质量发展的关键时刻，面对新机遇、新挑战，我们必须坚持以习近平新时代中国特色社会主义思想为指导，深入贯彻党的十九届二中、三中、四中、五中全会精神和中央经济工作会议精神，坚持稳中求进、稳中求好求强。立足新发展阶段，贯彻新发展理念，创造建新发展格局，以推进高质量发展为主题，以深化供给侧结构性改革为主线，以改革创新为根本动力，奋力打造全国造纸产业转型升级样板，敢于承担造纸产业体系现代化先行的使命，加快推进造纸强省建设和全球造纸业先进制造基地，以优异成绩庆祝建党100周年，为“十四五”开好头、起好步。

（陆文荣）

江苏省造纸工业

Paper Industry in Jiangsu Province

【行业概况】

2020 年，是充满变动和挑战的一年，也是难忘的一年，在国内外复杂环境、新冠肺炎疫情、需求薄弱、中美贸易摩擦等多重因素叠加影响下，我国造纸工业面临着空前的压力。在困难面前，广大造纸工作者表现出了勇气和智慧，同时也取得了卓越的成绩。江苏省造纸工业聚焦高质量发展始终走在全国前列，在疫情防控、提档升级、优化原料布局、提质增效等方面深耕细作，取得了可圈可点的成绩，全年纸及纸板总生产量稳中有升。主要生产经济指标完成情况如下。

1. 机制纸及纸板总生产量

据江苏省造纸行业协会调查统计，2020 年江苏省造纸工业累计生产机制纸及纸板总生产量为 1477 万吨，较 2019 年的 1473 万吨稳中有升。江苏省纸及纸板总生产量全国排名第 4 位，造纸企业平均规模水平排名第一。

2. 主要纸种生产量

（1）文化用纸　2020 年全省文化用纸总生产量为 391. 3 万吨，占江苏省机制纸及纸板总生产量的 26. 5%，比 2019 年的 408. 1 万吨减少了 4. 1%。其中：铜版纸生产量 198. 9 万吨，比 2019 年的 244. 8 万吨下降了 18. 8%；双胶纸和复印纸原纸生产量 192. 4 万吨，比 2019 年的 163. 3 万吨增长 17. 8%。

（2）包装用纸及纸板　2020 年全省包装用纸及纸板总生产量为 930. 9 万吨，占全省机制纸及纸板总生产量的 63. 0%，比 2019 年的 899. 4 万吨增长 3. 5%。其中：瓦楞原纸生产量 275. 9 万吨，比 2019 年的 295. 8 万吨下降 6. 7%；箱纸板生产量 405. 7 万吨，与 2019 年的 405. 9 万吨基本持平；涂布白纸板生产量 73. 1 万吨，比 2019 年的 78. 7 万吨下降 7. 1%；涂布白卡纸生产量 165. 2 万吨，比 2019 年的 117. 5 万吨增长 40. 6%；纱管原纸 11. 2 万吨。

（3）生活用纸　2020 年全省生活用纸总生产量为 140. 8 万吨，占全省机制纸及纸板总生产量的 9. 5%，比 2019 年的 149. 2 万吨下降 5. 6%，因为市场整合导致产能减少。

（4）特种纸及纸板　2020 年全省特种纸及纸板总生产量为 14 万吨，包括无碳复写纸、防伪票证纸、热敏纸、纸杯原纸、三滤纸、蚊香片纸、箱包纸板、鞋底纸板等，占全省机制纸及纸板总生产量的 1. 0%，比 2019 年的 16. 3 万吨下降 14. 1%。

3. 区域生产量分布情况

2020 年，苏南地区造纸总生产量合计 1039 万吨，占全省造纸总生产量的 70. 3%，比 2019 年同期的 1070 万吨下降 2. 9%；苏中地区造纸总生产量合计 128 万吨，占全省造纸总生产量的 8. 7%，比 2019 年同期的 133 万吨下降 3. 8%；苏北地区造纸总生产量合计 310 万吨，占全省造纸总生产量的 21. 0%，比 2019 年同期的 270 万吨增长 14. 8%。主要原因是近年来受环保政策影响，造纸产能由沿江发展逐步呈现出沿海布局的新发展态势，苏北沿海区域也迎来了新一轮发展机遇。此外，江苏博汇纸业有限公司、江苏金盈纸业有限公司、灌云利民再生资源科技发展有限公司、江苏富勤纸业有限公司等新增产能的释放，逐步提高了苏北地区的产能比例，未来新建产能投产、达产，苏北的产能比例还会有所提升。

4. 内、外（合）资企业生产量比重

2020 年江苏省内资造纸企业生产量合计 243. 1 万吨，占全省机制纸及纸板总生产量的 16. 5%，比 2019 年的 25. 3% 下降 8. 8%，生产量比 2019 年的 373. 1 万吨下降 34. 8%，内资企业生产量大幅下降的原因在于 2020 年 APP 集团完成了对博汇集团的收购，导致内资企业比例减少；全省外（合）资企业生产量合计 1233. 9 万吨，占全省机制纸及纸板总生产量的 83. 5%，比 2019 年的 74. 7% 增长 8. 8%，生产量比 2019 年的 1099. 9 万吨增长 12. 2%，这是由于江苏省的外(合)资企业整体规模和体量较大，能够积极克服市场波动带来的消极影响，保证产能和效益相对稳定和提升。

5. 实现产值、销售收入、税金及利润情况

据江苏省造纸行业协会统计，2020 年江苏省造纸工业总计完成工业总产值665 亿元，比2019 年的684 亿元下降 2.8%；实现销售收入 672 亿元，比2019 年的 687 亿元下降 2.2%；上缴税金 24.8 亿元，与2019 年的25 亿元基本持平；实现利润 55.2 亿元，比2019 年的 62.5 亿元下降 11.7%。2020 年江苏省亏损制浆造纸企业共4 家。

【原料】

2020 年全省纸浆总用量 1185 万吨，比 2019 年的1156 万吨增长 2.5%。全省木浆、废纸浆、非木材浆原料结构分别为 40.2%、59.1%、0.7%。

木浆用量476 万吨，比2019 年的442 万吨增长7.7%；占总用浆量的 40.2%，比 2019 年的 38.2%增长 2%。

废纸浆用量700 万吨，比2019 年的705 万吨下降0.7%；占总用浆量的59.1%，比2019 年的61%减少了1.9 个百分点，折合耗用废纸823 万吨。

非木材浆用量 9 万吨，与 2019 年的 9 万吨持平；占总用浆量的 0.7%，比 2019 年的 0.8%下降了0.1%。

【运营情况】

1. 主要纸种生产量变动分析

(1)铜版纸生产量减少 45.9 万吨的主要原因是金东纸业(江苏)股份有限公司生产量减少了 42 万吨，芬欧汇川(中国)有限公司、江苏王子制纸有限公司以及金华盛纸业(苏州工业园区)有限公司生产量也相应减少 1 万吨、2 万吨和 1 万吨。双胶纸和复印纸原纸总生产量增加 29.1 万吨，金东纸业(江苏)股份有限公司双胶纸生产量增加 24 万吨，芬欧汇川(中国)有限公司、金华盛纸业(苏州工业园区)有限公司生产量分别增加 3.5 万吨和 2 万吨，而江苏王子制纸有限公司生产量减少 1 万吨。2020 年受疫情影响和国外疫情形势持续严峻，国际国内需求低迷导致铜版纸生产量和出口量萎缩，大型文化用纸生产企业根据市场及时调整公司战略、改变产品结构，转向国内市场，深挖国内需求。

(2)包装用纸及纸板总生产量占全省机制纸及纸板总生产量的 63.0%，同比增长 1.8%；主要是涂布白卡纸生产量增加导致的，在“限塑令”的大背景下，社会倡导“以纸代塑”，白卡纸的需求量和生产量大幅提升。2020 年全省瓦楞原纸生产量比2019 年减少了近 20 万吨，箱纸板生产量与 2019 年相比基本持平；全省涂布白卡纸生产量增加了 47.7 万吨、涂布白纸板减少了 5.6 万吨。白卡纸产能大幅提升主要是由于江苏博汇纸业有限公司产能释放；瓦楞原纸生产量下降主要是受疫情影响进出口贸易受限，国际需求低迷，造纸企业根据市场需求调整了产品结构调整所致。

(3)生活用纸总生产量占江苏省机制纸及纸板总生产量的9.5%，同比下降0.6%。江苏省生活用纸总生产量比2019 年减少8.4 万吨，主要原因是由于市场整合导致的产能减少。

2. 大中型造纸企业的市场份额继续扩大

2020 年新年伊始新冠肺炎疫情暴发，全国上下全面投入到疫情防控工作中去，社会生产秩序近乎停滞。受疫情影响市场需求低迷，原料供应受限，企业经营成本增加。上半年大部分造纸企业停产、限产的情况较为普遍，存在开机率不高的现象。在党和国家的坚强领导下，疫情防控工作取得伟大成果，国民经济逐步回暖提升，行业态势逐渐向好。10 万吨以上的大中型造纸企业 2020 年合计生产量达到 1422 万吨，占全省造纸总生产量的 96.3%，比 2019 年的 1397 万吨增加 1.8%。其中，年生产量 50 万吨以上的大型造纸企业 2020 年合计生产量达到 1245 万吨，占全省造纸总生产量的 84.3%，比 2019 年 1229 万吨增长 1.3%；2020 年全省大中型造纸企业的平均规模达到 67.7 万吨，比 2019 年69.9 万吨下降 3.1%。

【生产企业】

2020 年江苏省生产量达到 10 万吨的造纸企业共21 家，其中：年产 10 万 ~50 万吨规模以上的企业 11 家；年产 50 万 ~100 万吨规模企业 5 家；年产100 万 ~200 万吨规模企业 4 家；年产 200 万吨以上规模企业 1 家。年生产量在 50 万吨以上的企业见表1。

【2021 年展望】

1. 科技推动绿色创新发展

江苏省造纸工业在经过了超过 30 年的高速健康发展后，已经逐步实现了清洁生产、绿色节能的生产工艺，未来将借助科技创新为源动力进一步向数字化、智能化、绿色可持续方向发展。

江苏省造纸企业在绿色工厂、智慧工厂的打造

表 1　2020 年江苏省纸及纸板生产量在 50 万吨以上的企业

序号	企业名称	2020 年生产量/万吨
1	玖龙纸业（太仓）有限公司	292
2	金东纸业（江苏）股份有限公司	189
3	江苏博汇纸业有限公司	165
4	江苏理文造纸有限公司	120
5	金红叶纸业集团有限公司	117
6	芬欧汇川（中国）有限公司	92
7	永丰余造纸（扬州）有限公司	79
8	无锡荣成环保科技有限公司	73
9	金华盛纸业（苏州工业园区）有限公司	62
10	江苏王子制纸有限公司	56
	合计	1245

上深耕细作。未来江苏省造纸工业将结合工业互联网、智能制造、5G 技术，提升整个造纸工艺流程的生产效率、能力和质量，使造纸过程变得更加智能、高效、节能和可持续。在绿色工厂打造上，江苏省造纸企业将结合自身的优势在节能减排、绿色低碳上进一步努力。在未来新一轮行业整合下，没有竞争力的小企业将进一步的退出市场，而大企业将更大更优发展，一些创新发展的中小企业将走特色化、专业化发展道路，这些均将推动江苏造纸工业的蜕变。

2. 产能布局调整

随着长江经济带高质量发展不断推进，长江经济带生态环境保护意识逐步加强，未来造纸产能格局分布也将从过去的沿江分布逐步向沿海分布方向转移。未来即将释放产能的 APP 如东项目、盐城项目，金鹰集团如皋项目等均在沿海发展。①金红叶纸业集团有限公司在如东洋口开发区基地新建年产 78 万吨高档生活用纸项目，定量范围 10.5 ~ 45 克/米^2，其中成品大卷原纸 24 万吨/年，后加工设计产能为 54 万吨/年卫生纸成品，同时年产湿纸巾 4.734 万吨；②江苏博汇纸业有限公司拟投资建设三期年产 100 万吨高档包装纸板及其配套项目；③灌云利民再生资源发展科技有限公司一期项目 1 号纸机成功试生产，年产 25 万吨高强瓦楞原纸，项目共分三期，建成后年产 200 万吨包装用纸；④江苏金盈纸业有限公司投建一期年产 80 万吨的箱纸板和 20 万吨的高强瓦楞原纸，项目全部建成投产后可年产 250 万吨再生包装用纸生产能力；⑤金鹰集团拟在如皋产业园建设莱赛尔纤维、高附加值棕榈油加工、林浆纸（食品级纸板、化学机械浆、高档办公用纸）以及燃气热电联产项目，形成年产 30 万吨莱赛尔纤维、年产 50 万吨棕榈油加工、年产 200 万吨食品级纸板、年产 100 万吨化学机械浆、年产 100 万吨高档办公纸的生产规模。

3. 挑战和机遇

2020 年行业内提到最多的是原料问题，2021 年我们提到最多的"碳达峰、碳中和"问题，原料和环保更高要求目前是我们行业实现可持续健康发展所面临的巨大挑战。废纸原料方面，一方面我们寄希望于政府制定和实施垃圾分类等政策措施来提高国内废纸回收利用率和国废品质；另一方面企业也积极采取行动，通过改进设备提高得浆率、进口海外再生浆、寻找其他原料替代等一系列方法逐步弱化禁废带来的压力。

当前，我国正全面加速构建绿色低碳循环发展经济体系，对于环保标准提出了更高的要求，碳达峰、碳中和已经成为影响行业未来 40 年发展的重要因素。如何实现碳达峰和减碳是造纸行业未来所面临的主要挑战。

根据中国造纸协会测算我国在 2035 年纸张消费总量将增加 5000 万 ~ 7000 万吨，如果要在 2030 年实现碳达峰，依照现有的技术装备水平和生产量需求仍在持续提高的情况下，未来可能要采取政策性限制产能、控制新增产能增速和淘汰部分相对落后产能来实现。这对于行业发展来说是一个不好的消息，但是据研究发现，目前热电联产和生物质能源利用程度对行业节能减碳效果显著，森林碳汇和提高生物质能源比例是主要减碳途经。

我国的制浆造纸工业对化石能源具有一定的依赖，发达国家制浆造纸行业有通过提高生物质能源比例进行碳减排的案例，未来江苏省企业可以通过适当采用生物质能源替代部分化石能源达到碳减排效果。此外，推动"林浆纸一体化"项目建设，进行森林碳汇，一方面解决了原料发展的掣肘；另一方面可以进行"碳捕捉"固碳有利促进碳中和。充分发挥热电联产效益，提升能效。在节能降耗技术、装备上取得突破性进展，优化企业布局和规模，提高产业集中度等一系列措施积极应对挑战。

"碳达峰、碳减排"不仅仅是一个绿色发展的先进理念，它会通过技术创新倒逼行业整体升级革新。数字化、智能化、绿色工厂的升级打造以及新增优质产能的释放，江苏省造纸工业未来将在创新发展、技术革新、产能增长等方面均将取得突破性发展。

（邹　鹏　徐　媚）

福建省造纸工业

Paper Industry in Fujian Province

2020 年是极不平凡的一年。先是中美贸易战延续并加剧，接着新冠肺炎疫情暴发，人们的正常社会生活秩序被打乱，同时世界经济也进入动荡变革期。在外部环境复杂严峻、国内经济下行压力增大的大形势下，以习近平总书记为核心的党中央及时提出“构建以国内大循环为主体、国内国际双循环相互促进的新时代发展格局”的构想，又提出稳中求进的总基调，这些指示为新时代中国经济的发展指明了方向。在党中央和中央政府的坚强领导下，经过全国人民艰苦卓绝的奋斗，我们成功抵御住疫情的严重影响，取得了令人瞩目的成就，我国成为全球唯一实现经济正增长的主要经济体。福建省造纸工业在党和各级政府的科学部署和领导下，全体造纸同仁众志成城，共克时艰，加快产业结构调整升级增效改造步伐，积极排除疫情造成的种种困难，复工复产、稳产增产，保持了稳中求进的态势。从 2020 年第二季度开始，福建省造纸工业产销运行呈现逐月向好的趋势。2020 年福建省造纸工业实现机制纸及纸板生产量 798.49 万吨，接近历史最高水平，继续保持全国纸及纸板生产量排名第 5 位的水平。机制纸及纸板产销率为 95.27%，同比微升 0.02%。

【行业概况】

1. 福建省造纸工业主要经济运行指标

(1)造纸企业数量　据福建省统计局数据，截至 2020 年年末，福建省制浆造纸及纸制品行业企业数量总数为 466 家，其中，制浆企业 4 家，同比增加 1 家；造纸企业 134 家，同比增加 6 家；纸制品企业 328 家，同比增加 3 家。

(2)生产量　纸浆(原生浆及废纸浆)生产量 42.19 万吨，同比下降 4.2%。机制纸及纸板全年完成生产量 798.49 万吨，同比下降 0.82%。纸制品生产量 549.81 万吨，同比下降 7.7%，其中，瓦楞纸箱全年生产量 216.99 万吨，同比下降 4.1%，卫生用纸制品全年生产量 32.34 万吨，同比下降 4.5%。

(3)主要产品生产量

①未涂布印刷书写用纸：生产量 5.87 万吨，同比下降 73.1%。大幅度下降的主要原因是原来生产未涂布印刷书写用纸的主要企业优兰发集团在 2020 年因资产重组不再生产该品类产品。

②涂布类印刷用纸：生产量 12.98 万吨，同比增长 8.9%。

③生活用纸(原纸)：生产量 43.45 万吨，同比下降 15.9%。主要原因是自用原纸增加了，造成作为商品出售的原纸减少了。

④包装用纸及纸板：生产量约 237.09 万吨，同比增长 0.6%。

⑤特种纸：生产量约 21 万吨。

(4)从业人数　2020 年福建省造纸及纸制品行业从业人数为 7.8 万人，同比下降 6%。由于 2020 年福建省没有纯制浆企业，所谓的制浆企业，都是以自用纸浆为主，有商品纸浆出售的企业，所以 2020 年纯制浆企业职工人数为 0，同比下降 100%；造纸企业职工人数 2.3 万人，同比下降 11.5%；纸制品从业人数 5.5 万人，同比下降 5.2%。

2. 主要经济指标完成情况

2020 年，福建省造纸工业主要经济指标逐季回升，纸浆和纸制品制造业全年利润环比正向增长。

(1)主营业务收入　全年全行业主营业务收入 1246.32 亿元，同比下降 2.8%。其中，纸浆 3.35 亿元，同比下降 9.2%；造纸 434.79 亿元，同比下降 9.3%；纸制品 808.18 亿元，同比增长 1.2%。

(2)主营业务成本　全年全行业主营业务成本 1071.32 亿元，同比下降 2.8%。其中，纸浆 2.67 亿元，同比下降 16.8%；造纸 379.84 亿元，同比下降 8.4%；纸制品 688.81 亿元，同比增长 0.6%。

(3)利润　全年全行业利润 98.03 亿元，同比下降 1.1%。其中，纸浆 0.18 亿元，同比增长 63.6%；造纸 33.89 亿元，同比下降 14.3%；纸制品 63.96 亿元，同比增长 7.6%。

(4)产成品存货　全年全行业产成品存货 30.53 亿元，同比增长 2.2%。其中，纸浆 0.12 亿元，同比增长 140%；造纸 12.49 亿元，同比增长 0.6%；纸制品制造 17.92 亿元，同比增长 2.9%。

(5)亏损企业数量和亏损企业亏损额　全行业亏损企业数为 39 家，比 2019 年增加了 2 家。其中，纸浆无亏损企业，同比减少 1 家；造纸亏损企业 14 家，同比增加 3 家；纸制品亏损企业 25 家，与 2019 年持平。全行业亏损企业亏损额为 0.77 亿元，同比下降 63.3%。其中，造纸企业亏损额为 0.4 亿元，同比下降 66.7%；纸制品制造企业亏损额为 0.37 亿元，同比下降 57.5%。

【原料】

2020 年，福建省造纸工业纸浆消耗量约 800 万吨。其中，木浆 120 万吨，占 15%；非木材浆 72 万吨，占 9%；废纸浆 608 万吨，占 76%。福建省使用的 120 万吨木浆中，约 30 万吨来自省内，90 万吨来自外省，甚至是国外。福建省使用的 120 万吨木浆以进口木浆为主。福建省使用的 72 万吨非木材浆中，有 14 万吨来自省内(主要是竹浆和芒秆浆)，其他 58 万吨来自外省(主要是麦草浆和芦苇浆)。

原生纸浆制造业是福建造纸工业的弱项，因为福建省是森林营造和木材生产的大省，以木材为主，非木材占比很小。同时，由于福建省水污染管理极其严格，福建省的造纸工业废水排放执行的是福建省地方标准，比国标严厉很多，非木材浆废水达标排放很难，很多制浆企业都不愿意生产非木材浆，所以非木材制浆总产能很小。福建省自产的原生纸浆主要是自用，作为商品纸浆的比例很小。福建省原生纸浆制造企业主要是福建省青山纸业股份有限公司、福建腾荣达制浆有限公司、福建省永丰茂纸业有限公司和三明市缘福生物质科技有限公司 4 家企业。其中，福建省青山纸业股份有限公司是最主要的木浆产销企业，以自用为主，商品原生纸浆占比很小，生产的木浆主要是本色马尾松硫酸盐木浆，2020 年商品木浆生产量为 28 万吨，比 2019 年的 29 万吨下降 3%。尤溪永丰茂纸业公司制浆主要是以麻竹和芒秆等为原料，生产半化学纸浆，主要是自用，少量外卖，2020 年商品半化学纸浆年生产量为 3 万吨，比 2019 年的 3.5 万吨下降 15%。福建腾荣达制浆公司以杉木间伐材、杂竹和芒秆等为原料，生产 CTMP 纸浆，年产能 3 万吨。三明缘福生物质有限公司是以各种杂竹为原料生产 CTMP 竹浆，年产能 3 万吨，2020 年生产量不足 2 万吨，其实该企业不是制浆造纸企业，它的主要产品是改性木质素深加工产品，纸浆仅仅是其副产品(这家企业生产的产品叫纸浆，其实仅仅将杂竹经过 CTMP 处理以后，经过洗涤筛选未经精磨不施胶加填，就抄造成与纸板差不多的商品，不是按国家标准生产的商品浆板)。

福建造纸工业使用的 608 万吨废纸浆中，90% 以上是造纸企业用废纸自制的，只有不到 10% 的废纸浆是市场上购买的。2020 年，福建省制造废纸浆用的废纸 90% 以上是国废，包括大型企业玖龙(泉州)有限公司、联盛纸业(龙海)有限公司和山鹰华南纸业有限公司使用的废纸原料也是主要以国废为主，只有不到 10% 左右是用外废为原料制造的，而且还在不断地减少。2021 年，将要全面停止外废制浆，全部使用国废制浆。

【生产企业】

2020 年，福建省纸及纸板年产能百万吨以上的大型造纸企业有 3 家，分别是联盛纸业(龙海)公司、玖龙纸业(泉州)有限公司、山鹰华南纸业有限公司，见表 1。由于山鹰华南纸业有限公司前身是福建省联盛纸业有限责任公司(业内称长泰联盛)，在当时环评时，只通过了特种包装用纸及纸板年产能 75 万吨，目前实际生产的是高强瓦楞原纸和牛皮箱纸板，所以目前实际年生产量可以达到 100 万吨水平。福建省造纸产业政策规定，未经特批，不许增加年产能。山鹰华南纸业有限公司对外按年产能 75 万吨公布，但根据实际情况，把它按 100 万吨年产能归类。2020 年，这 3 家企业生产量合计 404.88 万吨，占全省造纸生产量的 50%。

福建省纸及纸板年产能 30 万～100 万吨的中型企业有 5 家，分别是恒安(中国)纸业有限公司、福建省青山纸业股份有限公司、漳州盈晟纸业有限公司、福建利树浆纸有限公司、原福建港兴集团(含漳州港兴纸品公司和漳州港兴纸业公司)，见表 2。这 5 家造纸企业 2020 年造纸生产量合计为 125.54 万吨，占全省造纸生产量的 16%。福建省 8 家大中型造纸企业年生产量 530.42 万吨，占全行业的 66%。

除表 1 和表 2 所述的 8 家造纸企业外，其他

126 家造纸企业年产能规模均在 30 万吨以下，是小型企业。2020 年福建省纸及纸板生产量、工业总产值、利税总额前 10 位的企业如表 3 ~ 表 5 所示。

2020 年，年生产量同比实现两位数增长的生产企业主要有玖龙纸业(泉州)有限公司、福建省尤溪永丰茂纸业有限公司、漳州港兴纸品有限公司、漳州盈晟纸业有限公司。

全年主营收入同比实现两位数增长的生产企业有：福建省尤溪永丰茂纸业有限公司、漳州港兴纸品有限公司、漳州盈晟纸业有限公司；利润总额同比实现两位数增长的有 3 家：恒安(中国)纸业有限公司、漳州盈晟纸业有限公司、漳州港兴纸品有限公司。

因疫情影响，与 2019 年相比，大多数造纸企业利润下降，详见表 5。

表 1　2020 年福建省纸及纸板制造业大型企业

序号	企业名称	年产能/万吨	产品品种	备注
1	联盛纸业(龙海)有限公司	260	包装用纸及纸板	
2	玖龙(泉州)纸业有限公司	100	包装用纸及纸板	
3	山鹰华南纸业有限公司	100	包装用纸及纸板	

表 2　2020 年福建省纸及纸板制造业中型企业

序号	企业名称	年产能/万吨	产品品种	备注
1	恒安(中国)纸业有限公司	50	高档生活用纸	
2	福建青山纸业股份有限公司	45	纸袋纸、食品包装用纸等	另有商品纸浆、溶解浆等产品
3	漳州盈晟纸业有限公司	30	牛卡纸、高强瓦楞原纸	
4	福建利树浆纸有限公司	30	牛卡纸、高强瓦楞原纸、特板	
5	漳州港兴纸业有限公司 漳州港兴纸品有限公司	30	牛卡、高强瓦楞原纸、灰纸板	2 家原为 1 家

表 3　2020 年福建省纸及纸板生产量前 10 位企业

序号	企业名称	生产量/万吨	备注
1	联盛纸业(龙海)有限公司	205.90	
2	玖龙纸业(泉州)公司	120.00	
3	山鹰华南纸业有限公司	78.98	
4	恒安(中国)纸业有限公司	43.02	
5	福建省青山纸业有限公司	28.36	另有商品浆和浆粕等
6	漳州盈晟纸业有限公司	22.22	
7	漳州港兴纸品有限公司 漳州港兴纸业有限公司	19.64	2 家算 1 家
8	漳州市长泰诚发纸业有限公司	17.00	
9	漳州友利达纸业发展有限公司	15.21	
10	福建利树浆纸有限公司 福建利树股份有限公司	12.30	2 家算 1 家

表 4 2020 年福建省造纸工业总产值前 10 位的企业

序号	企业名称	年产值(亿元)	产品品种	备注
1	福建恒安集团有限公司	223.74*	生活用纸及制品	*为集团营收
	其中恒安(中国)纸业有限公司	68		
2	联盛(龙海)纸业有限公司	106.05	牛卡纸、高强瓦楞原纸	
3	玖龙(泉州)纸业有限公司	80	牛卡纸、高强瓦楞原纸	
4	山鹰华南纸业有限公司	62.97	牛卡纸、高强瓦楞原纸	
5	福建省青山纸业股份有限公司	13.11	纸袋纸等	
6	漳州盈晟纸业有限公司	8.04	牛卡纸、高强瓦楞原纸	
7	漳州港兴纸品有限公司 漳州港兴纸业有限公司	7	牛卡纸、高强瓦楞原纸、灰纸板	
8	福建利树浆纸有限公司 福建利树股份有限公司	6.44	牛卡纸、高强瓦楞原纸	
9	漳州市长泰诚发纸业有限公司	6	白面牛卡纸等	
10	漳州友利达纸业有限公司	5	牛卡纸、高强瓦楞原纸	

表 5 2020 年福建省造纸工业利税总额前 10 位的企业

序号	企业名称	利税总额/亿元	产品品种	备注
1	福建恒安集团有限公司	注 1	生活用纸及制品	
2	联盛(龙海)纸业有限公司	13.67	牛卡纸、高强瓦楞原纸	
3	玖龙(泉州)纸业有限公司	注 2	牛卡纸、高强瓦楞原纸	
4	山鹰华南纸业有限公司	7.23	牛卡纸、高强瓦楞原纸	
5	福建省青山纸业股份有限公司	5.79	纸浆、袋纸、食品包装用纸	
6	漳州港兴纸业有限公司 漳州港兴纸品有限公司	1.06	牛卡纸、高强瓦楞原纸、灰纸板	2 家算 1 家
7	漳州友利达纸业有限公司	0.85	牛卡纸、高强瓦楞纸板	
8	福建利树股份有限公司 福建利树浆纸有限公司	0.80	牛卡纸、高强瓦楞纸板	2 家算 1 家
9	漳州盈晟纸业有限公司	0.38	牛卡纸、高强瓦楞纸板	
10	福建省尤溪永丰茂纸业有限公司	0.05		

注 1：根据福建恒安集团有限公司的年报，其净利润为 45.98 亿元。恒安集团有限公司没有填报利税数据，其旗下生产原纸的企业(恒安中纸公司)的利税总额为 1.42 亿元。

注 2：玖龙(泉州)纸业有限公司没有填报利税数据，福建省造纸协会根据有关信息评估其为 10 亿元左右。

【基建与技改】

1. 主要新建项目

(1)联盛纸业(龙海)有限公司　联盛纸业(龙海)有限公司两个新建项目：一是在漳浦县赤湖镇投资 220 亿元，新建年产 390 万吨林浆纸一体化项目。项目分两期建设，一期计划投资 130 亿元，建设年产 100 万吨白卡纸、年产 12 万吨生活用纸(原纸)、年产 120 万吨木浆生产线(配套碱回收工程)以及动力车间、环保设施、原料堆场、仓储、码头、办公生活区等相配套的辅助工程和附属工程，建设期限 2 年。二期计划投资 90 亿元，建设年产 100 万吨白卡纸(配套年产 50 万吨化学机械浆)生产线、年产 18 万吨生活用纸生产线、年产 40 万吨文化用纸生产线等，以及与其相配套的辅助工程和附属工程，建设期限 3 年。截至 2020 年年底，项目已经全部通过环评，已经获得批准开工建设需要的全部批文，完成了所有的前期工作。目前，一期工程中各分项目都已经进入施工设计阶段，工程建设基本按照计划进度推进。

二是在现有的厂址内新建年产 60 万吨高档箱纸板生产线（PM10 生产线）项目，该项目产品为高档白面牛卡纸和优质牛卡纸。项目于 2019 年开始建设，2020 年年中建成投产，目前生产线运行正常，并已通过项目工程验收，所有指标全都达到设计要求。

（2）南平市泰盛纸业有限公司　南平市泰盛纸业有限公司计划投资 65 亿元，建设林浆纸结合的制浆造纸及纸制品工程项目。由于福建省生态环境指标要求特别严格，环评报告一直处在修改完善之中，至今福建省发展改革委和福建省环保厅尚未批准项目开工建设，因此工程至今尚未动工建设。

（3）福建利树集团　福建利树集团位于福建省建瓯市，有两个生产基地，一是福建利树股份有限公司，原来只有 1 个新建项目，投资 5 亿元，建设 1 条年产 30 万吨白色木浆挂面纸生产线。项目 2019 年开工建设，原计划 2020 年完成造纸车间、制浆车间的土建施工，同时完成所有设备的安装、调试。由于新型冠状病毒肺炎疫情影响，项目进度滞后。目前企业调整了进度计划，计划 2022 年 3 月建成投产。目前，项目已基本完成厂房土建工程和设备订货等，项目正按照新的进度要求推进。2020 年福建利树集团有限公司又新增 1 个新建项目：集团下属福建利树浆纸有限公司，原厂址在兴宁工业区，建瓯市调整城市建设规划，原厂址将成为建瓯市主要城区，在该区域的现有工厂需要退城进园，所以福建利树浆纸有限公司要从兴宁工业区迁往笋竹城。目前已经完成原设备搬迁工作，但是根据目前国内外行情，原生产线规模为年产能 10 万吨，明显太小，公司计划将搬迁过去的设备不再重新安装投入运行，改为淘汰原 10 万吨年产能的生产线，新建 1 条年产能 30 万吨的涂布白纸板项目，项目环评刚刚开始，尚未批准，目前还处于前期工作阶段。

（4）福建省尤溪永丰茂纸业有限公司　3 个建设项目：①投资 120 万元，建设 2880 圆网纸机生产线 1 条，产品为文化用纸，项目已于 2020 年 6 月份建成投产。②投资 3000 万元，建设绿色环保高速节能的生活用纸生产线 1 条，2019 年开工，已于 2020 年 5 月建成投产，至今运行正常。③投资 1500 万元，建设 2880 毫米长网纸机生产线，生产薄型文化用纸，已于 2020 年 8 月份建成投产，至今运行正常。④计划再建设 1 条 2880 毫米长网纸机生产线，生产薄型文化用纸，目前项目已经开工建设，预计 2021 年 12 月份建成投产。

（5）福建凤竹纸业有限公司　福建凤竹纸业有限公司厂址在晋江市。2019 年投资 1 亿元，建设 1 条具有国内先进水平的新月型生活用纸（原纸）备制浆造纸生产线项目，项目产品为生活用纸原纸，年产能 1.5 万吨。项目采用佛山市宝索机械制造有限公司的宝拓造纸机（BC 1300—2850），项目包含浆料制备、纸机主体、分切机、安装工程及辅助工程等内容。2020 年年底，项目建成并投入试生产。

（6）浦城县德兴再生造纸有限公司　投资 3 亿元，建设年产 20 万吨再生纸厂，属于企业迁扩建（企业搬迁到指定的开发区）并技术提升项目。项目以废纸制浆造纸生产线为主，产品品种为普通瓦楞原纸、高强瓦楞原纸等，同时配套 10 条再生塑料颗粒生产线和 1 条尾渣回收生产线，项目有 2 条生产线，每条生产线年产能 10 万吨，项目分两期进行。一期工程 2020 年 5 月份建成投产。第二条类似的生产线于 2020 年 6 月初开始安装专业设备，2020 年底已经建成投入试生产。

（7）龙岩市永峰再生纸品有限公司　在淘汰原来相对落后的产能基础上，新建 1 条高速卫生纸机生产线，年产能 2.5 万吨，2020 年已建成投产。

（8）龙岩市万隆纸业有限公司　在淘汰原来相对落后的产能基础上，新建 2 台幅宽 4000 毫米薄页造纸机生产线，形成新的年产能 3 万吨，2020 年中已建成投产，生产线运行正常。

（9）漳州市益达纸业有限公司　在淘汰原来相对落后的产能基础上，新建年产 25 万吨高强瓦楞原纸生产线项目。2020 年开始建设，目前尚未建成投产。

（10）福建聚辉纸业有限公司　在淘汰原来相对落后的产能基础上。新建 1 条生活用纸生产线项目，即 2 号机生产线，新建的造纸机幅宽 3600 毫米，目前实际运行车速 1250 米/分，造纸机设计年产能 1.7 万吨，2020 年 10 月建成投产，目前实际运行情况很好，许多运行指标已经超过设计要求。

2. 主要技改项目

（1）恒安（中国）纸业有限公司　2020 年有 3 个生态环境保护和节能减排技改项目：①真空系统改造，投资 1000 万元；②自控系统技术升级改造，投资 300 万元；③废水深度处理项目，投资 1000 万。以上项目全部已经按计划进度要求建成投产。

（2）联盛纸业（龙海）有限公司　2020 年有 1 个环境保护技改项目：烟囱废气消白改造项目，投资

2500 万元，项目已经建成投产。

(3)福建省尤溪永丰茂纸业有限公司　投资300 万元，废纸脱墨制浆生产线技术提升技改项目。项目已于 2020 年 3 月建成投产。

(4)漳州盈晟纸业有限责任公司　盈晟纸业有4 个技改项目：造纸机贮浆系统扩建、QCS 系统升级改造、沼气回收利用系统升级改造、厌氧处理设施升级技改项目，以上 4 个项目均已建成并投入运行，运行正常。

(5)德彦(厦门)纸业有限公司　德彦(厦门)纸业有 1 个技改项目：废纸制浆造纸生产线提质升级技改项目，已经完成技改，投入运行，运行正常。

【科研与技术进步】

2020 年，福建省造纸工业只有福建农林大学材料学院有进行较大规模的科研项目。项目具体情况见表 6。

表 6　2020 年福建农林大学材料学院科研项目表

序号	项目名称	项目负责人	项目起止时间	资助经费/万元
1	木质纤维素正渗透膜非对称分子刷体系构建及其调控水通量机制的研究	陈礼辉	2020. 1. 1—2023. 12. 31	59
2	基于纳米力学分析木质素与纤维素酶间的离子和非离子-π 作用机制	刘　婧	2020. 01—2022. 12	25
3	多功能 MOF 催化转化纤维素制乳酸/乳酸酯的构效机制	罗小林	2019. 01—2022. 12	60
4	聚苯乙烯微球功能化及其定向控制造纸白水中 DCS 的研究	苗庆显	2018. 01—2021. 12	58
5	生物质酸预处理过程假木素的来源、生成机理及其过程控制与分离	马晓娟	2018. 01—2021. 12	60
6	手性向列型纳米纤维素模板定向调控二氧化钛微结构及共振耦合光催化增强机理研究	肖　禾	2018. 01—2020. 12	25
7	基于 γ-戊内酯/水体系制备再生纤维素级纤维过程中糖甙键的断裂与调控机制	胡会超	2018. 01—2020. 12	25
8	纤维素基多巴仿生胶黏剂的分子设计、合成与性能研究	吴　慧	2018. 01—2021. 12	60
9	纤维素基柔性透明导电膜 AZO 导电层生长机制研究	李建国	2018. 01—2020. 12	24
10	竹种筛选与竹纤维制备关键技术研究	陈礼辉	2017. 07—2020. 12	110
11	木质纤维素正渗透膜非对称分子刷体系构建及其调控水通量机制的研究	陈礼辉	2020. 1. 1—2023. 12. 31	59
12	基于纳米力学分析木质素与纤维素酶间的离子和非离子—π 作用机制	刘　婧	2020. 01—2022. 12	25
13	多功能 MOF 催化转化纤维素制乳酸/乳酸酯的构效机制	罗小林	2019. 01—2022. 12	60
14	聚苯乙烯微球功能化及其定向控制造纸白水中 DCS 的研究	苗庆显	2018. 01—2021. 12	58

【环境保护与节能】

福建省是我国生态文明省，是国家批准建设的首个国家生态文明试验区。福建省实行的是全国最严格的生态环境保护制度，其森林覆盖率已经达到66. 80%，并在继续提高，福建省森林覆盖率已经连续 40 多年位列全国第一。福建省的河流水质和空气质量也是全国最好的省区市之一。2020 年，福建省生态环境质量总体保持优良，9 个设区城市空气质量达标天数比例 98. 8%，同比增加 0. 5 个百分点；全省 12 条主要流域Ⅰ ~ Ⅲ类水质比例 97. 9%，同比增加 1.4 个百分点；县级及以上集中式生活饮用水水源地水质达标率 100%；小流域考核断面Ⅰ～Ⅲ类水质比例为 96.9%，同比增加 4.1 个百分点；近岸海域一、二类水质比例为 82.9%，同比增加 5.8 个百分点。所有这一切都包含了福建省造纸工业的牺牲和奉献。

目前，凡是在国家发展改革委产业结构调整目录中属于淘汰类和限制类的落后产能，均已被福建省造纸工业强制淘汰。2012—2019 年的 9 年时间，福建省造纸工业淘汰了约 400 万吨过剩产能和竞争力偏差的产能。在日常运行中，凡是国家发展改革委调整指导目录规定的内容，全部从严掌握。例如，调整指导目录规定文化纸机幅宽 1760 毫米及以下淘汰，福建省实际执行的是，除薄页特种纸以外，所有的幅宽小于 2000 毫米的造纸机一律淘汰。目前，福建省绝大部分造纸机幅宽都在 3000 毫米以上，多数在 4000 毫米以上；调整指导目录规定淘汰石灰地池法制浆，福建省就规定所有池法制浆全部淘汰。废纸制浆是福建省造纸工业的主要部分，尽管外废质好价廉，为减少我国固废污染总量，2020 年福建省造纸工业使用国废比例达 90% 以上。计划 2021 年全面停止进口外废。

福建省地方产业政策明确表述，造纸工业属于高污染高能耗高资源消耗的产业，属于限制数量型发展的范围，不允许凭空新增总产能，只允许在淘汰相对落后产能的前提下，用等额技改方式新建造纸项目。而且还明确规定，新增的大型新产能只允许在 3 个区域（湄洲湾东吴、厦门湾南部、泉州湾北部等沿海重点港湾区）布局，除上述海湾外，其余地方不再布点新建制浆造纸项目。

2015 年，国家发布《制浆造纸单位产品能源消耗限额（GB 31825—2015）》，为引导福建省造纸工业单位产品能源消耗走在全国先进的行列，2018 年 8 月，福建省质量技术监督局批准了福建省纸业协会新修订的 4 个福建省造纸工业单位产品能源消耗指南，这个标准的指标比国家标准更细更严更具可操作性。这 4 个标准分别是：①DB35/T 986—2018（代替 DB35/ 986—2010）特种纸单位产品能源消耗评价指南。② DB35/T 1134—2018（代替 DB35/ 1134—2011）文化办公用纸（含新闻纸）单位产品能源消耗评价指南。③ DB35/T 1135—2018（代替 DB35/ 1135—2011）生活用纸单位产品能源消耗评价指南。④DB35/T 1136—2018（代替 DB35/ 1136—2011）包装用纸和纸板单位产品能源消耗评价指南。2020 年，福建省工业和信息化厅就委托第三方按照这些新修订的 4 个标准，对福建省造纸企业进行能源审计，对不达标的企业要求立即整改并予以处罚。

【发展目标】

2020 年，福建省造纸工业取得了很大的成绩。从福建省资源现状而言，福建省造纸工业已经发展到一定规模和水平，今后在总量发展的同时应该更加注重质量的发展。未来福建省造纸工业发展的重中之重是：企业规模要继续发展壮大，要以技术创新和科技水平提升引领产业发展，促进行业数字化智能化建设，同时要注重节能减排、碳平衡碳中和、循环经济和绿色可持续发展。

2020 年是福建省造纸工业“十三五”规划收官之年，“十三五”规划要求“在现有 1 家企业纸及纸板年产能超百万吨规模的基础上，再培育 1～2 家年产能 100 万吨以上造纸企业。”截至 2020 年年底，福建省年产能 100 万吨以上企业已经有 3 家。在产业集中度方面，已经实现了规划的要求。

2020 年，福建省造纸工业大中型骨干企业发展总体较好，在新冠肺炎疫情严重冲击下，还有 4 家重点企业取得了两位数快速增长，意味着行业结构调整取得了很大成绩。2020 年福建省造纸工业发展的一个重要特点是拉大了大中型重点企业与一般企业的距离，为今后福建省造纸工业的高质量发展奠定了良好的基础。目前，福建省造纸工业在节能减排方面走在全国前列，污染物排放执行国家超低排放标准，为福建省造纸工业绿色发展奠定了良好的基础。今后福建省造纸工业发展思路是以稳中求进为总基调，以高质量发展为总目标，不对数量发展制定硬性指标。需要硬性要求的是：大力提升造纸工业科学技术创新能力和研发水平，推进节能减排和污染物防治先进技术，推进数字化智能化技术在造纸工业的应用。生产一般产品的企业要向规模化方向发展，其规模要达到具有国际竞争力的水平；生产特种纸薄页纸的企业要向新特奇和高技术含量方向发展，要做到人无我有、人有我精，依靠技术创新和科技优势取得企业生存和发展的机会。

（郑宝琛）

河南省造纸工业

Paper Industry in Henan Province

【行业概况】

根据河南省造纸学会对综合信息资料调查，2020年河南省造纸及纸制品生产企业约298家，机制纸及纸板总生产量355.66万吨，同比下降8.1%；主营业务收入429.27亿元(包括纸制品)，同比下降16.6%；利润总额10.44亿元，同比下降31.6%。2020年河南省的机制纸及纸板与2019年相比总生产量、主营业务收入、利润都明显下降。

河南省造纸企业主要分布在新乡、濮阳、焦作、驻马店、周口、郑州等地区，2020年河南省造纸企业生产能力超过10万吨的企业22家，占全省生产量86%以上；麦草等非木材纤维浆造纸生产量约18万吨，占全省的5.06%，废纸造纸生产量约108万吨，占全省的30.27%；木浆造纸生产量约230万吨，占全省的64.67%。主要产品中：书刊印刷纸、双胶纸、白纸板、无碳复写纸、生活用纸等文化、工业、生活用纸约220万吨，箱纸板约60万吨，瓦楞原纸约47万吨，其他约10万吨。

河南省所有制浆造纸企业全部按省和地方生态环境部门要求达标排放，很多企业排放标准超过国家、地方生态环境部门标准。部分重点骨干企业生产和效益有所增加。

【原料】

河南省木材资源缺乏，全省有杨木枝桠材制浆企业7家，产能70万吨/年。长期以来，制浆造纸原料主要以废纸、麦草为主，现在原料结构发生了质的变化，主要以废纸、木浆为主。随着河南省纸及纸板生产量的平稳增加，原料结构调整初见成效，问题基本得到解决。2020年河南省纸浆消费总量约320万吨，其中，木浆207万吨，非木材浆16.2万吨，废纸浆97.2万吨。河南省木浆消耗本地产木浆只有80多万吨，比例为34.5%左右。从国内外进口依存度看，2020年河南省外购木浆约127万吨，外购废纸浆约50万吨，外购木浆和外购废纸浆约占河南省原料总消耗量的61.4%和51.4%。2020年河南省320万吨浆的原料消费中约55.3%要依靠外购，影响河南省造纸行业健康持续发展。林纸一体化发展虽已形成共识，但河南省只有焦作瑞丰纸业有限公司的15万吨、濮阳龙丰纸业有限公司的11万吨、新乡新亚纸业集团股份有限公司的24万吨、河南江河纸业股份有限公司5万吨、河南省天邦科技有限公司5万吨及新乡鸿泰纸业有限公司5万吨化学机械浆，新乡新亚纸业集团股份有限公司10万吨、驻马店白云纸业有限公司10万吨等木片化学浆。

为了解决造纸原料问题，河南省各级政府部门、大型造纸企业都非常重视造纸原料的开发，认真贯彻落实国家发展改革委、财政部、国家林业和草原局《关于加快造纸工业原料基地建设的若干意见》，按照全国造纸工业“十一五”发展规划，结合河南省实际，从河南省国民经济和造纸工业发展的战略高度，积极倡导和实施林纸一体化，扎实细致地做好沿黄、沿淮及其他宜林地区的速生杨丰产林基地建设工作，已先后在三门峡、洛阳、焦作、新乡、开封、濮阳、南阳、信阳、商丘等地建立了造纸用林基地。河南省木浆生产企业引导木片供应商发动群众购买木片削片机，响应政府号召，采取公司加农户方式，既降低了企业原材料成本，又增加了农民及木片供应商的收入。

【生产企业】

2020年底，河南省制浆造纸企业约100家，其中：以麦草等非木材纤维为原料的化学法、半化学法制浆造纸生产企业5家；使用废纸造纸的企业70家；木浆造纸企业25家。50万~100万吨企业4家，30万~50万吨企业4家，30万吨以下企业92家。

河南省主要造纸企业2020年完成总生产量、

主营业务收入、上缴税金、利润总额前 10 名的企业情况见表 1 ~ 表 4。

表 1　2020 年河南省纸及纸板生产量前 10 名的造纸企业

序号	单位名称	生产量/万吨
1	新乡新亚纸业集团有限公司	101.25
2	河南省龙源纸业股份有限公司	82.98
3	大河纸业有限公司	62.73
4	濮阳龙丰纸业有限公司	32
5	驻马店白云纸业有限公司	31.68
6	新乡鸿泰纸业有限公司	31.6
7	河南江河纸业股份有限公司	28.5
8	河南三丰纸业有限公司(武陟、辉县)	18.1
9	河南省天邦科技有限公司	15.5
10	河南仙鹤特种浆纸有限公司	15.45

表 2　2020 年河南省主营业务收入前 10 名的造纸企业

序号	单位名称	主营业务收入/亿元
1	新乡新亚纸业集团有限公司	57.87
2	大河纸业有限公司	36.42
3	河南省龙源纸业股份有限公司	28.85
4	河南江河纸业股份有限公司	19.9
5	驻马店白云纸业有限公司	17.20
6	濮阳龙丰纸业有限公司	15.96
7	新乡鸿泰纸业有限公司	14.2
8	河南仙鹤特种浆纸有限公司	12.30
9	河南三丰纸业有限公司(武陟、辉县)	11.86
10	河南省天邦科技有限公司	8.15

表 3　2020 年河南省利税总额前 10 名的造纸企业

排序	单位名称	利税总额/万元
1	大河纸业有限公司	19700
2	河南省龙源纸业股份有限公司	27676
3	河南江河纸业股份有限公司	23622
4	新乡新亚纸业集团有限公司	11185
5	河南仙鹤特种浆纸有限公司	10009
6	焦作瑞丰纸业有限公司	5531
7	驻马店白云纸业有限公司	5303
8	濮阳龙丰纸业有限公司	4642
9	新乡鸿泰纸业有限公司	3620
10	河南三丰纸业有限公司(武陟、辉县)	1277

表 4　2020 年河南省利润总额前 10 名的造纸企业

排序	单位名称	利润总额/万元
1	新乡新亚纸业集团有限公司	29050
2	河南江河纸业股份有限公司	14640
3	河南三丰纸业有限公司(武陟、辉县)	10041
4	河南仙鹤特种浆纸有限公司	10136
5	大河纸业有限公司	6679
6	新乡鸿泰纸业有限公司	5670
7	河南省天邦科技有限公司	4284
8	焦作瑞丰纸业有限公司	3005
9	驻马店白云纸业有限公司	2651
10	濮阳龙丰纸业有限公司	1023

【基建与技改】

2020 年河南省造纸行业受疫情影响销售疲软，价格下降。2020 年完成和在建的造纸项目主要有：新乡鸿泰纸业有限公司年产 10 万吨涂布白卡纸项目、60 蒸吨生物质锅炉项目；河南护理佳纸业有限公司年产 10 万吨高档生活用纸填平补齐项目、鹿邑城区热电联产项目；新乡新亚纸业集团股份有限公司年产 40 万吨液体包装用纸项目、年产 12 万吨杨木化学机械浆项目；河南仙鹤特种浆纸有限公司续建完善了年产 10 万吨不干胶项目；河南秋月实业有限公司年产 30 万吨特种纸及高档瓦楞原纸项目；河南雅都纸业有限公司年产 30 万吨再生包装用纸项目；驻马店中南纸业有限公司年加工生产 10 万吨生活用纸项目等。

【科研与技术进步】

造纸科学技术为河南造纸工业的发展起到了推动作用，并使产品档次逐渐提高，品种逐渐增多，也使造纸行业装备水平稳步提高。

2020 年，河南省对食品包装用纸、防油纸、无碳复写纸、热敏纸、离型原纸、防水防油热敏纸、彩色喷墨打印纸、石膏板原纸、装饰原纸、耐磨纸等技术进行了研究。有能力的企业都成立了科研开发机构，如河南江河纸业股份有限公司成立院士工作站、国家级企业技术中心，漯河银鸽实业集团有限公司建立院士工作站，濮阳龙丰纸业有限公司、驻马店白云纸业有限公司、焦作瑞丰纸业有限公司等都成立了省级技术中心，都为企业新产品开发生产服务。他们在新原料、新工艺、新技术、新产品、新助剂和新设备等的研究、开发、使用方面投入了大量的人力、物力，对企业的发展和技术进步起到了重要的促进作用。

河南江河纸业股份有限公司研制开发了1500米/分文化纸机，河南大指造纸装备集成工程有限公司逐渐开发了水力式稀释水流浆箱、顶网和夹网成型器、靴式压榨、膜转移施胶(涂布)机、空气转向器、气浮干燥箱、可控中高软压光机、纸幅稳定器、自动全副循环式高压网毯清洗装置、高压引纸水针、涂料压力筛、全自动高速分切机、盘纸分切机、热敏纸小卷分切机、纸病检测系统、纸机DCS系统、定量阀，10万吨/年化学机械浆生产线等新技术新设备；焦作市崇义轻工机械有限公司开发了1200米/分新月型高速卫生纸机，郑州磊展科技造纸机械有限公司研究开发了节能型压力筛，郑州运达造纸设备有限公司开发的废纸散包机、封闭式筛选系统、卫生纸打浆系统等。

河南省造纸工业加大了科技投入和人才的培养，河南省大、中专院校为造纸企业培养了大批制浆造纸专业技术人员，除此之外，较大企业每年都选送在职职工到陕西科技大学、郑州大学、河南大学、郑州轻工业大学等大学学习，充实一线技术人员，还不断从外省招聘高技术人才。

河南省造纸工业在科技投入和人才培养方面，做了大量的工作，促进了造纸工业快速、健康、可持续发展。目前，许多企业认识到，市场竞争是产品竞争；产品竞争是技术竞争；技术竞争归根到底是人才竞争。许多企业在市场竞争中，尝到了重视科技、重视人才、重视新产品开发，加大科技和人才培养投入的甜头，不断转变观念，适应市场发展的需求，发展和壮大自己，抢占市场竞争制高点，抓人才、抓科技、抓产品、抓市场、抓效益。

【环境保护与节能】

为了贯彻国家保护生态环境的有关政策、法规，使淮河、黄河、海河、长江等河流在河南出境断面符合国家和人民的要求，河南省把治理污染作为全省造纸行业的重点工作来抓。随着国家加大对水污染防治立法、执法力度，全省造纸工业加快了废水治理的步伐，并取得了较大进展。

2020年年底，河南省又关、停、并、转5万吨/年以下废纸制浆造纸企业10家。各企业普遍注意清洁生产，减少污染物的产生和排放，加强废水治理和回收利用，大多数造纸企业都通过了环保部门的验收，能达到稳定达标排放。

【发展目标】

近几年，河南省造纸行业实现传统造纸工业向可持续发展的现代绿色造纸工业转变的关键阶段。河南省造纸做了原料结构、产品结构调整，淘汰落后产能取得实效，产业集中度不断提升，装备水平提高很快，资源消耗不断降低，污染排放明显下降。

1. 发展目标

(1)原料结构　到2021年年底，全省纸浆用量将达到342万吨/年；纸浆结构为：木浆65%、废纸浆39%、非木材浆6%。

(2)造纸生产量　到2021年年底，全省造纸产能保持800万吨/年，中高档纸及纸板产能比例达到75%。实际生产量达380万吨，继续保持全国第6的地位。

(3)企业规模　到2021年年底，全行业平均生产规模10万吨/年，综合实力前20位企业纸及纸板生产量占全行业80%～85%。10万吨/年以上企业数量达到30家，其中50万～100万吨/年4家，30万～50万吨/年5家。

(4)节能减排　到2021年年底，河南省重点企业达到国家发展改革委发布的《制浆造纸行业清洁生产评价指标体系(试行)》要求。全行业单位产品平均综合能耗和单位产品平均取水量分别比2020年降低8%和10%，污染物COD_{Cr}排放总量降低12%。“十四五”期间，节能减排工作继续走在全国前列。

2. 重点续建拟建项目

2020年河南省续建和开建的项目有：新乡鸿泰纸业有限公司合作平顶山中峰纸业有限公司改造项目；河南秋月实业有限公司年产30万吨特种纸及高档瓦楞原纸项目；河南雅都纸业有限公司年产30万吨再生包装用纸项目；驻马店中南纸业有限公司年加工生产10万吨生活用纸项目；新乡新亚纸业集团有限公司技改500吨绝干固形物/日碱回收系统，投资1.5亿元购置板式降膜蒸发器、黑液燃烧炉500吨/日、连续苛化器、烧碱澄清器及其辅助设备各1套，实现造纸污染物绿色化处理，年产40万吨液体包装用纸项目；河南仙鹤特种浆纸有限公司年产10万吨不干胶项目；河南省龙源纸业股份有限公司年产40万吨白卡纸项目；洛阳洁达纸业有限公司年产5万吨生活用纸异地搬迁项目等。预计2021年年底年产能增加60万吨。

(李尚武)

湖北省造纸工业

Paper Industry in Hubei Province

【行业概况】

2020 年，注定是不平凡的一年，面对突如其来的新冠肺炎疫情，我国经济和全球经济都经受了巨大挑战，湖北省造纸企业克服了企业停工、市场萎缩、原料短缺、招工困难等重重困难，在国务院“联防联控”机制联络组及省政府、省经济和信息化厅领导的带领下，组织全省造纸企业复工复产、积极参与“稳链补链强链”产销对接会，扎实做好“六稳”“六保”工作、奋力完成全年经济社会发展目标任务。其主要表现在停产 2～3 个月的情况下，湖北省造纸行业生产量仍然在原有基础上有所增长，根据湖北省造纸协会调查数据，2020 年湖北省主要造纸企业 28 家，纸及纸板生产量 622.06 万吨，同比增长 19.07%，工业总产值 259.37 亿元，同比增长 7.61%，主营业务收入 234.18 亿元，同比增长 15.71%，利税总额 18.44 亿元，同比增长 45.31%。2020 年湖北省主要造纸企业纸及纸板生产量、主营业务收入、利税总额、利润总额完成情况见表 1，主要产品生产量完成情况见表 2。

表 1　2020 年湖北省纸及纸板生产量、主营业务收入、利税总额、利润总额完成情况

	单位	2019 年	2020 年	同比/%
纸及纸板生产量	万吨	522.44	622.06	19.07
商品纸浆生产量	万吨	45.62	48.69	6.73
主营业务收入	亿元	202.25	234.018	15.71
利税总额	亿元	12.69	18.4401	45.31
其中：利润总额	亿元	2.82	9.1991	226.21

【原料】

湖北省地处长江中下游，长江汉水润泽全省，可用于造纸的木片、竹子、麦草、秸秆和荻苇等资源较多。随着国家固体废物进口的限制，造纸原料供应问题已经开始显现，随着百万吨级项目的不断增加，原料供给将是近几年的重点工作，在原料紧张的同时，应积极加大湖北省现有的芦苇、竹子及其他秸秆植物纤维的开发利用。湖北省现有制浆企业 5 家，其中 3 家自产自用，其他 2 家纸浆生产量 48.69 万吨；湖北省造纸企业主要原材料是以回收再生资源、废纸和商品木浆为主，产品是以包装用纸、生活用纸为主。造纸工业需要依赖丰富的淡水资源，而湖北号称“千湖之省”，更是有长江和汉江两大干流，无数支流，为造纸行业提供了丰富的水资源。

表 2　2020 年湖北省造纸工业主要产品产量完成情况

品种	生产量/万吨	
	2019 年	2020 年
纸及纸板合计	522.44	622.06
新闻纸	0.77	—
未涂布印刷书写纸	42.79	29.72
生活用纸	62.52	59.49
包装用纸	12.61	52.36
白纸板(包括涂布和未涂布)	42.79	67.1
箱纸板	101.34	72.1
瓦楞原纸	224.59	281.77
特种纸及纸板	5.46	10.93
纸浆生产量	29.8	48.69

【生产企业】

2020 年湖北省主要造纸企业有 28 家，年产 100 万吨及以上大型企业 1 家，年产 50 万～100 万吨中型企业 3 家，年产 10 万～30 万吨小型企业 11 家，年产 10 万吨以下企业 13 家。

1. 年产 100 万吨以上大型企业 1 家

湖北省武汉金凤凰纸业有限公司年生产量

132.45 万吨。2020 年新冠肺炎疫情给企业生产经营带来了巨大的困难和挑战，面对挑战，公司迅速响应，全面部署，建立了完善的疫情防控方案；同时作为湖北防疫物资重点保障企业，公司精心组织、全力以赴地开展了复工复产。在全体金凤凰人的努力下，公司员工及家属无一人感染，并圆满完成了下游企业用纸需求的保供任务，实现了"抗疫复产两不误"。2020 年公司共实现产值 58 亿元，稳定就业 1800 余人，申请实用型专利数 10 项，获得"纳税十强""纳税贡献大户"等荣誉。

2. 年产 50 万吨以上中型企业 3 家

(1)山鹰华中纸业有限公司年生产量 79 万吨　因疫情影响，山鹰华中基地于 1 月 29 日停机，3 月 11 日正式复工，公司抗住了疫情的压力，于 3 月 15 日全面恢复第二条生产线和第三条生产线的建设工作，第二条生产线于 2020 年 5 月投产，第三条生产线于 2020 年 9 月投产。复工复产以来，山鹰华中纸业有限公司严格实行常态化的疫情防控政策，实行半封闭式管理。在做好疫情防控工作的同时，积极多方策划组织全面复工复产，组织车辆采取"点对点"到岳阳火车站、各乡镇接回员工 500 多人次，保障人员顺利返岗。疫情防控、安全生产、项目建设三不误。

(2)湖北荣成再生科技有限公司年生产量 75.1 万吨　公司在 1－3 月处于防疫停产期，3 月底湖北省解封后，公司在积极做好各项防疫工作的同时，积极争取订单，加强与客户联系和沟通。2020 年 6 月才逐渐恢复正常运营，全厂产能恢复后，因环保政策一刀切，进口废纸遭限，只能生产较低档次的箱纸板，无法满足高端出口产品包装的需要。公司从台湾省进口高价成本的再生浆，生产部分原计划的高档纸板，来满足市场和客户的要求。

(3)湖北拍马纸业集团年生产量 55.4 万吨　集团地处江汉平原荆州拍马工业园，位于荆州古城北隅，紧邻 207、318 国道，近邻荆州火车站和沙市港，是荆州市农业产业结构调整的成功典范之一，以造纸为龙头，带动相关产业发展。

3. 年产 10 万～30 万吨小型企业 11 家

(1)湖北金庄科技再生资源有限公司年生产量 26.82 万吨　公司是以生产再生包装用纸和为当阳市开发区金桥工业园集中供热的资源综合利用加工服务型企业。2020 年新冠疫情暴发，这场没有硝烟的战争彻底打乱了造纸行业的发展轨迹和企业的生产节奏，企业停工、原料短缺、市场萎缩、经济下行等一系列问题相继发生，面对受疫情影响，公司积极采取应对措施，按照当地市政府防疫指挥部统一部署，在最短时间内恢复了正常生产。坚持"品质优先"与"创新发展"理念，积极调整纱管线产品结构，实现销售收入 7.3 亿，截至 2020 年年底，公司从业人员近 500 人。

(2)湖北华海纤维科技股份有限公司年生产量 10.07 万吨　公司原名湖北华海纸业有限责任公司，成立于 2000 年 7 月，现有职工 420 人，占地面积 20 公顷。2020 年的新冠疫情给华海公司带来巨大影响，但公司坚持一手抓疫情防控，一手抓生产。在价格大幅度下跌的情况下，全年完成销售收入 4 亿元。技改项目扎实推进，公司采用全木浆生产。春节期间实施的提质提效技改投产后得到验证，为提升产品质量奠定了基础。新增分切机、板皮加工生产线投入使用。计划 2021 年实施特种卡纸项目，年底投产。

(3)湖北盛大纸业有限公司年生产量 15 万吨　公司位于仙桃市张沟镇友谊路东段，占地面积 220446.68 $米^2$，现有员工 480 人。企业因受疫情影响生产经营困难，通过与职工协商一致采取调整薪酬、轮岗轮休、缩短工时等方式稳定工作岗位。2022 年计划新建秸秆纤维浆板生产线，解决当地资源综合利用问题。

(4)湖北宜昌祥临科技有限公司年生产量 14.8 万吨　公司成立于 1982 年，位于宜昌市夷陵区龙泉镇循环经济产业园，现有员工 360 人。突如其来的新冠肺炎疫情给公司带来巨大影响，停产时间长，导致不能按时履约，客户丢失严重。尤其是省外的纱管纸客户几乎全部丢失。产品销售价格断崖式下跌，原材料(废纸)价格跌宕起伏，市场难以把控。公司生产所需的原材料全部为国内废纸，2021 年计划启动祥临再生资源回收利用中心解决原料补给。

(5)湖北兴锦纸业有限公司年生产量 18.0 万吨　公司原名湖北雅都恒兴纸业有限公司，位于广水市广水办事处，是一家专业生产高强度瓦楞原纸的企业。公司于 2005 年 5 月成立，注册资本 6000 万元，总资产 3.5 亿元，现有员工 300 人。2020 年新冠疫情对公司造成巨大损失，公司经营一度陷入困境。物流不畅、原材料涨价、产品价格一路下滑，且严重滞销，公司经营出现大面积亏损。虽然压力颇大，但公司倡导 2020 年力争少亏损，积极响应政府号召"保就业、保税收、保稳定"方向不变，在当地政府的大力扶持下，公司逐步摆脱困境。2021 公司将重新规划战略目标，拟通过技改、新建项目等举措提升企业的市场竞争力。

(6)金红叶纸业(湖北)有限公司年生产量19.7万吨　公司受疫情影响，停产约60天，总产能源纸损失约3万吨，成品纸损失约1万吨。市场需求的减少及原材料、能源及仓储、物流成本的增加使公司产值较2019年减少10%，疫情期间公司为了员工能分享集团的关怀，全额发放员工工资，提升员工士气。通过政府协助，公司第一批复工复产，并在3月底快速恢复生产，产能也在4月份恢复到正常。同时，随着4月8日武汉解封，5月30日全体员工均回到工作岗位。新增12万吨生活用纸项目将于2021年5月陆续开机，建成后，年产能将达到36万吨，成为孝感市最大的生活用纸基地，进一步推进体量发展、集成化建设打下坚实的基础。

(7)湖北长江汇丰纸业有限公司年生产量32.7万吨。

(8)维达护理用品(中国)有限公司年生产量约22万吨。

(9)湖北祥兴纸业科技有限公司年生产量13.2万吨。

(10)武汉晨鸣汉阳纸业股份有限公司年生产量18.76万吨。

(11)黄冈晨鸣浆纸有限公司年生产量40.99万吨。

4. 年产10万吨以下企业13家

(1)湖北金民纤维材料科技有限公司年生产量3300吨　因受新冠肺炎疫情影响，加上使用燃气锅炉导致吨纸蒸汽成本上升500多元，造成常规品种严重亏损，全年公司基本处于停产状态。3月24日才部分开机，全年总计生产天数64天，为遏制亏损，公司改变经营方向，完全转型生产各类小批量的特种纸，如水写纸、彩色字典纸、各类原纸。并开发生产了单层双色水果套袋纸、加香佛经符印用纸等。公司在“十四五”规划纲要中提出，在保留现特种纸的基础上，结合地域优势着力向包装系列产品转型。前期向县发展改革部门申报备案的《年产3亿米^{2}箱纸板生产线项目》，当前正处于准备实施阶段。

(2)湖北广发纸业有限公司年生产量2.61万吨　成立于2007年9月，公司位于湖北省襄阳市宜城市经济开发区，因受新冠肺炎疫情影响，公司于2020年5月复工复产，复产后一是加强疫情防控，二是组织好开工生产，做到了96人全员上岗未减一人。针对疫情开工晚，公司采取了加强管理，向内挖潜力，开展节能降耗活动，使企业能源使用效率得到了很大提高。

(3)湖北宝塔沛博循环科技有限公司年生产量3.66万吨　突如其来的新冠肺炎疫情打乱了整个公司的生产节奏，公司被迫转产包装用纸。同时又因进口废纸的禁止而导致原材料大幅上涨，以致产成倒挂，诸多不利因素致使公司生产经营异常艰难，迫使公司打破常规思路，对外狠抓市场拓展，重点拓展老客户新产品，大力开辟新客户，开发出彩色仿牛复合纸，符合国家禁塑令的环保政策，该产品迅速成为公司主导产品，销往江浙、湖南。对内狠抓基层班组力量的建设，强化成本管理及节能降耗、优化人员及岗位结构。

(4)易立科技通山有限公司年生产量0.9万吨　公司成立于2006年6月，是一家专业生产特种工业、医疗包装用纸的“国家高新技术企业”，是湖北省经信厅授予的“省级隐形冠军企业”，被湖北省政府授予“重合同、守信用”企业，多次被通山县政府授予“优秀企业”和“重点企业”。公司注册资本2400万元，拥有4条工业特种纸、医疗包装用纸和绝缘纸板生产线，现有员工170人，为当地提供了170多个就业岗位，其中还为33个贫困户提供了就业机会。受新冠肺炎疫情的影响，公司第一季度基本处于停产状态，2019年的部分订单取消导致2019年成品积压，再因原材料价格上涨、运输成本增加，导致产品成本过大，给销售带来困难。公司克服困难，因地制宜，新增品种有蓝芯卡纸、本色B级砂纸原纸、白卡纸等。

2020年湖北省纸及纸板生产量前10名的造纸企业见表3，2020年湖北省销售收入前10名的造纸企业见表4，2020年湖北省纸及纸板利税前10名的造纸企业见表5，2020年湖北省纸及纸板利润前10名的企业见表6。

表3　2020年湖北省纸及纸板生产量前10名的造纸企业

序号	企业名称	生产量/万吨
1	武汉金凤凰纸业有限公司	132.45
2	山鹰华中纸业有限公司	79
3	湖北荣成再生科技有限公司	75.1
4	湖北拍马纸业集团	55.4
5	湖北长江汇丰纸业有限公司	32.7
6	湖北金庄科技再生资源有限公司	26.82
7	维达护理用品(中国)有限公司	22.58
8	金红叶纸业(湖北)有限公司	19.7
9	武汉晨鸣汉阳纸业股份有限公司	18.8
10	湖北兴锦纸业有限公司	18

表 4　2020 年湖北省纸及纸板销售收入前 10 名的企业

序号	企业名称	销售收入/亿元
1	武汉金凤凰纸业有限公司	43.9453
2	湖北拍马纸业集团	42.5000
3	维达护理用品(中国)有限公司	23.46
4	湖北荣成再生科技有限公司	22.6346
5	山鹰华中纸业有限公司	19.000
6	湖北长江汇丰纸业有限公司	11.4000
7	金红叶纸业(湖北)有限公司	9.7358
8	武汉晨鸣汉阳纸业股份有限公司	8.4637
9	湖北金庄科技再生资源有限公司	7.2853
10	湖北兴锦纸业有限公司	6

表 5　2020 年湖北省纸及纸板利税前 10 名的企业

序号	企业名称	利税总额/亿元
1	武汉晨鸣汉阳纸业股份有限公司	4.8971
2	武汉金凤凰纸业有限公司	4.0453
3	湖北拍马纸业集团	3.2100
4	山鹰华中纸业有限公司	1.9500
5	中顺洁柔(湖北)有限公司	1.555
6	维达护理用品(中国)有限公司	参照同期
7	湖北长江汇丰纸业有限公司	1.1000
8	湖北金庄科技再生资源有限公司	0.7944
9	湖北城东再生资源科技发展有限公司	0.5000
10	湖北盛大纸业有限公司	0.4015

表 6　2020 年湖北省纸及纸板利润前 10 名的企业

序号	企业名称	利润总额/亿元
1	武汉晨鸣纸业股份有限公司	4.7508
2	湖北拍马纸业集团	2.0800
3	湖北长江汇丰纸业有限公司	1.9146
4	中顺洁柔(湖北)有限公司	1.4543
5	维达护理用品(中国)有限公司	1.200
6	山鹰华中纸业有限公司	0.9500
7	武汉金凤凰纸业有限公司	0.5338
8	湖北城东再生资源科技发展有限公司	0.2500
9	湖北盛大纸业有限公司	0.2379
10	湖北祥兴纸业科技有限公司	0.0475

【基建与技改】

(1)2020 年湖北武汉金凤凰纸业有限公司计划在孝感基地实施年产 50 万吨浆及 80 万吨环保包装用纸林浆纸一体化扩建项目。该项目建成后，金凤凰纸业将实现年产值 120 亿元，利税 7 亿元，提供就业岗位 3000 余人。

(2)2020 年 6 月 12 日玖龙纸业(控股)有限公司在湖北省荆州市监利经济开发区白螺工业园签约，计划总投资 125 亿元，年产 60 万吨浆及 240 万吨高档包装用纸的“林浆纸一体化项目”。2021 年 1 月 15 日玖龙纸业(控股)有限公司又与咸宁市咸安区政府正式签约，该项目计划在咸安总投资约 54 亿元，建设年产 40 万吨竹浆、50 万吨高档文化用纸、手提袋纸、食品包装用纸生产线，以及智能化纸包装全产业链。这是玖龙纸业继监利县之后在湖北签约的第 2 个生产基地。

(3)2020 年 8 月 10 日，山东晨鸣纸业集团股份有限公司宣布将控股子公司黄冈晨鸣项目产业发展规划调整为“浆纸一体化项目”，并将启动年产 150 万吨的黄冈晨鸣二期项目。

(4)2020 年 11 月 9 日安徽山鹰纸业股份有限公司再次宣布扩建荆州项目，追加投资 100 亿。建设年产 120 万吨工业包装用纸、智能包装产业园及生活用品电商产业园项目。山鹰华中纸业有限公司现阶段有两个拟建项目，分别为年产 220 万吨高档包装纸板项目和年产 120 万吨工业包装用纸扩建项目，规划 2 条生产线。

(5)2020 年 12 月 28 日浙江衢州五洲特种纸业股份有限公司在湖北省武穴市拟斥资 230 亿元计划投资年产 660 万吨“浆纸一体化项目”。

(6)2020 年 12 月 31 日，中顺洁柔孝南生产基地二期项目首台生活用纸机开机出纸，整个项目投产后将年产 30 万吨生活用纸。

(7)金红叶纸业(湖北)有限公司新增 12 万吨生活用纸项目将于 2021 年 5 月、6 月陆续开机，建成后，公司年产能将达到 36 万吨，成为孝感市最大的生活用纸基地，进一步推进体量发展、集成化建设打下坚实的基础。

(8)2021 年 1 月 8 日，浙江仙鹤股份有限公司在湖北省荆州市石首签订了 250 万吨林浆纸一体化循环经济项目投资框架协议。计划总投资 100 亿元，主体项目分三期完成，包含年产 90 万吨纸浆，年产 140 万吨特种纸，年产 20 万吨涂布加工纸项目，三期建成后，可实现年上缴税金 10 亿元。

【环境保护与节能】

湖北省造纸行业的环保工作也呈现新的格局和特点。

(1)金庄科技公司热电二期项目进展，热电联产二期 1×65 蒸吨流化床锅炉 +1×6 兆瓦汽轮发电机组项目(2 号锅炉和 2 号发电机组)于 2019 年 12 月开工建设。截至目前，锅炉水压试验已完成，汽机扣盖已完成，土建工程、设备安装工程已进入收尾阶段。公司计划于 2021 年 3 月 12 日进行项目调试招标工作，4 月 1 日锅炉烘炉，4 月 10 日进行单机系统调试，4 月 30 日进行试运行。

(2)湖北兴锦纸业有限公司造纸废水的厌氧处理系统，通过将造纸废水通入设置的多个依次连通的处理环节并设置具有两级三相分离器的厌氧反应塔和可循环利用分离水的管路，从而能够对造纸废水进行有效净化处理，同时废水处理所产生的沼气能够得到有效的回收。沼气循环利用系统，通过将造纸废水采用处理系统处理后生成的沼气通过安全有效的传输系统导入到锅炉作为燃烧能的能量供应，使得锅炉产生的蒸汽可以再次为纸机造纸提供蒸汽能，形成一个良性循环，从而能够节约能源，保护环境。公司投入资金 2000 万元，将研发成果转换，新建一座日处理能力 4000 吨的 IC 厌氧反应塔及沼气回收系统，项目建成实施后大幅提高了公司环保处理能力及处理水平，IC 厌氧塔在反应过程中产生的沼气经收集后制成饱和蒸汽输送至生产线烘干部使用，节能降耗效果显著。

【发展目标】

2021 年是国家“十四五”规划开局之年。近年来，位居华中九省通衢之地的湖北省成了各大造纸企业建厂的首选之地。湖北省抓住造纸行业转型洗牌机遇，以自身优势促进优质企业进行产业布局，以更高的环保标准，推动造纸业发展。多家龙头造纸企业包括在建、拟建产能过百万吨的项目已经超过 7 个。过去湖北省以生产包装用纸、生活用纸为主，随着仙鹤股份特种纸有限公司、五洲特种纸业股份有限公司的项目相继签约，将填补湖北省特种纸的短板，全产业链经济总量不断增加。湖北省还遍布着许多大中小型造纸企业，孝感、荆州、黄冈等地是湖北省“热门”的造纸产业聚集地。比如孝感市孝南区，号称我国生活用纸之都，集中了全国排名前 4 的金红叶纸业集团有限公司、恒安(集团)有限公司、维达纸业(中国)有限公司、中顺洁柔纸业股份有限公司等国内生活用纸行业领军企业。产业结构不断优化的“中华纸都”在湖北省孝南地区已突显成效。湖北省辐射全国其他各个省份，中间均不超过 2 个省，地处全国经济地理中心，陆路交通四通八达。又有长江、汉水蜿蜒湖北，水上交通运输优势明显，为造纸原料、产品进出带来了更为便利的条件。拥有多个国家级循环经济产业园，可对纸业项目产生的废旧资源进行再利用、再加工、再制造，降低企业环保成本，符合产业发展方向，加快纸品产业转型升级，发展引进再生纸制造等工业用纸企业提供了环境保障。凭借以上优势，湖北省纸业项目规模达千万吨，向着华中地区包装用纸、生活用纸“造纸强省”迈进。

(顿志强)

四川省造纸工业

Paper Industry in Sichuan Province

【行业概况】

2020年四川省机制纸及纸板生产量逐渐增长，稳中向好。2020年四川省制浆造纸总生产量为491.72万吨，原生竹浆生产量为118.3万吨，共有制浆造纸企业153家(含规模以下企业)，其中：规模以上制浆造纸企业110家，纸及纸板生产量365.83万吨，同比增长10.05%；规模以下企业43家，纸及纸板生产量125.89万吨，同比减少7.98%。2020年四川省制浆造纸规模以上企业总生产量全国排名第9位，总生产量增长全国排名第5位，总生产量增速全国排名第6位。

2020年竹子制浆企业共有13家，竹浆生产量118.3万吨，同比减少8.9%，在全国原生浆生产量占比约10%左右，其中本色竹浆57.08万吨，占比48.25%，漂白竹浆61.22万吨，占比51.75%。竹浆主要用于生产生活用纸、文化用纸、食品包装原纸、牛皮纸、民俗用纸等，但80%的竹浆用于生产生活用纸。木浆生活用纸原纸生产企业4家，竹浆生活用纸原纸生产企业55家，较2019年减少5家，生活用纸原纸总生产量135万吨，同比减少3.6%，其中，漂白原纸与本色原纸各占50%；竹木浆生活用纸加工企业250家，年生产量145万吨，同比减少4.6%，其中非卷和卷纸各占50%。竹浆生活用纸销售市场40%在省内销售，60%在省外和国外销售，出口有明显增长。2020年四川省包装纸板企业20家，较2019年减少2家，包装纸板生产量275.85万吨，同比增长6.6%。文化用纸及其他纸种生产量80.87万吨，同比增长14.69%，文化用纸市场有所提升，企业利润增加；特种纸行业生产量和利润较2019年都有所提升；民俗用纸企业受环保影响和市场竞争压力，市场销售困难，企业利润下降。

【原料】

四川省制浆造纸原料结构：木浆7%(进口或省外商品纸浆)；自制竹浆43%；废纸50%。主要产品有：商品竹浆板、食品包装纸板、包装纸板(高强瓦楞原纸、牛皮箱纸板、箱纸板、涂布白纸板、工业纸板等)、生活用纸原纸及生活用纸加工产品(卷筒、非卷)、办公文化用纸(静电复印纸、双胶纸、书写纸、打字纸、无碳复写原纸等)、工业用纸(绝缘纸、电缆纸、电容器纸、育果袋纸等)、牛皮包装用纸、牛皮食品包装原纸、特种纸及其他纸种。

【生产企业】

四川省制浆造纸重点企业：四川永丰纸业集团(四川永丰纸业股份有限公司、四川永丰浆纸股份有限公司、泸州永丰浆纸有限责任公司)、宜宾纸业股份有限公司、四川犍为凤生纸业科技股份有限公司、四川环龙新材料有限公司、四川银鸽竹浆纸业有限公司、四川天竹竹资源开发有限公司。

四川省包装纸板生产重点企业：四川金田纸业有限公司、玖龙纸业(乐山)有限公司、四川华侨凤凰纸业有限公司、四川明路纸业有限公司、四川迅源纸业有限公司、成都森隆纸业有限公司。

四川省生活用纸生产重点企业：四川凤生纸业科技股份有限公司、宜宾纸业股份有限公司、四川环龙新材料有限公司、中顺洁柔(四川)纸业有限公司、维达纸业(四川)有限公司、沐川禾丰纸业有限责任公司、四川圆周实业有限公司、夹江汇丰纸业有限公司、四川省金福纸品有限责任公司、四川蜀邦实业有限责任公司、四川友邦纸业有限公司、四川省津诚纸业有限公司、崇州市倪氏纸业有限公司等。

四川省生活用纸加工重点企业：四川石化雅诗纸业有限公司、四川环龙新材料有限公司、四川蓝漂日用品有限公司、四川维邦优品科技有限公司(维邦纸业)、四川省什邡市望风青苹果纸业有限公司、四川兴睿龙实业有限公司、四川亿达纸业有限公司、成都纤姿纸业有限公司、成都市苏氏兄弟纸业有限公司、成都市阿尔纸业有限责任公司、四川欣适运纸品有限公司、彭州市阳阳纸业有限公司、崇州市倪氏纸业有限公司等。

【基建与技改】

2020 年新建项目和重点技改项目：四川环龙新材料有限公司斑布健康竹产业园百万吨竹材生物质精炼项目，该项目分两期实施建设，最终建成后，全厂本色生活用纸原纸生产能力新增 20.4 万吨/年；全厂将形成 22.44 万吨/年本色竹浆、27.6 万吨/年本色生活用纸原纸和 4 万吨/年本色生活用纸成品纸生产能力；四川凤生纸业科技股份有限公司完成年产 18 万吨高档生活用纸分切项目一期工建设；四川省金福纸品有限责任公司完成技改置换 10 万吨/年高档生活用纸项目；四川圆周实业有限公司完成节能减排 6 万吨/年生活用纸技术改造项目；四川鑫业纸业有限公司技改年产 1.5 万吨高档生活用纸项目完成投产；彭州市大良纸厂技改年产 1.5 万吨高档生活用纸项目完成投产；成都森隆纸业有限公司技改年产 5 万吨纱管纸项目完成投产，公司纱管纸年产能达 10 万吨。

【科研与技术进步】

四川省造纸行业协会于 2020 年 3 月 10 日发布了《本色竹浆》团体标准；自 2020 年 4 月 10 日起实施；四川省造纸行业协会于 2020 年制定完成了《竹浆生活用纸》团体标准，拟于 2021 年 2 月 5 日发布，自 2021 年 3 月 1 日起实施。这是竹浆生活用纸行业的首个团体标准，为推动竹浆生活用纸有序稳定健康发展起到重要的作用。

【节能减排、淘汰落后产能】

根据《工业和信息化部办公厅 水利部办公厅 国家发展改革委办公厅 市场监管总局办公厅关于组织开展 2020 年重点用水企业水效领跑者遴选工作的通知》，四川环龙生活用品有限公司被四川省经信厅选入 2020 年省级节水标杆企业。

根据《四川省经济和信息化厅 四川省水利厅关于进一步做好重点行业节水型企业创建工作的通知》(川经信环资〔2019〕220 号)公告，以四川蜀邦实业有限责任公司、玖龙纸业(乐山)有限公司等 15 家造纸企业为 2019 年省级节水型企业单位。

【发展目标及重点拟建项目】

2021 年总体发展目标是：转型升级，结构调整，狠抓重点，稳步发展。竹浆制浆造纸及生活用纸：根据竹子资源情况，按照国家及四川省相关产业政策和环保政策，重点新增化学竹浆和化学机械竹浆生产线，重点抓好竹浆生活用纸的有序发展。根据废纸资源情况，按照国家及省上相关环保政策适度新增部分包装纸板产能。

重点建设的项目主要有：

(1)四川永丰纸业集团：①沐川禾丰纸业有限责任公司升级改造扩建 10 万吨/年生活用纸原纸生产线及配套设施，扩能扩建 15 万吨/年高档生活用纸项目，已完成评审，并已开始建设；②四川永丰浆纸股份有限公司扩建 15 万吨/年本色浆生产线，环评已过会，待批准后开始建设；③四川永丰纸业股份有限公司拟扩建 20 万吨/年高档文化用纸项目已立项并已开始前期工作，待环评批复即可动工；④泸州永丰浆纸有限责任公司拟扩建 20 万吨/年本色浆生产线、10 万吨/年高档生活用纸和 10 万吨/年牛皮纸项目已立项并已开始前期工作。

(2)四川凤生纸业科技股份有限公司拟扩建 25 万吨/年浆纸项目两个项目已完成环评预审，预计将在近期完成评审，待环评批复即可动工建设。

(3)宜宾纸业股份有限公司拟扩建 45 万吨/年浆纸项目(20 万吨/年化学机械浆，25 万吨/年化学浆；24 万吨/年高档生活用纸)已立项并已开展前期工作。

(4)中顺洁柔(达州)有限公司拟建 30 万吨/年竹浆纸一体化项目，已立项并已开展前期工作。

(5)夹江汇丰纸业有限公司拟搬迁扩建 30 万吨/年竹浆纸一体化(其中 10 万吨/年书画纸专用浆)项目，项目前期工作已经开展。

(6)上海泰盛集团拟在四川雅安新建年产 30 万吨竹浆纸一体化项目，已立项并已开展前期工作。

(7)四川鑫业纸业有限公司技改年产 1.5 万吨高档生活用纸项目，预计 2021 年完成投产。

(8)彭州市大良纸厂技改年产 1.5 万吨高档生活用纸项目，预计 2021 年完成投产。

(9)四川友邦纸业有限公司技改 2 台年产 3 万吨高档生活用纸项目，已开始建设。

(10)崇州市倪氏纸业有限公司技改 1 台年产 1.2 万吨高档生活用纸项目，2021 年建成投产。

(11)四川省绵阳超兰卫生用品有限公司拟改建 2 台年产 3 万吨高档生活用纸项目。

（12）四川华侨凤凰纸业有限公司已批准年产40万吨纸板项目环评，并开始建设。

（13）四川金田纸业有限公司拟扩建60万吨/年再生纸项目；20万吨/年化学机械浆项目，已立项并已开展前期工作。

（14）玖龙纸业（乐山）有限公司拟扩建10万吨/年特种纸项目和45万吨/年牛卡纸项目。

（罗福刚　罗建雄）

天津市造纸工业

Paper Industry in Tianjin City

【行业概况】

2020年，天津市造纸行业克服新冠状肺炎疫情的影响和废纸进口政策紧缩的压力，紧密结合天津市资源特点和周边市场需求，依托港口优势，以和谐发展、科学发展为指导思想，坚持环境友好型造纸企业建设理念，选择废纸及生物机械浆为多元化造纸原料，以美废及国废为主，自制浆原料的使用规模也在日益提高，以现代化纸板生产线完成各种包装纸板产品大规模生产，进一步提高产业的集中度和生产的集约化，不断适应周边市场对于不同等级产品的多层次需求。2020年，天津市造纸工业规模以上机制纸生产量262.0万吨，较2019年下降6.4%，其产品种类包括各等级的高强度瓦楞原纸、挂面箱纸板、多种牛卡纸、白卡纸、灰底白卡纸、白面牛卡纸等产品，逐步丰富天津市纸张产品类型。天津市规模以上造纸及纸制品相关工业企业130家，工业总产值252.8亿元，较2019年下降1.0%，从业人员人数13730人。其中大中型企业9家，工业总产值169.8亿元，较2019年增加8.4%，从业人员人数6260人。天津市规模以上造纸及纸制品相关工业企业资产总值231.5亿元，固定资产总值154.8亿元，固定资产投资17.63亿元，较2019年下降38.8%。主营业务收入207.4亿元，较2019年下降18.2%，利税总额19.5亿元，利润总额12.6亿元，较2019年增加4.1%。

【生产企业】

天津市造纸工业的发展面临着水资源和林产资源短缺等不利因素，同时也具有港口城市交通便利、进出口贸易发达等优势特点。这些因素共同决定了天津市的造纸工业发展必须遵循低污染、低消耗，主要原料和产品均为外购外销等发展途径。一些落后的生产经营方式难以适应新的发展形势和需求，因此必将被逐步淘汰。根据现有资料，目前发展态势较好并具有一定生产规模的有下列企业。

1. 玖龙纸业（天津）有限公司

玖龙纸业（天津）有限公司坐落在宁河经济开发区，由香港上市公司玖龙集团投资建设，该集团创建于1995年，总部位于广东省东莞市，于2006年在香港上市，现已成为世界上最大的废纸环保造纸的现代化包装用纸制造集团。2018年，集团总产能已经超过1500万吨，总产值超过了600亿，连续多年蝉联我国造纸行业生产量榜首，2018年位列中国民营企业500强第111位（中国民营企业制造业500强第53位），2013年玖龙集团还被全国总工会授予“全国五一劳动奖状”，得到了国家、行业和社会的认可。

玖龙集团的造纸布局主要位于广东东莞、江苏太仓、天津、重庆、福建泉州、辽宁沈阳、四川乐山、河北永新、湖南岳阳以及位于“一带一路”的越南等10个生产基地。

天津生产基地占地240公顷，建成了5条现代化生产线，引进世界一流的生产设备和先进工艺，主要生产环保型牛卡纸、高强度瓦楞原纸、灰底涂布白纸板、白卡纸等高档包装用纸。实现就业2500人，其中吸收本地就业人员比例达到55%，2019年实现生产量216万吨，产值78亿元，上缴税收5.6亿元。

天津玖龙一期工程于2009年9月投产，2条生产线年产能80万吨。二期工程于2011年5月投产，2条生产线年产能80万吨。三期工程于2012年6月投产，新建1条年产能55万吨生产线。所有项目设备全部采用世界最先进的造纸设备和控制系统，制浆及造纸的主体设备由美国、芬兰和德国提供，控制系统由ABB、SIEMENS等提供。纸机幅宽6660毫米，车速1000米/分。其中三期工程采用靴式压榨、红外干燥、软压光等先进工艺技术生产涂布白纸板、涂布白卡纸等产品，达到世界同类纸种生产最尖端水平。

玖龙纸业一贯秉承“没有环保，就没有造纸”的理念，致力于环境保护和节能减排，倡导可持续发展的循环经济。不断加大环保投入，使玖龙纸业各项环保和能耗指标都做到优于国家标准，是资源节约型和环境友好型企业的典范。天津玖龙优先使用节能环保设备，严格执行国家和地方的环保政策，各项排放指标都做到优于国家标准。同时，坚决贯彻党的十九大提出的“绿水青山就是金山银山”的理念，力争把基地建设成行业最新、国际领先的现代化企业，打造循环经济型、绿色环保型的生产企业。

在废水处理方面，天津基地引进了世界先进的造纸生产工艺，从源头抓污染，将吨纸耗水量控制在5 吨以下，COD_{Cr} 排放指标不超过 60 毫克/升，远低于国家排放标准，2016 年投资 6000 万元新建中水处理循环使用项目，实现 75% 的废水循环利用率；在废水处理过程中产生的轻渣和沼气，输送到焚烧炉进行焚烧用于产生蒸汽和发电。在烟气处理方面，建厂之初采用全套进口脱硫设备和炉内喷钙加湿法脱硫的二级处理技术，2017 年投资 7000 万元新建了两台烟气超净排放设备，烟气排放指标达到了天然气的排放标准。生产线采用了废纸制浆、热分散处理、稀释水流浆箱、靴式压榨等先进的工艺技术，同时也应用了白水回收、热回收、回用水利用等高效的节能环保技术，体现了玖龙集团“没有环保，就没有造纸”的理念。

2. 天津广聚源纸业集团有限公司

天津广聚源纸业集团有限公司坐落在天津市津南区咸水沽镇的海河科技园区，毗邻海河高教区（大学城）和天津大道，距市区 10 公里、距离滨海新区 6 公里。

公司组建于 2005 年，占地面积 20.27 公顷，建筑面积 4.2 万米^2。注册资金 20350 万元。主要产品为马头牌（津门老字号品牌）A 级高强瓦楞原纸。2019 年生产量为 17.8 万吨，工业总产值 84370 万元。公司现有员工 300 余名，拥有大批专业技术人才和生产骨干，企业年产值近 2 亿元。公司以高新技术为依托，本着建设资源节约型、环境友好型企业的宗旨，努力促进循环经济的发展，打造环保、低碳、高效的新型企业。曾荣获天津市劳动和社会保障局授予的“A 级劳动关系和谐企业”、政府授予的“津南区纳税大户”“循环经济示范企业”等荣誉称号，已成为地区支柱产业。

公司经营范围涉及机制纸、纸板制造、生物纸浆及销售等。拥有国内先进的生产技术和设备，公司现有 1 条造纸生产线，现年生产能力 6 万吨。今年拟建设节能型年产 12 万吨高级工业原纸（4200/500 型）生产线以及相应的辅助系统改造。包括新增 DCS、QCS 自控双叠网 4200/500 型纸机 1 台、自动制浆生产线 1 套及可控热泵系统、密闭气罩热能回收装置等附属设备 6 台。企业 2010 年末投产的二期建设项目使产能再扩大 3 倍，年产值将达到 12 亿元以上，开始驶入加速发展的快车道。现正在逐步形成集绿色循环产业、餐饮服务业、娱乐观光业和房地产业于一体的大型综合性集团公司，已拥有 43000 米^2 创意中心和占地 13.3 公顷的绿色生态园，显示出自己独特的风格和魅力。

公司以废纸箱及农业废弃物—棉秆为原料，采用生物预处理机械制浆技术生产 A 级高强瓦楞原纸。生物预处理机械制浆技术和 A 级高强瓦楞原纸产品经市科委鉴定具有国际先进水平（津 20090618）。生物预处理机械制浆技术与传统的半化学制浆技术相比，具有制浆得率高、能耗低、品质好、污染轻等特点，为农业废弃物的资源化利用和清洁化生产提供了示范。

公司以高新技术为依托，本着建设资源节约型、环境友好型企业的宗旨，努力促进循环经济的发展，以农作物废弃物（稻草、棉秆）和生活包装废弃物（废旧纸箱）为纤维原料，将废弃物转化为再生资源，不仅变废为宝，而且保护了环境，促进了循环经济的发展。在实际生产中，企业积极引进科技手段，采用生物预处理机械浆制浆技术生产稻草、棉秆高得率本色浆，制浆得率高、能耗低、质量好、污染轻，形成了具有自主知识产权的清洁制浆技术。该公司主要使用城市污水处理厂的中水为主要生产用水，在工艺流程设计中对生产过程的用水采取了节流-治污相结合的方法，水的重复利用率超过了 90%，保证企业步入了清洁、节能的生产轨道，实现了资源优化配置。

【基建与技改】

目前在天津市生存和发展的造纸企业，大都具有资源消耗最小化、污染控制技术有特色、有成效等技术特点，这是天津市自然条件、政策条件以及市场条件等多种因素共同作用的必然结果，也是天津市造纸工业可持续发展的必经之路。2020 年天津市造纸及纸制品制造以及制浆设备制造行业投资项目完成 21 个，计划投资 15 亿元，2020 年完成投资 10 亿元；新建技改项目 8 个，计划投资 3.1 亿元，2020 年完成技改投资 2.2 亿元。

【科研与技术进步】

目前天津市造纸行业坚持走“产学研结合”技术发展之路，各企业和科研院所以科技创新为先导，积极开展科研项目合作以及技术开发工作，达到促进企业良性健康发展之目的。天津市造纸大中型工业企业科学研究与试验发展（R&D）活动积极开展，有R&D活动的企业数21家，2020年企业R&D活动经费内部支出总额3.33亿元，较2019年下降29.7%，R&D项目数为106个；大中型工业企业科技机构5个，科技机构R&D活动经费支出2.71亿元，较2019年下降14.0%，专利申请数253件，较2019年增长7.6%，其中发明专利67件。

天津科技大学制浆造纸工程学科是我国最早设立的制浆造纸学科，至今已有81年历史，为教育部首批批准的硕士学位授权点，全国首个制浆造纸工程学科博士学位授权点。2015年重新组建成立造纸学院，2019年与包装与印刷学院合并为轻工科学与工程学院，是天津市乃至全国造纸行业重要的科研单位，具有较强的科研研发能力。

天津科技大学制浆造纸工程学科一直保持着与天津市乃至国内外众多造纸企业保持着多年的紧密合作关系。现已完成来自于国际合作、国家“十一五”规划、“十二五”规划和天津市科委以及全国大中型造纸企业的委托科研项目多项，目前正承担着多项科技部“十三五”重点研发计划及国家自然科学基金项目，对于促进我国造纸工业的技术进步和发展起到了重要的作用。

天津科技大学承担的在研的国家级、省部级重大科研项目如下所示：

（1）科技部重点研发计划项目，基于造纸过程的纤维原料各组分清洁分离利用及环境评价，研究经费441万元；

（2）科技部重点研发计划项目，微纳米纤维素关键制造技术及中式示范，研究经费115万元；

（3）科技部重点研发计划项目，木质素分离纯化新技术研究，研究经费50万元；

（4）科技部重点研发计划项目，生态型短流程清洁制浆造纸技术研发及产业化示范，研究经费53万元；

（5）国家自然科学基金项目，pH响应型木质素纳米粒子复合水凝胶的构建及性质调控机理，研究经费58万元；

（6）国家自然科学基金项目，木质素催化转移氢解协同缩合控制转化酚类单体及富含羟基低聚物的机理研究，研究经费58万元；

（7）国家自然科学基金项目，基于水热的多元低共溶溶剂体系对木质纤维生物质中木质素降解机理及调控机制的研究，研究经费58万元；

（8）国家自然科学基金项目，水热耦合机械预处理木质纤维吸附纤维素酶行为及调控机制的研究，研究经费61万元；

（9）国家自然科学基金项目，自水解预处理木质纤维超微结构及化学组成对后续制浆碱液吸收影响机制的研究，研究经费63万元；

（10）国家自然科学基金项目，纤维素酶在高得率浆纤维上的分布和扩散机制研究，研究经费62万元；

（11）国家自然科学基金项目，木质素基纳米粒子水凝胶药物载体的构筑及智能释放行为调控，研究经费25万元；

（12）国家自然科学基金项目，纳米纤丝纤维素凝胶化机理及纤维表面能调控机制研究，研究经费27万元；

（13）国家自然科学基金项目，木质素酸催化协同缩合控制定向解聚机制及其高抗氧化低聚产物构效关系研究，研究经费23万元；

（14）国家自然科学基金项目，聚多巴胺在纳米纤维素水凝胶上的导向生长机理及其功能化调控的研究，研究经费27万元。

【环境保护与节能】

天津市作为国内重要的大型工业城市，历来重视环境保护工作，对于所属企业的污染排放限制提出了严格的要求。本市的造纸工业非常重视此项工作，在实际运行中，投入了大量的技术和资金力量对水资源利用和排放进行了重点治理。其中比较有代表性的玖龙纸业（天津）有限公司，秉承“没有环保，就没有造纸”的理念，积极推动碳减排，立足于循环经济，实现可持续发展，并取得了“中国环境标志产品”认证，实现了吨纸消耗清水5吨以下。通过采用荷兰的厌氧、好氧+三级深度处理技术，实现了废水COD_{Cr}排放低于60毫克/升；对烟气处理，增加了进口脱硫设备，采用炉内喷钙加湿法脱硫，实现了SO_2排放不超过100毫克/米^3，粉尘排放指标不超过30毫克/米^3；在综合利用方面，实现了废水处理系统产生的沼气收集进行生物发电；利用污泥干化再利用系统，废纸脱墨产生的脱墨污泥进行干化处理，作为燃料在热电锅炉中燃烧回收热能；在行业率先引入环保燃烧炉，对造纸轻废渣进行了燃烧利用。2009年玖龙纸业（天津）有限公司基地被评为天津市循环经济试点单位。2018 年 11 月，玖龙纸业(天津)有限公司被工业和信息化部认定为“绿色工厂”。在此基础上，玖龙纸业(天津)有限公司将进一步积极推行清洁生产，将工作重点放到实施生产工艺和设备的技术改造方面，进一步节能降耗，实现高标准的清洁生产。

【发展中的问题】

天津市属于水资源缺乏的大型城市，因此对于所属造纸企业，首先面临的是水资源不足对发展空间的约束，积极开展新型节水、节能、低污染生产技术应用，是本市造纸工业所必须面对的重大课题。近年来国家废纸进口政策的变化，对于天津市造纸企业影响较大，因此扩大废纸资源利用率，多途径拓展造纸原料来源，提高农业废弃物等非木材植物纤维资源，解决原料问题，是天津市造纸工业保持良性发展的关键。

（惠岚峰）

广西壮族自治区造纸工业

Paper Industry in Guangxi Zhuang Autonomous Region

【行业概况】

2020年，突如其来的新冠肺炎疫情给全社会各行各业的发展带来了前所未有的冲击，国内外贸易发展形势复杂严峻，广西壮族自治区造纸企业生产运营也遇到严峻挑战。随着我国防疫取得阶段性成果和经济恢复较好，广西壮族自治区制浆造纸企业也逐渐走出困境，生产运营逐渐向好。

广西壮族自治区造纸工业直面挑战，坚持清洁化生产，加快淘汰落后产能，走绿色造纸和高质量发展道路，优化营商环境，大力引进大型制浆造纸项目落户广西，广西金桂浆纸业有限公司二期扩建项目及配套工程项目、广西太阳纸业有限公司一期新建项目及配套工程项目正如火如荼地进行。

2020年，广西壮族自治区原生浆生产量221万吨，同比增长0.5%，其中：木浆158万吨，蔗渣浆60万吨，竹浆3万吨。木浆生产量同比增长2.6%，其中，化学木浆28万吨，同比下降17.6%，主要是因为受疫情及国际浆价低位运行的影响，部分化学木浆生产企业生产量有所下降；化学机械木浆130万吨，同比增长8.3%，两家大型企业生产比较稳定，满负荷生产，受疫情影响较小。蔗渣浆生产量同比下降3.2%，多数蔗渣浆企业生产比较正常，维持了2019年的水平，总生产量下降主要是因为部分浆厂受市场、技改、内部管理等影响，开机率较低，生产量下滑较为明显。竹浆总体生产量比较低，主要是和桉木一起混合蒸煮洗涤，生产竹桉浆，无纯化学竹浆生产企业。

机制纸及纸板生产量达324万吨，同比增长0.3%，其中：白卡纸180万吨，生活用纸73万吨，文化用纸7万吨，特种纸6万吨，瓦楞原纸40万吨，纱管纸18万吨。蔗渣浆板14万吨，植物纤维模塑制品约6.5万吨。工业总产值295亿元。这几年生活用纸生产量基本维持在70万吨左右，2020年下半年随着疫情防控常态化，生产逐渐恢复正常。从全年来看，开机率提升，生活用纸生产量同比增长9.0%，截至2020年年底，已有40余台中高速纸机投产；白卡纸、瓦楞原纸、纱管纸生产量同2019年持平，无新投产项目，白卡纸生产企业为大型企业，抗风险能力强，受疫情影响小，瓦楞原纸和纱管纸虽为小型企业，多为中低档产品，但其客户比较固定，生产比较正常；文化用纸生产量同比下降36.4%，文化用纸总体体量小，生产企业较少、规模小，多用小型设备，根据市场要求，产品多变；特种纸同比下降14.3%，主要是桂林奇峰纸业有限公司受疫情影响，生产量有所下降；植物纤维模塑制品生产量增加近1倍，已投产的企业有6家，几乎是满负荷生产，市场发展较好，在广泛实施限塑禁塑的新形势下，植物纤维模塑制品将成为主要替代品，广西洁丰科技有限公司、广西港萱环保科技有限公司等一批项目正在建设，预计2021年投产。

【原料】

2019年，广西壮族自治区森林面积2.22亿公顷，森林覆盖率62.28%，活立木蓄积量7.62亿米^3，人工林面积800万公顷，居全国第一。其中：桉树267万公顷，居全国第一；木材生产量4777万米^3，居全国第一；大径竹3.9亿根，小杂竹81.1万根，2020年采伐限额4460.9万米^3，居全国第一。

【主要生产企业】

广西壮族自治区大型制浆造纸企业已投产的仅有广西金桂浆纸业有限公司、斯道拉恩索(广西)浆纸有限公司，绝大多数是中小规模企业。2020年广西壮族自治区主要制浆造纸企业见表1、表2。

表 1　2020 年广西壮族自治区主要制浆生产企业

序号	企业名称	产　品	生产量/万吨
1	广西金桂浆纸业有限公司	化学机械木浆	105.3
2	斯道拉恩索(广西)浆纸有限公司	化学机械木浆	20.0
3	广西东糖集团有限公司 (广西来宾东糖纸业有限公司、横县东糖糖业有限公司纸业分公司)	蔗渣浆、木浆、竹浆	15.2
4	广西洋浦南华糖业集团有限公司 (田阳南华纸业有限公司、龙州南华纸业有限公司)	蔗渣浆、木浆	15.1
5	广西宏瑞泰纸浆有限责任公司	木浆、竹浆	9.9
6	广西湘桂华糖制糖集团来宾纸业有限责任公司	蔗渣浆、木浆	9.3
7	广西博冠环保制品有限公司	蔗渣浆、木浆	7.8
8	广西广业贵糖糖业集团有限公司	蔗渣浆、木浆	7.3
9	柳州两面针纸业/纸品有限公司	木浆	5.5
10	广西凤糖鹿寨纸业有限公司	蔗渣浆	5.1

表 2　2020 年广西壮族自治区主要造纸生产企业

序号	企业名称	生产量/万吨
白卡纸		
1	广西金桂浆纸业有限公司	134
2	斯道拉恩索(广西)浆纸有限公司	45
生活用纸		
1	广西田东劲宝纸业有限公司	5.0
2	广西横县江南纸业有限公司	5.0
3	广西天力丰生态材料有限公司	4.8
4	广西龙州曙辉纸业有限公司 广西来宾曙辉纸业有限公司	4.5
5	南宁市佳达纸业有限责任公司	4.2
6	广西嵘兴中科发展有限公司	4.0
7	南宁香兰纸业有限责任公司	3.4
8	柳州两面针纸业/纸品有限公司	3.1
9	广西柳林纸业有限公司	3.0
10	广西圣大纸业有限公司	3.0
特种纸		
1	桂林奇峰纸业有限公司	2.8
2	广西贺州市红星纸业有限公司	1.5
3	南宁侨虹新材料股份有限公司	0.9
瓦楞原纸		
1	广西春盛纸业有限公司	12.0
2	广西贵港市澳华纸业有限责任公司	10.0

【基建与技改情况】

(1)广西金桂浆纸业有限公司二期项目进展情况：年产 180 万吨高档纸板扩建项目，造纸车间及自动仓库土建进度完成 69%；配套的热电站部分锅炉基础已交安、烟囱筒身已完成；锅炉钢结构吊装完成 70%；年产 30 万吨过氧化氢项目已进入试生产阶段；年产 75 万吨化学机械浆扩建项目除节能报告正在办理批文之外，其余前期工作都已完成。

(2)广西太阳纸业有限公司 350 万吨林浆纸一体化项目在市委、市政府大力支持和有关部门的帮助下，科学应对疫情，积极组织 1000 多名工人率先复工，有效保障了项目建设工作的有序进行，一期项目计划 2021 年 9 月投产。

(3)广西广业贵糖糖业集团有限公司，年产 10.89 万吨漂白浆搬迁改造项目，项目一期土建工程 2020 年 5 月 20 日开工建设；二期土建工程 2020 年 12 月开工建设。项目计划 2021 年 9 月竣工投产。

(4)南宁侨虹新材料股份有限公司，孖纺新材生产线项目 2020 年 1 月 10 日通过项目整体竣工验收，年设计产能 8500 吨，今年疫情期间，利用该生产线的优势和特点研发出熔喷布，成为广西生产医用外科级熔喷布的第一家企业，实现了广西熔喷布零的突破；2020 年 3 月底新增 1 条熔喷布生产线建设，总投资预算 2800 万元，于 7 月 22 日竣工投产，年设计产能 1320 吨；2020 年 9 月引进 2 条行业内领先技术的水驻极设备生产线并已顺利投产，目前生产的水驻极熔喷布产品质量达到 FFP2 标准。

南宁糖业除了在南宁侨虹新材料股份有限公司

新增建设生产线以外，还计划完善广西舒雅护理用品有限公司产品体系，新建卫生纸后加工生产线项目，建设抽纸和卷纸生产线各 1 条；计划对广西侨旺纸模制品股份有限公司旧设备进行自动化升级改造，缓解用工紧张现状，达到降本增效、提高产量的目标。

(5)广西来宾东糖纸业有限公司，进行固体废物造纸白泥在砖瓦行业窑内脱硫的技术研究，并获得发明专利证书。该技术研究不仅解决造纸白泥的处置问题，同时还解决砖瓦行业烟气脱硫问题，实现“以废制废”的生态整治模式。横县东糖糖业有限公司纸业分公司年产 10 万吨板皮、树皮本色化学机械浆项目开工建设。

(6)2020 年，南宁市圣大纸业有限公司第二台高速卫生纸机成功开机出纸；广西植护云商实业有限公司两台纸机成功开机，纸机净纸幅宽 4200 毫米，设计车速 1500 米/分，单机产能 2.5 万吨/年，新签约 4 台纸机是型号为 BC1500-4200 的高速新月型造纸机；广西天力丰生态材料有限公司 TM5 长网双缸擦手纸机成功开机，该机型幅宽 3500 毫米，设计车速 700 米/分，产能达到 100 吨/日；南宁香兰纸业有限责任公司 5 万吨生活用纸技改项目二期项目成功完成，目前 4 台纸机均已投产；来宾桂宾纸业有限公司，投产 1 台新月型纸机，该机型幅宽 2850 毫米，设计车速 1200 米/分；广西宏源纸业有限公司一期 5 万吨生活用纸项目成功投产，2 台新月型纸机，幅宽 2850 毫米，设计车速 1400 米/分，使用竹桉浆生产本色生活用纸。

(7)田阳南华纸业有限公司完成锅炉改用生物质燃料技改项目；广西湘桂华糖制糖集团来宾纸业有限责任公司新建裕同—湘桂年产 6.8 万吨干浆板项目；广西凤糖鹿寨纸业有限公司完成蔗渣浆无元素氯漂白及碱回收系统扩能技改工程；龙州万山纸业有限公司新建了 1 条高浓磨浆生产线和 1 条尾渣塑料回收处理线，研发了“高强度”的纱管纸原纸；广西桂海金浦纸业有限公司完成差异化产品（单光纸和吸水纸等）及生产线流程优化技改。企业积极开展生产技改项目，提高生产效率，研发新产品，提高产品质量与销量。

(8)2019 年 9 月，理文造纸有限公司签约崇左，主要建设 100 万吨纸浆生产线、100 万吨生活用纸生产线及电商智慧物流全产业链项目；2020 年 11 月，签约防城港，年产 600 万吨林浆纸一体化全产业链项目。

(9)2020 年 4 月，亚太森博（广东）纸业有限公司签约北海，该项目总投资 200 亿元，分两期建设年产 200 万吨高档白卡包装用纸生产线、年产 100 万吨化学机械浆生产线及配套环保、生产辅助和公用设施。

(10)2020 年 7 月，江门市桥裕纸业有限公司签约桂平，主要建设 4 条先进包装用纸生产线，预计年产能 60 万吨。

(11)2020 年 10 月，东莞建晖纸业有限公司签约梧州藤县，分两期建设先进的制浆生产线 4 条、高档纸生产线 8 条，浆纸总年产能 360 万吨。

(12)2020 年 11 月，浙江仙鹤股份有限公司签约来宾，三江口新区高性能纸基新材料项目，总投资规模达 118 亿元，将分三期投资建设。主体项目及配套辅助设施：涉及建设年产 250 万吨高性能纸基新材料及纤维制备项目及其配套辅助热电联产、给排水、码头物流供应链、能源管理、人才公寓及职工宿舍等设施。

(13)2020 年 12 月，玖龙纸业北海项目签约北海，该项目总投资 302 亿元，计划分两期建成年产 795 万吨林浆纸一体化及智能化包装全产业链项目。2025 年全部建成后，玖龙纸业北海基地将成为世界上最大的浆纸生产基地。

【科研与技术进步】

(1)广西大学轻工与食品工程学院轻工技术与工程学科带头人、广西造纸学会名誉理事长王双飞教授获“全国先进工作者”荣誉称号；广西大学轻工与食品工程学院院长、广西造纸学会理事长覃程荣教授获“广西五一劳动奖章”。

(2)广西金桂浆纸业有限公司获得广西第三批绿色工厂称号、2019 年度利用外资突出贡献企业称号、年度广西“守合同重信用”企业，入选第一批广西壮族自治区产教融合型试点企业，白卡纸获得国家级绿色设计产品。

(3)南宁侨虹新材料股份有限公司，被南宁市企业和企业家联合会评为“联防疫工作先进单位”，被广西高新技术企业协会评为“广西高新技术企业百强”，研发部梁良经理被评为“广西壮族自治区劳动模范”。

【展望】

2021 年，我国疫情防控已进入常态化，生产生活秩序日益向好，国际疫情防控形势依然严峻，我国面临的国际贸易形势不容乐观。2020 年年底国际木浆价格开始上涨，同时带动国内木浆、竹浆、蔗渣浆、苇浆等纸浆及白卡纸、生活用纸、文化用纸、瓦楞原纸等纸及纸板价格大幅上涨。“十四五”时期，广西壮族自治区将大力推动大型制浆造纸项目落地建设，广西造纸行业集中度提升，造纸总体规模增长，这些大型、先进的造纸企业也必将吸引造纸化学品、造纸装备等配套企业入驻，带动产业集群化发展，未来广西造纸体量将倍数增长。

（石美玲　覃程荣）

江西省造纸工业

Paper Industry in Jiangxi Province

【行业概况】

2020 年江西省造纸行业继续稳步运行，发展良好。据江西省工业和信息化厅统计，2020 年，全省规模以上机制纸及纸板完成生产量共 291.1 万吨，同比增长 1.6%，纸浆完成生产量为 13.5 万吨，同比下降 20.1%；造纸及纸制品业实现营业收入 378.4 亿元，同比增长 4.1%，利润总额 35.8 亿元，同比增长 27.4%。

据国家统计局统计及江西省造纸协会调研资料统计，江西省制浆、造纸、纸制品工业规模以上工业企业共有 133 家，其中规模以上的造纸企业 73 家，纸制品制造企业 60 家。

造纸产品主要有以下四大类：

(1)文化用纸　主要品种有：轻型纸、双胶纸、低定量涂布纸等薄型文化用纸系列产品暨教材专用纸、中小学生作业本专用纸、书写纸、双胶纸。

(2)包装用纸　主要品种有涂布白纸板、箱纸板、瓦楞原纸、食品包装用纸、液体包装用纸、砂管纸、牛皮纸、黑卡纸、色卡纸、牛皮卡纸。

(3)生活用纸　主要品种有纸巾纸、卫生纸、普通湿巾、宠物湿巾、卫生巾、纸尿裤、擦手纸、厨房用纸。

(4)特种纸与加工纸　主要品种有鞋用纸板、载带封装用纸板、引线砂纸、电容器纸、烟花鞭炮纸、鞭炮红纸、红炮包装用纸、花炮纸、连四纸。

【原料】

江西省是国内生态环境较好的省份，植物纤维原料丰富。据江西省林业厅发布的公告，江西省森林资源覆盖率 63.1%，位于全国的第二位。但由于政府管理部门考虑制浆对环境的影响等多方面的原因，江西省内绝大部分丰富的可利用的小山竹等多品种造纸植物纤维原料均未得到充分的利用，这些廉价的植物纤维原料除少部分销往邻省外，均未得到利用，资源优势未转化为经济优势。

据调查，江西省内造纸企业采用原生植物纤维原料制浆的企业主要有江西晨鸣纸业有限责任公司和赣州华劲纸业有限公司。其中江西晨鸣纸业有限责任公司有 1 条以进口木片为主要原料的漂白化学热磨机械浆(BTMP)生产线，该生产线实际年生产能力达 25 万吨左右，主要用该浆配抄轻型纸暨低定量涂布纸系列产品，该生产线自投产后至今运行正常；赣州华劲纸业有限公司以自制的杂木为原料，采用立锅蒸煮制浆，原生浆配比生产纸巾纸、卫生纸等产品。现该企业主要采用当地家具厂生产家具时产生的针阔叶木木材加工家具后产生的废料为原料制浆，生产生活用纸暨文化用纸产品。由于充分利用了当地丰富且廉价的木材剩余物加工废料，降低了原料生产成本，企业经济及社会效益均较好。

除以上两个企业采用原生植物纤维原料外，其他造纸企业所用的造纸纤维原料主要依靠外购各种纸浆板和废纸。生产生活用纸的企业除赣州华劲纸业有限公司大部分采用自制木浆为主要原料外，其余企业均是采用长短纤维商品浆为原料配比生产；生产牛皮纸的企业采用回收长纤维废纸为原料生产；生产箱纸板的企业采用本色针叶木浆挂面，芯浆底浆均采用废纸原料生产；生产瓦楞原纸、纱管纸、涂布白纸板等产品的企业均采用废纸原料生产；特种技术用纸及纸板均采用商品木浆原料生产。

【主要生产企业】

据统计，江西省规模以上制浆、造纸、纸制品企业有 133 家，其中规模以上的造纸企业有 73 家，纸制品制造企业 60 家。自制原生浆造纸的企业有 2 家。另有近百家生活用纸后加工小型企业。据调查，江西省内目前只有江西理文造纸有限公司年生产能力 100 万吨以上。年生产能力 30 万～100 万吨的中型企业 8 家，年生产能力 5 万～30 万吨的中小型企业 30 家，剩余企业均为年生产能力 5 万吨以下的小型企业。年生产能力 30 万吨及以上造纸企业情况见表 1，年生产能力 5 万～30 万吨的造纸企业情况见表 2。

表 1　2020 年江西省年生产能力 30 万吨及以上的造纸企业

序号	企业名称	年生产能力/万吨	主要品种
1	江西理文造纸有限公司	150	牛皮箱纸板、瓦楞原纸、生活用纸
2	江西晨鸣纸业有限责任公司	70	轻涂纸、低定量涂布纸、食品包装用纸板、轻型印刷纸
3	江西省芦林纸业股份有限公司	70	高档箱纸板、高强瓦楞原纸、茶纸板、纱管纸
4	江西五星纸业有限公司	50	双胶纸、瓦楞原纸、液体包装用纸、格拉辛纸
5	赣州华劲纸业有限公司	35	高档生活用纸、文化用纸
6	上栗县萍锋纸业有限公司	30	牛皮纸、涂布白纸板
7	江西柯美纸业有限公司	30	箱纸板、牛皮卡纸、瓦楞原纸、烟花鞭炮纸
8	上栗县恒达纸业有限公司	30	包装用纸

表 2　2020 年江西省年生产能力 5 万～30 万吨的造纸企业

序号	企业名称	年生产能力/万吨	主要品种
1	江西泰盛纸业有限公司	24	生活用纸
2	抚州利峰纸业有限公司	22	高强瓦楞原纸、箱纸板、纱管纸
3	瑞金市晶山纸业有限公司	20	包装用纸
4	江西富安纸业有限公司	20	涂布白纸板
5	广丰双鼎纸业有限公司	17	包装用纸、高强瓦楞原纸
6	共青城顺风纸业有限公司	15	包装用纸
7	吉安丰顺达纸业有限公司	15	色卡纸
8	江西明盛实业有限公司	15	涂布白纸板
9	江西永新南方纸业有限公司	10	涂布白纸板
10	江西省新洪兴纸业有限公司	10	高档包装用纸
11	峡江县富兴纸业有限公司	10	涂布白纸板
12	江西富丰纸业有限公司	10	牛皮纸、涂布白纸板
13	萍乡旭日纸业有限公司	10	包装用纸
14	泰和县金丰实业有限公司	10	涂布白纸板
15	江西顺达纸业有限责任公司	10	涂布白纸板
16	广丰县华龙实业有限公司	10	箱纸板、瓦楞原纸
17	峡江金威纸业有限公司	10	涂布白纸板
18	抚州金峰包装新材料有限公司	10	高强瓦楞原纸
19	江西富临纸业有限公司	10	箱纸板、涂布白纸板
20	抚州市富盛纸业有限公司	10	瓦楞原纸
21	万载县万盛纸业有限公司	8	文化用纸
22	江西省富民纸业有限公司	8	涂布白纸板
23	江西联兴纸业有限公司	8	箱纸板、瓦楞原纸
24	江西晨阳纸业有限公司	8	生活用纸
25	江西恒盛纸业有限公司	8	纱管纸、高强瓦楞原纸
26	江西裕丰纸业有限公司	8	茶纸板、箱纸板、纱管纸、鞋底衬纸
27	江西华丽达纸业有限公司	5	生活用纸
28	江西康强实业集团	5	引线纸、棉纸
29	江西双林纸业有限公司	5	瓦楞原纸
30	江西洁美电子信息材料有限公司	5	载带封装用纸板

【基建与技改情况】

1. 江西五星纸业有限公司年产 30 万吨化学机械浆项目

江西五星纸业有限公司是衢州五洲特种纸股份有限公司投资的大型民营企业。公司成立于 2015 年 5 月 15 日，注册资金 1.5 亿元。公司位于江西省九江市湖口县，目前主要生产品种为格拉辛纸，一期工程第一台纸机已于 2018 年正式投产，主要生产液体包装用纸。第二台纸机已于 2020 年 1 月投产正常正行。该纸机是全套引进的韩国二手设备，幅宽 4950 毫米，车速 1200 米/分，杨克烘缸直径为 6700 毫米，主要生产产品是快递标签、医用包装等领域的格拉辛纸，年生产能力为 15 万吨，一期总投资约 28 亿元。后期将生产转移印花纸及食品包装用纸等特种纸产品，目前年产能 50 万吨。

江西五星纸业有限公司年产 30 万吨化学机械浆项目，于 2020 年 4 月 15 日通过了湖口县发展改革委的审批。建设地点位于江西省九江市湖口县银沙湾工业园内。江西五星纸业有限公司二期项目，主要建设备料车间 1 个、化学机械浆车间 1 个、木片堆场 6 处及其他配套设施；建设化学机械浆生产线 1 条(安装木片筛选机、带式输送机、木片洗涤机、高浓磨浆机、多盘浓缩机等设备)；年产化学机械浆 30 万吨。

2. 江西省芦林纸业股份有限公司扩建项目

江西省芦林纸业股份有限公司成立于 1995 年，老厂区有 3 条造纸生产线，生产能力 20 万吨/年，产品有牛皮箱纸板、箱纸板、茶纸板、纱管纸。该公司于 2012 年启动了扩建年产 70 万吨包装纸板项目并于 2012 年下半年获批。江西省发展改革委以赣发改能审专字〔2012〕157 号文下发，批准了广丰县芦林纸业有限公司年产 70 万吨高档纸板扩建项目，该项目于 2014 年 4 月开工建设，总投资 16.4 亿元，占地面积 36 公顷，全部采用废纸原料生产高强度瓦楞原纸暨高档箱纸板产品。项目达产后，年产各类包装用纸 70 万吨，年产值达 20 亿元以上，实现利税 2.5 亿元，税金 1.5 亿元。该项目主要建设内容包括新建 1 条 30 万吨高强瓦楞原纸生产线，1 条 40 万吨牛皮箱纸板生产线，给水处理站 1 个，废水处理站 1 个，配套热电厂 2×12 兆瓦汽轮发电机能力的自备动力车间、仓库、附属用房及环保设施等。目前 30 万吨高强瓦楞原纸生产线已投产形成生产能力。

公司拟于 2021 年启动老厂区搬迁改造项目，项目选址上饶高新区芦洋产业园 B 区(江西省芦林纸业股份有限公司新厂区)，建设规模为年产 20 万吨工业纸板。

3. 江西华旺纸业实业有限公司新建项目

该项目位于九江市工业园，2016 年启动年产 10 万吨生活用纸项目开工建设，总投资 2.7 亿元，主要生产生活用纸、纸尿裤等产品。项目采用租用厂房形式，分三期建设。其中一期投资 1 亿元，建设 6 条全自动生产线。厂区占地面积 2 万米^2，一期建设年产 2.58 亿片成人护理垫生产线和 2 条年产 8600 万片成人纸尿裤生产线。预计建成并达产达标后，可实现主营收入 1.5 亿元，利税 5000 万元，增加就业 200 人，目前该项目仍在建设中。

4. 江西金安包装新材料有限公司投资项目

江西金安包装新材料有限公司于 2017 年计划投资 9.4 亿元兴办年产 40 万吨纱管纸、高强瓦楞原纸及热电联产生产线项目已正式签约，并落户崇仁县工业园区，项目正在按计划实施。

5. 抚州市利峰纸业有限公司改扩建项目

据抚州市环保局 2018 年 11 月公布，抚州市利峰纸业有限公司投入约 1.7 亿元，改扩建年生产量为 22 万吨，产品品种为高强瓦楞原纸、纱管纸、箱纸板。该项目属于是改扩业工程，建设地点位于抚北工业园区(原抚州市兴业实有限公司厂址内)，项目投资总额 17018.59 万元，其中环保投资 1267.63 万元，占总投资的 7.63%。改扩建项目以废纸为原料，采用非脱墨制浆工艺，经制浆、造纸生产工艺过程生产高强瓦楞原纸、纱管纸、箱纸板产品。该项目分两期建设，一期技改项目将利用原有生产厂房及部分设备，新建 1 条年产 11 万吨高强瓦楞原纸、箱纸板生产线，其中，年产高强瓦楞原纸 9 万吨、箱纸板 2 万吨；二期项目新增 1 条年产 11 万吨高强瓦楞原纸 6 万吨，纱管纸 2 万吨，箱纸板 3 万吨。建设规模为年产高强瓦楞原纸 15 万吨、纱管纸 2 万吨、箱纸板 5 万吨。现企业拟在原有厂房基础上利用原有部分设备进行改扩建，以及将原有的 10 蒸吨锅炉淘状，新建 1 台 25 蒸吨燃煤锅炉，用于一期技改供热。一期技改项目建设高强瓦楞原纸、箱纸板生产线 1 条，并配套废水处理站、锅炉烟气治理系统、事故池等环保工程；二期项目建设高强瓦楞原纸、纱管纸、箱纸板生产线 1 条，二期废水处理设施、事故池等均依托一期技改项目。办公生活设施依托已建办公生活设施。截至 2020 年，一、二期项目均正常投产运行。

6. 江西省桃源纸业有限公司新建项目

江西省桃源纸业有限公司成立于 2017 年 9 月，

2018年下半年立项，拟投资2.25亿元，在永丰县工业园西区新建年产10万吨高档箱纸板项目，计划2020年6月完成。项目以废纸为原料生产。主要建设生产车间2个、制浆车间2个、原料棚2个、成品库两个等贮运工程，办公楼、锅炉房、机修间、供水、供电等共用及辅助工程，废水处理站、锅炉烟气治理系统、固废暂存房等环保工程。目前项目已按计划投产运行。

【发展目标】

江西省造纸行业近几年来获得了较快发展，但整体发展缓慢，与东部发达的省份相比差距较大，由于政府管理部门没有将造纸行业列入工业优先发展行业，对造纸行业扶持力度不够，影响了行业的发展。另外，目前省内造纸行业大多数产品附加值相对较低，产品以高强瓦楞原纸、箱纸板、瓦楞原纸、白纸板等包装用纸和生活用纸居多，高附加值的特种纸、技术用纸较少。今后将加大特殊技术用纸、高附加值产品的开发力度，做大做强与民生息息相关的生活用纸系列产品。随着省内造纸企业的技改及不断的投入，全省的纸张生产量暨产值利润将会有较大的提高。

（姜兆宏　雷建民）

辽宁省造纸工业

Paper Industry in Liaoning Province

【行业概况】

辽宁省从2008年开始对制浆造纸工业实施严格环保政策，逐步淘汰落后产能，当年关停417家造纸企业。纸与纸制品行业不断向大型化、集约化方向发展，辽宁省造纸企业数量逐年减少，2017年以后趋于稳定。2020年辽宁省有全部规模以上造纸及纸制品企业数量为85家，与2019年持平，目前，从业人员为7329人，其中，国有经济单位85人，城镇集体经济单位114人，其他经济单位7130人。较2019年总人数9006人减少18.6%。从2017年开始，纸与纸制品生产量逐年上升，2020年规模以上企业总生产量增加至134.2万吨，较2019年118.7万吨增加了15.5万吨，增长率为13.05%，利税总额5.4亿元，利税总额与2019年8.2亿元相比，进一步收窄，2020年利润总额3.4亿元。2015—2020年辽宁省纸与纸制品生产量变化趋势，如图1所示。

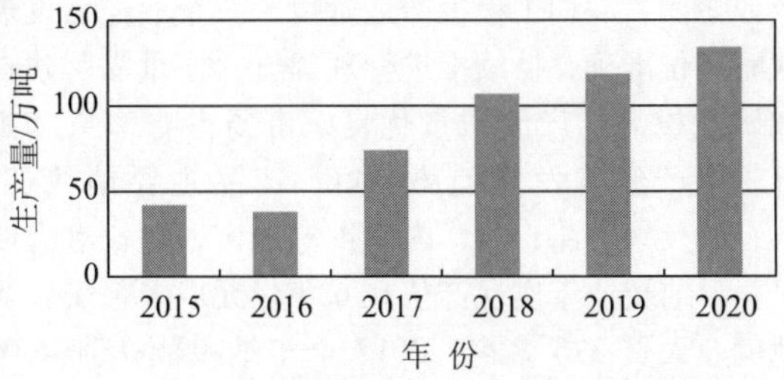

图1　2015—2020年辽宁省规模以上企业纸与纸制品生产量

2020年，辽宁省人均纸与纸板生产量32.0千克，较2019年的人均28.3千克增长13.1%；辽宁省人均纸与纸板消费量36.5千克，较全国人均纸与纸制品生产量、消耗量相比，差距过大。自身生产量远远满足不了省内人民生产生活需求，2016—2020年人均生产量，如图2所示。

造纸企业主要分布在沈阳、铁岭、大连、锦州、盘锦、丹东等几个规模较大城市或地区。

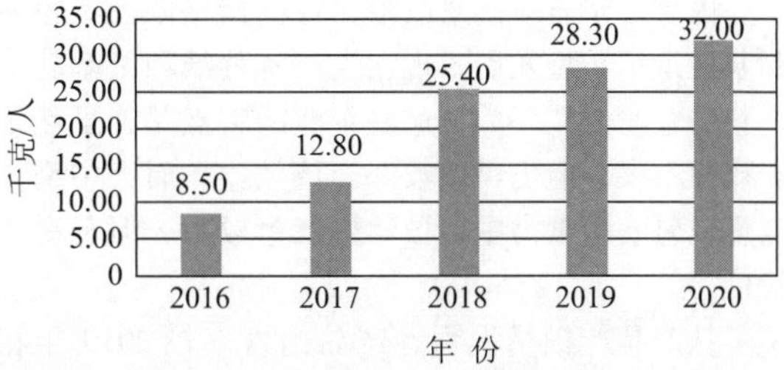

图2　2016—2020年辽宁省人均纸及纸板生产量

2016—2020年辽宁省不同地区规模以上企业的生产量变化如表1所示。

表1　2016—2020年辽宁省不同地区年生产量

单位：万吨

地区	生产量				
	2016年	2017年	2018年	2019年	2020年
沈阳	5.9	15.8	33.2	50.5	44.0
大连	15.5	16.3	17.8	26.1	30.3
丹东	3.5	3.8	4.5	4.9	5.0
锦州	4.2	5.6	4.8	6.9	6.0
阜新	1.3	8.6	11.6	0.6	—
盘锦	5.4	5.6	6.8	5.5	5.8
铁岭	0.3	18.0	25.2	23.4	41.5
鞍山	—	—	3.0	0.8	—

2020年企业总数97家，规模以上企业85家，按资产投入分类，国有及国有控股企业1家，占1.18%，外商投资企业为9家，占10.59%，其他投资75家，占88.23%；从资产规模看，2019年总资产201.5亿元，其中，国有企业资产为3.85亿元，占1.91%，其他资产197.1亿元，占98.09%。2020年，受疫情及国内外大环境影响，辽宁省相关企业主营业务收入由2019年115亿降至54.9亿元，利税总额由2019年8.2亿降至3.4亿元，主营收入

和利税总额均呈现大幅下降。辽宁省造纸企业性质与经营情况，详见表2。

表2　2019—2020年辽宁省纳入统计的造纸企业性质与经营情况

企业性质	数量/个		资产/亿元		主营收入/亿元		利税总额/亿元	
	2019年	2020年	2019年	2020年	2019年	2020年	2019年	2020年
国有企业	1	1	4.40	3.85	1.70	0.30	0.1	—
外商企业	—	9	—	18.20	—	16.0	—	1.1
其他*	84	75	145.40	178.9	113.30	38.6	8.1	2.3
合计	85	85	149.80	201.5	115.00	54.9	8.2	3.4

注：*2019年其他企业含外商企业。

由于辽宁省对制浆废液排放的严格限制，很多制浆造纸厂转型发展，现在生产特种纸和纸基功能材料的企业占大多数，这些企业的特点是，虽然生产规模不大，但仍保持较好经济效益。而大中型企业多以包装用纸为主，虽然生产量较大，但利税额较低。

从产品产销情况看，产品销售率较2019年相比，基本持平，为95.1%。

【原料】

辽宁省造纸原料以芦苇和废纸为主，外购部分商品浆。盘锦辽河三角洲是我国第二大芦苇产区，金城造纸股份有限公司和辽宁振兴生态造纸有限公司就是以盘锦辽河三角洲的芦苇为原料制备文化用纸和商品浆板。废纸资源，国内外各占50%左右，琥珀纸业有限责任公司、辽宁兴东科技有限公司、大连金洋纸业有限公司生产的箱纸板主要以国内废纸及欧美废纸为原料。

【生产企业】

1. 锦州金日纸业有限责任公司

锦州金日纸业有限责任公司前身金城造纸股份公司和金城造纸厂，1939年由日本王子株式会社始建，经多次变更，是一个具有70余年发展历史的企业，是我国原八大书刊印刷纸厂之一，是我国大型一类企业。公司占地面积294万米^2，建筑面积25万米^2，现有年产能15万吨，副产品粘胶剂(木质素磺酸盐)年产能18万吨。主要产品有胶印书刊纸、胶版印刷纸、书写纸、期刊专用纸。

制浆废液(红液)浓缩后的产品为亚硫酸氢镁型粘合剂，主要使用在建材、冶金等行业，不仅拥有国内市场，作为世界上为数不多的酸法制浆工艺生产的木素磺酸盐还销售到日本、韩国、东南亚，中东等国际市场。2020年生产量为6.0万吨，主要原料为芦苇。

2. 辽宁兴东科技有限公司

辽宁兴东科技有限公司是辽宁兴东纸业有限公司全资子公司，辽宁兴东纸业有限公司是铁岭市委、市政府调整地区产业发展布局，招商引资落户在铁岭开原市造纸产业园区的首家企业，于2012年5月入驻开原市造纸产业园区。规划建设年产100万吨的高档包装纸板项目，计划总投资12亿元，分三期工程实施。该项目以废纸为原材料，生产高档包装纸板，属于国家鼓励的“资源循环利用，清洁环保生产”的循环经济产业项目，产业发展前景良好。2020年生产量为40.0万吨。

一期工程项目占地10.13公顷，建筑面积3.2万米^2，完成投资3.8亿元。建成的年产20万吨的高档包装纸板生产线已于2014年年初投产运营。在夯实主业的基础上，组建了经营物资回收、供热等项目的关联企业，现已发展成为一家专业化造纸企业集团。一期工程投产运营以来，企业经营发展战略定位准确，持续推进管理提升，注重品牌建设和研发投入，产品质量优良，市场占有率持续提升，生产经营发展趋势良好，产品主要销往辽、吉、黑及京、津、冀、内蒙古等地区，增长潜力明显。目前企业年实现产值在6.5亿元以上，安置当地就业人员370多名。2017全年纳税额达到4600余万元，已成为地区产业发展支柱和重点纳税企业，为推进地区经济和社会事业的发展，做出了重要贡献。企业荣获铁岭市五一劳动奖状、A级纳税企业、重合同守信誉单位等荣誉称号。

二期工程已于2017年5月开工建设，计划投资3.5亿元，工程占地面积13.78公顷，建筑面积4.88万米^2。二期工程采用目前国内一流水平的生产工艺和技术装备，高标准建设年产30万吨的高档包装纸板生产线，产品品种与一期相配套，充分利用一期已建立起来的市场网络平台，形成规模效益和联动效益，切实提升企业的市场竞争力和行业话语权。二期工程已于2018年5月中旬建成投产运营，企业达到年产包装纸板50万吨的产能，实现年产值18亿元，实现年纳税额1亿元左右，增加就业人员300余人。

三期工程计划投资4.7亿元，再建2条高档包装纸板生产线，于2021年之前建成达产，届时企业将形成年产100万吨高档包装纸板的生产规模，预计实现年产值36亿元以上，年纳税额2亿元以上，再新增就业岗位600人左右；形成具有辐射效应的产业发展格局，企业成长为东北地区包装纸板行业的排头兵，并对地区经济和社会事业的发展起到重要的产业牵动作用。

3. 琥珀纸业有限责任公司

琥珀纸业有限责任公司是抚顺矿业集团的全资子公司。公司一期工程投资64.5亿元，占地83万米^2，企业注册资金8.1亿元。目前已经建成投产5万吨/年生活用纸生产线和30万吨/年箱纸板生产线。

生活用纸生产线采用世界领先的奥地利安德里茨公司新月型纸机，深加工生产线采用美国、意大利等国家的先进设备。生产的产品有卫生卷纸、手帕纸、面巾纸、餐巾纸、宾馆小卷纸等等。“琥珀”牌系列生活用纸产品采用100%进口原生木浆制造，原纸生产全程自动化控制，全自动化的分切和包装，保证产品安全卫生，产品投放市场以来无论品质和市场占有率均取得了行业及消费者认可。

箱纸板生产线由制浆系统、抄纸系统、复卷机系统构成。造纸机设计车速为1200米/分，卷纸宽度为6660毫米，定量范围100～250克/米^2。该生产线主体设备由世界一流制浆、造纸设备制造商德国福伊特公司提供，并采用世界先进的DCS、QCS控制系统，对整条生产线的车速、质量和操作全方位监控，设备配置属国际一流水准。该生产线主要附属设备均由国外造纸机械制造商亚塞利、西门子、GAW和杰利维(GL&V)等公司提供，与之相配套其他设备也由国内一流生产商供货。

箱纸板生产线于2013年5月投产，现已进入平稳高速运行阶段，其生产的“金珀”“银珀”“铜珀”系列牛卡箱纸板品质得到了下游用户认可，2017年公司生活用纸年生产量3.3万吨，箱纸板生产量15万吨。生活用纸原料主要为外购纸浆，箱纸板主要为国内废纸及欧美废纸。由于历史原因，该公司产能没有达到设计目标。

4. 辽宁振兴生态造纸有限公司

辽宁振兴生态造纸有限公司是集芦苇原料基地、制浆、造纸生产为一体的大型企业，成立于2007年，注册资本5.7亿元，坐落于辽宁省盘锦市辽河口经济区东郭造纸工业园，公司已于2009年11月17日全线投料生产。生产采用碱法连续蒸煮、氧脱木素、真空及双辊黑液提取、封闭热筛选、二氧化氯漂白(ECF)、白水封闭循环、碱回收、石灰脱硫和烟气净化，清洁生产高档无元素氯漂白芦苇浆和文化用纸。

公司计划在8年内达到生产漂白苇浆年生产量40万吨，二次纤维浆年生产量60万吨，生活用纸年生产量25万吨，文化用纸年生产量70万吨，包装用纸及纸板年生产量105万吨。累计浆的总生产量为120万吨/年，累计纸及纸板总生产量为200万吨/年，总建设投资115亿元。公司主营产品为高档文化用纸，2020年纸生产量5.8万吨，主要原料为芦苇。

5. 沈阳思特雷斯纸业有限责任公司

沈阳思特雷斯纸业有限责任公司创建于2005年，是由沈阳防锈包装材料有限责任公司为主体投资，是集研发、生产、服务为一体的国内专业的特种纸知名造纸企业，是辽宁省高新技术企业，公司坐落在国家级开发区——沈阳经济技术开发区内。主导产品为食品包装用纸、医用包装系列用纸、金属板带衬纸、玻璃衬垫用纸等特种纸。思特雷斯纸业生产线装备2640毫米、2400毫米、1092毫米多条特种纸机设备，2011年与宁波宝新不锈钢有限公司战略合作，合资兴建的宁波思特雷斯金属防护材料公司。定量范围：25～80克/米^2；产品原料采用100%进口漂白或本色木浆，综合产能达到4万吨/年。公司始终贯彻跟踪国际先进技术和市场需求动向，实施标准化管理，在行业内率先通过ISO 9001质量管理体系认证和ISO 14001环境管理体系认证和FSC森林认证，并于2017年11月通过获得SC食品生产许可证，是国家标准GB/T 22869—2008的主要起草单位。

公司具有防锈材料和造纸2个省级研发中心，与东北林业大学、大连工业大学等高校合作，共享科研成果，设立研究生培训基地，院士专家工作站等进一步保障技术、研发能力的创新。公司投资1300余万元购置先进的技术检测设备，能够按照国内外相关标准，实施纸的理化指标检测和各项分析检测工作。2016年，检测中心获得“中国合格评定国家认可委员会实验室认可证书”(注册号：CNAS L8430)。

6. 大连金洋纸业有限公司

大连金洋纸业有限公司于2001年建立，注册资金 9000 万元。公司集废纸再生造纸，纸板、纸箱制作印刷一条龙服务。公司自建立以来稳定扎实、快速跳跃式的发展壮大。是国家倡导的循环经济变废为宝的行业。曾经创下了"大连地区包装行业第一""东北三省最大的包装企业"以及"同行业的龙头企业"的辉煌业绩。具有进出口商检许可、商标许可、环评认证。公司现有员工 300 余人，生产产品的主要原料是废弃纸制品，循环再生，利国利民。

公司现有现代化造纸生产线多条，生产线连线生产，能充分对生产过程中的余热、余压、废渣、废水更好的综合利用。主机及配套设施采用高科技、节能、降耗、环保、循环利用。年产 30 余万吨，生产稳定，产品质量信得过，服务优化。在大连地区市场占有率 80% 左右。

7. 辽宁凤城市众合纸业有限公司

凤城市众合纸业有限公司成立于 2008 年，坐落在辽宁省丹东市凤城市。主要生产加工出口坐厕纸等特种纸，坐厕纸年生产量约 30 亿张(平均每月出口 30 个标准货柜)，其他特种纸 3000 吨(水果套袋纸、染色纱管面纸、工业皱纹纸、过滤纸、玻璃隔层衬纸等)系全国最大的坐厕纸成品生产厂家之一，占全国同类产品生产量的 20% 以上。年销售额 1 亿元。公司现有特种纸机 5 台，员工 400 余人，能够生产 13～130 克/米^2 各种不同定量特种纸张。

8. 丹东奥美轻工机械有限公司

丹东奥美轻工机械有限公司占地面积 3 万余米^2，厂房面积 12000 余米^2，现有职工 210 人，是制浆造纸设备的专业制造商，具有专业生产制浆造纸设备的高新技术企业。公司主要产品有：造纸机系列、制浆设备系列、辅机设备系列及典型工艺流程。造纸设备销售覆盖了新疆、山西、陕西、广东、广西、四川、河北、山东、辽宁、吉林等多个省份及朝鲜、马来西亚、越南、菲律宾、孟加拉等国家。

9. 辽宁豪唐纸业股份有限公司

辽宁豪唐纸业股份有限公司于 2015 年 7 月成立，注册资金 7900 万元，是一家集生活用纸研发、生产、销售为一体的专业化造纸企业。主要产品为高、中档生活用纸及成人、婴童尿裤、尿片和卫生巾、湿巾等系列卫生用品。公司的造纸设备是新引进国际领先的新月型高速卫生纸机。原材料采用进口原生木浆，并以高科技技术治污、排污，环保达到国家标准。2015 年被列为铁岭市重大项目，2016 年被列为辽宁省十大重点支持企业。公司预计分三期投入，三期总投资 10 亿元，规划征地 30.4 公顷。其中，一期年产 3.5 万吨生活用纸，实现年产值 2.5 亿元，实现年利润 2500 万元；二期年产 9 万吨生活用纸及纸制品，现年产值 6 亿元，实现年利润 6000 万元；三期年产 15 万吨生活用纸及纸制品，实现年产值 10 亿元，实现利润 12000 万元。三期投产后将成为东北地区纸品行业的龙头企业。

【环境保护与节能】

从 2008 年起，辽宁省造纸企业一直执行严格的环保标准(辽宁省地方标准，DB21/1627—2008)，该标准规定，制浆企业，吨浆用水不高于 40 米^3，造纸企业吨纸不高于 10 米^3，浆纸联产企业不高于 30 米^3，废水处理厂排放废水需要达到如下主要指标：SS≤20 毫克/升，BOD_5≤10 毫克/升，COD_{Cr}≤50 毫克/升。该标准的实施，淘汰了落后产能，一些规模小、污染大、效益差的企业纷纷被关停，造纸企业数量锐减，一些中大型企业开始落户辽宁省。同时，也促进了现有企业环保与节能技术的进步。2018 年纸与纸制品吨产品煤耗 0.54 吨、电耗 945.7 千瓦时。下面以 3 家规模企业的节能减排技术为例加以说明。

金日纸业有限责任公司注重节能减排，公司现有环保系统 8 套设备，包括已经完成的三段漂白、白水回收、废水生化处理、废水厌氧处理、电厂脱硫除尘等系统、废水生物净化及红液蒸发系统。

辽宁振兴生态造纸有限公司建立环保产业，引进国内先进的碱回收生产线，有效解决了造纸行业中的黑液污染难题。同时，在废水处理方面，公司引进荷兰卡鲁塞尔 2000 版氧化沟、直径长达 15 米的超效浅层气浮器等设备和工艺，形成"厂内三级处理 + 厂外氧化塘、潜流湿地"废水处理系统，变废为宝。经过处理后的水再进入 1333.3 公顷芦苇湿地灌溉区，实现水资源的综合循环利用，实现真正意义上的"绿色制浆，生态造纸"的理念，为实现循环经济(即 3R 模式)打下了坚实的基础。公司并建有日处理能力 6000 吨的废水处理站，还建设了单台装机容量 75 吨/小时的产业园集中供热中心。

琥珀纸业有限公司通过技术改造，基本实现了用水的封闭循环，降低了吨纸用水消耗量，也为企业带来显著的经济效益。

【发展目标】

辽宁省造纸工业 2012 年起陆续建起造纸产业

(工业)园，便于废弃物集中处理，鼓励制浆造纸企业入园发展。目前已有抚顺造纸产业园、盘锦东郭造纸工业园、铁岭开原造纸产业园、丹东前阳造纸产业园、黑山胡家造纸产业园、鞍山台安造纸产业园、朝阳开发区造纸工业园等园区。抚顺矿业集团琥珀纸业有限公司入驻抚顺造纸产业园、辽宁兴东科技有限公司和辽宁豪唐纸业股份有限公司入驻开原造纸产业园、辽宁鞍安纸业入驻鞍山台安造纸产业园、辽宁振兴生态造纸有限公司入驻盘锦东郭造纸工业园。2020 年鞍山台安造纸产业园正在建设中。

（平清伟）

山西省造纸工业

Paper Industry in Shanxi Province

【行业概况】

根据国家统计局数据，2020 年山西省机制纸及纸板总生产量为 69.63 万吨，比 2019 年增长 14.36%。根据山西省造纸协会不完全统计，受新冠肺炎疫情影响，全年工业总产值估算约 37.97 亿元，比 2019 年下降约 2.72%。

根据山西省造纸行业协会调查，2020 年山西省造纸企业数量约 28 家(包括在建)，造纸企业从业人数约 3050 人。造纸主要产品种类为瓦楞原纸、生活用纸、特种纸，其中，特种纸以石膏板护面纸为主，其他有果袋纸、薄页纸、服装裁剪用纸。机制纸及纸板总的年生产能力约 187.3 万吨，其中，瓦楞原纸 103.1 万吨(其中高强瓦楞纸 20 万吨)，生活用纸 29.9 万吨，石膏板护面纸 43 万吨，果袋纸 3 万吨，服装裁剪用纸 5 万吨，其他特种纸约 3.3 万吨。2020 年完工的项目新增纸机年产能约 18.1 万吨，其中，生活用纸增加年产能 11.9 万吨，有较快的增长，特种纸增加了服装裁剪用纸 5 万吨，果袋纸 1.2 万吨。产能和生产量差距较大，一方面原因是 2020 年度投产的机台产能还未发挥，一方面是受疫情、环保、气荒影响开机率不高。

【原料】

纸浆的生产与消费：山西省纸浆的生产以废纸浆为主，生产的纸浆为自用，生活用纸及特种纸以外购商品浆板为主。

原材料的采购情况：2020 年山西省造纸工业使用的原料仍以废纸为主，占比 87.9%，商品浆占比 12.1%。商品浆主要用于生活用纸及薄页纸特种纸，以进口木浆板为主，非木材浆占比很少。废纸以采购省内废纸为主。

【生产企业】

山西省在生产的造纸企业约 20 家，其中，无大型(100 万吨以上)企业，中型(30 万～100 万吨)的企业 2 家；10 万～30 万吨的企业 6 家；5 万～10 万吨以下企业 1 家；剩余 11 家是 5 万吨以下的小型企业。主要企业产能和生产量见表 1。

表 1　2020 年山西省主要造纸企业产能和生产量

序号	地区	单位名称	产能/万吨	生产量/万吨	主要产品
1	晋中	山西强伟纸业有限公司	43	36.69	石膏板护面纸
2	运城	运城市自强纸业有限公司	30	22.00	瓦楞原纸
3	晋中	山西省外贸平遥包装印刷(集团)造纸有限公司	25	0.37	瓦楞原纸
4	临汾	山西华天基纸业有限公司	10	11.00	瓦楞原纸
5	吕梁	山西恒悦纸业有限公司	15	10.00	瓦楞原纸
6	运城	山西力达纸业集团有限公司	14.9	7.50	生活用纸
7	运城	稷山县新嘉源纸业有限公司	10	5.00	瓦楞原纸
8	大同	山西云冈纸业有限公司	15	4.59	生活用纸
9	长治	山西华南纸业股份有限公司	3	3.29	瓦楞原纸
10	大同	阳高县仨宝纸业有限公司	5	3.00	服装裁剪用纸

续表

序号	地区	单位名称	产能/万吨	生产量/万吨	主要产品
11	太原	太原市晋源区吉兴造纸厂	3.6	0.94	瓦楞原纸
12	运城	芮城县中宝纸业有限公司	3	0.61	育果袋纸
13	运城	运城市绛县开发区鑫珑纸业有限公司	2.5	0.63	瓦楞原纸
14	运城	山西华昌纸业有限公司	0.3	0.125	薄页纸
		合计	180.30	105.75	

【基建和技改】

2020 年有 12 家公司实施基建及技改项目，其中，阳高县仁宝纸业有限公司、山西大维纸业有限公司及大同市冠森纸业有限公司 3 家公司为新建纸厂。

(1)山西云冈纸业有限公司利用商品浆扩建年产 10 万吨生活用纸技改项目，在企业现有的基础上进行技术改造，扩大企业生产规模，提升企业生产技术装备水平和产品质量。建设年产 10 万吨的高档生活用纸生产线，引进生活用纸的关键技术，向宽幅、高速纸机、热风罩先进技术发展。其中已安装的 4 台纸机为上海轻良实业有限公司提供的新月型纸机，幅宽 2850 毫米，设计车速 1400 米/分钟。该项目于 2020 年 10 月 12 日全部投产，生活用纸年产能达到 15 万吨。

(2)阳高县仁宝纸业有限公司年产 5 万吨服装裁剪及包装用纸建设项目，该项目为大同市 2019 年市级重点工程项目，已于 2020 年 5 月投产，总投资 1.5 亿元，达产后可实现年销售收入 1.5 亿元，安排城镇就业人员 80 人。

(3)山西大维纸业有限公司年产 20 万吨高强瓦楞原纸项目，于 2020 年 9 月开工建设，总投资 2.35 亿元，占地面积 6.67 公顷，新建 2 条瓦楞原纸和 T 纸生产线。先期投产 1 条年产 10 万吨生产线，预计于 2021 年 11 月投产。全部投产后，年产值可达 6.5 亿元，实现利税 9600 万元，可解决当地 300 多人就业。

(4)大同市冠森纸业有限公司年产 15 万吨工业用纸及 6000 吨塑料制品制造项目，于 2020 年 4 月开工建设，总投资 1.8 亿元，占地面积 4.78 公顷，主要建设 6 条废纸造纸生产线，2 条废旧塑料造粒生产线。分期安装，一期 2 条生产线预计于 2021 年 5 月试生产。

(5)山西强伟纸业有限公司实施“年产 110 万吨石膏板护面纸及包装用纸工程”及 PM4 纸机技术改造项目。二期 2 条年产 40 万吨石膏板护面纸及包装用纸生产线计划于 2022 年开始建设，2025 年建成。实施造纸、包装一体化战略，进军包装产业，总投资 7 亿元，新建 3.5 亿米^2 纸板项目，分期建设，一期建设 1 条 2800/350 型高速纸板生产线，年产纸板 1.5 亿米^2 纸板；二期建设 1 条 2800/400 型高速纸板生产线，年产纸板 2 亿米^2。年产 30 万吨高档生活用纸项目，总投资 10 亿元，采用国际先进设备，规划 6 条生活用纸生产线。一期年产能 10 万吨，建设 2 台 5600/1600 型新月型高速卫生纸机；二期年产能 20 万吨，建设 4 台高速卫生纸生产线。高档纸袋纸及不锈钢衬纸项目，总投资 3 亿元，建设年产 5 万吨高档纸袋纸项目、年产 5 万吨高档不锈钢衬纸项目。2020 年完成了 PM4 纸机技术改造项目，主要技改内容包括：①新增木浆生产线、更换面/芯层流浆箱、更换网部脱水元件、更换施胶机；②使用新型靴压技术，增加透平机，配套汽水分离器、润滑系统等辅助系统；③通过技改提升纸页强度，减少纸机断头，提升纸机运行性能，加强成纸质量。

(6)平遥县康华纸业有限责任公司年产 23 万吨瓦楞原纸项目，该项目总投资 1.5 亿元，占地 8.67 公顷，设计 2 条生产线，分两期建设，一期生产线预计于 2021 年 5 月投产。该项目利用园区耀光煤电公司供应蒸汽。

(7)山西省外贸平遥包装印刷(集团)造纸有限公司年产 25 万吨高强瓦楞原纸生产线技改项目，投资 1 亿元，自 2018 年 8 月开始陆续对 2 条生产线停产技改，一是淘汰原有 10 万吨 4000/400 型生产线，新增年产 20 万吨 5700/600 型生产线，已于 2020 年 12 月投产。二是对原有 4600/500 生产线技改为 4600/550 生产线，预计于 2021 年 3 月投产，技改后年生产量由原来的 25 万吨增加到 30 万吨。

(8)山西华天基纸业有限公司年产 30 万吨高档包装用纸项目，该项目总投资 2.8 亿元，分两期建设，其中一期建设 10 万吨高强瓦楞原纸生产线，已于 2019 年投产，二期建设 20 万吨高强瓦楞原纸生产线，将于2021年3月投产运行。

(9)山西力达纸业集团有限公司源泰分公司实施年产20万吨高档生活用纸项目，该项目拟投资4亿元，占地13.3公顷，拟新增2800/1600型新月型造纸机12台、分切机12台及各种配套设备，建设周期2020年1月—2022年7月，其中，3台纸机生产线已于2020年10月投产，其余生产线安装进行中。拟建年产9000吨无纺布项目，总投资1亿元，建设2条工作幅宽3600毫米水刺非织造布(无纺布)生产线及配套工程，年产水刺非织造布9000吨，建设周期2021年2月—2022年6月。

(10)运城市自强纸业有限公司扩建年产100万吨瓦楞原纸生产线项目，总投资15亿元，用地面积约40公顷，新增10条制浆及造纸生产线、热电联产工程、1条年产1亿块蒸压粉煤灰砖生产线。分期建设，2020年5月开工建设1条年产10万吨生产线，2020年年底土建工程完工，开始设备安装，预计于2021年6月投产。

(11)山西华昌纸业有限公司新增3150型纸机技术改造项目，该项目计划新增3150型纸机1台，以生产薄页纸、拷贝纸为主，自2020年5月开工，于2020年年底完工，建成后淘汰了1092型纸机1台。

(12)芮城县中宝纸业有限公司扩建项目，该项目新增2台3600/250—300型纸机生产线，其中1条1.2万吨薄页纸育果袋纸生产线已于2020年底建成投产。另1条1.8万吨低定量瓦楞原纸生产线2020年底进入设备安装阶段，预计于2021年10月投产。

(13)襄汾宏峰林纸有限公司年产8.6万吨特种纸生产线技改项目，总投资19.3亿元，分三期建设。一期项目投资3.6亿元，对8.6万吨特种纸生产线完善达产，原20吨燃煤锅炉改造为总容量20吨天然气锅炉，预计2021年12月份投产。二期项目投资5.3亿元，完善5.6万吨杨木制浆产能，对原有动力系统进行背压型热电联产改造升级。三期项目投资10.4亿元，对现有的8.6万吨特种纸生产线进行技改升级，增加年产能达到30万吨。

【科研与技术进步】

山西强伟纸业有限公司成立科研创新技术中心，在石膏板护面纸设备装置和生产工艺领域获得了纸张去水、环保用废纸多级破碎、护面纸特别生产、覆膜纸特别生产、高白度护面纸生产等6项发明专利，技术水平处于国内领先，产品质量达到了国际同类产品先进水平。

中国科学院山西煤炭化学研究所从“九五”期间开始研究燃料电池用碳纸的制备工艺与装备开发，至今已有20多年的研究基础。该研究方向以开展高性能碳纸技术研究和产业化为主要目标，在碳纤维及碳纸的基础理论和合成技术研究方面积累了丰富的经验，尤其在碳纤维结构控制、碳纤维表面改性、碳纤维原纸湿法抄造、粘结剂的设计及自主研发、碳纸孔结构调控、专用高温炭化工艺设备开发等工艺过程中形成了独有的技术优势，已形成了整套的技术体系。研发期间获得6项专利。目前实验室所研制碳纸样品主要指标接近或超过东丽同类产品。2020年9月已成功建设10万米^2/年碳纤维原纸连续试验线，并已调试成功。

【环境保护与节能】

企业通过各项节能技改，降低污染排放，应用的节能技术主要有机电变频技术、绿色照明改造，对冷凝水余热余压利用，以及对废塑料、污泥资源化利用。

太原市晋源区吉兴造纸厂对纸机供气系统进行改造，回收利用余气余热及冷凝水余热，通过对上述部分余热的回收，大大降低了蒸汽消耗，进而减少了煤气的耗用量。

山西强伟纸业有限公司对PM4纸机实施改造，一是将PM4纸机原水环真空泵改造为透平风机，节约用电约20度/吨纸；二是将PM4原真空压榨+大辊压榨改造为双靴压，蒸汽冷凝水系统改造热泵系统，节约蒸汽用量约10%~15%。

山西力达纸业集团有限公司2020年1月实施锅炉超低排放改造项目，实现锅炉废气超低排放，年可减少烟尘排放量14.73吨、二氧化硫排放量27.50吨，氮氧化物排放量8.6吨。

山西华昌纸业有限公司2020年主动淘汰1092型纸机1台。2017年实施“煤改气”，淘汰燃煤锅炉，新上燃气锅炉，2020年对燃气锅炉燃烧系统技改，改造后成功将氮氧化物排放指标降到26毫克/米^3，优于国家标准限值。

芮城县中宝纸业有限公司于2019年按照淘汰燃煤锅炉规定，淘汰了12吨燃煤锅炉，由工业园区集中供汽。

【发展目标】

2021年是“十四五”开启之年，我国将开启全面建设社会主义现代化国家新征程，山西省作为国家资源型经济转型综合配套改革试验区，未来5—

10年正是转型发展的窗口期、关键期，转型出雏型是山西省重要阶段性战略目标。造纸行业作为基础原材料产业，与许多产业配套，和人民生活密切相关，随着山西省转型发展的深入和人民消费水平的提高，山西省造纸行业生产及消费能力还将有很大的提升空间。同时山西省作为京津冀一体化重要成员，紧抓京津冀协同发展机遇，发挥好邻近首都的地缘和生态优势，可承接部分造纸产能。

新的发展阶段，必须推进绿色化、清洁化生产，普及低碳节能及智能技术应用，推动产业高质量发展。产业的现代化对专业人才的需求更为迫切，需要着力引进与培养。由于市场竞争的加剧，落后的生产能力会进一步加速淘汰，工艺技术创新、特色新产品开发投入进一步加大。山西省属于内陆省份，原料供应及运输处于劣势，随着新增产能的释放原材料供给形势严峻，需要优化上下游产业链及供应链。原料结构方面，山西应加强林纸结合，利用环保清洁制浆新技术、新工艺，多渠道开发原料资源。对下游包装企业，以造纸龙头企业引领，完善下游纸制品及包装企业布局，优化资源配置。

2021年山西省造纸工业的发展目标：抓住机遇增产能，调整结构蓄后劲，高质高效谋发展。根据2021年在建项目统计，预计2021年将新增纸及纸板年产能约73万吨。根据“十四五”拟建项目及考虑落后产能退出因素，2021年山西省机制纸及纸板总产能将达到250万吨，2025年预期达到360万吨。

（武乃玲）

陕西省造纸工业

Paper Industry in Shaanxi Province

【行业概况】

2020 年陕西省规模以上造纸企业 12 家，从业人员约 4100 人。机制纸及纸板生产能力达到 128.6 万吨，实际生产量 95.6 万吨，实现销售收入 34.3 亿元，利税 1.2 亿元。

陕西省造纸企业主要分布在关中地区的宝鸡、咸阳、西安、渭南 4 个地市，陕北的榆林市、延安市以及陕南的商州区无造纸企业，汉中市宁强县有 1 家造纸企业。陕西省造纸产品主要为三大类，第 1 类是包装用箱纸板和瓦楞原纸，主要生产企业有：陕西圣龙纸业有限责任公司、陕西武功东方纸业集团有限公司、陕西法门寺纸业有限责任公司、陕西蔡伦纸业有限公司、岐山县圣龙箱板纸有限责任公司等；第 2 类是生活用纸，主要生产企业有：陕西欣雅纸业有限公司、陕西法门寺纸业有限责任公司、陕西蔡伦纸业有限公司等；第 3 类是特种纸，主要有育果袋纸、特种引线卷筒纸、覆铜板纸、热压垫板纸、湿法骨材无纺布（高透纸）、无菌防油纸、胶带原纸、银行专用扎钞纸等，主要生产企业有：宝鸡科达特种纸业有限公司、蒲城康钰纸业有限公司等。

【原料】

陕西省造纸企业按照原料结构主要分为 3 类：第 1 类为以芦苇化学浆为原料生产生活用纸的企业，共计 1 家，年生产能力达 6 万吨；第 2 类为以废纸为原料生产纸板的企业，共计 10 家，年生产能力 98 万吨；第 3 类为以废纸和商品浆为主要原料生产生活用纸、文化用纸和特种纸的企业，共计 5 家，年生产能力 24.6 万吨。

造纸纤维原料结构中废纸浆占主导地位，在造纸原料结构中占 75.2%，全部来自国内收购废纸；化学草浆在造纸原料结构中占 4.9%，企业自制；特种纸和少量生活用纸用商品浆，在造纸原料结构中占 19.9%，主要采用进口和国产商品木浆。

【生产企业】

2020 年陕西省实现工业生产量前 10 名的造纸企业见表 1，这 10 家造纸企业合计生产量 92.6 万吨，占全省机制纸及纸板总生产量的 94.2%。主要生产企业有陕西法门寺纸业有限责任公司、陕西圣龙纸业有限责任公司、陕西武功东方纸业有限公司、陕西蒲城永丰利亚纸业有限公司等，并形成了蒲城造纸工业园和武功东方工业园两个产业集群，具有一定的市场竞争能力和发展后劲，为陕西省造纸工业今后的发展奠定了一定的基础。

表 1　2020 年陕西省实现工业生产量前 10 名的造纸企业　　单位：万吨

序号	企业名称	生产量
1	陕西法门寺纸业有限责任公司	24.1
2	陕西蔡伦纸业有限公司	14.5
3	陕西圣龙纸业有限责任公司	9.6
4	陕西武功东方纸业有限公司	10.0
5	西安渭丰纸业有限公司	10.0
6	蒲城东兴纸业有限公司	5.2
7	陕西欣雅纸业有限公司	4.2
8	宝鸡科达特种纸业有限责任公司	5.5
9	蒲城永丰利亚纸业有限公司	4.5
10	西安惠宁纸业有限责任公司	5.0

（1）陕西法门寺纸业有限责任公司　公司现有 3 家分厂，21 条生产线，年生产能力达 28.6 万吨。主要产品有："法门寺"牌文化用纸、生活用纸和瓦楞原纸。其中，2 条（1 条幅宽 3600 毫米，1 条幅宽 4600 毫米）高强瓦楞原纸生产线，年产能 15 万吨；1 条幅宽 3200 毫米纱管纸生产线，年产能 20 万吨；

2 条幅宽 1880 毫米文化用纸生产线，年产能 2.6 万吨；2 条幅宽 2850 毫米、车速 1200 米/分高速卫生纸机、13 条幅宽 2400 毫米、车速 500 米/分新月型卫生纸机，年产能 6 万吨。2020 年实现销售收入 96676 万元，实现利税 3135 万元。

（2）陕西圣龙纸业有限责任公司　陕西圣龙纸业有限责任公司现拥有资产总额 5.3 亿元，以废瓦楞纸箱为原料，生产纱管纸和瓦楞原纸，年生产能力 18 万吨。公司现有 3 条造纸生产线，包括 1 条年产 10 万吨 4400 毫米长网多缸纸机生产线，1 条年产 5 万吨 2820 毫米四叠网多缸纸机生产线。1 条年产 3 万吨 2400 毫米多圆网多缸纸机生产线。4500 千瓦/时热电站及 20000 米^3/日废水处理站各 1 座。该公司是宝鸡市重点扶助发展企业。

（3）陕西欣雅纸业有限公司（原陕西兴包企业集团有限责任公司）　公司是民营股份制企业，主要生产中高档生活用纸，年产能 6.5 万吨。企业占地面积 33.33 公顷，现有资产 4.6 亿元，员工 600 多人。其主导产品"欣雅""欣家"牌生活用纸被陕西省评为"陕西省名牌产品"和"陕西省著名商标"，2009 年入选为"陕商绿色环保行业十大重点推广品牌"，公司 2007 年被评为"陕西省优秀民营企业""陕西省农业产业化重点龙头企业"，公司通过了清洁生产认证、ISO 14001：2015 环境体系认证、ISO 9001：2015 质量体系认证。

（4）陕西蔡伦纸业有限公司　公司始建于 1992 年，是民营企业，占地面积 46.67 公顷，拥有员工 2500 多人，技术人员 110 多名，公司总产能 16 万吨/年。以漂白或本色芦苇浆和木浆配抄生产生活用纸，年产能 6 万吨；拥有各类中低速纸机 20 多台套。公司还拥有发电能力为 36 兆瓦的自备热电站，拥有制浆黑液碱回收系统、废水处理厂等。公司计划于 2022 建设年产 15 万吨浆纸工程项目。

（5）陕西东方纸业集团有限公司　公司是民营股份制企业，也是咸阳市造纸行业的骨干企业，现有员工 1100 多人，其中，专业技术人员 50 人，固定资产 5000 多万元，总占地面积 8 公顷。公司现有年产 10 万吨高强瓦楞原纸生产线，该项目已于 2014 年 12 月竣工，2015 年 6 月投产运行，配套的废水处理系统也同期达标运行。目前该公司扩建的年产 50 万吨高档包装用纸项目已经开工建设。该工程总占地面积约 46.67 公顷，项目（二期和三期）工程占地约 40 公顷，利用公司现有用地，不新增用地。

（6）宝鸡科达特种纸业有限责任公司　公司创建于 1991 年，是集科研、生产于一体的股份制高新技术企业。公司占地面积 10 万米^2，拥有员工 1082 名。固定资产 2.3 亿元，年生产能力 5.5 万吨，工业总产值 3 亿元。公司主要产品有：特种引线卷筒纸、纺织用纸线原纸、覆铜纸板、热压垫纸板、湿强覆铜板原纸、湿法骨材无纺布（高透纸）、无菌防油纸、胶带原纸、半透明纸、高档双光育果袋纸、薄页纸、单双拷贝纸、银行专用扎钞纸、色原纸、高档包装用纸等 30 多个品种，产品远销 20 多个省市。产品获得"中国绿色环保产品"，企业获得"国家 AAA 重质量守信誉单位""全国市场质量合格诚信经营示范单位"，公司已通过 ISO 9001：2000 质量管理体系认证，14000 环境管理体系认证。

【基建与技改】

（1）陕西法门寺纸业有限责任公司拟建年产 30 万吨箱纸板（含纱管纸）及 5 万吨生活用纸技改工程，2017 年开始筹划，2018 年 9 月通过《陕西省环境保护关于陕西法门寺纸业有限责任公司技改转型方案的批复》，2019 年 3 月在宝鸡市发展和改革委员会进行了备案。该项目被确定为 2020 年宝鸡市重点项目，已于 2020 年 10 月底投产运行 1 条 3200 型纱管纸生产线，其余项目正在建设中。该公司是陕西唯一生产文化用纸的企业，拟在"十四"五期间建设年产 10 万吨的文化用纸生产线。

（2）陕西东方纸业集团有限公司全面推动陕西东方环保产业园区的建设。新增的 90 万吨/年废纸回收综合利用项目，计划分两期建设，一期建设年产 50 万吨高档包装用纸，二期建设年产 40 万吨高档包装用纸。建设内容包括：1 条年产 20 万吨高强瓦楞原纸（定量 120 ~ 160 克/米^2）生产线，1 条年产 30 万吨牛皮挂面箱纸板（定量 160 ~ 280 克/米^2）（二期）；1 条年产 20 万吨高强瓦楞原纸生产线和 1 条年产 20 万吨牛皮挂面箱纸板（定量 160 ~ 280 克/米^2）（三期）；达产后共计年产 90 万吨，同时配套建设废水处理站废水厌氧和深度处理、原料贮存及办公生活设施等。目前二期 50 万吨项目已经完成立项、环评审批手续，2021 年开工建设。

（3）宝鸡科达特种纸业有限责任公司 2019 年 6 月新建 1 台 45 蒸吨工业锅炉，配套建设有烟气处理、脱硫脱硝等超净排放系统，项目于 2020 年 1 月投入运行。

（4）陕西蔡伦纸业有限公司计划 2022 年新增 15 万吨/年制浆造纸工程项目。该项目包括 15 万吨/年以回收废纸和商品浆为原料的箱纸板生产线，配套建设废水处理厂、热电厂锅炉烟气处理等环保工程。2020年，公司利用渭南当地果树枝丫材进行化学制浆生产性试验，取得成功，本色化学浆年产能5万吨。

(5)陕西圣龙纸业有限责任公司为提高纸机产能和产品质量，2020年投资近3000万元对4200毫米、2820毫米生产线实施提效改造，4200毫米纸机车速由原来的350米/分提高到600米/分，流浆箱采用新型的稀释水流浆箱替换气垫流浆箱，供汽系统采用热泵替换传统的三段供汽，真空系统采用透平真空泵替换水环泵，更新传动系统和DCS控制系统。2820毫米纸机改造了网布脱水元件，更新了复卷机。改造工作于2020年年底完成。2020年公司继续推进固废焚烧资源综合利用项目的实施。该项目计划投资4000万元，建设规模为100吨/天制浆造纸固废焚烧+20吨/天余热锅炉。项目立项、环评已通过审批，具备开工条件，计划于2021年内开工实施。

(6)陕西欣雅纸业有限公司2020年计划新增5万吨生活用纸产能，采用2台2800毫米新月型日本川之江造机株式会社的卫生纸机，车速1300米/分。项目立项、环评已通过审批，由于疫情及市场原因推迟，计划2021年实施。

(7)蒲城东兴纸业有限公司2021年准备新建1条4400毫米纸机生产线，增加年生产量12万吨，新增工作岗位100个，目前项目手续已审批结束，厂房已经开始建设。

(8)西安惠宁纸业有限公司2020年准备新建4800毫米长网纸机1台，生产高强瓦楞原纸，增加年生产量10万吨，新增5600毫米叠网纸机1台，生产箱纸板，增加年生产量20万吨，新增工作岗位500个，目前项目手续已审批结束，征地手续完成，项目计划2021年内开工建设。

【存在问题】

(1)陕西法门寺纸业有限责任公司目前存在项目建设缺少汽源问题，陕西省限制关中地区燃煤锅炉建设，天然气也供应不足，进一步发展受限。

(2)陕西东方纸业集团有限公司受疫情影响，下游企业及其供应链企业生产经营恢复缓慢，导致原材料供给紧张，公司流动资金占压严重，生产运营资金不足。请求政府协调金融机构支持企业发展。

(3)陕西圣龙纸业有限责任公司目前面临困难：一是项目建设资金不足，特别是造纸固废焚烧项目，若资金能够筹措保障，就能马上开工建设；二是虽然公司造纸规模在陕西省名列前茅，但比起广东省、山东省等发达省份还很小，国有银行在信贷政策上不予支持，也制约了纸业发展。

(4)陕西蔡伦纸业有限公司计划2022年新增15万吨/年制浆造纸工程项目，目前项目手续正在办理中，希望政府在政策和资金上给予扶持。

（张安龙）

重点企业介绍

KEY ENTERPRISES INTRODUCTION

10

玖龙纸业(控股)有限公司

Nine Dragons Paper(Holdings)Limited

【企业概况】

玖龙纸业(控股)有限公司(以下简称“玖龙纸业”)成立于1995年，总部位于广东省东莞市，2006年于香港联交所主板上市，目前为全球产能排名第2的造纸集团和中国造纸的龙头企业(主要产品为各类环保包装用纸及其上下游产业链)。2020年集团总产能1800余万吨，总资产约840亿元，年产值700多亿元，名列2020年“中国民营企业500强”第111位。

玖龙纸业已在我国的东莞、太仓、重庆、天津、泉州、沈阳、唐山、乐山建立造纸基地，位于湖北荆州的新基地已经开工建设，位于广西北海、湖北咸宁的新浆纸基地即将开工建设。玖龙纸业积极响应“一带一路”倡议，不断推进国际化发展，完善产业链，2008年完成对越南正阳造纸厂的收购和控股，进入东盟市场，2017年完成越南基地二期工程的扩建，成为越南造纸的龙头企业。为了进一步拓展国际化的资源配置，形成资源优势的互补，2018年收购了4家位于美国的浆纸厂(缅因州的Rumford、Old Town；威斯康星州的Biron；西弗吉尼亚州的Fairmont)。2019年收购了1家位于马来西亚文冬的浆纸厂，并计划在马来西亚雪兰莪建设1个新的智能化造纸基地。此外，集团兄弟企业在上游建立了再生资源回收贸易公司，为集团提供稳定的废纸等原料供应；集团还在下游建立了多个纸包装公司，为用户提供环保纸包装的“智能化、一站式”服务。

玖龙纸业引进国际领先的技术和大型现代化、智能化设备，不断创新研发，高度重视系统化、数据化管理，应用先进的SAP系统管理平台，促进信息化与工业化“两化”深度融合，被评为“高新技术企业”和国家首批“信息化和工业化融合管理体系贯标试点企业”。

玖龙纸业坚决贯彻“绿水青山就是金山银山”的生态文明思想，一贯秉承“没有环保，就没有造纸”的企业理念，倡导可持续发展的循环经济，各项环保和能耗指标都做到优于国家标准(均达到国际领先水平)，是资源节约型和环境友好型企业的典范，生产基地多年被当地环保部门评为“环保诚信绿牌企业”。

玖龙纸业实行以人为本，民主、智慧加科学相结合的管理模式，形成了“尊重关爱员工、细化创新管理、传承百年品牌、弘扬拼搏精神”的具有玖龙特色的企业文化，同时积极履行社会责任，长期坚持精准扶贫，近年来在各种公益活动中投入4亿多元，被授予“中华慈善奖”“全国脱贫攻坚奖”、全国“万企帮万村”先进民营企业、“广东扶贫济困红棉杯金杯及突出贡献企业”等多项荣誉，并光荣入选“2020中国民营企业社会责任优秀案例”。

总部地址： 广东省东莞市松山湖产业园新城路12号　**邮编：** 523808

联系电话： 0769－89289999　**联系传真：** 0769－38822888

联系邮箱： info_ group@ ndpaper. com　**单位网址：** www. ndpaper. com

企业性质： 港澳台独资

法人代表： 张茵

成立时间： 1995年，**职工总数：** 1.7万余人(国内)

主要产品： 各类包装用纸、环保型文化用纸、特种纸、浆及纸板/箱等

主要纤维原料： 废纸、纸浆

集团总设计年产能：(截至2020年12月31日)

产品品种	主要纤维原料	生产能力
造纸(包括各类包装用纸、环保型文化用纸等)	废纸、纸浆	1757 万吨/年
制浆(包括再生浆及木浆等)		85 万吨/年
下游包装厂		约 10 亿米^2/年

(卢燕芳)

理文造纸有限公司

Lee & Man Paper Manufacturing Limited

【企业概况】

理文造纸有限公司于1994年成立，2003年9月在香港联合交易所上市，股份编码：02314。主要产品有包装用纸和生活用纸：包装用纸有牛皮箱纸板、瓦楞原纸及涂布白纸板等，总年产能为808万吨；生活用纸有生活用纸原纸和成品纸。公司拥有生活用纸品牌2个："亨奇"牌和"理文"牌，品牌下设不同系列产品，年总产能为97.2万吨。理文造纸有限公司是行业内最具规模及实力的造纸厂之一，也是亚太地区同类产品最大的造纸厂商之一。

理文造纸有限公司由创办之初至迅速发展，得到各方友好的鼎力支持。目前在我国设有5家造纸工厂，分别为：广东理文造纸有限公司、东莞理文造纸厂有限公司、江苏理文造纸有限公司、重庆理文造纸有限公司、江西理文造纸有限公司；并设有3家生活用纸生产工厂，分别为：重庆理文卫生用纸制造有限公司、江西理文卫生用纸制造有限公司、广东理文卫生用纸有限公司。另外，在越南、马来西亚等国家也设有生产基地。公司不断投放资源于购置先进设备及研发工作，力求生产优质且价格相宜的产品。

理文造纸有限公司配有完善的配套设施，包括先进的造纸生产线、汽电一体化的发电站、水厂、废水处理站、码头、大型废纸堆场、成品仓库及庞大的运输车队等；并设有现代化的办公大楼及完善的生活设施，如饭堂、运动场、图书室、网吧及员工娱乐中心等。

理文造纸有限公司自有庞大的水陆运输队伍，能充分保障及时快捷地将成品送到客户指定的地点。公司采用全计算机化管理，从原料采购、原料运输、生产成品，到成品纸运送给客户的过程，可全程查询，让供货更快捷、更准确、更可靠。

理文造纸有限公司由创立至今，非常注重节能环保工作，始终秉持质量管理及环境保护宗旨，生产过程严格按照国际环境保护管理体系要求执行。公司已获得ISO 14001、ISO 9001、ISO 45001、QCO 80000、FSC-COC产销监管链国际认证，以及能源管理体系认证，并获得了"清洁生产企业"称号。在公司蓬勃发展中，将力争成为世界上环保节能和创新型的诚信企业。

单位地址：香港九龙观塘敬业街61—63号利维大厦5字楼

联系电话：00852－2319－9889　**联系传真：**00852－2319－9393

联系邮箱：samco_ liu@ leemanpaper. com　**单位网址：**www. leemanpaper. com

企业性质：中外合资

法人代表：李文斌，**经营负责人：**李文俊，**技术负责人：**李文斌

成立时间：1994年，**职工总数：**12985人，**其中技术人员数：**1313人

2020年纸浆生产量：57.8万吨，**纸及纸板生产量：**555.6万吨，**生活用纸生产量：**74.6万吨

2020年销售收入：232亿元，**利税总额：**50亿元，**利润总额：**38亿元

2020年企业科研经费投入：7亿元

主要产品：牛卡纸、瓦楞原纸、涂布灰底白纸板、竹浆、生活用纸

主要纤维原料：废纸、竹浆、木浆

纸机总数：43台

蒸(球)煮器总数：7台

【主要生产线】

主要制浆生产线

生产线名称	纤维原料	制浆方法	蒸煮器	主体设备供货厂商	产品品种	生产能力/(万吨/年)	投产时间
BKP1	竹片	硫酸盐法	DDS 间歇蒸煮锅	GL&V 公司、潍坊凯信机械有限公司	漂白或本色(氧脱)竹浆	18	2008-10

主要造纸生产线

生产线名称	纸机			主体设备供货厂商	产品品种	纤维原料	生产能力/(万吨/年)	投产时间
	网部形式	幅宽/毫米	工作车速/(米/分)					
PM1	长网	3200	300	辽阳造纸机械股份有限公司	瓦楞原纸	废纸	5.5	1998-04
PM2	二叠网	3200	300	辽阳造纸机械股份有限公司	仿牛卡纸	废纸	5.5	1998-07
PM3	三叠网	4200	700	日本小林制作所	牛卡纸	废纸、木浆	22	2000-08
PM4	夹网	5500	1100	福伊特公司	牛卡纸	废纸、木浆	40	2002-09
PM5	三叠网	4400	750	日本小林制作所	牛卡纸	废纸、木浆	32	2003-11
PM6	二叠网	6600	900	韩国金星机械公司	仿牛卡纸	废纸	35	2004-10
PM7	三叠网	6650	1000	三菱重工业株式会社	牛卡纸	废纸	50	2006-01
PM8	三叠网	6600	1000	维美德公司	牛卡纸	木浆、废纸	50	2007-02
PM9	三叠网	6650	1000	维美德公司	牛卡纸	木浆、废纸	50	2007-06
PM10	三叠网	5500	850	日本小林制作所	白面牛卡纸	木浆、废纸	40	2007-09
PM11	三叠网	5500	850	日本小林制作所	牛卡纸	木浆、废纸	40	2007-07
PM12	二叠网+顶网	6650	1000	韩国金星机械公司	仿牛卡纸	废纸	45	2008-05
PM13	三叠网	5500	800	日本小林制作所	牛卡纸	废纸	40	2008-06
PM15	二叠网	6650	1100	维美德公司	牛卡纸	废纸	50	2011-08
PM16	长网+夹网	5500	900	韩国金星机械公司、日本小林制作所	仿牛卡纸	废纸	40	2011-11
PM17	四叠网+MB 网	6650	750	维美德公司	涂布灰底白纸板	废纸、木浆	60	2012-07
PM18	长网	6650	1000	韩国金星机械公司	挂面箱纸板	废纸	35	2013-06
PM19	三叠网	6650	900	韩国金星机械公司	白面牛卡纸、挂面箱纸板、瓦楞原纸	废纸	40	2017-03
PM20	三叠网	6650	1000	维美德公司	瓦楞原纸	废纸	40	2014-07
PM21	二叠网	6650	1200	维美德公司	瓦楞原纸	废纸	40	2017-09
PM23	三叠网	5600	850	上海轻良实业有限公司	箱纸板	废纸	30	2020-11
TM1	圆网	2760	1000	日本川之江造机株式会社	生活用纸	竹浆、木浆	1.5	2014-07

续表

生产线名称	纸机			主体设备供货厂商	产品品种	纤维原料	生产能力/(万吨/年)	投产时间
	网部形式	幅宽/毫米	工作车速/(米/分)					
TM2	圆网	2760	1000	日本川之江造机株式会社	生活用纸	竹浆、木浆	1.5	2014-07
TM3	新月型	5600	2000	福伊特公司	生活用纸	竹浆、木浆	6	2015-06
TM4	新月型	5600	2000	维美德公司	生活用纸	竹浆、木浆	6	2015-10
TM5	新月型	5600	2000	维美德公司	生活用纸	竹浆、木浆	6	2016-09
TM6	新月型	5600	2000	维美德公司	生活用纸	竹浆、木浆	6	2016-10
TM7	新月型	5600	2000	维美德公司	生活用纸	竹浆、木浆	6	2016-11
TM8	新月型	5600	2000	维美德公司	生活用纸	竹浆、木浆	6	2016-12
TM9	新月型	5600	2000	福伊特公司	生活用纸	竹浆、木浆	6	2017-05
TM10	新月型	5600	2000	福伊特公司	生活用纸	竹浆、木浆	6	2017-06
TM11	新月型	5600	2000	福伊特公司	生活用纸	竹浆、木浆	6	2017-11
TM12	新月型	5600	2000	福伊特公司	生活用纸	竹浆、木浆	6	2017-12
TM13	新月型	5600	2000	维美德公司	生活用纸	竹浆、木浆	6	2018-01
TM15	新月型	5600	2000	维美德公司	生活用纸	竹浆、木浆	6	2018-03
TM16	新月型	5600	2000	维美德公司	生活用纸	竹浆、木浆	6	2018-05
TM17	新月型	5600	2000	维美德公司	生活用纸	竹浆、木浆	6	2018-06
TM18	新月型	2850	1300	佛山市南海区宝拓造纸设备有限公司	生活用纸	竹浆、木浆	1.7	2019-09
TM19	新月型	2850	1300	佛山市南海区宝拓造纸设备有限公司	生活用纸	竹浆、木浆	1.7	2019-09
TM20	新月型	2850	1300	佛山市南海区宝拓造纸设备有限公司	生活用纸	竹浆、木浆	1.7	2019-10
TM21	新月型	2850	1300	佛山市南海区宝拓造纸设备有限公司	生活用纸	竹浆、木浆	1.7	2019-10
TM22	新月型	2850	1300	佛山市南海区宝拓造纸设备有限公司	生活用纸	竹浆、木浆	1.7	2019-10
TM23	新月型	2850	1300	佛山市南海区宝拓造纸设备有限公司	生活用纸	竹浆、木浆	1.7	2019-10
TM25	新月型	2850	1300	佛山市南海区宝拓造纸设备有限公司	生活用纸	竹浆、木浆	1.7	预计2021-08
TM26	新月型	2850	1300	佛山市南海区宝拓造纸设备有限公司	生活用纸	竹浆、木浆	1.7	预计2021-08
TM27	新月型	2850	1300	佛山市南海区宝拓造纸设备有限公司	生活用纸	竹浆、木浆	1.7	预计2021-08
TM28	新月型	2850	1300	佛山市南海区宝拓造纸设备有限公司	生活用纸	竹浆、木浆	1.7	预计2021-09
TM29	新月型	2850	1300	佛山市南海区宝拓造纸设备有限公司	生活用纸	竹浆、木浆	1.7	预计2021-09

续表

生产线名称	纸机			主体设备供货厂商	产品品种	纤维原料	生产能力/(万吨/年)	投产时间
	网部形式	幅宽/毫米	工作车速/(米/分)					
TM30	新月型	3550	700	佛山市南海区宝拓造纸设备有限公司	生活用纸	竹浆、木浆	2.65	预计2021-10
TM31	新月型	2850	1300	江苏信诺轨道科技有限公司	生活用纸	竹浆、木浆	1.7	预计2021-09
TM32	新月型	2850	1300	江苏信诺轨道科技有限公司	生活用纸	竹浆、木浆	1.7	预计2021-09
TM33	新月型	2850	1300	佛山市南海区宝拓造纸设备有限公司	生活用纸	竹浆、木浆	1.7	预计2021-10
TM35	新月型	2850	1400	江苏信诺轨道科技有限公司	生活用纸	竹浆、木浆	1.95	预计2021-10
TM36	新月型	2850	1300	佛山市南海区宝拓造纸设备有限公司	生活用纸	竹浆、木浆	1.7	预计2021-11
TM37	新月型	2850	1300	佛山市南海区宝拓造纸设备有限公司	生活用纸	竹浆、木浆	1.7	预计2021-11

（刘 凯）

山东晨鸣纸业集团股份有限公司

Shandong Chenming Paper Holdings Ltd.

【企业概况】

山东晨鸣纸业集团股份有限公司(以下简称“晨鸣集团”)是我国造纸龙头企业，中国企业500强，成立于1958年，是以制浆、造纸为主的现代化大型综合企业集团，在全国拥有多个生产基地，总资产946亿元，年浆纸产能1100多万吨，企业经济效益主要指标连续20多年在全国同行业保持领先地位。

晨鸣集团是国内唯一一家A、B、H三种股票上市公司，是中国上市公司百强企业、中国十佳明星企业，荣获全国五一劳动奖状、全国精神文明建设先进单位、轻工业全国十佳企业、中国企业管理杰出贡献奖等省级以上荣誉称号200余项。

目前，公司产品涵盖高档胶版纸、白卡纸、铜版纸、轻涂纸、生活用纸、静电复印纸、热敏纸等系列。企业拥有国家企业技术中心、博士后科研工作站、国家认可CNAS浆纸检测中心等科研机构，获得国家专利授权300余项，其中发明专利25项，获得国家新产品7项，省级以上科技进步奖15项，承担国家科技项目5项、省技术创新项目63项。在全国同行业率先通过ISO 9001质量体系认证、ISO 14001环保体系认证和FSC-COC国际森林体系认证。

跨入新时代，晨鸣集团将大力弘扬“学习、超越、领先”的企业精神，全面提升企业管理水平和运行质量，继续聚焦主业，做强实业，目前正在中部地区集中建设湖北黄冈生产基地，届时形成北有寿光、中有黄冈、南有湛江的三大生产基地格局，努力建成具有全球竞争力的世界一流企业集团。

单位地址： 山东省寿光市农圣东街2199号　**邮编：** 262705

联系电话： 0536－2158179　**联系传真：** 0536－2156111

联系邮箱： chenmingdq@126.com　**单位网址：** www.chenmingpaper.com

企业性质： 国有企业

法人代表： 陈洪国，**经营负责人：** 李峰，**技术负责人：** 孙炳伟

成立时间： 1958年，**职工总数：** 12706人，**其中技术人员数：** 540人

2020年纸浆生产量： 931万吨，**纸及纸板生产量：** 577万吨

2020年销售收入： 916亿元，**利税总额：** 35.7亿元，**利润总额：** 21.72亿元

2020年企业科研经费投入： 12.74亿元

主要产品： 文化用纸、铜版纸、白卡纸、生活用纸

主要纤维原料： 松木、桉木、相思木

纸机总数： 17台

蒸(球)煮器总数： 2台

【主要生产线】

主要制浆生产线

生产线名称	纤维原料	制浆方法	蒸煮器	主体设备供货厂商	产品品种	生产能力/(万吨/年)	投产时间
寿光化学浆	进口木片	硫酸盐制浆	卡米尔	安德里茨公司	漂白木浆	100	2019
湛江化学浆	桉木、相思木	硫酸盐法制浆	降流低固型物连续蒸煮	安德里茨公司	阔叶木浆	70	2011
黄冈化学浆	松木、桉木、相思木	硫酸盐法制浆	卡米尔	维美德公司	针叶木浆/阔叶木浆	60	2018

主要造纸生产线

生产线名称	纸机			主体设备供货厂商	产品品种	纤维原料	生产能力/(万吨/年)	投产时间
	网部形式	幅宽/毫米	工作车速/(米/分)					
寿光 PM1	叠网	4550	1280	维美德公司	文化用纸	针叶木浆、阔叶木浆、机械浆	20	1998
寿光 PM2	叠网	4685	1240	美卓公司	铜版纸	针叶木浆、阔叶木浆、机械浆	42	2002
寿光 PM3	叠网	5650	800	上海晨鸣实业有限公司、三菱重工业株式会社、美卓公司	白卡纸	针叶木浆、阔叶木浆、机械浆	45	2004
寿光 PM4	夹网	11150	1700	维美德公司	文化用纸	针叶木浆、阔叶木浆、机械浆	50	2018
寿光 PM5	叠网	4038	1050	美卓公司	文化用纸、热敏原纸	针叶木浆、阔叶木浆、机械浆	12	2008
生活用纸	新月型	5600	2000	安德里茨公司	生活用纸	100%原生木浆	5	2010
寿光 PM6	夹网	11150	2000	美卓公司	低定量铜版纸	针叶木浆、阔叶木浆、机械浆	80	2011
寿光 PM7	夹网	9850	1700	福伊特公司	文化用纸	针叶木浆、阔叶木浆、机械浆	51	2018
江西 1 号机	夹网	7800	1600	维美德公司	胶版纸、轻涂纸、轻型纸、中档黄防纸	针叶木浆、阔叶木浆、机械浆	34	2005
江西 2 号机	叠网	4580	800	福伊特公司	社会卡纸、扑克牌纸、口杯纸	针叶木浆、阔叶木浆、机械浆	35	2015
吉林 PM12	夹网	6400	1600	美卓公司	胶版纸、字典纸、轻型纸	机械浆、针叶木浆	30	2008

续表

生产线名称	纸机			主体设备供货厂商	产品品种	纤维原料	生产能力/（万吨/年）	投产时间
	网部形式	幅宽/毫米	工作车速/（米/分）					
湛江 1 号机	夹网	11150	1720	维美德公司	双胶纸、静电纸	针叶木浆、阔叶木浆、机械浆	60	2011
湛江 2 号机	叠网	5560	1200	三菱重工业株式会社	文化用纸	针叶木浆、阔叶木浆、机械浆	18	2014
湛江 3 号机	夹网	6250	1450	维美德公司	双胶纸、静电纸	针叶木浆、阔叶木浆、机械浆	19	2015
湛江 4 号机	叠网	9660	1000	福伊特公司	白卡纸	针叶木浆、阔叶木浆、机械浆	120	2016
武汉特种纸	叠网	4800	1200	美卓公司、维美德公司	胶版纸	针叶木浆、阔叶木浆、机械浆	18	2002
武汉生活用纸	新月型	5600	1800	美卓公司	生活用纸	100%原生木浆	5	2013

（冯义华）

山东太阳控股集团有限公司

Shandong Sun Holdings Group

【企业概况】

山东太阳控股集团有限公司(以下简称“太阳集团”)始创于1982年，是全球先进的跨国造纸集团和林浆纸一体化集团，业务涉及投资、造纸、酒店等领域。旗下主要有山东太阳纸业股份有限公司(股票代码：002078)、万国纸业太阳白卡纸有限公司、山东国际纸业太阳纸板有限公司、山东万国太阳食品包装材料有限公司、山东圣德国际酒店有限公司等。位列中国企业500强，旗下上市公司山东太阳纸业股份有限公司位列世界造纸前30强。

经过近40年的创新发展，太阳集团现拥有全球先进的造纸、制浆生产线，业务范围覆盖产业用纸、生物质新材料、快速消费品三大部分，拥有“金太阳”“华夏太阳”“天阳”“万国骄阳”“万国联邦”“幸福阳光”“威尔”等主要品牌。

公司拥有国家级技术中心、院士工作站、博士后科研工作站、泰山学者岗等多个创新研发平台，拥有知识产权492项，发明专利378项，荣获国家科技进步一等奖1项，国家技术发明奖1项，国家科学技术进步二等奖1项，及其他多个技术创新奖励。这些创新成果，使太阳集团从传统的造纸企业提升为生机勃发的新材料制造企业，蹚出了一条高质量发展的新路子。

站在“十四五”开局的新起点上，太阳集团将立足新发展阶段，贯彻新发展理念，融入新发展格局，建设绿色、低碳、科技、智能的世界一流项目，快速推进山东、广西、老挝“三大基地”高质量发展的战略布局，实现浆纸产能千万吨的新目标，努力把太阳集团打造成为可持续发展、受人尊重的全球卓越企业！

单位地址：山东省济宁市兖州区友谊路1号 **邮编：**272100

联系电话：0537－7928711/7928713 **联系传真：**0537－7928489

联系邮箱：songweihua@ sunpaper. cn **单位网址：**www. sunpapergroup. com

企业性质：民营企业

法人代表：李鲁，**经营负责人：**李洪信，**技术负责人：**应广东

成立时间：1982年，**职工总数：**15000人，**其中技术人员数：**1000人

2020年纸浆生产量：219万吨，**纸及纸板生产量：**547.8万吨

2020年销售收入：540亿元，**利税总额：**46.98亿元，**利润总额：**38.8亿元

2020年企业科研经费投入：5.99亿元

主要产品：高级文化办公用纸、高档涂布包装纸板、高级美术铜版纸、特种纤维溶解浆、高档工业包装用纸、生活用纸

主要纤维原料：自制木浆

纸机总数：34台

蒸(球)煮器总数：12台

【主要生产线】

主要制浆生产线

生产线名称	纤维原料	制浆方法	蒸煮器	主体设备供货厂商	产品品种	生产能力/(万吨/年)	投产时间
过氧化氢中浓漂白化学浆线	杨木板皮	碱法	四管连续蒸煮器	天津中轻机械有限公司	化学阔叶木	7	2003-07
碱性过氧化氢机械浆线	杨木、桉木、相思	APMP	高浓磨(主要磨浆设备)	安德里茨公司	化学机械浆	80	2008-01
兖州溶解浆	进口木片	预水解碱法	低固形物连续蒸煮	安德里茨公司	特种纤维	50	2015-10
宏河溶解浆	进口木片	预水解碱法	连续蒸煮	安德里茨公司	特种纤维	30	2015-10
半化学浆	杨木、桉木、木屑	蒸煮机械	连续蒸煮	安德里茨公司	半化学浆	40	2018-06
老挝溶解浆	阔叶木片	预水解碱法	连续蒸煮	美卓公司	特种纤维	30	2018-06
碱性过氧化氢机械浆线	阔叶木片	APMP	高浓磨(主要磨浆设备)	安德里茨公司	化学机械浆	18	2020-11

主要造纸生产线

生产线名称	纸机			主体设备供货厂商	产品品种	纤维原料	生产能力/(万吨/年)	投产时间	备注
	网部形式	幅宽/毫米	工作车速/(米/分)						
PM24	夹网	7280	1600	福伊特公司	高档铜版纸	针叶木浆/阔叶木浆/化学机械浆	40	2011-07	2018 年升级改造
PM26	多层网	6100	950	美卓公司	高档食品卡纸	针叶木浆/阔叶木浆/化学机械浆	60	2012-09	2017 年升级改造
PM27/28	夹网	5600	2000	安德里茨公司	高档生活用纸	针叶木浆/阔叶木浆	12	2014-06	
PM31/32	三叠网	6660	1200	福伊特公司	高档箱纸板	未漂木浆/废纸	80	2016-07	2019 年升级改造
PM36/37	三叠网	6660	1200	福伊特公司	高档箱纸板	未漂木浆/废纸	80	2018-06	
PM23	长网	7280	1500	美卓公司	高档文化用纸	针叶木浆/阔叶木浆/化学机械浆	30	2009	2019 年升级改造
PM21	长网	4950	1200	福伊特公司	高档文化用纸	针叶木浆/阔叶木浆/化学机械浆	20	2007-04	
PM19/20	长网	4950	1200	美卓公司	高档铜版纸	针叶木浆/阔叶木浆/化学机械浆	20	2004-07	
PM29	夹网	7280	1500	福伊特公司	轻型纸	针叶木浆/阔叶木浆/化学机械浆	30	2015-09	

续表

生产线名称	纸机			主体设备供货厂商	产品品种	纤维原料	生产能力/(万吨/年)	投产时间	备注
	网部形式	幅宽/毫米	工作车速/(米/分)						
PM38	长网	3800	1100	维美德公司	特种纸	针叶木浆/阔叶木浆/化学机械浆	20	2018-05	
PM39	夹网	9850	1800	福伊特公司	特色文化用纸	针叶木浆/阔叶木浆/化学机械浆	45	2020-12	
PM40	长网	4800	800	福伊特公司	特种纸	针叶木浆/阔叶木浆	6	2021-01	
PM41/42	夹网	2850	1600	上海轻良实业有限公司	特种生活用纸	针叶木浆/阔叶木浆	5	2020-08	
老挝PM1/PM2	三叠网	6660	1200	福伊特公司	高档工业用纸	废纸浆	80	2020-12	

（宋伟华）

山鹰国际控股股份公司

Shanying International Holdings Co., Ltd.

【企业概况】

山鹰国际控股股份公司(以下简称“山鹰国际”)(股票代码：600567)是以产业互联网、绿色资源综合利用、工业及特种纸制造、包装产品定制等为一体的国际化企业。公司致力于产业生态构建和商业模式创新，成为“为客户创造长期价值的全球绿色包装一体化解决方案服务商”。总部位于上海市。

山鹰国际布局全球、深耕中国。产业分布中国、美国、英国、瑞典、挪威、荷兰、日本、泰国等国家。截至 2020 年 12 月，公司在海内外拥有 3 家产业互联平台、11 家工业及特种纸制造基地，40 家包装产品定制企业，32 家再生资源回收企业。2020 年，山鹰国际销售收入达 249.69 亿、净利润 13.81 亿，位列全球造纸 15 强，连续 5 年蝉联《财富》中国 500 强。

山鹰国际以可持续发展为己任，坚持产品创新，积极探索“以纸代塑”。其主要产品——各类包装原纸、特种纸及纸板、纸箱等纸制品，被广泛用于消费电子、家电、化工、轻工、食品等消费品及工业品行业；着力制造业绿色升级，努力降低单位 GDP 能耗，推动绿色循环低碳发展。目前公司拥有 2 所博士后科研工作站、5 家国家级高新技术企业、4 个环保资源综合利用项目，创建工业 4.0 智能化工厂。获评“造纸行业创新企业”“2020IDC 数字化转型信息数据领军者”“2018—2020 中国民企卓越管理公司”等称号。

作为国家级绿色工厂，推动有责任的生产与消费，投身人与自然生命共同体的可持续构建，是山鹰义不容辞的责任与使命。以纸为媒，让生活更美好！

单位地址：上海市杨浦区安浦路 645 号山鹰国际总部大楼　**邮编：**200082
联系电话：021－60360888　**联系传真：**021－62376799
联系邮箱：SY@shanyingintl.com　**单位网址：**www.shanyingintl.com
企业性质：民营企业
法人代表：吴明武
成立时间：1999 年，**职工总数：**13189 人，**其中技术人员：**1273 人
2020 年纸及纸板生产量：510.17 万吨
2020 年销售收入：249.69 亿元，**利税总额：**31.28 亿元，**利润总额：**16.90 亿元
主要产品：涂布牛卡纸、白面牛卡纸、箱纸板、高强瓦楞原纸、新闻纸、特种纸
主要纤维原料：回收纤维

【主要生产线】

主要造纸生产线

生产线名称	产品品种	纤维原料	生产能力/(万吨/年)
海盐基地　马鞍山基地　漳州基地　肇庆基地　湖北基地	涂布白纸板、白面牛卡纸、箱纸板、高强瓦楞原纸、新闻纸	废纸	600
欧洲基地	特种纸	木浆	50
北美基地	文化用纸	木浆	27
泰国基地	再生浆	废纸	110

（李　珊）

华泰集团有限公司

Hua Tai Group

【企业概况】

华泰集团有限公司(简称“华泰集团”)是一家以造纸、化工为主导产业，集印刷、热电、物流、林业、环保、商贸、房地产、金融等 10 多个产业于一体的全国 500 强企业集团。公司总资产 328 亿元，年造纸生产能力 400 万吨，年化工及造纸助剂 300 万吨，年印刷能力 230 万色令，是全球最大的高档新闻纸生产基地和全国最大的盐化工生产基地。

按照林浆纸一体化发展模式，华泰集团分别在山东、安徽、河北、广东建成了六大浆纸生产基地，引进了国际最先进的 10 多条造纸生产线。公司先后与多家世界 500 强企业进行“强强联合”，其中，由习近平总书记见证签约，华泰集团与比利时索尔维集团合资增上的电子级食品级双氧水生产线，产品填补国内空白；由李克强总理和德国默克尔总理见证签约，华泰集团与德国福伊特公司实施了“造纸工业 4.0 战略”，引领造纸行业向智能制造迈进。公司始终将科技创新当成发展的第一引擎，建成了全国造纸行业首个博士后科研工作站、国家级企业技术中心、国家级 CNAS 认可实验室、山东省“泰山学者岗”、山东省废纸综合利用工程技术研究中心、院士工作站等七大科研平台，是造纸行业唯一一家荣获 6 项国家科学技术进步奖的企业。

公司始终不忘初心，坚守匠心，坚持做中国高档纸张第一品牌。目前，公司新闻纸产品成功占据全国 70% 市场，成为人民日报、光明日报、新华每日电讯等国家党政机关报社首选第一品牌。全国约有 20% 高档文化用纸来自华泰，党的十九大精神文件书籍、全国教辅教材用纸等均采用华泰纸进行印刷。多年来，华泰集团的发展成绩受到各级部门的认可，先后被中组部授予全国创先争优先进基层党组织，被国务院授予全国就业先进企业，被全国总工会授予全国五一劳动奖状、全国工人先锋号、全国模范职工之家，被山东省政府授予首届省长质量奖，曾荣获全国守合同重信用企业、国家重点高新技术企业、国家技术创新示范企业等多项殊荣。

公司名列 2020 中国企业 500 强第 275 位，中国民营企业 500 强第 95 名，山东民营企业 100 强第 6 名，上榜中国轻工二百强第 11 名，连续多年名列造纸行业前 3，彰显出企业的强劲实力和良好的发展前景。华泰集团按照“稳固、提升造纸主业，拉长、壮大化工产业，发展新材料、机械加工、现代物流、金融、贸易、信息等新兴产业”的总体发展战略，积极推动“转调创”，力争到“十四五”末，销售收入突破 1000 亿元，把华泰集团建成国际化综合型千亿元大企业集团。

单位地址：山东省广饶县大王镇潍高路 251 号　**邮编**：257335

联系电话：0546－7798229　**联系传真**：0546－6888018

联系邮箱：jinrihuatai@163.com　**单位网址**：www.huatai.com

企业性质：民营企业

法人代表：李建华，**经营负责人**：李晓亮，**技术负责人**：张凤山

成立时间：1976 年，**职工总数**：12381 人，**其中技术人员数**：1127 人

2020 年纸及纸板生产量：314.1 万吨

2020 年销售收入：764.9 亿元，**利税总额**：71 亿元，**利润总额**：34.14 亿元

主要产品：新闻纸、铜版纸、胶版纸

主要纤维原料：废纸、杨木片

纸机总数：12 台

【主要生产线】

主要制浆生产线

生产线名称	纤维原料	制浆方法	蒸煮器	主体设备供货厂商	产品品种	生产能力/(万吨/年)	投产时间
8 号机	木浆板	碎浆、打浆		安德里茨公司	木浆	40	2011
9 号机	废纸、木浆板	浮选脱墨		福伊特公司	脱墨浆、木浆	16	2001
10 号机	废纸、木浆板	浮选脱墨		福伊特公司	脱墨浆、木浆	25	2003
11 号机	废纸	浮选脱墨		福伊特公司	脱墨浆	40	2005
12 号机	废纸	浮选脱墨		福伊特公司	脱墨浆	45	2006
杨木浆生产线	杨木片	BCTMP		美卓公司	杨木 BCTMP	10	2006
安徽华泰漂白化学浆	阔叶木、针叶木	硫酸盐法	超级间歇蒸煮	美卓公司、安德里茨公司	化学浆	30	2012
广东华泰 650 吨脱墨线	废纸	脱墨法		美卓公司	脱墨浆	40	2011
日照华泰 10 万吨阔叶木浆生产线	阔叶木、针叶木	DDS 间歇蒸煮	立锅	安阳机械厂、美国 ITT 公司等	针叶木浆、阔叶木浆	10	2010
河北华泰新闻纸机	废纸	浮选脱墨		福伊特公司	脱墨浆	30	2005

主要造纸生产线

生产线名称	纸机			主体设备供货厂商	产品品种	纤维原料	生产能力/(万吨/年)	投产时间
	网部形式	幅宽/毫米	工作车速/(米/分)					
8 号机	夹网	8100	1700	美卓公司	铜版纸	木浆	70	2011
9 号机	叠网	6500	1400	福伊特公司	文化用纸	脱墨浆、木浆	16	2001
10 号机	夹网	7100	1800	福伊特公司	文化用纸	脱墨浆、木浆	25	2003
11 号机	夹网	10200	1800	福伊特公司	新闻纸	脱墨浆	40	2005
12 号机	夹网	11000	2000	福伊特公司	新闻纸	脱墨浆	45	2006
安徽华泰 1 号机	叠网	4450	1000	美卓公司	文化用纸	自制化学浆、机械磨木浆	15	2012
广东华泰 1 号机	夹网	6100	1800	美卓公司	新闻纸	脱墨浆	40	2011
河北华泰新闻纸机	夹网	7900	1950	美卓公司	新闻纸	脱墨浆	30	2005

（任爱丽）

山东博汇纸业股份有限公司

Shandong Bohui Paper Industry Co.， Ltd.

【企业概况】

山东博汇纸业股份有限公司成立于1994年，总部位于山东淄博。2004年在上海证券交易所主板挂牌上市(A股代码：600966)，2020年10月以来，成为金光集团APP(中国)旗下唯一A股上市平台，股权治理结构进一步优化。公司现有注册资本13.4亿元人民币，拥有山东、江苏两大生产基地。

公司专注于浆纸一体化的研发、生产、销售，主营产品为白纸板、瓦楞原纸、箱纸板、石膏护面纸等。公司秉承“海纳百川，追求卓越，挑战极限，誓达胜利”的企业精神，以“数字化转型、科技创新”战略为引领未来发展，在“以人为本，四轮驱动”的融合创新中，通过推行MBOS和精益管理体系，促进提质增效；通过完善三废治理体系，打造绿色循环产业；通过实施信息化建设、智能化生产和数字化改造，助力企业转型升级，实现高质量可持续发展。

单位地址：山东省淄博市桓台县马桥镇红辛路1666号 **邮编：**256405
联系电话：0533－8539966 **联系传真：**0533－8530372
联系邮箱：zqb@bohui.com **单位网址：**www.bohui.com
企业性质：民营企业
法人代表：龚神佑，**经营负责人：**林新阳，**技术负责人：**周雪林
成立时间：1994年，**职工总数：**4629人
2020年纸浆生产量：114万吨(自制)
2020年销售收入：139.82亿元，**利税总额：**13.26亿元，**利润总额：**10.93亿元
2020年企业科研经费投入：2.8亿元
主要产品：社会卡、烟卡、食品卡纸、铜版卡纸、牛卡纸、护面纸、胶版纸、静电复印纸
主要纤维原料：LBKP、NBKP、BCTMP、本色针叶木浆
纸机总数：4台

【主要生产线】

山东主要制浆生产线

生产线名称	纤维原料	制浆方法	蒸煮器	主体设备供货厂商	产品品种	生产能力/(万吨/年)	投产时间
1号化学机械浆	杨木片、桉木片	BCTMP		维美德公司	漂白浆	20	2005-02
2号化学机械浆	杨木片、桉木片	BCTMP		维美德公司	漂白浆	20	2010-01

江苏主要制浆生产线

生产线名称	纤维原料	制浆方法	蒸煮器	主体设备供货厂商	产品品种	生产能力/(万吨/年)	投产时间
1 号化学机械浆	桉木、相思木	化学机械法制浆		维美德公司	高白浆	40	2013-05
2 号化学机械浆	桉木、相思木	化学机械法制浆		安德里茨公司	本色浆	60	2019-08

山东主要造纸生产线

生产线名称	纸机			主体设备供货厂商	产品品种	纤维原料	生产能力/(万吨/年)	投产时间
	网部形式	幅宽/毫米	工作车速/(米/分)					
PM1	长网	5630	500	福伊特公司	社会卡、烟卡、食品卡纸	LBKP、NBKP、BCTMP	30	2003
PM2	三叠网	5650	900	维美德公司	社会卡、铜版卡	LBKP、NBKP、BCTMP	35	2009
PM5	三叠网	8750	1200	福伊特公司	石膏护面纸、挂面牛卡纸	国废	70	2019-08
PM6	夹网	10450	1500	维美德公司	胶版纸、静电复印纸、簿本纸等	LBKP、NBKP、BCTMP	50	2019-08

江苏主要造纸生产线

生产线名称	纸机			主体设备供货厂商	产品品种	纤维原料	生产能力/(万吨/年)	投产时间
	网部形式	幅宽/毫米	工作车速/(米/分)					
PM1	三层网	8100	900	福伊特公司	涂布白卡纸	100% 木浆纤维	100	2013-05
PM2	三层网	9600	1200	福伊特公司	涂布白卡纸	100% 木浆纤维	120	2019-09

[APP(中国)]

宁波亚洲浆纸业有限公司

Ningbo Asia Pulp & Paper Co., Ltd.

【企业概况】

宁波亚洲浆纸业有限公司总投资 118 亿元，实施分阶段建设，分别于 2004 年及 2014 年建成投产，年产各类高档包装纸板 190 多万吨。共拥有员工 1500 多人。

公司现有 2 台大型现代化纸机，配备了世界上最完善的 QCS 质量控制系统及国际领先的 DCS 自动化控制系统，其中 1 台为世界上单机产能最大、生产技术最先进的纸板机。

公司主要生产高档涂布白卡纸、铜版卡纸、烟卡纸、食品卡纸等，为客户提供多元化系列产品。其中金采单面涂布白卡纸，独具抗菌功能，适用于各式需抗菌功能保护的商品包装。

生产经营，环保先行。公司投资 11 亿多元用于环保建设，各项排放指标远低于国家标准。在废水回收利用方面，采用全封闭的白水回收系统，大幅提升了水的循环利用，也成为国内耗水最低的造纸企业之一。公司先后通过 ISO 14001 环境管理体系、ISO 9001 质量管理体系、OHSAS 18001 职业健康安全管理体系、PEFC 森林监管链管理体系认证及 ISO 14064 温室气体排放监管体系核查申明，并获得“浙江省绿色企业”“宁波市‘十一五’节能降耗先进单位”“浙江省中外合资合作百强企业”等荣誉称号。

单位地址：浙江省宁波市北仑区小港青峙工业区宏源路 88 号 **邮编：**315803

联系电话：0574－86989888 **联系传真：**0574－86989898

单位网址：www. zhonghua-paper. com

企业性质：中外合资

法人代表：黄志源，**经营负责人：**徐友君，**技术负责人：**仇如全

成立时间：2002 年，**职工总数：**1543 人，**其中技术人员数：**147 人

2020 年纸及纸板生产量：194. 9 万吨

2020 年销售收入：91. 4 亿元，**利税总额：**14. 9 亿元，**利润总额：**15. 5 亿元

2020 年企业科研经费投入：3. 17 亿元

主要产品：高档白卡纸、铜版卡纸、烟卡纸、食品卡纸等

主要纤维原料：废纸、木浆

纸机总数：2 台

【主要生产线】

主要造纸生产线

生产线名称	纸机			主体设备供货厂商	产品品种	纤维原料	生产能力/(万吨/年)	投产时间
	网部形式	幅宽/毫米	工作车速/(米/分)					
6 号纸机	五层长网	8100	1000	维美德公司	高档白卡纸、铜板卡纸、烟卡纸	木浆、废纸	130	2004-10
4 号纸机	三层长网	6100	600	维美德公司	高档白卡纸、食品卡纸	木浆、废纸	60	2014-06

［APP(中国)］

宁波中华纸业有限公司

Ningbo Zhonghua Paper Co., Ltd.

【企业概况】

宁波中华纸业有限公司(以下简称"中华纸业")位于浙江省宁波市海曙区，成立于1992年，占地面积64公顷，现有员工900多名，年产各类高档涂布白纸板60多万吨。

中华纸业利用木浆和废纸作为主要原料，加工生产工业包装用纸，主要产品有高档白卡纸、高档铜版卡纸、灰底白纸板等。其中双面涂布铜版卡纸曾被评定为国家级重点新产品，"金贝"单面涂布灰底白纸板曾获得国家质量金奖，"金贝""金鸥""彩蝶"牌涂布白纸板为浙江省名牌产品。"金鸥"商标获浙江省著名商标称号。公司多次荣获"宁波市百强企业""浙江省制造业百强企业"等荣誉称号。

公司秉承集团"绿色造纸"的理念，投资3亿多元用于环保及其配套工程，对白水、废水、废渣、废气等污染物进行全面综合治理。1999年公司率先通过了SGS国际认证机构14001环境管理体系认证，成为我国首家通过该体系认证的造纸企业，并在2005年荣获国家环保局企业最好环保荣誉——"国家环境友好企业"称号。其后，公司相继通过了ISO 14064温室气体排放监管体系、PEFC森林监管链管理体系等认证。公司还积极进行节能技改，先后获评"宁波市节能标兵"及"浙江省节能先进集体"。

单位地址：浙江省宁波市海曙区段塘镇丁家街108号　**邮编：**315000

联系电话：0574－87464811　**联系传真：**0574－87493450

单位网址：www.zhonghua-paper.com

企业性质：中外合资

法人代表：黄志源，**经营负责人：**徐友君，**技术负责人：**仇如全

成立时间：1992年，**职工总数：**974人，**其中技术人员数：**96人

2020年纸及纸板生产量：67.7万吨

2020年销售收入：25.4亿元，**利税总额：**1.07亿元，**利润总额：**0.63亿元

2020年企业科研经费投入：0.5亿元

主要产品：高档白卡纸、铜版卡纸、灰底白纸板等

主要纤维原料：废纸、木浆

纸机总数：3台

【主要生产线】

主要造纸生产线

生产线名称	纸机			主体设备供货厂商	产品品种	纤维原料	生产能力/(万吨/年)	投产时间
	网部形式	幅宽/毫米	工作车速/(米/分)					
1 号纸机		2400	150	日本小林制作所	灰底白纸板	木浆、废纸	6	1994-09
2 号纸机		4270	500	福伊特公司	高档白卡纸、铜卡纸	木浆、废纸	60	1996-11
3 号纸机		4270	500	福伊特公司	高档白卡纸、铜卡纸	木浆、废纸		1997-05

［APP(中国)］

无锡荣成环保科技有限公司

Wuxi Long Chen Greentech Co., Ltd.

【企业概况】

无锡荣成环保科技有限公司系苏台合资企业，成立于 1997 年，注册资本 17180 万美元，投资总额 36090 万美元，占地 37.3 公顷。长期以来全体员工秉持“致力于发展高效率利用资源的技术，制造生活必需的纸制品，我们有责任留给子孙更多的资源及更干净的生活环境”为经营信念。

目前生产规模年产 90 万吨箱纸板，分三期投资，一、二期工程投资额为 9800 万美元，年产 10 万吨高档牛皮箱纸板的 PM1 于 2000 年投产，年产 25 万吨高强瓦楞原纸的 PM2 于 2004 年投产，三期工程投资总额 26290 万美元，年产 25 万吨低定量高强瓦楞原纸的 PM3A 生产线于 2010 年投产，年产 30 万吨制浆造纸的 PM3B 生产线于 2013 年 7 月投产。

配套环保设施投资 1.17 个亿，设置厌氧 + 好氧 + 深度氧化工艺处理，确保废水排水 COD_{Cr} 符合全世界最高标准 40 毫克/升以下。

公司有良好的技术开发力、市场开拓力和品质竞争力，在江苏省乃至华东地区有较高的知名度和影响力。公司上下有强烈的环保意识，公司先后荣获“省优秀包装企业”“中国 200 强先进包装企业”“省环保先进企业”“全国模范职工之家”“全国五一劳动奖状”等称号。

单位地址： 无锡市惠山区洛社镇中兴西路 43 号　**邮编：** 214187

联系电话： 0510－83316666　**联系传真：** 0510－83311826

联系邮箱： w5015@longchengreentech.com　**单位网址：** www.longchengreentech.com

企业性质： 苏台合资

法人代表： 陶龙法，**经营负责人：** 姚长坤，**技术负责人：** 高威宏

成立时间： 1997 年，**职工总数：** 750 人，**其中技术人员数：** 100 人

2020 年纸及纸板生产量： 73 万吨

2020 年销售收入： 25 亿元，**利税总额：** 0 亿元，**利润总额：** －0.6 亿元

2020 年企业科研经费投入： 0.2 亿元

主要产品： 工业包装用纸

主要纤维原料： 废纸

纸机总数： 4 台

【主要生产线】

主要制浆生产线

生产线名称	纤维原料	主体设备供货厂商	产品品种	生产能力/(万吨/年)	投产时间
PM1	废纸	安德里茨公司	纸板	10	2000
PM2	废纸	福伊特公司	瓦楞原纸	20	2004
PM3A	废纸	福伊特公司	瓦楞原纸	25	2010
PM3B	废纸	福伊特公司	纸板	30	2013

主要造纸生产线

生产线名称	纸机			主体设备供货厂商	产品品种	纤维原料	生产能力/(万吨/年)	投产时间
	网部形式	幅宽/毫米	工作车速/(米/分)					
PM1		3200	480	裕力机械股份有限公司	纸板	废纸	10	2000
PM2		4650	600	裕力机械股份有限公司	瓦楞原纸	废纸	20	2004
PM3A		6600	825	韩国金星造纸技术有限公司、福伊特公司	瓦楞原纸	废纸	25	2010
PM3B		6600	825	裕力机械股份有限公司、福伊特公司	纸板	废纸	30	2013

（许武军）

金东纸业(江苏)股份有限公司

Gold East Paper(Jiangsu)Co., Ltd.

【企业概况】

金东纸业(江苏)股份有限公司(以下简称“金东纸业”)地处长江第三大港——江苏省镇江大港，占地533万米^2，总投资36.1亿美元，年产铜版纸200万吨以上，已成为世界上单厂规模最大的铜版纸生产企业之一。

作为金光集团APP(中国)的旗舰企业，金东纸业秉承集团永续经营的理念，不断实践着循环经济和绿色造纸，走出了一条可持续发展的新型工业化道路，迄今环保投入已超17亿元。金东纸业在环保建设中所做的努力得到了我国各级政府的充分肯定，荣获国家级、省级、市级多项荣誉称号。

成立至今，金东纸业连续多年入选“中国500强企业”和“中国轻工业百强企业”等排行榜。在管理领域，金东纸业将6Sigma、CTR等先进工具引入企业管理中，提高了企业运营效率。先后通过了ISO 9001质量管理体系认证、ISO 14001环境管理体系认证、ISO 45001职业健康安全管理体系认证和PEFC(森林认证认可计划)认证。

金东纸业主要产品有：双面铜版纸、单面铜版纸、亚光铜版纸、轮转铜版纸、数码专用纸、手袋专用纸等。主要品牌有：“太空梭”“东帆”“长鹤”“神盾”“NEVIA”“Space Shuttle”“XPLORE”“Nireus”“Art-tech”“Sunbrite”等，其中“太空梭”连续多年被评为“江苏省重点培育和发展的国际知名品牌”。

单位地址：江苏省镇江市大港兴港东路8号 **邮编：**212132
联系电话：0511-88998888 **联系传真：**0511-88997000
联系邮箱：service@goldeastpaper.com.cn **单位网址：**www.goldeastpaper.com.cn
企业性质：中外合资
法人代表：黄志源，**经营负责人：**黄昭雄，**技术负责人：**江达
成立时间：1997年，**职工总数：**2800人，**其中技术人员数：**560人
2020年纸及纸板生产量：189.9万吨
2020年销售收入：91.28亿元，**利税总额：**15.43亿元，**利润总额：**13.34亿元
2020年企业科研经费投入：3.56亿元
主要产品：单面铜版纸、双面铜版纸、亚光铜版纸、轮转铜版纸、数码专用纸、手袋专用纸
主要纤维原料：原生木浆
纸机总数：3台

【主要生产线】

主要造纸生产线

生产线名称	纸机			主体设备供货厂商	产品品种	纤维原料	生产能力/(万吨/年)	投产时间
	网部形式	幅宽/毫米	工作车速/(米/分)					
福伊特纸机	夹网	9770	1500	福伊特公司	双胶纸和涂布原纸	原生木浆	54	1999-02
福伊特纸机	夹网	9770	1500	福伊特公司	双胶纸和涂布原纸	原生木浆	54	1999-05
美卓涂布机		9770	1700	维美德公司	铜版纸	原生木浆	60	1999-06
美卓涂布机		9770	1700	维美德公司	铜版纸	原生木浆	60	2001-08
集造纸涂布于一体纸机	夹网	10600	1700	福伊特公司	不含磨木浆涂布纸、铜版纸	原生木浆	70	2005-05

［APP(中国)］

金红叶纸业集团有限公司

Gold Hongye Paper Group Co., Ltd.

【企业概况】

金红叶纸业集团有限公司(以下简称“金红叶”)由 APP(中国)投资建设，专业生产、销售生活用纸系列产品，产品主要有：卫生纸、面巾纸、手帕纸、餐巾纸、厨房纸巾、擦手纸和湿巾等。主要品牌有：“唯洁雅”“清风”和“真真”。

目前公司拥有 6 个原纸生产基地，分布在江苏省苏州市、海南省海口市、湖北省孝感市、辽宁省沈阳市、四川省遂宁市和四川省雅安市。在天津、沈阳、成都、武汉、福州、广东、海南、青岛等地设有后加工基地，并设有遍布全国的营运销售网络。是目前我国生活用纸行业产能最大的生产商。

2017 年 10 月 9 日，金光集团总投资 68 亿美元(约合 450 亿元)的高档生活用纸项目落户江苏省南通市如东县洋口港经济开发区，占地面积 566.67 万米^2，建成后可年产生活用纸 400 万吨，成为全球最大的生活用纸生产基地。2018 年，该项目环评第二次公示，显示如东基地建年产 78 万吨高档生活用纸项目，其中原纸 24 万吨/年，成品加工 54 万吨/年，湿巾 4.734 万吨/年。2020 年已签约 12 台维美德(PMP)公司的 3 万吨/年新月型卫生纸机、2 台维美德公司 6 万吨/年新月型卫生纸机、2 台金顺重机(江苏)有限公司的 2.5 万吨/年擦手纸机。

另外，按照 2019 年 1 月苏州工业园区管委会与金光集团签署的动迁回购协议，金红叶苏州工厂逐步搬迁腾退，预计于 2021 年底停产。

2019 年 3 月 27 日，金红叶湖北孝感基地三期年产 12 万吨生活用纸项目正式开工建设。该项目已签订 2 台维美德公司 6 万吨/年新月型卫生纸机。

单位地址：江苏省苏州市工业园区胜浦分区金胜路 1 号 **邮编：**215126

联系电话：0512－62810228 **联系传真：**0512－62818276

联系邮箱：customer_ service@ ghy. com. cn **单位网址：**www. ghy. com. cn

企业性质：外商独资

法人代表：黄志源

成立时间：1996 年

2020 年纸及纸板产能：166 万吨

主要产品：生活用纸

主要纤维原料：木浆

纸机总数：48 台

【主要生产线】

主要造纸生产线

生产基地	产品品种	纤维原料	生产能力/(万吨/年)	纸机台数
江苏苏州	生活用纸	木浆	43	12
海南海口	生活用纸	木浆	84	28
湖北孝感	生活用纸	木浆	24	4
辽宁沈阳	生活用纸	木浆	6	1
四川遂宁	生活用纸	木浆	6	1
四川雅安	生活用纸	木浆	3	2
合计			166	48

注：2020 年没有新增生产线。

（中国造纸协会生活用纸专业委员会）

亚太森博(山东)浆纸有限公司

Asia Symbol(Shandong) Pulp & Paper Co., Ltd.

【企业概况】

亚太森博(山东)浆纸有限公司(以下简称“亚太森博”)是世界领先的浆纸、浆纤一体化企业，也是浆纸行业产业升级、技术进步、绿色发展的标杆企业。

公司累计环保投资已超过50亿元，无论是环保投资总额还是占总投资的比例，均创国际同等规模浆纸工厂之最，主要环保指标达到行业领先水平。

公司与日照市共同发展，不断深化共生关系。公司带动了山东省造纸、印刷、包装、化工、农业、物流、仓储、造船等相关产业400多家企业的发展，并累计投入了1亿多元用于文化、教育、扶贫、救灾、环保等社会公益事业。

亚太森博改善了全国的造纸原料结构，根据客户的需求进行订制化生产，为客户提供稳定的供应、稳定的质量、稳定的技术服务，通过订制化的产品为客户创造价值，深受客户青睐。

公司坚持开放办厂，成为备受欢迎的研学基地、社会实践基地，每年接待社会各界上万人次参观。公司被评为国家级绿色工厂、中国优秀企业公民、中国造纸工业环境友好企业、全国优秀外商投资企业、高新技术企业、山东省节能先进企业、山东省循环经济示范企业、山东省工业旅游示范点、山东省环境教育及科普教育基地、日照市功勋企业。

亚太森博的宗旨是开发永续资源，创造美好生活。公司致力于成为规模最大、管理最佳、以可持续的资源开发为基础的集团之一，保护环境，为客户创造价值，实现利民、利国、利业。

单位地址：山东省日照市北京路369号 **邮编：**276826

联系电话：0633-3361073 **联系传真：**0633-3361280

联系邮箱：xitian_he@asiasymbol.com **单位网址：**www.asiasymbol.com

企业性质：中外合资

法人代表：陈小荣，**经营负责人：**陈小荣

成立时间：2005年，**职工总数：**2430人，**其中技术人员数：**418人

2020年企业科研经费投入：4.76亿元

主要产品：漂白硫酸盐化学木浆、溶解浆、高档白卡纸板(液体包装纸板、烟卡纸、食品卡纸、社会卡等)、莱赛尔纤维

主要纤维原料：桉木、相思木、针叶木

纸机总数：2台

蒸(球)煮器总数：2台

【主要生产线】

主要制浆生产线

生产线名称	纤维原料	制浆方法	蒸煮器	主体设备供货厂商	产品品种	生产能力/(万吨/年)	投产时间
一期制浆生产线	针叶木/阔叶木	漂白硫酸盐制浆法	低固形物连续蒸煮	安德里茨公司	漂白硫酸盐木浆	31.5	2002-10
二期制浆生产线	阔叶木	漂白硫酸盐制浆法	紧凑 G2 蒸煮技术	美卓公司	漂白硫酸盐木浆	170	2010-11

主要造纸生产线

生产线名称	纸机			主体设备供货厂商	产品品种	纤维原料	生产能力/(万吨/年)	投产时间
	网部形式	幅宽/毫米	工作车速/(米/分)					
一期纸板生产线	多网	3625	600	福伊特公司	高档白卡纸板	化学浆、机械浆	17	2002-10
液体包装纸板生产线	长网	4600	1000	福伊特公司	液体包装纸板	化学浆、机械浆	35	2014-06

（贺锡田）

海南金海浆纸业有限公司

Hainan Jinhai Pulp & Paper Co., Ltd.

【企业概况】

海南金海浆纸业有限公司(以下简称“金海浆纸”)是金光集团 APP(中国)投资建设的特大型制浆造纸企业，地处海南省洋浦经济开发区，占地 533.3 公顷。公司现有年产 180 万吨化学漂白硫酸盐桉木浆项目和年产 160 万吨造纸项目，总投资 239 亿元，目前项目已全部建成投产。

金海浆纸制浆生产线，总投资 124 亿元，是迄今为止世界上具有超大规模、技术领先的单一制浆生产线之一，除采用一流先进生产工艺和技术外，主体设备均采用国际著名专业厂商产品，代表了当今世界制浆造纸领域的先进水平。

金海浆纸造纸项目，分两阶段完成，第一阶段为年产 90 万吨文化用纸项目，总投资约 75 亿元。该生产线为德国福伊特公司制造，纸机全长 428.18 米，成纸幅宽 10.96 米，设计车速 2000 米/分钟，抄造车速达 1800 米/分钟。可根据客户要求生产定量 140 ~ 300 克/米^2 的高档文化用纸。第二阶段为年产 70 万吨生活用纸项目，总投资约 40 亿元。该生产线共由 16 台造纸机组成，其中 4 台纸机由意大利亚赛利公司提供，单机年产 7.4 万吨；12 台纸机由金顺重机(江苏)有限公司提供，单机年产 3.4 万吨。

秉持“植树造林，造福自然；制浆造纸，服务人民”的经营理念，金海浆纸以“科学营林、环保制浆和绿色造纸”来实现经济效益、社会效益和生态效益同步发展。

单位地址：海南省海口市洋浦经济开发区 D12 区　**邮编：**578101

联系电话：0898 - 28821568　**联系传真：**0898 - 28828256

联系邮箱：YP_ PR@ appjh. com. cn　**单位网址：**www. appjh. com. cn

企业性质：中外合资

法人代表：黄志源，**经营负责人：**杨长建，**技术负责人：**陈德海

成立时间：1999 年，**职工总数：**2796 人，**其中技术人员数：**338 人

2020 年纸浆生产量：188 万吨，**纸及纸板生产量：**111 万吨

2020 年销售收入：112 亿元，**利税总额：**13.4 亿元，**利润总额：**12 亿元

2020 年企业科研经费投入：4.33 亿元

主要产品：浆、纸

主要纤维原料：桉木

纸机总数：1 台

蒸(球)煮器总数：1 台

【主要生产线】

主要制浆生产线

生产线名称	纤维原料	制浆方法	蒸煮器	主体设备供货厂商	产品品种	生产能力/(万吨/年)	投产时间
制浆生产线	桉木	硫酸盐蒸煮及无元素氯漂白(ECF)	连续蒸解釜	阿克-克瓦纳公司	漂白化学硫酸盐桉木浆	180	2005

主要造纸生产线

生产线名称	纸机			主体设备供货厂商	产品品种	纤维原料	生产能力/(万吨/年)	投产时间
	网部形式	幅宽/毫米	工作车速/(米/分)					
文化用纸生产线	夹网	10960	1800	福伊特公司	高档文化用纸	漂白化学硫酸盐桉木浆等	90	2011

［APP(中国)］

山东世纪阳光纸业集团有限公司

Shandong Century Sunshine Paper Group Co., Ltd.

【企业概况】

山东世纪阳光纸业集团有限公司成立于2000年底，2007年在香港联合证券交易所主板挂牌上市。下设昌乐新迈纸业有限公司、上海王的实业有限公司、昌乐盛世热电有限公司、潍坊申易物流有限公司、山东科迈生物制浆有限公司、山东华迈纸业有限公司等15个子公司。年造纸产能230万吨，成为亚洲白面牛卡纸、涂布白面牛卡纸及纸管原纸生产规模较大、装备能力较强、产品档次较高的生产基地，全球较先进的预印产品基地，是国家备案高新技术企业，进入中国民营企业500强、全国造纸20强、全球造纸100强。

公司建成了拥有近700名专业技术人员的省级技术中心和省级工程实验室，拥有自主知识产权50多项，制定了白面牛卡纸系列产品的7套行业国家标准；建成了拥有近200名销售人员的销售团队，在国内设有30多个销售分公司，国外设6个分公司和联络处，形成覆盖全国、辐射海外的营销格局。

公司在做强做大主体产业的同时，着眼于打造造纸包装完整的产业链，建成并开通了国内较先进的海关监管场站，开通了城际班列和国际班列，成为设施完善的公共服务平台，全面融入“一带一路”国家战略。为推进新旧动能转换，公司立足于农作物秸秆资源，建成了年产50万吨生物机械浆项目，该项目已入选山东省新旧动能转换重大项目库第二批优选项目库，被列为山东省2020年重大项目；并在2018年和2020年分别列入山东省科技厅和国家科技部重点研发计划，进入国家发展改革委中央预算内投资项目库。与此同时，年产80万吨高级复合瓦楞原纸项目1号线已投入生产，年产40万吨集束包装用纸、60万吨箱纸板等项目纷纷拉开帷幕，以创新发展、转型发展、开放发展、低碳发展的新步伐昂首迈进新时代。

单位地址：山东省潍坊市昌乐开发区龙角村北　**邮编：**262400

联系电话：0536－6856001　**联系传真：**0536－6856006

联系邮箱：zhangchy@sunshinepaper.com.cn　**单位网址：**www.sunshinepaper.com.cn

企业性质：民营企业

法人代表：王东兴，**经营负责人：**王长海，**技术负责人：**慈晓雷

成立时间：2000年，**职工总数：**4050人，**其中技术人员数：**706人

2020年纸浆生产量：6506万吨，**纸及纸板生产量：**146万吨

2020年销售收入：68.4亿元，**利税总额：**10.2亿元，**利润总额：**7.4亿元

2020年企业科研经费投入：2.3亿元

主要产品：涂布白面牛卡纸、白面牛卡纸、瓦楞原纸、纸管原纸、高档装饰原纸、彩色素色特种纸

主要纤维原料：BLKP、BNKP、DIP、OCC、麦草

纸机总数：9台

【主要生产线】

主要制浆生产线

生产线名称	纤维原料	制浆方法	蒸煮器	主体设备供货厂商	产品品种	生产能力/(万吨/年)	投产时间
年产20万吨生物机械浆线	麦草	生物机械法		安德里茨公司、天津智卓峰环保科技有限公司	生物机械浆	20	2020

主要造纸生产线

生产线名称	纸机			主体设备供货厂商	产品品种	纤维原料	生产能力/(万吨/年)	投产时间
	网部形式	幅宽/毫米	工作车速/(米/分)					
PM1	夹网	7500	1250	福伊特公司	高强瓦楞原纸	OCC	40	2020
PM1/PM2	长网	3200/4400	650/840	国产	白面牛卡纸	漂白商品木浆、OCC	42	2004/2006
PM3	长网	3200	350	国产	纸管原纸	OCC	29	2008
PM4	长网	3200	700	国产	涂布白面牛卡纸	OCC	8	2008
PM5	长网	6600	1200	维美德公司	涂布白面牛卡纸	漂白商品木浆、OCC	64	2010
PM1	长网	2710	700	法国ABK公司	装饰原纸	商品木浆	5	2012
PM2	长网	1430	700	德国奔马集团公司	装饰原纸	商品木浆	3. 25	2018
PM3	长网	1430	700	德国奔马集团公司	装饰原纸	商品木浆	3. 25	2018

（张春燕）

浙江景兴纸业股份有限公司

Zhejiang Jingxing Paper Joint Stock Co.，Ltd.

【企业概况】

浙江景兴纸业股份有限公司(以下简称“景兴纸业”)成立于1984年，经过37年的发展，由一家名不见经传的造纸作坊发展成为以造纸为龙头、集纸制品加工为一体的上市公司。公司主导产品为牛皮箱纸板、白面牛卡纸、瓦楞原纸、纸箱、生活用纸等系列产品。

2006年9月15日，景兴纸业A股在深圳证券交易所上市。通过上市和增发，公司迈入快速发展的轨道。公司先后被上级授予“全国首批资源节约型环境友好型企业试点”“首批国家节水标杆企业”“国家级工程实践教育中心”“国家高新技术企业”“国家水效领跑者企业”。目前公司拥有国际先进水平造纸生产线8条，其中包装用纸生产线5条，生活用纸生产线3条。公司一直秉承“创新、节约、降耗、增效”的发展理念，坚持污染治理，注重发展绿色循环经济，实现可持续发展，力争实现企业长足发展。

2020年，景兴纸业从废水多级回用、污泥综合利用、生物质能再生使用等方面出发，开展废水资源化低碳利用，助推造纸行业高质量发展。针对废水排放量大的问题，景兴纸业构建了废水多级回用技术模式，实现吨纸废水排放量小于5米^3，不到造纸行业国家最严排放标准限值的50%，废水综合处理成本比现有技术降低43%～57%，实现了废水资源的高效利用；针对造纸污泥利用指向性不强的问题，景兴纸业开发了造纸污泥分类分质利用处置技术模式，实现造纸污泥资源化、减量化和无害化处置目标；针对废水处理能耗高、生物质能再生使用系统性不够的问题，景兴纸业形成造纸废水生物质能再生使用技术模式，能源自给率达到213%～570%，即废水处理不需要外来能量，还可以向外供应能量，率先实现废水处理“碳中和”；针对进口木浆成本高、国内原料短缺问题，景兴纸业研发出浆渣和斜网污泥再生造纸技术，实现浆渣和斜网污泥全部再生造纸，提高资源利用效率。

单位地址：浙江省平湖市曹桥街道　**邮编：**314214

联系电话：0573－85960318　**联系传真：**0573－85966983

联系邮箱：283900268@qq.com　**单位网址：**www.zjjxjt.com

企业性质：民营企业

法人代表：朱在龙，**经营负责人：**王志明，**技术负责人：**廖昌吕

成立时间：1984年，**职工总数：**1965人，**其中技术人员数：**291人

2020年纸及纸板生产量：134.86万吨

2020年销售收入：48.75亿元，**利税总额：**3.69亿元，**利润总额：**6.51亿元

主要产品：牛皮箱纸板、白面牛卡纸、瓦楞原纸、生活用纸、纸箱

主要纤维原料：废纸、木浆

纸机总数：8台

【主要生产线】

主要造纸生产线

生产线名称	纸机			主体设备供货厂商	产品品种及规格	纤维原料及配比	生产能力/(万吨/年)	投产时间
	网部形式	幅宽/毫米	工作车速/(米/分)					
5号纱管纸生产线	多圆网	2400	100	上海轻良实业有限公司	300～500克/米^2 C/BJ纱管纸	100% LOCC	6	2013
6号纱管纸生产线	四叠网	2400	100	上海轻良实业有限公司	300～500克/米^2 C/BJ纱管纸	100% LOCC	6	2013
10号箱纸板生产线	四叠网	4800	500	辽阳造纸机械股份有限公司	200～300克/米^2 AJ/UJ箱纸板	面：UKP 衬芯底：LOCC/JOCC/AOCC	20	2002
12号箱纸板生产线	三叠网	5650	1000	美卓公司	110～200克/米^2 AJ/UJ箱纸板	面：UKP 衬芯底：LOCC/JOCC/AOCC	45	2007
13号瓦楞原纸生产线	二网超成型	5200	450	日本小林制作所	110～200克/米^2 AJ/UJ/瓦楞原纸	面：UKP 衬芯底：LOCC/JOCC/AOCC	15	2004
15号白面牛卡纸生产线	三叠网+顶网	4880	700	华东造纸机械有限公司	125～200克/米^2 白面牛卡纸/石膏护面纸	面：NBKP/UBKP 衬：DIP底：LOCC/JOCC/AOCC	25	2010
16号高强度瓦楞原纸生产线	单长网+顶网	5650	1000	维美德公司	70～120克/米^2 AJ瓦楞原纸	100% LOCC/EOCC/AOCC	30	2015
1号生活用纸纸机	真空圆网	2850	1800	安德里茨公司	12～24克/米^2 面巾纸、卫生纸、餐巾纸等	100%原生木浆	3	2015
2号生活用纸纸机	长网	2850	1800	安德里茨公司	12～24克/米^2 面巾纸、卫生纸、餐巾纸等	100%原生木浆	3	2015
3号生活用纸纸机	真空圆网	2850	800	广东宝拓科技股份有限公司	12～24克/米^2 面巾纸、卫生纸、餐巾纸等	100%原生木浆	0.8	2014

（章爱其）

广西金桂浆纸业有限公司

Guangxi Jingui Pulp & Paper Co., Ltd.

【企业概况】

广西金桂浆纸业有限公司(以下简称“金桂”)是金光集团 APP(中国)投资建设的第 17 家制浆造纸企业，也是目前国内最早实现林浆纸一体化的企业之一。

金桂厂区实际占地 220 多公顷，一期工程总投资 117 亿元，生产规模为年产 75 万吨化学机械浆和年产 100 万吨高档纸板。二期工程规划投资约 113.5 亿元，其中，年产 180 万吨高档纸板扩建项目正在建设中；年产 30 万吨双氧水(浓度 27.5%)项目已竣工；年产 75 万吨化学机械浆扩建项目正在申报中。

金桂是国内大型的桉木化学机械浆生产企业，制浆部分的主体设备由奥地利安德里茨公司、芬兰美卓公司提供，生产的“金钱豹”桉木化学机械浆具备松厚度高、不透明度高的特性，可用于多种纸及纸板的抄造。金桂现在运行中的造纸机引进自德国福伊特公司，是国际先进的大型机内涂布白卡纸机，设计最高车速 1400 米/分，纸幅净宽 8100 毫米，所生产的“帝王松”“金蝶兰”“富桂”“四季桂”白卡纸产品印刷适性好，适用于药品、日用品、化妆品、电子产品的包装。

金桂一期工程的环保投入达 10.2 亿元，配套建设了专为处理化学机械浆生产废水的碱回收系统，全厂水重复利用率在 95% 以上，实现了节能减排、清洁生产、资源循环利用。

金桂获得了食品用纸包装容器等纸制品 QS 生产许可证书，通过了 ISO 9001 质量管理体系、ISO 14001 环境管理体系、OHSAS 18001 职业健康安全管理体系、CFCC/PEFC-COC 产销监管链等认证。

金桂是高新技术企业、国家林业重点龙头企业、广西林业产业龙头企业，是信息化与工业化融合促进安全生产重点推进项目承担单位，还先后荣获“中国林业产业突出贡献奖”“安全生产标准化二级企业”“广西北部湾经济区优秀创业企业”“广西五一劳动奖状”“广西智能工厂示范企业”“自治区企业技术中心”“自治区节水型企业”“自治区绿色工厂”等多项荣誉称号。

金桂将坚持林浆纸一体化发展战略，坚持资源的循环利用及环境保护不动摇，积极履行企业社会责任和经济责任，为促进我国造纸工业的现代化贡献力量。

单位地址：广西壮族自治区钦州市钦州港经济技术开发区金光工业园 **邮编**：535008

联系电话：0777－3698888 **联系传真**：0777－3696666

联系邮箱：gxjg3696666@163.com **单位网址**：www.appjg.com.cn

企业性质：中外合资

法人代表：黄志源，**经营负责人**：黄俊彦，**技术负责人**：何传棋

成立时间：2003 年，**职工总数**：1570 人，**其中技术人员数**：125 人

2020 年纸浆生产量：105 万吨，**纸及纸板生产量**：134 万吨

2020 年销售收入：87.76 亿元，**利润总额**：15.50 亿元

2020 年企业科研经费投入：3.50 亿元

主要产品：化学机械浆、高档白卡纸

主要纤维原料：桉木

纸机总数：1 台

【主要生产线】

主要制浆生产线

生产线名称	纤维原料	制浆方法	主体设备供货厂商	产品品种	生产能力/(万吨/年)	投产时间
化学机械浆生产线	桉木	APMP	安德里茨公司	漂白化学机械浆	75	2011
		BCTMP	美卓公司			2015

主要造纸生产线

生产线名称	纸机			主体设备供货厂商	产品品种	纤维原料	生产能力/(万吨/年)	投产时间
	网部形式	幅宽/毫米	工作车速/(米/分)					
PM1	三长网	8100	1000～1300	福伊特公司	高档白卡纸	桉木浆、松木浆	100	2013

［APP(中国)］

维达纸业(中国)有限公司

Vinda Paper(China)Co., Ltd.

【企业概况】

维达纸业(中国)有限公司(以下简称“维达”)专注研发生产高档生活用纸。2007 年在香港上市，时至今日，维达已从一个地方性民营企业成长为一个以“维达”品牌为核心的中国名牌企业。

维达时刻力求创新和进步，并以敏锐的目光洞察市场需求，产品推陈出新以满足消费者不断变化的需求。专注生产卫生卷纸、手帕纸、盒装面巾纸、软包抽取式面巾纸等高品质生活用纸系列产品。2019 年，维达在湖北生产基地增加 6 万吨/年产能，并按计划将广东工厂中 1 台最旧且高能耗的卫生纸机(3 万吨/年产能)淘汰。目前维达在全国有 10 个生活用纸原纸生产基地，形成了“米”字形的生产战略布局。

2019 年 4 月 3 日，维达年产 20 万吨生活用纸项目签约落户四川德阳经开区。该项目投资约 20 亿港元迁址扩能升级，建设年产能 20 万吨生活用纸及护理用品西部生产基地、电商配送中心和物流中心项目。2019 年下半年，维达在马来西亚的东南亚地区总部基地建设的正式启动，将建设 1 栋设有原料仓库的 2 层楼制造工厂、1 间制成品仓库及维达创新中心。此基地将主要为东南亚市场提供服务。

2012 年开始，维达推出婴儿纸尿裤、卫生巾等卫生用品，进入个人护理产品业务，以多元化的产品巩固维达品牌地位。2014 年 7 月，维达集团以总价 11.4 亿港元收购爱生雅集团(SCA)在中国内地、中国香港及中国澳门的商业营运业务，取得了 SCA 品牌“Tempo 得宝”“Dr. P 包大人”及“Sealer 嘘嘘乐”“TORK 多康”“TENA 添宁”“Libresse 轻曲线”“Libero 丽贝乐”在中国内地、中国香港及中国澳门的商标拥有权或独家使用权。2016 年，维达完成了对爱生雅马来西亚、爱生雅韩国、爱生雅中国台湾的收购，为维达多元化发展奠定了基础。维达的个人护理产品业务在中国内地取得连年增长的好业绩。

2020 年维达实现营业收入 165.12 亿港元，比 2019 年增长 3.7%；利润 18.74 亿港元，比 2019 年增长 64.7%。其中生活用纸业务收入 136.08 亿港元，比 2019 年增长 2.7%，占整体收入的 82%；个人护理用品业务收入 20.04 亿港元，比 2019 年增长 3.0%，占整体收入的 18%。

维达积极应对渠道的变化，拓展和强化电商渠道，电商渠道销售额连年增长，2020 年电商渠道的收益占公司整体收益的 36%，比 2019 年增长了 7 个百分点；电商渠道营业额 59.44 亿港元，比 2019 年增长 29%。

单位地址：广东省江门市新会区东侯工业开发区　**邮编**：529100

联系电话：0750-6168535　**联系传真**：0750-6124027

联系邮箱：guangdong@vinda.com　**单位网址**：www.vindapaper.com

企业性质：中外合资

法人代表：李朝旺

成立时间：1985 年

2020 年纸及纸板产能：125 万吨

2020 年销售收入：165.12 亿港元，净利润：18.74 亿港元

主要产品：生活用纸、卫生用品

主要纤维原料：木浆

纸机总数：63 台

【主要生产线】

主要造纸生产线

生产基地	产品品种	纤维原料	生产能力/(万吨/年)	纸机台数
广东江门新会会城	生活用纸	木浆	3.0	2
湖北孝感	生活用纸	木浆	30.0	17
北京	生活用纸	木浆	3.0	3
四川德阳	生活用纸	木浆	7.5	5
广东江门新会双水	生活用纸	木浆	12.0	6
浙江龙游	生活用纸	木浆	21.0	10
辽宁鞍山	生活用纸	木浆	5.5	4
广东江门新会三江	生活用纸	木浆	26.0	10
山东莱芜	生活用纸	木浆	11.0	4
广东阳江	生活用纸	木浆	6.0	2
合计			125.0	63

注：2020 年没有新增生产线。

（中国造纸协会生活用纸专业委员会）

恒安(集团)有限公司

Hengan International Group Co., Ltd.

【企业概况】

恒安(集团)有限公司(以下简称“恒安集团”)创立于 1985 年，是我国最早进入卫生巾市场的企业之一，1997 年进军生活用纸行业。目前生产和经营领域涉及一次性卫生用品和生活用纸两大系列，销售和分销网络覆盖全国，并积极发展出口业务。恒安集团 1998 年在香港上市。2020 恒安集团实现营业收入 223.74 亿元，与 2019 年基本持平；净利润 45.95 亿元，比 2019 年增长 17.6%。其中生活用纸业务(含湿巾)收入 103.8 亿元，比 2019 年下降 9.6%；生活用纸业务(含湿巾)约占集团整体业务收入的 46.4%，比 2019 年下降了 4.7 个百分点。

恒安集团不断推动电商渠道的发展，电商销售额不断增长，电商渠道的市场份额持续提升。2020 年电商渠道销售收入(包括零售通及新通路)约 43 亿元，与 2019 年基本持平。电商销售额占集团整体销售额的 19.1%。

恒安集团以中国驰名商标“安尔乐”和“心相印”，以及“安乐”“七度空间”“安儿乐”“Q · MO”“小轻芯”“安而康”等著名品牌为依托，生产、销售 100 多个规格、品种的妇女卫生巾、婴儿纸尿裤和成人纸尿裤、湿巾等一次性卫生用品，以及纸巾纸、卫生纸等生活用纸系列产品。恒安集团目前的生活用纸原纸在湖南常德、山东潍坊、福建晋江、安徽芜湖、重庆巴南、新疆昌吉共拥有 6 个生产基地。

2017 年，恒安集团成功收购马来西亚皇城集团 50.45% 股份，2018 年恒安集团旗下产品成功进入马来西亚市场，引进高档成人纸尿裤及便利妥品牌。2019 年，恒安在马来西亚皇城集团推出的创新性迷你湿巾在马来西亚持续热卖。作为东南亚市场布局的一部分，恒安集团已在印度尼西亚设立销售处，推广及销售恒安品牌的产品。

2018 年恒安集团完成投资俄罗斯厂房，于 2019 年 6 月投产，2020 年将在俄罗斯市场继续推销恒安产品，并逐渐建立集团品牌在当地的知名度。

单位地址：福建省晋江市安海镇恒安工业城　**邮编：**362261

联系电话：0595－85708749　**联系传真：**0595－85708666

联系邮箱：hengan@hengan.com　**单位网址：**www.hengan.com.cn

企业性质：民营企业

法人代表：许连捷

成立时间：1985 年

2020 年纸及纸板产能：148.2 万吨

2020 年销售收入：223.74 亿元，**净利润总额：**45.95 亿元

主要产品：生活用纸、卫生用品

主要纤维原料：木浆

纸机总数：29 台

【主要生产线】

主要造纸生产线

生产基地	产品品种	纤维原料	生产能力/(万吨/年)	纸机台数
湖南常德	生活用纸	木浆	31.0	6
山东潍坊	生活用纸	木浆	32.2	7
福建晋江	生活用纸	木浆	32.0	6
安徽芜湖	生活用纸	木浆	24.0	4
重庆巴南	生活用纸	木浆	24.0	4
新疆昌吉	生活用纸	木浆	5.0	2
合计			148.2	29

注：2020 年没有新增生产线。

（中国造纸协会生活用纸专业委员会）

东莞金洲纸业有限公司

DongGuan Jinzhou Paper Co., Ltd.

【企业概况】

东莞金洲纸业有限公司位于广东省东莞市，是一家以废纸为主要原料的包装用纸生产企业，符合国家循环经济和清洁生产产业发展要求。公司占地总面积 66.67 公顷，总投资额达到 45 亿元，主营产品为高强瓦楞原纸和牛皮箱纸板，公司年产能达 160 万吨，珠三角市场占有率近 30%。公司主打品牌"金洲芯"高强瓦楞原纸质量享誉全国，高强瓦楞原纸的市场占有率超过 60%，同时，自主研发的高级箱板包装用纸也深得广大客户认可，双双成为国内同行的佼佼者。

公司拥有一流的生产基地及产品生产线，各机台主体设备均为进口设备，处于国际先进水平，纸机配置了福伊特公司的流浆箱和高性能的靴式压榨，德国压光机以及维美德公司 QCS 系统，实现了制浆、造纸全流程自动化控制。成品完成工段引进了智能化产品标签识别、自动捆扎机和机械手自动贴标机等装备，投入使用了智能 ERP 入库系统，实现了生产自动化。

同时，公司配套了自备热电厂和废水处理系统，废水系统累计投资达 3.2 亿，采用物化预处理、引进荷兰 IC 厌氧专利技术和深度高级氧化法等先进废水处理工艺，废水日处理能力达到 8.2 万吨。

为了提高公司的自主创新能力，2019 年新建了建筑面积 1000 米^2 的研发中心，引进维美德公司纤维分析仪，BTG 公司电位、电荷分析仪，动态滤水仪，数码显微镜，光谱分析仪等先进仪器。建立了研发团队，取得了多项成果，经国家授权的发明专利 2 项，实用新型专利 73 项，拥有一批自主知识产权的核心技术，其中纸机烘缸剥离剂技术、玉米淀粉氧化酯化复合变性用于表面施胶剂技术、半化学机械竹浆用于牛卡纸生产技术等属国内首创，这些技术保持着国多内外的技术优势，为公司在造纸行业的可持续发展提供了良好的技术支撑。

公司引进现代管理制度，建立高效、科学的管理体系，先后通过了质量、环境、职业健康体系、FSC 和海关 AEO 高级、安全生产标准化等一系列管理认证。公司先后获得了"高新技术企业"、国家"绿色工厂""广东省名牌产品""省环境保护优秀示范工程"、省首批"清洁生产企业""东莞市环境友好企业""东莞市税收突出贡献奖""东莞市政府质量奖鼓励奖""东莞市效益贡献企业奖"等荣誉。

单位地址：广东省东莞市中堂镇潢涌村裕民路 11 号 **邮编：**523221

联系电话：0769-88181288 **联系传真：**0769-88181277

联系邮箱：jzzy@dgjzzy.com **单位网址：**www.jinzhoupaper.com

企业性质：中外合资

法人代表：黎俊钦，**经营负责人：**黎树高，**技术负责人：**苏朝锐

成立时间：2002 年，**职工总数：**2700 人，**其中技术人员数：**540 人

2020 年纸及纸板生产量：160 万吨

2020 年销售收入：69 亿元，**利税总额：**9.8 亿元

2020 年企业科研经费投入：1.8 亿元

主要产品：高强瓦楞原纸、牛皮箱纸板

主要纤维原料：国内废纸、商品再生纤维浆、木浆、竹浆

纸机总数：6 台

【主要生产线】

主要制浆生产线

生产线名称	纤维原料	制浆方法	蒸煮器	主体设备供货厂商	产品品种	生产能力/(万吨/年)	投产时间
4条AOCC制浆线	国内废纸	废纸制浆		美国KBC公司	高强瓦楞原纸	50	2003/2012
2条OCC制浆线	再生浆、国内废纸	废纸制浆		美国KBC公司	牛卡纸、箱纸板	110	2008/2012
木浆生产线	木浆、竹浆			美国KBC公司	牛卡纸	10	2013

主要造纸生产线

生产线名称	纸机			主体设备供货厂商	产品品种	纤维原料	生产能力/(万吨/年)	投产时间
	网部形式	幅宽/毫米	工作车速/(米/分)					
瓦楞原纸生产线	长网	4600	850	维美德公司	高强瓦楞原纸	国内废纸	45	2003-05
牛皮箱纸板	三叠网	4800	1000	上海轻良实业有限公司	牛皮箱纸板	国内废纸、再生浆、木浆、竹浆	65	2012-03
挂面箱纸板	三叠网	4800	800	上海轻良实业有限公司	挂面箱纸板	国内废纸	50	2008

（罗卫民）

新乡新亚纸业集团股份有限公司

Xinxiang Xinya Paper Group Co., Ltd.

【企业概况】

新乡新亚纸业集团股份有限公司是以制浆造纸为主，集热电联产、医药化工、物流商贸、机械制造、林基地开发、环保综合治理于一体的股份制企业集团。公司占地175公顷，下设18个生产单位与子公司，拥有各种型号的造纸生产线24条，年制浆能力70万吨，造纸生产能力98万吨。产品通过了国家ISO 9001质量体系认证和ISO 14001环境体系认证，是中国质量管理达标企业，中国企业改革示范单位、中国制浆造纸研究院有限公司试验基地。河南省制浆造纸龙头企业、河南省百户重点企业、河南省转型升级试点企业、河南省综合效益先进企业、河南省优秀民营企业、河南省农业、林业产业化重点龙头企业。新乡市利税大户、新乡市重点保护企业、新乡县域经济支柱企业。

公司拥有两个省级技术中心—河南省企业技术中心和河南省造纸污染治理工程技术研究中心，拥有30多名由知名专家、工程师和技术骨干组成的研发队伍。近年来，在制浆造纸工艺、资源循环利用、环保综合治理等领域取得科技成果20余项，其中麦草半化学浆黑液碱回收技术荣获全国节能减排技术二等奖。

公司主营产品为包装用纸、文化用纸、生活用纸三大系列。主要品种有涂布白卡纸、食品液体包装用纸、瓦楞原纸、箱纸板、胶版印刷纸、静电复印纸、电脑打印纸、双面书写纸、中高档生活用纸。"新亚""新辉煌""新锦绣"等系列品牌荣获河南省十大驰名品牌、著名商标。

单位地址：河南省新乡纸制品工业园区(107国道686公里处) **邮编：**453731

联系电话：0373－5681188 **联系传真：**0373－5680286

联系邮箱：xinyaren@126.com **单位网址：**www.xinyapaper.cn

企业性质：民营企业

法人代表：宋敬志，**经营负责人：**宋敬亮

成立时间：2003年，**职工总数：**3800人，**其中技术人员数：**560人

2020年纸浆生产量：53.05万吨，**纸及纸板生产量：**101.25万吨

2020年销售收入：57.8695亿元，**利税总额：**4.0235亿元，**利润总额：**2.905亿元

2020年企业科研经费投入：0.2683亿元

主要产品：文化用纸、白卡纸、瓦楞原纸、生活用纸

主要纤维原料：杨木化学机械浆、废纸浆、漂白麦草浆、本色麦草浆

纸机总数：24台

蒸(球)煮器总数：12台40米^{3}蒸球、1套连蒸、4台立式蒸煮器

【主要生产线】

主要制浆生产线

生产线名称	纤维原料	制浆方法	蒸煮器	主体设备供货厂商	产品品种	生产能力/(万吨/年)	投产时间
化学机械浆生产线	杨木	碱性过氧化氢法	高浓磨浆机	安德里茨公司	APMP 化学机械浆	10	2008
本色麦草浆生产线	麦草	微碱法	蒸球		本色麦草浆	10	2017
漂白麦草浆生产线	麦草	碱法	立式蒸煮器		漂白麦草浆	5	2017
漂白麦草浆生产线	麦草	碱法	连蒸	天津轻工业机械厂	漂白麦草浆	5	2005
废纸浆	废纸		D 型碎浆机	郑州磊展科技造纸机械有限公司	非脱墨废纸浆	30	2017
化学机械浆生产线	杨木	碱性过氧化氢法	高浓磨浆机	安德里茨公司	APMP 化学机械浆	10	2019

主要造纸生产线

生产线名称	纸机			主体设备供货厂商	产品品种	纤维原料	生产能力/(万吨/年)	投产时间
	网部形式	幅宽/毫米	工作车速/(米/分)					
涂布白卡纸	长网多缸纸机	4260	600	昆山中联造纸机械有限公司	涂布白卡纸	木浆	12	2008
涂布印刷纸	长网多缸纸机	2640	500	辽阳造纸机械股份有限公司	涂布印刷纸、静电复写纸	化学机械浆、麦草浆	10	2005
一厂瓦楞原纸	长网纸机	3200	250	江苏沪太造纸机械厂	瓦楞原纸、牛皮纸、果袋纸	废纸浆、麦草浆	25	2009
二厂瓦楞原纸	长网纸机	3520	600	四川宜宾造纸机械厂	瓦楞原纸	废纸浆、麦草浆	10	2009
口杯纸生产线	叠网纸机	3200	250	四川宜宾造纸机械厂	淋膜原纸	木浆	5	2004
铸涂原纸	长网纸机	1880	250	江苏沪太造纸机械厂	铸涂原纸	木浆	12	2002
箱用夹芯纸	长网纸机	3200	200		箱用夹芯纸	废纸浆	5	2010
生活纸生产线	长网纸机	2900	200	诸城大正机械有限公司	高档生活用纸	木浆	2	2010
美术纯质纸	长网纸机	3200	250	上海机械厂	美术纯质纸	木浆	2	2010
涂布白卡纸	长网多缸纸机	3380	600	维美德公司	涂布白卡纸	木浆	15	2020

（曹守学）

芬欧汇川(中国)有限公司

UPM(China)Co., Ltd.

【企业概况】

芬欧汇川(中国)有限公司(以下简称“芬欧汇川”)是芬欧汇川集团的全资子公司，芬兰在华最大的单项投资项目，投资总额已达到20亿美元，年生产能力为122万吨，是我国最大的全化学木浆胶版纸、复印纸和未涂布特种纸生产企业之一。公司拥有代表当前国际最佳技术的3台纸机生产线，分别于1999年、2005年和2015年投产，同时配备有电厂、废水处理厂、码头等完善的现代化生产设施，集生产、研发、电力、环保、储运设施于一体。公司曾被评为中国进出口“红名单”企业，其自备电厂也成功并入国家华东电网。

芬欧汇川一贯坚持可持续发展的原则，不断提升自身的经济、社会和环境表现。在过去的10年间，芬欧汇川常熟纸厂的吨纸水耗降低了15%，吨纸电耗减少了15%，吨纸废物填埋量削减了80%，吨纸二氧化硫排放量减少了95%。在此期间，使用认证纤维的比例达到85%。凭借出色的环境表现，芬欧汇川常熟纸厂相继被授予国家环境友好企业、江苏省环境友好企业、常熟绿色企业的荣誉，其复印纸品牌也一直被列入中国政府绿色采购目录。2020年，芬欧汇川第二次被认定为“中国水效领跑者”企业，并收获了国家级绿色工厂的荣誉。

2020年面对突如其来的新冠疫情，芬欧汇川常熟纸厂全体员工，凝心聚力抗击疫情、紧抓生产，全年实现满负荷运营，取得良好业绩，充分做到员工健康和安全、绿色环保和可持续发展，经济效益和社会效益共赢。

单位地址：江苏省常熟经济技术开发区兴业路2号 **邮编：**215536
联系电话：0512－52651818 **联系传真：**0512－52652300
联系邮箱：hu.ronghui@upm.com **单位网址：**www.upmchina.com
企业性质：外商独资
法人代表：ERKKI PETTERI KALELA，**经营负责人：**JUKKA SAARELAINEN，**技术负责人：**王丽华
成立时间：1995年，**职工总数：**1211人，**其中技术人员数：**141人
2020年纸及纸板生产量：107.7万吨
2020年利税总额：3.0亿元
纸机总数：3台

【主要生产线】

主要造纸生产线

生产线名称	纸机			主体设备供货厂商	产品品种	纤维原料	生产能力/(万吨/年)	投产时间
	网部形式	幅宽/毫米	工作车速/(米/分)					
1 号纸机	夹网成形	9700		美卓公司	全木浆未涂布纸	木材纤维	45	2005
2 号纸机	夹网成形	8660		美卓公司	全木浆涂布纸、全木浆未涂布纸	木材纤维	32	1999
3 号纸机	长网成形	7500		福伊特公司	全木浆未涂布纸、全木浆未涂布特种纸	木材纤维	45	2015

（胡蓉晖）

河南省龙源纸业股份有限公司

Henan Longyuan Paper Industry Co., Ltd.

【企业概况】

河南省龙源纸业股份有限公司是一家集包装用纸、热电、废水处理、供热和科研于一体的股份制公司，专业研发生产包装用纸。主导产品为AA级高强瓦楞原纸、高档箱纸板、再生箱纸板，包装用纸年生产能力85万吨，产能稳居河南省造纸行业第一位。连续多年获得“河南民营企业纳税百强”和“河南民营企业制造业百强”，2018年被河南省委、省政府评为“河南省优秀非公有制行业领军型企业”，2020年评为“河南民营企业现代农业100强”和“河南民营企业100强”。已通过ISO 9001:2008质量管理体系认证、ISO 14001:2004环境管理体系认证。

公司秉承“以人为本、诚信为先、居危思进、追求卓越”的宗旨，致力于“发展循环经济，推行绿色造纸”的经营理念，坚持贯彻“创新、协调、绿色、开放、共享”的发展观，把安全、环保工作作为长期稳定发展的生命线。投资3亿多元用于环境治理，对白水、废水、废气、废渣等污染物进行全面综合治理，确保所有排放物经过处理后最终达到或优于国家一级排放标准，彻底颠覆了传统造纸行业污染环境的固有形象。

公司发展规划：为进一步发展壮大产业规模优势，计划“十四五”期间在周口市太康县产业集聚区内建设绿色循环示范造纸产业园，规划用地100公顷。计划建设4条50万吨包装用纸生产线，1条30万吨特种纸生产线；依托现有热电联产供热项目技改建设3×300蒸吨高温高压流化床锅炉和2×5万千瓦背压发电机组，扩建供热源，满足县产业集聚区内企业供热和居民区供暖的需求。在市、县政府的支持下，利用主产业包装用纸规模的优势，打造包装用纸产业链，包含：纸箱生产线、固废综合利用项目、建设与“三洋铁路”并轨的火运专用线等，做到真正意义上的循环利用和环境保护，为产业结构调整，促进当地经济和转型升级做出更大的贡献。

单位地址：河南省太康县西二环路工业集聚区 **邮编：**450016

联系电话：0371－67187910 **联系传真：**0371－67187910

联系邮箱：mlc2888@126.com **单位网址：**www.hnlyzy.com

企业性质：民营企业

法人代表：徐战备，**经营负责人：**徐战备，**技术负责人：**王玉州

成立时间：2004年，**职工总数：**1320人，**其中技术人员数：**208人

2020年纸及纸板生产量：82.98万吨

2020年销售收入：28.85亿元，**利税总额：**4.95亿元，**利润总额：**2.91亿元

2020年企业科研经费投入：0.058亿元

主要产品：高档箱纸板、AA级高强瓦楞原纸、再生箱纸板

主要纤维原料：国内废纸、木浆

纸机总数：6台

【主要生产线】

主要造纸生产线

生产线名称	纸机			主体设备供货厂商	产品品种	纤维原料	生产能力/(万吨/年)	投产时间
	网部形式	幅宽/毫米	工作车速/(米/分)					
4800/500	双叠网	4800	640	上海轻良实业有限公司	AA级高强瓦楞原纸	国内废纸	18	2010-12
4400/450	单叠网	4400	480	上海轻良实业有限公司	AA级高强瓦楞原纸	国内废纸	14	2008-06
5600/850	三叠网	5600	850	许昌中亚造纸设备有限公司	再生箱纸板	国内废纸、木浆	30	2019-03

（马林冲）

永丰余造纸(扬州)有限公司

Yuen Foong Yu Paper MFG.(Yangzhou)Co., Ltd.

【企业概况】

永丰余企业前身是1923年成立于台湾省台南市的永丰商店，至1950年春，何传先生为发展文化事业，创建永丰余造纸公司，建厂于高雄县大树乡久堂村，为台湾省民营造纸业之先驱。

公司秉持一贯稳建成长的经营理念，产品稳居造纸业之领导地位。永丰余在造纸为本位下推展出多品项、多品类的纸品，包含文化用纸、工业用纸、纸容器及家庭用纸等。目前除了拥有台湾久堂厂、台东厂、新屋厂、桃园厂、杨梅厂、清水厂、成功厂、彰化厂等数十个工厂外，在大陆设有扬州厂及12家纸器厂，分布于华东5厂、华南5厂、华北2厂。境外还设有越南厂，含胡志明市4厂、河南省2厂。

永丰余造纸(扬州)有限公司于2004年成立，第一期工程建设17万吨/年高强瓦楞原纸生产线，于2006年12月投产；25万吨/年牛皮箱纸板生产线，于2007年5月投产。二期45万吨/年牛皮箱纸板生产线及年产6.6万吨秸秆制浆厂，于2013年完成投产。公司占地面积约71.87公顷，投资总额7.35亿美元。

成立至今，永丰余以清洁生产，循环再利用为核心，注重节能环保工作，生产过程严格按照国际质量环境安全管理体系的要求执行。陆续取得ISO 9001、ISO 14001、ISO 4500、FSC-COC产销监管链国际认证，以及能源管理体系之认证。

员工是公司最重要的资产，扬州厂除了有新颖而先进的硬设备外，并强化安全、健康、舒适的工作环境中，仍不断的力求改善并加强员工安全教育训练，以期达到工作零灾害及绿色工厂的目标。

单位地址：江苏省扬州市经济技术开发区春江路168号 **邮编：**225131

联系电话：0514-82686458 **联系传真：**0514-87132181

企业性质：苏台合资

法人代表：黄进成，**经营负责人：**叶佳峰，**技术负责人：**叶佳峰

成立时间：2004年，**职工总数：**610人，**其中技术人员数：**138人

2020年纸浆生产量：5万吨，**纸及纸板生产量：**79万吨

2020年销售收入：25.5亿元

主要产品：瓦楞原纸、牛皮挂面纸

主要纤维原料：废纸、木浆

纸机总数：3台

【主要生产线】

主要造纸生产线

生产线名称	纸机			主体设备供货厂商	产品品种	纤维原料	生产能力/(万吨/年)	投产时间
	网部形式	幅宽/毫米	工作车速/(米/分)					
PM1	单长网	3960	650	比洛伊特公司	瓦楞原纸	回收纸	17	2006-12
PM2	三叠网	4760	800	福伊特公司	牛皮挂面纸	回收纸、木浆	25	2007-08
PM3	三叠网	6660	1200	福伊特公司	牛皮挂面纸	回收纸、木浆	45	2013-11

（仇秀丽）

大河纸业有限公司

Dahe Paper Co., Ltd.

【企业概况】

大河纸业有限公司(以下简称“大河纸业”)系河南投资集团全资子公司，受河南投资集团有限公司委托，按照集团化、精细化、专业化的要求，专业经营浆纸板块业务，注册资金5.5亿元，企业资产总规模47亿元。旗下参控股企业5家，分别为濮阳龙丰纸业有限公司、驻马店市白云纸业有限公司、焦作瑞丰纸业有限公司、大河国际贸易有限公司和大河纸业(香港)有限公司。

大河纸业主要生产销售产品包括：高中低档全木浆双胶纸、本色牛皮纸(精品本色牛皮纸、本色封面专用牛皮纸、本色手捧袋牛皮纸等)、特种工业用纸(热敏原纸、物流标原纸、淋膜原纸、数码印刷用纸、热压纸等)、APMP杨木化学机械浆(湿浆、浆板)、ECF漂白阔叶木化学浆等。目前，公司年造纸产能65万吨、杨木化学机械浆年产能38万吨、阔叶木化学浆年产能12万吨，是河南省首批林浆纸一体化示范企业。

大河纸业主要生产设备包括：芬兰美卓公司立式夹网纸机生产线1条、德国福伊特公司长网纸机生产线1条、德国迪芬巴赫公司中高密度纤维板生产线1条、奥地利安德里茨杨木化学机械浆生产线2条、ECF漂白化学浆生产线1条和多条国产纸机生产线。旗下拥有“云视界”“纸立方”“云时代”“丰赢”“丰朵”“云之彩”“天中”等多个文化纸知名品牌，瑞丰、龙丰化学机械浆和白云化学浆为国内多家造纸企业所采用。公司全木浆文化印刷用纸、抄本纸远销中东、东南亚、南美等多个国家和地区，得到广大用户的一致好评。

今天，大河纸业正以饱满的热情、优质的产品、完善的服务，在“尊重客户，尊崇自然”的理念指导下，围绕多元化经营、差异化发展，阔步前行。

单位地址：河南省郑州市农业路41号河南投资大厦10楼 **邮编：**450008

联系电话：0371-69515191 **联系传真：**0371-69158697

联系邮箱：dhzy@dahepaper.com **单位网址：**www.dahepaper.com

企业性质：国有企业

法人代表：王 根，**经营负责人：**张国璞

成立时间：2010年，**职工总数：**2900人，**其中技术人员数：**470人

2020年纸浆生产量：48万吨，**纸及纸板生产量：**62万吨

2020年销售收入：40亿元

主要产品：高中低档全木浆双胶纸、本色牛皮纸(精品本色牛皮纸、本色封面专用牛皮纸、本色手捧袋牛皮纸等)、特种工业用纸(热敏原纸、物流标原纸、淋膜原纸、数码印刷用纸、热压纸等)、APMP杨木化学机械浆(湿浆、浆板)、ECF漂白阔叶木化学浆等

主要纤维原料：漂白硫酸盐针叶木浆(NBKP)、漂白硫酸盐阔叶木浆(LBKP)、碱性过氧化氢机械浆(APMP)、本色针叶木浆

纸机总数：7台

【主要生产线】

主要制浆生产线

生产线名称	纤维原料	制浆方法	蒸煮器	主体设备供货厂商	产品品种	生产能力/(万吨/年)	投产时间
瑞丰化学机械浆生产线	杨木片	APMP		安德里茨公司	APMP 杨木浆	23	2006-04
龙丰化学机械浆生产线	杨木片	APMP		安德里茨公司	APMP 杨木浆	15	2005-11
白云二期制浆	杨木、桉木	无元素氯漂白	连续蒸煮管	安德里茨公司	ECF 化学浆	12	2013-07

主要造纸生产线

生产线名称	纸机			主体设备供货厂商	产品品种	纤维原料	生产能力/(万吨/年)	投产时间
	网部形式	幅宽/毫米	工作车速/(米/分)					
龙丰纸机	夹网	7280	1400～1600	芬兰美卓公司	胶版纸、微涂纸、数码纸、热敏纸、物流标纸等	NBKP、LBKP、APMP	32	2008-12
白云 8 号机	长网	5280	1300～1400	德国福伊特公司	胶版纸、电商专用纸、米黄书写纸、淋膜原纸等	NBKP、LBKP、APMP	23	2012
白云 4 号、5 号、6 号、7 号机	长网	2640	200	宜宾造纸设备厂	胶版纸、抄本专用纸等	NBKP、LBKP、APMP	5	2005-12
白云 1 号机	长网	2640	450	辽阳造纸设备厂	精品牛皮纸、封面专用纸、手捧袋纸、热压纸等	NBKP、LBKP、APMP	5	2002-12

（刘金令）

中顺洁柔纸业股份有限公司

C & S Paper Co., Ltd.

【企业概况】

中顺洁柔纸业股份有限公司(以下简称“中顺洁柔”)2010年在A股上市，是国内首家A股上市的生活用纸企业，专业生产生活用纸系列产品，目前是居中国第4位的生活用纸生产商。公司拥有广东省江门市、广东省云浮市、四川省成都市、浙江省嘉兴市、湖北省孝感市、河北省唐山市六大原纸生产基地。销售网络辐射华东、华南、华西、华北、华中和港澳六大区域，产品远销东南亚、中东、大洋洲、非洲等海外市场。

六大原纸生产基地分布在我国东、南、西、北、中部地区，串联散布全国的多家商贸公司、近700个经销商的营销网络，构筑了一个点线面结合、覆盖全国的全方位生产销售网络。

2019年6月，中顺洁柔正式进军个人护理产品领域，并在四川设立全资子公司中顺洁柔(达州)纸业有限公司，从事生活用纸、纸巾盒、卫生用品、非织造布制品等的研发、生产、加工、销售。同时公司还开发了女性护理卫生湿巾、卸妆湿巾和婴儿湿巾、婴儿吸汗巾等多种高端的卫生用品，逐步向“大健康”的方向迈进。2020年公司还推出了洁柔抑菌纸，满足疫情防控背景下，消费者注重个人清洁和卫生的需求。

2020年，中顺洁柔实现营业收入78.50亿元，比2019年增长18.31%；净利润9.05亿元，比2019年增长49.82%。公司业绩上升的主要原因：①国际木浆价格下跌，公司生产成本降低，有效提升产品毛利率，促进盈利增长；②优化产品结构，提升高端、高毛利产品占比、开发高端新品投入市场；③销售团队加强KA、GT、AFH、EC、SC、RC六大渠道的建设，加快网络平台布局；④湖北中顺工程项目一期产能有效释放。

单位地址：广东省中山市西区彩虹大道136号 **邮编：**528411
联系电话：0760-88553333 **联系传真：**0760-88553033
联系邮箱：cnsnpaper@126.com **单位网址：**www.zhongshungroup.com
企业性质：民营企业
法人代表：邓颖忠
2020年纸及纸板产能：76万吨
2020年销售收入：78.50亿元，**净利润：**9.05亿元
主要产品：生活用纸
主要纤维原料：木浆
纸机总数：32台

【主要生产线】

主要造纸生产线

生产基地	产品品种	纤维原料	生产能力/(万吨/年)	纸机台数
广东江门	生活用纸	木浆	17.0	8
湖北孝感	生活用纸	木浆	12.0	6
四川成都	生活用纸	木浆	13.0	6
浙江嘉兴	生活用纸	木浆	5.0	4
河北唐山	生活用纸	木浆	5.0	2
广东云浮	生活用纸	木浆	24.0	6
合计			76.0	32

注：2020 年没有新增生产线。

（中国造纸协会生活用纸专业委员会）

东顺集团股份有限公司

Dongshun Group Co.， Ltd.

【企业概况】

东顺集团股份有限公司(以下简称“东顺集团”)专业生产、销售生活用纸和卫生用品，公司通过了 ISO 9001 国际质量体系认证及 ISO 14001 环境体系认证。主要产品有：“顺清柔”牌高档生活用纸、“A & S”牌卫生巾、“哈里贝贝”牌婴儿纸尿裤、“伴宁”牌成人纸尿裤、“洁昕”牌湿巾。东顺集团是近几年来生活用纸领域快速发展的企业，2015 年公司的生活用纸总产能已位居全国第 5 位。公司先后在山东省泰安市东平县、黑龙江省肇东市、湖南省湘西土家族苗族自治州、浙江省临安市、浙江省杭州市富阳区设立了生产基地，实现了全国市场战略布局。其中，山东省泰安市东平县、黑龙江省肇东市有生活用纸原纸生产。公司引进全球领先的生活用纸和卫生用品生产设备，已经形成卫生卷纸、面巾纸、手帕纸、盒巾纸、擦手纸、纸尿裤、卫生巾、湿巾等生活用纸和卫生用品两个大系列 200 多种产品。为满足市场需求，公司先后开发生产了木浆本色生活用纸、系列保湿纸等等差异化产品。

2018 年 10 月 22 日，由东顺集团董事长陈树明先生全资拥有的冠均国际有限公司完成收购香港上市公司盟科控股 75% 股权，标志着东顺集团成功赴港借壳上市。

2019 年 11 月，东顺集团旗下的山东永芳卫生用品有限公司投产，公司引进日本、意大利智能高速卫生巾生产线 12 台(套)，扩大集团卫生用品的产能。

单位地址：山东省泰安市东平县东顺工业园　**邮编：**271500

联系电话：0538 - 2820378　**联系传真：**0538 - 2820378

企业性质：民营企业

法人代表：陈树明

成立时间：2000 年

2020 年纸及纸板产能：42.8 万吨

主要产品：生活用纸

主要纤维原料：木浆

纸机总数：21 台

【主要生产线】

主要造纸生产线

生产基地	产品品种	纤维原料	生产能力/(万吨/年)	纸机台数
山东省东平县	生活用纸	木浆	38	18
黑龙江省肇东市	生活用纸	木浆	2.8	2
合计			40.8	20

2020年新增生产线

生产线名称	纸机			主体设备供货厂商	产品品种	纤维原料	生产能力/(万吨/年)
	网部形式	幅宽/毫米	工作车速/(米/分)				
卫生纸机(1台)	新月型	2850	1400	佛山市南海区宝拓造纸设备有限公司	生活用纸	木浆	2

（中国造纸协会生活用纸专业委员会）

山东恒联投资集团有限公司

Shandong Henglian Investment Group Co.，Ltd.

【企业概况】

山东恒联投资集团有限公司前身是潍坊造纸总厂和潍坊玻璃纸厂，始建于 1946 年，2002 年改制，现拥有山东恒联新材料股份有限公司、潍坊恒联特种纸有限公司、山东光华纸业集团有限公司、潍坊恒联美林生活用纸有限公司、潍坊潍森纤维新材料有限公司、山东冠骏清洁材料科技有限公司、山东中科恒联生物基新材料有限公司、潍坊永新纸业有限公司、岳阳丰利纸业有限公司、山东恒联化学有限公司等 5 个产业园 20 家控股子公司，资产总额 55.4 亿元，员工 4500 余人，各类产品年生产规模 60 万吨，销售收入 45 亿元。

公司是一家集新型绿色纤维包装材料、特种清洁材料、特种纸、特种纤维及文化生活纸品制造加工于一体的大型企业，是我国再生纤维素膜、特种涂布纸、再生纤维素肠衣行业的龙头企业，是国家级高新技术企业，建有省级企业技术中心、省级工程技术研究中心、恒联-中科院天然高分子材料联合实验室、“一企一技术”研发中心等 19 个省市级科技创新平台，拥有“泰山产业领军人才”“鸢都产业领军人才”等行业内高层次技术带头人才 15 人。公司依托完善的法人治理结构和差异化发展战略，坚持推行“五化建设”、技术创新、管理创新、经营创新，全面实践“价值源于创新、规范孕育和谐”的核心价值观，围绕循环经济发展模式构建绿色纸业。现拥有有效授权专利 185 项，其中，国际发明 3 项，国内发明 47 项，排他许可发明 3 项，实用新型 125 项，外观设计 10 项，是国家工业企业知识产权运用能力培育工程试点单位。先后荣获中国民营企业制造业 500 强、中国包装百强企业、全国工人先锋号企业、山东省建国六十周年功勋企业、山东省造纸行业十强企业、山东省创新驱动发展能力百强企业、山东省瞪羚企业、山东省隐形冠军企业、山东省轻工业先进企业等多项荣誉称号。

单位地址：山东省潍坊市高新区东风东街 3019 号　**邮编：**261000

联系电话：0536－8671538　**联系传真：**0536－8671538

联系邮箱：bairu888@163.com　**单位网址：**www.henglianpaper.com

企业性质：民营企业

法人代表：李瑞丰，**经营负责人：**李瑞丰，**技术负责人：**赵学杰

成立时间：1946 年，**职工总数：**4515 人，**其中技术人员数：**675 人

2020 年纸浆生产量：5.5 万吨，**纸及纸板生产量：**26.5 万吨

2020 年销售收入：22.5 亿元，**利税总额：**1.35 亿元，**利润总额：**0.97 亿元

2020 年企业科研经费投入：0.69 亿元

主要产品：再生纤维素膜(玻璃纸)、各种无纺布、再生纤维素肠衣纸、预涂水转印底纸原纸、工程纸、米白纯质纸、米黄道林纸、铜版纸、医用及食品包装用纸、卫生纸、纸巾纸、擦手/擦拭纸、厨房纸巾、吸水衬纸、杨木浆、胶版纸、果袋纸、薄页纸、皱纹原纸、防粘原纸等

主要纤维原料：针叶木(红松、云杉)、阔叶木(相思木、桉木)、自制漂白化学木浆、本白化学木浆、杨木片、进口溶解浆等

纸机总数：35 台

蒸(球)煮器总数：10 台

【主要生产线】

主要制浆生产线

生产线名称	纤维原料	制浆方法	蒸煮器	主体设备供货厂商	产品品种	生产能力/(万吨/年)	投产时间
恒联光华纸业制浆线	木片	烧碱法	蒸球、连蒸	汶瑞机械(山东)有限公司	漂白化学木浆	6.0	2000

主要造纸生产线

生产线名称	纸机			主体设备供货厂商	产品品种	纤维原料	生产能力/(万吨/年)	投产时间
	网部形式	幅宽/毫米	工作车速/(米/分)					
无纺布生产线4条	长网	2640	300		各类无纺布产品	针叶木、阔叶木	1.5	2013
特种纸生产线3条	长网	1880	600	昆山太德隆机械有限公司	预涂水转印底纸原纸、超感原纸、米白纯质纸	针叶木、阔叶木	3.5	2006
涂布纸生产线1条	气刀涂布机	1880	800	潍坊凯信机械有限公司	超感纸、工程纸	针叶木、阔叶木	4.0	2000
光华特种纸生产线	长网	2640	600	淄博恒星造纸机械有限公司	胶版印刷纸	自制漂白化学木浆、进口商品木浆	6.0	2003
光华文化用纸生产线6条	长网	1880	500	上海造纸机械厂	胶版印刷纸	自制漂白化学木浆、进口商品木浆	3.0	2012
PM3	夹网	3340	1100	美卓公司	餐巾纸、擦手/擦拭纸、吸水衬纸	进口木浆	3.5	2005
PM2	新月型	2150	1000	美卓公司	卫生纸、面巾纸、吸水衬纸	进口木浆	2.0	2005
玻璃纸生产线6条		1880	120	瑞士毛勒公司	再生纤维素膜	木浆、棉浆	1.5	1988
纤维素肠衣纸生产线2条		1880	60	自主设计	纤维素肠衣纸	溶解浆	0.3	2020
离子液法纤维素膜生产线		1880	80	中国科学院	绿色纤维素膜	木浆	0.5	2020

（董正祥）

河南江河纸业股份有限公司

Henan JiangHe Paper Co., Ltd.

【企业概况】

河南江河纸业股份有限公司成立于2002年，位于河南省武陟县产业集聚区，注册资金20640万元，占地面积58万米^2，拥有造纸生产线6条，涂布加工生产线24余条，年生产、加工特种纸能力40万吨。公司采取多元化经营，现有山东江河纸业有限责任公司、河南大指造纸装备集成工程有限公司、河南省武陟县广源纸业有限公司、河南南北纸业有限公司、河南江河生物质能热电有限公司、焦作开通环保有限公司和武陟县开源纤维制品有限责任公司等子公司。

公司的特种纸产品在细分市场具有较高市场占有率，其中"水"牌无碳复写纸荣获中国轻工品牌竞争力优势产品、河南省名牌产品、河南省著名商标和河南省国际知名品牌；公司为省级造纸及纸制品出口基地、中国造纸装备科技创新示范基地，生产的造纸装备主要产品有中高速宽幅文化用纸造纸成套设备和单体设备，技术水平国内领先。

公司拥有国家级企业技术中心、中国轻工业造纸设备工程技术研究中心、省级工程技术研究中心和省博士后创新实践基地等科研平台，并拥有148项国家专利，16项省部级科技成果。公司先后被评为"国家知识产权优势企业""中国造纸工业环境友好企业""河南省节能减排科技创新示范企业""河南省节水型企业""河南省质量诚信体系建设AAA级工业企业""焦作市市长质量奖"等荣誉称号。

单位地址：河南省武陟县文化路555号 **邮编**：454950

联系电话：0391－7268389 **联系传真**：0391－7268389

联系邮箱：jhr2002@126.com **单位网址**：www.jianghe.com

企业性质：民营企业

法人代表：姜博恩，**经营负责人**：姜博恩，**技术负责人**：刘铸红

成立时间：2002年，**职工总数**：2129人，**其中技术人员数**：986人

2020年纸及纸板生产量：28.5万吨

2020年销售收入：19.9亿元，**利税总额**：2.57亿元，**利润总额**：1.45亿元

2020年企业科研经费投入：0.903亿元

主要产品：无碳复写纸、热敏纸、离型纸、特种印刷纸、热升华转印纸、医用包装用纸等

主要纤维原料：商品木浆板、脱墨浆、化学机械浆

纸机总数：6台

【主要生产线】

主要造纸生产线

生产线名称	纸机			主体设备供货厂商	产品品种	纤维原料	生产能力/(万吨/年)	投产时间	备注
	网部形式	幅宽/毫米	工作车速/(米/分)						
一线	叠网	2640	800	俄罗斯	无碳纸、证券纸、格拉辛纸等	商品木浆、脱墨浆	4	2002-08	2018 年升级改造
二线	叠网	3270	1000	河南大指造纸装备集成工程有限公司	无碳纸、胶带纸、双胶纸	商品木浆、脱墨浆	4	2007-08	2017 年升级改造
三线 A	叠网	3150	1000	辽阳造纸机械股份有限公司	无碳纸、胶带纸、双胶纸	商品木浆	5	2009-08	2019 年升级改造
三线 B	叠网	3150	1200	河南大指造纸装备集成工程有限公司	离型纸、无碳原纸	商品木浆	5	2010-08	
五线	叠网	3200	600	河南大指造纸装备集成工程有限公司	热敏原纸	商品木浆	4	2011-05	2019 年升级改造
六线	水平夹网	5600	1350	河南大指造纸装备集成工程有限公司	双胶纸、铸涂原纸等	商品木浆、化学机械浆	15	2012-09	

（郭胜利）

金华盛纸业（苏州工业园区）有限公司

Gold Huasheng Paper (Suzhou Industrial Park) Co., Ltd.

【企业概况】

金华盛纸业（苏州工业园区）有限公司，是金光集团（APP）在我国独资兴办的一家大型造纸企业。公司专业生产无碳复写纸、双胶纸、铜版卡纸及办公用纸四大系列。经过 20 多年的发展，已快速成长为我国最大的多元文化纸品供应商。公司拥有独立的发电厂及自有的水陆码头。

在质量控制上实行全程品质控制管理，秉承“替代进口、服务中国”的宗旨，主打品牌有“立可得”“金球”“金彩蝶”。

公司积极落实保护环境方针。先后通过了 ISO 14001 环境管理体系认证和 PEFC（森林认证认可计划）。2017 年 9 月被评为江苏省首批水效领跑者。

公司在追求自身经济发展的同时，积极履行社会责任，传承造纸文明。在金光集团的指导下，公司将秉承绿色环保、清洁生产、永续经营的理念，以一流的设备、先进的生产工艺、标准化的管理、和谐的企业文化，一如既往为我国纸业的可持续发展作出应有贡献。

单位地址： 江苏省苏州市工业园区胜浦金胜路 2 号　**邮编：** 215126

联系电话： 0512－62836666　**联系传真：** 0512－62815491

联系邮箱： webmaster_ghs@app.com.cn　**单位网址：** www.goldhs.com.cn

企业性质： 中外合资

法人代表： 黄志源，**经营负责人：** 李云胜，**技术负责人：** 李云胜

成立时间： 1996 年，**职工总数：** 1672 人，**其中技术人员数：** 412 人

2020 年纸及纸板生产量： 62.09 万吨

2020 年销售收入： 31.95 亿元，**利税总额：** 5.95 亿元，**利润总额：** 5.18 亿元

2020 年企业科研经费投入： 1.33 亿元

主要产品： 文化用纸（无碳复写纸、热敏纸、双胶纸、铜版纸、复印纸）

主要纤维原料： 纯木浆（长纤＋短纤＋机械浆）

纸机总数： 4 台

【主要生产线】

主要造纸生产线

生产线名称	纸机			主体设备供货厂商	产品品种	纤维原料	生产能力/(万吨/年)	投产时间
	网部形式	幅宽/毫米	工作车速/(米/分)					
PM1	夹网	7360	1500	三菱重工业株式会社	UNCOAT/NCR/TML	纯木浆：长纤+短纤+机械浆	30	1999-05
PM2	长网+顶网	3250	800	德国 ESCHR WYSS 公司	UNCOAT	纯木浆：长纤+短纤+机械浆	11	2003-04
PM3	长网+顶网	3350	500	昆山中联第一造纸机械厂、福伊特公司	UNCOAT/AB	纯木浆：长纤+短纤+机械浆	15	2003-09
PM4	长网+顶网	3600	1100	住友重机械工业株式会社、福伊特公司	UNCOAT/NCR/TML	纯木浆：长纤+短纤+机械浆	9	2006-04

[APP(中国)]

社团工作

ASSOCIATION AFFAIRS

11

中国造纸学会组织机构

The Organization of China Technical Association of Paper Industry (CTAPI)

理事长：曹振雷(法人代表)

副理事长(11 人)：(按姓氏笔画排序)

王晓昕(女)　刘　忠　孙　波(女)　何北海　张　辉　张美云(女)　李　耀　陈嘉川　胡开堂　赵　伟　曹春昱

秘书长：曹春昱

常务理事(32 人)：(按姓氏笔画排序)

王晓昕(女)　平清伟　关兴江　刘　忠　刘安江　吕　强　孙　波(女)　何北海　张　辉　张凤山　张美云(女)　李　耀　李杰辉　杨　旭　陈礼辉　陈嘉川　周　耘　房桂干　范谋斌　姜丰伟　胡开堂　赵　伟　赵　青　钱　毅　戚永宜　曹春昱　曹振雷　程言君　覃程荣　谢益民　靳福明　樊　燕(女)

个人理事(98 人)：(按姓氏笔画排序)

马乐凡　孔凡功　王　波(女)　王双飞　王东兴　王华军　王志明　王晓昕(女)　王海佩　王敏良　平清伟　龙　柱　乔　军　任　浩(女)　关兴江　刘　文　刘　忠　刘　涛　刘川江　刘安江　刘国造　吕　强　孙　波(女)　孙　玲(女)　孙廷聪　朱自忠　祁国平　何北海　宋善军　应广东　张　辉　张凤山　张玉兰(女)　张安龙　张志忠　张美云(女)　李　军　李　艳(女)　李　群　李　耀　李正国　李志健　李尚武　李杰辉　李洪法　杨　旭　杨本彬　杨易平　沈　军　沙力争　陈　洋　陈　健　陈　港　陈生龙　陈礼辉　陈明邦　陈嘉川　周　耘　周　骏　周国伟　房桂干　林　媛(女)　林小琦(女)　林伟民　罗建雄　范学斌　范谋斌　奎明红　姜丰伟　姜兆宏　查瑞涛　胡开堂　贺文雄　赵　伟　赵　青　赵　恺　赵　琳　钟潜学　都兴东　钱　毅　钱学仁　戚永宜　曹春昱　曹振雷　梁　辰　黄六莲(女)　景　宜　焦　东　程言君　董　晖　覃程荣　谢宗国　谢拥群　谢益民　雷建民　靳福明　樊　燕(女)　樊永明

第一届监事会

监事长：卢宝荣(女)

监事(2 人)：(按姓氏笔画排序)

杜荣荣(女)　陈奇志

副理事长单位(22 个)：(按地区区划排名)

中国纸业投资有限公司　黄　欣
金光纸业(中国)投资有限公司　黄志源
牡丹江恒丰纸业集团有限责任公司　徐　祥
芬欧汇川(中国)有限公司　Petteri Kalela
山东华泰纸业股份有限公司　李晓亮
山东太阳纸业股份有限公司　李洪信
山东泉林集团有限公司　李洪法
汶瑞机械(山东)有限公司　尹　华
亚太森博(山东)浆纸有限公司　胡　伟
杭州市化工研究院有限公司　姚献平
仙鹤股份有限公司　王敏良
浙江华章科技有限公司　朱根荣
福建恒安集团有限公司　许连捷
福建省轻工机械设备有限公司　李　艳
河南江河纸业股份有限公司　姜博恩
新乡新亚纸业集团股份有限公司　宋敬志
郑州运达造纸设备有限公司　许超峰
广州造纸集团有限公司　周　耘

玖龙纸业(控股)有限公司　张　茵
广西博世科环保科技股份有限公司　宋海农
广西广业贵糖糖业集团有限公司　陈　健
四川环龙技术织物有限公司　周　骏

办事机构

中国造纸学会秘书处为学会常设办事机构，由办公室、学术部、科普编辑部、会员部、财务部组成。

资深专家顾问委员会

名誉主任：王文哲　潘蓓蕾　钱桂敬　陈克复　陈思亮
主任：曹朴芳
副主任：刘焕彬　谭国民　邝仕均
委员：顾民达　黄运基　胡　楠　李有元　黄润斌　李威灵　谭祖光　萧启寿　马石辉　李忠正　蒋荣祺　张　熙　孙树建　黄祖壬　刘福玉　李发祥　陈鄂生　姜海斌　詹怀宇　李友生　张金声　王双飞　卢宝荣　刘　琦　李义民　韩　力（排名不分先后）

分支机构

一、工作委员会

1. 学术交流工作委员会
主任：靳福明
副主任：何北海　张美云　房桂干　张凤山
顾问：邝仕均

2. 科普工作委员会
主任：曹春昱
副主任：刘　忠　周　耘　吕　强
顾问：曹朴芳

3. 编辑工作委员会
主任：王晓昕
副主任：孙　波　胡开堂　杜荣荣
顾问：邝仕均

4. 组织工作委员会
主任：曹振雷
副主任：曹春昱　王晓昕

5. 咨询工作委员会
主任：李　耀
副主任：赵　伟　陈嘉川　戚永宜　樊　燕
顾问：曹朴芳

二、专业委员会

1. 涂布加工纸专业委员会
2. 书写印刷纸专业委员会
3. 特种纸专业委员会
4. 包装纸和纸板专业委员会
5. 非木材制浆专业委员会
6. 木材制浆专业委员会
7. 手工纸与造纸史委员会
8. 造纸器材专业委员会
9. 制浆造纸化学品专业委员会
10. 再生纤维利用技术专业委员会
11. 机械设备专业委员会
12. 自动化专业委员会
13. 纳米纤维素及材料专业委员会

（中国造纸学会）

各省(区、市)造纸学会

Local Technical Association of Paper Industry

北京市造纸学会
理事长：孙树建
副理事长：马石辉(常务)　邝仕均　黄祖壬
秘书长：马石辉(兼)
副秘书长：赵　青
地址：北京市顺义区空港工业 B 区安庆大街 9 号
邮编：101300
电话：010－80490558

天津市造纸学会
理事长：刘　忠
副理事长：周国伟　徐永射　李相臣　李　群
秘书长：惠岚峰
地址：天津市泰达经济技术开发区 13 大街 29 号
天津科技大学轻工科学与工程学院
邮编：300457
电话：022－60602006
13752173746(惠岚峰)
传真：022－60601988

河北省造纸学会
名誉理事长：龚德利
理事长：刘国造
副理事长：陈生龙　魏秋生　郭玉祥　张志忠
李增锁　袁德起　姚士平　张维田
石金环
秘书长：童　欣
地址：河北省石家庄市北合街 18 号
邮编：050051
电话：13011598208(刘国造)
15203216688(童　欣)

山西省造纸学会
理事长：刘　涛
秘书长：武乃玲
地址：山西太原新建南路 13 号山西省轻工设计院
邮编：030001
电话：13835176139(刘　涛)
13453405953(武乃玲)

辽宁省造纸学会
理事长：张运展
秘书长：刘秉钺
代秘书长：平清伟
地址：辽宁省大连市甘井子区轻工苑一号
挂靠单位：大连工业大学
邮编：116034
电话：0411－86324620
13840903048(平清伟)
传真：0411－86323736

黑龙江省造纸学会
理事长：杨易平
副理事长：白晓明　苏文强　李劲松　陈海涛
陈正旺　郑日亭　杨柏森　魏雨虹
秘书长：任国庆
地址：黑龙江省牡丹江市阳明区光华街 17 号
邮编：157013
电话：0453－6330924
传真：0453－6330924

上海市造纸学会
理事长：潘　新
副理事长：李　凯
秘书长：滕　飞
地址：上海市普陀区武宁路 1500 号南楼 403 室
邮编：200063
电话：021－52040672

传真：021－52040672

江苏省造纸学会

理事长：张 辉

副理事长：王广州 王自力 田宝凤 刘 克 李鸿斌 沈 斌 杜建功 房桂干 洪文彦 胡巧忠 高威宏 景 宜

秘书长：汤洪良

地址：江苏省南京市龙蟠路159号南京林业大学轻工与食品学院9E-315室

邮编：210037

电话：025－85428235（办公室）

传真：025－85428235

浙江省造纸学会

理事长：胡开堂

副理事长：刘继春 王宝辉 丁明其 韩继友 高威宏 赵志芳 周家俊 张 诚 伊财富 桑如岳 刘川江 裘 峥 李荣年 陈万平 姚向荣 陈建斌 计 皓 石忠收 冯小义 胡美琴 沙力争 杨 旭

秘书长：杨 旭

常务副秘书长：郑梦樵

副秘书长：陈 华

地址：浙江省杭州市留和路318号浙江科技学院实验大楼3楼334室

邮编：310023

电话：0571－85070795

传真：0571－86958853

福建省造纸学会

名誉理事长：张道沛

理事长：陈礼辉

副理事长：柯吉熊 赵 恺 李 艳 刘明华 吴宗华 诸建华 陈德强

秘书长：黄六莲

地址：福建省福州市六一北路204号

邮编：350013

电话：13950283739（黄六莲）

传真：0591－83715175（黄六莲）

江西省造纸学会

理事长：管步军

副理事长：雷建民 戴圣光

秘书长：雷建民（兼）

地址：江西省南昌市北京东路138号

邮编：330029

电话：0791－88333891
13507911422

传真：0791－88333891

山东造纸学会

理事长：陈嘉川

副理事长：王泽风 陈洪国 李晓亮 应广东 李洪法 王东兴 张金声

秘书长：孙 平

常务副秘书长：孔凡功

副秘书长：丁洪杰 吴 芹 王桂卿

地址：山东省济南市长清区大学路3501号

邮编：250353

电话：13616404830（丁洪杰）
13789805983（吴 芹）

河南省造纸学会

理事长：董 晖

副理事长：李尚武 姜博恩 王 根 马 冠 范乃旺 赵久会

秘书长：李尚武（兼）

地址：河南省郑州市文化路97号（郑州大学北校区）

邮编：450002

电话：0371－63886906
13608691192（李尚武）

传真：0371－63886906

邮箱：hnszzxh@126.com

网址：www.hnspaper.org

QQ：97881539

湖北省造纸学会

名誉理事长：徐 兵

理事长：刘 力

副理事长：梁 斌 谢益民 彭宜纯 马忠德 周卫东 张厚蛟 顿志强

秘书长：梁 斌

地址：湖北省武汉市汉口建设大道623号福星科技大厦B座1506室

邮编：430030

电话：027－83622763

传真：027－83622763

湖南省造纸学会

名誉理事长：刘晓明　关以超

理事长：宋善军

副理事长：樊　燕　朱宏伟　马乐凡　薛永祥　龚　龙　吕建荣　余大论　黄费凤　李正国　周鲲鹏

秘书长：叶一心

地址：湖南省湘潭市建设中路7号

邮编：411104

电话：0731－58523295

传真：0731－58523295

广东省造纸学会

理事长：何北海

副理事长：陈　港（常务）　吕发创（名誉）　周　耘　林润惠　伍泽荣　王　波　钟天崎　林伟民　胡启华　吴义荣　雷江波

秘书长：雷以超

地址：广东省广州市天河区五山街381号
华南理工大学
制浆造纸工程国家重点实验室旧楼301室

邮编：510640

电话：020－87112854

广西壮族自治区造纸学会

理事长：覃程荣

副理事长：林伟民　陈　健　葛　友　曾凡新　刘炳健　詹　磊　谭　炽　韦良斌　蒋玉明　戴永红

秘书长：梁　辰

地址：广西壮族自治区南宁市大学东路100号
广西大学轻工与食品工程学院内

邮编：530004

电话：0771－3237301
18275845299（梁　辰）

邮箱：gxtappi@163.com

四川省造纸学会

名誉理事长：李发祥

理事长：范谋斌

副理事长兼秘书长：罗建雄

副理事长兼常务副秘书长：罗福刚

副理事长：吴明希　王康健　赵　琳　周　骏　高焱仁　梁　好　赵建芬　周传平　陈太军　罗江奇　史顺荣　陈　岚　刘自山　刘一山　王华军　叶　剑　刘祥军　胡德兵

副秘书长：许志远

地址：四川省成都市成华街5号

邮编：610081

电话：028－83229689

传真：028－83229689

甘肃省造纸学会

负责人：祁国平

地址：甘肃省兰州市金昌南路101号
甘肃省轻工业研究院

邮编：730000

电话：0931－8112208
13893384427

陕西省造纸学会

理事长：张美云

常务副理事长：王志杰

副理事长：张飞跃

秘书长：张安龙

地址：陕西省西安市未央大学园区陕西科技大学
环境学院305室

邮编：710021

电话：029－86168825

传真：029－86168230

（中国造纸学会）

2020 年中国造纸学会主要工作

Main Activities of CTAPI in 2020

一、组织机构与自身建设

按照学会章程召开理事会、常务理事会、监事会，审议学会重大决策。规范分支机构管理，根据行业科技发展方向和技术领域重点的变化，按相关制度对所属专业委员会进行调整。特种纸专业委员会完成换届工作；废纸回收利用专业委员完成换届，名称变更为再生纤维利用技术专业委员会；撤销新闻纸专业委员会、节能与环保专业委员会和造纸技术经济专业委员会。

进一步加强制度建设，制定和完善《中国造纸学会工作人员招聘管理办法》《中国造纸学会工作人员选拔聘用工作办法》《中国造纸学会收费（收入）管理办法》等制度。接受年度审计，积极采纳审计建议，及时制定审计整改措施，提高学会工作规范化制度化水平。

加强秘书处队伍建设，通过公开招聘新增具有制浆造纸专业硕士学位和科研机构工作经历的青年专职工作人员，优化队伍结构；参加国资委、中国轻工业联合会、中国科协组织的业务培训和青年干部培训，开展公文写作、法律知识、会员服务、财务管理等业务知识培训，促进队伍素质的提高。

二、党建工作

7 月 24 日，在中国照明学会、中国造纸学会联合党支部任期满届以及中国造纸学会具备单独成立党支部条件的情况下，经中国轻工业联合会党委批准，成立中国造纸学会党支部。

12 月 10 日，中国造纸学会第八届常务理事会党员大会在河南省郑州市召开，以现场无记名投票方式对第八届理事会党委委员拟推荐建议人选进行表决，产生第八届理事会党委委员。

中国造纸学会理事会党委、中国造纸学会党支部采取集中学习、宣讲、调研等多种方式学习宣传贯彻党的十九大、十九届二中、三中、四中、五中全会精神。举行“学习贯彻党的十九届五中全会精神”专题党课、主题党日活动，开展形势政策教育等活动。坚持党建引领，把党建工作融入学会发展过程中，促进学会事业发展。

三、服务创新型国家和社会建设

参加中国科协先进材料学会联合体工作，按项目计划完成中国工程院“2035 我国基础材料绿色制造和智能制造技术路线图研究”项目中的轻工材料领域子课题研究，并形成研究报告。

征集“2020 重大科学问题和工程技术难题”。根据《中国科协办公厅关于征集 2020 重大科学问题和工程技术难题的通知》，积极研判未来科技发展趋势、前瞻谋划和布局前沿科技领域与方向，组织调研和征集行业难题，向中国科协推荐行业重大科学问题候选项目。

开展特种纸基材料产业情况调查。中国造纸学会特种纸专业委员会通过调研，对我国特种纸基材料产业情况进行了分析，形成 2019 年我国特种纸产业发展现状报告，受到行业关注。

中国造纸学会与中国造纸协会、中国制浆造纸研究院有限公司共同主办“2020 中国国际造纸科技展览会及会议”，于 9 月 23 日—25 日在江苏省苏州市举行。展览会汇聚众多国内外造纸装备制造商、造纸化学品及与造纸相关知名企业参展，内容涵盖从原材料到生产过程再到终端产品的众多先进的智能化技术和解决方案。

四、学术交流工作

8 月 21 日，由中国造纸学会、中国制浆造纸研究院有限公司和金光集团 APP(中国)联合主办的新限塑令下纸质包装的机遇和挑战沙龙在北京市举行。沙龙围绕国家发展改革委、生态环境部《关于进一步加强塑料污染治理的意见》，探析如何全面挖掘纸质包装的新机遇、推动纸质包装的科技创新和融合发展。来自有关部门、行业组织、企业，以及造纸、包装、塑料、印刷、电商平台等相关行业、上下游产业的 20 余名领导、专家、学者、企业代表出席了此次沙龙。

8 月 26 日，由中国造纸学会特种纸专业委员会主办、浙江华章科技有限公司承办、中国造纸学会自动化专业委员会协办的“2020 特种纸产业信息及市场形势研讨会”在浙江省桐乡市召开。研讨会围绕“聚焦产业形势，探索创新发展”主题，分析了我国造纸行业，特别是特种纸、包装用纸、生活用纸领域面临的问题和应对举措。来自全国 49 家企业的 88 位代表参加了会议。

9 月 15—17 日，由中国造纸学会、中国制浆造纸研究院有限公司主办，中国造纸学会特种纸专业委员会承办的 2020 全国特种纸技术交流会暨特种纸委员会第十五届年会在山东省荣成市召开。此次会议围绕特种纸前沿领域和市场形势进行了技术交流，通报了 2019 年我国特种纸产业概况，发布了 2019 年特种纸市场相关数据，并特别分析了玉米秸秆制浆造纸替代进口废纸的技术和经济可行性，介绍了纳米纤维素纤维产业化应用情况。来自全国 131 家单位近 300 位代表参加会议。

9 月 23 日，由中国造纸学会、中国造纸协会、中国制浆造纸研究院有限公司共同主办的 2020 中国国际造纸创新发展论坛在江苏省苏州市举办。本届论坛以“创新谋机遇，逆势求发展”为主题，针对造纸行业面对后疫情时代的危机管理、5G 变革、新基建机遇以及造纸行业面临的市场调整、消费改变、原料短缺、减塑代塑等新情况，围绕造纸企业如何进行产业链重构、供应链优化、价值链提升等热点话题进行交流研讨。主旨报告为“造纸行业的困局、突围与重构”。主题演讲分为“优化三链，驱动发展”“跨界融合，协同发展”“科技标准引领，创新驱动发展”三个部分，分别就“提升价值链 促进包装产业上下游融合发展”“构建安全可靠的供应链：企业生存发展之关键”“创新产品与服务 持续为客户创造最大价值”“新一代信息技术与制造业融合发展路径”“全球限塑大背景下造纸行业的机遇与挑战”“科技标准引领，创新驱动发展”“拥有前瞻技术储备赢得企业发展先机”“食品包装纸板的发展潜力与趋势”“废纸浆及绿色制造标准现状与展望”等内容进行了交流讨论。论坛期间还发布了《2020 中国造纸产业竞争力报告》并对报告进行了详细介绍与解读。来自造纸及相关行业的近 300 位嘉宾出席了活动。

9 月 27—29 日，2020 年造纸网毯行业技术交流年会在陕西省西安市召开。会议围绕造纸行业发展现状，造纸网毯行业技术创新、智能制造、市场拓展、服务能力再造等议题进行了深入交流。会议期间，还就《造纸压榨毛毯》《造纸毛毯用单丝》和《造纸毛毯用短纤维》等行业标准的制修订情况等进行了讨论。来自造纸网毯行业上下游的相关企业代表近百人参会。

12 月 11—12 日，中国造纸学会第十九届学术年会在河南省郑州市召开。学术报告内容主要涉及“化学机械浆生产过程影响因素分析”“i-CTMP 节能型化机浆新技术和关键装备研发”“微爆对纤维结构及制浆性能的影响，以及生物机械浆产业化的最新进展”“新型洗浆及苛化装备”“壳聚糖自组织行为与有序水凝胶结构设计”“卷烟配套用纸生产现状”“复合填料形态设计与高加填造纸技术”“基于木质纤维的创新技术和项目，创造可持续未来”“造纸工业资源与环境发展现状”“硫酸盐化学木浆工程设计实践”“再生纤维利用筛选新技术与应用”“造纸工艺技术创新与纸基功能材料研究”“‘中-泰-越’造纸产业发展现状与合作潜力”“凹凸棒土在纸机白水处理中的应用”“信息化、数字化技术在造纸行业的应用”“慈竹制备天丝溶解浆工艺的研究”“造纸行业排污许可 2.0 时代展望”“微纤化纤维素在可降解纸餐饮具涂层中的应用”“造纸湿部化学与造纸助剂的研发成果”。专家学者站在学术研究前沿，分享了最新研究成果和最新技术，提出了新的学术观点和思路。来自高校、科研机构、企业的近 300 名代表参加了会议。

五、国际交流合作

组织实施中国科协“一带一路”国际科技组织合作平台建设项目，组织行业专家与泰国、越南相关行业组织负责人、机构负责人通过线上进行交流沟通，讨论中国、泰国、越南近年来造纸产业生产运行情况、政策环境、市场需求等内容，分析共享行业发展数据。组织完成《“中-泰-越”造纸产业发展现状与合作潜力研究报告》，于 2020 年 12 月发布。

六、举荐科技人才，推荐科技成果

根据中国科协及中国科协先进材料学会联合体的相关要求，开展第六届中国科协青年人才托举工程(2020—2022年度)推荐工作，经专家评审，中国造纸学会推荐的制浆造纸领域3名候选人入选。

推荐造纸企业科技成果参加中国轻工业联合会科学技术奖评审和科学技术成果鉴定，促进科技成果的完善和推广应用。

七、年鉴和期刊编辑出版工作

不断提升学术编辑水平，加强年鉴和期刊的编委会审稿制度。按计划完成《2020中国造纸年鉴》工具书编纂工作，10月下旬正式出版发行。《2020中国造纸年鉴》记录了2019年我国造纸工业的发展、各产品市场情况、原材料与环保情况等内容。期刊《Paper and Biomaterials(造纸与生物质材料)》《中国造纸学报》《中国造纸》《纸和造纸》《造纸信息》，全面推广电子化。期刊严格把控学术水平和出版物质量，打造精品学术期刊，影响因子得到提升。

八、抗击新冠肺炎疫情

面对突如其来的新冠肺炎疫情，中国造纸学会号召会员和行业科技工作者全力以赴共同抗击疫情，及时发出《坚决贯彻落实党中央决策部署 打赢疫情防控阻击战—中国造纸学会致学会会员和广大造纸科技工作者的倡议》。参加中国科协《战疫有我，为决胜攻坚提供科技志愿服务—向全国科技工作者的倡议》，学会会员主动担当、积极作为，提供科技支持、捐款捐物，转产供应防疫物资，以各种形式全力参加疫情防控。学会负责人于6月先后到东顺集团股份有限公司、山东太阳纸业股份有限公司、亚太森博(山东)浆纸有限公司、汶瑞机械(山东)有限公司、华泰集团有限公司、山东杰锋机械制造有限公司等企业调研，了解企业受疫情影响情况和生产经营状况，与企业共商发展之策，助力企业复工复产。

(中国造纸学会)

中国造纸协会办事及分支机构

Administrative and Affiliated Agency of China Paper Association(CPA)

理事长：赵　伟
秘书长：钱　毅
副秘书长：刘文龙　陈　刚　董国强
监事长：卢慧敏
监　事：胡蓉晖　张　亮

1. 秘书处
(1)办公室
电话：010－68396540
传真：010－68396572
(2)会员部
电话：010－68396542
传真：010－68396572
(3)会展部
电话：010－68396541
传真：010－68396672/6572
(4)综合业务部
电话：010－68396544
传真：010－68396572
(5)信息咨询部
电话：010－68396546
传真：010－68396572

2. 分会
中国造纸协会新闻纸分会
中国造纸协会箱板纸及瓦楞纸分会
中国造纸协会铜版纸分会
中国造纸协会卷烟纸分会
中国造纸协会无碳复写纸、热敏纸分会

3. 专业委员会
中国造纸协会环境保护专业委员会
中国造纸协会标准化专业委员会
中国造纸协会能源专业委员会
中国造纸协会生活用纸专业委员会

4. 工作委员会
中国造纸协会专家工作委员会
中国造纸协会溶解浆工作委员会
中国造纸协会蔗渣浆工作委员会
中国造纸协会脱水器材工作委员会
中国造纸协会竹浆工作委员会
中国造纸协会商品纸浆工作委员会

（中国造纸协会）

2020 年中国造纸协会主要工作

Main Activities of CPA in 2020

2020 年注定是不平凡的一年，在过去的一年里，中国造纸协会在全体会员单位的共同努力和各级政府相关部门的支持下，努力克服突发新冠肺炎疫情给行业带来的各种困难，认真有序地开展了各项工作，取得了较好的成绩。现将过去一年的工作情况总结汇报如下。

一、新冠肺炎疫情期间助力造纸行业复工复产

1. 应对突发疫情维持生产供应

面对突然发生的新冠肺炎疫情，造纸行业积极采取了各项措施维持生产经营和抗击疫情。疫情初期行业产能利用率不到 50%，而国内废纸回收和下游纸制品生产企业复工率和产能利用率也不足 50%，各企业复工后需要大量采购原材料恢复生产，受到了国内外原料供应、产品运输，市场变化等因素影响。中国造纸协会积极组织调研，向相关部委及时反映企业面临的困难和行业的生产经营情况，组织大型网络会议，研讨纸浆原料供应情况，帮助企业克服困难，恢复生产。

2. 提出多项措施建议

纸张是基础原材料，是贯穿国家大产业链的重要载体之一，随着新冠肺炎疫情的消退和各行业生产的恢复，纸张在经济中的重要性逐步显现，为了避免纸张，特别是包装用纸供应在疫后恢复生产中需求集中暴发，对各行业复产产生过大的影响，协会提出多项措施建议：建议将纸张产品列入复工优先保障产品中，引导地方政府在各项出台的政策中给予适当的优先考虑；建议恢复部分加工贸易；建议对废纸回收行业中占回收主体的小微企业给予特殊扶持，保障前端回收的尽快恢复，以保障废纸原材料的正常供应；建议在非国有工业园区租用土地经营的企业给予同样的房租补贴；建议加强对造纸企业的贷款支持，放宽企业供应链金融等短期贷款条件，降低贷款成本；建议减免造纸企业税费等措施。部分建议已被采纳，为企业稳定生产和供应提供了支持。

3. 向全会员企业发出倡议，号召企业积极承担社会责任

新冠肺炎疫情发生后，中国造纸协会全体党员、群众积极参加抗疫爱心捐款，并向会员企业发布倡议书，号召造纸企业积极响应号召，参加抗疫斗争，配合地方政府，强化责任担当，保障防疫物资生产。据不完全统计，造纸企业在新冠肺炎疫情暴发初期共捐款 17802 万元，捐献抗疫物资 1979122 件，折合人民币 2510 余万元。

4. 要求员工遵守各项防疫规定

要求协会员工严格遵守北京市人民政府各项防疫规定，保证了新冠肺炎疫情期间所有员工和家属安全无恙。

二、发挥协会服务功能、组织多项行业活动、做好行业工作

协会积极配合政府相关部门工作，在抗击新冠肺炎疫情、行业提质增效、信息收集、生产贸易、节能减排、造纸行业发展规划研究等方面做了许多调查研究工作，为政府部门制定相关政策和决策提供了参考意见、建议和专业技术支撑。

(1) 为行业走出困境恢复生产，积极配合相关国家部委工作，提出了多项新冠肺炎疫情期间促进经济发展的措施建议，减轻了企业多项税费负担。

(2) 在关税调整和贸易谈判中为我国多个多边和双边谈判提供行业背景资料和提出相关建议意见，维护了我国和行业的利益。

(3) 多次配合国家发展改革委、工业和信息化部、海关总署、财政部、中宣部等部门召开座谈

会、现场调研。组织研究限制进口废纸后造纸原料结构调整的措施、编制相关标准和完成相关评估报告。

(4)组织研究和专题调研，调研并修订了造纸行业节水相关标准和完成相关研究报告等。

(5)组织专题会议启动落实国家节能减碳实现"碳中和"目标的研究，为造纸行业作为我国消减碳排放重点行业做好前期准备。

(6)配合上期所开展造纸产品期货课题研究。

(7)开展《造纸工业"十四五"发展意见》的前期研究工作，为造纸行业落实未来国民经济和社会发展第十四个五年规划打好基础。

(8)继续完善中国造纸协会纸浆指数平台，每月定期发布中国造纸协会纸浆指数。为纸浆市场的关注者和参与者提供纸浆价格趋势和交易依据。

(9)组织各主要省市造纸协会、重点制浆造纸企业，开展2019年造纸工业主要经济技术指标完成情况调查，收集各类行业数据，在充分调研的基础上，完成了2019年造纸工业年度报告，为行业和有关部门提供了完整的生产运行及消费情况，得到了社会的好评。

三、努力打造"中国造纸周"活动品牌、克服困难举办多个行业活动

(1)2020年11月，由中国造纸协会主办的中国造纸周之"2020中国国际造纸和装备博览会暨全国纸张订货交易会"在江西省南昌市举办。本届博览会和订货交易会云集了众多国内外知名厂商，汇集了来自全国各地区采购商、贸易商3万余人，交易会已成为纸张生产商与贸易商和广大纸张用户的定期年度盛会。

(2)2020年11月，由中国造纸协会和上海期货交易所联合主办的"2020中国纸浆市场形势研讨会"在江西省南昌市召开。会议吸引了供应商、贸易商、造纸企业、期货行业等相关人员500多人参会。研讨会分析了2020年我国纸浆市场，研判全球未来的发展趋势，促进了行业稳定发展。

(3)2020年11月，由中国造纸协会主办的"中国浆纸技术论坛暨第十一届中华纸业浆纸技术论坛"于江西省南昌市举办。来自国内外制浆造纸企业、上下游企业、行业协会、科研院所、高校、研究咨询机构、媒体的近300位专业代表参加了本次论坛。论坛以"后疫情时代技术装备创新与高质量发展"为主题，预测技术发展趋势与发展方向，为造纸企业及造纸相关企业提供科技支持。

(4)由中国造纸协会与中国造纸学会等联合主办的2020中国国际造纸科技展览会及会议在江苏省苏州市举行。展览会及会议汇集了众多知名造纸装备、造纸化学品及与造纸相关的企业参展。展会期间还举办了以"创新谋机遇 逆势求发展"为主题的2020中国国际造纸创新发展论坛，来自造纸及相关行业的领导、专家、权威学者、知名企业家等近300位嘉宾出席了论坛。

(5)由中国造纸协会生活用纸专业委员会举办的"第27届生活用纸国际科技展览会"于9月在江苏省南京市举行。展会吸引共计868家参展商参展，创历届之最，展会3天参观人数近3万名，千余个品牌产品同期展出。

四、以党建为统领、加强协会自身建设

在过去一年里，中国造纸协会坚持党的领导，增强"四个意识"，坚定"四个自信"，做到"两个维护"，自觉在思想上、政治上、行动上同党中央保持高度一致。坚持以党建为引领，贯彻落实国资委和中轻联《行业协会党建管理办法》，扎实做好党支部"两化"建设，发挥党组织战斗堡垒和党员先锋模范作用。加强干部队伍建设，注重后备人才培养，提升协会现代化治理能力，努力把自身建设成一个凝心聚力、自强不息，政府信赖、行业依托、企业满意、不可或缺的优秀行业协会。

（中国造纸协会）

中国造纸学会部分单位会员介绍

Introduction of Partial CTAPI's Company Members

唐山市冀滦纸业有限公司

企业性质：合资企业
地址：河北省唐山市滦州市经济开发区化工园
邮编：063799
法人代表：陈生龙
经营负责人：张顺利
技术负责人：陈生龙
电话：0315－7477118
传真：0315－7477118
网址：www. hengan. com
联系人：刘　杰
电话：13932513681
邮箱：284789065@ qq. com
职工总数：900 人
技术人员：150 名

公司主要从事工业不同级别及规格的包装用纸生产，主要生产高强瓦楞原纸、环保挂面箱纸板（T纸）、挂面牛卡纸（K 纸）、高强度优质牛皮挂面箱纸板（H 纸）。高强瓦楞原纸主要产品有 100 克/米^2、110 克/米^2、120 克/米^2、140 克/米^2、170 克/米^2、200 克/米^2 系列产品；T 纸产品主要有 110 克/米^2、120 克/米^2、125 克/米^2、140 克/米^2、150 克/米^2、170 克/米^2、200 克/米^2、230 克/米^2 系列产品；挂面牛卡纸主要有 110 克/米^2、120 克/米^2、130 克/米^2、140 克/米^2、170 克/米^2、200 克/米^2 系列产品；高强度优质牛皮挂面纸主要有 125 克/米^2、150 克/米^2、170 克/米^2、200 克/米^2 系列产品。

产品主要应用于做各类中高档纸箱、电子产品纸箱、彩盒、纸袋等。

公司地处京、津、唐中心位置，区域优势明显；距北京 200 公里，距天津港 120 公里，距秦皇岛港 70 公里，距京唐港 70 公里，交通便捷。

公司产品主要以京、津、唐为中心，向华北、东北、西北辐射，形成“一个中心三个基本点”的市场战略格局；“以品质为保证、以信誉求生存”是我们始终秉承的经营理念。

客户满意是公司的执着追求，公司为客户提供快捷、高效的售后服务。

福建恒安集团有限公司

企业性质：合资企业
地址：福建晋江市安海镇恒安工业城
邮编：362261
法人代表：施文博
经营负责人：许连捷
技术负责人：林一逮
电话：0595－85708666
传真：0595－85708666
网址：www. hengan. com
联系人：吴晓彪
电话：15759500600
邮箱：wuxiaobiao@ hengan. com
投产时间：1985 年
职工总数：2. 3 万人
技术人员：2700 名

企业详细介绍见“重点企业介绍”栏目。

广东省造纸研究所有限公司

企业性质：国有企业
地址：广东省广州市海珠区新港西路 154 号
邮编：510300
法人代表：曾寿龄
经营负责人：陈　洋

技术负责人：陈继伟
电话：020－34300901
传真：020－34300901
联系人：陈　洋
电话：020－34300451
邮箱：zaozhisuo@ qq. com
成立时间：1973 年
职工总数：57 人
技术人员：25 名

广东省造纸研究所有限公司(以下简称“省造纸所”)创建于 1973 年，位于广州市新港西路 154 号，占地面积 7500 米^2，是广东省唯一的省级造纸研究所，注册资金为 426 万元。省造纸所是“广东省高新技术企业”，所内建设有“广东省造纸技术与装备公共实验室”、“广东省造纸精细化学品工程技术研究中心”，并通过了 ISO 9001 质量管理体系认证。拥有一支高素质(包括教授级高工在内)的工程技术人员队伍，全所在职职工 57 人，专业技人员 25 人。省造纸所以“打造品牌、开拓创新、持续发展”为宗旨，全体职工团结一致，共同奋斗，创造了优秀的业绩。

经过四十多年的发展，省造纸所发展呈现出喜人局面，市场销售网络日趋成熟，经济、社会效益和企业知名度不断提高，企业信誉良好。已发展壮大成为业务范围涵盖造纸行业科研、开发、产品检测与鉴定、技术咨询、技术服务、技术培训、技术承包和项目设计，销售造纸原料、造纸仪器等多方面业务，集科研开发、检验检测、生产、销售于一体的多元化科技企业。每年承接省技监局、工商局、海关等政府机构的抽样检测任务。主要产品有 PPE 造纸湿强剂、干强剂、剥离剂、挺度剂，白钢纸、阻燃型绝缘钢纸板等，是省内多家大型造纸企业的原料供应商。

未来，省造纸所将以科研、信息、检测、科研开发成果孵化为依托，发挥广东省造纸技术及装备公共实验室凝聚人才和技术创新平台作用，加强高新技术成果产业化，通过成果产业化和推进管理机制改革，把我所建设成为科研开发，生产销售，技术服务一体化的高新技术企业。

省造纸所内设科研部、检测中心等 6 部门，拥有 1000 多米^2 的专业试验室，和完备的小型试验和中型试验装备。有设备齐全的制浆工艺研究室、造纸实验室、涂布加工纸实验室纸张物理性能实验室、纸张化学性能实验室和无菌实验室等。近年来，省造纸所共承担省级以上科研项目 20 多项，拥有专利技术 22 项，曾获得省部级奖励 10 多项。

国家轻工业纸张质量监督检测广州站、广东省质量监督造纸产品检验站(以下简称“检验站”)是政府授权检测机构。检验站成立于 1978 年，1989 年获得国家质量监督检验检疫总局和广东省质量技术监督局的认证和审查认可，其后多次通过了复评审，被授权具有造纸和包装产品 159 个品种及物理、化学、光学性能等 52 个参数的检验资格，检验设施完善，设备先进，拥有华南地区检测装备最为先进、实力最强的造纸专业检测室，在国内同类检验站处于领先水平。省造纸所是全国造纸标准化委员会第三分技术委员会主任单位，秘书处设在检验站。检验站致力于做好造纸标准化的推广和宣贯，近年先后主持制定国家标准、行业标准、地方标准十多项，2010 年被广业公司评为标准化制定突出贡献单位。

省造纸所科研产业化基地位于增城市中新镇大田工业区内，基地占地面积为 25000 米^2，已建成了 1800 多米^2 的造纸助剂生产车间、特种纸车间，具有年产 7000 吨造纸助剂的能力。自主研发的造纸助剂、白钢纸等科研成果已实现产业转化，经过多年的市场培育，造纸助剂形成的产业规模，助剂年产销量超过 3000 吨，省内外 100 多家造纸及相关企业使用我们的产品。

轻工业杭州机电设计研究院

企业性质：国有企业
地址：浙江省杭州市余杭区高教路 970 号
邮编：311121
法人代表：于　宏
经营负责人：桑如岳
技术负责人：杨　旭
电话：0571－85184005
传真：0571－85186432
网址：www. hmei. com. cn
联系人：王　飞
电话：0571－85186596
邮箱：hzjdy@ hmei. com. cn
职工总数：146 人
技术人员：125 名

企业详细介绍见“国内制浆造纸科研设计单位简介”栏目。

亚太森博(山东)浆纸有限公司

企业性质：中外合资企业
地址：山东省日照市北京路369号
邮编：276826
法人代表：李建绍
经营负责人：陈小荣
技术负责人：李江华
电话：0633－3369423
传真：0633－3361280
网址：www. asiasymbol. com
联系人：贺锡田
电话：0633－3361073
邮箱：xitian_ he@ asiasymbol. com

企业详细介绍见“重点企业介绍”栏目。

汶瑞机械(山东)有限公司

企业性质：外资企业
地址：山东省安丘市潍徐南路287号
邮编：262100
法人代表：尹 华
经营负责人：马焕星
技术负责人：王 涛
电话：0536－4361881
传真：0536－4362807
联系人：刘炳贞
电话：13863689537
网址：www. wenrui. com. cn
邮箱：liubingzhen@ wenrui. com. cn
职工总数：356人
技术人员：54名

公司始建于1956年，有60多年的机械制造经验，曾生产纺织机械、矿山机械，当前主营造纸制浆洗选漂及碱回收成套装备。1997年改制为安丘汶瑞机械制造有限公司，2006年增资更名为汶瑞机械(山东)有限公司。中外合资，注册资金800万美元。占地10.9万米^2，车间面积6.1万米^2，总资产4.71亿元。

公司是中国造纸行业最大的制浆洗选漂、碱回收、蒸发、生活用纸纸机装备研发与制造基地，是生态环境部重点技术依托单位、国家重点高新技术企业、潍坊市第一批“鸢都学者”设岗单位、齐鲁工业大学商学院博士生工作设点单位。

主导产品有：鼓式真空洗浆机、双辊挤浆机、多圆盘过滤机、压力盘式过滤机、白泥盘式过滤机、单螺旋挤浆机、蒸发器等系列产品。置换压榨双辊挤浆机节水技术、纸机白水多圆盘分级与回用技术列入《国家鼓励的工业节水工艺、技术和装备目录》；汶瑞牌“双辊挤浆机”与“多圆盘过滤机”是我国制浆装备国际联盟实施“一带一路”政策重点对外推广产品。“汶瑞”牌商标被评为国家驰名商标，“汶瑞”牌洗浆机、预挂过滤机、双辊挤浆机、圆盘过滤机系列产品被评为山东省名牌产品。主持制定轻工行业标准6项，分别为：双辊挤浆机、预挂过滤机、鼓式真空洗浆机、圆盘过滤机、白泥盘式过滤机、白液压力盘式过滤机。

目前为国内外600余家造纸企业提供了3600余台(套)制浆洗选漂设备，产品出口美国、加拿大、巴西、法国、捷克、俄罗斯、印度、印尼、泰国、缅甸、越南、朝鲜、孟加拉、巴基斯坦、南非、埃塞俄比亚等国家。

金光纸业(中国)投资有限公司

企业性质：外商独资企业
地址：上海市长宁区娄山关路533号金虹桥国际中心II座31楼
邮编：200051
法人代表：黄志源
电话：021－22838888
传真：021－22839063
网址：www. app. com. cn
联系人：陈逸悦
电话：021－22839592
邮箱：chenyiyue@ app. com. cn
职工总数：2.6万余人

金光集团(英文名：Sinar Mas Group)由印度尼西亚知名华人黄奕聪先生于1962年创立，现已拥有数百家法人公司，曾被世界著名财经杂志《福布斯》评为印度尼西亚第一大财团。经过不断创新发展，集团已形成七大核心产业：制浆造纸业、金融业、农业及食品加工业、房地产业、能源与基础设施、移动通讯以及健康医疗。

作为金光集团的核心产业，APP(全称为Asia Pulp & Paper)创立于1972年，产品横跨生活用纸、工业用纸、文化用纸以及纸制品，年生产及加工总产能约2300多万吨，覆盖了全球六大洲、160多个国家。

自1992年进入中国以来，APP(中国)在发展过程中始终秉持可持续发展战略。目前，已建立2大育苗研究中心，18家大型林业公司，29万公顷人工林，7大核心浆纸业生产基地。从生态营林到环保制浆，再到绿色造纸，APP(中国)已经形成了“以林养纸、以纸促林、林纸结合”的“林浆纸一体化”绿色大循环。截至2019年年底，APP(中国)总资产约1914亿元，年加工生产能力约1178万吨，拥有全职员工2.6万名。

此外，APP(中国)及其母公司金光集团也正着手于推动企业可持续发展的城市综合体及科技园项目，以实现资源多元化配置。如今，已经在上海及长三角地区开发了5个大型城市综合体项目，包括：上海白玉兰广场、上海金光外滩中心、上海金虹桥国际中心、上海星荟中心和宁波金光中心。

中轻特种纤维材料有限公司

企业性质：国有企业
地址：河北省廊坊市开发区紫杉路50号
邮编：065001
法人代表：朱晓红
经营负责人：刘俊杰
技术负责人：苗　红
电话：0316－2575530
传真：0316－2575609
联系人：任　彪
电话：0316－2575782
网址：www. sinopaper. com
投产日期：2010年
职工总数：108人
技术人员：37名

中轻特种纤维材料有限公司前身为廊坊中轻造纸工程技术有限公司，成立于2008年8月，坐落于河北省廊坊中科科技谷园区内，占地面积3.33公顷，注册资金8000万元，为中国制浆造纸研究院有限公司全资子公司，主要从事特种纤维材料的生产开发工作。公司已通过ISO 9001：2015质量管理体系认证。

公司现有1260/80双圆网特种纸生产线、1260/20高性能造纸法无石棉纤维复合密封材料生产线、1092/80超薄型电容器纸生产线、600毫米多功能涂布机试验线、600毫米圆网试验线、600毫米长网试验线、800毫米长网试验线、化学助剂试验室、仪器仪表加工车间、培训中心及仓库。

中轻特种纤维材料有限公司在中国制浆造纸研究院有限公司的统一领导下，依托制浆造纸国家工程实验室(国家发展改革委批复建设)的科技创新实力，以“成为行业一流的制浆造纸工程化、产业化研究生产平台”为发展方向，充分把握“产研结合，以产促研，以研保产”的科学发展模式，为行业的发展和科技的进步做出突出贡献。

目前公司已形成食品过滤纸、邮资机专用签条纸、全热交换纸、药检纸、育果用纸、烟用滤纸、吸尘器纸袋纸、高透成型纸、化纤壁纸、高性能无石棉纤维复合密封材料和超薄型电容器纸等多系列产品的生产能力，在食品、医药、光学电子、建筑装潢、军工、航空航天、邮政、烟草等行业和领域得到广泛应用，是特种纸行业一个重要的研发、中试和高端特种纸产品生产的综合基地。

山东恒联投资集团有限公司

企业性质：民营企业
地址：山东省潍坊市高新区东风东街3019号
邮编：261061
法人代表：李瑞丰
技术负责人：赵学杰
电话：0536－8671516
传真：0536－8665348
网址：www. henglianpaper. com
联系人：于庆雪
电话：0536－8671538
邮箱：jsyfzx@ hengliangroup. com
成立时间：2002年12月
职工总数：3457人
技术人员：584名

企业详细介绍见“重点企业介绍”栏目。

浙江夏王纸业有限公司

企业性质：中外合资企业
地址：浙江省衢州市衢江区天湖南路20号
邮编：324022
法人代表：朱　毅
经营负责人：王敏良
技术负责人：骆志荣
电话：0570－8768630
传真：0570－8768669
网址：www. kingdecor. cn

联系人： 傅群英
电话： 0570－8768672
邮箱： qunying. fu@ kingdecor. cn
投产日期： 2006 年
职工总数： 610 人
技术人员： 108 名

浙江夏王纸业有限公司成立于 2004 年 09 月 13 日，位于浙江衢江经济开发区内，是由德国夏特装饰纸股份公司和仙鹤股份有限公司共同投资成立的合资企业，注册资本为 3260 万美元，主要从事装饰原纸的制造和销售。

公司的主导产品是装饰板专用饰面纸，主要用于地板装饰、家具装饰、厨具装饰等。产品销往全国各省、市、自治区，远销东南亚、澳洲、美洲及欧洲等地。公司一直以来年产销量均稳步上升，业绩在同行业特种纸中名列前茅。

2011 年 6 月、2015 年 1 月及 2018 年底，公司二期、三期及四期生产线的分别投产，形成了年产量近 27 万吨装饰原纸的生产能力——夏王公司已经成为全球高档装饰原纸最大的生产基地。公司无论在产品质量上、新产品开发上还是在销售服务品质上都具有极强的国际竞争力。

公司先后荣获了"国家高新技术企业""国家级绿色工厂""浙江制造品牌认证""浙江名牌产品""浙江出口名牌产品""浙江省第二批文化成长型企业""浙江省节水型企业""浙江省绿色低碳经济标兵企业""浙江省绿色企业""浙江省工业循环经济示范企业""衢州市国际合作示范企业""衢州市著名商标""衢州市政府质量奖""环境友好企业"及连续多年的"工业企业上台阶奖""衢州市制造业 30 强企业""衢州市制造业纳税 30 强"等诸多荣誉称号。同时，公司主持或参与制定了国家标准 GB/T 28995—2012《人造饰面板专用纸》、GB/T 34722—2017《浸渍胶膜纸饰面胶合板和细木工板》、T/ZZB 0059—2016 浙江制造团体标准《人造板饰面专用原纸》、T/ZZB 0241—2017《热升华转印原纸》浙江制造、LY/T 1831—2009《人造板饰面专用装饰纸》和 Q/XW001—2016《人造板饰面专用纸》6 项标准。

公司始终以"打造国际一流的百年企业"为愿景，以"致力于全球装饰纸行业的领航者"为使命，积极推动装饰纸行业国内、国际市场。夏王公司实施"品牌战略"，拥有明确的品牌价值理念和明晰的市场定位，"KINGDECOR夏王"品牌已经跻身于国际一流的装饰纸行业舞台。

郑州运达造纸设备有限公司

企业性质： 民营企业
地址： 河南省郑州市新郑市薛店镇世纪大道 168 号
邮编： 451162
法人代表： 许超峰
经营负责人： 许超峰
技术负责人： 许要锋
电话： 0371－62586186
传真： 0371－62587979
网址： www. zzyunda. com
联系人： 李彦克
电话： 17760761993
邮箱： marketing@ zzyunda. com
职工总数： 328 人
技术人员： 59 名

郑州运达造纸设备有限公司成立于 1981 年，是我国具有强竞争力的成套备浆及流送系统设备生产企业。

公司主要研发生产链板输送机、废纸散包干法筛选系统、鼓式碎浆机、D 型连续碎解系统、中浓碎浆机、旋鼓式粗筛、中浓压力筛、低脉冲内流压力筛、SSC & SSF 超级筛、盘式浓缩机、浮选脱墨机、双盘磨浆机、锥形磨浆机、热分散系统、造纸固体垃圾处理系统等设备。

公司成立以来，已申请国家专利 192 项，其中发明专利 27 项，制定国家行业标准 1 项，是国家高新技术企业，国家知识产权优势企业，拥有河南省企业技术中心，河南省制浆造纸装备工程技术研究中心，与中国制浆造纸研究院有限公司合作建立制浆造纸国家工程实验室废纸制浆研发中心等研发平台，并于 2019 年成立运达智能装备研究院。公司研发的 30 万吨/年废纸中浓制浆关键设备研制及系统成套集成项目，填补了该领域国内空白，达到国内领先水平。

公司产品畅销国内外，国内市场几乎覆盖了各省，出口量也在不断增加，主要销往越南、伊朗、印度、泰国、印度尼西亚、缅甸、孟加拉国、乌兹别克斯坦、塔吉克斯坦以及俄罗斯、芬兰、巴基斯坦、马来西亚、埃及、阿尔及利亚、澳大利亚、新加坡、阿根廷等国家。

公司始终坚持"精诚专业、服务造纸"的经营理念。为了扩大服务力度和空间，运达公司又于 2011 年正式成立工程技术中心，为广大客户提供售前、售中、售后服务及工程设计，开机调试等服务。

公司目前所处郑州国际机场薛店工业园，距新郑国际机场仅 8 公里。紧挨京、港、澳高速公路及京广高铁、107 国道、京广铁路等，交通物流快捷，通讯联络便利。在此基础上，运达公司正在兴建更高层次的研发生产基地，以扩大规模、壮大实力。并且还在不断吸引国内外各方面人才共举大业，努力为广大客户提供可靠、稳定、节能的备浆系统设备。

牡丹江恒丰纸业股份有限公司

企业性质：国有企业
地址：黑龙江省牡丹江市阳明区恒丰路 11 号
邮编：157013
法人代表：徐　祥
经营负责人：李迎春
技术负责人：李劲松
电话：0453 - 6886000
传真：0453 - 6886302
网址：www. hengfengpaper. com
联系人：李凤伟
电话：0453 - 6886773
邮箱：jsb@ hengfengpaper. com
投产时间：1952 年
职工总数：1942 人
技术人员：219 名

牡丹江恒丰纸业股份有限公司（以下简称“恒丰纸业”）是牡丹江恒丰纸业集团有限责任公司的控股子公司，是国家级高新技术企业、海关 AEO 高级认证企业。2001 年于上交所主板上市（股票代码：600356）。

公司占地面积 48 公顷，资产总额 30 亿元。拥有 21 条机制纸生产线和 1 条国际先进的麻纤维制浆生产线。产品通过了 ISO 9001 质量管理体系、ISO 14001 环境管理体系、ISO 45001 职业健康安全管理体系和 FSC/COC 森林产品产销监管链认证，检测中心通过了 ISO/IEC 17025 实验室认可。

恒丰纸业是世界著名的特种纸基材料生产企业，是全球烟草工业用纸最大供应商之一，70 余年来一直专注于特种纸基功能新材料的开发及生产。主要产品包括烟草工业用纸、食品包装用纸、家居装饰用纸、薄型印刷纸、高档医疗用纸、转印原纸、特种麻纤维纸浆等千余个规格品种。年生产特种机制纸 24 万吨、特种麻浆 6000 吨。

作为国际一流的特种工业用纸及纸浆的生产和开发企业，恒丰纸业秉承“恒远兴业、诚信求丰”经营理念，正在践行自己对社会的承诺、向着成为世界最好的纤维资源有序开发利用、为人类创造一个生生不息的绿色家园的伟大目标迈进。

江苏王子制纸有限公司

企业性质：中外合资
地址：江苏省南通市经济技术开发区通达路 18 号
邮编：226017
法人代表：安井宏和
经营负责人：陈卫兵
技术负责人：平林哲也
电话：0513 - 85996555
传真：0513 - 81198465
网址：www. ojiholdings. co. jp
联系人：苏　杭
电话：0513 - 81198117
邮箱：su168168@ oji - gr. com
投产日期：2010 年
职工总数：985 人
技术人员：54 名

江苏王子制纸有限公司（以下简称“江苏王子”）成立于 2003 年，是日本王子制纸集团（王子ホールディングス株式会社）和南通市经济技术开发区共同出资组建的合资企业。目前拥有 1 条年产 40 万吨高档铜版纸生产线和 1 条年产 70 万吨商品木浆生产线及给排水、热电厂、码头仓库等辅助配套设施。另外，年产 12 万吨的生活用纸项目正在筹建中，预计 2020 年投产。

江苏王子一期年产 40 万吨铜版纸项目采用福伊特公司全套设备，吸收、借鉴日本王子制纸集团 140 年造纸经验。自 2010 年投产以来，高度重视产品质量，以有光、亚光铜版和双胶类产品为主，相继开发生产了尊翡、尊玛、尊琥、文仕等高品质产品，得到了众多用户的肯定。

作为林浆纸一体化的王子制纸集团成员，江苏王子二期年产 70 万吨商品木浆的制浆生产线由美卓公司提供全套设备。采用 ECF 漂白生产工艺，尤其是采用了国际先进的臭氧漂白工艺，对环境更友好，对木浆纤维伤害更小，浆料品质更加稳定。自 2014 年商品木浆上市以来，在国内市场保持畅销，得到众多用户的好评和青睐。

为顺应国内纸业市场发展，在一期、二期项目相继投产后，江苏王子生活用纸项目也在积极筹建中，先期建设2台年条6万吨的生产线，预计2020年初投产。

日本王子制纸集团(王子ホールディングス株式会社)创立于1873年，是日本最早的造纸企业，也是日本首家股份制有限公司。经过100多年的经营发展，现已发展成为世界知名的以林浆纸一体化制浆造纸为主，兼营其他相关业务的综合性企业集团。江苏王子成立10余年来，一直秉承集团创始人涩泽荣一"论语和算盘"的经营理念，在注重生产和品质的同时，担当更多的安全防护、环境保护等社会责任。

芬欧汇川(中国)有限公司

企业性质：外商独资企业
地址：江苏省常熟市经济技术开发区兴业路2号
邮编：215536
法人代表：Petteri Kalela
经营负责人：Jukka Saarelainen
技术负责人：朱志坚
电话：0512－52651818
传真：0512－52652300
网址：www. upmchina. com
联系人：胡蓉晖
电话：010－85570866
邮箱：hu. ronghui@ upm. com
投产时间：1999年
职工总数：1200人

企业详细介绍见"重点企业介绍"栏目。

山东凯丽特种纸股份有限公司

企业性质：股份制民营企业
地址：山东省荣成市河阳东路198号
邮编：264300
法人代表：车明阳
经营负责人：解承梁
技术负责人：于彦凤
电话：0631－7572758
传真：0631－7571946
网址：www. kailipaper. com. cn
联系人：周大仕
电话：18663186217
邮箱：zhoudashi@ sohu. com
投产时间：1998年
职工总数：610人
技术人员：76名

公司成立于1998年，总资产3.02亿元，员工610人，采用绿色造纸技术，践行"以科技打造持续成长型企业"的发展理念。公司先后通过ISO 9001质量认证、ISO 14001环境认证、FSC国际森林认证、SA8000社会责任认证以及信息安全认证、知识产权认证和职业健康安全体系认证，涵盖28～450克/米^{2}定量范围，包括高档艺术纸、特种防伪纸、工业用纸三大系列300多个品种。公司2020年销售收入3.1亿元，高新技术产品收入超过80%。

公司为高新技术企业，拥有山东省特种防伪纸工程技术研究中心和山东省企业技术中心两大省级研发平台，2010年研发的再生超感纸成为上海世博会官方导览手册专用纸，用于收藏与赠送国外政要；2011年系列特种纸获得第20届全国发明展览会金奖；独家为全国高铁票提供高品质原纸和为中国邮政总局提供防伪邮票纸；高档艺术纸系列进入欧洲、东南亚、中国香港、中国台湾市场，成为cumus、dior、Gucci、Chloé等国际知名品牌包装用纸；防伪纸系列被税务、银行、财政、公安等部门优选为防伪专用纸定点生产单位；共有38项产品技术获得国家发明专利授权及获得国家、行业、省、市级科学技术奖；防伪纸、艺术纸均获得名牌产品称号，并获2项著名商标荣誉；连年获得省级管理示范企业、省诚信企业、专利明星企业、清洁生产先进单位、环保模范企业、慈善企业、重合同守信用单位等荣誉称号。

新乡新亚纸业集团股份有限公司

企业性质：股份制民营企业
地址：河南省新乡纸制品工业园区
邮编：453731
法人代表：宋敬志
经营负责人：宋敬亮
技术负责人：王相务
电话：0373－5681188
传真：0373－5680286
网址：www. xinyapaper. cn
联系人：王相务
电话：13643735766
邮箱：xinyaren@ 126. com
投产日期：1979年

职工总数： 3800 人

技术人员： 560 名

新乡新亚纸业集团股份有限公司是以制浆造纸为主，集热电联产、医药化工、物流商贸、机械制造、林基地开发、环保综合治理于一体的股份制企业集团，年造纸生产能力 120 万吨。是中国质量管理达标企业，中国企业改革示范单位，中国制浆造纸研究院有限公司试验基地。河南省造纸行业龙头企业，省农业、林业产业化重点企业。

公司主营产品有包装用纸、文化用纸、生活用纸三大系列，20 多个品种：

一、包装用纸

(1)年产 30 万吨高强瓦楞原纸，配套主要设备：年产 10 万吨半化学麦草浆，年产 15 万吨废纸浆线，3200 毫米高速纸机。

(2)年产 20 万吨涂布白卡纸，配套主要设备：年产 10 万吨 APMP 杨木化学机械浆安德里茨公司设备，进口 NOSS 流送、稀释水流浆箱、进口可控软硬压光、膜转移施胶机、BMB 涂布机、维美德公司 DCS、QCS、西门子公司传动、亚赛利公司高速复卷机、分切机等。

二、文化用纸

年产 30 万吨教材专用文化用纸，配套 15 万吨低耗能立锅置换蒸煮、二氧化氯漂白、苏尔寿中浓、氧脱木素筛选系统，10 万吨横管连蒸、ECF 漂白系统，2640 毫米、3520 毫米高速文化纸机、膜转移、可控软压光、DCS、QCS 在线控制等系统。

三、生活用纸

年产 40 万吨液体包装用纸，配套 20 万吨双段预浸、双段高浓磨浆的 APMP 杨木化机浆生产设备。纸机配套靴式压榨、安德里茨公司打浆、流送、稀释水流浆箱、维美德公司 DCS、QCS、进口涂布机、可控软硬压光、膜转移施胶机、进口高速复卷机、分切机等。

公司现拥有两个省级技术中心，河南省企业技术中心和河南省造纸污染治理工程技术研究中心。技术研究中心自成立以来，相继完成了废水深度处理工艺技术改造、草木混合制浆技术改造、全木浆彩色字帖纸、食品卡纸、特种用纸等多个品种的开发与应用；碱回收系统产生的白泥综合利用于电厂烟气脱硫，达到制浆造纸资源循环利用；完成了白卡纸芯层全部使用 APMP 化学机械浆的技术开发；APMP 高浓废液进碱炉燃烧；攻克了半化学麦草浆黑液碱回收难提取、难蒸发、难燃烧、难苛化的难题。其中废水深度处理工艺技术为河南省造纸行业污水处理标准的制定提供了参考依据，碱回收系统的改造得到国内碱回收专家的一致好评，荣获全国节能减排技术二等奖。

企业详细介绍见“重点企业介绍”栏目。

日惠得造纸器材(上海)贸易有限公司

企业性质： 外资企业

地址： 上海市长宁区兴义路 1511 号

邮编： 200336

法人代表： 清水俊雄

经营负责人： 横尾勝则

技术负责人： 黑川茂

电话： 021－62350159

传真： 021－62080908

网址： www. felt. co. jp

联系人： 丁莉勤

电话： 13764306237

邮箱： lqding@ felt. co. jp

职工总数： 605 人

技术人员： 48 名

主要产品：制浆造纸用毛毯、网、靴套和其他工业用毛毯。造纸用毛布，制浆用毛布，石板及建材制造用毛布，造纸及其他工业用塑料织物。

业务内容：纸张、纸浆、石板及其他工业用毛布的制造、加工及销售。各种纤维制品的制作、加工及销售。工业用洗涤剂、其他化学工业药品的制造及销售等。

无锡荣成环保科技有限公司

企业性质： 苏台合资

地址： 江苏省无锡市惠山区洛社镇中兴西路 43 号

邮编： 214187

法人代表： 陶龙法

经营负责人： 姚长坤

技术负责人： 高威宏

电话： 0510－83316666

传真： 0510－83301903

网址： www. longchenpaper. com

联系人： 许武军

电话： 13961848775

邮箱： w5015@ longchenpaper. com

投产日期： 1997 年

职工总数： 700 人

技术人员：100 名

企业详细介绍见“重点企业介绍”栏目。

宣城市产品质量监督检验所

企业性质：事业单位

地址：安徽省宣城市宣州区水阳江西大道文房四宝大厦

邮编：242000

法人代表：吴　成

经营负责人：孙　晖

技术负责人：方永义

电话：0563－3015526

传真：0563－3015526

网址：www. gjxzjyzx. com

联系人：周　玲

电话：0563－2627051

职工总数：22 人

技术人员：19 名

国家宣纸及文房用品质量监督检验中心在宣城市产品质量监督检验所基础上筹建。拥有文房用品国内、外最先进的检测、科研设备达 120 台(套)，包括场发扫描电镜、激光拉曼光谱仪、红外光谱热重分析联用仪、电感耦合等离子发射光谱仪、L&W 纤维测试仪、IGT 印刷适应性测定仪等。拥有 1 个微生物实验室、2 个恒温恒湿实验室、13 个物理、化学、仪器分析等功能实验室。可承接纸制品，所有文房四宝等相关产品的检验检测业务以及技术服务。作为社会公益性第三方检测机构，中心将坚持“科学、公正、准确、满意”的方针，为社会提供公正的数据和优质服务。

苏州安美润滑科技有限公司

企业性质：民营企业

地址：江苏省昆山市千灯镇汶浦东路 158 号

邮编：215300

法人代表：汪小龙

电话：0521－82602978

联系人：聂　峥

电话：0521－82602978

苏州安美润滑科技有限公司位于江苏昆山市千灯镇化工区，地处长三角地区的中心，占地20000 米^2，拥有 30 套工业润滑油及化学品生产能力，年产能达 20 万吨。专注于设备润滑、清洗、防锈、导热领域的创新和发展，总部位于广东东莞松山湖，在中国和东南亚布局七大产销研基地，百余个服务驻点，为制造业提供工业润滑材料、金属加工液、油液耗材一站式集成供应和维保服务，每年为过万家客户实现提质增效。公司提供的产品包含：工业润滑油，抗磨液压油，工业齿轮油，润滑脂，设备专用油、真空泵油，空气压缩机油，钢铁轧制油，铜铝拉丝油，导轨油、变压器绝缘油，主轴油，针织油，造纸机油，锭子油，回火油、切削油，电火花油，攻牙油成型油，冲压拉伸油，环保防锈油、切削液，工业清洗剂，压铸脱模剂，磨削液，自动排挡液、锅炉导热油，管道在线清洗剂，锅炉维护添加剂，绝热棉、食品级白油、汽车润滑机油等，并提供油品监测分析、金属加工液(清洗剂)回用方案等方面的整厂润滑、清洗、防锈的解决服务方案。公司凭借全方位的核心化学技术优势及配方，结合中国制造加工业的实际情况，经过不断的技术融合、实践和创新，产品均通过 RoHS 环保标准认证；在推动中国工业发展的同时，安美一直在推行以优先的润滑、环保技术来保护环境。怕磨损，用安美。安美融汇当今靠前研发技术和全球原料资源，不断创新及完善产品体系，以优良的品质及对环境保护的不懈努力而致力于引领行业发展。

浙江华章科技有限公司

企业性质：有限责任公司

地址：浙江省杭州市祥园路 99 号运河广告产业大厦 2 号楼 11 层

邮编：310012

法人代表：王爱燕

技术负责人：徐小伟

电话：0571－88994499

传真：0571－88994466

网址：www. hzeg. com

联系人：刘　伽

电话：0571－88994499

邮箱：HZT@ hzeg. com

华章科技(HK01673)成立于 1993 年，是一家在香港联交所上市的科技型企业，拥有 20 多年在造纸行业电气自动化、流浆箱及成型器、环保设备及工程的经验，是我国造纸装备的领先供应商，秉承“诚信、敬业、协作、创新”的理念，努力打造成为造纸工业的方案、设备及综合服务供应商。

公司专注于造纸装备的技术进步和品质提升，拥有一支顶尖的技术和服务工程师团队，在研发、设计、集成制造、服务维保等方面具有核心竞争力，20多年来累计完成了2000多个工程项目，为造纸企业提供基于智能制造、清洁生产、项目总包、设备维保等全方位的装备和服务，旨在成为造纸工业的全职“保姆”，并积极参与和帮助一带一路沿线国家造纸项目的工程建设。

华章科技倡导保护环境、促进绿色工业发展，在水处理和固液分离技术方面拥有多项专利技术，并被广泛应用于市政、造纸、制药、化工、冶金等行业。

华章科技在香港、杭州、武汉、桐乡等地拥有办公室或生产基地。有着完善的质量、环境和职业健康安全的保障体系，率先通过了ISO 9001质量体系认证、ISO 14001环境管理体系认证及OHSAS18001职业健康安全管理体系认证。目前拥有专利发明25项；实用新型专利75项；软件登记18项。

山东硅元新型材料股份有限公司

企业性质： 国有企业
地址： 山东省淄博市高新区柳泉路286号
邮编： 255086
法人代表： 殷书建
经营负责人： 梁　健
技术负责人： 王安英
电话： 0533－3588517
传真： 0533－3582244
网址： www. sicer. com
联系人： 彭　鹏
电话： 0533－3583205
邮箱： jenipeng@ sicer. com
职工总数： 400人
技术人员： 95名

山东硅元新型材料股份有限公司（以下简称“硅元公司”）的前身是成立于1958年的山东省硅酸盐设计研究院。1994年硅元公司依托自身完备的科研平台，完成了“造纸机真空吸水箱全陶瓷面板的研制”项目，该项目1995年11月通过省级鉴定，并在1997年相继荣获山东省科技进步一等奖和国家重点新产品证书。此外，公司自主研制的除渣器陶瓷锥体，现已形成30余个系列、200多个品种，凭借抗冲击、耐磨损、耐腐蚀的卓越品质，畅销海内外高端市场。进入21世纪，随着我国造纸工业的高速发展，公司生产的耐磨陶瓷产品已成功装备在数百条中、高速纸机生产线上，净纸幅最宽超过6600毫米，工作车速最高达1300米/分。公司设计、制造的5200三叠网纸机脱水元件项目，工作车速最高可达921米/分，成功打破了国外脱水元件在我国高速纸几领域的市场垄断。装备了公司耐磨陶瓷产品的纸机日均生产量突破1000吨，成形网使用寿命长达125天，超过国外品牌同类项目38.9%，增产节支效果显著，实现了对进口产品的同质替代。

威立雅（中国）环境服务有限公司

企业性质： 外商投资
地址： 上海市浦东新区海阳西路555号/东育路588号前滩中心28层
邮编： 200126
法人代表： REGIS CALMES
经营负责人： JAN KALASINKI
技术负责人： 朱建良
电话： 021－61932193
传真： 021－61938074
网址： www. veolia. cn
联系人： 马　涛
电话： 13501675251
邮箱： tao. ma@ veolia. com
投产日期： 2003年
职工总数： 6573人

威立雅（中国）环境服务有限公司，是法国威立雅集团（世界500强）在中国的分部，是一家以环境服务为主业的大型集团，自20世纪90年代初起，为中国各大中城市、各级政府机构和工业企业提供水务、废弃物和能源管理领域的方案和服务，是最早进入中国市场的全球环保企业之一。

2019年，威立雅集团将中国的业务市场划分为：供水和排污设施，水务技术，固废回收和再利用，液体和危废处置及回收，为工业客户提供现场服务（轻工业，重工业），地区能源循环和楼宇能源服务七个业务领域。

6573名威立雅中国员工，在40余个城市服务于100多处项目现场，以“资源再生，生生不息”这一使命为宗旨，分享经验，共同进步。

索理思(上海)化工有限公司

企业性质： 外资企业
地址： 上海市莘庄工业区申富路688号
邮编： 201108
法人代表： 朱建明
电话： 021－54422323
传真： 021－54421739
网址： www. solenis. com
联系人： Margaret Zhuang
电话： 021－54422323－5659
邮箱： mzhuang@ solenis. com
投产时间： 2008年
职工总数： 230人
技术人员： 40名

索理思是世界领先的特种化学品公司，为制浆造纸、石油天然气、化学过程、采矿、生物精炼、电力和市政建设等耗水产业提供解决方案。索理思的产品组合包括一系列工艺过程、功能性及水处理化学品以及尖端监控系统，可用于提高操作效率和产品质量，同时保护设备资产并减少对环境的影响。

公司总部位于美国特拉华州威尔明顿市，在五大洲118个国家拥有30座生产基地以及3500名员工。

中国轻工业长沙工程有限公司

企业性质： 国有企业
地址： 湖南省长沙市雨花区新兴路268号
邮编： 410114
法人代表： 陈志明
电话： 0731－85770333
传真： 0731－85584415
联系人： 杨国庆
电话： 0731－85770230

企业详细介绍见“国内制浆造纸科研设计单位简介”栏目。

金东纸业(江苏)股份有限公司

企业性质： 中外合资企业
地址： 江苏省镇江大港兴港东路8号
邮编： 212132
法人代表： 黄志源
经营负责人： 胡巧忠
技术负责人： 吴国泉
电话： 0511－88998888
传真： 0511－88997000
网址： www. goldeastpaper. com. cn
邮箱： service@ goldeastpaper. com. cn
联系人： 卜正芳
电话： 0511－88996512
投产日期： 1997年
职工总数： 4449人
技术人员： 1400名

企业详细介绍见“重点企业介绍”栏目。

中冶纸业银河有限公司

企业性质： 国有企业
地址： 山东省临清市西门里街297号
邮编： 252600
法人代表： 黎　轶
经营负责人： 黎　轶
技术负责人： 单立伟
电话： 400－0635－111
联系人： 刘立峰
电话： 13475890354
网址： www. mccyinhe. com
邮箱： 13475890354@ 163. com
投产日期： 1958年
职工总数： 2977人
技术人员： 3315名

中冶纸业银河有限公司(以下简称“银河纸业”)是中国诚通控股集团有限公司下属中国纸业投资有限公司骨干造纸企业之一，始建于1958年，坐落于运河名城——山东省临清市。现有员工近3000人，占地178.67公顷。拥有5280毫米、4400毫米、3600毫米、3300毫米、2640毫米等多种型号造纸机台，年造纸能力80万吨，年制浆能力50万吨。是国家高新技术企业、国家绿色工厂、山东省造纸行业十强企业、山东省技术创新示范企业、临清市工业支柱企业，系集制浆、造纸、化工、机械制造、环保、物流为一体的大型制浆造纸企业。

产品有印刷用纸、办公用纸和包装用纸三大系列，主导产品有：高档双胶纸、高档静电复印纸、混浆双胶纸、轻型纸、银河书纸、象牙白双胶、精印书写纸和高强瓦楞原纸，以及其他特色文化印刷用纸。其中，静电复印纸、精印书写纸为“山东名牌”产品，精印书写纸、高强瓦楞原纸为“中国名优产品”。企业拥有“银河瑞雪”“银河皓月”“银河华章”“银光”“银河祥云”“银河如意”“银河书纸”七大商标，其中“银河瑞雪”“银河皓月”和“银光”商标为山东省著名商标，“银河瑞雪”商标为中国驰名商标，深受用户好评。

公司拥有国家认定企业技术中心、博士后科研工作站、山东省工程技术研究中心、聊城市工程实验室等多个科技平台，研发场地面积 2000 多米^2。拥有研究开发仪器设备 200 余台(套)，包括纸页动态成形器、纤维质量分析仪(FQA)、加拿大游离度仪、Zeta 电位测试仪、PCD-04 胶体电荷测定仪、IGT 印刷适性仪、TSO 测试仪、纸张匀度分析仪、L&W 粗糙度测试仪、小型蒸煮锅等先进仪器设备。

公司已获得国家专利 152 项，其中发明专利 11 项，制定或参与制定国家标准 5 项，行业标准 1 项，成果鉴定多项。先后获得“国家科学技术进步二等奖”“全国造纸行业节能减排优秀技术创新成果一等奖”“中国轻工业联合会科学技术进步二等奖”“中国轻工业联合会科学技术进步三等奖”等多项科技奖励。

公司通过了 ISO 9001 质量管理体系、ISO 14001 环境管理体系、OHSAS18000 职业健康安全管理体系、FSC-COC 森林管理体系、两化融合管理体系、海关高级认定企业等认定，拥有自营进出口权。先后获得“全国五一劳动奖状”“工人先锋号”“中国轻工业造纸行业十强企业”“山东省标准化企业”“山东省守合同重信用企业”“山东省环境友好企业”“低碳山东模范贡献单位”等 100 多项省级以上荣誉称号。

面向未来，银河纸业将以市场为导向，以客户为中心，秉承“向文明、德载业、竞天择、新致远”企业文化理念，践行“紧贴市场、优化结构、持续改善、追求极致”经营方针，努力建设成为具有国际竞争力的现代化制浆造纸企业。

辽宁兴东科技有限公司

企业性质： 私营企业
地址： 辽宁省开原市八宝镇造纸产业园
邮编： 112300
法人代表： 都兴东
经营负责人： 孙庆明
技术负责人： 孙文双
电话： 024-73900130
传真： 024-73900111
网址： www.lnxdzy.com
联系人： 张欢
电话： 1884263878
邮箱： 1425058071@qq.com
投产日期： 2014 年
职工总数： 615 人
技术人员： 88 名

辽宁兴东科技有限公司是铁岭及开原市委、市政府调整地区产业发展布局，决议成立铁岭开原造纸产业园区后，开原市政府于 2012 年 5 月招商引进造纸产业园区的第一个造纸产业项目。兴东科技于 2012 年 7 月入驻开原市造纸产业园区，建设年产 100 万吨的高档包装纸板项目，项目规划分三期工程实施，占地面积 40 公顷，总投资 15 亿元。该项目以废纸为原材料，生产高档包装纸板，属于国家鼓励的循环经济产业项目，产业发展前景良好。

一期工程投资 3.8 亿元，占地 10.13 公顷，建筑面积 3.2 万米^2，建成了年产 20 万吨的高档包装纸板生产线，于 2014 年 1 月投产运营。二期工程投资 3.5 亿元，占地 16.2 公顷，建筑面积 5.3 万米^2；采用目前国内顶尖水平的技术装备和生产工艺，高标准建设年产 30 万吨高档包装纸板生产线，于 2018 年 8 月投产运营。

企业自投产运营以来，经营发展战略定位准确，持续推进管理提升，注重人才培养和团队打造，注重品牌建设和技术投入；产品主要销往东北、华北、华南等地区，市场占有率持续提升。现已发展成为铁岭地区包装纸板行业的支柱企业和重点纳税企业，带动了地区纸箱包装、物流运输、再生资源回收、机械加工、造纸化学品等相关配套产业的迅速发展，企业荣获辽宁省五一劳动奖状、铁岭市五一劳动奖状、铁岭市纳税百强企业、A 级纳税企业、重合同守信誉单位等荣誉称号。

目前正在推进企业上市工作，计划 2022 年实现在主板市场成功上市的既定目标。计划于 2022 年实施三期工程建设，计划投资 7.7 亿元，占地 13.67 公顷，拟再建设 2 条高档包装纸板生产线，于 2023 年年底之前建成达产，实现年产 100 万吨高档包装纸板的产能。后续计划于 2030 年之前，通过资源整合、强强联合，组建辽宁兴东包装产业集团公司，形成具有辐射效应的产业发展格局。

公司将振兴民族纸业作为己任，坚持走“绿色环保”的可持续发展道路，致力于循环经济产业，努力成长为国内造纸行业一流企业；致力于实现打造东北地区包装产业的巨型“航母”，缔造百年兴东的梦想。

仙鹤股份有限公司

企业性质：民营股份制
地址：浙江省衢州市衢江区百灵北路 12 号
邮编：324022
法人代表：王敏良
经营负责人：李志敏
技术负责人：戴贤中
电话：0570－2833055
传真：0570－2931631
网址：www. xianhepaper. com
联系人：张　诚
电话：0570－8755298
邮箱：cnzhangcheng@ 126. com
投产日期：1998 年
职工总数：3800 人
技术人员：236 名

仙鹤股份有限公司为国内大型高性能纸基功能材料研发和生产企业。公司占地 200 公顷，在全国范围内拥有 3 个制造基地，43 条现代化造纸生产线（包括子公司及合营公司），1 条纸浆生产线，21 条涂布生产线和 7 台超级压光机，3800 多名员工。仙鹤股份于 2018 年 4 月 20 日在上交所主板上市，股票代码 603733。

仙鹤致力于提供高性能纸基功能新材料领域的整体解决方案，并拥有化工、制浆、能源、原纸、纸制品、环保处理、运输等全产业链产能布局。仙鹤拥有丰富的高性能纸基功能材料产品（包括烟草行业用纸、家居装饰用纸、商务交流及防伪用纸、食品与医疗包装用纸、标签离型用纸、电气及工业用纸、热转印用纸、低定量出版印刷用纸、特种浆等九大系列 60 多个品种），年产能超过 82 万吨。

仙鹤执守“知行合一，匠心智造”的工匠精神，积极推进 ISO 9001（质量管理体系认证）、ISO 14001（环境管理体系认证）、OHSAS 18001（职业健康安全管理体系认证）三体系管理方针和 6S 生产现场管理，产品通过 FSC® COC（FSC－C110766）产销监管链认证、QS 生产许可和 CMA 计量认证，先后获得首批“浙江省绿色企业”“浙江省名牌产品”“浙江省转型引领示范企业”“省级技术中心”“省三名企业”“中国驰名商标”“国家高新技术企业”“国家级绿色工厂”等荣誉。

公司以纸基功能材料的研发制造为核心，积极推动新材料、新能源等多元化产业的发展。与德国夏特集团合资的浙江夏王纸业有限公司，专业生产高档装饰原纸；独资公司河南仙鹤特种浆纸有限公司，致力于对木浆、特种浆和商务交流用纸的开发和生产；与留法博士合力创办的浙江高旭仙鹤高分子材料有限公司，致力于为纸产品提供高质量的化学助剂。仙鹤拥有国际领先技术的产品生产线，仙鹤常山基地实施智能化生产，向“中国制造 2025”迈进。

公司的战略目标及经营理念为：以“家文化”建设为引领，和谐发展；以 ISO 9001 质量管理体系为抓手，精准管控；以 ERP 信息化管理为工具，高效快捷；以科技和人才为支撑，创新驱动；以绩效考核为手段，追求卓越；以“浙江制造”为标准，迈向“中国制造 2025”。持续改进创新，追求尽善尽美，将仙鹤打造成为“国内一流，国际先进”的高性能纸基功能材料领军企业。为客户创造价值，为员工创造福祉，为股东创造回报，为社会创造效益，与所有的合作伙伴共同架起财富的桥梁。

广西博世科环保科技股份有限公司

企业性质：股份有限公司
地址：南宁高新区高安路 101 号
邮编：530000
法人代表：张雪球
经营负责人：张雪球
技术负责人：朱红祥
电话：0771－3220251
传真：0771－3220251
网址：www. bossco. cc
联系人：林金容
电话：0771－3220251
邮箱：bsk@ bossco. cc
成立时间：1999 年
职工总数：1216 人
技术人员：319 名

博世科环保（股票代码：300422）成立于 1999 年，总部设在广西南宁，在国内外设有多家分子公司及服务机构；2015 年，在深圳证券交易所上市，是广西第一家创业板上市公司；2021 年，公司完成混合所有制改革，广州环保投资集团有限公司成为控股股东。

公司是国家技术创新示范企业，拥有国家企业技术中心、博士后科研工作站、人才小高地等科研平台，检测中心通过国家 CNAS 认可及 CMA 资质认定。公司荣获 2016 年度国家科技进步二等奖，2019 年度国家技术发明二等奖，2020 年，入选中国环境上市企业 50 强、广西十佳企业、广西制造业 50 强。

博世科作为拥有核心技术的综合环境服务提供商，业务领域重点为工业环境治理、城乡环境提升、土壤环境修复、固废处置与危废处置、智慧环卫、环境服务业等。博世科构建环评、检测、咨询设计、研究开发、装备制造、工程建设、投资运营等覆盖环保全产业链的服务体系。

博世科环保秉持“博览世界，科技为先”的理念，针对不同客户的技术、运行和环境要求，为客户提供贴心周到的服务，技术与产品远销东盟、东欧、西非、南美等海外市场。

亚太森博(广东)纸业有限公司

企业性质：中外合资

地址：广东省江门市新会区双水镇沙路村瑞丰工业园1号

邮编：529153

法人代表：洪庆隆

技术负责人：韦　克

电话：13929006846

传真：0750－6503070

网址：www. asiasymbol. com

联系人：毕远波

电话：13828080658

邮箱：Yuanbo_ Bi@ asiasymbol. com

职工总数：1319 人

技术人员：157 名

亚太森博(广东)纸业公司从欧洲引进先进的造纸设备，年产 100 万高档非涂布文化用纸，是中国最大的高档文化纸生产商之一。

“百旺”品牌高档复印纸经过 20 多年的努力，已获得了全球客户的认可，目前行销全球 70 多个国家和地区，成为全球办公室最受欢迎的办公用纸之一。为应对客户对高速大批量打印及更高性价比产品的需求，陆续增加推出了包括“高品乐”“至冠”“百顺”“印爽”“亮丽”“全通”“雅文”“战斗金刚”“拷贝可乐”“一品绿”“格林旺”等品牌的文化办公用纸，高档复印纸连年雄踞中国市场占有率第一的位置。

同时为满足印刷出版用户对高档文化印刷用纸的需求，“百旺”“品旺”“瑞印”“雅文”等品牌的高档全木浆双胶纸也同期推出，优异运转适性和印刷适性迅速占据了高档印刷用纸的市场地位，广受市场赞誉。特别是“雅文书纸”，其生产过程不添加荧光增白剂，白度柔和自然，表面平滑，是教科书、教辅材料以及重要文献的理想用纸。

ABB(中国)有限公司

企业性质：外商独资

地址：北京市朝阳区酒仙桥路10号恒通广厦

邮编：100015

法人代表：顾纯元

制浆造纸业务负责人：刘月明

电话：010－84566688

传真：010－84566688

网址：www. abb. com. cn

联系人：张　雪

电话：18101197769

邮箱：betty－xue. zhang@ cn. abb. com

ABB 是全球技术领导企业，致力于推动社会与行业转型，实现更高效、可持续的未来。ABB 通过软件将智能技术集成到电气、机器人、自动化、运动控制产品及解决方案，不断拓展技术疆界，提升绩效至新高度。

ABB 由两家拥有 100 多年历史的国际性企业——瑞典的阿西亚公司和瑞士的布朗勃法瑞公司在 1988 年合并而成，总部位于瑞士苏黎世。ABB 拥有 130 多年的卓越历史，业务遍布全球 100 多个国家和地区，员工人数达 10.5 万。

ABB 与中国的关系可以追溯到 1907 年，当时 ABB 向中国提供了一台蒸汽锅炉。经过多年的快速发展，ABB 在中国已拥有研发、制造、销售和工程服务等全方位的业务活动，27 家本地企业，1.5 万名员工遍布于近 130 个城市，线上和线下渠道覆盖全国约 700 个城市。

中国是 ABB 集团全球第二大市场。ABB 在华超过 90% 的销售收入来源于本土制造的产品、系统和服务。作为数字化领域的技术领导企业，ABB 聚焦中国“新基建”，持续在数字化、工业互联网、人工智能、智能制造、智能交通与智慧能源基础设施等重点领域进行战略布局，携手中国用户与合作伙伴，为行业数字化转型升级注入持续动力。

中国制浆造纸研究院有限公司

企业性质：全民所有制企业
地址：北京市朝阳区望京启阳路4号院中轻大厦
邮编：100102
法人代表：曹春昱
经营负责人：孙 波
技术负责人：曹春昱
网址：www. cnppri. com
联系人：刘若冰
电话：010－64778015
邮箱：bgs@ cnppri. com

企业详细介绍见“国内制浆造纸科研设计单位简介”栏目。

乐美包装（昆山）有限公司

企业性质：有限责任公司
地址：江苏省昆山市新南西路369号
邮编：215300
法人代表：黄 强
经营负责人：刘 震
技术负责人：刘华文
电话：0521－57562359
传真：0521－57562358
网址：www. lamipak. biz
联系人：李 强
电话：15952891008
邮箱：leo. li@ lamipak. biz
投产日期：2007年
职工总数：381人
技术人员：10名

乐美包装（昆山）有限公司由香港的LAMI INVESTMENT LIMITED全额控股，注册资本67000万元，主要产品为无菌液态食品包装材料，其规格、材质、样式等多种多样，是可循环利用、符合绿色环保发展理念的优质产品。公司旨在昆山打造无菌液态食品包装材料高端制造基地，实施技术创新，依托先进的产品开发管理理论和运营支持，改善材质性能和结构设计，提高机械性能、控制系统水平和无菌效果，使公司生产的无菌液态食品包装材料具有更好地保持食品营养成分、延长保质期、节约能源、降低包装成本、易实现环保等优点，并达到包装材料生产系列化。目前，公司产品和服务遍布全球60余个国家的超过两百家客户，生产经营规模和综合实力以及纸塑铝复合材料市场占有率均位于国内国际前列，其主要客户多为国际知名的乳制品与饮料领域的龙头企业。

山东太阳纸业股份有限公司

企业性质：民营企业
地址：山东省济宁市兖州区友谊路1号
邮编：272100
法人代表：李洪信
经营负责人：李洪信
技术负责人：应广东
电话：0537－7928711
传真：0537－7928489
网址：www. sunpapergroup. com
联系人：宋伟华
电话：0537－7928713
邮箱：songweihua@ sunpaper. cn
投产日期：1982年
职工总数：10145人
技术人员：1200名

企业详细介绍见“重点企业介绍”栏目。

广州造纸集团有限公司

企业性质：国有企业
地址：广东省广州市南沙区珠江街新广一路29号
邮编：511462
法人代表：周 耘
经营负责人：李朝晖
技术负责人：焦 东
电话：020－34663302
传真：020－34663302
网址：www. gzpaper. cn
联系人：王向华
电话：13527876705
邮箱：13527876705@ 139. com
投产时间：1936年
职工总数：1018人
技术人员：215名

广州造纸集团有限公司位于广东省广州市南沙自贸区，始建于1936年，是中国第一家生产新闻纸以及第一家采用全废纸生产新闻纸的企业。公司占地73万米^2，总资产100亿元，年产能60万吨。

3台纸机均从国外引进，代表当今国际造纸先进水平。其中9号纸机，年产40万吨新闻纸，2007年以1682米/分钟开机车速，创造了国内造纸项目建设史的一大奇迹。凭借稳定的供应和高质的服务，主营产品新闻纸的市场占有率已达28%，稳居国内第二。2014年开始，通过对产能富余的新闻纸生产线进行技术改造，研发生产环保书写纸、试卷纸、环保牛皮纸、冷固纸、环保淋膜原纸、防黏原纸等新产品，并快速占领市场，获得客户的认可。

公司坚持“用户至上，创新提质赢市场；绿色发展，达标减排护环境；低碳运营，节能降耗增效益；以人为本，预防治理保安康。”的管理方针，通过了质量管理体系、环境管理体系、能源管理体系、职业健康安全管理体系认证，荣获许多奖项和荣誉。包括全国、省、市质量效益型先进企业、全国用户满意单位、全国节能先进集体、广东省诚信示范企业。“广纸牌”新闻纸是全国用户满意产品、广东省用户满意产品、广东省名牌产品。

公司坚持创新驱动和人才战略，通过国家高新技术企业认证，先后组建“广州市制浆造纸重点技术工程研究开发中心”和“广东省级企业技术中心”，研发工作涉及制浆、造纸、节能、环保等专业领域。多项科研成果达到国内领先水平，多个科研项目成果荣获政府、行业科技奖，培养出技术能力强、专业水平高的研发人才队伍，在行业中起到领先示范作用。

四川环龙技术织物有限公司

企业性质：民营企业
地址：四川省成都市温江区新华大道二段519号
邮编：611130
法人代表：周　骏
经营负责人：谢宗国
技术负责人：周兴富
电话：028－82782930
传真：028－82782920
联系人：杨　璐
电话：177612424231
网址：www. vanov. cn
邮箱：yanglu@ vanov. cn
投产日期：2009年
职工总数：322人
技术人员：32名

四川环龙技术织物有限公司是我国造纸毛毯研发、生产与销售的专业供应商，拥有“GOBEAR”和“环龙”等两大造纸毛毯知名品牌，是中国造纸学会副理事长单位、中国造纸学会造纸器材专业委员会成员单位，是国家级高新技术企业，并通过了ISO 9001：2015国际质量体系认证，拥有先进的管理模式，丰富的生产技术经验。

30年来，公司业务已覆盖全国及北美、南美、欧洲、东南亚等国际市场，产品尤其受国内近千家、国外300多家客户的认可。公司按照“标准化、专业化、数据化”的服务标准，运用第四代压榨毛毯技术，为中国造纸行业特别是1000米/分左右的高速纸机提高运行效率，创造更多的价值。

公司致力于做世界一流的造纸毛毯服务商、以第四代造纸毛毯新技术为主流造纸机提高运行效率创造新价值，注重以技术研发为先导，做专家型企业，打造亚洲知名过滤材料供应商。公司将拓展高性能新材料在新能源、智能制造等领域的广泛应用及推广，建立世界一流的工业滤材自主高端品牌。

滕州力华米泰克斯胶辊有限公司

企业性质：合资企业
地址：山东省滕州市经济开发区恒源北路366号
邮编：277500
法人代表：朱宏伟
经营负责人：龙敦东
技术负责人：赵曰永
电话：0632－5699259
传真：0632－5699275
网址：www. sdliua. com
联系人：秦佑凤
电话：0632－5699298
邮箱：sdlihua@ vip. 163. com
投产日期：1985年
职工总数：428人
技术人员：100名

滕州力华米泰克斯胶辊有限公司2001年与德国米泰克斯胶辊有限公司合资。2003年在江苏省昆山市投资建成苏州力华米泰克斯胶辊制造有限公司。滕州公司占地面积8万米^2，昆山公司占地面积4万米^2，公司拥有资产3亿元，职工428人，工程技术人员100多名。公司拥有30多年制造胶辊的经验、技术，是山东省高新技术企业、省级胶辊工程研发中心。公司能够根据客户需求提供设计，包覆材料优选，辊体加工制造，维修，在线测试等业务。产品应用于造纸、钢铁、纺织印染、塑料、矿山机械、木业、印刷等工业领域。

公司始终坚持科研开发，自主创新的技术理念，适应客户需求变化，不断加大产品研发创新的力度，提升产品质量和档次。形成了橡胶、聚氨酯、纤维树脂复合材料、喷涂四大覆层系列；以及真空辊、高速导辊、大辊径制造配套的产品体系，同时还可提供辊面磨削、钻孔、动平衡等维修服务。完全能够满足纸机装备、不锈钢连续退火酸洗、碳钢酸洗、镀锌、彩涂、有色金属板带箔、高密度板辊压平压、纺织浆纱印染、塑膜等生产线的高速、高线压、高温、耐酸碱介质腐蚀等工艺性能要求。具有研磨周期长，使用寿命长，性价比高的特点。公司将以客户需求为关注焦点，提供优质的产品和服务；以技术创新为驱动力，努力打造成国内外最值得信赖的胶辊生产制造商。

河南江河纸业股份有限公司

企业性质：股份有限公司
地址：河南省焦作市武陟县城文化路555号
邮编：454950
法人代表：姜博恩
经营负责人：刘铸红
技术负责人：宋志远
电话：0391－7268389
传真：0391－7268389
网址：www. jianghe. com
联系人：张家利
电话：13243038111
邮箱：wzjhzy@ 126. com
投产日期：2002年
职工总数：2380人
技术人员：268名

企业详细介绍见“重点企业介绍”栏目。

杭州市化工研究院有限公司
国家造纸化学品工程技术研究中心

企业性质：科研院所
地址：浙江省杭州市拱墅区石灰坝7号
邮编：310014
法人代表：赵文彦
技术负责人：王立军
电话：0571－87893088
传真：0571－88030316
网址：www. hhs. cn
联系人：张亚萍
电话：0571－88030316
邮箱：hhy_ zyp@ 163. com
职工总数：300人
技术人员：130名

杭州市化工研究院有限公司成立于1958年，2003年整体转制为股份制科研院所。专业从事造纸化学品、石油加工助剂、高分子材料抗静电剂、新材料等领域的研发和成果转化，编辑出版《造纸化学品》《杭州化工》期刊；是中国造纸化学品工业协会理事长单位，国家造纸化学品工程技术研究中心、全国造纸化学品信息站、浙江省造纸化学品开发工程试验基地的依托单位，领衔组建浙江省造纸化学品关键技术开发与应用创新团队，建有变性淀粉、水溶性高分子、石油化工助剂等省级企业技术研发中心，浙江省、杭州市企业技术中心。曾获得国家、部省市科技成果奖130多项次，14项国家级重点新产品，34项发明专利，多项技术具有国际领先或先进水平。在浙江、吉林、山东、广东等地建立了成果转化基地，造纸化学品产业化能力达50万吨/年。转制以来，杭州市化工研究院有限公司成果转化收入累计84亿元，利税12亿元，上交国家税收6亿元。

造纸化学品主要产品：干增强剂、湿强剂、乳液松香施胶剂、表面施胶剂、表面增强剂、涂布耐水剂、纸浆纤维素酶、湿强解离剂、树脂障碍控制剂、柔软剂、剥离剂、固色剂、填料处理剂、防水剂、湿部添加淀粉系列、表面施胶淀粉系列、层间喷雾淀粉HCT系列、涂布润滑剂、生物基胶乳、填料改性剂、高分子增强剂。

化学品专用设备：淀粉连续蒸煮器、造纸化学品喷射混合器等。

美鑫投资（中国）有限公司

企业性质：外商独资企业
地址：上海市长宁区江苏路369号兆丰世贸大厦7楼F座
邮编：200050
法人代表：DANIEL JOSEPH MONAGLE，Ⅲ
技术负责人：旺忻曙
电话：021－62093279－106
邮箱：xinshu. wang@ mineralstech. com

联系人： 胡承伟
电话： 021－62093279－113
邮箱： aaron. hu@ mineralstech. com
职工总数： 60 人
技术人员： 15 名

美鑫投资（中国）有限公司是矿物技术集团（MTI）在中国的子公司，MTI 是一家基于资源和技术的集团公司，其总部在美国纽约，并在纽交所上市（股票代码 MTX）。MTI 公司有 4 个业务部门：高性能材料、特种矿物、耐火材料和能源服务，业务遍及全球 35 个国家，有 158 家工厂，12 个研发中心和 3600 多名员工。

MTI 公司是全球领先的跨国造纸轻钙供应商，在 1982 年首创并推出的轻钙卫星工厂模式，因为其可为纸厂量身定制高品质且极具成本优势的轻钙产品，同时兼具吸收利用二氧化碳低碳减排的环保效益，近 40 年来被全球的客户广泛接受。目前 MTI 在全球有近 60 家造纸轻钙卫星工厂，轻钙总年产能 400 多万吨，其中在中国正在运行和建设中的轻钙卫星工厂有 9 家。

MTI 服务的客户有 International Paper、Georgia-Pacific、Domtar，Sappi、Mondi、Nippon，Double A、APP 金东、APP 金华盛纸业、山东太阳纸业、常熟 UPM、山东晨鸣和河南江河纸业等诸多全球和国内知名的纸业公司。

MTI 造纸轻钙有填料级轻钙和涂布级轻钙两大系列近几十种产品，其中填料级轻钙广泛应用于文化纸，如静电复印纸、双胶纸、轻型纸和铜版原纸等，可有效提高纸张松厚度、不透明度和白度等；涂布级轻钙广泛应用于铜版纸、涂布卡纸等，可有效提高纸张平滑度、白度和印刷适性等。

华泰集团有限公司

企业性质： 民营企业
地址： 山东省广饶县大王镇潍高路 251 号
邮编： 257335
法人代表： 李建华
经营负责人： 李晓亮
技术负责人： 张凤山
电话： 0546－6888818
传真： 0546－6888018
网址： www. huatai. com
联系人： 任文涛
电话： 18354603888
邮箱： htjt0546@ 163. com
投产日期： 1993 年
职工总数： 12381 人
技术人员： 1127 名

企业详细介绍见“重点企业介绍”栏目。

山东鲁南新材料股份有限公司

企业性质： 股份有限公司
地址： 山东省郯城县人民路 313 号
邮编： 276100
法人代表： 邸淑美
经营负责人： 佟瑞丰
技术负责人： 陈建华
电话： 0539－6130908
传真： 0539－6130908
网址： www. lunanpaper. com
联系人： 刘长冬
电话： 0539－6788168
邮箱： lunanpaper@ 126. com
投产时间： 1970 年
职工总数： 600 人
技术人员： 266 名

山东鲁南新材料股份有限公司是国内著名的特种纸及工业特种材料生产企业，是国内著名的建筑装饰用纸生产基地。公司的主要产品有：装饰原纸、生态纸、无纺纸、无纺滤材、电解电容器纸、隔膜纸等。其中，装饰原纸有素色类、印刷类、平衡类三大系列 200 多个品种；无纺纸有短纤维无纺纸、长纤维无纺纸、无纺纯纸、阻燃无纺纸等系列产品；电解电容器纸有低压、中高压系列产品。

公司现为山东省高新技术企业，拥有省级企业技术中心，目前共获得 34 项专利，其中，发明专利 10 项，实用新型专利 13 项，外观设计专利 11 项，参与制定了《人造板饰面专用纸》国家标准、《无纺壁纸原纸》《装饰装修材料售后服务管理规范（壁纸原纸）》行业标准。化纤无纺布壁纸原纸等多个项目被列入国家火炬计划项目和国家重点新产品。

公司长期以来重视创新和可持续发展，通过了质量管理体系、环境管理体系、职业健康安全管理体系认证，企业发展战略方向重点放在特种纸及工业特种材料领域，在国内外特种纸生产行业具有很高的企业知名度和品牌知名度。

四川永丰纸业集团

企业性质： 股份制企业
地址： 四川省乐山市沐川县永福镇
邮编： 614500
法人代表： 韩晓春
技术负责人： 赵　琳
电话： 0833－4651066
传真： 0833－4651066
联系人： 袁　源
电话： 0833－4651066
投产日期： 1982 年
职工总数： 1800 人
技术人员： 500 名

永丰纸业创建于 1970 年，1993 年转制为股份有限公司，是全国最大的竹浆纸一体化企业。公司现有总资产 30 多亿元，年浆纸产能 60 多万吨，年销售收入 25 亿元，员工 2000 人。公司曾荣获“全国五一劳动奖状”“农业产业化国家重点龙头企业”“国家科技进步二等奖”“国家林业重点龙头企业”“省级扶贫龙头企业”等荣誉，在全国同行业率先通过 ISO 9001 质量体系认证、ISO 14001 环境管理体系认证和 FSC 国际森林体系认证。

公司竹材造纸历史悠久、产品丰富、产业链完整，技术实力全国领先。在四川省乐山市和泸州市建有两个生产基地，覆盖的核心竹原料基地 13.33 多万公顷。主要产品包括：高档竹浆板、文化用纸、生活用纸及特种用纸，其中：竹浆产能 55 万吨/年，竹浆文化用纸产能 7 吨/年，均位居全国第一；以全竹本色为代表的生活用纸受到消费者的广泛认可，销量快速增长；主导品牌“永丰牌”于 2005 年被认定为中国驰名商标。公司下设的“四川省竹材林浆纸工程技术研究中心”是全国唯一的竹浆纸省级技术中心，拥有高级工程师 15 人，研究成果丰硕，并承接过“国家发改委重大产业技术开发专项项目”。公司现为中国造纸协会竹浆工作委员会的主任委员单位。

四川是竹资源大省，竹浆纸产业既是生态产业，又是扶贫产业。竹子是非常生态的造纸原料，生产周期短，固碳能力强，且循环再生，具有持续的生态保护功能。从 20 世纪 90 年代以来，公司始终坚持竹浆纸一体化发展战略，以“当好产业龙头，致富一方人民”为指导思想，累计补贴 7000 多万元扶持农民栽竹，收到了基地扩大、竹农增收、山川绿化等多赢效果。生产基地所在的沐川县，竹林面积由 80 年代初的 1333 公顷上升到 5333 公顷，森林覆盖率达 77.34%；2010 年公司 20 万吨竹浆项目入驻叙永县后，当地竹林面积从 6.47 万公顷增加到了现在的 8.67 万公顷。目前，公司年用鲜竹 200 万吨，每年促农增收 12 亿元，沐川、叙永两县的竹农人均竹收入达到近 2000 元。持续的产业带动，将对两个贫困县（沐川县是国家乌蒙山区集中连片特困地区县，叙永县是国家级贫困县）及周边区县的脱贫攻坚和产业富民，起到积极的促进作用。公司还大力参与公益事业和当地精准扶贫，历年来累计投入 3000 多万元，用于地方林区公路建设、贫困户扶持和捐资助学等。

发展不忘初心。永丰纸业将始终秉持“绿色发展、产业富民”理念，坚定不移地实施竹浆纸一体化战略，保持与环境、资源协同发展，进一步壮大产业规模、提升产业链竞争力。

广西广业贵糖糖业集团有限公司

企业性质： 国有控股
地址： 广西壮族自治区贵港市幸福路 100 号
法人代表： 朱　冰
经营负责人： 陈　健
技术负责人： 蓝贤州
电话： 0775－4201380
传真： 0775－4260088
网址： www.guitang.com
联系人： 黄敏珊
电话： 0775－4201833
邮箱： 1249424520@qq.com
投产日期： 1956 年
职工总数： 1776 人
技术人员： 355 名

因业务发展的需要，广西贵糖（集团）股份有限公司（以下简称“贵糖股份”）于 2018 年 7 月 23 日正式更名为“广西粤桂广业控股股份有限公司”（以下简称“粤桂股份”），并于 2018 年 8 月 6 日成立全资子公司“广西广业贵糖糖业集团有限公司”（以下简称“贵糖集团”），承接了原贵糖股份的糖、纸产业的全部资产和业务。

公司经营范围：食糖、纸、纸浆、食用酒精、轻质碳酸钙、酒糟干粉、有机-无机复混肥料、有机肥料、食品包装用纸、食品添加剂氧化钙、减水剂、元明粉的研发、制造、加工、销售；国内贸易

（国家限制或禁止的商品除外）；货物进出口［包括本企业自产产品的出口及本企业生产、科研所需原辅材料（国家规定一类进口商品除外）、机械设备、仪器仪表、零部件的进口］；机械的制造；零部件加工、修理；机械设备的安装、调试；货物仓储（危险化学品除外）；人力装卸搬运服务；港口经营。

贵糖集团的母公司—粤桂股份即贵糖股份前身是广西贵县糖厂，于 1956 年建成投产，1989 年更名为广西贵港甘蔗化工厂，1993 年由广西贵港甘蔗化工厂独家发起定向募集改组，更名为广西贵糖（集团）股份有限公司。1998 年 11 月 11 日，贵糖股份在深圳证券交易所成功上市（证券代码 000833），成为国内制糖业第一家上市公司。

2015 年 7 月 31 日，贵糖股份完成了重大的资产重组，向广东省广业资产经营有限公司和云浮广业硫铁矿集团有限公司（以下简称“云硫集团”）发行股份购买其所持有的广东广业云硫矿业有限公司（以下简称“云硫矿业”）100% 股权。云硫矿业成为贵糖股份的全资子公司，重组后，贵糖股份注册资本 6.684 亿元，资产总额达到 33.321 亿元。

为了突出上市公司的资本运作平台和综合管理职能，体现粤桂合作愿景，贵糖股份全称更名为“广西粤桂广业控股股份有限公司”，证券简称由“贵糖股份”改为“粤桂股份”，2018 年 7 月 23 日完成了工商变更登记。同时贵糖股份将原有糖、纸产业的全部资产和生产经营业务注入新设立的子公司—贵糖集团。粤桂股份专注资本运作和综合管理，粤桂股份下设两个分别专注于糖、纸产业（贵糖集团）和硫矿、硫化工（云硫矿业）产业经营的实业集团。

贵糖集团主要产品年生产能力为：白砂糖 15 万吨、机制纸 16 万吨、蔗渣漂白浆 15 万吨、酒精 1 万吨、轻质碳酸钙 3 万吨、回收烧碱 3.5 万吨。

公司致力于发展循环经济，走生态工业之路，初步建成了制糖、制浆造纸、酒精、复混肥、轻质碳酸钙的制糖工业共生体系；拥有制糖业企业技术中心和博士后科研工作站、广西首批自治区级人才小高地；在制糖、甘蔗渣制浆造纸和环保核心技术方面处于全国同行业的前列，拥有多项具有国内领先水平的环保自主知识产权，多次荣获“全国环境保护先进企业”“全国资源综合利用先进企业”“全国质量效益型先进企业”“全国用户满意企业”和“全国用户满意产品”等荣誉称号。生产的“桂花”牌糖产品曾于 2007 年被评为中国名牌产品，多次被评为广西名牌产品；“桂花”牌书写纸、胶版印刷纸，“纯点”牌生活用纸均多次被评为广西名牌产品。“桂花”商标和“纯点”商标多次被评为广西著名商标。

2014 年年底开工建设的粤桂（贵港）热电循环经济产业园开创了以政府规划为基础、市场化运作为主导、产业协作为核心、管理合作为手段的两广政企合作新模式，成为珠江—西江经济带规划落地实施、粤桂两省合作的典范。园区规划总用地面积约 100 公顷，预计一期投资约 15.02 亿元，二期投资约 4.61 亿元，合计投资约 19.63 亿元。2020 年榨季完成日榨万吨的制糖厂建设并投产，2020 年年底完成年产 10.89 万吨的制浆厂建设并投产。园区为公司提供了一个良好的发展平台，主要是立足于本地资源优势，按照“减量化、再利用、再循环”的原则，以公司现有的制糖、浆纸业务为依托，发挥公司龙头企业带动作用，延伸制糖、浆纸产业链，实现资源的整合和综合利用；同时，将产业与资本市场、产业与科研和创新应用、产业与现代工业互联和大数据应用、产业与新型城镇化进行有机结合，走新型工业化之路，努力将产业园建设成为可持续发展的特色现代产业与绿色数字化园区。

面对机遇与挑战，公司将贯彻“创新、协调、绿色、开放、共享”的发展理念，紧紧围绕绿色发展战略，坚持质量第一、效益优先的发展原则，以厂区整体搬迁为契机，通过改革创新、并购扩张、技术革新来推动主业结构的优化，通过整合资金、资源和资本来促进主业快速壮大发展，促使企业保持持续稳定地发展。

福建省轻工机械设备有限公司

企业性质：私营企业
地址：福建省闽侯县铁岭北路 3 号
邮编：350109
法人代表：李祥凌
经营负责人：李　艳
技术负责人：姚红兵
电话：0591－22079777
传真：0591－22079777
网址：www.fjqj.com
联系人：高挥民
电话：13906936320
邮箱：121429923@qq.com
职工总数：150 人

技术人员：34 名

福建省轻工机械设备有限公司创建于 1969 年，由原地处福建省南平市的福建省轻工业机械厂经改制搬迁形成的制浆造纸机械制造企业。厂址位于福建省福州市闽侯铁岭工业区，占地面积 67000 余米^2，系福建省高新技术企业，福州市知识产权示范企业，2018 年闽侯县出口大户。2018 年被中国轻工业联合会、中国轻工机械协会联合评为制浆造纸机械行业十强企业、2017—2018 连续两年荣获中国轻工业装备制造行业 30 强企业称号。

公司拥有一支能为客户提供项目咨询、工艺设计、设备制造、安装、试车、人员培训等全套交钥匙工程服务整包项目的专业技术队伍。拥有一、二类压力容器设计、制造许可证、计量二级合格证。获得各类发明专利和实用新型专利 30 项。通过 ISO 质量、环境管理体系认证和两化融合管理体系。公司以依靠科技进步，提高企业素质与综合实力为企业发展的关键。在从事制浆造纸设备，特别是废纸制浆设备制造的近 50 年中，公司研制开发了多项废纸处理和废纸脱墨设备的新产品、新技术。公司的"ZNS 系列双压区双网挤浆机"荣获中国轻工联合会技术进步二等奖；"50 吨/日盘式热分散系统与设备"获中国轻工联合会技术进步三等奖；以及部级优秀新产品一等奖 1 项；部级优秀新产品奖 3 项；部级科技进步三等奖 4 项；福建省级优秀新产品奖 5 项；福建省科技进步奖 4 项。与南京林业大学联合成立了"制浆造纸装备技术研发中心"；与福建农林大学材料工程学院专家教授合作建立"专家工作站"，展开技术交流与技术合作。

目前公司能全套提供年产 40 万吨废纸 OCC 和年产 15 万吨废纸脱墨制浆设备及其他非废纸浆制浆设备。其中，碎浆设备、浓缩洗涤设备、热分散等设备的重要技术指标值达到国际先进水平。业务扩展到东南亚、印度、韩国、墨西哥、巴西、中东、非洲、俄罗斯、东欧等市场，公司的产品也服务于玖龙、理文、晨鸣、太阳、APP、SCG、DOUBLE A、BO PAPER 等全球百强纸业。制浆设备和技术服务在海外市场的业绩在国内同行业中处于领先位置。

山东省章丘鼓风机股份有限公司（江苏章鼓力魄锐动力科技有限公司）

企业性质：上市股份制企业

地址：山东省章丘区明水经济开发区世纪大道东首

邮编：250200

法人代表：方润刚

经营负责人：柏泽魁

技术负责人：韩　鹰

电话：0531 - 83250025

网址：www. blower. cn

联系人：陈志勇

电话：13573126317

邮箱：chenzhiyong@ blower. cn

投产日期：1990 年

职工总数：1260 人

技术人员：360 名

江苏章鼓力魄锐动力科技有限公司是由山东省章丘鼓风机股份有限公司（以下简称"山东章鼓"，股票代码：002598）和杭州力魄锐航天科技有限公司共同出资成立的一家以高科技高速叶轮机械及相关配套产品研发、生产、销售、试验、技术服务一体化的高新技术企业。

山东章鼓是国家重点风机生产企业，具有 50 余年的风机设计、生产、制造技术和经验，目前公司集罗茨鼓风机、离心风机、工业泵、粉体输送工程、电气设备等产品或工程设计、生产、销售于一体的现代化上市企业。中国通用风机协会副理事长单位，罗茨鼓风机、离心风机国家标准起草单位。

章鼓力魄锐系列高速叶轮机产品，采用航空动力技术以及航空级加工制造工艺，设计和研发中着力聚焦叶轮机械的高性能、高可靠性、高性价比。章鼓力魄锐叶轮机械源于军工航空血统，在设计和加工过程中加入航空高科技元素，专门针对用户需求以及用户工艺特点量身定制，追求领先技术和性能至上。不仅满足用户工艺需求，技术参数，而且着力于设备高效性、可靠性和易于操作性。

章鼓力魄锐以成为能源动力解决方案领导者为目标，个性化定制各类叶轮机械产品，包括离心真空泵、鼓风机、蒸汽压缩机、离心压缩机、ORC 余热回收涡轮、LNG 势能发电机等。公司产品广泛应用于造纸、环保、医药、能源、化工、冶金、钢铁、电力、纺织等相关领域。

（雷　煌）

附　　录

APPENDIXES

12

2020 年国民经济与社会发展统计公报(节选)

Statistical Report Communique of National Economic and Social Development in 2020(Excerpt)

2020 年是新中国历史上极不平凡的一年。面对严峻复杂的国际形势、艰巨繁重的国内改革发展稳定任务特别是新冠肺炎疫情的严重冲击，以习近平同志为核心的党中央统揽全局，保持战略定力，准确判断形势，精心谋划部署，果断采取行动，付出艰苦努力，及时作出统筹疫情防控和经济社会发展的重大决策。各地区各部门坚持以习近平新时代中国特色社会主义思想为指导，全面贯彻党的十九大和十九届二中、三中、四中、五中全会精神，按照党中央、国务院决策部署，沉着冷静应对风险挑战，坚持高质量发展方向不动摇，统筹疫情防控和经济社会发展，扎实做好“六稳”工作，全面落实“六保”任务，我国经济运行逐季改善、逐步恢复常态，在全球主要经济体中唯一实现经济正增长，脱贫攻坚战取得全面胜利，决胜全面建成小康社会取得决定性成就，交出一份人民满意、世界瞩目、可以载入史册的答卷。

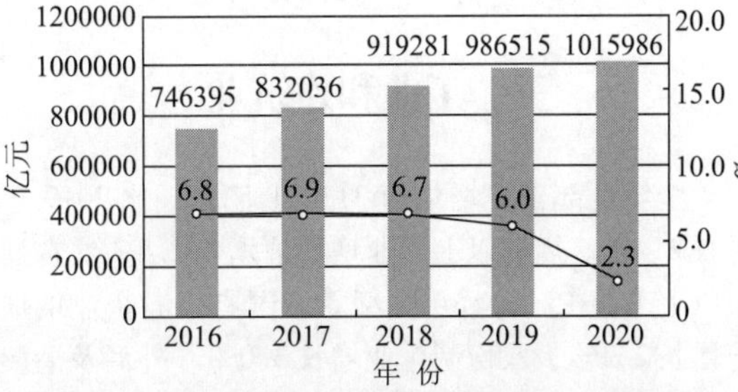

图1　2016—2020年国内生产总值及其增长速度

■国内生产总值　-○-比上年增长

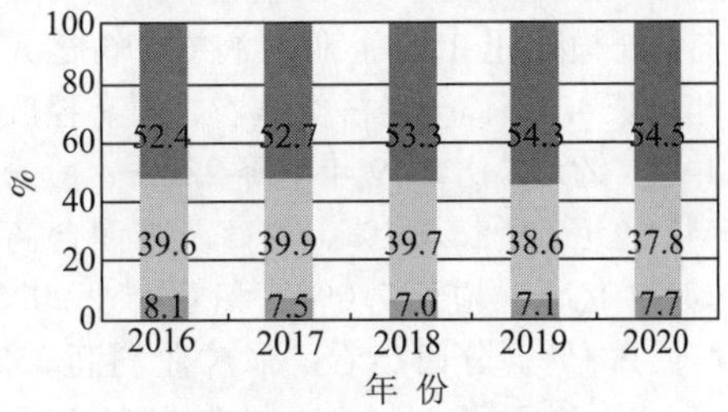

图2　2016—2020年三次产业增加值占国内生产总值比例

■第一产业 ■第二产业 ■第三产业

一、综　合

初步核算[1]，全年国内生产总值 1015986 亿元，比 2019 年增长 2.3%。2016—2020 年国内生产总值及其增长速度如图 1 所示，2016—2020 年三次产业增加值占国内生产总值的比例如图 2 所示。其中，第一产业增加值 77754 亿元，增长 3.0%；第二产业增加值 384255 亿元，增长 2.6%；第三产业增加值 553977 亿元，增长 2.1%。第一产业增加值占国内生产总值比例为 7.7%，第二产业增加值比例为 37.8%，第三产业增加值比例为 54.5%。全年人均国内生产总值 72447 元，比 2019 年增长 2.0%。国民总收入[2] 1009151 亿元，比 2019 年增长 1.9%。

全年城镇新增就业 1186 万人，比 2019 年减少 166 万人。年末全国城镇调查失业率为 5.2%，城镇登记失业率为 4.2%。全国农民工[3] 总量 28560 万人，比 2019 年下降 1.8%。其中，外出农民工 16959 万人，下降 2.7%；本地农民工 11601 万人，下降 0.4%。

全年居民消费价格比 2019 年上涨 2.5%。工业生产者出厂价格下降 1.8%。工业生产者购进价格下降 2.3%。农产品生产者价格上涨 15.0%。12 月份，70 个大中城市新建商品住宅销售价格同比上涨的城市个数为 60 个，下降的为 10 个。

二、农 业

全年粮食种植面积 11677 万公顷，比 2019 年增加 70 万公顷。全年粮食生产量 66949 万吨，比 2019 年增加 565 万吨，增产 0.9%。全年棉花生产量 591 万吨，比 2019 年增产 0.4%。油料生产量 3585 万吨，增产 2.6%。糖料生产量 12028 万吨，减产 1.2%。茶叶生产量 297 万吨，增产 7.1%。全年猪牛羊禽肉生产量 7639 万吨，比 2019 年下降 0.1%。全年水产品生产量 6545 万吨，比 2019 年增长 1.0%。全年木材生产量 8727 米^3，比 2019 年下降 13.1%。全年新增耕地灌溉面积 43 万公顷，新增高效节水灌溉面积 160 万公顷。

三、工业和建筑业

全年全部工业增加值 313071 亿元，比 2019 年增长 2.4%。规模以上工业增加值增长 2.8%。在规模以上工业中，分经济类型看，国有控股企业增加值增长 2.2%；股份制企业增长 3.0%，外商及港澳台商投资企业增长 2.4%；私营企业增长 3.7%。分门类看，采矿业增长 0.5%，制造业增长 3.4%，电力、热力、燃气及水生产和供应业增长 2.0%。

全年规模以上工业企业利润 64516 亿元，比 2019 年增长 4.1%。分经济类型看，国有控股企业利润 14861 亿元，比 2019 年下降 2.9%；股份制企业 45445 亿元，增长 3.4%，外商及港澳台商投资企业 18234 亿元，增长 7.0%；私营企业 20262 亿元，增长 3.1%。分门类看，采矿业利润 3553 亿元，比 2019 年下降 31.5%；制造业 55795 亿元，增长 7.6%；电力、热力、燃气及水生产和供应业 5168 亿元，增长 4.9%。全年规模以上工业企业每百元营业收入中的成本为 83.89 元，比 2019 年减少 0.11 元；营业收入利润率为 6.08%，提高 0.20 个百分点。

全年全社会建筑业增加值 72996 亿元，比 2019 年增长 3.5%。全国具有资质等级的总承包和专业承包建筑业企业利润 8303 亿元，比 2019 年增长 0.3%，其中，国有控股企业 2871 亿元，增长 4.7%。

四、服务业

全年批发和零售业增加值 95686 亿元，比 2019 年下降 1.3%；交通运输、仓储和邮政业增加值 41562 亿元，增长 0.5%；住宿和餐饮业增加值 15971 亿元，下降 13.1%；金融业增加值 84070 亿元，增长 7.0%；房地产业增加值 74553 亿元，增长 2.9%；信息传输、软件和信息技术服务业增加值 37951 亿元，增长 16.9%；租赁和商务服务业增加值 31616 亿元，下降 5.3%。全年规模以上服务业企业营业收入比 2019 年增长 1.9%，利润总额下降 7.0%。

全年货物运输总量[4] 463 亿吨，货物运输周转量 196618 亿吨公里。全年港口完成货物吞吐量 145 亿吨，比 2019 年增长 4.3%，其中，外贸货物吞吐量 45 亿吨，增长 4.0%。港口集装箱吞吐量 26430 万标准箱，增长 1.2%。

年末全国民用汽车保有量 28087 万辆(包括三轮汽车和低速货车 748 万辆)，比 2019 年末增加 1937 万辆，其中私人汽车保有量 24393 万辆，增加 1758 万辆。

全年完成邮政行业业务总量 21053 亿元，比 2019 年增长 29.7%。邮政业全年完成邮政函件业务 14.2 亿件，包裹业务 0.2 亿件，快递业务量 833.6 亿件，快递业务收入 8795 亿元。全年完成电信业务总量 136758 亿元，比 2019 年增长 28.1%。移动电话普及率为 113.9 部/百人。全年移动互联网用户接入流量 1656 亿 GB，比 2019 年增长 35.7%。全年软件和信息技术服务业[5]完成软件业务收入 81616 亿元，按可比口径计算，比 2019 年增长 13.3%。

五、国内贸易

全年社会消费品零售总额 391981 亿元，比 2019 年下降 3.9%。按经营地统计，城镇消费品零售额 339119 亿元，下降 4.0%；乡村消费品零售额 52862 亿元，下降 3.2%。按消费类型统计，商品零售额 352453 亿元，下降 2.3%；餐饮收入额 39527 亿元，下降 16.6%。

全年实物商品网上零售额 97590 亿元，按可比口径计算，比 2019 年增长 14.8%，占社会消费品零售总额的比重为 24.9%，比 2019 年提高 4.0 个百分点。

六、固定资产投资

全年全社会固定资产投资 527270 亿元，比 2019 年增长 2.7%。其中，固定资产投资(不含农户)518907 亿元，增长 2.9%。分区域看，东部地区[6]投资比 2019 年增长 3.8%，中部地区投资增长 0.7%，西部地区投资增长 4.4%，东北地区投资增长 4.3%。

在固定资产投资(不含农户)中，第一产业投资 13302 亿元，比 2019 年增长 19.5%；第二产业投资 149154 亿元，增长 0.1%；第三产业投资 356451 亿元，增长 3.6%。民间固定资产投资 289264 亿元，增长 1.0%。基础设施投资[7]增长 0.9%。

全年房地产开发投资 141443 亿元，比 2019 年增长 7.0%。

七、对外经济

全年货物进出口总额 321557 亿元，比 2019 年增长 1.9%。其中，出口 179326 亿元，增长 4.0%；进口 142231 亿元，下降 0.7%。货物进出口顺差 37096 亿元，比 2019 年增加 7976 亿元。对"一带一路"[8]沿线国家进出口总额 93696 亿元，比 2019 年增长 1.0%。其中，出口 54263 亿元，增长 3.2%；进口 39433 亿元，下降 1.8%。

全年服务进出口总额 45643 亿元，比 2019 年下降 15.7%。其中，服务出口 19357 亿元，下降 1.1%；服务进口 26286 亿元，下降 24.0%。服务进出口逆差 6929 亿元。全年外商直接投资(不含银行、证券、保险领域)新设立企业 38570 家，比 2019 年下降 5.7%。实际使用外商直接投资金额 10000 亿元，增长 6.2%，折 1444 亿美元，增长 4.5%。其中"一带一路"沿线国家对华直接投资(含通过部分自由港对华投资)新设立企业 4294 家，下降 23.2%；对华直接投资金额 574 亿元，下降 0.3%，折 83 亿美元，下降 1.8%。全年高技术产业实际使用外资 2963 亿元，增长 11.4%，折 428 亿美元，增长 9.5%。

全年对外非金融类直接投资额 7598 亿元，比 2019 年下降 0.4%，折 1102 亿美元，下降 0.4%。其中，对"一带一路"沿线国家非金融类直接投资额 178 亿美元，增长 18.3%。

全年对外承包工程完成营业额 10756 亿元，比 2019 年下降 9.8%，折 1559 亿美元，下降 9.8%。其中，对"一带一路"沿线国家完成营业额 911 亿美元，下降 7.0%，占对外承包工程完成营业额比重为 58.4%。对外劳务合作派出各类劳务人员 30 万人。

八、财政金融

全年全国一般公共预算收入 182895 亿元，比 2019 年下降 3.9%。其中，税收收入 154310 亿元，下降 2.3%。全国一般公共预算支出 245588 亿元，比 2019 年增长 2.8%。

2020 年年末广义货币供应量(M_2)余额 218.7 万亿元，比 2019 年年末增长 10.1%；狭义货币供应量(M_1)余额 62.6 万亿元，增长 8.6%；流通中货币(M_0)余额 8.4 万亿元，增长 9.2%。全年社会融资规模增量[9]34.9 万亿元，按可比口径计算，比 2019 年多 9.2 万亿元；年末社会融资规模存量[10] 284.8 万亿元，按可比口径计算，比 2019 年年末增长 13.3%。

2020 年年末主要农村金融机构(农村信用社、农村合作银行、农村商业银行)人民币贷款余额 215886 亿元，比 2020 年年初增加 25210 亿元。

全年沪深交易所 A 股累计筹资[11]15417 亿元，比 2019 年增加 1883 亿元。全年各类主体通过沪深交易所发行债券(包括公司债、可转债、可交换债、政策性金融债、地方政府债和企业资产支持证券)筹资 84777 亿元，比 2019 年增加 12791 亿元。

全年发行公司信用类债券[12]14.2 万亿元，比 2019 年增加 3.5 万亿元。

全年保险公司原保险保费收入 45257 亿元，比 2019 年增长 6.1%。

九、居民收入消费和社会保障

全年全国居民人均可支配收入 32189 元，比 2019 年增长 4.7%，扣除价格因素，实际增长 2.1%。全国居民人均可支配收入中位数[13]27540 元，增长 3.8%。

全年全国居民人均消费支出 21210 元，比 2019 年下降 1.6%，扣除价格因素，实际下降 4.0%。

年末全国参加城镇职工基本养老保险人数 45638 万人，比 2019 年末增加 2150 万人。参加城乡居民基本养老保险人数 54244 万人，增加 978 万人。参加基本医疗保险人数 136101 万人，增加 693 万人。其中，参加职工基本医疗保险人数 34423 万人，增加 1498 万人；参加城乡居民基本医疗保险人数 101678 万人。参加失业保险人数 21689 万人，增加 1147 万人。参加工伤保险人数 26770 万人，增加 1291 万人。参加生育保险人数 23546 万人，增加

2129万人。

年末全国共有各类提供住宿的社会服务机构4.1万个，社会服务床位850.9万张，共有社区服务中心2.9万个，社区服务站39.3万个。

十、科学技术和教育

全年研究与试验发展（R&D）经费支出24426亿元，比2019年增长10.3%，与国内生产总值之比为2.40%，其中基础研究经费1504亿元。国家科技重大专项共安排198个项目（课题），国家自然科学基金共资助4.57万个项目。截至2020年年底，正在运行的国家重点实验室522个，国家工程研究中心（国家工程实验室）350个，国家企业技术中心1636家，大众创业万众创新示范基地212家。国家级科技企业孵化器[14]1173家，国家备案众创空间[15]2386家。全年授予专利权363.9万件，比2019年增长40.4%；PCT专利申请受理量[16]7.2万件。截至2020年年末，有效专利1219.3万件，其中境内有效发明专利221.3万件，预计每万人口发明专利拥有量15.8件。全年商标注册576.1万件，比2019年下降10.1%。全年共签订技术合同55万项，技术合同成交金额28252亿元，比2019年增长26.1%。

全年成功完成35次宇航发射。嫦娥五号发射成功，首次完成我国月表采样返回。我国首次火星探测任务“天问一号”探测器成功发射。500米口径球面射电望远镜（FAST）正式开放运行。北斗三号全球卫星导航系统正式开通。量子计算原型系统“九章”成功研制。全海深载人潜水器“奋斗者”号完成万米深潜。

年末全国共有国家质检中心852家。全国现有产品质量、体系和服务认证机构724个，累计完成对79万家企业的认证。全年制定、修订国家标准2252项，其中，新制定1584项。全年制造业产品质量合格率[17]为93.39%。

全年研究生教育招生110.7万人，在学研究生314.0万人，毕业生72.9万人。普通本专科招生967.5万人，在校生3285.3万人，毕业生797.2万人。中等职业教育[18]招生644.7万人，在校生1663.4万人，毕业生484.9万人。普通高中招生876.4万人，在校生2494.5万人，毕业生786.5万人。初中招生1632.1万人，在校生4914.1万人，毕业生1535.3万人。普通小学招生1808.1万人，在校生10725.4万人，毕业生1640.3万人。特殊教育招生14.9万人，在校生88.1万人，毕业生12.1万人。学前教育在园幼儿4818.3万人。九年义务教育巩固率为95.2%，高中阶段毛入学率为91.2%。

十一、文化旅游、卫生健康和体育

年末全国文化和旅游系统共有艺术表演团体2027个，博物馆3510个。全国共有公共图书馆3203个，总流通[19]56953万人次；文化馆3327个。有线电视实际用户2.10亿户，其中有线数字电视实际用户2.01亿户。2020年年末广播节目综合人口覆盖率为99.4%，电视节目综合人口覆盖率为99.6%。全年生产电视剧202部7476集，电视动画片116688分钟。全年生产故事影片531部，科教、纪录、动画和特种影片119部。出版各类报纸277亿份，各类期刊20亿册，图书101亿册（张），人均图书拥有量7.24册（张）。2020年年末全国共有档案馆4234个，已开放各类档案17659万卷（件）。全年全国规模以上文化及相关产业企业营业收入98514亿元，按可比口径计算，比2019年增长2.2%。

全年国内游客28.8亿人次，比2019年下降52.1%。国内旅游收入22286亿元，下降61.1%。

年末全国共有医疗卫生机构102.3万个，其中，医院3.5万个，在医院中有公立医院1.2万个，民营医院2.4万个；基层医疗卫生机构97.1万个，其中，乡镇卫生院3.6万个，社区卫生服务中心（站）3.5万个，门诊部（所）29.0万个，村卫生室61.0万个；专业公共卫生机构1.4万个，其中，疾病预防控制中心3384个，卫生监督所（中心）2736个。年末卫生技术人员1066万人，其中执业医师和执业助理医师408万人，注册护士471万人。医疗卫生机构床位911万张，其中，医院713万张，乡镇卫生院139万张。全年总诊疗人次[20]78.2亿人次，出院人数2.3亿人。截至2020年年末，全国累计报告新型冠状病毒肺炎确诊病例87071例，累计治愈出院病例82067例，累计死亡4634人。全国共有8177家医疗卫生机构提供新型冠状病毒核酸检测服务，总检测能力达到1153万份/天。

年末全国共有体育场地371.3万个，体育场地面积31.0亿米^2，人均体育场地面积2.20米^2。全年我国运动员在3个运动大项中获得4个世界冠军，共创1项世界纪录。全年我国残疾人运动员在6项国际赛事中获得24个世界冠军。

十二、资源、环境和应急管理

全年全国国有建设用地供应总量[21]65.8万公顷，比2019年增长5.5%。其中，工矿仓储用地16.7万公顷，增长13.6%；房地产用地15.5万公顷，增长9.3%；基础设施用地33.7万公顷，增长0.3%。

全年水资源总量30963亿米^3。

全年完成造林面积677万公顷，其中人工造林面积289万公顷，占全部造林面积的42.7%。种草改良面积283万公顷。截至2020年年末，国家级自然保护区474个。新增水土流失治理面积6.0万平方公里。

初步核算，全年能源消费总量49.8亿吨标准煤，比2019年增长2.2%。煤炭消费量增长0.6%，原油消费量增长3.3%，天然气消费量增长7.2%，电力消费量增长3.1%。煤炭消费量占能源消费总量的56.8%，比2019年下降0.9个百分点；天然气、水电、核电、风电等清洁能源消费量占能源消费总量的24.3%，上升1.0个百分点。重点耗能工业企业单位电石综合能耗下降2.1%，单位合成氨综合能耗上升0.3%，吨钢综合能耗下降0.3%，单位电解铝综合能耗下降1.0%，每千瓦时火力发电标准煤耗下降0.6%。全国万元国内生产总值二氧化碳排放下降1.0%。

全年近岸海域海水水质达到国家一、二类海水水质标准的面积占77.4%，三类海水占7.7%，四类、劣四类海水占14.9%。

在开展城市区域声环境监测的324个城市中，全年声环境质量好的城市占4.3%，较好的占66.4%，一般的占28.7%，较差的占0.6%。

全年平均气温为10.25℃，比2019年下降0.09℃。共有5个台风登陆。

全年农作物受灾面积1996万公顷，其中绝收271万公顷。全年因洪涝和地质灾害造成直接经济损失2686亿元，因旱灾造成直接经济损失249亿元，因低温冷冻和雪灾造成直接经济损失154亿元，因海洋灾害造成直接经济损失8亿元。全年大陆地区共发生5.0级以上地震20次，成灾5次，造成直接经济损失约18亿元。全年共发生森林火灾1153起，受害森林面积约0.9万公顷。

全年各类生产安全事故共死亡27412人。工矿商贸企业就业人员10万人生产安全事故死亡人数1.301人，比2019年下降11.7%；煤矿百万吨死亡人数0.059人，下降28.9%。道路交通事故万车死亡人数1.66人，下降7.8%。

注释：

[1]本公报中数据均为初步统计数。各项统计数据均未包括香港特别行政区、澳门特别行政区和台湾省。部分数据因四舍五入的原因，存在总计与分项合计不等的情况。

[2]国民总收入，原称国民生产总值，是指一个国家或地区所有常住单位在一定时期内所获得的初次分配收入总额，等于国内生产总值加上来自国外的初次分配收入净额。

[3]年度农民工数量包括年内在本乡镇以外从业6个月及以上的外出农民工和在本乡镇内从事非农产业6个月及以上的本地农民工。

[4]货物运输总量及周转量包括铁路、公路、水路和民航4种运输方式完成量，2020年增速按可比口径计算。因新组建国家管网集团，部分油气运输管线统计归口发生变化等原因，管道运输相关数据尚在核实。

[5]软件和信息技术服务业包括软件开发，集成电路设计，信息系统集成和物联网技术服务，运行维护服务，信息处理和存储支持服务，信息技术咨询服务，数字内容服务和其他信息技术服务等行业。

[6]东部地区是指北京、天津、河北、上海、江苏、浙江、福建、山东、广东和海南10省(市)；中部地区是指山西、安徽、江西、河南、湖北和湖南6省；西部地区是指内蒙古、广西、重庆、四川、贵州、云南、西藏、陕西、甘肃、青海、宁夏和新疆12省(区、市)；东北地区是指辽宁、吉林和黑龙江3省。

[7]基础设施投资包括交通运输、邮政业，电信、广播电视和卫星传输服务业，互联网和相关服务业，水利、环境和公共设施管理业投资。

[8]“一带一路”是指“丝绸之路经济带”和“21世纪海上丝绸之路”。

[9]社会融资规模增量是指一定时期内实体经济从金融体系获得的资金总额。

[10]社会融资规模存量是指一定时期末(月末、季末或年末)实体经济(境内非金融企业和个人)从金融体系获得的资金余额。

[11]沪深交易所股票筹资额按上市日统计，筹资额包括了可转债实际转股金额，2019年、2020年可转债实际转股金额分别为995亿元和1195亿元。

[12]公司信用类债券包括非金融企业债务融资工具、企业债券以及公司债、可转债等。

[13]人均收入中位数是指将所有调查户按人均收入水平从低到高(或从高到低)顺序排列，处于最中间位置调查户的人均收入。

[14]国家级科技企业孵化器是指符合《科技企业孵化器管理办法》规定的，以促进科技成果转化、培育科技企业和企业家精神为宗旨，提供物理空间、共享设施和专业化服务的科技创业服务机构，且经过科技部批准确定的科技企业孵化器。

[15]国家备案众创空间是指符合《发展众创空间工作指

引》规定的新型创新创业服务平台，且按照《国家众创空间备案暂行规定》经科技部审核备案的众创空间。

［16］PCT专利申请受理量是指国家知识产权局作为PCT专利申请受理局受理的PCT专利申请数量。PCT（Patent Cooperation Treaty）即专利合作条约，是专利领域的一项国际合作条约。

［17］制造业产品质量合格率是指以产品质量检验为手段，按照规定的方法、程序和标准实施质量抽样检测，判定为质量合格的样品数占全部抽样样品数的百分比，统计调查样本覆盖制造业的29个行业。

［18］中等职业教育包括普通中专、成人中专、职业高中和技工学校。

［19］总流通人次是指本年度内到图书馆场馆接受图书馆服务的总人次，包括借阅书刊、咨询问题以及参加各类读者活动等。

［20］总诊疗人次是指所有诊疗工作的总人次数，包括门诊、急诊、出诊、预约诊疗、单项健康检查、健康咨询指导（不含健康讲座）人次。

［21］国有建设用地供应总量是指报告期内市、县人民政府根据年度土地供应计划依法以出让、划拨、租赁等方式与用地单位或个人签订出让合同或签发划拨决定书、完成交易的国有建设用地总量。

附表　　2016—2020 年国民经济与社会发展总量指标

指标	单位	2016 年	2017 年	2018 年	2019 年	2020 年
人口						
年末总人口	万人	139232	140011	140541	141008	141178
男性人口	万人	71307	71650	71864	72039	72334
女性人口	万人	67925	68361	68677	68969	68844
城镇人口	万人	81924	84343	86433	88426	90199
乡村人口	万人	57308	55668	54108	52582	50979
国民经济核算						
国内生产总值	亿元	746395.1	832035.9	919281.1	986515.2	1015986.2
第一产业增加值	亿元	60139.2	62099.5	64745.2	70473.6	77754.1
第二产业增加值	亿元	295427.8	331580.5	364835.2	380670.6	384255.3
第三产业增加值	亿元	390828.1	438355.9	489700.8	534233.0	553976.8
人均国内生产总值	元	53783	59592	65534	70328	72000
固定资产投资和房地产						
全社会固定资产投资	亿元	434363.51	461283.71	488499.45	513608.32	527270.30
城镇固定资产投资	亿元	424398.61	451729.31	478460.45	504212.32	518907.00
房地产开发企业本年完成投资额	亿元	102580.61	109798.53	120164.75	132194.26	141442.95
对外经济贸易						
进出口总额	亿元	243386.46	278099.24	305010.09	315504.8	321557
出口总额	亿元	138419.29	153309.43	164128.78	172373.63	179326.36
进口总额	亿元	104967.17	124789.81	140881.31	143253.69	142230.57
实际利用外商直接投资金额	万美元	12600100	13103500	13496600	13813500	14437000
能源、资源和环境						
石油储量	万吨	350120.3				
天然气储量	亿米^3	54365.5				
煤炭储量	亿吨	2492.3				
水资源总量	亿米^3	32466.4	28761.2	27462.5	29041.0	30963.0
用水总量	亿米^3	6040.2	6043.4	6015.5	6021.2	
造林总面积	千公顷	7203.51	7680.71	7299.47	7390.00	6770.00
能源消费总量	万吨标准煤	441492	455827	471925	487488	498000
煤炭消费总量	万吨标准煤	274608	276231.16	278435.75	281280.58	282864
石油消费总量	万吨标准煤	82559	86151.3	89193.83	92622.72	94122

续表

指标	单位	2016 年	2017 年	2018 年	2019 年	2020 年
天然气消费总量	万吨标准煤	26931	31452.06	35866.3	38999	41832
水电、核电、风电消费总量	万吨标准煤	57393.96	61992.47	68429.13	74585.66	79182
工业用水总量	亿米^3	1308.0	1277.0	1261.6	1217.6	
主要产品生产量						
农林牧渔业总产值	亿元	106478.73	109331.72	113579.53	123967.90	137782.17
粮食	万吨	66043.51	66160.73	65789.22	66384.00	66949.20
木材	万米^3	7776	8398	8811	9028	8727
原煤	万吨	341060	352356	369774		
原油	万吨	19968.52	19150.6	18932.4	19101.41	
天然气	亿米^3	1368.65	1480.35	1601.59	1753.62	1924.95
发电量	亿千瓦小时	61331.60	66044.47	71661.33	75034.28	77790.60
教育、科技、文化						
研究与试验发展经费支出	亿元	15676.75	17606.13	19677.93	21737	24426
科研和开发机构研究与试验发展经费支出	亿元	2260.18	2435.70	2691.68	3080.83	
高等学校研究与试验发展经费支出	亿元	1072.24	1265.96	1457.88	1796.62	
规模以上工业企业研究与试验发展经费支出	万元	109446585.60	120129588.50	129548263.70	139710989.40	
技术市场成交额	亿元	11406.98	13424.22	17697.42	22398.00	28252.00
教育经费	亿元	388883850	425620069	461430000	501781200	
图书总印数	亿册	90.40	92.40	100.10	105.98	101.00
期刊出版总印数	亿册	27.00	24.90	22.92	21.90	20.00
报纸出版总印数	亿份	390.10	362.50	337.26	317.60	277.0
交通、邮电、旅游						
旅客运输量	万人	1900194.34	1848620.12	1793820.32	1760435.69	966539.72
货物运输量	万吨	4386763	4804850	5152732	4713624	4735564
民用汽车拥有量	万辆	18574.50	20906.70	23231.19	25376.38	27338.56
私人汽车拥有量	万辆	16330.20	18515.10	20574.93	22508.99	24285.17
邮政业务总量	亿元	7397.24	9763.71	12345.20	16229.63	21053.16
电信业务总量	亿元	15616.95	27596.74	65633.91	106810.67	136758.29
快递量	万件	3128315.11	4005591.91	5071042.80	6352290.97	8335789.43
国内游客	百万人次	4435	5001	5539	6006	2879
国内旅游总花费	亿元	39389.8	45660.8	51278.3	57250.9	22286.3
国内旅游人均花费	元	888.2	913.0	925.8	953.3	774.1
卫生						
医疗卫生机构数	个	983394	986649	997433	1007579	1023000
卫生技术人员数	万人	845.40	898.80	952.92	1015.40	1067.10
卫生机构床位数	万张	741.10	794.00	840.40	880.70	911.30

（曹凯月　整理）

2020 年造纸相关政策法规摘要

Abstract of the Policies and Regulations Related to Paper Industry in 2020

新修订的《固体废物污染环境防治法》审议通过

1 月 19 日，国家发展改革委、生态环境部公布《关于进一步加强塑料污染治理的意见》(以下简称《意见》)，到 2020 年年底，我国将率先在部分地区、部分领域禁止、限制部分塑料制品的生产、销售和使用，到 2022 年年底，一次性塑料制品的消费量明显减少，替代产品得到推广。《意见》提出，要按照“禁限一批、替代循环一批、规范一批”的思路，推进三项主要任务；要完善塑料污染治理工作的支撑保障体系；要强化组织实施，形成推进塑料污染治理的工作合力。

工业和信息化部发布《关于开展第五批绿色制造名单推荐及前两批名单复核工作的通知》

为贯彻实施制造强国战略，进一步打造绿色制造先进典型，加快建设绿色制造体系，引领工业绿色发展，按照《工业和信息化部办公厅关于开展绿色制造体系建设的通知》要求，3 月 1 日，工业和信息化部发布了《关于开展第五批绿色制造名单推荐及前两批名单复核工作的通知》(以下简称《通知》)，并组织开展第五批绿色制造名单推荐及已发布名单复核工作。《通知》明确了关于绿色制造推荐的具体工作要求，涉及绿色工厂、绿色设计产品、绿色园区、绿色供应链。

生态环境部发布《关于固定污染源排污限期整改有关事项的通知》

为深入贯彻落实党的十九届四中全会精神，加快推进固定污染源排污许可制度改革，实现固定污染源排污许可管理全覆盖任务目标，根据《中华人民共和国环境保护法》等法律法规，4 月 7 日，生态环境部发布了《关于固定污染源排污限期整改有关事项的通知》，对生态环境主管部门暂不予核发排污许可证的 3 种适用情形及整改期限进行了明确。3 种适用情形包括“不能达标排放”类、“手续不全”类、“其他”类，整改期限为 3 个月 ~1 年。

国家发展改革委关于《禁止、限制生产、销售和使用的塑料制品目录（征求意见稿）》公开征求意见的公告

4 月 10 日，国家发展改革委发布关于《禁止、限制生产、销售和使用的塑料制品目录(征求意见稿)》公开征求意见的公告，公告提出将禁止使用不可降解一次性塑料餐具、吸管等塑料制品。禁止生产、销售的塑料制品中包含：用泡沫塑料制成的一次性塑料餐具、以医疗废物为原料制造的塑料制品、以不可降解塑料棒为基材制造的一次性棉签等。意见稿目录中也提到，到 2020 年年底和 2022 年年底，禁止使用不可降解一次性塑料餐具的要求不包括餐饮打包外卖服务。

新修订的《固体废物污染环境防治法》审议通过

4 月 29 日，十三届全国人大常委会第十七次会

议审议通过了修订后的《固体废物污染环境防治法》（以下简称《固废法》），自 2020 年 9 月 1 日起施行。新修订的《固废法》明确固体废物污染环境防治坚持减量化、资源化和无害化原则。强化政府及有关部门监督管理责任，明确目标责任制、信用记录、联防联控、全过程监控和信息化追溯等制度，明确国家将逐步实现固体废物零进口。修订后的《固废法》完善了工业固体废物污染环境防治制度；明确了国家推行生活垃圾分类制度，确立生活垃圾分类的原则；完善了建筑垃圾、农业固体废物等污染环境防治制度；对危险废物污染环境防治制度进行了完善，规定危险废物分级分类管理、信息化监管体系、区域性集中处置设施场所建设等内容。

四部委联合发布《关于全面禁止进口固体废物有关事项的公告》，固体废物进口将全面停止

11 月 25 日，生态环境部、商务部、国家发展改革委、海关总署联合发布《关于全面禁止进口固体废物有关事项的公告》（以下简称《公告》）。公告指出，自 2021 年 1 月 1 日起，我国将禁止以任何方式进口固体废物，禁止我国境外固体废物进境倾倒、堆放、处置。

商务部发布《商务领域一次性塑料制品使用、回收报告办法（试行）》

11 月 27 日，商务部发布《商务领域一次性塑料制品使用、回收报告办法（试行）》（以下简称《办法》），鼓励和引导减少使用、积极回收塑料袋等一次性塑料制品，推广应用可循环、易回收、可降解的替代产品。《办法》指出，商品零售场所开办单位、电子商务平台企业、外卖企业使用塑料袋等一次性塑料制品的，应根据本办法向商务主管部门报告使用、回收情况。

八部委联合发布《关于加快推进快递包装绿色转型的意见》

为进一步加强快递包装治理，推进快递包装绿色转型，2020 年 11 月 30 日，国家发展改革委、国家邮政局、工业和信息化部、司法部、生态环境部、住房城乡建设部、商务部、市场监管总局联合发布了《关于加快推进快递包装绿色转型的意见》。意见要求，到 2022 年，快递包装领域法律法规体系进一步健全，基本形成快递包装治理的激励约束机制；制定实施快递包装材料无害化强制性国家标准，全面建立统一规范、约束有力的快递绿色包装标准体系；电商和快递规范管理普遍推行，电商快件不再二次包装比例达到 85%，可循环快递包装应用规模达 700 万个，快递包装标准化、绿色化、循环化水平明显提升。到 2025 年，快递包装领域全面建立与绿色理念相适应的法律、标准和政策体系，形成贯穿快递包装生产、使用、回收、处置全链条的治理长效机制；电商快件基本实现不再二次包装，可循环快递包装应用规模达 1000 万个，包装减量和绿色循环的新模式、新业态发展取得重大进展，快递包装基本实现绿色转型。

《排污许可管理条例（草案）》通过，将对环境违法行为加大处罚力度

12 月 9 日，国务院总理李克强主持召开国务院常务会议，通过了《排污许可管理条例（草案）》。该草案从 2018 年 11 月征求意见，历时 2 年多时间最终获得通过。针对草案，会议明确要根据污染物产生量、排放量、对环境影响程度等，对排污单位实行分类管理，规范排污许可证申请审批程序，要求排污单位建立环境管理台账记录制度、公开排放信息，强调加强事中事后监管，对违法行为加大处罚力度，采取按日连续处罚和停产整治、停业、关闭等措施从严处理，提高违法成本。

《饮料纸基复合包装生产者责任延伸制度实施方案》发布

12 月 16 日，国家发展改革委、住房城乡建设部、商务部、市场监管总局联合印发《饮料纸基复合包装生产者责任延伸制度实施方案》（以下简称《实施方案》）。《实施方案》提出，到 2025 年，饮料纸基复合包装领域生态设计更广泛开展，废弃饮料纸基复合包装的资源化利用率力争达到 40%。《实施方案》指出，饮料纸基复合包装生产（进口）企业应认真落实关于开展生态设计的管理要求，采取轻量化、易分离、易回收设计，减少产品生命周期环境影响。鼓励饮料灌装企业与饮料纸基复合包装生产（进口）企业合作，加强产品生态设计，促进废弃饮料纸基复合包装分类投放、提高分类收集效率。《实施方案》重点对饮料纸基复合包装的回收和重复

利用提出了明确的要求。

水利部、工业和信息化部发布造纸等七项工业用水定额

2020 年 12 月 30 日，为深入推进节约用水工作，水利部联合工业和信息化部印发造纸等七项工业用水定额的通知，定额标准自 2021 年 3 月 1 日起施行。《工业用水定额：造纸》适用于现有造纸企业计划用水、节约用水监督考核等相关节约用水管理工作，以及新建(改建、扩建)造纸企业的水资源论证、取水许可审批和节水评价等工作，也用于指导地方用水定额标准制定和修订。

（王　岩）

2019 年世界造纸工业概况

General Situation of Global Paper Industry in 2019

一、全球纸及纸板、纸浆的生产量及消费量

1. 纸及纸板生产量

2019 年全球纸及纸板总生产量为 4.1246 亿吨，比 2018 年的 4.1972 亿吨下降 1.7%。主要品种生产量分别为：新闻纸 1730 万吨，比 2018 年的 1931 万吨下降 10.4%；印刷书写纸 9155 万吨，比 2018 年 9626 万吨下降 4.9%；生活用纸 4050 万吨，比 2018 年 3867 万吨增长 4.7%；瓦楞材料（瓦楞原纸和箱纸板）1.7174 亿吨，比 2018 年 1.7329 亿吨下降 0.9%；其他包装用纸及纸板 8220 万吨，比 2018 年 8285 万吨下降 0.8%。在产品结构方面，新闻纸占 4.2%，印刷书写纸占 22.2%，生活用纸占 9.8%，瓦楞材料占 41.6%，其他包装用纸及纸板占 19.9%。新闻纸在纸及纸板总生产量中所占比例，连续多年保持下降趋势，2019 年所占比例较 2018 年又下降了 0.4 个百分点；印刷书写纸在纸及纸板总生产量中所占比例也呈下降趋势，2019 年所占比例较 2018 年也下降了 0.7 个百分点；相反，生活用纸和瓦楞材料所占比例逐年上升，2019 年所占比例较 2018 年分别增加了 0.6 个百分点和 0.3 个百分点。

2019 年全球纸及纸板生产量仍以亚洲最高，欧洲其次，北美洲居第 3 位，生产量分别为 1.9202 亿吨、1.0710 亿吨和 0.7868 亿吨，分别占全球纸及纸板总生产量 4.1246 亿吨的 46.6%、26.0% 和 19.1%。2019 年亚洲、欧洲及北美洲纸及纸板生产量与 2018 年相比均有所下降，分别下降了 0.6%、2.3% 及 4.3%。

2019 年中国纸及纸板生产量名列首位，美国居第 2 位，日本居第 3 位，生产量分别为 1.0765 亿吨、6912 万吨和 2539 万吨。与 2018 年相比，中国增长 3.2%，美国和日本分别下降 4.1% 和 2.6%。这 3 个国家纸及纸板生产量分别占全球纸及纸板总生产量的 26.1%、16.8% 和 6.2%，这 3 个国家纸及纸板总生产量约占全球纸及纸板总生产量的 1/2。中国纸及纸板总生产量在全球纸及纸板总生产量所占比例由 2005 年的 15.3% 增加至 2019 年的 26.1%，超过全球纸及纸板总生产量的 1/4。

表 1　2019 年纸及纸板生产量排名前 10 位的国家

排序	国家	2019 生产量 /万吨	2018 生产量 /万吨	同比 /%
1	中国	10765	10435	3.2
2	美国	6912	7206	-4.1
3	日本	2539	2607	-2.6
4	德国	2207	2268	-2.7
5	印度	1545	1521	1.6
6	印度尼西亚	1297	1248	3.9
7	韩国	1134	1153	-1.6
8	巴西	1065	1056	0.9
9	芬兰	971	1054	-7.9
10	瑞典	962	1014	-5.1

表 1 为 2019 年纸及纸板生产量排名前 10 位的国家。2018 年排名前 10 位的国家在 2019 年有所变化，前 9 位的名次不变，仅是瑞典挤掉加拿大进入前 10 位。在这 10 个造纸大国中，印度尼西亚、中国、印度和巴西 4 个国家分别以 3.9%、3.2%、1.6% 和 0.9% 的速度增长；在下降的 6 个国家中芬兰、瑞典、美国的幅度较大，分别为 -7.9%、-5.1% 和 -4.1%。

2. 纸及纸板消费量

2019 年全球纸及纸板表观消费量为 4.1507 亿吨，比 2018 年的 4.2188 亿吨下降 1.6%。全球人均表观消费量为 54.6 千克。世界各地区中以北美

洲人均表观消费量最高，为 199.9 千克，其次是欧洲和大洋洲，分别为 114.0 千克和 101.4 千克。亚洲人均表观消费量为 47.1 千克，拉丁美洲地区为 44.5 千克，非洲只有 7.2 千克。

2019 年世界各国中，中国纸及纸板表观消费量最高，为 1.0704 亿吨；其次是美国，为 6788 万吨；再次是日本，为 2551 万吨。这 3 个国家的人均表观消费量分别是 75.0 千克、205.5 千克和 202.7 千克。

2019 年纸及纸板表观消费量和人均表观消费量排名前 10 位的国家见表 2 和表 3。

表 2　2019 年纸及纸板表观消费量排名前 10 位的国家

排序	国家	2019 年表观消费量/万吨	2018 年表观消费量/万吨	同比/%
1	中国	10704	10439	2.5
2	美国	6788	7067	-3.9
3	日本	2551	2546	0.2
4	德国	1890	1978	-4.4
5	印度	1715	1671	2.6
6	意大利	1056	1073	-1.6
7	韩国	975	995	-2.0
8	巴西	963	960	0.3
9	墨西哥	859	894	-3.9
10	法国	857	873	-1.8

表 3　2019 年纸及纸板人均表观消费量排名前 10 位的国家

排序	国家	人均表观消费量/千克
1	比利时	268.0
2	斯洛文尼亚	264.6
3	德国	235.3
4	奥地利	227.0
5	美国	205.5
6	日本	202.7
7	韩国	188.9
8	芬兰	172.0
9	意大利	169.4
10	荷兰	164.1

由表 2 所示，表观消费量超过 1000 万吨的国家有 6 个。在这 10 个国家中，与 2018 年的表观消费量相比，印度、中国分别增长了 2.6% 和 2.5%；德国、美国和墨西哥的表观消费量出现了下降，分别为 -4.4%、-3.9% 和 -3.9%。

3. 纸浆生产量和消费量

2019 年全球纸浆总生产量为 1.8303 亿吨，比 2018 年的 1.8720 亿吨下降 2.2%。其中，化学浆生产量 1.4195 亿吨，比 2018 年的 1.4416 亿吨相比下降 1.5%；机械浆生产量 2647 万吨，与 2018 年的 2790 万吨相比下降 5.1%。北美洲纸浆总生产量为 6085 万吨，比 2018 年的 6345 万吨下降 4.1%，北美洲纸浆总生产量占全球纸浆总生产量的 33%。欧洲和亚洲纸浆总生产量分别为 4691 万吨和 4164 万吨，分别占全球纸浆总生产量的 26% 和 23%。全球机械浆生产集中在欧洲和北美洲，它们的生产量分别为 1079 万吨和 794 万吨。这 2 个地区机械浆生产量总和占全球机械浆总生产量的 70.8%，较 2018 年下降 1.0 个百分点。

2019 年美国、巴西和中国是纸浆生产量最多的 3 个国家，其纸浆总生产量分别是 4527 万吨、1975 万吨和 1856 万吨。

表 4 列出了 2019 年纸浆生产量排名前 10 位的国家。2018 年排名前 10 位的国家全部入围 2019 年的前 10 位。10 个国家中生产量出现下降的超过 1/2，巴西、加拿大、美国和日本的下降幅度较大，分别为 -6.6%、-4.5%、-4.0% 和 -3.0%。而中国却出现 4.0% 的增长。

表 4　2019 年纸浆生产量排名前 10 位的国家

排序	国家	2019 年生产量/万吨	2018 年生产量/万吨	增长/%
1	美国	4527	4714	-4.0
2	巴西	1975	2115	-6.6
3	中国	1856	1785	4.0
4	加拿大	1557	1631	-4.5
5	瑞典	1167	1153	1.2
6	芬兰	1142	1140	0.2
7	印度尼西亚	845	837	1.0
8	俄罗斯	838	848	-1.2
9	日本	837	863	-3.0
10	智利	530	533	-0.6

2019 年全球纸浆表观消费量为 1.8349 亿吨，比 2018 年的 1.8660 亿吨下降 1.7%。

二、全球纸业贸易概况

1. 纸浆

表 5　2019 年主要纸浆净进口国

排序	国家	2019 年净进口量/万吨	2018 年净进口量/万吨	同比/%
1	中国	2708.4	2469.0	9.7
2	意大利	325.0	306.7	6.0
3	德国	279.6	315.9	-11.5
4	韩国	219.4	217.0	1.1
5	日本	137.3	128.8	6.6
	合计	3669.7	3437.4	6.8

表 6　2019 年主要纸浆净出口国

排序		2019 年净出口量/万吨	2018 年净出口量/万吨	同比/%
1	巴西	1447.2	1454.0	-0.5
2	加拿大	878.1	908.6	-3.3
3	智利	460.1	456.1	0.9
4	芬兰	406.5	344.4	18.0
5	印度尼西亚	326.0	293.9	10.9
	合计	3517.9	3457.0	1.8

表 5 和表 6 分别是 2019 年纸浆净进口量和净出口量较多的国家。纸浆净进口量较多的国家有中国、意大利、德国、韩国、日本 5 个国家，其净进口总量为 3669.7 万吨。与 2018 年相比，中国、日本、意大利的纸浆净进口量分别增长达 9.7%、6.6%、6.0%，韩国增长 1.1%；而德国下降 11.5%。除上述 5 个国家外，纸浆净进口量较多的国家还有土耳其(126 万吨)、法国(116 万吨)、印度(106 万吨)和波兰(94 万吨)。纸浆净出口量较多的国家是巴西、加拿大、智利、芬兰、印度尼西亚 5 个国家，其总净出口量为 3517.9 万吨。与 2018 年相比，芬兰、印度尼西亚的净出口量增幅较大，分别增长 18.0%、10.9%；加拿大的净出口量下降 3.3%。纸浆净出口量较多的国家还有瑞典(326 万吨)、乌拉圭(251 万吨)、俄罗斯(190 万吨)、美国(104 万吨)、葡萄牙(98 万吨)。

2. 废纸

2019 年全球废纸回收量为 2.4363 亿吨，回收率为 58.7%。欧洲废纸回收量为 6555 万吨，回收率为 67.8%；北美洲回收量为 4876 万吨，回收率为 66.4%；亚洲回收量为 1.0581 亿吨，回收率为 54.2%。北美洲是最主要的废纸净出口地区，2019 年净出口量为 1687 万吨；欧洲净出口量 552 万吨；大洋洲净出口量 137 万吨。上述 3 个地区净出口总量为 2376 万吨。这些数据表明全球范围内可供应的废纸量接近 2500 万吨左右。亚洲 2019 年废纸净进口量为 2383 万吨。

2019 年废纸净进口量最多的国家是中国，为 1036 万吨，比 2018 年 1703 万吨下降 39.2%。2019 年中国的废纸净进口量占亚洲废纸净进口总量 2383 万吨的 43.5%。表 7 为 2019 年部分国家的废纸回收量及进出口量。

表 7　2019 年部分国家的废纸回收量及进出口量

国家	回收量/万吨	回收率/%	利用率/%	出口量/万吨	进口量/万吨	废纸用量/万吨
美国	4503	66.3	40.8	1660	51	2822
日本	1961	76.9	65.0	314	5	1652
德国	1494	79.1	77.7	242	464	1715
英国	734	90.9	80.7	431	8	311
法国	675	78.7	71.2	243	90	522
意大利	656	62.1	56.5	182	31	506
中国	5244	49.0	58.3	0	1036	5443

3. 纸及纸板产品

表 8 和表 9 分别是部分国家 2019 年纸及纸板的净出口量和净进口量。由表 8 可见，芬兰和瑞典是纸及纸板净出口量最多的国家，芬兰净出口量为 876 万吨，占其纸及纸板总生产量的 90.2%，瑞典和印度尼西亚净出口量分别为 811 万吨和 454 万吨，分别占其纸及纸板总生产量的 84.3% 和 35.0%。从表 9 可见，英国是纸及纸板净进口量最多的国家，

其净进口量为 422 万吨，占其表观消费量的 52.2%，1/2 以上的消费量依赖于进口。净进口量较多的国家还有墨西哥、印度和意大利，其净进口量分别为 278 万吨、170 万吨和 161 万吨。

表 8　2019 年部分国家纸及纸板净出口量

排序	国家	净出口量/万吨
1	芬兰	876
2	瑞典	811
3	印度尼西亚	454
4	加拿大	396
5	德国	317
6	奥地利	298
7	俄罗斯	197
8	韩国	159
9	美国	125
10	葡萄牙	109

表 9　2019 年部分国家和地区纸及纸板净进口量

排序	国家	净进口量/万吨
1	英国	422
2	墨西哥	278
3	印度	170
4	意大利	161
5	土耳其	144
6	比利时	136
7	马来西亚	135
8	波兰	132
9	菲律宾	129
10	法国	125

表 10 是 2019 年部分国家新闻纸生产量及进出口量。2019 年加拿大的新闻纸无论是生产量还是出口量都位列第 1 位，生产量 262 万吨，出口量 217 万吨，出口量占其生产量的 83%。日本新闻纸生产量 242 万吨，位列第 2 位。俄罗斯新闻纸生产量 157 万吨，居第 3 位。俄罗斯新闻纸出口量 125 万吨，占其生产量的 80%，是国际上第 2 大新闻纸出口国。加拿大、日本和俄罗斯 3 个国家新闻纸总生产量 661 万吨，占全球新闻纸总生产量的 38%。中国新闻纸生产量占全球新闻纸总生产量的 9%。2019 年进口新闻纸最多的国家为印度，进口量为 137 万吨，占其新闻纸表观消费量的 63%。其次是美国，2019 年新闻纸进口量为 113 万吨，占其新闻纸表观消费量的 61%。美国新闻纸消费量由 2008 年的 681 万吨连续减至 2019 年的 186 万吨，9 年时间下降了 73%，这也反映了全球新闻纸消费量不断下降的大趋势。进口新闻纸较多的国家和地区还有德国(75 万吨)、意大利(50 万吨)、英国(48 万吨)、中国(46 万吨)、荷兰(26 万吨)、法国(22 万吨)、土耳其(13 万吨)及中国的香港地区(10 万吨)和台湾省(8 万吨)。

表 10　2019 年部分国家新闻纸生产量及进出口量　　单位：万吨

国家	生产量	进口量	出口量
加拿大	262	0. 3	217
日本	242	0. 2	0. 1
俄罗斯	157	0. 1	125
中国	150	46	1
德国	108	75	44
瑞典	89	0. 9	78
美国	85	113	12
印度	84	137	2
韩国	72	0	20
法国	65	22	57
英国	54	48	27

表 11 是 2019 年部分国家印刷书写纸的生产量和进出口量。生产量位居前 3 位的是中国、美国和日本，分别为 2460 万吨、1037 万吨和 751 万吨。印刷书写纸出口量最多的依次是德国(484 万吨)、芬兰(453 万吨)、印度尼西亚(331 万吨)、中国(264 万吨)，它们的出口量分别占其生产量的 78%、98%、67% 和 11%；印刷书写纸进口量最多的依次是美国(405 万吨)、德国(401 万吨)和法国(223 万吨)，它们的进口量分别占其消费量的 31%、75% 和 88%。2019 年，表 11 所列国家中，除中国、印度尼西亚印刷书写纸的生产量同比略有增加外，其余国家的印刷书写纸生产量都有不同程度的下降。

表 12 是 2019 年部分国家涂布印刷纸的生产量和进出口量。涂布印刷纸生产量较高的依次是中国(680 万吨)、日本(420 万吨)、美国(362 万吨)、芬兰(301 万吨)和德国(273 万吨)；与 2018 年相比，表 12 中除瑞典的生产量持平外，其他各国均为减产。出口量最多的是芬兰(297 万吨)和德国

(294 万吨)。进口量最多的也是德国(222 万吨)。净出口量较多的是芬兰，达 295 万吨。芬兰、日本和德国的涂布印刷纸生产量占其印刷书写纸生产量比例分别高达 65%、56% 和 44%；而中国涂布印刷纸生产量仅占其印刷书写纸生产量的 28%。涂布印刷纸是中国出口量第二大的纸种，2019 年出口量达 170 万吨，仅在芬兰、德国之后。

表 11　2019 年部分国家印刷书写纸生产量和进出口量　单位：万吨

国家	生产量	进口量	出口量
中国	2460	95	264
美国	1037	405	137
日本	751	101	73
德国	619	401	484
芬兰	461	3	453
印度尼西亚	495	19	331
加拿大	263	60	214
瑞典	237	9	216
法国	99	223	68

表 12　2019 年部分国家涂布印刷纸生产量和进出口量　单位：万吨

国家	生产量	进口量	出口量
中国	680	32	170
日本	420	48	50
美国	362	159	75
芬兰	301	2	297
德国	273	222	294
意大利	174	59	120
奥地利	124	21	116
比利时	65	67	66
瑞典	66	5	59
法国	29	114	30

表 13 是 2019 年部分国家瓦楞材料的生产量和进出口量，中国和美国的瓦楞材料生产量分别为 4410 万吨和 3332 万吨，分别占全球瓦楞材料总生产量的 26% 和 19%，中国和美国的瓦楞材料合计生产量已占全球瓦楞材料总生产量的近 1/2。瓦楞材料净出口量最大的仍为美国，净出口量达 436 万吨；净出口量较大的国家还有德国(211 万吨)和瑞典(165 万吨)。净进口量较大的国家有中国(367 万吨)和意大利(182 万吨)。

表 13　2019 年部分国家瓦楞材料的生产量、进出口量和净出口量　单位：万吨

国家	生产量	进口量	出口量	净出口量
中国	4410	376	9	-367
美国	3332	122	558	436
日本	966	5	47	42
德国	874	257	468	211
韩国	531	13	51	38
法国	359	115	147	32
俄罗斯	371	7	63	56
意大利	245	197	15	-182
瑞典	211	26	191	165
加拿大	222	78	130	52

表 14 是 2019 年部分国家生活用纸生产量和进出口量。生活用纸生产量以中国和美国最高，分别为 1005 万吨和 839 万吨。这两个国家生活用纸生产量之和占全球生活用纸总生产量的 45.5%。生活用纸的国际贸易量较少，在表 14 所列的几个国家中，净出口量较高的国家有中国和意大利，分别为 75 万吨和 71 万吨。

表 14　2019 年部分国家生活用纸生产量和进出口量　单位：万吨

国家	生产量	进口量	出口量
中国	1005	3	78
美国	839	105	55
日本	181	23	2
意大利	163	12	83
德国	150	71	76

(郭彩云)

《Paper 360°》2019 年全球造纸排名前 75 位的公司及地域分布

Top 75 Paper Companies Selected by *Paper360* ° and Its Geographical Distribution in 2019

2019 年全球造纸排名前 75 位的公司(按销售额排名)

公司名称及总部地址	制浆、造纸及纸加工业务				2019 年纸及纸板生产量/万吨	雇员人数/个
	2019 年排名	2018 年排名	2019 年销售额/亿美元	同比/%		
International Paper(Memphis, TN, 美国)	1	1	223.760	-4.0	2095.1	51000
WestRock(Norcross, GA, 美国)	2	3	182.656	13.2	1338.2	51100
Procter & Gamble(Cincinnati, OH, 美国)	3	2	178.060	-1.5	0	97000
Oji Holdings Comapany(Tokyo, 日本)	4	4	138.300	-2.8	1059.4	36810
UPM(Helsinki, 芬兰)	5	5	114.533	13.5	832.6	18742
Smurfit Kappa Group(Dublin, 爱尔兰)	6	6	101.290	1.1	750	46000
Kimberly Clark(Dallas, TX, 美国)	7	8	92.850	-1.2	0	40000
Stora Enso(Helsinki, 芬兰)	8	7	91.013	-6.2	814.3	24390
Essity(Stockholm, 瑞典)	9	11	85.253	10.2	444	45980
Nippon Paper Industries Co., Ltd. (Tokyo, 日本)	10	10	84.117	-2.5	556.7	12943
Mondi(Addlestone, 英国; Johannesburg, 南非)	11	9	81.363	-2.8	541.3	25900
玖龙纸业(控股)有限公司(中国广东)	12	13	79.103	3.5	1590	16400
DS Smith(Maidenhead, Berkshire, 英国)	13	12	77.134	-2.1	930.7	29397
Packaging Corporation of America(LakeForest, IL, 美国)	14	14	69.643	-0.7	471.3	15500
Suzano Papel e Celulose(São Paulo, 巴西)	15	25	65.948	93.6	140	36547
Graphic Packaging(Marietta, GA, 美国)	16	16	61.601	2.3	356.5	18000
Rengo(Osaka, 日本)	17	21	59.536	13.5	317.2	18902
Metsä Group(Espoo, 芬兰)	18	15	58.524	-4.1	237.5	9624
Sappi(Johannesburg, 南非)	19	17	57.460	-1.0	497.5	12821
Sonoco Products(Hartsville, SC, 美国)	20	20	53.742	-0.3	0	23000
Domtar(Montreal, QC, 加拿大)	21	19	52.200	-4.3	249	10000
Empresas CMPC(Santiago, 智利)	22	18	51.670	-9.7	175.9	17859
Cascades(Kingsey Falls, QC, 加拿大)	23	28	37.655	7.5	305.3	12300

续表

公司名称及总部地址	制浆、造纸及纸加工业务 2019 年排名	2018 年排名	2019 年销售额/亿美元	同比/%	2019 年纸及纸板生产量/万吨	雇员人数/个
山东晨鸣纸业集团股份有限公司(中国山东)	24	26	37.507	6.6	510	13677
理文造纸有限公司(中国香港)	25	24	34.641	-15.7	629.1	8300
Ahlstrom-Munksjö(Helsinki, 芬兰)	26	32	32.647	19.6		8078
安徽山鹰纸业股份有限公司(中国安徽)	27	27	32.599	-7.2	473	11533
山东太阳纸业股份有限公司(中国山东)	28	29	31.543	4.5	354.9	10145
Daio Paper(Tokyo, 日本)	29	33	29.153	0.4	351.8	9500
SCG Packaging Public Co., Ltd.(Bangkok, 泰国)	30	36	28.959	3.0	296	11000
Mayr-Melnhof Karton(Vienna, 奥地利)	31	34	28.484	8.8	172.3	2516
BillerudKorsnäs AB(Solna, 瑞典)	32	35	25.845	3.2	267.2	4596
Klabin(São Paulo, 巴西)	33	38	25.408	3.5	184.3	14608
Marubeni(Tokyo, 日本)	34	44	24.444	17.7	160	4432
Verso Paper(Memphis, TN, 美国)	35	37	24.440	-8.9	178.7	3700
永丰余纸业有限公司(中国台湾)	36	43	24.173	20.3	298.1	11454
Arauco(Santiago, 智利)	37	30	23.236	-21.4	0	18119
Resolute Forest Products(Montreal, QC, 加拿大)	38	31	23.070	-21.3	211.5	6700
Lenzing Group(Lenzing, 奥地利)	39	39	22.560	-7.4	0	7036
Hokuetsu Corporation(Tokyo, 日本)	40	41	21.823	-11.0	184	4714
Sofidel(Rome, 意大利)	41	45	21.487	12.5	130.8	6453
Heinzel Group(Vienna, 奥地利)	42	40	21.459	-7.2	107.8	2551
维达纸业有限公司(中国广东)	43	46	20.513	8.0	125	10918
Prinzhorn Holding(Wiener Neudorf, 奥地利)	44	48	19.894	12.0		9541
山东华泰纸业股份有限公司(中国山东)	45	42	19.595	-8.3	113.1	6781
Palm(Aalen, 德国)	46	47	17.912	0.0	0	4000
Mitsubishi Corporation(Tokyo, 日本)	47	49	17.849	-4.6	137.2	3723
Greif(Delaware, OH, 美国)	48	77	17.800	98.1	0	17000
Clearwater Paper(Spokane, WA, 美国)	49	54	17.615	2.2	114.7	3290
Burgo Group(Altavilla Vicentina, 意大利)	50	50	17.005	-1.9	203.9	3407
Hansol Paper(Seoul, 韩国)	51	56	16.412	10.0	103.1	1348
Mercer International(Seattle, WA, 美国)	52	66	16.244	28.1	0	2325
Moorim Group(Seoul, 韩国)	53	69	16.243	-0.4	103.1	1334
荣成纸业股份有限公司(中国台湾)	54	53	15.428	-8.8	317.4	4134
Rayonier Advanced Materials(Jacksonville, FL, 美国)	55	52	15.420	-13.3	38.5	4000
The Navigator Company(Setúbal, 葡萄牙)	56	51	15.258	-10.1	151.5	3282
VPK Packaging(Aalst, 比利时)	57	59	15.012	5.3	122	6213
Svenska Cellulosa Aktiebolaget (SCA)(Stockholm, 瑞典)	58	60	14.385	12.1	150	4253

续表

公司名称及总部地址	制浆、造纸及纸加工业务				2019 年纸及纸板生产量/万吨	雇员人数/个
	2019 年排名	2018 年排名	2019 年销售额/亿美元	同比/%		
Lecta(Barcelona，西班牙)	59	55	14.329	-7.9	125.4	3157
Bio-PAPPEL(Durango，墨西哥)	60	62	13.464	-1.9	270	11763
Södra(Växjö，瑞典)	61	58	13.315	-6.0	315	
Fedrigoni SpA(Verona，意大利)	62	61	13.109	-0.9	59.7	2904
正隆纸业有限公司(中国台湾)	63	63	13.059	-1.9	180.3	6793
Holmen(Stockholm，瑞典)	64	64	12.672	5.5	153.4	2915
Eldorado Brasil Celulose(São Paulo，巴西)	65	67	10.828	-7.6	0	4093
Kruger Products(Montreal，QC，加拿大)	66	72	10.809	4.6	35.7	2500
Progroup(Landau/Pfalz，德国)	67	70	9.930	-8.2	105.6	1293
Neenah Paper(Alpharetta，GA，美国)	68	73	9.799	-5.3	0	2324
LEIPA Georg Leinfelder(Schwedt，德国)	69	74	9.516	0.0	137.6	1700
Koehler Paper(Oberkirch，德国)	70	76	9.304	0.4	48.6	2012
Glatfelter(York，PA，美国)	71	80	9.276	7.1	29.3	2557
山东世纪阳光纸业集团有限公司(中国山东)	72	75	9.136	-4.2	126	4430
Canfor(Vancouver，BC，加拿大)	73	71	8.199	-20.8	12.7	6766
Arctic Paper(Poznan，波兰)	74	79	8.119	-1.3	60.8	1250
Altri(Porto，葡萄牙)	75	N/A	7.468	N/A		772

注：全球造纸排名前 75 位的公司是按照纸浆、纸及纸板、纸加工及纸品贸易的净销售额进行的排名。2019 年数据为 2018 年修订后的财务数据。除非下文指出，财务年度报告是从 2019 年 1 月 1 日到 2019 年 12 月 31 日。收入指税后和去除特殊项目后的净收益。“N/A”表示“不可用”，无法估算。

《Paper 360°》2019 年全球造纸排名前 75 位公司的地域分布

地区	公司数量/个	2019 年销售额/亿美元	2018 年销售额/亿美元	同比/%	占 2019 年总销售额的比例/%	纸及纸板生产量/万吨	占纸及纸板总生产量的比例/%
欧洲	28	958.82	970.28	-1.2	31.3	6547.0	30.8
亚洲	21	754.14	825.94	-8.7	24.6	7985.4	37.6
北美	19	1104.84	1079.35	2.4	36.0	5436.5	25.6
拉丁美洲	6	190.55	226.43	-15.8	6.2	770.2	3.6
非洲	1	57.46	58.06	-1.0	1.9	497.5	2.3
大洋洲	0	N/A	N/A	N/A	N/A	N/A	N/A

《Paper 360°》2019 年全球纸及纸板生产量 200 万吨以上的公司

公司名称	全球排名	纸及纸板总生产量/万吨
International Paper	1	2095.1
玖龙纸业(控股)有限公司	12	1590
WestRock	2	1338.2
Oji Paper	4	1059.4

续表

公司名称	全球排名	纸及纸板总生产量/万吨
DS Smith	13	930.7
UPM	5	832.6
Stora Enso	8	814.3
Smurfit Kappa Group	6	750
理文造纸有限公司	25	629.1
Nippon Paper Industries Co., Ltd.	10	556.7
Mondi	11	541.3
山东晨鸣纸业集团股份有限公司	24	510
Sappi	19	497.5
安徽山鹰纸业股份有限公司	27	473
Packaging Corporation of America	14	471.3
Essity	9	444
Graphic Packaging	16	356.5
山东太阳纸业股份有限公司	28	354.9
Daio Paper	29	351.8
荣成纸业股份有限公司	54	317.4
Rengo	17	317.2
Cascades	23	305.3
永丰余纸业有限公司	36	298.1
SCG Packaging Public Co., Ltd.	30	296
Bio-PAPPEL	60	270
BillerudKorsnäs AB	32	267.2
Domtar	21	249
Metsä Group	18	237.5
Resolute Forest Products	38	211.5
Burgo Group	50	203.9

（王　岩）

2019—2020 年全球分地区和种类纸浆需求量

Global Pulp Demand by Region and Grade in 2019—2020

表 1　2019—2020 年全球不同地区化学浆需求量　单位：千吨

地区	2019 年	2020 年	同比/%
北美	7479	7963	6.4
西欧	14383	13455	-6.5
东欧	2735	2958	8.2
拉丁美洲	3495	3791	8.5
日本	2201	1979	-10.1
中国	23978	25836	7.8
其他亚洲地区	8728	8933	2.4
大洋洲	394	426	8.1
非洲	946	987	4.3
全球	64339	66328	3.1

表 2　2019—2020 年 1—12 月全球化学浆需求量　单位：千吨

月份	2019 年	2020 年
1 月	4559	5442
2 月	4629	5258
3 月	5580	5838
4 月	5049	5533
5 月	5150	5431
6 月	5282	5341
7 月	5553	5067
8 月	5716	5498
9 月	5713	5983
10 月	5439	5625
11 月	5551	5451
12 月	6116	5859
合计	64337	66326

表 3　2019—2020 年全球不同浆种需求量　单位：千吨

浆种	2019 年	2020 年	同比/%
化学浆	64339	66328	3.1
亚硫酸盐浆	85	110	29.4
漂白硫酸盐针叶木浆	26392	25992	-1.5
其中：北方松	15933	15544	-2.4
其他	10459	10448	-0.1
漂白硫酸盐阔叶木浆	35742	37907	6.1
其中：桉木浆	25458	27392	7.6
其他	10284	10515	2.2
未漂白硫酸盐浆	2122	2317	9.2
高得率浆	4250	4255	0.1
合计	68589	70583	4.8

注：数据来源于纸浆纸张产品理事会(PPPC)。

（曹凯月　李荔平）

2019—2020 年全球分地区和种类纸及纸板需求量

Global Paper and Paperboard Demand by Region and Grade in 2019—2020

表 1　　2019—2020 年全球不同地区纸及纸板需求量　　单位：千吨

地区	印刷用纸			纸箱用纸板			生活用纸		
	2019 年	2020 年	同比/%	2019 年	2020 年	同比/%	2019 年	2020 年	同比/%
北美	16460	12858	-21.9	31471	32331	2.7	8245	8745	6.1
西欧	19745	16036	-18.8	24448	24952	2.1	6817	6919	1.5
东欧	5220	4469	-14.4	9132	9499	4.0	2352	2566	9.1
拉丁美洲	4900	3442	-29.8	13295	13557	2.0	4259	4220	-0.9
日本	10268	8373	-18.5	9237	8871	-4.0	2014	2040	1.3
中国	13915	14549	4.6	41689	43403	4.1	8829	9444	7.0
其他亚洲地区	17960	13914	-22.5	27973	27864	-0.4	4190	4456	6.3
大洋洲	1168	817	-30.1	1957	1947	-0.5	471	504	7.0
非洲	2775	2061	-25.7	3364	3421	1.7	905	963	6.4
全球	92412	76519	-17.2	162568	165851	2.0	38083	39858	4.7

表 2　　2019—2020 年 1—12 月全球纸及纸板需求量　　单位：千吨

月份	印刷用纸		纸箱用纸板		生活用纸	
	2019 年	2020 年	2019 年	2020 年	2019 年	2020 年
1 月	7963	7262	13583	13546	3237	3168
2 月	7250	6672	12192	13023	2871	3150
3 月	8170	7268	13623	14199	3268	3450
4 月	7732	5827	13499	13655	3115	3337
5 月	7805	5501	13949	13498	3188	3398
6 月	7394	5605	13377	13440	3139	3273
7 月	7778	6021	13948	13933	3236	3364
8 月	7633	6083	13604	13718	3224	3336
9 月	7658	6519	13491	14095	3168	3294
10 月	7996	6709	14072	14466	3254	3392
11 月	7592	6515	13658	14103	3167	3321
12 月	7441	6537	13572	14177	3216	3376
合计	92412	76519	162568	165853	38083	39859

表 3　　2019—2020 年全球不同纸种需求量　　单位：千吨

纸种	2019 年	2020 年	同比/%
		印刷用纸	
新闻纸	16750	12685	-24.3
未涂布机械浆纸	9026	7547	-16.4
涂布机械浆纸	9237	6972	-24.5
未涂布不含磨木浆纸	39034	33971	-13.0
涂布不含磨木浆纸	18364	15343	-16.5
		纸箱用纸板	
牛皮纸板	33075	33794	2.2
半化学浆瓦楞原纸	9179	9335	1.7
挂面箱纸板	67141	68394	1.9
废纸瓦楞原纸	53173	54321	2.2

注：数据来源于纸浆纸张产品理事会(PPPC)。

（曹凯月　李荔平）

国外制浆造纸相关研究机构及开设制浆造纸相关专业的大学

Foreign Universities Offering Pulping and Papermaking Courses

美国(AMERICA)

奥本大学 Auburn University

奥本大学成立于1856年，是美国一所规模比较大的有着全面教育的公立大学，位于亚拉巴马州的奥本大学城，设有农业学院、建筑学院、商学院、林业和野生生物科学院等多个学院，另外还设有MBA项目。可授予本科、硕士和博士学位，专业设置广泛。与制浆造纸相关专业有：生物工程/森林工程、化学工程、环境科学、林业、材料工程。

下设Alabama造纸和生物资源工程研究中心，有制浆造纸基金会。

乔治亚理工学院 Georgia Institute of Technology

乔治亚理工学院始建于1885年，最初被称作乔治亚技术学校，位于美国乔治亚州的亚特兰大，是一所公立研究性大学。乔治亚理工学院是乔治亚大学系统的一部分，该校还在乔治亚州的沙瓦纳、法国的梅斯、爱尔兰的阿斯龙、中国的上海和新加坡等地设有卫星校区。目前，乔治亚理工学院共下设6所学院，包括大约31个系别，学科重点放在自然科学和技术领域。学院的代表学科是工科，该校是美国最好的理工学院之一。

造纸科技学院(IPST)是一所专门从事造纸科学与技术的研究以及教育的研究所，是佐治亚技术学院下的一个机构，在造纸科技方面处于世界一流水平。硕士专业有化学与生物分子工程、化学和生物化学、材料科学与工程和机械工程等，此外还有众多的研究项目，包括防护涂层、智能包装、纤维复合材料、纳米材料等。造纸科技研究所的造纸以及相关产业一直处于行业科学技术的领先水平，有着非常悠久的历史。

佐治亚大学 University of Georgia

佐治亚大学创建于1785年，首位校长以及一位校董事会成员参与起草和签署了美国《独立宣言》。作为美国公立高等教育的发源地，佐治亚大学也是全美第一所公立大学，由14所学院及1所研究所组成，校区面积广阔，拥有许多的天然资源。历年来的学校排名位居前茅，被誉为美国南方3所公立常青藤大学之一。

爱达荷大学 University of Idaho

爱达荷大学是一所历史悠久的公立大学，创建于1889年，以通识教育著称。拥有10个学院、5个分校、5个著名研究院。是美国爱达荷州州排名第1的大学，在美国西北部整体排名第3，被《美国新闻与世界报道》一贯公认为美国“国家顶级的博士学位授予大学”。

路易斯安那州立大学 Louisiana State University

路易斯安那州立大学建于1860年，位于州府巴吞鲁日市的南城，占地面积800多万米^2，是全美校园最美的20所大学之一。学校共设有200多个学科，70多个专业，很多专业已发展成为学院。

迈阿密大学 Miami University

迈阿密大学成立于1925年，是一所私立的非宗教的大学。迈阿密大学目前拥有12个学院，提供180多个本科、硕士和博士专业。有造纸科学与工程基金会。

密西西比州立大学 Mississippi State University

密西西比州立大学成立于1878年，是一所综合性大学，位于美国的密西西比州斯塔克维尔市，是该州招生人数最多的大学。获得了美国南部学院与学校协会之学院委员会的认证，授予学生学士学位、硕士学位、专业学位和博士学位，专业设置广泛。设有森林资源学院。

北卡罗莱纳州立大学 North Carolina State University

北卡罗莱纳州立大学成立于 1887 年，是一所公立的研究型大学，位于美国北卡罗来纳州雷利，是北卡罗莱纳州教育系统的主要教育机构，是目前北卡罗莱纳州规模最大的大学。学校在农业、设计、工程和纺织品方面有着非常悠久的历史，目前学校可授予学士学位、硕士学位和博士学位，同时开设有相关领域的证书课程，专业设置广泛。下设森林与生物材料科学系和木材与造纸科学系。

俄勒冈州立大学 Oregon State University

俄勒冈州立大学成立于 1868 年，是美国一所公立综合性大学，可授予本科、硕士和博士学位，专业设置广泛。

普渡大学 Purdue University

普渡大学创办于 1869 年，是拥有 6 个校区的州立大学系统，学生人数约 4 万人，主校区位于美国中西部印第安纳州西拉法叶，提供了超过 210 种的主修，是全球顶尖的工程学校之一，在美国乃至世界都享有很高的声誉。

纽约州立大学 State University of New York

纽约州立大学最初于 1816 年成立于纽约波茨坦，随着各个州立大学的成立，直至 1948 年纽约州立大学才趋于完善，现在该学院由 64 个学院组成，近 47 万在校学生和 8 万多教职员工。在众多分校中以宾汉姆顿大学(分校)、布法罗分校、石溪分校、奥尔巴尼分校这 4 所国家级研究型大学最为卓著。四大分校中又以宾汉姆顿分校排名和声望最高，被誉为纽约州立大学“皇冠上的珍珠”。

环境科学与林业学院-造纸与生物处理工程系设有造纸研究所。

田纳西大学 University of Tennessee-Knoxville

田纳西大学成立于 1794 年，是一所世界著名的公立研究型大学，主校区位于田纳西州东部的诺克斯维尔市，是美国南部最具综合性的大型高等学府之一，也是美国历史最悠久的公立大学之一，是田纳西州大学系统中的旗舰大学，东南联盟的成员院校。设有 170 多个专业。

宾夕法尼亚州立大学 The Pennsylvania State University

宾夕法尼亚州立大学创办于 1855 年，是位于美国宾夕法尼亚州的一所世界著名的公立大学，是美国的优秀公立大学之一，也是美国大型的高等学府之一。在宾州全境有 24 个校区，其中最大的是主校区帕克。其学术科研能力走在世界前列，在工程、气象、地球科学、地理、传媒、管理学、特殊教育、农学等方面堪称世界顶尖，也是工业工程和英国文学在美国的发祥地。

美国威斯康星大学-麦迪逊分校 University of Wisconsin-Madison

美国威斯康星大学麦迪逊分校创建于 1848 年，位于美国威斯康星州首府麦迪逊，是美国顶尖公立研究型大学，也是世界上最负盛名的公立大学。该校是威斯康星大学系统的旗帜性学校，是美国大学协会的创始会员之一，也是美国知名的十大联盟的创始成员之一，被誉为“公立常春藤”，与加州大学伯克利分校和密歇根大学齐名。

缅因大学 University of Maine

缅因大学于 1865 年成立，前身是缅因农业与机械艺术学院，1897 年成为缅因大学。现为缅因州最大的大学，也是新英格兰地区最大的大学之一。缅因大学主校区位于美国东北边缅因州欧洛诺市(Orono)。下设 5 个学院，分别是商业、公共政策与健康学院，教育与人类发展学院，工程学院，文学院，自然资源、森林与农业学院。学校可提供学士、硕士、博士学位课程，同时开设语言中心和继续教育网络课程，为更多的学生提供学习机会。

与造纸相关的有林业生物质产品研究所，包括制浆造纸、生物质精炼等研究方向。

明尼苏达大学 University of Minnesota

明尼苏达大学始建于 1851 年，是美国最具综合性的高等学府，拥有顶尖的理工学院，其排名一直保持在全美前 20。拥有 5 所分校、370 个专业。是十大联盟的成员大学之一，被誉为公立常青藤。

华盛顿大学 University of Washington

华盛顿大学建于 1861 年，是一所公立研究型大学，也是美国西岸历史最悠久的公立大学，为美国大学协会的成员。设有多个学院，如人造环境学院、艺术与科学院、森林资源学院等，开设了多个本科、硕士、博士课程。

华盛顿州立大学 Washington State University

华盛顿州立大学成立于 1890 年，是美国华盛顿州建立的一所研究型大学，主校区坐落在华盛顿州威特曼郡普尔曼市，在华盛顿州境内还包括：斯博坎校区(Spokane)、三城校区(Tri-Cities)和温哥华校区(Vancouver)校区。设有 8 个学院。是美国 108 所获得卡内基研究基金的大学之一，被评为“高密度研究型大学”。

西弗吉尼亚大学 West Virginia University

西弗吉尼亚大学是一所 4 年制公立大学，成立于 1867 年，是西弗吉尼亚州最具规模的大学。共设有 14 个学术方面的学院，包括：农业、森林与消费科学学院、工程与矿产资源学院等。可提供 178 种本科、硕士和博士学位。

密歇根州立大学 Michigan State University

密歇根州立大学成立于 1855 年，坐落在美国密歇根州东兰辛市，是一所世界一流的公立研究型大学，是北美顶尖大学学术联盟美国大学协会(AAU)的成员之一，被誉为“公立常青藤”大学。

西密歇根大学 Western Michigan University

西密歇根大学建于 1903 年，坐落于美国密歇根州喀拉马索，是密歇根州第四大公立大学。西密歇根大学是一所研究型大学，可提供学士、硕士、博士学位。与造纸相关的有造纸工程、化学工程专业。

奥地利(AUSTRIA)

维也纳自然资源与生命科学大学

维也纳自然资源与生命科学大学(简称 BOKU)创建于 1872 年，该学校位于维也纳市，是一所拥有丰富教学与科研经验的名牌国际性大学。该校最具有吸引力的专业是在环境美化设计、建筑学与规划学院和林业学院，其次是市政工程和水资源管理，以及环境保护工程方面。

格拉茨大学 University of Graz

格拉茨大学建立于 1585 年，它是一座拥有上百年悠久历史的大学，是奥地利教育部认可的 18 所公立大学中的一所。学校设有 6 大学院，50 多个研究所与实验室。

维也纳技术大学 Technische Universität Wien

维也纳技术大学，始建于 1805 年，是德语国家中历史最为悠久的技术性大学之一。分为 5 个学院，110 个系，每个系又细分为科研部与教学部。学校有 1000 多名专家与教授，每年的在校注册生有 20000 名，其中国外留学生有 3000 多名。

澳大利亚(AUSTRALIA)

莫纳什大学 Monash University

莫纳什大学建立于 1958 年，是澳大利亚规模最大的国立大学之一，澳大利亚八大名校之一。在墨尔本本部有 6 个校区；在南非、马来西亚设有分校；在全球共设研究中心 75 个，此外还与美洲、亚洲、非洲、中东、欧洲超过 110 个研究中心建立了全球化研究网络与交流链接。

澳大利亚制浆造纸研究院成立于 1989 年，是莫纳什大学化学工程系的一部分。

悉尼大学 The University of Sydney

悉尼大学始建于 1850 年，是坐落于澳大利亚第一大城市悉尼的一所世界顶尖研究型学府，澳大利亚和大洋洲第一所大学。悉尼大学是澳大利亚 6 所砂岩学府(Sandstone Universities)之一，也是澳大利亚八大名校(Group of Eight)的核心盟校成员，国际著名研究型大学联盟组织环太平洋大学联盟(APRU)、亚太国际贸易教育暨研究联盟(PACIBER)的成员大学之一。

联邦科学与工业研究组织 CSIRO

联邦科学与工业研究组织前身是于 1926 年成立的科学与工业顾问委员会，是澳大利亚最大的国家级科技研究机构，主要角色是通过科学研究和发展，为澳大利亚联邦政府提供新的科学途径，以造福于澳大利亚社会，提高经济效益和社会效益。总部坐落在澳大利亚首都特区堪培拉市中心旁的坎普贝尔(Campbell)，紧邻澳大利亚战争纪念馆、澳大利亚国立大学等。有逾 6600 名员工，在澳大利亚、法国及墨西哥拥有逾 50 座研究站。

巴西(BRAZIL)

维索萨联邦大学 Federal University of Viçosa

维索萨联邦大学成立于 1922，是一所规模中型的公立研究型综合大学。

圣保罗州州立大学 Sao Paulo State University

圣保罗州州立大学，4934 年创办，是巴西第一所现代综合性高等学校，校址在圣保罗。主要培养教师、研究人员和工程技术人员。设有 35 个院、系及研究中心。物理研究中心所属的宇宙及天体物理研究所和原子能研究所享有国际声誉。在海洋学、电子学、食品学和公共卫生学等领域有创造性成果。

加拿大(CANADA)

新布伦瑞克大学 University of New Brunswick

新布伦瑞克大学建立于 1785 年，是一所公立性质大学，坐落在新布伦兹维克省，是加拿大资格最老的英语语言大学，也是北美地区最早的公共院校。曾被麦克林杂志誉为加拿大最著名的 5 所综合性大学之一。

与造纸相关的有利莫瑞克制浆造纸中心，位于加拿大新不伦瑞克省弗雷德里顿。

英属哥伦比亚大学 University of British Columbia

英属哥伦比亚大学成立于 1908 年，是一所世界级顶尖研究型大学，坐落于风光如画的温哥华市，是不列颠哥伦比亚省历史最悠久的大学，与多伦多大学，麦吉尔大学并称加拿大大学“三强”，在经历了百余年的长足发展后，逐渐成为蜚声全球的综合性大学，在加拿大国内的排名中始终保持前 3 名之列，多次位列北美前 10，世界排名保持在 35 名以内，林学、生态学全球第一，医博类全球第二。

造纸相关：制浆造纸中心。

魁北克大学-三河分校 The Université du Québec à Trois-Rivières

魁北克大学成立于 1968 年，是加拿大一所法语大学，由分布在魁北克几个重要地区的 10 个分校组成，是目前加拿大办学规模最大，在校学生最多的大学。各个分校及学院既有合作又保持相对独立，其办学方向及课程设置各具特色，其中蒙特利尔分校(UQAM)规模最大，三河分校(UQTR)第 2。

三河分校地处魁北克省的腹心地带，位于美洲第二大法裔文明古城三河市内，建校于 1969 年，开设了包括本科、硕士、博士 3 个阶段的教育，近 150 个专业的课程。全校共有约 20 多个研究团队，集中在造纸与纸浆，生物工程，工业电子，中小型企业管理等领域，具备极强的科研实力。对于母语不是法语的国际学生而言，三河分校的另一个显著特点及优势是设有帮助学生更快融入法语学习的国际法语学院。

麦吉尔大学 McGill University

麦吉尔大学，简称麦大，建于 1821 年，坐落在加拿大魁北克省蒙特利尔市中心。百年来一直在国际上极负盛誉，历史上与哈佛齐名，是一所蜚声全球的世界顶尖研究型大学。麦吉尔大学吸引了全加、美国，还有世界各地最优秀的学生，其新生入学平均分位居全加第 1，是全加拿大最难申请的大学。麦吉尔大学有着辉煌历史和非凡成就，长期以来，在欧美声誉崇高，极受推崇和青睐。她的教学及研究水准被认为可媲美美国八大常春藤盟校，其研究水平享誉世界，被称为“北方哈佛”。多次名列加拿大第 1，世界大学排名前 20。

造纸相关：环境工程、生物资源工程。

麦克马斯特大学 McMaster University

麦克马斯特大学成立于 1887 年，位于加拿大安大略省汉密尔顿市。作为加拿大中型规模的大学，麦克马斯特大学以其独特的创新性和求实理念而成为加拿大最著名的大学之一。其革新性的教学，具有国际竞争性的奖学金和研究成果人所共知。在加拿大一流大学评比中，麦克马斯特大学连年被誉为最富有创造力与革新精神的学府。麦克马斯特大学在能源、材料、制造、机械等传统工业方面的研究能力首屈一指，在数字通讯和电脑硬件等高科技领域也堪称一流。

制浆造纸研究中心归属化学工程系。

多伦多大学 University of Toronto

多伦多大学始于 1827 年，是加拿大最古老，最著名的公立大学之一。共有 3 个校区，分别是位于多伦多市中心的乔治校区(St George Campus)，也是多伦多大学的主校区；位于多伦多市中心外的士嘉堡的士嘉堡校区(University of Toronto at Scarborough)；以及位于密西沙加的密西沙加校区(University of Toronto at Mississauga)。已连续多年位于加拿大国内大学排名榜榜首，被公认为加拿大综合实力最强的顶尖学府。

制浆造纸中心归属于化学工程和应用化学系，始建于 1987 年，由 Doug Reeve 教授创建。

加拿大制浆造纸研究所 Pulp and Paper Research Institute of Canada

加拿大制浆造纸研究所(PAPRICAN)是加拿大造纸工业的科研和教育中心。该研究所既承担科研任务又担负着研究生的培养任务，是非营利性质的科研和教育组织。该所分两个部分，一部分在加拿大东部魁北克省的 Pointe claire 市；另一部分则在加拿大西部不列颠哥伦比亚省(British columbia)的温哥华市。

肯高迪亚大学 Concordia University

肯高迪亚大学是加拿大一所综合性的公立大学，学校位于加拿大魁北克蒙特利尔。该校也是加拿大最大的高等教育机构之一，也是公认的在加拿大顶级的工程学院之一。据巴黎高等矿业学院的全球排名统计，肯高迪亚大学毕业生占据财富 500 强 CEO 位置的比例在加拿大排名第一，世界排名第 33 名。

拉瓦尔大学 Laval University

拉瓦尔大学创办于 1663 年，位于魁北克省的魁北克市，是一所著名公立大学，加拿大的主要大学之一。共设有 17 个院系，提供 300 多个专业及副修专业的课程教学，在科研领域排名位居加拿大大学前 10 位。

智利(CHILE)

比奥比奥大学 Bio Bio University

比奥比奥大学位于比奥比奥大区康塞普西翁，比奥比奥大学的历史可以追溯到1947年国家理工大学的创办。

康塞普西翁大学 Universidad de Concepción

康塞普西翁大学1919年建校，地处智利比奥比奥大区。校园设施齐全，拥有全国藏品最完整的智利艺术博物馆，校园环境优美，于2016年被智利国家古迹理事会宣布为国家遗产。

克罗地亚(CROATIA)

萨格勒布大学 University of Zagreb

萨格勒布大学成立于1669年，是欧洲最古老的高等学府之一。

英国(ENGLAND)

伯明翰大学 University of Birmingham

伯明翰大学，简称伯大，始建于1825年，位于英国第二大城市伯明翰市，世界百强名校，英国顶尖学府，在英国乃至全世界一直享有极高美誉。英国著名的6所“红砖大学”之一，英国名校联盟“罗素大学集团”和国际大学组织“Universitas 21”的创始成员。大学最初的研究目标以科学、工业及工程为主，经过一个世纪的发展，学校已经发展成为以学术为导向的综合性大学，研究的目标也延伸至各个领域并展现杰出的研究成果，成为世界级的研究型大学。

威尔士大学 University of Wales

威尔士大学是一所联合大学(大学联盟)，于1893年成立。由6所分校和2所学院组成，威尔士大学则是其分校和英国国内外数十所成员学院的学位证书颁发的认证和管理机构，在国内外有较大的影响。学校开设从预科到博士各种层次的专业课程，同时开始网络教育，主要提供研究生阶段学位和证书课程。

造纸相关：生物合成研究中心。

芬兰(FINLAND)

阿尔托大学 Aalto University(原赫尔辛基理工大学)

阿尔托大学是一所具有古老建校历史，拥有百年经验的北欧知名全新大学，在欧洲乃至全世界享有盛誉。阿尔托大学是由欧洲顶尖级理工类院校赫尔辛基理工大学(Helsinki University of Technology)和北欧最大的艺术类院校赫尔辛基艺术设计大学(The University of Art and Design Helsinki)、全欧洲第一所商学院赫尔辛基经济学院(The Helsinki School of Economics)3所芬兰著名大学合并建立而成，这3所大学分别是理工类、艺术类、经济类所属专业领域的佼佼者。世界排名第180位左右，国家高校排名第2位。

赫尔辛基理工大学于1849年成立于赫尔辛基市区，1908年升级为大学。目前有246位教授任职，超过15000名注册学生，分设12个科系，19个学位项目。赫尔辛基工业大学颁发以下方面学位：工程学位，建筑学位，环境设计和博士学位。

造纸相关：科技学校化学与材料科学学院林产工艺系(木材科学方向、生物质精炼方向、生物质材料方向)。

埃博学术大学 Abo Academy University

埃博学术大学建成于1918年，是一所瑞典语教学的公立大学，下辖7个学院。主要授课语言为瑞典语，但为了吸引国际学生，该校还开设了4个英语授课的硕士学习项目，包括化学工程，电子与移动商务，嵌入式计算以及国际人权法。

造纸相关：纤维与纤维素工艺技术实验室。

赫尔辛基大学 University of Helsinki

赫尔辛基大学1640年创建于芬兰古都土尔库，1828年迁至赫尔辛基，是位于芬兰首都赫尔辛基的世界级著名高等学府。赫尔辛基大学以其悠久的历史，丰富的藏书，一流的设备，齐备的专业以及杰出的成就，闻名欧洲。它同时也是芬兰在国际上享有盛誉的著名高等学府，全球广泛使用的Linux操作系统于1991年10月5日诞生于此。世界排名第60位左右，国家高校排名第1位。

造纸相关：森林与环境工程。

坦佩雷应用科学大学 Tampere University of Applied Sciences，TAMK

坦佩雷应用科学大学是一所公立应用科学大学，于1912年建立。该校在校生13000余名，教职员工700余人。2019年1月1日起，坦佩雷应用科学大学与坦佩雷大学、坦佩雷理工大学合并成了芬兰最多元的大学社区，共有学生35000名，其中10%为国际学生。3所大学学习和研究资源的整合也给学生带来了更丰富多元的学习可能。坦佩雷应用科学大学在全球 50 多个国家拥有 360 多个合作学校，并与中国有多年深厚合作经验，承接了多个国际合作办学项目和国家级教育培训项目。

造纸相关：造纸与包装。

奥卢大学 University of Oulu

奥卢大学成立于 1958 年，是芬兰北部城市奥卢的一所公立综合性大学，是 LAOTSE 成员学校。设有 6 个学院，分别是人文学院、教育学院、理学院、医学院、经济学院以及工学院。大学以研究生层次的教育为主，专业有教育与全球化，财政与管理会计，国际商务，财政与经济学，蛋白质科学与技术，环境工程，建筑设计，极地地区的健康和福利等。

塞马应用科技大学 Saimaan ammattikorkeakoulu

塞马应用大学位于芬兰的南芬兰省，其校区分布在该省的拉彭兰塔城和伊马特拉城。该校现更名为塞马应用科学大学。下辖工商管理学院，美术设计学院，卫生保健与社会服务学院，技术学院，旅游与酒店管理学院等五个学院。提供本科与硕士层次的高等教育，其主要授课语言为芬兰语，但为了吸引国际学生，该校还开设了一部分用英语授课的专业。

造纸相关：造纸技术专业。

于韦斯屈莱大学 University of Jyvaskyla

于韦斯屈莱大学，坐落在芬兰美丽的湖区怀抱中，是芬兰最大的综合类高等院校之一。现有学生 16000 多名，其中包括国际学生 660 多名。与其他芬兰的高等院校相同，Jyvaskyla 大学是一所国立大学，直属教育部管理。学校多年来都是芬兰学生心目中最著名的高等学校。

法国(FRANCE)

巴黎综合理工大学 École Polytechnique

巴黎综合理工学院是 1794 年创立的法国工程师大学校，是一所公立的教学、科研机构，隶属于法国国防部。2007 年起，综合理工学院成了法国高等教育和科研的核心之一——巴黎高科集团的一个创立成员。麻省理工学院和哥伦比亚大学认为它是法国最负盛名的工程师大学。在世界大学排行中，《泰晤士报》将巴黎综合理工排在第 34 位；在上海交通大学的排名中位居第 201 位；巴黎矿业学校的“国际高等教育机构专业排名”则将之排在第 14 位。

格勒诺布尔理工大学——造纸与印刷工程学院 Université Joseph Fourier

格勒诺布尔理工学院成立于 2007 年，是由创办于 1970 年的国立格勒诺布尔理工学院和创建于 1900 年电气学院合并而成。到 2008 年初，国立格勒诺布尔综合理工学院是由 6 所工程师学院、1 个工程师预科班、1 所博士生研究院和 26 个研究实验室所组成的联合体。

下设的造纸与印刷工程学院建立于 1988 年，是一所国际性的关于造纸、印刷通信及生物材料的学校。该校是欧洲最大的工程师培训中心，属于格勒诺布尔省。法国造纸与印刷工业学校获得了 ISO 9001 认证，为有关文件印刷，包装和环境等方面培养未来的领导人。该校课程设置广泛，有很多与基础工程相结合的涉及具体课程的选择性学科，不断适应行业的需要，随着社会的发展而发展。在纸浆和纸张工程实验室进行有助于改善流程的创新研究，以满足特定的环保要求。该校所有的这些活动都确保得到科学技术发展中的前沿教育。

洛林大学 Université de Lorraine

洛林大学是法国著名的公立综合性大学之一，创始于 1572 年，由 3 所同类型的公立综合性大学和 1 所专业性较强的工程师学校合并而成。主校园位于法国东北部洛林大区(Lorraine)的南锡(Nancy)和梅斯(Metz)。拥有 8 个博士生院，2100 多名在校博士生，其中半数为来自于 80 多个不同国家的外国留学生。每所博士生院在教学和研究方面都有自己的专长，学科领域涉及面广泛。

蒙彼利埃大学 Université de Montpellier

蒙彼利埃大学成立于 1289 年，是世界上最古老的大学之一。校园位于法国南部朗格多克—鲁西永地区首府蒙彼利埃。1970 年大学一分为三，均为欧洲顶尖大学联盟科英布拉集团成员。

德国(GERMAN)

弗里德里希-席勒-耶拿大学 Friedrich-Schiller-Universität Jena

弗里德里希-席勒-耶拿大学，简称耶拿大学，位于德国图林根州耶拿市，正式成立于 1558 年，是一所公立的综合型大学，也是德国最古老的大学之一。众多世界名人曾在耶拿大学讲学和进行学术研究，他们的成功和名望推动了耶拿大学成为德国学术科研的中心。

弗劳恩霍夫研究机构-木材研究所

弗劳恩霍夫拥有 80 多家机构，其中在德国有

66 家研究所。其中木材研究所主要研究在木材、纤维材料、表面技术、木材防护、排放防护、环境研究、循环再生、防火和治理的流程工艺。研究重点是复合材料的生产和优化。这些复合材料由木材和其他植物性的材料组成，如棕榈、竹等 1 年生植物。研究所在表面技术，清漆和粘合材料的聚合物研究领域拥有丰富的经验。此外，研究所还开发古建筑的维护和保养，从废旧物中提取能源等有利于环保的技术。

达姆施塔特工业大学 Technische Universitat Darmstadt

达姆施塔特工业大学成立于 1877 年，是一所世界知名的综合性大学。在德国大学中综合排名前 20，工学排名第 2，该校的工程学、计算机科学和政治学等领域在国际上享有较好声誉。目前，达姆施塔特工业大学与清华大学、同济大学、南京大学、西安交通大学、大连理工大学、香港大学、香港理工大学开展了广泛的合作与交流。

德累斯顿工业大学 Dresden University of Technology

德累斯顿工业大学始建于 1828 年，位于“欧洲硅谷”之称的德国萨克森州首府德累斯顿，是欧洲工业革命以来历史最悠久和最有名望的科技大学之一。开设 126 个专业，成为德国开设学科最广泛的综合性大学。

乔治-奥古斯都-哥廷根大学 Georg-August-University of Göttin-gen

乔治-奥古斯都-哥廷根大学始建于 1734 年，简称哥廷根大学，坐落于德国西北部的下萨克森州南部哥廷根市，是一所享誉世界的顶尖综合性大学，也是科英布拉集团的重要成员之一。截至 2017 年，从哥廷根大学走出的诺贝尔奖获奖人数为 45 人，数量为德国大学第 2 位、世界大学第 15 位。在 2018 年 QS 世界大学排名位居世界第 114 位。在 2019 年 QS 世界大学排名位居世界第 197 位。

汉堡大学 Universität Hamburg

汉堡大学成立于 1919 年，位于德国汉堡市，是北德最大的学术研究和教育中心与德国规模最大的 10 所大学之一，也是德国顶尖大学联盟中的一员。在人文科学、社会科学、自然科学领域内拥有顶尖的学术研究水平。根据世界大学排名 QS 排行榜公布的结果，汉堡大学的语言学、法学、物理学与天文学专业进入了世界前 50 名；政治学、哲学、医学、经济学、社会学进入了世界前 100 名。

慕尼黑理工大学 Technische Universität München

慕尼黑工业大学创办于 1868 年，坐落于德国南部巴伐利亚州(拜恩州)首府慕尼黑，是德国最古老的工业大学之一，是国际享有盛誉的世界顶尖大学，也是“柴油机之父”狄塞尔，“制冷机之父”林德，“流体力学之父”普朗特，文豪托马斯·曼等世界著名科学家及社会名人的母校。在德国教育部的大学科研排行榜(CHE)上，慕尼黑工业大学已经连续多年排名第一。特别是在和企业、实业界的产学研对接、合作上成就斐然，蜚声国际。

印度(INDIA)

印度中央造纸研究院

印度中央造纸研究院成立于 1980 年，是隶属于印度工商部产业政策与推广司的国家级专业研究机构，其主要职能是在制浆造纸领域清洁生产、资源利用、产品开发和成本控制等方面为行业提供技术支持。

印度国家环境工程研究所

印度国家环境工程研究所建立于 1942 年，在全球范围内的废物处理，特别是厌氧发酵处理方面有着很高的成就。该研究所目前涉及农药、航天航空、化学药品、能源保护等众多领域的研究；在药物、工业催化剂以及皮革技术方面都处于领先地位。主要研究的内容有大气和水源的清洁研究、固体废弃物的管理研究、环境健康探索和环境基因技术及生物技术的研发、环境风险评估、环境生态系统及其修复以及环境材料等多个方面。

印度理工学院-卢克里分校 Indian institute of technology

印度理工学院创建于 1951 年，是由印度政府所建设和组成的 7 所自治工程与技术学院。在学术界具有世界声誉，被称为印度“科学皇冠上的瑰宝”，是印度最顶尖的工程教育与研究机构。在全国共设有 7 所校区。卢克里理工学院设有造纸学科领域。

印度尼西亚(INDONESIA)

茂物农业大学 Bogor Agricultural University

茂物农业大学兼具农、林、鱼、畜以及社会科学的多种学科和领域的综合性大学，尤其他的热带作物研究处于世界领先水平。

伊朗(IRAN)

古尔甘农业科学和自然资源大学 Gorgan University of Agricultural Sciences and Natural Resources

古尔甘农业科学和自然资源大学成立于 1957 年，大学设置 9 个学院，包括本科及研究生共 2800 人。大学位于历史古城 Golestan 戈勒斯坦省的 Gorgan 戈尔甘市。

造纸相关：制浆造纸系，林业和木材技术。

伊斯兰自由大学 Islamic Azad University

伊斯兰自由大学成立于 1982 年，是世界上第三大大学，世界上第一大的私立大学，总部位于伊朗德黑兰，150 万在校生，国内及国外 100 多个分支机构。

造纸相关：农业科学与自然资源系。

德黑兰大学 University of Tehran，Karaj

德黑兰大学是伊朗最古老的现代化大学，也被称作“伊朗的母亲大学”，被冠以“伊朗最好的大学”的美誉。提供 111 个学士学位项目，177 个硕士学位项目及 156 个博士学位项目。

造纸相关：自然资源系。

日本(JAPAN)

东京大学 University of Tokyo

东京大学诞生于 1877 年，是一所世界级著名研究型综合大学，本部位于日本东京都文京区，在全球都享有极高的声誉。作为一所世界顶尖的综合大学，东大在 2016 年 CWUR 世界大学排名中名列世界第 13 位、日本第 1 位。

造纸相关：农业与生命科学院-生物材料科学系-木材化学实验室。

北海道大学 Hokkaido University

北海道大学建立于 1876 年，是日本著名研究型国立综合大学，本部位于日本北海道札幌市，在日本高等教育学府中占有举足轻重的地位。设有 2 个校区，有 12 个本科学院、18 个研究生院、3 个附属研究所、3 所全国共同教育研究设施；拥有本科生和研究生共计约 18000 人左右，教职员约 4000 人，有来自近百个国家和地区的 1500 多名留学生，其中，中国留学生约 800 名。根据 2018 年 QS 世界大学排名，北海道大学位列世界第 122 名，亚洲第 31 名，其化学、工程学、农学、林学等学科均位列世界前 100。

筑波大学 University of Tsukuba

筑波大学创办于 1872 年，位于东京首都圈的筑波市，是日本著名的国立综合大学，日本最古老的大学之一。入选日本“超级国际化大学计划 A 类顶尖校，日本学术研究恳谈会(RU11)成员，东亚研究型大学协会成员。筑波大学占地约 258 公顷，是日本面积最大的大学之一；下设 9 个学群，开办 54 个专业，有 3 名教授获诺贝尔奖。

筑波林业和林产研究院 Forestry and Forest Products Research Institute，Tsukuba

下设生物质化学部。

京都大学 Kyoto University

京都大学，创建于 1897 年，是一所本部位于日本京都市左京区的日本顶尖研究型大学，在日本仅次于东京大学的学科齐全、规模宏大的国立综合大学。作为日本国内的最高学府之一，京都大学在全球都享有很高的声望，被誉为“科学家的摇篮”。

京都府立大学 Kyoto Prefectural University

京都府立大学，位于日本京都府京都市，是一所由京都府立农业专门学校与京都府立女子专门学校作为母体，创立于 1949 年的日本著名公立大学。目前拥有文学，公共政策学与生命环境学三大学系与下鸭，精华两大校区，是一所在日本关西地区颇受好评的小型高等院校。

静冈大学 Shizuoka University

静冈大学创办于 1949 年，是位于静冈县静冈市骏河区大谷的日本国立大学。拥有静冈校区(文科为主)和滨松校区(理工科为主)。该校的办学宗旨在于：培养对社会充满责任感且具有国际化眼光的高技术性人才；推动有利于世界和平与人类发展的各类科学研究；努力建设成为地区性文化科学基地。

名古屋大学 Nagoya University

名古屋大学创办于 1871 年，本部位于日本爱知县名古屋市，是一所日本顶尖、世界一流的著名研究型国立综合大学，日本中部地区最高学府，日本超级国际化大学计划 A 类顶尖校。现拥有 10 个学部、15 个研究科、3 个研究所、2 所全国共同利用共同研究基地、29 处校内共同教育研究设施。从设立至今，名古屋大学一直处于日本国内一流级别学府的地位。同时，名大也是日本超级国际化大学计划、RU11 学术恳谈会、八大学工学系联合会、领先研究生院计划、国际 21 世纪学术联盟等著名学术组织的成员大学。

岛根大学 Shimane University

岛根大学是日本一所规模中等的国立综合大

学，建立于1949年。截至2017年，岛根大学占地648万米^2，建筑总面积9.9万米^2。学校将学部共通教育的培养分为5个目标，分别为知识的探究者、市民社会的形成者、地域社会的创作者、国际社会的贡献者、自我的开拓者。

九州大学 Kyushu University

九州大学创立于1903年，是一所本部位于日本福冈县福冈市的顶尖研究型国立综合大学，在日本乃至世界上均占有重要的学术地位，是日本文部科学省指定的“超级国际化大学计划”A类顶尖校之一。目前，九大共拥有10个学部、11个研究科、3个研究所和11个研究中心，在校学生约18200名、教职人员4500名，其中国际留学生共1141名。

秋田县立大学 Akita Prefectural University

秋田县立大学创办于1999年，坐落于秋田县秋田市，地理位置优越，环境优美。设有系统科学技术学部，大学院设有系统科学技术研究科、生物资源科学研究科。

东京农工大学 Tokyo University of Agriculture and Technology

东京农工大学于1874年设立，2004年升为日本国立大学，是专注科学研究，小而精的日本著名研究型国立大学。该校实行研究生院重点化，常年积累的科研实力，科研成果达到校外各界公认的顶级水平。

宇都宫大学 Utsunomiya University

宇都宫大学于1922年建立，是日本著名国立大学，位于栃木县首府宇都宫市。设有4个学院(国际学院、教育学院、工学院、农学院)和4个研究所。

韩国(KOREA)

忠北国立大学 Chungbuk National University

忠北国立大学成立于1957年，位于韩国忠清北道清州市，是韩国的主要10所大学之一，现已成长为在韩国教育和研究领域处于领先地位的综合机构。大学共设有12个学院，10个学校，55个系和6个研究生院。在信息通信领域、保健医疗、生命工程、农业、林业、水产业等方面具有独特特色，特别是被指定为国家重点支援大学。

造纸相关：农生学院-木材与造纸科学系。

忠南大学 Chungnam National University

忠南大学于1952年成立，是一所4年制国立大学，地处具有韩国“硅谷”之称的大德研究基地。截至2011年，忠南大学共开设了13个研究生院、15个单科学院和1个自由专门学部。

造纸相关：生命科学与农业学院-生物质材料。

江原大学 Kangwon National University

江原大学建校于1947，为国立综合大学，位于韩国东北部的江原道省会城市春川。设有17个本科大学(4年制、5年制)，5个研究生院(硕士2年、博士3年、硕博连读5年)，2个专门研究生院(法学专门研究生院、医学专门研究生院)，共有288个本科专业、120个研究生专业、59个博士专业，教授99%已获得博士学位。

造纸相关：造纸工学系。

首尔国立大学 Seoul National University

首尔国立大学建校于1926年，为韩国最初成立的一所国立综合大学，设有16个单科学院及研究生院，3个专科研究所(专修研究生院)，93个研究中心及支援单位，并作为国内最高的教育研究机关，取得了划时代的发展。享有“韩民族最高学府之称”。在韩国综合大学排名第1。

造纸相关：农业与生命科学学院-林业科学系。

韩国庆熙大学 Kyung Hee University

韩国庆熙大学，1949年创办的一所综合性大学，是韩国的著名高等学府，现有3个校区及20多个系科，分布在韩国的首尔、水原和光陵。现已是代表韩国的最佳私立大学之一，韩国排名第5。开设26个学院和16个研究生院，并设有庆熙网络大学。

马来西亚(MALAYSIA)

马来西亚国民大学 University Kebangsaan

马来西亚国民大学创立于1970年，是马来西亚一所极负盛名的综合性公立大学，同时也是马来西亚政府创办的第3所公立大学。学校排名居全亚洲前20位，具备学士、硕士、博士颁发资格，其工程和科技专业一直处于国内大学的领先水准。学校共设有12个学院，作为一所综合性大学，专业非常广泛，包括文科、理科、商科、教育等各类学科。

造纸相关：材料科学、环境科学。

马来西亚博特拉大学 University Putra Malaysia

马来西亚博特拉大学位于马来西亚雪兰莪州，始建于1931年，是东南亚著名研究型综合大学，在校师生约3万人，主校区占地1103公顷。是马来西亚最大的大学之一，也是在全马促进有经验和熟练的人力资本增长的关键学校，并高度致力于有效地制定教学战略，科研，创新和专业服务的创新实践。博大 91% 的教师拥有博士学位，是马来西亚师资力量最强的大学。在教育和研究领域拥有卓越且历史悠久的口碑，是一所在国际学术领域倍受认可的世界顶尖公立大学。

马来西亚科技大学 Malaysia University of Science and Technology

马来西亚科技大学于 2000 年创办，位于马来西亚首都吉隆坡近郊的雪兰莪州八打灵再也，是一个提供各种层次教学的综合型院校，包括基础自然科学文凭，本科（理学学士和工商管理学士）、硕士、博士。目前有 3 个分院：自然科学与工程学院、商学院以及基础预科学院。

马来亚大学 University of Malaya

马来亚大学 1962 年正式成立，是一所文理学科和医学兼有的综合性世界名校，是马来西亚规模最大和最著名的大学之一，也是一所全马历史最悠久的学府。是马来西亚唯一一所拥有斯坦福大学、东京大学、台湾大学、北京大学、清华大学等名校加盟的环太平洋大学联盟成员大学，与海内外著名学府都有着广泛的联系。

新西兰（NEW ZEALAND）

坎特伯雷大学 University of Canterbury

坎特伯雷大学建于 1873 年，以工程专业最为出名，位于新西兰的坎特伯雷省的省会基督城中。坎特伯雷大学的教学和研究密切相关，同时见长。其研究项目在全国研究基金中占有很重要的比重。学院包括：艺术、贸易、工程设计、法学、音乐和美术，林业和科学，学院之下又设有 39 个系。

新西兰皇家研究院林业研究所（SCION）

负责林业，木业，木制品以及生物材料的研究。

挪威（NORWAY）

挪威科技大学 Norwegian University of Science and Technology

挪威科技大学 1996 年由 Tyrondeheim 大学发展而成，Tyrondeheim 大学是由挪威技术学院、艺术科学学院、自然历史和考古博物馆合并而成。下有 7 个二级学院、74 个系。共有在校生 2000 人，其中 700 名为外国留学生。大学每年将授予 2000 个专业硕士或博士学位。

造纸相关：化工系生物精炼和纤维技术组。

挪威造纸与纤维研究院（PFI）

PFI 主成立于 1923 年，要致力于木材纤维，制浆造纸，新型基于生物质材料以及可持续生物精炼的研究，位于挪威中部城市特隆赫姆，与挪威科技大学化学工程系建立了紧密的合作。2004 年，PFI 更名为造纸与纤维研究院并成为瑞典斯德哥尔摩 INNVENTIA 的附属子公司。

葡萄牙（PORTUGAL）

阿威罗大学 Universidade de Aveiro

阿威罗大学成立于 1973 年，是一所公立大学，位于葡萄牙西部濒临大西洋岸边的阿威罗市，是最具活力和创新的大学之一。拥有近 15000 名本科就读的学生与研究生。该学校的工科目前在欧洲排名第 37 位，世界排名第 137 位。

造纸相关：环境科学与工程。

西班牙（SPAIN）

赫罗纳大学 Universidad de Gerona

赫罗纳大学 1446 年建校，是一所优秀的公立大学，下设 7 个系。

瑞典（SWEDEN）

卡尔斯塔德大学 Karlstads universitet

卡尔斯塔德大学建于 1999 年，位于瑞典卡尔斯塔德，是一所公立大学。下设有 4 个系，开设门类丰富的本科与研究生专业。

造纸相关：纸张表面处理中心、制浆造纸技术中心。

瑞典皇家理工学院 Kungliga Tekniska högskolan

瑞典皇家理工学院（KTH）位于瑞典首都斯德哥尔摩，建成于 1827 年，与芬兰的赫尔辛基理工大学（TKK）并称为斯堪的纳维亚半岛上最大的理工类高校，同时也是欧洲理工大学的顶尖院校之一。瑞典皇家理工学院开设有丰富的英语和瑞典语授课的本科和硕士专业。在 2008 年度泰晤士报高等教育-QS 世界大学排行榜上，位居全球第 173 位。

造纸相关：纤维与聚合物技术系。

瑞典林产研究所 Swedish Pulp and Paper Research Institute

瑞典林产研究所是瑞典最大的研究所，雇员

340 人．研究项目包括所有林产、纸浆、纸、纸板等方面的内容。在木材产品方面，瑞典林产研究所的研究活动与皇家林产学院密切协作；在纸浆生产方面，与印刷工艺研究所，瑞典新闻纸印刷研究中心，瑞典包装研究所密切协作。

查尔姆斯理工大学 Chalmers University of Technology

查尔姆斯理工大学成立于 1829 年，位于瑞典第二大城市、北欧工业中心哥德堡，是一所以工程技术、自然科学和建筑学教育与研究为主旨的瑞典顶尖理工大学，与 ABB、Volvo、Ericsson、SKF、SAAB 等众多国际知名瑞典企业有着紧密的联系。科研涉及八大领先领域：建筑环境、能源、信息与通信技术、生命科学工程、纳米科学与技术、材料科学、生产、交通。在荷兰莱顿大学发布的 2014 年 CWTS Leiden Ranking 世界高校排名中，查尔姆斯理工大学与工业界的科研合作水平排名全球第 2。

吕勒奥理工大学 Luleå University of Technology

吕勒奥理工大学成立于 1971 年，是斯堪的纳维亚半岛上最北的理工大学。下设有 11 个系，并为留学生开设有丰富的本科和研究生专业，同时，学校与当地的工商界合作紧密，高度的创新和合作精神是学校的一大特点。该大学主要研究领域在于采矿工艺、木材工艺、互联网。

瑞典农业科学大学 Sveriges Lantbruks universitet

瑞典农业科学大学是瑞典的一所公立大学，是瑞典乃至北欧最好的农业大学。该大学的本部位于 Ultuna，其分校区分布于瑞典其他地方。下辖 4 个学院，即景观规划、园艺和农业科技学院，自然资源和农业科学学院，兽医学和动物科学学院以及森林科学学院。

隆德大学 Lund University

隆德大学建于 1666 年，是一所现代化，具有高度活力和历史悠久的公立大学，世界百强大学之一，也是瑞典最负盛名及斯堪的纳维亚半岛上最大的教学研究高教机构之一，位于瑞典最南部的隆德。它有 7 个院系以及各研究中心和专业学术机构。

泰国(THAILAND)

亚洲理工学院 Asian Institute of Technology

亚洲理工学院(简称 AIT)，始创于 1959 年，现已发展成为由全世界许多国家和地区的政府、国际组织、基金会、商务机构和个人资助的亚洲最大的国际性研究生院之一。位于泰国巴吞他尼府，旨在为了促进亚洲高级工程方面的教育而成立的，是泰国一所私立性综合大学。由四个学校构成：高级技术学校，内部工程学校，环境资源与开发学校和管理学校。每一个学校都具有授予博士学位、硕士学位及学士学位的资格。

造纸相关：制浆与造纸技术，环境工程管理。

土耳其(TURKEY)

Kahramanmaras Sutcu Imam University (KSU)

造纸相关：林学院林产工业工程系。

伊斯坦布尔大学 Istanbul University

伊斯坦布尔大学在伊市共有 9 个校区，下设 17 个学院、5 个系、12 所高等教育培训学院及数十个研究所和研究中心。

越南(VIETNAM)

越南制浆造纸工业研究院

越南制浆造纸工业研究院成立于 1969 年，主要从事制浆造纸，环境保护方面的研究、咨询工作。2007 年处于政府机构向股份公司转制阶段，现也做技术转让、设备的代理。

（田　超）

国外主要造纸期刊介绍

Main Foreign Periodicals Related to Pulp and Paper

《澳大利亚和新西兰纸浆与造纸工业技术协会志》
Appita Journal (*APPITA J*)

主要刊载纸浆、纸张、印刷和包装方面的研究论文、技术报告等专题文章，报道国内外造纸工业动态和该协会的会议活动等。

创刊时间： 1947 年

主办单位： 澳大利亚和新西兰纸浆与造纸技术协会

出版周期： 季刊

ISSN： 1038－6807

出版国： 澳大利亚

地址： Appita Inc., PO Box 816 MACLEOD VIC 3085 Australia

电话： +61－3－9467－9722

传真： +61－3－9467－9778

邮箱： admin@ appita. com

网址： www. appita. com

《亚洲纸业》
Paper ASIA

亚洲领先的纸浆和造纸杂志，也涵盖了瓦楞、加工和包装。其读者所覆盖的行业非常广泛，包括一些行业的专业人士和决策者。该杂志在 20 个国家发行。2007 年，该杂志首次刊登中文对照，此举深受行业供应商和最终用户的喜爱。

创刊时间： 1985 年

出版单位： SHP Media Sdn. Bhd.

出版周期： 双月刊

ISSN： 0218－4540

出版国： 马来西亚

地址： 12, 0312th Floor, Block E, Phileo Damansara 1, 9, Jalan 16/11, off Jalan Damansara, 46350 Petaling Jaya, Selangor, Malaysia

电话： +603－79601148

传真： +603－79601152

邮箱： editorial. paperasia@ shpmedia. com

网址： www. paperasia. com. my

《中东生活用纸》
ME Tissue

中东地区生活用纸及无纺布行业的第一本杂志。该杂志致力于为从事生活用纸及无纺布行业的专业人士提供有关节能、安全、优质的生产解决方案、原料、技术、研究和开发等更多信息。其内容涵盖了整个生活用纸的供应链，从原材料到生活用纸生产，与生产、加工、包装相关的技术，以及无纺布行业的新趋势、新技术及研究和发展。为英语和阿拉伯语双语期刊。

创刊时间： 2008 年

主办单位： MEAC Group Holding

出版周期： 季刊

出版国： 黎巴嫩

地址： P. O. Box: 45－134 Hazmieh-Lebanon

电话： +961－3－798－204

传真： +961－5－450－930

邮箱： info@ metissue. com

网址： www. metissue. com

《日本造纸技术》
Japanese Journal of Paper Technology

内容涵盖制浆造纸、深加工、精加工、涂布、测量和分析技术及能源和环保措施等。

创刊时间：1958 年

主办单位：Paper Industry Times Company

出版周期：月刊

ISSN：0453－1507

出版国：日本

地址：日本东京都中央区日本桥人形町 1-9-2

电话：＋81－3－5651－7161

传真：＋81－3－5651－7201

邮箱：jj－paper－tech@ st－times. co. jp

网址：www. st－times. co. jp

《制浆造纸技术》
Journal of Pulp and Paper Technology

出版单位：Shizuoka Pulp and Paper

出版周期：月刊

ISSN：0287－5586

出版国：日本

地址：日本静冈县富士市大渕 2590 番地-1（静冈县工业技术研究所富士工业 技术支援中心内）〒417－0801

电话：＋81－545－35－5025

传真：＋81－545－35－5027

邮箱：skamipagk@ cotton. ocn. ne. jp

网址：www. shizuoka－tappi. or. jp

《日本制浆造纸协会志》
Japan TAPPI Journal

内容涉及制浆造纸行业的广泛信息，主要包括：最新研究技术报告；运行经验介绍；最新的研究技术成果；科研机构介绍；海内外制浆造纸动态及相关会议；专利信息和新产品；先进测试技术；商业新闻和显性统计；协会新闻等。

主办单位：日本制浆造纸技术协会

创刊时间：1996 年

出版周期：月刊

ISSN：0022－815X

出版国：日本

地址：日本东京都中央区银座 3-9-11（制浆造纸会馆 11 层）〒104－8139

电话：＋81－3－3248－4841

传真：＋81－3－3248－4843

网址：www. japantappi. org

《印度制浆造纸技术协会会志 ZA》
The Official International Journal of the Indian Pulp & IPPTA Paper Technical Association（IPPTA）

主办单位：印度浆纸技术协会

出版周期：季刊

ISSN：0379－5462

出版国：印度

地址：C. P. P. R. I. Campus，Paper Mill Road Near Himmat Nagar，P. O. Box 47，Saharanpur-247001（India）

电话：＋91－132－2714081/82

邮箱：ipptainfo@ gmail. com

网址：www. ipptaonline. org

《印度国际纸业》
Inpaper International

印度制浆造纸行业杂志，在欧洲和美国以外的其他大洲广受欢迎，涵盖了制浆造纸所有领域。内容涉及受行业关注及有争议的热点问题，业界知名公司及优秀人物介绍，行业最新技术及产品等。

出版单位：Indian Agro and Recycled Paper Mills Association

出版周期：季刊

出版国：印度

地址：404，Vikrant Tower，4，Rajendra Place，New Delhi-110008，India

电话：＋91－11－25862301

传真：＋91－11－25768639

邮箱：iarpma@ inpaper. com
publicationone@ inpaper. com

网址：www. inpaper. com

《孟加拉制浆造纸》
Bangladesh Pulp And Paper

孟加拉制浆造纸行业综合类刊物，内容主要涵盖：行业资讯、最新研究论文及交流报告等。

出版周期：双月刊

出版国：孟加拉

地址：House-08，Level-01，Road-14，Dhanmondi，Dhaka-1209 Bangladesh

电话： +880 1711 997820

邮箱： magazinebpp@ gmail. com

网址： www. pulpandpaperbd. com

《纸业 360°》
Paper 360°

报道世界各地造纸行业最新的资讯。

主办单位： 纸浆与造纸工业技术协会、造纸工业管理协会

出版单位： Naylor Association Solutions

出版周期： 双月刊

ISSN： 1933 - 3684

出版国： 美国

地址： 15 Technology Parkway South, Suite 115, Peachtree Corners, GA 30092, USA

电话： +1 - 978 - 750 - 8400

传真： +1 - 770 - 209 - 7206

邮箱： jbottiglieri@ tappi. org

网址： www. paper360. tappi. org

《纸浆与造纸工业技术协会志》
TAPPI Journal

自创刊以来一直是造纸行业同行评审论文的首选论坛，提供行业内最新、最相关的研究。2009 年 12 月，从印刷期刊转为电子期刊。2011 年 6 月开始，内容涵盖来自独家刊物《纸张回收进展》(*Progress in Paper Recycling*, *PPR*) 的内容，*PPR* 是一本有关纸浆、纸和纸板产品回收的科学、技术和经济性探索的杂志。

主办单位： 纸浆与造纸工业技术协会

出版周期： 月刊

ISSN： 0734 - 1415

出版国： 美国

地址： 15 Technology Parkway South, Suite 115 Peachtree Corners, GA 30092, USA

电话： +1 - 770 - 446 - 1400

传真： +1 - 770 - 446 - 6947

邮箱： memberconnection@ tappi. org

网址： www. tappi. org

《纸浆与纸》
Pulp & Paper

刊载美国国内外造纸业经济与市场动态，造纸技术和设备的进展与新产品等方面的论文和简讯。

出版单位： C M P Media LLC

出版周期： 月刊

ISSN： 0033 - 4081

出版国： 美国

地址： 2018 Powers Ferry Rd, Ste 600, Atlanta, US

电话： +1 - 678 - 598 - 8800

传真： +1 - 678 - 589 - 8888

邮箱： kferguson@ mfi. com

网址： www. cmp. com

《纸张时代》
Paper Age

世界上造纸行业重要的专业期刊之一，涉及的内容包括：制浆、造纸、纸品加工、技术开发、公司介绍及与主要行业领导者独家采访。

出版单位： O'Brien Publications, Inc.

创刊时间： 1884 年

出版周期： 双月刊

ISSN： 0031 - 1081

出版国： 加拿大

地址： P. O. Box 25058, London BRC. Ontario, N6C 6A8, Canada

电话： +781 - 923 - 1016

传真： +781 - 923 - 1389

邮箱： jobrien@ paperage. com

网址： www. paperage. com

《纸浆与造纸科学杂志》
Journal of Pulp and Paper Science

刊载制浆和造纸科学与技术方面的研究论文和评论，是加拿大造纸工业的主要学术期刊。

主办单位： 加拿大制浆造纸技术协会

出版单位： 加拿大制浆造纸技术协会

创刊时间： 1983 年

出版周期： 季刊

ISSN： 0826 - 6220

出版国： 加拿大

地址： 740 Notre-Dame St. W., suite 1070, Montréal (Québec) H3C 3X6, Canada

电话： +01 - 514 - 392 - 0265

传真： +01 - 514 - 392 - 0369

邮箱： tech@ paptac. ca

网址：www. paptac. ca

《加拿大纸浆与纸》
Pulp & Paper Canada

刊载加拿大造纸、纸浆和木材化学等相关技术和设备应用等领域的技术论文、设备与产品介绍和消息报道。

主办单位：加拿大制浆造纸技术协会

出版单位：Annex Business Media

出版周期：双月刊

ISSN：0316－4004

电子版 ISSN：1923－3515

出版国：加拿大

地 址：80 Valleybrook Drive，Toronto，Ontario M3B 2S9，Canada

电话：＋1－416－442－5600 ext 3539

传真：＋1－416－510－5140

邮箱：Follow@ pulppapercanada. com

网址：www. pulpandpapercanada. com

《造纸工业》
Paper Industry

北美制浆造纸行业新产品资讯的权威性刊物。报道造纸行业密切相关的技术、工艺、服务及行业新闻、产品和服务评价等最新信息。

出版单位：Paper Industry Publishing Office

出版周期：月刊

出版国：加拿大

地址：PO Box 2419，Montgomery，Alabama 36102

电话：＋604－910－1826

传真：＋1－450－458－4571

邮箱：editor@ paperindustrymag. com

网址：www. paperindustrymag. com

《纸张、薄膜及箔片加工》
Paper，Film & Foil Converter(PFFC)

刊载的内容涵盖纸张、薄膜、箔片加工及包装印刷行业的各个部分和加工行业的业务发展趋势和技术创新。

创刊时间：1927 年

出版周期：月刊

ISSN：0031－1138

出版国：美国

地址：5624 W. Wilson Ave. Chicago，USA

电话：＋1－303－674－0577

传真：＋1－303－674－0577

邮箱：tjanes@ PFFC－online. com

网址：www. pffc－online. com

《纸业技术》
Paper Technology

造纸工业技术领域的权威性刊物，报道行业的新闻、产品和服务信息，技术更新，案例研究和评论，及造纸工业技术协会会议报告等。特色栏目有纸机织物备件、造纸化学品、设备维护和自动化等。涉及的领域包括造纸及林产品等行业。

创刊时间：20 世纪 60 年代

主办单位：造纸工业技术协会

出版周期：双月刊

ISSN：0958－6024

出版国：英国

地 址：5 Frecheville Court，Bury，Lancs BL9 0UF，United Kingdom

电话：＋44(0)300 6020 150

传真：0300 3020 160

邮箱：info@ pita. co. uk

网址：www. pita. co. uk

《纸浆、纸张及物流杂志》
Pulp，Paper & Logistics Magazine

发行人：Vince Maynard

ISSN：2045－8622(PRINT)

出版国：英国

地址：Tralee，Hillcrest Road Edenbridge，Kent TN8 6JS，UK

电话：＋44(0)1732505724

邮箱：pulppaperlogistics@ virginmedia. com

网址：www. pulp-paperworld. com

《国际纸业》
International Paper World (IPW)

德国制浆造纸化学工程师协会 ZELLCHEMING 的官方贸易刊物。报道浆纸生产商、供应商及其国际活动，重点是报道新技术、未来发展趋势、新兴市场以及如何提高可持续性(或环境影响)。涉及的内容涵盖从森林到客户的整个产业链。

主办单位：制浆造纸化学工程师协会

出版单位：Keppler-Junius GmbH & Co. KG

创刊时间：1957

ISSN：1615－1720

出版周期：每年 10 期

出版国：德国

地址：Keppler-Junius GmbH & Co. KG, Ruesterstr. 11, Frankfurt a. M., 60325, Germany

电话：＋49－69－20－73－76－20

传真：＋49－69－20－73－75－84

邮箱：edit@ ipwonline. de

网址：www. ipwonline. de

《专业造纸》
Professional Papermaking

深受国际造纸行业龙头企业(造纸厂、纸品供应和加工企业)领导者和高层决策者(包括业务管理人员、采购人员、销售经理等)喜爱的贸易刊物。内容涉及纸浆、纸和纸板生产的科学技术报告及公司有关提高生产力、改善质量、降低成本方面创新的信息，全球市场发展趋势，经济和公司的最新报告，涵盖贸易展览会、会议、政策等最新文章。主要栏目有备料、造纸、纸加工、废水处理和涂布。

出版周期：半年刊

出版单位：Deutscher Fachverlag GmbH

出版国：德国

地址：Mainzer Landstr. 251, 60326 Frankfurt am Main, Germany

电话：＋49－69－7595－1291

传真：＋49－69－7595－1290

邮箱：info@ professional-papermaking. com

网址：www. professional-papermaking. com

《造纸技术》
Wochenblatt Fur Papierfabrikation

刊载纸张、纸板和纸浆工业生产技术方面的技术报告、会议论文和文摘，报道造纸工业技术进展与国内外行业动态。

出版单位：dfv 传媒集团

出版周期：月刊

ISSN：0043－7131

出版国：德国

地　址：Deutscher Fachverlag GmbH, Mainzer Landstr 251, Frankfurt Am Main, 60326, Germany

电话：＋49－69－7595－20151/52/61

传真：＋49－69－7595－2055

邮箱：wochenblatt@ dfv. de

网址：www. dfv. de/presse

《当代纸业总览》
Aktuelle Papier-Rundschau(APR)

德国领先的纸业期刊，是造纸行业决策者不可或缺的专业杂志。读者群为造纸商、纸品加工商、纸张贸易商、废纸造纸商，以及造纸行业机械制造商及服务商等。

出版周期：每年 8 期

出版单位：Keppler Media Group

出版国：德国

地址：P. Keppler Verlag GmbH & Co. KG Kaiserstraße 39, 63065 Offenbach am Main

电话：＋49/(0)69/15 04 33－200

传真：＋49/(0)69/15 04 33－333

邮箱：o. schneider@ kepplermediengruppe. de

网址：www. apr. de

《纸张与木材》
Paper and Timeber

论述芬兰制浆、造纸、纤维与木材化学方面工艺技术与设备的研究和开发成果，报道芬兰林业的发展，介绍芬兰在造纸方面与国外的经济和技术合作以及行业动态。文章以英文、芬兰文或瑞典文发表。

主办单位：芬兰森林工业协会

出版单位：Paperi ja Puu Oy

出版周期：季刊

ISSN：0031－1243

出版国：芬兰

地址：Paperi ja Puu Oy, Spektri Business Park, Metsänneidonkuja 4, 02130 Espoo, Finland

电话：＋358－10－229－1631

邮箱：irmeli. hannula@ paperjournal. fi

网址：www. paperijapuu. fi

《法国造纸工业技术协会志》
ATIP

主办单位：法国造纸工业技术协会（ATIP）
出版周期：季刊
ISSN：0997－7554
出版国：法国
地址：23, rue d'Aumale F-75009 Paris, France
电话：+33－145 62 1191
传真：+33－145 63 5309
邮箱：atip@ wanadoo. fr
网址：www. atip. asso. fr

《北欧纸浆和造纸研究杂志》
Nordic Pulp & Paper Research Journal（NPPRJ）

一本国际性的科学杂志，刊载木材或生物质成分、制浆造纸及其所涉及的植物纤维原料和废纸原料，以及制浆、生物质精炼副产品的基础研究及能源问题等方面的研究论文。

主办单位：Mid Sweden Uniersity（瑞典中部大学）
出版周期：季刊
ISSN：0283－2631
出版国：瑞典
地址：Mid Sweden University, Holmgatan 10, SE-851 70 Sundsvall, Sweden
电话：+46（0）10－1428493
邮箱：info@ npprj. se
网址：www. npprj. se

《浆·纸·纸板》
Pulp. Paper. Board

为俄罗斯和独联体国家制浆造纸行业的专家所喜爱的刊物。主要栏目有技术、效率和质量、设备、自动化等。

创刊时间：1904 年
出版周期：每年 10 期
出版国：俄罗斯
地址：4, bldg. 2, Dmitrovsky per., Moscow p/o 107031, Russia
电话：+7－495－258－39－36/37/38
传真：+7－495－258－39－36
邮箱：info@ cbk. ru
网址：www. cbk. ru

《纤维素》
Cellulose

刊载纤维素及其衍生物的化学、生化、物理学和材料科学特性的研究论文，以及纤维素技术开发和应用方面的研究论文、评论文章及技术说明。

创刊时间：1994 年
出版周期：季刊
ISSN：0969－0239
电子版 ISSN：1572－882X
出版国：荷兰
地 址：Springer, Van Godewijckstraat 30, Dordrecht, 3311 GZ, Netherlands
电话：+49－6221－345－4303
网址：www. springer. com/10570/

《纤维素化学与工艺》
Cellulose Chemistry and Technology

刊载食品、纺织品、造纸、木材、黏合剂、医药、油田等领域碳水化合物工业应用的研究论文。栏目主要包括结构和性能研究、生物和产业开发、分析方法、化学和微生物改性、与其他材料的相互作用。除刊登原创研究论文外，也刊登短通讯、书评和读者来信等。

创刊时间：1966 年
出版周期：双月刊
ISSN：0576－9787
电子版 ISSN：2457－9459
出版国：罗马尼亚
地址：Editura Acad Romane, Calea 13 Septembrie NR 13, SECTOR 5, Bucuresti, 050711, Romania
邮箱：vipopa@ ch. tuiasi. ro
网址：www. cellulosechemtechnol. ro

《南非制浆造纸工业技术协会志》
TAPPSA Journal

主要服务于南非地区的纸浆、纸张和森林产品行业。刊登南非地区造纸行业的技术论文，以及报道全球造纸行业的发展概况。

主办单位：南非纸浆和造纸工业技术协会

出版周期：双月刊

出版国：南非

地址：PO Box 1633，Kloof 3640，Southern Africa

电话：+27-31-764-2494

邮箱：mwtappsa@ iafrica. com

网址：www. tappsa. co. za

（郭彩云）

国外制浆造纸相关团体与研究机构名录

Foreign Associations and Research Institutions of Paper Industry

日本制浆造纸技术协会(Japan TAPPI)

Kami pulp Kaikan Bldg., 11th Floor 9-11 Ginza 3-chome, Chuo-ku, Tokyo 104-8139 Japan

TEL: +81-3-3248-4841

FAX: +81-3-3248-4843

URL: www. japantappi. org

韩国纸业协会(KPMA)

Korea Paper Manufactures' Association

505, Sinsa-dong, Gangnam-gu, Seoul

TEL: +82-02-549-0981

FAX: +82-02-549-0980

E-mail: kpma@ paper. or. kr

URL: www. paper. or. kr

韩国制浆造纸工业技术协会(KTAPPI)

Korea Technical Association of the Pulp&Paper Industry

Suite 701, Chungmu Bidg., 7, Yeouidaebang-ro 69 (yuksipgu)-gil, Yeongdeungpo-gu, Seoul, 07333, Korea

TEL: +82-2-786-8620

FAX: +82-2-786-8621

E-mail: ktappi@ ktappi. or. kr

URL: www. ktappi. or. kr

菲律宾造纸商协会(PPMAI)

Philippine Paper Manufacturers Association Inc.

2F FMF Bus. Center, 126 Pioneer St., Mandaluyong City, Philippines

TEL: +63-2-703-9124; 405-4069

FAX: +63-2-815-9460

E-mail: philippinepaper@ gmail. com

菲律宾制浆造纸技术协会

Technical Association of the Pulp and Paper Industry of Philippines (TAPPI-phils) c/o Fiber Processing and Utilization Laboratory, Fiber Industry Development Authority, BAI Compound, Visayas Avenue, Diliman, 1104 Quezon City, Philippines

TEL: +63-2-929-1396

FAX: +63-2-920-0427

越南制浆造纸协会(VPPA)

Vietnam Pulp and Paper Association

No. 59 Vu Trong Phung Street, Thanh Xuan Trung Ward, Thanh Xuan District, Hanoi

TEL: 024 6654 2872

E-mail: vanphong@ vppa. vn

URL: www. vppa. vn

泰国制浆造纸行业协会(TPPIA)

The Thai Pulp and Paper Industries Association

Bld. 4 6th floor, 1 Siam Cement Road, Bangsue, Bangkok, 10860, Thailand

TEL: +66 25864504; +66 25864511;
+66 25864513

FAX: +66 25862999

E-mail: kanungnc@ scg. co. th
umasrin@ scg. co. th

马来西亚制浆造纸协会

Malaysia Pulp and Paper Manufacturers Association

Suite 710, 7th Floor, Wisma Lim Foo Yong, 86 Jalan Raja Chulan, 50200 Kuala Lumpur, Malaysia

TEL: +60-3-2482501; 2484606

FAX: +60-3-775 1519

马来西亚森林研究所(FRIM)
Forest Research Institute Malaysia
Selangor Darul Ehsan, 52109 Kepong, Malaysia
TEL: +60-3-62797000
FAX: +60-3-62731314
E-mail: feedback@ frim. gov. my
URL: www. frim. gov. my

印度尼西亚制浆造纸协会
Indonesian Pulp & Paper Association
Jalan, Cimandiri No. 6, Flat 1/2, 10330 Jakaruta, Indonesia
TEL: +62-21-31926084
FAX: +62-21-3911351
E-mail: ippasec@ indo. net. id

印度纸业生产商协会(IPMA)
Indian Paper Manufacturers Association
PHD House (4th Floor), 4/2 Siri Institutional Area, Opp. Asian Games Village, 110 016 New Delhi, India
TEL: +91-11-2651-8379
FAX: +91-11-2651-3415
E-mail: sg@ ipma. co. in; secretariat@ ipma. co. in
URL: www. ipma. co. in

印度制浆造纸技术协会(IPPTA)
Indian Pulp and Paper Technical Association
CPPRI Campus, PO Box 47, 247001 Saharanpur, Uttar Pradish, India
TEL: +91-132-2714082
FAX: +91-132-2714081
E-mail: sg@ ipma. co. in
URL: www. ippta. co

印度中央制浆造纸研究所(CPPRI)
Central Pulp & Paper Research Institute
174, Paper Mill Road, Himmat Nagar, Saharanpur-247001, India
TEL: +91-132-2714050; 2714061;
2714062; 2714059
FAX: +91-132-2714052
E-mail: info@ cppri. org. in; director@ cppri. org. in
URL: www. cppri. org. in

澳大利亚/新西兰制浆造纸技术协会(APPITA)
Technical Association of the Australian and New Zealand Pulp and Paper Industry
澳大利亚: PO Box 816, Macleod Vic 3085, Australia
TEL: +61-3-9467-9722
FAX: +61-3-9467-9778
E-mail: admin@ appita. com. au

新西兰
PO Box 6042, Whakarewarewa Rotorua, New Zealand
TEL: +64-7-350-2252
FAX: +64-7-350-2253
E-mail: appita. nz@ xtra. co. nz
URL: www. appita. com

澳大利亚林产及造纸工业委员会(A3P)
Australian Plantation Products and Paper Industry Council
HQ address: Level 3, Tourism House, 40 Blackall Street, Barton, ACT 2600
TEL: +61-2-6273-8111
FAX: +61-2-6273-8011
E-mail: info@ a3p. asn. au
URL: www. a3p. asn. au

欧洲造纸工业联合会(CEPI)
Confederation of European Paper Industries
250 Avenue Louise, box 80, B-1050 Brussels, Belgium
TEL: +32-2-627-4911
FAX: +32-2-646-8137
E-mail: mail@ cepi. org
URL: www. cepi. org

欧洲纸板制造工业联合会(FEFCO)
The European Federation of Corrugated Board Manufacturers
Avenue Louise 250, BE-1050 Brussels, Belgium
TEL: +32-2-646-4070
FAX: +32-2-646-6460
E-mail: info@ fefco. org
URL: www. fefco. org

派诺国际
Pira International
Pira House, Cleeve Road, Leatherhead, Surrey KT22

7RU, United Kingdom
TEL: +44-1372-802000
FAX: +44-1372-802249
E-mail: info@ pira-international. com
URL: www. piranet. com

挪威工业联盟(Norsk Industri)
Federation of Norwegian Industries
Middelthuns gate 27, Majorstuen, Oslo, Norwey
TEL: +47-23-08-8800
E-mail: post@ norskindustri. no
URL: www. norskindustri. no

瑞典森林工业协会(Skogs Industrierna)
Swedish Forest Industries Federation
Box 55525, SE-102 04 Stockholm, Sweden
TEL: +46-8-762-72-60
FAX: +46-8-611-71-22
E-mail: info@ forestindustries. se
URL: www. forestindustries. se

芬兰森林研究所(METLA)
Finnish Forest Research Institute
Jokiniemenkuja l, Box 18, FI-01301 Vantaa, Finland
TEL: +358-10-2111
FAX: +358-10-211-2103
E-mail: kirjaamo@ metla. fi
URL: www. Metla. fi/index-en. html

芬兰森林工业联合会
Finnish Forest Industries Federation
Snellmaninkatu 13, P. O. B 336, FI-00171 Helsinki, Finland
TEL: +358-9-132-61
FAX: +358-9-132-4445
E-mail: forest@ forestindustries. fi
firstname. lastname@ forestindustries. fi
URL: www. forestindustries. fi

芬兰造纸工程师协会(PI)
Finnish Paper Engineers Association
Snellmaninkatu 13, PO BOX 118, 00171 Helsinki, Finland
TEL: +358-9-132-6688
E-mail: info@ papereng. fi
URL: www. papereng. fi

芬兰制浆造纸研究所(KCL)
The Finish Pulp and Paper Research Institute
(Oy Keskuslaboratorio-Centrallaboratorium AB)
Tekniikantie 2, 02150 Espoo, Finland
TEL: +358-20-7477-100
FAX: +358-9-464-305
E-mail: kcl@ kcl. fi
URL: www. kcl. fi

捷克制浆造纸工业协会(ACPP)
Association of the Czech Pulp and Paper Industry
Ing. Zdeněk Musil, U Uranie 954/18, 17000 Praha 7
TEL: +420-724-095-844
FAX: +420-416-803-935
E-mail: acpp@ acpp. cz
URL: www. acpp. cz

比利时制浆造纸工业协会(COBELPA)
Association of the Belgian Pulp, Paper and Boards Industries
Avenue Louise 306 Bte, b-1050 Brussels, Belgium
TEL: +32-2646-6450
FAX: +32-2646-8297
E-mail: general@ cobelpa. be
URL: www. cobelpa. be

奥地利造纸工业协会(Austropapier)
The Association of the Austrian Paper Industry
Gumpendorferstr. 6, A-1061 Wien Austria
TEL: +43-1-58-886-0
FAX: +43-1-58-886-222
E-mail: austropapier@ austropapier. at
URL: www. austropapier. at

奥地利制浆造纸技术研究所(IPZ)
Institute for Paper, Pulp and Fiber Technology
University of Technology Graz, Inffeldgasse 23, A-8010 Graz, Austria
TEL: +43-316-873-30751
FAX: +43-316-873-30752
E-mail: Claudia. Baeumel@ TUGraz. at
URL: www. ipz. tugraz. at

德国制浆造纸协会（VDP）
German Pulp and Paper Association
Adenauerallee 55，Bonn 53113，Germany
TEL：+49 – 228 – 267050
FAX：+49 – 228 – 2670562
E-mail：info@ vdp – online. de
URL：www. vdp – online. de

德国造纸技术研究所（PTS）
The Paper Technology Specialists
Papiertechnische Stiftung Pirnaer Strasse 37 01809 Heidenau
Germany
TEL：+49（03529）551 – 60
FAX：+49（03529）551 – 899
E-mail：info@ ptspaper. de
URL：www. ptspaper. de

英国木浆协会（BWPA）
The British Wood Pulp Association
Penrallt，Copthill Lane，Kingswood，Surrey KT20 6HL，United Kingdom
TEL：+44 – 774 – 785 – 0249
FAX：+44 – 1737 – 363069
E-mail：bwpasec@ tiscali. co. uk
URL：www. bwpa. org. uk

英国纸业联合会（CPI）
The Confederation of Paper Industries
1 Rivenhall Road，Swindon，Wiltshire SN5 7BD United Kingdom
TEL：+44 – 1793 – 889600
FAX：+44 – 1793 – 878700
E-mail：info. dept@ paper. org. uk；cpi@ paper. org. uk
URL：www. paper. org. uk

英国造纸工业技术协会（PITA）
Paper Industry Technical Association
5 Frecheville Court，Bury Lancashire BL9 0UF，United Kingdom
TEL：+44 – 161 – 764 – 5858
FAX：+44 – 161 – 764 – 5353
E-mail：info@ pita. co. uk
URL：www. pita. org. uk

意大利纸及纸制品行业协会（ASSOCARTA）
Association of Italian Paper，Board and Pulp Production
MILAN
OBastioni di Porta Volta，7-20121 Milano
TEL：+39 02 – 290. 03018 r. a
FAX：+39 02 – 290. 033. 96
ROMA
Viale Pasteur，8/10 – 00144 Roma
TEL：+39 06 – 591. 91. 31/40
FAX：+39 06 – 591. 0876
E-mail：assocarta@ assocarta. it
URL：www. assocarta. it

意大利制浆造纸技术协会（ATICELCA）
Technical Association of the Italian Pulp and Paper Industry
Bastioni di Porta Volta，7-20121 Milano，Italy
TEL：+39 – 02 – 62911308
FAX：+39 – 02 – 29003396
E-mail：assocarta@ assocarta. it
URL：www. aticelca. it

法国造纸工业联盟（COPACEL）
Association of French Paper Industries（COPACEL）
23 – 25，rue d'Aumale-75009，Paris，France PARIS
TEL：+33 – 153 – 89 – 2400
FAX：+33 – 153 – 89 – 2401
E-mail：contacts@ copacel. fr
URL：www. copacel. fr/en

法国造纸技术协会（ATIP）
Technical Association of the French Paper Industry
23，rue d'Aumale-75009 Paris，France
TEL：+33 – 1 – 4562 – 1191
FAX：+33 – 1 – 4563 – 5309
E-mail：atip@ wanadoo. fr
URL：www. atip. asso. fr

西班牙制浆造纸协会（ASPAPEL）
Spanish Paper Institute
Association of Spanish Pulp and Paper Manufacturers
Avenida de Baviera，15，28028 Madrid，Spain
TEL：+34 – 91 – 576 – 3003
FAX：+34 – 91 – 577 – 4710
E-mail：aspapel@ aspapell. es

URL：www. aspapel. es

西班牙造纸研究所(IPE)

Instituto Papelero Espanol

Avenida de Baviera 15，28028 Madrid，Spai

TEL：+34－91－576－3003

FAX：+34－91－577－4710

E-mail：ipe@ ipe. es

URL：www. aspapel. es

葡萄牙纸和纸板工业协会(ANIPCI)

National Association of Paper and Board Industries

Rua 14，No. 871 P-4500-233 Espinho，Portugal

TEL：+351－256－060－996

FAX：+351－256－023－044

E-mail：geral@ anipc. pt；ambiente@ anipc. pt

URL：www. anipc. pt

俄罗斯制浆造纸企业协会(BUMPROM)

Russia Association of Pulp and Paper Organization and Enterprises

room 23，lane 9，Philippovsky，119019 Moscow，Russia

TEL：+7－499－450－3755

FAX：+7－499－450－3755

E-mail：office@ bumprom. ru

URL：www. bumprom. ru

美国林业及纸业协会(AF&PA)

American Forest & Paper Association

1111 19th Street，NW Suite 800 Washington，DC 20036，USA

TEL：+1－202－463－2700

FAX：+1－202－463－2785

E-mail：info@ afandpa. org

URL：www. afandpa. org

美国制浆造纸技术协会(TAPPI)

Technical Association of the Pulp and Paper Industry

15 Technology Parkway South，Norcross，GA 30092，USA

TEL：+1－770－446－1400

FAX：+1－770－446－6947

E-mail：dbell@ tappi. org

URL：www. tappi. org

加拿大林产品协会(FPAC)

Forest Products Association of Canada

Suite 410-99 Bank Street，Ottawa，Ontario，Canada，K1P 6B9

TEL：+1－613－563－1441

FAX：+1－613－563－4720

E-mail：ottawa@ fpac. ca

URL：www. fpac. ca

加拿大制浆造纸技术协会(PAPTAC)

Pulp and Paper Technical Association of Canada

740 Notre-Dame West，Suite 1070，Montreal，QC，Canada，H3C 3X6

TEL：+1－514－392－0265

FAX：+1－514－392－0369

E-mail：tech@ paptac. ca

URL：www. paptac. ca

巴西纸浆和纸业协会(BRACELPA)

Brazilian Pulp and Paper Association

RuaOlimpiadas，66，9o andar Vila Olimpia，Sao Paulo，CEP 04551-000，Brazil

TEL：+55－11－3018－7800

FAX：+55－11－3018－7813

E-mail：faleconosco@ bracelpa. org. br

URL：www. bracelpa. org. br

巴西制浆造纸技术协会(ABTCP)

Brazilian Pulp and Paper Technical Association

Rua Zequinha de Abreu，27，Pacaembu，01250-050-S，Sao Paulo，SP，Brazil

TEL：+55－11－3874－2700

FAX：+55－11－3874－2730

E-mail：abctp@ abctp. org. br

URL：www. abtcp. org. br

巴西制浆造纸研究所(IPT)

Institute for Technological Research，Pulp and Paper

Av. Prof. Almeida Prado，532 Cid. Universitaria. 05508-901 Sao Paulo，SP，Brazil

TEL：+55－11－3767－4126

FAX：+55－11－3767－4000

E-mail：sac@ ipt. br

URL：www. ipt. br

智利纤维素与造纸技术协会（ATCP Chile）

Chile or the Technical Association of Cellulose and Paper

janequeo 884 Depto. 402，Concepcion Ⅷ-Region del Biobio Chile

TEL：+56－41－288－8130

FAX：+56－41－288－8133

E-mail：atcpchile@ atcp. cl

URL：www. atcp. cl

阿根廷纸浆、纸张行业协会（AFCP）

Association of Pulp and Paper Manufacturers

Av. Belgrano 2852（C1209AAN），Buenos Aires，Argenctina

TEL：+54－011－4931－0051

FAX：+54－11－4931－0053

E-mail：afcparg@ afcparg. org. ar

URL：www. afcparg. org. ar

南非造纸行业协会（PAMSA）

Paper Manufacturers Association of South Africa

Corner Austin&Morris Sts.，Woodmead Sandton，Rivonia，2128 South Africa

TEL：+27－11－803－5063

FAX：+27－11－803－6708

E-mail：jane. molony@ pamsa. co. za

URL：www. pamsa. co. za

南非制浆造纸技术协会（TAPPSA）

Technical Association of the Pulp and Paper Industry of Southern

Africa，20 Impangele Road，Kloof，3610 South Africa

TEL：+27－31－7642494

FAX：+27－31－7640676

E-mail：mwtappsa@ iafrica. com

URL：www. tappsa. co. za

（郭彩云）

“中-泰-越”造纸产业发展现状与合作潜力研究

Research on Development Status and Cooperation Potential of “China-Thailand-Vietnam” Paper Industry

泰国、越南等东南亚国家是中国造纸产业重要的木材原料来源，且造纸产品市场需求快速增长。中国与这些国家和地区的造纸产业有非常强的互补性和合作空间。中国造纸业此前已有多个企业选择在“一带一路”沿线国家进行投资，一方面化解原料瓶颈、降低生产成本，另一方面开发新兴市场。泰国和越南作为两个重要的“一带一路”沿线国家，纸及纸板消费增长空间较大，具有较好的发展前景，“中-泰”“中-越”合作潜力巨大。

一、中国造纸产业发展现状

2018 年，受供给侧改革、环保政策的影响，同时废纸进口受限、上下游需求放缓、中美贸易战等问题接踵而至，中国造纸行业整体处于低迷状态。2019 年以来，中国造纸产业持续推进转型升级，加大原料、产品等结构调整力度，企业规模逐步扩大，集中度不断提高，2020 年新冠肺炎疫情虽然给行业发展带来了一定影响，造纸行业仍保持了较好的增长态势。

1. 中国纸浆供需概况

2017 年以后，中国纸浆生产量有所下降，2019 年中国纸浆生产量超过 7200 万吨，与 2018 年基本持平，2020 年中国纸浆生产量为 7378 万吨。同时，由于环保趋严、原料来源受限等原因，2020 年中国木浆生产量增长较多，为 1490 万吨，非木材浆生产量大幅缩减，下降了 10.7%。

近年来，中国木浆消耗量逐年上升。2020 年，中国木浆消耗量占总消耗量的 40%，废纸浆消耗量占总消耗量的 55%。但所消耗的废纸原料有较大变化，受固废进口政策调整的影响，2020 年中国进口废纸制浆同比下降了 33.3%。

同时，近 10 年来，中国的纸浆进口量有所增加，虽然 2020 年木浆生产量有较大幅度的增加，但进口木浆量也在持续大幅攀升。2020 年，中国进口木浆量为 2879 万吨，进口主要来源于加拿大、美国、巴西等国家和地区。国内造纸行业原料供应的整体格局依然无法改变，原料依赖进口的被动局面短期内难以化解。2011—2020 年中国木浆进口量情况见图 1。

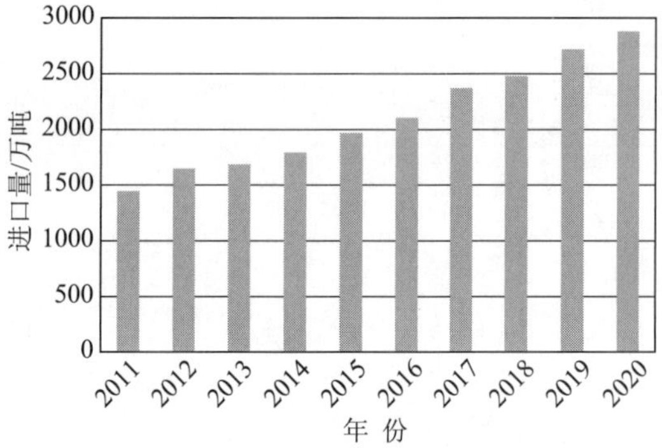

图1　2011—2020年中国木浆进口量

注：数据来源于海关总署。

2011—2020 年中国纸浆出口量均低于 14 万吨，其中，2019 年纸浆出口量为近 10 年最高，2020 年纸浆出口量为 11 万吨，较 2019 年下降 9.1%。但是由于市场不足以支撑浆价长期处于高位，引起浆价剧烈震荡，2019 年浆价大幅下降，2019 年下半年以来，纸浆价格开始处于低位盘整，尤其是 2020 年的疫情暴发再度加深了纸浆市场的低迷，价格持续走低。2020 年下半年，随着中国国内疫情得到有效控制以及“新限塑令”等政策的发布，国内需求迅速恢复，纸浆价格开始上行。

2. 中国废纸原料利用概况

自 2011 年，中国废纸回收量逐渐升高，2011—

2020 年中国废纸浆消耗情况见图 2。2019 年中国废纸回收率为 49.0%，创历史新高，2020 年略有下降，为 46.5%。中国以废纸为主要原料生产的纸及纸板产品主要有箱纸板、瓦楞原纸、包装用纸、新闻纸及部分白纸板(主要是灰底白纸板)、未涂布印刷书写纸、厕用卫生纸。2020 年，中国废纸消耗量和废纸利用率均有所下降。伴随着中国废纸进口政策的调整，中国造纸产业的原料结构进入深度调整，废纸浆比例持续下降。然而据不完全统计，2020 年以来国内市场实际投放的以废纸为原料的新产能仍超过 1000 万吨以上。

2017 年起，中国对废纸进口实行禁令，进口废纸数量急剧下降。2020 年初中国生态环境部表示，从 2021 年起，中国将完全禁止进口固体废物，而生态环境部将不再接受和批准固体废物的进口申请。同时，由于中国进口废纸的数量大大减少，使得国际废纸贸易出现较大价格调整，面对国际废纸市场需求减少，废纸价格急剧下降。此外，目前开始有废纸浆快速增加的趋势，预计随着相关产能和条件的允许，将有更多数量的废纸浆直接进口到中国。

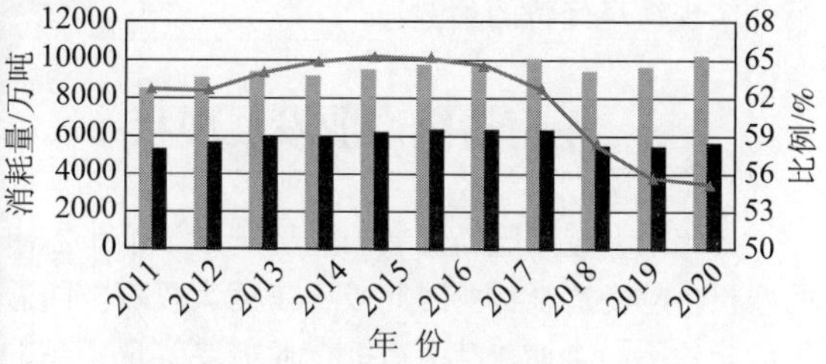

图2　2011—2020年废纸浆消耗情况

纸浆总消耗量　废纸浆消耗量　废纸浆比例

注：数据来源于中国造纸协会。

3. 中国纸及纸板供需概况

2020 年中国纸及纸板总生产量为 11260 万吨。其中，包装用纸生产量占 62.4%，未涂布印刷书写纸生产量占 15.4%，文化用纸和涂布印刷书写纸生产量均有一定程度的下降。2020 年中国纸及纸板消费量为 11827 万吨，其中，包装用纸消费量占比最高，为 65.1%。随着国际纸张市场变化，以及中国造纸产业日趋成熟，中国市场的纸及纸板进出口量也在发生变化。2020 年中国纸及纸板总进口量为 1154 万吨，其中进口量较大的纸种为包装用纸(包括箱纸板和瓦楞原纸等)。受新冠肺炎疫情影响，2020 年出口量为 587 万吨，较 2019 年有所回落。

从单价方面看，从 2014 年起，中国纸及纸板的进口单价和出口单价呈现完全不同的走势，进口单价持续下降，而出口单价整体保持上涨。进出口单价的差异，主要与进出口的纸种有关，目前中国进口纸种主要是包装用纸，这类纸产品价格相对较低，而中国出口纸种主要为文化用纸、生活用纸和特种纸，且出口数量逐渐增多，其价格相对较高，必然拉高平均出口单价。

4. 中国造纸产业面临的挑战

一直以来，中国造纸产业纤维原料对外依赖度较高，尤其是自 2018 年起，废纸进口受限，国内纤维原料短缺，甚至导致部分企业一时无法应对面临生产线停产等困局。针对原料问题，众多企业纷纷开始加大创新投入，调整原材料结构，通过推进国内外林纸一体化工程建设等力争利用好国内外纤维资源，以减弱废纸进口带来的影响缓解原料供应压力，并获得更多的发展空间。另外，根据国家“双循环”战略和到 2035 年人均国内生产总值达到中等发达国家水平的目标，纸张市场需求容量仍有较大的发展空间，据中国造纸协会的相关预测，2035 年中国纸及纸板需求量预计达到 1.7 亿吨。因此，中国造纸工业的纤维原料需求在很长一段时期内仍将进一步增加，原料供求矛盾仍会较突出。

此外，在碳达峰碳中和的目标背景下，行业在环境、资源以及产业结构调整方面正面临着新的形势，在减少排放、节能降耗等方面面临着新挑战。

二、泰国造纸产业发展现状

作为东南亚第二大经济体，近年来，泰国制浆造纸产业发展迅速，进出口贸易繁荣。然而，随着主要经济体经济增速放缓，泰国的经济稳定性受到了一定冲击。2020 年，由于新冠肺炎疫情的影响，经济活动停摆，出口、私人投资、消费和旅游业都遭受重创。随着境内疫情趋缓，泰国正逐步采取解禁措施，经济活动逐渐回温。

1. 泰国纸浆供需概况

根据泰国制浆造纸产业协会数据统计，从 2015 年到 2018 年，泰国纸浆产能基本维持在 132 万 ~ 143 万吨。2015—2018 年泰国纸浆的产能与消耗量及 2019 年预测见图 3。预测 2019 年，纸浆总产能下降至 133 万吨。近年来，随着泰国国内落后产能的淘汰退出，纸浆产能利用率持续增长，预测 2019 年将达到 99%。

木浆是泰国制浆造纸产业仅次于废纸的主要纤维原料，在纤维原料中的占比达 1/4 以上，且结构简单，国内只生产漂白硫酸盐阔叶木浆、未漂白硫

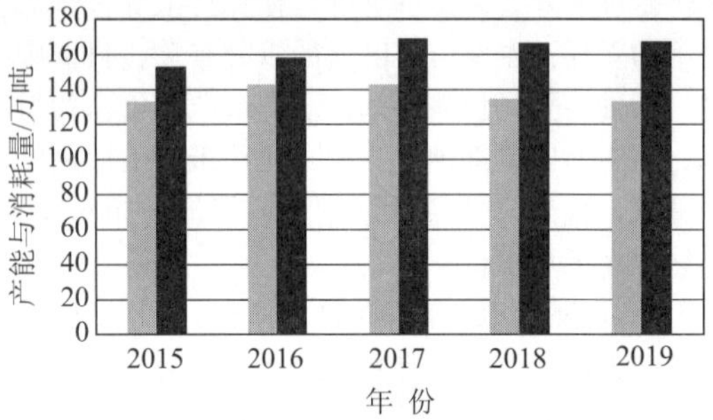

图3　2015—2018年泰国纸浆的产能与消耗量及2019年预测

■产能　■消耗量

注：数据来源于泰国制浆造纸产业协会。

酸盐浆和机械浆。2016—2018 年，泰国木浆消耗量基本稳定在 140 万吨左右，其中消耗最多的为漂白硫酸盐阔叶木浆，占比 65% ~70%。泰国的非木材浆原料全部由国内生产，不涉及进出口，生产量与消耗量非常小(不足 15 万吨)且基本保持稳定。

2016—2018 年，泰国木浆进口量约占木浆总消耗量的 30%，其中，漂白硫酸盐针叶木浆和亚硫酸盐浆全部依赖进口。除漂白硫酸盐阔叶木浆进口量有所上升外，其余种类木浆进口量基本稳定不变。泰国木浆出口量较低，且全部为漂白硫酸盐阔叶木浆。

2. 泰国废纸利用概况

根据泰国制浆造纸产业协会统计，近两年泰国废纸回收量和回收率均有所提升，预计 2019 年国内废纸回收量达到 292. 6 万吨，废纸回收率也不断提高，且废纸利用率一直保持在 80% 以上，远高于全球平均水平的 59. 2%。泰国的废纸原料需求仅靠国内回收废纸是难以满足的。因此，泰国每年需进口大量废纸，进口废纸占其废纸总消耗量约 30% ~50%。泰国的废纸出口量逐年递增，年均增长率超过 70%。近几年，泰国基于废纸为原料的新建及改造造纸产能都在迅速增长，这将极大促进泰国废纸回收利用及进出口贸易水平的进一步提高。

3. 泰国纸及纸板供需概况

根据泰国制浆造纸产业协会数据显示，近年来，泰国纸及纸板的总产能略有下降，2018 年产能利用率达 88%；人均纸及纸板消费量为 67 千克，高于全球平均水平，但与发达国家相比仍有较大提升空间。其中，包装用纸及纸板占据了主要地位，随着食品包装被广泛应用，包装用纸需求每年增长约 3%。泰国包装用纸及纸板产能总体保持稳定，随着减塑代塑的持续推进及包装行业的多元发展，泰国包装用纸消费量逐年增加。

根据 RISI 相关数据统计，泰国纸及纸板进口量基本稳定在 110 万吨左右，出口量逐年增加。对比历年泰国纸及纸板进口数据可见，泰国的年度纸及纸板进口量均低于出口量，属于纸及纸板净出口型国家。

泰国纸及纸板进口结构较为稳定，进口比例最高的为包装用纸及纸板；出口以印刷书写纸及包装用纸为主，两种纸品占泰国纸及纸板出口总量的 90% 以上。近年来，泰国出口结构略有波动，印刷书写纸出口量逐年下降，而包装用纸出口量略有上升。

4. 泰国造纸产业面临的挑战

在全球变暖的严峻形势下，造纸行业将面临更严格的法律法规以规范生产和节能降耗，目前正在采取多项措施，以实现造纸工业的可持续发展，以期从全行业、各方面达到节能减排和降耗的目标。

为了保持行业竞争力，泰国的造纸工业须预见全球经济和社会形势变化带来的影响，并具有很强的适应能力；在整个造纸行业价值链中，将循环经济的概念付诸行动，这将有助于实现效益的长期增长和可持续发展；另外，合作将会是泰国制浆造纸行业实现循环经济的关键。

三、越南造纸产业发展现状

近年来，越南蓬勃发展的经济刺激了纸张需求的增长，越南造纸行业因此吸引了巨大投资。随着新产能的不断增加，越南造纸行业需要实现产品的多样化。同时，越来越多的民营企业和外资企业将投入运营，这些将是未来越南促进经济增长和社会民生保障的重要推动力。

1. 越南纸浆供需概况

根据越南制浆造纸协会数据统计，越南纸浆产能一直维持在 20 万吨左右，产能利用率不断增长。但木浆总生产量有所下降，且只生产漂白硫酸盐阔叶木浆。越南的非木材浆原料全部由国内生产，不涉及进出口，生产量与消耗量不足 10 万吨。近两年，漂白硫酸盐针叶木浆和漂白硫酸盐阔叶木浆的消耗量持续增加，机械浆消耗量大幅减少。

越南国内纸浆生产仅能满足本国需求的 35%，进口纸浆占 65%，越南国内生产的漂白硫酸盐阔叶木浆只能满足需求的不足 60%，而漂白硫酸盐针叶木浆和机械浆则完全依赖进口。2016—2018 年越南纸浆的产能、生产量与消耗量及 2019 年预测见图 4。

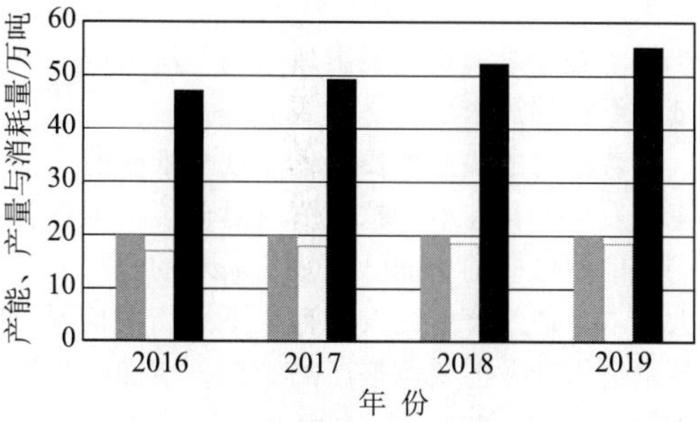

图4　2016—2018年越南纸浆的产能、生产量与消耗量及2019年预测

■产能　□生产量　■消耗量

注：数据来源于越南制浆造纸协会。

根据越南制浆造纸协会数据显示，2018 年纸浆进口量为 33.9 万吨，预计 2019 年纸浆进口量为 37.0 万吨。2018 年，越南木浆总进口量大幅增长，其中，漂白硫酸盐针叶木浆进口量占木浆总进口量的 37.1%。越南纸浆出口非常少，2017 年以后，越南国内生产木浆全部用于本国造纸企业，不对外出口。

2. 越南废纸利用概况

越南国内废纸回收量最近几年有所增长，但在过去的 3 年里，纸业发展迅速，特别是包装用纸及纸板的大量生产，导致国内废纸回收量无法满足需求。越南国内废纸回收量占国内纸张消费总量的 40% 左右，其余消费需要依靠进口。随着废纸需求量的增加，国内回收量和进口量也将增加。越南造纸产业的废纸利用水平非常高，近年来废纸的回收率和利用率逐年递增，且其废纸利用率一直保持在 80% 以上。

3. 越南纸及纸板供需概况

近年来，越南制浆造纸工业的纸及纸板产能、总生产量、消费量和进出口量五大板块均实现强劲增长。越南纸及纸板总产能的增长主要来自于包装用纸及纸板产能的增长，其中，外商投资企业约占 70% 以上，国内生产以包装用纸及纸板为主，除此之外还包括少量的印刷书写纸等。越南纸及纸板总消费量持续增长，包装用纸及纸板和印刷书写纸在越南制浆造纸工业的纸及纸板生产和消费中占据了主要地位，两个纸种占总消费量比例达 89% 以上。

越南纸及纸板进口量均高于出口量，属于纸及纸板净进口国，主要进口产品有铜版纸、印刷书写纸、高级复印纸、新闻纸和特种纸等，越南国内纸及纸板总出口量随生产量增加而增加，出口产品主要为包装用纸及纸板和生活用纸。

由于越南国内纸及纸板消费量结构发生改变，越南纸及纸板进口结构也随之变化。近年来，虽然进口量占比最高的仍然为包装用纸及纸板，但其进口量占比有所减小。越南纸及纸板出口结构也有了较大改变，2017 年以后，越南纸及纸板出口产品以包装用纸及纸板、印刷书写纸为主。

4. 越南制浆造纸产业面临的挑战

越南国内废纸回收率低于 40%，且废纸的回收措施不系统，缺乏政府政策扶持；同时，越南的居民还未养成回收废纸和垃圾分类的习惯。上述这些情况在越南国内正在改善，但进展缓慢。越南国内回收废纸仅能满足不到 50% 的生产需求，且纤维质量差、成本高，因此需要大量进口回收废纸以满足生产，但回收废纸进口管控严格。同时，越南的回收废纸市场很大程度上取决于中国市场的形势和政策。

由于规模小、设备技术落后、资本、劳动力素质、管理和商业经验有限，越南的制浆造纸企业缺乏合适的、一致的、长期的管理策略，与东南亚其他国家相比竞争力较弱。由于中美贸易战等国际形势，越来越多的外商企业选择在越南投资建厂，外商直接投资企业的投资增长迅速，但仅集中在纸板上，在未来几年内将会产生激烈的竞争。

根据越南制浆造纸协会预测，未来 5 ~ 10 年内，各类纸张的需求量将以每年 8% ~ 10% 的速度增长，包装用瓦楞箱纸板有可能达到每年 12% ~ 15%，到 2030 年，越南造纸业可以完成满足国内需求和出口量的任务。虽然还存在许多困难和挑战需要克服，但越南的制浆造纸行业是一个具有巨大发展潜力的经济产业。

四、“中-泰”“中-越”合作潜力分析

中国已经崛起为全球造纸产业的最高极，在全球造纸工业的影响力不断扩大，其广阔的市场持续引领全球造纸产业的发展，并带动全球纸浆、废纸等造纸原料，造纸装备、化学品等关联产业的发展。而泰国和越南是两个重要的“一带一路”沿线国家，纸及纸板消费增长空间较大，具有较好的发展前景，“中-泰”“中-越”合作潜力巨大。

1. “中-泰”合作潜力分析

泰国地处东盟核心地带，经济一直呈现高速发展的态势，同时还是“一带一路”核心国。随着中国“一带一路”战略的进一步实施，中国投资泰国的额度大幅增加，泰国各项基建设施日趋完善，经济发展如虎添翼。

（1）泰国稳定的投资环境　泰国政局稳定、经济平稳增长；投资法规完备，汇率相对稳定。泰国吸引外资管理机构先后多次公布新的鼓励政策和措施，都是为了促进泰国产业更好的发展，促进泰国国家经济发展，优先发展制造业、高科技行业及创新性行业。

2020 年，虽然受到新冠肺炎疫情的影响，但泰国复工复产正有序推进。近年来，泰国政府推出的“东部经济走廊”发展规划，为正在响应“一带一路”倡议的中国企业提供了良好的合作机遇。此外，泰国政府提出的“泰国 4.0”战略和十大新兴产业并提供高度优惠政策也可以吸引外来投资。“100 亿泰铢研发基金”及税务和其他针对外企的优惠政策也大大增加了华人对泰国的投资信心。泰国签署的自由贸易协定有利于投资者以泰国为产业基地快速、便利地拓展海外市场空间。

（2）泰国丰富的造纸原料资源　泰国政府于 1992 年颁布了《人工林法》，极大促进了人工林的发展，特别是速生、经济效益高的桉树人工林的迅速发展，使桉树成为重要经济来源和纸浆业最重要的原料来源。

中国各大造纸企业纷纷到国外投资建设木浆或废纸浆生产厂，以缓解国内纸厂原料短缺的困境，比如泰国长荣嘉纸浆厂项目、金田纸业项目和泰国金鹤（金龙）纸业公司项目等。目前，国内还有很多造纸企业正在尝试通过投资建设纸浆生产厂，解决国内企业生产的原料需求。

（3）借助投资泰国拓展新兴市场　通过在泰国投资建厂，挖掘东南亚的市场潜力，可以推进企业在“一带一路”国家的经营业务的发展战略，拓展新兴市场。例如深圳王子新材料股份有限公司在泰国设立子公司，运营多种产品的研发、生产及销售。此外，针对全球贸易局势的变化，通过海外投资设立子公司有助于公司应对未来的贸易风险。

2.“中-越”合作潜力分析

近 20 年来，越南经济增速都维持在 5% 以上，成为经济增长最快的、最稳定的新兴国家之一。越南经济的高速发展，带动了纸张需求的增长，越南的制浆造纸行业因此吸引了巨大投资。除了本土企业的不断扩张外，包括中国投资者在内的海外浆纸企业也纷纷选择投资越南。中越合作已经具备较好的基础，未来合作空间仍然巨大，前景广阔。

（1）越南经济高速发展带动造纸产业高速发展　目前，越南的国内政治、对外政策、劳动力优势以及国际产业转移，对其发展外向型经济以及制造业都极为有利。自由贸易协定的签署和生效都将有助于越南企业进一步拓展出口市场，从而进一步带动纸及纸板的需求增长。

随着经济的快速增长，越南纸及纸板的产品结构正在发生变化。虽然越南国内对包装用纸有较大需求，但是供应的增加已经快于需求的增加，导致供大于求。造纸产业的投资存在不平衡的情况。因此越南造纸产业需要调整产品结构，增加高品质纸种投资。

（2）规避贸易壁垒加大对越投资已经渐成趋势　与泰国、印度尼西亚、菲律宾、马来西亚等相比，越南更具备产业承接的优势。利用中美特殊关系，越南获得贸易替代、产业转移的红利。

越南已形成了相对庞大且成熟的自由贸易体系，中国企业为规避贸易壁垒加大对越投资已经渐成趋势。另外，越南的劳动力价格优势明显，也促使一些国际甚至国内制造企业转移到越南。中国企业（包括中国香港）已经取代日本，成为越南最大的外资来源，约占投资总额的一半。

理文造纸有限公司和玖龙纸业（控股）有限公司成为第一批在越南投资的中国造纸企业，也是在中国“一带一路”倡议下的第一批受益者。中国台湾纸企正隆公司也对越南有了新的投资规划。

（3）越南对中国造纸装备需求强劲　越南造纸产能的增长，促进其对造纸装备需求的增加，由于越南本国机加工能力较弱，因此对性价比高、品质好的中国产造纸装备有强劲需求。据了解，中国主要造纸装备生产企业的设备，尤其是制浆、造纸设备在越南多有销售，山东晨钟机械股份有限公司、郑州运达造纸设备有限公司、山东信和造纸工程股份有限公司等已先后与越南纸企开展设备供应等合作。

3. 中国造纸装备、造纸化学品受国外青睐

中国制浆造纸装备经过多年的发展，虽然与福伊特公司、维美德公司、安德里茨公司等国际先进制浆造纸装备相比仍有较大差距，但全产业稳定发展，技术水平显著提高，具有良好的性价比和明显的比较优势。中国造纸设备企业立足国内，布局全球，紧跟国家“一带一路”倡议，积极开拓国际市场，近几年在国外成功运行多条造纸制浆生产线，获得客户的强力推崇。另外，根据越南纸浆和造纸协会（VPPA）资料，越南纸厂需要从中国进口的添加剂等化学品以及辅助产品的占比达 75%。

五、结　语

中国制浆造纸产业经过多年的快速发展，已成为一个完整的资源可循环、低能耗、低排放、可实现自然界碳循环的循环经济体系，成为高技术含量、高自动化、超高制造精度的技术密集型、绿色循环发展潜力巨大的产业。目前，中国造纸产业已步入高质量发展的新阶段，亟须突破地域限制，一方面在原料、产品结构上进行全球化布局，利用国外政策、贸易等有利条件拓展发展空间，增强在全球的竞争实力；另一方面将中国的装备、技术、标准以及品牌等推向国内市场，以进一步推进中国由造纸大国向造纸强国的转变。

在此背景下，拥有丰富林木资源、纸及纸板等产品需求增长迅速的泰国、越南等“一带一路”沿线国家，必将成为中国纸业关注的焦点。其中，泰国和越南经济发展向好，尤其越南的经济增长更为快速，带动造纸产业快速发展，且纸及纸板需求增长空间较大，作为“一带一路”沿线的重要国家，有着明显的区位优势。

通过与泰国、越南相关部门的交流，并对“中-泰-越”造纸产业现状和合作潜力的分析，对三方的需求脉络更加清晰，明确了合作的方向，为中-泰-越企业在合作中提供借鉴和参考。

“中-泰”“中-越”合作，大有可为！

（杨苗秀　郭彩云　黄　举　梁　川）

企业名录

ENTERPRISES LIST

国内制浆造纸企业名录
国内造纸机械及其他相关产业企业名录
国内造纸化学品企业名录

13

国内制浆造纸企业名录

Directory of Domestic Pulping and Papermaking Companies

北 京 市

北京京纸集团有限公司
北京市朝阳区广渠路 39 号 1 号楼
邮编：100022
电话：010－67043030、4000920806
传真：010－67043069
网址：www. bjjzjt. com
邮箱：service@ bjppex. com
产品：利乐包装纸、办公印刷纸

中国纸业投资有限公司
北京市西城区南礼士路二条二号院 1 号北京建工大厦
邮编：100045
电话：010－81131199
传真：010－81131110
网址：www. chinapaper. com. cn
邮箱：admin@ chinapaper. com. cn
产品：白卡纸、白纸板、文化用纸、薄型包装纸、特种纸、溶解浆

北京造纸一厂
北京市顺义区空港工业 B 区安庆大街 9 号
邮编：101318
电话：010－80484585
传真：010－80490790
网址：www. sanyipaper. com
邮箱：office@ sanyipaper. com
产品：办公用纸、文化用纸、印刷用纸

利乐包装（北京）有限公司
北京市亦庄经济技术开发区东环南路 15 号
邮编：100176
电话：010－67887117
网址：www. tetrapak. com
产品：液体复合包装材料（利乐包装纸）

维达北方纸业（北京）有限公司
北京市平谷区航宇街 16 号
邮编：101200
电话：010－69934888
网址：www. vinda. com
邮箱：jiangdy@ vinda. com
产品：生活用纸

永丰余家纸（北京）有限公司
北京市平谷区马坊工业区东区 1 号
邮编：101204
电话：010－60999688
传真：010－60999686
网址：www. yfycpg. com
产品：生活用纸

北京市鑫宏鹏纸业有限公司
北京市房山区周口店镇瓦井
邮编：102452
电话：010－69309918
传真：010－61397195
邮箱：bjsxhpzy@ 163. com
产品：精制牛皮纸、纸袋纸、复合纸

北京爱华中兴纸业有限公司
北京市顺义区赵全营北郎中工业区
邮编：101399
电话：010－82929866、82918325、82911527、82910628
传真：010－82927452、82929866
网址：www. yipianyun. com
邮箱：yipianyun@ yipianyun. com
产品：生活用纸

北京倍舒特妇幼用品有限公司
北京市密云县经济开发区远光街 3 号
邮编：101500
电话：010－69061748、84721230（营销中心）
网址：www. bjbest. com. cn
产品：女性卫生用品、婴幼儿纸尿裤、湿巾

日纸国际贸易（上海）有限公司北京分公司
北京市朝阳区霄云路 36 号国航大厦 1311 室
邮编：100027
电话：010－65667148
传真：010－65667145
网址：www. npi-sh. com
邮箱：rizhi@ npi-cn. com
产品：文化用纸、纸板、特种纸

北京金鸿纸业有限公司
北京市房山区琉璃河镇二街村
邮编：102403
电话：010－89381498
邮箱：2456700360@ qq. com
产品：生活用纸

北京金佰利个人卫生用品有限公司
北京市经济技术开发区建安街 2 号

邮编：100176
电话：010－87110333、87110000
网址：www. kimberly-clark. com. cn
邮箱：yujia. chi@ kcc. com
产品：妇女卫生巾、一次性婴儿尿布、卫生纸

北京宝洁技术有限公司
北京市顺义区天竺空港经济开发区 B 区裕安路 35 号
邮编：101312
电话：010－80452288
邮箱：zhao. el@ pg. com
产品：婴儿护理用品、妇女卫生用品、纸巾

北京百佳洁纸业有限公司
北京市朝阳区黑庄户乡郎辛庄村 95 号
邮编：100023
电话：010－85385343、13701069395
网址：www. baijiajie. cn
邮箱：412662468@ qq. com
产品：生活用纸

天　津　市

玖龙纸业(天津)有限公司
天津市宁河县经济开发区五纬路
邮编：301500
电话：022－59326666
传真：022－59329148
网址：www. ndpaper. com
邮箱：info_ tj@ ndpaper. com
产品：高档包装用纸

天津造纸厂有限公司
天津市河西区柳林街大沽南路 1069 号
邮编：300222
电话：022－88823020、88823022、13920220737
网址：www. tjzzc. com
邮箱：tjzz888@ 126. com
产品：瓦楞原纸、热敏纸、复印纸

天津广聚源纸业集团有限公司
天津市津南区咸水沽海河工业园福鑫路 16 号
邮编：300350
电话：022－88510939、88510987
传真：022－88823029
邮箱：759523489@ qq. com
产品：高强瓦楞原纸

天津中钞纸业有限公司
天津市西青经济开发区兴华道 38 号
邮编：300385
电话：022－23960572
网址：www. tjzczy. com. cn
邮箱：zhchpaper@ vip. sina. com
产品：防伪证券纸、防伪水印纸、安全线纸

天津市韩东纸业有限公司
天津市北辰区科技园(南区)景顺路 12 号
邮编：300402
电话：022－26735940、86878877
传真：022－26735940
网址：www. handongzhiye. com
邮箱：handongzhiye@ 163. com
产品：卫生巾

天津津滨造纸有限责任公司
天津市河东区津塘路 178 号
邮编：300300
电话：022－84393208、24933258
传真：022－84397060
网址：www. tjjbpaper. com
邮箱：jinbinzaozhi@ 126. com
产品：复印纸、铜版纸

天津市宝坻区发达造纸有限公司
天津市宝坻区黑狼口工业区
邮编：301822
电话：022－82486582
传真：022－82488988
邮箱：baoyufada@ 163. com
产品：高强瓦楞原纸

天津广大纸业股份有限公司
天津市北辰区红光农场工业园
邮编：300401
电话：022－26954461、26950988
网址：www. gdecg. com
邮箱：gd@ gdecg. com
产品：心电图纸、脑电图纸、胎儿监护记录纸

天津市星河纸业有限公司
天津市宁河区廉庄镇大于村北(造纸厂院内)
邮编：301505
电话：022－69455666、13820038752
邮箱：bizixian@ 163. com
产品：黄纸板、高强瓦楞原纸

天津弗西比纸业有限公司
天津市津南区八里台工业园南区禄纬道 1 号
邮编：300353
电话：022－88569988、88525588
网址：www. wastepaper. net
邮箱：fcb@ wastepaper. net
产品：废纸、空白报纸、白卡纸、卫生纸、牛卡纸

永丰余纸业(天津)有限公司
天津市北辰区双街镇开发区
邮编：300403
电话：022－58169800
网址：www. yfy. com
邮箱：liujianping1@ cn. yfy. com
产品：纸箱制造

金佰利(天津)护理用品有限公司
天津市空港经济区纬六道 99 号
邮编：300301
电话：18522035980
网址：www. kimberly-clark. com. cn
邮箱：jessica. wang1@ kcc. com
产品：个人护理用品

河　北　省

石家庄市

元氏县金鹏纸业有限公司
元氏县金润纸制品有限公司
河北省石家庄市元氏县嘉惠街南段
邮编：051130
电话：0311－84623867、84603100
传真：0311－84623867
网址：www. jpzy. cn
邮箱：jpzy@ jpzy. cn
产品：高强瓦楞原纸、白卡纸

河北华泰纸业有限公司
河北省石家庄市赵县石塔西路工业一街
邮编：051530
电话：0311－69105555
网址：www. huatai. com
邮箱：352567244@ qq. com
产品：高档彩色新闻纸

河北吉藁化纤有限责任公司
河北省藁城市东宁路 2 号
邮编：052160
电话：0311－88042886、88041472
传真：0311－88048224、88158418
网址：www. jghx. cn
邮箱：jghx@ jghx. cn
产品：棉浆粕、纤维浆粕

石家庄市顺发纸业有限公司
河北省鹿泉市曲寨工业园
邮编：050200
电话：0311－82295524
传真：0311－82296144
邮箱：quzhaizhiye@ 163. com
产品：箱纸板

石家庄市藁城区光明纸业有限公司
河北省藁城市市府东路副 1 号
邮编：052160
电话：0311－88049850、88042810
传真：0311－88046054
邮箱：guangming9@ sohu. com
产品：书写纸、有光纸、薄页纸、浆粕制造

石家庄大章纸业有限公司
(原藁城光明纤维板厂)
河北省藁城市南董镇南大章工业园区
邮编：052161
电话：0311－88061031
传真：0311－88469867
产品：双灰纸板、全灰纸板、高光纸板

石家庄辰泰滤纸有限公司
河北省晋州市马于镇后彭头开发区
邮编：052260
电话：0311－84455123
传真：0311－84359900
邮箱：376434659@ qq. com
产品：空气滤纸、机油滤纸、空调专用滤纸、各种化工滤纸

河北阿木森滤纸有限公司
河北省辛集市位伯镇位伯工业区
邮编：052360
电话：0311－83312251、15076177660
传真：0311－83312269
网址：www. amsteabag. com
邮箱：ams@ amslz. com
产品：阻燃纸、特种滤纸、定量滤纸、汽车滤纸

石家庄柯林滤纸有限公司
河北省晋州市经济开发区马于西区
邮编：052263
电话：0311 - 84359109、84359012
传真：0311 - 84369566
网址：www. sjzkelin. com
邮箱：kelin@ sjzkelin. com
产品：汽车滤纸

河北晨海纸业有限公司
河北省石家庄市灵寿县北洼乡
邮编：050500
电话：13731183789、4006236039
网址：www. hbchzy. cn
邮箱：179002445@ qq. com
产品：竹纤维本色纸卷纸、抽纸、手帕纸

唐山市

玖龙纸业(河北)有限公司
河北省唐山市滦南县西马路 88 号
邮编：063500
电话：0315 - 5708102
传真：0315 - 5708100
邮箱：info-yx@ ndpaper. com
产品：牛皮箱纸板、高强瓦楞原纸、涂布白纸板

迁安市恒茂纸业有限公司
河北省迁安市上射雁庄乡北晒甲营村北
邮编：064400
电话：0315 - 7040024、7043599
传真：0315 - 7043599
邮箱：abc19680919@ 163. com
产品：玻璃防霉垫纸、书写纸、胶印书刊纸

唐山融丰特种纸业有限公司
河北省唐山市路南区文化南北街 88 号
邮编：063001
电话：0315 - 2860405
传真：0315 - 2860340
邮箱：tssrftz@ 163. com
产品：防伪纸、水松原纸、铝箔衬纸、滤嘴棒成型纸

唐山国泰纸业有限公司
河北省唐山市丰润区银城道中国动车城内
邮编：064000
电话：0315 - 7760089、7760067
传真：0315 - 7760088、7760051
邮箱：596821341@ qq. com
产品：涂布白纸板、高强瓦楞原纸、白牛皮纸

河北海丰实业集团唐山信诚浆纸有限公司
河北省唐山市曹妃甸区八农场一队东
邮编：063207
电话：0315 - 8881498、13722516000
邮箱：1033180026@ qq. com
产品：牛皮箱纸板、高强瓦楞原纸

国昌天宇集团有限公司
河北省唐山市曹妃甸工业区新兴产业园区
邮编：064100
电话：0315 - 7679814、7679811
传真：0315 - 7679901
产品：包装用纸

河北昌泰纸业有限公司
河北省唐山市玉田县杨家套乡李官屯村北
邮编：064102
电话：0315 - 2402798、7679812
传真：0315 - 7679900
产品：石膏板护面纸、低定量瓦楞原纸

玉田县天正纸业有限公司
河北省唐山市玉田县林仓镇东工业区
邮编：064106
电话：0315 - 6387777
传真：0315 - 6587288
邮箱：astbgs@ 163. com
产品：白纸板、涂布白纸板、箱纸板

玉田县大众恒信纸业有限公司
河北省唐山市玉田县代家屯工业区
邮编：064102
电话：13180408729
产品：箱纸板

玉田县代家屯第二造纸厂
河北省唐山市玉田县代家屯经济开发区
邮编：064105
电话：0315 - 6566084
产品：箱纸板、瓦楞原纸

唐山市丰南区盛达纸业有限公司
河北省唐山市丰南区大新庄镇
邮编：063304
电话：0315 - 8585080

邮箱：shengdazhiye@ yeah. net
产品：牛皮挂面箱纸板、茶纸板、高强瓦楞原纸

唐山市华兴纸业有限公司
河北省唐山市曹妃甸区八农场韩庄子北
邮编：063207
电话：0315－8882604
邮箱：125358425@ qq. com
产品：瓦楞原纸、黄纸板

玉田县顺发实业有限公司
河北省唐山市玉田县散水头镇代家屯村北工业园区
电话：0315－6558316
邮箱：sfsyzji@ 163. com
产品：废纸原料生产箱纸板、牛皮挂面纸

唐山市冀滦纸业有限公司
河北省唐山市滦县响堂镇张疃村东
邮编：063701
电话：0315－7468919、7477118
产品：制浆造纸、纸张、纸浆销售

顺洁柔股份纸业有限公司唐山分公司
河北省唐山市玉田县杨家套乡东高桥村西
邮编：064102
电话：0315－6330999
传真：0315－6551333
网址：www. yutian. cc
邮箱：zhongshunjierou@ 126. com
产品：生活用纸

秦皇岛市

秦皇岛金茂源纸业有限公司
河北省秦皇岛市抚宁区留守营镇卷子营村
邮编：066301
电话：0335－4083536、4083535
产品：高档涂布白纸板

秦皇岛前韩纸业有限公司
河北省秦皇岛市抚宁区留守营镇前韩家林村
邮编：066301
电话：0335－6468196
传真：0335－6468196
邮箱：qhzy. 88@ 163. com
产品：涂布白纸板、箱纸板、瓦楞原纸

秦皇岛凡南纸业有限公司
河北省秦皇岛市抚宁区留守营镇凡南村
邮编：066301
电话：0335－6488654、6488866
邮箱：fnzy111@ 126. com
产品：箱纸板

秦皇岛丰满纸业有限公司
河北省秦皇岛市抚宁区留守营镇南街村
邮编：066301
电话：0335－6046075、6046999
传真：0335－6046706、6046289
网址：www. fengmanqhd. com
邮箱：fmqht@ tom. com、fmqhtqhd@ sina. com
产品：挂面白纸板、箱纸板、高强瓦楞原纸、生活用纸

邢台市

丰源（邢台）特种纸业有限公司
河北省邢台市柏乡县王家庄乡京深高速引线北侧
邮编：055450
电话：0319－7701166
邮箱：809869194@ qq. com
产品：亚麻浆板

河北航宇集团环球造纸有限公司
河北省邢台市南和县城东
邮编：054400
电话：13731581888
产品：双胶纸

河北东大特种纸业有限公司
河北省邢台市柏乡县西汪工业区
邮编：055000
电话：0319－7716269、13603398909
传真：0319－7716269
网址：www. hbddtz. com
邮箱：hbddtz@ 126. com
产品：钢纸、钢纸原纸、绝缘纸、电缆纸、干电池基纸、皱纹纸

柏乡县锦宝石新材料开发有限公司
河北省邢台市柏乡县南阳村北
电话：0319－7666653
邮箱：bxxbxzy@ 163. com
产品：机制纸及纸板制造、新型装饰材料、包装新材料的研发、生产和销售

中纸在线邢台新材料有限公司
河北省邢台市南和县河郭乡东徐旺村东
邮编：054400
电话：0319－4680018
产品：热转移印花纸

河北恒源纸业有限公司
河北省沙河市桥东区省级经济开发区新寨村北
电话：0319－8911355、13286095666
传真：0319－8911355
网址：www.hengyuanzhiye.com
邮箱：atglass@foxmail.com
产品：纱管纸、茶板纸、牛皮纸、瓦楞纸、浸渍纸、纱管纸纸管、纱管纸纸护角、纸箱

邯郸市

汉青国际纸业有限公司
河北省邯郸市经济开发区汉青工业园
邮编：056017
电话：0310－6039696
传真：0310－6039595
网址：www.hanqingpaper.com
邮箱：hqzy@hanqingpaper.com
产品：复印纸、打印纸、热敏纸、印刷纸

保定市

保定钞票纸业有限公司
河北省保定市盛兴西路98号
邮编：071071
电话：0312－3176416
传真：0312－3178167
网址：www.bdcz.cbpm.cn
产品：钞票纸、罗纹水印纸、彩色双胶纸

保定市新市区兴华造纸厂
河北省保定市新市区南奇乡
邮编：071051
电话：0312－3174425
邮箱：1569831978@qq.com
产品：卫生纸

保定三联纸业有限公司
河北省保定市江城乡大汲店村
邮编：071000
电话：0312－3239070
传真：0312－3250899
网址：www.hbbdsslzy.com
邮箱：323906a3@163.com、bdslzy@126.com
产品：牛皮箱纸板、瓦楞原纸

保定华融纸厂
河北省保定市新市区南章村东
邮编：071000
电话：0312－3173094、13472288781
传真：0312－3173094
网址：www.bdhrzc.com
邮箱：010203_happy@163.com
产品：乳胶纸、静电原板纸、水彩画纸、素描纸、标签纸、沟槽纸等特种纸

保定市东升卫生用品有限公司
河北省保定市满城县大册营造纸工业园区
邮编：072151
电话：0312－5578886、5578889、5578887
传真：0312－5572790
邮箱：dszy2007@163.com
产品：高档生活用纸

保定市港兴纸业有限公司
河北省保定市满城县大册营造纸工业园区
邮编：072150
电话：0312－7021908、7027271
传真：0312－7021728
网址：www.cngangxing.com
邮箱：bdlibang@163.com
产品：卫生纸、卫生巾、盘纸、轴纸

保定市新市区天华纸制品厂
河北省保定市新市区江城乡尹庄
邮编：071051
电话：0312－3196148
传真：0312－3196148、3192458
产品：螺旋纸管、复合纸板、纸板

河北义厚成日用品有限公司
河北省保定市满城县建业路333号
邮编：072150
电话：0312－5576900
传真：0312－5576655
网址：www.hbyhc.com
邮箱：postmaster@hbyhc.com
产品：妇婴卫生用品

保定市满城永兴纸业有限公司
河北省保定市满城县造纸工业园区
邮编：072150
电话：0312－7022288
传真：0312－7022288
网址：www. yongxingpaper. com
产品：卫生纸

保定市满城金光纸业有限公司
河北省保定市满城县大册营镇方上村
邮编：072150
电话：0312－7021707
传真：0312－7021899
网址：www. maowangpaper. cn
邮箱：maowangpaper@ 126. com
产品：生活用纸

河北省保定市东方造纸有限公司
河北省保定市徐水县巨力路
邮编：072550
电话：0312－8698215
传真：0312－8698212
网址：www. itpacking. cn
邮箱：ir@ itpacking. cn
产品：高强瓦楞原纸、低定量瓦楞原纸、隔热膜原纸、双胶纸、数码相纸、生活用纸

河北小人国纸业有限公司
河北省保定市建国路 968 号
邮编：071000
电话：0312－2177998
传真：0312－2173636
网址：www. hbxiaorenguo. com
邮箱：xrgzhiye@ 163. com
产品：生活用纸、湿巾

保定市秀利佳纸业有限公司
（原河北省满城县恒达纸业有限公司）
河北省保定市满城县北外环胡町村南
邮编：072150
电话：0312－7068999、13931277288
传真：0312－7068858
产品：箱纸板、灰纸板、双灰纸板、牛皮箱纸板、厚灰纸板、涂布原纸

保定华康纸业有限公司
河北省保定市满城县宏昌大街
邮编：072150
电话：0312－7074774
传真：0312－7065101
邮箱：huakangzhiye@ 126. cn
产品：灰纸板、茶纸板、瓦楞原纸

涿州市东立纸业有限责任公司
河北省涿州市刁窝镇塔照村南
邮编：072750
电话：0312－3752299、3753098
产品：石膏板护面纸板、瓦楞纸、蛋托

河北雪松纸业有限公司
河北省保定市满城县大册营造纸工业园区
邮编：072150
电话：0312－7021606、7021512
传真：0312－7020869
网址：www. hbxuesong. cn
邮箱：xuesonghb@ 126. com
产品：卫生纸、餐巾

保定市中信纸业有限公司
河北省保定市满城县大册营镇
邮编：072150
电话：0312－7021807、7131238、13933267755
传真：0312－7022988
邮箱：zhongxinzhiye@ 163. com
产品：卫生纸

河北亚光纸业有限公司
河北省保定市满城县造纸工业区
邮编：072150
电话：0312－7021008
传真：0312－7021609、7026609
网址：www. yaguangpaper. com
产品：生活用纸

河北大发纸品有限公司
河北省保定市容城县容城镇东牛村大发大街 1 号
邮编：071700
电话：0312－5692818、5692828
传真：0312－5692838
网址：www. dafapaper. com
邮箱：dafa@ dafapaper. com
产品：机制纸及纸板、加工纸、生活用纸

徐水县前进纸业有限公司
河北省保定市徐水县遂城镇栗元庄
邮编：072557

电话：0312－8903975、7021904
产品：卫生纸

河北顺达纸业有限公司
河北省保定市顺平县汽车站西两公里
邮编：072250
电话：0312－7623626
传真：0312－7628050
邮箱：hbsdzyyxgs@163. com
产品：高光防水彩喷相纸、普通高光彩喷相纸、RC高光防水相纸、育果袋纸

保定雨森卫生用品有限公司
河北省保定市满城区大册营工业园区
邮编：072150
电话：4006629000
传真：0312－7020661
网址：www. yusenpaper. com
邮箱：1065406337@qq. com
产品：生活用纸

保定市丽泽纸制品有限公司
（原满城县百利达纸品有限公司）
河北省保定市满城区大册营镇方上村
邮编：072150
电话：0312－7026026
网址：www. 51wsz. com
邮箱：chengxin12345678@126. com
产品：生活用纸

河北金博士卫生用品有限公司
河北省保定市满城区神星镇市头村
邮编：072150
电话：0312－7021619
邮箱：jbs7021036@163. com
产品：生活用纸系列

保定达亿纸业有限公司
河北省保定市顺平县王家关工业园
邮编：072250
电话：0312－7656888、7656786、17731231583
网址：www. bddyzy. com
邮箱：dayizhiye@163. com
产品：生活用纸

保定市奥达卫生用品有限公司
（原满城县奥达卫生用品有限公司）
河北省保定市满城区大册营镇夜借村
邮编：072150
电话：13931376892
邮箱：894142933@qq. com
产品：生活用纸

保定市诗音卫生用品有限公司
河北省保定市满城区大册营镇方上村
邮编：072151
电话：0312－7020616、6021217、13831223579
传真：0312－7020616
网址：www. bdshiyin. com
邮箱：bdshiyin@163. com
产品：生活用纸

保定满城纸业有限公司
河北省保定市天威西路6666号
邮编：071000
电话：0312－7033333、13930887444
网址：www. bdmczy. com
产品：生活用纸

保定益源造纸有限公司
河北省保定市满城区大册村
邮编：072150
电话：0312－5578868、0312－7021012
邮箱：673169116@qq. com
产品：生活用纸

保定市慕森卫生用品有限公司
河北省保定市满城区大册营镇西村
邮编：072150
电话：18830793692
邮箱：3152174692@qq. com
产品：生活用纸

保定市旭冉卫生用品有限公司
河北省保定市满城区大册营镇岗头村
邮编：072150
电话：13483248444
产品：生活用纸

保定市中顺卫生用品有限公司
河北省保定市满城区大册营镇北宋营村
邮编：072150
电话：15033771172
邮箱：460379672@qq. com
产品：生活用纸

河北聚润卫生用品有限公司
河北省保定市满城区谒山村北
邮编：072150
电话：0312－7010308、7018560、4001180198
传真：0312－7010308
网址：www. jurunzhiye. com
邮箱：358533667@ qq. com
产品：生活用纸

保定市浅秋卫生用品有限公司
（原满城县燕雅照月纸制品有限公司）
河北省保定市满城区上紫口村
邮编：072150
电话：15931762288
产品：生活用纸（厕用纸）

保定市碧柔卫生用品有限公司
河北省保定市满城区谒山村
邮编：072150
电话：0312－7166099、13932208168
邮箱：13932208168@ qq. com
产品：生活用纸

保定市豪通卫生用品有限公司
河北省保定市满城区大册营镇岗头村
邮编：072150
电话：13931370276、13733323586
产品：生活用纸（厕用纸）

保定市立发纸业有限公司
（原满城县立发纸业有限公司）
河北省保定市满城区大册营造纸工业区
邮编：072150
电话：0312－5578848
网址：www. bdlifazhiye. cn
邮箱：610429422@ qq. com
产品：卫生纸面巾纸、湿巾、手帕纸及各种商业用纸

保定市立新纸业有限公司
河北省保定市满城区大册营镇大册村
邮编：072150
电话：13582081938
产品：卫生纸制造、销售

保定泰瑞达卫生用品有限公司
河北省保定市满城区市头村
邮编：072150
电话：0312－7065725、13930265733
产品：生活用纸（纸巾纸）

保定市雅姿纸业有限公司
河北省保定市莲池区百楼乡太保营村
邮编：071000
电话：15028224222、13032011979
产品：生活用纸

保定市金叶纸业有限公司
河北省保定市满城区环城东路
邮编：072150
电话：13831263786
产品：生活用纸

保定市诚信纸业有限公司
（原满城县诚信纸业有限公司）
河北省保定市满城区大册营镇方上村
邮编：072150
电话：0312－7026026、7026699
邮箱：chengxin12345678@ 126. com
产品：生活用纸

保定市金升纸业有限公司
（原满城县金升纸业有限公司）
河北省保定市满城区大册营工业区
邮编：072150
电话：13930263787
产品：厕用卫生纸、手帕纸、抽纸、湿巾、纸尿裤、擦手纸

保定市安信纸业有限公司
河北省保定市满城区大册营工业园区
邮编：072150
电话：0312－7021216、7026716
传真：0312－7027889
网址：www. anxinzhiye. cn
邮箱：38534553@ qq. com
产品：生活用纸

保定市信捷纸业有限公司
河北省保定市满城区大册营镇上紫口村南
邮编：072150
电话：15932212999、13091209555
邮箱：1628280803@ qq. com
产品：生活用纸

保定市润万纸制品加工有限公司
河北省保定市满城区大册营镇大册村

邮编：072150
电话：15230228992
产品：厕用卫生纸、抽纸、盘纸、手帕纸、厨房用纸、湿巾、卫生巾加工

保定市东奥纸业有限公司
河北省保定市南市区管庄村村西
邮编：071000
电话：0312－2173311、13032078313
网址：www.bddongao.cn
产品：生活用纸

保定市新宇纸业有限公司
（原满城县新宇纸业有限公司）
河北省保定市满城区大册营镇大册村
邮编：072150
电话：0312－7021901
邮箱：1738182187@qq.com
产品：生活用纸

保定市富民纸业有限公司
（原满城县富民纸业有限公司）
河北省保定市满城区谒山村
邮编：072150
电话：0312－7065310
产品：生活用纸

保定市金伯利卫生用品有限公司
（原满城县金伯利卫生用品有限公司）
河北省保定市满城区大册营镇夜借村
邮编：072150
电话：13630867757、4006527757
传真：0312－7027728
网址：www.jinbolizhiye.cn
邮箱：zhua139@aliyun.com
产品：生活用纸

张家口市

河北凯世德特种纸有限公司
河北省张家口市宣化区滨河东路北侧 29 号
邮编：071021
电话：0313－5960018、5960033
邮箱：zjkgmzy@163.com
产品：特种防伪纸、文化用纸、工业包装纸、铜版纸、照相原纸

张家口市华鑫纸业有限公司
河北省张家口市桥东区姚家庄村
邮编：075000
电话：0313－4085359、13403334891
产品：卫生纸

张家口市东山造纸厂
河北省张家口市桥东区陵园北街东侧
邮编：075000
电话：0313－2228872、13932359593
产品：瓦楞原纸、箱纸板

沧州市

泊头市龙达纸业有限公司
河北省泊头市开发区
邮编：062150
电话：0317－8185878
邮箱：longdazhiye007@163.com
产品：高强瓦楞原纸

河北吴桥县宏光纸业有限公司
河北省沧州市吴桥县铁城镇沙王村西
邮编：061801
电话：13932722999
邮箱：whl13930775848@163.com
产品：胶版纸

沧州临港资通纸业有限公司
河北省沧州市临港经济技术开发区
邮编：061108
电话：0317－5483108
产品：本色草浆、木浆

任丘市星火造纸有限责任公司
河北省任丘市新中驿乡张施村
邮编：062556
电话：0317－3326999、3326099
产品：胶印书刊纸、瓦楞原纸

青县龙江纸业有限责任公司
河北省沧州市青县流河镇青王公路 10 公里处东侧
邮编：062650
电话：0317－4270688
网址：hblongjiang.cn
产品：高强瓦楞纸

廊坊市

中轻特种纤维材料有限公司
河北省廊坊市开发区紫杉路 50 号
邮编：065001
电话：0316－2575782
传真：0316－2575782
网址：www. sinoligthpaper. com
邮箱：zqtc8866@163. com
产品：超薄型电容器纸、厚纸板、吸尘器纸袋纸、化纤壁纸、育果袋纸、烟用滤纸等

河北恒源实业集团
河北省廊坊市霸州市经济技术开发区西高村
邮编：065700
电话：0316－7317777、13931667355
网址：www. hbhengyuan. com
邮箱：zhangmeichao521@163. com
产品：高档生活用纸

衡水市

河北环达纸业有限公司
河北省衡水市景县城南 9 公里处第三工业区
邮编：053500
电话：0318－4295615
网址：www. 3231913. 71ab. com
产品：双胶纸、包装纸、有光纸

衡水市第一造纸厂
河北省衡水市新工路 218 号
邮编：053000
电话：0318－2030687
传真：0318－2030687
产品：凸版纸、生活用纸、瓦楞原纸

安平县金城滤纸有限公司
河北省衡水市安平县徐疃工业区
邮编：053600
电话：0318－7616434、7616419
邮箱：9438933@qq. com
产品：三滤滤纸

河北国威新材料科技有限公司
（原衡水国威滤纸有限公司）
河北省衡水市安平县工业园东区纬二路北侧
邮编：053600
电话：0318－7882007、7882006
传真：0318－7515918
邮箱：zhx275@zmlz. com
产品：木浆滤纸、空气滤纸、燃油滤纸、阻燃滤纸、水滤滤纸

山　西　省

太原市

太原市晋源区南郊造纸二厂
太原市晋源区吉兴造纸厂
山西省太原市晋源区姚村乡西邵村
邮编：030054
电话：0351－6929329、13209821268
邮箱：1013192313@qq. com
产品：瓦楞原纸、挂面箱纸板、牛皮箱纸板

太原家盛纸业有限公司
山西省太原市晋源区
邮编：030050
电话：0351－6985356、6985619
邮箱：503597178@qq. com
产品：高强瓦楞原纸

太原玉盛源能源发展有限公司
山西省太原市清徐县清源镇小北村旧 307 国道旁
邮编：030400
电话：0351－5709626、18003404188
传真：0351－5722001
邮箱：1798928628@qq. com
产品：防火阻燃类纸板

太原市旭恒纸制品有限公司
（原太原市盛恒纸制品有限公司）
山西省太原市晋源区晋祠镇王郭村
邮编：030025
电话：0351－5612666、15135119685
邮箱：tyxhzzp@163. com
产品：纸板、纸箱、纸管、纸制品

大同市

山西云冈纸业有限公司
（原大同市恒洁卫生用品有限公司）
山西省大同市云州区党留庄乡党留庄村北
邮编：037300
电话：0352－8165666

邮箱：LJ0701@ qq. com
产品：高档生活用纸（含原纸、抽纸、手帕纸、卫生纸、厨房用纸、擦手纸、湿巾）

山西大维纸业有限公司
山西省大同市云州区坪邑东街 11 号
邮编：037000
电话：13835226466
邮箱：2239981444@ qq. com
产品：生产、销售瓦楞纸、挂面纸、箱板纸

阳高县仁宝纸业有限公司
山西省大同市阳高县王官屯镇龙泉工业园区
邮编：038100
电话：13932204999
邮箱：2799526966@ qq. com
产品：服装裁剪用纸

长治市

山西华南纸业股份有限公司
山西省长治市郝家庄
邮编：047105
电话：0355 – 6017523、6017525
邮箱：cbw879@ 163. com
产品：瓦楞原纸、箱纸板

晋中市

山西强伟纸业有限公司
山西省晋中市寿阳县朝阳镇半月村工业园区
邮编：045400
电话：0354 – 3909715
传真：0354 – 3909710、3909789
网址：www. sxqwzy. cn
邮箱：sxwyjjx@ 163. com
产品：石膏板护面纸

山西省外贸平遥包装印刷（集团）造纸有限公司
山西省晋中市平遥县襄垣乡郝洞村
邮编：031100
电话：0354 – 5848425
传真：0354 – 5848466
邮箱：1006989482@ qq. com
产品：高强瓦楞原纸、箱纸板

平遥县康华纸业有限责任公司
山西省晋中市平遥县西郭村
邮编：031100
电话：13903547482
邮箱：380077546@ qq. com
产品：瓦楞原纸、箱纸板

山西一帆纸业有限责任公司
山西省晋中市左权县城太子莲池 8 号
邮编：032600
电话：0354 – 8658698
邮箱：1252692729@ qq. com
产品：纸制品制造及销售

运城市

山西合盛工贸有限公司
山西省运城市稷山县汾河桥西
邮编：043200
电话：0359 – 5858387、13835886816
邮箱：sxhsgm@ 126. com
产品：单面书写纸、胶版纸

山西运城市瑞马纸业有限公司
山西省运城市夏县朱吕村
邮编：044400
电话：0359 – 8948188、13903595803
邮箱：ruimazhiye@ 163. com
产品：机制纸

运城市自强纸业有限公司
山西省运城市大渠乡南李村
邮编：044000
电话：0359 – 2897118
邮箱：13803476868@ 139. com
产品：瓦楞原纸、箱纸板

山西华昌纸业有限公司
山西省运城市稷山县康复街西端路南
邮编：043200
电话：0359 – 5562154
邮箱：13903593763@ 139. com
产品：拷贝纸、棉纸、高湿强纸等特种纸

稷山县新嘉源纸业有限公司
山西省运城市稷山县翟店印刷包装文化产业园区太郝口北孵化基地
邮编：043200
电话：15135946666

邮箱：13903483382@163. com
产品：瓦楞原纸、箱纸板

山西力达纸业集团有限公司
山西省运城市临猗县北环路
邮编：044100
电话：0359－4068499、13753985752
邮箱：478980865@qq. com
产品：棉柔巾、生活用纸、餐巾纸、卫生纸

芮城县中宝纸业有限公司
山西省运城市芮城县西矿南路158号
邮编：044600
电话：0359－3030888
邮箱：zhongbaozhiye@163. com
产品：薄页纸、农用育果袋纸等特种纸

运城市绛县开发区鑫珑纸业有限公司
山西省运城市绛县经济开发区轻工业园区08号
邮编：043605
电话：0359－6797288、18735997788
邮箱：xlzy6797288@163. com
产品：瓦楞原纸

山西昌泽纸业有限公司
山西省运城市临猗县高新工业园区366号(中惠公司院内)
邮编：044100
电话：15034555886
邮箱：596632056@qq. com
产品：纸制品生产

山西河东纸业科技股份有限公司
山西省运城市临猗县猗氏镇贵戚坊村三组常家巷3号
邮编：044000
电话：17696292096
邮箱：17696292096@163. com
产品：纸浆、纸、纸制品生产及销售

临汾市

临汾新晋达纸业有限公司
山西省临汾市解放东路77号
邮编：041000
电话：0357－3019979
邮箱：1939959540@qq. com
产品：箱纸板、瓦楞原纸、再生新闻纸

襄汾县宏峰林纸有限公司
山西省临汾市襄汾县大邓乡大邓村
邮编：041503
电话：0357－3690259、18536027676
邮箱：1784201013@qq. com
产品：邮封纸、拷贝纸

山西华达纸业有限公司
山西省临汾市襄汾县邓庄镇邓庄村南纸厂路
邮编：041000
电话：0357－3699018
邮箱：zhi21212@qq. com
产品：邮封纸

山西晋芳纸业有限公司
山西省临汾市洪洞县南坂街1号
邮编：041600
电话：0357－6210888
邮箱：sxjfzy@163. com
产品：生活用纸

山西华天基纸业有限公司
山西省临汾市襄汾县永固乡北众村500米
邮编：041000
电话：15534735518、17636198999
网址：www. sxhuatianji. cn
邮箱：sxhuatianji@163. com
产品：包装用纸、文化用纸、生活用纸

吕梁市

山西则天浆纸有限公司
山西省吕梁市文水县胡兰镇胡兰村
邮编：032100
电话：0358－3449706、13935839288
邮箱：935152899@qq. com
产品：瓦楞原纸

山西恒悦纸业有限公司
山西省吕梁市交城县山西交城经济开发区银通路南01号
邮编：030500
电话：0358－3556556
邮箱：591786141@qq. com
产品：瓦楞原纸

内蒙古自治区

呼和浩特市

内蒙古荣信纸业有限公司
内蒙古自治区呼和浩特市土默特左旗毕克齐镇杨家堡村
邮编：010100
电话：0471－8158081、15849161588
产品：高强瓦楞原纸

内蒙古天浩纸业有限公司
内蒙古自治区呼和浩特市金川开发区南区经二路东
邮编：010080
电话：0471－2847001
邮箱：tiaohao3601296@163. com
产品：高档箱纸板

呼伦贝尔市

内蒙古大兴安岭浆纸有限责任公司
内蒙古自治区呼伦贝尔市扎兰屯市富伦街 33 号
邮编：162650
电话：0470－3396563、3396415、3396509
传真：0470－3302447
邮箱：wulan_ 19881012@163. com
产品：木浆、纸袋纸、精制牛皮纸、复合原纸

巴彦淖尔市

中冶美利内蒙古浆纸股份有限公司
内蒙古自治区巴彦淖尔市乌拉特前旗西山咀镇 110 国道东侧
邮编：014400
电话：0478－3214223、3228560
邮箱：jsr19780901@163. com
产品：箱纸板

内蒙古金星浆纸业有限公司
内蒙古自治区巴彦淖尔市乌拉特前旗乌拉特山镇
邮编：014400
电话：0478－3262988、2301803
邮箱：2498688316@qq. com
产品：废纸脱墨纸浆板、漂白商品苇浆板、麦草浆板、木浆板、文化用纸、生活卫生用纸及纸制品

乌兰察布市

乌兰察布市集宁区宏盛纸业有限公司
内蒙古自治区乌兰察布市集宁区文化路 17 号
邮编：012000
电话：15849456666
产品：瓦楞原纸

辽　宁　省

沈阳市

玖龙纸业(沈阳)有限公司
辽宁省沈阳市新民市东城街工业园区
邮编：110300
电话：024－31782611、31788999
传真：024－31782630
网址：www. ndpaper. com
邮箱：info-sy@ndpaper. com
产品：牛卡纸

沈阳久九纸板有限公司
辽宁省沈阳市铁西新区卫工街北三中路 39 号
邮编：110000
电话：024－25847459
传真：024－25848459
邮箱：2858869329@qq. com
产品：纸板、瓦楞原纸

沈阳市宝洁纸业有限责任公司
辽宁省沈阳市和平区长白西街 68 号
邮编：110000
电话：024－23738811、13840245974
传真：024－23736599
网址：www. baojiezhiye. cn
邮箱：846192331@qq. com
产品：生活用纸、成人护理系列

沈阳市长城过滤纸板有限公司
辽宁省沈阳市皇姑区鸭绿江北街 45 号
邮编：110032
电话：024－86616852
传真：024－86671668
网址：www. cclz. com. cn
邮箱：cclz8462@sina. com
产品：过滤纸板、滤纸

沈阳思特雷斯纸业有限责任公司
辽宁省沈阳市经济技术开发区十三号路六甲二号
邮编：110027
电话：024－89303899
传真：024－89303866
网址：www. stls. cn
邮箱：systlszy@163. com、yjsu1997@126. com
产品：金属板带衬纸、不锈钢垫纸、金属板衬纸、玻璃衬垫用纸、医用包装用纸、防锈包装用纸

沈阳市沙金纸业有限责任公司
辽宁省沈阳市浑南区文源街 2E-6 号 322
邮编：110042
电话：024－24239280
传真：024－24239280
邮箱：344817655@qq. com
产品：书刊纸、造纸脱水器材

辽宁尚阳纸业有限公司
沈阳君昱商贸有限公司
辽宁省铁岭市清河工业园区（厂址）
辽宁省沈阳市大东区东贸路 20 号
邮编：112000
电话：024－72132211、15898053096
网址：www. lnsyzy. com
邮箱：446392030@qq. com
产品：生活用纸原纸、卷纸、手帕纸、面巾纸、抽取式卫生纸

大连市

大连吉丽纸业有限公司
辽宁省大连市经济技术开发区辽宁街 27 号
邮编：116000
电话：0411－87511908、13304260828
传真：0411－87511438
邮箱：wd835142@163. com
产品：工业擦拭纸、擦拭纸、吸油棉、擦拭布、无尘布、无尘纸

瓦房店大森纸业有限公司
辽宁省大连市瓦房店市轴承产业园
邮编：116300
电话：0411－85666599
传真：0411－85646253
网址：www. dasenzy. china. b2b. cn
邮箱：1878458335@qq. com
产品：纸管、螺旋纸管

大连中诚纸业有限公司
辽宁省大连市金州区大魏家镇王家村
邮编：116110
电话：0411－87897288、87897228
传真：0411－87897555
邮箱：dlhghz@126. com
产品：箱纸板、瓦楞原纸

大连金洋纸业有限公司
辽宁省大连市金州新区中长街道中长村
邮编：116110
电话：0411－7814748
邮箱：296685455@qq. com
产品：高档箱纸板、高强瓦楞原纸

大连德隆纸业有限公司
辽宁省大连市中山区长江路 38 号金地中心 B 座 2005 室（办公地址）
电话：0411－82735077
传真：0411－82735078
辽宁省大连市甘井子区毛茔子工业区（工厂地址）
电话：0411－87113777
传真：0411－87113738
网址：www. odlpaper. com
邮箱：delongpaper7777@vip. 163. com
产品：擦手纸和马桶坐垫纸

鞍山市

鞍山顺电超高压绝缘材料有限公司
辽宁省鞍山市千山区鞍刘路 650 号
邮编：114014
电话：0412－5886611、13904205417
邮箱：wjz_ 58@126. com
产品：绝缘纸板

维达纸业（辽宁）有限公司
辽宁省鞍山市千山区红旗南街 15 号
邮编：114016
电话：0412－8772565
传真：0412－8772528
网址：www. vindapaper. com
邮箱：wang. mj@vinda. com
产品：高中档卫生卷纸、纸巾纸、盒装面巾、软包抽取式面巾、餐巾纸

抚顺市

琥珀纸业有限责任公司
辽宁省抚顺市望花区古城子路4号
邮编：113001
电话：024－52595933、52548035
传真：024－52595858
网址：www. hpzy. com. cn、www. hupozy. com
邮箱：hpzyzhb@163. com
产品：生活用纸、箱纸板

本溪市

本溪尚琳纸业有限公司
辽宁省本溪市明山区牛心台牛新路119－2栋1层
邮编：117000
电话：024－44841067、18641430999
网址：www. shanglinzhiye. com
邮箱：353700667@qq. com
产品：高档卫生纸

丹东市

辽宁铭笙纸业有限公司
辽宁省东港市前阳经济开发区
邮编：118301
电话：0415－7816688、7816666
传真：0415－7816669、7816611
邮箱：2567575748@qq. com
产品：高强瓦楞原纸、黄纸板

丹东市新华纸业有限公司
辽宁省东港市前阳镇石桥岗村
邮编：118301
电话：0415－6677377
传真：0415－6677377
邮箱：841325119@qq. com
产品：瓦楞原纸、覆膜皱纹包装纸、型材包装纸

凤城市众合纸业有限公司
辽宁省丹东市凤城市蓝旗镇立新村五组
邮编：118100
电话：0415－8230039、8124899
邮箱：fcstlszy@163. com
产品：如厕纸、水果套袋纸、染色纱管面纸、过滤纸等

锦州市

锦州金日纸业有限责任公司
辽宁省锦州市凌海市金城工业园区
邮编：121203
电话：0416－8350111、8351067、8351070、13464662422
传真：0416－8350082
网址：www. jzjrzy. com
邮箱：25067137@qq. com
产品：胶版印刷纸、书写纸、胶版书刊纸
子公司：锦州四合特种外加剂有限责任公司

锦州宝地纸业有限公司
辽宁省锦州市凌海市金城街
邮编：121203
电话：0416－8350013
传真：0416－8350333
网站：www. jinchengpaper. com
邮箱：jinquandisc@163. com
产品：胶印书刊纸、双胶纸、书写纸

营口市

营口造纸厂
辽宁省营口市站前区河湾北街一号
邮编：115001
电话：0417－2135888、2135360
传真：0417－3631195
邮箱：lyzzc@163. com
产品：全无氯漂白苇浆板、胶印书刊纸、单面书写纸

营口特种纸业有限公司
辽宁省营口市西市区辽河里75号
邮编：115003
电话：0417－2638628、2635047
传真：0417－2635047
网址：www. yktzzy. com
邮箱：yktzzy2638628@163. com
产品：氧化锌版纸、再湿胶带纸、浆层纸、复合纸

辽阳市

辽阳赛伦工业纸板有限公司
辽宁省辽阳市太子河区建设路21号
邮编：111000
电话：0419－3306969
产品：绝缘纸板、进口木浆

辽宁同盛纸业有限公司
辽宁省辽阳市白塔区建设路 21 号
邮编：111000
电话：0419－3305319、3305318
传真：0419－3305319
网址：www.ts-paper.com
邮箱：cwb2@ts-paper.com
产品：灰纸板、纱管纸

辽宁博隆纸业有限公司
辽宁省辽阳市太子河区望水台乡道西庄街道
邮编：111000
电话：0419－3306115
传真：0419－3301581
网址：www.lnblzy.com
邮箱：lnblzy@lnblzy.com
产品：餐巾纸原纸、生活用纸、工艺品编织用纸、马桶圈纸

辽阳嘉丰纸业有限公司
辽宁省辽阳市刘二堡经济开发区
邮编：111212
电话：0419－7166958
传真：0419－7167118
网址：www.jiafengzhiye.com
邮箱：jiafengzhiye@163.com
产品：瓦楞原纸

盘锦市

辽宁振兴生态造纸有限公司
辽宁省盘锦市盘山县东郭造纸工业园区
邮编：124112
电话：0427－6577000
传真：0427－6577088
网址：www.zxstjt.com
邮箱：lnstzyxzb@126.com
产品：文化用纸、浆板

铁岭市

辽宁省开原荣信纸业有限公司
辽宁省开原市新城街工业园
邮编：112300
电话：024－73617698
传真：024－73617398
邮箱：13679303152@qq.com
产品：打印纸、单胶纸、双胶纸、办公用纸、复印纸、纸品原材料

辽宁兴东科技有限公司
（原辽宁兴东纸业有限公司）
辽宁省开原市八宝镇大湾村造纸工业园区
邮编：112322
电话：024－73672222、73900181
传真：024－73900168
网址：www.lnxdzy.com
产品：牛皮箱纸板、纱管纸

朝阳市

朝阳纸板总厂
辽宁省朝阳市北环路 8 号
邮编：122000
电话：0421－2814799
传真：0421－2805675
邮箱：2805675@163.com
产品：包装纸板、涂布白纸板、瓦楞原纸

朝阳华晟实业有限公司
（原朝阳华晟纸业有限公司）
辽宁省朝阳市朝阳县柳城街道腰而营子村
邮编：122000
电话：0421－2578345
邮箱：354831024@qq.com
产品：印刷纸

吉 林 省

吉林市

吉林晨鸣纸业有限责任公司
吉林省吉林市龙潭区晨鸣路 1 号
邮编：132104
电话：0432－68066380
产品：机制纸、纸板、纸制品、纸浆、造纸机械设备加工和销售、机械设备安装

白城市

吉林省华金纸业有限公司
吉林省白城市铁东区纸厂街 8 号
邮编：137000
电话：0436－3274600
邮箱：lixin0246813579@163.com

产品：印刷纸、书写纸、静电复印纸、票据纸

白山市

白山市琦祥纸业有限公司
吉林省白山市八道江区东兴街长白路 49 号
邮编：134300
电话：0439 – 3389008
传真：0439 – 3389000
网址：www. qixiangzhiye. com
邮箱：qixiangzhiye@ 163. com
产品：瓦楞原纸、箱纸板

四平市

吉林日升纸业有限责任公司
（原公主岭市光大纸业有限责任公司）
吉林省四平市公主岭市秦家屯镇
邮编：136114
电话：18643440345
邮箱：494967276@ qq. com
产品：中高强瓦楞原纸

延边朝鲜族自治州

延边石岘双鹿实业有限公司
吉林省延边州图们市石岘镇凯旋街 1 号
邮编：133101
电话：0433 – 3869001、3868139、3868551
传真：0433 – 3868139
网址：www. jlshixian. com
邮箱：407249385@ qq. com
产品：新闻纸、双面胶版纸、卫生纸、复印纸、亚硫酸盐木浆、静电复印纸、箱纸板

黑龙江省

鸡西市

黑龙江北大荒纸业有限责任公司
黑龙江省鸡西市密山市兴凯湖农场造纸厂
邮编：158328
电话：0467 – 5081055、5081043
传真：0467 – 5081037
邮箱：xkhzzcsm@ 163. com
产品：打字纸、书写纸、胶版纸、彩色胶印纸、图画纸

佳木斯市

佳木斯龙江福浆纸有限公司
黑龙江省佳木斯市光复路 306 号
邮编：154005
电话：0454 – 6066887
传真：0454 – 6066860
邮箱：wxyjz@ 163. com
产品：精制白牛皮纸、伸性纸袋纸、本色木浆

佳木斯东方纸业有限公司
黑龙江省佳木斯市建国街 5 号
邮编：154005
电话：0454 – 8390368
传真：0454 – 8387461
网址：www. jmsdfzy. cn
邮箱：619006197@ qq. com
产品：打印纸、图画纸、白牛皮纸

佳木斯市龙德纸业有限公司
黑龙江省佳木斯市东风区东兴城 A – D3 号楼 102#
邮编：154000
电话：0454 – 8289316
邮箱：329638615@ qq. com
产品：纸制品加工，废旧物资回收，再生资源技术开发，工业包装用纸、特种纸及纸张批发

佳木斯艺洋纸业有限公司
黑龙江省佳木斯市东风区模范路 16 号
邮编：154005
电话：0454 – 8335657、13836660755
邮箱：1466152396@ qq. com
产品：造纸、纸制品加工

黑龙江佳宏纸业集团有限公司
黑龙江省佳木斯市东风区光复路东段
邮编：154005
电话：0454 – 8377032
邮箱：897720997@ qq. com
产品：牛皮纸、纸袋纸

牡丹江市

牡丹江恒丰纸业集团有限公司
黑龙江省牡丹江市阳明区恒丰路 11 号
邮编：157013
电话：0453 – 6331111、6886000、6886500

传真：0453－6331063、6886868
网址：www. hengfengpaper. com
邮箱：gsb@ hengfengpaper. com
产品：铜版纸、卷烟纸、铝箔衬纸、滤嘴棒纸、水松原纸、无碳复写原纸

牡丹江市三都特种纸业有限公司
黑龙江省牡丹江市爱民区大庆街 19 号
邮编：157009
电话：0453－6899237、6889718
传真：0453－6899237
邮箱：lzb0605@ 163. com
产品：卫生纸、纸巾纸、擦拭纸

海林市柴河林海纸业有限公司
黑龙江省海林市柴河镇铁东路 2 号
邮编：157131
电话：0453－7528590
传真：0453－7528390
邮箱：lhzyxsb@ 163. com
产品：箱纸板、高强瓦楞原纸

绥芬河市三都纸业有限责任公司
黑龙江省牡丹江市绥芬河市林业局住宅 1-601 室
电话：0453－3948280
网址：www. sandu. net. cn
邮箱：sandus@ vip. sina. com
产品：进口纸浆、纸张

上　海　市

王子制纸管理(上海)有限公司
上海市长宁区延安西路 2201 号上海国际贸易中心 3401 室
邮编：200336
电话：021－62195555
传真：021－32231101
网址：www. ojiholdings. cn
邮箱：Info-china@ oji-gr. com
产品：木浆、铜版纸、双胶纸、瓦楞纸箱、重物包装箱、环保纸袋、复合袋、干法纸、热敏纸、YUPO 合成纸、防锈纸、装饰纸、生活用纸、纸尿裤等

泰盛科技(集团)股份有限公司
上海市虹桥路 2272 号虹桥商务大厦 6 楼 F 座
邮编：200366
电话：021－62619889
网址：www. taison. cn
产品：竹浆、复印纸、双胶纸、书画纸、竹浆生活用纸、母婴原纸、卫生巾、纸尿裤

上海中隆纸业有限公司
上海市闵行区申长路 988 弄 3 号楼 8 楼
邮编：201106
电话：021－24088888
产品：高档牛皮箱纸板、高强瓦楞原纸

金奉源纸业(上海)有限公司
上海市奉贤区星火开发区莲塘路 251 号
邮编：201419
电话：021－57505588
传真：021－57501100
网址：www. jfy-paper. com
邮箱：jfy-paper@ app. com. cn
产品：高档食品卡纸

上海富民纸业有限公司
(原上海富民造纸厂)
上海市崇明县港沿镇八一公路
邮编：202158
电话：021－59465421、13381666806
传真：021－59465421
产品：瓦楞原纸、茶纸板

上海同孚特种纸板厂
上海市崇明县港沿中路 588 号
邮编：202158
电话：021－59461824
传真：021－59461268
邮箱：sh-tongfu@ citiz. net
产品：纸浆模塑制品

上海金佰利纸业有限公司
上海市松江区金沙滩 139 号
邮编：201600
电话：021－37813030、57822671
传真：021－37813030
网址：www. kimberly-clark. com. cn
邮箱：helen. zhang@ kcc. com
产品：高档生活用纸

上海新江南纸业有限公司
上海市武宁路 1500 号南楼 408 室
邮编：200061
电话：021－62543871、62442570
传真：021－62543871

邮箱：shxjnzy@ 126. com
产品：防伪邮票纸

上海乐凯纸业有限公司
上海市普陀区常和路 308 号
邮编：200331
电话：021 - 63639057
传真：021 - 63639043
网址：www. shanghaizhiye. luckyfilm. com. cn
邮箱：1035160392@ qq. com
产品：高档彩色相纸

上海力德纸业有限公司
上海市沪青平公路 6098 号
邮编：201713
电话：021 - 59230220、13621867221
产品：透析纸、氧化锌印版纸、心电图纸

长谊新材料(上海)有限公司
(原长谊特种纸(上海)有限公司)
上海市宝山城市工业园区丰翔路 1369 号
邮编：200436
电话：021 - 36160789、62113737
传真：021 - 36160787、62113232
网址：www. cypnet. com. cn
邮箱：sjg@ cypnet. com. cn
产品：特种纸

骏源新材料(上海)有限公司
上海市青浦工业园区汇联路 1739 号
邮编：201707
电话：021 - 58518866
传真：021 - 58218666
网址：www. sinjunyuan. com
邮箱：webmaster@ sinjunyuan. com
产品：特种纸、耐磨纸、高档文化用纸

上海三五纸厂有限公司
上海市青浦区练塘镇朱枫公路 688 弄 2 号
邮编：201715
电话：021 - 59251102、59251121、13651912351
邮箱：13545678@ qq. com
产品：热敏纸、电火花纸

上海合和纸业有限公司
上海市青浦区华新镇华蔡路 285 号
邮编：201708
电话：021 - 59798808
传真：021 - 59798660
网址：www. hehepaper. com
邮箱：hehezhiye@ 163. com
产品：牛皮纸、加工纸

阿波滤材(上海)有限公司
(原阿波制纸(上海)有限公司)
上海市奉贤区星火开发区莲塘路 355 号
邮编：201419
电话：021 - 57505800
传真：021 - 57505805
邮箱：nzheng@ aws. net. cn
产品：过滤纸

上海延中办公用品实业公司
上海市胶州路 941 号长久大厦 501 室
邮编：200060
电话：021 - 62998411
传真：021 - 62998423
产品：晒图纸、无碳复写纸

上海虹灵-迪茨根纸业有限公司
上海市闵行区中春路 6889 弄 3 号
邮编：201101
电话：021 - 64061122
传真：021 - 54881149
产品：晒图纸

上海晨江纸品有限公司
上海市松江区荣乐东路 66 号
邮编：201600
电话：021 - 57711008
传真：021 - 57710800
产品：晒图纸

上海迪佳纸业有限公司
(原上海迪佳纸品印务有限公司)
上海市黄浦区延安东路 1278 弄 5 号底层东间部位
邮编：200001
电话：021 - 61845198
传真：021 - 58569023
产品：晒图纸、复印纸、显影药水、电脑打印纸

上海全兴纸业有限公司
上海市长宁区定西路 650 号 821 室
邮编：201612
电话：021 - 64847065、18019282135
产品：晒图纸、传真纸

上海亚傲纸业有限公司
上海市闵行区梅陇镇金都路 1515 号
邮编：201108
电话：021－64341581
传真：021－64341581
邮箱：304583953@ qq. com
产品：晒图纸

上海东冠纸业有限公司
上海东冠健康用品股份有限公司
上海东冠卫生用品有限公司
上海市中山南一路 893 号斯米克广场西楼三楼
邮编：200023
电话：021－53026727
传真：021－53026726、53026782
网址：www. socpcn. com
邮箱：service@ socp. com. cn
产品：生活用纸

上海国峰纸业有限公司
上海市南汇区老港化工工业园区同强路
邮编：201302
电话：021－58053886、13501984926
邮箱：417870010@ qq. com
产品：邮票原纸、晒图原纸

上海繁锦纸业有限公司
上海市南汇区祝桥东海盐朝北路 8 号 209 室
邮编：201325
电话：021－62488330、13801719249
传真：021－62473126
邮箱：164821376@ qq. com
产品：晒图纸

金光纸业（中国）投资有限公司
上海市虹口区东大名路 501 号白玉兰广场 65 层
邮编：200080
电话：021－22838888
传真：021－22839056
网址：www. app. com. cn
产品：漂白硫酸盐桉木浆、印刷纸、包装纸、生活用纸

上海殷泰纸业有限公司
上海市宝山区练祁路 88 号
邮编：200942
电话：021－56649708、56649618
传真：021－56646488
邮箱：13585661968@ 139. com
产品：彩色胶印新闻纸

上海汇德利文化用品有限公司
（原上海市复写纸联合公司）
上海市大林路 10 弄 1 号 604 室
邮编：200011
电话：021－63451133、18930471159
传真：021－63010772、63454319
邮箱：czg1210@ 163. com
产品：复写纸

上海开伦造纸印刷集团有限公司
上海市奉贤区莲塘路 251 号
邮编：200050
电话：021－62104040、62103737
传真：021－62401113
网址：www. kai-lun. net
邮箱：kailun@ kai-lun. com
产品：静电复印纸、瓦楞原纸、牛皮箱纸板、折叠涂布白纸板、单面涂布白纸板、茶纸板

上海基隆腊光纸有限公司
上海市松江区佘山镇天马新宅路 600 号
邮编：201603
电话：021－57662899、57663729
传真：021－57663729
邮箱：luyanfen@ 163. com
产品：各色蜡光纸

山鹰国际控股股份公司
上海市杨浦区安浦路 645 号山鹰国际总部大楼
邮编：200082
电话：021－60360888
传真：021－62376799
网址：www. shanyingintl. com
邮箱：SY@ shanyingintl. com
产品：再生纤维、造纸、包装、印刷

日纸国际贸易（上海）有限公司上海分公司
上海市长宁区遵义路 100 号虹桥南丰城 B 幢 1805 室
邮编：200051
电话：021－61453260
传真：021－61453237
网址：npi-sh. com
邮箱：rizhi@ npi-cn. com
产品：文化用纸、纸板、特种纸

金佰利（中国）有限公司
上海市黄浦区淡水路 299 号 12 楼
邮编：200025
电话：021－60288100
网址：www. kimberly-clark. com. cn
邮箱：Helen. Zhang@ kcc. com
产品：卫生用品

上海宝中宝纸塑制品有限公司
上海市嘉定南翔镇翔江路 888 号
电话：021－69171222
传真：021－69171223
网址：www. baozhongbao. net
邮箱：77156356@ qq. com
产品：防伪商标易碎纸、不干胶贴纸、离型纸

巴西金鱼浆纸公司上海代表处
上海市静安区南京西路 1468 号中欣大厦 3202 室
邮编：200040
电话：021－62895506
传真：021－62892817
网址：www. suzano. com. br
邮箱：Crystalwang@ suzanoasia. com
产品：漂白桉木浆

上海中程纸业有限公司
上海市青浦区白鹤镇外青松公路 2965 号
邮编：297201
电话：021－39805525、15921050506
网址：shzcpaper. net
邮箱：shzcpaper@ 163. com
产品：牛皮纸、服装打版纸等

上海恩博环保纸浆模塑制品有限公司
上海市奉贤区四团镇平安社区平中路 12 号
邮编：201413
电话：021－57541363、13671761083
网址：www. nbzmsh. com
邮箱：enbosh@ 126. com
产品：纸浆模塑防震包装制品

江　苏　省

南京市

永丰余纸业（南京）有限公司
江苏省南京市经济开技术开发区恒泰路 1－2 号
电话：025－69519112
网址：www. yfy. com
邮箱：zhoujq@ yfy0. cn. com
产品：纸板生产

南京吉利纸业有限公司
江苏省南京市六合区雄州镇文峰北路 9 号
邮编：211500
电话：025－57506968、13327702168
传真：025－57507928
网址：www. lmpap. com. cn
邮箱：pepaper@ 126. com
产品：轻涂淋膜纸、铜板淋膜纸、牛皮包装淋膜纸、白淋膜复合纸

南京经纬纸业有限公司
江苏省南京市江宁开发区九竹路 98 号
邮编：211100
电话：025－52106598、52129068
邮箱：334202036@ qq. com
产品：纸杯纸、碗面纸、冰淇淋纸

金佰利（南京）护理用品有限公司
金佰利（南京）个人卫生用品有限公司
江苏省南京市江宁经济技术开发区吉印大道 3199 号
邮编：211100
电话：025－81054007
传真：025－52721122
网址：www. kimberly-clark. com. cn
邮箱：Phoebe. Gao@ kcc. com
产品：妇女用卫生巾

南京瑞达纸业有限公司
江苏省南京市丰富路石榴园 330 号
邮编：210000
电话：025－84209796
传真：025－84213096
邮箱：1772065773@ qq. com
产品：联单、热敏纸、气象防锈纸、防锈纸

南京天府纸业有限公司
江苏省南京市秦淮区龙蟠中路 536 号
邮编：210000
电话：025－84587466、84614407
传真：025－84587466
邮箱：3132086276@ qq. com
产品：书写纸、双胶纸

无锡市

无锡双龙信息纸业有限公司
江苏省无锡市滨湖区马山长康路 33 号
邮编：214092
电话：0510 - 85996606、85996848
传真：0510 - 85995909
网址：www. slpz. com
邮箱：slpz@ sohu. com
产品：电脑打印纸、静电复印纸、票据纸、传真纸

无锡荣成环保科技有限公司
江苏省无锡市惠山区洛社镇中兴西路 43 号
邮编：214187
电话：0510 - 83316666
传真：0510 - 83311826
网址：www. longchenpaper. com
产品：牛皮纸板、瓦楞原纸、瓦楞纸板、瓦楞纸箱

无锡市生力纸业有限公司
江苏省无锡市锡山区鹅湖镇(甘露)望虞路 9 号
邮编：214117
电话：0510 - 88751447、88752355
传真：0510 - 88751447
产品：高强瓦楞原纸

无锡侨颂特种纸有限公司
江苏省无锡市滨湖区碧波支路 11 号
邮编：214092
电话：0510 - 8599052、885997373
邮箱：542482486@ qq. com
产品：无碳复写纸

无锡锡山恒丰纸业有限公司
江苏省无锡市锡山区东亭镇杨亭村
邮编：214102
电话：0510 - 88260560
传真：0510 - 88261049
邮箱：wxhfzy@ 126. com
产品：纸箱、瓦楞原纸

无锡市锡山华盛纸业有限公司
江苏省无锡市东亭镇春湖东路 48 号
邮编：214000
电话：0510 - 88259207
传真：0510 - 88251877
邮箱：8279922352@ qq. com
产品：铜版纸、双胶纸、白底白卡纸、白底白纸板、白底灰纸板、高档白卡纸和轻涂纸

无锡市齐力纸业有限公司
江苏省无锡市新吴区江溪街道纺城大道 288 号
邮编：214028
电话：0510 - 88231801、13861786357
传真：0510 - 88083459
邮箱：qilizhiye@ 126. com
产品：包装纸、印刷纸、特种纸

无锡市三元纸业有限公司
江苏省无锡市新区长江路 8 号
邮编：214028
电话：0510 - 85225699
传真：0510 - 85225699
邮箱：168163510@ qq. com
产品：双胶纸、铜版纸、轻涂纸、优光铜版纸、无碳压感原纸、牛皮纸

无锡泰极纸业有限公司
江苏省无锡市锡山经济开发区团结大道春雨路
邮编：214101
电话：0510 - 88262053、88266679
传真：0510 - 88261990
网址：www. wxtjpaper. com
邮箱：sales@ wxtjpaper. com
产品：化纤纸管、氨纶纸管、工业丝纸管、蜂窝板

无锡市越丰纸业有限公司
江苏省无锡市江海西路金山北私营工业园 95 号
邮编：204100
电话：0510 - 83070670
网址：www. yfpaper. com
邮箱：yjg1958211@ 163. com
产品：无碳复写纸、无碳复写纸用微胶囊、电脑打印纸

无锡市江海信息纸业有限责任公司
江苏省无锡市新区锡达路 580 号 3 号楼
邮编：214112
电话：0510 - 85626099、85627393
传真：0510 - 85627699
邮箱：jhzy163@ 163. com
产品：无碳复写票证纸、记录纸、静电复印纸、传真纸、不干胶贴纸

江阴比图特种纸板有限公司
江苏省江阴市长泾镇经济开发区兴隆路 2 号
邮编：214400
电话：0510－86305989、86301263
传真：0510－86302212
网址：www. chinabesto. com
邮箱：xuyulian@ chinabesto. com、jybesto@ chinabesto. com、patrick_ besto@ hotmail. com
产品：中底纸板、快巴纸板

江阴美源实业有限公司
江苏省江阴市云亭街道松文头路 11 号
邮编：214422
电话：0510－86899188、86877615、86891308
传真：0510－86877610、86891721
网址：www. meiyuan. com
邮箱：sales@ meiyuan. com
产品：涂布纸

江阴永丰余造纸有限公司
江苏省江阴市通江南路 258 号
邮编：214433
电话：0510－86105979、13616168983
传真：0510－86118748
网址：www. yfy. com
邮箱：csl@ cn. yfy. com
产品：涂布白纸板

江阴新浩再循环纸业有限公司
江苏省江阴市南外环路 665 号
邮编：214433
电话：0510－86108159
传真：0510－86111319、86101863
邮箱：1061696647@ qq. com
产品：白纸板、废纸浆、扑克牌纸

无锡市一正纸业有限公司
江苏省宜兴市丁蜀镇陶瓷工业园
邮编：214200
电话：0510－88566366、80383311
传真：0510－88567366
网址：www. wxyizheng. com
邮箱：jinjie6366@ 163. com
产品：卷筒卫生纸、面巾纸、餐巾纸、卫生纸、成人纸尿片、成人纸尿裤

宜兴市苏南纸业有限公司
江苏省宜兴市张渚镇北郊铁基山
邮编：214235
电话：13901532319
邮箱：2388617520@ qq. com
产品：箱纸板、瓦楞原纸

宜兴市华法纸业有限公司
江苏省宜兴市经济开发区
邮编：214200
电话：0510－87125536、13801530153
传真：0510－87121839
网址：www. yxhfzy. com
邮箱：sales@ yxhfzy. com
产品：箱纸板、瓦楞原纸

江苏湟里纸业有限公司
江苏省江阴市璜土镇工业园
邮编：214445
电话：0510－8665221、886058686
传真：0510－86652208
邮箱：jscz51@ 126. com
产品：箱纸板

江阴明路纸业有限公司
江苏省江阴市南外环路 665 号
邮编：214400
电话：0510－68523559
邮箱：438336829@ qq. com
产品：纸、纸制品的制造

徐州市

江苏星光纸业有限公司
江苏省徐州市铜山区刘集镇工业园区
邮编：221147
电话：15252088738
邮箱：1841328386@ qq. com
经营：瓦楞原纸、耐磨纸、装饰纸

常州市

常州市五环纸业有限公司
江苏省常州市戚墅堰劳动东路 308 号
邮编：213011
电话：0519－88771288、88771258
传真：0519－88771258
网址：www. wuhuan-cn. cn
邮箱：fivering@ wuhuan-cn. cn
产品：高强瓦楞原纸、牛皮箱纸板、茶纸板、防潮纸、

包装纸、牛皮纸、条纹牛皮纸

溧阳市阳光纸业有限公司
江苏省溧阳市昆仑街道泓盛路 518 号 7 幢
邮编：213000
电话：0519－87101328、13801491328
产品：生活用纸、包装用纸

苏州市

金华盛纸业（苏州工业园区）有限公司
江苏省苏州市工业园区胜浦镇金胜路 2 号
邮编：215126
电话：0512－62832118、62836666、62832600
传真：0512－62815491
网址：www. goldhs. com. cn
邮箱：webmaster_ ghs@ app. com. cn
产品：无碳复写纸、热敏纸、双胶纸、铜版卡纸

金红叶纸业集团有限公司
江苏省苏州市工业园区胜浦分区金胜路 1 号
邮编：215126
电话：0512－62810228
传真：0512－62818276
网址：www. ghy. com. cn
邮箱：customer_ service@ chy. com. cn
产品：卷筒卫生纸、盒装面纸、纸杯、纸巾

江苏理文造纸有限公司
江苏省常熟市经济技术开发区沿江工业园理文路
邮编：215536
电话：0512－52698888、52653333
传真：0512－52653688
网址：www. leemanpaper. com
产品：BSKP、BHKP、牛皮箱纸板、瓦楞原纸

芬欧汇川（中国）有限公司
江苏省常熟市沿江经济开发区兴业路 2 号
邮编：215536
电话：0512－52651818
传真：0512－52652300
网址：www. cn. upm. com
邮箱：upm. asia@ upm. com
产品：办公用纸、印刷纸

亚龙纸制品（昆山）有限公司
江苏省昆山市新南西路 369 号
邮编：215300
电话：0512－57536988
传真：0512－57538395
网址：www. yalongpaper. com
产品：办公用纸、纸袋、美术用纸、高光相纸

苏州新业造纸有限公司
江苏省吴江市梅堰镇工业开发一区
邮编：215225
电话：0512－63681399、63688102
传真：0512－63680888
邮箱：y6kyml@ 163. com
产品：过滤纸

永丰余家品（昆山）有限公司
江苏省昆山市城北镇永丰余路 999 号
邮编：215316
电话：0512－53212041、57792824、57179700
网址：www. yfy. com
邮箱：zhaofei. min@ yfycpg. com
产品：生活用纸、高档纸板

耐斯特纸业（昆山）有限公司
江苏省昆山市周市镇优比路 358 号
邮编：215314
电话：0512－57629081、57629088
传真：0512－57629088
网址：www. nicetekpaper. com. cn
邮箱：sales@ nicetekpaper. com. cn
产品：白卡纸、黑卡纸、彩卡纸、珠光纸、荧光纸、背胶纸、彩色包装用纸

利乐包装（昆山）有限公司
江苏省昆山市开发区顺帆南路 208 号
邮编：215301
电话：0512－57717725
传真：0512－57717729
网址：www. tetrapak. com
邮箱：lynn. liu@ tetrapak. com
产品：包装用纸、包装袋

太仓造纸厂
江苏省太仓市沙溪镇浦南新村
邮编：215421
电话：0512－5321142
邮箱：szhongda@ public1. sz. js. cn
产品：箱纸板、瓦楞原纸、白纸板

昆山钞票纸业有限公司
江苏省昆山市震川东路 1188 号
邮编：215301
电话：0512－57703333
传真：0512－57702033
网址：www. kscz. cbpm. cn
产品：钞票纸、艺术纸、防伪纸

江苏荣成环保科技股份有限公司
江苏省昆山市陆家镇金阳东路 33 号
邮编：215331
电话：0512－57876688－111
传真：0512－57878080
网址：www. longchengreentech. com
产品：箱纸板、瓦楞原纸

王子制纸妮飘(苏州)有限公司
江苏省苏州市苏州新区金山路 98 号
邮编：215300
电话：0512－68258526
传真：0512－68259395
网址：www. nepia. com. cn
邮箱：nepiamk@ nepia. com. cn
产品：生活用纸

苏州市红光纸业有限公司
江苏省苏州市苏福公路
邮编：215009
电话：0512－68202971
传真：0512－68202971
产品：纸板

玖龙纸业(太仓)有限公司
江苏省太仓市港口开发区玖龙路 1 号
邮编：215434
电话：0512－53703888
传真：0512－53703399
网址：www. ndpaper. com
邮箱：info_ tc@ ndpaper. com
产品：纸板

常熟乐楹纸业有限公司
(原常熟第三造纸厂有限公司)
江苏省常熟市梅李镇赵市
邮编：215518
电话：0512－52381128
传真：0512－52381190
邮箱：329491014@ qq. com
产品：箱纸板、瓦楞原纸

江苏吉泰利恒实业有限公司
(原江苏富士莱纸业有限责任公司)
江苏省常熟市香江路 158 号
邮编：215558
电话：0512－52303556
传真：0512－52837984
邮箱：171744414@ qq. com
产品：箱纸板、瓦楞原纸

苏州胜宏纸业有限公司
江苏省太仓市沙溪镇河南街 84 号
邮编：215421
电话：0512－53359010、53211422
传真：0512－53212041
邮箱：szhongda@ publicl. sz. js. cn
产品：箱纸板、瓦楞原纸

国一制纸(张家港)有限公司
江苏省张家港市凤凰镇韩国工业园
邮编：215614
电话：0512－58423721
传真：0512－58421207
网址：www. kookilpaper. com
邮箱：maeter@ kookilpaper. com
产品：胶版纸、静电复印纸、不锈钢衬纸、纸杯原纸、无尘原纸、离型原纸、装饰原纸

张家港市华申纸业有限公司
江苏省张家港市后塍镇袁家桥
邮编：215631
电话：0512－58771241
传真：0512－58785231
产品：箱纸板、瓦楞原纸

昆山福特莱纸业有限公司
江苏省昆山市周庄镇敏锐路 2 号(生产地址)
上海市宝山区月罗路 340 号 3 号楼 2 楼(经营地址)
邮编：200941
电话：021－63570960
传真：021－66081142
网址：ftlpapers. 1688. com
邮箱：futailai522@ 126. com
产品：彩色纸、彩卡纸、皮纹纸、文件夹纸、马尼拉纸、牛皮纸、素描纸、白卡、黑卡、珠光纸、吸水纸、环保纸、金银卡纸等

苏州秧浦色彩科技有限公司
江苏省昆山市千灯镇萧墅路 666 号
电话：0512－57876071、57876072
传真：0512－57876087
网址：www.yangpuch.cn
邮箱：tonytang51@163.com
产品：研发、生产、销售为一体的综合性色浆

江苏福泰涂布科技股份有限公司
江苏省昆山市巴城镇石牌升光路 806 号
邮编：215312
电话：0512－82603111、86165541
传真：0512－82603222
网址：www.formulacoating.com
邮箱：yu-ping@formulaintl.com
产品：离型纸

南通市

江苏王子制纸有限公司
江苏省南通市经济技术开发区通达路 18 号
邮编：226017
电话：0513－85996555
传真：0513－85996382
网址：www.ojipaper.cn
产品：文化用纸

淮安市

江苏金莲纸业有限公司
江苏省金湖县建设东路 89 号
邮编：211600
电话：0517－86882898
传真：0517－86892515、86882875
邮箱：xyr5232040@163.com
产品：生活用纸

江苏嘉德纸业有限公司
江苏省淮安市洪泽县工业园区东二道 5 号
邮编：223100
电话：0517－87223666
传真：0517－87801339
邮箱：115356@qq.com
产品：包装纸

江苏丰凯纸业有限公司
江苏省淮安市涟水县五港镇工业集中区
邮编：223443
电话：13588112227
网址：www.jsfkzy.com
邮箱：592328661@163.com
产品：瓦楞原纸

连云港市

灌云利民再生资源科技发展有限公司
江苏省连云港市灌云县临港产业区新纬八路北侧经六路东侧专家楼 21 号
邮编：555558
电话：0518－88186999
邮箱：271344104@qq.com
产品：纸浆、包装纸、高强瓦楞原纸及纸板容器制造

盐城市

江苏兴业纸业有限公司
江苏省盐城市阜宁县东沟镇东南村
邮编：224421
电话：15371127396
邮箱：1419149023@qq.com
产品：高强瓦楞原纸

胜达集团江苏开胜纸业有限公司
（原胜达集团江苏双灯纸业有限公司）
江苏省盐城市射阳县黄沙港镇海港路 28 号
邮编：224341
电话：0515－82026982
传真：0515－82263999
网址：www.chinasund.com
产品：生活用纸、女性卫生用品

江苏美灯纸业有限公司
江苏省盐城市滨海县城南丁字港船闸西 300 米
邮编：224500
电话：0515－84100565、4006806917
传真：0515－84103901
网址：www.jsmeideng.com
邮箱：34584476@qq.com
产品：生活用纸

江苏博汇纸业有限公司
江苏省盐城市大丰区港区造纸园区环港东路东侧、四级航道北侧 4 幢
邮编：224100

电话：0515－83287876、83289953
邮箱：906439923@ qq. com
产品：高档包装用纸

江苏京环隆亨纸业有限公司
江苏省盐城市响水县陈家港镇沿海经济开发区
邮编：224600
电话：0515－69803399、82076357
传真：0515－82076356
邮箱：jshihzy@ besg. com. cn
产品：涂布白纸板

江苏金田纸业有限公司
江苏省盐城市响水县陈家港镇工业经济区
邮编：224600
电话：0515－86839999
传真：0515－86839999
邮箱：1042848933@ qq. com
产品：特种纸制品、灰纸板、涂布白板纸、高强瓦楞原纸、牛卡纸、生活用纸

扬州市

永丰余造纸（扬州）有限公司
江苏省扬州市春江路 168 号
邮编：225131
电话：0514－82686458
网址：www. yfy. com
邮箱：yz0475@ cn. yfy. com
产品：高级瓦楞原纸、牛皮纸

高邮市卫星卷烟材料有限公司
江苏省高邮市卫星路 1 号
邮编：225600
电话：0514－84631158
传真：0514－84631158、84061050
网址：www. gywxjycl. com
产品：复合铝箔纸、烫金水松纸、烟用接装纸

江苏华金国际贸易有限公司
江苏省扬州市江都区仙城工业园区张纲配套园
邮编：225200
电话：0514－86880592、86882244
传真：0514－86973615
邮箱：gyy1900@ 163. com
产品：纸制品

镇江市

江苏长丰造纸有限公司
江苏省丹阳市后巷镇
邮编：212312
电话：0511－86326001
传真：0511－86326006
邮箱：870899894@ qq. com
产品：高强瓦楞原纸

金东纸业（江苏）股份有限公司
江苏省镇江市大港兴港东路 8 号
邮编：212132
电话：0511－88998888、8008283768
传真：0511－88997000
网址：www. goldeastpaper. com. cn
产品：铜版纸、双面胶版纸、静电复印纸、画刊纸、低定量涂布纸、杂志纸、喷铝专用纸、铜版卡纸

镇江大东纸业有限公司
江苏省镇江市镇江新区大港东方路 8 号
邮编：212132
电话：0511－88820202
传真：0511－88820201
网址：www. zjddzy. com
邮箱：dadong@ zjddzy. com
产品：税务发票专用纸、文化用纸、工业配套用纸、食品内包装用纸、餐盒用纸、防伪纸

镇江市京口纸业有限责任公司
江苏省镇江市九里街宗泽路 3 号
邮编：212008
电话：0511－85988902
传真：0511－88805606、88807606
邮箱：zheng－xiuhui@ 126. com
产品：玻璃卡纸、白卡纸、铜版纸、纸杯纸

泰州市

泰州华威电工绝缘材料有限公司
（原泰州魏德曼高压绝缘有限公司）
江苏省泰州市海阳路 40 号
邮编：225300
电话：0523－82848688、86238799
传真：0523－86560610
网址：www. weidmann. com. cn
邮箱：michael. xu@ weidmann. com. hk、xuluping@ weidmann. com. cn

产品：绝缘纸板、绝缘成型件

宿迁市

江苏新丰之星膜材料有限公司
江苏省宿迁市宿豫区湖滨新区彩塑路 98 号
邮编：223800
电话：0527－88898788
邮箱：171647438@qq.com
产品：PVC 压延膜、装饰膜、纸塑复合材料、离型膜、离型纸、防粘纸、涂塑纸、自粘胶贴、不干胶材料

江苏上善纸业有限公司
江苏省宿迁市沭阳县杭州东路南侧、玉环路西侧及东侧 700 米
邮编：223600
电话：0527－89996383
邮箱：jsxdl6688@163.com
产品：包装纸、纸板、纸箱

浙 江 省

杭州市

杭州富阳华利纸业有限公司
浙江省富阳市春江街道新建村
邮编：311421
电话：13806529238
产品：白卡纸

富阳金泰纸业有限公司
浙江省富阳市春江街道建设村
邮编：311421
电话：0571－63585668、63585778
传真：0571－63582088
邮箱：hztzhiye@126.com
产品：涂布白纸板

杭州富阳经纬纸业有限公司
浙江省富阳市大源镇亭山村
邮编：311413
电话：13806517787
产品：白纸板

杭州富阳三合纸业有限公司
浙江省富阳市鹿山街道三合村
邮编：311407
电话：0571－63519028
传真：0571－63488256
产品：皮纸、桃花纸、绵纸、胶带原纸、口罩纸、工艺纸

杭州华胜纸业有限公司
浙江省富阳市春江工业区江南路 69 号
邮编：311421
电话：0571－63519028
传真：0571－63587098、63581717
产品：双面涂布白纸板、纱管纸、工艺纸板、灰纸板、厚纸板

杭州富春江宣纸有限公司
浙江省富阳市大源镇大同村庄家 1 号
邮编：311414
电话：0571－63543079
传真：0571－63543518
邮箱：1035186257@qq.com
产品：宣纸

杭州万鳌纸业有限公司
（原富阳富春江造纸厂）
浙江省富阳市里山镇江滨路 32 号
邮编：311418
电话：0571－63555889、13706810585
产品：茶叶滤纸

杭州富阳亨通纸业有限公司
浙江省富阳市东州街道红旗村
邮编：311401
电话：0571－63465918、13806515635
传真：0571－63465888
产品：涂布白纸板、白卡纸

杭州富阳华泰纸业有限公司
浙江省杭州市富阳区春江街道华共村
邮编：311421
电话：13706819198
产品：涂布白纸板

杭州富阳华中纸业有限公司
浙江省杭州市富阳区春江街道临江村
邮编：311401
电话：13806519651
产品：涂布白纸板

富阳市汇泰纸业有限公司
浙江省富阳市春江工业园区华共村
邮编：311421
电话：0571－63580973、13968179785
传真：0571－63580972
产品：白纸板

杭州富阳金鑫纸业有限公司
浙江省富阳市春江工业园区华共村
邮编：311401
电话：0571－63585281
传真：0571－63585380
邮箱：hzfyjxzy@163.com
产品：白纸板

杭州富阳康楠纸业有限公司
浙江省富阳市春江街道建华村
邮编：311421
电话：0571－23202268、13454129548
传真：0571－23022279
网址：www.kangnan.net
产品：高档灰底白纸板、白底白纸板

浙江万信纸业有限公司
浙江省富阳市春江造纸工业园区
邮编：311421
电话：0571－63587561、63587857
传真：0571－63587870
邮箱：2399849001@qq.com
产品：涂布白纸板

浙江富阳华天纸业有限公司
浙江省富阳市春江造纸工业园区
邮编：311421
电话：0571－63586860、63584818、4008055556
传真：0571－56389088
网址：www.huatianpaper.net
邮箱：sales@huatianpaper.net.com
产品：涂布白纸板

杭州富阳鑫达造纸有限公司
浙江省杭州市富阳区大源镇亭山村震龙
邮编：311413
电话：13968162857
产品：白纸板

杭州富阳新乐纸业有限公司
浙江省富阳市大源镇新关村
邮编：311414
电话：13906813028
产品：卫生纸

杭州正宏纸业有限公司
浙江省富阳市大源镇工业园区
邮编：311413
电话：0571－63594733
传真：0571－63594722
邮箱：ZHLYC808@163.com
产品：白纸板

杭州中富纸业有限公司
（原富阳中富纸业有限公司）
浙江省富阳市场口镇桥头路5号
邮编：311411
电话：0571－63572222
产品：半透明纸、防油纸、医用包装用纸、果袋纸

杭州富阳中南纸业有限公司
浙江省富阳市春江街道民主村
邮编：311421
电话：0571－63159969、63159977
传真：0571－63159911
产品：涂布白纸板、扑克牌纸、白卡纸

杭州板桥纸业有限公司
浙江省富阳市春江街道八一工业区
邮编：311421
电话：0571－63519028
产品：涂布白纸板

杭州富阳大华造纸有限公司
浙江省富阳市灵桥镇江丰村
邮编：311418
电话：0571－63555098
产品：卫生纸

杭州华丰纸业有限公司
浙江省杭州市和睦路555号
邮编：310011
电话：0571－88091424
传真：0571－88091536
网址：www.hfpaper.com
邮箱：sales@hfpaper.com
产品：卷烟纸、滤嘴棒纸、牛皮箱纸板、复印纸、贴花面纸、铝箔衬纸、拷贝纸、电话簿纸

杭州市正大纸业有限公司
浙江省富阳市春联工业区 1 号
邮编：311421
电话：0571－63587998、63151933
产品：涂布白纸板

杭州萧山蔡伦纸业有限公司
浙江省杭州市萧山区河上镇大桥
邮编：311264
电话：0571－82260707
传真：0571－82260227、82260687
产品：纸板、高强瓦楞原纸、纸箱

杭州新华纸业有限公司
浙江省杭州市桐庐县春江东路 1518 号
邮编：310500
电话：0571－88075514、69817688、88803319
传真：0571－88074838
网址：www. xinhuapaper. com
邮箱：webmaster@ xinhuapaper. com
产品：打字蜡纸、滤纸、茶叶袋纸

杭州新兴纸业有限公司
浙江省富阳市大源镇新关村
邮编：311414
电话：0571－63543688
邮箱：147596972@ qq. com
产品：各种中高档薄型包装用纸

临安市青山纸业有限公司
浙江省临安市经济开发区南环路 168 号
邮编：311305
电话：0571－63783698
传真：0571－63781525
邮箱：bgs@ laqspaper. com
产品：牛皮纸、白牛皮纸、钢纸原纸、胶带原纸、不干胶衬纸、涂塑纸

浙江远大纸业有限公司
浙江省富阳市春江工业园区
邮编：311421
电话：0571－63586988、63159008
传真：0571－63586969
邮箱：yuandapaper_ china@ 126. com
产品：涂布白纸板

浙江永泰纸业集团股份有限公司
浙江省杭州市富阳区春江街道新建村 3 号
邮编：311421
电话：0571－63583523
邮箱：164105149@ qq. com
产品：涂布白纸板、白卡纸、扑克牌纸、防伪纸

浙江万众纸业有限公司
浙江省富阳市春江街道山建村
邮编：311421
电话：0571－23219107、23230771
邮箱：shunqiuqin@ 126. com
产品：涂布白纸板

杭州特种纸业有限公司
浙江省富阳市鹿山街道上里工业区
邮编：311407
电话：0571－63488222、63488158、63488821
传真：0571－63488497
网址：www. newstarpaper. cn
邮箱：newstar@ newstarpaper. cn
产品：化学分析滤纸、汽车滤纸、钢纸

浙江东方纸业有限公司
浙江省杭州市滨江西兴街道科技馆街 626 号
邮编：310052
电话：0571－86099804、86959592
传真：0571－86944972
网址：www. eastpaper. cn
邮箱：office@ eastpaper. cn
产品：纸浆

浙江金东纸业有限公司
浙江省富阳市灵桥造纸工业园区
邮编：311418
电话：0571－63558799、63525888、63558733
传真：0571－63552789、63558969
网址：www. zjjdpaper. com
邮箱：jindongpaper@ 163. com
产品：单面涂布灰底白纸板

浙江三星纸业股份有限公司
浙江省富阳市春江街道井纸路 1 号
邮编：311421
电话：0571－63153833（销售）、63580986
传真：0571－63581003
网址：www. zjsxpaper. com
邮箱：54514690@ qq. com
产品：涂布白纸板、双面涂布白纸板、扑克牌纸

杭州富阳联华纸业有限公司
浙江省杭州市富阳区春江街道民主村直塘
邮编：311401
电话：0577－63582467、13616815268
产品：白纸板、铜版纸、双胶纸、白卡纸

浙江涌金纸业有限公司
浙江省富阳市春江街道临江村
邮编：311421
电话：0571－63151277、63585408
产品：高档涂布白纸板

杭州众力纸业有限公司
浙江省杭州市西湖区文二路195号文欣苑12幢403室
邮编：310012
电话：0571－88259111
产品：文化用纸、办公用纸

浙江万邦浆纸集团有限公司
浙江省杭州市庆春路11号凯旋门商业中心21楼
邮编：310003
电话：0571－87218800
传真：0571－87218822
网址：www. welbon. com
产品：纸浆、特种纸

杭州华旺新材料科技股份有限公司
（原杭州华旺纸业集团有限公司）
浙江省临安经济开发区滨河北路18号
邮编：311305
电话：0571－63753803、63756073、63756040
传真：0571－61077680
网址：www. hwpaper. cn
产品：新闻纸、装饰纸

杭州富桥纸业有限公司
浙江省杭州市富阳区渌渚镇百前村百丈26号第1幢
邮编：311405
电话：0571－63553982
邮箱：604918488@ qq. com
产品：淋膜原纸、口杯原纸

杭州富阳恒富特种纸业有限公司
浙江省杭州市富阳区春江街道春联工业园3号
邮编：311421
电话：0571－63587198
传真：0571－63587737
网址：www. hengfuzy. com
邮箱：yaming28@ 126. com
产品：转移印花原纸、复合原纸、装饰原纸、特种包装纸

浙江高阳纸业有限公司
浙江省杭州市富阳区春江街道八一村高阳
邮编：311421
电话：0571－63150503、63150588
传真：0571－63155888
网址：www. zjgyzy. com
邮箱：363155098@ qq. com
产品：A级单面灰底涂布白纸板、A级双面涂布白纸板

杭州富阳明盛纸业有限公司
浙江省杭州市富阳区春江街道江南路25号
邮编：311421
电话：0571－63587983
邮箱：675452419@ qq. com
产品：印花纸、离型纸原纸、平衡纸、壁纸原纸、滤纸原纸

浙江春胜控股集团有限公司
浙江省富阳市春江街道造纸工业园江南路68号
邮编：311421
电话：0571－63519028、63589012
产品：白纸板

浙江上游纸业有限公司
浙江省杭州市富阳区春江街道新建村春联
邮编：311421
电话：0571－63587389
传真：0571－63583111
网址：www. zjshangyou. com
邮箱：webmaster@ zjshangyou. com
产品：涂布白纸板

杭州科博纸业有限责任公司
浙江省桐庐县经济开发区白云源东路588号
邮编：311500
电话：0571－64609886、69991058
传真：0571－64609887、64219333
网址：www. hzkbpaper. com、www. kebopaper. com
邮箱：kebopaper@ aliyun. com
产品：茶叶滤纸、咖啡滤纸、高透气度滤棒成型纸、热封型干燥剂包装纸、口罩纸

杭州新华集团有限公司
浙江省杭州市莫干山路 868 号
邮编：310011
电话：0571－88173124
传真：0571－88176766
网址：www. hzxh. com. cn
邮箱：xhjt@ hzxh. com. cn
产品：滤纸、特种纸、汽车工业滤纸

杭州弘伦纸业有限公司
浙江省杭州市富阳区春江街道元书路 2 号
邮编：311421
电话：0571－63532266
传真：0571－63532266
邮箱：wbsally1225@ hotmail. com
产品：10～150 克/米^2 长纤维特种纸

浙江鹏辰造纸研究所有限公司
浙江省杭州市萧山区经济技术开发区桥南区块鸿兴路 181 号
邮编：311285
电话：0571－88171757、88170639、88170685、13957115065
传真：0571－88173026
网址：www. zjpengchen. com
邮箱：149159646@ qq. com
产品：碱锰电池隔膜、长纤维纸、低温隔热纸、K 型高透口罩纸、碳纤维纸、镍氢电池隔膜纸、茶叶滤纸

杭州西红柿环保科技有限公司
浙江省杭州市桐庐县桐庐经济开发区白云源东路 358 号
邮编：311500
电话：0571－64363543
邮箱：info@ china-tomato-tech. com
产品：非木植物纤维餐具、包装制品的生产与销售及技术咨询服务

浙江乾鑫帆纸业有限公司
浙江省杭州市建德市三都镇
邮编：311605
电话：0571－64184588
产品：机制纸生产

思拓凡生物科技（杭州）有限公司
（原通用电气生物科技（杭州）有限公司、通用电气杭州沃华滤纸有限公司）
浙江省杭州市桐庐县桐君街道春江东路 1568 号
邮编：311500
电话：0571－69965181
网址：www. gehealthcare. cn
邮箱：212695041@ ge. com
产品：滤纸

杭州富士达特种材料股份有限公司
杭州钱江新城丹桂路迪凯国际中心 27-D 座（公司总部）
浙江省桐庐县俞赵工业园秀峰路 18 号（研发基地）
浙江省桐庐县桐庐经济开发区凤翔路 178 号（生产基地）
邮编：311112
电话：0571－88180586、88181036
传真：0571－88180586
网址：www. hzfushida. com
邮箱：info@ hzfushida. com
产品：低温绝热纸

杭州丰收纸业有限公司
浙江省杭州市富阳区春江街道新建村西上石路 131 号第 2－1 幢
邮编：311421
电话：0571－63507039
产品：白板纸、涂布白板纸、牛皮箱板纸

宁波市

宁波中华纸业有限公司
浙江省宁波市海曙区段塘丁家街 108 号
邮编：315012
电话：0574－87464811－3006
传真：0574－87493450
网址：www. zhonghua－paper. com
邮箱：infor@ mail. zhonghua－paper. com
产品：白纸板、铜版纸、白卡纸、扑克牌纸

宁波亚洲浆纸业有限公司
浙江省宁波市北仑区小港青峙工业区宏源路 88 号
邮编：315012
电话：0574－86989888、86989123
传真：0574－86989898
网址：www. nbasia. com. cn
产品：单面涂布白底白纸板、白卡纸、双面涂布环保铜版卡纸、蓝芯扑克牌纸

宁波牡牛集团有限公司
浙江省宁波市鄞州区姜山镇周韩村
邮编：315915

电话：0574－88464815
传真：0574－88464477
网址：www. muniupaper. com
邮箱：muniu@ pack. net. cn
产品：高强瓦楞原纸、箱纸板、涂布白纸板

宁波三 A 集团有限公司
浙江省慈溪市周巷镇环城东
邮编：315324
电话：0574－63301978、63330727
传真：0574－63301978、63301888
网址：www. aaa-poker. cn
邮箱：poker@ aaa-poker. cn
产品：扑克牌纸、玻璃卡纸、铜版纸、不干胶纸、高光泽金银纸

宁波市东腾纸业有限公司
浙江省宁海县茶院乡庙岭村
邮编：315602
电话：0574－65125999、1358909699
传真：0574－65126156
产品：高强瓦楞原纸

宁波宁兴纸业有限公司
浙江省宁波市宁海科技园区环保城西
邮编：315000
电话：0574－65359988、13706841083
传真：0574－65395888
产品：高强瓦楞原纸、包装纸

宁波鸿运纸业有限公司
浙江省宁波市望春工业园区云林中路 168 号
邮编：315177
电话：0574－88156860
传真：0574－88156808
产品：工艺编织纸、高档木纹纸、不锈钢衬纸等

宁波思特雷斯金属防护材料有限公司
浙江省宁波市北仑区霞浦山前童家 173 号
邮编：315807
电话：0574－86718326
邮箱：nbsky1117@ 163. com
产品：不锈钢垫纸

温州市

瑞安市玉海特种纸业有限公司
浙江省瑞安市汀田镇工业园区
邮编：325200
电话：0577－65103868
传真：0577－65103868
邮箱：lizuolin1962@ hotmail. com
产品：印花纸、砂管原纸、绝缘纸

温州新意特种纸业有限公司
浙江省温州市滨海园区三道 4222 号
邮编：325025
电话：0577－55560918
传真：0577－55562085
网址：www. wzxinfeng. com
邮箱：568784434@ qq. com
产品：格拉辛离型纸、CCK 离型纸、半透明纸、包装纸

温州新丰复合材料有限公司
浙江省温州市苍南县金乡龙金大道第三工业区
电话：0577－64565550
网址：www. wzxfcl. com
邮箱：XXF0218@ 163. com
产品：淋膜纸、离型纸系列

嘉兴市

浙江景兴纸业股份有限公司
浙江省平湖市曹桥街道
邮编：314214
电话：0573－85966228、85966256
传真：0573－85966983
网址：www. zjjxjt. com
邮箱：jxtjl5@ 163. com
产品：牛皮箱纸板、高强瓦楞原纸、纱管原纸

民丰特种纸股份有限公司
浙江省嘉兴市角里街 70 号
邮编：314099
电话：0573－82839051
网址：www. minfenggroup. com
邮箱：wujianming@ mfspchina. net
产品：卷烟纸、工业配套用纸、描图纸

嘉兴市步云纸业有限公司
浙江省嘉兴市南湖区大桥镇步云花园路
邮编：314004
电话：0573－83101500、83100823
传真：0573－83101870
产品：纱管纸

嘉兴市丰莱桑达贝纸业有限公司
浙江省嘉兴市角里街吴泾桥堍
邮编：314021
电话：0573－82817088、82819944
邮箱：jxfenglai@ jxfenglai. com
产品：高档离型原纸、彩色喷墨纸、格拉辛纸、奶面纸、无碳复写纸、环保型防黏纸、热敏纸

桐乡市冠峰纸业有限公司
浙江省桐乡市乌镇镇浮澜桥村楼下头 37 号 2 幢 1－3
邮编：314501
电话：0573－88731058、13857371311
产品：箱纸板、涂布白纸板

浙江民丰罗伯特纸业有限公司
浙江省嘉兴市角里街 70 号
邮编：314000
电话：0573－82839312、82839607
传真：0573－82819766
产品：卷烟纸、特种纸

浙江本科特民丰水松纸有限公司
浙江省嘉兴市南湖工业园（大桥）
邮编：314006
电话：0573－83286342
产品：水松纸

浙江荣晟环保纸业股份有限公司
浙江省平湖市经济开发区真南东路 588 号
邮编：314213
电话：0573－89173322
传真：0573－85986598
网址：www. rszy. com
邮箱：rongshengbao@ 163. com
产品：牛皮箱纸板、瓦楞原纸

平湖荣成环保科技有限公司
（原浙江荣成纸业有限公司）
浙江省平湖市独山港镇翁金线星华段 1 号
邮编：314204
电话：0573－85810999
产品：高档纸及纸板

浙江丰舟特种纸有限公司
浙江省嘉兴市南湖区凤桥镇工业园区
邮编：314007
电话：0573－83181738、139573344682
传真：0573－83181738
产品：包装用纸、医药包装用纸

浙江山鹰纸业有限公司
（原浙江吉安纸容器有限公司）
浙江省海盐县大桥经济开发区海港大道 2099 号
邮编：314304
电话：0573－86861625、86861061
传真：0573－86861625
邮箱：2952795798@ qq. com
产品：高档牛卡纸、轻量涂布白面牛卡纸、高强瓦楞原纸、砂管纸

浙江海利纸业股份有限公司
浙江省海盐县经济开发区新城村
邮编：314305
电话：0573－86856130
邮箱：hzx@ zjhaili. cn
产品：牛皮箱纸板

嘉兴大洋纸业股份有限公司
浙江省海盐县沈荡镇林家浜 1 号
邮编：314311
电话：0573－86722998
邮箱：chenjianming001@ 126. com
产品：牛皮箱纸板、高强瓦楞原纸

海盐县华联纸业有限责任公司
浙江省海盐县沈荡镇大桥东堍
邮编：3114311
电话：0573－86587120
传真：0573－86766492
网址：www. hualianpaper. net
邮箱：hl@ hualianpaper. net
产品：箱纸板、牛皮纸

嘉兴市荣晟包装材料有限公司
浙江省平湖经济技术开发区镇南东路 333 号
邮编：314213
电话：0573－89173621
传真：0573－89173611
产品：A 级环保牛皮箱纸板、AA 级环保高强度瓦楞原纸和新型环保纱管原纸

嘉兴市虹亚纱管纸业有限公司
浙江省嘉兴市秀洲区王江泾镇虹阳潘香港东侧
邮编：314025
电话：0573－83588035
产品：纱管纸、印花纸、箱板纸、纸箱、卫生纸、纸管

浙江秀舟纸业有限公司
浙江省嘉兴市南湖区凤桥镇
邮编：314007
电话：0573－83188688
传真：0573－83189868
网址：www. zjxzzy. cn
邮箱：714852145@ qq. com
产品：高强瓦楞原纸、A 级高强纱管原纸

嘉兴市博莱特纸业股份有限公司
浙江省嘉兴市海盐县沈荡镇工业园
邮编：314311
电话：0573－86723378、86723778
传真：0573－86725608、0573－86723788
网址：www. zjblt. com
邮箱：417006173@ qq. com
产品：牛皮挂面纸、高强瓦楞原纸、纸箱产品

绍兴市

浙江蓝星控股集团有限公司
（原浙江省上虞蓝星实业有限公司）
浙江省上虞市经济开发区
邮编：312300
电话：0575－82155335、82155305
传真：0575－82152181
网址：www. zjbluestar. com. cn
邮箱：mail@ zjbluestar. com. cn
产品：高强瓦楞原纸

嵊州市宇丰纸业有限公司
浙江省嵊州市仙岩镇西鲍村
邮编：312459
电话：0575－83151886、83151889
邮箱：1036230404@ qq. com
产品：高强瓦楞原纸、砂管纸

金华市

浙江兰天纸业有限公司
浙江省金华市浦江县浦江工业园区
邮编：322205
电话：0579－84293535、13706894888
传真：0579－84293399
邮箱：463904884@ qq. com
产品：灰纸板、白纸板

义乌市鲁雅造纸厂
浙江省义乌市佛堂镇鲁雅村
邮编：322002
电话：0579－89986686、13906891766
传真：0579－85730629
产品：高强瓦楞原纸、箱纸板

浙江天听纸业有限公司
浙江省金华市浦江县人民东路 211 号
邮编：322200
电话：0579－84200209
产品：涂布白纸板、工业纸板、鞋内底纸板、水松原纸、胶印书刊纸、无碳复写纸、字典纸

浙江兰溪市华伦造纸有限公司
浙江省兰溪市城郊西路 21 号
邮编：321100
电话：0579－88230952
传真：0579－88230663
产品：牛皮箱纸板、涂布白纸板、印花纸

浙江华川实业集团有限公司
浙江省金华市义乌市赤岸镇华川南路 72 号
邮编：322003
电话：0579－85775142
传真：0579－85775032
网址：www. huachuangroup. net
邮箱：Sales@ huachuangroup. net
产品：不干胶衬纸、各色半透明纸、黑色双面压光纸、牛皮纸、条纹牛皮纸、铝箔衬纸、复合原纸、胶带原纸、拷贝纸、印花纸

浙江兰塘纸业有限公司
浙江省金华市浦江县白马镇兰塘村
邮编：322205
电话：0579－84295557
产品：白板纸、瓦楞纸、机制纸、纸板制造、销售

衢州市

浙江恒达新材料股份有限公司
浙江省衢州市龙游县湖镇工业园区大明路 8 号
邮编：324401
电话：0570－7061199、7061686、7061111
传真：0570－7061234
网址：www. hengdapaper. com
邮箱：hd@ hengdapaper. com、391852323@ qq. com
产品：接装原纸、卷烟辅料配套用纸、医用包装原纸、

装饰原纸、工业技术配套用纸

浙江天天虹特种纸业有限公司
浙江省衢州市龙游县城北开发区金星大道 33 号
邮编：324400
电话：0570－7258908、7258386
传真：0570－7258908
网址：www. tthpaper. com
邮箱：yjq@ tthpaper. com
产品：黑卡纸、彩卡纸、彩色书写纸

浙江开泰纸业有限公司
浙江省衢州市龙游县溪口镇竹产业特色工业园区
邮编：324403
电话：0570－7335881、13905786598
邮箱：Lyxwk@ mail. qzptt. zj. cn
产品：电容器纸、口罩纸、热封型滤纸

浙江金龙再生资源科技股份有限公司
（原龙游县金龙纸业有限公司）
浙江省衢州市龙游县湖镇镇沙田湖工业区
邮编：324401
电话：0570－7036518
传真：0570－7035455
网址：www. jinlongpaper. cn
邮箱：mail@ jinlongpaper. cn
产品：白面牛卡纸、箱纸板、瓦楞原纸、纱管纸、厚灰纸板

仙鹤股份有限公司
浙江省衢州市沈家经济开发区
邮编：324022
电话：0570－2833055、8500999
传真：0570－2931631
网址：www. xianhepaper. com
邮箱：zjxianhe@ xianhepaper. com. cn
产品：烟用配套用纸、裱潢装饰用纸、薄型印刷纸、食品包装纸、医用包装纸、标签离型纸等

浙江夏王纸业有限公司
浙江省衢州市天湖南路 20 号
邮编：324022
电话：0570－8768600、8768621
传真：0570－8468777
网址：www. kingdecor. cn
邮箱：jin. wang@ kingdecor. cn
产品：印刷纸、素色纸

江山华盛纸业制造有限公司
浙江省江山市贺村十里牌
邮编：324109
电话：0570－4550085
传真：0570－4550085
产品：瓦楞原纸、牛皮纸板、纸袋纸、半透明纸

浙江晶鑫特种纸业有限公司
浙江省衢州市衢江区沈家经济开发区天湖西路 3 号
邮编：324022
电话：0570－3665309
传真：0750－3665209
网址：www. smithzj. cn
邮箱：604816515@ qq. com
产品：美纹纸系列、和纸系列、美光纸系列、电工胶带纸系列、吸水纸系列、清洁纸系列

浙江莱勒克纸业有限公司
浙江省衢州市沈家经济开发区春苑中路
邮编：324000
电话：0570－8520666、8520678
传真：0570－8520660
网址：www. zjlillac. com
邮箱：lilac@ zjlillac. com
产品：电解电容器纸

衢州双熊猫纸业有限公司
浙江省衢州市黄坛口
邮编：324005
电话：0570－3621120
产品：特种纸、木浆纸、脱墨浆纸

浙江鑫丰特种纸业股份有限公司
浙江省衢州市衢江区经济开发区南山路 68 号
邮编：324022
电话：0570－2933322
传真：0570－2933322
网址：www. xinfengpaper. com
邮箱：510113951@ qq. com
产品：育果袋纸、美纹纸

浙江金昌特种纸股份有限公司
浙江省龙游工业园区金星大道 37 号
邮编：324404
电话：0570－7569058、7566665
传真：0570－7566675
网址：www. cnjcpaper. com
邮箱：402625276@ qq. com

产品：壁纸原纸、白牛皮纸、转印纸等

浙江佳维康特种纸有限公司
浙江省衢州市龙游县工业园区金星大道 88 号
邮编：324400
电话：0570－7289999
传真：0570－7289999
网址：www. zjjwk. com
邮箱：569097797@ qq. com
产品：食品、医疗包装原纸、手术衣原纸、转印原纸、耐水标签原纸、喷铝原纸、信息记录原纸

浙江美鑫特种纸有限公司
浙江省衢州市东港五路 12 号
邮编：324400
电话：0570－8888177、13205721767、15057960865
邮箱：892645775@ qq. com
产品：热转印纸、特种纸

浙江圣丰纸业有限公司
浙江省衢州市龙游县工业园区北斗大道 37 号
邮编：324404
电话：0570－7551002
传真：0570－7551555
邮箱：814884992@ qq. com
产品：晒图原纸、壁纸原纸、高档食品包装纸

浙江海景纸业有限公司
浙江省衢州市龙游县工业园区金星大道 32 号
邮编：324400
电话：0570－7858899
传真：0570－7858111
网址：www. zjhjzy. com
邮箱：zj@ zjhizy. com
产品：壁纸原纸

龙游塔恩纸业有限公司
浙江省衢州市龙游经济开发区广智路 8 号
邮编：324400
电话：0570－7835505
传真：0570－7835211
邮箱：xiaoming. zheng@ tanngroup. com
产品：水松纸

衢州市东大特种纸有限公司
浙江省衢州市衢江区天湖西路 1 号
邮编：324022
电话：0570－2831966
传真：0570－2831966
网址：www. qudongda. com
邮箱：631335772@ 163. com
产品：食品包装原纸、热转移印花原纸

艾科赛仑有限公司
浙江省衢州市衢江市临湖北路 18 号
邮编：324000
电话：0570－8885268、13587100650
传真：0570－8885298
邮箱：aksl@ zjaksl. com
产品：医用、食品、烟用等特种纸

浙江天耀纸业有限公司
浙江省衢州市龙游县工业园区金星大道 36 号
邮编：324400
电话：0570－7258812
传真：0570－7258812
产品：花纹纸

华邦特西诺采新材料股份有限公司
（原浙江大盛新材料股份有限公司）
浙江省衢州市龙游县工业园区金星大道 82 号
邮编：324400
电话：0570－7551625、7258666
传真：0570－7551640
网址：www. zjds－paper. com
邮箱：dshr@ zjds－paper. com
产品：高档装饰原纸

浙江琅素实业有限公司
浙江省衢州市衢江区天湖南路 66 号
邮编：324000
电话：0570－3377777、4006655838
传真：0570－3377888
网址：www. luxss. com
邮箱：info@ luxss. com
产品：高档壁纸

浙江龙游辰港宣纸有限公司
浙江省衢州市龙游县灵江园区祥云路 17 号
邮编：324400
电话：0570－7251826
传真：0570－7251827
邮箱：zjysgxz@ 163. com
产品：宣纸

浙江杭星新材料有限公司
(原浙江凯伦特纸业有限公司)
浙江省衢州市龙游县工业园区金星大道 86 号
邮编：324400
电话：0570 - 7029116
传真：0570 - 7029818
网址：www. hang - star. com
邮箱：hstar@ hang - star. com
产品：高档白卡纸、口杯原纸

阿尔诺维根斯(衢州)有限公司
浙江省衢州市东港工业园区四路 9 号
邮编：324022
电话：0570 - 3832616
传真：0570 - 3832828
网址：www. arjowiggins. com
邮箱：qin. yao@ arjowiggins. com
产品：创意纸、技术用纸

浙江新亚伦纸业有限公司
浙江省衢州市龙游县工业园区同舟路 48 号
邮编：324400
电话：0570 - 7181606
传真：0570 - 7181618
网址：www. zjxylzy. com
邮箱：zjxylzy@ sina. com
产品：食品包装原纸、离型原纸、壁纸原纸、烟用接装原纸、医用包装原纸、转移印花原纸

浙江罗贝壁纸有限公司
浙江省衢州市龙游县工业园区北斗大道 81 号
邮编：324400
电话：0570 - 7381999
传真：0570 - 7361888
网址：www. lobel. cn
邮箱：lobel@ lobel. cn
产品：壁纸

维达纸业(浙江)有限公司
浙江省衢州市龙游县工业园区凤坤路 9 号
邮编：324400
电话：0570 - 7788968
传真：0570 - 7788968
邮箱：baoying@ vinda. com
产品：纸巾纸、面巾纸、餐巾纸、卫生纸

浙江五星纸业有限公司
浙江省衢州市东港四路 1 号
邮编：324000
电话：0570 - 8566059
传真：0570 - 3838208
网址：www. fivestarpaper. com
邮箱：Fan. yang@ fivestarpaper. com
产品：包装用纸、口杯原纸、淋膜原纸、晒图原纸、壁纸原纸

衢州五洲特种纸业股份有限公司
浙江省衢州市衢江区经济开发区通波北路 1 号
邮编：324022
电话：0570 - 8588038
传真：0570 - 3833208
网址：www. wztzzy. com
邮箱：xia. li@ fivestarpaper. com
产品：高档描图纸、格拉辛纸、装饰原纸、晒图原纸

浙江常林纸业有限公司
浙江省衢州市常山县生态园区
邮编：324200
电话：0570 - 5667377
邮箱：649497670@ qq. com
产品：特种装饰纸板、多功能彩色纸板、功能性牛皮纸板

浙江华凯纸业有限公司
浙江省衢州市东港开发区东港五路 2 号
邮编：324022
电话：0570 - 8882826
传真：0570 - 8882827
网址：www. huakaipaper. com
邮箱：huakai@ huakaipaper. com
产品：热敏版纸原纸、湿强纸、蓄电池涂板纸系列、电解电容器纸、皮纸(机制宣纸)、薄型包装纸

衢州凯乐特种纸材料股份有限公司
浙江省衢州市衢江经济开发区乌江东路 18 号
邮编：324000
电话：0570 - 3375236
传真：0570 - 3375319
邮箱：854163439@ qq. com
产品：热敏蜡纸原纸、火药引线纱纸

浙江舜浦新材料科技有限公司
浙江省衢州市龙游县工业园区金星大道 22 号
邮编：324400
电话：0570 - 7390001、13757012787
传真：0570 - 7390018

网址：www. shunpupaper. com
邮箱：Group808@ shunpuzy. com
产品：高湿强薄型彩色纸、纸绳纸

浙江凯丰新材料股份有限公司
浙江省衢州市龙游工业园区金星大道 30 号
邮编：324400
电话：0570－7055881
传真：0570－7055320
网址：www. kaifengpaper. com
邮箱：lanmanhui@ 163. com
产品：烟用接装纸原纸、不锈钢垫纸、高光热敏原纸、美纹原纸

浙江哲丰新材料有限公司
浙江省衢州市常山县辉埠新区瑞丰路 65 号
邮编：324200
电话：0570－8500999
传真：0570－2931631
邮箱：james. wang@ xianhepaper. com
产品：特种纸研发、生产、销售

浙江弘伦纸业有限公司
浙江省衢州市龙游县浙江龙游经济开发区北斗大道 25 号
邮编：324400
电话：0570－7258036、7050701
传真：0570－7258036
网址：www. honglun. com
网址：165053743@ qq. com
产品：引线纱纸、热封型茶叶滤纸、吸尘袋内外纸、口罩纸、胶带原纸、工艺纸

浙江海光特种材料有限公司
浙江省衢州市衢江经济开发区南山路 66 号
邮编：324022
电话：0570－2831058
传真：0570－2831058
网址：www. xinfengpaper. com
邮箱：510113951@ qq. com
产品：超高效玻璃纤维空气滤材

浙江恒川新材料有限公司
浙江省衢州市龙游工业园区金星大道 81 号
邮编：324400
电话：0570－7382233
传真：0570－7369222
网址：www. hengdaxincai. com
邮箱：391852323@ qq. com
产品：包装新材料技术研发；机制纸、深加工纸制造、销售

华邦古楼新材料有限公司
浙江省衢州市龙游县工业园区金星大道 38 号 2 幢
邮编：324400
电话：0571－7055822、13362005088
传真：0570－7055828
邮箱：fht@ winbon-schoeller. com
产品：壁纸原纸、热升华纸、食品、医用包装系列、铸涂原纸、高档装饰原纸

浙江华邦特种纸业有限公司
浙江省衢州市龙游县工业园区金星大道 38 号
邮编：324400
电话：0570－7055822
传真：0570－7055818
网址：www. welbon. com
产品：无纺纸系列、壁纸原纸系列、医用包装纸系列、食品包装纸系列和胶水原纸系列、彩喷纸系列等

浙江特美新材料股份有限公司
浙江省衢州市龙游县东华街道城南工业区开源路 5 号
邮编：324400
电话：0570－7567513、7567520
传真：0570－7567520
网址：www. techmaypaper. com
邮箱：techmay@ techmaypaper. com
产品：水松纸及其他制品

浙江金励环保纸业有限公司
浙江省衢州市龙游经济开发区金星大道 98 号
邮编：324400
电话：0570－7567683
产品：环保再生高档包装纸

台州市

浙江开来纸业有限公司
浙江省台州市临海市大洋街道
邮编：317000
电话：0576－85133001、13566895366
传真：0576－85133488
产品：淋膜纸、涂布纸

台州华通纸张有限公司
浙江省临海市古城街道赤城路 4－6 号、4－7 号

邮编：317000
电话：0576－85225091、13566893527
传真：0576－85117311
产品：双胶纸、铜版纸、白卡纸、办公用纸

台州市玫瑰纸业有限公司
浙江省台州市涌泉镇梅岘村
邮编：317021
电话：0576－89119709
传真：0576－89119708
网址：www. rosepaper. com
邮箱：rose5680728@163. com、rose@rose-paper. com
产品：美纹纸、砂管纸、和纸、美光纸、可冲散湿巾纸

台州森林造纸有限公司
浙江省温岭市滨海镇东片农场赤塔新村
邮编：317500
电话：0576－89979911
产品：低克重高强度包装用纸

丽水市

凯恩集团有限公司
浙江省丽水市遂昌县妙高街道北街1号
邮编：323300
电话：0578－8180209
传真：0578－8180230
产品：电容器纸、吸尘袋纸、不锈钢衬纸

浙江凯恩特种材料股份有限公司
浙江省丽水市遂昌县凯恩路1008号
邮编：323300
电话：0578－8123563
传真：0578－8121286
网址：www. zjkan. com
产品：电解电容器纸、电池用纸、高透气度纸、无纺壁纸、茶叶滤纸

浙江惠同新材料股份有限公司
（原浙江惠同纸业有限公司）
浙江省丽水市遂昌县上江工业园区
邮编：323000
电话：0578－8185198、8185266
传真：0578－8185288
邮箱：huitongzyw2126. com
产品：耐磨纸、淋膜原纸、双面胶带原纸、工业隔离纸、礼品纸

丽水兴昌新材料科技股份有限公司
浙江省丽水市遂昌县云峰街道毛田工业园区春晖路7号
邮编：323300
电话：0578－8195604、8195887
网址：www. cnxingchang. com
邮箱：1434393302@qq. com
产品：热封型茶叶滤纸、非热封型茶叶纸、热封型、咖啡滤纸、蓄电池涂板纸、干燥剂包装纸、口罩纸、灯笼纸、双面胶带原纸、工艺礼品纸

湖州市

浙江立丰新材料科技有限公司
（原湖州立丰纸业有限公司）
浙江省湖州市安吉县孝丰镇
邮编：313301
电话：0572－5620123
传真：0572－5620207
产品：白牛皮纸、包装纸、装饰原纸、卫生纸

浙江华丰纸业科技有限公司
浙江省湖州市省际承接产业转移示范区安吉分区天子湖大道1号
电话：0572－5807188
邮箱：Huafeng@hfpaper. com
产品：高档卷烟纸及卷烟配套产品

舟山市

浙江和泓环保纸业有限公司
（原舟山富申纸业有限公司）
浙江省舟山市定海区马岙街道北海社区进港路66号
邮编：316015
电话：0580－8256600、8085316
网址：www. hehongpaper. com
邮箱：hhgreenpaper@163. com
产品：高强瓦楞原纸、T纸、纱管纸

安 徽 省

合肥市

合肥嘉东生活用纸有限公司
安徽省合肥市庙岗路2号
邮编：230011
电话：0551－64533152、64533685
传真：0551－64526915

邮箱：635690683@ qq. com
产品：卫生纸

安徽集友纸业包装有限公司
安徽省合肥市高新技术经济开发区
邮编：230088
电话：0551 - 63844008
产品：卷烟材料

合肥兴东纸业有限公司
安徽省合肥市瑶海区大兴东岗居委会
邮编：230011
电话：0551 - 64525707、13905609405
传真：0551 - 64525707
邮箱：285081469@ qq. com
产品：机械包装用纸及纸制品

合肥金红叶纸业有限公司
安徽省合肥市古河路 20 号
邮编：231600
电话：0551 - 67750182、67750175
传真：0551 - 67750162
邮箱：liucheng@ ghy. com. cn
产品：生活用纸

合肥博达纸业有限责任公司
安徽省合肥市庐阳区濉溪路 26 号
邮编：230000
电话：0551 - 65537733
传真：0551 - 65537733
产品：牛皮纸、瓦楞原纸

合肥荣昌纸业有限责任公司
安徽省合肥市濉溪路 8 号
邮编：230000
电话：0551 - 65547636、18963787708
传真：0551 - 65539270
产品：牛皮纸、双胶纸

合肥恒生纸业有限责任公司
安徽省合肥市庐阳区濉溪路 32 - 10 号
邮编：230000
电话：0551 - 65533800
产品：无碳复写纸、双胶纸、书写纸、牛皮纸、双胶纸、书写纸

安徽康盛纸业有限公司
安徽省合肥市蜀山区步瑞祺 IT 广场南区 1 幢 A6 室
邮编：230001
电话：0551 - 63667078
邮箱：1987006830@ qq. com
产品：办公用纸

安徽精诚纸业有限公司
安徽省合肥市肥东循环经济工业园宏图大道北侧
邮编：231600
电话：0551 - 62516886
邮箱：442457785@ qq. com
产品：医用纸、生活用纸

合肥嘉富特纸业有限公司
安徽省合肥市肥东县撮镇工业聚集区
邮编：230011
电话：0551 - 64533152、13856035431
邮箱：635690683@ qq. com
产品：工业包装用纸、卫生纸

安徽源进包装材料有限公司
安徽省合肥市包河区南淝河路四公里处 1 号楼 3 号仓库
邮编：230001
电话：0551 - 5411235、15855151472
邮箱：782451447@ qq. com
产品：图书专用包装纸

芜湖市

安徽天力纸业有限公司
安徽省芜湖市四褐山路 101 号
邮编：241009
电话：0553 - 5809690、5807255
传真：0553 - 5805674
邮箱：ahtlzyyxgs@ qq. com
产品：箱纸板、瓦楞原纸

安徽豪森纸业有限公司
安徽省芜湖市新芜经济开发区经三路 289 号
邮编：241100
电话：0553 - 8127996、17788305709
邮箱：742561014@ qq. com
产品：瓦楞原纸

恒安(芜湖)纸业有限公司
安徽省芜湖市三山经济开发区峨溪路 3 号
邮编：241000
电话：0553－3912888
网址：www. hengan. com
邮箱：wuhuhengan@ 163. com
产品：卫生巾、纸尿裤和生活用纸

蚌埠市

安徽开来纸业有限公司
(原安徽中亿纸业有限公司)
安徽省蚌埠市怀远县工业园区
邮编：233400
电话：0552－8501833、8501838
邮箱：Anhuizhogyipaper@ 163. com
产品：纸杯原纸

淮南市

安徽景丰纸业有限公司
安徽省淮南市经济技术开发区建设南路 29 号
邮编：232008
电话：0554－3313410
传真：0554－3312892
网址：www. jf-paper. com
邮箱：3747884@ qq. com
产品：卷烟纸、成型纸、包装纸、文化用纸

马鞍山市

安徽山鹰纸业股份有限公司
(原马鞍山造纸厂)
安徽省马鞍山市金家庄区勤俭路 3 号
邮编：243021
电话：0555－2826300、2826390、2826360
传真：0555－2810496
网址：www. shanyingintl. com
邮箱：sale@ shanyingintl. com
产品：箱纸板、牛卡纸、高强瓦楞原纸、涂布白纸板

安徽比伦生活用纸有限公司
安徽省马鞍山市当涂经济开发区
邮编：243100
电话：0555－6751888、6751808
邮箱：657406772@ qq. com
产品：生活用纸

安庆市

万邦特种材料股份有限公司
(原安徽万邦特种材料有限公司)
安徽省安庆市怀宁县高河镇高埠路 36 号
邮编：246121
电话：0556－4616019、4616040
传真：0556－4617888
网址：www. welbonpaper. cn
邮箱：service@ cntmi. com
产品：卷烟用纸系列、电池隔膜纸、食品包装纸系列

安徽三木特种材料有限公司
(原安徽三木特纸有限公司)
安徽省安庆市怀宁县综合经济开发区月山大道 12 号
邮编：246121
电话：0556－4616888
传真：0556－4616288
网址：www. mikitoku. co. jp
邮箱：502733723@ qq. com
产品：电气绝缘纸

安徽华泰林浆纸股份有限公司
安徽省安庆市迎江区老峰镇西湖村皖江大道 1 号
邮编：246003
电话：0556－5423758、5979326
传真：0556－5979279
邮箱：huatailfz@ 126. com
微信公众号：ahhuatai
产品：针叶木浆、高档文化用纸

安徽美妮纸业有限公司
安徽省安庆市潜山综合经济开发区
邮编：246300
电话：0556－8822758、8920701
邮箱：mx78688@ 163. com
产品：生活用纸

安徽省三环纸业集团有限公司
安徽省安庆市怀宁工业园
邮编：246121
电话：0556－4669858、4669626
传真：0556－4669629
网址：www. ah3hjt. com
邮箱：670821794@ qq. com
产品：卷烟用纸

安徽集友新材料股份有限公司
（原太湖集友纸业有限公司）
安徽省安庆市太湖县经济开发区
邮编：246400
电话：0556－4561111
网址：www. ahjiyou. com. cn
邮箱：jyzg6@ genuinepacking. com
产品：卷烟用纸

安徽省潜山县鸣丰纸业有限公司
安徽省安庆市潜山县舒州东路 68 号
邮编：246300
电话：13955697725
邮箱：ss20041016@ 126. com
产品：银行用纸

安庆市新宜纸业有限公司
安徽省安庆市怀宁县黄龙镇
邮编：246123
电话：0556－5513008、4845208
邮箱：aqxinyi@ 163. com
产品：纸巾

黄山市

安徽华邦古楼新材料有限公司
（原安徽华邦特种材料有限公司）
安徽省黄山市歙县
邮编：245202
电话：0559－6523166、6523028
传真：0559－6523388
网址：www. welbon. com
产品：机制纸、转移印花纸

黄山金仕特种包装材料有限公司
安徽省黄山市歙县富堨镇徐村
邮编：245200
电话：0559－6523228
传真：0559－6523870
邮箱：850012312@ qq. com
产品：机制纸、食品包装用纸

滁州市

安徽兆隆纸业有限公司
安徽省天长市万寿镇忠孝村
邮编：239335
电话：0550－7791111、7791288、13625508588
传真：0550－7792666
网址：www. ahzlzy. net
邮箱：35089590@ qq. com
产品：高强瓦楞原纸

阜阳市

太和县鸿盛纸业有限公司
安徽省阜阳市太和县经济开发区 256 号
邮编：236600
电话：0558－8219999、8219825
邮箱：2310508903@ qq. com
产品：瓦楞原纸、纱管原纸

安徽金亿禾特种纸有限公司
安徽省阜阳市颍上经济开发区港口路
邮编：236000
电话：0558－2225677
传真：0558－2225698
邮箱：278648364@ qq. com
产品：高中档无碳复写纸、热敏纸

宿州市

安徽省灵璧县东风纸业有限公司
（原安徽省灵璧县东风造纸厂）
安徽省宿州市灵璧县东关外 2 公里
邮编：234200
电话：0557－6161102、6161617
传真：0557－6161102
邮箱：1034670234@ qq. com
产品：瓦楞原纸

安徽省萧县林平纸业有限公司
安徽省宿州市萧县圣泉乡北城
邮编：235231
电话：0557－5526888
传真：0557－5526115
邮箱：linpingzhiye@ 126. com
产品：瓦楞原纸

安徽鑫光新材料科技股份有限公司
（原安徽鑫光纸业股份有限公司）
安徽省宿州市萧县圣泉乡薛庄
邮编：235232
电话：0557－5506801、5527980
传真：0557－5527933
邮箱：963300196@ qq. com

产品：瓦楞原纸

安徽雪龙纤维科技股份有限公司
安徽省宿州市经济开发区金江五路816号
电话：0557－3928101
传真：0557－3928295
网址：www. xlhx. com
邮箱：jim_ sdcp@126. com
产品：印钞纸棉浆、醚酯类纤维素棉浆和工业特种纸棉浆

六安市

安徽德森特种纸有限公司
安徽省六安市经济开发区经六路
邮编：237000
电话：0564－3632746、3633859
邮箱：ahdszy@126. com
产品：防锈原纸、胶带原纸

安徽霍山县晨风纸业有限公司
安徽省六安市霍山县落儿岭镇
邮编：237283
电话：0564－3902007、3902680
邮箱：hscfzy@sina. com
产品：高强瓦楞原纸、箱纸板

六安市自豪纸业有限公司
安徽省六安市裕安区独山镇龙井村
邮编：237000
电话：0564－2910107
邮箱：13956111200@163. com
产品：高档卫生纸

池州市

安徽合顺纸业有限公司(迁出)
安徽省池州市青阳县经济开发区
邮编：247100
电话：0566－5115899
传真：0566－5114388
邮箱：ahhszy@ahhszy. com
产品：生活用纸

安徽嘉合纸业有限公司
安徽省池州市高新技术开发区六峰路29号
邮编：247100
电话：0566－5261999
邮箱：13905661538@163. com
产品：包装纸、瓦楞原纸

宣城市

安徽省泾县泾川宣纸厂
安徽省宣城市泾县丁家桥镇后山村
邮编：242540
电话：0563－5700483
传真：0563－5701585
邮箱：1330563322@qq. com
产品：宣纸

安徽省泾县汪六吉宣纸有限公司
安徽省宣城市泾县泾川镇
邮编：242530
电话：0563－5510041、13605632355
传真：0563－5510078
网址：www. wljxz. com
邮箱：lzm0101@163. com
产品：宣纸

安徽省泾县汪同和宣纸有限公司
安徽省宣城市泾县泾川镇官坑
邮编：242530
电话：0563－5500608
传真：0563－5500688
网址：www. wangtonghe. com. cn
邮箱：anhui@wangtonghe. com. cn
产品：宣纸、书画纸

中国宣纸股份有限公司
安徽省宣城市泾县榔桥镇乌溪村
邮编：242511
电话：0563－5600008、5601218
传真：0563－5601040、5600353
网址：www. hongxingxuanpaper. com. cn
邮箱：zgxzgfyxgs@163. com、hxxzxsb@hongxingxuanpaper. com. cn
产品：宣纸

安徽阳光纸业有限公司
安徽省宣城市广德县开发区前进路
邮编：247100
电话：0563－6010988、15956322626
产品：办公用纸

安徽广德新星纸业有限公司
安徽省宣城市广德经济技术开发区

邮编：242200
电话：0563－6603111、6010669
邮箱：xxzy75297@ 126. com
产品：白纸板、瓦楞原纸

安徽省宁国市兆丰纸业有限公司
安徽省宁国市汪溪镇工业园
邮编：242300
电话：0563－4441678、4441679
邮箱：1103149441@ qq. com
产品：卫生纸、环保用纸

安徽省泾县常春纸业有限公司
安徽省宣城市泾县丁家桥镇工业区
邮编：242540
电话：0563－5700348、18365313888
传真：0563－5700375
网址：www. cc. paper. com
产品：宣纸

安徽省泾县三星纸业有限公司
安徽省宣城市泾县丁家桥镇李元村
邮编：242540
电话：0563－5700538
传真：0563－5703333
网址：www. sx-paper. com
邮箱：sx-paper@ 163. com
产品：宣纸

安徽木易纸业有限公司
安徽省宣城市广德县桃州镇祠山岗私营工业区
邮编：242200
电话：0563－6823080、13805620380
邮箱：656078632@ qq. com
产品：宣纸

安徽华盛纸业有限公司
安徽省宣城市泾县丁家镇工业区观溪路 8 号
邮编：242540
电话：0563－5700398
传真：0563－5700398
邮箱：1229412129@ qq. com
产品：卫生纸

宣城万里纸业有限公司
安徽省宣城市宣州区迎宾大道 11 号
邮编：242540
电话：0563－3377177、3377082
传真：0563－3377277
网址：www. xcwlzy. com
邮箱：1510814491@ qq. com
产品：瓦楞原纸

安徽省绩溪县向阳纸业有限公司
安徽省宣城市绩溪县临溪镇曹渡桥
邮编：245300
电话：0563－8335227、13857113338
邮箱：442543587@ qq. com
产品：瓦楞原纸

淮北市

安徽天象龙盟环保纸业有限公司
安徽省淮北市杜集区段园镇工业集中区天汇大道 8 号
邮编：235058
电话：0561－5235888－8000
传真：0561－5236888
邮箱：lm@ ahtxlm. com
产品：环保纸

福　建　省

福州市

东联纸业（福州）有限公司
福建省福州市马尾区马江路 2 号
邮编：350015
电话：0591－83970330、13950201187
传真：0591－83970352
网址：www. tlpfj. com
邮箱：448206332@ qq. com
产品：纸板、纸箱

歌芬卫生用品（福州）有限公司
福建省福清市出口加工区围网外北侧（自贸试验区内）
邮编：350311
电话：0591－62833660
传真：0591－62833660
网址：www. garven. com. cn
产品：卷筒生活用纸、面巾纸、手帕纸等

厦门市

厦门安发纸业有限公司
福建省厦门市同安区大同镇城东工业区榕溪路 22－26 号

邮编：361100
电话：0592－7035258、7192322
传真：0592－7033859
邮箱：28993675@ qq. com
产品：瓦楞纸板、纸箱

德彦纸业（厦门）有限公司
福建省厦门市海沧新阳工业区霞飞路 66 号
邮编：361022
电话：0592－6512288
传真：0592－6512277
网址：www. kingpaper. com
邮箱：service@ kpp. com. tw
产品：纱管原纸、各类纸管、高档高强耐高速纸管纸板、厚纸板、灰纸板

厦门建发纸业有限公司
福建省厦门市环岛东路 1699 号建发国际大厦 24 楼
邮编：361001
电话：0592－2263406、2263310、2263050
传真：0592－2101695、2987064、2110166、2059063
网址：www. cndpaper. com
邮箱：fjzz@ cndpaper. com
产品：铜版纸、白卡纸、白纸板、双胶纸、纸浆、废纸、造纸化学品

厦门市同安兴浪纸业有限公司
福建省厦门市同安区洪塘镇石浔村 155 号
邮编：361100
电话：0592－7132070
传真：0592－7028258
网址：www. xmsxlzy. com
产品：挂面箱纸板

厦门安妮股份有限公司
福建省厦门市集美区锦园南路 99 号
邮编：361022
电话：0592－3152131、3152188
传真：0592－3152289、3152280
网址：www. anne. com. cn
邮箱：anne@ anne. com. cn
产品：热敏纸、商务办公用纸

永丰余纸业（厦门）有限公司
福建省厦门市湖里区寨上仓储区
邮编：361006
电话：0592－5627266
传真：0592－5627141
产品：瓦楞纸板、瓦楞纸箱

厦门市麒龙纸业有限公司
福建省厦门市同安区新民镇柑岭村同明北二路 1 号
邮编：361100
电话：0592－7366477、18050065199
邮箱：553670289@ qq. com
产品：瓦楞原纸

厦门新阳纸业有限公司
福建省厦门市海沧区新阳街道龙门岭南路 88 号
邮编：361026
电话：0592－6197618、6197697
传真：0592－6197676
邮箱：532782168@ qq. com
产品：中高档生活用纸、高级商务书写纸、静电复印纸、无碳复写纸、热敏打印纸

莆田市

莆田市南方福利涂布纸品总厂
福建省莆田市城厢区铁岭村
邮编：351100
电话：0594－2691946、13050747979
邮箱：438820676@ qq. com
产品：灰纸板

福建莆田佳通纸制品有限公司
福建省莆田市涵江区江口镇海星街
电话：4008256688
网址：www. gtpaper. com
产品：婴儿纸尿裤、婴儿学习裤、卫生巾、湿巾、成人纸尿裤、盒装面巾纸等系列

三明市

福建省大田县弘惠纸业有限公司
福建省三明市大田县华兴县仙峰村
邮编：366100
电话：0598－7222688
产品：卫生纸、工业用包装纸

福建华闽纸业有限公司
福建省三明市大田县城关福田工业区
邮编：366100
电话：0598－7260618、7228026
传真：0598－7222143
网站：www. fjhmzy. com

邮箱：hmzy2000@163. com
产品：工业用纸

福建省青山纸业股份有限公司
福建省三明市沙县青州镇
邮编：365056
电话：0598－5658906
传真：0598－5658789
网址：www. qingshanpaper. com
邮箱：web@qingshanpaper. com
产品：纸袋纸、牛皮卡纸、高强瓦楞原纸

福建省沙县盛春纸业有限公司
福建省三明市沙县涌溪桥南
邮编：365053
电话：0598－5681898、5681888
传真：0598－5681689
邮箱：70085028@qq. com
产品：精制牛皮纸、精制白牛皮纸、胶带原纸、复合原纸、手提袋纸、信封纸、薄页纸

沙县华佳纸业有限公司
福建省三明市沙县高桥镇
邮编：365503
电话：0598－5556099
产品：箱纸板、瓦楞原纸、纸箱

福建腾荣达制浆有限公司
福建省三明市将乐县古镛镇龟山北路225号
邮编：353300
电话：0598－2332400、2324172
邮箱：trdzj@taison. cn
产品：绒毛浆、本色浆、化学机械浆

福建金铙山纸业集团有限公司
福建启明星纸品有限公司
福建省三明市建宁县溪口镇塔下路20号
邮编：354500
电话：0598－3982766、3971698
传真：0598－3982722
产品：高档薄型包装用纸、拷贝纸、薄页纸、炊蒸原纸、半透明纸、打字纸、静电复印纸、生活用纸

泰宁县绿山大有纸业有限公司
福建省三明市泰宁县开善乡池塘工业区
邮编：354400
电话：0598－7729633、18060528384
传真：0598－7729633
产品：牛皮纸、文化用纸、特种纸

福建省尤溪永丰茂纸业有限公司
福建省三明市尤溪县西滨镇下墩村
邮编：365104
电话：0598－6272766
邮箱：374116625@qq. com
产品：文化用纸、生活用纸

福建腾胜源纸业有限公司
福建省三明市建宁县塔下路20号
邮编：354500
电话：0598－3955055、18950935213
传真：0598－3955055
产品：拷贝纸、薄页纸

泉州市

恒安（中国）纸业有限公司
福建省晋江市安海镇恒安工业城
邮编：362261
电话：0595－85729667、85708888
传真：0595－85729962
网址：www. hengan. com
邮箱：zhangqf@hengan. com
产品：生活用纸

泉州贵格纸业有限公司
福建省南安市码头镇佛内工业区
邮编：362312
电话：0595－86461222、86451788
传真：0595－86461188
网址：www. guigepaper. com
邮箱：guige@vip. 163. com
产品：牛皮卡纸

福建省晋江优兰发纸业有限公司
福建省晋江市西滨镇
邮编：362200
电话：0595－85123879、85123519
传真：0595－85123889
网址：www. youlanfa. com
产品：拷贝纸、薄型纸、复印纸、传真纸、文化用纸、牛皮箱纸板、高强瓦楞原纸

玖龙纸业（泉州）有限公司
福建省泉州市台商投资区
邮编：362123

电话：0595－27399888
传真：0595－27399889
邮箱：info_ qz@ ndpaper. com
产品：高档包装纸

福建恒利集团有限公司
福建省南安市省新工业区
邮编：362300
电话：0595－86252666、86251768
传真：0595－86252099
网址：www. fjhl. com. cn
邮箱：hengli@ fjhl. com. cn
产品：生活用纸

福建省南安市联发纸业有限公司
福建省南安市诗山镇凤坡村五星工业区
邮编：362311
电话：0595－86483926
产品：挂面箱纸板

福建省南安市盈顺纸品有限公司
福建省南安市水头镇
邮编：362342
电话：0595－86811333、13805962601
传真：0595－86811222
产品：再生纸、灰底涂布白板纸

福建省永春县宏美纸业有限公司
福建省泉州市永春县坑子口镇
邮编：362615
电话：0595－23977038、13860793148
邮箱：624883424@ qq. com
产品：涂布白纸板、印刷纸、包装纸

泉州联新纸业有限公司
福建省南安市码头镇丰联工业区
邮编：362312
电话：0595－86462889
产品：箱纸板

福建泰兴特纸有限公司
福建省泉州市安溪县龙门镇龙桥工业区兴旺路 3 号
邮编：362400
电话：0595－68790187、68783631、68783628
传真：0595－23269988
网址：www. fjtaixing. com
邮箱：liweicheng@ fjtaixing. com
产品：特种包装纸

福建恒安家庭生活用品有限公司
福建省晋江市内坑(内坑品牌工业城)景阳西路 1 号
电话：0595－85708888
网址：www. hengan. com
邮箱：chenxp@ hengan. com
产品：高档生活纸品及自动化高架立体仓储的建设与经营

福建恒安卫生材料有限公司
福建省晋江市安海镇第三工业区
电话：0595－85708888
网址：www. hengan. com
邮箱：chenxp@ hengan. com
产品：卫生巾材料、纸杯、塑料杯等一次性用品

福建晋江凤竹纸品实业有限公司
福建省泉州市晋江市经济开发区(五里园)中华路 36 号
邮编：362200
电话：0595－85758888、4008876699
网址：www. fjfzzy. com
邮箱：fengzhu5678890@ 163. com
产品：生活用纸

漳州市

福建糖业股份有限公司
(原福建漳州糖厂)
福建省漳州市芗城区古塘路 55 号
邮编：363000
电话：0596－7095026
传真：0596－7095027
产品：蔗渣漂白浆

联盛纸业(龙海)有限公司
福建省龙海市角美镇凤山工业园角江路
邮编：363900
电话：0596－6781681、6636222、6781707
传真：0596－6782678、6781501
网站：www. fjlszy. com
邮箱：hr@ fjlazy. com
产品：高强瓦楞原纸、灰底白纸板、牛皮箱纸板

龙海榜山民政三星造纸厂
福建省龙海市榜山镇北溪头村
邮编：363100
电话：0596－6598219
传真：0596－6597698
邮箱：5430424272@ qq. com

产品：机制纸、瓦楞原纸

山鹰华南纸业有限公司
（原福建省联盛纸业有限责任公司）
福建省漳州市长泰县武安镇官山工业园区武兴路 3 号
邮编：363900
电话：0596－8313788
传真：0596－8313766
邮箱：lmj969@163.com
产品：高强瓦楞原纸、牛皮箱纸板

漳州友利达纸业发展有限公司
福建省漳州市南靖县丰田镇工业区
邮编：363612
电话：0596－7672910、7672666
传真：0596－7672988
邮箱：416620516@qq.com
产品：高强瓦楞原纸

漳州盈晟纸业有限公司
福建省漳州市华安县丰山工业集中区长富片区
邮编：363801
电话：0596－7288668、7286555
传真：0596－7288789
网站：www.zzyszy.com
邮箱：zys0999@163.com
产品：牛皮箱纸板、高强瓦楞原纸、灰纸板、纱管纸

敦信纸业有限责任公司
福建省漳州市长泰岩溪工业园区
邮编：363900
电话：0596－8313999、8288316
传真：0596－8313998、8289468
邮箱：1069361007@qq.com
产品：白面牛卡纸、本色牛卡纸、高强瓦楞原纸、扑克牌纸、瓦楞纸箱

福建希源纸业有限公司
福建省漳州市台商投资区吴宅工业园
邮编：363107
电话：0596－6383358
传真：0596－6760989
邮箱：xyhr@youlanfa.com
产品：拷贝纸、薄页纸、半透明纸、转移印花纸、文化用纸（复印纸）、壁纸原纸

福建星城纸业有限公司
福建省漳州市台商投资区角美镇吴宅村林美 193 号
邮编：363107
电话：0596－6050055、6383395
传真：0596－6383311
邮箱：xingchengzy@163.com
产品：拷贝纸、薄页纸、半透明纸等

龙海大星纸业有限公司
福建省龙海市榜山镇北溪头村
邮编：363100
电话：0596－6599025
邮箱：sansin@126.com
产品：纸制品、纸箱

漳州港兴纸品有限公司
福建省漳州市南靖县龙山项目区
邮编：363602
电话：0596－7577269
邮箱：zzgxzp662@sina.com
产品：挂面牛皮纸

漳州港兴纸业有限公司
福建省漳州市南靖县龙山镇涌进村
邮编：363602
电话：13906962297
邮箱：wmw33986@163.com
产品：挂面牛皮纸

南平市

福建省南平延润纸业有限责任公司
福建省南平市滨江北路 177 号
邮编：353000
电话：0599－8808115
传真：0599－8802988
产品：静电复印纸、双胶纸、书刊纸、书写纸、轻涂纸、白牛皮纸、包装纸、纸袋纸、纱管纸、新闻纸、宗教纸、各种有色纸及各类造纸助剂

福建省南平南纸股份有限公司
福建省南平市滨江北路 177 号
邮编：353000
电话：0599－8808888
传真：0599－8808689、8808312
网址：www.nanpingpaper.com
邮箱：webmaster@nanpingpaper.com
产品：胶印新闻纸、本色硫酸盐商品木浆、静电复印纸、人纤浆粕

邵武中竹纸业有限责任公司
福建省邵武市下王塘
邮编：354000
电话：0599－6541018
传真：0599－6541090
产品：漂白硫酸盐竹浆、漂白桉木浆、漂白马尾松浆、胶版印刷纸、静电复印纸、涂布原纸、白牛皮纸

福建利树浆纸有限公司
福建省建瓯市瓯宁街道兴宁工业区
邮编：353100
电话：0599－3738906、3738909
传真：0599－3738901
邮箱：438195@ qq. com
产品：高强瓦楞原纸、竹浆

福建利树股份有限公司
福建省建瓯市中国笋竹城 D 区
邮编：353100
电话：0599－3699909、4001856699
传真：0599－3699920
网址：www. lishugroup. com
邮箱：fjlsgfyxgs@ 163. com
产品：挂面箱纸板、高强瓦楞原纸

福建惜恩供应链管理有限公司
（原福建惜恩纸业有限公司）
福建省建瓯市汇丰城市花园 47 幢
邮编：353100
电话：0599－3738908、18039772909
传真：0599－3738901
产品：高强瓦楞原纸、挂面箱纸板、卫生纸

福建星光造纸集团有限公司
福建省南平市延平区滨江北路 177 号
邮编：353000
电话：0599－8069830、8069837
邮箱：935904788@ qq. com
产品：纸浆、纸和纸制品制造，造纸行业技术咨询、技术服务

泰盛（福建）竹资源发展有限公司
（原南平市泰盛纸业有限公司）
福建省南平市南平工业园区陈坑-瓦口组团
邮编：353100
电话：13803612382
网址：www. taison. cn
产品：竹材资源研究开发与利用，竹木原料林营造，竹材、木材原料收购，纸制品研发及制纸技术研发，纸制品、纸浆、木制品、纤维素、纤维原料及纤维制造

福建菩尔新材料科技有限公司
福建省南平市浦城县浦潭生物专业园
邮编：353499
电话：13859467309
邮箱：2754134052@ qq. com
产品：普通瓦楞原纸、高强瓦楞原纸

龙岩市

龙岩市祥泰造纸包装有限公司
福建省龙岩市铁山开发区
邮编：364001
电话：0597－2348234
传真：0597－2348432
邮箱：lyxt-1@ 163. com
产品：防锈纸、防水纸、涂塑纸、硅油纸、水果护套纸、全木浆生活用纸

连城县东方经济开发有限公司
福建省龙岩市连城县姑田镇新街 211 号
邮编：366208
电话：0597－8269318
传真：0597－8269318
邮箱：1028342189@ qq. com
产品：特种牛皮纸、精制牛皮纸

龙岩市铭丰集团有限公司
福建省龙岩市新罗区经济开发区
邮编：364000
电话：0597－2792258、18905972886
传真：0597－2796230
网址：www. mingfengzy. com
邮箱：mingfengjt@ mingfengjt. com
产品：生活用纸

福建省长汀县瑞华纸业有限公司
福建省龙岩市长汀县策武乡陈坊村
邮编：366300
电话：15059936626
产品：薄页纸、有光纸、单胶纸、书写纸

福建莲龙科技股份有限公司
（原福建连城莲龙纸业有限公司）
福建省龙岩市连城县姑田镇九顺坪
邮编：366208

电话：0597－3128528、3128522
产品：木质素、纤维素、半纤维素

武平县顺发纸业有限公司
福建省龙岩市武平县岩前镇工业集中区 D-06 地块
邮编：364300
电话：0597－4888985、13906073149
产品：卫生纸

宁德市

福鼎市南阳纸业有限公司
福建省福鼎市管阳镇章边村
邮编：355215
电话：0593－7637988、7637999
传真：0593－7637288
产品：面巾纸、餐巾纸、卷筒纸、手帕纸及各种规格分切盘纸

福鼎万泰纸业有限公司
福建省福鼎市双岳工业区
邮编：355200
电话：0593－7883333、18950500031
邮箱：2508664474@ qq. com
产品：瓦楞原纸

福建福生源纸业有限公司
福建省宁德市福鼎市管阳镇章边望里 26－1
邮编：355215
电话：0593－7637988
邮箱：chenwen@ nanyangzy. com
产品：机制纸及纸板制造、纸和纸板容器制造

江　西　省

南昌市

江西晨鸣纸业有限责任公司
江西省南昌市昌北经济开发区白水湖工业园
邮编：330013
电话：0791－83951998、83951968
传真：0791－83951889
网址：www. chenmingpaper. com
产品：轻型纸、低定量涂布纸

江西特种纸业有限责任公司
江西省南昌市进贤县民和镇西门路 569 号
邮编：331700
电话：0791－85693388、85678380
邮箱：Tezhi@ foxmail. com
产品：拷贝纸、半透明纸、高档剥离原纸

江西省轻工实业有限公司
江西省南昌市北京东路彭桥工业园区
邮编：330029
电话：0791－88235772、88235773
邮箱：86101485@ qq. com
产品：无碳复写纸

江西纸业集团有限公司
江西省南昌市东湖区董家窑 112 号
邮编：330006
电话：0791－88636232
邮箱：1064062730@ qq. com
产品：纸及纸制品、造纸机械、器材及配件制造

景德镇市

乐平市加金纸业有限责任公司
江西省景德镇市乐平市塔山工业园区内
邮编：333300
电话：0798－6702787
邮箱：shuis@ 126. com
产品：箱纸板、瓦楞原纸

萍乡市

上栗县萍峰纸业有限公司
江西省萍乡市上栗县金山镇小水村
邮编：337009
电话：0799－3885168
传真：0799－3885688
产品：箱纸板、瓦楞原纸、牛皮卡纸、烟花用纸

莲花县纸业有限公司
江西省萍乡市莲花县新建东街 108 号
邮编：337100
电话：0799－7229926、7221031
邮箱：549401838@ qq. com
产品：书写纸、新闻纸

江西柯美纸业有限公司
江西省萍乡市经济开发区西区工业园
邮编：337000
电话：0799－6382258、6387588
传真：0799－6386168

网址：www. jxkemei. com
邮箱：pfzy5168@ 163. com
产品：高强瓦楞纸原纸

九江市

江西理文造纸有限公司
江西省瑞昌市码头工业区
邮编：332207
电话：0792－8996888
传真：0792－8996886
产品：箱纸板

共青城顺风纸业有限公司
江西省九江市德安县甘露镇
邮编：332020
电话：0792－4349575
邮箱：407499442@ qq. com
产品：包装纸

江西绮玉纸业有限公司
江西省九江市德安县老山湾
邮编：330400
电话：0792－4551111
传真：0792－4551111
邮箱：120245267@ qq. com
产品：纸巾纸、卫生纸

江西泽晖纸业有限公司
江西省九江市永修县虬津镇泽晖工业园
邮编：330309
电话：0792－3111515、13307926987
产品：文化用纸

江西五星纸业有限公司
江西省九江市湖口县银砂湾工业园区沿江大道 21 号
邮编：332500
电话：0792－3668597、3668593
网址：www. jxwxzy. com
邮箱：fivestarpaper@ fivestarpaper. com
产品：格拉辛纸

赣州市

赣州华劲纸业有限公司
（原赣江造纸厂）
江西省赣州市水西乡桑园下 168 号
邮编：341000
电话：0797－8251388
网站：www. hwagain. com
产品：文化用纸、生活用纸

华劲集团赣州纸品有限公司
江西省赣州市章贡区水西基地
邮编：341000
电话：0797－8251711
网站：www. hwagain. com
产品：高档生活用纸

赣州市崇星实业有限公司
江西省赣州市沙石镇沙石村龙石头
邮编：341000
电话：0797－8185588、13707078288
传真：0797－8185599
邮箱：9681399@ qq. com
产品：卫生纸

吉安市

江西永新南方纸业有限公司
江西省吉安市永新县高桥楼镇龙江村
邮编：343400
电话：0796－7850858、13576801816
邮箱：857002153@ qq. com
产品：涂布白纸板

江西明盛实业有限公司
江西省吉安市青原区富滩工业园区 A 区
邮编：343000
电话：0796－8938829、15079669167
传真：0796－8630980
邮箱：981024605@ qq. com
产品：木浆黑卡纸、木浆红卡纸

峡江县金威纸业有限公司
江西省吉安市峡江县造纸工业园区 4 号
邮编：331400
电话：0796－3683889、13576866683
邮箱：466011570@ qq. com
产品：涂布白纸板

江西运宏特种纸业有限公司
江西省吉安市永丰县工业园南区
邮编：331500
电话：0796－2221882、13507962872
传真：0796－2221616

邮箱：1294423877@ qq. com
产品：牛皮纸、防近视纸、书写纸、双胶纸、防锈原纸

泰和县华胜实业有限公司
江西省吉安市泰和县沿溪工业园区
邮编：343700
电话：0796 - 5403018
邮箱：412810713@ qq. com
产品：涂布白纸板

吉安映山红特种纸有限公司
江西省吉安市峡江县工业园区
电话：13507962872
传真：0796 - 2221616
邮箱：705527433@ qq. com
产品：牛皮纸、淋膜原纸、复合牛皮纸、防近视纸、瓦楞纸

宜春市

江西省万载县万盛纸业有限公司
江西省宜春市万载县环城北路 438 号
邮编：336100
电话：0795 - 8917999、13825559116
邮箱：8971087@ qq. com
产品：书写纸、转移印花纸

江西富宏纸业有限公司
江西省宜春市奉新县奉新工业园区
邮编：330702
电话：0795 - 4605178、13755856856
邮箱：1185540434@ qq. com
产品：牛皮纸

宜春市金太阳纸品厂（普通合伙人）
江西省宜春市袁州区新坊乡
邮编：336000
电话：13307957756
邮箱：975654880@ qq. com
产品：卫生纸

抚州市

江西抚州银丰纸业有限公司
江西省抚州市临川区桐源乡周度贮木场
邮编：344000
电话：0794 - 8638558
邮箱：541982689@ qq. com
产品：涂布白纸板

江西富临纸业有限公司
江西省抚州市临川区桐源乡
邮编：344000
电话：0794 - 8638386
邮箱：1046868263@ qq. com
产品：涂布白纸板

江西华南纸业有限公司
江西省抚州市宜黄县六里铺
邮编：344400
电话：13767616858
邮箱：969844003@ qq. com
产品：涂布白纸板

抚州市兴业实业有限公司
江西省抚州市抚州北工业园区
邮编：344400
电话：0794 - 8457336
邮箱：1242334110@ qq. com
产品：瓦楞原纸、卫生纸

江西洁美电子信息材料有限公司
（原江西弘泰电子信息材料有限公司）
江西省抚州市宜黄县六里铺工业园区
邮编：344400
电话：0794 - 7659028、7607069
邮箱：jxhtpaper@ 126. com
产品：特种纸、白卡纸、电子载体纸

江西乐门纸业有限公司
江西省抚州市宜黄县六里铺工业园区
邮编：344400
电话：0794 - 7617077
邮箱：pujiangxh@ qq. com
产品：水砂原纸、牛皮纸

江西联兴纸业有限公司
江西省抚州市崇仁县工业园区
邮编：344200
电话：0794 - 6330937
邮箱：jxlxzhy@ 163. com
产品：箱纸板、瓦楞原纸

恒安（江西）家庭用品有限公司
江西省抚州市东乡县（省级）经济开发区
邮编：331801

电话：0794－4381172、4381160
传真：0794－4382392
网址：www.hengan.com
邮箱：jiangxixz@hengan.com
产品：生活用纸系列产品

上饶市

江西省顺达纸业有限责任公司
江西省上饶市弋阳县杨桥
邮编：334400
电话：0793－5845417、5845777、5845999
网址：www.jxsdzy.com
邮箱：1073761543@qq.com
产品：涂布白纸板

江西省芦林纸业股份有限公司
（原广丰县芦林纸业有限公司）
江西省上饶市广丰县经济开发区
邮编：334600
电话：0793－2620499、2620987
传真：0793－2620486
网址：www.ll-zy.com
邮箱：554670598@qq.com
产品：箱纸板、牛皮箱纸板、茶纸板、纱管纸

广丰月兔卫生用品有限公司
江西省上饶市广丰县广丰工业园区双金路
邮编：334600
电话：0793－2610001、2625515
传真：0793－2651900
邮箱：272505803@qq.com
产品：生活用纸

江西含珠实业有限公司
江西省上饶市铅山县城西工业园区
邮编：334500
电话：0793－5187877
传真：0793－5187777
网址：www.jxhzsy.com
邮箱：jxhzsy@126.com
产品：连四纸

山 东 省

济南市

济南灏源纸业有限公司
山东省济南市历城区西州南路30号
邮编：250100
电话：0531－88918888、88023129
传真：0531－88023139
网址：www.haoyuanpaper.com.cn
邮箱：32273698@qq.com
产品：印刷纸、办公用纸原纸

济南含章印务有限公司
山东省济南市济阳县索庙乡白杨店南济路南侧
邮编：250100
电话：0531－88023100、84381566
邮箱：loupeijie01@126.com
产品：电脑打印纸、静电复印纸、防伪水印纸、晒图原纸

章丘金华世纸业有限公司
山东省济南市章丘区明水济青路南侧
邮编：250200
电话：0531－83253305
传真：0531－83253228
邮箱：sdhuashi@126.com
产品：轻型印刷纸、无碳原纸、离型原纸、食品包装纸

济南晨光纸业有限公司
山东省济南市济洛路158号
邮编：250031
电话：0531－86605057、13395312197
邮箱：258077324@qq.com
产品：羊皮纸

山东天阳纸业有限公司
山东省济南市济阳济北开发区泰兴东街5号
邮编：250000
电话：0531－58689186
传真：0531－58689187
网址：www.sdtianyangzy.1688.com
邮箱：sdtianyang7799@163.com
产品：艺术类卡纸、包装纸、涂布纸、画材料用纸、工业加工用纸

济南欣易特种纸业有限公司
山东省济南市槐荫区美里湖街道西沙路490号
邮编：250000
电话：0531－85989177
传真：0531－85951458
网址：www.xinyitezhi.com
邮箱：xinyitezhi@163.com

产品：晨光羊皮纸系列产品、银星字典纸、圣经纸、金至缠绕绝缘纸、装饰纸、艺术彩卡纸、相纸原纸

青岛市

青岛海王纸业股份有限公司
山东省青岛市海王路 342 号
邮编：266400
电话：0532－86118663、86118509
传真：0532－86115522、86117100、86118509
网址：www. haiwangpaper. com
邮箱：haiwang@ haiwangpaper. com
产品：文化用纸、工农业技术用纸、生活用纸、包装纸、打字纸、彩色皱纹纸、纱管封面纸、防菌纸袋

青岛天丰造纸有限公司
山东省青岛市四方区四流南路 20 号
邮编：266042
电话：0532－84851688
传真：0532－84863664
网址：www. qd-fiber. cn、www. qdtianfeng. com
邮箱：tianfeng@ qd-fiber. cn
产品：钢纸、绝缘纸

青岛元迪纸业有限责任公司
山东省青岛市市北区台湛路 41 号丙
邮编：266000
电话：0532－83634777、3634888、83658357
传真：0532－83671009
网址：www. yuandipaper. com
邮箱：yuandizhiye@ 163. com
产品：生活用纸

青岛茂源纸业有限公司
（原青岛茂源经贸有限公司）
山东省青岛市市南区观音峡路 22 号 306 户
邮编：266002
电话：0532－82656161
邮箱：519854835@ qq. com
产品：进口牛皮纸、涂布加工纸

青岛宏业林浆纸有限公司
山东省青岛市观音峡路 24 号 2504 室
邮编：266002
电话：0532－82685988、13583209911
传真：0532－82670827
产品：漂白针叶木浆

淄博市

山东博汇纸业股份有限公司
山东省淄博市桓台县马桥镇工业路北首
邮编：256405
电话：0533－8539966、8530387
传真：0533－8530372
网址：www. bohui. com
邮箱：05338866@ 163. com、zqb@ bohui. com
产品：涂布白卡纸、双胶纸、轻型纸、箱纸板、石膏板护面纸板

山东贵和显星纸业有限公司
山东省淄博市桓台县唐山镇工业园
邮编：256408
电话：0533－8081493、8082246
邮箱：webmaster@ sdguihe. com
产品：瓦楞原纸、特种纸

山东仁丰特种材料股份有限公司
山东省淄博市桓台县起凤镇仁丰路 1 号
邮编：256407
电话：0533－8697688、8688836
传真：0533－8698159
网址：www. zbrenfeng. com
产品：高强瓦楞原纸、滤纸、壁纸原纸

山东金海洋纸业有限公司
山东省淄博市桓台县田庄镇
邮编：256402
电话：0533－8580035
传真：0533－8582888
网址：www. sdcljt. cn
邮箱：sdchenlong@ 126. com
产品：新闻纸、箱纸板

齐峰新材料股份有限公司
山东省淄博市临淄区朱台镇齐峰路 22 号
邮编：255432
电话：0533－7780161、7780179
传真：0533－7788998
网址：www. qifeng. cn
邮箱：qifengtezhi@ 163. com、qifengtezhi@ qifeng. cn
产品：可印刷装饰原纸、素色装饰原纸、表层耐磨纸、平衡原纸、壁纸原纸

淄博市博山环球皱纹纸厂
山东省淄博市博山颜北路 140 号
邮编：255202
电话：0533－4154000、410588
传真：0533－4231497
网址：www. hqzwz. net
邮箱：hqzwz888@163. com
产品：皱纹纸、薄页纸

淄博王村纸业有限公司
山东省淄博市周村区王村
邮编：255311
电话：0533－6680128
传真：0533－6680128
邮箱：jiafeng6680128@163. com
产品：纱管原纸、箱纸板、涂布纸板

山东青苑纸业有限责任公司
山东省淄博市高青县城清河路 70 号
邮编：256300
电话：0533－6967531、6967512
传真：0533－6961492
邮箱：qingyuanzhiye@163. com
产品：精制胶版纸、箱纸板

山东奥龙纸业有限公司
山东省淄博市高青县田镇镇东大庄村东 300 米
邮编：256300
电话：0533－6258156
传真：0533－6258117
邮箱：13583360318@139. com
产品：植物羊皮纸、装饰原纸

淄博沣泰纸业有限公司
山东省淄博市博山开发区银龙路
邮编：255213
电话：0533－4666299
传真：0533－4666199
邮箱：13608942588@139. com
产品：高档纯质纸、荷兰白卡纸、白牛皮纸、超感纸、涂布原纸、防伪纸

淄博双成纸业有限公司
山东省淄博市周村区王村镇王村村火车站
邮编：255311
电话：0533－8171250、13964324191
传真：0533－6695079
邮箱：shuangcheng@163. com
产品：装饰用石膏板接缝纸、护角带纸、手提袋纸

山东标典纸业有限公司
山东省淄博市高青县城齐东路 43 号
邮编：256300
电话：0533－6961745、15853329361
传真：0533－6967561
产品：胶版纸

山东奥恒新材料有限公司
（原山东奥恒装饰材料有限公司）
山东省淄博市高青县潍高路 290 号
邮编：256300
电话：18853356077
传真：0533－6258117
网址：www. aohengzscl. com
邮箱：18853356077@139. com
产品：植物羊皮纸、纱管纸

淄博新华纸业有限公司
山东省淄博市周村区萌水镇兴萌路 3 号
电话：0533－6889436
传真：0533－6889372
网址：www. zbxinhua. com
产品：轻型纸、双胶纸

淄博欧木特种纸业有限公司
山东省临淄区朱台镇
邮编：255432
电话：0533－7785585
邮箱：qifengtezhi@163. com
产品：特种纸

淄博永丰环保科技有限公司
山东省淄博市桓台县唐山镇振兴路 106 号
邮编：256400
电话：0533－8081068、8081493
网址：www. zbyfhb. com
邮箱：zbyf_ 2018@163. com
产品：瓦楞纸、箱板纸

枣庄市

远通纸业（山东）有限公司
（原山东华众纸业有限公司）
山东省枣庄市薛城区常庄镇金河枣曹路 3388 号
邮编：277014
电话：0632－4401851、4401809

传真：0632－4401828、4401739
网站：www. upp-yt. com
邮箱：sales@ upp-yt. com
产品：牛皮箱纸板、涂布白纸板、金银卡纸

枣庄华润纸业有限公司
山东省枣庄市山亭区新城工业园区
邮编：277200
电话：0632－8818780、8813851、8861956
传真：0632－8818558
网址：www. huarunpaper. com
邮箱：marketing@ huarunpaper. com
产品：石膏板护面纸板

滕州市华闻纸业有限责任公司
山东省枣庄市滕州市级索工业园区
邮编：277518
电话：0632－2446928、2449888
传真：0632－2446556、2449567
网站：www. hwpaper. com
邮箱：tzhw2014@ 126. com
产品：双胶纸、书写纸、新闻纸

枣庄市天龙纸业有限公司
（山东秦世集团有限公司分公司）
山东省枣庄市台儿庄区捷路南侧、临徐路西侧
邮编：277400
电话：0632－6608888
传真：0632－6608000
邮箱：1822865771@ qq. com
产品：特种装饰原纸

枣庄市海象纸业有限公司
（原枣庄市榴园纸业有限公司）
山东省枣庄市薛城区邹坞镇驻地
邮编：277000
电话：0632－4510503、4510567
传真：0632－4520789
网址：www. haixiangzhiye. com
邮箱：haixiangpaper@ 126. com
产品：纱管纸

滕州市青林纸业有限公司
山东省枣庄市滕州市级索镇级索工业园华闻路
邮政：277518
电话：0632－2449888、13806320396
传真：0632－2449567
网址：www. tzqlzy. cn、www. yitijizhi. cn
邮箱：tzhw2014@ 126. com
产品：文化用纸、装饰用纸、食品包装纸、玻璃衬纸、再生文化用纸、书写纸、有光纸

东营市

华泰集团有限公司
山东省东营市广饶县大王工业园
邮编：257335
电话：0546－6888808、6888818、7798216
传真：0546－6888018、6888158
网址：www. huatai. com
邮箱：htjt@ huatai. com、htxsgs@ huatai. com
产品：新闻纸、双面胶版纸、书写纸、铜版纸、涂布白纸板、低定量涂布纸、生活用纸

东营翔泰纸业有限公司
（原山东斯道拉恩索华泰纸业有限公司）
山东省东营市广饶县大王镇
邮编：257335
电话：0546－6205097
传真：0546－6205028
邮箱：peng. song@ storaenso. com
产品：超级压光纸、改良新闻纸、新闻纸

烟台市

莱阳银通纸业有限公司
山东省莱阳市丹崖路 129 号
邮编：265202
电话：0535－7318208、7327228
传真：0535－7318208
网址：www. yinhaipaper. com
邮箱：lcz@ yintongpaper. cn、cxm@ yintongpaper. cn、lygzd@ yintongpaper. cn
产品：水果套袋纸、防伪纸、静电复印纸、书写纸

烟台隆祥纸业有限公司
山东省烟台市牟平区路兴街 403 号
邮编：264100
电话：0535－4659810、4652031
传真：0535－4652032
网址：www. ytlongxiang. cn
邮箱：jiangliangxu@ vip. sina. com、longxiang@ ytlongxiang. cn
产品：离型纸、防黏纸、复合纸、轻型纸、纯质纸、再生新闻纸、双胶纸

烟台市大展纸业有限公司
山东省烟台市牟平区沁水韩国工业园大展大街 388 号
邮编：264117
电话：0535－4659078、4659077
传真：0535－4659076
网址：www. yantaidazhan. com
邮箱：zjq@ yantaidazhan. com
产品：瓦楞原纸、牛皮箱纸板

龙口玉龙纸业有限公司
山东省龙口市滨海旅游度假区黄河营村北
邮编：265712
电话：0535－8589536、8589501
传真：0535－8589555
网址：www. yulongpaper. com
邮箱：ylxsyhg@ 163. com、Bgs9533@ 163. com
产品：胶版书刊纸、书写纸、双胶纸、静电复印纸、轻型纸、纯质纸

莱州市莱星工业纸板有限公司
（原莱州市工业纸板厂）
山东省莱州市掖柴路
邮编：261400
电话：0535－2235248、13964522812
传真：0535－2235248
邮箱：lzlxzb@ sohu. com
产品：工业纸板

莱州市鲁通特种纸业有限公司
山东省莱州市海庙东路 238 号
邮编：261400
电话：0535－2480641、13505450322
传真：0535－2480447
邮箱：925705399@ qq. com
产品：书写纸、有光纸、箱纸板、果袋纸、工艺品纸

莱州圣林纸制品有限公司
山东省莱州市云峰北路北首东
邮编：261437
电话：0535－2293178、13012586637
传真：0535－2293178
邮箱：1149827727@ qq. com
产品：双灰纸板、复合纸板、工业纸板

烟台民士达特种纸业股份有限公司
山东省烟台市经济技术开发区峨眉山路 1 号内 2 号
邮编：264006
电话：0535－6955622
网址：www. metastar. com. cn
邮箱：jucf@ metastar. cn
产品：芳纶纸及其衍生产品

烟台宏博纸业有限公司
山东省烟台市高新区
邮编：264100
电话：13964539696、13964596818
传真：0535－4579977
邮箱：yt4212098@ 163. com
产品：出版用纸系列、艺术纸系列、防伪用纸系列、食品包装用纸系列、工业用纸系列、文化办公用纸系列

潍坊市

山东临朐玉龙造纸有限公司
山东省潍坊市临朐县城华特路 5311 号
邮编：262600
电话：0536－3158797、3158872
传真：0536－3158568
网址：www. wanhao. com
邮箱：ylong@ china. com
产品：各种规格铜版纸、特种纸

山东恒联投资集团有限公司
山东省潍坊市高新区东风东街 3019 号
邮编：261061
电话：0536－8671516、8671509
传真：0536－8671538
网址：www. henglianpaper. com
邮箱：zcbgs@ henliangroup. com
产品：铜版纸、玻璃纸、生活用纸

汇胜集团股份有限公司
（原中天纸业股份有限公司、潍坊凤凰纸业有限公司）
山东省潍坊市高新区潍胶路 999 号
邮编：261201
电话：0536－8669008
传真：0536－8669008
网址：www. cnpaper. cn、www. huishenggroup. com
邮箱：huisheng@ cnpaper. cn
产品：纸管原纸、绝缘纸板

潍坊恒联特种纸有限公司
山东省潍坊市寒亭区海龙路 1526 号
邮编：261100
电话：0536－7288200

传真：0536－7288222
产品：水转移印底纸原纸、环保无尘纸、标签纸、白牛皮纸、胶版印刷纸

潍坊恒联新材料股份有限公司
（原潍坊恒联玻璃纸有限公司）
山东省潍坊市寒亭区固堤街道新沙路 8019 号
邮编：261100
电话：0536－5037019
传真：0536－5037013
网址：www. hlblz. com、www. bolizhi. cn
邮箱：www@ hlblz. com
产品：再生纤维素膜（玻璃纸）的研发、生产与销售

潍坊恒联浆纸有限公司
山东省潍坊市寒亭区海龙路 601 号
邮编：261100
电话：0536－7283106、7283107
传真：0536－7251647
邮箱：hljzxsb@ 163. com
产品：木浆、棉浆、竹浆、高档文化用纸

潍坊恒联美林生活用纸有限公司
山东省潍坊市寒亭区海龙路 609 号
邮编：261100
电话：0536－7283237、7283210
传真：0536－7283228
产品：吸水衬纸、擦手纸、餐巾纸、纸巾纸、面巾纸、卫生卷纸

潍坊华港包装材料有限公司
山东省潍坊市奎文区宝通东街 162 号
邮编：261041
电话：0536－8823918、8823899、8823878
传真：0536－8823919
网址：www. wfhgbz. com
邮箱：hgbz@ wfhgbz. net
产品：接装纸原纸、铝箔衬纸、嘴棒成型纸、接装纸、铝箔纸、真空镀铝纸、印花纸、装饰纸

青州市东坝镇东坝造纸厂
山东省青州市东坝镇
邮编：262517
电话：0536－3531031
传真：0536－3531031
邮箱：920185649@ qq. com
产品：牛皮纸

青州市东方铜版纸有限公司
山东省青州市东阳河工业区 1188 号
邮编：262517
电话：0536－3531888
邮箱：602187052@ qq. com
产品：铜版纸、玻璃卡纸

青州市板纸厂有限公司
山东省青州市昭德路海天市场北临张河桥南
邮编：262500
电话：0536－3200541
传真：0536－3203802
邮箱：29723385872@ qq. com
产品：牛皮纸、离型原纸、无碳原纸、铝箔衬纸、水松原纸

青州齐鲁纸业有限公司
山东省青州经济开发区
邮编：262500
电话：0536－3290118、13806493038
邮箱：qiluzhiye@ 163. com
产品：铝箔衬纸、印花原纸、木纹原纸、淋膜原纸、覆塑原纸、白牛皮纸、离型原纸、工业用原纸

山东晨鸣纸业集团股份有限公司
山东省寿光市农圣东街 2199 号
邮编：262705
电话：0536－2158000、2156333、8009186818
传真：0536－2156111
网址：www. chenmingpaper. com
产品：双面胶版纸、低定量涂布纸、铜版纸、胶印书刊纸、书写纸、牛皮箱纸板、静电复印纸、新闻纸、无碳复写纸、高档电话簿纸、橙色施胶新闻纸

山东万豪纸业集团股份有限公司
山东省潍坊市临朐县城华特路 5311 号
邮编：262600
电话：0536－3163364
传真：0536－3165340
网址：www. wanhao. com
邮箱：wanhao@ wanhao. com
产品：铜版纸、双胶纸、胶印书刊纸、防油纸、高档包装纸、卫生纸、打字纸、工艺纸、电信电缆纸、双面胶带原纸、造纸化工产品及纸业包装材料

山东世纪阳光纸业集团有限公司
山东省潍坊市昌乐经济开发区
邮编：262400

电话：0536－6856001、6856009
传真：0536－6856006
网址：www.sunshinepaper.com.cn
邮箱：sjygbgs@126.com、zhanghm@sunshinepaper.com.cn
产品：纸管原纸、牛卡纸、瓦楞原纸

山东恒安纸业有限公司
山东省潍坊市坊子区北海路 7209 号
邮编：261200
电话：0536－7666888
传真：0536－7666888
网址：www.hengan.com
产品：生活用纸

潍坊永新纸业有限公司
(恒联全资子公司)
山东省潍坊市昌乐县营邱镇河头工业园
邮编：262416
电话：0536－6911126、6911033
传真：0536－6911126、6911033
邮箱：wfyxzhb@163.com
产品：铝箔衬纸、皱纹原纸、双面胶带棉纸、淋膜原纸、马桶坐垫原纸

诸城市新星纸业有限公司
山东省潍坊市诸城市辛兴镇工业园
邮编：262200
电话：0536－6055175
传真：0536－6063867
邮箱：xxzy123@163.com
产品：新闻纸

昌乐县科苑纸业有限公司
山东省潍坊市昌乐县经济开发区新昌北路 369 号
邮编：262400
电话：0536－6295208、6295106
传真：0536－6280662
网址：www.sdkypaper.com
邮箱：clkyzy@163.com
产品：育果袋纸

山东恒联新材料股份有限公司
山东省潍坊市寒亭区海龙路 328 号
电话：0536－7288337
网址：www.hlblz.com
邮箱：wfgaoqiaoqia@126.com
产品：再生纤维素膜(玻璃纸)的研发、生产与销售

昌乐新迈纸业有限公司
山东省潍坊市昌乐县经济开发区大沂路北侧
电话：0536－6856001、6856113
邮箱：liucc@sunshinepaper.com.cn
产品：机制纸及高级纸板、造纸原料生产、销售

山东华迈纸业有限公司
山东省潍坊市昌乐县宝昌路 406 号
邮编：262400
电话：0536－6856001
邮箱：liucc@sunshinepaper.com.cn
产品：机制纸及纸板、纸浆生产、销售

东宇鸿翔新材料科技有限公司
山东省寿光市富士街 678 号
邮编：262700
电话：0536－5650516
传真：0536－5666767
网址：www.honsoar.cn
产品：三聚氰胺浸渍胶膜纸

潍坊杰高长纤维制品科技有限公司
山东潍坊临朐县东城牛山路 99 号
邮编：262600
电话：0536－3163353、3160877
传真：536－3161728
网址：www.jsehg.com
邮箱：jiegao@jsehg.com
产品：特种棉纸、特种无纺材料等长纤维制品

山东银鹰股份有限公司
山东省高密市人民大街(东)1219 号
邮编：261500
电话：0536－2916666、2323121
传真：0536－2323187
网址：www.yying.cn
产品：棉浆粕

威海市

荣成荣昌纸制品有限公司
山东省威海市荣成市南山路 80 号
邮编：264300
电话：0631－7512378
传真：0631－7512456

邮箱：junci1970@126.com
产品：水印纸

荣成海盛纸业有限公司
山东省威海市荣成市虎山镇沙嘴子
邮编：264305
电话：0631－7438230
传真：0631－7438230
邮箱：haishengzhi@yahoo.com.cn
产品：箱纸板、瓦楞原纸

山东凯丽特种纸股份有限公司
山东省威海市荣成市河阳东路198号
邮编：264300
电话：0631－7510288、7571777
传真：0631－7571946
网址：www.kailipaper.cn
邮箱：kaili@kailipaper.cn
产品：防伪纸

威海龙港纸业有限公司
山东省威海市羊亭镇凤凰山路989号
邮编：264204
电话：0631－5769888
传真：0631－5764338
网站：www.lgzhiye.com
邮箱：lgzhiye@163.com
产品：箱纸板、瓦楞原纸

威海广合纸业有限公司
山东省威海市经济开发区宁港路3－1号综合楼北平房第一间
邮编：264207
电话：0631－5388148
邮箱：admin@whgyhb.com
产品：纸制品加工

济宁市

济宁恒丰纸业有限责任公司
山东省济宁市安居工业园区
邮编：272100
电话：0537－2312038
传真：0537－2559310
邮箱：suhua050102@163.com
产品：半透明纸、铜版纸、格拉辛纸、玻璃卡纸

山东太阳纸业股份有限公司
山东省兖州市友谊路1号
邮编：272100
电话：0537－7925888、7928711、7928710
传真：0537－7928489
网址：www.sunpapergroup.com
邮箱：sun@sunpapergroup.com、taiyangzhiye@163.com
产品：牛皮箱纸板、高档文化用纸、静电复印纸、牛皮卡纸、涂布白纸板、白卡纸、双胶纸、新闻纸、不干胶纸、电脑打印纸、书写纸、轻涂纸、铜版纸、扑克牌面纸、蜡光原纸、无酸档案纸、素描纸

山东宏河矿业集团邹城恒翔纸业有限公司
山东省邹城市营西路52号
邮编：273500
电话：0537－5300327、6721020
传真：0537－5312183
邮箱：hxzycwk@163.com
产品：新闻纸

山东华金集团有限公司
山东省济宁市泗水县金庄镇818号
邮编：273201
电话：0537－4036894、4036807、4036979
传真：0537－4031210
网址：www.huajinpaper.com
邮箱：huajinlbz@126.com
产品：涂布白卡纸、无碳复写纸、静电复印纸、双面胶版纸、电脑打印纸、票据专用纸、离型原纸、防黏纸、书写纸

济宁昊源纸业有限公司
山东省济宁市任城区长沟镇后刘东村
邮编：272059
电话：0537－2580263
传真：0537－2580766
邮箱：wjj668@163.com
产品：牛皮挂面纸、建筑模板纸、水松原纸、食品包装纸、防伪纸、卡纸、高档文化用纸、仿牛皮纸、单面光牛皮纸

万国纸业太阳白卡纸有限公司
山东省济宁市兖州区西关大街66号
邮编：272100
电话：0537－7928715
网址：www.ipapersun.com
邮箱：tangjie@sunpaper.cn
产品：液包纸、食品卡、烟卡、铜卡、白卡等

山东太阳宏河纸业有限公司
山东省邹城市工业园区(太平镇)
邮编：273500
电话：0537－7928715
邮箱：tangjie@ sunpaper. cn
产品：低克重高档牛皮箱板纸、高档纺筒纸板、高档轻型纸、高档生活用纸、高档板纸、文化用纸及纸制品、天然纤维素、木素、木糖等

泰安市

泰山石膏有限公司
山东省泰安市岱岳区大汶口
邮编：271026
电话：0538－8811449、8811293、8811078
网址：www. taihegroup. com
邮箱：tssgbgs@ 163. com
产品：石膏板护面纸

泰安百川纸业有限责任公司
山东省泰安市新泰市小协镇经济开发区
邮编：271221
电话：0538－7866147、7866947
传真：0538－7866447
网址：www. tabczy. com
邮箱：sdtabczy@ 163. com
产品：轻型纸、字典纸、羊皮纸、石膏板护面纸、纸管纸

山东洁昕纸业股份有限公司
(原东顺集团股份有限公司)
山东省泰安市东平县东顺工业园
邮编：271500
电话：0538－2820378、2880367
传真：0538－2820378
网址：www. dongshunpaper. com
邮箱：843370819@ qq. com
产品：生活用纸、一次性卫生用品

山东天和纸业有限公司
山东省泰安市宁阳文化街 1857 号
邮编：271499
电话：0538－5622635、5630399
传真：0538－5630399
网址：www. tianhepaper. net
邮箱：nylnz@ 163. com
产品：电脑打印纸、静电复印纸、热敏纸、工程纸

山东泰和泰山纸面石膏板总厂(集团)
山东省泰安市岱岳区大汶口
邮编：271026
电话：0538－8812989
传真：0538－8812958
邮箱：tssgbgs@ 163. com
产品：石膏板护面纸

山东省东平县华东纸业有限责任公司
山东省泰安市东平县城平湖路南段
邮编：271500
电话：0538－6359666
传真：0538－6350009
邮箱：HDZY6350009@ 163. com
产品：高档静电复印纸、水印防伪纸、无碳原纸、热敏纸、防水铜版原纸、白卡纸、白牛皮纸、高档票据彩印纸

日照市

亚太森博(山东)浆纸有限公司
山东省日照市北京路 369 号
邮编：276826
电话：0633－3361270、3361111、3361000
传真：0633－3369069
网址：www. asiasymbol. com
产品：白卡纸、纸浆

日照华泰纸业有限公司
山东省日照市莒县城阳街道潍徐路 838 号
邮编：276500
电话：0633－6882076、6881688
传真：0633－6882881、6882519
网址：www. huatai. com、www. rizhao. huatai. com、www. huataipaper. com
邮箱：jishuch@ 163. com
产品：双胶纸、铜版纸

日照八方纸业有限公司
山东省日照市经济技术开发区新竹路 6 号
邮编：276800
电话：0633－7966306
传真：0633－7966297
网址：cn. chinabfzy. com
邮箱：bafangzhiye@ 163. com
产品：低克重薄型纸、拷贝纸、半透明纸、高档果袋纸、果品包装纸、字帖临摹纸和高档食品包装纸

莱芜市

维达纸业(山东)有限公司
山东省济南市莱芜高新区泰山路 38 号
邮编：271199
电话：0634－6028885
网址：www. vida. com
邮箱：fang. bc@ vida. com
产品：研发、生产、经营及批发零售生活用纸

山东百伦纸业有限公司
山东省莱芜市涞城区方下镇
邮编：271125
电话：0634－8675996、18806343377
邮箱：baronpaper@ 163. com
产品：轻量涂布纸、铜版纸、书写纸、双胶纸、高档书写纸、精制双胶纸、静电复印纸、新闻纸

临沂市

临沂市鑫惠纸业公司
山东省临沂市小商品城 11 号楼 283 号
邮编：276000
电话：0539－8068186
产品：有光纸、书写纸、双胶纸、绘图纸、朱红纸、蜡光纸

山东鲁南新材料股份有限公司
山东省临沂市郯城县人民路 313 号
邮编：276100
电话：0539－6788168
传真：0539－6788168
网址：www. lunanpaper. com
产品：电解电容纸、无纺壁纸原纸、装饰用纸

山东永泰纸业有限公司
山东省临沂市莒南县开发区黄海路西段
邮编：276600
电话：0539－7319666
传真：0539－7318019
邮箱：1058665494@ qq. com
产品：瓦楞原纸

山东光华纸业集团有限公司(恒联旗下)
山东省临沂市费县上冶镇驻地
邮编：273401
电话：0539－5811602
传真：0539－5811102
网址：www. sdghzy. net
邮箱：ghbgs777@ 163. com
产品：铜版纸、双面胶版纸、静电复印纸、书写纸、卫生纸

临沂华辰纸业有限公司
山东省临沂市经济开发区延安路 109 号(延安路与杭州路交汇处)
邮编：276023
电话：0539－6013888
传真：0539－6013000
网址：www. huachenzhiye. com
邮箱：huachenpaper@ 163. com
产品：无碳复写纸

临沂成和银座纸业有限公司
山东省临沂市兰山区解放路 419 号
邮编：276000
电话：0539－8338215、13869944255
传真：0539－8331129
网址：www. chengheyinzuo. com
产品：工业用纸、描图纸、晒图纸、复印纸、数码彩色激光纸

山东恒联特种纸有限公司
山东省临沂市费县上冶镇埠口村
电话：0539－5811100
邮箱：ghbgs777@ 163. com
经营：生活用纸深加工、销售

山东美洁纸业有限公司
山东省临沂市兰陵县经济开发区兰陵路西段路北
邮编：277700
电话：0539－5976706
邮箱：15963930516@ 126. com
产品：包装材料

德州市

德州华北纸业有限公司
山东省德州市德城区二屯镇政府驻地
邮编：253035
电话：0534－2189079、2188791
传真：0534－2182388
网址：www. dzhbzy. net
邮箱：dzhbzy@ 163. com
产品：复印纸、轻型纸、水印防伪纸、纤维防伪纸、

胶版纸

德州沪平永发造纸有限公司
山东省德州市平原县王打卦工业园
邮编：253102
电话：13969258266
邮箱：dongguangsong2004@163.com
产品：高强瓦楞原纸

山东中茂圣源实业有限公司
(原山东中茂圣源纸浆有限公司)
山东省德州市陵城区扶丰街6号
邮编：253500
电话：0534－2133500、2133535
传真：0534－2133508
网址：www.zmsysy.com
邮箱：1006841123@qq.com
产品：杨木化学机械浆

山东冠军纸业有限公司
山东省德州市齐河县潘店镇工业园
邮编：251125
电话：0534－5972085、5972888
传真：0534－5972085、5975888
网址：www.guanjunzhiye.com
邮箱：sdgjzy@163.com
产品：铜版纸、双面胶版纸、静电复印纸

山东江河纸业有限责任公司
山东省德州市齐河县晨鸣东路1号
邮编：251100
电话：0534－5691899、5028501、5678500
传真：0534－5028599
网址：www.sdjhpaper.cn
邮箱：qhcmrzc@126.com
产品：纸杯原纸、双胶纸、轻型纸、道林纸

德州泰鼎新材料科技有限公司
山东省德州市平原县王杲铺镇G105加油站西南90米
邮编：253105
电话：0534－4562766、2162333
传真：0534－4562044、4561258
网址：www.taidingpaper.cn
邮箱：zd4562766@163.com
产品：铜版原纸、书写纸、胶印书刊纸、静电复印纸、箱纸板、卫生纸

山东泉林纸业夏津有限公司
山东省德州市夏津县建设街134号
邮编：253200
电话：0534－3313858
传真：0534－2191273
网址：www.tralin.com
产品：双胶纸、静电复印纸、中涂纸、轻量涂布纸、文化用纸

临邑临兴木业有限公司
山东省德州市临邑县恒源开发区富民路南首东侧
电话：0534－4279958、138534217198
网址：www.lyxlxmy.com
邮箱：lyxlxmy123456@163.com
产品：木纤维素

山东德派克纸业有限公司
山东省德州市平原县王凤楼镇
邮编：253109
电话：0534－7881888
网址：www.conitex.com
邮箱：jwang@cn.papertech.com
产品：工业板纸、纸制品、纸管

德州派普科包装材料有限公司(子公司)
山东省德州市平原县王凤楼镇(045线路南)
邮编：253109
电话：0534－7881999
邮箱：350966813@qq.com
产品：纸制品、纸管

汇鑫生物浆纸股份有限公司
山东省德州市平原县王打卦镇商业街1899号1号厂房
邮编：253102
电话：15315865500
邮箱：dongguangsong2004@163.com
产品：生产高强度瓦楞纸、箱板纸、白板纸及纸制品

聊城市

中冶纸业银河有限公司
山东省临清市西门里街297号
邮编：252600
电话：0635－2433886、2433348、2433825
传真：0635－2436952、2433346
网址：www.cctyinhe.com
邮箱：yinhelzh@126.com
产品：书写纸、胶版纸、胶印书刊纸、静电复印纸、

瓦楞原纸

山东信成纸业有限公司
山东省聊城市茌平县西外环高新技术工业园
邮编：252100
电话：0635－4285466、4283298
传真：0635－4287566
网址：www.sdxcgroup.cn
产品：干法无尘纸、湿纸巾、餐巾纸、柔巾卷纸、擦拭纸、分盘无尘纸

山东泉林纸业有限责任公司
山东省聊城市高唐县光明东路 15 号
邮编：252800
电话：0635－3951080
传真：0635－3953497
网址：www.tralin.cn
产品：铜版纸、复合软包装、双面胶版纸、低定量涂布纸、静电复印纸、胶印书刊纸、防黏原纸、书写纸、证券纸、字典纸、电话簿纸

山东金蔡伦纸业有限公司
山东省聊城市阳谷县华山路 8 号
邮编：252300
电话：0635－6173998
传真：0635－6173956
网址：www.goldencailun.com
邮箱：sdjclzy@163.com
产品：轻型印刷纸、微涂纸、纯质纸

滨州市

山东省博兴县兴华纸业有限公司
山东省滨州市博兴县湖滨镇寨郝工业园
邮编：256511
电话：0543－2809565
传真：0543－2800338
邮箱：13706372809@163.com
产品：箱纸板、瓦楞原纸

山东群星纸业有限公司
山东省滨州市邹平县长山镇三里河
邮编：256206
电话：0543－4833888
传真：0543－4369999
产品：高档装饰原纸、静电复印纸

邹平汇泽实业有限公司
（原山东天地缘实业有限公司）
山东省滨州市邹平县长山镇魏桥工业园创业大道 176 号
邮编：256212
电话：0543－4737999、4890528
传真：0543－4732777
邮箱：tiandiyuancaiwu@126.com
产品：高强瓦楞原纸、生活用纸

山东省博兴县华辰纸业有限公司
山东省滨州市博兴县湖滨镇寨郝工业园
邮编：256511
电话：0543－2809045
传真：0543－2809488
邮箱：13181035689@163.com
产品：文化用纸、无碳复印纸、彩色胶版纸

奥斯龙明士克复合纤维（滨州）有限公司
（原山东普瑞富尔特纸业有限公司）
山东省滨州市黄河五路 209 号
邮编：256606
电话：0543－5168242、13854348016
传真：0543－3402207
网址：www.ahlstrom.com
邮箱：13854348016@126.com
产品：汽车滤纸、商标纸、扑克牌纸、不干胶纸、瓦楞原纸

邹平县宏阳纸业有限公司
山东省滨州市邹平县长山镇魏桥铝深加工产业园
电话：0543－8131068
邮箱：864318174@qq.com
产品：双胶纸、静电纸、轻型纸、纯质纸、特种纸

菏泽市

菏泽市宏泰纸业有限公司
山东省菏泽市牡丹区黄罡镇侯集工业园
邮编：274000
电话：0530－5660486、4001053068、13805308036
传真：0530－5663262
网站：www.sdhzhtzy.com
邮箱：htzy688@126.com
产品：文化用纸

菏泽牡丹纸业有限公司
山东省菏泽市牡丹区黄罡工业园
邮编：274000

电话：0530 – 5660775、15990956655
传真：0530 – 5663618
邮箱：zhenhai@ chinaacc. com
产品：生活用纸

河　南　省

郑州市

新密市恒丰纸业有限公司
河南省新密市大隗镇铁匠沟村
邮编：452383
电话：0371 – 69288961、60883058
传真：0371 – 69288516
邮箱：hengfengzhiye@ 163. com
产品：瓦楞原纸、箱纸板

郑州华丰工贸纸业有限公司
河南省新密市大隗镇铁匠沟村工业区
邮编：450000
电话：0371 – 69275169、69272139
传真：0371 – 69272139
网址：www. zzhfgm. cn
邮箱：gongmao@ 126. com
产品：瓦楞原纸、箱纸板

郑州永光纸业有限公司
河南省郑州市大隗镇观砦村罗湾工业区
邮编：452383
电话：0371 – 69276199、69271175
传真：0371 – 69276199
邮箱：317955408@ qq. com
产品：瓦楞原纸、箱纸板

河南省新密市宏远纸业有限公司
河南省郑州市大隗镇观砦村
邮编：452383
电话：0371 – 69288556、69288501
传真：0371 – 69288559
邮箱：xmshyzy390@ 163. com
产品：箱纸板

郑州康华纸业有限公司
河南省新密市大隗镇进化村
邮编：452383
电话：0371 – 69288698、69271138
传真：0371 – 69288699
邮箱：2225423031@ qq. com
产品：瓦楞原纸

郑州浦发纸业有限公司
河南省新密市大隗镇
邮编：452382
电话：0371 – 63152338、13938293838
邮箱：415862040@ qq. com
产品：瓦楞原纸、箱纸板

新密市荣昌纸业有限公司
河南省新密市来集镇苏寨村
邮编：452370
电话：13633833228
邮箱：1377249120@ qq. com
产品：瓦楞原纸、箱纸板

新密市汇丰纸业有限公司
河南省新密市苟堂镇小刘寨村巴家岗
邮编：452384
电话：0371 – 69252809
邮箱：724709808qq. com
产品：特种纸

新密市东盛纸业有限责任公司
河南省新密市矿区新华路办事处杨砦村
邮编：452370
电话：0371 – 69786302
邮箱：dfz672613@ 163. com
产品：高强瓦楞原纸、涂布白纸板

郑州复兴纸业有限公司
河南省登封市卢店镇唐庄工业区
邮编：452472
电话：0371 – 62990168、13838263555
传真：0371 – 62990666
网址：www. fuxingzhiye. com
邮箱：965581138@ qq. com
产品：白纸板、箱纸板

郑州东盛纸业有限公司
河南省郑州市中牟县城关镇青年路东段
邮编：451450
电话：0371 – 62184772
传真：0371 – 62193066
邮箱：863708869@ qq. com
产品：生活用纸

河南银鸽工贸有限公司
（原舞阳银鸽纸产有限公司）
河南省郑州市舞阳县舞泉镇张家港路中段
邮编：450000
电话：0395－5615512、5615560
产品：纸张、纸浆及其深加工

大河纸业有限公司
河南省郑州市金水区农业路东 41 号
邮编：450008
电话：0371－69515191
传真：0371－69518694
网址：www. dahepaper. com
邮箱：shichangbu@ dahepaper. com
产品：胶版纸、书写纸、微涂纸、静电复印原纸、热敏原纸、铸涂原纸

郑州东淼纸业有限公司
河南省新密市郑州市大隗镇黄湾寨村寨西
邮编：452383
电话：0371－69382698
邮箱：1766758919@ qq. com
产品：箱板纸、瓦楞纸、再生纸、涂布纸、白板纸、卫生纸的生产、销售

洛阳市

偃师市博毅纸业有限公司
河南省偃师市偃登路
邮编：471943
电话：0379－67798566、13937986188
邮箱：1152297491@ qq. com
产品：生活用纸

洛阳市洁达纸业有限公司
河南省偃师市首阳山镇
邮编：471943
电话：0379－67558819
邮箱：ysjieda@ 126. com
产品：生活用纸

偃师市首阳山第二卫生纸厂
河南省偃师市首阳山街道办事处前纸庄村
邮编：471943
电话：0379－67557919、13938869716
邮箱：13938869716@ qq. com
产品：生活用纸

平顶山市

舞钢市海明纸业有限责任公司
河南省舞钢市安寨路 1 号
邮编：462512
电话：0375－8388005、8388319
传真：0375－8388868
邮箱：hmzy2018@ 126. com
产品：文化用纸

河南中峰集团纸业有限公司
河南省平顶山市湛河区南环路中段三和电厂院内
邮编：462512
电话：0375－7300020
邮箱：1787369438@ qq. com
产品：箱纸板

舞钢市群望纸板有限公司
河南省舞钢市八台镇人民西路
邮编：462500
电话：13837560968、18837506635
产品：包装纸板

安阳市

滑县光明纸业股份有限公司
河南省安阳市滑县道口镇道康路 59 号
邮编：456400
电话：0372－8133399
邮箱：ssc13937268425@ sina. com
产品：水果套袋纸

林州市实验纸业销售有限公司
河南省林州市茶店贝村
邮编：456574
电话：0372－6741193、18303827322
邮箱：18303827322@ 163. com
产品：再生纸

林州市众乐包装食品有限公司造纸厂
河南省林州市临淇镇东淇河桥西
邮编：456550
电话：13569010056
邮箱：1299059008@ qq. com
产品：瓦楞原纸

鹤壁市

河南博民纸业加工有限公司
河南省鹤壁市淇县铁西工业路中段北侧
邮编：456750
电话：0392－7275891
传真：0392－7275888
邮箱：ruizhou2006@163. com
产品：生活用纸

鹤壁瑞洲纸业有限公司
河南省鹤壁市淇县铁西区工业路66号
邮编：456750
电话：0392－7277188
传真：0392－7277000
邮箱：ruizhou2006@163. com
产品：无碳复写纸、生活用纸

鹤壁市愿协纸业有限公司
河南省鹤壁市山城区东环路故县村南
邮编：456750
电话：0392－2438888、2431388
邮箱：44541571@qq. com
产品：无碳复写纸、生活用纸

新乡市

河南新乡鸿泰纸业有限公司
河南省新乡市经济开发区鸿泰大道168号
邮编：453700
电话：0373－5580219、5584623
传真：0373－5586269
网址：www. htzygroup. com
邮箱：htzy1@126. com
产品：文化用纸、无碳复写纸

河南兴泰纸业有限公司
河南省新乡市经济开发区黄河大道中段
邮编：453731
电话：0373－5635586
传真：0373－5634908
邮箱：630950458@qq. com
产品：文化用纸、白纸板

河南省奥博纸业有限公司
河南省新乡市辉县市赵固乡奥博工业园
邮编：453633
电话：0373－6956951、6955976
传真：0373－6955561
邮箱：hnabo@126. com
产品：无碳复写原纸、生活用纸

新乡新亚纸业集团股份有限公司
河南省新乡市新乡纸制品工业园(107国道686公里处)
邮编：453731
电话：0373－5681188、5680286
传真：0373－5699888
网址：www. xinyapaper. com
邮箱：xinyapaper@163. com
产品：包装用纸、文化用纸、生活用纸

河南天邦集团纸业有限公司
河南省新乡市辉县市产业集聚区城西园区
邮编：453613
电话：0373－6855766
传真：0373－6855333
邮箱：henantianbang@163. com
产品：高档双胶纸、静电复印纸、特种纸

新乡市嘉禾文化用品有限公司
河南省新乡市凤泉区新秀路中段
邮编：453012
电话：0373－5420769、13598691435
传真：0373－5420769
网址：www. xxjhzy. cn
邮箱：820511731@qq. com
产品：无碳复写纸、复印纸

新乡市腾飞纸业有限公司
河南省新乡市获嘉县城东楼村路口向南100米路西
邮编：453800
电话：0373－4899966、18537332618
传真：0373－4778299
网址：www. xxtfzy. com
邮箱：tengfeizhjye@126. com
产品：高档无碳复写纸、双胶纸、离型原纸

河南亨利实业集团有限责任公司
河南省新乡市辉县市东二环北段
邮编：453600
电话：0373－6897666
传真：0373－6898999
网址：www. xxhengli. com
邮箱：xxhengli@126. com
产品：生产施胶高强瓦楞原纸

新乡市开源纸业有限公司
河南省新乡市七里营镇刘店村
电话：0373－5682823、13703734619
传真：0373－5682869
网址：www. xxkyzy. com
邮箱：2573570131@ qq. com
生产：各种高、中、低档无碳复写纸

辉县市兆丰纸业有限公司
河南省新乡市辉县市赵固乡小岗村东 6 号
邮编：453633
电话：13839138098
产品：无碳复写原纸、双胶纸、包装纸、生活用纸、热敏原纸、热转印原纸、特种纸及纸制品加工、销售

新乡市鸿翔纸业有限公司
河南省新乡市古固寨镇古固寨村东
邮编：453700
电话：0373－5753912、5751153
传真：0373－5750452
网址：www. xxxhxpaper. com
邮箱：2786473166@ qq. com
产品：阻燃纸和各种型号高强度瓦楞原纸

焦作市

河南江河纸业股份有限公司
河南省焦作市武陟县文化路 555 号
邮编：454950
电话：0391－7268383、7268153
传真：0391－7268991
网址：www. jianghe. com
邮箱：jianghe-1@ jianghe. com
产品：无碳复写纸、无碳复写原纸、文化用纸

焦作瑞丰纸业有限公司
河南省焦作市武陟县迎宾大道 175 号
邮编：454950
电话：0391－7268809、7268650、7268710
传真：0391－7268605、7268176
网址：www. ruifengpaper. com
邮箱：jzrfzy@ 163. com
产品：化学机械浆

河南华丰纸业有限公司
河南省焦作市武陟县西滑封工业区
邮编：454981
电话：0391－7566939、7565880
产品：文化用纸、生活用纸

河南天虹纸业有限责任公司
河南省孟州市黄河大道东段
邮编：454750
电话：0391－8571688、13938159059
传真：0391－8571688
网址：www. tianhongzhiye. com
邮箱：327027079@ qq. com
产品：新闻纸

河南永威安防股份有限公司
河南省沁阳市西向镇虎子村
邮编：454591
电话：0391－2103500
传真：0391－2103520
网址：www. yongwei. net
邮箱：info@ yongwei. net、vip@ yongwei. net
产品：特种纸、装饰板

沁阳市盛兴纸业有限公司
河南省沁阳市灯塔街
邮编：454550
电话：0391－5622550、13503912255
邮箱：35561435@ qq. com
产品：高强瓦楞原纸、特种纸

沁阳市景瑞纸业有限公司
河南省沁阳市香港街 1 号
邮编：454550
电话：0391－5611697、5618258
产品：高档生活用纸

沁阳市宏涛纸业有限公司
河南省沁阳市西向镇洪道村
邮编：454591
电话：0391－5098558、13939122687
邮箱：qyhtzy123@ 163. com
产品：生活用纸

沁阳市联盟纸业有限公司
河南省沁阳市沁圆办事处联盟街
邮编：454550
电话：0391－5690019、13782704935
邮箱：lmzygs2009@ 163. com
产品：瓦楞原纸

河南双马纸品包装有限公司
河南省沁阳市沁北产业集聚区
邮编：454562
电话：0391－5970538、5970515
传真：0391－5970539、5970519
网址：www. henanshuangma. com
邮箱：henanshuangma@ 163. com
产品：箱纸板、瓦楞原纸

武陟县三丰纸业有限公司
河南省沁阳市武陟县西陶镇陶封工业区
邮编：454900
电话：0391－7568618、13598517358
传真：0391－7565880
网址：www. sanfengpaper. cn
邮箱：978925297@ qq. com
产品：无碳原纸、无碳卷筒、电脑打印纸、彩色双胶纸、彩色静电纸、马克笔纸、素描纸、超压纸、果袋纸、热升华转印纸、灰泥浆板等

濮阳市

濮阳龙丰纸业有限公司
河南省濮阳市胜利西路西段
邮编：457000
电话：0393－8990895、8912388
传真：0393－8961906
网址：www. lfpaper. com
邮箱：lfzy@ dahepaper. com
产品：漂白杨木化学机械浆、高档文化用纸

河南省民通华瑞纸业有限公司
河南省濮阳市台前县产业集聚区凤台大道中段路北电商产业园
邮编：457600
电话：0393－2733777、2733888
邮箱：bnmintong@ 126. com
产品：轻型纸

濮阳市通宇纸业有限公司
河南省濮阳市范县王楼工贸示范区
邮编：457500
电话：0393－5977888、5972369、13931518986
传真：0393－5977999
邮箱：pytyzy@ 163. com
产品：文化用纸、生活用纸

许昌市

河南飞达技术产业股份有限公司
（原河南飞达纸业有限公司）
河南省许昌市许昌县河街工业园
邮编：461105
电话：0374－5668188、5666666
传真：0374－5668888
网址：www. fdgroup. com. cn
邮箱：fdgroup@ 126. com
产品：白纸板、高强瓦楞原纸

河南毅联再生资源科技有限公司
（原河南宏伟再生资源科技股份有限公司）
河南省许昌市魏都区北外环路中段北侧
邮编：461000
电话：0374－7386698
邮箱：jianminxc@ 163. com
产品：再生箱板纸及其制品的生产、加工、销售

漯河市

漯河银鸽实业集团有限公司
河南银鸽实业投资股份有限公司
河南省漯河市人民东路与中山路交叉口
邮编：462000
电话：0395－5615519、5615569
传真：0395－5615583、5615569
网址：www. yinge. com. cn
邮箱：yinge@ yinge. com. cn
产品：双面胶版纸、静电复印纸、书写纸、电脑打印纸、水果套袋纸、低定量涂布纸、口杯纸、字典纸、铝箔衬纸、防伪票据纸、书写纸

漯河市银凤纸业有限公司
河南省漯河市裴城镇苏侯村
邮编：462043
电话：0395－6955241
邮箱：yinfeng288@ tom. com
产品：双胶纸、书写纸、彩色纸、卫生纸

漯河银鸽特种纸有限公司
河南省漯河市中山路银鸽第二生产基地
邮编：462005
电话：0395－2355599
传真：0395－2355117
网址：www. yinge. com. cn

邮箱：cswyaaa@139. com
产品：无碳复写原纸、离型纸原纸、格拉辛离型原纸、嘴棒成型纸

漯河银鸽生活纸产有限公司
河南省漯河市召陵区阳山路
电话：0395－5615961
网址：www. yingeshenghuozhi. 1688. com
邮箱：452200587@qq. com
产品：纸、纸制品、纸浆板、尿布、尿裤、湿巾、第一类医疗器械，一次性医用护理垫的生产、销售

南阳市

河南仙鹤特种浆纸有限公司
河南省南阳市内乡县湍东工业园区
邮编：474350
电话：0377－65317785、60939188
传真：0377－65313171、60939188
网址：www. nxxhzy. com
邮箱：neixiangxh@126. com
产品：特种纸、麦草浆板

新野方正纸业有限公司
河南省南阳市新野县产业集聚区(西区)
邮编：473511
电话：0377－66381097、13837761398
传真：0377－66381098
产品：生活用纸

邓州市一鑫实业有限公司
河南省邓州市穰东镇
邮编：474165
电话：0377－62983589
邮箱：3357718820@qq. com
产品：文化用纸

邓州市老廷实业有限公司
河南省邓州市构林镇邓襄路58号
邮编：474172
电话：0377－62637168
邮箱：13193692288@163. com
产品：文化用纸

南阳市忆远昌纸业有限公司
河南省南阳市卧龙区龙凤路丁奉店
邮编：473000
电话：0377－66199992、13303772288
传真：0377－66199992
网址：www. nyyyc. cn
邮箱：2651951896@qq. com
产品：水转印纸

邓州市华鑫纸业有限公司
河南省邓州市构林镇邓襄路58号
邮编：474172
电话：0377－62828777、62637978、62637258
网址：www. huaxinzhiye. com
邮箱：13937700388@139. com
产品：文化用纸、书画纸、电容器纸专用纤维板、再生烟草薄片专用纤维板等特种纸、木质素

河南康倍宝纸业有限公司
河南省南阳市唐河县产业集聚区工业路中段260号
邮编：473400
电话：13037696080
邮箱：353804786@qq. com
产品：生产销售原纸、生活用纸、纸尿裤、工业纸板、纸箱

商丘市

虞城县泰乐纸业有限公司
河南省商丘市虞城县城关镇东环路南段
邮编：476300
电话：0370－3028888、13663702804
产品：纱管纸

周口市

河南省龙源纸业股份有限公司
河南省周口市太康县西二环路工业区
邮编：461400
电话：0394－6915906
传真：0394－6915908
网址：www. hnlyzy. com
邮箱：ly6915905@163. com
产品：瓦楞原纸

河南护理佳纸业有限公司
河南省周口市鹿邑县产业集聚区迎宾大道西侧
邮编：477200
电话：0394－7490998
传真：0394－7491168

网址：www. hulijia. com
产品：生活用纸

驻马店市

驻马店市白云纸业有限公司
河南省驻马店市遂平县工人路 14 号
邮编：463100
电话：0396 – 4902206、4902211、4902218
传真：0396 – 4902331
网址：www. baiyunpaper. com
邮箱：byzy@ dahepaper. com
产品：书写印刷纸

河南华兴纸业有限公司
（原西平县兴华综合纸业有限公司）
河南省驻马店市西平县环城乡芳庄村
邮编：463900
电话：0396 – 6200888、13903965028
邮箱：xpxhzy@ 163. com
产品：生活用纸

河南金桂特纸科技有限公司
河南省驻马店市泌阳县工业集聚区
邮编：463700
电话：0396 – 8111161、18639609588
邮箱：18639609588@ qq. com
产品：经纬复合纸

济源市

济源市腾盛纸业有限公司
河南省济源市轵城工业园区
邮编：454672
电话：0391 – 6081666
传真：0391 – 6095666
邮箱：jystszy@ 163. com
产品：麦草浆

河南顺捷科技环保有限公司
河南省济源市轵城镇西轵城村西
邮编：459005
电话：0391 – 6088001、6088111、6088077
网址：www. hnsjhbkj. cn
产品：高强瓦楞原纸、再生纸技术研发

湖　北　省

武汉市

大枫纸业集团股份有限公司
湖北省武汉市东西湖区吴家山六顺路大枫工业园
邮编：430040
电话：027 – 83226272
传真：027 – 83223133
网址：www. max365. com
邮箱：whmaxleafwlb@ 163. com
产品：书写纸、双胶纸、静电复印原纸、特种彩色纸

武汉晨鸣汉阳纸业有限公司
湖北省武汉市经济技术开发区神农大道 33 号
邮编：430057
电话：027 – 84894245
传真：027 – 84896241
网址：www. whcmhy. com
邮箱：whcm@ whcmhy. com
产品：书写纸、胶版印刷纸、新闻纸、铜版原纸、静电复印原纸、铸涂原纸、轻型纸

武汉市中兴纸制品有限公司
湖北省武汉市江岸路特 1 号
邮编：430011
电话：027 – 82313846
邮箱：whzhongxing@ 163. com
产品：纸板

湖北烟草民意纸业有限公司
湖北省武汉市汉阳区黄金口工业园金砖路 8 号
邮编：430051
电话：027 – 84874713、13871117520
传真：027 – 84874713
网址：www. minyizy. com
邮箱：741780137@ qq. com
产品：水松纸

武汉金凤凰纸业有限公司
湖北省武汉市江夏区金口工业园
邮编：430209
电话：027 – 87987777、87988111、87988222
传真：027 – 87987779
网址：www. whgpp. com
邮箱：whgpp@ 163. com、whgpp123@ 126. com
产品：A 级高强瓦楞原纸

武汉木兰汉北集团有限公司
（原武汉市木兰纸业有限公司）
湖北省武汉市黄陂区滠口经济开发区关山工业园
邮编：430311
电话：027－61864818、61864815
传真：027－61862801
网址：www. whmlpaper. com
邮箱：whmlpaper@163. com
产品：高强瓦楞原纸

湖北易立科技集团股份有限公司
（原湖北易立科技股份有限公司）
湖北省武汉市洪山区卓刀泉路 71 号
邮编：431000
电话：027－87198349
邮箱：278446875@qq. com
产品：特种纸及纸板

黄石市

黄石帅伦纸业有限公司
湖北省黄石市黄石大道 105 号
邮编：435001
电话：0714－6412402
邮箱：1073272083@qq. com
产品：双胶纸、胶印书刊纸、装饰板底衬纸、口杯原纸

宜昌市

湖北宜昌翔陵纸制品有限公司
湖北省宜昌市夷陵区龙泉镇钟家畈创业园
邮编：443112
电话：0717－7788606、4001198826
传真：0717－7788166
网址：www. hbycxlzy. com
邮箱：xlzy@163. com、hbycxlzy@163. com
产品：单面白纸板、箱纸板、瓦楞原纸、纱管纸、灰纸板

湖北舒云纸业有限公司
湖北省宜昌市猇亭大道 438 号
邮编：443007
电话：0717－6536742、6536099
邮箱：zhangjiahua－001@163. com
产品：生活用纸

湖北宝塔纸业有限公司
湖北省宜昌市猇亭工业园
邮编：443007
电话：0717－6917272、6917288
传真：0717－6917298
网址：www. baota-paper. com
邮箱：hbycbt@126. com
产品：新闻纸、双胶纸、书写纸

湖北金庄科技再生资源有限公司
湖北省当阳市玉阳办事处三里港村六组
邮编：444100
电话：0717－3331208
网址：www. hbjzkj. cn
邮箱：2257756528@qq. com
产品：高强瓦楞纸

湖北长江汇丰纸业有限公司
湖北省宜都市红花套镇周家河村
邮编：443302
电话：0717－4646003、15871566901
传真：0717－4649190
网址：www. hbcjhf. com
邮箱：476865497@qq. com、360303768@qq. com
产品：白板纸

宜昌宏图纸业有限公司
湖北省宜昌市枝江市安福寺镇玛瑙河大道 2 号
邮编：443200
电话：0717－4338912、4338906
网址：www. hongtupaper. com
邮箱：1462314836@qq. com
产品：新型复合纸板

湖北城东再生资源科技发展有限公司
湖北省宜昌市夷陵区鸦鹊岭镇白河村
邮编：443113
电话：0717－7743688
邮箱：362474393@qq. com
产品：瓦楞原纸

湖北宝塔沛博循环科技有限公司
（原湖北宝塔纸业有限公司）
湖北省宜昌市猇亭区长江路 6 号
邮编：443007
电话：0717－6917288
网址：www. baota-paper. com
邮箱：286274347@qq. com

产品：新闻纸、未涂布书写纸

湖北鑫物再生资源科技发展有限公司
湖北省枝江市马家店双寿桥路
邮编：443200
电话：0717－4262045
邮箱：317094812@qq.com
产品：瓦楞原纸

湖北金民纤维材料科技有限公司
湖北省宜昌市秭归县茅坪镇九里村
邮编：443600
电话：0717－2862918
邮箱：dalizp@163.com
产品：新闻纸、未涂布书写纸

襄樊市

湖北华海纤维科技股份有限公司
湖北省襄樊市南漳县城关镇便河路1号附1号
邮编：441500
电话：0710－5250358、5231705
传真：0710－5250398、5250386
网址：www.huahaizhiye.com.cn
邮箱：hhzy2011@126.com
产品：文化用纸

襄樊百灵纸业有限公司
湖北省襄樊市樊城区建设路53号
邮编：441002
电话：0710－3223408
产品：文化用纸、铜版原纸、低定量食品包装原纸

孝感市

中顺洁柔（湖北）纸业有限公司
湖北省孝感市107国道八一大桥旁
邮编：432122
电话：0712－2515566
传真：0712－2515508
网址：www.zhongshungroup.com
产品：生活用纸

金凤凰纸业（孝感）有限公司
湖北省孝感市孝南经济开发区孝武大道612号
邮编：432020
电话：0712－2366973、13807130389
产品：高强瓦楞原纸

湖北森源纸业有限公司
湖北省孝感市孝南区东山头农场沦河咀村
邮编：432018
电话：0712－2584268
邮箱：1243316046@qq.com
产品：瓦楞原纸、口杯原纸

金红叶纸业（湖北）有限公司
湖北省孝感市孝南经济开发区孝武路468号
邮编：432100
电话：0712－2877492、2115801
网址：www.ghy.com.cn
邮箱：zhoulibo@ghy.com.cn
产品：生活用纸

维达护理用品（中国）有限公司
湖北省孝感市湖北孝南经济开发区316国道复线
邮编：432100
电话：0712－2519091
邮箱：li.j@vinda.com
产品：生活用纸

湖北丽邦纸业有限公司
湖北省孝感市孝南经济开发区高新技术园区（同享路与宏德路交汇处）
邮编：432100
电话：0712－2557666、15731233333
邮箱：291409662@qq.com
产品：生活用纸

荆州市

湖北省公安县龙腾纸业有限公司
湖北省荆州市公安县藕池镇中山路229号
邮编：434305
电话：0716－5716918
传真：0716－5716918
邮箱：1130424175@qq.com
产品：牛皮箱纸板

监利大枫纸业有限公司
湖北省荆州市监利县容城镇沿江路41号
邮编：433300
电话：0716－3287457、13995687055
传真：0716－3275119
邮箱：1079005608@qq.com
产品：胶印书刊纸、书写纸、双面胶版纸、水松纸

湖北骏马纸业有限公司
湖北省荆州市荆州区拍马工业园
邮编：434034
电话：0716－8417168
传真：0716－8417039
网址：www. paimapapergroup. com
邮箱：95352493@ qq. com
产品：涂布白卡纸(烟卡纸)

湖北惠强纸业有限公司
(原湖北秦楚纸业有限公司)
湖北省荆州市公安县青吉工业园孱陵大道 673 号
邮编：434300
电话：0716－5393557、15399059511
邮箱：3048212389@ qq. com
产品：涂布白纸板

山鹰华中纸业有限公司
湖北省荆州市公安县青吉工业园友谊东路以南、观绿路以东、疏港公路以西
邮编：434300
电话：0716－5113886
网址：www. shanyingintl. com
产品：纸板、瓦楞原纸、箱纸板、生活用纸的生产，固体废物治理，废水处理

荆州市骏树纸业有限公司
湖北省荆州市荆州区纪南镇拍马村拍马工业园
邮编：434000
电话：0716－8113980
传真：0716－8456980
邮箱：814903489@ qq. com
产品：淋膜原纸、卷管原纸、吸水纸、文件夹纸、订做各种规格特种纸

湖北荣成再生科技有限公司
湖北省荆州市松滋市临港工业园疏港大道中段
邮编：434200
电话：0716－6790888
网址：www. longchenpaper. com
邮箱：q5420@ longchenpaper. com
产品：资源回收及再生利用、生产高档纸及纸板

湖北拍马纸业股份有限公司
湖北省荆州市荆州区拍马工业园
邮编：434000
电话：0716－8416256、13972123677
邮箱：zzh-1973@ 163. com
产品：白板纸、白卡纸等

监利大枫纸业有限公司
湖北省荆州市监利县容城镇沿江路 41 号
邮编：433300
电话：0716－3320637、13995687055
邮箱：1079005608@ qq. com
产品：未涂布印刷书写纸

湖北祥兴纸业科技有限公司
湖北省荆州市监利县白螺镇工农村
邮编：433332
电话：0716－3184567、13627176333
邮箱：guoguihua999@ 126. com
产品：包装用纸

黄冈市

蕲春县永昌万利造纸厂
湖北省黄冈市蕲春县蕲州镇蕲州打鼓台
邮编：436315
电话：0713－7511569、15335990076
传真：0713－7511852
邮箱：112465321@ qq. com
产品：染色压纹原纸、色卡纸、喷墨打印纸、高光相纸

黄冈晨鸣浆纸有限公司
湖北省黄冈市黄州区沿江大道特 1 号
邮编：438000
电话：0713－8877388　8877320
网址：www. hgchenming. com
邮箱：hgcm8877388@ 163. com
产品：化学浆

随州市

湖北雅都恒兴纸业有限公司
湖北省广水市广水沿河大道特 1 号
邮编：432721
电话：0722－6495555、18771419272
传真：0722－6494666
网址：www. whyadu. com
邮箱：28229572@ qq. com
产品：A 级高强瓦楞原纸

随州市兴丰源纸业有限责任公司
湖北省随州市淅河镇青春村 1 组
邮编：441326
电话：0722－4510125、4510539
传真：0722－4510539

邮箱：1046628857@qq.com
产品：B、C、D 级箱纸板和瓦楞原纸

襄阳市

湖北金赞阳纸业有限公司
湖北省襄阳市老河口市循环工业经济园
邮编：441800
电话：0710－8206686
邮箱：460675782@qq.com
产品：挂面纸、高强瓦楞原纸、高级箱纸板

湖北广发纸业有限公司
湖北省襄阳市宜城经济开发区宋玉三路
邮编：441400
电话：0710－4900237、18727172939
邮箱：517417261@qq.com
产品：瓦楞原纸

恩施土家族苗族自治州

恩施市锦华纸业有限责任公司
湖北省恩施市土家族苗族自治州巴公路 30 号
邮编：445000
电话：0718－8200925、8200569
传真：0718－8200924
邮箱：771962687@qq.com
产品：卷烟纸、成型纸、卫生纸

荆门市

湖北应强环保科技有限公司
（原钟祥市应强纸业有限公司）
湖北省钟祥市官庄湖农场丁畈队
邮编：431904
电话：0724－4376052、13797901946
邮箱：624628402@qq.com
产品：瓦楞原纸

咸宁市

赤壁晨力纸业有限公司
湖北省咸宁市赤壁市莼川大道 228 号
邮编：437300
电话：0715－5269608、5269601
邮箱：552175625@qq.com
产品：未涂布印刷书写纸

仙桃市

湖北盛大纸业有限公司
湖北省仙桃市张沟镇友谊路南侧 1 幢
邮编：433000
电话：0728－8236696、8236868
网址：www.sdpaper.com
邮箱：323201737@qq.com
产品：瓦楞原纸

湖　南　省

长沙市

泰格林纸集团股份有限公司
（原湖南泰格林纸集团股份有限公司）
湖南省长沙市经济技术开发区东升路 48 号
邮编：410100
电话：0731－84025555
传真：0731－84025555
网址：www.tigerfp.com
产品：胶印书刊纸、轻涂纸、新闻纸

长沙市诗玉纸业有限公司
湖南省长沙市天心区友谊路 55 号星语林名园 6 栋 4－1007 室
邮编：410004
电话：0731－82287277、18932437667
邮箱：582300032@qq.com
产品：印刷拷贝纸

湖南飞翔纸品有限公司
湖南省长沙市芙蓉区亚大路 105 号
邮编：410125
电话：0731－84671127、84671128
邮箱：feixiangzhip@163.com
产品：白卡纸、片烟纸

湖南绿洲浆纸有限公司
湖南省长沙市芙蓉中路新时代广场
邮编：410000
电话：0731－84213811、84214881
传真：0731－84213811
邮箱：281069327@qq.com
产品：牛皮纸、红色半透明纸

浏阳市晨鸣纸业有限公司
湖南省浏阳市大瑶镇天和社区
邮编：410312
电话：0731－83812059
产品：箱纸板、牛皮纸

浏阳市宏鑫福利造纸厂
湖南省浏阳市枨冲镇才常村
邮编：410310
电话：0731－83741588、13786182014
产品：花炮纸

浏阳市中旺纸业有限公司
湖南省浏阳市金刚镇新星村
邮编：410181
电话：0731－83890076、83628666
传真：0731－83628666
产品：鞭炮纸

浏阳市大瑶镇东宇福利造纸厂（普通合伙）
湖南省浏阳市大瑶镇工业园
邮编：410312
电话：0731－83801297
邮箱：195972938@qq.com
产品：鞭炮纸

浏阳市宏源造纸厂（普通合伙）
湖南省浏阳市太平桥镇宏源村
邮编：410317
电话：0731－83744709
产品：竹胶板复合纸

浏阳市文家市星华纸厂（普通合伙）
湖南省浏阳市文家市镇永丰村
邮编：410000
电话：0731－83772098
邮箱：6029951122@qq.com
产品：机制纸

浏阳市连心造纸厂
湖南省浏阳市大瑶镇瑶礼路
邮编：410300
电话：0731－83801978
传真：0731－83801978
产品：高强瓦楞原纸、黄纸板

浏阳市九玖纸业有限公司
湖南省浏阳市大瑶镇工业园
邮编：410000
电话：0731－83805399、13787289886
传真：0731－83805299
产品：高强瓦楞原纸、烟花纸、油粘原纸

湖南省恒辉纸业包装有限公司
湖南省长沙市宁乡县城郊纸业园
邮编：410624
电话：0731－87809218
传真：0731－87809218
产品：瓦楞原纸

湖南恒瀚高新技术有限公司
湖南省长沙市宁乡县经济开发区城郊纸业园
邮编：410600
电话：0731－88981896、15111167980
传真：0731－87859217
邮箱：13874889645@qq.com
产品：涂布纸、热敏纸、无碳复写纸

浏阳市天和纸业有限公司
湖南省浏阳市大瑶镇造纸工业基地
邮编：410312
电话：0731－83800361、83805528
邮箱：356232683@qq.com
产品：高档涂布白纸板

浏阳市铭丰纸业有限公司
湖南省浏阳市大瑶镇花炮原材料产业基地
邮编：410312
电话：0731－83802436
邮箱：516906991@qq.com
产品：瓦楞原纸、纱管纸

湘潭市

湖南雪松纸制品有限公司
湖南省湘潭市建设中路7号
邮编：411104
电话：0731－58527581、13707329900
传真：0731－58527581
产品：生活用纸、一次性抹布、纸杯等

湖南省造纸研究所有限公司
湖南省湘潭市建设中路7号
邮编：411104
电话：0731－57816249

传真：0731－57816249
网址：www. bpxc. cn
邮箱：sales@ bpxc. cn
产品：工业涂布纸、压纹名片纸、特种工业用纸

衡阳市

衡山新金龙纸业有限公司
湖南省衡阳市衡山县开云镇金龙工业园青山路
邮编：421300
电话：0734－2857888
传真：0734－2856777
产品：高强瓦楞原纸、环保 T 纸、纸管原纸

邵阳市

绥宁县宝庆联纸有限公司
湖南省邵阳市绥宁县长铺路工业路 98 号
邮编：422600
电话：0739－7611455、7611234
传真：0739－7616616、7600276
产品：纸袋纸、绝缘纸板

城步苗族自治县银河纸业有限责任公司
湖南省邵阳市城步茅坪镇湘商产业园区
邮编：422500
电话：0739－7365999
传真：0739－7365999
网址：www. cbyhzy. com
邮箱：835110722@ qq. com
产品：机制纸及纸板、竹木浆

新邵大源纸业有限公司
湖南省邵阳市新邵县酿溪镇新阳路 398 号
邮编：422900
电话：0739－3600977、13975992488
邮箱：908822808@ qq. com
产品：书写纸、烟花纸

绥宁县天成造纸有限公司
湖南省邵阳市绥宁县城工业路 101 号
邮编：422600
电话：0739－7612526、13807399546
传真：0739－7612526
网址：www. sntczy. com
产品：红色半透明纸等

湖南广信科技股份有限公司
（原湖南广信电工科技股份有限公司）
湖南省邵阳市新邵县酿溪镇东西路 8 号
邮编：422900
电话：0739－3603366、3600756、3601566
传真：0739－3603966

新邵德信绝缘纸板有限公司
湖南省邵阳市新邵县酿溪镇大坪经济开发区广信路 1 号
电话：0739－3181679、3681577
网址：www. hngxtech. com
产品：电绝缘纸板

湖南湘丰特种纸业有限公司
湖南省邵阳市隆回县城东南工业园区
邮编：422206
电话：0739－8187993、8187800
传真：0739－8247998
产品：卷烟纸

隆回县祁都纸业有限公司
湖南省邵阳市隆回县六都察镇工业小区
邮编：422204
电话：0739－8734227
传真：0739－8733927
邮箱：2488997356@ qq. com
产品：双面拷贝纸、单面拷贝纸

湖南飞页纸业有限公司
湖南省邵阳市洞口县山门镇大正街 1 号
邮编：422317
电话：0739－7240047、13874217972
网址：www. hnfyzygs. com
邮箱：602436468@ qq. com
产品：再生纸

邵东县黄桥造纸厂
湖南省邵阳市邵东县黑田铺乡
邮编：422000
电话：0739－2123555
产品：玻璃卡纸

新宁县先锋纸业有限公司
（原八达纸厂）
湖南省邵阳市新宁县金石镇观双瀑桥头
邮编：422000
电话：0739－4810243

产品：拷贝纸

新邵县金龙纸业有限责任公司
湖南省邵阳市新邵县酿溪镇雷家坳社区 2 组
邮编：422900
电话：0739－3608085、17775667677
邮箱：270197966@ qq. com
产品：半透明纸、书写纸

岳阳市

岳阳林纸股份有限公司
湖南省岳阳市城陵矶
邮编：414002
电话：0730－8590563、8590247
传真：0730－8560335、8561262
网址：www. yypaper. com
产品：低定量涂布纸、胶印新闻纸、轻型印刷纸、颜料整饰胶版纸、牛皮纸

岳阳华丰纸业有限公司
湖南省岳阳市筻口镇双港村
邮编：414113
电话：0730－7370232、13975062228
产品：挂面纸

汨罗市环宇再生资源有限公司
湖南省汨罗市智峰乡
邮编：414409
电话：0730－5880888
传真：0730－5880888
产品：瓦楞原纸、箱纸板

岳阳丰利纸业有限公司
湖南省岳阳市鹿角镇
邮编：414107
电话：0730－7862085
经营：纸张、浆板制造及产品销售

常德市

湖南恒安纸业有限公司
湖南恒安生活用纸有限公司
恒安(湖南)心相印纸业有限公司
湖南省常德市德山开发区桃林路
邮编：415001
电话：0736－7300038
传真：0736－7300339
邮箱：408763909@ qq. com
产品：生活用纸、卫生纸

湖南雪丽造纸有限公司
湖南省常德市津市襄窑路 301 号
邮编：415400
电话：0736－4212801
传真：0736－4212619
产品：静电复印纸、双胶纸

湖南华耀浆纸有限公司
湖南省常德市德山沿河路 1 号
邮编：415001
电话：0736－7312763
传真：0736－7312819
产品：双胶纸

湖南中冶美隆纸业有限公司
湖南省常德市西洞庭管理区东北湾
邮编：415137
电话：0736－7500318
传真：0736－7501369
邮箱：ltw63315@ 163. com
产品：热敏纸、无碳复写原纸

常德市天耀纸业有限公司
湖南省常德市汉寿县洋淘湖镇游巡塘居委会(镇政府驻地)
邮编：415901
电话：0736－2031808
传真：0736－2031180
邮箱：youlali-2258@ 163. com
产品：色卡纸

湖南盛顺纸业有限公司
湖南省常德市桃源县陬市镇观音桥村陬市工业园 101 室
邮编：415000
电话：15973698896
邮箱：576017839@ qq. com
产品：生活用纸

益阳市

沅江纸业有限责任公司
湖南省沅江市书院路 358 号
邮编：413100
电话：0737－2850278、2850013
传真：0737－2850258

产品：胶印书刊纸、双胶纸

沅江市金太阳纸业有限公司
湖南省沅江市南嘴镇余百新村
邮编：413104
电话：0737－2296923
传真：0737－2297399
网址：www. jty－paper. com
邮箱：jty2297399@163. com
产品：文化用纸

湖南林源纸业有限公司
湖南省沅江市漉湖芦苇场
邮编：413000
电话：0737－2491235、13875333302
传真：0737－2491186
产品：道林纸、静电复印纸、素描纸、双胶纸

湖南跃宇实业有限公司
（原湖南跃宇纸业有限公司）
湖南省益阳市桃江县桃花江镇曾家坪
邮编：413400
电话：0737－8203989、8202258、13786774938
产品：拷贝纸、卫生纸

永州市

永州湘江纸业有限责任公司
湖南省永州市冷水滩区下河线路105号
邮编：425000
电话：0746－8470536
传真：0746－8470536
产品：铜版纸、牛皮纸、纸袋纸

怀化市

泰格林纸集团洪江纸业有限公司
湖南省怀化市洪江区萝卜湾45号
邮编：418201
电话：0745－7691692
传真：0745－7694376
产品：本色木浆、牛皮纸、纸袋纸

湖南五强溪特种纸业有限公司
湖南省怀化市沅陵县五强溪镇刘公溪
邮编：419635
电话：0745－4734158
传真：0745－4732958
网址：www. wgxzy. com
产品：炸药纸、绝缘纸、特殊牛皮纸

湖南骏泰新材料科技有限责任公司
湖南省怀化市高新技术产业开发区
邮编：418005
电话：0745－2837009
传真：0745－2837009
产品：纸浆

会同县宝庆恒达纸业有限公司
湖南省怀化市会同县林城镇大桥村
邮编：418300
电话：0745－8853798、13874590345
产品：牛皮卡纸、箱板纸

娄底市

湖南正佳特种材料有限公司
湖南省娄底市双峰县梓门桥镇湾头村民主组
邮编：417700
电话：0738－8955673、8955112
传真：0738－8955679
网址：www. hnzjsm. cn
邮箱：hnzjsm@sina. com
产品：空气滤纸、无纺布纸、PU纸、装饰纸

广　东　省

广州市

广州市新珠纸业有限公司
广东省广州市海珠区燕子岗南路83号之二
邮编：510280
电话：020－34164602
传真：020－34164602
邮箱：pspxinzhu@163. com
产品：黑卡纸、全木浆黑卡纸、透芯黑卡纸、单面黑卡纸、电声黑卡纸、红卡纸、蓝卡纸、海军蓝卡纸、墨绿卡纸等色卡纸、珠光纸、充皮纸、触感纸、亮面纸、原浆压纹包装纸、礼品包装用纸、利是封纸等特种包装纸

广州珠江特种纸有限公司
广东省广州市海珠区燕子岗南路83号
电话：020－85532324、85525149、85524220

传真：020－85524827
网址：ww. pspzhujiang. com
邮箱：pspxinzhupaper@ 163. com
产品：白牛皮纸、染色原纸、防伪纸、水纹纸、硅油

广州造纸集团有限公司
广东省广州市南沙区珠江街新广一路 29 号
邮编：511462
电话：020－84945043、34663302
传真：020－84949095、84946051
网址：www. gzpaper. com. cn
邮箱：lizen@ gzpaper. cn
产品：新闻纸、灰底涂布白纸板、牛皮纸
下设：广州造纸股份有限公司、广州越威纸业有限公司、广州造纸实业有限公司

广东宝中宝纸塑制品有限公司
广东省广州市白云区钟落潭镇宝中宝工业区
邮编：510550
电话：020－87410008、87410818
传真：020－87410838
网址：www. baozhongbao. net
产品：离型纸、胶带原纸、纸杯纸、纸餐盒纸

永丰余纸业（广州）有限公司
广东省广州市黄埔经济技术开发区夏园路 5 号
邮编：510730
电话：020－82217220
网址：www. yfy. com
产品：瓦楞纸板、纸箱

广州宏港纸业有限公司
广东省广州市南沙区东涌镇南涌工业区
邮编：511460
电话：020－39010025、4009606928
传真：020－39010025
网址：www. honggangpaper. com
邮箱：honggangpaper@ foxmail. com
产品：热升华转印纸、印花纸

广西粤桂广业控股股份有限公司
广东省广州市荔湾区流花路 85 号建工大厦 3 楼
邮编：510013
电话：020－33970188、33970200
传真：020－33970189
网址：www. yuegui. cn
邮箱：000833@ yueguigufen. com
产品：文化用纸、生活用纸、纸浆

韶关市

乐昌市裕兴纸业有限公司
广东省乐昌市城关镇河南街 143 号
邮编：512219
电话：0751－5508628
传真：0751－5503607
产品：卫生纸、瓦楞原纸

始兴县国升造纸有限公司
广东省韶关市始兴县太平镇瑶村坳城东
邮编：512500
电话：0751－3330080、18998664000
邮箱：8199627@ qq. com
产品：白色水松纸

韶关市联进纸业有限公司
广东省韶关市乳源瑶族自治县桂头镇仙湖工业园
邮编：518000
电话：0751－5395168
产品：生活用纸

联兴食品药品造纸（韶关）有限公司
（原韶关市始兴县联兴造纸实业有限公司）
广东省韶关市始兴县太平镇瑶村凹
邮编：512500
电话：0751－3330223
产品：食品包装用纸

深圳市

深圳协利纸业有限公司
广东省深圳市宝安区应人石居委外贸轻工业区
邮编：518108
电话：0755－27625366
邮箱：finance@ union-chain. cn
经营：瓦楞纸板、纸箱

富士达纸品（深圳）有限公司
广东省深圳市龙岗区横岗街道安良社区油甘园路 43－3 号 A 栋
邮编：518115
电话：0755－89601159
邮箱：2217441890@ qq. com
经营：卫生纸、纸面巾、纸手帕

深圳市万极科技股份有限公司
广东省深圳市罗湖区清水河街道清水河一路 116 号深业进元大厦 1 座 13 层 03、04
邮编：518000
电话：0755－25887664、25783369
网址：www. vakye. com
邮箱：1186961412@ qq. com
产品：水转印纸、皮革离型纸

珠海市

珠海红塔仁恒包装股份有限公司
广东省珠海市前山金鸡路 508 号
邮编：519070
电话：0756－8666888
传真：0756－8615037
网址：www. hrpack. com
邮箱：lai_ quanmei@ htrh－paper. com
产品：包装纸板、饮料包装用纸、口杯纸

汕头市

汕头市金平区飘合纸业有限公司
广东省汕头市鮀浦举丁工业区
邮编：515061
电话：0754－82530777、88279165、82533777
传真：0754－82515777、82543324
网址：www. piaohe. cn
邮箱：536542281@ qq. com
产品：生活用纸

汕头市造纸厂
广东省汕头市杏花村护堤路 19 号
邮编：515021
电话：0754－88220940
产品：包装用纸

汕头市澄海区溪南东社造纸厂
广东省汕头市澄海区溪南镇东社联青路南侧
邮编：515832
电话：0754－85753408、85756188
传真：0754－85758618、85309908
网址：www. stdongshe. com
产品：瓦楞原纸、灰纸板、茶纸板

广东万安纸业有限公司
（原广东省汕头市万安纸业有限公司）
广东省汕头市濠江区三联工业区
邮编：515031
电话：0754－82516877、18823908595
传真：0754－82516877
网站：www. wananpaper. com
邮箱：2396493531@ qq. com
产品：生活用纸

汕头市澄海区源诚造纸厂
广东省汕头市澄海区溪南镇塘陇村内洋尾片大堤脚
邮编：515832
电话：0754－85756526
产品：南金纸

汕头市澄海区乐华纸业有限公司
广东省汕头市澄海区溪南镇埭头西园新美路
邮编：515832
电话：0754－85327389
邮箱：568403288@ qq. com
产品：纸板

佛山市

佛山市南海区嘉凌纸业有限公司
广东省佛山市南海区罗村工业园 9 号
邮编：528226
电话：0757－86411942、86411920
邮箱：qiulin@ samsonpaper. com
产品：白纸板、铜版纸、双胶纸、白卡纸

佛山市高明鸿源纸业有限公司
广东省佛山市高明区高明大道兴源路 8 号
邮编：528511
电话：0757－88986218
传真：0757－88986228
网址：www. hy-paper. com. cn
邮箱：88622228n@ 163. com、hy89930668@ 163. com
产品：文化用纸、白牛皮纸、热敏纸、转印原纸、装饰原纸

佛山市顺德区千禧纸业有限公司
广东省佛山市顺德区陈村镇南新栏路 78 号
邮编：528313
电话：0757－23355799
产品：箱纸板

佛山市南海蓝天鹅造纸有限公司
广东省佛山市南海区西樵海舟管理区
邮编：528212

电话：0757－86828868、13535864423
产品：瓦楞原纸、挂面纸

佛山市顺德区联信纸业有限公司
广东省佛山市顺德区北滘镇都宁工业区水闸边
邮编：528311
电话：0757－26636726、13702625790
邮箱：bzlianxin@163. com
产品：瓦楞原纸

佛山市南海区华展造纸厂
广东省佛山市南海区里水镇丰岗
邮编：528244
电话：0757－85663210、15815974576
传真：0757－85663773
邮箱：305783577@qq. com
产品：灰纸板、复合纸板

南海新丰复合材料有限公司
广东省佛山市南海区松岗镇松夏工业园
电话：0757－85225101
网址：www. nhxinfeng. com
邮箱：nhxf88@163. com
产品：双面 PE 淋膜纸、双面离型纸、PET 离型膜、压纹离型纸

江门市

江门市冠荣纸业有限公司
(原广州市花都长兴纸业有限公司)
广东省江门市新会区沙堆镇梅阁村沙仔地(办公楼)
邮编：510890
电话：020－86760404、66603815
邮箱：changxingzhiyegs@126. com
产品：瓦楞原纸

鹤山市造纸厂有限公司
广东省江门市鹤山市沙平镇杰州工业区
邮编：529721
电话：0750－8821033
传真：0750－8821819
产品：箱纸板、卫生纸

江门市新华造纸厂
广东省江门市文昌沙 130 号
邮编：529020
电话：0750－3616668、3616808
传真：0750－3354176
邮箱：jmxhpaper@126. com
产品：瓦楞原纸、牛皮箱纸板、涂布白纸板

维达纸业(中国)有限公司广东分公司
广东省江门市新会区东侯工业开发区
邮编：529100
电话：0750－6168333
传真：0750－6120239、6168691
网址：www. vinda. com
邮箱：guangdong@vinda. com
产品：纸巾纸、盒装面巾纸、餐巾纸、卫生卷纸、卫生巾、卷装擦手纸、多用纸抹布、分切盘纸

亚太森博(广东)纸业有限公司
广东省江门市新会区双水镇沙路村
邮编：529153
电话：0750－6503150
传真：0750－6503166
网址：www. aprilasia. com、www. paperone. com. cn
邮箱：marketing@asiasymbol. com
产品：高档文化用纸

江门市明星纸业有限公司
广东省江门市新会区睦洲镇丰达路 1 号
邮编：529143
电话：0750－6222828、6539808、6222422
传真：0750－6222965
网址：www. sspaper. com
邮箱：business@sspaper. com
产品：牛皮卡纸、挂面纸、瓦楞原纸

江门日佳纸业有限公司
广东省江门市蓬江区招商工业园 1 号
邮编：529090
电话：0750－3726381
邮箱：rijia2004@163. com
产品：生活用纸

江门市新会区银湖纸业有限公司
广东省江门市新会区崖门镇崖西坑口村
邮编：529100
电话：0750－6441176
邮箱：984102779@qq. com
产品：箱纸板

江门市桥裕纸业有限公司
广东省江门市新会区崖门镇洞南村沙荞
邮编：529152

电话：0750－6440088
邮箱：822302969@ qq. com
产品：箱纸板

广东华泰纸业有限公司
广东省江门市新会区双水镇工业开发区
邮编：529153
电话：0750－3411769、3411768
网址：www. huataipaper. com
产品：新闻纸、文化用纸、纸浆

江门市新会区宝达造纸实业有限公司
广东省江门市新会区大泽镇新园工业开发区
邮编：529162
电话：0750－6896236、6896238
传真：0750－6899252
网址：www. baodapaper. com
邮箱：baoda@ baodapaper. com、sale@ baodapaper. com
产品：生活用纸

江门旺佳纸业有限公司
广东省江门市新会区双水镇能源综合利用开发区
邮编：529153
电话：0750－6408002、6408018
传真：0750－6408128
邮箱：530009213@ qq. com
产品：生活用纸

江门星辉造纸有限公司
广东省江门市新会区双水镇银洲湖纸业基地 A 区
邮编：529153
电话：0750－6407888、6967888
传真：0750－6407999、6407878
网址：www. xinghuipaper. com
邮箱：sales@ xinghuipaper. com
产品：涂布白纸板

中烟摩迪（江门）纸业有限公司
广东省江门市蓬江区棠下镇堡棠路 15 号
邮编：529085
电话：0750－3626262
传真：0750－3385228
网址：www. ct－pdm. com. cn
邮箱：zhaojingxian@ ct－pdm. com
产品：烟卡纸

江门市新龙纸业有限公司
广东省江门市新会区三江镇白庙工业区
邮编：529142
电话：0750－6208878
传真：0750－7363318
邮箱：3050130058@ qq. com
产品：生活用纸

广东阿博特数码纸业有限公司
广东省江门市新会区双水镇广东银洲湖纸业基地 B 区－2
邮编：529153
电话：0750－6419777
传真：0750－6418099
网址：www. abtpaper. com
邮箱：linjh@ abtpaper. com
产品：数码相纸

江门仁科绿洲纸业有限公司
广东省江门市新会区双水镇广东银洲湖纸业基地内
邮编：529153
电话：0750－6419138、6419188
传真：0750－6416666
网址：www. sivlake. com
邮箱：xz@ sivlake. com
产品：生活用纸

维达纸业（中国）有限公司江门分公司
广东省江门市新会区双水镇迎宾大道
邮编：529153
电话：0750－6168691
网址：www. vida. com
邮箱：zjli@ vida. com
产品：生活用纸

维达纸业（中国）有限公司新会分公司
广东省江门市新会区三江镇新江村寺北洋沙
邮编：529142
电话：0750－6206333
网址：www. vida. com
邮箱：zjli@ vida. com
产品：生活用纸

江门中顺纸业有限公司
广东省江门市新会区双水镇银洲湖纸业基地能源开发区
邮编：529153
电话：0750－6966818、6966822
网址：www. zhongshungroup. com
邮箱：yuqiuxia@ zhongshungroup. com
产品：生活用纸

江门市雅枫纸业有限公司
广东省江门市新会区大泽镇创利来工业开发区中心路
邮编：529162
电话：0750－6162233
网址：www. ynf－paper. com
邮箱：2742399097@ qq. com
经营：纸制品、卫生巾

湛江市

广东冠豪高新技术股份有限公司
广东省湛江市东海岛东海大道 313 号
邮编：524022
电话：0759－3399898
传真：0759－3382109、2820999
网址：www. guanhao. com
邮箱：guanhao@ guanhao. com
产品：无碳复写纸、热敏记录纸、热敏传真纸、彩色喷墨纸、心电图纸、特殊防伪纸、水印纸、登机卡纸、无碳多联电脑纸

湛江冠豪纸业有限公司
（原湛江冠龙纸业有限公司）
广东省湛江市麻章区太平镇
邮编：524084
电话：0759－2738001、2738168
传真：0759－2738009、2738068
网址：www. glpaper. com
邮箱：guanglong@ glpaper. com
产品：热敏传真原纸、无碳复写纸原纸、CF 纸

湛江市吉城纸业有限公司
广东省湛江市遂溪县遂城镇湛化路
邮编：524300
电话：0759－7784003、7784009
传真：0759－7784509
网址：www. zjjczy2018. cn
邮箱：baixiaoming404@ 163. com
产品：瓦楞原纸、箱纸板、刮面纸

湛江晨鸣浆纸有限公司
广东省湛江市人民大道中 42 号泰华大厦第 6 层
电话：0759－8216026
邮箱：351792104@ qq. com
产品：高档文化用纸、高档静电纸

广东汇洲纸业有限公司
广东省廉江市横山镇金山工业区 325 国道蒲草塘旁
邮编：524443
电话：13602623455
邮箱：611160240@ qq. com
产品：瓦楞原纸、箱纸板

茂名市

茂名市全年红对联纸厂
广东省茂名市羊角镇东风路 112 号
邮编：525000
电话：13702862718
传真：0668－2670591
产品：红对联纸

高州市金墩纸业有限公司
广东省茂名市高州市石鼓镇西基山村
邮编：525252
电话：0668－6360345、6360380、6362086
传真：0668－6360020
网址：www. jindunzy. com
邮箱：jindunzy@ 126. com
产品：牛皮卡纸、纸袋纸、瓦楞原纸

肇庆市

广东鼎丰纸业有限公司
广东省肇庆市广宁县南街镇首约
邮编：526300
电话：0758－8659022
传真：0758－8659168
网址：www. gddfpaper. com
邮箱：dingfung@ gddfpaper. com
产品：竹木混合纸浆

广东肇庆明珠纸业有限公司
广东省肇庆市德庆县城朝阳西路 238 号
邮编：526600
电话：0758－7762615
邮箱：gdzqmz@ 126. com
产品：干电池浆层纸、蜡纸、电池隔离纸

封开县华信纸业有限公司
广东省肇庆市封开县江口镇三元西路 8 号
邮编：526500
电话：0758－6712225、6712223
传真：0758－6712338
产品：文化用纸、彩色纸、轻型纸、牛皮纸

广东华能纸特种纸有限公司
（原广东美林特种纸有限公司）
广东珠江特种纸股份有限公司（子公司）
广东省肇庆市广宁县横迳工业区
邮编：526343
电话：0758－8719099、8716808、8716746
传真：0758－8716808
网址：www.gdpspc.com
邮箱：610168562@qq.com
产品：无碳复写纸、电脑打印纸、防伪票据纸

肇庆华盈复合材料有限公司
广东省肇庆市大旺高新区文德四街8号
电话：0758－3609968
邮箱：2901205821@qq.com
产品：PEK淋膜纸、离型纸

广宁县阳光特种纸业有限公司
广东省肇庆市广宁县石涧工业区
邮编：526342
电话：0758－8712349、8651388
传真：0758－8712349
产品：中性牛皮纸、超低定量牛皮纸、再湿性胶带原纸、淋膜胶带原纸等

广宁县顺盈造纸厂
广东省肇庆市广宁县排沙镇新城大道88号
邮编：526339
电话：0758－8828398、13556544323
产品：新闻纸

惠州市

惠州福和纸业有限公司
广东省惠州市博罗县园洲镇梁屋管理区
邮编：516123
电话：0752－6812888
网址：www.fookwoo.com
产品：生活用纸、灰纸板

惠州志豪特种纸业有限公司
广东省惠州市中星工业区仲恺二路49号
邮编：516000
电话：0752－2602226、2602216
传真：0752－2600729
产品：涂布热敏纸、彩喷纸

博罗县凤达纸业有限公司
广东省惠州市博罗县龙溪镇龙桥大道
邮编：516121
电话：0752－6677830
产品：生活用纸

惠州市惠阳区浩德实业有限公司
广东省惠州市惠阳区淡水排坊工业区
邮编：516211
电话：0752－3356328、13433581438、13902440918
传真：0752－3340683
邮箱：327834167@qq.com
产品：生活用纸

惠州泰美纸业有限公司
广东省惠州市泰美镇金龙大道板桥工业区
邮编：516166
电话：0752－6609882
邮箱：taimeipaper@163.com
产品：生活用纸

梅州市

蕉岭县纸业有限责任公司
广东省梅州市蕉岭县文福镇乌土溪
邮编：514160
电话：0753－7884157
产品：箱纸板

蕉岭县万锋纸业有限公司
广东省梅州市蕉岭县蕉城镇金城工业园区
邮编：514100
电话：0753－7891588、18125533833
邮箱：616650367@qq.com
产品：纸板

清远市

森叶（清新）纸业有限公司
广东省清远市清新区太和镇工业大道南28号
邮编：511850
电话：0763－5383348、5383618
传真：0763－5383358、5383668
网址：www.hopfunggroup.com
邮箱：gfqx@hopfunggroup.com
产品：高强瓦楞原纸

建滔(佛冈)绝缘材料有限公司
广东省清远市佛冈县石角镇建滔路 1 号
邮编：511600
电话：0763－4275189
邮箱：FGZCFinance@ kingboard. com
产品：绝缘纸

金鑫(清远)纸业有限公司
广东省清远市高新技术开发区建设 3 路 11 号
邮编：511517
电话：0763－3483520
传真：0763－3483510
网址：www. appjpi. com
邮箱：Jpi_ sale@ app. com. cn
产品：文化用纸

金钰(清远)卫生纸有限公司
广东省清远市高新技术产业开发区创兴大道 17 号
邮编：511517
电话：0763－3485022、3485242
邮箱：hejiewen@ app. com. cn
产品：生活用纸

连州市联发造纸有限公司
广东省清远市连州市河南路 1 号
邮编：513400
电话：0763－6611118、6611108
传真：0763－6611238、6611138
邮箱：30896499590@ qq. com
产品：瓦楞原纸、包装用纸

东莞市

东莞金洲纸业有限公司
广东省东莞市中堂镇潢涌工业园区
邮编：523221
电话：0769－88181288
传真：0769－88181277
网址：www. jinzhoupaper. com
邮箱：jzzy@ dgjzzy. com
产品：高强瓦楞原纸、牛皮箱纸板

东莞理文造纸厂有限公司
广东省东莞市中堂镇潢涌管理区
邮编：523221
电话：0769－88888168
传真：0769－88888188
网址：www. leemanpaper. com
产品：牛皮箱纸板、瓦楞原纸、牛皮卡纸

广东理文造纸有限公司
广东省东莞市洪梅镇河西工业区
邮编：523160
电话：0769－88432168
传真：0769－88432188
网址：www. leemanpaper. com
产品：牛皮箱纸板、瓦楞原纸

东莞长安昌众造纸有限公司
广东省东莞市长安镇莲花路 8 号
邮编：523848
电话：0769－85534024、18664869818
传真：0769－85531805
产品：铜版纸、牛皮纸

东莞市大步纸业有限公司
广东省东莞市麻涌镇大步工业区
邮编：523143
电话：0769－88281118、13712639940
传真：0769－88286222
产品：瓦楞原纸、牛皮卡纸

东莞市道滘东发纸品有限公司
广东省东莞市道滘镇粤晖路 20 号
邮编：523061
电话：0769－88839018
邮箱：917076700@ qq. com
产品：包装用纸

东莞市天盛特种纸制品有限公司
广东省东莞市虎门镇望牛墩镇朱平沙工业区
邮编：523932
电话：0769－38833111、13712004546
传真：0769－85169959
邮箱：476593314@ qq. com
产品：防伪无碳发票纸

东莞建晖纸业有限公司
广东省东莞市中堂镇潢涌村
邮编：523221
电话：0769－88888363
传真：0769－88183833
产品：涂布白纸板

东莞市龙腾实业有限公司
广东省东莞市麻涌镇麻四村

邮编：523147
电话：0769－88826898
邮箱：xuze@ longteng-paper. com
产品：灰底白纸板、牛皮卡纸、瓦楞原纸

玖龙纸业(东莞)有限公司
广东省东莞市麻涌镇新沙港工业区
邮编：523147
电话：0769－88234888
传真：0769－88824198
网址：www. ndpaper. com
邮箱：into_ dg@ ndpaper. com、info_ group@ ndpaper. com
产品：牛皮卡纸、包装用纸

东莞市双洲纸业有限公司
广东省东莞市中堂镇吴家涌第二工业区
邮编：523227
电话：0769－88182628、88888678
传真：0769－88811472
网址：www. dgshuangzhou. com
产品：瓦楞原纸、挂面纸

东莞市潢涌银洲纸业有限公司
广东省东莞市中堂镇潢涌第三工业区
邮编：523221
电话：0769－88899113、88813393
传真：0769－88180293
网址：www. dgyzzy. com
邮箱：sales@ dgyzzy. com、xzd@ dgyzzy. com
产品：瓦楞原纸、箱纸板

东莞市建桦纸业股份有限公司
广东省东莞市中堂镇潢涌村
邮编：523221
电话：0769－88887988、88122698
传真：0769－88898303
产品：牛皮箱纸板、瓦楞原纸

东莞市华兴纸业实业有限公司
广东省东莞市万江区滘联工业区
邮编：523046
电话：0769－22271932
邮箱：1084815505@ qq. com
产品：卫生纸、挂面纸、妇幼用品、蜂窝纸板

东莞市宝力造纸厂
广东省东莞市洪梅镇梅沙工业大道
邮编：523160
电话：0769－88843378
产品：双灰纸板

东莞市石龙联兴实业有限公司
广东省东莞市石龙镇西湖区江南中路 98 号
邮编：523325
电话：0769－86110186、88496066、88496089
传真：0769－86114793、86110138
网址：www. lianxing-paper. com
邮箱：sales@ landsing-paperpackaging. com
产品：纸袋纸、牛皮卡纸

东莞市祥兴纸业有限公司
广东省东莞市中堂镇袁家涌北潢公路
邮编：523223
电话：0769－88815238
传真：0769－88816788
产品：瓦楞原纸、箱纸板、挂面纸

东莞市道滘兴隆造纸厂有限公司
广东省东莞市道滘镇北丫工业区
邮编：523170
电话：0769－88835233、88381933
邮箱：512065274@ qq. com
产品：瓦楞原纸

东莞市银丰纸业有限公司
广东省东莞市东城温塘砖窑工业区三横路 19 号
邮编：523121
电话：0769－23181939、22297441
传真：0769－22486787
邮箱：75466187@ qq. com
产品：白纸板、双胶纸、铜版纸

东莞市中联造纸厂
广东省东莞市中堂镇
邮编：523220
电话：0769－88811027、88116573
传真：0769－88811705
网址：www. dgzlzy. com
邮箱：826926010@ qq. com
产品：瓦楞原纸

东莞市金田纸业有限公司
广东省东莞市万江区大汾工业区
邮编：523047
电话：0769－22280688
传真：0769－22772255

网址：www. jintianpaper. com
邮箱：sales@ jintianpaper. com
产品：灰纸板

东莞市新富发纸业有限公司
广东省东莞市万江区流涌尾工业区
邮编：523051
电话：0769 –22711928、22773978
产品：灰纸板

东莞市伟虹纸业有限公司
广东省东莞市望牛墩杜屋村工业区
邮编：523200
电话：0769 –88558198
产品：生活用纸

东莞市白天鹅纸业有限公司
广东省东莞市万江区谷涌工业区
邮编：523047
电话：0769 –22172118
邮箱：dgbte@ 163. com
产品：生活用纸

东莞市上隆纸业有限公司
广东省东莞市中堂镇潢涌管理区
邮编：523221
电话：0769 –88112119、88180073
传真：0769 –88186968
网址：www. shanglongpaper. com
邮箱：shanglongpaper@ 126. com、zeng_ chunming@ 126. com
产品：瓦楞原纸、箱纸板

东莞市常兴纸业有限公司
广东省东莞市石牌镇横山管理区钟屋工业区
邮编：523330
电话：0769 –86559888、86559008
传真：0769 –86559933
网址：www. changxinggd. com、www. changxingpaper. com. cn
邮箱：helena0628 @ yahoo. com. cn、helena0628 @ changxinggd. com
产品：纸尿裤

东莞顺裕纸业有限公司
广东省东莞市望牛墩镇朱平沙港口工业园
邮编：523213
电话：0769 –88557988
产品：箱纸板

东莞市恩兴纸业有限公司
广东省东莞市万江油九工业区
邮编：523039
电话：0769 –22288438、13809261680
传真：0769 –22288043
邮箱：13809261680@ 163. com
产品：生活用纸

东莞市泰昌纸业有限公司
广东省东莞市望牛墩镇下漕区
邮编：523219
电话：0769 –88852607、88562607
产品：牛卡纸

东莞市达林纸业有限公司
广东省东莞市中堂镇槎滘村新沙
邮编：523231
电话：0769 –88887388、88881788
传真：0769 –88121882
网址：www. dalinpaper. com
邮箱：dalinpaper@ gmail. com
产品：生活用纸

东莞市致远纸业有限公司
广东省东莞市万江区简沙洲虾公坝工业区连新路
邮编：523000
电话：0769 –26381080
传真：0769 –23291008
网址：www. zhiyuanpaper. com
邮箱：zhiyuan_ 88@ 126. com
产品：纸板

东莞市天山纸业有限公司
广东省东莞市大朗镇犀牛陂村大冚墟正街 133 号 B 栋
邮编：523790
电话：0769 –83120598、4006188228
传真：0769 –83120599
网址：www. tshbzy. com
邮箱：alin@ tianshanpaper. net
产品：双灰纸、黑卡纸、彩色拷贝纸、包装礼盒纸

永丰余纸业(东莞)有限公司
广东省东莞市凤岗镇宏盈工业区
电话：0769 –82074865
网址：www. yfy. com
邮箱：li. jiao@ cn. yfy. com

产品：产销瓦楞纸板及瓦楞纸箱

广州其嘉纸业有限公司
广东省东莞市望牛墩镇下漕区（工厂地址）
广东省广州市天河区中山大道 393 号天长商贸园 A 幢 201（办公地址）
电话：020－82315833
传真：020－82312535
网址：www. kikagroup. com
邮箱：kika-qijia@ kikagroup. com
产品：箱板纸、牛卡纸、瓦楞原纸、白面牛卡纸、灰底涂布白板纸、纱管纸

东莞市金雅达特种纸有限公司
广东省东莞市长安镇锦厦沙埔头长源街 27 号五楼（办公地址）
电话：0769－86976500、85397679
传真：0769－85389647
网址：www. jinyada. com. cn
邮箱：2853003080@ qq. com
广东省东莞市大岭山镇大王岭村民心路 2 号（工厂地址）
电话：0769－86976533、82288375
传真：0769－82288376、89390480
产品：食品级牛油纸、包装用纸

东莞市建航纸业有限公司
广东省东莞市中堂镇袁家涌北堤工业区
邮编：523000
电话：0769－88129488
网址：www. dg－jhzy. com
邮箱：37584238qq. com
产品：纸及纸制品、再生资源回收

广东茵茵股份有限公司
广东省东莞市茶山镇茶山工业园伟建工业区
邮编：523380
电话：0769－81833801
传真：0769－81833806
网址：www. yinyin. com. cn
邮箱：service@ yinyin. com. cn
产品：纸制品、日用品、尿裤、尿片、隔尿垫、卫生巾

东莞市银桦纸品有限公司
广东省东莞市中堂镇三涌北潢工业区
电话：0769－89008899
传真：0769－88890188
网址：www. yinhuapaper. com
产品：瓦楞纸板

东莞市汇隆特种纸业有限公司
（原东莞市中堂特种纸制造厂）
广东省东莞市中堂镇三涌工业区
邮编：523220
电话：0769－88817422
传真：0769－88817980
网址：www. dg－hlzy. com
邮箱：184698077@ qq. com
产品：白板纸、书写用纸、技术配套用纸

东莞市旭丰纸业有限公司
广东省东莞市中堂镇三涌胡屋洲尾
电话：0769－89005319
传真：0769－88189518
网址：www. dgxfzy. com
邮箱：270896431@ qq. com
产品：高强瓦楞纸

东莞市扬森纸业有限公司
广东省东莞市大朗镇美景西路 167 号
邮编：523796
电话：0769－82826651、15916834168
传真：0769－82826652
网址：www. yspaper. com
邮箱：admin@ yspaper. com
产品：包装用纸、工业用纸

东莞市华恩纸业有限公司
广东省东莞市塘厦镇清湖头竹公岭西 13 号
电话：0769－82130239、82772297
传真：0769－87935977
网址：www. huaenzy. com
邮箱：2919013966@ qq. com
产品：分切加工牛皮卡纸等

东莞市飞易达纸业有限公司
广东省东莞市望牛墩镇芙蓉沙工业区
邮编：523200
电话：0769－81310368
传真：0769－81310080
网址：www. feiyd. com. cn
产品：纸箱、纸板、纸盒、纸制品

广东丰华纸业股份有限公司
广东省东莞市常平镇土塘工业区一横路 4 号

电话：0769－83330001、83335332
传真：0769－83330001
网址：www. ecofowa. com
邮箱：info@ fowapaper. com
产品：纸吸管、纸杯、纸餐盒、纸袋

东莞市建盈纸品有限公司
广东省东莞市中堂镇南潢路三涌路段
邮编：523222
电话：0769－81163988
邮箱：13794908600@ 139. com
产品：纸箱、纸板

东莞金太阳研磨股份有限公司
广东省东莞市大岭山镇大环路 1 号
邮编：523820
电话：0769－38808338
网址：www. chinagoldensun. cn
邮箱：cwb1@ chinagoldensun. cn
产品：砂纸

中山市

永丰余纸业(中山)有限公司
广东省中山市火炬开发区逸仙路 189 号
邮编：528436
电话：0760－85335366、88285345
传真：0760－85335575
邮箱：544302021@ qq. com
产品：瓦楞纸板、纸箱

中顺洁柔纸业股份有限公司
广东省中山市西区彩虹大道 136 号
邮编：528411
电话：0760－88553333
传真：0760－88553006、23886886
网址：www. zhongshungroup. com、www. zsjr. com
产品：生活用纸

中山联合鸿兴造纸有限公司
广东省中山市 105 国道中山三桥西侧
邮编：528471
电话：0760－87796524、87318905
传真：0760－87796222
邮箱：173864917@ qq. com
产品：瓦楞原纸、箱纸板

中山永发纸业有限公司
广东省中山市黄圃镇中山糖厂内
邮编：528429
电话：0760－23973183
邮箱：dgt@ zhengye-cn. com
产品：瓦楞原纸

中山市中侨纸业有限公司
广东省中山市火炬开发区加工区第二幢厂房 1 层
邮编：528437
电话：0760－88286098
传真：0760－88286089
网址：www. zhongqiao. net
邮箱：linhaizs@ 163. com
产品：复合金银卡纸、紫外光防伪卡纸、珠光卡纸、玻璃卡纸

揭阳市

广东洁新卫生材料有限公司
(原广东揭阳洁新纸业股份有限公司)
广东省揭阳市揭东县新亨开发区
邮编：515500
电话：0663－3434888
传真：0663－3434999
邮箱：jiexin999@ 163. com
产品：生活用纸

广东信达纸业有限公司
广东省揭阳市榕城区渔湖阳美村
邮编：528445
电话：0663－8771738、8782928、4001181738
传真：0663－8772738、8782283
网址：www. xinda-paper. com
邮箱：xinda@ xinda-paper. com
产品：生活用纸

云浮市

中顺洁柔(云浮)纸业有限公司
广东省云浮市罗定市双东街道
邮编：527200
电话：0766－3903888
传真：0766－3902966
产品：生活用纸

新兴县兴民造纸厂有限公司
广东省云浮市新兴县车岗工业区

邮编：527425
电话：0766－2386198
传真：0766－2388888
邮箱：2878718642@qq.com
产品：珠光纸、卡纸等特种纸

新兴县天堂纸业有限公司
广东省云浮市新兴县天堂镇大湾电站侧
邮编：527434
电话：0766－2221737
邮箱：1039943880@qq.com
产品：灰纸板、牛皮卡纸

广东通力定造股份有限公司
广东省云浮市新兴县天堂镇新营村
邮编：527434
电话：0766－2262388
传真：0766－2262738
网址：www.gdtlzz.com
邮箱：tldzdm@163.com
产品：彩色特种原纸、天鹅绒纸、蚕丝绒纸及高档商务印刷用纸

潮州市

潮州市合丰特造纸有限公司
（原潮州市和瑞造纸有限公司）
广东省潮州市潮安区凤塘镇后陇山洪巷埔
邮编：521000
电话：0768－6857915、13500101033
邮箱：13828318345@126.com
产品：纸及其制品（不含食用，印刷）

广西壮族自治区

南宁市

华劲集团股份有限公司
广西壮族自治区南宁市民族大道131号航洋国际城1号楼22层
邮编：530028
电话：0771－5568819
传真：0771－5535766
网址：www.hwagain.com
邮箱：hwagain@hwagain.com
产品：制浆、造纸、制糖、竹木产业

广西南宁凤凰纸业有限公司
广西壮族自治区南宁市星光大道158号
邮编：530031
电话：0771－4590234、4516683
传真：0771－4516683
邮箱：gxnppc@163.com
产品：生活用纸、漂白木浆

南宁糖业股份有限公司
广西壮族自治区南宁市古城路10号
邮编：530022
电话：0771－4911323、4910567
传真：0771－4912771
网址：www.nnsugar.com
邮箱：nnty-gsb@nnsugar.com
产品：复印纸、书写纸、食品包装用原纸、生活用纸、无尘纸

广西洁宝纸业有限公司
广西壮族自治区南宁市金湖路67号梦之岛广场15楼
邮编：530022
电话：0771－5739686、4008896863
传真：0771－5739688
网址：www.jeanper.com
邮箱：jeanperhr@163.com
产品：生活用纸

横县东糖糖业有限公司
广西壮族自治区南宁市横县横州镇谢圩
邮编：530304
电话：0771－7382513
传真：0771－7382513
邮箱：112732288@qq.com
产品：漂白蔗渣浆

广西南宁恒业纸业有限责任公司
广西壮族自治区南宁市江南区沙五一中路42号二桥南安居小区A16栋2单元603号
邮编：530031
电话：0771－4982239、13317809850
邮箱：592906089@qq.com
产品：生活用纸

广西横县六景北墨造纸厂
广西壮族自治区南宁市六景工业园区
邮编：530313
电话：0771－7265998、7372132
传真：0771－7265998、7372132

产品：五色有光纸、高级卫生纸

广西横县江南纸业有限公司
广西壮族自治区南宁市六景工业园景港路 10 号
邮编：530313
电话：0771－7371808、7371608、13377120631
传真：0771－7371908
网址：www. gxjnzy. com
邮箱：gxjnzy@ 163. com
产品：A 级原生浆擦手原纸、B 级仿木浆擦手原纸

南宁市鑫利纸业有限公司
广西壮族自治区南宁市宾阳县新桥镇邕宾公路三坝头路段（东海岭西侧）
邮编：530401
电话：0771－8481008、13507816208
传真：0771－8481008
邮箱：609576484@ qq. com
产品：生活用纸

广西天力丰生态材料有限公司
广西壮族自治区南宁市横县六景工业园
电话：0771－7265669
邮箱：812582383@ qq. com
产品：生活用纸

南宁市金美印刷包装有限公司
广西壮族自治区南宁华侨投资区武华大道 368 号
邮编：530105
电话：0771－6305752、6305799、18977970264
网址：www. jmpackaging. cn
邮箱：nnjm-sam@ jmpackage. cn
产品：瓦楞纸板

广西宾阳县江南纸业有限公司
广西壮族自治区南宁市宾阳县新桥镇三友村
电话：0771－8481038
邮箱：ieuf@ 163. com
产品：擦拭纸

广西洋浦南华糖业集团股份有限公司
广西壮族自治区南宁市青秀区民族大道 118－3 号
邮编：530022
电话：0771－5879558
网址：www. gxypnh. com
邮箱：nh_ gxoffice@ 163. com
产品：漂白蔗渣浆板、文化用纸、生活用纸等

南宁市佳达纸业有限责任公司
广西壮族自治区宾阳县芦圩镇新宾仁爱街公园路
邮编：530400
电话：0771－8281688、8285688、8225188
传真：0771－8285567
网址：www. jiadapaper. com
邮箱：260918874@ qq. com
产品：生活用纸

南宁香兰纸业有限责任公司
广西壮族自治区南宁市六景工业园区纬七路
邮编：530313
电话：0771－7266908、7266685
传真：0771－7266908
网址：www. gxsfzy. com
邮箱：nnxlzy7266908@ 163. com
产品：生活用纸

南宁市上峰纸业有限公司
广西壮族自治区南宁市六景工业园区纬六路旁
邮编：530313
电话：0771－7082299
传真：0771－7082057
网址：www. gxsfzy. com
邮箱：生活用纸

崇左华劲纸业有限公司
广西壮族自治区崇左市工业园区渠珠屯
电话：0771－7883501
邮箱：1984135319@ qq. com
产品：以竹子为原料，生产高级生活用纸和特种纸；销售造纸机械设备

龙州南华纸业有限公司
广西壮族自治区龙州县龙州镇独山路 21－11 号
电话：0771－8824081
邮箱：nh_ lzzy@ 163. com
产品：机制纸、纸浆生产

龙州万山纸业有限公司
广西壮族自治区龙州县上龙乡岜那村大岭屯（龙州县工业区内）
邮编：532400
电话：0771－8835488
邮箱：wszy201803@ 163. com
产品：纱管纸

南宁市圣大纸业有限公司
广西壮族自治区南宁市六景工业园区纬七路旁
邮编：530313
电话：0771－7388668
邮箱：1224625204@qq.com
产品：生活用纸

南宁侨虹新材料股份有限公司
广西壮族自治区南宁市南宁华侨投资区侨风路1号
邮编：530105
电话：0771－6305580（办公室）、6305648（营销部）
传真：0771－6304682（办公室）、6305649（营销部）
网址：www.qiaohong-airlaid.com
邮箱：qhm@qiaohong-airlaid.com
产品：无尘纸、孖纺

柳州市

柳州中迪纸业有限公司
广西壮族自治区柳州市鱼峰区雒容工业园西区富容路13号
邮编：545616
电话：0772－6510368、6668628、13807724821
传真：0772－6510013
邮箱：2367411942@qq.com
产品：卫生纸（以蔗渣浆、竹浆为原料）

柳州市丰源纸业有限责任公司
广西壮族自治区柳州市柳东新区雒容镇象岩南路31号
邮编：545616
电话：0772－6511372
传真：0772－6510311
产品：卫生纸

广西凤糖鹿寨纸业有限公司
广西壮族自治区柳州市鹿寨县鹿寨镇中心工业园区
邮编：545600
电话：0772－6828968
邮箱：gxftlzzy2008@163.com
产品：机制浆、机制浆板、机制纸生产销售

桂林市

广西林业荔浦纸业有限公司
广西壮族自治区荔浦县荔城镇玉雷湾
邮编：546600
电话：0773－7233377、7233098、7233398、13878386308
传真：0773－7233397、723346
邮箱：lpzyb3098@163.com
产品：工业包装用纸、牛卡纸、黑卡纸、牛皮纸

桂林奇峰有限公司
广西壮族自治区桂林市苏桥经济开发区苏桥（工业）园南北大道12号
邮编：541805
电话：0773－6935327、6935318
传真：0773－6935326
网址：www.guilinpaper.com
邮箱：694968243@qq.com
产品：高档特种薄型纸

防城港市

防城港宏源浆纸有限公司
广西壮族自治区防城港市防城区茅岭工业园
邮编：538023
电话：0770－3092918、3092809、18277024325
传真：0770－3092918
邮箱：gxhy2008@163.com
产品：漂白浆、文化用纸

广西宏源纸业有限公司
广西壮族自治区防城港市防城区茅岭乡茅岭村（茅岭江与冲仑江交汇处南面）
邮编：538023
电话：0770－3093128
邮箱：2715027644@qq.com
产品：生活用纸

钦州市

广西金桂浆纸业有限公司
广西壮族自治区钦州市钦州港金光工业园
邮编：535008
电话：0777－3698042、3221583、3698888
传真：0777－3696666、3221639
网址：www.appjg.com.cn
产品：半化学机械浆、食品包装纸及纸板

贵港市

广西贵港市安丽纸业有限公司
广西壮族自治区贵港市南梧公路覃塘收费站往东1.5千米

邮编：537100
电话：0775－4299335、15878537288
邮箱：1037494989@ qq. com
产品：文化用纸、生活用纸、卷筒纸(普通级)、包装材料加工销售；纸巾生产

广西华怡纸业有限公司
广西壮族自治区贵港市江南工业园区
邮编：537100
电话：0775－4592090
传真：0775－4592299
邮箱：liangzeying@ gxhuayi. com
产品：生活用纸、卫生纸、分盘纸、纸浆

广西粤桂广业控股股份有限公司
(原广西贵糖(集团)股份有限公司)
广西壮族自治区贵港市幸福路 100 号
邮编：510300
电话：020－33970188、33970200、0775－54201441
传真：020－33970189
网址：www. yuegui. cn
邮箱：000833@ yueguigufen. com
产品：文化用纸、生活用纸

广西瑞彩纸业有限公司
广西壮族自治区贵港市覃塘区覃塘镇甘化工业集群区
邮编：537121
电话：0775－4726027
邮箱：393033727@ qq. com
产品：生活原纸、造纸原辅材料

广西安丽纸业有限公司
广西壮族自治区贵港市覃塘区甘化工业园
邮编：537100
电话：0775－4364388
邮箱：weixin8333@ 163. com
产品：卫生纸原纸

广西广业贵糖糖业集团有限公司
广西壮族自治区贵港市幸福路 100 号
邮编：537102
电话：0775－4201833
传真：0775－4260833
网址：www. guitang. com
邮箱：gxgtgf@ 163. com
产品：纸、纸浆、食用酒精、轻质碳酸钙、食品包装用纸

百色市

广西劲达兴纸业有限公司
广西壮族自治区百色市田林县新昌片 2 号
邮编：533300
电话：0776－7201170
邮箱：weiky@ jdxpaper. com
产品：文化用纸、淋膜原纸、牛皮纸、离型纸、食品包装纸

广西金荣纸业有限公司
广西壮族自治区百色市田东县思林镇工业集中区
邮编：531504
电话：0776－5151808
传真：0776－5151808
邮箱：tdj5151808@ 163. com
产品：高强瓦楞原纸、卫生纸、竹浆、蔗渣浆、卫生卷纸、抽纸、餐巾纸、面巾纸、手帕纸、纸筒芯等

田阳南华纸业有限公司
广西壮族自治区百色市田阳县田州镇民乐街 106 号
邮编：533600
电话：0776－3236366
邮箱：tyzyb2007@ 163. com
产品：化学浆、文化用纸

贺州市

广西贺州市红星纸业有限公司
广西壮族自治区贺州市平桂管理区西湾工业园
邮编：542800
电话：0774－8832889
传真：0774－8833018
网址：www. gxhzhxzy. com
邮箱：2961816400@ qq. com
产品：拷贝纸、打字纸、票证纸、环保纸、卷烟纸、食品包装用纸、半透明纸、字典纸、各种规格卷筒、平板纸

来宾市

广西来宾东糖纸业有限公司
广西壮族自治区来宾市河西工业园区
邮编：546100
电话：0772－4066666
传真：0772－4066622
网址：www. donta. com. cn

邮箱：gxlbdtzy@163. com
产品：漂白蔗渣浆、竹木浆、胶版纸、静电复印纸、淋膜纸、卫生纸

广西象州莲桂纸业有限公司
广西壮族自治区来宾市象州县石龙镇石土兰村
邮编：545800
电话：0772－4394988、15323523066
传真：0772－4394989
网址：www. lgpi. com. cn
邮箱：381464340@qq. com
产品：生活用纸

广西禧嘉达纸业有限公司
广西壮族自治区来宾市河南工业园区莆田路与新科路交叉口西北角
邮编：546100
电话：0772－6657958
邮箱：593466739@qq. com
产品：纸制品、湿纸巾、无纺布、熔喷布的生产、加工、销售

广西植护云商实业有限公司
广西壮族自治区来宾市河南工业园区工业大道与来武路交叉处东北角
邮编：546100
电话：13489086008
邮箱：13489086008@163. com
产品：生活用纸

来宾市桂诚纸业有限公司
广西壮族自治区来宾市河南工业园西组团 D-8-4
邮编：546100
电话：13481286704、13597100211
邮箱：125573478@qq. com
产品：卫生纸、生活用纸的生产、加工及销售

广西湘桂华糖制糖集团来宾纸业有限责任公司
(原广西永鑫华糖集团来宾纸业有限公司)
广西壮族自治区来宾市工业区河南工业园
邮编：546100
电话：0772－5321806
邮箱：lbzybgs2014@163. com
产品：纸、纸浆、机制纸生产

广西来宾曙辉纸业有限公司
广西壮族自治区来宾市工业园区内(广西来宾东糖纸业有限公司东面厂区内)
邮编：546100
电话：0772－4261868
邮箱：laibin_ sh@163. com
产品：纸制品生产

来宾华胜纸业有限公司
广西壮族自治区来宾市河西工业园
邮编：546100
电话：0772－4233933、15678217608
邮箱：420682512@qq. com
产品：纸制品、机制纸、造纸原料等

广西来宾桂宾纸业有限公司
广西壮族自治区来宾市兴宾区河南工业园西区凤翔路与规划路交叉口东北角 B 厂房 2 车间
邮编：546100
电话：13481286704
邮箱：125573478@qq. com
产品：生活用纸

北海市

广西太阳纸业有限公司
广西壮族自治区北海市铁山港区兴港镇铁山港口岸联检大楼三楼 25 号
邮编：536017
电话：18653708357
产品：林木种植，木浆、木片及纸、纸板的研发、生产、销售

广西桂海金浦纸业有限公司
广西壮族自治区北海市合浦县工业园区创业大道西侧排洪渠北侧(原平头岭经一路西侧)
邮编：536100
电话：0779－7103362
邮箱：ghjpzy@163. com
产品：单光纸、吸水纸

海 南 省

海口市

海南金海浆纸业有限公司
海南省海口市洋浦经济开发区 D12 区
邮编：578101
电话：0898－28822288、28817116
传真：0898－28821260
网址：www. appjh. com. cn

产品：漂白硫酸盐桉木浆、文化用纸

海南金红叶纸业有限公司
海南省海口市洋浦经济开发区 D12 区
邮编：578101
电话：0898－28837527、28837389
传真：0898－28828705
网址：www. apphghy. com. cn
邮箱：hghypld@ appjh. com
产品：生活用纸

重　庆　市

玖龙纸业(重庆)有限公司
重庆市江津区珞璜工业园 A 区
邮编：402279
电话：023－65558888
传真：023－65558999
网址：www. ndpaper. com
邮箱：info_ cq@ ndpaper. com
产品：包装用纸

重庆市飞龙纸业有限公司
重庆市铜梁县蒲莒镇穆莲街 7 号
邮编：402566
电话：023－45488342、13509426023
邮箱：1960427638@ qq. com
产品：皱纹卫生纸

重庆市超科纸业有限公司
重庆市万州区双河口工业园
邮编：404155
电话：023－58830138
邮箱：ckzy333@ sina. com
产品：无碳复写纸、彩喷纸、复印纸

重庆市恒丰纸业有限公司
重庆市梁平县屏锦镇明月路 540 号
邮编：405212
电话：023－53512217、13452952221
邮箱：54652040@ qq. com
产品：文化用纸、瓦楞原纸、黄纸板、箱纸板、竹浆牛皮纸、黄表纸

重庆龙璋纸业有限公司
重庆市铜梁县虎峰镇工农街 54 号
邮编：402568
电话：023－45589806
产品：竹浆、文化用纸

重庆市潼南简氏纸业包装有限责任公司
重庆市潼南县双江镇金龙寺
邮编：402675
电话：023－44860588、44863306
传真：023－44860018
网址：www. jians. com
邮箱：1532466921@ qq. com
362293953@ qq. com
产品：箱纸板、彩印纸、纸箱、高强瓦楞原纸

梁平县邵新纸业有限公司
重庆市梁平县袁驿镇邵新村
邮编：405218
电话：023－53635377、13594410066
邮箱：3531399223@ qq. com
产品：瓦楞原纸

重庆盛贸纸业有限公司
重庆市铜梁区安居镇四面村六社
邮编：402564
电话：023－45859158、13193033009
传真：023－45859198
邮箱：549849470@ qq. com
产品：皱纹卫生纸

重庆市富发纸业有限责任公司
重庆市潼南区双江镇金龙村二社(涪江河边)
邮编：402675
电话：023－44860388
邮箱：105093202@ qq. com
产品：瓦楞原纸、单面白纸板、箱纸板

重庆理文造纸有限公司
重庆市永川区朱沱镇港桥工业园区
邮编：402191
电话：023－49603333
传真：023－49603188
产品：箱纸板

重庆达江纸业有限公司
重庆市永川区南大街办事处谭家坝廖家店村民小组
邮编：402160
电话：023－49827888
传真：023－49806788
邮箱：1604488680@ qq. com

产品：生活用纸

重庆市开县富余再生纸厂
重庆市开县渠口镇渠口村 3 组
邮编：405499
电话：023 - 52172118、13609451269
邮箱：13609451269@ 163. com
产品：有光纸、包装用纸

重庆市兴康纸业有限公司
重庆市巴南区金竹工业园 8 号
邮编：401320
电话：023 - 66219878、13594667496
传真：023 - 66230451
产品：瓦楞原纸、纸箱

重庆市伟杰纸业有限责任公司
重庆市潼南县双江镇金龙社区二组
邮编：402675
电话：023 - 44860786、13167856171
产品：瓦楞原纸、箱纸板

重庆铜梁区金禾纸制品有限责任公司
重庆市铜梁区安溪镇中心村三社
邮编：402572
电话：023 - 45393881、17783341537
邮箱：a741664947@ 163. com
产品：瓦楞原纸、箱纸板

重庆龙璟纸业有限公司
重庆市丰都县兴义镇水平坪大道 322 号
邮编：408200
电话：023 - 70756588、70738639
邮箱：cqlongjing@ 126. com
产品：生活用纸、复印纸

重庆理文卫生用纸制造有限公司
重庆市永川区朱沱镇四望山村
邮编：402191
电话：023 - 49603333、4008312528
传真：023 - 49603188
网址：www. leemantissue. com、www. leemanpaper. com
邮箱：info@ leemanpaper. com
产品：高档生活用纸

重庆邦宝纸业有限公司
重庆市巴南区东城大道 254 号附 402 号
邮编：400000
电话：023 - 68308300、61199339、61199338、4000230418
网址：www. hlpaper. com
邮箱：28587360@ qq. com、25098918@ qq. com
产品：卷纸、抽纸、手帕纸、方巾纸、湿巾纸、纸杯等一次性消毒卫生用品

重庆维邦纸业有限公司
重庆市永川区朱沱镇(重庆永川工业园区港桥工业园)
邮编：402160
电话：023 - 49604658
网址：www. vipoon. net
邮箱：315469728@ qq. com
产品：生活用纸加工生产

重庆再升科技股份有限公司
重庆市渝北区回兴街道婵衣路 1 号
邮编：401120
电话：023 - 67183329
传真：023 - 67176291
网址：www. cqzskj. com
邮箱：mail@ cqzskj. com
产品：玻璃纤维棉、玻璃纤维滤纸、PTFE 滤材、熔喷有机纤维滤材、无机真空绝热板芯材、新能源电池隔膜

四 川 省

成都市

四川石化雅诗纸业有限公司
四川省成都市新津工业园区 A 区希望路 912 号
邮编：611400
电话：028 - 61786868、88786868、82402405
传真：028 - 61786868
网址：www. yspaper. com. cn
邮箱：shyspaper@ 126. cm
产品：100% 本色竹纤维生活用纸、100% 本色竹纤维柔润纸巾、100% 本色竹柔巾、100% 本色竹纤维内衣

成都市郫县中信纸制品厂
(投资人郫县唐昌镇造纸厂)
四川省成都市郫县唐昌镇外北街
邮编：611733
电话：13881856243
邮箱：13881856243@ qq. com
产品：生活用纸

中冶峡山纸业有限公司
四川省成都市邛崃市羊安工业区
邮编：611535
电话：028－88757040、88758435
邮箱：zymlzc@163.com
产品：漂白竹浆板

中顺洁柔（四川）纸业有限公司
四川省彭州市牡丹大道中段 80 号
邮编：611930
电话：028－83806688、13608235938
网址：www.zsjr.com
产品：生活用纸

成都印钞有限公司
四川省成都市温江区新建路 60 号
邮编：611130
电话：028－82723590－2078、82755999
传真：028－82755168
网址：www.cdyc.cbpm.cn
产品：钞票纸、防伪水印纸、证券纸

四川锦丰纸业股份有限公司
四川省成都市温江区成都海峡两岸科技产业开发园
邮编：611137
电话：028－82633101、61708473、61711558
传真：028－82633101
网址：www.scjfpaper.com
产品：卷烟纸、卷烟工业配套纸、生活用纸

上海宏图尚威环保科技股份有限公司成都分公司
（原上海宏图纸业有限公司）
四川省成都市双流县蛟龙工业港滨江大道三段
邮编：610200
电话：028－85737114、13438094474
网址：www.hongtupaper.com
邮箱：15984771@qq.com
产品：复合双灰纸板、灰底白纸板

四川新津晨龙纸业有限公司
四川省成都市新津工业园区
邮编：611430
电话：028－82591878、69289388
传真：028－82591878
网址：www.scclzy，net
邮箱：scxjclzy@163.com
产品：箱纸板、瓦楞原纸

四川迅源纸业有限公司
四川省成都市大邑县晋原镇工业集中发展区兴业大道南段兴业七路
邮编：611330
电话：028－68901753、68901754
网址：www.f-sourcepaper.com
邮箱：295580146@qq.com
产品：瓦楞原纸、纸箱

成都顺邦纸业有限公司
（原成都纤姿纸业有限公司）
四川省成都市郫县团结镇团三路 666 号
邮编：611745
电话：028－87896011
传真：028－87896041
网址：www.cdxianzi.com
产品：生活用纸

四川福华竹浆纸业有限公司
四川省成都市温江区海峡两岸科技开发园柳台大道西段 515 号
邮编：611137
电话：028－61711558
传真：028－61711558
邮箱：471181563@qq.com
产品：机制纸

四川永丰纸业集团
四川省成都市锦江区毕昇路 468 号创世纪大厦 1 幢 33 楼
邮编：610000
电话：028－62560640、64651518、4001515062
网址：www.yfzy.com
邮箱：yfzy1970@163.com
产品：竹浆、竹浆文化用纸、生活用纸等

宜宾纸业股份有限公司邛崃分公司
四川省成都市邛崃西环路 50 号
电话：028－88791085
产品：造纸原料

四川蜀邦实业有限责任公司
四川省成都市彭州工业开发区牡丹大道南段 162 号
邮编：611930
电话：028－88504580、88504556、84560066
传真：028－86231001　84560055
网址：www.scsbsy.com
邮箱：838903856@qq.com

产品：瓦楞原纸、生活用纸

四川省津诚纸业有限公司
四川省成都市新津县邓双镇(工业园区 B 区)兴化一路 8 号
邮编：611430
电话：028－82590996、82590082、82591958
网址：www. jinchengzhiye. com
邮箱：jczy@ jinchengxhiye. com
产品：生活用纸、文化用纸、工业用纸、包装用纸

四川蓝漂日用品有限公司
四川省成都市成华区双荆路 2 号
邮编：610000
电话：028－83326566
传真：028－83326560
网址：www. lp－jt. com
邮箱：suxiulanpiao@ 163. com
产品：生活用纸
旗下：四川纯竹工坊新材料有限公司
电话：028－83154873
网址：www. chunzhugf. com
邮箱：suxiulanpiao@ 163. com

彭州市大良纸厂
四川省彭州市丽春镇白果村
邮编：611930
电话：028－83779258、13709073512
网址：www. vipoon. net
产品：卫生用品(纸巾纸)生产

四川欣适运纸品有限责任公司
四川省成都市郫县成都现代工业港
邮编：611730
电话：028－87978656
邮箱：305490911@ qq. com
产品：生活用纸

成都市苏氏兄弟纸业有限公司
四川省成都市大邑县晋原镇工业区兴业七路 29 号
邮编：611330
电话：028－88266676、13518172167
网址：www. cdssxd. com
邮箱：762965859@ qq. com
产品：生活用纸

四川兴睿龙实业有限公司
四川省成都市新都区新繁镇和平路 68 号
邮编：610501
电话：028－83087776、87043976
传真：028－83084998
网址：www. scrl. cn
邮箱：873462433@ qq. com
产品：加工、生产纸制品、一次性民用口罩、卫生用品

崇州市倪氏纸业有限公司
四川省崇州市元通镇工业集中发展区
邮编：611230
电话：028－82265895、13982112777
邮箱：5341488782@ qq. com
产品：生活用纸加工

成都市阿尔纸业有限责任公司
四川省彭州市丽春镇君平街西段 13 号
邮编：611930
电话：028－83779118
传真：028－83779358
网址：www. aerzy. cn
产品：高级卫生卷筒纸、餐巾纸、宾馆专用纸等

四川环龙新材料有限公司
四川省成都市青羊工业园区总部 A2 斑布大厦
邮编：610073
电话：028－81725555、4000280969
网址：www. babo. cn
邮箱：37274399@ qq. com
产品：生活用纸

成都森隆纸业有限公司
四川省成都市崇州经济开发区宏业大道南段 208 号
邮编：611230
电话：028－82391228
邮箱：973237210@ qq. com
产品：瓦楞原纸、茶板纸、箱板纸、瓦楞纸板、纸箱、纸制筒管、卷轴、纡子及类似品等

彭州市阳阳纸业有限公司
四川省成都市彭州市隆丰街道西河村 10 组
邮编：611939
电话：028－84561798
邮箱：scyypaper@ qq. com
产品：生活用纸

自贡市

富顺县安溪纸业有限公司
四川省自贡市富顺县安溪镇安福八组
邮编：643219
电话：0813－7480335
邮箱：532677558@qq.com
产品：纸板

泸州市

四川银鸽竹浆纸业有限公司
四川省泸州市纳溪区渠坝乡
邮编：646300
电话：0830－4390666、4390160
传真：0830－4390777
产品：牛皮纸、胶版纸、打字纸、书写纸、信封专用纸

四川金田纸业有限公司
四川省泸州市合江临港工业园区张湾片区
邮编：646200
电话：0830－5286888
传真：0830－3326339
网址：www.jintianpaper.com
邮箱：1042848933@qq.com
产品：特种纸制品、涂布白板纸、灰板纸、高强瓦楞纸、牛卡纸、生活用纸

德阳市

四川纵横纸业制造有限公司
四川省德阳市八角井镇川东路 58 号
邮编：618003
电话：0838－2600016、2600913
传真：0838－2600911
邮箱：769311794@qq.com
产品：黄纸板、茶纸板

四川华侨凤凰纸业有限公司
四川省广汉市向阳镇顺江南路 8 号
邮编：618308
电话：0838－6098090
传真：0838－6098001
邮箱：12488190@qq.com
产品：涂布白纸板、金银卡纸、工业纸板

四川友邦纸业有限公司
四川省广汉市经济开发区(南区)友邦工业园
邮编：618300
电话：0838－5401933、5402799、5401922
传真：0838－5400158
网址：www.euponpaper.com
邮箱：sale@euponpaper.com
产品：卫生用品、生活用纸、母婴用品

维达纸业(四川)有限公司
四川省德阳市龙泉山南路三段 19 号
邮编：618000
电话：0838－2906199
网址：www.vida.com
邮箱：623577197@qq.com
产品：生活用纸

四川圆周实业有限公司
四川省什邡市师古镇金羊路
邮编：618408
电话：0838－6062280
邮箱：931183156@qq.com
产品：生活用纸

四川维邦优品科技有限公司
四川省什邡经济开发区(北区)
邮编：618400
电话：0838－8307878
网址：www.vipoon.net
邮箱：530743965@qq.com
产品：生活用纸、纸制品的加工

四川省什邡市望风青苹果纸业有限公司
四川省德阳市什邡市经济开发区北区
邮编：618000
电话：4009969963
传真：4001231234
网址：www.qingpingguo.net
邮箱：2509709093@qq.com
产品：纯鲜竹浆生活用纸

绵阳市

三台三角生活用纸制造有限公司
四川省绵阳市三台县青东坝工业集中区
邮编：621100
电话：0816－5229928、15280960933
传真：0816－5221277

产品：生活用纸

四川省绵阳超兰卫生用品有限公司
四川省梓潼县经济技术产业园区
邮编：622150
电话：0816－8323022
邮箱：chaolanzhiye@163. com
产品：生活用纸

四川亿达纸业有限公司
四川省绵阳市经开区松垭镇1号路
邮编：621000
电话：0816－2372777
网址：yuandianjiaju. tmall. com
邮箱：195563281@qq. com
产品：生活用纸

乐山市

乐山佳印纸业有限责任公司
四川省乐山市长青路1458号
邮编：614000
电话：0833－2497332、13350502558
传真：0833－2497329
邮箱：371211826@qq. com
产品：无碳纸、票据印刷纸、打印纸

四川省万安纸业有限责任公司
四川省乐山市夹江县新民工业区
邮编：614102
电话：0833－5771666、5770878
传真：0833－5772366
网址：www. wananpaper. com
邮箱：690447887@qq. com
产品：中高档生活用纸

玖龙纸业(乐山)有限公司
四川省乐山市犍为县清溪镇工业园区
邮编：614005
电话：0833－2299999
传真：0833－2299666
网址：www. ndpaper. com
邮箱：info－ls@ndpaper. com
产品：电容器纸、绝缘纸板、瓦楞原纸

四川凤生纸业科技股份有限公司
(原四川省犍为凤生纸业有限责任公司)
四川省乐山市犍为县城北凤凰山
邮编：614400
电话：0833－4251386、4251716
传真：0833－4254579
网址：www. fengshenggroup. com
邮箱：fszy666@hotmail. com
产品：白色及彩色打字纸

四川永丰纸业股份有限公司
四川省乐山市沐川县永福镇
邮编：614500
电话：0833－4651066
传真：0833－4651066
网址：www. yfzy. com
邮箱：yfzy1970@163. com
产品：高档竹浆板、文化用纸、生活用纸及特种纸

四川省金福纸品有限责任公司
四川省乐山市沙湾区福禄镇沙湾儿村8组
邮编：614000
电话：0833－3560888、13990690970
传真：0833－3560888
网址：www. scsjfzp. com
邮箱：421344812@qq. com
产品：静电复印纸、有光纸、打字纸、双胶纸、书写纸

四川省乐山市三江特种纤维材料有限公司
四川省乐山市市中区棉竹乡高坝村一社
邮编：614000
电话：0833－2601288
邮箱：759623410@qq. com
产品：导电发热纸、纸质超滤材料、无纺壁纸原纸、耐磨纸、电容器纸、电缆纸

夹江县天翔纸业有限公司
四川省乐山市夹江县马村乡碧山村8社
电话：0833－6194227、13508146719
网址：www. jjtxzy. com
产品：手工书画纸、纸浆、纸板、图画纸、毛边纸、装裱纸

夹江汇丰纸业有限公司
四川省乐山市夹江县界牌镇周坝村(永兴经济开发区)
邮编：614100
电话：0833－5829111、5829617、5666667
传真：0833－5829698
网址：www. jjhfpaper. com
邮箱：sales@jjhfpaper. com、jjhfpaper@yeah. net

产品：生活用品

沐川禾丰纸业有限责任公司
四川省乐山市沐川县沐溪镇沐源路 1981 号
邮编：614500
电话：0833－4612292
邮箱：812593411@ qq. com
产品：书画纸、印花纸、装饰纸的加工和销售

宜宾市

宜宾纸业股份有限公司
四川省宜宾市南溪区裴石轻工业园区
邮编：644100
电话：0831－3309663
传真：0831－3309600
网址：www. yb-zy. com
产品：食品包装原纸、生活用纸原纸、生活用纸成品

四川天竹竹资源开发有限公司
四川省宜宾市江安县阳春工业园区
邮编：644200
电话：0831－5551992
邮箱：1220823560@ qq. com
产品：竹化纤浆粕、化学纤维、纺织品、竹造纸浆、机制纸

四川明路纸业有限公司
四川省宜宾市南溪区罗龙工业集中区临江路 1 号
邮编：644100
电话：0831－3302128、3302102
邮箱：309096490@ qq. com
产品：纸和纸板容器制造、机制纸及纸板制造

雅安市

四川金安浆业有限公司
四川省雅安市雨城区姚桥镇爱国路 2 号
邮编：625000
电话：0835－2850858、2850801
传真：0835－2850801、2850092
网址：www. appjap. com. cn
产品：漂白硫酸盐竹浆、胶版印刷纸

四川鑫业纸业有限公司
四川省雅安市芦山县芦阳镇富源路
邮编：625600
电话：0835－6521517
产品：生活用纸

四川省芦山县兴业造纸厂
四川省雅安市芦山县城门外盐井坡
邮编：625605
电话：0835－6521517、13880031175
邮箱：2820869889@ qq. com
产品：生活用纸

眉山市

四川绿果林农业特种纸业有限公司
四川省眉山市东坡区尚义镇熊公村六组
邮编：620000
电话：13890350222
邮箱：852813290@ qq. com
产品：农业用特种纸

巴中市

平昌县丰弘纸业有限公司
(原平昌县再生纸业有限责任公司)
四川省巴中市平昌县江口镇小桥街东段 60 号
邮编：635400
电话：0827－6297055、13158437696
邮箱：13158437696@ 163. com
产品：文化用纸、纸板

贵　州　省

贵阳市

贵阳金康纸业有限公司
贵州省贵阳市修文县扎佐镇林场
电话：0851－88405005、88405028、18985197628
传真：0851－88405228
网址：www. sczdtz. com
邮箱：wjkcq@ 126. com
产品：中高档瓦楞纸板

遵义市

贵州赤天化纸业股份有限公司
贵州省赤水市金华化工路 90 号
邮编：564707
电话：0852－2879721、2879800、2879570
传真：0852－2879729、2876048
产品：全竹浆 TCF 浆板、全竹浆轻 ECF 浆板、本色浆

黔南布依族苗族自治州

贵州省都匀顺发纸业有限责任公司
贵州省黔南布依族苗族自治州都匀市黔南环东北路8号
邮编：558013
电话：0854－8224598
产品：纸及纸制品

贵州盛世荣创再生科技有限公司
贵州省黔南布依族苗族自治州瓮安经济开发区广州花都产业园
邮编：550400
电话：0854－7067666
邮箱：7833122463@qq.com
产品：瓦楞纸、牛卡纸

云　南　省

昆明市

云南宜良红星兄弟纸业有限公司
云南省昆明市宜良县汇东桥南侧小渡口段
邮编：652100
电话：0871－67541679
传真：0871－67541689
产品：箱纸板、瓦楞原纸

昆明爱华卫生制品有限责任公司
云南省昆明市高新技术开发区二环西路449号
邮编：650118
电话：0871－68310051、15911683556
传真：0871－68320196
网址：www.ynzhipin.cn
邮箱：2595351191@qq.com
产品：生活用纸、卷纸、餐巾纸、面巾纸、盒抽纸、纸杯纸

云南中烟再造烟叶有限责任公司
云南省昆明市西山区海口工业园区管委会二楼(108号)
电话：0871－63850156
邮箱：shu8228@163.com
业务：再造烟叶(造纸法)与添加剂的生产

云南东晟纸业有限责任公司
云南省昆明市宜良县工业园区
邮编：652100
电话：13525338320
产品：包装纸、纸板、纸箱生产销售

昆明红星荣和纸业有限公司
云南省昆明市宜良县工业园区内
邮编：652100
电话：0871－67541679
产品：机制纸、纸板、纸箱、手工纸、加工纸、纸制品生产销售

曲靖市

云南陆良银河纸业有限公司
云南省曲靖市陆良县西桥工业区
邮编：655600
电话：0874－6869046
传真：0874－6869091
产品：胶印书刊纸、铝箔衬纸、水松原纸、成型纸

玉溪市

玉溪市高仓造纸厂有限公司
云南省玉溪市红塔区高仓村马头山
邮编：653100
电话：0877－2076532
邮箱：615785202@qq.com
产品：白纸板、灰底白纸板

云南玉溪水松纸厂
云南省玉溪市大营街工业区
邮编：653103
电话：0877－2771902、2771667
传真：0877－2771528
产品：凹印水松纸

云南江川翠峰纸业有限公司
云南省玉溪市江川县江城镇翠峰
邮编：652601
电话：0877－8095198、13988466822
传真：0877－8095198
邮箱：jccfzy@126.com
产品：生活用纸

云南新平南恩糖纸有限责任公司
云南省玉溪市新平彝族傣族自治县夏洒镇
邮编：653405
电话：0877－7391061、13888800229
传真：0877－7391061

网址：www. xpne. net
邮箱：ynxpnetz@ 163. com
产品：卫生纸

云南金汉光纸业有限公司
（原云南通海汉光纸业有限公司）
云南省玉溪市通海县高大乡高大村
邮编：652706
电话：0877－3031789、3031330
邮箱：1901992107@ qq. com
产品：卫生纸

云南恒昌造纸有限责任公司
（原云南江川恒昌造纸有限公司）
云南省玉溪市江川区大街街道旧州老荒坝
邮编：652600
电话：0877－8016181、8011919
传真：0877－8016181
产品：箱纸板、瓦楞原纸

玉溪华宁昊兴纸业有限公司
云南省玉溪市华宁县宁州镇环城东路白塔山脚
邮编：653899
电话：0877－5019866
产品：铝箔衬纸、水松原纸、滤嘴棒成型纸、文化用纸

保山市

云南昌宁建星纸业有限公司
云南省保山市昌宁县漭水镇共裕村
邮编：678111
电话：15368753877
邮箱：1491212688@ qq. com
产品：书写纸、双胶纸

保山鑫盛泰纸业有限公司
云南省保山市隆阳区瓦窑镇老营村
邮编：678000
电话：0875－2860333
产品：箱纸板、T 纸盒高强瓦楞原纸

普洱市

云南云景林纸股份有限公司
云南省普洱市景谷林纸路 300 号
邮编：666400
电话：0879－5410198、5410634、5410228
传真：0879－5410193、5410223
网址：www. yjlzh. com
产品：针叶木浆、桉木浆、混合阔叶木浆、生活用纸

临沧市

云南双江和泰竹产业发展有限公司
（原云南双江南华化学纤维浆粕有限公司）
云南省临沧市双江拉祜族佤族布朗族傣族自治县勐省镇
邮编：677300
电话：0883－7641916、7641888、7641578
传真：0883－7641569
产品：溶解竹浆板

临沧南华纸业有限公司
云南省临沧市工业园区（临翔区南塘街 7 号）
邮编：677500
电话：0883－6120555、6120567
传真：0883－6120559
邮箱：lcnhzy@ 163. com
产品：漂白蔗渣浆、双胶纸、书写纸

红河哈尼族彝族自治州

开远市泸江纸业有限责任公司
云南省开远市建设东路 31 号
邮编：661600
电话：0873－7223561、13808774705
产品：卫生纸、瓦楞原纸、箱纸板

云南开远市明威有限公司
云南省开远市中寨
邮编：661600
电话：0873－7171169、13577329546
产品：双胶纸、书写纸、打字纸

云南红塔蓝鹰纸业有限公司
云南省红河哈尼族彝族自治州建水县
邮编：654300
电话：0873－7652341
传真：0873－7652061
网址：www. ynhtbe. com
邮箱：blue_ eagle@ ynhtbe. com
产品：卷烟纸、水松纸、滤嘴成型纸

建水春秋纸业有限公司
云南省红河哈尼族彝族自治州建水县羊街工业园区

邮编：654399
电话：0873－78877288、13769327865
邮箱：2633168404@qq.com
产品：包装纸板

楚雄彝族自治州

禄丰县永兴纸业有限公司
云南省楚雄彝族自治州禄丰县金山镇官洼村委会乌龟山
邮编：651299
电话：0878－4835888、15887520014
传真：0878－4136759
网址：www.ynyxzy.com
邮箱：lufengyongxing@163.com
产品：白板纸、瓦楞纸、纸箱、纸制品

云南云泓纸业有限公司
云南省楚雄彝族自治州武定县狮山镇禄金村委会禄金工业园区
邮编：651600
电话：0878－8871099
邮箱：763896208@qq.com
产品：文化用机制纸及纸板制造、造纸及纸制品生产

陕　西　省

西安市

西安兄弟纸业有限公司
陕西省西安市长安区镐京工业园区
邮编：710100
电话：029－85800003、13484816606
传真：029－85800003
产品：A级、C级高强瓦楞原纸

西安市蔡伦造纸厂
陕西省西安市三桥镇北沙口村
邮编：710086
电话：029－84511080、15398080596
传真：029－84519897
邮箱：2944287917@qq.com
产品：高强瓦楞原纸、箱纸板、白纸板、茶纸板、牛皮纸、牛皮挂面纸

陕西中港铜版纸有限公司
陕西省西安市灞桥镇东街15号
邮编：710024
电话：029－83613588、18966552650
传真：029－83613588
邮箱：jilljy@163.com
产品：铜版纸

西安市惠强纸业有限责任公司
陕西省西安市长安区镐京工业园区
邮编：710100
电话：029－85903888、13389283333
传真：029－85903666
邮箱：13389283333@163.com
产品：白纸板

西安秦悦实业有限责任公司
陕西省西安市西户路中段
邮编：710116
电话：029－85800308
传真：029－85800110
产品：生活用纸

宝鸡市

陕西兴翔纸业有限责任公司
陕西省宝鸡市凤翔县城东
邮编：721400
电话：0917－7251114
传真：0917－7251173
邮箱：xingxiang9810@163.com
产品：高强瓦楞原纸、箱纸板

陕西圣龙纸业有限责任公司
陕西省宝鸡市岐山县蔡家坡经济技术开发区西宝路龚刘工业园区
邮编：722405
电话：0917－8580189、8580821
传真：0917－8580884
网址：www.shenglong.cc
产品：牛皮箱纸板、瓦楞原纸、牛皮纸、淋膜纸、水果套袋纸、彩色封面纸、纱管纸、高强瓦楞原纸

陕西法门寺纸业有限责任公司
（原陕西扶风造纸厂）
陕西省宝鸡市扶风县城东坡路3号
邮编：722207
电话：0917－5213888、4008805616
传真：0917－5211131
网址：www.sxfmszy.com
邮箱：sxfmszy@163.com

产品：印刷纸、书写纸、有光纸、卫生纸

岐山县圣龙箱板纸有限责任公司
陕西省宝鸡市岐山县蔡家坡龚刘村
邮编：722405
电话：0917－8580095
传真：0917－8580828
产品：箱纸板

眉县恒发纸业有限责任公司
陕西省宝鸡市眉县火车站道南6号
邮编：722301
电话：0917－5666338、18791747800
邮箱：405222973@qq.com
产品：有光纸、卫生纸

岐山县全兴纸业包装有限公司
陕西省宝鸡市岐山县蔡家坡另胡村
邮编：722405
电话：0917－8582968
产品：有光纸、卫生纸

宝鸡科达特种纸业有限责任公司
陕西省宝鸡市岐山县蔡家坡经济技术开发区西三路005号
邮编：722405
电话：0917－8565320
传真：0917－8565320
网址：www.baojikeda.com
邮箱：keda0816@126.com、keda0917@163.com
产品：引线纸、扎钞纸、热压垫纸板、覆铜纸板、胶带原纸、高透纸

宝鸡市建忠五一纸业有限公司
陕西省宝鸡市陈仓区潘溪镇杨家店
邮编：721306
电话：0917－6751077
传真：0917－6751099
邮箱：363794911@qq.com
产品：各色半透明纸、拷贝纸、防油纸、捆纱纸、水果套袋纸

陕西科达智特新材料有限公司
（宝鸡科达特种纸业有限责任公司子公司）
陕西省宝鸡市岐山县蔡家坡镇开发区创业路北侧
电话：18049380512、13488479409
产品：高效低阻熔喷材料、湿法非织造布、复合过滤材料、复合活性炭过滤材料、水过滤等材料

咸阳市

咸阳华西纸业有限公司
陕西省咸阳市秦都区沣东镇南关
邮编：712044
电话：029－33815659
邮箱：273239337@qq.com
产品：A级高强瓦楞原纸、C级茶纸板

咸阳尚林纸业有限公司
陕西省西咸新区秦汉新城双照街道办大王什字向北100米
邮编：712042
电话：029－33811678
产品：纸管、纸护角、B/C级纱管纸

渭南市

陕西大荔安盛纸业有限责任公司
陕西省渭南市大荔县许庄镇
邮编：715105
电话：0913－3649292
传真：0913－3649525
产品：高强瓦楞原纸

蒲城县永丰利亚造纸有限责任公司
陕西省渭南市蒲城县永丰镇大浴河北段
邮编：715502
电话：0913－7715138、7715139
传真：0913－7715138
邮箱：2043291685@qq.com
产品：高强瓦楞原纸

合阳康洁纸业有限责任公司
陕西省渭南市合阳县王村镇管家河村
邮编：715307
电话：0913－6712190、13572398238
传真：0913－6712190
产品：卫生纸

安康市

安康恒丰纸业包装有限公司
陕西省安康市汉滨区恒口镇工业区
邮编：725021
电话：0915－3619898
传真：0915－3619898

邮箱：akxp@163.com
产品：纱管纸、瓦楞原纸、花炮纸

甘 肃 省

兰州市

兰州红安纸业有限公司
甘肃省兰州市红古区平安镇(兰州经济技术开发区红古园区)
邮编：730083
电话：0931－6296699
邮箱：616963615@qq.com
产品：箱纸板

平凉市

平凉市宝马纸业有限责任公司
甘肃省平凉市四十里铺镇
邮编：744024
电话：0933－6466683、8410864
传真：0933－6466683
邮箱：969269536@qq.com
产品：卫生纸

平凉市峡门造纸厂
甘肃省平凉市峡门乡白坡村
邮编：744022
电话：0933－8570035
传真：0933－8570035
邮箱：1055256556@qq.com
产品：卫生纸

静宁县恒达有限责任公司
甘肃省平凉市静宁工业园区恒达路
电话：0933－2587698
传真：0933－2587698
网址：www.gshdjt.com.cn
邮箱：gshdjt@sohu.com
产品：箱板纸、包装纸箱及果品包装材料

天水市

甘肃汉辅东方纸业有限公司
(原天水东方纸业有限公司)
甘肃省天水市麦积区渭南镇南河川缑家庄168号
邮编：741027
电话：0938－8386311
邮箱：626300578@qq.com
产品：箱纸板、高强瓦楞原纸

宁夏回族自治区

银川市

宁夏金丰源实业有限责任公司
宁夏回族自治区银川市永宁县红星桥北侧
邮编：750100
电话：0951－8018555、13709585999
传真：0951－8011578
产品：面巾纸、卫生纸

宁夏紫荆花纸业有限公司
宁夏回族自治区银川市永宁县红星桥南
邮编：750100
电话：0951－8011586、8011888、8017666
传真：0951－8014871、8013808
邮箱：zjhlxj222@163.com
产品：面巾纸、餐巾纸、卫生纸

宁夏美洁纸业股份有限公司
宁夏回族自治区银川市贺兰县银河东路90号
邮编：750200
电话：0951－8061280
传真：0951－8061553
产品：中高档面巾纸、餐巾纸、卫生纸

吴忠市

宁夏昊盛纸业有限公司
宁夏回族自治区吴忠市侯家湾
邮编：751102
电话：0953－2662116、2661726
传真：0953－2661726
邮箱：hszybgs@126.com
产品：书写纸、印刷纸、生活用纸

中卫市

中冶美利云产业投资股份有限公司
宁夏回族自治区中卫市柔远地区
邮编：755000
电话：0955－7679218、7679430
传真：0955－7679216
网址：www.china-meili.com
产品：书写纸、印刷文化用纸、工业包装用纸

新疆维吾尔自治区

乌鲁木齐市

新疆国之明包装股份有限公司
(原新疆沙驼股份有限公司)
新疆维吾尔自治区乌鲁木齐市米东区稻香北路 204 号
邮编：831400
电话：0991－3379088
邮箱：554964337@ qq. com
产品：箱纸板、瓦楞原纸、瓦楞纸箱、彩印纸箱(盒)

昌吉回族自治区

昌吉市江北再生纸业有限公司
新疆维吾尔自治区昌吉回族自治区高新技术产业开发区经二路 8 号
邮编：831100
电话：0994－2260566、2260567、13399088087
传真：0994－2260588
产品：箱纸板、瓦楞原纸

巴音郭楞蒙古自治州

新疆中泰兴苇生物科技有限公司
新疆维吾尔自治区巴音郭楞蒙古自治州巴州库尔勒经济技术开发区开发大道 1866 号管委会孵化中心 312 室
邮编：841000
电话：0996－8773966
邮箱：ztxwswkjyxgs@ 163. com
产品：本色苇浆板

新疆弘瑞达纤维有限公司
新疆维吾尔自治区巴音郭楞蒙古自治州巴州库尔勒经济技术开发区人才大厦 A 座 9 楼
邮编：841000
电话：0996－2200606
网址：www. xjhrdxw. com
邮箱：hrdxw9889@ 163. com
产品：农作物秸秆循环利用

新疆弘瑞达生物科技有限公司
新疆弘瑞凯达纤维材料有限公司
新疆维吾尔自治区巴音郭楞蒙古自治州巴州库尔勒市上库综合产业园区上库大道东段 31 号
邮编：841000
电话：0996－2200606
网址：www. xjhrdxw. com
邮箱：hrdxw9889@ 163. com
产品：农作物秸秆循环利用

国内造纸机械及其他相关产业企业名录

Directory of Domestic Papermaking Machinery Companies and Other Related Companies

北　京　市

北京国际浆纸交易中心有限公司
北京市朝阳区广渠路 39 号院 1 号楼
邮编：100022
电话：010－67043080、4000920806
传真：010－67043080
网址：www. bjppex. com
邮箱：service@ bjppex. com
业务：国内、国际浆纸交易综合服务平台

ABB(中国)有限公司
ABB 制浆造纸部
北京市朝阳区酒仙桥路 10 号恒通广厦 B7－3
邮编：100015
电话：010－84566688
传真：010－64231613
网址：www. abb. com. cn
产品：电力、自动化技术

维美德造纸机械技术(中国)有限公司北京分公司
北京市朝阳区东三环北路 19 号中青大厦 601
邮编：100022
电话：010－65662568
传真：010－65662567
网址：www. valmet. com
产品：造纸机械

安德里茨(中国)有限公司北京分公司
(原奥地利安德里茨股份有限公司北京代表处)
北京市朝阳区光华路 7 号汉威大厦西区 18 层
邮编：100004
电话：010－85921616
传真：010－85921515
网址：www. andritz. com
邮箱：wenchao. gao@ andritz. com
产品：制浆造纸设备

霍尼韦尔(中国)有限公司北京办事处
北京市朝阳区酒仙桥路 14 号甲 1 号楼 1 楼
邮编：100015
电话：010－56696000
传真：010－64103414、64103420
网址：www. honeywellps. com. cn
邮箱：jiangqi. han@ honeywell. com
产品：自动化控制系统、传感器与控制元件

芬兰温德造纸湿部技术公司北京代表处
北京市朝阳区建国路 118 号楼 7 层 708 室
邮编：100022
电话：010－59233822、59233823
传真：010－65662723
网址：www. wetend. com
邮箱：min. zhang@ wetend. com
产品：“创捷”化学品混合添加技术及装备

舍弗勒贸易(上海)有限公司北京分公司
北京市东城区东直门南大街 1 号北京来福士中心办公楼 20 层 01 室
邮编：100020
电话：010－65150288、0512－53958496
传真：010－65123433
网址：www. schaeffler. com
邮箱：huangnna@ schaeffler. com
产品：工业轴承

瑞士 BMB 公司
北京市建国门内大街 18 号恒基中心 2 座 10 层
电话：010－85198688
传真：010－85198699
网址：www. bmbag. ch、www. kroenert. de
邮箱：info@ bmbag. ch
产品：造纸机械

斯普瑞喷雾系统(上海)有限公司北京分公司
北京市朝阳区高井文化园 8 号东亿国际传媒产业园 C2 座 1 层
邮编：100025
电话：010－68562800、65104855
传真：010－68561036
网址：www. spray. com
邮箱：beijing@ spray. com. cn
产品：喷嘴

中国造纸装备有限公司
北京市朝阳区启阳路 4 号中轻大厦
邮编：100102
电话：010－64778210、18001155572
传真：010－64778211
网址：www. cpmcchina. cn
邮箱：zhaotao@ cpmcchina. cn
产品：中高档高速宽幅纸机、纸板机和卫纸机

北京恒捷科技有限公司
北京市房山区周口店镇瓦井村西

邮编：102453
电话：010－88504592
传真：010－88504092
网址：www.hengjietech.com
邮箱：bjhj@hengjietech.com
产品：轻重质除渣器及除渣器备品配件、废纸制浆生产线的工艺设计及设备配套、废水处理气浮设备、纤维回收弧形筛、流浆箱孔板的设计和制造、技术咨询以及安装调试等工程项目

北京春辉新吉造纸机械厂
北京市石景山区吴家村路京城新能源（原华电大楼）108 室
邮编：100040
电话：010－83863951
邮箱：bjld88@163.com
产品：高浓盘磨机、热磨机、磨片

北京伟伯康科技发展有限公司
北京市大兴区经济开发区经海四路 11 号院 3 号楼 5 层
邮编：100176
电话：010－87220127
传真：010－62641332
网址：www.webcon-tech.com
邮箱：sales@webcon-tech.com
产品：DFE 张力控制器

北京协力旁普包装制品有限公司
北京市大兴区旧宫镇工业园区北西甲 1 号
邮编：100076
电话：010－87962699
传真：010－87962476
邮箱：dxh8796@126.com
产品：纸浆模塑工业包装、餐具

北京高中压阀门有限责任公司
北京市平谷区马昌营镇马昌营村古槐路 80 号
邮编：101214
电话：010－69983388、18910579770
传真：010－61985892
网址：www.bvc.cc
邮箱：18901352922@163.cc
产品：阀门

中国联合装备集团公司
北京市西城区西黄城根南街 33 号
邮编：100032
电话：010－66075588
传真：010－66052828
网址：www.cnue.com.cn
邮箱：cnue@cnue.com.cn
产品：纸机、APMP 设备、纸机配件

中国轻工机械协会
北京市西城区阜成门外大街乙 22 号
邮编：100833
电话：010－66039347、66073257、66052272
传真：010－66031224、66052242
网址：www.clima.org.cn
邮箱：clima@clima.org.cn
业务：行业标准制定、产品认证及科学成果鉴定

中国制浆造纸研究院有限公司
北京市朝阳区望京启阳路 4 号院中轻大厦
邮编：100102
电话：010－64778000
传真：010－64778001
网址：www.cnppri.com
邮箱：bgs@cnppri.com、kb@cnppri.com
业务：造纸工业标准化、质量监督检验、信息服务等行业技术管理工作

国家林业和草原局林产工业规划设计院
中国林业工程咨询公司
北京市东城区朝内大街 130 号
邮编：100010
电话：010－85128008
传真：010－85128008
网址：www.cfecc.com
业务：工程咨询、工程设计、工程监理、工程总承包

中国轻工建设工程有限公司
北京市丰台区洋桥北里甲 6 号
邮编：100077
电话：010－67247882、67247879
传真：010－67247882
网址：www.clcc.com.cn
邮箱：clcchyb@163.com
业务：工程咨询、监理、总承包

中国中轻国际工程有限公司
北京市朝阳区白家庄东里 42 号
邮编：100026
电话：010－65826121、65826125、65826118、65826358
传真：010－65823590
网址：www.bcel-cn.com

邮箱：cliec@ cliec. cn
业务：造纸工程咨询、设计、监理、项目管理、工程总承包

中冶京诚工程技术有限公司
北京市经济技术开发区建安街 7 号
邮编：100176
电话：010 – 67835133
传真：010 – 67835130
网址：www. ceri. com. cn
业务：造纸工程咨询、设计、监理、项目管理、工程总承包

中招国际招标有限公司
北京市海淀区学院南路 62 号中关村资本大厦
邮编：100081
电话：010 – 62108062
传真：010 – 61954100
网址：www. cntcitc. com. cn
业务：代理招标、政府采购

中国国际工程咨询有限公司
北京市海淀区车公庄西路 32 号中咨大厦
邮编：100048
电话：010 – 68733109
网址：www. ciecc. com. cn
邮箱：wangzhan@ ciecc. com. cn
业务：工程咨询

中国技术进出口总公司
北京市丰台区西三环中路 90 号通用技术大厦 16 – 22 层
邮编：100055
电话：010 – 63349206、63349195
传真：010 – 63373713
网址：www. cntic. com. cn
邮箱：cntic@ cntic. genertec. com. cn
业务：引进大型制浆和纸机成套设备、造纸设备制造技术

中国包装进出口有限责任公司
（原中国包装进出口总公司）
北京市朝阳区东三环北路 3 号幸福大厦 B 座
邮编：100027
电话：010 – 64616359、64616369
传真：010 – 64616437
网址：www. chinapack. net
邮箱：biz@ chinapack. net、cpmail@ chinapack. net
业务：包装材料、机械进出口贸易

中国纸张纸浆进出口有限公司
北京市朝阳区劲松九区 910 号
邮编：100021
电话：010 – 87763308、87763331
传真：010 – 67747294
网址：www. chinalight. com. cn
邮箱：info@ cnppc. com
业务：纸浆、纸张、木材进出口贸易

颇尔（中国）有限公司
（原颇尔过滤器（北京）有限公司）
北京市经济开发区宏达南路 12 号
邮编：100176
电话：010 – 87225588
传真：010 – 67802329、67802328
网址：www. pall. com
邮箱：china_ ls@ ap. pall. com
产品：过滤器

中国国旅贸易有限公司
北京市朝阳区永安东里通用国际中心 A 座 19 层
邮编：100022
电话：010 – 58793322
传真：010 – 58793093
网址：www. cittc. com. cn
邮箱：cittc@ mx. cei. gov. cn
产品：SC、LWC、铜版纸、双胶纸、白卡纸、牛皮卡纸

美国纸源有限公司北京办事处
北京市海淀区花园东路 30 号 5204 室
邮编：100083
电话：010 – 62360817
传真：010 – 62365579
产品：不干胶纸、硅油纸、涂塑原纸、铜版纸

北京浩宇星光纸业有限公司
北京市东城区永定门外沙子口西革新里 120 号
邮编：100077
电话：010 – 87258232
传真：010 – 67248325
产品：办公、文化、制图系列用纸

北京文满原纸业有限责任公司
北京市怀柔区迎宾南路 11 号五幢二层 2213 室
邮编：100410
电话：010 – 67229598、67224105、13311106684
邮箱：436077184@ qq. com

业务：厂家代理

北京汇森纸制品有限公司
北京市朝阳区黑庄户乡大鲁店一村南临 38 号
邮编：100121
电话：010－87694995
传真：010－87697826
邮箱：wanglei@ hsxpaper. com
产品：日本纪州纸、黑卡纸、彩狐色花纹纸、彩狐珠花纸、牛皮纸

北京市华伦纸业有限公司
北京市朝阳区双柳北街 1 号院 4 号楼 3 层 303
邮编：100023
电话：010－67073493
传真：010－67379442
产品：胶版纸、书写纸、轻型纸及纸浆

北京兴普森商贸有限公司
北京市门头沟区大峪小河滩 1 号
邮编：102300
电话：010－63363371、13901224404
传真：010－63367723
邮箱：394116352@ qq. com
产品：牛皮纸、白牛皮纸、黄牛皮纸

北京云中赢纸业有限公司
北京市通州区工业开发区云杉南路 17 号 3 幢 1027 号
邮编：101100
电话：010－69281750、13301388991
传真：010－69281750
邮箱：23743819@ qq. com
产品：铜版纸、灰纸板、书写纸

北京坤隆纸业有限公司
北京市房山区韩村河镇西南章村
邮编：102406
电话：010－61320196
传真：010－61320058
邮箱：klzy0196@ 163. com
产品：纸制品

北京巨鑫华瑞工贸有限公司
北京市通州区马驹桥镇景盛南二街 15 号（北区四号厂房）
邮编：101102
电话：010－56370772、56370773、56370774、56370775
传真：010－56370779
产品：造纸用全不锈钢饰面辊（防伪水印辊）及网部脱水元件

北京高科物流仓储设备技术研究所有限公司
北京市海淀区长春桥路 5 号 10－906 号
邮编：10009
电话：010－82561876
传真：010－82563983
网址：www. gaoke. com
产品：自动化立体仓库物流仓储设备系统

北京绿恒科技有限公司
绿恒（北京）环保工程有限公司
北京市大兴区荣华中路 10 号亦城国际 B 座 15 层
邮编：100176
电话：010－57780008
传真：010－57780555
网址：www. bjlvheng. com
邮箱：bjlvheng@ bjlvheng. com
产品：水污染治理技术

北京和利时智能技术有限公司
北京市大兴区经济技术开发区地盛中路 2 号院
邮编：100176
电话：010－58981588
传真：010－58981558
网址：www. hollysys. com
邮箱：shangchunxia@ hollysys. com
产品：工业自动化系统

中科骏驰精密仪器（北京）有限公司
北京市顺义区彩祥东路哈镘工业园（北京总部）
邮编：101399
电话：010－60418677、13910788797
网址：www. bjzkbr. com
邮箱：brxk2015@ hotmail. com
业务：实验室仪器设备研制开发、技术规划、系统制造、市场销售、工程安装

上海思百吉仪器系统有限公司北京分公司
北京市石景山区鲁谷路 74 号中国瑞达大厦 F908 房间
邮编：100040
电话：010－53236888
传真：010－53236999
网址：www. spectris. com. cn
产品：各类精密在线测量仪器、精密过程控制及测量仪器仪表及传感器和配件

司迈实科技(北京)有限公司
北京市顺义区南法信镇金关北二街3号院3号楼6层629
邮编：101316
电话：010－64678405
邮箱：1229255321@qq.com
产品：电子产品、机械设备、电气设备

北京恒诚誉科技有限公司
北京通州区武兴路
邮编：101107
电话：010－52337141
网址：bjhcykj.onwsw.cn
产品：制浆造纸试验、检测设备的开发及销售

北京延中兴业科技有限公司
北京市丰台区西三环南路首科大厦9层914室
邮编：100073
电话：010－62121306
网址：www.bjyzxy.com
邮箱：2638248667@qq.com
产品：数码蓝图纸、工程纸、绘图纸、描图纸、硫酸纸、晒图纸、铜版纸、皮纹纸、复印纸

北京赛富威环境工程技术有限公司
北京市丰台区南四环西路188号总部基地十五区17栋四层
邮编：100070
电话：010－53025590
传真：010－53069604
网址：www.selfway.com.cn
邮箱：info@selfway.com.cn
业务：污水处理

北京优派特科技发展有限公司
北京市海淀区西四环北路160号2层一区210
邮编：100142
电话：010－88505660
传真：010－88504465
邮箱：guiguo.xu@uptgroup.cn
业务：热喷涂服务、辊子大修服务

北京格贝而分切技术有限责任公司
北京市东城区建国门内大街7号光华长安大厦A座311室
邮编：100005
电话：010－65188535
传真：010－65188535
网址：www.goebel-ims.com
邮箱：caobing@goebel-beijing.cn
产品：T2系列、RA2机型、OPTISLIT机型分切复卷机

中以艾瑞(北京)流体控制设备有限公司
北京市朝阳区常通路4号院1号楼12层2单元1501
邮编：100024
电话：010－85913199
网址：www.arivalves.cn
邮箱：julie@arivalves.cn
产品：流体控制设备

康吉诺(北京)科技有限公司
北京市海淀区阜成路115号丰裕写字楼C座三层306
邮编：100048
电话：010－82614047、15689188791
传真：010－82614057
网址：www.reliability.cc
邮箱：liumingjin@reliability.cc、service@reliability.cc
产品：ME140系列综合分析仪、ME150系列设备数据采集仪、ME170-1通用设备的在线监测与诊断分析系统

芬兰ACA系统有限公司北京代表处
北京市朝阳区建东苑18号楼401内4015A室
邮编：100024
电话：13910566284
网址：www.aca-bj.com
邮箱：jeff@aca.fi
产品：造纸涂料分析仪器和纸张透气度分析仪器

北京亦海科泵业科技有限公司(北方基地)
北京市大兴区亦庄经济技术开发区
邮编：100176
电话：010－57407706、13811118066
传真：010－57407706
网址：www.bjbkf.com
邮箱：tra263@263.net
产品：专业从事滞止增压节能泵、旋转喷射泵(又叫皮托管泵)等特种泵研究、开发、设计、生产、制造

埃弗斯科技(北京)有限责任公司
北京市丰台区丰管路22号院12幢213－1室
邮编：100071
电话：13581704463
网址：www.kroenert.de
邮箱：44828616@qq.com

产品：柔性基材复合和涂布的生产线

深圳市联欧贸易发展有限公司北京分部
北京市东城区朝内大街 188 号鸿安国际商务大厦 B402
邮编：100010
电话：010 - 65171131
传真：010 - 65171141
网址：www. euro-me. com
邮箱：euromeBJ@ euro-me. com
产品：驱动传动、流体控制、液压气动、工厂自动化等

伊顿工业过滤(上海)有限公司北京办事处
北京市朝阳区建国门外大街 8 号国际财源中心 IFC 大厦 9 层
邮编：100022
电话：010 - 59259428
传真：010 - 59259213
网址：www. eaton. com. cn
邮箱：filtration@ eaton. com
产品：造纸过滤设备

思智浆纸贸易(北京)有限公司
北京市朝阳区朝外大街 19 号华普国际大厦 815 房
邮编：100020
电话：010 - 85321720
邮箱：alphonsevvv@ 163. com
产品：纸张和纸浆的批发

丹佛斯(天津)有限公司北京朝阳分公司
北京市朝阳区工体北路甲 2 号盈科中心 A 栋 20 层
邮编：100027
电话：010 - 85352588
网址：www. danfoss. com/zh-cn
邮箱：hujingjing@ danfoss. com
产品：变频器

莱克勒(天津)国际贸易有限公司
北京市朝阳区东三环北路 8 号亮马河大厦 2 座 418 室
邮编：100004
电话：010 - 84537968
传真：010 - 84537458
网址：www. lechler. com. cn
邮箱：alice@ lechler. com. cn
产品：制浆造纸设备喷淋系统、喷嘴产品

加拿大 UMT 公司中国代表处
北京市朝阳区东三环北路 3 号 B 座 1105
邮编：100004
电话：010 - 83682408
网址：www. umtresearch. com
邮箱：support@ umtresearch. com
产品：生活用纸皱纹质量分析仪、纤维形态分析仪

杰为造纸技术服务(北京)有限公司
北京市朝阳区广顺北大街五号院内 32 号内 B 座四层 B4029
邮编：100102
电话：18911585848、1811179040
网址：www. pp-cleantech. com
邮箱：1079039894@ qq. com
产品：技术推广服务，销售化工产品、机械设备等

北京格兰特膜分离设备有限公司
北京市顺义区空港工业区 A 区天柱西路 12 号院 2 号楼
邮编：101312
电话：010 - 84591818
传真：010 - 61468759
网址：www. grantwater. com
邮箱：sales@ grantwater. com
产品：膜法水处理和污水深度处理设备

北京万丰力技术有限公司
北京丰台区方庄一号院 717 室
邮编：100079
电话：010 - 67630569
传真：010 - 67635869
网址：www. wanfpower. com
邮箱：info@ wanfpower. com
产品：制浆造纸工业的流送设备、研发、加工制造和检测检验设备

北京科尔康安全设备制造有限公司
北京市大兴区经济技术开发区经海四路 156 号院 7 号楼 3 层
邮编：102600
电话：010 - 67870335
传真：010 - 67874879
网址：www. crowcon. com. cn
邮箱：Kate. li@ crowcon. com. cn
产品：工业用安全环保检测报警仪器

北京远东仪表有限公司
北京市东城区和平里北街 6 号
邮编：1000013
电话：010 - 64513777

网址：www. bjfeic. com
邮箱：xingjianmei@ bjfeic. com
产品：压力、温度、流量、物位等测量仪表

介可视(北京)机电技术有限公司
北京市通州区梨园龙湖蔚澜香醍
邮编：101100
电话：010 - 80818916、80818133、80811111、80818171
传真：010 - 80818991
网址：www. jiekes. com
邮箱：china@ jiekes. com
产品：固体物料湿度测量系统、固体流量计测量系统、料仓料位监测、粉尘浓度检测系统

天　津　市

斯普瑞喷雾系统(上海)有限公司天津办事处
天津市和平区南京路 189 号津汇广场 1 座 3203 室
邮编：300051
电话：022 - 27126918
传真：022 - 27126928
网址：www. spray. com
邮箱：tianjin@ spray. com. cn
产品：喷嘴

丹佛斯(天津)有限公司
天津市武清开发区 5 号路
邮编：301700
电话：022 - 82126400、82197102
传真：022 - 82126407
网址：www. danfoss. com/china
产品：变频器

天津市轻工业机械厂
天津市西青区西青道杨柳青
邮编：300380
电话：022 - 27392930
传真：022 - 27390401
邮箱：13072263696@ 163. com
产品：制浆设备、碱回收设备

天津市华星工业用呢新技术开发有限公司
天津市南开区玉泉路岳湖道 18 号
邮编：300193
电话：022 - 27372507、27379962
传真：022 - 27372507、27495045
产品：造纸用呢、工业用呢

天津派佳科技有限公司
(原天津派普伟业造纸科技有限公司)
天津市南开区航海道金航大厦 2 - 4 - 802(科技园)
邮编：300192
电话：022 - 87898375、13002238499
邮箱：tjpaper@ gmail. com
产品：特种纸技术、造纸设备及材料

天津市中天宏大纸业有限公司
天津市北辰区小淀镇刘安庄工业园区佳丰道 22 号
邮编：300402
电话：022 - 26991089、15302051563
邮箱：stlh163@ sina. com
产品：标签、热熔胶涂布机、不干胶材料分切机

天津市轻工业设计院
天津市南开区长江道 179 号
邮编：300193
电话：022 - 27380422
传真：022 - 27380423
网址：www. tlidi. com
邮箱：jy@ tlidi. com
业务：工程总承包、工程咨询、工程设计、工程管理、工程监理

国家轻工业纸张质量监督检测天津站
天津市津南区辛庄工业园区发港路
邮编：300350
电话：022 - 88823003
业务：一般纸张类、纸浆检测

天津市禹晖科技有限公司
天津市华苑产业区鑫茂科技园 D2 座五层 C 单元 03 室
邮编：300081
电话：022 - 27373367
传真：022 - 27373367
邮箱：yuhuikeji@ sina. com
产品：气浮器

威宁(天津)国际贸易有限公司
天津市天津港保税区经贸区 3 - 5 号地 2 层 228 号
邮编：300400
电话：022 - 26992657、13516294058
传真：022 - 26997093
邮箱：gracezhang_ 99@ sina. com
产品：硅油纸、不干胶、美纹纸、过滤纸、彩喷纸、照相纸、热敏纸、白卡纸、无尘纸

天津中包进出口有限责任公司
天津市河西区宾水道9号
邮编：300061
电话：022－28372580、28130663
传真：022－28371678
网址：www.ticpack.com
产品：白纸板、进口白纸板、进口牛皮卡纸、进口胶版纸

天津力天世纪国际贸易有限公司
天津市河西区大沽南路501号恒华大厦1－1505
邮编：300202
电话：022－58196268、8071809、15902240996
传真：022－58196298
产品：箱纸板、PP膜卡纸、无碳复写原纸、涂层胶版纸、OCR纸、布纹铜、玻璃铜版卡纸、白卡纸、防湿纸

天津市俄林浆纸商贸有限公司
天津市北辰区万科新城
邮编：300402
电话：022－26300100、13902171165、66530937
传真：022－26300100
产品：废纸、卫生纸切边、桉木浆、漂白针叶木浆、竹浆、本色浆、硬杂木

天津德宝民丰纸业有限公司
天津市津南区津南开发区中宏道10号
邮编：300350
电话：022－28246627
传真：022－28222923
邮箱：tjdebaominfeng@sina.com
产品：进口牛卡纸、木浆等优质包装及造纸原料

亿昇(天津)科技有限公司
天津市经济技术开发区睦宁路160号(一期厂房)
邮编：300450
电话：022－65185228
传真：022－65185230
网址：www.esurging.com
邮箱：sc@esurging.com
产品：磁悬浮轴承

天津奥特泵业有限责任公司
天津市西青区新技术产业园区海泰信息广场B座811－812
天津市津南区双桥河工业园欣旺路2号(厂区地址)
邮编：300392
电话：022－83972201、28566379
传真：022－83972202、28568169
网址：www.tjaote.cn、www.aotegroup.cn
邮箱：tjaote@163.com
产品：潜水泵、潜水电机、潜油电泵机组及特种潜没电泵

天津市鼎铭造纸机械有限公司
天津市海河工业区聚兴道9号8205
邮编：300350
电话：022－88510928、88510958
邮箱：374425948@qq.com
产品：造纸机械

河北省

石家庄市

石家庄永潮机械科技有限公司
河北省石家庄市高新区天山大街266号
邮编：050035
电话：0311－68078527
传真：0311－85830526
网址：www.coating-rods.com
邮箱：yongchaomt@aliyun.com
产品：涂布刮棒、计量棒等

石家庄纺织机械有限责任公司
河北省石家庄市新华区太保路9号
邮编：050061
电话：0311－83817245、83817104、13703113912
网址：www.sjzfzjx.com
邮箱：sales@sjzfzjx.com
产品：造纸成型网织机、干网类织机、特种网织机、造纸毛毯底网织机

唐山市

唐山天兴科技有限公司
河北省唐山市开平区现代装备制造工业区南路
邮编：063000
电话：0315－6322550、6322551、8086688
传真：0315－6322552
网址：www.txtech.cn
邮箱：csy@txtech.cn、tstxhb@sina.com
产品：CQF气浮系统

邯郸市

临漳县建安造纸设备配件厂
河北省邯郸市临漳县工贸新区
邮编：056600
电话：0310－7999289、7998508
邮箱：y7868025@126.com
产品：各种机械配件、铸造、制造、加工

临漳县光辉造纸设备配件有限公司
河北省邯郸市临漳县临漳镇东关村南
邮编：056600
电话：0310－7997999、18503103331
产品：造纸设备配件制造

邯郸市达南科机械科技有限公司
河北省邯郸市经济开发区
邮编：056107
电话：0310－6097251、18231031034
网址：www.hddnk.com
邮箱：dnkroller@126.com
产品：表面包胶弧形辊、金属面弧形辊、中高可调弧形辊

保定市

高阳县津联工业用呢有限公司
河北省保定市高阳县城东2公里路北
邮编：071500
电话：0312－6602373
传真：0312－6603733
邮箱：hjz2345@sina.com
产品：工业用呢

保定市晨光造纸机械有限公司
河北省保定市北二环路699号
邮编：071051
电话：0312－3173685、3530191、3173703
传真：0312－3172452
邮箱：chenguangjixie@126.com
产品：造纸设备、废水处理工程

保定市华光机械有限公司
河北省保定市周庄村东
邮编：071051
电话：13730258371、15033241111
邮箱：bdhffdc@163.com
产品：生活用纸加工设备

保定市晨光环保设备厂
河北省保定市隆兴西路3132号
邮编：071051
电话：0312－5555518
传真：0312－5955517
邮箱：duying101@126.com
产品：TWC系列同向流净水器及纤维回收、脱泥设备

保定市中通泵业有限公司
河北省保定市南二环2162－8号
邮编：071000
电话：0312－2138886、8920037
传真：0312－2138887
网址：www.zhongtongpump.com
邮箱：pump@zhongtongpump.com
产品：泵

保定市新市区宏宇制辊厂
河北省保定市七一西路徐庄村
电话：13831235080
网址：www.hongyuzhigun.com
邮箱：hongyuzhigun@126.com
370960190@qq.com
产品：钢花辊、羊毛辊、钢对钢棍、网纹辊、木浆板辊、镜面辊、胶辊、皮革辊、铝箔辊、齿轮大型工件镀铬等各种机械配件

河北程跃泵业有限公司
河北省安国市路景水泵工业区景旺路8号
邮编：071200
电话：0312－3426976、3421088
传真：0312－3428285
网址：www.hbcyby.cn、www.chengyuepump.com
邮箱：632469545@qq.com
产品：泵

沧州市

沧州市通用造纸机械有限责任公司
河北省沧州市经济技术开发区东海路33号
邮编：061000
电话：0317－3098909、13903175832
传真：0317－3098909
产品：磨浆机

东光县东兴纸箱机械厂
河北省沧州市东光县城南古树于工业区
邮编：061001
电话：0317－7752228
传真：0317－7752228
产品：各种纸箱、包装机械

官厅特种工业用呢厂
河北省沧州市沧县官厅乡
邮编：061029
电话：0317－4058201、13930740088
产品：造纸毛毯

河北爱美德网带有限公司
（原东光县造纸网厂）
河北省沧州市东光县找王镇后屯
邮编：061600
电话：0317－7780800、7780610、7725002
传真：0317－7780610
网址：www. amitywd. com
邮箱：amity@ vip. 163. com
产品：造纸网

青县晟能机械制造有限公司
（原青县拓实新兴冲筛有限公司）
河北省沧州市青县城东党道庄老子湖工业区
邮编：062650
电话：0317－4087374、13703272860
传真：0317－4087027
网址：www. tsxxcs. cn
邮箱：root@ tsxxcs. cn
产品：筛板

河北鑫田纸箱机械制造有限责任公司
河北省沧州市东光城南 104 国道 291. 5 公里处
邮编：061600
电话：0317－7751508、7592665
传真：03177592660
网址：www. hb-xt. com
产品：纸箱机械设计制造

兴隆纸箱包装机械有限公司
河北省沧州市东光县开发区
邮编：061600
电话：0317－7751029、15233272281
传真：0317－7751929
网址：www. xljxgs. com
邮箱：dgxlzxjx@ 163. com
产品：各类纸箱设备

廊坊市

东纶科技实业有限公司
河北省廊坊市经济技术开发区汇源道 8 号
邮编：065001
电话：0316－6086145、6071866、6087699、6071870
传真：0316－6088171
网址：www. eastex-china. com
邮箱：eastex@ eastex-china. com
产品：涤纶、黏胶、锦纶、丙纶等原料的水刺非织造布

固安安腾精密筛分设备制造有限公司
河北省廊坊市固安南开发区
邮编：065500
电话：0316－5958637
传真：010－58411881
网址：www. adsf. com. cn
邮箱：wudongli@ tfscreen. com
产品：筛鼓、筛板

廊坊亚松矿业机械有限公司
河北省廊坊市香河县香河渠口镇通唐公路北工业区
邮编：065401
电话：0316－8617589、13833695621、13784790731
传真：0316－8617599
网址：www. yatho. cn
邮箱：lfyasong@ 126. com
产品：球磨机、涡轮分级机（碱回收白泥制备轻质碳酸钙）

衡水市

河北鹤煌网业股份有限公司
河北省衡水市安平县高新技术产业开发东区经五路 21 号
邮编：053600
电话：0318－7524840、13803182568
传真：0318－7520806
网址：www. hbhehuang. com
邮箱：hbhhwy@ 163. com
产品：造纸网

河北华强网业有限公司
河北省衡水市枣强县肖张镇
邮编：053100

电话：0318－8489236、8481888
传真：0318－8489288
网址：www. hbhuaqiang. com
邮箱：13903283535@ 163. com
产品：造纸网

河北亚华胶辊集团有限公司
河北省衡水市冀州市兴华南大街 1666 号
邮编：053200
电话：0318－6829928、8629918
传真：0318－6829956
网址：www. yahuajiaogun. com
邮箱：yahua999999@ sina. com
产品：造纸、冶金用胶辊

深州市王家井东斌胶件加工厂
河北省深州市王家井镇王庄
邮编：053873
电话：0318－3465347
产品：造纸橡胶、尼龙制品

河北亚圣实业股份有限公司
河北省衡水市枣强县富强路
邮编：053100
电话：0318－8233059
传真：0318－8233059
网址：www. hbyasheng. cn、www. hbyasheng. com
邮箱：sale@ hbyasheng. com
产品：刮刀

河北衡水长虹包装装潢有限公司
河北省衡水市南环东路远翔胡同 68 号
邮编：053000
电话：0318－2123321
传真：0318－2123321
产品：各种规格彩色印刷包装纸箱、纸盒、商标

河北宏泽锅炉制造有限责任公司
河北省衡水市饶阳工业园区
邮编：053900
电话：0318－7251898、7257858、7251888
传真：0318－7251818、7251808
网址：www. hbhongze. com
邮箱：hongze@ hbhongze. com
产品：压力容器的设计、制造、安装和技术咨询服务

河北枣强鼎好玻璃钢有限公司
河北省衡水市枣强县平原东街 79 号
邮编：053100
电话：0318－8233379
传真：0318－8229791
网址：www. hbzqdh. com
邮箱：hbzqdh@ 163. com
产品：制造各类清洁刮刀、夹具改造等一系列配套装置

河北宇之星科技开发有限公司
河北省衡水市枣强县城胜利南路 1001 号
邮编：053100
电话：0318－8223685
传真：0318－8235697
网址：www. hbyuzhixing. com
邮箱：hbyuzhixing@ 163. com
产品：刮刀系列、脱水元件系列

博索尼（河北）货叉制造有限公司
河北省衡水市景县龙华镇工业区
邮编：053511
电话：0318－5385388
网址：www. bolzoni-auramo. com. cn
邮箱：sales@ bolzoni-auramo. com. cn
产品：叉车

河北博星胶辊有限公司
河北省衡水市滨湖新区彭杜乡南赵常村
邮编：053000
电话：13803189996
产品：胶辊

承德市

承德市荣威电子有限公司
河北省承德市双滦区承德昌升现代商贸城 C 区 12 栋 12 号、13 号
邮编：067000
电话：13832440486、13293237776
邮箱：2570805503@ qq. com
产品：生产轴封水流量开关、金属管浮子（转子）流量计、电磁流量计、靶式流量开关、液位（压力）变送器、磁翻板液位流量计、浮筒液位（界位）计等

承德菲时博特自动化设备有限公司
河北省承德市上板城电子工业园区
邮编：067411
电话：0314－5935292/3/4
传真：0314－5935291

网址：www. fischer-porter. cn
邮箱：fischerporter@ 126. com
产品：多孔平衡流量计、楔形流量计、阿牛巴流量计、矩针管流量计、插入式电磁流量计、旋进旋涡流量计、电磁流量计、涡街流量计、金属转子流量计、流量开关、节流装置等测控产品

山 西 省

太原市

太原福莱瑞达物流设备科技有限公司
山西省太原市综改示范区太原学府园区长治路 226 号高新动力港 306 号
邮编：030032
电话：0351 – 7593615
传真：0351 – 7593510
网址：www. fortucky. cn
邮箱：tyflrd@ 126. com
产品：智能仓储设备及系统

晋中市

山西轻工机械厂
山西省晋中市榆次区经纬路 136 号
邮编：030600
电话：0354 – 2425934、13303544343
产品：造纸机械设备

内蒙古自治区

呼和浩特市

内蒙古轻纺工业设计研究院有限责任公司
内蒙古自治区呼和浩特市新城区艺术厅南街 82 号怡海明苑 B 座 3 楼
邮编：010010
电话：0471 – 6923184、6924816
邮箱：328021915@ qq. com
业务：工程咨询、工程设计

内蒙古运筹工贸有限责任公司
内蒙古自治区呼和浩特市赛罕区呼伦贝尔南路东达城市广场 11 楼
邮编：010010
电话：0471 – 4972179
传真：0471 – 4928061
网址：www. ych – itc. com
邮箱：wuyue5510@ 163. com
产品：俄罗斯色楞格可制浆造纸厂产品色楞格牛卡纸

呼伦贝尔市

满洲里市三都纸业有限公司
内蒙古自治区满洲里市市北区国旅秋林综合楼 6 单元 402 室
电话：0470 – 6233883
产品：进出口贸易

辽 宁 省

沈阳市

辽宁飞鸿达蒸汽节能设备有限公司
辽宁省沈阳市抚顺经济开发区沈东二路 60 号
邮编：113122
电话：024 – 54319988、54319989
传真：024 – 54319990
网址：www. lnfhd. com
邮箱：syfhd@ 163. com
产品：纸机烘干热泵、蒸球乏汽回收成套装置、热泵式凝结水回收装置

沈阳春光造纸机械有限公司
（原沈阳市造纸机械厂）
辽宁省沈阳市于洪区洪汇路 177 号
邮编：110141
电话：024 – 89362156、89361260
邮箱：1253845408@ qq. com
产品：浆泵、卫生纸机、压力泵、真空泵、除渣器

沈阳斯沃电器有限公司
辽宁省沈阳市大东区蒲裕路 22 号
邮编：110122
电话：024 – 86413322
传真：024 – 28288803
网址：www. siwo. com. cn
业务：研发、设计、生产和销售低压电器

上海思百吉仪器系统有限公司沈阳分公司
辽宁省沈阳市沈河区北站路 61 号财富中心 A 座 1718 室
邮编：110013
电话：024 – 31051770
网址：www. spectris. com. cn
产品：各类精密在线测量仪器、精密过程控制及测量

仪器仪表及传感器和配件

斯普瑞喷雾系统有限公司沈阳办事处
辽宁省沈阳市沈河区友好街 10 号新地中心 1 号楼 3504 室
邮编：100123
电话：024－23286590
传真：024－23286249
网址：www. spray. com. cn
产品：喷嘴

大连市

大连迈仕通机械有限公司
辽宁省大连市金州工业配套园区银泉街 3 号
邮编：116100
电话：0411－87663998
传真：0411－87663938
网址：www. microstone. com
邮箱：2003@ microstone. com
产品：超微粉新型竖式立磨机、超微湿式研磨机、高效气流式分级系统、全自动精密过滤器、除铁过滤器、活性处理设备

大连明珠机械有限公司
辽宁省庄河市大营镇
邮编：116406
电话：0411－89400778、89400277
传真：0411－89400213
网址：www. dl－mz. cn
邮箱：zly3567@ 163. com
产品：造纸机械整饰设备、橡胶机械轧辊等

杜博林(大连)精密旋接器有限公司
辽宁省大连市开发区双 D 港双 D6 街 2 号
邮编：116620
电话：021－52980791
传真：0411－87549679
网址：www. deublin. com
邮箱：info@ deublin. cn
产品：旋接器

大连宏亚泵业有限公司
辽宁省大连市甘井子区夏家河 65711 部队工业园区 9 号
邮编：116035
电话：0411－86741808
网址：www. dlhongya. com
邮箱：863281824@ qq. com
产品：研发、设计、生产及销售纸浆泵，淀粉泵，标准化工泵

丹东市

丹东博威磨片有限公司
辽宁省丹东市振安区武营路 99 号
邮编：118001
电话：0415－4189189、4189389
传真：0415－4188488
网址：www. ddbwix. com
邮箱：ddbwjx@ 163. com
产品：造纸磨片、淀粉磨片、密度板磨片

丹东东方轻工机械有限公司
辽宁省丹东市同兴镇龙兴街 69 号
邮编：118011
电话：0415－6135777、6135888
传真：0415－6135999
网址：www. ddf. com. cn
邮箱：dfqj999@ 126. com
产品：制浆造纸设备及零件

丹东市江城轻工机械有限公司
辽宁省丹东市振兴区安民镇
邮编：118004
电话：0415－7605017
传真：0415－7605017
邮箱：zhao20110101@ 126. com
产品：制浆造纸机械设备及零件

丹东鸭绿江磨片有限公司
辽宁省丹东市浪头镇甘泉路 5 号
邮编：118009
电话：0415－6156110
传真：0415－6156158
网址：www. jinquan-disc. com
邮箱：jinquandisc@ 163. com
产品：高浓磨磨片

丹东兴和机械有限公司
辽宁省丹东市振兴区浪头镇天津街 201 号
邮编：118009
电话：0415－6155458
传真：0415－6155207、6279276
邮箱：dd-xh@ 126. com
产品：长网、叠网、圆网造纸机、涂布机、压光机、

复卷机、切纸机、包装机

丹东山河技术有限公司
辽宁省丹东市汤池工业园区 35 号
邮编：118303
电话：0415 – 6256966、6256906
传真：0415 – 6256956
网址：www.sunhightech.com
邮箱：mail@sunhightech.com、sunhightech@163.com
产品：造纸过程传感器与控制系统

丹东烘缸制造厂（普通合伙）
辽宁省丹东市东港市前阳镇振阳大街 1 号
邮编：118301
电话：0415 – 7162062
传真：0415 – 7162062
网址：www.dd-honggang.cn
邮箱：dd-honggang@163.com
产品：烘缸、压榨辊

丹东新兴造纸机械有限公司
辽宁省丹东市东港市新城区刘家泡村
邮编：118300
电话：0415 – 7107177、7111197、7195777
传真：0415 – 7195567、7195777
网址：www.xinxingmachine.com
邮箱：www.xinxingmachine@163.com
产品：各种规格铸铁烘缸、钢制杨克烘缸、压榨辊

丹东市盛兴造纸机械有限公司
（原丹东市东港造纸机械厂）
辽宁省丹东市东港市前阳村八组
邮编：118301
电话：0415 – 7817666、15041556666
传真：0415 – 7817177
网址：www.shengxing-dryer.com
邮箱：shengxing0415@126.com
产品：造纸机械用烘缸、压辊等

辽宁仁达设备科技有限公司
辽宁省丹东市东港市新兴区小寺路 6 – 9 号
邮编：118300
电话：0415 – 3360168、3361168
传真：0415 – 3361158
网址：www.rdfoods.com.cn
邮箱：wanghong902@163.com
产品：造纸机械

辽阳市

辽阳造纸机械股份有限公司
辽宁省辽阳市铁西路 76 号
邮编：111004
电话：0419 – 3132329
传真：0419 – 3132877
邮箱：lyzj3136219@163.com
产品：纸机

辽阳天义造纸设备有限公司
辽宁省辽阳市太子河区望水台乡庞夹河村 10 号
邮编：111000
电话：0419 – 3229841、3991577
传真：0419 – 3229841
邮箱：tyzx123@163.com
产品：打包捆扎机、油压机、切板机、叠包机

鞍山市

鞍山钢峰风机有限责任公司
辽宁省鞍山市千山区达旗街 9 号
邮编：114041
电话：0412 – 8481066、8481027
邮箱：afjt1066@163.com
产品：风机、除尘器、除渣机、采暖通风设备制造

吉 林 省

长春市

吉林省轻工业设计研究院
吉林省长春市飞跃路 2688 号
邮编：130021
电话：0431 – 85657719、85652015、85653595
传真：0431 – 85657579
网址：www.jlsqgy.com
邮箱：qgy@public.cc.jl.cn
业务：工程咨询、工程设计、工程监理

长春纸张试验机有限责任公司
吉林省长春市安达街 1435 号
邮编：130061
电话：0431 – 88528095、18744113456
传真：0431 – 88527195
网址：www.cczzsyi.net
邮箱：xsk@cczzsyj.net

产品：纸张物理检测仪器

长春市月明小型试验机有限责任公司
（原长春小型试验机厂）
吉林省长春市经济技术开发区会展大街（乐群街）906 号
邮编：130033
电话：0431－84627751、84627353
传真：0431－84627752
网址：www. ccxxsyj. com
产品：纸张检测仪器

长春市龙诚纸业有限公司
吉林省长春市南关区中环 12 区 50－1 栋
电话：0431－88713126、88741430
传真：0431－89302030
网址：www. longchengpaper. com
邮箱：tiecheng. qi@ longchengpaper. com
产品：隔油纸、黄牛皮纸、口杯淋膜纸、圣经纸

吉林市

吉林省吉林轻工业设计院有限公司
吉林省吉林市丰满区南山路 11 号
邮编：132002
电话：0432－6946813、6946842
传真：0432－2775622
网址：www. eli. cn
业务：工程设计、监理、咨询

吉林市诚信实业有限责任公司
吉林省吉林市永吉经济开发区重庆街 017 号
邮编：132200
电话：0432－64205083
传真：0432－64205066
网址：www. jlcxmp. com
邮箱：jlcx@ jlcxmp. com
产品：特钢磨片

四平市

四平市桦鑫包装有限公司
吉林省四平市铁东经济开发区南宁路 8055 号
邮编：136001
电话：0434－6966512、6966503
邮箱：sipinghuaxin2009@ 163. com
产品：纸制品

白城市

白城福佳科技有限公司
吉林省白城市西青龙路 20 号
电话：0436－3298950
传真：0436－3236183
网址：www. bcfjmm. com
邮箱：13624997001@ 163. com
产品：钢制杨克烘缸、TAD 烘缸、真空辊、新月型卫生纸机、塑纹卫生纸机、特种纸纸机

吉林省福佳大正科技有限公司
吉林省白城市经济开发区创业大街 702 号
邮编：137000
电话：0436－3298955
邮箱：3298955@ qq. com
产品：钢制扬克烘缸、真空压榨辊、新月型卫生纸机、塑纹卫生纸机、TAD 纸机和新材料生产线等

黑龙江省

哈尔滨市

哈尔滨宇达电子技术有限公司
黑龙江省哈尔滨市动力区和兴路 65 号
邮编：150040
电话：0451－82131929
传真：0451－82120636
网址：www. yudadz. com
邮箱：544893590@ qq. com
产品：纸张水分仪、稻麦草水分仪、纸浆浓度测定仪

黑龙江省轻工设计院
黑龙江省哈尔滨市动力区和平路 121 号
邮编：150040
电话：0451－82620961、13936436703
传真：0451－82655374
网址：www. hcel. cn
邮箱：post@ hcel. cn
业务：工程设计、工程咨询与规划、工程勘察与监理

牡丹江市

黑龙江省造纸研究所有限公司
黑龙江省牡丹江市阳明区光华街 5 号
邮编：157013
电话：0453－6332195、13903638225

传真：0453－6330913
业务：工农业特种纸研制开发、制浆造纸技术的研究与开发

上 海 市

亚赛利中国
切利（上海）机械设备有限公司
上海市金山工业区夏宁路818弄17号
邮编：201506
电话：021－67225070
传真：021－67225073
网址：www. acelli. it
邮箱：calvin. liu@ acelli. cn
产品：卫生纸机、卫生纸生产线备浆系统、复卷机（适用于各种纸类及纸板生产线）

西尔伍德机械有限公司
上海市松江区九亭镇盛龙路8号
邮编：201615
电话：021－54961756
传真：021－54960279
网址：www. cellwood. se
邮箱：frank. jiang@ cellwood. se
产品：KRIMA卡瑞吗热分散系统、Gurbbens固本碎浆机系统、Gurbbens固本浆渣分离器、Gurbbens固本高浓除渣器、Gurbbens固本纤维疏解机、Gurbbens固本热分散出口配套中浓泵、Agas微滤机系统

贝卡尔特管理（上海）有限公司
上海市大渡河路168弄31号E栋17楼
邮编：200062
电话：021－22197000
传真：021－62193158、62952234
网址：www. bekaert. com. cn
邮箱：shen. yijia@ bekaert. com
产品：打包钢丝、非接触式干燥系统、装订钢丝

上海大晃泵业有限公司
上海市奉贤区南桥镇桥行工业区128号
邮编：201400
电话：021－57196294－16
传真：021－57196294－18
网址：www. shzz. org. cn
产品：多头螺旋离心泵、双螺杆泵系列

霍尼韦尔（中国）有限公司
中国（上海）自由贸易试验区环科路555弄1号楼10层
邮编：201203
电话：021－28942000、4008402233
网址：www. honeywell. com. cn
邮箱：jennifer. zhang@ honeywell. com
产品：自动化控制系统传感器与控制元件

布鲁奇维尔（上海）通风技术有限责任公司
上海市闵行区浦江镇三达路25号2号楼509室
邮编：201112
电话：021－37561023
网址：www. brunnschweiler. com
产品：气罩、风箱、冷凝水系统、热回收系统

上海光华爱而美特仪器有限公司
上海市闵行经济技术开发区东川路3160号
邮编：200245
电话：021－64300150
传真：021－64300812
产品：电磁流量计等

上海华阳检测仪器有限公司
上海市长宁区昭化路515号
邮编：200050
电话：021－62513784、4008207512
传真：021－62400193
网址：www. sh-huayang. com
邮箱：khfw@ sh-huayang. com
产品：造纸检测、测量仪器

帕克环保技术（上海）有限公司
上海市浦东新区秀浦路3999弄35号
邮编：201315
电话：021－38256088
传真：021－38256066
网址：www. paques. com. cn
邮箱：info@ paques. com. cn
业务：废水处理、厌氧处理技术

上海承天制浆造纸机械工程成套设备有限公司
上海市中山北路1060号1501室
邮编：200070
电话：021－56558038、56550377
传真：021－56558038
产品：工业滤纸成套设备、涂布机、浸渍机、二辊单压、四辊双压区、软压光机

上海泛邦自控技术研究所
上海市大木桥路111号26D

邮编：200032
电话：021－64173777、64169325
传真：021－54520510
网址：www. sh-fbauto. com
邮箱：fbauto@ sina. com、fbzkjs@ shcei. com. cn
产品：高精度节能型恒温自控系统

上海弘纶工业用呢有限公司
上海市金山区枫泾镇纺织工业园区建安路 78 号
邮编：201502
电话：021－67360980、67361100
传真：021－57365916
产品：造纸毛毯、工业用呢

上海开港造纸机械制造有限公司
上海市幸福路 117 号
邮编：200052
电话：021－62803874
传真：021－62803871
邮箱：sh-kaigang@ 126. com
产品：喷嘴及其移动装置、常用制浆设备及配件

上海威尔泰工业自动化股份有限公司
上海市闵行区虹中路 263 号
邮编：201103
电话：021－64656465、8008206075、4008206075
传真：021－64659671
网址：www. welltech. com. cn
邮箱：sales@ welltech. com. cn
产品：自动化控制系统

上海赛德造纸机械电控技术有限公司
（原上海造纸机械电控技术研究所）
上海市宝山路 888 弄 2 号 306 室
邮编：200081
电话：021－65871936
传真：021－56716875
网址：www. sh-sied. com
产品：SIED 全数字交直流调速系统产品、抄纸车间集散控制系统

上海紫华企业有限公司
上海市闵行区北松路 999 号
邮编：201111
电话：021－51598533
传真：021－64090612
网址：www. zhpefilm. com
产品：PE 流延压纹膜、透气性流延膜和耐刺穿底膜

上海宏亚机泵制造有限公司
上海市交通西路 108 号 2 号
邮编：200065
电话：021－56533064、56089388
传真：021－56080539
网址：www. hongyapumps. com
邮箱：sales@ hongyapumps. com
产品：CZ 系列化工离心泵、G 型螺杆泵、WB 型旋涡泵、FCB 型不锈钢齿轮泵、TWZB 型无堵塞浆泵等

上海永锚泵业制造有限公司
上海市宝山区苏家浜路 388 弄 181 栋
邮编：201906
电话：021－63802299、63174466、63540676
传真：021－63537433
网址：www. ympumps. com
邮箱：sales@ ympumps. com
产品：G 型系列单螺杆泵，QBY 型气动隔膜泵，ISG 系列单级单吸立式管道离心泵，CQ 型磁力驱动泵，JMZ、FMZ 自吸泵等

上海爱凯思机械刀片有限公司
上海市青浦工业园区崧泽大道 7477 号
邮编：201707
电话：021－59869050
传真：021－59868220
网址：www. cn. iks-sh. com
邮箱：sales@ iks-sh. com
产品：打浆机刀具

上海新阿波隆数控设备有限公司
上海市嘉定区惠亚路 625 号
邮编：201802
电话：021－56488221、13917356288
传真：021－56438622
产品：数控及普通软压光机、配件

上海宝刀机械刀片厂
上海市青浦工业区盈秀路 253 号
邮编：201799
电话：021－59203592
产品：机械刀片

上海大禹自控阀门有限公司
上海市浦东新区航头镇大麦湾工业园区航川路 66 号
邮编：201204
电话：021－68220075
传真：021－68220798

网址：www. dayupv. com、www. shdyvalve. com
邮箱：sales@ dayupv. com
产品：调节阀门

上海高新造纸技术有限公司
上海市逸仙路 3901 号 65 – 17 幢 4 楼
邮编：200940
电话：021 – 66507871
网址：www. nhpaper. cn
邮箱：nhpaper@ sina. com
产品：上网成形器、特种纸机、流浆箱

上海汇隆工业网毯有限公司
（原上海工业用呢厂诸翟分厂）
上海市闵行区金辉路 1688 号
邮编：201107
电话：021 – 62211136、62211137
传真：021 – 62211449
网址：www. sh – willon. com
邮箱：shwillon@ sina. com
产品：工业用呢

上海化工机械厂有限公司
上海市奉贤区上海工业综合开发区肖南路 368 号
邮编：201401
电话：021 – 33655563、18001937220
传真：021 – 33655532
网址：www. scmp. net. cn
邮箱：sale@ scmp. net. cn
产品：过滤机、洗浆机、离心机

上海荟安筛网实业有限公司
上海市浦东新区龙安大道 5901 号
邮编：201201
电话：021 – 65278886、13801789202
传真：021 – 65278887
网址：www. huian. com. cn
邮箱：5616247@ qq. com
产品：丝网

上海吉井环保设备有限公司
上海市长宁区宋园路 16 号 101 室
邮编：200336
电话：021 – 62083399、13901827238
传真：021 – 62706689
网址：www. yosii. com. cn
邮箱：yosii@ sh163. net、yosii@ nikkiso. com. cn
产品：系列计量泵、输送泵、环保设备

上海金熊造纸网毯有限公司
上海市金山区枫泾镇兴塔建安路 78 号 2 栋
邮编：201502
电话：021 – 67361666
传真：021 – 67361071
网址：www. vanov. cn
产品：造纸毛毯、工业用呢

上海轻良实业有限公司
上海市青浦白鹤工业区鹤祥路 68 号
邮编：201709
电话：021 – 59741536
传真：021 – 59741437
网址：www. shqlsy. com
邮箱：shqlsy@ shqlsy. com
产品：造纸设备

上海瑞华（集团）有限公司
上海市嘉定区南翔工业园区惠申路 111 号
邮编：201802
电话：021 – 69029108
传真：021 – 39501036
网址：www. ruihuagroup. com. cn
邮箱：ruihua@ ruihuagroup. com. cn
产品：传动及控制系统、造纸机械

上海星空自动化仪表有限公司
上海市青浦工业园区新水路 575 号
邮编：201701
电话：021 – 58959397
传真：021 – 58959397
网址：www. sh – xk. com. cn
邮箱：xingkongybe@ 163. com
产品：流量计等仪表

上海新光明泵业制造有限公司
（原光明水泵厂）
上海市武定路 576 号
邮编：200040
电话：021 – 62156413、62586878、62583382
传真：021 – 62156276
网址：www. gmpumps. com
邮箱：info@ xinguangminggroup. com
产品：隔膜泵、高温油泵、清水离心泵、化工泵、污水泵

上海新华控制技术（集团）有限公司
上海市闵行区紫月路 968 号

邮编：200241
电话：021－34292618
传真：021－64847787
网址：www. xinhuagroup. com
邮箱：xhg@ xinhuagroup. com
产品：自动控制

上海金山中达工业用呢有限公司
上海市金山区吕巷镇新浜村 12 组 5000 号
邮编：201517
电话：021－57371309、13901692179
传真：021－57371242
邮箱：378135477@ qq. com
产品：工业用呢

中国海诚工程科技股份有限公司
中国轻工业上海工程咨询有限公司
上海市宝庆路 21 号
邮编：200031
电话：021－64717908
传真：021－64718347
网址：www. haisum. com
邮箱：info@ haisum. com
业务：工程设计、工程咨询、工程监理

埃梯梯(中国)投资有限公司上海分公司
ITT 工业公司
上海市遵义路 100 号虹桥城市中心 A 座 18 楼
邮编：200051
电话：021－22312249、13912374322
网址：www. gouldspumps. com、www. pumpsmart. net
产品：泵

中国船舶重工集团公司第 704 研究所
上海市衡山路 10 号
邮编：200031
电话：021－64330208
传真：021－64330521
网址：www. smeri. com. cn
邮箱：jy704@ 21cn. com
产品：纸卷输送系统

柯尔柏机械设备(上海)有限公司
上海市外高桥保税区华京路 418 号 41 号楼 C 部位
邮编：200131
电话：021－50462933、50462822
传真：021－50462303
网址：www. kpl. net、www. koerberprocess. com
邮箱：mirjam. rolfe@ koerber. de
产品：复卷机、分切机

斯普瑞喷雾系统(上海)有限公司
上海市松江工业区书林路 21 号
邮编：201611
电话：021－57684882、67600882
传真：021－67600548
网址：www. spray. com. cn、www. autojet. com
邮箱：shanghai@ spray. com. cn
产品：喷嘴

上海乾丰轻工机械厂
上海市嘉定区江桥工业园区丰华公路 1580 号
邮编：201803
电话：021－59143443
传真：021－69111165
邮箱：chunginglu@ 126. com
产品：磨刀机、复卷机、除渣器

埃尔依(上海)工业设备有限公司
上海市虹口区四川北路 1666 号 2003－A 室
邮编：200080
电话：021－39115191
传真：021－39115192
网址：www. l-e. de
产品：纸机密闭气罩、袋通风与热回收系统、车间通风系统、涂布机干燥系统、蒸汽冷凝水系统

丹佛斯(上海)自动控制有限公司
上海市宜山路 900 号科技大楼 C 座 20 层
邮编：200233
电话：021－61513000、4000619988
传真：021－61513100
网址：www. danfoss. com/china
邮箱：shanghai@ danfoss. com
产品：变频器

上海东方泵业(集团)有限公司
上海市宝山区富联路 1588 号
邮编：201906
电话：021－33718888
传真：021－51678778
网址：www. eastpump. com
邮箱：eastpump@ 163. net
产品：泵

罗斯蒙特公司
艾默生过程控制有限公司
电话：021－28929000（上海办事处）
010－85726666（北京办事处）
020－28838900（广州办事处）
029－88650888（西安办事处）
0991－5802277（乌鲁木齐办事处）
网址：www. emersonprocess. com
邮箱：csc. china@ emerson. com
产品：压力变送器

西派克（上海）泵业有限公司
上海市浦东新区宣中路 399 号
邮编：201300
电话：021－38108888
传真：021－38108889
网址：www. seepex. com
邮箱：info. cn@ seepex. com
产品：泵

瑞士 BMB-Kroenert 集团公司
中国总代理香港捷成洋行有限公司
上海市延安东路 588 号东海商业中心 11 楼 C 座
邮编：200001
电话：021－63527002
传真：021－63527330
网址：www. bmbag. ch
产品：涂布加工设备

博索尼奥拉茂（上海）叉车属具有限公司
上海市闵行区陪昆路 206 号 B 区 11 号
邮编：201111
电话：021－64093050、64619932
传真：021－64093060
网址：www. bolzoni－auramo. com
产品：纸浆包夹、废纸包夹、纸箱夹

上海奥鼎机械设备成套有限公司
上海市浦东新区东方路 3539 号 7 号楼 2 层 270 室
邮编：201812
电话：021－62815511、13901749871
传真：021－52581476
网址：www. aoding. com
邮箱：info@ aoding. com
产品：造纸机械

深圳市联欧贸易发展有限公司上海分部
上海市浦东桃林路 18 号环球广场 B 座 702 室
邮编：200135
电话：021－68556062
传真：021－58214208
网址：www. euro-me. com
邮箱：euromesh@ euro-me. com
产品：纸机

铁姆肯（中国）投资有限公司总部
上海市虹桥路 1 号港汇中心 1 座 27 层
邮编：200030
电话：021－61138000、4008846536
传真：021－61138001
网址：www. timken. com
产品：轴承

伊顿工业过滤（上海）有限公司
上海市长宁区临虹路 280 弄 7 号楼
邮编：200335
电话：021－52000422
传真：021－22307240
网址：www. eaton. com. cn
邮箱：filtration@ eaton. com. cn
产品：造纸过滤设备

美国福瑞斯国际贸易有限公司
上海盛托瑞国际贸易有限公司
上海市定西路 988 号 507 室
邮编：200050
电话：021－62112130、62116810
传真：021－62120563
产品：牛卡纸、白牛皮纸、PE 口杯纸、彩色卡纸、轻涂纸、废纸

瑞典赛尔玛（CELLMARK）有限公司上海代表处
上海市茂名南路 205 号瑞金大厦 2007
邮编：200020
电话：021－64730266
传真：021－64730030
产品：漂白针叶木浆、桉木浆、漂白阔叶木浆、本色浆、化学机械浆、牛皮纸、牛皮卡纸、瓦楞原纸、涂布白卡纸、废纸

上海华宝物资实业有限公司
上海市真诚路 426 号
邮编：200331
电话：021－66270073、66270053
传真：021－66270090
产品：废纸、纸筒芯

上海云开纸业有限公司
上海市黄浦区绍兴路 17 弄 3 - 4 号底室 I6
邮编：201409
电话：021 - 59128010、59128011
传真：021 - 59128011
邮箱：yunkaizhiye@ 163. com
产品：牛皮纸、纸袋纸、白卡纸

上海万戈工贸发展有限公司
上海市宝山路月春路 629 号
邮编：201906
电话：021 - 51099553
传真：021 - 51879227
网址：www. wangesh. com
邮箱：1084328154@ qq. com
产品：卡纸

上海中立贸易发展有限公司
上海市杨浦区大连路 950 号海上海新城 8 号楼 407 室
邮编：200092
电话：021 - 55969137
传真：021 - 65625655
邮箱：yang@ zhanglitrade. com
产品：废纸

上海宾高纸业有限公司
上海市青浦区支家路 21 弄 3 号楼 105 室
邮编：201700
电话：021 - 59732802、59851775、13801662351
传真：021 - 59731297
网址：www. shbgzy. com
邮箱：jackjun0614@ 126. com
产品：牛卡纸、牛皮纸

香港经纶全讯(香港)有限公司上海代表处
上海市静安区万航渡路 888 号 21 层 M 室
邮编：200042
电话：021 - 22879887
产品：单面铜版纸

上海峰联浆纸有限公司
中国(上海)自由贸易试验区浦东南路 855 号世界广场 30H
邮编：200120
电话：021 - 58209888、58207888
传真：021 - 58888056
邮箱：283354109@ qq. com
产品：漂白针叶木浆

上海年瑞进出口有限公司
上海市浦东崂山路 528 号江苏大厦(紫金山大酒店)14 楼 A5 室
邮编：200122
电话：021 - 58358662、68868850
传真：021 - 58358676、68868577
网址：www. yearich. com
邮箱：poster@ yearich. com
产品：牛皮纸

上海伟忠纸业有限公司
上海市金山区朱泾镇罗星南路 303 弄 84 号 101
邮编：201599
电话：021 - 57318921
产品：废纸

上海吉圣包装纸业有限公司
上海市南翔镇蕰北公路 1755 弄 22 号 3 层 A3228 室
邮编：201702
电话：021 - 52983071、13391329070
邮箱：jpc528@ 163. com
产品：牛卡纸、牛皮纸

上海华臻绫术文化传播有限公司
上海市沪太路 1128 号 A1 - 604 室
邮编：200072
电话：021 - 36030216、36030217、56034661
传真：021 - 56034661
邮箱：zhulixian2312@ sina. com
产品：双面灰纸板、白牛皮纸、未涂布白铜版卡纸

上海千悦贸易有限公司
上海市闵行区虹中路 115 号
邮编：200336
电话：021 - 62190989、62191189、62192806
传真：021 - 62192806
邮箱：32901135@ qq. com
产品：白卡纸

上海田源纸业有限公司
上海市徐汇区斜土路 2451 号 1 幢 405 室
邮编：200030
电话：021 - 64077805、64073270、64077842
产品：铜版纸

大仓纸业商事(上海)有限公司
中国(上海)自由贸易试验区台中南路 2 号新贸楼 214 室

邮编：200336
电话：021－62700643、62700645、62700644
传真：021－62700645
网址：www. okurash. com
邮箱：homepage@ okurash. com
产品：白纸板

日惠得造纸器材(上海)贸易有限公司
上海市长宁区娄山关路85号东方国际大厦C1108室
邮编：200336
电话：021－62350159
传真：021－62195442
网址：www. felt. co. jp
邮箱：lqding@ felt. co. jp
产品：制浆造纸用毛毯、网以及其他工业用塑料织物

上海晶杨商贸有限公司
上海市建国西路91弄5号楼902室
邮编：200020
电话：021－63049414、51532091、51532092、51532093
传真：021－63049974
网址：www. sha-jingyang. com
邮箱：jysm@ sha-jingyang. com
产品：液体染料、有机颜料分散液、进口Manildra造纸专用系列淀粉、进口荧光增白剂、测色仪器、在线颜色测色系统

上海景兴实业投资有限公司
上海市崇明区堡镇大通路527号4幢3楼305－1室
邮编：202157
电话：021－68591312
传真：021－62887671
网址：www. zjjxjt. com
邮箱：shanghaijingxing@ 163. com
产品：废纸、木浆、纸板、瓦楞原纸、胶版纸

上海思百吉仪器系统有限公司
上海市闵行区元山路号优络盟城市工业园9号楼
邮编：201108
电话：021－64426488
传真：021－64426498
网址：www. spectris. com. cn
产品：各类精密在线测量仪器、精密过程控制及测量仪器仪表及传感器和配件

上海康普艾压缩机有限公司
上海市青浦区外青松公路5045号507－W室
邮编：201707
电话：021－31276300
网址：www. gardnerdenver. com. cn
邮箱：daisy. liu@ gardnerdenver. com. cn
产品：空气压缩机、压缩空气净化设备、风机、泵、制浆造纸设备

拜玛机械制造(上海)有限公司
上海市松江区昆港公路1088号3－A座
邮编：201614
电话：021－57850940、13524337454
传真：021－57850949
网址：www. bellmer. com. cn
邮箱：sun@ bellmer. com. cn
产品：机械设备及其零配件、五金产品、工具及其零配件的生产、加工、组装、仓储及销售自产产品，并提供相关产品的售后服务

上海霸弗自动化科技有限公司
(台湾西捷克科技股份有限公司)
上海市青浦区华徐公路888号1号楼C303室
邮编：201705
电话：021－39887729、13601661759
传真：021－39887739
网址：www. c-jac. com
邮箱：19863932@ qq. com
产品：油压缓动器、精密稳速器、空气诱导止回阀、气动元件

莱克勒(天津)国际贸易有限公司上海分公司
中国(上海)自由贸易试验区德堡路38号1幢6层601－49室
邮编：200126
电话：021－64011868
邮箱：tengxf@ lechler. com. cn
产品：国际贸易、机械设备的批发

鲍利葛国际贸易(上海)有限公司
中国(上海)自由贸易试验区英伦路38号衡山国际商务楼7层716室
邮编：201112
电话：021－33568200、62183260
邮箱：zhujin@ ciicsh. com
产品：木浆及其他纤维素浆

上海晓国刀片有限公司
上海市宝山区罗店镇罗太路237号
邮编：201908
电话：021－56815618

传真：021－66247578
网址：www. shxgdp. cn
邮箱：307557152@ qq. com
产品：气压分条刀、分纸刀、气压剪切刀、分条刀、分切刀

韵绮国际贸易(上海)有限公司
上海市普陀区祁连山南路 2727 弄 78 号 1001 室
邮编：200331
电话：021－52752004、18661762833
邮箱：wjm741211@ 163. com
产品：提供制浆造纸专用设备配件

上海胜禹环境工程有限公司
上海市宝山区顾北东路 365 号 A 区 126
电话：18621766385
邮箱：shanghaishengyu@ vip. 163. com
产品：原水预处理、水的软化处理及纯水制备、废水处理及回用、工业循环水处理等

维美德(中国)有限公司
上海市嘉定区徐行镇宝风路 688 号
邮编：201809
电话：021－39975000
传真：021－39975100
网址：www. valmet. com
产品：造纸机械

维美德造纸机械(上海)有限公司
中国(上海)自由贸易试验区富特东一路 168 号 B 座
邮编：200131
电话：021－39975000
传真：021－58682343
网址：www. valmet. com
产品：造纸机械

维美德自动化(上海)有限公司
中国(上海)自由贸易试验区美约路 261 号
邮编：200131
电话：021－39975000
传真：021－39975039
网址：www. valmet. com
产品：造纸机械

上海费奥多节能环保科技有限公司
上海市徐汇区喜泰路 237 号 8 号楼 202
邮编：200232
电话：021－63456555
传真：021－34160387
网址：www. fadim. com. cn
邮箱：lqy@ fadim. com. cn
产品：造纸热泵蒸汽冷凝水系统的设计和相关技术服务

上海金旋旋转接头制造公司
上海市嘉定区曹安公路 4188 号
邮编：201804
电话：021－39596828、39597818
传真：021－39597838
网址：www. shjinxuan. com
邮箱：jinxuan@ shjinxuan. com
产品：专业从事旋转接头及配套产品的设计、研发、制造

上海旗仁实业有限公司
上海市浦东新区航鹤路 1699 弄 8 支弄 74 号
邮编：200000
电话：13621799114
邮箱：13621799114@ 126. com
产品：压部无绳引纸、单挂无绳引纸、双挂烘缸无绳引纸、断纸系统、真空引纸系统

康拓国际贸易(上海)有限公司
上海市徐汇区凯旋路 3500 号华苑大厦 1 号楼 5E
邮编：200030
电话：021－51098200
传真：021－64282542
网址：www. kandas. com. tw
邮箱：sl@ hzsljg. com
业务：从事制浆造纸工业各类产品销售及技术咨询

益加义传感技术(上海)有限公司
上海市翔殷路 1088 号凯迪金融大厦 18 层
邮编：200433
电话：021－61176129
传真：021－60400109
网址：www. epluse. com
邮箱：info@ epluse. com
产品：温度、湿度、CO_2、油中水分，露点温度、风速、风量和压力等传感器

上海惠达造纸科技有限公司
上海市浦东南路 1036 号隆宇大厦 1604 号
邮编：200120
电话：13776319228
网址：www. indolegend. com

邮箱：Kelvin. liao@ indolegend. com
产品：造纸机械自动化设备技术开发、生产制造

斯普钠工业有限公司
上海市徐汇区漕溪北路 331 号
邮编：200030
电话：021 – 24261815　13917637586
网址：www. spooner. co. uk
邮箱：rliu@ spooner. co. uk
产品：气浮式烘箱、气冲式烘箱、气浮转向器等

上海金萃激光技术有限公司
上海市青浦区汇金路 958 号
邮编：201707
电话：021 – 59207200
网址：www. giantreelaser. com
邮箱：info@ giantreelaser. com
产品：提供耐磨、耐腐蚀、耐高温的金属涂层加工服务

上海海斯特叉车制造有限公司
上海市浦东新区榕桥路 588 号
邮编：201206
电话：021 – 61605188
传真：021 – 58349666
网址：www. hyster. com. cn
邮箱：coco. song@ hyster-yale. com
产品：叉车

法索拉斯干燥技术(上海)有限公司
(原法国红太阳)
上海市普陀区大渡河路 168 弄 31 号 E 栋北岸长风 1006A 室
邮编：200062
电话：13816751979
传真：021 – 22197100
网址：www. ircon-solaronics. com
邮箱：huang. hai@ bekaert. com
产品：燃气/电红外干燥和热风干燥

爱色丽(上海)色彩科技有限公司
上海市长宁区福泉北路 518 号二期 1 座 6 楼
邮编：200335
电话：021 – 32796666、32796652
传真：021 – 32796649
网址：www. xrite. com. cn、www. erx50. com
邮箱：sqiu@ xrite. com
产品：自动闭环颜色控制系统

明答克商贸(上海)有限公司
上海市长宁区仙霞路 319 号远东国际 A 栋 1111 室
邮编：200050
电话：021 – 62709701
传真：021 – 62709704
网址：www. maintech-china. com、www. maintech-paper-tech. com
邮箱：liu-lijun@ maintech-china. com
产品：研发纸机脏污防止技术

未泽流体技术(上海)有限公司
上海市奉贤区青港经济园区奉永路 399 号
邮编：201414
电话：021 – 58089028
传真：021 – 58089028
网址：www. vozefluid. com
邮箱：vozefluid@ 163. com
产品：不锈钢材质的液压卡套接头、气路卡套接头、精密无缝钢管、焊接接头、过渡接头、胶管接头、管夹、法兰、快速接头以及球阀

上海斐卓喷雾系统有限公司
上海市闵行区中春路 7001 号 E 栋 702(明谷科技园)
电话：021 – 57675090
传真：021 – 57675115
网址：www. feizhouspray. com
邮箱：feizhuo@ feizhuo. net
产品：工业喷嘴、脱硝喷枪、喷雾系统

上海浓金自动化设备有限公司
上海市普陀区交暨路 185 号 8 号楼 203 室
邮编：200333
电话：021 – 66289887、13801804663
传真：021 – 66289887
网址：www. nongjin-auto. com
邮箱：changzheng. zhao@ nongjin-auto. com
业务：工业过程自动化控制

上海信舒机电设备有限公司
上海市嘉定区外网镇恒永路 328 弄 58 号楼
邮编：201806
电话：021 – 51088285
传真：021 – 51872520
网址：www. xsindustry. cn
邮箱：info@ xsindustrycn
产品：机电、流体动力、隔振产品的研发、组装、销售、分销和技术支持

欧瑞康美科表面技术（上海）有限公司
上海市嘉定区百安路 539 号第 1、2 幢
邮编：201814
电话：021－67087000
传真：021－67087001
网址：www. oerlikon. com
邮箱：shanghai. omcn@ oerlikon. com
业务：为纸浆和造纸行业提供广泛的表面解决方案，包括纸浆蒸煮器的防腐蚀涂层，压延机及压光辊的防磨损涂层，控制喷涂后的表面效果

问泉环保技术（上海）有限公司
上海市徐汇区龙吴路 1500 号上海交大科技园 A 座 615 室
邮编：200231
电话：021－54188991
传真：021－54188991
网址：www. wenquansh. com
邮箱：info@ wenquansh. com
产品：高浓度污水厌氧处理装置、大通道射流曝气装置

上海威驰过滤系统有限公司
上海市金山区漕泾工业园月工路 285 号
邮编：201507
电话：021－58999972、58999895
传真：021－58999717
网站：www. vithyfilter. com
邮箱：sales@ vithyfilter. com
业务：制造过滤设备与精密过滤元件

KTR 传动技术（中国）服务公司
上海市宝山区庆安路 79 号
邮编：200071
电话：021－51693578
传真：021－57491016
网址：www. ktr-ktr. com
邮箱：shyaokai@ 163. com
业务：专业研制和生产各类机械联轴器

康吉诺（北京）科技有限公司上海分公司
上海市闵行区东川 555 号戊楼 5210 室
邮编：200040
电话：021－33634373
网址：www. reliability. cc
邮箱：liumingjin@ reliability. cc、service@ reliability. cc
产品：ME140 系列综合分析仪、ME150 系列设备数据采集仪、ME170-1 通用设备的在线监测与诊断分析系统

上海雷诺尔科技股份有限公司
上海市嘉定区城北路 3988 号
邮编：201807
电话：021－59160000
传真：021－59160987
网址：www. renle. com
邮箱：renle@ renle. com
产品：高低压电机软起动器、高低压变频调速器、高低压无功补偿及谐波治理装置、EPS 应急电源、智能化电气、新能源电气和高低压输变电成套设备等

上海林纸科学仪器有限公司
上海市真北路 915 号绿洲中环 1005 室
邮编：200333
电话：021－52667916、52662268、13916341066
传真：021－62575260
网址：www. forest－paper. com
邮箱：info@ forest－paper. com
产品：欧美及日本生产的实验检测和分析仪器

上海森明工业设备有限公司（总部）
邮编：201108
上海市闵行区光华路 18 号晶森商务楼 B 座 310
电话：021－33508226
传真：021－51079363
网址：www. surmach. com
邮箱：sales@ surmach. com
产品：纠偏控制系统、卷材除尘系统、粘度控制系统、张力系统、气动制动器、弧形辊等

昂礼曼机械设备（上海）有限公司
上海市徐汇区天钥桥路 329 号 802. 06－2 室
邮编：200030
电话：021－24193244、68412807
邮箱：villainL@ allimand. com
产品：造纸机械设备

安德里茨（中国）有限公司上海分公司
上海市杨浦区大连路 588 号宝地广场 B 座 15 层
邮编：200082
电话：021－31089388
网址：www. andritz. com
邮箱：marketing. china@ andritz. com
产品：制浆造纸、金属成型工艺

上海项凡自动化有限公司
上海市松江区新桥镇九新公路 2888 号 4 幢 1 层 C 区 115 室

邮编：201612
电话：021－60514339、13671542541
传真：021－60514339
网址：www. shianfine. com
邮箱：sales@ shianfine. com
产品：在线分析测试、工艺过程自动化控制设备

英特奈国际纸业贸易（上海）有限公司
上海市嘉定区南翔镇沪宜公路 1188 号 20 幢 125 室
邮编：200235
电话：021－61139637、61133200
邮箱：emily. duan@ ipaper. com
产品：纸业贸易

上海佳竞机械有限公司
上海市闸北区江场西路 299 弄 6 号楼 9 层
邮编：200436
电话：021－68563495、13918564011
传真：021－58338367
网址：www. shjiajing. com
邮箱：jiajing805@ shjiajing. com
产品：包装机械、环保机械、包装材料

瑞光（上海）电气设备有限公司
上海市嘉定工业区兴邦路 328 号
邮编：201815
电话：021－69169492
传真：021－69169495
网址：www. zuiko－sh. com
邮箱：admi5@ zuiko－sh. com
产品：研发、制造、组装卫生用品生产设备、包装设备、无纺布产品生产设备、电气控制装置等机械设备和零部件

上海宏昱造纸技术有限公司
上海市曹安公路 4188 号
电话：021－39596828
传真：021－39597838
网址：www. paper-clean. com
邮箱：E-clean@ shjinxuan. com
产品：造纸机网毯清洗设备研发制造

本真能源科技（上海）有限公司
上海琛丹环保科技有限公司
本真智能制造（嘉兴）有限公司
上海市浦东新区东方路 1988 号华南大厦 507 室
邮编：201600
电话：021－50388211、13636385277
传真：021－50388211
网址：www. k-htc. cn
邮箱：lijun@ k-htc. cn
产品：废气处理、污泥烘干、热回收节能

上海高质泵有限公司
上海市浦东新区富特西一路 135 号
邮编：200000
电话：021－58660008
邮箱：clara. li@ itt. com
产品：高质泵及泵的零配件

上海华宝纤维制品有限公司
上海市嘉定区曹安路 3962 号（17 号桥）
邮编：201804
电话：021－39596593、13501628228
传真：021－39597625
网址：www. huabaopack. com
产品：多层牛皮纸袋、纸塑复合袋等

思智浆纸贸易（上海）有限公司
上海市徐汇区长乐路 989 号 36 楼 05－06A 单元
邮编：200031
电话：021－61280118
邮箱：janehong@ cng-chn. com
业务：纸张、纸浆、纸巾批发

海默生测量设备（昆山）有限公司
邮编：201805
上海市嘉定区安驰路 488 号
电话：13661956095
网址：www. bpress. cn
产品：在线粘度计、在线密度计、在线酸酯分析仪、原油水分分析仪等

上海拓世工业装备技术有限公司
上海市浦东新区川宏路 699 号 A2 栋底层
邮编：201201
电话：021－68407352
传真：021－68407351
网址：www. topstarsh. cn
邮箱：topstar-sh@ 163. com
产品：纸机传动控制系统、智能 MCS、高速复卷机控制系统、制浆造纸 DCS、制浆造纸 MCC 工程、污水处理控制系统、水利自动化工程

永联生物科技（上海）有限公司
上海市浦东新区康新公路 3399 弄 25 号楼 554 室

邮编：201321
电话：021－50816608、4001581867
网址：www. union-biotech. com
邮箱：info@ union-biotech. com
产品：纳米纤维磨浆机

上海长濑贸易有限公司
中国（上海）自由贸易试验区基隆路 6 号外高桥大厦 711 室
邮编：200040
电话：021－33607171
传真：021－33607227
网址：www. nagase. cn
邮箱：ying. xue@ nagase. cn
产品：涂料、热敏纸原料、特殊化学品

上海久星导热油股份有限公司
（原上海久星化工有限公司）
上海茂兴路 86 号 22D（公司总部）
上海浦东新区老港工业园良乐路 229 号 4 号楼（工厂地址）
邮编：200127
电话：021－58708588（总机）、13331833379
网址：www. 9xchem. com
邮箱：22349659@ qq. com
产品：导热油、导热油清洗剂等

日本制纸株式会社上海代表处
上海市长宁区遵义路 100 号南丰城 B 座 1807 室
邮编：200051
电话：021－61453235
业务：从事与隶属外国（地区）企业有关的非营利性业务活动

日纸国际贸易（上海）有限公司
中国（上海）自由贸易试验区台中南路 2 号新贸楼三层 344 室
邮编：200051
电话：021－61453260
传真：021－61453237
网址：www. npi-sh. com
邮箱：rizhi@ npi-cn. com（纸张、化学品）
产品：机械设备及零部件、纸张及纸制品、造纸原料、化学工业品

上海柯斯米自控工程有限公司
上海市闵行区沪闵公路 3088 号 E 栋 208 室
邮编：201108
电话：021－54351660、54351661、54351662
传真：021－54352208
网址：www. cosmicroc. com. cn
产品：阀门自控产品的设计、研发、制造和销售

西纯环保科技（上海）有限公司
上海市浦东新区沈梅路 99 弄 1－9 号 1 幢 4 楼
邮编：201318
电话：021－51863164
传真：021－51862964
网址：www. westpure. com
邮箱：info@ westpure. com
业务：水/气污染治理行业的工艺研发、设备制造与集成、技术咨询、工程管理和服务

上海一鸿纸业有限公司
上海市浦东新区周浦镇
邮编：200120
电话：021－58142888、65993663
传真：021－65993993
邮箱：2095629205@ qq. com
产品：原纸贸易及后加工生产纸张、食品用纸、制袋系列、薄型特纸系列、板纸系列

台杏贸易（上海）有限公司
上海市徐汇区小木桥路 600 号 4 楼
邮编：200032
电话：021－52896129
传真：021－52896351
网址：www. g-morning. com. cn
邮箱：info@ goodmorning. com. tw
产品：日本增幸超微粉碎机、日本则武静态混合器、日本兵神螺杆泵、日本兵神点胶机、日本奈良干燥机、日本特开立计量泵

上海翔祖暖通设备有限公司
上海市浦东新区航头镇大麦湾工业区航帆路 55 号 6 幢 1 楼东部
邮编：201402
电话：021－68188881、18801668770
网址：www. shxzfg. com
邮箱：670310784@ qq. com
产品：暖通设备

上海一核阀门股份有限公司
上海市嘉定区宝钱公路 5888 弄 8 号
邮编：201823
电话：021－69932888、66696668

传真：021－69931999
网址：www.ehovalve.com
邮箱：ehovalve@163.com
产品：黑液自控阀、隔膜阀、调节阀、球阀、截止阀、闸阀、蝶阀、止回阀

上海全应科技有限公司
上海市闵行区申滨南路1226号虹桥新地中心A栋203室
西安市高新区锦业一路52号云谷国际B座1106室
邮编：201100/710065
电话：4008269517
网址：www.allsenseww.com
邮箱：allsense@allsenseww.com
产品：全应热电云解决方案

上海阿自倍尔控制仪表有限公司
上海市徐汇区宜山路700号普天信息产业园B2幢803室
邮编：200233
电话：021－68732581/2/3
传真：021－68735966
网址：sacn.cn.azbil.com
邮箱：zhangqiang@sacn.com.cn
产品：调节阀、智能定位器、智能变送器、电磁流量计等过程仪表、DCS、智能化软件及智能化解决方案

上海浓金自动化设备有限公司
普陀区新村路666号8号楼203室
邮编：201802
电话：021－66289887、13801804663
传真：021－66289887
网址：www.nongjin-auto.com
邮箱：changzheng.zhao@nongjin-auto.com
产品：销售工业自动化设备、仪器仪表、机电设备等

上海洛丁森工业自动化设备有限公司
上海市闵行区元江路3399号中臻科创园
邮编：201109
电话：021－52212505、18916163635
传真：021－52212506
网址：www.rocksensor.com.cn
邮箱：devinwei@rocksensor.com
产品：压力变送器、科氏质量流量计、电磁流量计

横河电机(中国)有限公司
上海市长宁区遵义路100号虹桥南丰城B座1801室
邮编：200051
电话：021－80315000、62396262
传真：021－54051011
网址：www.yokogawa.com/cn
产品：销售电机

横河自控设备(上海)有限公司
上海市外高桥保税区富特西一路135号B楼第四层401、402室
邮编：200131
电话：021－62396262
传真：021－54051011

横河测量技术(上海)有限公司
上海市长宁区天山西路799号603室
邮编：200335
电话：021－22507676
传真：021－68804987/3005

上海横河电机有限公司
上海市嘉定区安亭镇昌吉路28号
邮编：201805
电话：021－59573587
传真：021－59572587
网址：www.ysi.com.cn

费籁电气(上海)有限公司
上海市松江区小昆山镇港德路518号1幢3层303室
邮编：201616
电话：021－67737238、13816858128
传真：021－67737238
网址：www.frelai.com
邮箱：frelaish@163.com
产品：有源电力滤波器APF、静止无功发生器SVG、无源串联滤波器、高压无功补偿及控制系统、动态电压恢复器

江 苏 省

南京市

中国林业科学研究院林产化学工业研究所
国家林业化学工程技术研究中心
江苏省南京市锁金五村16号
邮编：210042
电话：025－85482401、85482666
传真：025－85413445
网址：icifp.caf.ac.cn
邮箱：admin@icifp.cn

业务：木质和非木质林产品化学加工与利用

江苏凤凰文化贸易集团有限公司
（原江苏省出版印刷物资公司）
江苏省南京市中央路 276－1 易发五洲大厦 2 楼 208 室
邮编：210037
电话：025－83112687、83113505
网址：www. ppmfhwm. com
邮箱：wm@ ppm. cn
产品：卷筒纸、铜版纸、双胶纸、木浆

松林国际刮刀锯制造有限公司
江苏省南京市中山北路 281 号虹桥新城市广场 01 幢 1815 室
邮编：210003
电话：025－58811772、83171371
传真：025－58812039
网址：www. paperblade-ssl. com
邮箱：ssl@ paperblade-ssl. com
产品：刮刀、圆刀、切刀、开槽刀、专用磨床

南京神克隆环保科技有限公司
南京神克隆科技有限公司
江苏省南京市江宁区淳化街道工业集中区
邮编：211122
电话：025－52196484
传真：025－52196654
网址：www. shenkelong. com、www. shenkelonghuanbao. com
邮箱：fenhuang2005@ 163. com
业务：废水处理

南京君昇包装有限公司
（原南京纸箱总厂纸板圆桶分厂）
江苏省南京市江宁区江宁街道上湖工业园
邮编：210000
电话：025－52803452
传真：025－52803452
网址：www. nxzt. com
邮箱：lhj@ nxzt. com
产品：环保纸板圆桶及各类纸罐

江苏苏宁新技术应用研究所
江苏省南京市虎踞南路 46 号 403 室
邮编：210013
电话：025－83739114
产品：新型臭氧发生器、废水处理设备

南京奈研新材料有限公司
江苏省南京市雨花台区六朝路 11 号证大喜玛拉雅 G 座 601 室
邮编：211100
电话：025－87738918
传真：025－87738928
网址：www. naiom. com
邮箱：sq. chen@ naiom. com
产品：高精度研磨、抛光技术

南京神童特种玻璃技术有限公司
江苏省南京市六合经济开发区新浦六路神童玻璃工业园
邮编：210000
电话：025－57051866、13913881132
传真：025－57051670
网址：www. shentong168. com
邮箱：13913881132@ 163. com
产品：专业化生产高温高压玻璃、高压液位计铝硅玻璃、耐碱超高压玻璃、防爆炸玻璃、防弹防砸玻璃、耐高温高压防爆玻璃、红外及紫外线光学玻璃、压力容器视镜等

中电变压器股份有限公司
江苏省句容市经济开发区崇明西路容宁创业园 10 幢
邮编：212400
电话：025－52095822
网址：www. zdbyq. cn
邮箱：wangsy@ ceeg. cn
产品：防爆型变压器、防爆型开关柜、输配电设备、输配电控制设备及配件的研发、制造

西尼尔（南京）过程控制有限公司
江苏省南京市江宁区兴谷路 6 号
邮编：211164
电话：025－86167188
传真：025－86167199
产品：SE11H 混频励磁电磁流量计、SV 涡街流量计、SR 金属管浮子流量计

无锡市

无锡锐帆技术有限公司
江苏省无锡市新吴区硕放工业园新农路 6 号
邮编：214028
电话：0510－85256299、18661014966
邮箱：di. wu@ refine-tech. cn
网址：www. refine-tech. cn

业务：提供制浆造纸设备维修和改进服务、各类辊子维护及升级改造

无锡沪东麦斯特环境科技股份有限公司
（原无锡沪东麦斯特环境工程有限公司）
江苏省无锡市国家高新技术开发区硕放工业园
邮编：214142
电话：0510－85300555、85300777
传真：0510－85300878
网址：www. chinahudong. com
邮箱：krofta@ mstwater. com
产品：气浮设备、废水处理设备

敷岛工业织物（无锡）有限公司
江苏省无锡市国家高新技术产业开发区 B－18－G 号
邮编：214012
电话：0510－85258665
传真：0510－85258607
网址：www. shikibo. co. jp
邮箱：yysun@ shikishima－wuxi. com
产品：造纸用干网

宜兴华都琥珀环保机械制造有限公司
江苏省宜兴市高塍镇滆湖路 8 号
邮编：214214
电话：0510－87894476、87894478
传真：0510－87894478
网址：www. hdhb. com. cn
邮箱：mail@ hdhb. com. cn
产品：废水处理设备

江阴市国光轧光机纤维辊有限公司
江苏省江阴市利港镇西利路 86 号
邮编：214444
电话：0510－86631242
传真：0510－86631051
网址：www. cngrand. cn
邮箱：cngrand@ yahoo. cn
产品：压光机、辊筒

江阴市利伟轧辊印染机械有限公司
（原江阴市利港针织印染机械厂）
江苏省江阴市利港镇新街村 38 号
邮编：214444
电话：0510－86631469、86631479
传真：0510－86092290
网址：www. jylw. cn
邮箱：info@ jylw. cn
产品：压花辊、轧光辊、纤维辊、橡胶辊、羊毛辊

江阴市双叶化工机械有限公司
江苏省江阴市北外北国镇北新街 48 号
邮编：214413
电话：0510－86351528、86351508、86354777
传真：0510－86951386、86351029、86351030
网址：www. shuangye. cn
邮箱：shuangye@ shaungye. cn
产品：高岭土研磨设备

无锡德华彩印包装有限公司
江苏省无锡市锡山区鹅湖镇锡甘路 32 号
邮编：214116
电话：0510－88748181
传真：0510－88741377
网址：www. wuxiteckwah. com
邮箱：wuxi_ info@ teckwah. com. cn
产品：彩印包装产品

无锡市鸿顺机械制造有限公司
江苏省无锡市锡山区鸿声镇鸿后路 8 号
邮编：214115
电话：0510－88580441
传真：0510－88585062
网址：www. wxhsjx. cn
邮箱：sales@ wxhsjx. cn
产品：真空辊、漂白设备、废纸处理设备

江苏腾旋科技股份有限公司
（原无锡腾旋技术有限公司）
江苏省无锡市新区梅村工业集中区新都路 6 号
邮编：214112
电话：0510－68787000、88159440、4008099616
传真：0510－88159405
网址：www. tengxuan. net
邮箱：chenghj@ tengxuan. net
产品：旋转接头

凯登约翰逊（无锡）技术有限公司
江苏省无锡市新区闽江路 1 号
邮编：214028
电话：0510－85212218
传真：0510－85212038
网址：www. kadantjohnson. com. cn
产品：蒸汽冷凝水系统、烘干部检测、烘干部系统优化软件、虹吸器、旋转接头、扰流棒、热泵、过热蒸汽降温器、汽水分离器工作站、金属软管、视镜、安

装服务

无锡市林州干燥设备有限公司
（原无锡林州干燥机厂）
江苏省无锡市前洲镇塘村
邮编：214181
电话：0510－83391436、83391336
传真：0510－83391442
网址：www. linzhou. com、www. linzhou. net
邮箱：87129504@ qq. com
产品：干燥设备

无锡市德意机电设备制造有限公司
（原江苏省宜兴市第三纺织机械厂）
江苏省宜兴市屺亭镇骏马路90号
邮编：214213
电话：0510－87861769、87861868、87868222
传真：0510－87861769、87867909
网址：www. deyijidian. com
邮箱：deyi@ deyijidian. com
产品：无级变速系列、调速电机系列、防爆电机系列

铁姆肯（中国）投资有限公司无锡分公司
江苏省无锡市锡锦路8号
邮编：214028
电话：0510－85523888
传真：0510－85523885
网址：www. timken. com
邮箱：jingjing. wu@ . timken. com
产品：轴承

无锡中联造纸机械有限公司
江苏省无锡市新吴区鸿山街道鸿声振兴南路49号
邮编：214115
电话：0510－88580431
传真：0510－88580719
邮箱：2454006810@ qq. com
产品：真空辊、压榨辊、吸移辊

无锡市天元轧辊有限公司
（原锡山天元轧辊厂）
江苏省无锡市湖滨区雪浪街道锡南路13号
邮编：214000
电话：0510－85952034、13606185981
产品：造纸胶辊

无锡东亭气动自动化设备厂
江苏省无锡市东亭二泉东路228号
邮编：214101
电话：0510－88700891、13606180952
传真：0510－88700891
网址：www. wxyyzdh. com
邮箱：info@ wxyyzdh. com
产品：电磁阀

无锡市阿丹纸业有限公司
江苏省无锡市田基浜24号之一
邮编：214000
电话：0510－82447047、13961831870
传真：0510－82447047
邮箱：346080796@ qq. com
产品：各类书写纸、有光纸、双胶纸

苏州汇川技术有限公司
江苏省苏州市吴中区越溪友翔路16号
邮编：215104
电话：0512－66376666
传真：0512－62856720
网址：www. inovance. com
产品：变频器、工业互联网

博路威机械江苏有限公司
江苏省江阴市璜土工业园小湖路19号
邮编：214445
电话：0510－86055338
传真：0510－86055338
网址：www. broadenwin. com
邮箱：info@ broadenwin. com
产品：无级调压均匀轧光机、双压型无级调压均匀轧光机、分区可控中高轧光机、均匀热轧机、烧毛轧光机、摩擦轧光机、超级压光机、可控中高软压光机、可控中高硬压光机、高效节能轧液辊、涂油辊、挤油辊、热油烫光辊、均匀轧车

无锡欲力机械有限公司
江苏省无锡市惠山区洛社开发区新顺路88号
邮编：214187
电话：0510－83831711
传真：0510－83832443
网址：www. yueli. com. tw
邮箱：sales@ mail. yueli. com. tw
业务：研发、设计制造抄纸及纸器生产相关设备

无锡市斯凯浮机械制造有限公司
江苏省无锡市惠山区洛社杨市环镇北路10号
邮编：214187

电话：0510－83319906、13951506315
传真：0510－83317570
网址：www. jssk88. com
邮箱：Sikaifu88@ 163. com
业务：科研设计、制造高端控制阀

无锡维科通风机械有限公司
江苏省无锡市滨湖区华庄街道苏锡西路 101 号
邮编：214131
电话：0510－85603178
传真：0510－85603178
网址：www. westtech. com. cn
邮箱：westtechwx@ 163. com
业务：从事造纸机密闭汽罩及热回收系统等纸机通风设备

无锡动视科技有限公司
江苏省无锡市金山北工业园金山四支路 11 号 2 号楼
邮编：214000
电话：0510－85840726
传真：0510－85840727
网址：www. dynavisiontek. com
邮箱：15190292434@ 163. com
产品：纸张表面瑕疵检测系统

博索尼奥拉茂(无锡)叉车属具有限公司
江苏省无锡市锡山经济技术开发区安泰二路 2566 号
邮编：214106
电话：0510－88789395、4006905305
传真：0510－88535635
网址：www. bolzoni－auramo. com. cn
邮箱：sales@ bolzoni－auramo. com. cn
产品：叉车属具、货叉以及升降平台

无锡市洪成造纸机械有限公司
江苏省无锡市新吴区振发三路 3 号
邮编：214142
电话：0510－85261971、13665105588
网址：www. wuxihc. com
邮箱：yhl@ wuxihc. com
产品：真空压榨辊、真空网笼、真空托辊、真空伏辊

无锡合申机械科技有限公司
江苏省无锡市锡山区羊尖镇机械装备产业园蠡河港路
邮编：214104
电话：0510－88780879、18921503058、13916296976
网址：www. chongqingkld. com
邮箱：wx_ heshen@ 163. com
产品：旋转接头、金属软管、造纸干网在线清洗器、造纸毛布在线清洗器、原纸架多点刹车器、原纸自胀夹头的研发、生产

无锡市万峰单丝有限公司
江苏省无锡市惠山区洛社镇新开河 312 国道旁
邮编：214174
电话：0510－88334444、13736851177
传真：0510－86554444
网址：www. wf-ds. cn
产品：聚酯单丝

恒天中纤纺化无锡有限公司
江苏省无锡市锡山区锡北镇八士新石东路 7 号
邮编：214192
电话：0510－68869798、68868838、68869718
网址：www. sinofiber. com. cn
邮箱：43426861@ qq. com
产品：聚酰胺短纤维

江苏谷瑞生物质科技有限公司
江苏省江阴市璜土镇栗山村山下头 12 号
邮编：214445
电话：15861632904
邮箱：649004184@ qq. com
业务：生物质利用技术的研究、开发，植物纤维模压专用设备的研究、开发

江苏章鼓力魄锐动力科技有限公司
江苏省无锡市惠山经济开发区智慧路 1 号清华创新大厦 A1008 室
邮编：214174
电话：0510－88688266、88688267
网址：www. liporihk. com
邮箱：lipori@ liporihk. com
产品：变频高速离心真空泵、高速单级离心压缩机/曝气机、高速多级离心压缩机/真空泵、标准齿式离心空气压缩机、多轴齿式离心压缩机、高速直驱离心压缩机/曝气机/真空泵、磁悬浮高速电机等

无锡福贝斯新材料科技有限公司
江苏省无锡市新吴区展鸿路 38 号
邮编：214028
电话：13862380706
网址：www. wxfbs. com
邮箱：master@ paperdoctor. cn
产品：造纸机网压部陶瓷脱水元件

无锡鸿良美造纸机械有限公司
江苏省无锡市新吴区鸿山街道马桥工业园 9 号
邮编：214143
电话：0510 - 88586218、13606170997
网址：www. wxhlm. com
邮箱：wxhlm@ wxhlm. com、13662126136@ 163. com
产品：造纸机械真空辊的设计、制造、加工

徐州市

徐州三环工业用呢科技有限责任公司
江苏省徐州市泉山区时代大道 7 号
邮编：221141
电话：0516 - 66692385　66692306
传真：0516 - 85794143
网址：www. xz3h. com
邮箱：gm@ xz3h. com
产品：造纸毛毯、螺旋干网、成型网

江苏四方锅炉有限公司
江苏省徐州市铜山华润工业园
电话：0516 - 85532708、85871846
网址：www. jssfgl. com
邮箱：sfjt@ jssfgl. com
产品：A 级锅炉、A1 级压力容器

常州市

艾博（常州）机械科技有限公司
（PMP 集团中国分公司）
江苏省常州市武进高新区龙翔路 7 号
邮编：213164
电话：0519 - 86225355、86225356
传真：0519 - 86225320
网址：www. pmpgroup. com
产品：造纸设备

安德里茨胶辊（常州）有限公司
（原佩姆派（常州）造纸设备有限公司）
江苏省常州市新北区天山路 49 号
邮编：213022
电话：0519 - 88222808
传真：0519 - 88222812
产品：造纸设备

常州市伯山机械有限公司
江苏省常州市新北区薛家工业园
邮编：213125
电话：0519 - 85951315
传真：0519 - 85951315
网址：www. czboshan. com
邮箱：boshanjixie@ 163. com
产品：辊筒、压光机、施胶机

常州市优力干燥设备有限公司
江苏省常州市青龙路 61 号
邮编：213017
电话：0519 - 85332655、13775029149
传真：0519 - 85351388
网址：www. you - ly. com
邮箱：youxiaod@ gmail. com
产品：纸机干燥设备

常州市科艺钢印花辊厂
江苏省常州市马杭大路工业园
邮编：213162
电话：0519 - 86700665、13306128233
传真：0519 - 86700757
网址：www. kyhg. com
邮箱：kyhg@ kyhg. com
产品：压花辊

江苏五龙机械有限公司
江苏省常州市湟里镇镇北开发区
邮编：213151
电话：0519 - 83341024、83346278
传真：0519 - 83341556
网址：www. china-wulong. com
邮箱：wulong@ china-wulong. com
产品：污泥脱水机、压滤机

江苏保龙机电制造有限公司
江苏省溧阳市经济开发区昆仑北路 75 号
邮编：213300
电话：0519 - 87301885、87302016、87303618、87305803
传真：0519 - 87301886
网址：www. jsbaolong. com
邮箱：baolongco@ 163. com
产品：剥皮设备、削片机、摇筛、输送设备、料仓

普瑞米尔（常州）机械制造有限公司
江苏省常州市新北区罗溪镇汤庄宝塔山路 106 号
邮编：213133
电话：0519 - 85787688
传真：0519 - 85782188
邮箱：info@ premiermachinery. cn

产品：分区可控中高压光机

常州凯捷特水射流科技有限公司
江苏省常州市新北区河海西路 271 号
邮编：213022
电话：0519－85806380
网址：www. kjt-tech. com
邮箱：sales@ kjt-tech. com
产品：水射流设备研发

常州市金坛长城轻工机械厂
江苏省常州市金坛区薛埠镇茅东大街
邮编：213245
电话：0519－82661148
邮箱：JTCCQG@ 163. COM
产品：金属切削机床及配件制造

江苏健达干燥工程有限公司
江苏省常州市东青镇
邮编：213114
电话：0519－88962888
传真：0519－88963888
网址：www. jian-da. com
邮箱：jianda@ jian-da. com
产品：造纸污泥干燥系统

溧阳市江南烘缸制造有限公司
江苏省溧阳市戴埠镇南工业区竹海大道 88 号
邮编：213331
电话：0519－87913588、87906282、87902888
传真：0519－87913588、87906282
网址：www. jndryercn. com、www. weimeijx. com
邮箱：hgxpj@ weimeijx. com
产品：杨克烘缸

溧阳市兴达机械有限公司
江苏省溧阳市戴埠镇镇善东路 119 号
邮编：213331
电话：0519－68698818、68698829
传真：0519－68698825
网址：www. lyxdjx. cn
邮箱：lyxingda@ 126. com
产品：各种钢制辊筒

常州新聚信机械科技有限公司
江苏省常州市武进经济开发区西太湖大道 19 号
邮编：213000
电话：0519－83366209、13666872886
网址：www. sino-extrusion. com
邮箱：woo@ sino-extrusion. com
产品：塑料挤出圆丝、平膜扁丝机组等及其配套附件

江苏默顿电气有限公司
江苏省常州市武进区湖塘镇湖塘科技产业园工业坊标准厂房
邮编：213000
电话：0519－88772678、13382811343
传真：0519－88772098
网址：www. chmodun. com
邮箱：jsmodun@ 163. com
产品：电能质量模块、电能质量装置、智能电容模块、智能控制器、投切开关系列　电容电抗组件

苏州市

横河电机（苏州）有限公司
江苏省苏州市工业园区星龙街 365 号
邮编：215126
电话：0512－62833666
传真：0512－62833100

江苏华机集团
江苏省张家港市江苏经济开发区振兴路 5 号
邮编：215600
电话：0512－58189158、58951518
传真：0512－58989366、58951518
网址：www. jshuaji. com
邮箱：hjjt@ public1. sz. js. cn
产品：湿法备料及连续蒸煮系统、黑液蒸发器、二氧化氯制备系统、碱回收苛化系统

江苏华机环保设备股份有限公司
江苏省张家港市民营科技园振兴路 5 号
邮编：215600
电话：0512－58189158
传真：0512－58989366
网址：www. jshuaji. com
产品：黑液蒸发器、冷凝器、换热器

铨展环能设备（昆山）有限公司
江苏省昆山市东部工业区珠竹路 18 号
邮编：215331
电话：0512－57874691、57874692、57874693
传真：0512－57874791
网址：www. cjks. com. cn
邮箱：support@ cjks. com. cn
产品：气罩、隔音罩、热回收和通风系统

苏州工业区亚太纸品加工有限公司
江苏省苏州市跨塘镇镇北路 212 号
邮编：215122
电话：0512－62743888
传真：0512－62742005
邮箱：wangmin@ascend－china. com. cn
产品：双胶纸、白卡纸（全木浆各种规格）、办公用纸

苏州静冈刀具有限公司
江苏省太仓市郑和东路 55 号
邮编：215400
电话：0512－53569377、53570761
传真：0512－53569376
网址：www. shizuoka. com. cn
产品：刮刀

苏州苏福马机械有限公司
江苏省苏州市新区何山路 378 号
邮编：215129
电话：0512－66627621、66627806、66627810
传真：0512－66627620、66627818
网址：www. sufoma. com
产品：削片机、剥皮生产线

苏州杰而固造纸技术有限公司
江苏省苏州市工业园区嘉瑞巷 8 号乐嘉大厦 401 室
邮编：215021
电话：0512－67066181
邮箱：zhouxiang1973@foxmail. com
产品：从事造纸与化工设备、备件和原料、仪器仪表、工量刃具、机电设备的研发

远东化工（集团）
中国业务总部电话：021－63048833
苏州办事处电话：13706212929
珠海办事处电话：0756－3351082、3351102
济南办事处电话：13706410637
网址：www. chemcentralgroup. com. cn
产品：实验室涂布机

太仓嫦娥工业用呢有限公司
江苏省太仓市沙溪镇新北西路 132 号
邮编：215421
电话：0512－53229690
邮箱：change@vip. 163. com
产品：造纸毛毯

太仓沪太嫦娥造纸设备有限公司
江苏省太仓市沙溪镇新北西路 130 号
邮编：215421
电话：0512－53221907、53229628、53212629
传真：0512－53212993
网址：www. tchtce. cn
产品：纸机、复卷机、卷纸机、压光机、烘缸

太仓市兴良造纸制浆成套设备有限公司
江苏省太仓市沙溪镇民营科技园区 2 号
邮编：226000
电话：0512－53221744
传真：0512－53221758
网址：www. xlpaper. com. cn
邮箱：sxywd_ 1@163. com
产品：圆网浓缩机、复式纤维分离机、高浓压力筛、内流压力筛、不锈钢片式圆网笼、喷浆成形器

张家港市巨桥造纸毛毯有限公司
江苏省张家港市鹿苑镇
邮编：215616
电话：0512－58477789、58474683
产品：造纸毛毯

太仓市宇航造纸机械厂
江苏省太仓市璜泾镇王秀管理区
邮编：215426
电话：0512－53857323
产品：水印辊、真空辊、浓缩机

吴江凯富纺织工业有限公司
江苏省吴江市平望镇
邮编：215221
电话：0512－63661058、63663224
传真：0512－63661801
产品：造纸毛毯、石棉板、管板毯及工业用过滤材料

江苏鸿新密封科技有限公司
（原张家港市鸿新机械密封件有限公司）
江苏省张家港市德积镇
邮编：215635
电话：0512－58751485
传真：0512－58726022
网址：www. zjghxmf. com
邮箱：sales@zjghxmf. com
产品：机械密封件

张家港市华杭造纸机械设备有限公司
江苏省张家港市民营科技园振兴路 5 号
邮编：215600
电话：0512 – 58189666
产品：湿法备料、连续蒸煮制浆生产线、真空洗浆机、碱性过氧化氢机械浆生产线(APMP)

昆山福乐国际贸易有限公司
江苏省昆山市长江南路 1128 号日月星城国际商务广场三楼 307 室
邮编：215300
电话：0512 – 86165538
传真：0512 – 86165539
网址：www. formulaintl. com
产品：热敏纸、镜面铜版纸、黄牛皮纸

江苏华东造纸机械有限公司
江苏省昆山市玉山镇古城中路 368 号
邮编：215300
电话：0512 – 57800000
传真：0512 – 57800001
网址：www. kszlzz. com
邮箱：kszllgq@ 163. com、kszljjg@ 126. com
产品：成套造纸装备

福伊特造纸(中国)有限公司
江苏省昆山市高新技术产业园区晨丰路 199 号
邮编：215300
电话：0512 – 57993600
传真：0512 – 57993611
网址：www. voith. com
邮箱：hanson. zhao@ voith. com
产品：提供整线造纸设备

汉思福德(苏州)测控技术有限公司
江苏省昆山市祖冲之路 1666 号清华科技园科技大厦 203
邮编：215300
电话：0512 – 57685771
传真：0512 – 57385771
网址：www. paperspares. com
邮箱：marketing_ cn@ paperspares. com
产品：提供各类进口设备备品备件、工艺消耗品、纸机性能优化产品、维修、升级改造等

迪蔼姆国际贸易(上海)有限公司
江苏省昆山市经济技术开发区大通路 1189 号
邮编：215333
电话：0512 – 57001571
传真：0512 – 57001570
网址：www. tmsystems. cn
邮箱：info@ tmsystems. cn
产品：造纸通风及污染控制系统、提供各类造纸相关通风设备

昆山陆联力华胶辊有限公司
江苏省昆山市花桥镇姚南路 280 号
电话：0512 – 57070369
传真：0512 – 57697638
网址：www. rollianzlihua. cn
邮箱：services@ rollianzlihua. cn(技术服务)、sales@ rollianzlihua. cn(销售专线)
产品：胶辊研发及销售

昆山映树达包装机械有限公司
江苏省昆山市开发区陆泾路 108 号
邮编：215300
电话：13338056845
传真：0512 – 55380196
网址：www. yingshuda. com
邮箱：sales@ yingshuda. com
产品：制造原纸切割机、纸芯粉碎机

昆山亚欧梭耶机械设备有限公司
江苏省昆山市伟业路 8 号 B1504
邮编：215300
电话：0512 – 86186263
传真：0512 – 36823823
网址：www. ks-yosy. com
邮箱：bil. shi@ ks-yosy. com
产品：浆料制备品：流浆箱扩散盘块，飘片，管束，除渣器；德国进口脱水元件：HDPE 脱水元件；陶瓷高分子脱水元件；真空辊：石墨橡胶密封条、石墨高分子密封条、高分子密封条，真空辊气胎；旋转接头石墨密封环，刮刀片，涂布刮刀；施胶涂布系统：计量棒，计量棒座，涂布端封；喷嘴，干网清洗喷嘴，水针喷嘴；校正器，张紧器，纠偏装置；弧型辊特氟隆套；骨架油封；空气弹簧，施胶加载气胎 P-1、G-1、G-2，刮刀气囊

昆山福步工业设备有限公司
江苏省昆山市玉山镇宝益路 93 号
邮编：215300
电话：0512 – 57997668
传真：0512 – 57997660
网址：www. fbuseals. com. cn

邮箱：sales@ fbuseals. com
产品：专业设计制造高标准、高精密机械密封以及密封辅助系统

昆山优源胜机械有限公司
江苏省昆山市玉山镇虹桥路 1188 号帝宝工业园 B 栋
邮编：215300
电话：0512－50172148
传真：0512－50175917
网址：www. yys-machineey. com
邮箱：sales@ yys-machinery. com
产品：专业生产瓦楞原纸分切机、原纸剖切机等

科麦德智能科技有限公司
江苏省昆山市巴城镇石牌立基路 398 号 2 号房
邮编：215335
电话：0512－50166671、13773147661
传真：0512－55186047
网址：www. khemed. com
邮箱：khemed@ khemed. com
产品：各种剪切刀具、各式气动分切刀具

上海森明工业设备有限公司（苏州办事处）
江苏省苏州市工业园区春辉路 5 号跨春工业坊 2B 森明工业
邮编：215122
电话：0512－66100609
传真：021－51079363
网址：www. surmach. com
邮箱：sales@ surmach. com
产品：纠偏控制系统、卷材除尘系统、粘度控制系统、张力系统、气动制动器、弧形辊等

苏州市三都纸业有限公司
江苏省苏州市工业园区四区唯胜公路东、强胜路南
电话：13915583654
邮箱：jundecw@ 163. com
产品：高档纸制品后端加工

苏州工业园区太得隆机械有限公司
江苏省苏州市工业园区胜浦镇界浦路 53 号
邮编：215126
电话：0512－69367716
传真：0512－69367656
网址：www. sztdl. com
邮箱：sztdL@ sztdL. com
产品：3520/600 优良文化纸机、2730/600 长网多缸无碳复写原纸机、3950/500 长网多缸新闻纸机、4500/500 长网多缸板纸机、4400/420 超成型多缸板纸机、2740/300 五叠网涂布白板造纸机、3200/400 四叠网多缸纸杯原纸造纸机、3300/500 长网多缸精制牛皮伸性袋纸机、1350/500 长网多缸装饰原纸、2640/500 长网多缸装饰原纸纸机

苏州谱若塔控工程咨询有限公司
江苏省苏州市工业园区金鸡湖大道苏州纳米城西北区 20 幢 502 室
邮编：215522
电话：15604726793
邮箱：18936066971@ 163. com
业务：工程咨询、电气机械设计

苏州嘉诺环境工程有限公司
江苏省苏州市吴江经济技术开发区龙桥路 558 号
邮编：215200
电话：0512－86668090
传真：0512－86668089
网址：www. jonogroup. cn
邮箱：yym@ jonogroup. cn
业务：固体废物处理

万特赛传动系统（中国）有限公司
（原吉凯恩传动技术（太仓）有限公司）
江苏省太仓市经济开发区广州东路 188 号
电话：0512－53581343
邮箱：linda. sheng@ watescheid. com
产品：制动器、离合器、联轴器、传动轴、限位开关及零部件

圣坦撒罗齿轮箱（苏州）有限公司
江苏省苏州市工业园区金陵东路 88 号金陵工业园 7 号厂房
邮编：215121
电话：0512－69362198
传真：0512－69362136
网址：www. santasalo. com
邮箱：suzhou@ dbsantasalo. com
产品：工业减速机

苏州嘉研橡胶工业科技有限公司
江苏省苏州市吴中区胥口茅蓬路 518 号
邮编：215164
电话：0512－66930360、66930361
传真：0512－66935997
邮箱：jiayan1888@ 163. com
业务：提供解决产线上卷绕设备除皱方案，研发、生

产、销售胶辊、机械零配件、铁芯
子公司：张家港嘉研制辊科技有限公司

昆山悦智律自动化机械设备有限公司
江苏省昆山市陆家镇金阳东路 20 号
邮编：215331
电话：0512－83639579
邮箱：info@ onemech. net
产品：纸张分切机、纸张复卷机、薄膜分条机、胶带切卷机、磨刀机

江苏众志新禹环境科技有限公司
（原苏州新众禹环境科技有限公司）
江苏省苏州市高新区鹿山路 369 号国家环保产业园 29 幢 103 室
邮编：215129
电话：0512－52765877、18518633377、13811285083
传真：0512－52765877
网址：www. zyzdmtech. cn、www. nzyhj. com
邮箱：sales@ zyzdmtech. com、service@ zyzdmtech. com
业务：从事水处理设备研发、生产

昆山东美自动化设备科技有限公司
江苏省昆山市周市镇陆杨金茂路 1333 号 2 号房
邮编：215314
电话：0512－50155128
网址：www. ksdmt. com
邮箱：dmt@ ksdmt. com
产品：自动化清洁设备

江苏苏州市亚华胶辊有限公司
江苏省常熟市辛庄工业园区长盛路中段
邮编：215562
电话：0512－52471198、52477868
网址：www. yahuajiaogun. cn
产品：胶辊

清来永机械（昆山）有限公司
江苏省昆山市张浦镇新吴街 888 号海尚商务广场 1 号楼 224 室
邮编：215300
电话：0512－50170168
传真：0512－50175828
邮箱：clm@ chinglai. com
产品：新型造纸机械（含纸浆）设备、机床设备、机电设备

太仓市新达造纸机械厂
江苏省太仓市新塘杨桥村
邮编：215436
电话：0512－53620447
邮箱：lydcz@ 126. com
产品：制造、加工造纸机械配件

太仓市申新造纸机械厂
江苏省太仓市浏河镇新塘新谊西路 30 号
邮编：215436
电话：0512－53627014、13962622628
产品：制造、加工造纸机械配件

太仓市永泰造纸机械有限公司
江苏省太仓市沙溪镇周泾路 2 号
邮编：215421
电话：0512－53225688、13862277090
产品：造纸专用设备及配件

太仓市远东造纸机械有限公司
江苏省太仓市浏河镇
邮编：215400
电话：0512－53620912
邮箱：87093480@ qq. com
产品：造纸机械

太仓市金龙造纸机械有限公司
江苏省太仓市沙溪镇中荷村
邮编：215421
电话：0512－53215717、13806245135
产品：造纸机械设备、无纺布

太仓嫦娥宇洋过滤材料有限公司
江苏省太仓市沙溪镇新北西路 132 号
邮编：215421
电话：0512－53214871、18662312346
传真：0512－53214871
网址：www. tcceyy. com
邮箱：yangzi_ liu@ 126. com
产品：工业用呢、网类制品、纺织专用设备、造纸机械设备及配件

恩斯克投资有限公司
江苏省昆山市花桥镇恩斯克路 8 号
邮编：215332
电话：0512－57963000
网址：www. cn. nsk. com
邮箱：wang-hong@ nsk. com

产品：造纸设备专用轴承

常熟万龙机械有限公司
江苏省常熟市支塘镇常生路 1 号 31 幢、32 幢
邮编：215531
电话：0512－52977351、18962610604
传真：0512－52977365
网址：www. wanlongchina. cn
邮箱：webmaster@ wanlong-china. com
产品：非织造布机械设备及配件

常熟市博蕴造纸装备科技有限公司
(原常熟市博蕴机电设备销售有限公司)
江苏省常熟市梅李镇将军路 58 号－18
邮编：215510
电话：0512－52666208
传真：0512－52665543
网址：www. csboyun. com
邮箱：info@ csboyun. com
产品：全自动龙门切纸机、液压舱门、全自动剪铁丝机等

苏州维多亚自动化电气设备有限公司
江苏省苏州市相城经济开发区华阳路 168－1 号
邮编：215143
电话：0512－67079947、13952408198
传真：0512－67079949
网址：www. weiduoya. cn
邮箱：jsszwdy@ 163. com
产品：自动化电气设备、机电设备、仪器仪表、电动工具、制冷设备等

苏州弗洛伊德液压科技有限公司
江苏省苏州市相城区北桥街道灵埂路 88 号 1 幢
邮编：215000
电话：0512－68016007、13771807662
邮箱：911794605@ qq. com
产品：液压系统、润滑系统、液压软管和管接头的生产、设计

昆山力泰纤维有限公司
江苏省昆山市经济技术开发区盛希路 188 号
邮编：215300
电话：0512－57719988、13862640819、13809065371
传真：0512－57715986
网址：www. ksrithai. com
邮箱：jesintong@ suntex88. com
产品：聚酯单丝，尼龙单丝，聚丙烯单丝，聚乙烯单丝等多种合成纤维材质

张家港市大伟化纤有限公司
江苏省张家港市金港镇后塍镇山路(后塍邮电局向西 500 米)
邮编：215632
电话：0512－58789153、13706221585
邮箱：632408211@ qq. com
业务：涤纶、锦纶短纤维制造、销售

采稀智能装备(苏州)有限公司
江苏省太仓市沙溪镇岳王台资工业园区新港路 237 号
邮编：215400
电话：0512－80608777
传真：0512－80608776
邮箱：wxiaobin@ cai-xi. com
产品：各类造纸刮刀装置及备品备件、在线高压清洗等设备、校正张紧设备，研发和生产智能自动化装备

苏州市金科自动化设备有限公司
江苏省苏州市相城区望亭镇新华工业园万方路 8 号
邮编：215155
电话：0512－66728928、66728938、13814887576
传真：0512－66619798
网址：www. jinkeauto. com
邮箱：xyk-01@ 163. com
产品：陶瓷纤维制品设备、硅酸铝纤维设备、自动化设备研发制造、环保纸浆模塑工业包装、纸浆蛋托成套生产线开发制造

苏州迈瑞凯机械设备有限公司
江苏省苏州市吴中区光福镇苏州工艺文化城三区 9 幢 416 室
邮编：215156
电话：13862380706、15295355789
传真：0512－88186266
网址：www. mrk-doctoring. cn
邮箱：master@ paperdoctor. cn
产品：造纸机整体刮刀系统和网部陶瓷脱水元件

雷茨悬浮科技(江苏)有限公司
(原苏州鑫锐天机电科技有限公司)
江苏省昆山市周市镇陆杨富杨路 8 号
邮编：215313
电话：15850327566
网址：www. szraetts. com
邮箱：644911979@ qq. com
产品：高速离心风机和风刀干燥系统

苏州安特威阀门有限公司
江苏省苏州市吴江汾湖经济开发区越秀路 988 号
邮编：225000
电话：0512－82880588
传真：0512－82079059
网址：www.antiwearvalve.com/cn
邮箱：info@antiwearvalve.com
产品：球阀、蝶阀、闸阀、截止阀、止回阀、旋塞阀、柱塞阀、调节阀、盘阀、迷宫阀等

苏州万龙电气集团股份有限公司
中国(江苏)自由贸易试验区苏州片区苏州工业园区新发路 29 号
邮编：215218
电话：0512－62605116、62605108
传真：0512－62605100
网址：www.wanlongjituan.com
邮箱：gk.wanlongjituan.com
产品：低压电动机保护控制器：ST570 系列、ST570L 系列、ST570B 系列、ST570S 系列；低压微机线路保护装置：ST420L 系列、ST420H 系列、ST400S 系列；控制与保护开关电器(CPS)：YSK2L 系列、YSK2M 系列、YSK2S 系列

南通市

海安县金剑轻工机械刀片有限公司
(原海安县轻工机械刀片厂)
江苏省南通市海安县鑫来路 80 号
邮编：226600
电话：0513－88921192、88911573
传真：0513－88833485、88921192
邮箱：794104263@qq.com
产品：打浆刀片

海门市造纸毛毯厂
江苏省海门市三条桥
邮编：226132
电话：0513－82181369
产品：造纸毛毯

江苏金呢工程织物股份有限公司
江苏省海门市悦来三条桥工业区三条桥路 153 号
邮编：226132
电话：0513－8218130、82181600、82998200
传真：0513－82181100
网址：www.jsjinni.cn
邮箱：group@jsjinni.cn
产品：成形网、干网、造纸毛毯

海门市工业用呢厂
江苏省海门市麒麟镇通海路 129 号
邮编：226125
电话：0513－82615001
传真：0513－82615001
网址：www.hmgyyn.cn
邮箱：info@hmgyyn.cn
产品：造纸毛毯

南通中包投资有限公司
南通中包国际贸易有限公司
江苏省南通市苏通科技产业园区江成路 1088 号研发园 3 幢 25 楼
邮编：226002
电话：0513－85535601
传真：0513－85535490
网址：www.nantongpack.com
邮箱：sales16@nantongpack.com
业务：加工裁切、复卷和分条

南通华严磨片有限公司
南通华严铸造有限公司
江苏省南通市如东县岔河镇兴河工业园
邮编：226403
电话：0513－84830097、13222131116
传真：0513－84377485
网址：www.nthuayan.cn
邮箱：13222131116@163.com
业务：各类磨片研究开发

南通三友环保科技有限公司
江苏省南通市人民中路 196 号
电话：0513－85922725、85924148、18205013366
传真：0513－85920873
网址：www.ntsyhb.cn
邮箱：ntsyhb@163.com
业务：生产空气净化材料和水处理材料等系列产品

南通佳宝机械有限公司
江苏省如皋市城南街道新源东一路 1 号
邮编：226557
电话：0513－87733555
网址：www.nantongjiabao.com
邮箱：469718507@qq.com
产品：半自动、全自动压缩打包机、废料排废系统

布鲁奇维尔通风设备启东有限公司
江苏省南通市启东高新技术产业开发区海虹路
邮编：226236
电话：0513－83266330、021－37561023
邮箱：wendy@ brunnschweiler. com
产品：气罩、风箱、冷凝水系统、热回收系统

江苏旭田环保机械有限公司
江苏省南通市通州区西亭工业园区青年东路 158 号
邮编：226301
电话：0513－86831966
传真：0513－86831900
网址：www. xtbaler. com
邮箱：cathy. ren@ xtbaler. com
产品：液压打包机、清废除尘系统

连云港市

江苏省连云港市机电设备总厂
江苏省连云港市新浦区康泰南中 55 号
邮编：222004
电话：0518－85413716
产品：生活用纸加工设备

连云港根深纸制品有限公司
江苏省连云港市连云开发区云山企业园晕宿路 258 号
邮编：222043
电话：0518－82341648、82340456
传真：0518－82346812、82802223
网址：www. genshen. net. cn
产品：淋膜口杯纸、瓦楞纸板、纸箱

连云港市精达计量泵有限公司
江苏省连云港市灌南县六塘街东首
邮编：222506
电话：0518－83463999、83462888
传真：0518－83461697
网址：www. gn900. com、www. lygjlb. cn
邮箱：lygjdjlb@ 163. com
产品：单、双缸计量泵

淮安市

江苏淮安第一出版印刷物资有限公司
江苏省淮安市(原淮阴市)爱民路 38 号
邮编：223001
电话：0517－83676058、83939915
传真：0517－83650488、83939915
网址：www. jspmc. com
邮箱：jspmc@ 163. com
产品：胶版纸、铜版纸、铜版卡纸

盐城市

盐城市宏宇造纸机械有限公司
江苏省盐城市盐都区楼王镇人民路 188 号
邮编：224031
电话：0515－88658777、18105100099
传真：0515－88659588
网址：www. hongyugs. cn
邮箱：hongyugs@ 126. com
产品：脱水元件、流浆箱

盐城市佳诚机械有限公司
江苏省盐城市秦南工业园区泽夫南路 1 号
邮编：224000
电话：0515－88605333、15251071248
传真：0515－89806278、89806378
网址：www. jxmachine. com
邮箱：jcsw000001@ 163. com、jcsw000002@ 163. com
产品：流浆箱、卫生纸机、成形板、刮水板、吸水箱

江苏正伟机械有限公司
江苏省盐城市建湖县建阳石油装备产业园润阳路 88 号
邮编：224700
电话：0515－86568818、13601420366
传真：0515－86568633
网址：www. zwzzjx. com
邮箱：zwjx0077@ 163. com
产品：真空压榨辊、真空伏辊、真空吸移辊、真空托辊、真空网笼、复合辊、压榨辊、卷纸辊、导辊等辊类

扬州市

尚宝罗江苏节能科技股份有限公司
(原扬州市尚宝罗泵业有限公司)
江苏省扬州市宝应城西(二桥)工业集中区尚宝罗路 1 号
邮编：225800
电话：0514－88209222、13901440177
传真：0514－88224929
网址：www. sblpump. com
邮箱：sblpump@ 163. com
产品：泵

江苏新风网业有限公司
（原江都新风造纸网业有限公司）
江苏省江都市真武镇真武路 59 号
邮编：225265
电话：0514－86271080、86278901
传真：0514－86271080
网址：www. lkxf. com
邮箱：57511235@ qq. com
产品：造纸铜网

扬州双扬机械有限责任公司
江苏省扬州市维扬经济开发区司徒庙路 498 号
邮编：225003
电话：0514－87246044
传真：0514－87243768
网址：www. yzsyjx. com. cn
邮箱：sym@ yzsy. com. cn、xsb@ yzsy. com. cn
产品：切纸机、减速机

江苏迎浪科技集团有限公司
江苏省扬州市宝应县北郊工业区
邮编：225806
电话：0514－88366888、88366999
传真：0514－88366111、88366777
网址：www. ylcasting. com
邮箱：1102710368@ qq. com
产品：造纸用泵

扬州四启环保设备有限公司
江苏省仪征市新城镇新华路 6 号
电话：0514－83646368
网址：www. sqepe. com
邮箱：sales@ sqepe. com
产品：液压活塞式增压泵的研发、设计、生产、销售和服务

江苏凯恩斯泵阀有限公司
江苏省扬州市宝应县泾河镇曹坝工业集中区
邮编：225806
电话：0514－88240518
传真：0514－88242118
网址：www. kespump. com
邮箱：yzkes@ kespump. com
产品：各类高效节能型纸浆泵和清水泵、多级泵、污水泵以及阀门

扬州金伦化学纤维有限公司
江苏省扬州市邗江区扬州维扬经济开发区朱塘路东首
邮编：225008
电话：0514－87637401、15895772345、17761988530
邮箱：94184769@ qq. com
产品：涤纶短纤、锦纶、丙纶短纤加工、销售

奥斯龙泵业江苏有限公司
江苏省扬州市宝应县城北工业园宝源路 86 号
邮编：225806
电话：0514－88241907、13813108960
传真：0514－88276922
网址：www. allslorm. com
邮箱：allslorm@ 163. com
产品：泵

镇江市

金顺重机（江苏）有限公司
江苏省镇江市大港兴港东路 18 号
邮编：212132
电话：0511－88998082、88998026
传真：0511－88998988
邮箱：goldsun@ goldsunmachinery. com
产品：高速卫生纸机、复卷机、烘缸、纸机改造工程

镇江恒星科技有限公司
江苏省镇江市中山西路 89 号凯旋广场 5 号楼
邮编：212000
电话：0511－85033178
传真：0511－85033178
网址：www. hx-kj. com
邮箱：china@ hx-kj. com
产品：烘缸堵漏

镇江澳志金茂机械有限公司
江苏省镇江市丹徒区阳谷镇镇南工业集中区宝路 1 号
邮编：212143
电话：0511－85935601、13905280958
传真：0511－85935602
网址：www. zjjinmao. com
邮箱：zjjinmao@ 263. net
产品：备料、制浆、输运设备

江苏大唐机械有限公司
（原江苏大唐机械制造有限公司）
江苏省镇江市润州民营开发区镇句路东 88 号
邮编：212021
电话：0511－85621574、85992667
传真：0511－85621574

网址：www. jzdt. net
邮箱：info@ dwoods. cn
产品：备料设备

镇江中富马机械有限公司
江苏省镇江市丹徒新区兴园路 1 号
邮编：212127
电话：0511 - 88798188、88798618、88781320
传真：0511 - 88798066、88781062
网址：www. zjzfm. com
邮箱：zjzfm@ jsmail. com. cn、zjzfmyxb@ 126. com
产品：造纸备料设备

镇江金龙包装材料有限公司
江苏省镇江市新区机电工业园
邮编：212132
电话：0511 - 83378588、83172088
邮箱：gelon_ group@ 163. com
产品：包装纸

句容市兴文包装有限公司
江苏省句容市经济开发区航北路 108 号
邮编：212400
电话：0511 - 87266201、87271390
传真：0511 - 87262705
网址：www. xingwen. com
产品：瓦楞纸板、纸箱、彩印包装

扬中市灵新风机氟塑有限公司
江苏省扬中市江州广场北(扬高汽渡旁)
邮编：212200
电话：0511 - 8362458、13905286627
传真：0511 - 8362478、8358932
网址：www. lingxin. cn
邮箱：info@ lingxin. cn
产品：除尘系统(水除尘、布袋除尘)

镇江市久欣塑料制品有限责任公司
江苏省镇江市丹徒区光明路 98 号
邮编：212001
电话：0511 - 85237297、13906107868、13805281593
邮箱：2822195903@ qq. com
产品：锦纶综丝

泰州市

泰州市永达绳业器材厂
江苏省泰州市高港科技创业园高港区许田路许南
邮编：225324
电话：0523 - 86110982、13801432315
传真：0523 - 86116788
网址：www. yongkui. com
邮箱：admin@ yongkui. com
产品：引纸绳、柔性吊带、吊钩系列、起重链条系列

江苏理工大学轻工泵研究所靖江耐腐蚀泵厂
江苏省靖江市新港套闸西首
邮编：214518
电话：0523 - 84211906
邮箱：crr@ hetun. com
产品：浆泵、泵阀

靖江市飞驰环保实业有限公司
江苏省靖江市四墩子北大街
邮编：214536
电话：0523 - 84331256、13901425562
传真：0523 - 84331256
网址：www. jjfchb. com
邮箱：jjalsune@ 163. com
产品：废水处理设备

江苏苏东化工机械有限公司
江苏省泰兴市古溪镇溪镇工业园区苏东路 1 号
邮编：225417
电话：0523 - 87791016
传真：0523 - 87795139
网址：www. sdyli. cn、www. jssdhg. cn
邮箱：jssdec@ 163. com
产品：造纸环保设备

泰兴市金鑫筛板制造有限公司
江苏省泰兴市江平北路杨庄桥北收费站南 200 米
邮编：225400
电话：0523 - 87685583
传真：0523 - 87739428
网址：www. txjxsb. com
产品：造纸机械配件

江苏蓝电环保股份有限公司
(原江苏省泰兴市电除尘设备厂)
江苏省泰兴市城区工业园振兴路 6 号
邮编：225400
电话：0523 - 87683876、87683865
传真：0523 - 8686865
网址：www. landiancn. com
邮箱：lddccq@ landiancn. com

产品：造纸碱回收除尘器

泰兴市仕宁机械有限公司
江苏省泰兴市城区工业园碾坊路 19 号
邮编：225401
电话：0523－87996032、13815972614
传真：0523－87996031
网址：www. jsshining. cn
邮箱：shining@ jsshining. cn
产品：压力筛鼓、平筛、多孔板、鳞形板、装饰消声板

江苏鑫龙吊装器材有限公司
江苏省泰州市高港区田河振兴北路 53 号
邮编：225322
电话：0523－86938626
传真：0523－86933199
网址：www. js-xinlong. com
邮箱：info@ js-xinlong. com
产品：吊装备品、引纸绳等

兴化市造纸网厂
江苏省兴化市阳山西路西首（昭阳工业园区）
邮编：225700
电话：0523－83266368、88328158
传真：0523－83263581
产品：聚乙烯（尼龙）网、各种工业网带、塑料传送链板

泰兴市瑞和纸业有限公司
江苏省泰兴市江平北路 178 号
邮编：225400
电话：0523－87688777
传真：0523－87688888
网址：www. ruihepaper. com
产品：各种纸张

江苏三辉环保科技有限公司
江苏省泰州市姜堰区高新科技产业园 32 号（公司地址）
江苏省泰州市姜堰区南环西路 999 号 A 座（商务地址）
邮编：225500
电话：0523－88280008
传真：0523－88282008
网址：www. sanshine-china. com
邮箱：sales@ sanshine-china. com
业务：专业从事固液分离设备的研发、制造及销售

江苏金利马重工机械制造有限公司
江苏省靖江市东兴镇环镇南路 8 号
邮编：214533
电话：0523－84686988
网址：www. jjjlm. com
邮箱：1137962959@ qq. com
产品：造纸专用设备

浙 江 省

杭州市

杭州北辰轻工机械有限公司
浙江省杭州市桐庐县风川开发区风翔路 88 号
邮编：311500
电话：0571－58509003
传真：0571－64219785、64295588
网址：ww. fcjpm. com
邮箱：2015463070@ qq. com
产品：纸板机、膜转移施胶机、高速涂布机、顶网成型器、空气转向器等造纸成套及零配件设计、生产

杭州顺隆胶辊有限公司
浙江省杭州市余杭区余杭街道禹航路 66－5 号
邮编：311121
电话：0571－88660399、89052708、89052981
传真：0571－88672288
网址：www. hzsljg. com
邮箱：sl@ hzsljg. com
产品：造纸胶辊

杭州碱泵有限公司
浙江省杭州市西湖区三墩西湖科技园西园五路 12 号
邮编：310030
电话：0571－89905760、89905601
传真：0571－89905602
网址：www. alkalipump. com
邮箱：sales@ alkalipump. com
产品：泵

杭州富阳武林机械有限公司
浙江省富阳市劳动路 10 号
邮编：311400
电话：0571－63369991
产品：压光机、涂布机

杭州大路实业有限公司
浙江省杭州市萧山区红山农场创业路 635 号

邮编：311234
电话：0571－82609073、83699325
传真：0571－83699331
网址：www. chinalulutong. com
邮箱：lulutong168@ hotmail. com
产品：工业泵、盘磨机、浆泵

杭州美辰纸业技术有限公司
浙江省杭州市建国北路 586 号 1601 室
邮编：310004
电话：0571－85096526
传真：0571－85096527
网址：www. papermech. com
邮箱：headbox@ 126. com
产品：流浆箱、成型器、摇振机、蒸汽加湿器

杭州高新自动化仪器仪表公司
浙江省杭州市西湖区教工路 2 号
邮编：310023
电话：0571－88802636、15372095374
产品：物理检测仪器

浙江华章科技有限公司
浙江省杭州市祥园路 99 号运河广告产业大厦 2 号楼 11 楼
邮编：310019
电话：0571－88994499
传真：0571－88994466
网址：www. hzeg. com
邮箱：hzt@ hzeg，com
产品：综合自动化系统（传动、DCS、MCC、MCS、信息化系统及数字化工厂）、环保产品（污水处理、压滤机、废气除臭、RDF）、纸机改造及项目总包，设备维保及供应链管理服务

浙江中控技术股份有限公司
浙江省杭州市滨江区六合路 309 号中控科技园
邮编：310053
电话：0571－88851888
传真：0571－86667506
网址：www. supcontech. com
邮箱：supcon@ supcon. com
产品：自动化

杭州华加造纸机械有限公司
浙江省杭州市文晖路大塘新村 20 号
邮编：310005
电话：0571－88801313、88801222
传真：0571－88801222
网址：www. hzhuajia. com
邮箱：yeke@ mail. hz. zj. cn
产品：流浆箱、斜网成形器

中建材轻工业自动化研究所有限公司
（原杭州轻通博科自动化技术有限公司、中国轻工业自动化研究所）
浙江省杭州市舟山东路 66 号
邮编：310015
电话：0571－88293902、88026010、88023152、13858178172
传真：0571－88290716
网址：www. qgyzdh. com、www. qtboke. com
产品：造纸检测仪器、传感器、智能仪器仪表、生产过程自动控制装置和系统机电一体化产品

杭州萧山美特轻工机械有限公司
浙江省杭州市萧山区坎山大道 265 号（萧山国际机场旁）
邮编：311243
电话：0571－82519727、83510265
传真：0571－82519726
网址：www. mtqj. cn
邮箱：mtqj@ 163. com
产品：滤液泵、高浓除渣器

杭州西湖阀门厂
浙江省杭州市临安区高虹镇曙光路 3 号
邮编：311307
电话：0571－85225864、15888800223
传真：0571－85220115
网址：www. hzxhfmc. com
邮箱：hzxhfmc@ 163. com
产品：蒸汽阀门、疏水阀、止回阀

杭州新余宏机械有限公司
浙江省杭州市瓶窑镇凤都工业区岭山路 1 号
邮编：311115
电话：0571－88541156、88542958
传真：0571－88543365
网址：www. yhjg. com
产品：生活用纸机设备

浙江省桐庐造纸机械设备有限公司
浙江省杭州市桐庐县横村镇
邮编：311512
电话：0571－64671024、13606602210

产品：造纸设备

杭州振兴工业泵制造有限公司
浙江省杭州市萧山区新街科创园
邮编：311217
电话：0571－82699701、82609230
传真：0571－82699329、82609808
网址：www. zhenxingpump. com
邮箱：2050134232@ qq. com
产品：泵

浙江双元科技开发有限公司
浙江省杭州市莫干山路 1418 号
邮编：310015
电话：0571－88867823
传真：0571－88910049
网址：www. zjusy. com
邮箱：info_ zjusy@ 163. com
产品：自动控制系统

轻工业杭州机电设计研究院有限公司
浙江省杭州市余杭区高教路 970 号 4 号楼
邮编：310007
电话：0571－85158560
传真：0571－85282565
网址：www. hmei. com. cn
邮箱：53956717@ qq. com
业务：从事制浆造纸、日用化工、食品包装等轻工相关行业科研开发、工程设计、新技术新设备研制、设备成套、技术服务和工程总承包等

杭州董氏工贸有限公司
浙江省杭州市拱墅区康桥街道康政路 26 号 1 号楼 2 楼
邮编：310015
电话：0571－85380786、85383445
传真：0571－85386423
邮箱：522174828@ qq. com
产品：灰底白纸板、白卡纸、瓦楞原纸、箱纸板、铜版纸、双灰纸、包装牛皮纸、双胶纸、书写纸、拷贝纸

浙江省普瑞科技有限公司
浙江省杭州市萧山经济技术开发区鸿兴路 181 号
邮编：311125
电话：0571－88170685
传真：0571－88173641
产品：隔膜纸、过滤纸

杭州力魄锐航空科技有限公司
浙江省杭州市余杭区良渚街道古墩路 1359－3 号 1 幢 1507 室（公司地址）
浙江省金华市浦江县一点红大道 966 号浦江科创园 A 幢 2 楼 018 室（研发基地）
电话：0571－86699203、13811997780
传真：0571－86699203
网址：www. liporihk. com
邮箱：lipori@ lipori. com
产品：变频高速离心真空泵、直驱式高速离心真空泵

杭州品享科技有限公司
浙江省杭州市下城区东新路 948 号 2 幢 6 楼
邮编：310022
电话：0571－88351253
传真：0571－88351263
网址：www. pnshar. com
邮箱：pnshar@ pnshar. com
产品：纸制品物理性能检测仪器的研发、生产、销售

杭州和利时自动化有限公司
浙江省杭州市下沙经济开发区 12 号大街 M10－15－7 地块
电话：0571－81633600
传真：0571－81633700
网址：www. hollsys. com
邮箱：yanglina@ hollsys. com
产品：制造控制系统与平台，过程自动化系统

杭州创新轻工机械有限公司
浙江省富阳市场口镇工业园区
电话：0571－63519688
传真：0571－63519799
网址：www. cxmachines. com
邮箱：cxjx0309@ 163. com
产品：造纸机整机、涂布机、化学品制备系统、环保设备等

杭州萧山美特轻工机械有限公司
浙江省杭州市瓜沥镇坎山大道 265 号
邮编：311243
电话：0571－82519727、83510265
传真：0571－82519726
网址：www. mtqj. cn
邮箱：mtqj@ 163. com
产品：KZ 型宽流道纸浆泵、FJ 型低脉冲冲浆泵、KH 型化工流程泵、MZJ 型系列浆池浆塔搅拌器、DDM 型液压双盘磨、HFF 型高频疏解机、GLS 型气液分离器

及 FPB 型滤液泵、各种非标槽罐等

杭州奥荣科技有限公司
浙江省杭州市余杭区余杭街道金星工业园华一路 1－1 号 3 幢 3 层
邮编：311121
电话：0571－81110868、81110083
传真：0571－81110878
网址：www. hzaorong. com
邮箱：Info@ hzaorong. com
产品：水刺用聚酯网帘、打孔用网帘、造纸业用高速网帘等

浙江远盟自动化技术有限公司
浙江省杭州市拱墅区花园岗区 113 号金通大厦 A 座 1103 室
邮编：310015
电话：0571－85020080
传真：0571－87812870
网址：www. ym-autocontrol. com
邮箱：xufei@ ym-autocontrol. com
业务：专业的设备状态监测系统，提供无线智能振动预测、在线振动故障分析系统、大数据云振动诊断，让制造生产更智能化

杭州彩谱科技有限公司
浙江省杭州市江干区文渊北路 166 号华银大厦 7 楼
邮编：310018
电话：4000727281、13732210605
传真：0571－85888727
网址：www. hzcaipu. com
邮箱：baobei@ colorspec. cn
业务：从事颜色检测设备的研发、生产和销售，产品包括便携式色差仪、手持式分光测色仪、台式分光测色仪、粉末分光测色仪、透射分光测色仪、光泽度仪、雾度计、油漆油墨配色软件

杭州四鑫工业泵制造有限公司
浙江省杭州市萧山区河庄街道同一村
邮编：311222
电话：0571－82516282、13906715120
传真：0571－82516285
网址：www. sixinpump. com
邮箱：13906715120@ 163. com、hzxscx@ 163. com
业务：专业生产高速离心风机、纸浆泵、真空泵、离心泵、化工泵、搅拌器等工业泵及其零配件

杭州纸邦自动化技术有限公司
（原杭州纸邦仪器有限公司）
浙江省杭州市滨江区信庭路 99 号
电话：0571－81603239、89935128、88050351、88050356
传真：0571－81603202
网址：www. hzzhibang. com
邮箱：master@ hzzhibang. com、1697105593@ qq. com
产品：行业检测仪器

浙江正泰中自控制工程有限公司
浙江省杭州市经济技术开发区 6 号路 260 号中自科技园
电话：0571－28993200、4006320073
传真：0571－28993277
网址：www. chitic. com
邮箱：chitic@ chitic. com
产品：自动化

杭州富伦生态科技有限公司
浙江省杭州市富阳区灵桥镇光明村
邮编：311418
电话：0571－63551944
邮箱：fulun@ fulunpaper. com
业务：资源再生利用技术研发、再生资源加工、再生资源回收

杭州绿世源机械设备有限公司
浙江省杭州市桐庐县凤川街道陈山路 111 号
邮编：311508
电话：13777539528
产品：造纸机械设备、造纸技术服务

杭州潮龙泵业机械有限公司
浙江省杭州市萧山区临浦镇百匠街 16 号
邮编：311251
电话：0571－82680222、82681118
传真：0571－82688007
网址：www. chaolongpump. com
邮箱：chaolong@ chaolongpump. com
产品：高、中、低浓度各类纸浆泵、耐磨蚀泵、化工泵、清水泵

杭州多博色彩科技有限公司
浙江省杭州市红垦路萧山科技城 306－28 室（萧山区钱江农场）
邮编：311223
电话：0571－56875758、56875709
传真：0571－56389007

网址：www. dobocolor. com
邮箱：alex@ dobocolor. com
产品：非接触式在线颜色测量系统

浙江欧亚联合装备集团有限公司
浙江欧亚轻工装备制造有限公司
浙江省杭州市下城区文晖路 46 号现代置业大厦
邮编：314500
电话：0571－85180930
传真：0571－85183257
网址：www. eamc. cn
邮箱：fibermold@ eamc. cn
业务：纸浆模塑环保包装全自动生产线、各种植物纤维模塑（纸浆模塑）制品的开发和生产

杭州蓝海永辰科技有限公司
（原杭州永辰实业有限公司）
浙江省杭州市富阳区春江街道富春湾大道 2723 号 17 幢 74 号
邮编：311400
电话：0571－63590033、13588395288
传真：0571－63151528
邮箱：hangzhouyongchen@ 163. com
业务：为造纸企业提供一站式、综合性服务

宁波市

宁波港口机械有限公司
宁波伟隆传动机械有限公司
浙江省宁波市东钱湖梅湖创新工业区四香路 1 号
邮编：315121
电话：0574－88372266、88370604、88373131
传真：0574－88372264
网址：www. weilongme. com. cn
邮箱：weilong@ weilongme. com. cn
产品：传动机械

宁波新宁菱机器制造有限公司
浙江省宁波市海曙区集士港镇科盛路 128 号
邮编：315171
电话：0574－88213463、88215639
传真：0574－88213753
网址：www. nbningling. com
产品：分切机、涂布机

宁波市奇兴无纺布有限公司
浙江省慈溪市掌起工业开发区
邮编：315313
电话：0574－63751607、63742606、63751608
传真：0574－63740408
产品：无纺布、无尘纸及其生产线、一次性卫生制品、湿面巾、生活及工业用各种擦拭布

浙江高度环保科技有限公司
宁波高度纸业有限公司
浙江省宁波市奉化区尚田街道下田塔村
邮编：315500
电话：0574－88662991
传真：0574－88662196
网站：www. greendogroup. com
邮箱：444572877@ qq. com
业务：纸板定制

宁波邦威泵业有限公司
浙江省余姚市河姆渡镇罗江工业区
电话：0574－62962899、87586671、13957427958
传真：0574－62962898
网址：www. bvwww. com
邮箱：bonvepumps@ aliyun. com
产品：造纸涂料专用泵、造纸施胶剂专用泵、造纸化学品专用泵

宁波得利时泵业有限公司
浙江省宁波市鄞州经济开发区岐山路 118 号
邮编：315145
电话：0574－87771111－8318
传真：0574－87761066
网址：www. durrex－pump. com
邮箱：nboffice@ durrex－pump. com
产品：泵

宁波博美纸业有限公司
浙江省宁波市海曙区集士港镇董家桥村
邮编：315171
电话：0574－88192619
产品：纸张、纸浆、纸制品

宁波市联成机械有限责任公司
浙江省宁波市镇海区骆驼街道机电园区汇锦路 28 号
邮编：315202
电话：0574－86593020
邮箱：ZGF@ LC－MACHINE. COM
产品：造纸机械及配件

宁波柔创纳米科技有限公司
浙江省宁波杭州湾新区滨海四路 262 号 207 室

邮编：315336
电话：0574－58589773
邮箱：yanfang. zhou@ enerol. com. cn
业务：纳米纤维隔膜及其他材料和生产设备的技术开发、技术转让、技术咨询、技术服务及产品的销售

温州市

瑞安市金斯顿喷淋机械有限公司
浙江省瑞安市塘下镇上金工业区
邮编：325204
电话：0577－65500050、65354710
传真：0577－65380926
网址：www. jinsidun. cn
邮箱：jinsidun123@ tom. com
产品：喷头、喷嘴、校网器

浙江瑞萌控制阀有限公司
（原瑞安调节阀厂）
浙江省瑞安市国际汽摩配产业基地
邮编：325204
电话：0577－65500100、65102626
传真：0577－65505510
网址：www. rmvalve. com
邮箱：rtf@ cn－rtf. com
产品：调节阀

瑞安市金邦喷淋技术有限公司
浙江省瑞安市塘下镇里北垟村旺垟东路 84 号
邮编：325204
电话：0577－65380305、65359286
传真：0577－65380306
网址：www. jinwenpin. com、www. gfss. cn
邮箱：gfssnozzle@ 163. com、jw@ jinwenping. com
产品：喷嘴、除渣器头

瑞安市远洋机电有限公司
浙江省瑞安市塘下镇上金工业区 5 号地
邮编：325204
电话：0577－65390539
传真：0577－65397900
产品：轴承退卸套、紧定套、切草机、飞刀、底刀、喷嘴、匀浆机、卷纸辊、磨浆机主轴、浆泵衬套、浆泵叶轮、烘缸刮刀、疏水阀

温州金虎包装材料有限公司
浙江省温州市平阳县敖江机电工业园区 104 国道 130 号
邮编：325401
电话：0577－63018373、63696666、63696601
传真：0577－63696606
产品：纸塑复合包装及塑料复合包装

温州市曙光起动设备有限公司
浙江省温州市乐清经济开发区纬十五路 218 号
邮编：325604
电话：0577－62726973、61720973
传真：0577－62721973
网址：www. china-shuguang. com
邮箱：info@ china-shuguang. com
产品：起动器

温州市利普自控设备有限公司
浙江省温州市鹿城区炬光园中路 125 号
邮编：325007
电话：0577－88608601、88608605、13906651052
传真：0577－88608602
网址：www. 利普自控 . com
邮箱：wzlipu@ 163. com
产品：制造电动、气动控制阀

温州仪器仪表有限公司
浙江省温州市经济技术开发区玉苍东路 30 号
邮编：325011
电话：0577－86533644、86557399
传真：0577－86554149
产品：光学分析仪器、白度计

温州市华威机械有限公司
浙江省温州市龙湾区沙城镇南片工业区永工南路 6 号
邮编：325025
电话：0577－86810726、86817863
传真：0577－86821728
网址：www. hwd-cn. com
邮箱：zhangchao6698@ vip. sina. com
产品：压力筛、分散槽、弧形筛、过滤器

温州银翼造纸筛选设备有限公司
浙江省温州市高新技术园区炬光园（牛山北路）
邮编：302529
电话：0577－88608866
传真：0577－88608862、88608861
产品：压力筛、除节机、过滤机、分级筛

浙江力诺流体控制科技股份有限公司
（原浙江力诺阀门有限公司）
浙江省瑞安市高新技术（阁巷）园区围一路

邮编：325211
电话：0577－65099770、65099778
传真：0577－65386988
网址：www.linuovalve.com
邮箱：linuo@linuovalve.com
产品：造纸控制阀

浙江飞润贸易有限公司
（原浙江亚达不锈钢制造有限公司）
浙江省温州市龙湾区沙城工业园区
邮编：325025
电话：0577－86812378、86817313
传真：0577－86810869
网址：www.cnyada.net
产品：不锈钢输送管道及管件阀门

温州巨顺机械有限公司
浙江省温州市郭溪街道长城路20号
邮编：325017
电话：0577－86106117、13600666117
传真：0577－86110931
网址：www.cnjushun.cn
邮箱：master@cnjushun.cn
产品：G型单螺杆泵、浓浆泵、刀型闸阀、浆液阀、浆料阀、气动插板阀、疏水阀、造纸机专用螺丝、喷淋管、喷嘴

丰华科技发展有限公司
浙江省温州市龙港市新城巴曹工业启动区时代大道892号
邮编：325802
电话：0577－64562111、64561700
传真：0577－64575088
网址：www.cn-fenghua.com
邮箱：fh@cn-fenghua.com
产品：不干胶系列

浙江豪盛印刷机械有限公司
浙江省瑞安市潘岱街道芦浦工业区
邮编：325000
电话：0577－65873666
传真：0577－65802228
网址：www.china-ruifeng.com
邮箱：ruifeng@china-ruifeng.com
产品：卷筒纸切纸机、电脑横切机

浙江海盾特种阀门有限公司
浙江省温州市永嘉县瓯北镇东瓯工业区安丰工业园
邮编：325102
电话：0577－66993300
传真：0577－66993318
网址：www.hitonsv.cn
邮箱：2756416077@qq.com、sale@hitonsv.cn
产品：研发、生产、销售、服务于一体的专业流体控制阀（球阀系列、刀闸阀系列、蝶阀系列、气动执行器）

浙江锐步流体控制设备有限公司
浙江省温州市经济技术开发区滨海二十一路366号
邮编：3252025
电话：0577－85820777、13511487553
传真：0577－85821528
网址：www.ruibuvalve.com
邮箱：zjruibu@163.com
业务：研发、制造工业过程控制阀门

浙江冠力阀门有限公司
浙江省温州市永嘉县瓯北镇东瓯工业园林浦路
邮编：325105
电话：0577－21815077、21815088
传真：0577－67377166
网址：www.guanlivalve.com.cn
邮箱：jyt@guanlivalve.com
产品：刀型闸阀、刀闸阀、V型球阀、矿浆阀、浆液阀、美标阀、闸阀、闸门、截止阀、止回阀、蝶阀、球阀等

瑞安市登峰喷淋技术有限公司
浙江省瑞安市上望街道东安村
邮编：325200
电话：0577－65166077、18958801181
传真：0577－65166099
网址：www.chinadengfeng.com
邮箱：ruiandengfeng@aliyun.com
产品：螺旋喷嘴、工业喷嘴、冶金喷嘴、喷淋杆、喷淋装置、过滤器、移动头及喷淋技术咨询

浙江同普自控设备有限公司
浙江省温州市瓯海经济开发区青松路2号
邮编：325014
电话：0577－86083083
传真：0577－86082082
邮箱：tongpu@zjtongpu.com
产品：阀门

温州威尔斯钢业有限公司
浙江省温州市龙湾区永中街道永定路 1188 号万达商业广场 7 幢 12 层 1201 室
邮编：325000
电话：0577－86573231
邮箱：425558604@ qq. com
产品：阀门

中诚阀门集团有限公司
浙江省丽水市莲都区南明山街道大沅街 102 号
邮编：323000
电话：0577－67331552、67331559
传真：0577－67986806
网址：www. zc-valve. cn
邮箱：sales@ zc-valve. cn
产品：系列阀门

嘉兴市

浙江德威不锈钢管业股份有限公司
浙江省嘉兴市南湖区新丰镇嘉港路 889 号
邮编：314005
电话：0573－82222229、4008875966
传真：0573－83839524
网址：www. dwbxg. com
邮箱：info@ deweigroup. cn
产品：不锈钢大、中、小口径焊管及不锈钢管件

海宁市浙宁印刷包装机械有限公司
（原海宁市伊桥轻工机械厂）
浙江省海宁市联合路 292 号
邮编：314400
电话：0573－87224695
传真：0573－87222033
产品：电脑凹版印刷机、盘纸分切机、纸膜横切机、金卡纸印刷机

平湖市青云建材机械股份有限公司
（原平湖市建材机械厂）
浙江省平湖市通界桥
邮编：314215
电话：0573－85944078、13706739400
传真：0573－85944032
网址：www. phqyjc. com
邮箱：phgy1997@ 163. com
产品：输送机、捆包机

嘉兴市欧博特造纸设备科技有限公司
平湖市兴达环保科技设备厂
浙江省平湖市六店大桥东堍北侧
邮编：314200
电话：0573－85945036
传真：0573－86863815
网址：www. jxoubote. com
邮箱：obe2016@ 163. com
产品：污泥浓缩螺旋、轻渣螺旋压榨脱水机、造纸烘干部屋顶排风装置

浙江嘉科流体机械有限公司
嘉善县环球机械密封件厂
浙江省嘉兴市嘉善县魏塘镇工业区银秀路 22 号
邮编：314100
电话：0573－84062810、84062820
传真：0573－84062800
网址：www. hqmf. com
邮箱：tlw@ hqmf. com
产品：污水泵、离心泵等机械密封、大轴径釜用机械密封、高压釜用密封、金属波纹管机械密封等中大型机械密封，以及各种橡胶波纹管等轻型机械密封

嘉兴埃富得机械有限公司
浙江省嘉兴市云海路 500 号
邮编：314000
电话：0573－83913268
传真：0573－83913298
网址：www. aft-global. com
邮箱：Jerry. yu@ aft-global. com
业务：制浆造纸领域的筛选设计、制造

川之江造纸机械（嘉兴）有限公司
浙江省嘉兴市秀洲区嘉北街道南陶浜路 99 号
邮编：314033
电话：0573－82217800
邮箱：shaozhuoyuan@ kawanoe-jx. com
业务：新型造纸机械（含纸浆）成套设备及其配件的制造

浙江贝纶丝线有限公司
浙江省海宁市海宁经济开发区漕兴路 22 号
邮编：314400
电话：0573－87630800、18324358450、15988370873
网址：www. perlon. com
业务：工业单丝、纱线、线轴、塑料制品、化纤的技术开发

浙江竞成特种单丝有限公司
(原海宁竞成特种单丝有限公司)
浙江省海宁市尖山新区祥鸿路 1 号
邮编：314400
电话：0573 – 87859356、15990322771、17757319188
传真：0573 – 87859359
网址：www. zjsdk. diytrade. com
邮箱：JC9359@ 163. COM
产品：涤纶(PET)、聚丙烯(PP)、尼龙(PA)、各种聚合物熔融纺丝

浙江嘉科流体机械有限公司
浙江省嘉兴市嘉善县环球机械密封件厂
嘉善县罗星街道银秀路 22 号
邮编：314100
电话：0573 – 84062810、84065820
传真：0573 – 84062800
网址：www. jkfluid. com、www. hqmf. com
邮箱：tlw@ hqmf. com
业务：机械密封

平湖越浩纸业有限公司
浙江省嘉兴市平湖市经济技术开发区兴工路 3118 号 2 号厂房 A 区
邮编：314200
电话：0573 – 85126389
传真：0573 – 85126398
邮箱：2268372623@ qq. com
产品：进口牛卡纸、牛皮纸等

湖州市

安吉美伦纸业设备有限公司
浙江省湖州市安吉县递铺镇阳光工业园区
邮编：313300
电话：0572 – 5302977、5302966
传真：0572 – 5302977
网址：www. china-meilun. com
邮箱：qmf@ china-meilun. com
产品：饰面辊

浙江峥嵘瑞达辊业有限公司
浙江省湖州市德清县武康经济开发区长虹西街 118 号
邮编：313200
电话：0572 – 8028555
传真：0572 – 8837700
网址：jzzrrdgy. 51pla. com
邮箱：18368491840@ 163. com
产品：胶辊

振欣透平机械有限公司
浙江省湖州市安吉县天子湖镇现代工业园区
邮编：313310
电话：0572 – 5667199、5667066
传真：0572 – 5667066
网址：www. zhenxingpump. com
邮箱：forpump@ 163. com
业务：气体压缩机械制造

浙江省德清县胶辊实业有限公司
浙江省湖州市德清武康县镇三桥
邮编：313205
电话：0572 – 8027911、8027898
传真：0572 – 8027918
产品：胶辊

浙江升祥辊业制造有限公司
浙江省湖州市德清县经济开发区中兴北路 1052 号
邮箱：313200
电话：0572 – 8089599
传真：0572 – 8089598
网址：www. sxroller. com
邮箱：info@ sxroller. com
产品：造纸机包覆层、辊子机械服务

诸暨市

浙江省诸暨市中太造纸机械有限公司
浙江省诸暨市牌头镇工业区
邮编：311825
电话：0575 – 87052818、13867515688
传真：0575 – 87057716
网址：www. zjzhongtai. cn
邮箱：lingfeng_ z@ 163. com
产品：流浆箱、透平机

诸暨市造纸机械厂(普通合伙)
浙江省诸暨市牌头五一路
邮编：311825
电话：0575 – 87051260、13606569826
网址：www. zjzzj. cn
邮箱：zjzzj@ zjzzj. cn
产品：切纸机

绍兴市

绍兴市恒申纸业有限公司
浙江省绍兴市袍江工业区郡贤路南区 A 块群贤路

邮编：312071
电话：0575－88037678、88035588
产品：工业用纸管、化纤

浙江古纤道新材料股份有限公司
浙江省绍兴市袍江工业区越东路 2 号
邮编：312070
电话：0575－88136815、88138187
传真：0575－88138071
网址：www. guxiandao. com
邮箱：info@ guxiandao. com
产品：涤纶工业纤维

浙江鹏翔暖通设备有限公司
浙江省绍兴市上虞区丰惠镇创业路 1 号
邮编：312361
电话：0575－82590988、13606573578
传真：0575－82590099
网址：www. zjpxnt. com
邮箱：px@ sypxnt. com
产品：专业通风设备制造，集方案提供、研发、设计、生产和销售为一体

嵊州市恒丰纸业有限公司
浙江省绍兴市嵊州市仙岩镇
邮编：312459
电话：0575－83795396
业务：造纸、包装用纸及纸板销售、废纸收购

金华市

浙江武义华东实业有限公司
（原武义华东印刷机械有限公司）
浙江省金华市武义县文教旅游工业园区
邮编：321200
电话：0579－87625769、13905895196
传真：0579－87622188
网址：www. wyhdpm. com
邮箱：303373352@ qq. com
产品：扑克机械、包装机械

浙江元龙复合材料有限公司
浙江省金华市婺城区白龙桥镇临江工业区块（湖家）19 幢一楼（浙江巨龙管业股份有限公司厂房内）
邮编：321025
电话：0579－82288051、82288067
传真：0579－82288011
网址：www. yuanlongfrp. com（正在建设中）
邮箱：carol. sun@ yuanlongfrp. com
产品：造纸机械脱水元件玻璃钢型材及碳纤维刮刀

衢州市

中国制浆造纸研究院衢州分院
浙江省衢州市柯城区九华北大道 78 号
邮编：324000
电话：13811032279、18305706495
传真：0570－2951000
邮箱：bestflow@ 163. com、paperli@ 126. com
业务：政策咨询、工程设计、标准化研究、分析检测

浙江巴斯特网丝有限公司
浙江省衢州市柯城区江湾路 12 号
邮编：324000
电话：0570－3660068、13705702916
邮箱：13705702916@ 163. com
产品：涤纶丝、涤纶网

台州市

临海市新王开机筛有限公司
浙江省临海市经济开发区东方大道 138 号
邮编：317000
电话：0576－85121181、85121418
传真：0576－85121428
网址：www. wangkai. com
邮箱：hengwei@ wangkai. com
产品：筛板、筛鼓

温岭市南方粉体设备制造厂
浙江省温岭市肖家桥工业区
邮编：317502
电话：0576－86580583、86581283
传真：0576－86580283
网址：www. nf-sb. com
邮箱：nf-sb@ nf-sb. com
产品：振动筛分机、高效混合机、加热搅拌机、制粒机、输送机、乳化机、溶解机

台州兴达隆润滑设备有限公司
（原玉环南方润滑设备厂）
浙江省台州市玉环环东工业区
邮编：317600
电话：0576－87279796、87242722
传真：0576－87241510
网址：www. xingdalong. cn

邮箱：286147107@ qq. com
产品：给油分配器、报警流量分配器、张紧器、校正器、信号传感器、喷淋管、过滤器等

鑫磊压缩机股份有限公司
浙江省台州市温岭市城西工业园区
邮编：317500
电话：0576 – 89966666
传真：0576 – 89969999
网址：www. xinlei. com
邮箱：xinlei@ xinlei. com
产品：从事空气压缩机、鼓风机的研发、制造、销售、服务

台州宇星制针有限公司
浙江省台州市椒江区海虹大道 818 号
邮编：318013
电话：0576 – 88817299、88860770
网址：www. cnyuxing. cn
邮箱：yuxing@ cnyuxing. cn
产品：过滤材料用针、造纸毛毯用针、螺旋干网转移印花毯用针

丽水市

浙江正诺机械有限公司
浙江省丽水市莲都区水阁工业园区仙霞路 102 号
邮编：323000
电话：0578 – 2766666、13356119666
传真：0578 – 2766699
网址：www. zjznjx. cn
邮箱：861214955@ qq. com
产品：双螺旋刀伺服驱动电脑分切机、滚刀式伺服驱动电脑切纸机

安 徽 省

合肥市

中轻建设(安徽)设计工程有限公司
(原安徽省轻工设计院有限公司)
安徽省合肥市马鞍山南路富成大厦 10 层
邮编：230001
电话：0551 – 62677951、62673909、62628422
传真：0551 – 62673755
网址：www. ahlidi. com
邮箱：ahlidi@ 163. com
业务：工程设计、咨询、监理、环境工程、总承包

安徽川鼎水处理设备有限公司
安徽省合肥市庐阳区清河路 6 – 2 号
邮编：230000
电话：0551 – 63809580
网址：www. chuandingep. com
邮箱：70025964@ qq. com
产品：污水环保处理(水性油墨污水处理、废显影液和 CTP 版冲版水处理、印刷润版液过滤循环处理)

芜湖市

安徽华辰造纸网股份有限公司
安徽省芜湖市开发区港湾路 33 号
邮编：241006
电话：0553 – 5848295、13365536089
传真：0553 – 5848747
网址：www. ahhczzw. com
邮箱：360757545@ qq. com
产品：聚酯网、铜网

安庆市

安庆市朝阳胶辊密封件有限责任公司
安徽省安庆市十里乡吴嘴村 206 国道旁
邮编：246005
电话：0556 – 5369004、13866620177
邮箱：249241793@ qq. com
产品：造纸胶辊、油封件

滁州市

安徽省天马泵阀集团有限公司
安徽省天长市新河北路 53 号
邮编：239300
电话：0550 – 7321888、7031888、4008899558
传真：0550 – 7321688
网址：www. ahtmbv. com
邮箱：sales@ ahtmbv. com
产品：泵及泵阀

安徽天康(集团)股份有限公司
安徽省天长市仁和南路 20 号
电话：0550 – 7555880
传真：0550 – 7555866
邮箱：tkdzsw@ 163. com
网址：www. tian-kang. com. cn

产品：温度仪表

阜阳市

安徽太平洋特种网业有限公司
安徽省阜阳市太和县城关镇工业园内
邮编：236000
电话：0558－8639313
传真：0558－8655653
网址：www. 0558tpy. com
邮箱：thliulin@ 126. com、lqg100805@ 163. com
产品：造纸成型网、干网、方孔网、工业滤布

安徽宇航网业有限公司
安徽省阜阳市太和县郭庙乡富民路 8 号
邮编：236699
电话：13718560575
邮箱：13718560575@ 163. com
产品：滤布、滤网、金属筛网、造纸网

池州市

池州新辰包装科技有限公司
安徽省池州市青阳县新河工业园区
邮编：244000
电话：0566－5755676
网址：www. sincheen. com
邮箱：1394403307@ qq. com
产品：包装机械材料

马鞍山市

马鞍山市精螺机械科技有限公司
安徽省马鞍山市博望区博望镇科技创业园
邮编：243131
电话：0555－6764532
传真：0555－6769398
网址：www. masjlkj. com
邮箱：479077119@ qq. com
产品：螺纹元件、开口螺旋刀、筒体、衬套、芯轴等

福 建 省

福州市

福建省浆纸质量监督检验站
福建省福州市台江区上海东市场 2 层
邮编：350005
电话：0591－83334751
传真：0591－83362442
业务：浆、纸和纸板及纸制品的检测

福建省建筑轻纺设计院
福建省福州市东大路华源大厦
邮编：350001
电话：0591－87550637
传真：0591－87520875
网址：www. fjaltdi. com
邮箱：admin@ fjaltdi. com、fjaltdi@ 163. com
业务：造纸工程设计、咨询

福建省造纸工业公司
福建省福州市省府路 1 号金皇大厦 13 层
邮编：350001
电话：0591－87521242
产品：造纸原料、造纸设备、仪器仪表

福建星光造纸新技术研究开发中心
福建省福州市工业路祥坂第三工业区 8 号楼
邮编：325002
电话：0591－8069830、83821184
网址：www. linbaohua. com
邮箱：fjxglbh@ 163. com
产品：造纸脱水器材

福建省轻工机械设备有限公司
福建省福州市闽侯县铁岭北路 3 号
邮编：350101
电话：0591－22079888、22079666
传真：0591－22079777
网址：www. fjqj. com
邮箱：fjqj@ fjqj. com、fjqj_ yxb@ vip. 163. com
业务：提供年产 30 万吨废纸 OCC 浆、年产 15 万吨废纸脱墨浆和化学机械浆全套设备，高浓水力碎浆机、脱墨浮选机、双网挤浆机、盘式热风散等设备，项目咨询、工艺设计、设备制造、安装、试车、人员培训等全套交钥匙工程服务

福建省轻纺（控股）有限责任公司
福建省福州市省府路 1 号金皇大厦 18 楼
邮编：350001
电话：0591－87510902
传真：0591－87510902
网址：www. fjqfkg. com
业务：设计、安装、科研、环保治理等

厦门市

卡斯卡特(厦门)叉车属具有限公司
福建省厦门市海沧区阳光路 668 号
邮编：361026
电话：0592－6512500、6512570、6885363
传真：0592－6512571
网址：www. cascorp. com. cn
邮箱：cascade@ cascorp. com. cn
产品：侧移器、纸卷夹、纸箱夹、旋转器

厦门乘工阀门制造有限公司
福建省厦门市自由贸易试验区厦门片区翔云一路 102 号
邮编：361000
电话：13806030138
邮箱：13806030138@ 139. com
产品：造纸专用系列阀门

厦门永顺纸业开发有限公司
福建省厦门市湖里区禾山圆山工业区 2 号厂房
邮编：361009
电话：0592－5521851、5521852、5521853
传真：0592－5520291
业务：纸制品印制

厦门新友联贸易有限公司
福建省厦门市思明区后埭溪路 22 号中国供销大厦 4 楼 07 单元
邮编：361000
电话：0592－5166709、5166716
传真：0592－5166707
产品：文化用纸

厦门鸿益顺环保科技有限公司
福建省厦门市海沧区南海路 689 号
邮编：361000
电话：0592－6533699
传真：0592－6583966
网址：www. hyshchina. com
邮箱：2404344267@ qq. com
产品：造纸行业专用水煤浆

厦门百霖净水科技有限公司
福建省厦门市同安工业集中区思明园 305 号
邮编：361100
电话：0592－7117808
网址：www. filtertech-water. com
邮箱：filter@ filtertech-water. com
业务：水处理设备研发和产品制造

厦门鼎立纸业有限公司
福建省厦门市海沧区锦里村西片 139 号
邮编：36500
电话：0592－5055711
传真：0592－5099331
邮箱：116511664@ qq. com
业务：分切及销售各种纸张

厦门市金鸿峰特种纸业有限公司
福建省厦门市湖里区后坑前社 31 号
邮编：361016
电话：0592－5509999
传真：0592－5509998
邮箱：10000paper@ 163. com
业务：纸及纸制品制造、加工

莆田市

福建东南艺术纸品股份有限公司
(原莆田市东南纸业工贸有限公司)
福建省莆田市华林经济开发区
邮编：351100
电话：0594－2060139
传真：0594－2060196
网址：www. ptdnzy. com
邮箱：gmanager@ ptdnzy. com
产品：彩色薄页纸、彩色纸巾纸、彩色皱纹纸、彩色印刷工艺花纸、彩色碎纸条、金银印刷工艺纸

国家浆纸产品质量监督检验中心
福建省莆田市东圳东路三亭街
邮编：351100
电话：0594－2692330
邮箱：gz2692330@ 126. com
业务：食品包装用纸及容器、纸板，生活用纸，印刷用纸和纸板，文化、办公用纸和纸板及其他制浆造纸类产品的检测

三明市

福建省三明市三洋造纸机械设备有限公司
福建省三明市三明市梅列区小蕉工业园兴业五路 15 号 1－4 幢
邮编：365000

电话：0598－5171770、5179958、5171299
邮箱：sy－q@ fujiansanyang. com
产品：制浆设备

泉州市

福建省石狮市锦兴机械制造有限责任公司
福建省石狮市厝仔工业区
邮编：362700
电话：0595－88918188、13655979979
产品：瓦楞纸板生产设备

漳州市

华发纸业(福建)股份有限公司
(原华发(福建)实业有限公司)
福建省龙海市东园镇厚境华发纸地
邮编：363102
电话：0596－6708260、13860866511
传真：0596－6709811
邮箱：403515459@ qq. com
产品：原纸

南平市

福建南平星光机械制造安装有限公司
福建省南平市滨江北路 177 号
邮编：353000
电话：0599－8810277
传真：0599－8810277
业务：制浆、造纸设备制造、安装维修

福建顺昌蓝海轻工机械设备有限公司
福建省南平市顺昌县新屯工业园
邮编：353200
电话：0599－7832036、13656966006
传真：0599－7824116
邮箱：1725207208@ qq. com
产品：碎浆机、筛、除渣器、废水处理设备

福建南平福一轻工机械有限公司
福建省南平市江南新区工业园祥瑞路 17 号
邮编：353000
电话：0599－8635577、8635262、8614448
传真：0599－8635416
业务：造纸制浆设备、年产 20 万吨废纸 OCC 浆处理系统成套设备和年产 10 万吨废纸脱墨浆处理系统成套设备

龙岩市

长汀县宝顺纸品厂
福建省龙岩市长汀县汀州镇中心坝变电站路 2 号
邮编：366300
电话：0597－6831545
传真：0597－6831545
产品：瓦楞纸箱

宁德市

福安市城阳磨片厂
福建省福安市大溪边
邮编：355000
电话：0593－6381286、13905933634
产品：盘磨机磨片

福安市轻工机械一厂
福建省福安市城北荷塘坪 89 号
邮编：355000
电话：0593－6588531、13459308103
传真：0593－6382472
邮箱：352640988@ qq. com
产品：打浆机、纸机配件

江　西　省

南昌市

江西洪都精工机械有限公司
江西省南昌市青云谱区中航工业洪都昌南工业园南园(新建 751 号厂房)
邮编：330001
电话：0791－88298706
传真：0791－88200626
邮箱：jlb@ jxhdjg. com
产品：压力筛、水力碎浆机

江西省轻工业研究所
江西省南昌市北京东路 138 号
邮编：330029
电话：0791－8333891
传真：0791－8329214
业务：相关油墨制品研发、造纸相关研究

江西省纸张质量监督检验站
江西省南昌市北京东路 138 号

邮编：330029
电话：0791－8333891
传真：0791－8329214
业务：纸张质量检验

南昌轻工机械厂
江西省南昌市迎宾大道305号
邮编：330030
电话：0791－5212116
产品：纸机打浆机、碱回收设备

江西省轻工业设计院
江西省南昌市青云谱区抚河南路677号
邮编：330002
电话：0791－87182810、87182830
邮箱：jxqgysjy@qq.com
业务：轻工技术服务、工程咨询

南昌方丰纸业有限公司
江西省南昌市进贤县经开区温圳工业园区1号标准厂房
邮编：3231721
电话：0791－85818505、13870821248、15970472712
邮箱：15970472712@163.com
产品：各种纸管、包装材料

宜春市

江西德源胶辊有限公司
江西省宜春市上高县五里岭工业园
邮编：336400
电话：0795－2577599
传真：0795－2577699
网址：www.cn-deyuan.com
邮箱：cn-deyuan2008@163.com
产品：工业胶辊

江西特种电机股份有限公司
江西省宜春市城南工业园环城南路581号
邮编：336000
电话：0795－3272270、3288595
传真：0795－3274523
网址：www.jiangte.com.cn
邮箱：jtsales@263.net
产品：变频调速电机

江西高安市金辉毯业科技有限公司
江西省宜春市高安市工业园(蓝坊镇)
邮编：330800
电话：0795－5716666、15707951369
邮箱：373532@qq.com
产品：工业用丝、网毯、无纺布生产

山 东 省

济南市

山东绿泉环保科技股份有限公司
山东省济南市高新区舜华路2000号舜泰广场6#1602
邮编：250101
电话：0531－83530711、83531398
传真：0531－83530922
网址：www.Lvquan.cn
邮箱：sdlqhb@126.com
产品：废水处理工艺流程及配套设施

山东金拓亨机械制造有限公司
山东省济南市经济开发区南园国道路6001号
邮编：250301
电话：0531－87229688、13905411910
传真：0531－87229188
网址：www.jintuoheng.com
邮箱：jintuoheng@163.com
产品：造纸机械、制浆设备、筛选设备

济南华章实业有限公司
济南汇科机械制造有限公司
山东省济南市天桥区东宇大广街以西
邮编：250032
电话：0531－85719751、85704026
传真：0531－85704203
网址：www.jinanhuazhang.com、www.jinanhuike.com
邮箱：jnhuazhang@163.com
产品：纸机部件

济南机械装备实业公司
山东省济南市经十路388号
邮编：250022
电话：0531－87966524
传真：0531－87957271
产品：纸机、涂布机、拉幅机

济南兰光机电技术有限公司
山东省济南市无影山路144号
邮编：250031
电话：0531－58702626
传真：0531－85062108

网址：www. labthink. cn
邮箱：marketing@ labthink. cn
产品：胶黏剂检测试验仪器、包装印刷检测仪器

济南市长清区育才机械厂
山东省济南市长清区城南孙庄村
邮编：250300
电话：0531－87263421、13964085328
产品：打浆备件

济南鑫泰液压机械有限公司
山东省济南市济北工业园
邮编：251400
电话：0531－81171588、81171599
传真：0531－81171599
网址：www. xtsjj. com、www. xintaijixie. com
产品：液压平台

济南成东机械制造有限公司
山东省济南市章丘区曹范街道潘王路与旅游路交叉口北
邮编：250101
电话：0531－88882576、80993478
传真：0531－88882576
网址：www. dongchengchina. com
邮箱：896803394@ qq. com
产品：螺旋卷管机、封灌机、制袋机、铸涂机、挤出复合机、贴标机

济南兴宏远造纸机械有限公司
山东省章丘市官庄开发区
邮编：250217
电话：0531－83320728、18678826957
邮箱：3416244189@ qq. com
产品：复卷机、切纸机、卷纸机等造纸完成系列设备

山东造纸机械厂有限公司
山东省济南市高新技术产业开发区机场路 7617 号
邮编：250100
电话：0531－88265149、88263157
传真：0531－88263129
网址：www. sdzzjxc. com
邮箱：szj@ sd-zzjx. com
产品：压榨辊、分切机、切纸机、复卷机、卷纸机、压光机、接纸台

山东省造纸工业研究设计院
山东省济南市工业南路 101 号
邮编：250100
电话：0531－88952358、88590459
传真：0531－88934142
网址：www. sprd. cc
邮箱：sprd@ 163. com
产品：离心甩浆机

山东章丘市大星造纸机械有限公司
山东省章丘市埠村镇商业街南首
邮编：250215
电话：0531－83711050、13356683703
传真：0531－83713868
网址：www. sd-daxing. com
邮箱：3711050@ sd-daxing. com、sdzqdaxing@ 163. com
产品：铸造压榨压光系列辊、卷纸缸

山东省章丘市造纸机械厂
山东省章丘市枣园大站村
邮编：250214
电话：0531－83651411、83657068
传真：0531－83651869
邮箱：zzjx@ zq-zzjx. com
产品：压光机，卷纸机，复卷机，单、双刀切纸机，接纸台，退纸架，理纸机，施胶机，打包机，分切机

济南吉祥造纸机械有限公司
山东省济南市长清区城南孙庄
邮编：250300
电话：0531－87263639
传真：0531－87263639
产品：造纸机械

济南恒振兴造纸机械有限责任公司
山东省济南市长清区城南
邮编：250300
电话：0531－87263412、13964085676
传真：0531－87263418
邮箱：hengzhenxing@ 126. com
产品：筛选设备、浓缩机、双盘磨浆机

济南瑞科造纸机械有限公司
山东省济南市历下区龙奥北路 8 号玉兰广场 2 号楼 702
邮编：250011
电话：0531－86510507
传真：0531－86510507
邮箱：xinfuyang@ 126. com
产品：纸机核心零部件

济南苏优阀门有限公司
山东省济南市市中区泉景天沅鸿园 2 号楼 21 层
电话：0531 - 87956757
传真：0531 - 87977161
网址：www. sdsuyou. com
产品：各类阀门

山东瑞中智能科技股份有限公司
山东省济南市天桥区明湖西路 777 号明湖广场 3 号楼 809 室
邮编：250000
电话：0531 - 85927936
传真：0531 - 85928936
网址：www. richzone. com. cn
邮箱：richzone@ vip. 163. cn
产品：检测水分、环保设备及配件销售安装

山东奥凯机电设备有限公司
山东奥凯机械制造有限公司
山东省济南市天桥区黄岗工业园 3 区 1994 - 1 号
邮编：250032
电话：0531 - 85891163
传真：0531 - 85762436
网址：www. aokai369. goepe. com
邮箱：aokaipaper@ 163. com
产品：干网在线清洗系统、高压旋转喷淋洗涤系统、全自动反冲洗过滤器、纸边回收系统、数控驱动器、自动引纸割刀、自动引纸水针、自动校正器、传感阀、纸幅稳定器

济南济传机械科技有限公司
山东省济南市天桥区药山街道新徐工业园 268 号
邮编：250032
电话：0531 - 85971957
传真：0531 - 85971957
网址：www. jnjcjxgm. com
邮箱：735952340@ qq. com、chenguiabc@ 126. com
产品：十字轴式万向轴、联轴器、传动轴

山东亿鲁新能源科技发展(集团)有限公司
山东省济南市历下区工业南路 100 号三庆枫润大厦 A 座 1210 室
邮编：250000
电话：15668499369
邮箱：wsdone@ 126. com
产品：余热余压余气利用技术研发

山东成泰造纸技术有限公司
山东省济南市高新区正丰路 554 号 5 号科研楼 507 - A1
邮编：250001
电话：13793105257
邮箱：53581550@ qq. com
产品：造纸工业技术服务；造纸行业新产品的技术开发、技术推广、技术转让

山东思源水业工程有限公司
山东省济南市高新区港西路 2177 号港盛大厦 19 层南塔
邮编：250101
电话：0531 - 67981888、18678303169
传真：0531 - 88909641
网址：www. swanwater. cn
邮箱：3169@ swanwater. cn
产品：水处理设备、节能设备、电气控制设备、工业自动控制系统设备等

山东省章丘鼓风机股份有限公司
山东省济南市章丘区明水经济开发区世纪大道东首
邮编：250200
电话：0531 - 83250002、83250025
网址：www. blower. cn
邮箱：info@ blower. cn
产品：罗茨鼓风机、离心风机、工业泵、真空泵、风机附件、环保系统与设备等

山东章鼓节能环保技术有限公司
山东省章丘市世纪大道东首鼓风机股份有限公司内
邮编：250200
电话：0531 - 83255318
邮箱：ZXYXJXL@ 126. com
产品：MVR 蒸发浓缩系统工程、节能系统工程、环保系统工程及设备

山东康鲁设备安装有限公司
山东省济南市经十西路沃德大道 688 号
邮编：250306
电话：0531 - 87453576、18053110706
邮箱：1051493543@ qq. com
产品：环保工程(水污染防治)

山东大星辊轴制造有限公司
山东省济南市章丘区官庄街道华民路 517 号
邮编：250215
电话：0531 - 83711050
邮箱：sdzqdaxing@ 163. com

产品：机械辊轴及配件、造纸机械

青岛市

麦斯凯包装系统(青岛)有限公司
山东省青岛市南京路 2 号绮丽大厦 1803 室
邮编：266000
电话：0532－85797620
传真：0532－85797619
网址：www. msk-covertech. cn
邮箱：info@ msk-covertech. cn
产品：燃气热缩包装机

青岛恩东防锈技术有限公司
(原青岛恩东物产有限公司)
山东省青岛市胶州经济技术开发区永定河路 2 号
邮编：266200
电话：0532－84908347、84908348
传真：0532－84908349
网址：www. efvci. com
邮箱：info@ eundong. com
产品：气化性防锈膜、防锈纸、防锈粉末、防锈液

青岛乾坤机械有限公司
山东省青岛市市北区威海路 362 路 228 室
邮编：266001
电话：0532－85820485、13105324229
邮箱：2859976@ qq. com
产品：化学品计量泵

青岛欧美进出口有限公司
山东省青岛市市南区东海西路 35 号 4 栋 12 层
邮编：266071
电话：0532－85757515
传真：0532－85710992
网址：www. qea. cn
邮箱：qea@ qea. cn
产品：桉木浆、蔗浆、漂白阔叶木浆、漂白针叶木浆、本色木浆、脱墨浆

青岛特利尔环保集团股份有限公司
山东省青岛市市南区银川西路 67 号 E 座四层
邮编：266071
电话：0532－68850393、68850030
传真：0532－82880686
网址：www. qdclear. com
邮箱：clear@ qdclear. com
产品：煤基清洁燃料制备、煤炭清洁高效燃烧技术、环保锅炉装备工程技术、锅炉尾气治理

青岛雷勒过滤科技有限公司
山东省青岛市黄岛区飞宇路 358 号
邮编：266405
电话：0532－87117999
传真：0532－87151555
网址：www. lehler. com
邮箱：13335049999@ 163. com
info@ lehler. com
业务：研发、生产不锈钢过滤网、楔形滤芯、涂料压力筛、滤袋等

康吉诺(青岛)科技有限公司
康吉诺(青岛)工业设备研究院
山东省青岛市崂山区科苑纬一路 1 号创新园
邮编：266101
电话：0532－66750637
网址：www. reliability. cc
邮箱：liumingjin@ reliability. cc、service@ reliability. cc
产品：ME140 系列综合分析仪、ME150 系列设备数据采集仪、ME170-1 通用设备的在线监测与诊断分析系统

青岛欣欣向荣智能设备有限公司
山东省青岛市城阳区凤锦路 98 号
邮编：266100
电话：0532－83753516、83753209、4006796797
传真：0532－83753516
网址：www. sacpack. com
邮箱：liuzhenxing@ xrzk. cn
产品：工业运输包装智能化

青岛博信金属物资有限公司
山东省青岛市市北区埕口路 4 号 201 室
邮编：266000
电话：0532－58760459、81687118、13792888604
传真：0532－58760459
邮箱：qixiuling6211@ 126. com
产品：各类浆料固液分离及过滤设备

淄博市

淄博浩瀚陶瓷科技有限公司
山东省淄博市淄川区昆仑镇磁村工业园
邮编：255192
电话：0533－5553606、13626448388
传真：0533－5553606

网址：www. zbhhtc. com、www. zbhhkj. com
产品：除渣器整组及其配件、耐磨陶瓷管道

山东恒星股份有限公司
山东省淄博市周村区恒星路 98 号
邮编：255300
电话：0533 - 6556087
传真：0533 - 6556520
网址：www. ihengxing. com
邮箱：sdhxfcw@ 163. com、yingye@ ihengxing. com
产品：各种型号、系列造纸机、板纸机、超级压光机等

山东晨钟机械股份有限公司
山东省淄博市桓台县周荆路 2608 号
邮编：256402
电话：0533 - 8580059、8580365
传真：0533 - 8580366
网址：www. chenzhong. com. cn
邮箱：chenzhong@ chenzhong. com. cn
产品：DD 系列双盘磨浆机、锥形磨浆机、水力碎浆机、压力筛、高浓磨浆机、盘式热分散系统、污泥挤压脱水系统

山东海天造纸机械有限公司
山东省淄博市王村兴华路 320 号
邮编：255311
电话：0533 - 6682999、6682000
传真：0533 - 6680898
网址：www. haitianjx. com
邮箱：haitianjx@ 126. com
产品：1760 ~ 4400 毫米系列长网多缸文化用纸机，2400 ~ 4400 毫米系列圆网压力成形器、超短网成形器纸板机，2400 ~ 4400 毫米系列长网多缸瓦楞原纸机，2400 ~ 4400 毫米系列三叠网、四叠网纸板机

山东硅元新型材料股份有限公司
（原山东硅元新型材料有限责任公司）
山东省淄博市高新区柳泉路 286 号
邮编：255086
电话：0533 - 3582419、3583205
传真：0533 - 3582244
网址：www. sicermobile. com
邮箱：icsd@ sicer. com
产品：陶瓷系列脱水器件、除砂器、除杂器

山东富安集团真空科技有限公司
山东省淄博市博山区富安工业园
邮编：255200
电话：0533 - 4208888、4208666
传真：0533 - 4208999
网址：www. shandongfuan. com
邮箱：shandongfuan@ sina. com
产品：真空泵

佶缔纳士机械有限公司
（原纳西姆工业（中国）有限公司）
山东省博山市经济开发区纬五路 18 号
邮编：255213
电话：0533 - 4650168、4009001066
传真：0533 - 4651466、4650166
网址：www. gdnash. com. cn
邮箱：mk. gdnc@ gardnerdenver. com
产品：系列真空泵、压缩机

淄博国信轻工机械股份有限公司
山东省淄博市桓台新城镇张田路 8799 号
邮编：256403
电话：0533 - 8880446、8886989、13706430959
传真：0533 - 8880440
网址：www. gxqj. net、www. guoxinmet. com
邮箱：gxxs@ gxjdkj. com. cn
产品：转鼓式碎浆机等废纸制浆设备

淄博锦秀电器自动化有限公司
山东省淄博市周村区正阳路北首
邮编：255339
电话：0533 - 6531786、6536726、6536797
传真：0533 - 6531786
网址：www. zbjxdq. com
邮箱：zbjxdq@ 163. com
产品：制浆 DCS 系统、变频传动系统、定量水分析系统

淄博泰鼎造纸机械有限公司
淄博泰鼎机械科技有限公司
山东省淄博市周村区恒星路 98 号
邮编：255300
电话：0533 - 6556085、6556139
传真：0533 - 6557368
网址：www. zbtd. com. cn
邮箱：sdzbtd@ sina. com
产品：超级压光机系列

淄博市周村庆宁过滤设备厂
山东省淄博市周村区米河路北首

邮编：255300
电话：13508941831
邮箱：1355885759@ qq. com
产品：过滤设备

淄博全通机械有限公司
山东省淄博市王村南 309 国道西
邮编：255311
电话：0533 – 6680247、6681128
传真：0533 – 6680249
邮箱：quantongjixie@ 163. com
产品：双螺旋高效挤浆机、纸板机、复合纸机、软辊压光机

淄博市临淄春光机电有限公司
山东省淄博市临淄区凤凰镇温江路 11 号
邮编：255420
电话：0533 – 7666048
传真：0533 – 7669098
网址：www. cgjd. com
邮箱：cgjd@ cgjd. com
产品：造纸网毯洗涤器及其驱动装置，中、低浓双盘磨浆机，长网双辊挤浆机，长网洗浆机

淄博水环真空泵厂有限公司
山东省淄博市博山区西过境路 299 号
邮编：255200
电话：0533 – 4178155、4175945
传真：0533 – 4179957
网址：www. shzkb. com
邮箱：shzkb@ shzkb. com
产品：2BEC、2BEA、2BVA、SZ、SZB、SK、2SK、2SK-P 等系列水环式真空泵，压缩机及真空机组，HZN 柠檬酸强制循环泵

淄博八方圆包装制品有限公司
山东省淄博市临淄区金岭镇金岭南路 1905 号
邮编：255410
电话：0533 – 7480058、13409077555
传真：0533 – 7480128
邮箱：292713471@ qq. com
产品：纸杯、纸碗、纸餐盒

淄博百纳新材料科技有限公司
山东省淄博市张店区新材料交易中心 A402 室
邮编：255000
电话：0533 – 2801410
传真：0533 – 2801460
网址：www. bannor. net
邮箱：bannor@ foxmail. com
产品：高性能涂布机、透气性测试仪、聚乳酸纤维、聚酯成型网

淄博君道纸业有限公司
山东省淄博市张店区南定镇大旦村昌盛路 8 号
邮编：255051
电话：17860955119
网址：www. zbjdbz. com
产品：瓦楞纸箱、彩印纸盒等

淄博九鹿纸业有限公司
山东省淄博市淄川区般阳路街道办事处张博路立交桥西路北
邮编：255100
电话：13573367829
邮箱：jiuluzhiye@ 163. com
业务：纸制品、木材加工、销售，机制纸、纸板、特种纸，废旧物资收购、销售

山东华成中德传动设备有限公司
山东省淄博市博山区经济开发区
邮编：255200
电话：0533 – 4661008
传真：0533 – 4661009
网址：www. hczd. cn
邮箱：hczd@ hczd. cn
产品：以模块化精密减速器、大功率重载齿轮箱、减速电机、风力发电齿轮箱及高端齿轮箱替代、再制造为主

维美德造纸机械技术(中国)有限公司淄博分公司
山东省淄博市淄博高新区民祥路 43 号
邮编：255035
电话：0533 – 3982331
传真：0533 – 3588332
网址：www. valmet. com
产品：造纸机械

淄博天阳造纸机械有限公司
山东省淄博市周村区王村镇天阳路 8 号
邮编：255300
电话：0533 – 6683978、6680199
传真：0533 – 6683978
网址：www. tianyangzhiji. net

邮箱：tianyangzhiji@163. com
业务：特种纸设备研发、制造、销售

山东金润德新材料科技股份有限公司
山东省淄博市周村区周隆路 7077 号
邮编：255300
电话：0533－6069010、18615108063
传真：0533－6069006
网址：www. jinrunde. cn
邮箱：sdjrdxcl@126. com
产品：不锈钢工业焊管、钛合金、高镍合金管

淄博昌平机械有限公司
山东省淄博市周村区王村镇大尚工业园
邮编：255311
电话：13953321325
传真：0533－6683763
邮箱：zbcp6699889@163. com
业务：生产研发棒条式筛鼓、水碎叶轮、旋翼、给油分配器、毛布纠偏器、校正器、张紧器、刮刀等造纸配件

淄博威泰轻工机械有限公司
山东省淄博市桓台县唐山镇邢家村
邮编：256401
电话：13706438700、13869395868
邮箱：13869395868@163. com
业务：制造、销售环保设备、造纸机械配件

枣庄市

山东明源智能装备科技有限公司
山东省枣庄市台儿庄经济开发区阿里山路
邮编：277400
电话：0632－6715666、13869459768、4008017778
传真：0632－6715888
网址：www. mingyuan. com
邮箱：mingyuan_ jx@163. com
产品：造纸机械（软辊压光机，可控中高压光机、无冲击高频摇网器、膜转移施胶机等）、造纸机械数控系统、工业自动控制系统、物联网技术服务

山东鲁台集团枣庄市凯利得数控设备有限公司
山东省枣庄市台儿庄区经济开发区
邮编：277400
电话：0632－6662998、13563212738
传真：0632－6662998
邮箱：6662999@163. com
产品：数控软压光机、数控传动

山东鲁台造纸机械集团有限公司
山东省枣庄市台儿庄工业园鲁台路 1 号
邮编：277400
电话：0632－6681888、6681999、13561113888
传真：0632－6611569
网址：www. lutaijt. com
邮箱：lutaigroup@163. com
产品：SD 压滤机、造纸机、碎浆机、烘缸

枣庄市亿利达造纸机械有限公司
山东省枣庄台儿庄区长捷西路
邮编：277400
电话：0632－6618989、13562227029
传真：0632－6612639
邮箱：13562227029@163. com
产品：软压光机、污泥脱水机、湿抄机、造纸机

枣庄市得盛机械设备有限公司
山东省枣庄市驻地西昌路
邮编：277100
电话：0632－3318777、13361438256
传真：0632－3555558
邮箱：127. zz@163. com
产品：流浆箱、污泥脱水机、烘缸、压光机、压榨洗涤过滤机

枣庄市汉森造纸数控设备有限公司
山东省枣庄市台儿庄区台北路西首
邮编：277400
电话：0632－6637338、13906326595
传真：0632－6602988
网址：www. hastenzz. com
邮箱：hastenzz@126. com、hs@hastenzz. com
产品：压光机

山东中力高压阀门股份有限公司
（原山东中力机械制造股份有限公司）
山东省枣庄市薛城区茂源路 655 号
邮编：277800
电话：0632－7652078、7652079
传真：0632－5197509
网址：www. zonygroup. com
邮箱：duqiang@zonygroup. com
产品：阀门

滕州市

滕州市德源高新辊业有限公司
山东省滕州市经济开发区恒源路 299 号
邮编：277500
电话：0632－5155518
传真：0632－5155519
网址：ww. cn-deyuan. com
邮箱：cn-deyuan2008@ 163. com
产品：工业胶辊

山东德源美斯特胶辊有限公司
（原滕州市凯恩帝机械制造有限公司）
山东省滕州市经济开发区恒源路 299 号
邮编：277500
电话：0632－5155517
邮箱：knd0676@ 163. com
业务：造纸胶辊研发、制造、维护

滕州市润升辊业有限公司
山东省滕州市洪绪镇龙园大道南 200 米
邮编：277522
电话：0632－5912071、5918799、1876320588
传真：0632－5915884
邮箱：bohai6688@ 163. com
产品：软压光辊、聚氨酯盲孔沟纹辊、斜列式和膜转移施胶辊、真空压榨辊、高速导辊

滕州市臻宇造纸环保设备有限公司
山东省滕州市春藤路 289 号
邮编：277500
电话：0632－5573861
传真：0632－5573861
邮箱：lvcx@ 163. com
产品：黑液提取设备、浆液分离机

滕州市科创轻工机械有限公司
山东省滕州市机械工业园区鲁班大道大地路
邮编：277500
电话：0632－5687391、5687390
传真：0632－5687390
网址：www. sdkechuang. com
邮箱：tzkechuang@ 163. com
产品：制浆造纸废水处理、废纸脱墨设备

滕州力华米泰克斯胶辊有限公司
山东省滕州市经济开发区恒源北路 366 号
邮编：277500
电话：0632－5699298、5699450
传真：0632－5699275
网址：www. sdlihua. com
邮箱：salihua@ vip. 163. com、lihua@ sdlihua. com
产品：工业胶辊、其他金属零件覆胶

滕州市晨光波纹管有限公司
晨光金属软管旋转接头制造厂
山东省滕州市荆河街道鲁班大道 18 号质监局南 100 米
邮编：277500
电话：0632－5552837
传真：0632－5552171
网址：www. cgbwg. com
邮箱：chengguanggongsi@ 126. com
产品：旋转接头、波纹补偿器

滕州市东方波纹管有限公司
山东省滕州市平行北路 41 号
邮编：277500
电话：0632－5512430
传真：0632－5513248
网址：www. tzdfbwg. com
邮箱：dfjs2008@ 163. com
产品：金属软管、旋转接头

滕州市锻压机床二厂
山东省滕州市龙山西路 1 号（北立交桥东）
邮编：277500
电话：0632－5512006、5596009
传真：0632－5599753
邮箱：tz2d@ sina. com
产品：挤浆机、洗浆机、污泥脱水

滕州市华方旋转接头有限责任公司
山东省滕州市鲁班大道大地路 2 号
邮编：277500
电话：0632－5525608、5594683
传真：0632－5528571
网址：www. 5525608. com
邮箱：5525608@ 163. com
产品：旋转接头及不锈钢金属软管

滕州市金旋波纹管有限责任公司
山东省滕州市平行南路 88 号
邮编：277500
电话：0632－5553666、5553999
传真：0632－5586527

网址：www. xzjt. com
邮箱：tzjinxuan@ 163. com
产品：金属软管、旋转接头

滕州飞旋旋转接头制造有限公司
（原滕州约翰逊旋转接头制造有限公司）
山东省滕州市经济开发区广源东路 299 号
邮编：277500
电话：0632－5513203、5512111
传真：0632－5516244
网址：www. fxxzjt. com
邮箱：qiu. feng@ kadant. com
产品：各种规格、型号的旋转接头及配套金属软管、疏水阀

山东奥旋旋转接头制造有限公司
山东省滕州市善南街道海特西路
邮编：277599
电话：0632－5568999
传真：0632－5825899
网址：www. axgs. com
邮箱：ml_ 1221@ 163. com
产品：旋转接头、金属软管及管道补偿器

烟台市

烟台市造纸机械总厂
山东省烟台市莱山区解甲庄镇驻地
邮编：264003
电话：0535－6752322、15065721559
邮箱：admin@ jiangbei. net
产品：磨浆、浓缩、除渣、真空系列浆泵

莱州市永丰造纸机械有限公司
山东省莱州市平里店镇驻地
邮编：261414
电话：0535－2615565、2615564、2615566
传真：0535－2615567
邮箱：yf@ 163. com
产品：制浆造纸设备、单/复式纤维分离机、外流式高浓压力筛、双锥体高浓除渣器、方浆池推进器、浆池搅拌器、卧/立式水力碎浆机、自洗式振动平筛、槽式打浆机、出口五金工具、硬度计、工业纸板、纸塑制品

蓬莱市自控设备成套厂
山东省烟台市蓬莱市南王街道淮海路 8 号
邮编：265600
电话：0535－5641224、5631224
传真：0535－5601224
邮箱：plwzq@ 163. com
产品：汽水分离、冷凝水排出

烟台大为环保科技有限公司
山东省烟台市高新技术产业园区
邮编：264630
电话：0535－3943058、13685358722
传真：0535－3943056
网址：www. daweihuanbao. com
邮箱：ytdw77@ 163. com
产品：固体废弃物处理、废纸制浆、废纸脱墨设备

潍坊市

山东科力华电磁设备有限公司
（原山东省临朐县科力电磁设备厂）
山东省潍坊市临朐县城南工业园
邮编：262600
电话：0536－3181088、3399235、3399239、13953602126
传真：0536－3181099
网址：www. sdklh. cn、www. sdklh. com
邮箱：kelidianci@ hotmail. com
产品：电磁除铁器、磁滚筒、永磁铁、金属探测仪

潍坊同步造纸技术有限公司
（原潍坊信诺机械有限公司）
山东省安丘市经济开发区
邮编：262100
电话：0536－4733666、4224610、13953661000
传真：0536－4733667
邮箱：1019185930@ qq. com
产品：纸幅横向水分调节系统、纸幅横向定量调节系统、刮刀、空气转向器、纸幅稳定器、洗涤器、分条机，水力式流浆箱等

潍坊天宏机械制造有限公司
山东省安丘市石堆镇东城工业园
邮编：262100
电话：0536－4256398、13606466230
传真：0536－4256397
网址：www. wfth. cn
邮箱：th6230@ sohu. com
产品：除渣器

山东华特磁电科技股份有限公司
山东省潍坊市临朐县华特路 6999 号
邮编：262600
电话：0536 – 3214543、3158877、3112577
传真：0536 – 3110552
网址：www. sdhuate. com
邮箱：htcd@ chinahuate. com
产品：除铁器、给料

潍坊凯信机械有限公司
山东省潍坊市高新技术开发区银通街 6677 号
邮编：261061
电话：0536 – 2966966、2966902、2966908
传真：0536 – 2966999
网址：www. hicredit. net. cn
邮箱：wfkxzp@ 163. com
产品：造纸机械成套设备及相关自控系统、气垫式干燥浆板机

潍坊市石辊厂
山东省安丘市红沙沟街
邮编：262124
电话：0536 – 4671466　13793613148
传真：0536 – 4671957
网址：www. wfsgc. com
邮箱：wfsgc98@ 163. com
产品：纸机用辊

潍坊扬帆机械有限公司
山东省潍坊市淮昌路以北官路村
邮编：261011
电话：0536 – 8552655、8552366、8553689
传真：0536 – 8550840
邮箱：yfjxyxgs@ 126. com
产品：备料、制浆设备，废水处理设备

潍坊科创浆纸工程有限公司
山东省安丘市经济开发区青云大街 701 号
邮编：262123
电话：0536 – 5127188
传真：0536 – 2269700
网址：www. wfkc. cn
邮箱：cppe21th@ 126. com
产品：除渣器、螺旋挤浆机、搅拌器

青州市益丰造纸机械有限公司
山东省青州市弥河镇闫刘村
邮编：262500
电话：0536 – 3810143
传真：0536 – 3811611
邮箱：2390005040@ qq. com
产品：备料、制浆设备

山东青州市鸿立造纸机械有限公司
山东省青州市云门山街道办事处房家社区
邮编：262500
电话：0536 – 3201582
传真：0536 – 3205539
邮箱：myrtle@ 126. com
产品：制浆、备料设备

诸城市明大机械有限公司
山东省诸城市皇华工业园
邮编：262233
电话：0536 – 6342866、13906460330、15169409878
传真：0536 – 6342866
网址：www. mingdasd. com
邮箱：mdjixie330@ 163. com
产品：水处理设备

山东汉通奥特机械有限公司
山东省诸城市龙都街道西十里村
邮编：262200
电话：0536 – 6218640、6113828
传真：0536 – 6589968
网址：www. chinahantong. cn
邮箱：aote7910@ 163. com
产品：制浆设备、卫生纸机、废水处理设备

诸城市中天机械有限公司
山东省诸城市西土墙工业园
邮编：262200
电话：0536 – 6358676、6358673
传真：0536 – 6358679、6358675
网址：www. zhongtianjixie. com
邮箱：443411956@ qq. com
产品：环保设备、造纸设备、承接环保工程

诸城市金隆机械制造有限责任公司
山东省诸城市德利斯大道中段
邮编：262216
电话：0536 – 6081808、4006086787
传真：0536 – 6081808
网址：www. cnjinlongjixie. com、www. cnjlhb. com
邮箱：jinlonghuanbao@ 163. com

产品：打浆设备、磨浆设备、筛选净化设备、浮选脱墨设备、浓缩洗浆设备、废水处理设备、高速卫生纸机、机械制浆设备、热分散系统、浆泵、推进器

山东诸城市东泰造纸机械有限公司
山东省诸城市西外环中段化肥厂西 300 米
邮编：262200
电话：0536－6017669、6018669、13505369679
网址：www. dongtaijixie. com
邮箱：dongtai6018669@ 126. com
产品：筛、除渣器、污泥压滤机、气浮废水处理、纸机、湿抄机、脱墨设备、洗涤磨浆设备、磨浆机、爆破制浆技术及设备

山东省诸城市新日东机械厂
山东省诸城市皇华工业园
邮编：262233
电话：0536－6067736、6067737
传真：0536－6060796
网址：www. xrdjx. com
邮箱：xinridong@ 126. com
产品：脱墨机、碎浆机、磨浆机、洗浆机、搓磨分丝机、纤维分离机、卫生纸机、压力筛

诸城市中泰机械有限公司
山东省诸城市高新园芦河大道 3399 号
邮编：262202
电话：0536－6857526、6184887
传真：0536－6356235
网址：www. zhongtaijixie. com、www. zhongtaijixie. net
邮箱：771098085@ qq. com
产品：加工造纸机械

潍坊日东环保装备有限公司
（原山东省诸城市金日东造纸机械有限公司）
山东省诸城市开发区压山路 18 号
邮编：262200
电话：0536－6213740、6213221、158661833988
传真：0536－6213221
网址：www. ridong. com
邮箱：33187831@ qq. com
产品：卫生纸机、螺旋网带洗浆机、环保设备

诸城市天工造纸机械有限公司
山东省诸城市开发区顺都路 263 号
邮编：262233
电话：0536－6805066、6805088
传真：0536－6805000
网址：www. tgjixie. com
邮箱：tgjx@ vip. 163. com
产品：废纸处理设备、制浆设备、环保设备

诸城市增益环保设备有限公司
山东省诸城市密州路东首外贸街 9 号
邮编：262200
电话：0536－6066260、6065123
传真：0536－6065719
网址：www. sdzengyi. com
邮箱：zengyishebei@ 163. com
产品：碎浆机、筛浆机、脱墨机、浓缩机、废水处理设备和纸机

山东惠祥专利造纸机械有限公司
（原山东省诸城市专利造纸机械厂）
齐鲁工业大学造纸机械研究所
山东省诸城市辛兴镇兴中路 38 号
邮编：277400
电话：0536－6011600、13562615220
传真：0536－6011800
网址：huixiangzhuanli. icoc. in
邮箱：zlzzjx@ 163. com
产品：工业废水处理设备、包装袋纸、造纸助剂

诸城市宏升机械有限公司
山东省诸城市东城工业项目区（昌城行寺路南）
邮编：262216
电话：0536－6406869、6402998
传真：0536－6407989
网址：www. hongshengjixie. com
邮箱：hsjx@ hongshengjixie. com
产品：制浆造纸设备

山东旭日东机械有限责任公司
山东省诸城市密州街道铁园路 68 号
邮编：262200
电话：0536－6081238、2163005
传真：0536－6087785
网址：www. xuridong. com
邮箱：mail@ xuridong. com
产品：制浆、抄纸、纸加工、废水处理设备

诸城市大正机械有限公司
山东省诸城市密州街道工业大道与兴华路东首交叉路口东 200 米
邮编：262200
电话：0536－6329913、15095299364

传真：0536－6056488
邮箱：1070687916@ qq. com
产品：链式压滤机、卫生纸机

山东明硕新能源科技有限公司
山东省潍坊市临朐县冶源镇西环路 8 号
邮编：262605
电话：0536－3498999
传真：0536－3498818
网址：www. sdmingshuo. com
邮箱：sdmssjm@ sdmingshuo. com
产品：脱硫设备

潍坊恒诚祥精密机械科技有限公司
山东省潍坊市西夏庄工业园
电话：0536－5171586、13608959227
传真：0536－7906537
网址：www. hengchengxiang. com
邮箱：hcx@ hengchengxiang. com
产品：纸张加工机械研发和制造

山东天瑞重工有限公司
山东省潍坊市高新区银通街 6699 号
邮编：261061
电话：0536－7519269
传真：0536－8803865
网址：www. tianrui99. com
邮箱：tr9909@ 126. com
产品：磁悬浮离心鼓风机

诸城市利丰机械有限公司
山东省诸城市兴华东路 7218 号
电话：0536－6061832、4001183918
传真：0536－6060832
网址：www. lifengzaozhi. com、www. lfzzjx. com、www. lifenghuanbao. com、www. shandonglifeng. com、www. qingjiezhijiang. com
邮箱：lfsyjx@ 163. com
产品：废纸脱墨制浆设备

青州市凯拓机械有限公司
山东省青州市东坝街道办事处
邮编：262517
电话：0536－3531298
传真：0536－3533888
网址：www. kaituojixie. net
邮箱：kt1298@ 163. com
产品：造纸机械设备

诸城市博瑞德造纸机械厂
山东省诸城市西土墙工业园
邮编：262200
电话：0536－6560123
传真：0536－6091850
网址：www. zcboruide. com
邮箱：boruide@ 163. com
产品：造纸机械、环保机械

诸城市宏宇轻机机械有限公司
山东省诸城市皇华工业园
邮编：262233
电话：0536－6581600
传真：0536－6189592
网址：www. zchongyu. com
邮箱：zchyqj@ 163. com
产品：浮选脱墨设备、碎浆磨浆设备、洗浆浓缩设备、筛选设备、制浆成套设备、净化设备、纸塑分离成套设备、浆池搅拌器、高浓漂白系统

山东绿缘机械科技有限公司
（原诸城市凯华化工有限公司、山东绿水蓝天环境工程有限公司）
山东省诸城市皇华镇龙华街 9841 号
邮编：262200
电话：0536－6189592、15905365289
传真：0536－6343333
网址：www. sdlvyuan. net
邮箱：13964778860@ 139. com
产品：造纸机械、环保机械

青州三得不锈钢机械有限公司
山东省青州市中瑞钢铁物流中心
邮编：262500
电话：0536－3847717、13793617017
传真：0536－3747217、3848808
网址：www. cnlwsb. com
邮箱：wfsande@ 163. com
产品：多圆盘过滤机无网袋冲孔板冷弯成型技术、边框冷弯成型技术

寿光市

潍坊康吉诺电子科技有限公司
山东省寿光市五星大厦东座 9 楼
邮编：262700
电话：0536－5235511
传真：0536－5235511

网址：www. reliability. cc
邮箱：liumingjin@ reliability. cc、service@ reliability. cc
产品：ME140 系列综合分析仪、ME150 系列设备数据采集仪、ME170-1 通用设备的在线监测与诊断分析系统

潍坊贝德机械有限公司
山东省寿光市化龙镇丰城商业街西首 666 号
邮编：262719
电话：0536－5509910、15864569852
网址：www. bestd. cn
邮箱：sunruihua@ 126. com
产品：软压光包胶、超压包胶

山东荣光不锈钢制品有限公司
山东省寿光市开发区科技工业园东环路与北环路交叉路口北 500 米路西
邮编：262711
电话：0536－5196955、5589877
传真：0536－5109897
邮箱：sdrongguang@ vip. 163. com
产品：造纸容器

实耐格（潍坊）包装有限公司
山东省寿光市晨鸣工业园
邮编：262702
电话：0536－5211111、5211755
传真：0536－5211611
邮箱：weixiang. han@ sonoco. com
产品：纸芯、纸管

安丘市

汶瑞机械（山东）有限公司
山东省安丘市青龙湖西路 21 号
邮编：262100
电话：0536－4372632、4933616
传真：0536－4362807
网址：www. wenrui. com. cn
邮箱：info_ wr@ wenrui. com. cn
产品：黑液提取碱回收设备、双螺杆制浆机

安丘市石辊厂
山东省安丘市凌河镇红沙沟村东
邮编：262124
电话：0536－4671098、13606462366
传真：0536－4671065
邮箱：285106002@ qq. com
产品：石辊、盘磨、打浆机刀片

山东科扬环保股份有限公司
（原安丘科扬机械有限公司）
山东科扬机械有限公司
山东省安丘市东城工业园
邮编：262100
电话：0536－4261398、4709888
传真：0536－4252598、4709889
网址：www. sdkyjx. cn
邮箱：keyang108@ 163. com
产品：气浮、净水器、洗浆机、换热器、搅拌器

山东天利机械制造有限公司
（原安丘市天利机械制造有限公司）
山东省安丘市南工业园石泉路口
邮编：262100
电话：0536－4252808、4252805
传真：0536－4252809
网址：www. sdtljx. com
邮箱：tljx808@ 163. com
产品：除渣器、压力筛、苛化器、挤浆机

安丘天瑞机械制造有限公司
山东省安丘市经济开发区闰成街西首
邮编：262100
电话：0536－4250801、13964701658
传真：0536－4255979
网址：www. aqtianrui. com
邮箱：tianruijixie@ 163. com
产品：制浆设备

安丘市峰胜永安机械有限责任公司
山东省安丘市东外环路南首
邮编：262100
电话：0536－4381608
传真：0536－4381608
产品：洗浆机、碎浆机、脱墨、除渣器

安丘市信金机械制造有限公司
山东省安丘市兴安街道南环路 1 号
邮编：262100
电话：0536－4262678、4295119
传真：0536－4265977
邮箱：gxn@ shine-sinjin. com
产品：除渣器系列、造纸机械

安丘市瑞一机械有限公司
山东省安丘市青龙湖西路 110 号
电话：0536－4375097
传真：0536－4375099
邮箱：mikelang1977@163. com
产品：鼓式真空洗浆机、双辊挤浆机、单螺旋挤浆机、中浓漂白设备、碱回收苛化成套设备、化机浆成套设备、白水回收、浆料浓缩多盘过滤机、压力筛、压力除节机、黑液压力过滤机

济宁市

济宁安联轻工机械有限公司
山东省济宁市经济开发区嘉诚路东（景昊机械公司北侧）
邮编：272400
电话：0537－3218138、3218139
传真：0537－3218137
网址：www. alqj. com
邮箱：alqjx@163. com
产品：碎浆机、纤维分离机、粗选机、压力筛、黑液过滤机、纸机流送系统、除渣器、除气器、苛化器

山东高新机械设备有限公司
山东省邹城市经济开发区兴业路 618 号
邮编：273500
电话：0537－5342256、5353899　13605374858
传真：0537－5344036
邮箱：13605374858@163. com
产品：压力筛、除杂器等

山东华利环保工程有限公司
山东省济宁市任城区海能国际 B 座 910 室
邮编：272400
电话：0537－3160670、15963790825
传真：0537－3160670
网址：www. hualihuanbao. com
邮箱：15963790825@126. com
业务：环保设备施工、节能设备研发

济宁华隆机械制造有限公司
山东省济宁市经济开发区嘉诚路北首
邮编：272400
电话：0537－6988589、6988588
传真：0537－6988588
网址：www. jnhualong. com
邮箱：HLJXWFP@163. com
业务：专业生产制浆造纸设备

凯登制浆设备（中国）有限公司
山东省济宁市高新技术开发区机电一路 99 号
邮编：272000
电话：0537－6535836
邮箱：feng. hui@kadant. com
产品：制浆造纸机器、轻工机械设备、通用设备和专用设备的零部件

泰安市

泰安市松源网业有限公司
山东省泰安市省庄工业园年华南街 97 号
邮编：271000
电话：0538－6515551、6515526、8335105
传真：0538－8332939
网址：www. tasywy. com
邮箱：sywy1998@163. com
产品：造纸用聚酯成形网、双层网、双层半网、聚酯干网、螺旋网、洗浆网、压滤网、造纸铜网

威海市

威海市金贝壳新材料有限公司
山东省威海市临港经济技术开发区江苏东路碳纤维产业园 4 号产业孵化区
电话：0631－5588535、13336310707
传真：0631－5800558
网址：www. whjbeik. cn
邮箱：shengfg3323@163. com
产品：碳纤维清洁刮刀片，863TT 刮刀片，玻璃纤维刮刀片，合金陶瓷等刀片、夹具

山东丰信科技发展有限公司
山东省临清市高科工业园（新华办事处）
邮编：252600
电话：0635－2531988
传真：0635－2532688
网址：www. cnfengxin. cn
邮箱：fengxin@cnfengxin. com
业务：专门从事造纸通风技术及设备开发、研制、生产

临沂市

山东华源锅炉有限公司
山东省临沂市枣沟头镇永安路 55 号
邮编：276004
电话：0539－8162423、7673500、8162151

传真：0539－8164060、7673511
网址：www. hyboiler. cn
邮箱：0539glc@163. com
产品：固体废弃物焚烧锅炉

山东沂春机械股份有限公司
山东省临沂市费县胜利街
邮编：273400
电话：0539－5221036、13305393717
邮箱：ypf5015881@sina. com
产品：纸机、分切机、真空泵

聊城市

聊城诚信造纸技术服务有限公司
山东省聊城市何官屯新村
邮编：252000
电话：0635－8315880、8973915
传真：0635－8315880
产品：专利技术及设备

山东信和造纸工程股份有限公司
山东省聊城市开发区黄河路26号
邮编：252000
电话：0635－2933333
传真：0635－2938777
网址：www. sdxinhe. cn
邮箱：Lcxinhe@163. com、info@sdxinhe. com
产品：长网、圆网纸机

山东华林机械有限公司
山东省聊城市凤凰工业园纬一路8号
邮编：252000
电话：0635－2126008、2126001
传真：0635－2126006、2126001
网址：www. cnchanghua. com
邮箱：hmcqin@163. com
产品：中高速卫生纸机

山东欧佩德昌华华林造纸机械有限公司
山东省聊城市凤凰工业园南外环路178号
邮编：252000
电话：0635－2128866、2126218 2126017
传真：0635－2126016
网址：www. cnchanghua. com
邮箱：zzf-ok@163. com
产品：1760～5280系列文化用纸机、2850～6000系列长网瓦楞原纸机、2640～4800系列叠网纸板机、烘缸、气垫式流浆箱、BM成形器、宽压区压榨

高唐绿荫环保科技有限公司
山东省聊城市高唐县光明东路15号
邮编：252800
电话：0635－3963993、4006661468
传真：0635－3963993
网址：www. lvyinjixie. cn
邮箱：lvyinmachine@aliyun. com
产品：制浆造纸生产线的碎草机、真空洗浆机、双辊挤浆机、卫生纸机和各类压力容器等

滨州市

山东省阳信县黄河玻璃钢制品厂
山东省滨州市阳信县城南
邮编：251800
电话：0543－8231322、13145437999
产品：除渣器

山东博兴铁龙泵业有限责任公司
山东省滨州市博兴县兴福镇
邮编：256510
电话：0543－2422457、2888863
邮箱：scy298@163. com
产品：LJ、WLJ系列纸浆泵、Y型醪料泵

滨州东瑞机械有限公司
山东省滨州市博兴县曹王镇纬中路113号
邮编：256509
电话：0543－2413186、2411079
传真：0543－2413186
网址：www. dr-pumps. com
邮箱：bzdrjx@163. com
产品：中高端纸浆泵系列

山东长星集团有限公司
山东省滨州市邹平县长山镇三里河
邮编：256206
电话：0543－4851225、4833888
传真：0543－4819128、4369999
邮箱：zpxwqlsjgcyy@163. com
产品：真空辊

山东省邹平兴忠光泽缸有限公司
（原山东省邹平兴忠光泽缸表面处理厂）
山东省滨州市邹平县临池镇南山村南
邮编：256200

电话：0543－4537555、13605336222
传真：0543－4537777
网址：www. sdxzdd. com
邮箱：guanzegang888@ 163. com
产品：各种规格镀铬辊、印花辊等及烘缸修复翻新

山东杰锋机械制造有限公司
山东省滨州市邹平县长山工业园
邮编：256206
电话：0543－4851388
传真：0543－4851918
网址：www. jiefeng100. com
邮箱：13793881026@ jiefeng00. com
产品：中高端压力筛、浓缩机

邹平忠明造纸设备机械厂
（原邹平县电镀厂）
山东省滨州市邹平县临池镇东黄村
邮编：256200
电话：0543－4531538、13506442159
传真：0543－4531538
邮箱：442159@ qq. com
产品：电镀烘缸、电镀辊

山东北方造纸机械有限公司
山东省邹平北方起重机设备有限公司
山东省滨州市邹平县临池镇古城村
邮编：256220
电话：0543－4534999、13708946611
传真：0543－6809678
邮箱：bfjxliucong@ 163. com
产品：纸机、起重机、烘缸表面处理

邹平鲁伟机械有限公司
山东省滨州市邹平县长山镇开发区
邮编：256206
电话：0543－4859777、13465050999
传真：0543－4819666
网址：www. lwjixie. com
邮箱：627464456@ qq. com
产品：切草机、切竹机、劈木机、剥皮机、削片机

邹平县顺鑫造纸机械有限责任公司
邹平县顺鑫机械有限责任公司
山东捷登机械制造有限公司
山东省滨州市邹平县好生镇工业园
邮编：256219
电话：0543－4502588、13805431944
传真：0543－4504999
网址：www. sdshunxin. com
邮箱：sdzp1944@ 163. com
产品：制浆成套设备及配件

邹平顺通造纸机械有限公司
（原邹平力拓机械设备有限公司）
邮编：256200
电话：0543－4505888
传真：0543－4501399
邮箱：shuntong@ sdshuntong. com
产品：压力筛、转鼓式高浓水力碎浆机、热分散、盘式浓缩机、D 型水力碎浆机及配套波纹孔式、波纹板式及新型锲型棒式筛鼓、筛板

德州市

德州市巨星暖通造纸设备有限公司
山东省德州市南经济开发区
邮编：253000
电话：0534－6597333
传真：0534－6596668
网址：www. sdjuxing. com
邮箱：sdjuxing08@ 163. com
业务：从事造纸机通风干燥设备的研发与生产

景津环保股份有限公司
山东省德州市经济开发区晶华路北首
邮编：253034
电话：0534－2753066、2753099
传真：0534－2753695
网址：www. jjylj. com
邮箱：jjjtjr@ 163. com
业务：分离机械设备、干燥设备及配件生产、加工、销售，与分离机械、干燥设备相关的技术咨询服务

德州祥裕纸业有限公司
山东省临邑县邢侗街道办事处东部高新区
邮编：251510
电话：0534－4590808
邮箱：dzxiangyuzhiye@ 163. com
业务：瓦楞纸板、瓦楞纸箱、纸制品包装类加工、销售

德州汇信纸业有限公司
山东省德州市平原县经济开发区三义街中段
邮编：253100
电话：18865807654

邮箱：1034421169@qq. com
产品：纸、纸制品、工业淀粉

兖州市

山东长江机械设备有限公司
山东省兖州市经济开发区泰安东路
邮编：272100
电话：0537－3858777、3415567
传真：0537－3488577
网址：www. szchm. com
邮件：sales@szchm. com
产品：分切机

河 南 省

郑州市

河南轻工业设计院有限公司
河南省郑州市纬四路12号
邮编：450003
电话：0371－65944137、65944125
传真：0371－65944137
网址：www. yqsj78. com
邮箱：hnqgsjy@163. com
业务：造纸工业项目设计、咨询

河南博奥泵业有限公司
河南省郑州市上街区阀门产业园锦江南路
邮编：450041
电话：0371－63279998
传真：0371－63279995
网址：www. suaop. com
邮箱：suaop@126. com
产品：纸浆泵、废水泵、浆渣泵

郑州磊展科技造纸机械有限公司
河南省新密市弘达造纸设备有限公司
河南省郑州市新密大隗镇河屯工业区
邮编：452383
电话：0371－69288115、69272219
传真：0371－69271850
网址：www. hahongda. com
邮箱：hahongda@163. com
产品：制浆设备

郑州运达造纸设备有限公司
河南省郑州市郑州国际机场薛店工业园世纪大道168号
邮编：451162
电话：0371－62586196
传真：0371－62581811
网址：www. zzyuda. com
产品：制浆设备

郑州非尔特网毯有限公司
河南省新密市袁庄村工业园
邮编：452370
电话：0371－69821471、69875777
传真：0371－69875000
网址：www. hnyn. com
邮箱：3321838@qq. com
产品：造纸毛毯

河南润扬环境科技有限公司
河南省郑州市金水区东明路41号3号楼401号
邮编：450000
电话：0371－86662338　86662368
传真：0371－86662338
邮箱：2966246409@qq. com
产品：环保设备及工程安装

河南亚神环保科技有限公司
河南省郑州市管城区航海东路39号
邮编：450000
电话：0371－66832103、66832102
传真：0371－66832103
邮箱：ys65951721@126. com
产品：环保设备及工程安装

郑州驰诺机械有限公司
河南省郑州市中原区六厂东街7号楼1号
邮编：450007
电话：0371－60990584、1383819 9774
网址：www. zzchinuo. com
邮箱：1145502607@qq. com
产品：高精度不锈钢筛板

河南曙光泵业科技有限公司
河南省巩义市米河镇两刘公路
邮编：451263
电话：0371－64339546
邮箱：hngylxl@sohu. com
产品：泵、阀门、机械设备及配件

河南省兆祥纸业有限公司
河南省郑州市经济技术开发区航海东路 1394 号 3 幢 14 层 1412 号
邮编：450016
电话：0371 - 63672370、13676923398
传真：0371 - 63729779
网址：www. woodpulp. cn
邮箱：2048241538@ qq. com
业务：批发纸浆、纸张、纸制品、印刷器材等

开封市

开封市第四机床厂
河南省开封市城隍庙后街 3 号
邮编：475001
电话：0378 - 5696872、5696409
传真：0378 - 5696500
网址：www. kfdsjcc. com
产品："两相流"纸浆泵、除渣器、盘磨机、螺旋推进器、水力碎浆机、纤维回收机

平顶山

舞钢市环能科技有限公司
河南省舞钢市八台镇人民西路
邮编：462500
电话：0375 - 7280301
邮箱：wgshnkjyxgs@ 163. com
产品：造纸废料、废纸、木浆残余碱液回收及综合利用

安阳市

中国联合装备集团安阳机械有限公司
河南省安阳市长江大道 158 号
邮编：455000
电话：0372 - 2160928、2160926、2160918
传真：0372 - 2160900
网址：www. ayqj. com
邮箱：ayjxc_ qgb@ 126. com
产品：多圆盘过滤机、蒸煮锅、喷放锅、真空洗浆机

安阳鑫炬环保设备制造有限公司
河南省安阳市汤阴县产业集聚区汤伏路与众品大道交叉口东南
邮编：456150
电话：0372 - 5527868
传真：0372 - 3625997
网址：www. xjhbgs. com
邮箱：13783689479@ 163. com
产品：锅炉配套设备

河南华森超声波科技有限公司
(原安阳华森纸业有限责任公司)
河南省安阳市滑县文明路南段
邮编：456400
电话：0372 - 8113988、18236961773
邮箱：huaxianyubei2009@ 163. com
产品：制浆设备、造纸设备、环保设备

鹤壁市

河南省淇县双盘磨造纸设备厂
河南省鹤壁市淇县铁西工业区袁庄路口
邮编：456750
电话：0392 - 7271329、7270989
传真：0392 - 7222118
网址：www. qxspm. com
邮箱：402994713@ qq. com
产品：纸浆高浓磨

中维(河南)特种纤维有限公司
河南省鹤壁市鹤淇产业集聚区纬六路一号(生产基地)
邮编：456750
电话：0392 - 7776677
邮箱：sdl@ sinowinfiber. com
业务：特种纤维及高功能化工产品制造
上海市虹口区四川北路 2261 号嘉兰大厦 22 层 B 座(销售公司)
电话：021 - 56665966、15021827712

新乡市

新乡市蓝海环境科技有限公司
(原新乡市蓝海环保机械有限公司)
河南省新乡市古固寨产业聚集区玉源路 8 号
邮编：453700
电话：0373 - 5756788、2661999、18537335858
传真：0373 - 5795916
网址：www. lhhjgc. com
邮箱：lanhaiep@ 163. com
业务：环保工程的设计、施工、销售、服务

辉县市机械制造有限公司
河南省辉县市卫柿路中段路北
邮编：453600

电话：0373－6883299、13707651058
邮箱：13707651058@163.com
产品：造纸机械

新乡市工业泵厂有限公司
河南省新乡市牧野区吕村工业区
邮编：453000
电话：0373－3692900、3692901
传真：0373－3692906
网址：www.xxgyb.com
邮箱：cnxxgyb@163.com
产品：纸浆泵

新乡工神锅炉有限公司
河南省新乡市北环386号
邮编：453002
电话：0373－2693893、2694016
传真：0373－2694276
网址：www.gongshen.cn
邮箱：gongshen@gongshen.cn
产品：工业锅炉

新乡市高服机械股份有限公司
河南省新乡市朗公庙107国道立交桥北
邮编：453000
电话：0373－5701115、4000373685
网址：www.zhendongshai.com.cn
产品：振动筛

河南人从众机械制造有限公司
河南省新乡市牧野区寺庄顶工业园36－3号
电话：0373－6395603、18638319063
网址：www.zyzgqz.com
邮箱：853243505@qq.com
产品：振动筛/震动筛、超声波振动筛以及各类提升机、输送机、给料机、振动电机、振动平台等

新乡市伟良筛分机械有限公司
河南省新乡市朗公庙镇原庄村东头
电话：0373－5717668
网址：www.wlzds.com
邮箱：472165517@qq.com
产品：振动设备生产、销售及维修服务

新乡市圣达轻工机械有限公司
河南省新乡市牧野区北环路栗屯加油站后面
邮编：453000
电话：0373－2634639
传真：0373－2515905
网址：www.sdqj.com
产品：固液分离设备、螺旋式压榨机及相关配套产品

焦作市

焦作市崇义轻工机械有限公司
河南省沁阳市崇义镇崇义村崇义工业区
邮编：454582
电话：0391－5611928、13939103559
传真：0391－5611928
邮箱：ctzjcwb@163.com
产品：纸机、涂布机

河南省德沁高新辊业有限公司
河南省沁阳市葛村工业区
邮编：454586
电话：0391－5937908
传真：0391－5937908
邮箱：huogujin@163.com
产品：胶辊包胶

沁阳市第一造纸机械有限公司
河南省沁阳市葛村工业区
邮编：454584
电话：0391－5936384、5936945
传真：0391－5936384
网址：www.qyyj.en.alibaba.com
邮箱：qinyqangyiji@126.com
产品：纸机

河南大指造纸装备集成工程有限公司
河南省焦作市武陟县迎宾大道388号
邮编：454950
电话：0391－7268787、7268933
传真：0391－7268787
网址：www.dazhipaper.com
邮箱：dazhi@dazhipaper..com
产品：化学机械浆生产线，高速纸机、特种纸涂布机

沁阳市兴华造纸机械有限公司
河南省沁阳市柏香工业园
邮编：454550
电话：13939137109
传真：0391－5937222
网址：www.xinghua－papermachine.com

邮箱：272558212@ qq. com
产品：各种高强瓦楞/牛皮箱板纸机（用于生产各类纸质包装）、文化纸机（用于生产打印纸、无碳复写纸等）、卫生纸机（用于生产高档生活用纸、餐巾纸、面巾纸等），同时根据客户需求定制部分或完整的生产线设备

沁阳市沁科造纸机械有限公司
河南省沁阳市屹峰大道南王庄村口
邮编：454550
电话：13629856655
传真：0391－5681988
网址：www. qkzzjx. com
邮箱：qkzzjx@ foxmailk. com
业务：造纸机械整套装备及相关备品备件的生产加工业务，为国内市场提供车速在 1000 米/分以下的，生产各类纸张的圆网、长网和叠网造纸机；幅面 12 米以下的造纸机用铸铁烘缸；相关备品备件包括各类辊，刮刀，张紧器，校正器等

沁阳市平安轻工机械有限公司
河南省沁阳市王曲乡里村
邮编：454580
电话：0391－5660485
传真：0391－5660485
网址：www. qyzzjx. com
邮箱：1940697263@ qq. com
产品：各种高强瓦楞/牛皮箱板纸机（用于生产各类纸质包装）、文化纸机（用于生产打印纸、无碳复写纸等）、卫生纸机（用于生产高档生活用纸、餐巾纸、面巾纸等）、各种精密网笼、槽式打浆机等造纸制浆设备

沁阳市永辉机械厂
河南省沁阳市里村工业区
邮编：454580
电话：0391－5660533、13839177697
网址：www. zgxjzzsb. com
邮箱：13839177697@ 163. com
产品：新旧造纸设备

沁阳市长虹机械有限公司
河南省沁阳市柏香镇东乡四街
邮编：454550
电话：13939153518
网址：www. hnchjx. com
邮箱：qychjx@ 163. com
产品：各种类型造纸机

沁阳市金陵机械有限公司
河南省沁阳市紫陵镇工业区
邮编：454592
电话：0391－5033048、13703912909
网址：www. jinlingjx. com
邮箱：jinlingjx@ 126. com
产品：造纸机械及配件

许昌市

许昌嘉恒工业智能装备股份有限公司
（原许昌中亚工业智能装备股份有限公司）
子公司：河南中亚智能科技股份有限公司
河南省许昌尚集产业集聚区昌盛路与许开路交叉口向南 200 米
电话：0374－5707966、5707969、5707995
传真：0374－5707998、5707988
网址：www. zypme. com
邮箱：xczygyzn@ 163. com
产品：造纸装备

许昌曼迪纸业股份有限公司
河南省许昌市建安区小召乡新元大道北侧
邮编：461000
电话：0374－7599610、7331312
邮箱：952002782@ qq. com
产品：原纸复卷、分切

河南权宏过滤设备有限公司
河南省禹州市东产业集聚区和谐大道 23 号
邮编：461670
电话：0374－8080186
传真：0374－8080586
网址：www. hnqhgl. com
邮箱：493548912@ qq. com
业务：过滤设备生产、销售

漯河市

漯河市宇龙工业用呢有限公司
河南省漯河市临颍县颍腾路东段南侧
邮编：462600
电话：0395－8662688
传真：0395－8662688
网址：www. hnylwt. com

邮箱：799229162@ qq. com
产品：工业用呢

周口市

河南锦弘网业有限公司
河南省周口市沈丘县北郊开发区
邮编：466300
电话：0394－5206586
传真：0394－5206586
邮箱：2584616831@ qq. com
产品：聚酯干网、螺旋网

河南华丰网业科技股份有限公司
（原河南省华丰网业有限公司）
河南省周口市沈丘县工业园区
邮编：466300
电话：0394－5108788
传真：0394－5108588
网址：www. huafeng999. com
邮箱：henanhuafeng999@ 163. com
产品：聚酯干网、螺旋网

河南晶鑫科技股份有限公司
（原河南晶鑫网业科技有限公司）
河南省周口市沈丘县产业集聚区
邮编：466300
电话：0394－5228866
传真：0394－5106388
网址：www. jxwykj. com. cn
邮箱：jxwykj5228866@ 126. com
产品：环保用网、三层网

驻马店市

驻马店市安装工程有限公司
河南省驻马店市雪松路 16 号
邮编：463000
电话：0396－3813750
传真：0396－3816510
网址：www. zmdaz. com
邮箱：zmdsazgs@ 163. com
产品：碱回收设备安装

驻马店市红星网业有限公司
河南省驻马店市文化路西段刘阁工业园
邮编：463000
电话：0396－2873188、2873288
传真：0396－2873588
邮箱：hnzmdhxwy@ 163. com
产品：造纸毛毯

湖 北 省

武汉市

武汉船用机械有限责任公司
湖北省武汉市武昌青山区武东街 9 号
邮编：430084
电话：027－68867118、68867028、68867088
传真：027－68867461、68867462
网址：www. wmmp. com. cn
邮箱：whcj@ wmmp. com. cn
产品：浆料推进器

武汉同力智能系统股份有限公司
（原武汉同力机电有限公司）
湖北省武汉市洪山区武昌珞狮路 122 号武汉理工大学东院内
湖北省武汉市东西湖九支沟武汉中小企业城内（厂址）
邮编：430070
电话：027－82666969、87217887、87877876、87874226
传真：027－87663469
网址：www. whtem. com
邮箱：tlem@ whtem. com
产品：传动控制

武汉研发张力自动控制有限公司
湖北省武汉市江岸区黄浦大街 25 号
邮编：430010
电话：027－82410195
传真：027－82430572
网址：www. yfzl. com
邮箱：yfzl@ yfzl. com
产品：张力控制装置

武汉中轻机械有限公司
（原武汉轻工业机械厂）
湖北省武汉经济技术开发区枫树二路 21 号
邮编：430056
电话：027－84655615、84951276
传真：027－83831892
网址：www. cwlm. com. cn
邮箱：357959512@ qq. com
产品：聚氨酯成套设备、复合薄膜包装设备

武汉市红桥橡胶厂
湖北省武汉市黄陂区武湖工业园发展北路新华大道特8号
邮编：430015
电话：027－82630814
传真：027－61818278
网址：www.whhqxjc.com
邮箱：hqxj@whhqxjc.com
产品：胶辊、密封件、减震制品、耐腐蚀橡胶衬里

武汉武锅能源工程有限公司
湖北省武汉市江夏区大桥新区何家湖街与工业二路交界处
邮编：430223
电话：027－87655092、87657401
传真：027－87655494
网址：www.whtzgl.com
邮箱：273912184@qq.com
产品：碱回收炉及其系列配套辅助设备

武汉宇通仪表有限公司
湖北省武汉市江岸区江大路4－3号
邮编：430019
电话：027－82432896
邮箱：whytyb@163.com
产品：纸浆浓度变送器

中国轻工业武汉设计工程有限责任公司
湖北省武昌市首义路176号
邮编：430060
电话：027－88071223、88075956
传真：027－88041709
网址：www.qgsj.com
邮箱：qgsj@qgsj.com
业务：工程设计、工程咨询、工程监理

武汉中轻工程设计有限公司
湖北省武汉市新华路231号阳光新天地大厦20层
邮编：430022
电话：027－59811291、59811292
传真：027－59811290
网址：www.chinalid.net
邮箱：zqdesi@chinalid.net、zhaopin@chinalid.net
业务：工程设计、工程咨询

湖北省轻工业科学研究设计院有限公司
湖北省武汉市汉阳区杨泗港路1号
邮编：430052
电话：027－84523440、84520283
传真：027－84523440
网址：www.hbqgy.com
邮箱：hbqgy@163.com
业务：科研、工程设计、工程监理

武汉金申伦科技发展有限公司
湖北省武汉市经济技术开发区沌口街纸厂福东七楼615－5－10
邮编：430056
电话：027－84476245、13667299525
传真：027－84476289
邮箱：404864121@qq.com
产品：造纸相关产品

上海思百吉仪器系统有限公司武汉分公司
湖北省武汉市武昌区洛瑜路889号光谷国际广场B座2203室
邮编：430074
电话：027－87387548
传真：027－87387608
网址：www.spectris.com.cn
产品：各类精密在线测量仪器、精密过程控制及测量仪器仪表及传感器和配件

深圳市联欧贸易发展有限公司武汉办事处
湖北省武汉市汉阳区汉阳大道140号闽东·国际城3B－1505室
邮编：430022
电话：027－85428586
传真：027－84801921
网址：www.euro-me.com
邮箱：euromeWH@euro-me.com
产品：驱动传动、流体控制、液压气动、工厂自动化等

武汉拓优智能股份有限公司
（原武汉拓优测控科技有限公司）
湖北省武汉市东湖开发区珞瑜路吴家湾湖北信息产业科技大厦4层（注册地址）
武汉市东湖开发区光谷大道308号光谷动力绿色环保产业园9栋501室（办公地址）
邮编：430070
电话：027－87383559、15979953115、4008785856
传真：027－87383559
网址：www.toptrol.com
邮箱：torleo@163.com

产品：喷嘴挡板定位器

武汉波光源科技有限公司
湖北省武汉市东湖新技术开发区华工科技园 2 幢
邮编：430074
电话：027－88188872
传真：027－88188871
网址：www. bgykj. com
邮箱：13807150700@ 163. com
产品：非接触性测量仪器仪表

随州市

湖北双剑鼓风机股份有限公司
湖北省随州市广水市经济技术开发区
邮编：432721
电话：0722－6430098、6430068、13886856858
传真：0722－6430444
网址：www. hbfj. cn
邮箱：hbss@ sohu. com
产品：鼓风机、通风机

荆门市

荆门市万泰机械有限公司
湖北省荆门市掇刀区深圳大道 34 号
邮编：448000
电话：0724－2447008
传真：0724－2447007
网址：www. jmwt. cn
邮箱：198346774@ qq. com
产品：固体废弃物处理装备

湖北克拉弗特实业有限公司
湖北省荆门市京山县经济开发区工业园区
邮编：431800
电话：0724－7535118
网址：www. kraftpack. com
邮箱：714261358@ qq. com
产品：纸制品、加工纸

孝感市

应城市恒达工业用呢有限公司
湖北省应城市民营经济园
邮编：432400
电话：0712－3251880
传真：0712－3251885
邮箱：616794750@ qq. com
产品：造纸毛毯

荆州市

荆州市江海泵业机械有限公司
湖北省荆州市开发区江津东路与红光路交汇处
邮编：434000
电话：0716－8311559、8337320
传真：0716－8311008、8337318
网址：www. gaokecn. com
邮箱：info@ gaokecn. com、9031593@ qq. com
产品：造纸用泵

沙市轻工机械有限公司
湖北省荆州市汇湖路 21 号
邮编：434000
电话：0716－8524393、8524381、4314148
传真：0716－8103654、8524375、4314109
网址：www. slmc. com. cn
邮箱：slmc@ vip. 163. com
产品：涂布机，制浆、造纸设备

黄冈市

武穴市精华机械制造有限公司
湖北省武穴市刘家巷 168 号
邮编：435400
电话：0713－6222250
邮箱：283223617@ qq. com
产品：离心机

仙桃市

仙桃市华伟造纸机械有限公司
湖北省仙桃市龙华山办事处仙源大道
邮编：433000
电话：0728－3206053
传真：0728－3206053
邮箱：13512345678@ qq. com
产品：纸机配件、橡胶胶辊

广水市

湖北三峰透平装备股份有限公司
（原湖北省风机厂有限公司）
湖北省广水市十里河工业区 001 号
邮编：432700

电话：0722－6265666、13872855618
传真：0722－6249222
网址：www. hbfan. com
邮箱：hbfan777@ 163. com
产品：纸机真空系统透平风机、废水处理风机

湖　南　省

长沙市

湖南三匠人科技有限公司
湖南省长沙市雨花区万家丽中路 36 号喜盈门国际大厦 2213 室(办公地址)
湖南省长沙市湘江新区鑫迪科技园(生产基地)
邮编：410009
电话：0731－85783480、13974881396、13607318509
传真：0731－85783481
网址：www. hnsjrtech. com
邮箱：info@ hnsjrtech. com
产品：双网热风干燥浆板机，TAD 穿透式热风干燥系统、特种涂布机及涂布热风干燥系统、多缸纸机密闭气罩以及通风系统、扬克气罩以及通风系统、气罩排风尾气除雾装置

长沙长泰智能装备有限公司
湖南省长沙市湖南环保科技产业园新兴路 118 号
邮编：410117
电话：0731－85651518、88238288
传真：0731－85570597、88238287
网址：www. chaint. net
邮箱：info@ chaint. net
产品：造纸输送包装设备

湖南正大轻科机械有限公司
湖南省长沙市雨花区洞井镇桃阳村环保科技产业园
邮编：410116
电话：0731－82883828
传真：0731－82883812
网址：www. zdqk. com
邮箱：cszdjrqc@ vip. sina. com
产品：纸机烘干部通风、干燥系统

中国海诚长沙工程院
中国轻工业长沙工程有限公司
湖南省长沙市雨花区环保科技园新兴路 268 号
邮编：410114
电话：0731－85770333
传真：0731－85584415
网址：www. cecchina. com
业务：制浆造纸工程咨询、设计

湖南省轻纺设计院有限公司
湖南省长沙市向东南路 168 号
邮编：410005
电话：0731－85152081
传真：0731－85153047
网址：www. xqfs. cn
业务：制浆造纸工程咨询、设计

湖南永佳裕工程建设有限公司
湖南省长沙市岳麓区梅溪湖金茂悦创新中心 405
邮编：410006
电话：0731－82681566
传真：0731－82681766
网址：www. yongjiayu. com
邮箱：yjyaz@ gongjiayu. com
业务：设备安装、工程咨询

湖南正达纤科机械制造有限公司
湖南省长沙市高新区谷苑路 166 号
邮编：410205
电话：0731－85220287
传真：0731－89875626
网址：www. gendafs. com
邮箱：xs@ gendafs. com
产品：高浓磨浆机、无空磨专利磨片、带式浓缩机、散料输送螺旋等成套设备

湖南维杰环保科技有限公司
湖南省长沙市雨花区树木岭路 015 号第 007 栋
邮编：410007
电话：0731－85065089、13974963356
网址：www. hnwjkj. com
邮箱：cswjhb@ 163. com
产品：造纸通风设备、密闭气罩袋区通风及余热回收设备、高速热风扬克气罩、各式换热器、空气加热器、涂布热风干燥系统、除尘设备等各类节能环保产品

湖南维杰新环保设备有限公司
湖南省湘潭市岳塘区东方金谷工业园 C09 栋
邮编：411101
电话：0731－58528998、13548551863

湖南泛航智能装备有限公司
湖南省长沙市岳麓区谷苑路 389 号
邮编：410217

电话：0731－85228189
网址：www. finehigh. cn
邮箱：finehigh@163. com
产品：离心机、分离机、轴承、齿轮和传动部件、风机、风扇、通用零部件、泵、阀门、压缩机及类似机械、内燃机及配件、制浆和造纸专用设备制造的制造

株洲市

株洲新时代输送机械有限公司
湖南省株洲市天元区新马西路199号
邮编：412007
电话：0731－222038300、22038308
传真：0731－22038309
网址：www. nte. com. cn
邮箱：shusong@nte. com. cn
产品：链式拉木输送机、剥皮鼓、辊式输送机、皮带输送机、沙石输送机、脱水输送机、木片螺旋输送机

岳阳市

中轻国泰机械有限公司
湖南省岳阳市康王经济开发区
邮编：414000
电话：0730－8751198、8751169
传真：0730－8751192
网址：www. gtjx. cn
邮箱：yygtj@guotaijx. com
产品：纸机

岳阳林联化工化纤有限公司
湖南省岳阳市云溪区云溪街道岳化大道421号
邮编：414014
电话：0730－8491944、13975000365、13077107197
传真：0730－8491881
网址：www. yyllgs. com
邮箱：yhhxzzs@163. com
产品：1. 0D～100D各种型号的锦纶6短纤维和丝束

湘潭市

湖南中勤热科技术有限公司
湖南省湘潭市九华经济开发区湘望路9号
邮编：411100
电话：0731－52665156
网址：www. hnzqrk. com
邮箱：zqznkj@163. com
产品：造纸通风技术、干燥技术、热能开发技术及设备研发、制造

广 东 省

广州市

广东省造纸研究所有限公司
（原广东省造纸研究所）
广东省广州市海珠区新港西路154号
邮编：510300
电话：020－34300599、34300901
传真：020－34301273、34300613
邮箱：zaozhisuo@qq. com
产品：离型纸、黏胶带纸、防霉纸、扬声器用黑纸、黑白钢纸、涂布纱面纸、涂布彩纸、湿水胶带纸、无碳复写原纸、水稻育秧纸、唛架纸、电脑绣花纸、食用油滤纸、清新香片、PPE湿强剂、干强剂、剥离剂、分散松香乳液、脱墨剂

斯普瑞喷雾系统（上海）有限公司广州分公司
广东省广州市科学城彩频路11号D座302室
邮编：510045
电话：020－83546866
传真：020－83546829
产品：喷嘴

广州华工环源绿色包装技术有限公司
广东省广州市高新技术产业开发区科学城科汇四街1号1101－2房
邮编：510640
电话：020－62327808
传真：020－62327809
网址：www. pulpmoldingchina. cn
邮箱：hghy@hghuanyuan. com
产品：纸浆模塑设备

广州广一泵业有限公司
（原广州市第一水泵厂）
广东省广州市科韵南路133号
邮编：510320
电话：020－66834613、66834616、66834618
传真：020－66834619
网址：www. gygcn. com、www. gypump. com
邮箱：sales@gygcn. com
产品：泵

华南理工大学造纸与污染控制国家工程研究中心
广东省广州市天河区五山路华南理工大学造纸与环境

网址：www. spectris. com. cn
产品：各类精密在线测量仪器、精密过程控制及测量仪器仪表及传感器和配件

广州热尔热工设备有限公司
(原广州力和换热设备有限公司)
广东省广州市白云区嘉禾竹仔园
邮编：510440
电话：020－86099023、86097959、86098701
传真：020－86099578
网址：www. gzreer. com
邮箱：reer@ gzreer. com
产品：节水环保系统(换热器)

广州康亦联纸业有限公司
广东省广州市天河区大灵山路 18 号裕景工业园 5 栋 201
邮编：510663
电话：020－37362891
传真：020－38617931
邮箱：237281666@ qq. com
产品：进口牛皮纸系列、印刷用纸、高档透明纸张

广州市金祥盛纸业有限公司
广东省广州市天河区中山大道中路 38 号加悦大厦 602A 室
邮编：510660
电话：020－82306608
传真：020－82309093
产品：双胶纸、复合牛皮纸、轻型纸、白牛皮纸、书写纸、无碳原纸、热敏原纸、淋膜纸

维美德造纸机械技术(广州)有限公司广州服务中心
广东省广州市经济技术开发区永和经济区木古路 1 号
邮编：511356
电话：020－32225061
传真：020－32225062
网址：www. vaimet. com
产品：造纸机械

广州博依特智能信息科技有限公司
广东省广州市黄埔区保利中科广场 B 座 401－406
邮编：510000
电话：020－82006717
网址：www. poi-t. com
邮箱：jijun. liu@ poi-t. com
业务：长期从事流程工业的过程建模、模拟与优化的深入研究和应用实践。提升用户生产效率，集成生产到管理，为企业及客户提供安全、精准和全方位的服务

广州振通机械有限公司
广东省广州市海珠区后滘西大街 18 号 3 楼(办公地址)
广东省广州市番禺区沙湾镇紫坭村紫善路横十六巷 3 号(工厂地址)
邮编：510288
电话：020－84212309、84040181
传真：020－84042929
网址：www. gzztcd. com
邮箱：gzzt163@ 163. com
业务：机械传动件的研发和设计，主导产品有“振通传动”牌联轴器、安全扭力限制器、胀紧套、锁紧盘、“万联”牌十字万向节和十字万向传动轴等

深圳市联欧贸易发展有限公司广州办事处
广东省广州市天河北路 616 号金海花园金灏阁 607 室
邮编：510630
电话：020－38735296
传真：020－38735297
网址：www. euro-me. com
邮箱：euromeGZ@ euro-me. com
产品：驱动传动、流体控制、液压气动、工厂自动化等

伊顿工业过滤(上海)有限公司广州办事处
广东省广州市环市东路 362－366 好世界广场 2507 室
邮编：510060
电话：020－83878936
传真：020－83848178
网址：www. eaton. com. cn
邮箱：filtration@ eaton. com
产品：造纸过滤设备

广东博努特机械设备有限公司
(原广州宏顺达轴承有限公司)
广东省广州市海珠区新滘中路 88 号
邮编：510000
电话：020－87567926
传真：020－87560171
网址：www. gd-bnt. com
邮箱：sales@ gd-bnt. com
业务：机械技术咨询、通用机械设备销售、电气机械设备销售

广州市金龙峰环保设备工程股份有限
(原广州市金龙峰环保设备工程有限公司)
广东省广州市高新技术产业开发区科学大道 181 号第

11 层
佛山顺德(生产基地)
邮编：510220
电话：020－84487629
网址：www. gzjinlongfeng. com
邮箱：jlfep@ 126. com
产品：污废水处理等

韶关市

韶能集团广东绿洲生态科技有限公司
(原广东绿洲纸模包装制品有限公司)
广东省南雄市全安镇营堡前
邮编：512426
电话：0751－3703663、3703885
网址：www. gdlz. com
邮箱：sales@ gdlz. com
产品：一次性纸盘、一次性纸饭盒、一次性纸托盘、一次性纸碗等

深圳市

深圳光荣机械贸易有限公司
广东省深圳市福田区上梅林华茂苑 5 栋 203
深圳市龙华区清湖街道雪岗北路 376 号辉盛达工业区(工厂地址)
邮编：518049
电话：0755－83318564、83310794
传真：0755－83310783
网址：www. koeiind. com. cn
邮箱：sz_ koei@ 126. com. cn
产品：电动执行器

深圳市长江机械设备股份有限公司
广东省深圳市宝安区沙井街道蚝四林坡坑工业区 A7 厂房
邮编：518104
电话：0755－29887628
传真：0755－29887628
网址：www. szchm. com
邮箱：sales@ szchm. com
产品：卷筒纸分切机、卷筒切纸机、复印纸分切机

广东新环环保产业集团有限公司
(原深圳市新环机械工程设备有限公司)
广东省深圳市福田区彩田南路中深花园 B 栋 2103 室
邮编：518033
电话：0755－82997309、82997256
传真：0755－82995262、82996258
网址：www. sznecn. com
邮箱：szxh@ sznecn. com
产品：机械和电气控制设施的研发、环保工程

深圳市联欧贸易发展有限公司
广东省深圳市深南大道 6029 号车公庙世纪豪庭 11 层 C 座
邮编：518040
电话：0755－83842750、83842764、83842049
传真：0755－83842050、83842051、83842121
网址：www. euro-me. com
邮箱：Bmd@ euro-me. com
产品：驱动传动、流体控制、液压气动、工厂自动化等

鸿源实业(深圳)有限公司
广东省深圳市布吉镇上水径恒通工业城 6 栋 2 楼
邮编：518112
电话：0755－28522898、13603029858
邮箱：weijc2@ 163. com
产品：卫生纸、盒装面纸、手帕纸、妇女卫生巾

安兴纸业(深圳)有限公司
广东省深圳市布吉镇甘坑村同富裕工业园
邮编：518112
电话：0755－28557320、84175706、18145802180
产品：复印纸、传真纸

深圳市永利隆纸品有限公司
广东省深圳市龙岗区南湾街道上李朗方鑫路 10 号莱茵工业区第一排五栋一层中间
邮编：518112
电话：0755－89702138、89702581
传真：0755－89702117
邮箱：399610532@ 126. com
产品：瓦楞原纸、纸箱、彩盒

深圳市悦声纸业有限公司
广东省深圳市龙华镇龙城工业区 12 幢 1 楼
邮编：518109
电话：0755－84829421、81700523
传真：0755－84829421
网址：www. chinahys. com
产品：花纹纸

元丰纸业(深圳)有限公司
广东省深圳市宝安区松岗镇沙埔围第二工业区

邮编：518105
电话：0755－27052676、27052675
传真：0755－27052259
邮箱：zxq@ yuanfengpaper. com
产品：瓦楞原纸、牛皮纸

深圳市汇川技术股份有限公司
广东省深圳市宝安区宝城 70 区留仙二路鸿威工业园 E 栋
邮编：518101
电话：0755－29799595
传真：0755－29619897
网址：www. inovance. com
产品：变频器、工业互联网

上海思百吉仪器系统有限公司深圳分公司
广东省深圳市南山区登良路 23 号汉京大厦 5D
邮编：518052
电话：0755－86332368
传真：0755－86331637
网址：www. spectris. com. cn
产品：各类精密在线测量仪器、精密过程控制及测量仪器仪表及传感器和配件

深圳市灏颖纸业有限公司
广东省深圳市光明新区公明街道西田
邮编：518106
电话：0755－84861890
传真：0755－84861895
网址：www. hynpz. com
邮箱：282312708@ qq. com
产品：牛皮纸、牛卡纸、白牛皮纸、包装牛皮纸

德国默斯技术有限公司中国办事处
深圳默斯测控技术有限公司
广东省深圳市宝安区西乡大道正泰来商务大厦 1003 室
邮编：518000
电话：0755－23316335、138 2873 5316
传真：0755－33670525
网址：www. mosye. com
邮箱：info@ mosye. com
产品：在线水分仪销售和技术服务

深圳蓝博检测仪器有限公司
广东省深圳市宝安区沙井后亭同方文化创意产业园 2 栋
邮编：518104
电话：0755－21620199
传真：0755－21620129
网址：www. labtmi. com
邮箱：sales@ labtmi. com
产品：质量控制和工艺改进涉及检测仪器、试验分析软件和实验室解决方案

深圳市普力源自动化设备有限公司
广东省深圳市龙华新区民治街道牛栏前大厦 12 楼 C1228
电话：0755－27218392、15622811005
传真：0755－27218392
网址：www. pooliy. com
邮箱：pausource@ 163. com
产品：纠偏系统、除尘系统、除静电系统

深圳市中电电力技术股份有限公司
广东省深圳市福田区车公庙泰然工贸园 201 栋 8 楼西
邮编：518040
电话：0755－83423089、4009916218
网址：www. cet-electric. com
邮箱：liuqing_ sz@ cet-electric. com
产品：CET 供配电系统异常现象捕捉及诊断解决方案、工业企业能源管理系统、MotorCC 智能化马达控制中心

珠海市

珠海凌丰机械有限公司
广东省珠海市前山梅溪双龙山工业区 B18 之 4 栋厂房
邮编：519070
电话：0756－8508438
传真：0756－8532585
产品：复卷机、分切机

广东天章信息纸品有限公司
广东省珠海市香洲区吉大海滨南路 52 号中信南航国际广场 33 楼
邮编：519000
电话：0756－2629000、2629026
传真：0756－8157555、2629012
网址：www. tzpaper. com
邮箱：fangminyang@ tzpaper. com
产品：复印纸、打印纸、传真纸、收银纸

珠海市宏进纸业发展有限公司
广东省珠海市斗门区乾务镇西富山工业区
邮编：519100
电话：0756－5655777、5655778
传真：0756－5652576

产品：瓦楞原纸

汕头市

汕头市金平区国平纸类包装厂有限公司
广东省汕头市光华北二路 15 号
邮编：515000
电话：0754－88222129
传真：0754－88113762
邮箱：110510286@ qq. com
产品：彩箱、彩盒、纸筒、胶纸

汕头市化建纸业公司
广东省汕头市濠江区磊广大道珠浦南区物资大市场右畔 D、E 幢
邮编：515071
电话：0754－87380165
传真：0754－87360788
产品：黄纸板、灰纸板、复合纸板、白纸板、双胶印刷纸、热压纸板、书写纸

汕头市中联胜贸易有限公司
广东省汕头市龙湖区丹阳庄西三区 17 幢丽涛大厦 B 座 1902 室
邮编：515041
电话：0754－88736835、88873996
传真：0754－88736535
邮箱：1109292780@ qq. com
产品：糖纸、轻涂纸、防水单铜纸、牛皮纸、标签纸、玻璃卡纸

汕头市联鑫纸业有限公司
广东省汕头市龙湖区万吉工业区兴安路东侧海河路北侧一栋 201 房
邮编：515000
电话：0754－88463658、13809291885
传真：0754－88463648
网址：jiahengzh. 1688. com
邮箱：hy89930668@ 163. com
产品：进口牛卡纸、国产牛卡纸、黄白牛皮纸、食品级牛卡纸、包装纸、食品级进口牛皮纸

佛山市

广东包庄科技有限公司
（原南海新兴利合成纤维有限公司）
（原佛山市南海新兴利合成纤维有限公司）
广东省佛山市南海区丹灶镇横江环保工业园
邮编：528216
电话：0757－85407817、85407816
传真：0757－85443278
网址：www. fbi007. cn
邮箱：fbi0073@ vip. 163. com
产品：塑钢带、打包机

安德里茨（中国）有限公司
广东省佛山市禅城区古新路 70 号安德里茨中国总部大楼 13－16 层
邮编：528000
电话：0757－82969257
传真：0757－82969209
网址：www. andritz. cn
邮箱：marketing. china@ andritz. com
产品：制浆造纸设备

佛山市南海区德昌誉机械制造有限公司
广东省佛山市南海区罗村大桥南侧镇岐岗工业区内
邮编：528227
电话：0757－86435166
传真：0757－86435199
网址：www. dechangyu. com、www. dechangyu. cn
邮箱：master@ dechangyu. com
产品：卫生纸加工设备

佛山市顺德区光阳机械有限公司
广东省佛山市顺德区北滘镇碧江集约工业区
邮编：528311
电话：0757－26633488、18924822113
产品：纸箱、纸品包装机械

佛山市精拓机械设备有限公司
广东省佛山市顺德陈村镇赤花工业区 4 路南 2 号
邮编：528313
电话：0757－23301128
传真：0757－23301128
网址：www. jingtuo. net
邮箱：jt2007best@ 163. com
产品：卷筒纸包装机

佛山市宝索机械制造有限公司
广东省佛山市南海区平洲夏南一工业区
邮编：528252
电话：0757－82777529、86799938
传真：0757－86785529
网址：www. baosuo. com. cn
邮箱：master@ baosuo. com

产品：生活用纸设备

佛山市南海区宝拓造纸设备有限公司
广东宝拓科技股份有限公司
广东省佛山市南海区平洲夏南一工业区
邮编：528251
电话：0757－81273377、81273388
网址：www. baotuo. com. cn
邮箱：master@ baotuo. com
产品：生活用纸设备

佛山科琎精密机械有限公司
广东省佛山市南海区狮山镇罗村务庄荣星工业区荣二路二街5号
邮编：528000
电话：0757－81809695、81809696、81036335
传真：0575－81809697
网址：www. fskejin. com
邮箱：yunshan027@ 163. com
产品：耐磨制品热喷涂，金属件修复及耐磨产品制作

安德里茨(中国)有限公司三水分公司
广东省佛山市三水区乐平工业区乐信路83号B区
邮编：528137
电话：0757－66633101
网址：www. andritz. com
邮箱：marketing. china@ andritz. com
产品：泵、烘缸

广东顺德亚华胶辊有限公司
广东佛山市顺德区北滘镇黄涌工业区
电话：0757－26321588、2632286
传真：0757－26322865
网址：www. yahuajiaogun. cn
产品：胶辊

佛山市高明区洁泉纸业有限公司
广东省佛山市高明区荷城街道(三洲)碧桂路143号
邮编：528500
电话：0757－88622228、13928688757
产品：加工、销售纸制品

江门市

江门鸿荣新材料科技有限公司
广东省江门市蓬江区杜阮镇井根骑龙山工业区杜阮南路33号
邮编：529000
电话：0750－2632699、2632683
传真：0750－3598787
网址：www. gd-hr. cn
产品：三层成型网、二层半成型网、单层成型网、扁丝干网、圆丝干网

江门市新会远东网业有限公司
广东省江门市新会区会城潮兴路62号
邮编：529100
电话：0750－6100456
传真：0750－6126202
邮箱：crisitnye@ 163. com
产品：聚酯成形网、干网

江门市新会中新造纸网厂有限公司
广东省江门市新会区会城镇城东工业开发区
邮编：529100
电话：0750－6100456、6101108
传真：0750－6126202
网址：www. xhzhongxin. com
邮箱：admin@ xhzhongxin. com
产品：聚酯成型网、干网

开平市水口镇宏兴造纸机械配件厂
广东省开平市水口镇台山路段
邮编：529321
电话：0750－2732222、2718889、2732838
传真：0750－2726619
网址：www. hxjidun. cn
邮箱：110250766@ qq. com
产品：磨浆机、磨片、碎浆机、筛浆机、筛、脱墨机、洗浆机、纤维分离机、浆池推进器、除砂机

江门欧佩德晶华轻工机械有限公司
广东省江门市江海区科苑路16号
邮编：529000
电话：0750－3234318、13828080220、18138008667
传真：0750－3234318
网址：www. jm-jinghua. com
邮箱：3979999@ jmjhqj. com
产品：各类型号的造纸设备和备品备件

广东瑞全传动技术有限公司
广东省江门市新会区会城奇榜地苑工业区33号
电话：0750－2642800
传真：0750－2642900
网址：www. gdrqcd. com
邮箱：gdrqcd@ 126. com

产品：造纸机械的液压、气动、链、带传动、动力传动等整机和配件，切纸机全套设备生产及维修，浆泵叶轮生产及维修

江门市新会区新华胶丝厂有限公司
（原江门市新会区新华胶丝厂）
广东省江门市新会区会成镇北安北路 25 号
邮编：529100
电话：0750－6100568、6108428、13828085369
传真：0750－6100568、6138944
网址：www. xhxinhua. com
邮箱：847190690@ qq. com
产品：聚酯单丝和尼龙单丝

欧佩德伺服电机节能系统有限公司
广东省江门市宏兴路 88 号凤山工业区 1 号
邮编：529000
电话：0750－3220238、3486992
网址：www. opdmotor. com
邮箱：sales@ opdmotor. com
产品：电机

湛江市

广东伟兴机械制造有限公司
广东省湛江市坡头区麻坡路
邮编：524057
电话：0759－3957568
邮箱：weixing88@ 21cn. com
产品：造纸设备

东莞市

东莞市佳鸣机械制造有限公司
广东省东莞市沙田镇民田工业区
邮编：523991
电话：0769－88862099、88866210、88864360、88688201
传真：0769－88862066
网址：www. jumping. com
邮箱：jumping@ jumping. com. cn
产品：卫生纸机及后加工设备

东莞市业兴网毯有限公司
广东省东莞市高埗镇护安围管理区
邮编：523279
电话：0769－88731749、88734262、13922962663
传真：0769－88737340
网址：www. dgyexing. com
邮箱：yxwf1991@ 163. com
产品：造纸毛毯、特种工业用呢、电热衬毯、螺旋网、聚酯网

东莞市中堂金峰造纸机械配件经营部
广东省东莞市中堂镇中兴路 1－2 号
邮编：523220
电话：0769－88895138
产品：制浆造纸专用通用设备、水力碎浆机、纤维热碎解机、双圆盘磨浆机、纤维分离机、压力筛、除渣器等

国家纸制品质量监督检验中心
广东省东莞市松山湖科技产业园区工业南路 2 号
邮编：523808
电话：0769－23077232
传真：0769－23077238
网址：www. dqtpaper. com
邮箱：ltz@ gddqt. com
业务：专业从事纸制品质量检测

东莞市宝松纸业有限公司
广东省东莞市大岭山镇太公岭金牛街 9 号 101 室
邮编：523820
电话：0769－81559828、81559838、81559848
传真：0769－85301380
网址：www. baosongpaper. com
邮箱：13600283413@ 163. com
产品：全系列白牛皮纸

东莞伽立实业投资有限公司
广东省东莞市厚街镇陈屋东路 6 号
邮编：523325
电话：0769－85038511
传真：0769－85901468
网址：www. cnnpz. com
邮箱：2880177548@ qq. com
产品：牛皮纸、牛卡纸、白牛皮纸、涂布牛卡纸、压合牛卡纸、白面牛卡纸、包装牛皮纸、黑卡纸

安美科技股份有限公司
广东省东莞市松山湖科技园工业西路 6 号
邮编：523000
电话：4008877123、13553807153
传真：0769－83213234
网址：www. amer. cn
邮箱：service@ amer. cn

产品：工业润滑油、金属加工油、清洗剂、润滑脂等

东莞市商达软件开发有限公司
广东省东莞市樟木头镇中心区蓓蕾街 16 号
邮编：523620
电话：0769－88800840
传真：0769－82106987
网址：www. 688soft. com
邮箱：shangdasoft@ 163. com
产品：造纸厂 ERP 管理系统

东莞市勤达仪器有限公司
广东省东莞市洪梅镇尧均村涌鑫工业园
邮编：523160
电话：0769－88438685
传真：0769－88433120
网址：www. china-qindayq. com
邮箱：89505708@ gq. com
业务：专业从事研发、生产造纸，印刷，包装，薄膜，油墨，环境类等检测仪器

东莞市华星胶辊有限公司
（原东莞市高埗镇华星胶辊厂）
广东省东莞市高埗镇凌屋村工业区（高埗镇绿化中路）
邮编：523270
电话：0769－88875798、88878878、88780118
传真：0769－88872431
网址：www. hxdg. cn
邮箱：hxdg8888@ 126. com
产品：造纸胶辊包胶、维修

东莞桦桠刀具有限公司
广东省东莞市望牛墩镇扶涌村如意路 01 号
邮编：523201
电话：0769－88566023
传真：0769－88566013
邮箱：gzhuya@ 163. com、Zhu_ yan_ fang@ 163. com
业务：研发生产销售造纸、纸箱、纸板、包装等行业精密刀具

东莞市莞桦纸品有限公司
广东省东莞市中堂镇潢涌村
邮编：523221
电话：0769－81200388
邮箱：guanhua168@ 163. com
产品：纸箱

广东友华新材料科技有限公司
广东省东莞市中堂镇蕉利村前进围
电话：0769－88882212、18576968808
网址：www. yhxcl. com. cn
邮箱：qiuzhongkun@ yhxcl. com. cn
产品：标签材料

东莞市东杰纸箱机械设备有限公司
广东省东莞市桥头镇粮仓新围路 2 号 102 室
邮编：523539
电话：0769－86936631、15920684565
网址：www. djzxsb. com
邮箱：913746072@ qq. com
产品：纸箱机械设备

东莞市骏兴机械科技有限公司
广东省东莞市桥头镇桥新西一路桥泰街 2 号
邮编：523000
电话：0769－87000881
传真：0769－81278288
邮件：sales@ szchm. com
产品：卷筒纸分切机、卷筒切纸机、复印纸分切机

东莞市友邦网毯有限公司
广东省东莞市中堂镇下芦开发区
邮编：523239
电话：0769－88896618、13620066255、13650222297
邮箱：2074784834@ qq. com
产品：造纸网毯及聚脂网

东莞市顶盛环保科技有限公司
广东省东莞市望牛墩镇北环路杜屋工业区
邮编：523000
电话：0769－81168808
网址：www. dosheng. cn
邮箱：755898643@ qq. com
产品：环保、净水材料、环保节能设备、其他化工产品等

中山市

中山斯瑞德环保科技有限公司
广东省中山市火炬开发区敬业路 6 号
邮编：528400
电话：0760－89935422
传真：0760－87601102
网址：www. lajiposuiji. com
邮箱：srd@ siruide. com

产品：固废破碎机、固废处置系统设备，包括单轴、双轴、四轴破碎机，粗破碎机、移动式破碎机

广西壮族自治区

南宁市

广西轻工业科学技术研究院有限公司
广西壮族自治区南宁市国家经济技术开发区迎凯路8号
邮编：530031
电话：0771－4518909
传真：0771－4518912
网址：www.gxliri.com
邮箱：gx-qgy@qq.com
业务：科研、设计

广西壮族自治区国营林场开发公司
广西壮族自治区南宁市东葛路107号
邮编：530022
电话：0771－5633460、5633461
传真：0771－5633460
邮箱：85428608@qq.com
产品：原木、板材

中国轻工业南宁设计工程有限公司
广西壮族自治区南宁市星光大道42号
邮编：530031
电话：0771－4800448、4800493
传真：0771－4830802、4800493
网址：www.zqnn.cn、www.ndcchina.com
邮箱：cnec@vip.163.com
业务：制浆造纸工程咨询、设计、监理和总承包

南宁市庆维造纸设备有限公司
广西壮族自治区南宁市良庆区银海大道西四里六巷20号
邮编：530200
电话：0771－4535350、13978727590
产品：高浓磨浆机，高、低浓或D型水力碎浆机，立、卧推进器，中、低浓抽浆泵，除砂器，压滤机，压力筛，文化用纸机，卫生纸机，塑料网槽，压力成形器以及二手造纸机设备

广西横县华宇工贸有限公司
广西壮族自治区南宁市六景工业园区
邮编：530313
电话：0771－7265998
传真：0771－7265998
邮箱：2725232157@qq.com
产品：五色有光纸、高级卫生纸

南宁市乖仔工贸有限责任公司
广西壮族自治区南宁市福建路15－1号
邮编：530031
电话：0771－4885918、4885968、4885998
传真：0771－4885968
网址：www.nngzgm.com
邮箱：1195173656@qq.com
产品：生活用纸、纸巾、纸盒

广西博世科环保科技股份有限公司
广西壮族自治区南宁市高新区科兴路12号
邮箱：530007
电话：0771－3299118
传真：0771－4960252
网址：www.bossco.cc
邮箱：bsk@bossco.cc
产品：环保设备制造

广西理丰纸业有限公司
广西壮族自治区南宁市青秀区东葛路118号南宁青秀万达广场2栋3118号
电话：0771－5572855
网址：www.lifengpapergx.com
邮箱：88058802@qq.com
业务：销售纸业、环保业、化工业，投资开发、研究

广西华杭制浆造纸设备工程有限公司
广西壮族自治区南宁六景工业园区纬四路
邮编：530313
电话：0771－7265626
邮箱：gxhh1210@163.com
产品：造纸制浆设备、连续蒸煮设备、湿法配料系统、蒸发器及非标件的生产销售，制浆造纸设备安装工程及工程技术设计，碱回收设备安装工程及工程技术设计等

海　南　省

海口市

海南芒果色彩科技有限公司
海南省海口市美兰区桂林洋大道罗牛山电商大厦
邮编：570208
电话：0898－31388032

传真：0898－31388032
网址：www. mangocolortech. com
邮箱：sales@ mangocolortech. com
产品：在线色彩测量、色彩控制

重 庆 市

重庆造纸工业研究设计院有限责任公司
重庆市南岸区茶园新区蔷薇路 26 号
邮编：401336
电话：023－63862408
传真：023－63609345
网址：www. cqzzgy. com
邮箱：cqzz666@ 163. com
业务：科技服务、咨询服务、生产玻璃纤维纸系列产品和特种工业用纸

重庆川仪自动化股份有限公司流量仪表分公司
重庆市北部新区黄山大道中段 61 号
邮编：401121
电话：023－67032666、67032667
传真：023－67032676
网址：www. sicflow. com. cn
邮箱：cyinfo@ sicc. com. cn
产品：浆液型电磁流量计

重庆四联测控技术有限公司
重庆市北部新区黄山大道中段 61 号 3 号厂房
邮编：401121
电话：023－67032568、67032607
传真：023－67032599
网址：www. cqcsmc. com
邮箱：sales@ cqcsmc. com
产品：智能压力变送器及零部件、物位仪表、前级信号处理仪表、数字仪表和直流电源等

四 川 省

成都市

四川环龙技术织物有限公司
四川省成都市温江区成都海峡两岸科技产业开发园新华西路 519 号
邮编：611130
电话：028－82782930
传真：028－82782615
网址：www. vanov. cn
邮箱：trade@ vanov. cn
产品：压榨毛毯

成都拓世达科技有限公司
四川省成都市双流县西南航空港经济开发区空港三路 739 号
邮编：610000
电话：028－85873022、13980938373
邮箱：cdtopstar@ 163. com
产品：变频器、纸机传动设备

希望森兰科技股份有限公司
四川省成都市双流区西航港空港二路二段 1599 号
邮编：610207
电话：028－85964751、85960127、85963211
传真：028－85962488
网址：www. chinavvvf. com
邮箱：markd@ chinavvvf. com
产品：变频器

昊华化工科技集团股份有限公司
（原四川天一科技股份有限公司）
四川省成都市高新区高朋大道 5 号成都高新区技术创新服务中心
邮编：610200
电话：028－85961516、85884329
传真：028－85884329
邮箱：zjb@ tianke. com
产品：制氮机、制氧机、浓缩乙烯、提纯氢气、提纯一氧化碳、提纯二氧化碳

四川省纸联浆纸有限公司
四川省成都市福兴街 30 号
邮编：610016
电话：028－86753238
产品：造纸纤维原料及专、辅材料

都江堰华西轻工机械有限责任公司
四川省都江堰市奎光塔街道张家湾社区二组灌温路 1811 号
邮编：611830
电话：028－87284625
传真：028－87283997
网址：www. schxqgjx. com
邮箱：hx87284625@ 163. com
产品：真空泵、浆泵

中国轻工业成都设计工程有限公司
四川省成都市少城路 9 号

邮编：610015
电话：028－86630940、028－86634360
传真：028－86643706、028－8664360
网址：www. qrsj. com
业务：工程设计、工程咨询、工程总承包、环境影响评价

重庆银桥工程设计（集团）有限公司四川分公司（原重庆银桥建筑设计有限公司四川分公司）
四川省成都市金牛区一环路北一段 88 号新熙门财富中心 11 楼
电话：028－87769978、13981761368
传真：028－87539315
邮箱：576189573@ qq. com
业务：轻工业工程设计、技术咨询，制浆、造纸设备改造，纸制品技术开发

上海思百吉仪器系统有限公司四川分公司
四川省成都市锦江区下东大街 216 号喜年广场 A 座 3601 室
邮编：610051
电话：028－65009088
传真：028－65009099
网址：www. spectris. com. cn
产品：各类精密在线测量仪器、精密过程控制及测量仪器仪表及传感器和配件

四川中轻纸业有限公司
四川省成都市锦江区红星路三段 16 号正熙国际 1905 室
邮编：610011
电话：028－86201906
传真：028－86201916
网址：www. sczqzy. com. cn
邮箱：sczq1905@ 163. com
业务：新技术推广、技改、环保、化学药品、助剂

四川中轻节能环保工程有限公司
四川省成都市青羊区少城路 25 号 1 栋 23 层 1 号
邮编：610031
电话：028－86201776
网址：www. zqjnhb. com. cn
邮箱：724870708@ qq. com
业务：环保工程、工程设计、水污染治理

斯普瑞喷雾系统有限公司成都办事处
四川省成都市高新区天府大道 28 号茂业中心 A2002
邮编：610041
电话：028－85403976
传真：028－85403938
网址：www. spray. com. cn
产品：喷嘴

深圳市联欧贸易发展有限公司成都办事处
四川省成都市武侯区成科路 12 号 1 单元 201 室
邮编：610041
电话：028－85218011
传真：028－85210982
网址：www. euro-me. com
邮箱：euromeCD@ euro-me. com
产品：驱动传动、流体控制、液压气动、工厂自动化等

四川邦尼德织物有限公司
四川省成都市眉县鑫和工业园 B4
邮编：620010
电话：028－38051778、13708181531
传真：028－38051776
网址：www. bomnet. org
邮箱：bomnetfelt@ 163. com
产品：毛毯、工业用呢

自贡市

华西能源工业股份有限公司
四川省自贡市高新工业园荣川路 66 号
邮编：643001
电话：0813－666666、028－65252188
传真：0813－473222
网址：www. cwpc. com. cn
邮箱：cwpc@ cwpc. com. cn
产品：循环流化床锅炉、自然循环燃煤粉锅炉、污泥焚烧锅炉、生物质燃料锡炉、碱回收锅炉、高炉煤气锅炉、垃圾焚烧锅炉、油泥砂锅炉、余热锅炉

四川亦海科机械设备制造有限公司（南方基地）
四川省自贡市高新区汇川路南湖国际 6－1－251
邮编：643000
电话：0813－8120893、13990062483
传真：0813－8120893
网址：www. ehik. com. cn
邮箱：dbzgwh@ 163. com
业务：专业从事滞止增压节能泵、旋转喷射泵

绵阳市

绵阳同成智能装备股份有限公司
四川省绵阳市高新新区河平路 68 号
邮编：621000
电话：0816－2536111、2544738
传真：0816－2543408
网址：www. tchigh-tec. com
业务：自动化产品研制、集成应用、工程项目服务、高端造纸装备研制开发

四川高达科技有限公司
四川省绵阳市高新区虹盛路 6 号
邮编：621000
电话：0816－2829259
传真：0816－2250099
网址：www. scgdkj. com
邮箱：gd@ scgdkj. com
产品：自动化技术

内江市

四川省资中市隆升机械有限公司
（原资中轻工机械厂）
四川省内江市资中市城区永兴路 28 号
邮编：641200
电话：0832－5510532、5529418
传真：0832－5529419
网址：www. zzlsjx. com
邮箱：zzlsjx@ 126. com
产品：制浆设备、黑液及中段废水处理设备，城市生活污水处理设备，中小型制糖设备的设计、制造和研发

乐山市

四川省井研轻工机械厂
四川省乐山市井研县研城镇和平街 117 号
邮编：613100
电话：0833－3711707、3710357
传真：0833－3711459
邮箱：Rongde. mao@ 163. com
产品：新闻纸机、文化用纸机、特种纸机、浆板机、箱纸板机、瓦楞原纸机、涂布白纸板机、涂布白卡纸机、纸机后续整饰完成设备

四川成发造纸机械有限公司
（原乐山市成发造纸机械有限公司）
四川省乐山市鹤翔路 1005 号汇丰国际 16 楼
邮箱：61400
电话：0833－3206001、13981308207
传真：0833－2490062
网址：www. sccfzz. com
邮箱：chenming@ sccfzz. com
产品：箱板纸机、瓦楞纸机、灰板纸机、涂布白板（白卡）纸机、文化纸机、各类特种纸机

宜宾市

四川长江造纸仪器有限责任公司
四川省宜宾市翠屏区中元路 21 号
邮编：644004
电话：0831－3601740、3601481
传真：0831－3601481、3601496
网址：www. cjyq. net
邮箱：fuwu@ cjyq. net、zhangrong@ cjyq. net
产品：造纸检测仪器

宜宾市纺织器材厂
四川省宜宾市南岸东区叙府路西段 10 号
邮编：644002
电话：13309097527
产品：聚四氟乙烯密封件、机械密封圈、管套、轴套、复卷机轴承、烘缸旋转进汽接头、蒸球进汽和喷放接头

中国联合装备集团宜宾机械有限公司
四川省宜宾市宜宾县城北新区
邮编：644600
电话：0831－6233663、6233518、6233528
传真：0831－6233669
邮箱：cnpmc@ 263. net
产品：文化用纸机、包装纸机、卫生纸机、箱纸板机、浆板机和特种纸机

宜宾长泰轻工设计工程有限公司
四川省宜宾市翠屏区安阜红丰东路北侧 4 号沁禾商业广场 17 层 209 号
邮编：644000
电话：13309090819
业务：轻工业工程设计、技术咨询，制浆、造纸设备改造，纸制品技术开发

贵　州　省

遵义市

凤冈县天河纸业股份合作公司
贵州省遵义市凤冈县龙泉镇
邮编：564200
电话：0858－5222597
产品：造纸机械及行业设备、纸加工机械

云　南　省

昆明市

昆明克林轻工机械有限责任公司
云南省昆明市国家高新技术开发区科技路 211 号
邮编：650102
电话：0871－8307251
传真：0871－8307295
网址：www. klim. com. cn
邮箱：klimxzb@163. com
产品：造纸设备、碱回收机、压力容器

云南省轻纺工业设计院
云南省昆明市东风东路 169 号
邮编：650041
电话：0871－63315932
传真：0871－63315482
邮箱：qf@ynqfy. com
业务：工程设计、咨询、承包

云南省玉溪市兴伦纸业有限公司
云南省玉溪市红塔区红塔工业园区观音山 4 号
邮编：653100
电话：0877－2050233、2050592
邮箱：2384804252@qq. com
业务：纸制品加工、销售，浆料回收，废纸收购、分选、加工

陕　西　省

西安市

中国轻工业西安设计工程有限责任公司
陕西省西安市碑林区东大街 8 号商联大厦
邮编：710001
电话：029－82487813、82477822
传真：029－82487815
网址：www. haisum-xa. com
邮箱：webmaster@haisum-xa. com
业务：工程设计、咨询

维美德造纸机械技术（西安）有限公司
陕西省西安市阿房四路
邮编：710086
电话：029－84363155
传真：029－84363433
网址：www. valmet. com
产品：造纸机械

轻工业西安机械设计研究院有限公司
（原轻工业西安机械设计研究院）
陕西省西安市阿房四路 6 号
邮编：710086
电话：029－84363407、84369596
传真：029－84369035
网址：www. xaqys. com
邮箱：xaqys@126. com
产品：全自动纸箱封箱机、圆孔打孔机

凯德（西安）造纸机械织物有限公司
陕西省西安市长安区马王街办沣京中路 9 号
邮编：710115
电话：029－85850947
传真：029－85851282
邮箱：794188730@qq. com
产品：聚酯网

斯普瑞喷雾系统有限公司西安办事处
陕西省西安市二环南路西段 88 号老三届世纪星大厦 9D
邮编：710065
电话：029－88360145
传真：029－88360442
网址：www. spray. com. cn
邮箱：xian@spray. com. cn
产品：喷嘴

安德里茨胶辊（西安）有限公司
（原贝诺西贝胶辊有限公司）
陕西省西安市西咸新区沣东新城阿房四路二号
邮编：710086
电话：029－84623445、84628294
传真：029－84514448
产品：造纸胶辊

西安维亚造纸机械有限公司
陕西省西安市沣东新城天章大道北段 1 号
邮编：710086
电话：029 – 84517451
传真：029 – 84517451 – 803
网址：www. xawyjx. com
邮箱：602093463@ qq. com
产品：70 ~ 1200 米/分不同车速的水力式、气垫式、开启式流浆箱

西安隆华环保技术有限公司
（原陕西科技大学造纸环保研究所）
陕西省西安市未央区凤城 12 路与明光路十字凯瑞 B 座 704 – 705
邮编：710021
电话：029 – 89600026
传真：029 – 89600026
网址：www. susthbs. com
邮箱：susthbs@ 126. com
产品：造纸工业废水生物处理技术及设备、废水深度处理及回用技术和设备

西安力源光电科技有限责任公司
陕西省西安市高新区科技二路 77 号西安光电园 A209
邮编：710075
电话：029 – 88452568
传真：029 – 88452578
网址：www. xalygd. cn
邮箱：xalygd95@ 126. com
产品：DCS、QCS 控制系统

陕西欧润造纸机械有限公司
陕西省西安市雁塔区鱼化工业园三排 1 号
邮编：710077
电话：029 – 84686114、84217343
传真：029 – 84686114
网址：www. all-run. com
邮箱：dan. li@ all-run. com
产品：脱水元件、张紧器、校正器

上海思百吉仪器系统有限公司西安分公司
陕西省西安市长安北路 89 号中信大厦 7 楼 B 座
邮编：710061
电话：029 – 87983351
传真：029 – 87983353
网址：www. spectris. com. cn
业务：各类精密在线测量仪器、精密过程控制及测量仪器仪表及传感器和配件

西安兴晟造纸不锈钢网有限公司
陕西省西安市沣渭新区丰产路 80 号
邮编：710086
电话：029 – 84526600
传真：029 – 84524666
网址：www. xs-zz. com
邮箱：xingshengzaozhi@ 163. com
产品：5 目扁丝到 100 目条纹钢网

西安迈拓机械制造有限公司
陕西省西安市沣京工业园振兴北路以东沣二东路以北
邮编：710300
电话：029 – 84847855、13992810904
传真：029 – 84847856
网址：www. maitocn. com
邮箱：lixiaohu@ maitocn. com
业务：生产成套设备、高速宽幅造纸机械辊

西安航空发动机成套设备有限公司
陕西省西安市未央区徐家湾西航公司 18 号办公楼一层
邮编：710021
电话：029 – 86625581、18291471531
传真：029 – 86625581
网址：www. xihangchengtao. com
产品：造纸网毯设备

博世力士乐（西安）电子传动与控制有限公司
陕西省西安市经济技术开发区尚稷路 3999 号
邮编：710021
电话：029 – 86555421
传真：029 – 86555100
邮箱：yi. kang2@ boschrexroth. com. cn
产品：变频器、PLC、伺服、运动控制器等

西安英诺威电气有限公司
陕西省西安市高新区唐延南路十一号 3 幢 1 单元 11727 室
邮编：710075
电话：029 – 89385800
传真：029 – 89587330
网址：www. innovit. cn
邮箱：sales@ innovit. cn
业务：短路电流限制和智能电网在线监测

咸阳市

咸阳通达轻工设备有限公司
（原陕西科技大学机械厂）
陕西省咸阳市人民西路 49 号

邮编：712081
电话：029－33617016、4006989690
传真：029－33617775
网址：www. tdqg. cn
邮箱：xy3361@163. com
产品：实验蒸煮器、蒸煮小群罐、漂洗机、筛浆机、实验室打浆机、PFI 磨浆机、打浆度测定仪、纸页成形器、纸页压榨机、实验纸机、水力碎浆机、浮选脱墨机、纤维筛分仪、纤维标准疏解机、离心脱水机、回转干燥机

陕西西微测控工程有限公司
陕西省西安市西咸新区沣西新城总部经济园区先河之星 1－18－3
邮编：712000
电话：029－33577113
传真：029－33577920
网址：www. xiweicekong. com
邮箱：qywjs@163. com
产品：高速卫生纸控制系统、DCS 控制系统、纸机 QCS 控制系统

兴平市中通试验装备有限公司
陕西省咸阳市兴平市南关路综合市场北排 8 号
邮编：713100
电话：0910－38822022、18220070547、18691049730
传真：029－38832639
产品：造纸实验打浆机、全自动抄取器、纸页成型器、蒸煮锅、PFI 磨浆机、手动抄取器、漂洗机、筛浆机、浮选脱墨机、浆料脱水机、鲍尔筛分仪

陕西科达电气有限公司
陕西省咸阳市秦都区马泉街道办事处渭店村马泉供电所南侧
邮编：712000
电话：029－33619049、38100691
传真：029－38100693
产品：造纸机的变频传动、复卷机的传动控制、DCS 和 QCS

汉中市

汉中聚贤日化产品商贸有限公司
陕西省汉中市西环路民航路
邮编：723000
电话：0916－2237171
传真：0916－2237171
邮箱：juxianrihua@163. com
产品：纸张、纸制品

甘　肃　省

兰州市

甘肃省轻工研究院有限责任公司
(原甘肃省轻工业科学研究所)
甘肃省兰州市金昌南路 101 号
邮编：730000
电话：0931－8126511、8126515
传真：0931－8124557
网址：www. gsqgyjy. com
业务：工程设计、工程咨询

耐驰(兰州)泵业有限公司
甘肃省兰州市高新技术产业开发区刘家滩 506 号
邮编：730010
电话：0931－4260000、4260123
传真：0931－4260089
网址：www. netzschpump. cn
邮箱：info. nlp@netzsch. com
产品：单螺杆泵

宁夏回族自治区

吴忠市

吴忠仪表有限责任公司
宁夏回族自治区吴忠市利通区中国自动化(吴中)产业园
邮编：751100
电话：0953－2239016、2239080
传真：0953－2236014
网址：www. wzyb. com. cn
业务：工业自动化仪表、调节阀、球阀、蝶阀、特种阀及其附件、配件的设计、制造、销售

新疆维吾尔自治区

伊犁哈萨克自治州

新疆阿勒泰工业用呢有限责任公司
新疆维吾尔自治区伊犁哈萨克自治州阿勒泰地区阿勒泰市红墩路 4 号

邮编：836500
电话：0906－2312010、2312355、1809962118
网址：www. meitai-felts. com
邮箱：xjgyyn@ 126. com
产品：单、双、多层底网造纸毛毯

国内造纸化学品企业名录

Directory of Domestic Papermaking Chemicals Enterprises

北 京 市

瓦克化学(中国)有限公司北京分公司
北京市朝阳区太阳宫中路12号太阳宫大厦1108室
邮编：100028
电话：010－84439700
传真：010－67877107
网址：www.wacker.com
邮箱：Jenny.xiao@wacke.com
产品：VAE乳液、聚合物树脂、多晶硅、聚乙烯醇溶液、硅烷及硅酸盐、有机硅树脂等

陶氏化学(中国)投资有限公司北京分公司
北京市东城区东长安街1号东方广场东方经贸城西三办公室11层1101室
邮编：100738
电话：010－85279203
传真：010－85279299
网址：www.dow.com
邮箱：HXCHEN@dow.com
产品：丁苯胶乳、造纸用杀菌剂

恩赛华垦(北京)科技有限公司
北京市大兴区庞各庄镇东中堡村村委会西北方向500米
邮编：102601
电话：13301208768
邮箱：1259891234@qq.com
产品：化工产品

中粮集团有限公司
北京市朝阳区朝阳门南大街8号中粮福临门大厦
邮编：100020
电话：010－85006688
传真：010－85612800
网址：www.cofco.com
邮箱：cofco-news@cofco.com
产品：玉米淀粉、L乳酸

杜邦中国集团有限公司北京分公司
北京市朝阳区建国路91号金地中心A座18层
邮编：100022
电话：010－85571000
传真：010－85571888、85571999
网址：www.dupont.com
邮箱：amy.zeng@dupont.com
产品：纸浆、纸张防油剂、化工制剂

北京兴美亚化工有限公司
北京市朝阳区北苑路170号凯旋城3号楼C座2002
邮编：100101
电话：010－59273092
传真：010－59273091
网址：www.xmyhg.com
邮箱：wlh@xmyhg.com
代理：罗地亚、陶氏化学等公司助剂

巴斯夫(中国)有限公司北京分公司
北京市朝阳区东三环北路霞光里18号1号楼A座25层BCDE单元
邮编：100027
电话：010－56831500
传真：010－56831751
网址：www.greater-china.basf.com
邮箱：grace.zhang@basf.com
产品：化学品、功能性聚合物、特性化学品、聚氨酯

信汇集团
北京信汇生物能源科技有限公司
北京市海淀区西小口路66号东升科技园北领地C1三层
邮编：100192
电话：010－82156616
传真：010－82156606
网址：www.cenway.com
邮箱：dyestuff@cenway.com
产品：液体荧光增白剂、直接染料、酸性染料

诺维信(中国)投资有限公司
北京市海淀区上地信息路14号
邮编：100085
电话：010－62987888
传真：010－62981281
网址：www.novozymes.com
邮箱：jia@novozymes.com
产品：造纸工业酶制剂等

北京施澳德瑞科技有限公司
北京市大兴区旧桥路25号院2号楼9层903
邮编：100076
电话：010－87877215、63031356
传真：010－63031356
邮箱：shifangwu@126.com
产品：销售化工产品

北京达瑞森化工有限责任公司
北京市通州区永乐店工业开发区东路 1 号
邮编：101105
电话：010－51674293、51674259
邮箱：fbt6637_ cn@ sina. com
产品：聚丙烯酰胺粉末状(液状)絮凝剂、造纸分散剂、纸张增强剂、助留助滤剂

北京瑞普特商贸有限公司
朝阳区西大望路 27 号
北京市平谷区平谷镇西寺渠村
邮编：100021
电话：010－87704710、13439605558
传真：010－67768643
邮箱：943795495@ qq. com
产品：白乳胶、聚乙烯醇

北京恒聚化工集团有限责任公司
北京市通州区漷县工业开发区
邮编：101109
电话：010－80589588
传真：010－80587077
网址：www. hengju. com. cn、www. hengju. cn
邮箱：hengju@ hengju. com. cn
产品：助留助滤剂、增强剂、聚合氯化铝、絮凝剂、聚丙烯酰胺

北京天使专用化学技术有限公司
北京市通州区工业开发区广源东街 4 号
邮编：101114
电话：010－61502710
传真：010－61503113
邮箱：ning_ yu@ solenis. com
产品：助留助滤剂、纸张干强剂、还原性漂白剂、消泡剂、除气剂、多功能水质稳定剂、絮凝剂

北京昌化精细化工厂
北京市昌平区阳坊镇中心南街 37 号
邮编：102205
电话：010－66758087
邮箱：bjchwhd@ 126. com
产品：卡波树脂增稠剂、防腐杀菌剂、消泡抑泡剂

北京天擎化工有限公司
北京市平谷区中关村科技园区平谷园兴谷 A 区兴谷西路 3－5 号
邮编：101200
电话：13718775727
邮箱：22948751@ qq. com
产品：纸浆防腐剂、造纸污泥及沉淀物控制剂、纸机系统清洗助剂、造纸网毯保洁剂、浆块及树脂障碍控制剂

北京众城建材集团有限公司
(原北京市化工建材厂)
北京市密云区国际游乐场南
邮编：101500
电话：010－89031991、89031998
传真：010－89031992
网址：www. bjhj. cn
邮箱：sale@ bjhj. cn
产品：超细碳酸钙

北京东方亚科力化工科技有限公司
(北京化学工业集团有限责任公司旗下)
北京市通州区张家湾镇通州工业开发区光华路 16 号 B 栋 3 层 010 号
邮编：101104
电话：010－61567412
传真：010－61567410
邮箱：yklcwb@ 163. com
业务：化工产品的技术开发、技术转让、技术咨询

双日(中国)有限公司
北京市朝阳区曙光西里甲 5 号凤凰置地广场 H 座写字楼 8 层
邮编：100028
电话：010－57322500
传真：010－56383093
网址：www. sojitz. cn
产品：化工、合成树脂

北京柯斯元科技有限公司
北京市通州区中关村科技园区通州园金桥科技产业基地景盛南四街 15 号 28 号楼
电话：010－59770506、17718501080
网址：www. kesiyuan. com
邮箱：sales@ kesi-security. com
产品：变色纤维、放大识别防伪标签、特种纸防伪标签、纹理防伪标签、防伪纤维产品

北京汇能橡塑化工有限公司
北京市房山区启航国际天星街 1 号院 14 号楼西区 1613 室
北京市房山区城关镇洪寺村北(生产基地)
电话：010－89369577

邮编：102488
传真：010－60305918
网址：www. bjhnxs. com. cn
产品：合成树脂

北京兴普精细化工技术开发有限公司
北京市昌平区城区镇白浮泉路1号
邮编：102200
电话：010－82369759、62311765
邮箱：panzhuo. ripp@ sinopec. com
产品：化学助剂

天　津　市

天津市合成材料工业研究所有限公司
天津市河西区洞庭路29号
邮编：300220
电话：022－28341651
传真：022－28340113
网址：www. tsmri. cn
邮箱：tonerchem@ tsmri-bh. com
产品：阳离子表面施胶剂、阳离子中性施胶剂、湿强剂等

天津市中兴天泰科技发展有限公司
天津市滨海新区大港海洋石化科技园区
邮编：300270
电话：022－63234988、18087728878
传真：022－63234988
邮箱：ly@ 163. com
产品：多硫化钠蒸煮助剂、防腐杀菌剂

天津迪赛福商贸有限公司
（原天津迪赛福技术有限公司）
天津市滨海新区大港经济开发区仁祥街186号
邮编：300270
电话：022－63100717、18920459488
邮箱：18920459488@ 163. com
产品：工业杀菌剂、脱硫剂生产及技术开发

天津赛菲化学科技发展有限公司
天津赫普菲乐新材料有限公司
天津市武清区曹子里镇正华道2号增1号207室
邮编：301727
电话：022－82910355
传真：022－23062515
网址：www. surfychem. com
邮箱：shane@ surfychem. com
产品：水性分散剂、消泡剂

诺维信（中国）生物技术有限公司
天津市经济技术开发区南海路150号
邮编：300457
电话：022－25322062
传真：022－25322064
网址：www. novozymes. com
邮箱：mxu@ novozymes. com
产品：造纸工业酶制剂

天津市尤奈特科技发展有限公司
天津市南开区华苑产业区物化道2号A座3065室
邮编：300384
电话：022－23728608、15522206969
传真：022－23728608
邮箱：1789494951@ qq. com
产品：防水剂、纸箱防潮剂、阻燃剂、特种纸防油剂、杀菌灭藻剂

天津市昌维生物科技有限公司
天津市津南经济开发区（西区）香港街3号A座405－147
邮编：300500
电话：022－84459017
传真：022－84459017
邮箱：cw@ changzyme. com
产品：生物酶加工

天津亚东集团
天津市亚东化工有限公司
天津市滨海新区（大港）中塘镇东河筒村
邮编：300221
电话：022－63132064
传真：022－63131296
网址：www. yadongchem. com
邮箱：yadongchem@ tjyadong. cn
产品：直接染料、纸用染料、活性染料

天津市雄冠科技发展有限公司
天津市滨海新区海滨街道南春园小区原钻井二公司小学院内
邮编：300405
电话：022－86852685、86852666
传真：022－86852381
网址：www. xgkj. com
邮箱：zuoyarong@ xgkj. com. cn
产品：废纸脱墨剂、造纸毛毯清洁剂、消泡剂GPS系

列、抑泡剂 PS 系列

中海油天津化工研究设计院
天津市红桥区丁字沽三号路 85 号
邮编：300131
电话：022 - 26689009、26689058
传真：022 - 26689070、26689067
网址：www. trici. cn
邮箱：trici_ cnooc@ 163. com
产品：分散剂、絮凝剂、清洗剂、杀菌剂

天津天女化工集团股份有限公司
天津市河东区八经路 68 号
邮编：300012
电话：022 - 84783830、84781332
传真：022 - 84783658
网址：www. angeichem. com
邮箱：postmaster@ angeichem. com
产品：颜料、表面活性剂

天津达一琦精细化工有限公司办事处
天津市南开区水上公园路 46 号
邮编：300480
电话：022 - 67162002
传真：022 - 67162001
产品：造纸助剂、脱墨剂、表面活性剂

中化塑料有限公司天津分公司
天津市河西区南京路 58 号
邮编：300042
电话：022 - 58536349
邮箱：huixiaoyi@ sinochem. com
产品：染料、颜料、助剂(荧光增白剂、阻燃剂、硅油)

天津市祥瑞染料有限公司
天津市河西区洞庭路美年广场 4 座 11 层 05(办公)
天津市西青经济技术开发区大寺工业园区鸿泽路 21 号(工厂)
邮编：300385
电话：022 - 23973592、87920609
传真：022 - 23882789
网址：www. xiangruidye. com
邮箱：liudehai@ xiangruidye. com
产品：直接染料、酸性染料、碱性染料

双日(中国)有限公司 天津分公司
天津市和平区南京路 75 号 天津国际大厦 1910 室
邮编：300050
电话：022 - 23312202
传真：022 - 23314693
网址：www. sojitz. cn
产品：化工、合成树脂

天津市轻工业化学研究所有限公司
天津市津南区双港柳林东津沽路北
邮编：300222
电话：022 - 28342791、18920783970
邮箱：bingxuemimi@ 126. com
产品：精细化工产品制造

河　北　省

石家庄市

石家庄通力化学品有限公司
河北省石家庄市鹿泉区北降壁
邮编：050225
电话：0311 - 83823893
传真：0311 - 83823893
邮箱：309183213@ qq. com
产品：湿强剂，助留增强剂，AKD 中、碱性施胶剂，消泡剂等

石家庄市乔多造纸化工助剂有限公司
河北省石家庄市新华区中华北大街 298 号颐宏大厦 02 单元 0816
邮编：050061
电话：0311 - 87721245、13833175940
传真：0311 - 87709314
邮箱：1467713860@ qq. com
产品：湿强剂、漂白助剂、助留剂、消泡剂、分散剂、荧光增白剂 VBL 等

石家庄德旺科技有限公司
河北省石家庄市元氏县天山国际制造产业园伟业路 1 号
邮编：051130
电话：0311 - 84531706、13731103560
传真：0311 - 83993905
网址：www. wangzhitech. com
邮箱：707238527@ qq. com
产品：表面施胶剂、中性胶、高效助留剂

河北星宇化工有限公司
河北省石家庄市鹿泉区获鹿镇石柏南大街 9 号
邮编：050200

电话：0311－69122813、69122831、69122926、13284485526
传真：0311－69122838、69122813
网址：www. xingyuchem. com
邮箱：jacky@ xingyuchem. com
产品：荧光增白剂及其中间体系列、碱性染料及其中间体系列、二氧化硫脲

石家庄市三兴钙业有限公司
河北省石家庄市井陉县北固底工业区
邮编：050300
电话：0311－82359777、18631145438、13473787469
传真：0311－82359555
网址：www. sjzssxgy. com
邮箱：sjzssxgy@ 163. com
产品：轻质碳酸钙、轻质活性碳酸钙、沉淀碳酸钙

石家庄冀亨助剂有限公司
河北省石家庄市赵县新寨店工业区
邮编：051530
电话：0311－85941169、13932106423
传真：0311－85941136、67660963
网址：ww. hbjh. com. cni
邮箱：sjyhgyshe@ 163. com
产品：湿强剂、AKD 等造纸助剂

晋州市富强精细化工有限公司
河北省晋州市后彭头工业开发区
邮编：052260
电话：0311－84358066
传真：0311－84359666
网址：www. cellulose-cn. com
邮箱：fuqiang@ cellulose-cn. com
产品：非离子型纤维素醚、阳离子醚化淀粉、表面施胶淀粉、磷酸酯淀粉、增强助留剂

晋州市大成变性淀粉有限公司
河北省晋州市后彭头工业开发区
邮编：052260
电话：0311－84359111
传真：0311－84359555
网址：www. dachengcn. cn
邮箱：dacheng@ dachengcn. cn、dc@ dachengcn. cn
产品：氧化淀粉、阳离子淀粉、表面施胶剂、助留剂、蜡乳液等

晋州市三木助剂纸品厂
河北省晋州市总十庄镇东台工业开发区
邮编：052260
电话：0311－84301148
传真：0311－84301138
邮箱：10753985262@ qq. com
产品：AKD 蜡粉、AKD 中性施胶剂、PAW 湿强剂、助留剂、烘缸剥离剂等

晋州市荣达建筑科技有限公司
（原晋州万达纸业材料有限公司）
河北省晋州市总十庄镇总十庄村村北
邮编：052261
电话：0311－84301296
传真：0311－84301296
产品：中性施胶剂、PAE 湿强剂、AKD 乳液、阳离子松香胶、阳离子松香胶乳化剂

河北兴泰纤维素有限公司
河北省晋州市小樵开发区
邮编：052260
电话：0311－85128833、1383210317、18931111383
传真：0311－85125050、84404728
网址：www. heber. cn、www. xingtalxws. com
邮箱：youlangte@ yahoo. com. cn、hbxtxws666@ 126. com
产品：羧甲基纤维素、羟丙基甲基纤维素等

河北省晋州市染化厂
石家庄市中汇化工有限公司
河北瑞兴进出口有限公司
河北省石家庄市广安大街 77 号安侨商务 1002 室
邮编：050011
电话：0311－85520176、85520177、85520178
传真：0311－85520175
网址：www. zhonghuidyes. com、www. risingdyes. com
邮箱：yanhui@ zhonghuidyes. com
产品：直接染料、碱性染料、酸性染料

唐山市

唐山奥东化工有限公司
河北省唐山市唐海县孙家林北
邮编：063200
电话：0315－8713056、8711511
传真：0315－8711512
邮箱：adk100@ tom. com
产品：荧光增白剂，阴离子松香系列中性施胶剂，阳离子松香系列施胶剂，AKD 中、碱性施胶剂

唐山天盈化工有限公司
河北省唐山市古冶区京华道北
邮编：063100
电话：0315－3533257、3530191
产品：超细碳酸钙

玉田县天源造纸助剂材料制造有限公司
河北省唐山市玉田县青庄坞村
邮编：064105
电话：0315－6563226、13933306898
产品：聚合氯化铝液体、聚丙稀酰胺液体

秦皇岛市

秦皇岛市金佳絮凝剂有限公司
河北省秦皇岛市高新经济技术开发区昆仑山北路 1 号
邮编：066004
电话：0335－8017709、8017706
传真：0335－8500609
网址：www. jinjiaxnj. com
邮箱：jinjiaxnj@ 163. com
产品：羟丙基瓜尔胶、聚丙烯酰胺助留剂、助滤剂

邯郸市

河北信佳生物淀粉科技有限公司
河北省邯郸市成安县邯大路南城西工业小区
邮编：056700
电话：0310－5231201、5231206
传真：0310－5231200
邮箱：530603760@ qq. com
产品：复合改性淀粉辅料（造纸表面施胶机）、阳离子改性淀粉辅料（造纸浆内添加及涂布）

河北汇泉化工科技有限公司
邯郸汇泉造纸助剂加工有限公司
河北省邯郸市滏东北大街远大国门 A 座 1702 室
邮编：056001
电话：0310－3185820、13832072779
传真：0310－3187827
网址：www. hbhqhgkj. com
邮箱：hdhuiquan@ 126. com
产品：造纸助剂

邢台市

沙河市矿产品加工厂
河北省沙河市桥东大街路南
邮编：054100
电话：0319－8802504
产品：涂布瓷土、超细碳酸钙

沙河市白错利恒造纸瓷土厂
河北省沙河市八里庄村西
邮编：654100
电话：031－872871、13623290251
业务：造纸瓷土加工、销售

沙河市远辉造纸瓷土厂
河北省沙河市白错村北
邮编：054102
电话：0319－8891056、13198861361
业务：造纸瓷土加工、销售

沙河市富源造纸瓷土厂
河北省沙河市新城镇新城村东
邮编：054102
电话：0319－8886925
产品：造纸瓷土、涂布纸

沙河市顺达造纸瓷土厂
河北省沙河市白错村东北（沙河市第二运输公司院内）
邮编：054102
电话：0319－8889256
传真：0319－8889256
邮箱：13653337518@ 139. com
业务：瓷土加工

邢台文源染料有限公司
河北邢台市南和县三召乡工业区
邮编：054499
电话：13931956850、13503196786
网址：www. wenyuanranliao. cn
产品：各种造纸染料

沙河市造纸瓷土有限责任公司
河北省沙河市京广路 72 号
邮编：054100
电话：0319－8822192
产品：造纸瓷土产品、涂料

保定市

保定市徐水区双圆纤维素厂
河北省保定市徐水县漕河镇河西村
邮编：072556

电话：0312－85202406
产品：羧甲基纤维素、羧甲基淀粉、变性淀粉、氧化淀粉、阳离子淀粉等

保定市阳光精细化工有限公司
河北省保定市徐水县107国道徐水收费站北侧
邮编：072556
电话：0312－8502325、8505605
传真：0312－8505606
邮箱：lvan0514@126.com
产品：造纸防腐杀菌剂

沧州市

沧州康宏化工有限公司
河北省沧州市献县河街支路8号(老化肥厂院内)
邮编：062250
电话：0317－4601777
传真：0317－4601666
网址：www.kanghongchem.com
邮箱：khhg2016@126.com
产品：羟基丁苯胶乳、丁二烯、苯乙烯、丙烯酸

河北昊泽化工有限公司
河北省沧州市临港经济技术开发区西区化工大道以南、经四路以东
邮编：061108
电话：0317－5838277、5601366
传真：0317－5838277、5601369
网址：www.haozechem.cn
邮箱：hebeihaozehuagong@163.com
产品：羧基丁苯胶乳、纯丙胶乳、醋丙胶乳、苯丙胶乳、水性粘合剂、丁腈胶乳、液体橡胶、固体热熔胶(特种橡胶)

河北威尔化工有限公司
河北省河间市束城工业园区
邮编：062450
电话：0317－3219668、3219588、15622233566
传真：0317－3219778
产品：改性造纸施胶剂、湿强剂、干强剂

任丘市万方化工有限公司
河北省任丘市辛安庄工业区
邮编：062555
电话：0317－2225851、13333363038
传真：0317－2212299、2913788
产品：聚丙烯酰胺、分散剂、复合型高效废水处理剂、絮凝剂、聚丙烯酸钠

廊坊市

廊坊市盛源化工有限责任公司
河北省廊坊市开发区鸿润道20号
邮编：065001
电话：0316－6070320、6070319、6086611
传真：0316－6060808
网址：www.lfsychem.com
邮箱：service@lfsychem.com
产品：干、湿增强剂，聚丙烯酰胺，助留剂，助滤剂，分散剂，废水处理剂、染料

文安县亿源化工有限公司
河北省廊坊市文安县孙氏镇四村
邮编：065812
电话：0316－5011968、5012199
传真：0316－5012368
产品：造纸专用分散剂、造纸助剂、废水处理剂，并代理日本三井株式会社产品

廊坊亚太龙兴化工有限公司
河北省廊坊市大城县东汪工业园
邮编：065903
电话：0316－5708338、5706548
传真：0316－5709699、5706338
网址：www.ytlx-chem.com
邮箱：15128678801@163.com、13833673703@163.com、ytlxchem@163.com
产品：氯化钙、高纯度硫酸亚铁

山　西　省

太原市

山西长庆化工有限公司
山西省太原市晋源区西峪西街琳龙苑小区西侧100米处
邮编：030001
电话：0351－4050417、13834241203
传真：0351－4168444
邮箱：253817331@qq.com
产品：钛白粉

晋城市

晋城市思科煅烧高岭土有限公司
山西省晋城市泽州县川底乡下麓工业园

邮编：048019
电话：0356－3824342
传真：0356－3824706
网址：www. sxsike. ypb. cn
邮箱：836229660@ qq. com
产品：轻、重质碳酸钙，煅烧高岭土

晋中市

山西琚丰新材料科技有限公司
（原山西琚丰高岭土有限公司）
山西省晋中市山西示范区晋中开发区汇通产业园区兴业街 320 号
邮编：030600
电话：0354－2666606、2666608
传真：0354－2666607
网址：www. sxjufengkj. com
邮箱：2461770665@ qq. com
产品：煅烧高岭土

忻州市

山西金洋煅烧高岭土有限公司
山西省忻州忻府区京原路兰村乡北场村
邮编：034001
电话：0350－2641111、2136542
传真：0350－2136958、2136245
网址：www. jinyanggaolintu. com
邮箱：385112061@ qq. com
产品：涂布级煅烧高岭土

内蒙古自治区

鄂尔多斯市

内蒙古蒙西高岭粉体股份有限公司
内蒙古自治区鄂尔多斯市鄂托克旗碱柜镇 110 国道东千钢路北
邮编：016062
电话：0473－2552358、0477－8966679、15774775121
邮箱：654858429@ qq. com
产品：高岭土

内蒙古鹏博高岭土有限责任公司
内蒙古自治区鄂尔多斯市准格尔旗薛家湾镇工业开发区
邮编：010300
电话：15149516555
邮箱：1243851198@ qq. com
产品：高白度煅烧高岭土

内蒙古乌海亚东精细化工有限公司
内蒙古自治区乌海市海南区经济开发区（西来峰项目区）
邮编：016030
电话：0473－3138777
传真：0473－3138555
网址：www. yadongchem. com
邮箱：1052240391@ qq. com
产品：染料

阿拉善市

内蒙古新亚化工有限公司
内蒙古自治区阿拉善市盟腾格里经济技术开发区经五路以东（纬十一路以北）
邮编：750314
电话：0483－8692255
传真：0483－8692200
网址：www. yadongchem. com
邮箱：13629557818@ 163. com
产品：染料

辽　宁　省

沈阳市

诺维信（沈阳）生物技术有限公司
辽宁省沈阳市经济技术开发区沧海路 39－1 号
邮编：110141
电话：024－25813137
传真：024－25813147
网址：www. novozymes. com
邮箱：nxma@ novozymes. com
产品：造纸工业酶制剂

大连市

大连星原精细化工有限公司
辽宁省大连市西岗区新开路 99 号珠江国际大厦 1205 室
邮编：116011
电话：0411－83702309、83702329
传真：0411－83702319
网址：www. dlxingyuan. com
邮箱：info@ dlxingyuan. com

工程楼
邮编：510640
电话：020－87112614、87112982
传真：020－87113840
网址：www. pperc. com
产品：成形器、技术服务

广州市番禺市沙西造纸机械有限公司
广东省广州市番禺区沙湾镇拱桥路 1 号
邮编：511483
电话：020－84732328
产品：碎浆机、分离机、打孔机

中国轻工业广州工程有限公司
广东省广州市创启路 63 号清华科技园 9 号楼（办公地址）
广东省广州市盘福路医国后街 1 号（注册地址）
邮编：511447
电话：020－81326513
传真：020－81325759
网址：www. gdecn. com
邮箱：gzgs@ gdecn. com
业务：工程设计、工程咨询、工程管理

广东省轻纺建筑设计院有限公司
广东省广州市越秀区东风东路 744 号
邮编：510080
电话：020－87621909
传真：020－87621911
网址：gladi. website6534. yizhanwei. com
邮箱：641840468@ qq. com
业务：工程设计、工程咨询、工程管理

广州约顿电子科技有限公司
广东省广州市天河区车陂大岗路 18 号 1020 房
邮编：510000
电话：020－28065028、82003423
传真：020－28065018
产品：恒温恒湿空调机

瑞辰星生物技术（广州）有限公司
（原广州瑞辰盛达生物技术有限公司）
广东省广州市黄埔区开源大道 11 号 B5 栋第一层至第二层
邮编：510530
电话：020－32203968
传真：020－32203392
网址：www. risingstar-biotech. com
邮箱：rcsd118@ 163. com
产品：聚能酶 TM 纤维改性技术

奥伯尼国际（中国）有限责任公司
广东省广州市番禺区化龙镇工业路
邮编：511434
电话：020－39225091
网址：www. albanydoors. com
邮箱：Wenying. Xu@ albint. com
产品：化纤织造

合众创亚（广州）包装有限公司
（原国际纸业（广州）包装有限公司）
广东省广州市新滘仑头村工业区 2 号
邮编：510320
电话：020－34088208
邮箱：Fortune. Yan@ ucpsolution. com
产品：瓦楞纸箱、纸板

广州市同昌纸品有限公司
广东省广州市花都区莲塘村
邮编：510800
电话：020－36822020、36822198
产品：瓦楞纸板、纸箱

广州市浚龙贸易有限公司
广东省广州市番禺区沙头街禺山西路 329 号 1 座 202 号
邮编：510000
电话：020－34733083、18926214427
传真：020－34736613
邮箱：pywscw@ 163. com
产品：衬纸、环保纸、丝毛棉、稻香纸、纯质纸、莱妮纹、云彩纸、虎皮纹、自在纹、古石纹、色书纸、彩色描图纸、牛油纸

广州市百孚纸业有限公司
广东省广州市增城区新塘镇甘湖工业区
邮编：511340
电话：020－66265114
邮箱：897550995@ qq. com
产品：特种纸

上海思百吉仪器系统有限公司广州分公司
广东省广州市天河路 240 号丰兴广场 C 座 22 楼
邮编：510620
电话：020－28873800
传真：020－28873848

产品：异噻唑啉酮、有机溴等系列杀菌防腐剂

大连汇邦化学有限公司
辽宁省大连市甘井子区玉境路 74 号 1－6
邮编：116038
电话：13840816566
邮箱：975026126@ qq. com
产品：防腐剂、杀菌灭藻剂、水处理剂、防霉剂、杀菌剂、异噻唑啉酮

双日(大连)有限公司
辽宁省大连市西岗区中山路 147 号森茂大厦 7 层
邮编：116011
电话：0411－83601177
传真：0411－83607708
网址：www. sojitz. cn
产品：化工、合成树脂

鞍山市

合山化工(辽宁)有限公司
辽宁省海城市经济技术开发区黄河大街 5 号
邮编：114200
电话：0412－3600699
传真：0412－3600325
网址：www. microstone. cn
邮箱：microstone@ 126. com
产品：超细碳酸钙粉、超微细造纸滑石粉

海城市合成微细钼石粉厂
辽宁省海城市牌楼镇北铁村滑石工业区
邮编：114207
电话：13841222785
邮箱：547897179@ qq. com
产品：滑石粉、轻烧镁粉、氧化镁粉、硅石粉、重质碳酸钙粉

辽宁东宇化矿集团有限公司
辽宁东宇新材料有限公司
辽宁省海城市英落镇草庙工业园
邮编：114213
电话：0412－3199680、3199683、4000412126
网址：www. cnlndy. com
邮箱：xnxr@ 163. com
产品：滑石粉

海城市天瑞滑镁制品有限公司
辽宁省鞍山市海城市兴海管理区铁西街兴工委 65 栋 1 号
邮编：114200
电话：13238177599、13998010576
网址：www. mhsytalc. com
邮箱：648290063@ qq. com
产品：造纸级滑石粉、涂料级滑石粉

海城市他山滑石粉厂
辽宁省海城市感王镇他山村
电话：0412－3798028、13104224338
网址：www. tshsf. con
邮箱：tshsf@ tshsf. com
产品：滑石粉

辽宁艾海滑石份有限公司
辽宁省海城市马凤镇范家堡
电话：0412－3268999、3268928
网址：www. aihaitalc. com
邮箱：zhoujm@ aihaitalc. com
产品：滑石粉

海城市品扬滑石矿业有限公司
辽宁省海城市英落镇赵卜村
电话：0412－3271422
网址：www. pinyangtalc. com
邮箱：13065490999@ 163. com
产品：滑石粉

辽宁海城越芳矿产粉体制造有限公司
辽宁省海城市英落镇草甸村
电话：0412－3729882
传真：0412－3729882
网址：www. yfmining. com
邮箱：1789016669@ qq. com
产品：滑石粉

抚顺市

佳化化学股份有限公司
辽宁省抚顺市顺城区方晓工业园
上海市浦东新区锦康路 258 号陆家嘴世纪金融广场 1201&1204 室(客户服务中心)
电话：4001263636
网址：www. jiahua-china. com
邮箱：sales@ jiahua-china. com
产品：表面施胶

锦州市

辽宁沈宏集团股份有限公司
锦州宏塔高岭土开发有限公司
辽宁省凌海市班吉塔镇(锦朝高速公路路口)
邮编：121225
电话：0416－8840495、8845688
传真：0416－8840495
邮箱：369179517@qq.com
产品：超细煅烧高岭土、耐火级煅烧高岭土

辽阳市

辽宁佳龙化工集团有限公司
(原辽阳佳龙化工有限公司)
辽宁省辽阳市南常路58号
邮编：111003
电话：0419－2385858、15241985858
传真：0419－2385858
网址：www.jialonggroup.cn
邮箱：3389829100@qq.com
产品：抗水剂(改性三聚氰胺甲醛树脂)、无醛抗水剂、分散剂

辽宁科隆精细化工股份有限公司
辽宁省辽阳市宏伟区万和七路36号(公司总部)
辽宁省辽阳市宏伟区东环路8号
邮编：111003
电话：0419－5589880、40015556878
传真：0419－5589837
网址：www.kelongchem.com
产品：反应型乳化剂、表面活性剂

辽阳奥克化学股份有限公司
辽宁省辽阳市宏伟区万和七路38号
邮编：111003
电话：0419－5160978、5161428
传真：0419－5314298
网址：www.oxiranchem.com
产品：OX消泡剂系列、脱墨剂

辽宁华兴集团化工股份公司
辽宁省灯塔市西马镇新生开发区
邮编：111302
电话：0419－2702699、8321888
传真：0419－8320808
邮箱：278032647@qq.com
产品：废纸脱墨剂、脂肪醇、脂肪醇聚氧乙烯醚、壬基酚聚氧乙烯醚、聚乙二醇

盘锦市

盘锦兴建助剂有限公司
辽宁省盘锦市兴隆台区工业开发区
邮编：124010
电话：13942736677
邮箱：330622894@qq.com
产品：聚丙烯酰胺助留剂、助滤剂、干/湿增强剂、净水剂

辽宁赛菲化学有限公司
辽宁省盘锦市辽东湾新区精细与石油化工园区峨嵋街与闾山路交口
电话：022－82910322、18622186875
网址：www.surfychem.com
邮箱：hanwei@surfychem.com
产品：水性分散剂、消泡剂

铁岭市

铁岭纸缘科技有限公司
辽宁省铁岭市清河区向阳街货郎屯村
邮编：112003
电话：13604103588
邮箱：165204910@qq.com
产品：增强助留剂(阳离子淀粉)、烘缸剥离剂、PAE造纸湿强剂、中性施胶剂、废纸脱墨剂、瓦楞原纸增强剂

吉　林　省

长春市

吉林省正豪改性淀粉科技开发有限公司
吉林省长春市高新技术产业开发区创新路761号
邮编：130012
电话：0431－81076900、13844832181
传真：0431－86773875
网址：www.jilinzh.com
邮箱：ccyuhuai2005@sina.com
产品：酯化淀粉、氧化淀粉、酸变性淀粉

吉林中粮生化能源销售有限公司
吉林省长春市解放大路2677号光大大厦20层
邮编：130033

电话：0431－81891278
传真：0431－81891278
网址：www. cofco. com
邮箱：xunan@ cofco. com
产品：玉米淀粉

吉林中粮生化有限公司
吉林省长春市经济技术开发区仙台大街 1717 号
邮编：130033
电话：0431－85883055
网址：www. cofco. com
邮箱：zhangyuchi@ cofco. com
产品：玉米及其深加工方面的工程化研究、技术开发、信息咨询及产品检测

长春大成实业集团有限公司
吉林省长春市西环城公路 886 号
邮编：130062
电话：0431－81133111、87879944
传真：0431－87870773
网址：www. ccdacheng. com
邮箱：2323845648@ qq. com
产品：表面施胶剂、喷淋淀粉、涂布淀粉、浆内添加淀粉

长春市大地精细化工有限责任公司
吉林省长春市二道区三道镇卫星工业小区
邮编：130123
电话：17804312934
邮箱：1132603226@ qq. com
产品：化学助剂、精细化工产品

吉林市

吉林市莲花化工厂
吉林省吉林市昌邑区珲春北街 6 号 2 号厂房
邮编：132001
电话：0432－62430720
邮箱：1042129428@ qq. com
产品：蒸煮助剂

松原市

嘉吉生化有限公司
(原华润赛力事达玉米工业有限公司)
吉林省松原市经济技术开发区江南工业园区
邮编：138000
电话：0438－2779061、2779096
传真：0438－2779027、2779063
邮箱：ping_ yu@ cargill. com
产品：氧化淀粉、表面施胶剂、阳离子玉米变性淀粉

黑龙江省

牡丹江市

牡丹江市华新化工助剂有限责任公司
黑龙江省牡丹江市阳明区裕民路 159－1 号
邮编：157031
电话：0453－6380608
传真：0453－6380608
网址：www. huaxinchem. com. cn
邮箱：mdjyls@ 126. com
产品：造纸助剂

绥化市

兰西县国文造纸助剂加工厂
黑龙江省绥化市兰西县粮食路 118 号
邮编：151500
电话：0455－5620787
传真：0455－5620787
网址：www. guowenchem. com
产品：爆破制浆促进剂、蒸煮助剂、纸品挺硬剂、纸品拉力增强剂、消泡剂、脱墨剂

上 海 市

陶氏有机硅(上海)有限公司
(原道康宁(上海)有限公司)
上海市松江区荣乐东路 448 号
邮编：201613
电话：021－37741000、23065500、4000418388
传真：021－63507200、63512600
网址：www. dow. com
邮箱：fenglan. xu@ dow. com
产品：有机硅

上海吉康生化技术有限公司
中国(上海)自由贸易试验区临港新片区环湖西二路 888 号 A 楼 408 室
上海市黄家路 18 号 15 楼(中华路口)
邮编：200010
电话：021－63761515
传真：021－63767366
网址：www. shluckychem. com

邮箱：luo@ shluckychem. com
产品：热敏、压敏色素（结晶紫内酯），感光及电子化学品，染料，助剂

上海诺成药业股份有限公司
（原上海大宇生化有限公司）
工厂地址：上海市古浪路 1631 号
上海市淮海中路 887 号永新大厦 6007 室
邮编：200020
电话：021－64310031、64317611、64376567、64749208
传真：021－64379012
网址：www. nuopharm. com
邮箱：sales@ caco3. cn
产品：工业用碳酸钙系列产品

杜邦中国集团有限公司上海分公司特殊化学品部
上海市浦东新区张江高科技园科苑路 399 号 11 号楼
邮编：201203
电话：021－38622888、63866366－2007
传真：021－38622889
网址：www. dupont. com
邮箱：Techy-n. l. Du@ chn. dupont. com
产品：防油剂、大豆蛋白聚合物

索理思（上海）化工有限公司
中国（上海）自由贸易试验区马吉路 28 号东华金融大厦 20 层 2003F 室
邮编：201108
电话：021－54422323、54425533、54422085、80235650
传真：021－54424580
邮箱：JiZhang@ solenis. com
产品：水处理化学品与技术、造纸助剂

陶氏化学（中国）投资有限公司
上海市浦东张江高科技园区张衡路 936 号
邮编：201203
电话：021－23019436、38511000
传真：021－53535508、58951818
网址：www. dow. com
产品：丁苯胶乳、造纸用杀菌剂

池上交易株式会社
浪速包装（上海）有限公司
上海市黄浦区宁海东路 200 号申鑫大厦 1809 室
邮编：200021
电话：021－63743992、63743993
传真：021－63747978
网址：www. ikegamikoeki. com
邮箱：ikegamib@ public. bta. net. cn
产品：分散剂、脱墨剂、消泡剂、柔软剂、絮凝剂

名远化工贸易（上海）有限公司
上海市徐汇区肇嘉浜路 388 号华泰大厦 6B
邮编：200023
电话：021－63048833
传真：021－63048822
邮箱：cgshaccount01@ chemcentralgroup. com. cn
产品：湿部、施胶及涂布用淀粉，CMC，瓷土

圣诺普科（上海）贸易有限公司
中国（上海）自由贸易试验区富特北路 211 号 302 部位 368 室
邮编：200031
电话：021－64662391－106
传真：021－64662393
网址：www. sannopco-sh. com
邮箱：shen-y@ sannopco-sh. com
产品：消泡剂、抑泡剂、分散剂、润滑剂、分离剂

美鑫投资（中国）有限公司
上海市长宁区江苏路 369 号兆丰世贸大厦 7 楼 F 座
邮编：200050
电话：021－62093279
网址：www. mineralstech. com
邮箱：kenny. lin@ mineralstech. com
产品：轻质碳酸钙

星悦精细化工商贸（上海）有限公司
上海市静安区恒丰路 638 号 1201 室
邮编：200040
电话：021－52283211
传真：021－62187200
网址：www. seikopmc. co. jp
邮箱：yin-xianzhong@ seikopmc. co. jp
产品：抗水剂、表面施胶剂、干强剂

上海欣盛颜料化工有限公司
上海市松江区天马山镇经济开发区
邮编：201603
电话：13601734366
邮箱：370693179@ qq. com
产品：造纸调色剂、乳胶着色剂

上海恒谊化工有限公司
上海恒谊化工有限公司分公司
上海市青浦区工业园区郏一工业区 7 号 3 幢 1 层 H 区 121 室
嘉定区江桥镇华江路 668 弄 11 号 6 幢
邮编：201803
电话：021 - 59117391 - 8101
邮箱：13916567166@139.com
产品：湿强剂、干强剂、助留助滤剂、纸浆专用分散剂、苯丙乳液、烘缸剥离剂

上海埃格环保科技有限公司
上海市静安区共和新路 912 号 701A - 17 室
邮编：200431
电话：021 - 61390611、18621550669
网址：www.accele-tech.com
邮箱：zhuyq@accele-tech.com
产品：废水生化处理

上海湘宏化工有限公司
(原上海青草地环保科技有限公司)
上海市虹口区海伦路 178 号 3 楼
邮编：200086
电话：15961186328
邮箱：498701421@qq.com
产品：聚合硫酸镁、聚双酸铝铁、聚丙烯酰胺、复合混凝剂、高效脱色剂、钛白粉、造纸助留助滤剂

凯米拉化学品(上海)有限公司
中国(上海)自由贸易试验区富特北路 358 号 402 室
邮编：200233
电话：021 - 60375999
网址：www.kemira.com
邮箱：Communications_APAC@kemira.com
产品：助留剂、杀菌剂、毛毯清洗剂、固着剂、分散剂、AKD、ASA、松香施胶剂、水处理用化学剂

凯米拉(上海)管理有限公司
上海市徐汇区古美路 1528 号 6 幢 9 层
邮编：200233
电话：021 - 60375999
网址：www.kemira.com
邮箱：Communications_APAC@kemira.com
产品：施胶剂、助留剂、消泡剂、粘合剂

三井化学(中国)管理有限公司
(原三井化学(上海)有限公司)
上海市静安区恒通路 268 号凯德星贸大厦 2102 室
邮编：200070
电话：021 - 58886336
传真：021 - 58886337
网址：www.mitsuichemicals.cn
邮箱：shenqi@mcs.mitsui-chem.com
产品：助留剂、分散剂、高分子絮凝剂聚丙烯酰胺

上海谊久化工有限公司
上海市浦东新区行南路 1288 号 2 号门
邮编：200137
电话：021 - 50122360、18918588703
网址：www.19chem.com
邮箱：info@l9chem.com
产品：造纸专用阴离子、阳离子、非离子乳化蜡，造纸用特效防水剂，表面施胶乳化蜡，纸内施胶乳化蜡

上海新诺化工有限公司
上海舜雅化工有限公司
上海市奉贤区楚华北路 858 号
邮编：200417
电话：021 - 68660222
传真：021 - 58612099
网址：www.sinowax.com
邮箱：root@sinowax.com
产品：乳化蜡、施胶剂、防水剂、上光剂、分散剂

上海高桥-巴斯夫分散体有限公司
上海市浦东新区浦东北路 1929 弄 99 号
邮编：200137
电话：021 - 20680846
邮箱：hur@sgbd.com
产品：涂布用胶乳(羧基丁苯胶乳)、塑性颜料

巴斯夫(中国)有限公司
上海市浦东新区江心沙路 300 号
邮编：200137
电话：021 - 20391000
传真：021 - 20394306
网址：www.basf.com
邮箱：lydia.a.wang@basf.com
产品：化学品、功能性聚合物、特性化学品、聚氨酯

日华化学(中国)有限公司上海分公司
(原浙江日华化学有限公司上海分公司)
上海市松江区民益路 201 号 12 幢 301 室
邮编：201612
电话：021 - 54277300
传真：021 - 54277377

网址：www. nicca. cn
邮箱：f-wang@ niccachemical. com
产品：表面活性剂、螯合分散剂、低聚物分散剂、渗透剂、消泡剂、柔软剂、固色剂、平滑剂、防水剂

科莱恩化工(中国)有限公司
上海市长宁区临虹路 168 弄 2 号 4 层
邮编：200335
电话：021 - 22483000
网址：www. navigance. cn、www. clariant. com
邮箱：GTChinaAdmin@ clariant. com
产品：染料、增白剂、防油剂

巴斯夫特性产品有限公司
上海市漕河泾开发区田州路 99 号 13 号楼 202 室
邮编：200137
电话：021 - 38106331、20391072
邮箱：jessie. wei@ basf. com
产品：染料、助留助滤剂、涂布胶乳、施胶剂

上海东升新材料有限公司
上海市田林路 388 号 1 幢楼 7 层
邮编：200233
电话：021 - 64838680
传真：021 - 64518499
网址：www. dssun. com
邮箱：dssun@ dssun. com
产品：PCC、GCC、苯丙胶乳、瓜尔胶、干强剂、阴离子捕捉剂、AKD 中性施胶剂、分散剂、絮凝剂、脱墨剂、润滑剂

上海恩脉化学有限公司
上海恩脉实业有限公司
上海市宝山工业园上大路 218 号(生产地址)
上海市宝山区市台路 408 号 823 室(销售地址)
邮编：200436
电话：021 - 66516340、60962322、60962092
传真：021 - 56670591
网址：www. enmai888. com
邮箱：dfyu8728@ 126. com
产品：荧光增白剂、干强剂、湿强剂、中性施胶剂、表面施胶剂

上海浩天变性淀粉有限公司
上海市宝山区共康路 651 号
邮编：200443
电话：021 - 56416150
传真：021 - 56433814
邮箱：1807829713@ qq. com
产品：涂布淀粉系列、湿部淀粉、特种表面施胶淀粉

卡马斯化工(上海)有限公司
上海市松江区沪亭北路 78 号(翠立商务中心)313 室
邮编：201615
电话：021 - 37622595
邮箱：vickywu@ calmaxchemical. com
产品：毛毯、成形网、干网保洁剂、杀菌剂、消泡剂、抑泡剂、胶黏物处理剂

上海源泉石油化工有限公司
上海市浦东新区向城路 29 号 A27D
邮编：200122
电话：13916394777
邮箱：yqpcc@ 163. com
产品：淀粉、湿强剂、干强剂、表面施胶剂、湿强离解剂、高强表面增强剂

上海吉臣化工有限公司
上海市浦东新区金港路 333 号 1738 室
邮编：201206
电话：021 - 58341051、18917194316、18917198346
传真：021 - 58341052
网址：www. jichenchem. com
邮箱：jichen@ jichenchem. com
产品：烘缸剥离剂、干/湿强剂、脱墨剂、湿强解离剂、助留助滤剂、柔软剂、抗水剂、杀菌剂、水处理絮凝剂

上海联胜化工有限公司
上海市浦东曹路华东路 1259 弄 51 号
邮编：201209
电话：021 - 68680248、68681055
传真：021 - 68681497
网址：www. peo. com. cn、www. liansheng-chemical. com
邮箱：liansheng@ lainsheng-chemical. com
产品：PEO 分散剂、PEA 湿强剂、剥离剂、消泡剂、助留助滤剂、抗水剂、杀菌剂、水处理絮凝剂

上海天坛助剂有限公司
上海市星火开发区浦星公路 9500 号
邮编：201419
电话：021 - 57502198
传真：021 - 57502679
网址：www. chinasam. com
邮箱：atc@ chinasam. com
产品：BLA 液体增白剂、脱墨剂、柔软剂、涂料分散

剂、消泡剂、渗透剂

巴克曼实验室化工(上海)有限公司
上海市青浦工业区崧泽大道 8500 号
邮编：201707
电话：021 - 69210188
传真：021 - 69210500
网址：www. buckman. com
邮箱：hjxu@ buckman. com
产品：胶黏物控制酶、沉积物控制剂、蒸煮助剂、洗涤助剂、系统清洗与网毯保洁剂、湿部及涂料消泡剂、除垢剂、抑垢剂、助留助滤剂、干/湿强剂

久联化学工业(上海)有限公司
中国(上海)自由贸易试验区芬菊路 152 号
邮编：200131
电话：021 - 50481691
传真：021 - 50480635
网址：www. croslene. com
邮箱：chencaihua@ croslene. com
产品：造纸涂料、地毯背胶、食品包装用胶黏剂

上海湛和实业有限公司(总部)
上海市徐汇区南丹东路 188 号久隆大厦 21 层
邮编：200030
电话：021 - 64873737
传真：021 - 64873700
网址：www. zhanhegroup. com
邮箱：ly_ zhang@ zhanhegroup. com
业务：从事精细化学品国际贸易和研发

先拓新型材料(上海)有限公司(R&D)
上海市松江区民益路 201 号 19 幢 602 室
邮编：201612
电话：021 - 67898757、67898773
传真：021 - 67898837

上海先拓精细化工有限公司(生产基地)
上海市金山区金山卫镇金环路 650 号
邮编：201512
电话：021 - 37285700、37283738、37285660
传真：021 - 37285590

上海恒皓创新酰胺有限公司
上海市杨浦区定海港路 434 号
邮编：200090
电话：021 - 65660734
传真：021 - 65660735
邮箱：39506797@ qq. com
产品：聚丙烯酰胺系列产品

上海宏达着色剂厂
上海市共和新路 3737 号 B 栋 706 - 708 室
邮编：200435
电话：021 - 36360002
传真：021 - 66530468
邮箱：1399246954@ qq. com
产品：造纸用调色、增白剂

上海化工研究院有限公司
上海市普陀区云岭东路 345 号
邮编：200062
电话：021 - 52815377
传真：021 - 52808504
网址：www. srici. com
邮箱：sricibgs@ 126. com
产品：杀菌剂

上海碳酸钙厂有限公司
上海市嘉定区安亭镇翔方公路 2900 号
邮编：200025
电话：021 - 64158822、53530310
传真：021 - 64673933
网址：www. shcaco3. com
邮箱：sales8@ shcaco3. com
产品：造纸用碳酸钙

创恩国际贸易(上海)有限公司
上海市白兰路 137 号 B 座 2604 室
邮编：200063
电话：021 - 62863397
传真：021 - 62863389
网址：www. tronchemical. com. cn
邮箱：inquiry@ tronchemical. com
产品：瓷土、瓜尔胶、CMC、保水增稠剂、抗水剂、印刷适应改良剂、消泡剂

三菱商事(中国)有限公司
上海市浦东新区迎春路 96 号三菱商事办公楼
邮编：200127
电话：021 - 68543030
传真：021 - 68541911
网址：www. mitsubishicorp. com. cn
邮箱：dong. wu@ mitsubishicorp. com
产品：化学品

瓦克化学(中国)有限公司
上海市漕河泾开发区虹梅路 1535 号 3 号楼
邮编：200233
电话：021 - 61302000、8006279800
传真：021 - 61302500
网址：www. wacker. com
邮箱：cindy_ xie@ wacker. com
产品：造纸助剂

上海瑞治贸易有限公司
上海市长宁区遵义南路 8 号锦明大厦 5D
电话：021 - 62592075 62592076
传真：021 - 62592162
网址：www. mariocottach. com
邮箱：smsh@ switchmeans. com
产品：各类软性材料的复卷采裁切设备及配件，Mario Cotta 高速度裁切设备及其配件，Svecom 搬运系统、支撑机构、气涨轴、夹头，MB 大圆刀

上海格纳斯化工有限公司
上海市长宁区水城路 45 弄 21 支弄 31 号 501 室
邮编：200336
电话：021 - 54132280
传真：021 - 54132280
邮箱：byjcn@ 163. com
产品：杀菌剂、防腐剂、防霉剂、水处理剂

上海怡括贸易有限公司
上海市金山区廊下镇漕廊公路 6825 弄 504 号 319 室
邮编：201702
电话：021 - 56180872
产品：化工原料及产品

可乐丽国际贸易(上海)有限公司
上海市徐汇区虹桥路 3 号港汇中心二座 2307 单元
邮编：200030
电话：021 - 61198111/2305
传真：021 - 6198585
网址：www. kuraray-sh. com. cn
邮箱：liming_ zhu@ kuraray. co. jp
产品：聚乙烯醇、聚乙烯醇缩丁醛

惠彩化学材料(上海)有限公司
上海市漕河泾开发区钦州北路 1066 号 70 幢 8333 室
邮编：200233
电话：021 - 54037399、54039929
网址：www. hccchem. com
邮箱：yuqing@ hccchem. com
产品：助留助滤剂、消泡剂、絮凝剂、控制与定着剂、表面施胶剂、染料与颜料、羧基丁苯胶乳、丙苯胶乳

爱森(中国)絮凝剂有限公司
上海市北京西路 1465 号国立大厦 1401
邮编：200040
电话：021 - 52120049
传真：021 - 52120057
网址：www. snfchina. com
邮箱：shanghai. info@ snfchina. com
产品：絮凝剂

埃肯有机硅(上海)有限公司
(原蓝星有机硅(上海)有限公司)
上海市莘庄工业区金都路 3966 号
邮编：201108
电话：021 - 54426600
传真：021 - 54423733
网址：www. elkem-silicones. cn
邮箱：maria. shen@ elkem. com
产品：有机硅

栗田工业(大连)有限公司上海分公司
上海市长宁区长宁路 1133 号 3308、3309 室
邮编：200051
电话：021 - 58873948
传真：021 - 58876867
网址：www. kurita. cn
邮箱：kdcl@ kurita-chemical. com
产品：造纸助剂、造纸废水处理

宁柏迪特种化学(上海)有限公司
上海市化学工业区北银河路 100 号
邮编：201507
电话：021 - 67121696
邮箱：jany. gao@ lamberti-cn. com
产品：开发和生产染料、颜料、聚合物、聚合物添加剂、有机及无机粉末、表面活性剂、水处理剂

拓纳贸易(上海)有限公司
上海市吴中路 1099 号吴中商务大楼 701 - 704 室
邮编：201103
电话：021 - 61271988
传真：021 - 61202900
网址：www. tanatexchemicals. com
邮箱：zoey. zou@ tanatexchemicals. com
产品：化工产品的批发

路博润管理(上海)有限公司
上海市自由贸易试验区马吉路 28 号 15 层 1506A 室
邮编：201204
电话：021 - 38660366
传真：021 - 58876987
网址：www. lubrizol. com
邮箱：lily. wang@ lubrizol. com
产品：树脂、助剂、丙烯酸树脂、粘合剂

路博润特种化工制造(上海)有限公司
上海市松江区书慧路 300 号
邮编：201611
电话：021 - 37744888
网址：www. lubrizol. com
邮箱：martin. shi@ lubrizol. com
产品：树脂及基料、丙烯酸树脂、聚氨酯树脂、助剂及溶剂、防结皮剂、表面活性剂及分散剂、流变改进剂、流平剂、增滑助剂及滑润剂

盛禧奥聚合物(张家港)有限公司上海分公司
中国(上海)自由贸易试验区华佗路 68 号 10 幢
邮编：201203
电话：021 - 38520568、38520512
传真：021 - 38520601、33847657
网址：www. cn. trinseo. com
邮箱：angela. zhang@ trinseo. com
产品：丁苯胶乳

上海埃玛森化学品有限公司
上海市松江区乐都路 251 号 15C 座 1501 室
邮编：201600
电话：021 - 6209009
邮箱：guwenbiao@ amazon - papyrus. com
产品：树脂、沉积物控制剂、黄色染料及包裹型树脂分散剂、毛布清洗剂

上海孚惠德工业油净化科技有限公司
中国(上海)自由贸易试验区美盛路 171 号 3 幢 4 层 4209 室
邮编：201612
电话：021 - 57655791
邮箱：zhangdl_ fhd@ 163. com
产品：工业油净化技术、水处理技术专业领域内的技术开发，水处理设备、环保设备

赢创特种化学(上海)有限公司
上海市闵行区春东路 68 号
邮编：201108
电话：021 - 61191032
传真：021 - 61191473
网址：www. evonik. com
邮箱：violin. huang@ evonik. com
产品：有机硅表面活性剂等化学品

双日(上海)有限公司
上海市静安区天目西路 128 号嘉里企业中心第一座 7 楼
邮编：200070
电话：021 - 52034111
传真：021 - 52034169
网址：www. sojitz. cn
产品：化工、合成树脂

可乐丽贸易(上海)有限公司
上海市徐汇区虹桥路 3 号港汇中心二座 2106 单元
邮编：200020
电话：021 - 64079182
传真：021 - 64078051
邮箱：fei. yuan@ kuraray. com
产品：乙烯-乙烯醇共聚物

上海申伦科技发展有限公司
上海市虹口区汶水东路 181 弄 2 号楼 1608 室
邮编：200437
电话：021 - 65360566、69891670
传真：021 - 65605707、69891169
邮箱：1500840986@ qq. com
产品：表面施胶剂、高电荷密度的水性树脂、除气消泡剂、造纸增强树脂、合成涂布增稠剂与涂料辅助粘合剂、颜料涂布用涂料消泡、抑泡剂、颜料涂布用 PH 稳定剂

上海世展化工科技有限公司
上海市钦州北路 1199 号 88 幢 8 楼
邮编：200233
电话：021 - 54277770
传真：021 - 54277771
产品：造纸助剂

诺维信(中国)投资有限公司上海分公司
上海市娄山关路 55 号新虹桥大厦 1201 室
邮编：200336
电话：021 - 62701770
传真：021 - 62701773
网址：www. novozymes. com
邮箱：TIZ@ Novozymes. com

业务：销售和技术支持

威百莱纤维（上海）有限公司
上海市青浦区新生路238号4栋
邮编：201712
电话：021－59228389
传真：021－51062535
网址：www. barnet. com
邮箱：saies@ barnet-pacific. com
产品：化学超短纤维、特种纤维

上海真略环保科技有限公司
上海真略供应链管理有限公司
上海市静安区平型关路138号108创意广场银座1817号
邮编：200070
电话：021－66056250
传真：021－66056632
网址：www. shzhenlve. com
邮箱：1203710001@ qq. com
产品：柔软剂、消泡剂、甘油、食品级染料、絮凝剂、贴缸剂、剥离剂、改良剂、杀菌剂、清洗剂、干强剂、湿强剂、分散剂、抑垢剂、树脂控制剂

兰精纤维（上海）有限公司
上海市北京西路968号嘉地中心15楼05－08单元
邮编：200041
电话：021－33152468
传真：021－63410007
网址：www. lenzing. com
邮箱：shanghai@ lenzing. com
产品：植物纤维素纤维

上海染料研究所有限公司
上海染料研究所有限公司南通分公司（南通市南通经济开发区通达路28号）（生产地址）
上海市普陀区中山北路1238号（办公地址）
邮编：200065
电话：021－56086210
传真：021－56084790
网址：www. shi-tou. com
邮箱：shitou@ shi-tou. com
产品：食品级染料

丸红（中国）有限公司
上海自由贸易试验区基隆路1号汤臣国际贸易大楼717室
邮编：200040
电话：021－68411932
传真：021－68412378
网址：www. marubeni. com
邮箱：shalgal@ marubeni. com
产品：化学品、纸张纸浆

太平洋化学品有限公司（PPT）
上海聚源造纸技术有限公司
上海市浦东新区东方路8号
邮编：200000
电话：021－58778995、58778992
传真：021－58778996
网址：www. chinappt. net
邮箱：shanghaijuyuan@ yahoo. com. cn
业务：制浆造纸化学品研发及生产

上海志泓化工材料有限公司
上海市宝山区月罗路559号W－2148室
邮编：200942
电话：021－69115253、15221486086
网址：www. zhihong-china. com
邮箱：zhihong-eav@ 126. com
产品：涤纶短纤，主要用于湿法抄纸领域，用于制作膜基材，空气滤纸、油滤纸等

信汇聚合物（上海）有限公司
中国（上海）自由贸易试验区世纪大道1196号10层1033
邮编：200120
电话：021－50683551
邮箱：shenmei. jin@ cenwaymaterials. com
业务：从事化工专业科技领域内的技术咨询、技术服务

上海朗亿功能材料有限公司
上海市松江区永航路188弄1号1层101室
邮编：201699
电话：021－67799023、67799029、4008120668
网址：www. langyitech. com
邮箱：service@ langyitech. com
产品：抗水解剂、PET用抗水解剂、PBT用抗水解剂、可降解塑料用抗水解剂

国投生物科技投资有限公司
上海市虹口区东大名路638号
邮编：200080
电话：18611604319
邮箱：YUYUE@ SDIC. COM. CN
业务：工业酶制剂研发

江 苏 省

南京市

南京艾普拉斯化工有限公司
江苏省南京市广州路 188 号苏宁环球大厦 2109 室
邮编：210024
电话：025 - 66051077、83203063
传真：025 - 83203093
网址：www. all-plus. net
邮箱：lindaxing@ all-plus. net
产品：危险化学品

江苏精科嘉益工业技术有限公司
江苏省南京市溧水区中兴东路 1 号创业园 07 幢
邮编：211200
电话：025 - 56213201
传真：025 - 56213608
网址：www. jts. cn
邮箱：zhuangbo@ all-plus. net
产品：杀菌防腐剂、施胶剂、微生物和黏泥控制剂、助留助滤剂、脱气剂、消泡剂、胶黏物树脂控制剂、干/湿强剂

江苏四新科技应用研究所股份有限公司
江苏省南京市鼓楼区幕府东路 199 号 A22 栋
邮编：210028
电话：025 - 85080908、4008387799
传真：025 - 85080900、85080904
网址：www. sixinchem. com
邮箱：sixin@ sixinchem. com
产品：制浆及黑液工序、湿部及白水循环脱水、涂布、废水处理用消泡剂

南京四诺精细化学品有限公司
江苏省南京市江东北路 91 号典雅居大厦 1506 室
江苏省南京市雨花工业区(厂址)
邮编：210036
电话：025 - 86472370
传真：025 - 86473843
邮箱：snowchem@ 163. com
产品：分散剂、助留助滤剂、干强剂、施胶剂、脱墨剂、废水处理剂、污泥脱水剂

南京东正化轻有限公司
江苏省南京市鼓楼区建宁路 61 号中央金地广场 1 幢 1605 室
邮编：210037
电话：025 - 85634308
传真：025 - 85619676
邮箱：fu@ njdz. com. cn
产品：分散剂、水处理剂、纸浆黑液专用消泡剂、助留剂、高吸水树脂

沙索(中国)化学有限公司
江苏省南京市化学工业园方水路 68 号
邮编：210047
电话：025 - 58391111 - 2806
传真：025 - 58392285、58392222
邮箱：zhengwen. xiong@ cn. sasol. com
产品：表面活性剂、消泡剂

南京宏桥精细化工科技开发有限公司
江苏省南京市高新技术产业开发区经一北路 17 幢
邮编：210061
电话：025 - 58840197、57673881
传真：025 - 57673881、57672881
邮箱：tomchemical@ 163. com
产品：造纸白水浮选剂、无泡沫生物黏泥剥离剂、有机溴氯杀菌灭藻剂

南京嘉昊化工有限公司
江苏省南京市浦口区万汇城(北区)1 幢 1 单元 805 室
邮编：210000
电话：025 - 52268146、18921979609
邮箱：614078221@ qq. com
业务：化工产品批发

瓦克化学(南京)有限公司
(原瓦克聚合物系列(南京)有限公司)
江苏省南京市化学工业园区小营河南路 169 号
邮编：210047
电话：025 - 66626400、57795918
网址：www. wacker. com
邮箱：info. china@ wacker. com
产品：胶粘剂、高性能涂料、助剂(可再分散乳胶粉类)、聚醋酸乙烯酯(食品级)、聚醋酸乙烯酯(工业级)及其相关产品的制造和加工

无锡市

无锡神洲化工新材料有限公司
(原无锡市滨湖南泉造纸助剂有限公司)
江苏省无锡市滨湖区雪浪街道南泉村
邮编：214128
电话：0510 - 85958678
邮箱：545039605@ qq. com

产品：阴离子/阳离子松香胶、增强剂、分散剂

无锡市盈卓化工材料经营部
（原无锡市兴顺助剂化工厂）
江苏省无锡市锡山区东港镇河南庄村
邮编：214199
电话：13951509592
邮箱：723972447@ qq. com
产品：阳离子乳液松香中性施胶剂、环压增强剂、助留氯剂及聚合氧化铝

宜兴市绿波水处理化学品有限公司
江苏省宜兴市新街街道新城路 1 号 1015 室
邮编：214200
电话：0510 – 87975887、13961551989
邮箱：343922443@ qq. com
产品：阳离子高效有机混凝剂、聚合氯化铝、聚合硫酸铁、高效脱色絮凝剂、杀菌灭藻剂、高效消泡剂

宜兴市天使合成化学有限公司
江苏省宜兴市芳庄镇
邮编：214226
电话：0510 – 87674303、87678600
传真：0510 – 87671303、87673440
网址：www. jsjhc. com
邮箱：lzj@ jsjhc. com
产品：光稳定剂、抗氧剂、聚合氯化铝、净水剂、水处理化学品

宜兴市绿科环保科技有限公司
江苏省宜兴市周铁镇下邾街
邮编：214262
电话：0510 – 87572928、87578602
传真：0510 – 87572929
邮箱：1831542325@ qq. com
产品：废水处理脱色剂、絮凝剂、消泡剂、分散剂

江苏琪朗生物科技有限公司
（原宜兴市汇通化工有限公司）
江苏省宜兴市芳桥镇工业开发区虎皇大道
邮编：214200
电话：0510 – 87541510
传真：0510 – 87542088
网址：www. jsqlhb. cn
邮箱：327000697@ qq. com
产品：工业水处理药剂

江阴市恒达新材料科技有限公司
江苏省江阴市华士镇红星路 188 号
邮编：214400
电话：0510 – 86201304
传真：0510 – 86215337
网址：www. hansstar. com
邮箱：info@ evereaching. com
产品：造纸专用 CMC

宜兴市路创新材料科技有限公司
（原宜兴市通达化学有限公司）
江苏立成化学有限公司
江苏省宜兴市分水镇
邮编：214262
电话：0510 – 87551228、87551127
传真：0510 – 87552143
网址：www. yycmc. com
邮箱：tongda@ yycmc. com
产品：CMC、高效絮凝剂

无锡市德美化工技术有限公司
江苏省无锡市国家高新技术产业开发区湘江路 10 号
邮编：214028
电话：0510 – 85220855、85220666
网址：www. dymatic. com
邮箱：jifang@ dymatic. com
产品：造纸助剂

江苏傲伦达科技实业股份有限公司
江苏省宜兴市周铁镇分水
邮编：214262
电话：0510 – 87557060、87551757
传真：0510 – 87557060
网址：www. aolunda. com
邮箱：zxf@ aolunda. com
产品：双酚 S 及其衍生物、热敏纸涂层用新材料中间体

徐州市

北方世纪（江苏）纤维素材料有限公司
江苏省徐州市睢宁县宁江工业园兴业路一号厂房
邮编：221200
电话：0516 – 69095503、15262135789
邮箱：1617178566@ qq. com
业务：纤维素材料技术研发、生产、销售

常州市

科威天使环保科技集团股份有限公司
(原常州科威天使环保科技股份有限公司)
江苏省常州市天宁区郑陆镇武澄工业园舜山路 8 号
邮编：213114
电话：0519－88107275、85776760(销售)、81299588(总机)
传真：0519－85575580
网址：www. kwtsep. com
邮箱：office@ kwtsep. com
产品：高分子絮凝剂(聚丙烯酰胺阴、非、阳离子系列)、生物药剂系列高效水处理产品、表面施胶剂、杀菌剂

常州市欧凡路实业有限公司
江苏省常州市武青北路 1 号－4
邮编：213000
电话：0519－85316777
邮箱：497977470@ qq. com
产品：高分子絮凝剂(聚丙烯酰胺阴、非、阳离子系列)、生物药剂系列高效水处理产品、表面施胶剂、杀菌剂

江苏汉诺斯化学品有限公司
江苏省常州市金坛区金城镇后阳化工园 2 号
邮编：213215
电话：0519－82619388、82619888、13685231531
传真：0519－82619000
网址：www. hanschina. cn
邮箱：admin@ hans-china. com
产品：纤维素纤维改性剂、涂料染色阳离子改性剂、功能性整理剂

常州市梅港淀粉有限公司
江苏省常州市戚墅堰丁堰镇梅港庄基村 111 号
邮编：213011
电话：0519－88773640
邮箱：81678454@ qq. com
产品：变性淀粉产品(表面施胶淀粉、喷淋淀粉、磷酸酯淀粉、阳离子淀粉、PVA 替代品)

江苏精科霞峰环保科技有限公司
(原常州精科霞峰精细化工有限公司)
江苏省常州市新北区长江中路 29 号
邮编：213022
电话：0519－86189330、85130788、85132088(总机)
传真：0519－85133788
网址：www. jincoxf. com
邮箱：hjfang@ jincoxf. com
产品：清洗剂、除垢剂、分散剂、缓蚀剂、杀菌剂等系列产品

常州碳酸钙有限公司
池州市升化碳酸钙有限公司(分公司)
江苏省常州市洛阳镇
邮编：213104
电话：0519－88791230、4008281882
传真：0519－88522128
网址：www. cn-wunan. com
邮箱：wunan8@ hi2000. com
产品：纳米碳酸钙、微细活性碳酸钙、轻质活性碳酸钙、轻质(沉淀)碳酸钙、重质及重质活性碳酸钙

江海环保有限公司
江苏省常州市武进区焦溪镇武澄工业区
邮编：213116
电话：0519－88902294、88902792
传真：0519－88909316
网址：www. jhhg. com
邮箱：jhhg@ . jhhg. com
产品：水处理剂、杀菌灭藻剂

江苏永葆环保科技有限公司
(原常州市武进友邦净水材料有限公司)
江苏省常州市武进区横山桥镇朝阳路西侧
邮编：213163
电话：0519－86396688、13906118999
传真：0519－86390093
网址：www. jsyongbao. com
邮箱：yangxb@ jsyongbao. com
产品：聚合氯化铝、聚合氯化铝铁、聚丙烯酰胺

常州市武进运波化工有限公司
江苏省常州市前黄镇运村
邮编：213175
电话：0519－86131034
传真：0519－86134317
邮箱：info@ yunbochem. cn
产品：无甲醛抗水剂、改性三聚氰胺甲醛树脂抗水剂、润滑剂、表面施胶剂、分散剂、纸品乳液、PAE 湿强剂

苏州市

苏州市恒康造纸助剂技术有限公司
苏州恒康新材料有限公司
江苏省苏州市高新区浒墅关工业园道安路 9 号
邮编：215000
电话：0512－67209673、66623310
传真：0512－67202673
网址：www.szhkzj.cn
邮箱：rainbow_2525@163.com
产品：丝光柔顺剂、剥离增光剂、造纸湿强剂、卫生纸多元增强剂、防腐杀菌剂、纸浆分散剂、树脂控制剂

苏州汇鸿复合材料有限公司
江苏省苏州市石路 29 号 8 单元 556 室
邮编：215008
电话：0512－62037751、18904049800
网址：www.cmccms.com
邮箱：1064896561@qq.com
产品：羧甲基纤维素钠、对羟基苯甲醛、苯亚磺酸钠

纳尔科工业服务（苏州）有限公司
（原纳尔科化学（苏州）有限公司）
江苏省苏州市苏州新区塔园路 88 号
邮编：215125
电话：0512－88169869
南京：025－57912289
网址：www.nalco.com
邮箱：sophia.liu@ecolab.com
产品：蒸煮剂、增强剂、助留助滤剂、消泡剂及助洗剂、树脂控制剂、微生物/沉积物控制剂、涂布添加剂、废水处理剂

天禾软件科技（苏州）有限公司
（原天禾化学品（苏州）有限公司）
江苏省苏州市高新区浒青路 122 号
邮编：215115
电话：0512－68098830、66160660
传真：0512－68240792
网址：www.tianmapharma.com
邮箱：stock@gcstgroup.com
产品：AKD 中性施胶剂、阳离子松香胶、表面施胶剂、助留助滤剂、阳离子醚化剂、湿强剂、脱气剂、杀菌防腐剂

苏州佑震化工有限公司
江苏省苏州市吴中区木渎镇西跨塘
邮编：215101
电话：0512－66518325
邮箱：lili138148@sina.cn
产品：表面施胶剂、抄纸用脱水剂、干强剂、助留剂、树脂分散剂等浆内添加和表面处理用药品，以及润滑剂、保水剂、分散剂等

诺力昂新材料（苏州）有限公司
（原依卡化学品（苏州）有限公司）
江苏省苏州市工业园区苏虹中路 302 号
邮编：215122
电话：0512－62582276
传真：0512－62586772
网址：www.akzonobel.com
邮箱：Irene.Jiang@akzonobel.com
产品：制浆化学品、施胶剂

苏州高峰淀粉科技有限公司
（原苏州高峰精细化工有限公司）
江苏省苏州市吴中经济开发区双桥工业园
邮编：215128
电话：0512－65654153
传真：0512－65629401
网址：www.gaofeng88.com
邮箱：business@gaofeng.com
产品：阳离子表面施胶淀粉、变性淀粉

苏州市峰达精细化工有限公司
江苏省苏州市相城区黄桥街道生田村金峰厂区 1 号路 9 号
邮编：215132
电话：0512－65461729
传真：0512－65461729
邮箱：841033295@qq.com
产品：杀菌防腐剂、抄纸分散剂、湿增强剂、沉积物控制剂、消泡剂、烘缸剥离剂、助留助滤剂、网毯保洁剂

苏州联胜化工有限公司
江苏省苏州市相城区渭塘镇渭西沿渭路 99 号
邮编：215134
电话：0512－65907588
传真：0512－65901660
网址：www.lshx.cn
邮箱：service@lshx.cn
产品：羟乙基乙二胺、乙二胺四乙酸四钠

密友集团有限公司
（原昆山密友实业有限公司）
江苏密友粉体新装备制造有限公司
昆山密友机械密封有限公司
昆山中聚纳米润滑新技术有限公司
江苏省昆山市玉山镇玉城中路1号
邮编：215316
电话：0512－55782893、55176688、4008859398
传真：0512－57791241
网址：www. miyou. com. cn
邮箱：miyou@ miyou. com. cn
产品：重质微细碳酸钙、重质微细碳酸钙（研磨）浆、超细滑石粉

常熟市支塘粮油食品厂
江苏省常熟市支塘镇林园路6号
邮编：215531
电话：0512－52551634
邮箱：610769836@ qq. com
产品：阳离子淀粉

欧米亚钙业（常熟）有限公司
江苏省苏州市常熟市碧溪镇沿江工业园通港路长春路18号
邮编：215537
电话：13812829828
邮箱：tony. cao@ omya. com
产品：碳酸钙精制加工

安拓思纳米技术（苏州）有限公司
江苏省苏州市工业园区星湖街218号生物纳米园A4楼106室
电话：0512－62767886
传真：0512－62761582
网址：www. atshph. com
邮箱：webmaster@ atshph. com
产品：纳米制剂技术、生物工程技术、纳米化工技术

苏州宝时凯门精细化工有限公司
江苏省苏州市高新区塘西路23号
邮编：215151
电话：0512－66161999
传真：0512－65320906
网址：www. prox－chem. com
邮箱：jay. gao@ prox－chem. com
产品：造纸分散剂

苏州昕能胶体技术有限公司
江苏省苏州市昆山开发区同丰东路988号
邮编：215300
电话：0512－36911415
传真：0512－36910409
网址：www. synerguar. com
邮箱：Michael@ synerguar. com
产品：瓜尔胶、决明胶、魔芋胶、卡拉胶、香豆胶等多个品种的天然胶体

苏州宏达制酶有限公司
江苏省苏州市太仓市沙溪镇
邮编：215421
电话：0512－53211506
传真：0512－53216794
网址：www. novozymes. com
邮箱：hlqi@ novozymes. com
产品：造纸工业酶制剂

苏州凯莱德化学品有限公司
江苏省苏州市苏州工业园区环府路99号5楼510室
邮编：215024
电话：0512－62727862
传真：0512－62727852
网址：www. chemlandchem. com
邮箱：tim. zhang@ chemlandchem. com
产品：杀菌剂、消泡剂、网毯清洗保洁剂、脱墨剂、胶黏物控制剂、水处理絮凝混凝剂等

苏州派凯姆新能源科技股份有限公司
（原苏州派凯姆新能源科技有限公司）
江苏省苏州市吴中区木渎镇金枫路216号东创科技园1幢B3号楼503室
邮编：215000
电话：0512－87650612、87650608
传真：0512－87650610
网址：www. szpchem. com
邮箱：info@ szpchem. com
产品：增强剂、施胶剂、助留剂、特种添加剂等造纸化学品

苏州安美润滑科技有限公司
江苏省昆山市千灯镇汶浦东路158号
邮编：215300
电话：0512－82602978
邮箱：service@ amer. cn
产品：工业用润滑油、水性金属加工用油、环保清

洗剂

张家港市

星光精细化工(张家港)有限公司
江苏省张家港市扬子江国际化学工业园南海路 58 号
邮编：215634
电话：0512－58937250、58937260
传真：0512－58937601
邮箱：yin-xianzhong@ seikopmc. co. jp
产品：印刷适性改良剂、干强剂、表面施胶剂、湿强剂、起皱剂、抗水剂

张家港市一星日化厂
江苏省张家港市凤凰镇
邮编：215613
电话：0512－58496121
产品：CMC

瓦克化学(张家港)有限公司
江苏省张家港市扬子江国际化学工业园长江路 78 号
邮编：215633
电话：0512－81642012
网址：www. wacker. com
邮箱：qiuxiang. liu@ wacker. com
产品：有机硅胶粘剂(有机硅环体，聚硅氧烷，含氢硅油，高、中、低粘度硅油，功能性硅油，高温硫化硅橡胶，室温硫化有机硅密封胶)

南通市

海安县正达化工有限公司
海安华思表面活性剂有限公司
江苏省南通市海安县海化路 28 号
邮编：226600
电话：0513－88832111、88862662
传真：0513－88866940、80326908
网址：www. zhendachem. com
邮箱：978753294@ qq. com、13901478300@ 139. com
产品：乳化剂、洗净剂、消泡剂

江苏昌九农科化工有限公司
江苏省南通市如东洋口港经济开发区
邮编：226413
电话：0513－84950988
邮箱：1341716223@ qq. com
业务：微生物法丙烯酰胺生产

三大雅精细化学品(南通)有限公司
江苏省南通市经济技术开发区新开南路 5 号
邮编：226009
电话：0513－85981251
邮箱：jl. qian@ san－dia. cn
产品：高吸水性树脂

镇江市

镇江市天亿化工研究设计院有限公司
江苏省镇江市千秋桥街 16 号
邮编：212001
电话：0511－85033207、13775546539
传真：0511－85030898
网址：www. tianyichemcorp. com
邮箱：zjzhuhb@ vip. sohu. com
产品：干强剂、湿强剂、中性施胶剂 AKD 乳液、AKD 乳化剂

镇江科力生物技术有限公司
江苏省镇江市丁卯桥路 118 号
邮编：212009
电话：15006102770
邮箱：xiqing1019@ hotmail. com
产品：杀菌剂、防霉剂

扬州市

中国石化仪征化纤有限责任公司
江苏省仪征市胥浦
邮编：211900
电话：0514－83234265、83232235
网址：ycfc. sinopec. com
邮箱：danzn. yzhx@ sinopec. com
产品：聚酯切片、聚酯瓶片、涤纶短纤维、涤纶中空、力纶 HPPE、芳纶 1414 产品、PBT 树脂产品、BDO 系列产品

泰州市

江苏聚成精细化工有限公司
江苏省泰兴市古溪工业园区
邮编：225417
电话：15152484468
邮箱：15152484468@ 139. com
产品：聚丙烯酰胺，阳、阴、非离子高分子絮凝剂，水处理剂，甲基丙烯酸二甲氨乙脂(DM)，甲基丙烯

酰氧乙基三甲基氯化铵(DMC)

泰兴中纺兴泰新材料有限公司
(原泰兴市中纺助剂厂)
江苏省泰兴市济川街道三联村高埂组
邮编：225441
电话：0523－87626328、87906508
传真：0523－87623833
网址：www. txchem. cn
邮箱：1372665621@ qq. com
产品：水性聚氨酯固化剂、水性分散剂

恒达科技泰兴有限公司
江苏省泰兴市经济开发区滨江北路5号
邮编：225400
电话：18861629265
邮箱：zhoujie@ hansstar. com
产品：木浆、棉浆、PP编织袋、聚阴离子纤维素(PAC)、羧甲基淀粉钠(CMS)、保水剂、增强剂、涂层新材料、改性纤维素、羟基乙酸、药用辅料、工业盐生产销售

恒达亲水胶体泰州有限公司
江苏省泰州市高港区永安洲镇裕兴路8号
邮编：225300
电话：0523－86987999、86897759
传真：0523－86987999、86897751
网址：www. hansstar. com
邮箱：info@ hansstar. com
产品：造纸专用CMC

盐城市

江苏康乐佳材料有限公司
(原江苏康乐新材料科技有限公司)
江苏省盐城市滨海县经济开发区沿海工业园中山三路东侧－2
邮编：224500
电话：0515－89112079、88334667、88203550、13905106432
传真：0515－88243418
网址：www. whpharm. com
邮箱：winterjin@ chinaimidazole. com
产品：叔丁基二甲基氯硅烷、5-溴吲哚、1-乙烯基咪唑、咪唑醛、咪唑、2-甲基咪唑、1,2-二甲基咪唑、N-甲基咪唑、4-硝基咪唑、HD-100交联剂、盐酸、硫酸、甲醇

浙　江　省

杭州市

杭州杭化哈利玛化工有限公司
浙江省杭州市萧山经济技术开发区鸿达路87号
邮编：311231
电话：0571－82696228、82697060、82695370
传真：0571－82695381、82697129
网址：www. hh-harima. com
邮箱：info@ . hh-harima. com
产品：干增强剂、湿增强剂、浆内施胶剂、表面施胶剂、涂布造纸助剂、特种纸化学品

浙江金科日化原料有限公司
浙江金科化工有限公司
浙江省绍兴市上虞区杭州湾经济技术开发区纬九路五号
邮编：312369
电话：0571－85812300、82735515
传真：0571－82731666
网址：www. jinke－chem. com
邮箱：zwz@ jinkegroup. com
产品：低温漂白活性剂、过碳酸钠、过硼酸钠、过氧化钙、过氧化乙酸消毒剂

杭州德高化工开发有限公司
浙江省杭州市余杭区闲林街道工业区嘉企路4号
邮编：311122
电话：0571－87831038、87832038
传真：0571－87989060、87827833
网址：www. dekao. com
邮箱：dekao@ 163. com
产品：杀菌防腐剂、脱墨剂、消泡剂、增白剂、螯合剂

杭州银湖化工有限公司
浙江省杭州市天目山路224号中融城市花园2幢1单元1201室
邮编：310012
电话：0571－85028645、85028646、85028945、15372010799
传真：0571－85028640
网址：www. yinhuchem. com
邮箱：yinhuchem@ yinhuchem. com
产品：纸用导电剂、助留剂、纸浆分散剂、湿强剂、抗水剂、杀菌灭藻剂、消泡剂、絮凝剂

杭州纸友科技有限公司
浙江省杭州市下沙经济技术开发区白杨街道 3 号大街 50 号
邮编：310018
电话：0571－86911227、86912268、86840952
传真：0571－86913870
网址：www. hzzykj. cn
邮箱：zykjgs@ mail. hz. zj. cn、zykj@ hzzykj. cn
产品：湿部添加淀粉、层间或表面喷雾淀粉、聚合物表面施胶剂、彩喷纸专用淀粉

杭州绿兴环保材料有限公司
杭州绿色助剂研究所
浙江省杭州市石桥路永华街 127 号
邮编：310022
电话：0571－85818982
传真：0571－85818953
网址：www. hzlvxinghuanbao. cn
邮箱：green@ greenadditive. com
产品：烘缸剥离剂、柔软剂、消泡剂、固色剂、促白剂

杭州格林费尔科技有限公司
（原杭州格林费尔生化技术有限公司）
浙江省杭州市滨江区长河街道立业路 339 号 1－3 幢
邮编：310052
电话：0571－86697238、86696238－1660
传真：0571－86697618、86697628
邮箱：greenphile@ aliyun. com
产品：生物酶树脂控制剂、生物酶脱墨剂、生物酶助漂剂、生物酶腐浆控制剂

杭州绿典科技有限公司
（原杭州绿典化工有限公司）
浙江省杭州市萧山区新街镇双圩村
邮编：311217
电话：0571－82853800、82853881、4000016982
传真：0571－82853883
网址：www. ldchemical. com
邮箱：ld@ ldchemical. com
产品：荧光增白剂、脱墨剂、固色剂、柔软剂

杭州凯丽化工有限公司
浙江省杭州市萧山区河庄镇一工段
邮编：311241
电话：0571－82962668、82961777、86961555
传真：0571－82962777、82965706
网址：www. kalichemical. com
邮箱：sales@ kailichemical. com
产品：彩色纸专用色浆、造纸调色剂、装饰纸用色浆

浙江传化华洋化工有限公司
浙江省杭州市萧山经济技术开发区鸿达路 125 号
邮编：311231
电话：0571－82696688、82695822、82695838
传真：0571－82696488、83783250
网址：www. transfarwhyyon. com
邮箱：whyyon@ etransfar. com
产品：荧光增白剂、染料、脱墨剂、网毯清洗保洁剂、助留助滤剂

日华化学（中国）有限公司
浙江省杭州市萧山经济技术开发区桥南区鸿达路 289 号
邮编：311231
电话：0571－82697550、82869990
传真：0571－82697551
网址：www. nicca. cn
邮箱：ncn@ niccachemical. com
产品：纸用固色剂、分散剂、柔软剂、膨松剂、脱墨剂、消泡剂

杭州致远印染助剂有限公司
浙江省杭州市萧山区瓜沥镇临港工业配套园区
邮编：311234
电话：13906719012
产品：荧光增白剂

临安荣盛科技有限公司
（原临安市荣盛化工有限公司）
浙江省临安市於潜镇衡横山工业区
邮编：311311
电话：0571－63885968
传真：0571－63888819
邮箱：rs968@ 163. com
产品：表面施胶剂、涂布抗水剂、干/湿强剂、中性施胶剂

杭州富阳宏帆化工有限公司
浙江省杭州市富阳富春街道春华村
邮编：311400
电话：13606513988
产品：超细轻质碳酸钙、分散剂、抗水剂、润滑增光剂、硬脂酸盐

杭州先进科技化工有限公司
浙江省富阳市富春街道春华村
邮编：311401
电话：0571－23299008
产品：纳米级轻质碳酸钙

杭州富阳万通化工有限公司
浙江省杭州市富阳区春江街道山建村
邮编：311413
电话：0571－23258821
邮箱：tbh0788@163.com
产品：松香施胶剂、表面施胶剂、消泡剂

杭州蓝诚新材料有限公司
(原浙江三力星化学品有限公司)
浙江省杭州市富阳区春江街道春江街道工业功能区
邮编：311421
电话：0571－63585115
邮箱：857080826@qq.com
产品：浆内施胶剂、助留剂、表面施胶剂、杀菌剂、清洗剂

杭州富阳固能粉体材料有限公司
浙江省富阳市春江造纸工业园区
邮编：311421
电话：0571－63587761
传真：0571－63587763
产品：超细重质碳酸钙

桐庐贝斯特化工有限公司
浙江省杭州市桐庐县横村镇方埠工业园区
邮编：311502
电话：0571－56986630
产品：浆内消泡剂、纸张隔离剂

谢菲尔考克碳酸钙(杭州)有限公司
浙江省杭州市和睦路555号
邮编：310011
电话：0571－88186161
产品：碳酸钙

国家造纸化学品工程技术研究中心
杭州市化工研究院有限公司
浙江杭化新材料科技有限公司
浙江省杭州市湖墅石灰坝7号
邮编：310014
电话：0571－88315584　88313137
传真：0571－88310157
网址：www.hhs.cn、www.netrcpc.cn
邮箱：hhskyb@mail.hz.zj.cn hhs@hhs.cn
产品：特种造纸化学品、淀粉衍生物等

杭州颜料化工有限公司
浙江省杭州市萧山区义莲镇外六工段
邮编：311226
电话：0571－82989789
邮箱：sli@chinapigment-dye.com
产品：颜料、染料、中间体

杭州思坦颜料化工有限公司
浙江省杭州市萧山区南阳经济开发区
邮编：311200
电话：0571－85465220
传真：0571－86574586
网址：www.steniccolor.com
邮箱：sales@steniccolor.com
产品：颜料

浙江省化工进出口有限公司
浙江省杭州市庆春路37号
邮编：310009
电话：0571－28968508、87046080
网址：www.zhechem.com
产品：精细化工

杭实科技发展(杭州)有限公司
浙江省杭州市拱墅区石灰坝7号13幢3楼300室
邮编：310014
电话：0571－88314811
邮箱：hskj8831@163.com
业务：造纸化学品(除危险化学品及易制毒化学品)、生物质材料、生态环保材料、纳米材料、高分子材料的技术开发、技术咨询、技术服务、成果转让

浙江泽众环保科技有限公司
浙江省杭州市滨江区滨盛路1786号汉氏大厦1401－1402室
邮编：310051
电话：0571－85161617
网址：www.mfedi.cn
业务：环保领域、水处理领域的技术开发、技术服务、技术转让、技术咨询

杭州撒拉弗科技有限公司
浙江省杭州市临安区天目山镇藻溪村
邮编：311312

电话：0571－63893708、13564509193
传真：0571－63893708
网址：www. slfchem. com
邮箱：576732250@ qq. com
产品：消泡剂

上海撒拉弗化工有限公司(销售)
上海市宝山区友谊路 1518 弄永景国际 1 号楼 804
邮编：201999
电话：021－33852426、13651705408

宁波市

宁波天源科技有限公司
(原宁波天源化学有限公司)
浙江省宁波市鄞州区经济开发区启航南路 818 号
邮编：315192
电话：0574－88216239、83036873
传真：0574－88216417
网址：www. tianyuan818. com
邮箱：sale@ tianyuan818. com
产品：造纸润滑剂、耐水化剂、PAE 湿强剂、纸用上光涂料(水性油光)、流变改质剂

嘉兴市

嘉兴市瑞升化工贸易有限公司
浙江省嘉兴市秀洲新区龙盛．右岸美墅枫叶苑 125 号
邮编：314001
电话：0573－83297923
邮箱：lhj93004@ 126. com
产品：分散剂聚丙烯酰胺产品、助留剂、瓜尔胶、烟草薄片助留剂

明仁精细化工(嘉兴)有限公司
浙江省嘉兴市经济技术开发区岗山路 350 号
邮编：314001
电话：0573－83912660
传真：0573－83912656
网址：www. mypolymer-tech. com
邮箱：hlc022@ 163. com
产品：含氟防水防油剂、防水透湿聚氨酯树脂 PU

浙江信汇新材料股份有限公司
浙江省嘉兴市港区乍浦经济开发区三期围堤内
邮编：314201
电话：0573－85580600、4008190321
网址：www. cenwaymaterials. com
邮箱：xiamin. zeng@ cenwaymaterials. com
产品：生产化学品

嘉兴奥兹化工有限公司
浙江省嘉兴市秀洲区新塍镇旗星村季家浜 29 号
邮编：314000
电话：0573－82823280
产品：化工产品及原料

浙江津膜环境科技有限公司
浙江省绍兴市柯桥区柯桥经济开发区科创大厦 B 座七楼
邮编：312000
电话：0575－89967321、89967320
网址：www. dr-water. com. cn
邮箱：yfshen@ motimo. com. cn
业务：提供工业污水处理有关技术开发、技术服务、技术咨询、技术指导、污水处理设备调试服务

湖州市

浙江杭化科技股份有限公司
(原浙江杭华科技有限公司)
浙江省湖州市德清县武康镇长虹街 333 号科技创业园内
邮编：313200
杭州办事处地址：浙江省杭州市拱墅区石灰坝 7 号
邮编：310014
电话：0572－8285135(公司部)、0571－88315573(杭州办事处)
传真：0572－8085077(公司部)、0571－88315573(杭州办事处)
网址：www. zjhktech. com
邮箱：hk1818cn@ aliyun. com
产品：乙烯分离和粗苯在加氢精制过程中用阻聚剂、HK 系列乙烯分离过程用除垢剂、HK 破乳剂

浙江金加浩绿色纳米材料股份有限公司
浙江省湖州市龙游经济开发区金星大道 37－1 号
电话：0570－7569680
邮箱：mengyu@ cnjinjiahao. com
产品：纳米纤维、特种纸、纸制品研发及销售

绍兴市

浙江捷发科技股份有限公司
浙江省绍兴市滨海新城畅和路 15 号

邮箱：3132366
电话：0575－88087616、13305757751、15957573148
传真：0575－88087636
网址：www. zjjiefa. com
邮箱：zjjiefa@ 163. com
产品：木质素磺酸钠、碱木质素、分散剂

浙江弘利新材料有限公司
（原浙江弘利防渗胶有限公司）
浙江省绍兴市柯桥区滨海工业区
邮编：312073
电话：0575－85523027、13805756278
传真：0575－85523022
网址：www. zjhlxcl. com
邮箱：zjhl001@ hongli－nm. com
产品：中性造纸施胶剂、表面施胶剂、中性施胶 AKD 乳液、助留助滤剂、阴/阳离子高分散、松香胶

绍兴市南方化工有限公司
浙江省绍兴市嵊州市剡湖街道东塘村
邮编：312400
电话：0575－83102159
产品：系列防腐杀菌剂

金华市

兰溪泛仕达新材料科技有限公司
（原兰溪市泛士达造纸化学品厂）
浙江省金华市兰溪市兰江街道织女路 1066 号
邮编：321100
电话：0579－88823238、15867955566
传真：0579－88823238
网址：www. zjfanshida. com
产品：脱墨剂、蜡乳液、润滑增光剂、消泡剂、中性表面施胶剂、网毯清洗剂、絮凝剂

浙江益纸淀粉科技股份有限公司
（原浙江益纸淀粉有限公司）
浙江省金华市金磐开发区（新区）尖山路 1 号
邮编：321016
电话：0579－84662081、89171868、15958407336
传真：0579－84669939
网址：www. zjyzgf. com
邮箱：410894075@ qq. com、zjyzdf@ 163. com
产品：增强剂、新闻纸专用增强剂、中性施胶剂、季铵型阳离子淀粉、阳离子助留助滤剂、喷雾淀粉

衢州市

龙游富田造纸精化有限公司
浙江省衢州市龙游县城南开发区德贤路 29 号
邮编：324400
电话：0570－7389555、13905705801
传真：0570－7389555
网址：www. futianchemical. com
邮箱：futian@ futianchemical. com
产品：AKD 中性施胶剂、阳离子分散松香胶、表面施胶剂、明矾、造纸复合型保留助剂、胶乳、抗水剂、杀菌剂、脱气剂、湿强剂

奥仕集团有限公司
（原浙江奥仕化学有限公司）
浙江省江山市经济开发区江东区兴工七路 2 号
邮编：324123
电话：0570－4351770、17857650956
传真：0570－4351772、4351775
网址：www. chinaositer. com
邮箱：catherine-zhu@ foxmail. com
产品：荧光增白剂

丽水市

浙江和新化工有限公司
（原浙江池禾化工有限公司）
浙江省丽水市遂昌县东城工业园区大桥区块
邮编：323300
电话：0578－8170374、8171055
传真：0578－8170685
网址：www. chihechem. com
邮箱：zjb@ zjchihe. com
产品：纸板增强剂、湿强剂、柔软剂、阳离子松香胶、表面施胶剂、分散剂、润滑剂、耐水剂、烘缸剥离剂

安 徽 省

合肥市

合肥健坤化工有限公司
安徽省合肥市蜀山区长江西路 499 号丰乐世纪公寓 2 幢 802 室
邮编：230022
电话：0551－64932213、13855184642
邮箱：20666468@ qq. com

产品：硅藻土、高岭土、碳酸钙、造纸废水处理净化剂、纳米碳酸钙

芜湖市

芜湖华仁科技有限公司
安徽省芜湖市高新技术开发区珩琅山路 24 号
邮编：241000
电话：0553－5842013
传真：0553－5843138
网址：www. huarensh. com
邮箱：sale@ huarensh. com
产品：施胶剂、消泡剂、助留剂、助滤剂、液体荧光增白剂

马鞍山市

马鞍山市华吉实业有限公司
安徽省马鞍山市当涂县城关东门经济开发区
邮编：243100
电话：0555－6727155
邮箱：985407366@ qq. com
产品：松香胶、阳离子分散松香胶、湿强剂、干强剂、AKD 中性施胶剂、中/碱性施胶剂、表面施胶剂

淮北市

安徽巨成精细化工有限公司
安徽省淮北市濉溪开发区玉兰大道 99 号
邮编：235102
电话：0561－6063636、6063673、6063588
传真：0561－6065121
网址：www. cjccchem. com
邮箱：sales@ cjccchem. com
产品：分散剂、水处理絮凝剂、聚丙烯酰胺

滁州市

明光市曼迪矿业科技有限公司
安徽省明光市池河大道 98 号
邮编：239400
电话：0550－8153100、8582888
传真：0550－8156979、8582999
网址：www. medyfk. com
邮箱：mgmd@ medyfk. com
产品：膨润土系列、硅藻土系列、碳酸钙系列

宿州市

安徽金兄弟环保科技股份有限公司
（原安徽砀山金兄弟实业科技有限公司）
安徽省宿州市砀山县赵屯镇张新庄
邮编：235300
电话：0557－8181111、15955725222
传真：0557－8186688
网址：www. additchem. com
邮箱：15955725222@ 163. com
产品：多元助留增强剂、分散剂、中性施胶剂、脱墨剂、增柔膨化剂、聚丙烯酰胺、荧光增白剂、丁苯乳液、苯丙乳液

池州市

安徽绿微康生物科技有限公司
安徽省池州市经济技术开发区双龙路 1 号
邮编：247000
电话：0566－3396558
邮箱：baoln@ leveking. com
产品：生物酶脱墨剂

铜陵市

铜陵瑞莱科技有限公司
安徽省铜陵市铜官大道南段 868 号
邮编：244000
电话：0562－3867641
传真：0562－3867641
网址：www. tlrely. cn
邮箱：jprince@ 126. com
产品：氧化铁系列颜料研发生产

福　建　省

福州市

威尔（福建）生物有限公司
福建省福州市连江县东湖镇国优北路 119 号
邮编：350502
电话：0591－26203188、13763860246
传真：0591－26207018、26207366
网址：www. welltouch. com. cn
邮箱：welltouch@ 163. com
产品：消泡剂、脱墨剂、稳定剂

福建大学环境与资源学院
福建省福州市闽侯上街大学城内
邮编：350108
电话：0591－22866078
传真：0591－22866070
网址：www.er.fzu.edu.cn
产品：水处理化学品(絮凝剂、吸附剂、除油剂、还原剂、阻垢剂、缓蚀剂)、印染助剂、水煤浆添加剂、染料分散剂、油田降黏剂、胶黏剂等

三明市

福建省纯杰绿色科技有限公司
(原福建省嘉丰生物化工有限公司)
福建省永安市尼葛开发区尼葛路 2233 号
邮编：366000
电话：0598－5132233
邮箱：707984131@qq.com
产品：生物脱墨酶 JFM-958、脱墨剂 F-80、脱墨剂 F-80A

泉州市

福建省南安市应用化学研究所有限公司
福建省南安市帽山工业区
邮编：362300
电话：0595－86353508、13905066005
产品：中性松香胶、强化松香胶、分散松香胶、助留剂、表面施胶剂

福建省晋江市银响精细化工科技开发有限公司
福建省晋江市永和镇英墩沪坑工业区 7 号
邮编：362235
电话：0595－88081961
传真：0595－88022901
网址：www.yinxiang-cn.com
邮箱：webmaster@yinxiang-cn.com
产品：湿强剂、剥离剂、分散剂、消泡剂、柔顺剂、FAS 纸浆漂白剂、造纸固色剂、打浆酶、生物施胶酶、防腐杀菌剂、漂水、水玻璃、水处理剂等造纸化学品

南平市

福建亮晶晶新材料有限公司
福建省邵武市金塘工业园区行岭平台燕岭路 8 号
电话：13312229891
传真：0599－6667288
网址：www.ljjxc.cn
产品：丁苯胶乳、丙烯酸乳液、胶粘剂、粉末丁腈、固体丙烯酸树脂、表面活性剂及其他化工产品

龙岩市

龙岩高岭土股份有限公司
福建省龙岩市龙岩大道 260 号
邮编：364000
电话：0597－2302568、2303371(精矿)、2300624(原矿)
传真：0597－2300624
网址：www.longgaogf.com
产品：高岭土原矿、水洗高岭土

龙岩市三虹科技有限公司
福建省龙岩市新罗区适中工业区
邮编：364011
电话：13806998898
产品：硅灰石造纸专用复合材料系列、造纸用超细重钙系列、纳米碳酸钙系列、超细研磨碳酸钙

福建省漳平市振幅化工有限公司
福建省龙岩市漳平市永福工贸小区
邮编：364401
电话：18950869565
邮箱：923771346@qq.com
产品：脱墨剂、涂布润滑剂、高效废水处理剂、无水硅酸铝、超细硅酸铝

江　西　省

南昌市

江西省兴沪助剂有限公司
江西省南昌市安义县龙津镇东门路 18 号
邮编：330500
电话：1380703833300
邮箱：287116682@qq.com
产品：湿强剂、脱墨剂、增白剂、分散剂、生活用纸调色剂、乳化剂

南昌市龙然实业有限公司
江西省南昌市长堎外商投资工业区物华路 229 号
邮编：330100
电话：0791－83976878
传真：0791－83671123
邮箱：admin@longranshiye.com
产品：松香胶、AKD 乳液、中/碱性施胶剂、干强剂

江西东永实业有限公司
江西省南昌市莲塘龚南路 3 号
邮编：330200
电话：0791－85712083、13607068596
邮箱：13607068596@ qq. com
产品：变性淀粉

萍乡市

萍乡市碳酸钙实业有限公司
江西省萍乡市湘东镇狮形山工业区道田村
邮编：337019
电话：0799－3375368
邮箱：3730808682@ qq. com
产品：轻质碳酸钙、活性碳酸钙、纳米碳酸钙

江西省叁鑫新材料有限公司
江西省萍乡市萍乡经济技术开发区光丰村 11 组（公园中路永陂桥南巷 89 号）
邮编：337000
电话：0799－6779577、4008699177
网址：www. sxceramics. cn
邮箱：sale@ sxceramics. cn
业务：研发与生产氧化锆、氧化铝、硅酸锆等

抚州市

江西博大化工有限公司
江西省抚州市东乡县（省级）经济开发区
邮编：331800
电话：0794－4380168、4380619
传真：0794－4380166
网址：www. jxbdhg. com
邮箱：bodahg2007@ 163. com
产品：变性淀粉，纸箱黏合剂，增强、助留助滤剂，新闻纸专用增强剂，表面施胶剂

江西顺昌隆实业有限公司
江西省抚州市东乡县大富岗工业开发区
邮编：331800
电话：0794－4382066
邮箱：zhihai@ 126. com
产品：变性淀粉

江西宏大化工有限公司
江西省抚州市东乡区经济开发区东升工业园渊山岗片区南京路 9 号
邮编：331801
电话：0794－4330506
传真：0794－4330508
邮箱：hongdachem@ 163. com
产品：阳离子淀粉、表面施胶淀粉、喷雾淀粉、涂布淀粉、浆内添加淀粉、纸箱黏合剂

江西添光化工有限责任公司
江西省抚州市临川区抚北镇安塘路 4 号
邮编：344001
电话：0794－8352192
邮箱：396984736@ qq. com
产品：钛白粉、硫酸、精制硫酸铝、硫酸亚铁、普钙

江西红星变性淀粉有限公司
江西省抚州市东乡县红星省级经济开发区
邮编：331801
电话：0794－4383169、4383013、4383014
邮箱：jxhxdscl@ 126. com
产品：变性淀粉

山　东　省

济南市

济南塑邦精细化工有限公司
山东省济南市历城区华龙路 399 号 10 号楼 1－1001 室
邮编：250100
电话：0531－81901282、69958468、18615577916
传真：0531－81901283
网址：www. sbchem. com
邮箱：18854199495@ 163. com
产品：荧光增白剂、有机颜料、染料中间体及有机胺催化剂

山东达盛科技有限公司
山东省章丘市圣井镇高科技园
邮编：250101
电话：0531－88025118
产品：消泡剂、脱墨剂、润滑剂、分散剂、脱墨剂、施胶剂

济南圣泉集团股份有限公司
山东省济南市章丘区刁镇工业经济开发区
电话：0531－83511076
网址：www. shengquan. com
邮箱：yinpengfei@ shengquan. com
业务：各类植物秸秆的研究开发与综合利用

济南赛沃贸易有限公司
山东省济南市市中区舜耕路 217 号九城尚都 A 座 1015 室
邮编：250002
电话：0531－86920759
传真：0531－86920839
网址：www. jinansilver. cn
产品：造纸化学品

青岛市

青岛市海大化工有限公司
山东省青岛市新泰安路 27 号如意大厦 2105 室
邮编：266001
电话：0532－82867216、13405321077
传真：0532－82867217
邮箱：qingdaoyy@ 126. com
产品：造纸专用特种色素碳黑系列、阻燃剂、钛白粉、荧光增白剂、煅烧高岭土、防水剂

青岛三中化成精密有限公司
山东省青岛市城阳区流亭街道双元路与恒鸣路东 200 米
邮编：266108
电话：0532－87733585
传真：0532－87733631
邮箱：176654541@ qq. com
产品：脱墨剂、毛毯清洗剂、消泡剂、污染防治剂、凝固剂

青岛市创合佳机电工程有限公司
（原青岛圣博生物科技有限公司）
山东省青岛市胶州市中云工业园
邮编：260000
电话：18669780660
邮箱：qdchj_ wq@ 163. com
产品：聚合物分散剂、减水剂、灭菌剂、杀菌防腐剂、阻垢剂

青岛如相科技有限公司
（原青岛如相化工有限公司）
山东省青岛市平度市同康路 6 号
邮编：266700
电话：0532－82696059、13863963803
传真：0532－89639158
网址：www. ruxiangchemical. com
邮箱：ruxiangchemical@ 163. com
产品：防腐杀菌剂、工业灭藻剂、网毯清洗剂、水处理剂、消泡剂、荧光增白剂

双日（中国）有限公司 青岛分公司
山东省青岛市市南区香港中路 10 号颐和国际 A 座 23A06
邮编：266071
电话：0532－85715101
传真：0532－66777229
网址：www. sojitz. cn
产品：化工、合成树脂

中国科学院青岛生物能源与过程研究所
山东省青岛市崂山区松岭路 189 号
邮编：266102
电话：0532－80662776、80662797
传真：0532－80662778
网址：www. qibebt. cas. cn
邮箱：info@ qibebt. ac. cn
业务：生物工程、材料工程、化学工程

青岛亨瑞浩化工有限公司
青岛冠亿通国际贸易有限公司
山东省青岛市平度市经济开发区上海路 282 号
邮编：266700
电话：0532－68085099 13668870688
传真：0532－68085299
网址：www. qdhengruihao. com
邮箱：qdhengruihao@ 163. com
产品：施胶剂、增强剂、杀菌剂、消泡剂、助留剂、防潮剂、除臭剂、絮凝剂、剥离剂等

淄博市

淄博万科化工有限公司
山东省淄博市桓台县果里工业园聚荣东路 35 号
邮编：255047
电话：0533－8401300、3189100、13805331381
传真：0533－8401301、3189100
网址：www. wankechem. com
邮箱：ieeternal@ vip. sina. com
产品：抗氧化剂、PAE 湿强剂、湿强废纸再生剂、助留助滤剂

淄博振河塑胶化工有限公司
山东省淄博市张店昌国路东段（沣水供电站南邻）
邮编：255071
电话：0533－2092016、2091859
传真：0533－2091839

邮箱：zbzhaozhenhe@163.com
产品：聚合氯化铝、聚丙烯酰胺、聚合硫酸铁系列净水剂、助留剂、表面施胶剂、消泡剂等造纸助剂

淄博东方聚合物有限公司
山东省淄博市张店区昌国路良乡工业园 6－25 号
邮编：255071
电话：0533－2090527、13853371189
传真：0533－2090799
网址：www.eastpolymer.com
邮箱：info@eastpolymer.com
产品：聚丙烯酰胺、高吸水性树脂、N-羟甲基产品丙烯酰胺

淄博张店东方化学股份有限公司
山东省淄博市张店区沣水镇寨子村东南
邮编：255071
电话：0533－2081515、2092156、2082185
传真：0533－2081047
网址：www.orientchem.com
邮箱：zhaijun@orientchem.com
产品：助留剂、废水处理剂

淄博爱普浆纸科技有限公司
山东省淄博市高新区柳泉路 111 号创业火炬广场 5 号楼 613 室
邮编：255086
电话：13780871005
邮箱：786997665@qq.com
产品：脱墨剂、中性施胶剂、阴离子分散松香剂、表面处理剂、助留助滤剂、制浆造纸设备

山东金龙水处理科技有限公司
（原山东省桓台县金龙化工有限公司）
山东省淄博市桓台县新城镇昝家村
邮编：256403
电话：0533－8886555、3151273
传真：0533－8886555
邮箱：huantaijinlong@163.com
产品：水处理药剂、水质稳定剂系列、高效杀菌剂、灭藻剂

淄博津利精细化工厂
山东省淄博市周村区南郊镇永和村东路北
邮编：255302
电话：0533－6067116
邮箱：zbjlzj2008@163.com
产品：造纸助剂

山东聚鑫化工有限公司
山东省淄博市桓台县唐山镇徐店村
邮编：256401
电话：0533－8519329
邮箱：juxin@juxinchem.cn
产品：聚丙烯酰胺干粉、胶体

淄博金科力特种纤维有限公司
山东省淄博市淄川经济开发区马莲山路 10 号
邮编：255130
电话：0533－5310399
传真：0533－5313399
网址：www.cnjinkeli.com
邮箱：jkl@jinkela.com
产品：聚酯类（PET、PBT、PPT）、聚烯烃类（PE、FP、PVA、PAN）、粘胶类、皮芯类、彩色纤维等

枣庄市

枣庄林美发展有限公司
山东省枣庄市峄城经济开发区福兴中路 7 号
邮编：277300
电话：0632－7789888、7732999
传真：0632－7721388
网址：www.linmeichem.com
邮箱：271044506@qq.com
产品：变性淀粉系列、涂布黏合剂、湿部添加剂、表面施胶剂、羧甲基纤维素钠、固体胶乳胶黏剂

山东神州翔宇科技集团股份有限公司
山东省枣庄市台儿庄区马兰屯镇淀粉工业园
邮编：277412
电话：0632－6712518
传真：0632－6711999
网址：www.szxykjjt.com
邮箱：lichaozy@126.com
产品：醋酸酯淀粉、磷酸酯淀粉、氧化淀粉、阳离子淀粉、阳离子表面施胶剂

东营市

东营得胜实业有限责任公司
（原东营市德胜化工有限公司）
山东省东营市东营开发区大渡河路 251 号
邮编：257091
电话：0546－8327709、13562291998
传真：0546－8327709
网址：www.dshindustry.com

邮箱：weifang0616@ 163. com
产品：表面施胶剂、塑性颜料、湿强剂、废纸再生剂、分散剂、剥离剂、抗水剂、消泡剂

东营华泰精细化工有限责任公司
山东省潍坊市东营市东营开发区东二路 2 号
邮编：257091
电话：0546 – 7086399、7752122
传真：0546 – 7086967
网址：www. huatai. com
邮箱：sp0546@ sohu. com
产品：增白剂、废纸脱墨剂、螯合剂、中性表面施胶剂、杀菌灭藻剂、废水处理剂

山东瑞特精细化工有限公司
山东省东营市广饶县经济开发区
邮编：257300
电话：0546 – 6925269
邮箱：419197736@ qq. com
产品：废水处理剂、助留助滤剂、湿强剂、纸张增强剂、施胶剂、聚丙烯酰胺乳液

东营市三龙精细化工有限责任公司
山东省东营市广饶县李鹊镇政府驻地
邮编：257333
电话：0546 – 6286210、6287111
传真：0546 – 6286268
邮箱：992797389@ qq. com
产品：表面施胶剂、脱气剂、树脂控制剂、杀菌剂、助留助滤剂、AKD 施胶剂、淀粉硬化及纸粉防止剂、保水剂、阳离子松香胶

烟台市

万华化学集团股份有限公司
山东省烟台市经济技术开发区天山路 17 号
邮编：264006
电话：0535 – 3388000、8202349
网址：www. whchem. com
邮箱：support@ whchem. com
产品：异氰酸酯系列产品、芳香多胺系列产品、热塑性聚氨酯弹性体系列产品

烟台达斯特克化工有限公司
山东省烟台市芝罘区化工路 59 号
邮编：264002
电话：0535 – 6530669
传真：0535 – 6530939
网址：www. dasteck. com
邮箱：ytd@ dasteck. com
产品：造纸漂白剂

潍坊市

潍坊信业化学有限公司
山东省潍坊市经济开发区永康街以北、友爱路以西
邮编：261000
电话：13805368373
邮箱：2180194157@ qq. com
产品：无甲醛抗水剂、聚酰胺聚脲（PAPU）抗水剂、涂布用抗水剂、湿强剂、消泡剂、防腐杀菌剂、螯合剂、有机分散剂

潍坊润丰造纸助剂有限公司
山东省潍坊市玄武东街 123 号
邮编：261031
电话：0536 – 8661277
传真：0536 – 8662837
邮箱：a8661277@ 163. om
产品：醚化剂、PPE、助留助滤剂、脱墨剂、制浆消泡剂、网毯清洗剂、挺度剂、涂布润滑剂、抗水剂

潍坊瑞光化工有限公司
山东省潍坊市寒亭区东环路南首
邮编：261100
电话：0536 – 7262976、7252436、4000079692
传真：0536 – 7270136
网址：www. ruiguangchem. com
邮箱：ruiguang@ ruiguangchem. com
产品：颜料分散剂、有机硅消泡剂、柔软剂、脱墨剂、涂料色浆、表面活性剂、增强剂

潍坊华普化学股份有限公司
山东省安丘市新材料产业园
邮编：262122
电话：0536 – 4331198
传真：0536 – 4331198
网址：www. huapuchem. com
邮箱：mail@ huapuchem. com
产品：显（助）白剂、抄纸消泡剂、玻璃纸用保湿剂、AKD 中碱性施胶剂、松香施胶剂、防腐杀菌剂

昌乐润利工贸有限公司
（原潍坊浩鑫造纸助剂有限公司）
山东省潍坊市昌乐县孤山街 159 号 4 号楼 415 室

邮编：262400
电话：0536－6260228
传真：0536－6260228
邮箱：1602381390@ qq. com
产品：纸板挺度剂、高效生物酶脱墨剂、纸张表面强度剂、阳离子淀粉、喷淋淀粉、阳离子助留增强剂

青州市晨鸣变性淀粉有限公司
山东省青州市自来水场南临
邮编：262500
电话：13964688878
邮箱：1239597246@ qq. com
产品：表面施胶剂、喷淋淀粉、涂布淀粉、石膏板增强剂

潍坊兆冠药业有限公司
山东省潍坊市临朐县经济技术开发区秦池路 38 号
邮编：262600
电话：0536－3212680、3121055
传真：0536－3120817
网址：www. zhaoguan. com
邮箱：mail@ zhaoguan. com
产品：二氧化氯、消毒剂、杀菌剂、保鲜剂、漂白剂、防腐剂、除臭剂、脱色剂

山东万豪集团临朐纸业化工有限公司
山东省潍坊市临朐县治源镇冶石路 2 号
邮编：262605
电话：0536－3631262
传真：0536－3631262
网址：www. wanhao. com
邮箱：wanhaochem@ 163. com
产品：分散剂、胶乳、润滑剂

寿光蔡伦申兴精细化工有限公司
山东省寿光市晨鸣工业区
邮编：262700
电话：0536－2156339、2156421
传真：0536－2156416
产品：中性施胶剂、重质碳酸钙、AKD 乳液、松香胶、增白剂、消泡剂

寿光金远东变性淀粉有限公司
山东省寿光市古城街道安顺街以北、兴源路以西
邮编：262700
电话：0536－5185032
邮箱：jymqhb@ 163. com
产品：表面施胶淀粉、湿部添加剂、多元变性淀粉、漂白淀粉、阳离子淀粉

潍坊天方圣鸿化学有限公司
山东省潍坊市滨海开发区科技项目区内，柳贤街以北、华商路以西
邮编：262737
电话：0536－5305998
传真：0536－5305997
网址：www. tfshchem. com
邮箱：wftfsh@ 163. com
产品：湿强剂、表面施胶剂、抗水剂、消泡剂、润滑剂、无甲醛抗水剂、柔软剂、湿强解离剂、中性施胶剂

青州市北联淀粉有限公司
山东省青州市海军路 568 号
邮编：262500
电话：0536－3265090
邮箱：bldf@ 163. com
产品：造纸用淀粉

山东省铭初新材料科技有限公司
（原潍坊中瑞造纸纺织助剂有限公司）
山东省潍坊市经济技术开发区友谊工业园
电话：0536－8650278、8660276、4008878276
传真：0536－8650278
网址：www. wfzrzj. com
邮箱：zhongrui@ wfzrzj. com
产品：各种型号淀粉精、造纸化学品、湿强剂、表面施胶剂、阳离子絮凝剂等

山东恒联化学有限公司
山东省潍坊市滨海经济开发区香江西二街 26 号恒联化学工业园
电话：0536－7575606
网址：www. sdhenglianchem. com
邮箱：hlhxwangwei@ 163. com
产品：生产清洁燃料油、甲醇汽油、添加剂

潍坊恒联特种纤维素科技有限公司
山东省潍坊市寒亭区海龙路 1526 号
邮编：261100
电话：0536－7283299
传真：0536－7283159
邮箱：zhbgs@ hengliangroup-tx. com
产品：特种、高端纤维素

济宁市

济宁华天化工有限公司
(原济宁新华天机械有限公司)
山东省济宁市火炬路北首(李营镇工业园区)
邮编：272000
电话：0537－2481588、17554201958
传真：0537－2481598
邮箱：2285451486@qq.com
产品：造纸助剂

济宁新格瑞水处理有限公司
山东省济宁市嘉祥工业园
邮编：272415
电话：0537－6985888、6988006
传真：0537－6988088
网址：www.protecmbc.com
邮箱：xingerui@126.com
产品：施胶剂、系统清洗剂、系统除垢剂、阻垢缓蚀剂、生物酶脱墨剂、聚丙烯酰胺、废水絮凝剂、杀菌消毒剂、消泡剂

山东阳光颜料有限公司
(原济宁市阳光颜料助剂有限责任公司)
山东省济宁市车站南路
邮编：272000
电话：0537－2317897、2311908、15064701629
传真：0537－2311908
网址：www.sino－pigment.com
邮箱：zqh2009@163.com
产品：有机颜料、无机颜料、荧光颜料、高档彩色专用色浆

济宁华强科技有限公司
(原济宁市华强化工有限公司)
山东省济宁市任城区开发区济邹路南接庄镇政府西1公里
邮编：272015
电话：0537－2631588、2631088
传真：0537－2631088
邮箱：hqkj166@163.com
产品：高效造纸助留剂、多功能造纸增强剂、絮凝剂

济宁市信慧化工科技有限公司
山东省济宁市任城经济开发区山博路
邮编：272100
电话：0537－2600560、6588288、6588295
传真：0537－2333786
网址：www.cenwise.cn
邮箱：sales@cenwise.cn
产品：增白剂、松香胶、液体染料、PAM干强剂

山东天成化工有限公司
山东省兖州市北站西路66号
邮编：272117
电话：0537－7927888、7928777、1356273039
传真：0537－3414528
网址：www.yztchg.com
邮箱：info@yztchg.com
产品：AKD，干、湿增强剂，复合型中性胶

东升新材料(山东)有限公司
(原兖州东升精细化工有限公司)
山东省兖州市兴隆庄镇驻地
邮编：272101
电话：0537－3873264、3873331、3873483
传真：0537－3873918
网址：www.dssun.com
产品：表面施胶剂、PP塑性颜料、阳离子胶乳、分散剂、AKD施胶剂、脱墨剂、净水剂、废水絮凝剂、超细重质碳酸钙、超细轻质碳酸钙、高白度高岭土、润滑剂

济宁红日轻化助剂有限公司
(原济宁市中区轻化助剂厂)
山东省济宁市105国道与327国道交汇处
邮编：272141
电话：0537－2270516
产品：造纸制浆催化剂、高效消泡剂系列、柔软剂

济宁明升新材料有限公司
山东省济宁市兖州区兴隆庄镇工业园
邮编：272101
电话：0537－3873008－816、3873310
网址：www.dssun.com
邮箱：bianguangli@dssun.com
业务：丙苯胶乳、丁苯胶乳产品及胶乳类产品(水性乳液、溶液、粉体、瓜尔胶、生物胶乳、分散剂、润滑剂、施胶剂、表面施胶剂、湿强剂、抗水剂、阳离子淀粉溶液)的研发、生产与销售

山东泰华高科新材料有限公司
山东省济宁市兖州区中御桥南路
邮编：272100
电话：0537－3422111

传真：0537－3401002
网址：www. sdtava. com
邮箱：sdtava@ 163. com
产品：制浆造纸化学品

山东远联化工股份有限公司
山东省济宁市生物产业园新民路 1 号
邮编：272409
电话：0537－3379962、3379964
传真：0537－3379963
网址：www. yuanlianhuagong. com
邮箱：yuanlianhuagong@ 126. com
产品：染料助剂、水处理剂

泰安市奇能化工科技有限公司
山东省泰安市岱岳区旭日大厦 611
邮编：271000
电话：18660861991
邮箱：18606861991@ qq. com
产品：防水乳液、纸制品化工原料

希杰尤特尔（山东）生物科技有限公司
（原山东尤特尔生物科技有限公司）
山东省邹城市宏泰路 1667 号
邮编：273500
电话：0537－3235167、13953761572、4008215366
传真：0537－3235156
网址：www. youtellbio. com
邮箱：linyu_ wang@ youtellbio. com
产品：造纸酶

泰安市

泰安市海岳助剂销售中心
（原泰安市东岳助剂厂）
山东省泰安市泰汶路 199 号
邮编：271000
电话：13805486696
邮箱：583121660@ qq. com
产品：抄纸分散剂、增白剂系列、废纸脱墨剂、助留助滤剂、蒸煮助剂、聚丙烯酰胺、树脂障碍消除剂、消泡剂、废水处理剂

新泰市兰泰化工有限公司
山东省新泰市翟镇西 1 公里
邮编：271204
电话：0538－7787111
传真：0538－7787111
邮箱：13562487123@ 139. com
产品：硫酸铝、AKD 乳液、中碱性造纸施胶剂、分散松香胶

山东一滕新材料股份有限公司
（原山东一滕化工有限责任公司）
山东省肥城市石横镇八号路西
邮编：271600
电话：0538－3368999、3368666
传真：0538－3366289
网址：www. yitengchem. cn
邮箱：yitengkfb@ 163. com
产品：聚阴离子纤维（PAC）、羧甲基纤维素（CMC）、羟丙基甲基纤维素（HPMC）

山东鲁岳化工集团有限公司
山东省肥城市化工产业园区
邮编：271603
电话：0538－3680358、3682528
传真：0538－3680358、3682528
网址：www. luyue. com
邮箱：xinfeng@ luyue. com
产品：二烯丙二甲氯化铵、助留助滤剂、干湿增强剂、阴离子导电剂、阳离子熟化促进剂

泰安市金山口环保化工厂
山东省泰安市岱岳区山口镇
邮编：271038
电话：15318128076
邮箱：8616056@ 163. com
产品：净水剂

日照市

日照锦湖金马化学有限公司
山东省日照市东港区涛雒镇工业园
邮编：276805
电话：0633－8677888、8677819
邮箱：liuyanli@ kumhojinma. com
业务：丁苯乳胶的研发、生产、销售

威海市

威海凯瑞造纸技术有限公司
山东省威海市少年路－附 15 号
邮编：264200

电话：15163106688
邮箱：yuanjieli638@163. com
产品：表面施胶剂、表面处理剂、浆料预处理剂、树脂控制剂、生物助留剂

临沂市

临沂三水科技有限公司
山东省临沂市临沭县经济开发区朝阳街道路北
邮编：276700
电话：0539－6341066
传真：0539－6341099
产品：表面施胶剂、脱气剂、固着剂、胶粘物控制剂、淀粉增强剂、网毯清洗剂等造纸用化学品

临沂北方爱森化工有限公司
山东省临沂市兰山区临西十一路与双岭路交汇东南原材料电子商务城 247 号
邮编：276000
电话：13954957959
邮箱：1262709409@qq. com
产品：聚丙烯酰胺阳离子、阴离子、非离子系列，造纸分散剂，造纸助留助滤剂

临沂成丰化工有限公司
山东省临沂市兰山区临西十一路鲁南化工市场 A 区 143 号
邮编：276000
电话：13869966239
邮箱：503877727@qq. com
产品：荧光增白剂、蒸煮助剂、消泡剂、防腐杀菌剂、ABC 调色剂、高效分散剂、脱墨剂、湿强剂

临沂欧贝化学有限公司
山东省临沂市临沭县白旄镇周官庄村
邮编：276715
电话：0539－6341066、6341099
邮箱：oubei66@sina. com
产品：表面施胶剂、脱墨剂、过氧化氢稳定剂、干强剂、纸力增强剂、助留剂、杀菌剂、涂布纸用料、消泡剂、脱气剂

临沂市科翰硅制品有限公司
山东省临沂市经济开发区兴大西街南侧
邮编：276700
电话：0539－6368127
网址：www. lykehan. com
邮箱：784556509@qq. com
产品：硅溶胶研发、生产

德州市

陵县双星染料化工厂
山东省德州市陵县陵城镇东街
邮编：253500
电话：13953467109
邮箱：1724825911@qq. com
产品：染料、染料中间体

聊城市

山东阳光化工科技有限公司
山东省聊城阳谷县城西工业园区化工路
邮编：252300
电话：0635－2156566、13706356175
传真：0635－6324198
网址：www. sinosunshine. com
邮箱：13706356175@139. com
产品：聚丙烯酰胺、造纸助剂、硫酸铵、羧甲基纤维素、聚丙烯酸钾、二氯异氰尿酸钠

滨州市

山东沾化奥仕化学有限公司
山东省滨州市沾化县城北工业园泽河一路 18 号
邮编：256800
电话：0543－2273192、2273177
传真：0543－2273199
网址：www. sdzhoshx. com
邮箱：47540582@qq. com
产品：氨基树脂系列产品

博兴县天元化工有限公司
山东省滨州市博兴县博兴镇董初村
邮编：256500
电话：0543－2303345
传真：0543－2303345
邮箱：BXKL2008@163. com
产品：造纸用中性施胶剂 AKD 蜡粉、AKD 乳液、AKD 专用乳化剂及系列产品

山东滨州嘉源环保有限责任公司
山东省滨州市滨城区黄山五路 858 号 4 号楼 101
邮编：256619

电话：0543－2118158、2118000
传真：0543－3312324
邮箱：yuxiaolin3309@163.com
产品：二甲基二烯丙基氯化铵、有机高分子絮凝剂、阳离子絮凝剂系列、脱色剂、复合絮凝剂、反相破乳剂

山东盛太锆业资源有限公司
山东省滨州市博兴县陈户镇闫陈村乔博路220号
邮编：256505
电话：0543－2870309、18678323159
传真：0543－2518808
网址：www.cnsdja.com
邮箱：sdjahg@163.com
产品：锆产品新材料研发、生产、销售

菏泽市

山东菏泽阿可迪化工科技有限公司
山东省菏泽市牡丹区万福办事处工业园泰山路西段
邮编：274000
电话：0530－5644488
传真：0530－5644488
邮箱：15253038898@qq.com
产品：AKD蜡粉、表面施胶剂、高效干增强剂、湿强剂、乳液松香施胶剂

山东润鑫精细化工有限公司
山东省菏泽市定陶县东外环路南段路东
邮编：274100
电话：0530－2263168、2264981
传真：0530－2264466
网址：www.runxinchemical.com
邮箱：kelvinsong1982@runxinchem.com、salesdirector@runxinchem.com
产品：2-溴丁酸甲酯、DT杀菌灭藻剂、N-4-异噻唑-3-酮

河　南　省

郑州市

郑州市中瑞洁水化工原料有限公司
河南省郑州市中原区陇海路南、桐柏路东、文化宫路西金中环5幢20层2008号
邮编：450000
电话：19903714029
邮箱：18530091333@163.com
产品：水处理药剂、聚丙烯酰胺

河南南浦化工有限公司
河南省郑州市金水区玉凤路361号南浦国际金融中心4层401号
邮编：450002
电话：0371－65655608、86560100、86560977
传真：0371－65655609
网址：www.nanpuhuagong.com
邮箱：web@jiezhifen.com
产品：阴、阳、非和两性离子聚丙烯酰胺，无机高分子絮凝剂，XM系列浮选剂，PFS聚合硫酸铁（液体），PFS聚合硫酸铁（固体），PAC聚合氯化铝

郑州易和精细化学品有限公司
（原河南省道纯化工技术有限公司）
河南省郑州市新郑市人民路与神州路交叉口向北1500米路东
邮编：450002
电话：0371－63563761、63563764、4006808890
传真：0371－63563936
网址：www.dchg.com.cn
邮箱：dchgyx@163.com
产品：施胶剂、氧漂稳定剂、蒸煮助剂、脱墨剂、消泡剂、氧漂激活剂、分散剂、湿强剂、杀菌剂、显白剂、乳化剂

郑州金源微粉材料有限公司
河南省有色金源实业有限公司（子公司）
河南省开封市尉氏县新尉工业园区
邮编：475500
电话：0371－23219988、23219967
传真：0371－23219986
网址：www.jywf.net
产品：长石粉、硅微粉、铝矾土、氢氧化铝、复合填料和高岭土

郑州市恒茂昌贸易有限公司
河南省郑州市南阳路170号清华园商贸楼16楼167室（办公地址）
郑州市郑州市惠济区新城街道固城村南（工厂地址）
邮编：450053
电话：13608680253
网址：www.hengmaochang.com
邮箱：zzhmc@sina.cn
产品：分散剂、助留剂、生物酶脱墨剂、湿强剂、干强剂、表面施胶剂、染料、聚丙烯酰胺

巩义市奥林滤材有限公司
河南省巩义市嵩山路
邮编：451200
电话：0371－85602626、13733196885、15981995698
传真：0371－85602626
网址：www. aolinlc. com
邮箱：aolinlc@163. com
产品：阻垢分散剂、杀菌灭藻剂、净水药剂系列、活性炭系列

巩义市益民淀粉有限公司
河南省巩义市808路
邮编：451250
电话：0371－64371718
邮箱：512892893@qq. com
产品：变性淀粉、磷酸酯淀粉、酸化淀粉、玉米氧化淀粉、阳离子淀粉、醋酸酯淀粉

巩义市清滢精细化工厂
河南省巩义市康店镇黑石关665仓库（康店镇工业园区）
邮编：451200
电话：13137735819
邮箱：hngyqy@126. com
产品：防腐杀菌剂、润滑增光施胶剂、消泡剂、絮凝剂聚合氯化铝

巩义市宇清净水材料有限公司
河南省巩义市河洛镇古桥镇
邮编：451251
电话：0371－64156198、64150000、13607650597
传真：0371－64156198
网址：www. yqjs. com
邮箱：yqjs1995@163. com
产品：聚合氯化铝、聚合氯化铝铁、复合铝铁、硫酸铝、铝酸钙粉、结晶氯化铝

巩义市恒豪净化材料有限公司
河南省巩义市芝田镇羽林庄工业区
邮编：451252
电话：0371－64138889、64138777
邮箱：henghao@hnhenghao. com
产品：聚合氯化铝、碱式氯化铝、聚丙烯酰胺、活性炭、铝酸钙粉

巩义市豫泉净化材料有限公司
河南省巩义市芝田镇八陵村
邮编：451200
电话：0371－64136999、13607650597
传真：0371－64139555
网址：www. henanyuquan. com
邮箱：1029988360@qq. com
产品：聚合氯化铝、聚氯化铝铁、聚合硫酸铁、碱式氯化铝、活性炭、聚丙烯酰胺、纯碱，消泡剂

郑州华旗助剂有限公司
河南省新密市大隗工业区黄湾寨
邮编：452383
电话：13849076206
邮箱：1766758919@qq. com
产品：松香系列施胶剂、中性施胶剂、湿强剂、助留剂、剥离剂、乳化剂

巩义市华麟化工有限公司
河南省巩义市西村镇
邮编：451281
电话：0371－64032111、64031888
传真：0371－64031999
邮箱：331531888@qq. com
产品：水处理剂

洛阳市

洛阳市太学染化有限公司
河南省洛阳市伊滨区东大郊工业园区（工厂地址）
电话：0379－67436138
传真：0379－67436438
河南省洛阳市洛龙区开元大道258号（国际市场部）
邮编：471000
电话：0379－69967377
传真：0379－69828598
网址：www. chinataixue. com
邮箱：sales@chinataixue. com
产品：造纸专业染料

河南科高辐射化工科技有限公司
河南省洛阳市洛龙区洛龙科技园路1号
邮编：471023
电话：0379－65936155、65936309
传真：0379－65936133
网址：www. kegaor. com
邮箱：hnkgfshg@163. com
产品：化工技术、新材料研发

洛阳益民新能源科技有限公司
（原洛阳益民染料有限公司）
中国（河南）自由贸易试验区洛阳片区高新开发区新华

东路 6 号
邮编：471000
电话：0379－64121058、18603790887
邮箱：e-min2008@163. com
产品：液体黄 616-1（阴离子型）、液体黄 616-2（阳离子型）、液体红 4B-1（阴离子型）等

安阳市

河南省安阳荧迪化工有限责任公司
河南省安阳市龙安区烟厂路
邮编：455004
电话：0372－3928294
邮箱：AYYD@163. COM
产品：荧光增白剂、染料中间体 DSD 酸

新乡市

卫辉市通达变性淀粉有限公司
河南省卫辉市唐庄工业开发区 107 国道旁（代庄村）
邮编：453100
电话：0373－4221908
传真：0373－4221908
邮箱：tongdadianfen@163. com
产品：氧化淀粉、AKD 乳化剂离子型专用淀粉、涂布淀粉、多元变性淀粉、磷酸酯淀粉、接枝淀粉、氧化醋酸淀粉、阳离子淀粉

新乡永平助剂厂
河南省新乡市大召营镇文营村
邮编：453700
电话：0373－5470178
传真：0373－5469308
网址：www. xxypzj. com
邮箱：ypwyy@126. com
产品：液体荧光增白剂、显白剂、脱墨剂

新乡市瑞丰化工有限责任公司
河南省新乡市新乡县大召营镇（新获路北）工业园
邮编：453700
电话：0373－5466556、5466665
传真：0373－5466665
网址：www. sinoruifeng. com
邮箱：sale@sinoruifeng. com
产品：无碳复写纸树脂显色剂、活性白土显色剂、阳离子醚化剂、高碱性硫化烷基酚钙

新乡市聚创化工有限公司
河南省新乡市卫滨区平原乡梁任旺村
邮编：453000
电话：0373－5799989、15936596710
网址：www. 55pam. com
邮箱：2664411@qq. com
产品：聚丙烯酰胺、高效聚合引发剂、聚二甲基二烯丙基氯化铵

焦作市

龙蟒佰利联集团股份有限公司
（原河南佰利联化学股份有限公司）
河南省焦作市中站区冯封办事处
邮编：454191
电话：0391－3126553、3126699、3126626
传真：0391－3126818
网址：www. lomonbillions. com
邮箱：yangminwei@lomonbillions. com
产品：钛白粉、硫酸铝、二氧化锆、碳酸锆

沁阳市新兴化工有限公司
河南省沁阳市崇义镇小金陵村北
邮编：454550
电话：0391－5055071、13703912520
传真：0391－5055042
网址：www. qysxxhg. com
邮箱：qyxxhg@163. com
产品：涂布淀粉、造纸淀粉、卫生纸增韧剂、助留助滤剂

武陟县智辉科技有限公司
（原河南省武陟县智辉化工有限责任公司）
河南省焦作市武陟县城东占泗路北贾桥西
邮编：454950
电话：0391－7268190、13938136632
传真：0391－7268193
网址：www. zhihuichem. com
邮箱：zhgjb@zhihuichem. com
产品：无碳复写纸专用树脂显色剂、活性白土显色剂、微胶囊、无碳压敏染料溶剂油、微胶囊专用分散乳化剂、石蜡乳液

温县宏泰水处理材料厂
河南省焦作市温县岳村工业区 66 号
邮编：454800
电话：0371－66551601、15093403073

传真：0371－66551602
网址：www. wxhtgs. com
邮箱：wxhtscl@ 163. com
产品：聚合氯化铝、碱式氯化铝、活性炭系列、填充系列

濮阳市

濮阳市中润聚合物有限公司
河南省濮阳市东高新技术开发区前县徐岭村南
邮编：457600
电话：13839267866
邮箱：115139550@ qq. com
产品：污泥脱水剂、分散剂、助留剂、聚丙烯酰胺、羧甲基纤维素

许昌市

许昌凯特精细化工厂
河南省许昌市建安区张潘化工工业园
邮编：461000
电话：0374－8306077
传真：0374－8306091
网址：www. xckate. com
邮箱：xckate@ outlook. com
产品：消泡剂

漯河市

漯河市天马化工有限公司
河南省漯河市人民东路 73 号
邮编：462000
电话：0395－2637388
邮箱：252135285@ qq. com
产品：AKD 中性施胶剂、阳离子分散松香胶、硅溶胶、分散剂、乳化剂

济源市

河南清水源科技股份有限公司
河南省济源市高新区康桥路与王屋路交叉口清水源研发大楼(集团总部)
邮编：454650
电话：0391－6089345、6082121、6088788
网址：www. qywt. com. cn
邮箱：bgs@ qywt. com. cn
产品：水处理剂产品(单体)和复配剂、提供配方筛选和水处理技术服务

湖 北 省

武汉市

湖北省化学工业研究设计院
湖北省武汉市洪山区关山大道 330 号
邮编：430074
电话：027－87439315
传真：027－87439315
网址：www. hbhyychem. cn
业务：科研开发、工程咨询、信息服务、产品检测、节能评估

武汉德美精细化工有限公司
湖北省武汉市江夏区江夏大道江郡华府 3 栋 2 单元 101 室
邮编：430200
电话：027－81825186
网址：www. dymatic. com
邮箱：yanggs@ dymatic. com
产品：造纸助剂

武汉华东化工有限公司
湖北省武汉市汉口竹叶山东恒星集团 A 栋 8 楼 5 号
邮编：430012
电话：027－85267625、13986037010
传真：027－85267625
网址：www. ecch. com. cn
邮箱：lignincn@ ecch. com. cn
产品：木质素磺酸钙、碱木质素、木质素磺酸盐、羧甲基淀粉钠

武汉新大地环保材料股份有限公司
湖北省武汉市硚口区南泥湾 8 号长丰科技产业园(西区)8 号
邮编：430034
电话：027－83305573、83305579、83305591
传真：027－83305570
网址：www. newlandchem. com
邮箱：13396066976@ 163. com
产品：防腐杀菌剂

武汉市羽佳化工有限公司
湖北省武汉市东湖高新开发区大学园路 11 号
邮编：430074
电话：027－52101188

传真：027－52101188
网址：www. yj1188. com
邮箱：yj11882000@ yahoo. com. cn
产品：干强剂、水处理剂、消泡剂

武汉市雨田高分子材料有限公司
湖北省武汉市蔡甸区永安街万岭特 1 号
邮编：430105
电话：027－69305728、59843713
传真：027－69304916
邮箱：2685014692@ qq. com
产品：CMC、脱墨剂、润滑剂、抗水剂、分散剂

武汉市新洲区耀华化工有限公司
湖北省武汉市新洲区阳逻街新阳大道
邮编：430415
电话：027－86963113
传真：027－86963113
邮箱：670725974@ qq. com
产品：新型造纸制浆蒸煮剂、脱墨剂、固体/液体消泡剂、剥离剂、助留剂

武汉葛化集团有限公司
湖北省武汉市洪山区葛化街化工路 31 号
邮编：430078
电话：027－87602513
传真：027－87600357
网址：www. whghjt. com
邮箱：173428654@ qq. com
产品：烧碱、液氯

宜昌市

湖北宜化集团有限责任公司
湖北省宜昌市沿江大道 52 号
邮编：443000
电话：0717－8868298、8868222
传真：0717－8868298
网址：www. hbyihua. cn
邮箱：yhflxt@ 163. com
产品：烧碱

襄樊市

襄樊惠邦化工有限公司
湖北省襄樊市江汉路 25 号
邮编：441002
电话：0710－3955939、13307279512
传真：0710－3112389
产品：分散剂、胶黏剂

湖北新四海化工股份有限公司
湖北省枣阳市南城王家湾社区居委会五组 3 幢
邮编：441200
电话：0710－6241188
邮箱：42966532@ qq. com
产品：消泡剂、抗水剂、润滑剂

荆门市

钟祥市金汉江纤维素有限公司
湖北省荆门市钟祥市南湖新区富水路
邮编：431938
电话：0724－4238472、4236034
传真：0724－4223212
网址：www. chinajhj. com
邮箱：jhj@ chinajhj. com
产品：精制棉、CMC

荆州市

荆州科瑞伟业化工有限公司
湖北省荆州市沙市区经济开发区
邮编：434000
电话：13593809310
邮箱：13593809310@ qq. com
产品：涂布专用 CMC、润滑剂、纳米级微粒高效造纸助留助滤剂

荆州市旭升化工助剂有限公司
湖北省荆州市荆州区拍马工业园
邮编：434020
电话：0716－8416699、18986708588、13607219187
传真：0716－8416699
网址：www. jzsxshg. com
邮箱：xshg2002@ 163. com
产品：阳离子淀粉、助留助滤剂、交联表面施胶剂、高效废纸脱墨剂、阴离子分散松香胶、中碱性施胶剂、蒸煮助剂、湿强剂

咸宁市

湖北中之天科技股份有限公司
（原嘉鱼县中天化工有限责任公司）
湖北省咸宁市嘉鱼县鱼岳镇徐家庄 167 号
邮编：437200

电话：0715－6329868
传真：0715－6329868
邮箱：13807247197@vip.163.com
产品：蒸煮助剂、高效漂白剂、荧光增白剂、脱墨剂、湿强剂、显白剂

仙桃市

仙桃市闻捷福工贸有限责任公司
湖北省仙桃市经济开发区青鱼湖路16号
邮编：433000
电话：0728－3273000、13512345678
产品：脱墨剂、蒸煮助剂

湖北嘉韵化工科技有限公司
（原仙桃贝斯特化学品有限公司）
湖北省仙桃市刘口工业园叶河二路1号
邮编：433000
电话：0728－3255688、3601188、3601199
传真：0728－3255601
网址：www.jiayunchem.com
邮箱：jiayunchem01@163.com
产品：环氧聚酯湿强剂、蒸煮催化剂、固着剂、AKD中性施胶剂、表面施胶剂、助留助滤剂、防腐杀菌剂、干增强剂、抗水剂、柔软剂、剥离剂

湖北新恒兴材料科技有限公司
湖北省仙桃市郭河工业园区
邮编：433013
电话：0728－87654321
邮箱：13507226918@qq.com
产品：阳离子中碱性施胶剂、阳离子中性表面施胶剂、新型涂料胶乳、湿强剂、干强剂

天门市

湖北冠禾工业科技有限公司
湖北省天门市岳口工业园3号路以东
邮编：431700
电话：0728－5885508
传真：0728－5885508
网址：www.hbghgy.cn
邮箱：2483827710@qq.com
产品：化工原料及产品（危险化学品除外）、水处理化学品、造纸化学品（危险化学品除外）的研发、生产、销售

湖 南 省

长沙市

内蒙古超牌建材科技有限公司
湖南省长沙市芙蓉中路二段198号新世纪大厦9003室
邮编：410015
电话：0731－85179028、85179029、85819266
传真：0731－85179099
网址：www.hnsuper.com.cn、www.nmsuper.com
邮箱：cpdcx@superkaolin.com
产品：超细研磨碳酸钙、超细煅烧高岭土

长沙市力波化工有限公司
湖南省长沙市芙蓉区火星街道远大一路418号建安新商汇2601室
邮编：410001
电话：0731－84786498、84735309
传真：0731－82862601
网址：www.lbsun.com
邮箱：sales@lbsun.com
产品：分散剂、脱墨剂、光亮剂、施胶剂等造纸化学品及各种羧甲基纤维素、甲基纤维素、羟丙基甲基纤维素、聚合氯化铝、聚丙烯酰胺、染料

湖南美莱精化有限公司
湖南省长沙市高新开发区桐梓坡西路229号麓谷国际工业园C栋12楼
邮编：410013
电话：13908495512
邮箱：237839757@qq.com
产品：造纸助剂

株洲市

湖南省醴陵市华中化工有限公司
湖南省醴陵市王仙科技工业园
邮编：412200
电话：0733－23518818、13974115257
传真：0733－23518818
产品：分散松香胶、干强剂、脱墨剂、毛毯洗净剂、松香、乳化剂

湘潭市

湖南森泰生物科技有限公司
湖南省湘潭市天易示范区吴家港工业区

邮编：411228
电话：0731－57788978
传真：0731－57788978
网址：www. xtsentai. com
邮箱：1126343262@ qq. com
产品：羧甲基纤维素钠（CMC）、羧甲基淀粉钠（CMS）、甲基纤维素（MC）、羟丙基甲基纤维素（HPMC）、涂布黏合剂

湘潭市麓安造纸材料研究所有限公司
湖南省湘潭市先锋工业园
邮编：411100
电话：13170327039
邮箱：15200353375@ 163. com
产品：造纸化学品

衡阳市

湖南超牌化工有限公司
湖南省耒阳市水东江街道办事处鹿岐居委会振兴路明理坳 89 号
邮编：421800
电话：0734－4370523、13975440918
传真：0734－4370470
邮箱：hncphg@ 163. com
产品：超细 GCC、高岭土

岳阳市

湖南海正生物科技有限公司
湖南省岳阳市经济技术开发区木里港大道现代工业产业园 7 栋 1 楼
邮编：414000
电话：0730－8118899、15990098899
传真：0730－8831188
网址：www. hnhisun. com
邮箱：hzgs8899@ 163. com
产品：打浆酶、滤水酶、胶粘物控制酶、施胶酶、脱墨酶、助漂酶、木片预处理酶、除臭酶、溶解浆用酶、树脂控制酶、木粉软化酶

广 东 省

广州市

广州纬森普化工科技有限公司
广东省广州市番禺区桥南街福德路 341 号 2306
邮编：510000
电话：020－87362138
传真：020－87371198
邮箱：1154483587@ qq. com
产品：湿强剂

广东迪美生物技术有限公司
广东省广州市先烈中路 100 号 62 栋 205（广东省微生物研究所）
邮编：510075
电话：020－87688093、87688061
传真：020－87688093
网址：www. gd-demay. com
邮箱：sales@ gd-demay. com
产品：防腐剂、防霉剂、抗藻剂、消毒剂

广州宇洁化工有限公司
广东省广州市海珠区宝岗大道 268 号中新大厦 12 楼 12－13B 室
邮编：510240
电话：020－34371818、34371600、13922255156
传真：020－34141884
网址：www. yujiechem. cn
邮箱：gzyujie2010@ 163. com
产品：聚丙烯酰胺、丙烯酰胺、聚合氯化铝、脱色剂

广州精细化学工业公司
广东省广州市海珠区宝岗路郊坛顶 17 号之五
邮编：510240
电话：020－34370939
邮箱：867138744@ qq. com
产品：聚丙烯酰胺、分散剂、湿强剂、助留助滤剂、水处理絮凝剂、脱水剂、表面活性剂

广州市黄埔天泰化轻有限公司
广东省广州市越秀区寺右新马路 111－115 号新城广场 2209 室
邮编：510600
电话：020－87391185、87391810
传真：020－87382704
网址：www. tt020. com
邮箱：hr87391810@ 163. com
产品：纸浆专用防霉防腐杀菌剂、荧光增白剂、钛白粉、超细滑石粉

广州兰泉环保科技有限公司
广东省广州市高新技术产业开发区开创大道 2707 号自编 B1 栋 1612 房（不可作厂房使用）
邮编：510700

电话：020－82318552、15989182360
网址：www. lanquanhuanbao. com
邮箱：846339279@ qq. com、409835805@ qq. com
产品：废水处理药剂、循环冷却水处理药剂、RO 膜反渗透水处理剂

广州市华夏助剂化工有限公司
广东省广州市天河区体育东路 122 号羊城国贸东塔 1806
邮编：510620
电话：020－38661006、38661009、38661209
传真：020－38661036
网址：www. huaxiaadd. com
邮箱：350387875@ qq. com
产品：国外系列涂料助剂、华夏品牌助剂

广州市君伦化工科技有限公司
广东省广州市天河区沙太路 268 号 802、80A 房（仅限办公用途）
邮编：510635
电话：020－38470568、22832058
传真：020－38470569
网址：www. junlunchem. com
邮箱：gz-kingdom@ 163. com
产品：杀菌防腐剂、流程清洗剂、系统保洁剂、杀菌抑菌剥离剂

广州智尚化工技术开发有限公司
广东省广州市天河区天河北路 559 号 2301 自编 A21 房
邮编：510640
电话：020－84546214
邮箱：123@ 163. com
产品：水处理用水溶性消泡剂、异噻唑啉酮类、季铵盐类杀菌防腐剂、缓蚀阻垢剂、造纸用杀菌防腐剂、絮凝剂、新型含氟聚有机硅氧烷类油溶性流平剂

广州慧谷化学有限公司
广东省广州市萝岗区永和经济区新业路 62 号
邮编：511356
电话：020－32222928
传真：020－32222928－6026

广州慧谷工程材料有限公司
广东省广州市增城中新镇大田村风门坳（土名）
邮编：511365
电话：020－32968222
传真：020－32968222－2035
网址：www. humanchem. com
邮箱：hg@ huamanchem. com
产品：水性涂料、特种金属卷材涂料、高分子树脂和无机材料、彩色喷墨打印纸涂料、胶浆涂料

广州市瑞洋表面活性剂有限公司
广东省广州市番禺区大龙街新桥村西沙岗新环中路七号
邮编：511450
电话：020－84551143
产品：乳化剂、消泡剂、杀菌防腐剂

广州市灏洋水处理材料有限公司
广东省广州市番禺区大龙街新桥村泰安路西横六街 3 号
邮编：511450
电话：020－84559143、84553577
传真：020－84553788
网址：www. how188. com
邮箱：sales@ how188. com
产品：净水剂、水质稳定剂、絮凝剂和清洁剂

中科院广州化学有限公司
中国科学院广州化学研究所
广东省广州市天河区兴科路 368 号广州化学研究所
邮编：510650
电话：020－85231815、85231230
传真：85231119
网址：www. gic. ac. cn
邮箱：bgs@ gic. ac. cn
产品：胶黏剂

广州日华化学有限公司
广东省广州市广州经济技术开发区明珠路 15 号
编码：510730
电话：020－82211314
网址：www. nicca. cn
邮箱：gnc@ niccachemical. com
产品：纸用固色剂、分散剂、柔软剂、膨松剂、脱墨剂、消泡剂

荒川化学合成（上海）有限公司广州分公司
广东省广州市天河区体育西路 191 号 B 塔 4716，4717
邮编：510610
电话：020－38083169
传真：020－38083169
网址：www. arakawachem. com. cn
邮箱：guo@ arakawachem. com. cn
业务：化工产品批发

双日(广州)有限公司
广东省广州市天河区体育东路 138 号金利来数码网络大厦 1807A 室
邮编：510620
电话：020 - 38781206
传真：020 - 38780466
网址：www. sojitz. cn
产品：化工、合成树脂

诺维信(中国)投资有限公司广州分公司
广东省广州市环市东路 403 号广州国际电子大厦 2203 室
邮编：510095
电话：020 - 87320177
传真：020 - 83752113
网址：www. novozymes. com
邮箱：ds4401040011518@ unit. gzemail. cn
业务：工业酶制剂和工业微生物制剂销售和技术支持

深圳市

深圳市三力星聚合同创科技发展有限公司
广东省深圳市福田区梅林街道北环路梅林多丽工业区 1 栋 409
邮编：518000
电话：0755 - 83733558
传真：0755 - 83733596
邮箱：Lindazheng@ szpolyco. com
产品：助留助滤剂、增强剂、表面施胶剂、染料、颜料、中性施胶剂、清洗剂、消泡/抑泡剂、脱墨剂、防腐杀菌剂、分散松香胶、纸张成形剂

深圳市华苏科技发展有限公司
广东省深圳市南山区南山大道南海大厦 B 栋 6G
邮编：518054
电话：0755 - 86250096
传真：0755 - 86250096
网址：www. tengtuo. com
邮箱：314729111@ qq. com
产品：杀菌防腐剂、荧光增白剂、水处理药剂、甲基纤维素、羟乙基纤维素、聚乙烯醇、分散剂

深圳绿微康生物科技有限公司
广东省深圳市南山区龙珠大道龙珠三路光前工业区 21 栋 7 楼
邮编：518055
电话：0755 - 26031010
传真：0755 - 26031910
网址：www. leveking. com
产品：生物脱墨剂、胶黏物处理剂、废水处理剂

深圳市索雷亿科技有限公司
广东省深圳市宝安区宝民一路碧涛苑 1 栋 B 座 103 室
邮编：518133
电话：13714344454
邮箱：solate@ 21cn. com
产品：过氧化物引发剂系列、抗氧化剂、紫外线吸收剂、光引发剂系列、防腐剂、抗静电剂

深圳清源净水器材有限公司
广东省深圳市南山区南海大道水务集团南山大楼 8 楼
邮编：518052
电话：0755 - 26978809、26978819、26978633
传真：0755 - 26978825
邮箱：qingyuan@ qingyuansz. com
产品：聚合氯化铝废水处理剂、造纸施胶剂、杀菌灭藻剂、重金属捕集剂

珠海市

珠海市骏兆丰进出口有限公司
广东省珠海市红山路 288 号珠海国际科技大厦 B508 室
邮编：519000
电话：0756 - 3331388
传真：0756 - 3362737
网址：www. bikin. cn
邮箱：info@ bikin. cn
产品：造纸化工涂料

广东溢多利生物科技股份有限公司
广东省珠海市南屏科技工业园屏北一路 8 号
邮编：519060
电话：0756 - 8676888
传真：0756 - 8673999
邮箱：vtr@ vip. 163. com
产品：生物酶

佛山市

佛山市华昊华丰淀粉有限公司
广东省佛山市禅城区富盈路 11 号首层 37 号
邮编：528000
电话：0757 - 82817979
邮箱：fxpxf@ 163. com
产品：湿部添加剂、涂布黏合剂、表面施胶剂、阳离子淀粉、纸制品再湿胶黏剂

佛山市南海大田化学有限公司
广东省佛山市南海区狮山科技工业园 B 区科园路 1 号
邮编：528000
电话：0757－82726800、4008083187
传真：0757－86698585
网址：www. dtdefoamer. com
邮箱：datian@ dtdefoamer. com
产品：纸浆、涂布、废水处理用消泡剂

佛山市特森化工有限公司
广东省佛山市同华西 2 路南华 1 街 13 号首层 1 号铺之一
邮编：528000
电话：13809816227
产品：净水剂、聚丙烯酰胺、高效脱色剂、聚合硫酸铁、硫酸铝

佛山市南海区骏能造纸材料厂
广东省佛山市南海区狮山镇罗村芦塘工业区
邮编：511400
电话：0757－86410016
传真：0757－88395329
网址：junneng668. com
邮箱：183647235@ qq. com
产品：纸张增强、施胶、防水、助留助滤、消泡剂、防腐杀菌剂等
福建厂：0595－23883388
江门厂：0750－3655066
河北厂：0311－87372100
临安厂：0751－63865760
重庆厂：023－46289139

广东奇力士环保能源股份有限公司
（原广东奇力士石油化工有限公司）
广东省佛山市顺德区大良大门堤围路 8 号
邮编：528333
电话：0757－22329333
传真：0757－22329308
邮箱：dijiajiyou@ 163. com
产品：聚硅氯化铝、聚硅氯化铝铁、硫酸铝、聚丙烯酰胺、无铁硫酸铝、复合聚硅氯化铝、复合聚硅氯化铝铁

佛山市高明区友本化工有限公司
广东省佛山市高明区明城镇城十路 99 号
邮编：528518
电话：0757－88930638
传真：0757－88836686
邮箱：415747442@ qq. com
产品：中性施胶剂、干/湿增强剂、离缸剂、助虑增强剂

广东银洋环保新材料有限公司
广东省佛山市三水区乐平镇范湖经济开发区
邮编：528138
电话：0757－87366666
传真：0757－87360388
网址：www. yinyangresin. com
产品：水性乳液和粉末涂料用聚酯

广东顺德蓝亚化工有限公司
广东佛山市顺德区大良成业路 4 号金粤宏泰大厦 2 栋 202
电话：0757－22332111、22332118
网站：www. blueasia. cn
邮箱：lanyatrade@ 126. com
产品：涂布增强剂、高岭土、抗氧剂、光敏感剂、硬脂酸剂、硬脂酸剂润滑剂(乳液)等

广东德美精细化工集团股份有限公司
（原广东德美精细化工股份有限公司）
广东省佛山市顺德高新区科技产业园朝桂南路
邮编：528305
电话：0757－28399088
网址：www. dymatic. com
邮箱：liuzf@ dymatic. com
产品：造纸助剂

江门市

江门市新会区天盛生物科技有限公司
（原江门市新会区辉昊化工有限公司）
广东省江门市新会区大泽镇李苑路口
邮编：529100
电话：0750－6116733
传真：0750－6116733
邮箱：232695820@ qq. com
产品：干强剂、分散剂、脱墨剂、助留助滤剂

江门市大中科技企业发展有限公司
广东省江门市礼乐文昌花园 99 座首层
邮编：529060
电话：0750－36157630
邮箱：741941778@ qq. com
产品：造纸化学品

江门市南化实业有限公司
广东省江门市新会区睦洲镇新沙工业区
电话：0750－6228298
传真：0750－6709678
网址：www. jmzghg. com
邮箱：jmzghg@ 163. com
产品：湿强解离剂、湿强固着剂、抗静电剂、剥离剂、电荷调节剂等

茂名市

茂名市银华高岭土实业有限公司
广东省茂名市茂南区新坡镇黄塘管理区白银窝村
邮编：525011
电话：0668－2717589、2717189
传真：0668－2717889
网址：www. mmyhkaolin. cn
邮箱：522912856@ qq. com
产品：高岭土

肇庆市

高要宝时化工有限公司
广东省肇庆市高要市南岸镇上元路 37 号
邮编：526100
电话：18807580333
邮箱：2625301498@ qq. com
产品：EDTA、DTPA、表面施胶剂、湿强剂、网毯清洗剂、双氧水稳定剂、胶黏物控制剂、涂布分散剂、涂料润滑剂、涂料耐水剂

惠州市

惠州联宏化工有限公司
广东省惠州市大亚湾石油化学工业区 H2 地块西南角
邮编：516081
电话：0752－5599101、5599888
传真：0752－5599180
网址：www. lianhonghuagong. com
邮箱：xiehj@ bestgrandchem. com
产品：表面施胶剂

清远市

大和(清远)石矿化工有限公司
广东省清远市禾云镇 107 国道旁
邮编：511875
电话：0763－5672399
产品：滑石粉、碳酸钙

清远慧谷新材料技术有限公司
广东省清远市英德市东华镇清远华侨工业园创业大道 1 号
邮编：511058
电话：0763－2689089
传真：0763－2689089
网址：www. humanchem. com
邮箱：pangshiping@ humanchem. com
产品：水性涂料、特种金属卷材涂料、高分子树脂和无机材料、彩色喷墨打印纸涂料、胶浆涂料

东莞市

广东诚铭化工科技有限公司
广东省东莞市松山湖高新技术产业开发区科技 10 路 5 号国际金融 IT 研发中心 19 栋 B 座
邮编：523808
电话：0769－38851966
传真：0769－38851968
网址：www. chengming. com
产品：造纸制浆、造纸过程助剂、功能助剂、丁苯胶乳等涂料加工助剂、纸用染料和水处理等化学品

东莞博高化工有限公司
广东省东莞市南城街道莞太路南城段 275 号阳光天地商务中心 6 栋 602 室
邮编：523000
电话：0769－26387872、13827209837
传真：0769－26387870
网址：www. bogaohg. com
产品：分散剂、润湿剂、防腐剂、防霉剂

东莞市粤星纸业助染有限公司
广东省东莞市万江石美管理区商住楼地下 8－9 号
邮编：523040
电话：0769－22272839、22279289
传真：0769－22272839
网址：www. yuexingdg. com
邮箱：yuexing@ yuexingdg. com
产品：造纸染料、分散剂、增白剂、施胶剂、湿强剂、剥离剂、柔软剂、脱墨剂、絮凝剂

广东中成化工有限公司
广东省东莞市麻涌镇第二工业区
邮编：523130
电话：0769－66200048

邮箱：403233491@ qq. com
产品：双氧水、保险粉、过氧碳酸钠、焦亚硫酸钠、亚硫酸盐

广东汇美淀粉科技有限公司
广东省东莞市麻涌镇大步工业区
邮编：523143
电话：0769－88286638、88287996
传真：0769－88287332
网址：www. huimei-starch. com、www. hmdf. cn
邮箱：hmdfkj@ 126. com
产品：两性淀粉、涂布胶黏淀粉、表面喷雾淀粉、湿部添加阳离子淀粉、层间喷雾淀粉、表面施胶淀粉

东莞市中堂华兴造纸材料厂
广东省东莞市中堂镇江南远兴工业区
邮编：523230
电话：0769－88186095
传真：0769－88186095
邮箱：zthxzz@ 163. com
产品：分散松香胶、中性施胶剂、增白剂

东莞东美食品有限公司
广东省东莞市高埗镇护安围工业区
邮编：523279
电话：0769－88731228、88878488
传真：0769－88874888
网址：www. dm-starch. com
邮箱：dmstarch@ 126. com
产品：表面施胶淀粉、涂布淀粉、草木浆增强淀粉、两性淀粉、层间喷雾淀粉、阳离子淀粉、生活用纸增强淀粉、表面喷雾淀粉

东莞市嘉宏有机硅科技有限公司
广东省东莞市松山湖工业北一路 7 号
邮编：523000
电话：13929266192
邮箱：1628722442@ qq. com
产品：有机硅、高分子材料、高性能助剂

东莞市古粤水性助剂有限公司
广东省东莞市中堂镇江南工业西区二环路 8 号
编码：523230
电话：0769－81295677
传真：0769－81295676
网址：www. guyuezj. com
邮箱：sales@ guyuezj. com
产品：制浆造纸助剂

东莞市顶盛环保科技有限公司
广东省东莞市望牛镇北环路杜屋工业区
邮编：523000
电话：0769－28680629、81168908、88238962、88232310、81168808
传真：0769－88238963
网址：www. dosheng. cn
邮箱：755898643@ qq. com
产品：废水通用絮凝剂系列、废水功能处理剂系列、废水脱色絮凝剂系列、消泡剂系列

中山市

中山市杰西卡化工有限公司
广东省中山市南头镇南和西路 122 号(二处临街楼首层)10、11 号
邮编：528427
电话：0760－23121036、23121039
产品：化工产品

广西壮族自治区

南宁市

广西林业集团桂谷实业有限公司
广西壮族自治区南宁市双拥路 30 号南湖名都广场 A 栋 28 层 2804－2805
邮编：530022
电话：0771－2874376
传真：0771－2874376
网址：www. gxguigu. cn
产品：销售甲醇、甲醛等

南宁巨港水处理科技有限公司
广西壮族自治区南宁市白沙大道 30 号
邮编：530003
电话：0771－4918536
传真：0771－4918536
邮箱：260748326@ qq. com
产品：杀菌剂、保洁剂、清洗剂、表面施胶剂、阳离子分散松香胶、中性施胶剂、助留助滤剂、消泡剂、湿/干强剂、黏缸剂/剥离剂、柔软剂、树脂控制剂

南宁春城助剂有限责任公司
广西壮族自治区南宁市五一西路 61 号
邮编：530045
电话：0771－4864243、13768411113

传真：0771－4861026
邮箱：13768411113@163.com
产品：消泡剂、乳化剂、表面活性剂、松香高分散施胶剂

广西南宁市武鸣县安宁淀粉有限公司
广西壮族自治区南宁市武鸣县罗波镇商业城
邮编：530112
电话：0771－6082170
传真：0771－6082170
邮箱：wmandf@163.com
产品：木薯淀粉、层间喷淋淀粉、涂布胶黏剂、表面施胶剂、复合木薯变性淀粉、阳离子淀粉

广西农垦明阳生化集团股份有限公司
（原广西明阳生化科技股份有限公司）
广西壮族自治区南宁市江南区明阳工业开发区
邮编：530226
电话：0771－4818083
邮箱：42167292@163.com
产品：涂布黏合剂、阴离子/阳离子表面施胶淀粉、新型湿部添加用两性淀粉、湿部添加增强/助留剂、新闻纸专用增强剂、层间或表面喷雾淀粉、卷烟专用聚合物

梧州市

广西梧州荒川化学工业有限公司
广西壮族自治区梧州市外向型工业园区五路一号
邮编：543002
电话：0774－3830388
传真：0774－3830386
网址：www.gxwzarakawa.com.cn
邮箱：gxwzarakawa@gxwzarakawa.com.cn
产品：分散松香、树胶酯

北海市

北海宏泉淀粉科技有限公司
广西壮族自治区北海市平头岭工业开发区
邮编：536005
电话：0779－2081122
传真：0779－2081123
邮箱：bhhq1995@163.com
产品：表面施胶剂、涂布胶黏剂、层间喷涂剂、增强剂、淀粉

玉林市

广西壮族自治区玉林松脂厂
广西壮族自治区玉林市石岭子工业区
邮编：537000
电话：0775－3870038
邮箱：552166388@qq.com
产品：松香胶、马来松香

海　南　省

海口市

海南洋浦椰岛淀粉工业有限公司
海南省海口市洋浦经济开发区工业十区
邮编：578101
电话：0898－26532900
网址：www.yedao.com
邮箱：66532908@163.com
产品：阳离子/阴离子表面施胶剂、增强剂、阳离子助留助滤剂、阳离子淀粉、层间喷淋淀粉、涂布淀粉、木薯变性淀粉

重　庆　市

重庆力宏精细化工有限公司
重庆市南岸区江峡路6号
邮编：401336
电话：023－62950127
传真：023－62500141
网址：www.lihong.net
邮箱：office@lihong.net
产品：羧甲基纤维素钠（CMC）

中国石化集团重庆川维化工有限公司
重庆市长寿区维江路36号
邮编：401254
电话：023－68974625、68974061
传真：023－68974094
邮箱：cqsvw.swnl@sinopec.com
产品：聚乙烯醇树脂（PVA）

重庆新华化工有限公司
重庆市潼南区桂林街道办事处产业三支路560号
邮编：402660
电话：023－87288005
传真：023－87288006

网址：www. xinhuachemical. com
邮箱：xhhgxzb@ 163. com
产品：高档锐钛型钛白粉

双日（中国）有限公司重庆分公司
重庆市渝中区民生路 235 号重庆 JW 万豪酒店 803 室
邮编：400010
电话：023 – 63996778
传真：023 – 63996779
网址：www. sojitz. cn
产品：化工、合成树脂

四　川　省

成都市

成都嘉丰精化有限公司
四川省成都市福兴街 30 号四川轻工大厦 11 楼
邮编：610016
电话：028 – 86622199
传真：028 – 86616160
网址：www. jiafengchina. net
邮箱：jiaxiaolui@ jiafengchina. net
产品：阳离子助留剂、着色剂、液体增白剂、阳离子分散松香胶、助留助滤剂、改性皂土、脱气剂、絮凝剂、纸张刚挺剂、表面施胶剂

四川蓉丰化工有限责任公司
四川省成都市双林路 22 号仁禾商务楼
邮编：610041
电话：028 – 84397018
传真：028 – 84397058
邮箱：510000000105856@ 163. com
产品：分散剂、填料、钛白粉

都江堰钙品股份有限公司
四川省都江堰市青城工业区（灌温路 239 号）
邮编：611830
电话：028 – 87283139
传真：028 – 87283339
产品：造纸专用碳酸钙

中国科学院成都有机化学有限公司
（原中国科学院成都有机化学研究所）
四川省成都市一环路南二段 16 号
电话：028 – 85222143
传真：028 – 85223978
网址：www. cocc. cn
邮箱：bgs@ cicc. ac. cn
产品：纳米材料

自贡市

四川中光化工科技有限责任公司
（原自贡市中光精细化工有限公司）
四川省自贡市大安区牛佛镇群光村（芝麻山）
邮编：643208
电话：18978870936
产品：中性施胶剂

德阳市

广汉微纳钙业有限公司
四川省广汉市向阳镇顺江南路
邮编：618300
电话：0838 – 6098030
邮箱：12488190@ qq. com
产品：碳酸钙加工

陕　西　省

西安市

陕西华润实业有限公司
陕西省西安市莲湖区西北二路 1 号 512 室
邮编：710003
电话：029 – 87333574、15399029830
传真：029 – 87335479
网址：www. sxhuarun. cn
邮箱：service@ sxhuarun. cn
产品：杀菌剂、分散剂、消泡剂、荧光增白剂、助留剂、高效废纸脱墨剂、光亮柔软剂、水处理剂
华南（广州）：15361772800
华南（汕头）：13025202760
华北区域：15389433867
西南区域：18284593345
西北区域：15353698533

西安道尔达化工有限公司
陕西省西安市莲湖区大兴西路 9 号办公楼 401、402 室
邮编：710077
电话：029 – 88620362、88620853、13772007219
传真：029 – 88620853
网址：www. kldhg. cn
邮箱：565395622@ qq. com
产品：膨化剂、杀菌剂

西安吉利电子化工有限公司
陕西省西安市高新区丈八街办科技路创业广场 B 座 709 室
邮编：710075
电话：029－88212585、81887015
传真：029－88231475
网址：www. xajili. com
邮箱：yangjing_ cg@ 126. com
产品：杀菌防腐剂、沉积物分散剂、系统清洗剂、柔顺剂、蒸煮助剂、脱墨剂、高档卷烟纸包灰剂

陕西省石油化工研究设计院
陕西省西安市西延路 61 号
邮编：710054
电话：029－85542590、85542624、85542602
传真：029－85542625、85542591
网址：www. shaanxipci. com
邮箱：pciyingxiao@ 126. com
产品：杀菌防腐剂、增白剂、水处理剂

西安市美佳化工有限公司
陕西省西安市长安区王莽街道韦一村
邮编：710103
电话：029－85889228、85889310
传真：029－85889228
网址：www. xamjhg. com
邮箱：xamjhggs@ 163. com
产品：助留助滤剂、表面施胶剂、分散剂、显白剂

西安三业新材料股份有限公司
（原西安三业精细化工有限责任公司）
陕西省西安市高新区丈八一路绿地 SOHO 同盟 A 座 1804－1805
工厂地址：咸阳市三原县重工业园冶金大道 5 号
电话：029－68668401、68668402、68668403
传真：029－68668403
网址：www. xasuny. com
邮箱：sanye@ xasuny. com. cn
产品：消泡剂、杀菌剂、水处理药剂等化工助剂产品

咸阳市

咸阳陶瓷研究设计院有限公司
陕西省咸阳市渭阳西路 35 号
邮编：712000
电话：029－38136155、33576575
传真：029－33572148
网址：www. xytcy. com
邮箱：xyyyblxh@ 163. com
产品：填料、涂料

甘　肃　省

兰州市

兰州新宇化工有限责任公司
甘肃省兰州市西固区合水路 43－352 号
邮编：730060
电话：0931－7365092
邮箱：9473019192@ qq. com
产品：水处理剂

兰州新区化工商贸有限公司
甘肃省兰州市兰州新区瑞玲雅苑 44 号楼 6 楼
邮编：730300
电话：0931－8251815
邮箱：374889050@ qq. com
产品：化学原料和化学制品

兰州助剂厂有限责任公司
甘肃省兰州市安宁区沙井驿南坡坪 358 号
邮编：730079
电话：0931－7713656、7766493、7713137
传真：0931－7766467、7713658
网址：www. lanquan. com
邮箱：info@ lanquan. com
产品：过氧化物系列、酰氯化系列、萘磺酸阴离子表面活性剂系列、阻聚剂系列、过氧化氢系列

嘉峪关市

中核华原钛白股份有限公司
甘肃省嘉峪关市东湖国际 2 栋 1 单元 401
电话：0937－6211779、6211775
网址：www. sinotio2. com. cn
邮箱：TIOXHUA@ pubic. cn
产品：钛白粉

青　海　省

西宁市

青海威思顿薯业集团有限责任公司
（原青海威思顿生物工程有限公司）
青海省西宁市生物科技产业园经二路 62 号三江国际大厦 4 楼

邮编：810016
电话：0971－5317182、8318736、13997029979
传真：0971－5317162、5317821
网址：www. qhwsd. com
邮箱：weisidun5584@ sina. com
产品：马铃薯淀粉

宁夏回族自治区

银川市

银川吉龙纸业助剂有限责任公司
宁夏回族自治区银川市高新区科技创新园 83 号楼
邮编：750006
电话：13909599786
邮箱：1052322235@ qq. com
产品：分散松香胶

中卫市

中卫嘉邦精化有限公司
宁夏回族自治区中卫市沙坡头区香山西街通达商贸三号楼
邮编：755000
电话：0955－7018809
邮箱：764789250@ qq. com
产品：造纸工业用整理剂、助剂

新疆维吾尔自治区

乌鲁木齐市

乌鲁木齐智达化工有限公司
新疆维吾尔自治区乌鲁木齐市沙依巴克区环卫南路 585 号
邮编：830000
电话：181293515751
邮箱：596150628@ qq. com
产品：AKD 中性胶、分散松香胶

伊犁哈萨克自治州

尼勒克县雪龙精淀粉有限责任公司
新疆维吾尔自治区伊犁哈萨克自治州尼勒克县喀什河南岸
邮编：835700
电话：15809997820
邮箱：1099385792@ qq. com
产品：淀粉

昭苏县雪龙精淀粉有限责任公司
新疆维吾尔自治区伊犁哈萨克自治州昭苏县七十六团
邮编：835609
电话：0999－6296126
邮箱：1360025027@ qq. com
产品：马铃薯淀粉

打造可持续发展
受人尊重的全球卓越企业

山东太阳纸业股份有限公司创立于1982年，是先进的林浆纸一体化上市公司，世界造纸30强、中国企业500强、中国造纸领军企业，2006年在深交所成功上市。集团年浆纸产能1000万吨，员工1万5000余人，营业总收入600亿元。作为国家高新技术企业、国家“绿色工厂”，拥有核心知识产权492项，荣获国家科学技术进步一等奖、中国工业大奖表彰奖、国家科学技术进步二等奖等多项国家级科技创新奖项。

公司拥有全球先进的制浆造纸生产线，产品逐渐形成了以高档涂布包装纸板、高级美术铜版纸、高级文化办公用纸、特种纤维溶解浆、生活用纸、高档工业包装用纸等为主导的六大系列产品结构。拥有金太阳、华夏太阳、天阳、威尔、幸福阳光等主要品牌。拥有国家级技术中心、院士工作站、博士后科研工作站、泰山学者岗等多个创新研发平台。首创溶解浆连续蒸煮技术；从水解液中提取出木糖、木糖醇，填补空白；成功研发出不添加任何功能性化学药品的“无添加”系列生活用纸。“华夏太阳”品牌轻型纸被选定为中共十九大会议的文件专用纸；幸福阳光生活用纸被“复兴号”高铁和山东航空确定为专用纸巾；“金太阳”品牌绿色环保文化用纸被《习近平谈治国理政》《习近平新时代中国特色社会主义思想学习纲要》《中国共产党简史》等权威读本采用。

未来，太阳纸业将立足新发展阶段，贯彻新发展理念，抢抓国家“一带一路”重大机遇，形成山东北方基地、广西北海南方基地、老挝原料基地齐头并进的高质量发展新格局，向着可持续发展、受人尊重的全球卓越企业阔步迈进。

董事长李洪信成为四度荣获
Fastmarkets RISI亚洲年度CEO第一人

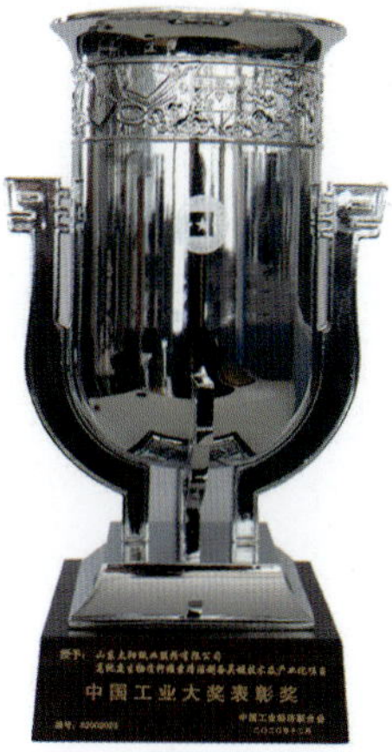

公司荣获中国工业大奖表彰奖

国家科学技术进步奖

证 书

为表彰国家科学技术进步奖获得者，特颁发此证书。

项目名称：制浆造纸清洁生产与水污染全过程控制关键技术及产业化

奖励等级：一等

获 奖 者：山东太阳纸业股份有限公司

中华人民共和国国务院

2019年12月18日

证书号：2019-J-211-1-01-D02

公司荣获国家科学技术进步一等奖

华泰集团 HUATAI GROUP

华泰集团是以造纸、化工为主导产业，集印刷、热电、物流、林业、环保、商贸、房地产等十多个产业于一体的全国 500 强企业。建有全球最大的高档新闻纸生产基地、全国最大的盐化工生产基地。公司现有员工 15000 余人，总资产 328 亿元，年造纸生产能力 400 万吨，化工及造纸助剂 300 万吨，年承接印刷能力 230 万色令，公司先后被评为国家重点高新技术企业、中国轻工业百强企业、全球制浆造纸行业 100 强企业、全国创先争优先进基层党组织、全国就业先进企业、改革开放 30 年山东省功勋企业等多项荣誉称号。

创业 40 多年来，华泰集团按照林浆纸一体化发展模式，分别在山东、安徽、河北、广东建成了六大浆纸基地。公司强大的发展实力，吸引了德国福伊特、芬兰斯道拉恩索、比利时索尔维、美国杜邦等多家世界 500 强企业进行“强强联合”，其中，由习近平总书记见证签约，华泰集团与比利时索尔维集团合资增上的电子级食品级双氧水生产线，产品填补国内空白，由李克强总理和德国总理默克尔见证签约，华泰集团与德国福伊特集团实施了“造纸工业 4.0 战略”，引领了造纸行业向“智能制造”迈进。

华泰集团始终将科技创新当成发展的引擎，建成了全国造纸行业首个博士后科研工作站、国家级企业技术中心、国家级 CNAS 认可实验室、山东省“泰山学者岗”、山东省废纸综合利用工程技术研究中心、院士工作站等七大科研平台，2020 年荣获国家科学技术进步奖一等奖，是造纸行业中荣获六项国家级科学技术进步奖的企业。

华泰集团按照“稳固、提升造纸主业，拉长、壮大化工产业，发展新材料、机械加工、现代物流、金融、贸易、信息等新兴产业”的总体发展战略，积极推动“转调创”，力争到“十四五”末，销售收入突破 1000 亿元，把华泰集团建成国际化综合型千亿元大企业集团。

党委书记、董事局主席：李建华

九、十、十一、十二届全国人大代表
全国劳动模范
全国优秀党务工作者
中国创业企业家
中国企业联合会副会长
全国工商联执委
全国工商联纸业商会会长
享受国务院特殊津贴

华泰集团微信
公众号：ht_600308

地址：山东省东营市广饶县　邮编：257335
电话：0546—6888818　传真：0546—6888018
网址：http://www.huatai.com

华泰集团全自动包卷线

大型现代化年产 45 万吨高档彩印新闻纸生产线

大力发展循环经济 推进生态文明建设

绿色循环经济项目

- 发展林浆纸一体化
- 回收废纸造纸
- 废渣燃烧发电
- 废灰生产建材
- 沼气提纯生产天然气
- 烟气余热回收发电
- 中水循环利用

华泰集团坚持“产量是钱，环保是命，不能要钱不要命”的理念，投资 30 多亿元增上国际先进设备，对废纸、废渣、废水、废气进行循环利用，形成“资源—产品—再生资源”的闭环式循环生态链。

依托七大科研平台 构筑企业核心竞争力

七大科研平台

- 博士后科研工作站
- 国家级企业技术中心
- 国家级 CNAS 认可实验室
- 山东省"泰山学者岗"
- 山东省废纸综合利用工程技术研究中心
- 山东省废弃物综合利用重点实验室
- 山东省院士工作站

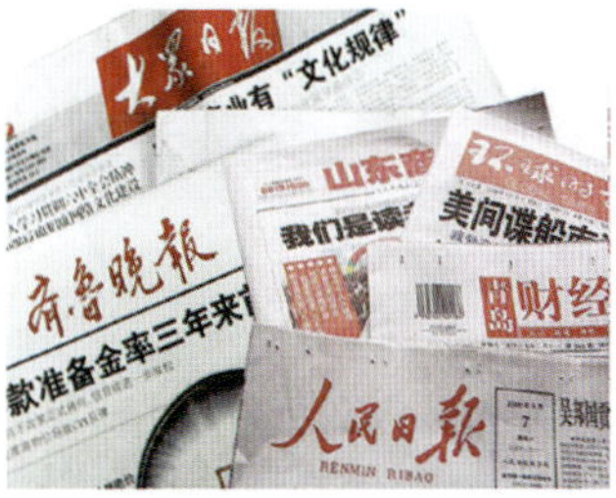

华泰纸成为中央机关报社、出版社、杂志社专用纸

泰鼎机械科技

国产压光机和靴式压榨的研制基地

专	201620112958.4	201620112902.9	201620112928.3	201620112907.1	201610078491.0	201610078568.4
利	201620112908.6	201620112901.4	201620112909.0	201620112906.7	201610078494.4	201610078511.4
号	201620112903.3	201620112890.X	201620112905.2	201620112904.8	201610078515.2	201610078495.9

国际先进的产品设计　国际先进的元件配置

国际先进的制造质量　国际先进的技术性能

6100/1200双压区软压光机

5700/950靴式压榨

十三辊格拉辛纸超级压光机

5600/1000单压区硬压光机

淄博泰鼎机械科技有限公司

www.zbtd.com.cn

地址：山东省淄博市周村区恒星路98号（255300）　技术咨询：王 坤 18553353303

电话：0533-6556085　E-mail：sdzbtd@163.com　传真：0533-6557368

永丰余纸业

公司简介
Company Profile

永丰余企业之前身，系1923年成立于台南之「永丰商店」，至1950年春，何传先生昆仲为发展文化事业，乃创建「永丰余造纸公司」，建厂于高雄县大树乡久堂村，为台湾省民营造纸业之先驱。

永丰余造纸(扬州)有限公司于2004年成立，主营瓦楞芯纸及各种中高档牛皮挂面纸。成立至今，公司一直以清洁生产，循环再利用为核心，注重节能环保工作，生产过程严格按照国际质量环境安全管理体系的要求执行。陆续取得ISO9001、ISO14001、ISO4500、FSC-COC产销监管链国际认证，以及能源管理体系之认证。

员工是公司最重要的资产，扬州厂除了有新颖而先进的硬设备外，并强化安全、健康、舒适的工作环境中，仍不断的力求改善并加强员工安全教育训练，以期达到工作零灾害及绿色工厂的目标。

新研发NPulp纸浆：代表产品

nPulp纸浆模塑手机支架

npulp纸塑-咖啡机

nPulp纸浆牛皮纸&面纸

地址：江苏省扬州市经济技术开发区春江路168号
电话：0514-82686458

联盛纸业（龙海）有限公司

公司简介

联盛纸业厂区一角

联盛纸业（龙海）有限公司于2010年在福建省漳州台商投资区建厂，是一家以再生资源废纸为主要原料的环保型造纸与热电联产为一体的福建省龙头企业。历经磨砺，如今已发展成为集产品研发、废纸回收、废纸制浆、造纸、销售、物流为一体的现代化造纸企业。

公司位于毗邻厦门的漳州台商投资区，旗下有联盛纸业（龙海）有限公司、漳州市联益废纸购销有限公司、漳州市益盛能源环保有限公司、福建省联盛物流有限公司、厦门玖立纸业进出口有限公司等多家子公司。拥有员工2300余人，占地面积1500多亩，年产包装纸年产能260万吨。

联盛纸“年产70万吨”涂布白板纸生产线

多年来，联盛纸业一贯践行企业发展和社会责任并重的经营理念，坚定不移走低碳、节能、环保的循环经济发展道路，以可循环使用的废纸为生产原料，采用国内外最先进的生产工艺和设备，采用一流的环保设施，生产绿色环保产品。主导产品包括涂布白板纸、涂布牛卡纸、高强瓦楞纸、高档牛卡纸、纱管原纸、灰版纸、白面牛卡纸等7个品种多个级别的包装纸，产品被誉为“福建省名牌产品”。

公司已全面实现自动化、信息化管理，先后通过ISO9001质量管理、ISO14001环境管理、OHSAS 18001职业健康管理、FSC-COC森林认证以及成熟的人力资源管理等体系认证，为公司可持续性发展夯实了稳固的基础。

面对全球经济一体化的机遇与挑战，联盛纸业坚持“以诚为本、优质服务”的经营方针，以“务实、简单、高效、卓越”为发展主题，以创新为动力，通过产品多元化及高端产品研发，走出一条具有自身特色可持续发展道路，确立在行业中的独特优势，致力跻身国内造纸前列，为我国经济、社会发展做出更大的贡献。

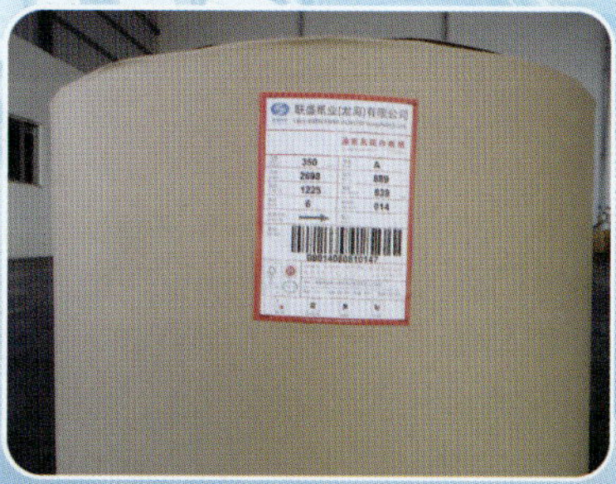

玖龍紙業(控股)有限公司

NINE DRAGONS PAPER (HOLDINGS) LIMITED

集团总部

玖龙纸业成立于1995年，总部位于广东省东莞市，2006年于香港联交所主板上市，目前为全球产能排名第二的造纸集团和中国造纸的龙头企业（主要产品为各类环保包装纸及其上下游产业链）。2020年集团总产能1800余万吨，总资产约840亿元，年产值700多亿元，（国内）员工1.8万余人，名列2020年“中国民营企业500强”第111位。

玖龙纸业已在中国的东莞、太仓、重庆、天津、泉州、沈阳、唐山、乐山建立造纸基地，位于湖北荆州、广西北海的新基地已经开工建设，并与湖北咸宁正式签约建设新的浆纸基地。玖龙纸业积极响应“一带一路”倡议，不断推进国际化发展，完善产业链，2008年完成对越南正阳造纸厂的收购和控股，进入东盟市场，2017年完成越南基地二期工程的扩建，成为越南造纸的龙头企业。为了进一步拓展国际化的资源配置，形成资源优势的互补，2018年收购了四家位于美国的浆纸厂（缅因州的Rumford、Old Town；威斯康星州的Biron；西佛吉尼亚州的Fairmont）。2019年收购了一家位于马来西亚文冬的浆纸厂，并计划在马来西亚雪兰莪建设一个新的智能化造纸基地。此外，集团兄弟企业在上游建立了国内/外最大的再生资源回收贸易公司，为集团提供稳定的废纸等原料供应；集团还在下游建立了多个纸包装公司，为用户提供环保纸包装的“智能化、一站式”服务。

玖龙纸业引进国际最领先的技术和大型现代化、智能化设备，并不断创新研发，代表着中国包装纸的先进水平。玖龙纸业高度重视系统化、大数据管理，应用先进的SAP系统管理平台，促进信息化与工业化“两化”深度融合，被评为“高新技术企业”和国家首批“信息化和工业化融合管理体系贯标试点企业”。

玖龙纸业积极践行“绿水青山就是金山银山”的生态文明思想，一贯秉承“没有环保，就没有造纸”的企业理念，视环保为企业生命，致力于环境保护和节能减排，倡导可持续发展的循环经济。不仅使用可以回收循环利用的废纸作原料，还与时俱进，不断加大环保投入，使玖龙纸业各项环保和能耗指标都做到优于国家标准，是资源节约型和环境友好型企业的典范。玖龙率先在行业建设环保焚烧炉，将造纸产生的固废全部转化为清洁能源，不对外排放，还帮助地方政府处理一部分工业固废，为创建“无废城市”作出贡献。除获ISO14001环境管理认证和清洁生产认证外，生产基地多年被当地环保部门评

为“环保诚信企业”，并被评为“绿色工厂”、“中国造纸工业环境友好企业”，荣获“全国造纸行业节能减排达标竞赛优胜企业”，被授予“全国五一劳动奖状”。

东莞基地

玖龙纸业实行以人为本，民主、智慧加科学相结合的管理模式，不断提升员工的福利待遇，做到在行业内领先，形成了“尊重关爱员工、细化创新管理、传承百年品牌、弘扬拼搏精神”的具有玖龙特色的企业文化。玖龙纸业积极开展形式丰富的员工培训，从安全教育、专业技能、管理水平、企业文化等各个方面不断提升员工素质。还定期开展各种文化、体育活动，在丰富员工精神文化生活的同时，弘扬“爱国、爱家、爱企业”的积极向上和团结奋斗的正能量。

玖龙纸业自1998年7月第一条生产线顺利建成投产至今，在增加税收、带动上下游产业链的升级、促进地方经济发展、创造就业机会、共建和谐社会等方面，为国家和地方的经济建设做出了突出的贡献。玖龙纸业一向积极履行社会责任，近年来在各种公益活动中投入4亿多元。玖龙积极支持国家抗击“新冠”疫情，捐赠现金3100万元，并在海外多方筹集约240万元紧缺医疗物资运回国内，由员工组成的驰援湖北运输队将物资运送至武汉。玖龙长期坚持精准扶贫，持续参加“广东扶贫济困日”活动，累计捐款超过2.7亿元，重点支持了贫困地区的“教育、产业扶贫、救助贫困弱势群体、完善农村基础设施、改善村民生活环境” 等方面，惠及粤西、粤北等多个欠发达地区。玖龙长期坚持开办“玖龙班”，通过职业教育扶贫，资助偏远山区贫困学生学习深造并提供就业机会，给这些贫困家庭的孩子提供一个好的平台，鼓励他们通过自己的努力改变自己和家庭的命运，为国家和行业培养具有可持续发展的意识和技能、而且对社会心存感恩和博爱之心的新时代产业工人。玖龙建立了多个爱心基地，关爱贫困山区留守儿童等；捐款700多万元，支持中华慈善总会“一张纸献爱心”活动，在积极倡导废纸回收的同时救助先心病患儿；积极开展少数民族贫困地区的扶贫工作，为甘孜雅江呷拉中学捐款500万元，改善办学条件，支持侨爱工程“点亮藏区生活计划”，捐款100万元；多次为受灾地区捐建“侨心居”；第一时间向汶川、玉树和雅安地震灾区捐赠了1500万元、1000万元和1200万元，支援灾区人民抗震救灾，重建家园。积极支持国家办好北京冬奥会，捐款2000万元援建“华侨冬奥冰雪博物馆”。在香港，通过新家园协会、团结香港基金、香港侨界社团联会等捐款超过8200万港元，为社会奉献爱心。被授予“中华慈善奖”、“全国脱贫攻坚奖”、全国“万企帮万村”先进民营企业、“广东扶贫济困红棉杯金杯及突出贡献企业”等多项荣誉，并光荣入选“2020中国民营企业社会责任优秀案例”。

制造业是GDP的基石，未来，玖龙纸业将以实现“六化”、打造企业工业4.0为目标，继续朝着环保、节能型、智能化、大数据管理的企业目标迈进，巩固行业龙头地位，奠定企业百年基业。

芬欧汇川
以创新驱动发展

芬欧汇川提供可再生和负责任的解决方案，以创新驱动一个超越化石能源的未来。我们的业务遍布六大领域：芬欧汇川生物精炼、芬欧汇川能源、芬欧蓝泰标签、芬欧汇川特种纸纸业、芬欧汇川传媒用纸纸业以及芬欧汇川胶合板。集团在全球拥有19,000名员工，年销售额约105亿欧元。集团股票在纳斯达克-OMX集团赫尔辛基证券交易所上市。2020年11月，芬欧汇川再次位列道琼斯欧洲和世界可持续发展指数（DJSI）2020-2021年度森林和纸业行业的领导者。

自1998年进入中国以来，芬欧汇川在华业务发展迅速，累计投资超过20亿美元，在位于江苏省常熟经济技术开发区的厂区内，相继建成包括文化用纸和标签材料等生产企业以及亚洲研发机构，并建有完备的配套设施。芬欧汇川（中国）有限公司【前身为芬欧汇川（常熟）纸业有限公司，2011年9月1日更名】，产品包括印刷、办公用纸和特种纸，现有三条生产线分别于1999年、2005年和2015年建成，年生产能力达122万吨，是芬兰在华最大的单项投资项目，也是中国最大的全化学木浆胶版纸和复印纸生产企业之一。2020年6月，三号纸机通过不断创新，成功获得了FSSC22000和ISO22000食品安全管理体系认证。常熟工厂已建立最新、最全面、权威监管的食品安全管理体系，并能充分满足全球客户在食品安全方面的要求。

芬欧汇川集团一贯坚持可持续发展的原则，不断提升自身的经济、社会和环境表现。凭借始终如一的良好的环保表现，芬欧汇川（中国）有限公司于2005年被国家环保总局授予了中国环保最高殊荣——“国家环境友好企业”称号。2009年6月1日，获得中国环境标志的“新绿佳印”复印纸以其复印纸品牌“十环标志”产品代表复印纸被正式纳入中国政府绿色采购清单第四批目录。2018年初，芬欧汇川成为获得“中国环境标志产品认证证书”的文化用纸生产企业之一。2020年，芬欧汇川（中国）有限公司继2017年之后再度被评为“中国水效领跑者”。同年，公司还获评国家级“绿色工厂”并荣获江苏省“企业绿色发展领跑者”称号。

不仅如此，集团也在投身中国社会公益事业方面做出了积极努力。从1999年开始，集团相继与北京惠黎基金会、北京桂馨慈善基金会以及《环境教育》杂志社合作开展了生态助学、桂馨书屋、桂馨小科学家实验室以及绿书架项目。此外，常熟工厂于2010年启动了“关爱绿色未来”项目。目前，项目遍及陕西、江苏、四川、贵州、云南、河南和山西等地的几十所学校，受益学生累计近两万人次，极大地推动了贫困地区基础教育的改善，促进了环保理念的宣传。

芬欧汇川将继续坚持创新发展，积极参与中国的发展，助力中国走向经济和社会全面可持续发展的未来！

UPMBIOFORE
BEYOND FOSSILS
森领未来 创想无限
UPM特种纸
纸业产品
标签纸与离型纸
用于食品和饮料包装，
可变信息标签，
物流和工业用途
Recyclable
包装纸
用于食品包装，
消费品包装和
工业用途
文化用纸
包括办公用纸
和印刷用纸
Recyclable
UPM JETSET
A4 70 500
UPM JETSET
佳印

中国海诚工程科技股份有限公司
CHINA HAISUM ENGINEERING CO.,LTD.

地址：上海市宝庆路21号　邮编：200031
电话：86-21-64370093　传真：86-21-64334045
E-mail：info@haisum.com　Zip Code: 200031
网址：www.haisum.com　Fax: 86-21-64334050
ADD: NO.21 Baoqing Road,Shanghai,China
Tel: 86-21-64370093
E-mail: info@haisum.com
Web: www.haisum.com

设计项目

UPM(常熟)有限公司(1号机，2号机，3号机)

金东纸业(江苏)有限公司(1号机，2号机，3号机)

宁波亚洲纸业有限公司年产75万吨涂布白纸板工程

制浆造纸是中国海诚最主要的工程服务领域之一，历史悠久。1953年成立的中央轻工业部基本建设局设计院（后经多次改制更名为中国海诚）是新中国成立时建立的专业设计院之一，六十多年来在国内外已完成六百多项制浆造纸工程的咨询、设计、监理、工程管理和EPC总承包项目，多年的耕耘积累了大量宝贵经验，2015年发布实施的中华人民共和国国家标准《制浆造纸厂设计规范》（GB51092-2015）是由我公司主持编制出版。我公司在为国内外客户提供优质服务的同时，也为造纸技术更新换代、造纸企业的健康蓬勃发展做出了应有的贡献。

中国海诚拥有一支专业服务团队，涵盖制浆造纸工艺、机械管道、动力、总图、建筑、结构、电气、仪表、暖通、给排水、设备监造管理、 现场施工管理、 开机培训等专业， 现拥有造纸行业设计大师2名，教授级高工24名，高级工程师70名，技术力量雄厚，竭诚为国内外新老客户提供项目前期咨询、设计、监理、工程管理、EPC总承包等项目全过程优质专业服务。

山东亚太森博浆纸有限公司
年产100万吨包装纸板工程项目

理文集团项目

斯道拉恩索(北海)浆纸一体化项目

海南金海纸业有限公司

总承包项目

近年来，以设计为先导的工程EPC交钥匙总承包服务成为中国海诚股份主要业务，公司先后承担了广东森叶纸业有限公司自备电站、芬欧汇川纸业（常熟）有限公司二期工程纸加工车间、 越南安化年产13万吨漂白化学木浆项目、 孟加拉KPM漂白车间项目、 重庆理文造纸有限公司湿浆改造、江苏王子制纸有限公司年产71.4万吨漂白化学阔叶木浆生产线及其配套工程、泰国SKIC16PM项目、越南理文年产40万吨包装纸生产线项目、 SCG公司越南二号机项目、 广东森叶纸业有限公司一号纸机二号纸机提产改造项目、SCG公司菲律宾项目提产改造、正隆平阳造纸废水处理工程、越南KOA箱纸板项目等。

泰国SCG公司越南项目

泰国SKIC16PM项目

越南KOA箱板纸项目

越南理文年产40万吨包装纸生产线项目

江苏王子制纸有限公司KP项目

越南安化年产13万吨
漂白化学木浆项目

正隆平阳造纸废水处理工程

中国轻工业成都设计工程有限公司

Chengdu Engineering Co.,Ltd of China Light Industry

设计项目

APP 苏州年产 12 万吨生活用纸项目

东莞顺裕纸业有限公司（制浆、造纸、热电站）

四川天竹竹资源有限公司 12 万吨年竹纤维项目

中顺洁柔纸业股份有限公司高档生活用纸项目

四川省犍为凤生纸业有限责任公司 12 万吨年生活用纸及配套项目

国富包装材料有限公司年产 150 万吨包装纸一期项目

云南中烟再造烟叶有限责任公司易地技术改造项目

泰盛集团生活纸项目

中轻成都公司始建于1958年，2002年改制为国有控股公司，现为保利集团下属中国轻工集团控股的中国海诚工程科技股份有限公司（深市代码002116）全资子公司，是提供工程咨询、设计、监理、工程总承包的科技服务型企业。

公司持有轻纺、农林、建筑、商物粮、电力、环境工程、化工石化医药、市政等行业的工程设计资质证书、工程造价咨询企业甲级资质证书、工程监理综合资质证书、压力管道设计许可证，并通过了质量、环境、职业健康安全“三标”管理体系认证。

从建院起，制浆造纸一直是公司的传统优势行业，多年来在工程技术咨询及设计、项目管理、工程总承包领域取得了丰富的实践经验。完成项目涉及的原料有木材、竹子、废纸、芦苇、棉短绒等，产品有竹木浆（纤维）、生活用纸、包装纸、文化用纸、浆粕、特种纸等。完成的工程项目由于采用的工艺成熟可靠、设备选型先进合理、总体布局合理而受到用户的好评。中顺洁柔、泰盛集团、APP、山鹰国际、理文纸业、宜宾纸业、华泰纸业、顺裕纸业、银鸽纸业、云南中烟、凤生纸业等业主经过多方比较，先后选择成都公司作为其工程项目设计（总承包）合作伙伴并建立了良好的长期合作关系。做为专业的制浆造纸工程咨询及设计单位，在完成大量的技术咨询及工程设计工作的同时，及时掌握国内外科技发展动态和行业发展方向、国家及行业各部门关于制浆造纸方面的政策法规，如清洁生产、节水节能、降耗、减污等法规，在设计中采用成熟可靠、先进合理的工艺技术的同时，注重节约投资、降低生产运行成本、减污增效等。精心的设计、优质的服务使我们赢得了业主的普遍赞誉。

近年来，公司制浆造纸事业部更是大力发展工程总承包业务，已先后承接并顺利完成交付了宜宾纸业股份有限公司整体搬迁技改项目一期工程化学制浆线 EPC、宜宾纸业股份有限公司 10 万吨 / 年生活用纸项目及后加工 EPC、四川蜀邦实业有限责任公司生活用纸项目 EPC、四川省西龙纸业有限公司造纸废水处理项目 EPC、四川省金福纸品 EPC 等多项总承包工程。

总承包项目

宜宾纸业股份有限公司
整体搬迁技改项目一期工程化学制浆线
设备采购、安装及调试工程

宜宾纸业股份有限公司
10 万吨年生活用纸项目设备采购、安装
与调试总承包工程

宜宾纸业股份有限公司 10 万吨年
生活用纸项目后加工辅助设备采购、
安装与调试总承包工程项目

四川蜀邦实业有限责任公司
生活用纸项目

四川省西龙纸业有限公司
造纸废水处理项目

四川省金福纸品
生活用纸项目

地址：成都市少城路 9 号　ADD: No.9 Shaocheng Street,Chengdu,P.R.China

邮编：610015　P.C: 610015

电话：86-28-86630940　Tel: 86-28-86630940

传真：86-28-86643706　Fax: 86-28-86643706

E-Mail：qrsj@qrsj.com　E-Mail：qrsj@qrsj.com

网址：www.qrsj.com　Http: www.qrsj.com

WENRUI®
MOST COST-EFFECTIVE

汶瑞机械（山东）有限公司

——制浆洗选漂碱回收装备研发基地

汶瑞机械（山东）有限公司现服务全球 1000 余家造纸企业。各类洗浆设备在国内有较高的市场占有率，并且出口到加拿大、美国、印度、印尼、俄罗斯、泰国、缅甸、越南、巴西、孟加拉、巴基斯坦等国家。

公司于 1999 年在行业内通过了 ISO9001 质量体系认证，2012 年通过了美国地区压力容器制造 ASME“U”钢印认证。

Presently, Wenrui has serviced for more than 1000 pulp & paper mills all over the world, pulp washing equipment has a higher domestic market share. Our equipment was export to Canada, Brazil, India, Indonesia, Russia, Thailand, Myanmar, Vietnam, Bangladesh and Pakistan etc.

Wenrui was certified with ISO9001 quality system authentication in 1999, and was also certified with American ASME “U” stamp authentication for pressure vessel in 2012.

机械驱动双辊洗浆机 Wash Press by Mechanical drive

竹浆500T/D配套项目
For 500T/D bamboo pulp project

JSJA1557新型机械布浆（五辊）洗浆机 JSJA1557 New Generation Wash Press

海南金海浆纸业
Hainan Jinhai Pulp & Paper

鼓式真空洗浆机 Vacuum Drum Washer

四川宜宾纸业
Sichuan Yibin Paper

板式降膜蒸发器 Plate Falling Film Evaporator

加拿大HSPP浆厂
Canada HSPP Pulp Mill

压力盘式过滤机 Pressure Disc Filter

巴西 JARAUGUA公司
Brazilian JARAGUA Company

圆盘过滤机 Multi-Disc Filter

浙江荣成纸业
Zhejiang Rongcheng Paper

汶瑞机械（山东）有限公司

地址：山东安丘市青龙湖西路21号 营销热线：+86 (536) 4362288 / 4372632 技术热线：+86 (536) 4933616
客服热线：400-6583158 传真：+86 (536) 4362807 网站：www.wenrui.com.cn 邮箱：info_wr@wenrui.com.cn

浙江凯恩特种材料股份有限公司
Zhejiang KAN Special Material CO.,LTD.

浙江凯恩特种材料股份有限公司前身遂昌造纸厂，成立于1940年，是一家致力于生产和开发高性能特种纸的高新技术企业，公司位于浙江省遂昌县，注册资本4.68亿元，公司总资产22亿元。公司先后被列为浙江省绿色企业、浙江省龙头骨干企业，并荣获国家重点高新技术企业、国家创新型试点企业、省重点创新团队等荣誉称号。

公司在特种长纤维纸和电气用纸上拥有非常丰富的生产经验和研发能力，是国内一家能系列化生产电解电容器纸的企业，也是国内重要的电子元件材料生产配套企业。

公司拥有省级特种纸研发中心和省级企业研究院，每年R&D投入占销售收入比例均在5%以上，公司多次承担国家、省部级的科研计划，曾获全国科学大会奖，省部级科技进步奖等。企业拥有特种纸生产的关键技术和自主知识产权，拥有专利23项，其中发明专利19项。作为第一起草单位制定了国家、国家军工、国家行业标准及浙江制造标准共计40项。

站在行业与科技的前沿，凯恩股份将继续坚持以市场为导向，以经济和社会效益最大化为目标，以主业为依托，以科学化管理为手段，专注于高附加值特种纸的研究和开发，力求通过做精、做强特种纸业务，把公司建成特种纸研发、生产基地。

可持续发展

自1992年进入中国以来，APP（中国）始终秉持“林浆纸一体化”的先进理念，从生态营林到环保制浆，再到绿色造纸，已经形成了“以林养纸、以纸促林、林纸结合”的“林浆纸一体化”绿色大循环。

APP（中国）始终重视可持续发展管理，从战略层面到执行层面全面契合可持续发展理念，通过保障利益相关方的有效参与，不断优化自身运营与管理，科学营林，环保制浆，清洁生产，始终致力于实现集团在经济、社会及环境方面的共同发展。

2021年，APP（中国）紧跟国家双碳战略，承诺也将在2030年前实现碳达峰，2060年前实现碳中和，并于2021年5月在海南省海口市正式发布了中国首批碳中和概念纸巾产品。

林·浆·纸
一体化

APP(中国)大纸事业部

APP（中国）大纸事业部，主要包含工业用纸、文化用纸、办公用纸三个不同的纸品领域。

事业部旗下主要有三大工厂从事工业用纸生产：山东博汇纸业股份有限公司、宁波亚洲浆纸业有限公司及广西金桂浆纸业有限公司，主要产品包括各类高档涂布白卡，可用于食品、药品、化妆品、香烟等产品的包装，以及铜板卡、白纸板、扑克牌专用纸等，以满足客户不同的生产和再加工需求，主要品牌包括“金贝”“金鸥”“彩蝶”和“四季桂”等。

事业部旗下主要有三大工厂从事文化用纸生产：金东纸业（江苏）股份有限公司、海南金海浆纸业有限公司及金华盛纸业（苏州工业园区）有限公司，为客户提供包括铜版纸 / 卡、双胶纸、数码专用纸、手袋专用纸、办公用纸和无碳复写纸等，产品远销全球各地的同时，“太空梭”“金彩蝶”“立可得”等多个知名品牌屡获国内外殊荣。

事业部旗下办公用纸，一直致力于服务政府、院校、军队、企业等广大客户群体，在中国拥有 60 万吨静电复印原纸生产能力，四个裁切工厂以满足就近仓储加工物流服务，以及一家销售管理公司，在中国的年销售超过 21 亿人民币，产品覆盖复印纸、本册、电脑打印纸、压感纸、工程纸、彩色复印纸等不同系列，并塑造了一系列行业知名的明星品牌："金旗舰""小钢炮"等。

www.app.com.cn

纸和造纸

PAPER AND PAPER MAKING

ISSN 1001-6309
CN 11-2709/TS
邮发代码：62-111

《中国学术期刊综合评价数据库》来源期刊·中国科协优秀期刊

《纸和造纸》(双月刊)系中国造纸学会主办，四川省造纸学会和四川工商职业技术学院联办，以知识性、实用性、导向性、科学性为特色的制浆造纸专业权威性科技期刊。自1982年创刊以来始终坚持以普及制浆造纸科技知识，介绍先进适用的生产工艺、装备技术和管理经验，沟通相关信息，促进造纸工业的科技进步和持续发展，提高造纸、用纸从业人员的素质服务的办刊宗旨。曾被原国家轻工业部、中国科学技术协会评为优秀期刊，并连续多年入选“中文核心期刊”“《中国学术期刊综合评价数据库》来源期刊”，是知名度很高，发行量很大和影响面很广的造纸科技期刊。《纸和造纸》全面报道有关造纸的新知识、新技术、新原料、新产品、新装备，以及中国造纸工业的方针政策和技术经济信息、市场动态、纸制品等方面内容。

BRIEF INTRODUCTION OF PAPER AND PAPER MAKING

PAPER AND PAPER MAKING, the most popular and authoritative paper magazine in Chinese pulp and paper industries, with knowledge, practical, leading and scientific for feature, is sponsored by China Technical Association of Paper Industry, Sichuan Technical Association of Paper Industry and Sichuan Technology & Business College. Since established in 1982, it has insisted consistently on popularizing and introducing advanced and applicable manufacturing technology, advanced equipment and administration experiences in the world for promoting the technical advancement and sustained development of Chinese paper industry. It also helps the paper stuff and paper users to improve their diathesis, and to exchange the technical and economical information between paper industry to related trade, manufacture, research, design and education. It is an excellent periodical rated by Former Ministry of Light Industry and China Science & Technology Association, and selected for the Core Chinese Journals and China Academic Journal Comprehensive Evaluation Database Source Journals in the past years.

PAPER AND PAPER MAKING full coverage new knowledge, new technology, new material, new product, new equipment of pulping and paper making. And reports guidelines and policies, technology and economy information, market dynamics of China Paper Industry.

邮编：611830
地址：四川都江堰市四川工商职业技术学院内
单位：都江堰《纸和造纸》编辑广告发行部
电话：（028）87267806（广告、发行）
87281943（编辑）

恒达科技泰兴有限公司
HANSSTAR TECHNOLOGY TAIXING CO., LTD

恒达亲水胶体泰州有限公司
HANSSTAR TAIZHOU TEXTURAL INGREDIENTS CO., LTD

江阴市恒达新材料科技有限公司
JIANGYIN HANSSTAR NEW MATERIAL TECHNOLOGY CO., LTD

恒達®
Perseverance leads to glory

ISO9001质量管理体系认证企业

专业研发、生产、销售造纸级羧甲基纤维素钠（CMC）

恒达在CMC生产、控制和应用领域拥有逾40年的经验，造纸级CMC产品被广泛应用于涂布添加、浆内添加、表面施胶等多个造纸工序，目前已在百余家造纸企业获得成功的应用。

企业认证证书

涂布 Coating

- 高保水能力
- 改善流变学特性
- 荧光增白剂的高效载体
- 叶片润滑作用，能减少刀片上的条纹和划痕
- 良好的分散性
- 干混性添加剂，允许涂布颜料具有很高的固体性
- 高剪切率下粘度变稀，剪切变稀性
- 作辅助胶粘剂，极好的粘合力

可应用纸种：

白板纸、铜版纸、铜板卡、白卡纸、热升华转印纸、热敏纸、标签纸

表面施胶Top Sizing

- 可以与多种氧化或酶转化表面施胶淀粉一起使用，用于增强淀粉表面施胶的效果
- 与淀粉具有相互促进的作用，可提高表胶胶液的成膜性，控制胶液的无效渗透，减少胶液消耗量
- 提高纸张的表面强度和耐磨性

可应用纸种：

格拉辛纸、高档文化用纸等

恒达愿景

- 致力于可持续发展，CMC可自然降解，对环境无污染
- 致力于提供优质安全持续稳定的产品及应用解决方案，为广大客户创造价值
- 致力于成为中华民族制造业一颗明星

湿部Wet end

湿部涂料是一个复杂的动态体系，如今正作为一个促进效率、降低废水负荷以及提高造纸机器利润的因素日益受到关注。

通过以下机制改善纸张强度：

- 通过在纤维和其它化学成分之间形成键合，增大键合面积。CMC分子停留在纤维表面，增加有效活性基团的数量
- 分散和润滑微纤维，从而增大键合面积
- 通过分散纤维，减小纤维间的摩擦力

在工艺和质量上的优势：

- 节省精磨能耗
- 改善了阳离子活性物的保留度
- 最大填料级别
- 使生产商可使用较脆弱或较廉价的纤维素做原料
- 控制电荷平衡来得到理想的运转性
- 可调节的使用量
- 改善运转性
- 较少起泡（尤其是在PAE存在时）

可应用纸种：

标签纸、装饰原纸、卷烟纸、生活用纸、瓦楞纸、箱板纸、钞票纸、铜版纸等

联系方式

- 联系人：周渊超

电话：0523-86897700 手机：13706167683

- 业务联系人：徐建平

电话：0523-86897759 手机：18505101211

- 网址：http://www.hansstar.com